中國禪學

启功 题端

第五卷

河北禅学研究所 主办

吴言生 主编

中国社会科学出版社

图书在版编目（CIP）数据

中国禅学（第五卷）/吴言生主编 . —北京：中国社会科学出版社，2011.5
ISBN 978-7-5004-9519-2

Ⅰ.①中… Ⅱ.①吴… Ⅲ.①禅宗－中国－文集 Ⅳ.①B946.5-53

中国版本图书馆 CIP 数据核字（2011）第 020879 号

责任编辑　骆珊　雁声
责任校对　石春梅
封面设计　大鹏设计
技术编辑　戴　宽

出版发行　**中国社会科学出版社**
社　　址　北京鼓楼西大街甲 158 号　　邮　编　100720
电　　话　010－84029450（邮购）
网　　址　http://www.csspw.cn
经　　销　新华书店
印　　刷　北京君升印刷有限公司　　装　订　广增装订厂
版　　次　2011 年 5 月第 1 版　　印　次　2011 年 5 月第 1 次印刷
开　　本　787×1092　1/16
印　　张　33.25
字　　数　829 千字
定　　价　99.00 元

感恩 包容 分享 结缘

净 慧

感恩。每一件事物的存在，都是与天地万物分不开的。一朵花的美丽，需要整个宇宙的生命来成就。要以感恩的心面对世界。要想到这是大众的成就，这是社会的成就，这是国家的成就，这是全人类的成就，这是天地万物的成就。

包容。一盆花之所以好看，是因为它是由各种各样的颜色组成。我们在做事情的时候，一定要想到包容不同的意见、不同的想法，这样，成就一切事业就会一帆风顺。

分享。事业成就了，不能占为己有，一切都独享。既然一切都是大众成就的，就要大众来分享。你对大众有良好的回报，有公平合理的回报，大众对你一定会有良好的回报。分享有物质的分享，也有精神的分享。

结缘。之所以能做事，是因为有缘。缘成就了某一件事，成就了以后就要继续结缘。要把这个缘源源不断地延续下去，它可以延伸到其他事业的成就。要以结缘的心成就事业，成就了事业继续结缘。

感恩、包容、分享、结缘，就是我们做事的八字方针。

中国禅学

第五卷

■学术讲座

■禅宗文学、音乐、艺术

中国禅学　第五卷
2010 年，第 1—9 页

《祖堂集》俗语汇例释

温振兴

内容提要　《祖堂集》含有丰富的俗语汇，尚未引起足够重视。本文分类例释《祖堂集》中的语汇义，并探讨了《祖堂集》的俗语源。

关键词　祖堂集　语汇　探源

《祖堂集》① 约成书于五代南唐保大十年（952），由福建泉州招庆寺静、筠二禅德编撰，是我国现存最早的灯录体史书，也是现存最早的禅宗语录总集。20 世纪 80 年代，《祖堂集》得以回归本土，很快掀起国内语言学界的研究热潮，迄今在词汇和语法研究方面取得了许多重要成果。

《祖堂集》作为晚唐五代珍贵的白话文献，其中还保留了大量鲜活的俗语语汇，禅僧在日常问答中借助这些语汇表达深刻的讽喻意义。语汇就是"语"的总汇，"语"不是概念性而是叙述性的语言单位，由词和词组合成且结构相对固定，并具有成句和被引用的功能。② 袁宾先生《禅宗词典》③ 的若干条目曾涉及于此，但从语汇学的角度专门考察《祖堂集》的工作尚不多见，因此其中众多的俗语语汇尚未挖掘。温端政先生④ 认为：汉语语汇可分为谚语、惯用语、歇后语和成语四类。根据语汇的叙述性特征，以叙述方式为标准，可将语汇分为表述语、描述语和引述语三种类型。表述语是通过判断或推理体现某种思想认识，具有知识性，谚语属于表述语；描述语是描述人或事物的形象、状态或行为动作的性状的，描述语可以采用词组的形式，也可以采用句子的形式，不受结构形式的限制，惯用语属于描述语；引述语是由引子和注释性叙述两个部分组成，也就是歇后语。而成语就是四字结构的描述语加上四字结构的表述语。笔者不揣简陋，按温先生的标准分四类拈出《祖堂集》中的俗语汇，尝试揭其喻义，并征引其他禅录中的用例证其语汇性质，以此就正于方家。

---

① 大韩民国海印寺本，日本花园大学禅文化研究所影印发行，1994 年版。文中《祖堂集》引例皆据此本。

② 温端政：《汉语语汇学》，商务印书馆 2005 年版，第 9—17 页。

③ 湖北人民出版社 1994 年版。

④ 《汉语语汇学》，商务印书馆 2005 年版，第 59—72 页。

一　《祖堂集》中的谚语

龙生龙子，凤生凤子

> 初见侍者便问："和尚还在也无？"对曰："在，只是不看客。"师曰："大深远生！"侍者曰："佛眼觑不见。"师曰："龙生龙子，凤生凤子。"（卷四，丹霞和尚）

喻指禅悟层次各有不同。又作"龙生龙子，凤生凤儿"（（宋）道元《景德传灯录》卷十四《邓州丹霞天然禅师》261 页[①]，（宋）普济《五灯会元》卷十四《梁山缘观禅师》864 页[②]），或作"龙生龙子，凤长凤雏"，（宋）正觉颂古、[秀]行评唱《从容庵录》卷六："黄檗昔年曾掌百丈，今日遭他临济毒手，真龙生龙子，凤长凤雏。"[③] 也可单用为"龙生龙子"，（宋）重显颂古、克勤评唱《碧岩录》卷七："不见古人道，千圣灵机不易亲，龙生龙子莫因循。"[④]

"龙生龙子、凤生凤儿"又进一步丰富为："龙生龙，凤生凤，老鼠养儿沿屋栋。"上下句谐音，叙述对象正反对比，使俗语义更为形象鲜明。（宋）普济《五灯会元》卷十六《光孝深禅师》1104 页："龙生龙，凤生凤，老鼠养儿沿屋栋。"（宋）文素编《如净和尚语录》卷一还可见到形式更复杂者："龙生龙，凤生凤，指天指地独称尊，老鼠养儿巡屋栋。"[⑤]

该语并不限于唐宋禅林使用，俗家语言生活中亦习见。今山西山阴方言即存如下谚语："龙生龙，凤生凤，老鼠的儿会打洞"，"龙生龙，凤生凤，讨吃的儿会拉棍"。

正衔天子敕，诸侯避路傍

> 后有人拈问曹山："作摩生祗对，免得药山打之？"曹山曰："正衔天子敕，诸侯避路傍。"（卷四，药山和尚）

喻指应顺应时势，不可强作他会。又作"正敕既行，诸侯避道"（（宋）道元《景德传灯录》卷十七《抚州曹山本寂禅师》327 页），或作"王敕既行，诸侯避道"（（宋）普济《五灯会元》卷十三《曹山本寂禅师》792 页）。

前锋托犹浅，后箭射人深

> 进曰："只如上座，过在什摩处，即被打之？"曹山曰："前锋托犹浅，后箭射人深。"（卷四，药山和尚）

喻指不可驰求文字意句，而应于当下顿悟禅机。又作"前箭犹似可，后箭射人深"（（宋）道元《景德传灯录》卷十七《抚州曹山本寂禅师》327 页，（宋）普济《五灯会元》卷十三《曹山本寂禅师》792 页），也有禅籍写作"前箭犹是可，后箭射人深"

---

① 文中《景德传灯录》页码皆取自妙音、文雄点校本，成都古籍书店 2000 年版。另以日本花园大学影印东禅寺版《景德传灯录》与成都古籍点校本核校，成都古籍本有误者相应记于脚注。

② 文中《五灯会元》页码皆取自苏渊雷点校本，中华书局 1984 年版。

③ 《大正藏》册四十八，第 283 页 a。

④ 同上书，第 196 页 a。

⑤ 同上书，第 122 页 c。

（（宋）楚圆集《汾阳无德禅师语录》卷二，《大正藏》册四十七，612a）。"犹似可"义为"尚且可以"，常常作为铺垫，突出强调其后句的内容，（宋）普济《五灯会元》卷十三《洞山良价禅师》783页："僧回举似师，师曰：'幽州犹似可，最苦是新罗。'"同书卷十九《大沩法泰禅师》1283页："志公呵呵大笑曰：'前头犹似可，末后更愁人。'"

龙有出水之机，人无弁得之能

进曰："争那闲名在世何？"霜曰："张三李四他人事。"云居代云："若有闲名，非吾先师。"曹山代曰："从古至今，无人弁得。"踈山代云："龙有出水之机，人无弁得之能。"（卷六，洞山和尚）

该语在宋代禅录均作"龙有出水之机，无人辨得"。（（宋）道元《景德传灯录》卷十五《筠州洞山良价禅师》292页①，（宋）普济《五灯会元》卷十三《瑞州洞山良价悟本禅师》786页），且用于同一公案语。喻指凡情自迷，未能寻见顿悟之机。

宁可清贫长乐，不作浊富多忧

问："诸缘则不问，如何是和尚家风？"师云："宁可清贫长乐，不作浊富多忧"（卷十三，招庆和尚）

喻指禅意追求自然。宋代禅录又作："宁可清贫自乐，不作浊富多忧。"（（宋）道元《景德传灯录》卷二一《泉州招庆院道匡禅师》423页）。该语又常简省为"清贫长乐"，如《续传灯录》卷二《道颜禅师》："担板汉清贫长乐，粥足饭足俯仰随时。"②

心不负人，面无惭愧

问："如何是学人自己？"师云："一怕你不问，二恐你不会。""便请。"师云："心不负人，面无惭愧"（卷十九，陈和尚）

喻指寻见自我本心，即可顿悟无累。又作"心不负人，面无惭色。"（（宋）道元《景德传灯录》卷十二《陈尊宿》209页），又可简省为"心不负人"，（宋）守坚集《云门匡真禅师广录》卷一："问：'如何是活？'师云：'心不负人。'"③

只见锥头利，不见凿头平

僧问镜清："米和尚回意如何？"云："只见锥头利，不见凿头平。"（卷二〇，米和尚）

喻指弃本逐末，思维凝滞，失去自然本心。其他禅录多作"只见锥头利，不见凿头方"④。禅录中对该语的谚语性质有明确记载："近世学者多弃本逐末，背正投邪。只以为学为道为名，专以取富贵，张大门户。为决定义，故心术不正，为物所转。俗谚所谓只见

---

① 《景德传灯录》东禅寺本（日本花园大学禅文化研究所影印）作"辨"。成都古籍本录作"辩"，显误。

② 《大正藏》册五十一，第480页a。

③ 《大正藏》册四十七，第547页b。

④ （宋）道元：《景德传灯录》卷九《金州操禅师》，第154页；（宋）妙源编《虚堂和尚语录》卷一，《大正藏》册四十七，第989页b。

锥头利，不见凿头方。"① 也可省作"只见锥头利"，如（宋）惟盖竺等编《明觉禅师语录》卷二："可惜王老师只见锥头利。"②

禅录另可见此谚语的同源语汇两则："只见锥头利，失却凿头方。"如（宋）楚圆集《汾阳无德禅师语录》卷二："'打得铁船也未？'代云：'只见锥头利，失却凿头方。'"③以及"莫见锥头利，失却凿头方"：黄檗有时正路行，或时草里走。汝等诸人，莫见锥头利，失却凿头方。④

二　《祖堂集》中的惯用语

牛不吃栏边草

僧问石头："如何是祖师意？"石头曰："老僧面前一踏草，三十年来不曾锄。"有人举似师，师云："牛不吃栏边草。"（卷五，云岩和尚）

该语喻指未识自心即佛，却一味地向外驰求，徒劳无益。禅录又见："铁牛不吃栏边草"，"泥牛不吃栏边草"，概为同源语汇。例如《续传灯录》卷四："僧问：'师唱谁家曲，宗风嗣阿谁？'师曰：'铁牛不吃栏边草，直上须弥顶上眠。'"⑤《续传灯录》卷十二："问：'如何是祖师的意？'师曰：'泥牛不吃栏边草。'"⑥

肉重千斤，智无铢两

僧对曰："龟毛兔角岂是有耶？"师云："肉重千斤，智无铢两。"（卷五，三平和尚）

喻指思维沉溺于肉身和世俗表象，不见真法。同例见于（宋）道原《景德传灯录》卷十四《漳州三平义忠禅师》276 页以及（宋）普济《五灯会元》卷五《三平义忠禅师》283 页。

时至根苗自生

师于言下承旨，礼谢而退。翠微云："莫揉却！"师曰："时至根苗自生。"（卷六，投子和尚）

该语喻指万法顺其自然。同则公案见于（宋）道原《景德传灯录》卷十四《京兆终南山翠微无学禅师》268 页及（宋）普济《五灯会元》卷五《翠微无学禅师》279 页。（宋）绍隆等编《圆悟佛果禅师语录》卷十四亦见其例："得非此段大因缘，时至根苗自生也，亦机感相投有地也？"⑦

嚼饭哝鲁伯

---

① （宋）蕴闻编《大慧普觉禅师语录》卷二十四，《大正藏》册四十七，第 913 页 b。

② 《大正藏》册四十七，第 680 页 b。

③ 同上书，第 618 页 a。

④ （宋）惠泉集《黄龙慧南禅师语录》卷一，《大正藏》册四十七，第 633 页 a。

⑤ 《大正藏》册五十一，第 491 页 a。

⑥ 同上书，第 542 页 b。

⑦ 《大正藏》册四十七，第 779 页 b。

僧问黄龙:"古人道:'不许夜行,投明须到',意作摩生?"黄龙曰:"嚼饭喂鲁伯。"(卷六,投子和尚)

对待鲁伯还像对待小孩子一样嚼饭给他吃,喻指徒做无用功。禅录与此同源的惯用语有"嚼饭喂婴儿"、"嚼饭喂婴孩"、"嚼饭喂小儿",例如:(宋)妙源等编《虚堂和尚语录》卷二:"且道,今夜还来吃果子否?卓主丈,嚼饭喂婴儿。"① 《续传灯录》卷三:"沙里无油事可哀,翠岩嚼饭喂婴孩。他时好恶知端的,始觉从前满面埃。"② 《续传灯录》卷二一:"诸禅德,这个公案唤作嚼饭喂小儿。"③

禾茎粟柄

问:"如何是毗卢师法身主?"师曰:"禾茎粟柄。"(卷六,洞山和尚)

"禾茎"与"粟柄"软硬度分处两极,为正反对比式。禅僧常用不可能存在的事物应对禅机,以断除迷思。该语在禅录中又作"禾茎粟干"或"禾茎粟干",例如:(明)语风圆信、郭凝之编《瑞州洞山良价禅师语录》卷一:"僧问:'如何是毗卢师法身主?'师云:'禾茎粟干。'"④;[日本]慧印校《筠州洞山悟本禅师语录》卷一:"僧问:'如何是毗卢师法身主?'师曰:'禾茎粟干。'"⑤ 宋代禅录又见"改禾茎为粟柄",当为该语的活用,(宋)绍隆等编《圆悟佛果禅师语录》卷五:"若也全机剔脱去,变大地作黄金,搅长河为酥酪,改禾茎为粟柄,易短寿作长年,不为分外。何故?"⑥ 同书卷十一:"若自用得去,改禾茎为粟柄,易短寿作长年,变大地作黄金……"⑦

冷灰里豆子爆

师云:"莫从天台采得来不?"对曰:"非五岳之所生。"师曰:"莫从须弥顶上采得来不?"对曰:"月宫不曾逢。"师曰:"与摩则从人得也。"对曰:"自己尚怨家,从人得堪作什摩?"师曰:"冷灰里豆子爆。"(卷七,夹山和尚)

喻指抛除杂念以后,达到顿悟境界。同源俗语又作"冷灰爆豆"、"冷灰里豆爆"、"冷灰豆爆"、"冷灰里有一粒豆子爆"、"冷灰里有一粒豆爆"等,例如:[唐]慧然集《镇州临济慧照禅师语录》卷一:"合浦还珠固为奇特,冷灰爆豆亦自不妨。"⑧(宋)崇岳、了悟等编《密庵和尚语录》卷一:"到个里,回头一觑,蓦地冷灰里豆爆,如关将军入大阵。"⑨(宋)妙源等编《虚堂和尚语录》卷二:"且道,火炉头说甚么话?恐冷灰豆爆,弹破诸人鼻孔。"⑩(宋)道原《景德传灯录》卷二○《杭州佛日和尚》390页:"师曰:'自己尚是冤家,从人得堪作什么?'曰:'冷灰里有一粒豆子爆。'"同例(宋)普济

---

① 《大正藏》册四十七,第 1000 页 b。

② 《大正藏》册五十一,第 485 页 c。

③ 同上书,608b。

④ 《大正藏》册四十七,524c。

⑤ 同上书,第 510 页 b。

⑥ 同上书,第 735 页 c。

⑦ 同上书,第 762 页 a。

⑧ 同上书,第 495 页 c。

⑨ 同上书,第 973 页 b。

⑩ 同上书,第 1000 页 b。

《五灯会元》卷十三《杭州佛日禅师》827 页作："冷灰里有一粒豆爆。"

野老门前不话朝堂之事

　　问："西天一人传一人，彼此不垂委曲。谁是知音者?"师曰："野老门前不话朝堂之事。"（卷九，洛浦和尚）

禅师使用该语讽指痴妄高深，实则背离本心的俗念，对答中以此一语截断迷途。宋代禅录多见其例，（宋）道原《景德传灯录》卷十六《澧州乐普山元安禅师》313 页："又问曰：'承西天有二十八祖，至于此土人传一人，且如彼此不垂曲者如何?'师曰：'野老门前不话朝堂之事。'"（宋）普济《五灯会元》卷六《洛浦元安禅师》317 页："'佛佛相应，祖祖相传，彼此不垂曲时如何?'师曰：'野老门前，不话朝堂之事。'"（宋）正觉颂古、［元］行秀评唱《从容庵录》卷三亦引洛浦此语，其例为："洛浦云：'野老门前不话朝堂之事。'故安贴农桑，未尝鼙鼙，何也? 无用处成真用处，好因缘是恶因缘。"①

老鼠吃盐

　　问："曹溪一路，请师举扬。"云："莫屈著曹溪摩?""与摩则群生有赖。"云："汝也是老鼠吃盐。"（卷十三，山谷和尚）

老鼠吃盐是违背常理的，喻指刻意追求，误入迷途。相同公案语见于（宋）道原《景德传灯录》卷二二《漳州报恩院行崇禅师》447 页。（宋）蕴闻编《大慧普觉禅师语录》卷四亦有其例："进云：'只如云门道，人从天台来，却往径山去。又作么生?'师云：'老鼠吃盐。'"②

．雷声甚大，雨点全无

　　问："大藏教中还有宗门中事也无?"师云："是什摩?"进云："如何是宗门中事?"师云："雷声甚大，雨点全无。"（卷十二，荷玉和尚）

喻指脱离本心，徒做无用功。禅录习见其例，（宋）道原《景德传灯录》卷二八《大法眼文益禅师》614 页："问：'从上宗乘如何履践?'师曰：'雷声甚大，雨点全无。'"另（宋）重显颂古、克勤评唱《碧岩录》卷七亦有其例："前不构村，后不迭店。拗折拄杖子，向什么处去? 雪窦雷声甚大，雨点全无。"③

疋上不足，比下有余

　　东引西证，忽因古德光贤，便有见处。岂不是疋上不足，比下有余?（卷十二，禾山和尚）

禅僧于机锋对答中常借用此语断除对方的妄念。（宋）守坚集《云门匡真禅师广录》卷二④亦有其例。

---

　　①　《大正藏》册四十八，第 250 页 b。
　　②　《大正藏》册四十七，第 826 页 a。
　　③　《大正藏》册四十八，第 196 页 a。
　　④　《大正藏》册四十七，第 565 页 c。

《祖堂集》有两例"于上不足，迟下有余"，盖为与此同源者：

> 问："无居止处，还许学人立身也无？"师云："于上不足，迟下有余。"（卷十三，招庆和尚）；进曰："直得一物不留，还消得也无？"师云："于上不足，迟下有余。"（同前）

闲家具

> "如何是戒定慧？"师曰："贫道这里无这个闲家具。"（卷四，药山和尚）

"闲家具"，喻指无用的表象，而非根本。禅僧机锋对决中习用，以之断除俗念。如（宋）道原《景德传灯录》卷十四《澧州药山惟俨禅师》265页："翱又问：'如何是戒定慧？'师曰：'贫道遮里无此闲家具。'"（宋）守坚集《云门匡真禅师广录》卷二："一日云：'汝作么生辨得无碍法？'"代云：'闲家具。'"① （宋）绍隆等编《圆悟佛果禅师语录》卷十三："六根四大只是个闲家具。"（同上，772b）

与"闲家具"同源的还有"破家具"，喻义相近，例如（宋）普济《五灯会元》卷十一《叶县归省禅师》688页："问：'如何是戒定慧？'师曰：'破家具。'"该俗语为禅林行业语汇，未扩展至俗家语汇系统。

三 《祖堂集》中的歇后语和成语

《祖堂集》中的歇后语使用较少，兹拈其两例如下：

蚊子上铁牛，无你下觜（嘴）处

> 云岩却问："百丈大人相如何？"师云："魏魏堂堂，炜炜煌煌。声前非声，色后非色。蚊子上铁牛，无你下觜处。"（卷十六，沩山和尚）

喻指禅法不可拘泥于言句表述，而应回归本心。该语又可单用做"蚊子上铁牛"，宋代禅录习见，见袁宾先生②该条。其源可追至《祖堂集》。

一粒在荒田，不耘苗自秀

> "如何是本来者？"师云："一粒在荒田，不耘苗自秀。"（卷九，洛浦和尚）

该语喻指领悟禅法本不用刻意追求，万法自然。（宋）道原《景德传灯录》卷十六《澧州乐普山元安禅师》314页，（宋）道原《五灯会元》卷六《澧州洛浦山元安禅师》318页均见该语，公案同一。（宋）集成等编《宏智禅师广录》卷六亦曰："种性不枯，花叶遍界。所以道，一粒在荒田，不耘苗自秀。"③

《祖堂集》中可见诸多沿用至今的成语，皆用于点明禅旨，此不赘释。其例如：

> 不可思议（卷二，阇夜多尊者）、喜不自胜（卷四，药山和尚；卷十九，灵云和尚）、浮生扰扰（卷五，龙潭和尚）、得意忘言（卷六，洞山和尚）、打草惊蛇、抛砖

---

① 《大正藏》册四十七，第562页b。
② 《禅宗词典》，湖北人民出版社1994年版，第465页。
③ 《大正藏》册四十八，第75页c。

引玉（卷七，雪峰和尚）、家破人亡（卷七，夹山和尚）、斩钉截铁｜出生入死（卷八，云居和尚）、时不待人（卷十，玄沙和尚）、覆水难收（卷十，镜清和尚）、与蛇画足（卷一二，荷玉和尚）、知过必改（卷一三，招庆和尚）、雨顺风调（卷一三，报慈和尚）、拖泥涉水（卷一五，麻谷和尚）、忘前失后（卷一五，五洩和尚）、回光返顾（卷十八，仰山和尚）、粉骨碎身（卷十九，临济和尚）。

四 《祖堂集》语源试探

《祖堂集》俗语语汇大多出自当时日常的农禅生活事理。禅僧追求智慧，因此所用语汇具有极大创造性，上举谚语、惯用语和歇后语之例多为此类。不过《祖堂集》中也有出于外典的俗语汇，这些语汇又可分为两类：一类为化用俗家典故，同样体现了禅僧追求智慧创新的旨趣，另一类为直引外典之语，此类用例不多。今揭其例如下。

1. 化用俗家典故

射虎不中，徒劳没羽

> 进曰："三跳外事如何？"师云："射虎不中，徒劳没羽。"（卷九，洛浦和尚）

该谚喻指未见时机，徒下工夫。禅录又作"射虎不真，徒劳没羽"。例如，（宋）道原《景德传灯录》卷一○《赵州观音院从谂禅师》171 页："保寿云：'射虎不真，徒劳没羽。'"（宋）惟盖竺等编《明觉禅师语录》卷一："僧拟议，师便喝。僧云：'未审只与么，别有在？'师云：'射虎不真，徒劳没羽。'"① 该语化用于汉将李广射虎未中，箭没于石的典故，见《汉书·李广传》（中华书局 1983 年版）。

来朝更献楚王看

> 师有时上堂，众集良久，云："来朝更献楚王看，珍重。"（卷一○，镜清和尚）

该谚典出战国卞和献玉遭刖足之事。用于禅林喻指不可刻意急求顿悟，失去自然本心。禅录多见其例，如（宋）道原《景德传灯录》卷二二《韶州白云祥和尚》450 页："问：'如何是和尚接人一路？'师曰：'来朝更献楚王看。'"② （明）语风圆信、郭凝之编《瑞州洞山良价禅师语录》卷一："五祖戒别首座云：'朝来更献楚王看。'"③ 此典故更完整的谚语形式为"抱璞不须频下泪，来朝更献楚王看"。其例见于（宋）道原《景德传灯录》卷十九《福州安国院明真大师》370 页："僧曰：'乞师指示。'师曰：'抱璞不须频下泪，来朝更献楚王看。'"

在秦则护秦

> 寻后有僧举似化度，化度却问其僧："只如长庆行这个杖，还公当也无？"对云："公当。"化度云："或有人道不公当又作摩生？"对云："若是与摩人，放他出头始得。"化度云："在秦则护秦。"（卷十，镜清和尚）

---

① 《大正藏》册四十七，第 673 页 a
② 此据《景德传灯录》东禅寺本，成都古籍本录作"来朝更献楚炳王看"。
③ 《大正藏》册四十七，第 523 页 a。

该谚为"在秦为秦,在楚为楚"的简省。(宋)楚圆集《汾阳无德禅师语录》卷二:"镇州天王院主官人问:'什么功德?'云:'护国天王。'云:'只护此国,偏护余国?'云:'在秦为秦,在楚为楚。'"① (宋)普济《五灯会元》卷六《亡名古宿》365 页亦录"在秦为秦,在楚为楚"。此语似取于《史记·淮阴侯列传》(中华书局 1975 年版)所记西汉时期秦地二王归顺楚王又被封为秦地首领的典故。

2. 直引外典俗语

生我者父母,成我者朋友

> 和尚见了云:"灼然是'生我者父母,成我者朋友'。你不用在我这里,便速去。"(卷四,药山和尚)

唐以前正史即多见以"生我者父母"为起句的惯用语,例如:生我者父母,知我者鲍子也。② 生我者父母,活我者子也。③ 所谓生我者父母,贵我者高王。④《祖堂集》例反映了禅僧语言曾受外典的影响。

玉不琢不成器,人不学不知道

> 玉不琢不成器,人不学不知道。(卷六,洞山和尚)

该语来自外典,对此《宗镜录》卷三九中已有说明:"外书云:玉不琢,不成器。人不学,不知道。"该语见于《礼记·学记》⑤:"玉不琢,不成器。人不学,不知道。"后世俗典习见。

结　语

今天所能见到的古代禅宗典籍数量庞大。唐宋禅林僧众是拥有较长历史阶段和庞大人群的一个言语社团。禅僧在不立文字、见性成佛的思想主张下,于日常语言生活中形成惯用俚俗语接引禅机的鲜明特色,因此唐宋禅宗语录保留了当时很大的口语性,是汉语历史语汇学研究的重要资料。《古今俗语集成》⑥ 曾对《五灯会元》中的俗语语汇进行了考察。《五灯会元》是成书于南宋晚期的禅宗灯录,而成书于晚唐五代的《祖堂集》是我国禅宗灯录的开山之作,且未经官方文人刊削,因此对于考察禅宗语汇史具有不可替代的价值。迄今禅籍俗语汇的研究与其巨大藏量并不相称,《祖堂集》以及唐宋禅籍的语汇宝藏需要进行大力挖掘和研究。

温振兴,1978 年生,山西大学文学院教师,硕士生导师,文学博士,研究方向为汉语史。

---

① 《大正藏》册四十七,第 618 页 b。
② 《史记·管晏列传》,中华书局 1975 年版。
③ 《三国志·魏书·卷二十八》,中华书局 1997 年版。
④ 《北齐书》卷二,中华书局 1997 年版。
⑤ 《十三经注疏》本,中华书局 1980 年版。
⑥ 温端政主编,山西人民出版社 1989 年版,第 184—224 页。

中国禅学　第五卷
2010 年，第 10—27 页

《祖堂集》校释失误举隅*

詹绪左　　何继军

　　内容提要　在研究《祖堂集》时，我们发现现今的点校本中出现了各种各样的疏失。本文拟从六个方面进行探讨：一是校字未审，二是引文未确，三是疑之未当，四是不烦校改，五是采择未当，六是擅改失宜。
　　关键词　祖堂集　校释　失误

　　我们在研究《祖堂集》词语时，发现现今的点校本[①]常出现这样或那样的疏失。其中俗字校录之误、标点断句之误，将另文讨论。下面拟揭举其他方面的疏失，分六种类型进行商讨。意在把《祖堂集》的校理和词语研究导向深入，同时为学界研究《祖堂集》提供真实可信的语言材料。

一　校字未审例

1. 第二十一主　主中主

　　自波须密入定时，当此土姬周第二十一主定王十九年辛未岁矣。（卷一《第七祖婆须密尊者》）

　　"第二十一主"的"主"，岳麓本录作"王"。未确。

　　今按："第二十一主"的"主"，影印本虽不甚清晰，但为"主"字的残文，却隐然可见。再核《宝林传》卷二、《景德传灯录》卷一、《五灯会元》卷一本章，此句均录作"主"。《祖堂集》中"第×主"屡见，以卷一为例，如"周第八主孝王"见于《第一祖大迦叶尊者》，"周第十主厉王"见于《第二祖阿难尊者》，"姬周第十五主庄王"见于《第五祖提多迦尊者》，均可助证。

　　同书中还有这样一则公案：

　　　　问："如何是主中主？"云："昨日送一个去，今日迎一个来。"（卷十《长生和尚》）

　　"主中主"，岳麓本、中州本均录作"王中王"，亦误。

　　*本文为安徽省社科规划项目成果，项目号 AHSK05—06D3D。
　　①《祖堂集》：张华点校，中州古籍出版社 2001 年版，简称"中州本"；吴福祥、顾之川点校，岳麓书社 1996 年版，简称"岳麓本"；佛光山总务委员会印行 1994 年版，简称"台藏本"。

今按：此字影印本虽不清晰，然为"主"字的阙文，也依稀可辨。"主中主"系禅家常语，是曹洞宗、临济宗所立的"四宾主"之一。在《祖堂集》中，"主中主"或与"客中主"对言（卷八《曹山和尚》、卷十二《荷玉和尚》），或与"宾中主"对举（卷二十《隐山和尚》）。由于它是禅法的极则处（《洞上古辙》卷上："理之本体不涉于用者，名主中主，喻如帝王深居九重之内也。"），故学人询问何谓"主中主"时，长生和尚便巧妙地把问题岔开，以现实中的帝王"昨日去"（上台）、"今日来"（下台）作答。倘录作"王中主"，则其意未明。

2. **将为**

> 赵州落后到投子，便问："死中得活时如何？"师云："不许夜行，投明须到。"赵州便下来一直走，师教沙弥："你去问他我意作摩生。"沙弥便去唤赵州，赵州回头，沙弥便问："和尚与摩道意作摩生？"赵州云："遇著个太伯。"沙弥归举似，师便大笑。有僧举似雪峰，便问："只如古人与摩道意作摩生？"雪峰曰："翁（？）为我胡伯，更有胡伯在。"僧问黄龙："古人道：'不许夜行，投明须到'，意作摩生？"黄龙曰："嚼饭喂鲁伯。"（卷六《投子和尚》）

这是简字本《赵州录》"补遗"中所引的一则公案。[1] 例中的"翁为"实属误认。
今按：查核影印本，原字实作"将为"，"将为"就是认为的意思。

3. **灵石山**

> 曹山和尚嗣洞山，在杭州住。师讳本寂，泉州蒲田县人也，俗姓黄。少习九经，志求出家，年十九，父母方听，受业于福唐县灵石山。（卷八《曹山和尚》）

"灵石山"，中州本录作"灵右山"，校注："本师于何处出家，《宋高僧传》据玄泰塔铭曰'年十九，入福州云名山出家'，《景德传灯录》说'年十九出家，入福唐县灵石山'，此与原本'灵右山'仅一字之别，疑传抄生误。"
今按：影印本实作"灵石山"。

4. **运步**

> 问："行到不思议处时如何？"师云："青山常运步，白月不移轮。"（卷九《洛浦和尚》）

"运步"，岳麓本、中州本均录作"迟步"。误。
今按：影印本实作"运步"。"运步"，意指移步，亦即运行。"运步"句系禅籍中的常见句，见于《五灯会元》卷十四《芙蓉道楷禅师》、《天桂老人报恩编》卷中、《义云和尚语录》卷下、《实峰禅师语录》等。又，《祖堂集》卷九《韶山和尚》中也有"实际理地，如何运步"句。

5. **续起问**

> 招庆举南泉翫月次，时有僧问："何时得似这个月？"泉云："王老僧二十年前亦曾与摩来。"招庆续起问："如今作摩生？"师代云："近日老迈，且摩过时。"招庆云："不因阇梨举，泊成亡记。"师云："宿习难忘。"困山云："今日可杀寒。"（卷

---

[1] 该书系《中国禅宗典籍丛刊》的一种，张子开点校，中州古籍出版社 2001 年版。

十一《保福和尚》）

"续起问"的"续"，中州本校注："原本作'绩'。"误。

今按：查影印本，原字实作"续"。"续起问"犹言进而问之。

6. 借问

> 因僧辞次，师问僧："你到浙中，浙中道伴借问，语附机而不顾，舌头玄而不参，且作摩生与报慈知音？是汝若为对他？"（卷十三《报慈和尚》）

"借问"的"借"，中州本录作"偕"。校注："原本'偕'，通'皆'，俱也，同也。如《诗经·邶风·击鼓》：'与子偕老。'又《说文·句读》：'皆偕本一字。'"此校亦误。

今按：影印本实作"借问"。录作"偕"，系误"读"。"借问"义为询问、请问，南北朝时即已出现，《汉语大词典》、《广释词》等均已收录。另检《祖堂集》，"借问"凡六见，皆表询问、请问义，此例也不例外。

7. **本分事**

> 杉山和尚嗣马大师，在池州……师与南泉向火次，南泉问师："不用指东指西，本么（疑乃"末"之音误）事直下道将来。"师便把火筋放下。南泉云："饶你与摩，犹较王老师一线道。"南泉又问赵州，赵州以手作圆相，中心一点。泉云："饶你与摩，犹教王老师一线道。"云门闻举云："南泉只是步步登高，不解空里放下。"（卷十四《杉山和尚》）

这是简字本《赵州录》"补遗"所引的一则公案。例中的"本么事"也属误认，视之为"末之音误"，更是无据。

今按：查核影印本，原字正作"本分事"；"本分事"指禅人本身分内的大事，亦即明心悟性，超越生死。

8. **特往**

> 后闻洪州马大师禅门上首，持往瞻礼。（卷十五《汾州和尚》）

这是岳麓本校录的文句，"持往"系误录。

今按：影印本实作"特往"。作"持往"则不辞。《宋高僧传》卷十一、《景德传灯录》卷八、《五灯会元》卷三本传均录作"特往瞻礼"，可助证。"特往"是特意而往之义，禅录中习见。如"特往参扣"见于《大慧普觉禅师宗门武库》、《大觉禅师语录》卷中，"特往化之"见于《大慧普觉禅师住径山能仁禅院语录》卷四，"特往拜文殊者"见于《佛德大通禅师愚中和尚语录》卷五，"特往瞻礼"又见于《佛祖统纪》卷八《十七祖四明法智尊者大法师》等，是其例。

9. **绍隆**

> 商之缁徒，见皆叹曰："此无上法器也。速令出家，绍隆三宝。"（卷十五《汾州和尚》）

"绍隆"，岳麓本、中州本均录作"绍降"。误。

今按：核影印本，原字正作"绍隆"。《祖堂集索引》、台藏本均录作"绍隆"，这是正确的。"绍隆"，意指继承并发扬光大。《祖堂集》中恰有"绍隆正法"（卷一《第一祖大迦叶尊者》）句，可为证。

10. 无始

> 不坐禅，不修道，任运逍遥只摩好。
>
> 但知万法不干怀，无始何曾有生老？（卷十七《关南和尚》）

"无始"的"始"，影印本右上角略有残损。岳麓本、中州本均录作"如"。非。

今按："无如"意不可通。当作"无始"。"无始"系佛典中的习语，佛教以一切众生及法均由前世因缘转生而来，前世以前，又有前世、更前世，故称"无始"。《景德传灯录》卷三十引此句正作"无始"。

二 引文未确例

1. 玉涧寺

> 及为童之岁辞亲，于莆田县玉涧寺依庆玄律师以受业焉。（卷七《雪峰和尚》）

中州本校注："玉涧寺：《全唐文》载黄滔撰《福州雪峰山故真觉大师碑铭》作'玉润寺'，《宋高僧传》雪峰传从之，亦作'玉润寺'。《景德传灯录》、《五灯会元》与原本一致，仍'玉涧寺'。"

今按：此校注引文未确当。检核《全唐文》所载黄滔的《碑铭》，正录作"玉涧寺"，其所撰《华岩寺开山始祖碑铭》中也记作"玉涧寺"。故《宋高僧传》中的"玉润寺"，显然是传抄之误。

2. 询奂

> 臣相裴休深加礼重，为制碑文，询奂射人，颇彰时誉。（卷六《草堂和尚》）

"询奂"的"询"，中州本录作"绚"，校注："绚：原文作'询'字。《论语·八佾》曰'素以为绚兮'，郑玄注此文云：'文成章曰绚。'绚奂，即指美丽灿烂、文采斐然。'绚奂'之成词，见于颜延之《赭白马赋》'绚练奂绝'。"

今按：此校注校字，解释均是，但引文并不准确。检所引颜延之《赭白马赋》文句，出于《文选》卷十四鸟兽下志上，写作："别辈越群，绚练复绝。"知"'绚奂'之成词"云云，是没有根据的。

三 疑之未当例

1. 触

> 汝可出家，舍除触器，合证圣果。（卷一《第六祖弥遮迦尊者》）

> 乃至屠坊酒肆，若犦若净，若好若恶，以汝所见，事觌尽教，是此境界入如入律。（卷十三《山谷和尚》）

> 唤作此座，早是触污也。（卷八《曹山和尚》）

上揭例中的"触"，《唐五代语言词典》释云："污浊不净。'触'为'浊'的借字。"岳麓本校记："犦，疑应为浊。"

今按：其实，"犦"为"触"的异体字。"触"本有污义，并非"浊"的借字。丁佛保《佛学大辞典》"触"字条已经指出："不净为触"，并转引《增韵》："触，污也。"

《增韵》此释又见于《字汇·角部》。上揭三例均为显例。例一"触器"指酒器。佛门戒酒，故称酒器为触器，"触"正取污秽之义。例二"荤"与"净"反义对举，意义亦同。例三则"触污"同义连文。故"疑应为浊"既不必，也不宜。

2. 有何所须

> 长者作礼问："尊者远至，有何所须？"答曰："我无伴侣，孑然一身。欲命徒侣而归佛道。"（卷一《第三祖商那和修尊者》）

"有何所须"，岳麓本校记："'须'疑应为'需'。"实不必疑。

今按："须"，义为需要、须要。佛典中经见。《佛说佛母出生三法藏般若波罗蜜多经》卷二十四《常啼菩萨品第三十之二》："汝今有何所须？我当授汝。"《根本说一切有部苾刍尼毗奈耶》卷五："见尼问言：'圣者有何所须？'诸苾刍尼具陈其事。"《宝林传》卷二《第八祖佛陀难提尊者》："礼问尊者曰：'有何所须？'师曰：'我来求人，不须其物。'"均其义例。

同书又有一例：

> 凡百亿所须，始终不替，奏紫衣师号妙觉大师。（卷八《上蓝和尚》）

岳麓本校记："'须'疑应为'需'。"亦不必疑。

3. 句当

> 师到百颜，颜问："近离什摩处？"师曰："近离湖南。"颜云："官察使姓什摩？"师曰："不得他姓。"颜云："名什摩？"师曰："不得他名。"颜曰："还曾出不？"师曰："不曾出也。"颜曰："合句当事不？"师曰："自有郎幕在。"颜曰："虽不出，合处分事。"（卷六《洞山和尚》）

中州本校注："'合句当事不'：疑为'合处分事不？'据下文。"

今按：此疑也不确当。例中的"句当"，亦即"勾当"，"句"为"勾"的俗写（参"采择未当例"中的"句"条）；其意为处理、料理事务。此则公案广见于禅录。"句当"句，在《瑞州洞山良价禅师语录》中写做"还治事也无"；在《佛光国师语录》卷五中录作"还理事否"；在《密庵和尚语录》、《宏智禅师广录》卷三、《南院国师住瑞龙山南禅禅寺语录》卷中、《圆悟佛果禅师语录》卷十七中则记作"还理事也无"，知"勾当"即是"治事"、"理事"的意思。又，五代王定保《唐摭言》卷三："时俯及关宴，钧未办醵……对曰：'极细事耳。郎君可以处分，最先勾当何事？'"这是俗典中的语例。

4. 指旨

> 问："学人幸获侍觐，乞师指示。"师云："我若指旨，则厄屈著你。"僧曰："教学人作摩生则是？"师云："切忌是非。"（卷九《南际和尚》）

"指旨"的"旨"，岳麓本校记："疑应为'示'。"

今按："指旨"不误，不必生疑。同书卷十《安国和尚》章即有语例：

> 时有人问："承师有言：'尽乾坤界是你诸人家风'，学人到这里为什摩却不见？"师云："是你到什摩处却不见？"学云："请师指旨！"师云："泊放过。"

对读可知，"指旨"均是指明要旨之义。佛典中也常见此词。其例如天台宗桑门安然撰《普通授菩萨戒广释中》："一禅指旨，须臾悉减。"东大寺沙门凝然述《五教章通路记》卷十九："自余九义，指旨归中。"

《祖堂集》中还有这样一则公案：

> 问："弖事未明，乞和尚指示。"师沉吟良久曰："吾今为汝道一句亦不难，只宜汝于言下□□去。"（卷四《药山和尚》）

例中"指示"，岳麓本则据此误认为"指旨"的："旨""疑应为'示'"。其实，大可不必。

5. 攀缘起倒

> ［问］："如何是妄心？"师云："攀缘起倒是。"（卷九《九峰和尚》）

中州本校注："原文'起'字，疑应为'颠'。习惯用'攀缘颠倒'。"实不必疑。

今按：此则公案，又见于《景德传灯录》卷十六、《五灯会元》卷六本传，均作"攀缘起倒"，另见于《联灯会要》卷二三，则录作"起倒攀缘"，知其确然无误。更何况《祖堂集》卷八《曹山和尚》章又有"起倒相随"句，知其为禅家所常言。"攀缘起倒"、"起倒攀缘"，是说心涉外境，如猿攀树，亦即"妄心"之形象表述。

6. 半夜子　禺中巳

> 半夜子，命似悬丝犹未许。
> 因缘契会刹那间，了了分明一无气。（卷十一《云门和尚》引《十二时偈》）

"半夜子"，岳麓本校记："疑应作'夜半子'。"

今按："半夜子"即夜半之义。禅籍中屡见。《竺仙和上语录》卷中《示一侍者》："识得一，万事毕。半夜子，黄昏戌，面西方，看日出，雄鸡忽上阑干啼。"《云门匡真禅师广录》卷中："因看志公颂，问僧：半夜子，心住无生即生死。古人意作么生？代云：不可总作野狐精见解也。"《明觉禅师语录》卷三："半夜子，樵唱渔歌声未已。雨华徒说问空生，枕千门睡方美。"均其例。

同篇又有一例：

> 禺中巳，分明历历不相似。
> 灵源独曜少人逢，达者方知无所虑。

"禺中巳"，岳麓本校记："疑应作'隅中巳'。"亦不必疑。

今按："禺中巳"就是"隅中巳"。《景德传灯录》卷二九录南朝齐梁宝志和尚《十二时颂》，中有"禺中巳，未了之人教不至"。知其不误。"禺（隅）中"指太阳将近正中，亦即巳时。

7. 辟支弗

> 百丈上法堂。师问："适来有一个僧未得吃饭，汝供养得摩？"对曰："供养了。"师曰："汝向后无量大福德人。"对曰："和尚作摩生与摩说？"师曰："此是辟支弗僧，所以与摩说。"进问："和尚是凡人，作摩生受他辟支弗礼？"师云："神通变化则得；若是说一句佛法，他不如老僧。"（卷十四《江西马祖》）

"辟支弗"的"弗"，岳麓本校记："疑应为'佛'。"中州本径改为'佛'，校注："辟支弗：其中'佛'字，原本作'弗'。今校之，下同。"

今按：佛经译名本无定字，实不必疑，更不烦校。《祖堂集》中"辟支弗"、"辟支佛"并见，后者见于卷三《慧忠国师》章。《法华义疏第三》："形色憔悴无威德者，言二乘教不明声闻辟支弗有三十二相也。"此用前者。其意丁佛保《佛学大辞典》释云："（术语）Pratyekabuddha，略曰辟支，辟支迦佛，辟支佛。又作钵罗翳迦佛陀。旧译缘觉。新译独觉。"

8. 疑滞

　　心如木石，亦如香象截流而过，更无疑滞。此人天堂地狱不能摄也。（卷一四《百丈和尚》）

"疑滞"的"疑"，岳麓本"疑应为'礙'。"未确。

今按：这几句话，又见于《景德传灯录》卷六、《五灯会元》卷三本传，均作"疑滞"。"疑滞"意指滞碍、凝滞。《联灯会要》卷四本传即录作"滞碍"，正可比勘见意。《祖堂集》卷四《天皇和尚》："争那学人疑滞何？"亦其例。但此处"疑滞"意指困惑，与上揭例意义不尽相同。《佛德大通禅师愚中和尚语录》卷五《答普门岐阳和尚书》："今乃蒙如斯温顾，何啻平生所有疑滞百杂碎。"例中"疑滞"亦困惑义。

9. 大法藏

　　随处立名，智用无尽，即是无尽藏。能生万法，是大法藏。（卷一四《大珠和尚》）

"大法藏"，中州本录作"人法藏"，校注："原本'人'字，疑应为'大'。参敦煌新本《六祖坛经》曰：'性含万法是大，万法尽是自性。'故'大法藏'较'人法藏'为宜。"

今按：影印本实作"大法藏"，不当生疑。

10. 缁儒

　　师契大寂宗教，缁儒奔趋法会，自以道响天庭，闻于凤阙。（卷一四《章敬和尚》）

"缁儒"的"儒"，岳麓本校记："疑应作'繻'。"实不必疑。

今按："缁儒"就是指佛门中的饱学之士，佛典中屡见。《十地经论序》（侍中崔光制）："北天竺伏陀扇多，并义学缁儒一十余人，在太极紫庭。译出斯论十有余卷。"《历代三宝纪》卷一二："此方缁儒十有九人，所翻新文及维旧本论传法戒，合七十五部、四百六十二卷，结为皇隋大兴录目。"是其例。

11. 嘱累

　　师元和十三年化缘周毕，澡浴焚香，端坐绳床，大集僧众，慇勤叮嘱嘱累，开喻门徒云……（卷一五《五泄和尚》）

"嘱累"的"累"，岳麓本校记："疑应为'畢（毕）'。"

今按："嘱累"不误。《宋高僧传》卷一〇本传此句云："嘱累时众，溘然而绝。"可助证。"嘱累"本作"属累"，义为托付。《后汉书·乌桓传》："言以属累犬，使护死者神灵归赤山。"李贤注："属累，犹付托也。"《诸法无行经》卷上："嘱累已后，便入无余涅槃。"均其例。"殷勤叮嘱嘱累"犹言殷勤吩咐托付。台藏本此句标点为"殷勤叮嘱，嘱累开喻门徒云：……"标点未确。

12. 情神

> 多闻虽益，辩注虚张。觉爽情神，游方访道。（卷十五《大梅和尚》）

"情神"的"情"，岳麓本校记："疑应为'精'。"实不必疑。

今按："情神"，其义略同精神。佛典中屡见。释吉藏撰《中观论疏》卷第七（末）《合品第十四》："答：略有四师：一世间人，常云六根与六尘合；二外道，情神意尘四合生知……"即其例。

13. 亨年

> 亨年八十二，僧腊六十耳。（卷十七《东国慧目山和尚》）

"亨年"的"亨"，岳麓本校记："疑应为'享'。"中州本校注："'享年'，原本误作'亨年'。"

今按："亨年"的"亨"本就是"享"的古字。后也作为"享"的俗字。《正字通·亠部》："亨，古享字。"《广碑别字》引唐《亡宫九品墓志》、唐《正议大夫使持节相州诸军之守相州刺史上柱国河南贺兰山务温墓志》，"享"均作"亨"。另检《祖堂集》，"享年"凡二见，"享龄"亦二见，均作"亨"，足见并非偶然。太田辰夫《唐宋俗字谱》（《祖堂集》之部）也认为此字系"误用"，恐不尽然。

14. 脩臂

> 母华氏，梦感脩臂天人，垂授藕花，因此有娠。（卷十七《东国无染国师》）

"脩臂"的"脩"，岳麓本校记："疑应为'修'。"

今按："脩"、"修"古通用，毋庸置疑。检唐（新罗）崔致远《圣住寺大朗慧和尚白月葆光塔碑》（亦即本传所本）中正作"脩"。"脩臂"，长臂也。

台藏本校录此句时"脩"作"循"，误。

15. 想变体殊

> 只为情生智隔，想变体殊，所以三界轮回，受种种苦。（卷十九《临济和尚》）

"想"，岳麓本校记："疑应为'相'。"中州本径录作"相"。大可不必。

今按：上揭句见于诸本《临济录》及《景德传灯录》卷二八、《联灯会要》卷九本章，均录作"想"。《古尊宿语录》卷四○《次住法轮语录》、《南宋元明禅林僧宝传》卷一《龙翔竹庵珪禅师》中也有"情生智隔，想变体殊"之语。知改为"相"既不宜，也不必。这句话意思是说：情生则心智蔽隔，想变则本心迷误。

四　不烦校改例

1. 言不见此色

> 道明敬仰之心辞行者，便回向北去。至于虔州，果然见五十余僧来寻卢行者。道明向众云："大庾岭头怀化镇五六日寻候，兼问诸门津，并向北寻觅行者，言不见此色。"诸人却回。（卷二《第三十二祖弘忍和尚》）

"言不见此色"，中州本校注："参证本书卷十八仰山章说，'道明在岭头分首，便发向北去。于虎（虔）州，果见五十余僧来寻卢行者。道明问僧曰：我在大庾岭头怀化镇，左右五六日等候，借访诸关津，并不见此色目人过'。诸人却向北寻觅……原文'言不见此色'，今校为'皆不见此色'。"

今按：此实不烦校。"言"与"皆"形不相似，无缘致误。"言"字承上"问"字而来，意即把守门津的人说并没有见到你要找寻的这种人。其意顺畅。"皆不见此色"，意义欠明。

2. 漕溪

子曰："不知漕溪是什摩州界。"禅师曰："广南漕溪山，有一善知识，唤作六祖，广六百众，你去那里出家。某甲未曾游天台，你自但去。"（卷三《慧忠和尚》）

"漕溪"，岳麓本校记："据上文当作'曹溪'。"中州本径改为"曹"。

今按："漕溪"就是"曹溪"的俗写，是典型的俗写类化现象，故不烦改。敦煌本《坛经》及《南阳和上顿教解脱禅门直了性坛语》中"漕溪"多见，知为当时流行的写法。

3. 真饶

师有时示众云："出世不出世，尽是出世边说。"僧曰："有一人不肯。"师云："真饶不肯，亦是傍出。"（卷五《道吾和尚》）

"真饶"的"真"，岳麓本改为"直"。校记："'直'原作'真'，今正。"实不必"正"。

今按：禅录中"真"与"直"屡见通用之例，《祖堂集》中"直心"凡二见，与"真心"之意相当。"真饶"、"直饶"亦然，其意均为纵然、即使。《华严五教章衍秘钞》第五："真饶法苑章与今符合，安得偏以彼为定量焉？"《宏智禅师广录》卷三："真饶大慈古佛，也不奈这檐版汉何。"是其例。又禅录中习见"假饶"之例，其意亦同"真饶"、"直饶"，这对"真饶"的使用也会提供某种心理上的暗示。知无须"正"之。

4. 柱天

师问："太长老有一物，上柱天，下柱地，常在动用中黑如柒，过在什摩？"对曰："过在动用。"师便咄："出去！"（卷六《洞山和尚》）

"柱天"，中州本改为"拄"。校注："原文'柱'字今校作'拄'，参《景德传灯录》卷十五洞山章。"实不烦校。

今按："柱"本就有动词义。《集韵·语韵》："柱，支也。""柱天"，屡见于佛典、禅录。其例如《历代三宝记》卷十五《开皇三宝录总目序》："赖我皇帝，维地柱天。"《宗镜录》卷二十四："柱天大将军，特进君王。"《万松老人评唱天童觉和尚颂古从容庵》录二第三十一则："一道神光（上柱天，下柱地），初不覆藏（净裸裸赤洒洒），超见缘也。"知不必改。

5. 芸草

大彦上座初参见师，师在门前耘草次，彦上座戴笠子堂堂来，直到师面前，以手拍笠子，提起手，云："还相记在摩？"（卷七《岩头和尚》）

"芸草"，岳麓本校记："'耘'原作'芸'，今正。"中州本亦"正"作"耘"。实不必改。

今按："芸"、"耘"古通用。唐王绩《秋夜喜遇王处士》诗："北场芸藿罢，东皋刈黍归。"正作"耘"。知"正"之可不必。

6. 不彩汝

> 广利和尚对云："任汝世界烂坏，那人亦不彩汝。"报恩对曰："若道和尚是龙头蛇尾，也只是个瞎汉。"（卷九《乌岩和尚》）

"不彩汝"的"彩"，岳麓本校记："疑应为'睬'。"中州本径改为"睬"。实不烦改。

今按："理睬"的"睬"，清吴任臣《字汇补》始载之。古常用"采"、"彩"等字来表示。《祖堂集》中用"采"的语例见于卷四《药山和尚》"殊不采顾"句，用"彩"的除上揭例外，又见于卷六《洞山和尚》章"他谁彩某甲"句（句中的"彩"，中州本保留原形，但疑作"睬"）。《汉语大字典》"彩"字条未收此用法，故尤显宝贵。这里再补充一例，以供比参。俄藏黑水城本《劫外录》："果便举廓侍者问德山公案，以肘筑师云：'因甚两度不彩他？'师亦筑云：'莫谤人好！'果大笑。"

7. 滞累

> 问："如何是佛法大意？"师良久。其僧却举似石霜："此意如何？"石霜云："主人憝勤，滞累阇梨，拖泥涉水。"（卷十五《麻谷和尚》）

"滞累"，有论者认为当为"带累"之误。其说如下：

"滞累"为"带累"之误。"带累"为唐宋元明时期常用的口语词。《祖堂集》共出现五例：

卷九《罗山和尚》："若将一钱与匠人，带累匠人眉须一时堕落。"

卷六《洞山和尚》："师曰：'你还闻道，带累他门风。'"

卷七《岩头和尚》："峰云：'今生不著便，共文遂个汉行数处，被他带累。今日共师兄到此，又只管打睡。'"

卷十八《陆亘大夫》："登时神会唤作本源佛性，尚被与杖，今时说道，达摩祖师将经来，此是漫糊达摩，带累祖宗，合吃其铁棒。"（笔者按：此例出自《仰山和尚》）

卷十九《香严和尚》："有学人近前乞取，师云：'我一生来被他带累，汝更要之，奚为？'"

唐诗中也用，详见《唐五代语言词典》"带累"条。①

今按：此校引例虽穷尽，但要据此校改，仍嫌力有不逮。因"滞累"、"带累"古代都属常用词，也都有连累、牵累的意思，《汉语大词典》两词并收，故而校改不具排他性。我们则更倾向于把它视为不同禅录中的同义替换现象。再者，《祖堂集》中还有这样一则公案：

> 师问神会："汝从何方而来？"对曰："从曹溪来。"师曰："将得何物来？"会遂震身而示。师曰："犹持瓦砾在。"会曰："和尚此间莫有金真与人不？"师曰："设使有，与汝向什摩处著？"（卷三《靖居和尚》）

例中的"犹持瓦砾在"，《景德传灯录》卷五作"犹滞瓦砾在"，《联灯会要》卷三、《五灯会元》卷五则录作"犹带瓦砾在"，这里的"滞"，是拘泥、局限之类的意思，与

---

① 张美兰：《〈祖堂集〉文献与点校》，《中国禅学》2003年第2卷。

"持"、"带"义近，似也不能视为"带"的误字。更何况"滞"本身就有带累的意思。《临济录》："恐滞常侍与诸官员，昧他佛性，不如且退。"即是一例。

8. 围陁（陀）

若不能任摩得，纵令诵得十二《围陁经》，只成增上慢，却是谤佛，不是修行。（卷十四《百丈和尚》）

"围陀"，影印本作"围陁"。中州本校注："韦陀：原本作'围陀'，参《景德传灯录》卷六校作'韦陀'。"实不烦改。

今按：佛经译名本无定字。佛典、禅籍中"韦陀"、"围陀"并见。如圣者龙树造、后秦龟兹国三藏鸠摩罗什译《十住毗婆沙论》卷十《四十不共法中难一切智人品第二十二》中即有"韦陀经中有四颠倒"之句。姑苏景德寺普润大师法云编《翻译名义集二·六师第二十》中亦有"第三诵四韦陀经"之语。此用前者。用后者的语例也不少。如西晋安息三藏安法钦译《阿育王传》卷七："旧取五百人，皆诵四围陀典，天文地理，无不博达，共集议言。"《宗镜录》卷九八："一切贤圣，至佛而极。十二部经、五部毗尼、四围陀论，至心而极。"即其例。丁佛保《佛学大辞典》收有"韦陀"条，释云："（经名）Veda，又作围陀，毗陀，皮陀等，新称吠陀，吠驮，薜陀，鞞陀等。译曰明智，明分等。婆罗门所传经典之名也。"

五　采择未当例

1. 句

垂丝千丈，意在深潭。浮定有无，离句三寸。（卷五《华亭和尚》）

中州本校注："句，《景德传灯录》作'勾（钩）'。按情景当用'钩'，但用'句'之意义较为明显，故存之。"

今按：例中的"句"，并非言句的"句"，恰是"勾"字的俗写。《景德传灯录》卷十四、《联灯会要》卷二十、《五灯会元》卷五本传均作"钩"，可为证。《碑别字新编》引魏《金城郡主墓志》，"句"即作"勾"。《祖堂集》中"狗子"（卷十七《福州西院和尚》）的"狗"，"夜月为钩"（卷三《懒瓒和尚》）的"钩"，其右旁的"勾"，也写做"句"。

2. 不审

夹山有僧到石霜，才跨门便问，不审。石霜云："不必，阇梨。"僧云："与摩则珍重。"其僧后到岩头，直上便云，不审。师云："嘘！"僧云："与摩则珍重。"（卷七《岩头和尚》）

这是中州本的标点，且校注曰："不审：学僧来参和尚，必先自报家门，或者和尚先问其姓名及来处等，和尚往往就在这'审问'当中夹机带用，施以教诲。不作这些，即称'不审'，不审则表明其知'言语动用勿交涉'。又，唐时用作问候语……"

今按：两注相衡，前注显非，标点亦误。"见师不问讯，礼式不全。"（《五灯会元》卷四《国清院奉禅师》）例中的两个"不审"，正是僧人相见时的问候语，亦即"全礼式"的一端。《祖堂集》中另有语例。"度上座夜间举似诸禅客次，师近前来云：'不审。'"（卷十二《龙回和尚》）鉴此，上引例当标点为：

　　夹山有僧到石霜，才跨门便问："不审。"石霜云："不必，阇梨。"僧云："与摩则珍重。"其僧后到岩头，直上便云："不审。"师云："嘘！"僧云："与摩则珍重。"

3. 作何你　更何你

　　问："罕如何假？"师云："不希夷。"僧曰："作何你？"师曰："不申哂。"僧曰："与摩则零去也。"师云："不申哂，零什摩？"（卷八《曹山和尚》）

　　中州本校注："原文'作何你'，犹言'你作何'或'你作么生'。又'你'，在唐五代语言中可用做疑问语气词，相当于'呢'。"

　　今按：两说相衡，前说显非。例中的"你"是语气助词，同书中屡见。如卷十《安国和尚》："师问：'什摩处你？'"卷十六《南泉和尚》："师问黄檗：'笠子太小生。'黄檗云：'虽然小，三千大千世界，惣在里许。'师云：'王老师你？'黄檗无对。"又可写作"你"，如简字本《赵州录》"补遗"中所引一例：

　　（赵州）问："出门不见佛时如何？"师云："你你。"（《古尊宿语录》卷三六《投子和尚》）

　　例中的"你"，点校者疑为"尔"之误，亦未确。

　　《祖堂集》中还有一例：

　　亦无头，复无尾，灵光运运从何起。
　　只今起者便是心，心用明时更何你。（卷十四《高城和尚》）

　　中州本校注："原文'更何你'，似应作'你更何'。"

　　今按：此校也未确。倘依所校，则诗句失韵。再者，这几句诗又见于《宗镜录》卷九十八，"更何你"录作"心复尔"，也不存在着语序颠倒的问题。

4. 败阙

　　师上堂，良久，便起来云："为你得彻困也。"孚上座云："和尚败缺也。"（卷七《雪峰和尚》）

　　师因把杖打柱问："什摩处来？"对云："西天来。"师云："作什摩来？"对云："教化唐土众生来。"师云："欺我唐土众生。"却问："大众还会摩？"对云："不会。"师打柱云："打你个两重败阙！"（卷十一《云门和尚》）

　　中州本校注："两重败阙：暗指不会禅意的人心如倾颓的宫阙，既不能尽数拆去，又不能遮蔽风雨，等于自设障碍，自入迷境。又，败阙通'败缺'，指受挫，如本集卷七雪峰章：'师上堂，良久，便起来云：为你得彻困也。孚上座云：和尚败缺也。'"

　　今按：两注相较，前说似有望文生义之嫌。"败阙"其实也就是"败缺"，均指受挫、挫败。二者系同词异写。还可以倒序为"阙败"，又可以稍变其字而写做"纳败缺"、"纳败"等，均与"宫阙"无涉。此各举一例，以作比较：

　　我须求佛，一法扶助此身，长劫修免阙败。（《敦煌变文校注》卷五《妙法莲华经讲经文（一）》）

　　觉曰："这瞎汉来这里纳败缺，脱下衲衣，痛打一顿！"（《五灯会元》卷十一《兴化存奖禅师》）

上堂，举婆子烧庵话，师曰："这个公案，丛林中少有拈提者。杰上座裂破面皮，不免纳败一上，也要诸方检点。"（同上卷二十《天童咸杰禅师》）

六　擅改失宜例

1. 却云

问："如何是西来意？"师曰："会即不会，疑即不疑。"师却云："不会不疑底，不疑不会底。"（卷三《鹤林和尚》）

此则公案，中州本在"疑即不疑"后加"无对"。其校注："'无对'二字原本无。按，原本中经常出现"无对"二字为小字且横排，如后洞山章中就这样出现七次，疑为后世所加。另参《景德传灯录》卷四本传，不加'无对'而将后文'却'字改为'又'，似亦可。"

今按：此校不唯擅加，亦属擅改。例中的"却"，恰是"又"的意思（此义词典已收）。"师却云"，《景德传灯录》卷四、《五灯会元》卷二本传均录作"又曰"，这是禅录中常见的同义替换现象，正可比勘见义。仍以《祖堂集》为例，其卷五《云岩和尚》章：

问："一念瞥起，便落魔界时如何？"师曰："汝因什摩从佛界来？"却云："还会摩？"对曰："不会。"师曰："莫道不会，设使会得，也只是左之右之。"

又卷七《岩头和尚》章：

其僧却归，举似夹山。夹山上堂，云："前日到岩头石霜底阿师出来，如法举著。"其僧才举了，夹山云："大众还会摩？"众无对。夹山云："若无人道，老僧不惜两茎眉毛道去也。"却云："石霜虽有杀人之刀，且无活人之剑。岩头亦有杀人之刀，亦有活人之剑。"

例中的"却云"，都是"又说"的意思。

2. 汰

大寂问："从什摩处来？"对曰："从石头来。"大寂曰："石头路滑，还汰倒也无？"对曰："若汰倒即不来此也。"（卷四《丹霞和尚》）

"汰"，中州本录作"踏"。校注："原文作'汰'，今校为'踏'，下同。"

今按：此校误。"汰"为"溚"的简体俗字。《玉篇·水部》："溚，滑也。"《广韵·曷韵》："溚，泥滑。"与"踏"之义有别。唐韩愈《答张彻》诗："磴藓溚拳跼，梯飙飐伶俜。""溚"亦滑也。再看此则公案，"石头路滑"，一语双敲：字面义为南方经常下雨，到石头法会去的山路很滑或山上的石头路很滑，深层义则指石头法会的禅法门风很险峻，入门不易。无论哪层义，均可推知下句的"汰倒"义为"滑倒"。

此则公案又见于《景德传灯录》卷十四、《五灯会元》卷五本传，"汰"均作"圻"。《玉篇·足部》："圻，足跌也。"亦即失足跌倒之谓。与"踏"之义有别而与"溚"义相近。

3. 看还见摩

进曰："如何是佛光？"师唤云："侍郎。"侍郎应喏。师曰："看还见摩？"（卷

五《大颠和尚》)

"看还见摩",中州本改为"还看见摩"。未妥。

今按:禅录中常见此类问句。《如净和尚语录》卷上:"举拂子云:'看还见么?我见?人见?众生见?寿者见?咄!都不见最亲见。斩新庆贺,千化万变。'"即其例。

4. 不不肯

后到雪峰,师问:"什摩处来?"对云:"西禅来。"师云:"有什摩佛法因缘?"僧举前话。师云:"你还肯也无?"对云:"作摩生肯?"师云:"作摩生说不肯底道理?"对云:"什摩生问,师将境示人?"师云:"是你从西禅与摩来,到这里过却多少林木,总是境。你因什摩不不肯,只得不肯拂子?"僧无对。(卷七《雪峰和尚》)

例中的"不不肯",中州本改为"不肯"。校注:"原文'不'字下另有一'不'字,疑是衍字,今删去。"简字本《赵州录》录此公案,也视为衍字而删。

今按:"不不肯"并非衍文,删改无据。"不不肯"即无不肯,意在肯定,与下句"不肯"相对而言。例中的"境",指外境;"将境示人",是僧徒对西禅示机"竖起拂子"表示不认可。雪峰对此提出质问:说僧徒你"到这里过却多少林木"(即奔波于各处法会),处处都是"境","你"并没有表示不认可,为何就不认可"拂子"(外境的一端)呢?可见,"不不肯"与"不肯"相对,正击中了僧徒的矛盾处,故"僧无对"。若把"不"字删掉,则意不可通。

5. 畐

世中有一事,奉劝学者取。

虽无半钱活,流传历劫畐。

登天不借梯,遍地无行路。

包尽乾坤处,禅子火急悟。

寅朝不肯起,贪座昏黄晡。

鱼被网裹却,张破猎师肚。(卷七《雪峰和尚》)

"畐",中州本录作"逼"。校注:"逼,原字缺笔。"误。

今按:"畐"字不误。"畐"古代有两读,一读 bì,《广韵》芳逼切,入声,职韵,滂母。一读 fú,《广韵》房六切,入声,屋韵,奉母。此处应读后者,其义为满,富足。《说文·畐部》:"畐,满也。从高省,象高厚之形。读若伏。"朱芳圃《殷周文字释丛》:"字象长颈鼓腹圜底之器。""畐为盛器,充盈于中,因以象征丰满。"以此音、义验于原诗,均切。录作"逼",则不但失韵,义也不通。

6. 论劫

师云:"诸兄弟,还识得命摩?……所以古人道'拟将心意学玄宗,状似西行却向东'。论劫违背兄弟。"(卷九《九峰和尚》)

问:"古人道:'若记着一句,论劫作野狐精。'未审古人意如何?"师云:"龙泉僧堂未曾镆。"(卷十二《荷玉和尚》)

问:"如何是大庾岭头事?"师云:"料汝承当不得。"学云:"重多少?"师云:"这般底,论劫不奈何。"(卷十二《中塔和尚》)

引例中的"论劫",中州本均改为"沦劫"。

今按："论劫"不误，其意是指以劫为单位来计算年代，亦即极为久长的时期。佛典禅籍中习见。如《法苑珠林》卷十一《述意部第一》："论劫则方石屡尽，辩数则微尘可穷。"《临济语录》："上堂云：'有一人论劫在途中，不离家舍；有一人离家舍，不在途中。那个人合受人天供养？'便下座。"《景德传灯录》卷十一《陇州国清院奉禅师》："问：'十二时中，如何降伏其心？'师曰：'敲冰求火，论劫不逢。'"均其例。

7. 萧逸

> 或时见僧入门来云："患颠那作摩？"僧便问："未审过在什摩处？"师云："不是萧逸，争取兰亭。"（卷十二《禾山和尚》）

"萧逸"的"萧"，中州本录作"潇"。校注："潇：原本作萧。"此校录也未允。

今按："萧逸"即"萧翼"，并非潇洒飘逸。萧翼取兰亭，唐人屡有载录。如刘悚《隋唐嘉话》卷下、李冗《独异志》卷中、何延之《兰亭记》等。其中以《兰亭记》记载最为详细。本事如下：王羲之生前最保爱他所书的《兰亭序》，留付子孙。其七代孙智永，舍家入道，临终，将《兰亭》付弟子辩才。辩才"宝惜贵重，甚于禅师在日"，唐太宗欲得此帖，曾三次敕其入京，"方便善诱，无所不至"。辩才却称经乱坠失，"靳固不出"。唐太宗与侍臣研究"计取"之法，房玄龄推荐监察御史萧翼充使。萧翼"微服"至越州，与辩才唱和，僧俗"混然"。萧翼出示二王数帖，辩才亦出示《兰亭》。萧翼故意言其有瑕疵，二人"纷竞不定"。嗣后，萧翼乘辩才外出，"私"取《兰亭》及二王数帖。（见唐张彦远《法书要录》卷三、宋《太平御览》卷二十）萧翼计取《兰亭》，不仅是当时的热门话题，同时也是唐五代时的热门"画题"，阎立本有《萧翼取（赚）兰亭图》、吴侁有《萧翼兰亭图》、五代顾德谦有《萧翼取（赚）兰亭图》、五代支仲元有《萧翼赚兰亭图》，等等。在此情况下，"萧翼取兰亭"成为禅家拈弄的话头实在是很自然的。《古尊宿语录》卷二五《拈古》：

> 丰干欲游五台，谓寒山、拾得云："你若共我游台，便是我同流；你若不共我游台，不是我同流。"寒山云："你去游台作什么？"干云："礼拜文殊。"山云："你不是我同流。"师云："丰干大似辩才遇萧翼。"

"辩才遇萧翼"，出典正同。另，《人天眼目》卷六所列"禅林方语"中，就有"辩才遇萧翼"。

8. 赐于

> 寻离漳浦，远届皇都，叠捧天恩，赐于山谷矣。（卷十三《山谷和尚》）

中州本校注："'山谷'，疑为赐号，故'于'字似可校为'号'；或径删去，不损文意。"

今按："赐于"就是赐，"于"字不为义。疑为"号"云云，无版本依据；"删去"则更没有道理。《卍山禅师住东林寺语录》下卷："二十二日，重根持舍利，授富田，则夫人及侍女等一一礼敬，乃赐于重根。重根喜跃，非笔所罄。"是其例。

9. 执伏　折伏

> 于是群英执伏，金日玄无以比。（卷十五《鹅湖和尚》）

例中的"执伏"，中州本改为"折伏"。校注："'折伏'，原本作'执伏'。"

今按："执伏"、"折伏"意同，均指制服、使屈服，二者并为古代的常见词。下面各引几例：

犹如勇将大军之师，折伏严敌。(《阿差末菩萨经卷第一》，西晋月氏国三藏竺法护译)

又若人得智慧分，折伏诸结，故生天上。(《成实论》卷八《三报业品第一百四》诃梨跋摩造，姚秦三藏，鸠摩罗什译)

外道折伏，愧惋无言。(《法苑珠林》卷二十五《引证部第二》)

又曰李密据偃师，王世充领兵讨之。夜有班蛇，长丈余，向寝屋作声如牛吼。执伏者斩之，明日战大溃，疋马归国。(《太平御览》卷九三三《鳞介部五》《地上》)

取其威猛，以执伏群下。(《太平御览》卷六八三《仪式部四》《印》)

由此可见，中州本实不必改。

10. 畎道

彻公曰："我师马和尚诀我曰：'若得东人可目击者，畎渠道中，俾慧水盂，冒于海隅，为德非浅。'师言在耳，吾喜汝来，今印焉。俾冠禅侯于东土，往钦哉。"(卷一七《东国无染国师》)

"畎渠"的"畎"，中州本录作"亩"，误。

今按："畎渠道中"，唐(新罗)崔致远《圣住寺大朗慧和尚白月葆光塔碑》中作"畎导中"。"畎"与"𤰞"是异体字，义为疏通、流注。《正字通·田部》："畎，疏通流注皆曰畎。""道"，"導(导)"的古字，义为疏导。"畎导"属于同义词的连用。若依《祖堂集》，"畎"则为名词，义为田间小沟。《字汇·田部》："畎，田中沟广尺深尺曰畎。""畎"与"渠"为近义连合，作状语用，犹言似沟渠。

11. 愿不好

黄檗和尚告众曰："余昔时同参大寂道友，名曰大愚。此人诸方行脚，法眼明彻，今在高安，愿不好群居，独栖山舍。与余相别时叮嘱云：'他后或逢灵利者，指一人来相访。'"(卷十九《临济和尚》)

"愿不好"，训注本因其意义难通而改为"顾不好"。

今按："愿不好"，意自可通，谓不喜好、不喜欢。四库丛刊《于湖居士文集》卷二十九《汤伯达墓志》："丞相以书谓某曰：'余子幼而愿不好弄，长而益恭，每拱手危坐，终日读书外，未尝他语。'"知古人有此用法。佛典中还习见"愿不欲"。此举两例，以助参校：

妇到命坐，即谓之曰：汝家老婢，常以恶言，毁谤三宝，乃至名字，愿不欲闻，何不摈斥？不亦快哉！(《菩萨本生鬘论》卷四《如来具智不嫉他善缘起第十》圣勇菩萨等造，宋朝散大夫试鸿胪少卿同译经梵才大师绍德慧询等奉诏译)

又事火者，皆住三见。云何为三？一者一切不欲，二者一切欲，三者一切愿不欲，乃至出家。(《根本说一切有部毗奈耶出家事》卷二 大唐三藏义净奉 制译)

例一"愿不欲"犹"愿不好"也。

中州本擅改失宜例还有不少。如将"德馨兰慧"(卷一《第十三祖毗罗尊者》)改为

"德性兰慧"、"以爪劙面"（卷二《第十九祖鸠摩罗多尊者》）改为"以爪剥面"、"食噉"（卷三《慧忠国师》）改为"食啖"、"采蔬"改为"菜蔬"（同前）、"划草"（卷四《石头和尚》）改为"刘草"、"执爨"（卷四《丹霞和尚》）改为"执炊"、"锹钁"（同前）改为"锹锄"、"入屦"（同前）改为"入履"、"雅崤"（卷五《三平和尚》）改为"雅嵩"、"真躅"（卷五《德山和尚》）改为"真迹"、"戈铤"（卷六《投子和尚》）改为"戈矛"、"匝地普天"（卷七《夹山和尚》）改为"遮地普天"、"箇子"（卷九《涌泉和尚》）改为"筷子"、"髑髅"（卷一〇《长庆和尚》）改为"骷髅"、"云溟"（卷二十《五冠山瑞云寺和尚》）改为"云滨"等，这都是欠妥当的。即以"箇子"为例，改为"筷子"，似乎常见些，但"筷子"的"筷"实在出现太晚，就连收字颇丰的《康熙字典》也未收列。这种以今律古、据今字改古字的事例的确不该再出现。陈垣先生在《元典章校补释例》卷三中曾指出："翻刻古籍，与翻译古籍不同，非不得已，不以后起字易前代字，所以存其真也。"陈先生的此番教诲是值得我们点校禅籍者深长思之的。

结　语

　　本文共揭出校释失误词语50条，其中"校字未审例"10则，"引文未确例"2则，"疑之未当例"15则，"不烦校改例"8则，"采择未当例"4则，"擅改例"11则。

　　由此"举隅"，给我们的突出印象是，现今的点校本"疑"的太多，"改"的也太多，表明研究者对禅籍的用字构词规律（诸如古今字、通假字、繁简字、正俗字、同词异写、同词异序、语素替换等）和口语语法现象还缺乏深入的了解，这才出现许多不当疑而疑、不烦校而校、不可改而改的情况。造成这种局面既有客观原因，也有主观上的原因。自前者而言，我国整理禅宗文献的步伐本来就相当滞后，迄今为止，高质量的新版整理本几乎没有，更遑论编写有关的索引和专书词典了。语言学对历史口语的研究并不能为整理此类文献提供足够的依据。就后者而论，此类文献的整理者对历史口语业已取得的一些成果也未能及时予以吸纳，使整理工作产生了不少本可避免的疏失。要想改变这种局面，尚有赖于语言学家和禅学研究者的通力合作。

参考文献

《祖堂集》，大韩民国海印寺版，日本京都花园大学禅文化研究所影印本，1994年版。

《祖堂集》，张华点校，中州古籍出版社2001年版。

《祖堂集》，吴福祥、顾之川点校，岳麓书社1996年版。

《景德传灯录》，妙单文雄点校，成都古籍书店2000年版。

《古尊宿语录》，萧萐父、吕有祥、蔡兆华点校，中华书局1994年版。

《古尊宿语录》，影印本，上海古籍出版社1991年版。

《五灯会元》，苏渊雷点校，中华书局1984年版。

《联灯会要》，（宋）悟明集，涵芬楼影印日本《续藏经》第1辑第2编乙第9套。

《五家正宗赞》，（宋）绍昙撰，涵芬楼影印日本《续藏经》第1辑第2编乙第8套。

刘坚、蒋绍愚主编《近代汉语语法资料汇编（唐五代卷）》，商务印书馆1990年版。

《敦煌变文校注》，黄征、张涌泉校注，中华书局1997年版。

《汉语大词典》，汉语大词典出版社1994年版。

《汉语大字典》，湖北辞书出版社，四川辞书出版社1995年版。

袁宾：《禅宗著作词语汇释》，江苏古籍出版社1990年版。

袁宾：《禅宗词典》，湖北人民出版社1994年版。

《碑别字新编》，秦公辑，文物出版社1985年版。

秦公，刘大新：《广碑别字》，国际文化出版公司1985年版。

江蓝生，曹广顺：《唐五代语言词典》，上海教育出版社1997年版。

詹绪左，1958年生于安徽芜湖。安徽师范大学文学院教授，硕士生导师。发表专著《汉字与中国文化》，《比丘尼传》(古籍整理) 等，在《古汉语研究》、《文艺研究》、《中国书法》、《红楼梦研究》、《中国禅学》等杂志发表论文七十余篇。

何继军，1970年生于安徽霍邱，华南理工大学国际教育学院。

中国禅学　第五卷
2010 年，第 28—48 页

《五灯会元》之版本与校勘之诸问题研究

纪　赟　黄俊铨

内容提要　本文主要对《五灯会元》的版本与校勘问题作一些文献学方面的研究，其中版本问题着重考察了宝祐本的刊工、避讳、行款、钤印、流传等问题。另外也全面地梳理了国家图书馆藏劳健题款宋刻本、北京大学图书馆藏元至正刻本残卷等藏外刻本，以及清《龙藏》本、《续藏经》本等藏内刻本的基本版本特征。本文的第二个研究目标是以他校法来校定《五灯会元》本身，以明确一些文本方面的正误。这里就牵涉以他校法校定苏渊雷本之失误，以及在处理此部禅宗文献时应该注意的某些问题。

关键词　五灯会元　版本　校勘

　　《五灯会元》在中国禅宗史上的地位姑不赘言，本文的主要目的是在充分校勘的基础之上对此书今后的利用稍做准备。笔者在校勘的方法上主要使用的是他校法，此次对《五灯会元》的校勘，较可留心者乃在于对其史料来源上的新发现。在此之前，一般学界都认为《五灯会元》之史料编撰来源只不过是五部灯录，笔者也持相似看法。在实际校勘工作结束之后，却极其吃惊地发现此书的材料来源远远超出了五部灯录之外。其所采用之材料达数十种之多，关于此问题，笔者会在今后陆续发表，本文只是就《五灯会元》之版本以及苏渊雷校勘本的问题提一些简单的意见。以下分别叙之。

一　《五灯会元》的版本再研究

　　关于《五灯会元》的版本学研究，笔者在这里首先作一个简短的回顾。目前关于此方面之研究，最主要的焦点是放在宝祐本上。

　　宝祐本之价值不仅在于它是目前为止所知《五灯会元》最早的一个版本，为文本的校订提供了早期的文字依据，而且还由于在此本中保留了早期的序文，更解决了像《五灯会元》的编撰者究竟为何人等数百年来认识上的误区，对以后此方面的研究起到了决定性的作用。故而我们可以看到在早期佛教史学家中，有些就对此本的诸多问题展开过讨论。这其中最突出的是中国禅宗研究的先驱者胡适先生，在他的文集里有着一系列关于此本的文章，比如《与周法高论所谓景宋宝祐本〈五灯会元〉的底本的信》、《与黄彰健论刘世珩翻刻〈五灯会元〉的年代的信》、《记中央图书馆藏的宋宝祐本〈五灯会元〉附：后记四则》、《论刘世珩翻刻〈五灯会元〉的"贞治马儿年"》、《记宋宝祐刻本〈五灯会元〉的刻工》、《记"恭仁山庄善本书影"里的〈五灯会元〉书影》、《记宋椠本容安书院藏与求古楼藏贞治戊申刊本〈五灯会元〉》、《宝祐本的抄补与配补》、《杨守敬〈留真谱〉初编里的〈五灯会元〉书影》①。这些文章之写出虽然已经过去了半个世纪，但非常遗憾，很多至今依然是学界的最高水平，只能叹息学术也并非总是后出转精。现略介绍一下此数篇文章之内容。《与周法高论所谓景宋宝祐本〈五灯会元〉的底本的信》乃适之先生给周氏的信，主要是讨论贵池刘氏影印宋宝祐本的真伪，由于刘氏此本将日本贞治年翻刻本的三件题记也照样附于书首，故导致了胡氏的判断失误，这点他在后续的研究中很快就意识到了。但胡氏此信中也敏锐地意识到此本书首沈氏序对厘清《五灯会元》编者所具有的价值。次为《与黄彰健论刘世珩翻刻〈五灯会元〉的年代的信》，此信讨论的是和史语所所购至元本残叶与刘氏本的字数异同以及《五灯会元》的传本系统，除前述对刘氏的年代判断有误外，其余基本是十分精当的。第三篇是《记中央图书馆藏的宋宝祐本〈五灯会元〉附：后记四则》，此篇讨论的是中央图书馆藏《五灯会元》的版本问题，指出此本中第八、九诸卷为宝祐本原刻，至此篇胡氏已经知悉了刘氏复刻本所附三件贞治题记并非是宝祐本原配。后面继前几篇继续讨论了此本在日本的流传情况，以及刻工中的王锡乃淳祐二年所刻《心经》之刻工，关于宝祐本刻工的问题笔者会在后面作更深入的探讨。此篇最重要的部分是关于元刻本曾有改版的发现，胡氏将宝祐本与元刻本作了对勘，发现在后者中多有妄改的情况。此点非常遗憾，我们现通用的苏渊雷校勘本中竟然对如此重大的问题视而不见。仅以《达摩传》为例，胡氏就指出有四处改动，到了苏本中仅出了一处校记②。此后还附有附记四篇，后记一特意指出胡适自己对刘氏本开始不信其为宋本，后经昌彼得等借原本后又与周、黄、屈讨论才得以纠正的经过。其不掠人之美，不掩己之过，高风亮节实为我辈楷模。后记二拟出了一个《五灯会元》的版本系统图。后记三乃讨论《续藏经》本《五灯会元》的底本问题，指出此本乃是日本翻印明末福州刻本。又有"后记的后记"一篇，讨论的是嘉兴藏本《五灯会元》。后记四讨论日本室町时期两种翻刻本。《论刘世珩翻刻〈五灯会元〉的"贞治马儿年"》一文乃是讨论宝祐本如何传到日本的问题，并认为"贞治马儿年"实乃日本之年号。下一篇《记宋宝祐刻本〈五灯会元〉的刻工》，此本列出了宝祐本的刻工，但只考证了其中的王锡一人。短文《记"恭仁山庄善本书影"里的〈五灯会元〉书影》记录了所见的内藤湖南博士遗书中室町时期翻刻本的简要情况。《记宋椠本容安书院藏与求古楼藏贞治戊申刊本〈五灯会元〉》是关于容安书院所藏宋本《五灯会元》残叶的一个行款简录。《宝祐本的抄补与配补》记录了今所传宝祐本乃经过某一不知名的日僧补抄配补的介绍。《杨守敬〈留真谱〉初编里的〈五灯会元〉书影》乃介绍杨氏《留真谱》中所录宝祐本行款的一些特点。通过此一系列文章可以使我们了解宝祐本的底本、年代、刻工和当时刻印的一些细节，以及刘氏翻刻的年

---

① 胡适著，姜义华主编，章清、吴根梁编《胡适学术文集（中国佛学史）》，中华书局 1994 年版。

② 胡氏指出"达于南海，实梁普通七年丙午岁九月二十一也"之干支被误改为"庚子"，核实为元本误，苏未出校；"广州刺史萧昂具主礼迎接，表闻武帝。帝览奏，遣使赍诏迎请（原双行小注："普通三年三月改云"十月一日至金陵)。"被改为"广州刺史萧昂具主礼迎接，表闻武帝，帝览奏，遣使赍诏迎请（原双行小注："旧板年甲差误。今依梁僧宝唱《续法记》，宋嵩禅师《正宗记》，前后改云"十月一日至金陵。适按，这就把"十月一日至金陵"提早八年了）"，苏未出校；"十一月二十三日，届于洛阳，当魏孝明帝孝昌三年也"被改为"十一月二十三日，届于洛阳，当魏孝明帝正光元年也"，苏未出校；"端居而逝，即魏文帝大统二年丙辰十月五日也"被改为"端居而逝，即魏庄帝永安元年戊申十月五日也"，苏校记云"续藏本'端居而逝，即魏庄帝永安元年戊申十月五日也'"。

代等问题。可以看出这些研究中，很多即使是在今日也算得上是第一流的成果，显示了作者深湛的文献功力。

对《五灯会元》的版本近年来又有冯国栋先生所发表的专题研究论文①，由于其文章中版本问题仅占其半，限于篇幅，仍有未尽之处，兹于此拟进一步予以讨论。

二　宝祐本

此方面胡适之先生也谈到了其中的某些要点，现集中力量重作一番梳理。

此本共分二十卷亦分二十册，每册恰为一卷。其装潢为天头地脚都作了补裱的金镶玉线装，查考其收藏经历，猜测此十之八九乃日人所为也。其版框高 21.8 公分，宽 14.9 公分，每半叶十行，行二十四字。以佛经藏内诸版本系统来考量之，可发现《开宝藏》为代表的中原系统，其行款为卷轴装，版二十三行，行十四字；南方系以《崇宁藏》等为代表，为经折装，每版五个半或六个半叶，半叶六行，行十七字；北方以《契丹藏》为代表，卷轴装，每版二十七或二十八行，行十七字。与此本相比，皆为不合，故非为模仿某藏经系统之版款必也。

又其版式为左右双栏白口，此为宋版之典型特征也。宋版大多为左右双边，另有四周双边者，而绝少左右单边。而为白口者，此为蜀刻、浙刻所多采，而建阳自南宋中叶以后则多为黑口。另版心上记字数下记刻工如下者，现核对其刊工所刻版本如下表：

刻工名录	卷数	叶码	见于其余版本
积斋叶春年	一	15	不详
积斋刊	一	16	不详
积斋	一	22	不详
叶	一	23	不详
郑恭	一	7、8	不详
恭	一	41、42	不详
王锡	一	35、36	淳祐二年刻《心经》②
王	二	43	不详
钱良	一	44	不详
钱乎	四	20	不详
余斌	十八	31	宋严陵小字本《通鉴纪事本末》③
钱良	一	44	不详

---

① 冯国栋：《〈五灯会元〉版本与流传》，《宗教学研究》2004 年第 4 期。

② 此点由胡适先生揭出，见《胡适学术文集中国佛学史》之《记中央图书馆藏的宋宝祐本五灯会元》，中华书局 1997 年版，第 510—511 页。

③ 王肇文：《古籍宋元刊工姓名索引》，上海古籍出版社 1990 年版，第 287 页。

余	十八	33—37	不详
斌	十八	15—32	不详
芦洪	十九	22—23、44 29—30、63	宋严陵小字本《通鉴纪事本末》①
钱良	一	44	不详
芦	十九	48	不详
吴文果（杲）	一	12	不详
吴	五	3	不详
钱良	一	44	不详
刘	十八	47—48	不详
翁	十一	15	不详
陈	十三	15—16	不详
郭	十八	46	不详
才	三	16	不详
元	五	26	不详
森	十	34、40	不详
因	二	48	不详
孚	十八	40	不详

　　淳祐二年刻《心经》，其年代早于《五灯会元》之宝祐本十年，故王锡当为同一刻工。而另一刻工情况稍显复杂，宋刻的《通鉴记事本末》现存的有两个版本，一个是刻得稍早一些的淳熙三年（1176）刻本，它是每行 24 字，由于字体稍小一些，俗称小字本；第二个版本就是南宋宝祐五年刻本，这个每行是 19 字，字体大一些，所以俗称大字本。我们发现与宝祐本《五灯会元》有相同刊工的就是前者。虽则二本相差达七十余年，然为同一刊工的可能性依然较大。因为《通鉴记事本末》除淳熙三年雕版以后，可能又曾有宝祐年左右之修版。此种情况在古籍刻工留名之例中并非罕见。如宋元递修本《周易注疏》中刻工就分为三期，南宋初期、南宋中期和元朝初年②。不同时期刻工存于一版之中绝非罕见。

　　此本之避讳字如下：玄、惊、弘、贞、征、树、构、慎、廓字缺笔。纪按：

---

① 王肇文：《古籍宋元刊工姓名索引》，上海古籍出版社 1990 年版，第 180 页。

② 李致忠：《宋版书叙录》，北京图书馆出版社 1994 年版，第 15 页。

　　宋代之避讳甚严，规定七代以上之君主乃至父辈之名皆需避之，故此本中之"玄"乃避赵匡胤的始祖"赵玄朗"讳；"惊"乃避匡胤祖"赵敬"讳；"弘"乃避匡胤父"赵弘殷"讳；"贞"、"征"乃避宋仁宗"赵祯"讳；"树"乃避英宗"赵曙"讳；"构"乃避高宗"赵构"讳；"慎"乃避孝宗"赵昚"讳；"廓"乃避宁宗"赵扩"讳。甚可注意者是最后一个避字乃为宁宗（在位年为公元1194—1224年），而《五灯会元》编成在理宗时期（公元1224—1264年）之宝祐元年（1253年，或更精确地说是头年冬即淳祐壬子）。由避讳也可以确定此本确实是刻版于理宗在位之时，因为若是刻于度宗之时，则又当避理宗之讳了。

　　宝祐本自东瀛归来，则为宜都杨惺悟所为也①。据其记录自己在日本访书所获之记录——《日本访书志》卷十五的《大藏经未收古经》中所说："余在日本所得古钞佛经，不下六七百卷。其中有唐人书写者，有日本人传录者，工拙不一，而时有出于高丽藏，宋藏，元、明藏之外。有岛田蕃根者，笃好佛书，为言此皆其国入唐求法僧所赍回者。会其国集股印大藏经，并借余所得本校补，因以知宋、元、明大藏不收之目，今列于左。"这些都是些不见于各种大藏经的珍贵佛教文献。今"宝祐本"之钤印有如下者，可大体得其收藏变更之经过。姑罗列序之：

　　甲：朱长"萨摩国鹿儿岛郡寺田盛业藏书记"阳文一枚，朱方"东京溜池灵南街第六号读杜草堂主人寺田盛业印记"阳文前，朱方"寺田盛业"阴文一枚，朱方"读杜草堂"阴文一枚。前三枚皆为日本藏书家寺田盛业私印②。

　　乙：卷首目录尚有"向黄邨珍藏印"一枚。向黄邨即向山黄邨，也为日本著名之收藏家。

　　丙：朱方双栏"杨氏守敬"阴文一枚，朱方"星吾海外访得秘籍"阳文一枚，则为著名藏书家杨守敬之印也。据杨氏《日本访书记·缘起》所记"日本收藏家，余之所交者森立之、向山黄邨、岛田重礼三人，嗜好略与余等，其有绝特之本，此录亦多采之"。则此二人实为同好也，另据台湾"国立图书馆所"藏《清代诗人书札诗笺》十二册中各册均有"乐山堂文库"楷字长印，又第一册有"向黄邨珍藏印"。末册有光绪癸未（1883）杨守敬（1839—1915）的题记，提到此十二册"近年为黄邨先生所得，甚珍惜之，属余为之记"。由上可知此本之《五灯会元》亦当为杨氏从向山黄邨手里访得。

　　丁：朱方"世珩珍秘"阴文一枚，圆椭"葱石暴书记"阳文一枚，朱长"曾经贵池南山村镏氏聚学轩所藏"阴文一枚，朱方"贵池文献世家"阴文一枚，朱方"镏氏宝货"阳文一枚，朱方"刘世珩继盦赏鉴"阴文一枚，朱长"世珩十年精力所聚"阴文一枚，朱方"开元乡南山村镏葱石鉴赏记"阴文一枚，朱长"曾经贵池开元乡南山村刘氏五松七竹九蒲之斋"阴文一枚，朱方"葱石读书记"阴文一枚。以上所录之收藏印皆为贵池

---

　　① 杨守敬字惺吾，晚年自号邻苏老人，湖北宜都人，是清末民初杰出的历史地理学家、金石文字学家、目录版本学家、书法艺术家、藏书家。他对于中国文化的一大贡献就是从日本带回很多绝版了的珍贵古籍。

　　② 另关于寺田所收藏之古佛经，1999年7月4日北京翰海拍卖行曾拍出宋刊本《仪轨经卷二》一册，为藏经纸经折装，其上钤印则有："读杜草堂"、"寺田盛业"、"松溪图书"，拍卖号：1045，由钤印亦可知此亦曾为其所收藏品也。

刘世珩所有，刘氏乃为近代之著名学者、藏书家①。在此本中又留有题记"光绪壬寅十月得于鄂杨氏，葱石记"，葱石者即刘氏之字也。又据其跋文"初宜都杨邻苏老人获之日本东京……壬寅冬，老人以此书归予，亟付黄冈陶子麟"。陶子麟为当时之名刻工。民国年间复刻古本最优者，首推武昌陶子麟和北京文楷斋。刘氏所刻之《贵池双忠录》以及清宣统建元年刘氏玉海堂影宋刻紫印本《五代史记》等皆为其杰作，此书丁光绪三十二年翻刻完工。

余话：宝祐本后又归于周叔弢氏，其原因虽为不明，但考虑周、刘本同为池州望族，加之二者又素有姻亲之故，则亦不为意外之事②。另有：

国家图书馆藏劳健题款宋刻本：此本亦分二十卷，共二十册，十三行，行二十四字，白口左右双边。又有劳健先生所题款。此本笔者未见。然观其行款确为宋版之典型特征。

国家图书馆藏五册宋刻本：此本行款一如劳健款本，然仅存五册（卷），此本笔者未见。

山东省博物馆藏宋刻本：此本为二十卷，笔者未见。

北京大学图书馆藏宋刻本：此本为二十卷，仅存第十九、二十两卷。

北京大学图书馆藏元至正刻本：据瞿镛《铁琴铜剑楼藏宋元本书目》载"《五灯会元》二十卷，元刊本，三、四卷末列助刊人姓氏，十六卷末有奉佛信人顾道珍书一行"。而北大图书馆则只存第十九、二十两卷。此本则有释延俊所作序文：

> ……会稽开元大沙门业海清公蚤参佛智熙公于南屏，既得其旨，复典其藏。教久而归故隐，辟一室以禅燕自娱。广智欣公题之日"那伽室"而铭之，其乡先生韩庄节公为之记。公今年及八十，每慨《五灯会元》板毁，学者于佛祖机语无所考见。于是罄衣钵之资，以倡施者。惟是太尉开府仪同三司上柱国江浙（当为浙）等处行中书省左丞相兼知行枢密院领行宣政院事康里公，首捐俸资。而吴越诸师闻而翕然相之。板刻既成，使其参徒妙严征言叙其端。予视清公盖诸父也，尝承其教诫，挹其高风。兹复乐公之所以为惠来学，之志有成，用不辞芜隔而序之云尔。

至正二十四年龙集甲辰夏四月结制后五日杭中天竺天历万寿永祚禅寺住持番易释

---

① 刘世珩小名奎元，字聚卿，又字葱石，号继庵，别号楚园。祖籍安徽贵池。1875 年 9 月 5 日生于上海。清代外交家刘瑞芬的第五子。光绪二十年中举人。1903 年任江楚编译官书局总办，派总纂缪荃孙、分纂柳诒征随徐乃昌赴日考察。是年奉派率团赴日考察大阪劝业博览会。归国后获准在金陵购地建房 200 余幢，组成劝业工艺局、商品陈列所、江宁商会，设商业中学、高等学堂。被委任江宁商会总理。同时兼理南洋官报局、裕宁官银局、江宁马路工程局、两江师范学堂、江宁实业学堂，治绩昭著。1906 年，清政府采纳他改革币制的主张，被任命为湖北造币厂总办，不久，又兼天津造币厂监督。1908 年任直隶财政监理。1911 年升为度支部左参议。辛亥后，迁居上海，筑楚园，藏书十余万卷，收购金石、古器物，其中以南唐乐器大、小忽雷最为著名，全力校刊古籍。先后刻有丛书十种，总卷数超过2000 卷。其中以《聚学轩丛书》、《贵池先哲遗书》、《暖红室汇刻传奇》三种，聘请陶子麟等高手刻版，字大悦目，纸白如玉，精美绝伦。时人冯煦认为所刻丛书搜罗全备，校雠精审，刻印精美，超过毛晋、黄丕烈，而缪荃孙也认为"一字之疑，必翻群书以证之，又不肯轻改原书，少则载入跋语，多则另编札记，则校雠言尤慎也"。

② 周家发迹于周馥，第二代中继承实业最成功者为周学熙，而周学熙又是刘世珩的姐夫。且二家间本有珍本收藏方面之通融，比如周氏之至宝南宋孝宗间的坊刻本《王状元集百家注编年杜陵诗史》即赠予了刘氏，故刘氏此本后归于周氏后人也属自然。

廷俊序①

江浙等处行中书省左右司员外郎林镛书

纪按："业海清公"就是《续灯存稿》卷第五之"越州天衣业海子清禅师"，列其为大鉴下第二十一世径山熙禅师法嗣，和延俊所记完全相合。关于至正版的雕版，此序记载十分清楚，其资助人为韩庄节公，即《元史》卷一九〇之《韩性》，其传云：

> 韩性字明善，绍兴人。其先家安阳，宋司徒兼侍中魏忠献王琦其八世祖也。高祖左司郎中膺胄，扈从南渡，家于越。性天资警敏，七岁读书，数行俱下，日记万言。九岁通《小戴礼》，作《大义》，操笔立就，文意苍古……究其根柢，而于儒先性理之说，尤深造其阃域……天历中，赵世延以性名上闻，后十年门人李齐为南台监察御史，力举其行义，而性已卒矣，年七十有六。卒后南台御史中丞伊噜布哈尝学于性，言性法当得谥，朝廷赐谥"庄节"先生，其所著有《礼记说》四卷、《诗音释》一卷、《书辨疑》一卷、《郡志》八卷、《文集》十二卷。

由上可知其本为理学家，而以经学之余旁及于释氏也。

又其赞助者另有康里公，此人即《元史》卷一四三《巎巎传》所记之康里巎巎，其传云：

> 巎巎字子山，喀喇氏。……巎巎幼肄业国学，博通群书。其正心修身之要，得诸许衡及父兄家传。长袭宿卫，风神凝远，制行峻洁，望而知其为贵介公子……英宗即位，丞相拜珠首荐为户部尚书，寻拜南台侍御史，改参议中书……迁江浙行省右丞，文宗立除宣政院。使上言乞沙汰僧道，其所有田，宜同民间征输。擢中书右丞，力辞还第。闻明宗崩，流涕不能食，自是杜门不出者数年，以疾卒。

未曾记载其有信佛之事迹，反有沙汰沙门之建议，甚为费解。然而其与韩明善同为理学家，为当时著名理学家许衡的弟子，则或许理学家多与佛教有千丝万缕的关系。释延俊，其传记见于《增集续传灯录》卷五，据其所载，则卒于明洪武元年（1368），世寿七十。而至正二十四年（1364）作序，也就是仅在卒前四年也。延俊乃大鉴下第二十二世龙翔笑隐欣禅师法嗣，而普济为第十八世，故为普济等人之书作序乃其分内之事。据其传：

> 至正二年，行宣政院选师住苏之白马，继迁吴兴资福。作大殿、山门、僧堂、厨库、方丈，仅五载而大完。再迁绍兴能仁、杭之中天竺、净慈。国朝洪武元年浙西僧道以赋役集金陵，师在行，寓钟山。

则其确有中天竺住持之经历，据其撰《元太中大夫广智全悟大禅师住持大龙翔集庆寺释教宗主兼领五山寺欣公塔铭》所载：

> 丞相脱欢答剌罕公，领行院事，雅知公，迁主中天竺。而寺亦以灾毁，不一年尽复其旧。天历元年，有诏以金陵潜邸，为大龙翔集庆寺。妙柬名德，俾之开山，公首膺其选……既又改中天竺寺，额曰"天历永祚"，以表公兴复之功。

则可知其任中天竺乃继其师龙翔笑隐欣禅师，此寺之复兴乃其师之功也。

---

① 廷俊当为延俊，此处误，胡适已然指出。

由以上可大略知至正版重雕之缘由，首先是由于大鉴下二十一世业海子清感慨《五灯会元》旧版版片的毁坏，于是发起重雕之宏愿，并"罄衣钵之资"。而当时的江浙一带的地方官太尉开府仪同三司上柱国江浙等处行中书省左丞相兼知行枢密院领行宣政院事康里崾崾带头"首捐俸资"，再加上吴越之地的诸师也都"闻而翕然相之"，这才使重新刻版得以实现。

明成化十年刻本，亦为二十卷。现藏于山西省祁县图书馆、辽宁省图书馆、杭州市图书馆。

明万历释明显摹刻本。此本情况不明，现藏于浙江临海县博物馆。

嘉靖四十年所刻之径山本，二十卷。现藏于东北师范大学图书馆、甘肃省图书馆、南京大学图书馆、绍兴市鲁迅图书馆、福建省图书馆、四川大学图书馆。此本大体即由藏内流出，故当同《径山藏》一样取方册装，前有目录，半页十一行，行二十字。此版前有至正版释延俊序，另有陆光祖募缘文。陆氏其传见于《明史》卷二二四，为万历年间之显宦，卒后竟至赠太子太保。然其传中亦不记其信佛之事，今查内典记载，《续藏经》第六十一册《净土资粮全集》卷一有其所撰之序：

> 吾友莲池禅师，得佛心印，弘法东南。所接学人，不论根器利钝，俱孜孜以净土为言。而其高足庄居士，恐枵腹西行者，势难前进。乃手集一书，而三刻之，特为渐机同志设大缘法。其终刻者，名曰《净土资粮全集》。盖取归元直指之意，而广演之也。余观其大较，不出所谓信向、愿力、戒行三者。而搜稽往事，博采格言，比之厚积富藏，几于千斯仓，万斯箱矣……居士以往生法作资粮，广施法界。即用三千大千七宝布施，功德宁复过此。盖不特善承莲池师之志，而亦深报释迦慈尊之恩矣。有事净土者，尚无忘居士嘉惠之心乎。居士名广还，字复真，端雅有道之士也。
>
> 明万历岁次乙未春三月十日当湖五台居士陆光祖识①

又《大明高僧传》卷四之《天台慈云寺沙门释真清传》亦载陆氏与传主之间有交往②，此人之笃于佛教可知也。另径山本每卷末后有"丹阳居士贺懋照、贺懋荧、贺懋寿仰承先严贺学礼遗愿刻此《五灯会元》卷……"此数人乃平民，故诸史皆为缺载，然查《江南通志》卷一四三则有"贺懋敬，字止叔。丹阳人，举万历己酉乡试。知宁陵县务"云云，则知贺氏在当时也当是丹阳当地的一个大族。

国家图书馆所藏明本两种：一为刻本，二十卷本，存十九卷，缺第十卷。二为明抄本，二十卷，存六卷，即卷一、三、四、五、九、十二。此二版笔者未见，情况不明。

《四库全书》本：此本据其自注则作"内府藏本"，所谓内府藏本，主要指武英殿藏本③，少量内府藏本指天禄琳琅善本，此也以前者可能性较大。原书同作二十卷，卷首有至元释延俊序，其所据之版本系统则未知其详，或以明诸南藏本为底本的可能性较大。此本亦有胜处，如卷一七佛之"毗婆尸佛"中有"神足二：一名骞茶，二名提舍"，而宝祐

---

① 《续藏经》第六十一册《净土资粮全集》卷一，第528—529页。

② 《续藏经》第五十册《明高僧传》卷四，第913页。

③ 内府设立于康熙十九年（1680），内府统领有武英殿修书处。自清顺治元年（1644）世祖福临进入北京至宣统溥仪退位，经历二百八十六年。清代宫廷内府出资刊印的图书据统计近千种，多出于武英殿修书处，史称"武英殿刻书"，所刊印图书称武英殿刻本，简称"殿本"。由于修书的需要也会藏有一些古籍，故而如今文渊阁《四库全书》中就有很多出自此处。

本乃至今苏渊雷校本都误作"骞荼"。

清《龙藏》本：此为《五灯会元》之初入藏，千字文号为"城、昆、池、碣、石、巨"等，为梵夹装，目录三卷，合正文共六十卷，基本乃是将原书一卷平均析为三卷。半叶五行，行十五字，字体较大，极便观览。

《续藏经》本：此本亦为二十卷本，半叶十八行，行二十字。书首有博山大舣所作《重刻五灯会元叙》和延俊序，大舣所作序为：

> 会五灯为一书者，宋灵隐大川禅师。未蒙入藏，虽一二处刊行，安能广布。自性禅人，顿发大心。谋于观察曹君，为之首倡。募诸同信，工过半矣。余初上鼓山，闻其事，欢喜乐成。复征余为序，因援毫以书其大概云尔①。

元来为明代曹洞宗僧人，其传记见于明通问所编《续灯存稿》卷十一，据此书：

> 师初住博山，迁闽之董岩大仰鼓山。洎金陵之天界，仍还博山。于崇祯三年秋示寂。首座问："和尚尊体如何？"师曰："尽有些子受用。"座曰："还有不病者也无？"师曰："热大作么。"座曰："来去自由，请道一句。"师为书"历历分明"四字，投笔坐化。

可知其经历中确有鼓山之期，这也和其前序相应。另外"观察曹君"指的是曹学佺，此人传记见《明史》卷二八八，字能始，为福建侯官人，明亡后自缢殉国。然未载其曾任观察之职，故具体时间也不可考。另据《无异禅师广录》卷三四有《和曹能始大参韵》，则知元来与指的是曹学佺确有不俗之交往。另据《永觉和尚广录》卷十七之《鼓山铸法华铜钟疏》有记"能始曹公，首建大殿斋堂"②，另此书卷二十四有《谢曹能始宪长来山见赠》记录了二人的交往，则可知曹同时也是当时鼓山的一位大檀越。另据《憨山老人梦游集》卷十八中有他与曹的一封答信③。此为当时曹发起刻本的一些大致情况，另外可知的就是续藏经本乃采自曹学佺本。

中华书局苏渊雷校勘本：此本为目前所刊唯一之标点本，除目录外，分二十卷，卷首有普济题词、通庵王横序、沈净明跋各一通。卷尾有1930年民国时人刘善泽所书跋一通④。另有附录二：一为禅宗史略和禅宗传法世系表；二为灯录与《五灯会元》，简单地介绍了在《五灯会元》以前和以后的灯录史。最后有苏渊雷自己所书后记一则；1992年中华书局重印后记一则，对项楚等所作的校正提出感谢。苏本以宝祐本为校勘底本，以龙藏和续藏本为参校本，校定而成。此本为目前为止，学界最常利用之版本。

三　他校法校定苏渊雷校本《五灯会元》之失误

苏渊雷校《五灯会元》是苏老先生于七十高龄时参与整理的本子，实为嘉惠学林的

---

① 摘自《续藏经》册八十《五灯会元》卷一，第1页。另据《无异禅师广录》卷第三十一中也有此文，文字略有不同，然《广录》文字较朴拙，另时代也早，当为原出处，而为曹本所取也。

② 《续藏经》册七十二《永觉和尚广录》卷十七，第484页。

③ 此应该与《永觉和尚广录》卷二四为同一时间，因为其题名为《答曹能始廉宪》，二文曹的官职相同。见《续藏经》册七十三《憨山老人梦游集》卷一八，第488页。

④ 此跋所记时间又为"世尊降世二千九百五十七年，岁次庚午"。

善举，也是到目前为止，海内外古今《五灯会元》诸版本中最优之本，其校勘以南宋宝祐年间刻本为底本，此本乃《五灯会元》之初刻，一则年代近古，故传抄之误较少；二则难能可贵的是保留了当时初刻时捐资者沈净明的跋和时人王楙的序，在这些序中记录了此书成书的一些极为珍贵的第一手材料，这就澄清了后世刻本中关于此书编撰者的迷雾。除选择使用了珍贵的宋刻本作为底本以外，苏刻本还以清《龙藏》本和《续藏经》本作为参校本，校对精审。另外就全书整体而言，其断句标点和分段都可以称得上是高水平。故而此本可以称为到目前为止《五灯会元》最好的一种版本，就实际而言，当今学术界所使用大体皆为此本，可谓实至名归。

然校勘之事本极难成而易毁，再加上或许先生限于精力，此书出版以后就有学者对此书的校点提出了一些意见，这本来是十分正常的，而且这种意见对于此书的进一步完善也殊为有益。然而这些意见基本都集中在此书具体操作过程中的技术问题上，也就是由于不明句义而造成点断失误或者其他一些从底本中转录所产生的错误。这些错误其实是一般校勘过程中难以避免的，虽然这些匡补会更加利于此本今后的使用，但这些失误却不能成为我们苛责整理者的理由。

其实苏先生此本最大的问题并不是其具体的某些失误，也不是底本的选择等问题，而是其校法的单一，非常遗憾的是，学界对此迄今却没有一个明确的认识。对于校勘的方法，陈垣先生在他的《元典章校补释例》曾经总结归纳道："综举校勘之法有四：曰对校，以祖本相对校也；曰本校，以本书前后互校也；曰他校，以他书校本书也；曰理校，不凭本而凭理也。"在这四种方法中对校法是最常见最基本的校勘方法，而理校由于容易流于主观臆断，大多数文献整理者对此方法的使用都极为谨慎。而最见整理者功力的却是多种方法的综合使用，这在老一辈学者那里可以得到很好的验证。比如汤用彤先生在整理慧皎《高僧传》时就充分利用了这些方法，从而使此书的水平得到了良好的保证。反观苏本，则未能继承此一优秀传统。对此，我们可以先看其点校凡例："本书点校，以景宋祐本为底本，以清龙藏本（简称清藏本）、日本续藏经本（简称续藏本）为点校本。"由以上凡例可以知道苏本在点校之时仅仅使用了对校法，而没有使用其他几种校勘方法。以《五灯会元》之实际情况计，其书主要部分乃以《景德传灯录》等五部灯录编撰而成，则无疑在校勘之时应该以另五部灯录与之他校。

基于这样一种考虑，笔者对《五灯会元》又作了一次较为细致的校勘，其中就发现了一些用"本校法"和"对校法"都很难发现的问题，姑且列出于下，以全献芹之意。

1. 第120页①：七佛

按《长阿含经》云："……各各坐树下，于中成正觉。"

纪注：查《大藏经》第一册《长阿含经》皆作："各各坐诸树，于中成正觉。"（《明藏》除外）《景德录》也存在同样的问题，除《明藏》之外皆作"各各坐诸树，于中成正觉"。

2. 第1页：毗婆尸佛

《长阿含经》云："人寿八万岁时，此佛出世。种刹利，姓拘利若。父盘头，母盘头婆提。居般头婆提城。坐波波罗树下，说法三会，度人三十四万八千。神足二：一名骞茶，二名提舍。侍者无忧子方膺。"

_____

① 以下页码都是根据中华书局1984年版苏渊雷校《五灯会元》，以后不再作说明。

纪注：此处乃是节引自《长阿含》卷一，苏本在最后一句中将"无忧子方膺"全部加上专名号，则其当是以为毗婆尸佛侍者名为"无忧子方膺"，查《长阿含》原文可知"毗婆尸佛有执事弟子，名曰无忧"，另一节则记载："毗婆尸佛有子，名曰方膺"。则知此处明显有误，应该将此二人断开，分别标上专名号。

另外此处："神足二：一名骞茶、二名提舍"云云也有错误，"骞茶"以梵文本音考之应作"骞茶"。然而查《景德录》、《长阿含》皆作"骞茶"，可知此处错误由来已久。可以据梁僧祐《释迦谱》卷一所引《长阿含》："毗婆尸佛有二弟子：一名骞茶、二名提舍。"另外唐道世《法苑珠林》卷八也引有《长阿含》，同作："毗婆尸佛有二弟子：一名骞茶、二名提舍"。可知早期的《长阿含》大多数都是对的。至于意思可以看《大藏经》第五十四册《翻梵语》卷二："骞茶达婆，译曰：'骞茶，阴，亦云斤也；达婆者茅'"。另此处引《长阿含》非为直接引用，不必加引号，且此节引号只有上引号却没有引回。

3. 第1页：尸弃佛

《长阿含经》云："……神足二：一名阿毗浮、二名婆婆。侍者忍行子无量。"

纪注：此处他校后发现乃抄录自《景德传灯录》，然问题有二：其一，苏本断句错误，还是同于上一个原因，应该作"侍者忍行，子无量"。忍行和无量分别是侍者和儿子的名字，不能连在一起加专名号。第二个问题是"婆婆"的译名问题，此处还是抄录自《景德录》。然查《长阿含》卷一，则散文处作"尸弃佛有二弟子。一名阿毗浮。二名三婆婆"。偈颂处作"阿毗浮三婆，尸弃佛弟子"。而其梵文对音则可还原为"Sambhava"。《大藏经》卷五四对此词释为："三婆婆，应云三颇婆。译曰相应，亦云生也。"另外《联灯会要》卷一同样作"三婆婆"，则知如果将之简化为"婆婆"则稍觉不妥，当出校。另此处引《长阿含》非为直引，故不应加引号。

4. 第2页：毗舍浮佛

纪注：此处苏本的错误依然同上，"侍者寂灭子妙觉"句误用专名号，当作"侍者寂灭，子妙觉"。另此处引《长阿含》非为直引，故不应加引号。

5. 拘留孙佛

《长阿含经》云"……父礼得，母善枝"。

纪注：查《大藏经》本《长阿含》卷一作"父祀得"，校注云宋、元、明三本作"礼德"。其梵文对音为Aggidatta，则当为"父祀得"，"礼"字误。另"侍者善觉子上胜"句苏本断句有误，当分开，"侍者善觉，子上胜"。另此处引《长阿含》非为直引，故不应加引号。

6. 拘那含牟尼佛

纪注：此处"侍者安和子导师"云云苏本断句有误，当断作"侍者安和，子导师"，"安和"与"导师"应加专名号。另此处引《长阿含》非为直引，故不应加引号。

7. 迦叶佛

纪注：此处"侍者善友子集军"云云苏本断句有误，当断作"侍者善友，子集军"，"善友"与"集军"应该加引号。

8. 释迦牟尼佛

"母大清净妙位。登补处，生兜率天上，名曰胜善天人。"

纪注：此处断句有误。苏本误以为其名为"大清净妙位"而加专名号。然查《长阿含》作"我父名净饭，刹利王种。母名大清净妙。王所治城名迦毗罗卫"。则明显应当断为"母大清净妙，位登补处，生兜率天上，名曰胜善天人"，于"大清净妙"处加专名号。

另外此处引《普曜经》，然查其卷二则作："忽然见身，住宝莲华，堕地行七步，显扬梵音，无常训教：'我当救度大上大下，为天人尊，断生死苦。三界无上，使一切众无为常安。'天帝释梵，忽然来下。杂名香水，洗浴菩萨。九龙在上，而下香水洗浴。"并未有其中所谓"《普曜经》云：'佛初生刹利王家，放大智光明，照十方世界。地涌金莲华，自然捧双足。东西及南北，各行于七步。分手指天地，作师子吼声。上下及四维，无能尊我者。'"可能原本有误，应当出校。

9. 第32页：二十三祖鹤勒那尊者

纪注：此部分全然采录了《景德传灯录》的"二十三祖"条。此条其余灯录无超出此条者，故而无异文。

此条记鹤勒那尊者在阇维之后阻止了分舍利的举动，故大众"就驮都场而建塔焉"，苏本在"驮都场"处加专名号，而《景德传灯录》作"驮都之场"。然查慧琳《一切经音义》卷十三"驮都，梵语也。唐言法界生，如来碎身灵骨舍利从法界体性生也"。卷七〇"驮都，徒饿反。谓坚实也，亦如来体骨舍利之异名耳"。由此可知驮都场就是中文火葬场的意思，故不当加专名号。

10. 第33页：二十四祖师子尊者

纪注：此部分全然采录了《景德传灯录》的"二十四祖"条。此条其余灯录无超出此条者，故而无异文。

此条"禅定师达磨达者"，苏本在"达磨达者"四字上皆加有专名号，查"达磨达"为著名的阿罗汉名，《祐录》卷十二《萨婆多部记》中就记录有"达磨达罗汉第二十四"。另外《景德传灯录》卷二目录也记录有"第二十四祖师子尊者、达磨达（师子尊者旁出）"，十分明显，其名字当为"达磨达"而非"达磨达者"。

11. 第50页：道信法师

纪注：在《五灯会元》中有"时贼众望雉堞间若有神兵，乃相谓曰：'城内必有异人，不可攻矣。'悄悄引去"，查《五灯会元》诸本以及《天圣广灯录》卷七《道信法师传》皆无作"悄悄"者，皆作"稍稍引去"。所谓"稍稍"即是渐渐的意思，"稍稍引去"者用法极多，如《景德传灯录》卷三《慧可禅师传》有："学徒闻师阐法，稍稍引去。"《宋高僧传》卷二《善无畏传》也有"径上数尺，稍稍引去。"都可以作为佐证。

12. 第59页：牛头法融

纪注：苏本有"有百鸟御花之异"，此语殊不可解，查《景德传灯录》卷四及《五灯会元》诸版本皆作"有百鸟衔华之异"，非常清楚，"御"乃是"衔"字之误。

第60页：苏本"起发未曾起，岂用佛教令"，查《景德传灯录》卷四及《五灯会元》诸版本皆作"起法未曾起，岂用佛教令"。"起发"乃"起法"之误。

第61页：苏本"可论智障难，至佛方为病"，查《景德传灯录》卷四及《五灯会元》诸本作"何论智障难。至佛方为病"，"可论"乃"何论"之误。

13. 第93页：永嘉玄觉

纪注：苏本有"优毕义颂"者，误，当为"优毕叉颂"，见《大藏经》四十八册

《禅宗永嘉集》卷一，另《大藏经》五十四册《翻译名义集》卷四"忧毕叉，此云止观平等。《涅槃》云忧毕叉者，名曰：'平等，亦名不净'"。

14. 第186页：居士庞蕴

纪注：此页有"北山绝点埃"句，查《五灯会元》卷三、《景德传灯录》卷八、《联灯会要》卷六皆作"丘山绝点埃"，故而当是苏本有误。

15. 第208页：湖南长沙景岑招贤禅师

纪注：苏本有误断，苏作：

> 师云："阇梨眼瞎耳聋?"作么游山归，首座问……

其实查《景德传灯录》卷十就可以十分清楚地知道，到"作么"为止乃是抄录自《景德传灯录》，而后面讲述的是另一件事。故而此段应该断为：

> 师云："阇梨眼瞎耳聋作么?"游山归，首座问……

16. 澧州洛浦山元安禅师

纪注：第321页中"剑峡徒劳放水鹅"句，查诸本中皆作"剑峡徒劳放木鹅"，此为形近之误。

17. 福州东山云顶禅师

纪注：第356页"大愚芝、神鼎諲"苏本错作"大愚、芝神、鼎諲"，大愚芝就是大愚守芝禅师。神鼎諲就是神鼎洪諲禅师。

18. 杭州云龙院归禅师

纪注：此部分全部抄自《景德传灯录》卷二十二的同名语录。苏本第482页有"水消瓦解"，查诸本皆作"冰消瓦解"，苏本显误。

19. 晋州霍山和尚

纪注：此部分全抄自《景德传灯录》卷十一的同名语录，删去后半"秘魔岩和尚"事。第541页中"大禅佛"未加专名号，可能苏先生不知此"大禅佛"即是传主，查《景德传灯录》卷十一此后则有"大禅佛即十二卷'晋州霍山景通和尚'也"的注解。

20. 越州清化全怤禅师

纪注：全抄自《景德传灯录》卷十二，第552页有"此地道不畏"，查《景德传灯录》与宋绍昙所编《五家正宗赞》卷四都作"此地通不畏"，通者，全部之意也，作"道"则不可解，形近之误也。另本页有一处断句误，苏作"（县宰）迎师聚徒，本道上闻，赐名清化"，实应作"（县宰）迎师，聚徒本道，上闻，赐名清化"，道是宋代的行政区域单位，故曰"聚徒本道"，"上闻"者，就是皇帝听说了的意思。

21. 越州姜山方禅师

纪注：第739页中有"诸方泥里洗"，查《五灯会元》诸本、《嘉泰普灯录》卷三、《联灯会要》卷十四皆作"诸方泥里洗"，苏本显误。

22. 东京普净院常觉禅师

纪注：第865页苏本有"唐乾化二年"，《景德传灯录》作"梁乾化二年"，乾化二年为梁太祖朱温的年号，即公元912年，苏本显误。

23. 英州大容諲禅师

纪注：苏本第949页作"黄州大容諲"，查《五灯会元》诸本及《景德传灯录》卷二十二皆作"英州"，苏本显误。

24. 云门常宝禅师

纪注：苏本第 950 页作"常实禅师"，查《五灯会元》诸本及《景德传灯录》二二皆作"常宝禅师"，苏本显误。

25. 汀州圆通圆机道旻禅师

纪注：苏本第 1193 页有"朝廷闻其道会，宰臣复为之请"，标点有误，当作"朝廷闻其道，会宰臣复为之请"。就是朝廷听闻了他的道行，恰逢（会）宰臣又为他请求之意。

26. 台州万年心闻昙贲禅师

纪注：第 1223 页苏本标题作"台州万年心闻昙贯"，内中正文作"台州万年心闻昙贯禅师"。然查《景德传灯录》诸本以及《嘉泰普灯录》卷一七皆作"昙贲"，苏本显为形近误。

四　他校法校勘《五灯会元》应该利用前人的校勘成果

前面提到了中华书局苏渊雷校勘本由于校勘手法的单一从而带来的某些问题，还有一点需要注意的就是应该充分利用前人的校勘成果。笔者这里仅仅以《景德传灯录》中旧有的校勘成果来举例，从中来看看他校法的重要性。

今本《景德传灯录》存有很多注文，此种注文，陈垣将之分为三类，即一为杨亿、道原之旧注；二为宋刻本之附注；三为元延祐本之附注[①]。而冯国栋基于宋刻本本身的疑惑将之粗分为二类：一为道原、杨亿原注；二为后世附注[②]。本文基本采冯氏之说法。《景德传灯录》之注文，据冯氏博士论文《〈景德传灯录〉研究》之研究，道原、杨亿之原注大体上除释义、注音以外，尚有补充史料来源、注明史料来源的作用，此类材料都是来源于北宋早期的第一手材料，而有些更是引用了极早的史料，这些对于研究早期禅宗史都是非常用益的。而后世之附注，除在藏内系统的刻本附注较少外，多存于单刻本之中，尤以元延祐三年刻本为最[③]。其中包括了：时间之考据、文字之校定、释名物典故、事迹之考定与补充等。此部分也多有非常精赅的考辨。可惜这部分非常精彩的注释都没有被今苏渊雷本《五灯会元》所采用，实为憾事。以下以例释之。

《五灯会元》卷一、二大体多是直接抄录自《景德传灯录》之卷一、二、三，而《景德传灯录》此部分则又是辗转抄自《宝林传》和《圣胄集》，而据陈垣先生所言，《宝林传》一书则是依一俗陋年表所为，故其年代失误者甚多[④]。故而很多《宝林传》、《圣胄集》中的错误也被带到《景德传灯录》中了。而到了《五灯会元》编集之时又几乎原封不动地照抄了下来，这就致使其错得以相延。对于这些错误，在元延祐三年刻本中则已然有所发觉，故而对《景德传灯录》一书作了较为细致的考校，遗憾的是，早在元代就已

① 陈垣：《中国佛教史籍概论》，中华书局 1962 年版，第 95 页；其后陈士强《佛典精解》承之，上海古籍出版社 1992 年版，第 583 页；另杨曾文在《道元及其〈景德传灯录〉》一文中也持同样的观点，《南京大学学报》2001 年第 3 期，第 60 页。

② 目前海内外关于《景德传灯录》的研究，仍是以 2004 年复旦大学陈允吉先生高足冯国栋的博士论文《〈景德传灯录〉研究》为最高水平，本论文凡是涉及《景德传灯录》之部分多参考冯之意见。此节见冯国栋的《〈景德传灯录〉研究》，第 72 页。

③ 此部分仍是参考冯文。

④ 陈垣：《中国佛教史籍概论》，中华书局 1962 年版，第 108 页。

经发现的问题到了今天却依然没有被更改。

其一，考订《五灯会元》时间之失：

《五灯会元》卷一"一祖摩诃迦叶"，此节乃整体抄自《景德传灯录》，中有"即周孝王五年丙辰岁也"也是原文抄自《景德传灯录》，然其注解为"五年当作四年，自此至第十三祖迦毗摩罗年数错误，今皆依《史记》年表中六甲改正"。按：中国古书中多以此年为佛般涅槃之年份，如唐智升法师引北齐国大统法师达摩郁多罗答高黎国诸法师云："佛当周昭王二十四年四月八日生，当周孝王五年二月十五日入般涅槃。"① 查《史纪》年表，周孝王姬辟方即位于公元前 909 年，其干支为壬子，其治共十五年，至前 895 年止。以干支推算则壬子年登基，经癸丑、甲寅、乙卯，孝王五年恰为丙辰，倒是与此合。此处更主要乃是根据年代的推算而非是干支的失误。然《五灯会元》未出校记，也属失校。

《五灯会元》卷一"二祖阿难"条末有"阿难付法眼藏竟，踊身虚空作十八变，入风奋迅三昧。分身四分：一分奉忉利天；一分奉娑竭罗龙宫；一分奉毗舍离王；一分奉阿阇世王。各造宝塔而供养之。乃厉王十二年癸巳岁也。"此段乃是全部抄自《景德传灯录》，然《景德传灯录》在"乃厉王十二年癸巳岁也"之后有注"当作十年"，黄按：此处校作十年不知以何为准，厉王姬胡即位于公元前 877 年甲申，往前推十二年，经过己酉（876）、丙戌（875）、丁亥（874）、戊子（873）、己丑（872）、庚寅（871）、辛卯（870）、壬辰（869）就到了公元前 868 年也就是癸巳年，故而实不知此处改成十年的可能也不是干支的推算。然《五灯会元》未出校记，也属失校。

《五灯会元》卷一"二十一祖婆修盘头尊者"节有"祖付法已，踊身高半由旬，屹然而住，四众仰瞻虔请。复坐跏趺而逝，荼毗得舍利，建塔。当后汉殇帝十二年丁巳岁也"。乃是抄自《景德传灯录》卷二之"尊者付法已，踊身高半由旬，屹然而住，四众仰瞻虔请。复坐跏趺而逝，荼毗得舍利，建塔。当后汉殇帝十二年丁巳岁也"。但在此文后有注云"当作安帝十一年，盖殇帝在位止一年耳"，黄按：东汉殇帝在位仅一年即延平元年（106 年 2 月 21 日至 107 年 2 月 9 日）。故而不可能有安帝十二年，查殇帝之后继者为安帝，其年号依次为永初共七年，即由元年之丁未（107）到七年之癸丑（113）；第二个年号是元初，始于甲寅（114），至四年恰为丁巳。再算年代，殇帝一年加上安帝永初七年再加上元初四年恰好为十二年，而年号也为丁巳，故而知道此注非常准确，而苏本则沿袭了错误。

《五灯会元》卷一"第二十四祖师子比丘"条中有"当魏齐王二十年己卯岁也"，在《景德传灯录》卷二中是"当魏齐王二十年己卯岁也（当作高贵乡公六年，盖齐王芳立十五年而废矣。《正宗记》云：'《宝林传》误作己卯，当是齐王芳丁卯岁也，然则乃是八年也'）"。此注也是十分准确的，齐王曹芳在位共十五年，即正始（240—249 年 4 月）十年和嘉平（249 年 4 月—254 年）五年。其后为高贵乡公曹髦，其在位为正元（254—256 年 5 月）和甘露（256 年 6 月—260 年 5 月）共七年。而查高贵乡公甘露四年之岁次为己卯（259），这样就和前面所记完全吻合了。由齐王曹芳到甘露四年也恰好二十年，故知前所注非常准确。然而后注"《宝林传》"云云则有失准确，查齐王芳并无丁卯年号者，当为注解者失察。

---

① 见《大藏经》册五十二《续集古今佛道论衡》卷一，第 389 页。

　　《五灯会元》卷一"第二十八祖菩提达摩"条中有"帝览奏遣使赍诏迎请，十月一日至金陵"，此日期绝对有问题，查《景德传灯录》卷三作"帝览奏遣使赍诏迎请，十月一日至金陵（嵩禅师以梁僧宝唱《续法记》为据作《正宗记》言：'达磨以梁武普通元年庚子岁至此土，其年乃后魏明帝正光元年也。'若如此，则与后人灭启圹等年皆相合。若据此称，普通八年丁未岁九月二十一日至南海，十月一日至金陵则甚误也。盖普通八年三月已改为大通元年，则九月不应尚称普通八年也。南海者，今广州也，去金陵数千里，刺史奏闻而武帝诏迎，岂可十日之间便至金陵耶？又按《南史萧昂本传》不言昂为广州刺史，但《王茂传》末有广州长史萧昂，然不知何年在任，今止可云'达于南海实梁普通元年，广州刺史具主礼迎接，表闻武帝，帝览奏遣使赍诏迎请，十月一日至金陵'"。应当出校记。

　　《五灯会元》卷一"二祖慧可大师者"条中有"自少林托化西归，大师继阐玄风，博求法嗣。至北齐天平二年，今一居士，年逾四十，不言名氏，聿来设礼"。此节乃抄自《景德传灯录》卷三，其文曰："自少林托化西归，大师继阐玄风，博求法嗣。至北齐天平二年（当作天保二年，乃辛未岁也。天平东魏年号，二年乙卯也）有一居士，年逾四十，不言名氏，聿来设礼。"纪按：北齐年号共有天保、乾明、皇建、太宁、河清、天统、武平、隆化、承光九个，另东魏孝静帝时有天平二年，乃公元535年，岁次乙卯。如若是像注中所言是天保年的话，当是北齐文宣帝高洋天保二年则是公元551年。另外记录此一年代的还有《宝林传》卷八《慧可传》中为"于天平年中，后周第二主己卯之岁"[①]。而天平中也只有四年，分别为甲寅、乙卯、丙寅、丁巳，故"己卯"当为"乙卯"。故而笔者主张此一年代大体为东魏天平二年。

　　其二，除了校订年代之错误以外，我们还可以利用《景德传灯录》的注解来校订《五灯会元》中文字的失误与疑惑，以下以苏渊雷本分例叙之：

　　《五灯会元》卷一之"二祖阿难尊者"，此节整体乃抄自《景德传灯录》，然中间加入《联灯会要》阿难一节，乃是由这两部分缀合而成。由于未参考《景德传灯录》故而未能引用前人校勘成果的问题，我们可以看中华书局版《五灯会元》十二页末尾一行之"涅槃当我静"句，此句今《大藏经》本《景德传灯录》后即附有校记"旧本作'静'，此依《宝林传》、《正宗记》易此一字"，而苏本未参校。此句后一句为"而无诸有故"，依文义而解则当作"净"。

　　第30页，卷一《二十一祖婆修盘头尊者》中有"王问祖曰：'罗阅城土风，与此何异'"，此段也是抄自《景德传灯录》，但其文作"王问祖曰：'罗阅城土风，与此同（旧本作何）异'"。则知在《景德传灯录》虽然作"与此同异"但亦有作"与此何异"的情况，而《五灯会元》恰是抄了后者。然此二者以何为准呢，可以理度之，王所问实为二地土风之异同，故或以"同异"较为合理。虽不敢必，但起码是应该出校记的。其实这种情况在《五灯会元》中极为常见，就是所引之《景德传灯录》实有异文，如若碰到这种情况，最好都出校记，方才能够便于后来学者加以抉择。比如，卷九《晋州霍山和尚》中有"仰山一僧到，自称集云峰下四藤条，天下大禅佛参，师乃唤维那：'打钟着。'大禅佛骤步而去"。此段乃是抄自《景德传灯录》卷十一之《晋州霍山和尚》，其中曰："仰山一僧到，自称集云峰下四藤条，天下大禅佛参（大禅佛即十二卷晋州霍山景通和尚

　　————————————

　　①　《禅宗全书》第一册《宝林传》卷八，第309页。

也）。师乃唤维那搬柴着（一作打钟着），大禅佛骤步而去。"则知此乃抄自其中的一个版本。

第40页，《初祖菩提达摩大师》中有"祖曰：'汝言依教，即是有染。一二俱破，何言依教。此二违背，不及于行。内外非明，何名为戒。'彼曰：'我有内外，彼已知竟。'"此处是抄自《景德传灯录》，其文曰："师曰：'汝言依教，即是有染。一二俱破，何言依教。此二违背，不及于行。内外非明，何名为戒。'彼曰：'我有内外，彼已知竟。（浙本'已'字，作'已'依《广灯》也。邵本作'无'字依《宝林》也。洪旧本作'已'字。《正宗记》作'以'字。未详孰是）'"。此一注解对于解决《景德传灯录》乃至禅宗史的早期版本问题是具有极重要的参考意义的。

第43页，《初祖菩提达摩大师》中有"是月十九日潜回江北"，查《景德传灯录》同卷作"是月十九日潜回（《广灯》'回'作'过'字）江北"，达摩本来没有到过江北，故而知"潜回"肯定有误。另外如果我们查《宝林传》则作"普通八年十月十九日贬过江北"①。而《天圣广灯录》卷六亦作"师知机不契，潜过江北，届于洛阳"。则知此处当作"过"，而非"回"，乃形近之误也。

第236页，卷四《相国裴休居士》有"（裴休）字公美，河东闻喜人也"。在《景德传灯录》卷十二作"裴休字公美，河东闻喜人也（《唐书》本传作孟州济源人）"。裴休世人美称"河东大士"。宿参释典，遍游诸山名刹，拜谒名师学禅法要，在黄檗希运禅师门下得继法脉，又为圭峰禅师的著作撰序，其文笔及深厚的佛学根底，名震当时。其所集录《黄檗传心法要》及与禅门诸大德的公案，在发扬禅宗直指人心的教化，而遭逢教难，又能挺身护法，故为佛教之大护法，具体应为何地人，查《旧唐书》卷一七七很明确作孟州济源人，故此处依然当以《唐书》本传为准。

第323页，卷六《洛京韶山寰普禅师》有"遵曰：'莫便是和尚家风也无？'师曰：'耕夫制玉漏'"。查《景德传灯录》卷十六《洛京韶山寰普禅师》"遵曰：'莫便是和尚家风也无？'师曰：'耕夫置玉漏。'（《卿公事苑》云：'当作玉耧，谓耧犁也。耕人用耧，所以布子种。禅录所谓看耧打耧，正谓是也。'《魏略》曰：'皇甫阴为敦煌太守，民不晓耕种。因教民作耧犁，省力过半，然耧乃陆种之具，南人多不识之，故详出焉，音楼）'"。考证极其精审。

第674页，卷十一《汝州风穴延沼禅师》中有"师曰：'惯钓鲸鲵澄巨浸，却嗟蛙步骤泥沙'"。查《景德传灯录》卷十三作"师云：'惯钓鲸鲵澄巨浸，却嗟蛙步骤泥沙'（《卿公事苑》云：'蛙当作洼，谓马出于渥洼水也。'风穴所谓骤者，以良马出清水，而反骤卧于泥沙之中，是其意也。今录谓蛙者，虾蟆也。岂能为马步而骤卧邪？骤，张扇切）'"。由此可知此处之"蛙"确实有错，惜苏本未出校。

其三，《景德传灯录》的注解中另外还有对于史实本身的考订也可以对属于第二手材料的《五灯会元》有很好的借鉴。比如《五灯会元》卷四《洪州黄檗希运禅师》中有"裴相国一日请师至郡，以所解一编示师。师接置于座，略不披阅。良久曰：'会么？'裴曰：'未测。'师曰：'若便恁么会得，犹较些子。若也形于纸墨，何有吾宗。'裴乃赠诗一章曰：'自从大士传心印，额有圆珠七尺身。挂锡十年栖蜀水，浮杯今日渡漳滨。一千龙象随高步，万里香花结胜因。拟欲事师为弟子，不知将法付何人。'师亦无喜色，自尔

① 《禅宗全书》第一册《宝林传》卷八，第308页。

黄檗门风，盛于江表矣"。

查《景德传灯录》卷九《洪州黄檗希运禅师》有"裴相国休镇宛陵，建大禅苑，请师说法。以师酷爱旧山，还以黄檗名之。又请师至郡，以所解一编示师。师接置于坐，略不拨（当为"披"）阅。良久云：'会么。'公云：'未测。'师云：'若便恁么会得，犹较些子。若也形于纸墨，何有吾宗。'裴乃赠诗一章曰：'自从大士传心印，额有圆珠七尺身。挂锡十年栖蜀水，浮杯今日渡章滨。一千龙象随高步，万里香华结胜因。拟欲事师为弟子，不知将法付何人。'（观前所叙，则运禅师居洪州大安寺。后裴公在宣州创寺，请师居之，号曰黄檗，而赠以诗也。然所叙之事与诗意全不相合，今详此诗，乃裴公在洪州时作也。言'挂锡十年栖蜀水'者，谓师先住高安之黄檗已十年也。按《前汉地理志》，豫章郡建成县有蜀水。建成者，即唐之高安县也。浮杯，今日渡章滨者，谓自黄檗请师来至洪城也。按《前汉地理志》，豫章水出赣县，西南北入大江，洪州城在章水之滨，而郡名豫章也。又裴公作《传心法要序》云：'有大禅师号希运，住洪州高安县黄檗山鹫峰下，海众常千余人。予会昌二年廉于钟陵，自山迎至州，憩龙兴寺，旦夕问道。大中二年廉于宛陵，复礼迎至所部。寓开元寺'云云。钟陵，洪州也。宛陵，宣州也。观此序所述，亦谓师先住高安黄檗。而裴公请至洪州，与前诗正合。逮其廉于宣州，虽复迎请师，但寓开元寺而已，初无建寺之说。不知本章何以差误若此，盖当以裴公《法要序》与诗为正。且会昌三年，武宗废教其二年。言师居黄檗已十载，此必然之理也。裴公在宣州请师，乃大中重兴之后，而师再聚徒于黄檗之时也。故《千顷南公》章中云：'大中初裴公出抚宛陵，请黄檗和尚出山，而南公随之也。'其余在裴公章中辨之矣）"。此处对《景德传灯录》的事迹颠倒错误已经考证得十分清楚，而《五灯会元》却还是照抄无误，而如果今本还未对此出校，恐怕还会贻误后人。

今本《景德传灯录》卷九《洪州百丈山惟政禅师》，置于百丈怀海禅师法嗣之列，然其文有注曰"洪州百丈山惟政禅师（此传旧在第六卷马祖法嗣中大珠和尚之次，今以机缘推之，即移入此卷百丈海禅师法嗣中，作百丈涅槃和尚机缘也。按唐柳公权书武翊黄所撰《涅槃和尚碑》云：'师讳法正，以其善讲《涅槃经》，故以涅槃为称。'今师本章中有云：'汝与我开田，吾为汝说大义，则知其为涅槃和尚明矣。'又称南泉为师伯，则知其嗣百丈海公亦明矣。虽然惟政、法正二名不同，盖传写之讹耳。又觉范《林间录》亦谓旧本之误，及观《正宗记》则有惟政、法正之名。然百丈第代可数，明教但见其名不同，不能辨而俱存之。今当以碑为正也。而又《卿公事苑》乃云：'百丈涅槃和尚，是沩山嗣子，而海公之孙。'此尤大谬也，不足取矣）"。由此注释可知此处在旧本乃是置于马祖法嗣之中大珠和尚之次，后之注释者发现了其中的错误故而将之次序作了调整。但我们看今天的《五灯会元》就会发现卷三的《洪州百丈山惟政禅师》依然是置于马祖法嗣之中大珠和尚之次，也就是说《五灯会元》所依照的依然是旧本而未采用新本，今之苏校本很可惜也没有对此出校。

其四，另外在《景德传灯录》的注释中，有很多都是补充了史料的不足，这些对于《五灯会元》的校勘都是极有借鉴意义的，以下分列叙之：

第301页，《五灯会元》卷五《安吉州道场山如讷禅师》乃是全部抄自《景德传灯录》的正文部分，主要是此语录，对于生平等行迹则几乎没有提及。苏渊雷校本由于没有参校《景德传灯录》故而也不知此部分的注释对于其生平是极其重要的，《景德传灯录》的注中有"按《塔铭》云：'师姓许氏，吴兴人。七岁去氏于乌墩光福寺，八年如京师受具戒。抵豫章，得心印于翠微。后结庐于道场山，猛挚之兽，驯戢如奉教”。在这个注里引用了如今早已失传了的《如讷碑》这种十分珍贵的第一手资料，这对于如讷的生平考证是非常重要的，但今本却很可惜没有利用。

第 126 页，《江西道一禅师》中有“沐浴讫跏趺入灭，元和中追谥大寂禅师，塔曰大庄严”。在《景德传灯录》中作“沐浴讫跏趺入灭，元和中追谥大寂禅师，塔曰大庄严。今海昏县影堂存焉。（《高僧传》云：‘大觉禅师按权德舆作《塔铭》言：“马祖终于开元寺，荼毗于石门而建塔也。”至会昌沙汰后大中四年七月，宣宗敕江西观察使裴休重建塔并寺，赐额宝峰’）”。

第 235 页，卷四《福州乌石山灵观禅师》中有“福州乌石山灵观禅师（时称老观）寻常扃户，人罕见之，唯一信士每至食时送供”。查《景德传灯录》卷十二则作“福州乌石山灵观禅师，（住本山薛老峰，亦云丁墓山，时称老观和尚）寻常扃户，人罕见之，唯一信士每至食时送供方开”。这里额外提供了禅师修禅的地点。

第 786 页，卷十三《瑞州洞山良价悟本禅师》基本上抄录自《景德传灯录》卷十五的同名部分，在《景德传灯录》此节之后注解又增释云“师昔在渤潭寻译大藏，纂出《大乘经要》一卷，并激励道俗偈颂诫等，流布诸方”。这里提到了良价的著述，在《五灯会元》中也没有被采用，是很珍贵的史料。

其五，除了考据正误外，《景德传灯录》之夹注还兼及典故之考释，有些也非常有见地，比如：

第 13 页，《第三祖商那和修》：“第三祖商那和修者，摩突罗国人也。”此部分乃是抄录自《景德传灯录》卷一，但此节有注解云：“《正宗记》云：‘梵语商诺迦，此云自然服，以生时身自有衣也。’洪觉范《志林》云：‘谓僧伽梨衣，与云岩同也。’而《传灯》曰：‘自然服，即西域九枝秀草名，未详。’”此部分对于理解商那和修名称的起源是非常有帮助的。

第 31 页，《二十二祖摩拏罗》：“后鹤勒那问尊者曰：‘我止林间，已经九白’，此节也是抄自《景德传灯录》卷二，此处也是有注释，曰：“印度以一年为一白。”

第 32 页，《二十三祖鹤勒那》：“第二十三祖鹤勒那者，月氏国人也。”此处也是抄自《景德传灯录》卷二，此处依然有注解：“勒那，梵语。鹤即华言，以尊者出世常感群鹤恋慕，故名。”

第 672 页，卷十一《汝州风穴延沼禅师》中就有“问：‘如何是临济下事？’师曰：‘桀犬吠尧。’问：‘如何是啮镞事？’师曰：‘孟浪借辞论马角。’”在《景德传灯录》卷十三作“问：‘如何是临济下事？’师曰：‘桀犬吠尧’。问：‘如何是啮镞事？’（《太平广记》‘隋末有督君谟者，善闭目而射。志其目则中目，志其口则中口。有王灵智者，学射于谟。以为曲尽其妙，欲射杀谟独擅其美。谟执一短刀，箭来辄截之。惟有一矢，谟张口承之，遂啮其镞’。笑曰：‘汝学三年，吾未教汝啮镞之法’）”。

由以上可见，在《景德传灯录》的注解中存在着大量的先人校勘成果，这些对于后世的灯录史校订都是非常有借鉴意义的，同样的原因，由于《五灯会元》又是抄录自《景德传灯录》，故而我们在校勘《五灯会元》的过程中也应该尽量利用这些材料，这样方能使其文本校订达到最少错误的状态。

五 利用他校法发现《五灯会元》本身材料的疑点

除了前面提到的《五灯会元》编辑本身的错误以外，我们还会利用他校法发现《五灯会元》史料方面的疑点。兹条列如下：

1. 第 48 页：僧粲禅师

此传前半全部抄录自《景德传灯录》，在叙述至卒后时《景德传灯录》为河南尹李常寻访僧粲舍利之事，而《五灯会元》改为《信心铭》，关于此铭，在《景德传灯录》卷三十中明确将其归于粲师名下，然永明延寿《宗镜录》明确记录其为牛头法融所作"融大师《信心铭》云：'欲得心净，无心用功'"。（卷一五）"融大师《信心铭》云：'惺惺了知，见网转弥。寂寂无见，暗室不移'"。（卷三一七）故而印顺法师的《中国禅宗史》第三章《牛头宗之兴起》就直接将之归于法融的名下。

2. 第 68 页：惟则禅师

此传所记之人首先就是《宋高僧传》卷十《唐天台山佛窟岩遗则传》之传主，法号不同，不知何者为确。此文后云"唐韩乂撰碑，今存国清寺"。《宋高僧传》中也有"河南尹韩乂为碑文"的说法。韩乂确有其人，与杜牧同时，《樊川文集》卷十三曾有《荐韩乂启》。然查《大藏经》、《四库本》皆作"唐韩文公撰碑，今存国清寺"，查韩文公确实曾任河南尹，此处"乂"难道是"文"字之误？姑且存疑。

3. 第 787 页：曹山本寂禅师

本寂法师俗姓，《五灯会元》作"黄"。《景德传灯录》卷十七、《宋高僧传》卷十三、《禅林僧宝传》卷一与此同作"黄"。然查《联灯会要》卷二十二则作"张"，不知何者为准。姑存疑。

4. 第 821 页：衡州华光范禅师

在《景德传灯录》中有二"衡州华光范禅师"，一为卷二十青原下第六世"抚州曹山本寂禅师法嗣"之"衡州华光范禅师"，一为卷二十三青原下第七世"福州罗山道闲禅师法嗣"之"衡州华光范禅师"，应为同一人被《景德传灯录》误分列于二人门下。此处只采录卷二十的内容。

5. 第 824 页：洪州凤栖山同安丕禅师

现比较《景德传灯录》中的两处相同记载：

《五灯会元》卷十三，青原下六世云居膺禅师法嗣洪州凤栖山同安丕禅师。

《景德传灯录》卷十六，青原下五世，前澧州夹山善会禅师法嗣洪州建昌凤栖山同安和尚。

《景德传灯录》卷二十，青原下六世洪州云居山道膺禅师法嗣之洪州凤栖山同安丕禅师。

问："如何是和尚家风？"师曰："金鸡抱子归霄汉，玉兔怀胎入紫微。"曰："忽遇客来，将何祇待。"师曰："金果朝来猿摘去，玉花晚后凤衔归。"

僧问："如何是和尚家风？"师曰："金鸡抱子归霄汉，玉兔怀胎入紫微。"僧曰："忽遇客来，将何祇待。"师曰："金果朝来猿摘去，玉华晚后凤衔来。"

问："如何是和尚家风？"师曰："金鸡抱子归霄汉，玉兔怀胎入紫微。"曰："忽遇客来，将何祇待。"师曰："金果朝来猿摘去，玉花晚后凤衔归。"

此处《五灯会元》乃是直接抄录了《景德传灯录》卷二十的内容，但是在《景德传灯录》卷十六中也有相似的记载，应当有一个记录是错误的，但是现在已经不知道具体这则法语究竟应当归于何人名下了，姑且存疑。

6. 第 875 页：舒州投子义青禅师

义青禅师俗姓《建中靖国续灯录》卷二六作姓王，而《联灯会要》卷二八、《嘉泰普灯录》卷二作姓李，《五灯会元》采后者。另《建中靖国续灯录》作八岁出家，余三者作七岁。不知何者为准，姑存疑。

7. 第 1020 页：修撰曾会居士

节抄于《嘉泰普灯录》卷二二，但有细节的改变。《嘉泰普灯录》"天禧间，值于淮甸"被改为"天禧间，公守池州。一日会于景德寺"。差距很大。不知何者为准。

8. 第 1105 页：隆兴府黄龙慧南禅师

此传中有"熙宁己酉三月十六日"条，熙宁己酉也就是熙宁二年。在《嘉泰普灯录》中作"熙宁二年三月十六日"。然而《建中靖国续灯录》卷七《洪州黄龙山崇恩惠南禅师》条有"师于熙宁二年己酉二月十六日上堂辞众"。究竟是二月还是三月在没有更多材料的情况下只能存疑。

9. 第 1216 页：嘉兴府报恩法常首座

全抄自《嘉泰普灯录》卷十三。有一处异文，《五灯会元》："宣和七年，依长沙益阳、华严元轼下发"，而《嘉泰普灯录》作"宣和十年，依长沙益阳、华严元轼禅师下发"。

10. 第 1221 页：湖南报慈淳禅师

此节内容《五灯会元》全部抄自《嘉泰普灯录》卷十七。然此条《五灯会元》下有注"《联灯会要》作乌回范语"，查《联灯会要》卷十六"湖州道场良范禅师"第二条中与此内容完全相同，"乌回范"就是"乌回唯庵良范"，也就是《联灯会要》中的道场良范，故而有此注解。其中原因可能是《联灯会要》或者《嘉泰普灯录》有误，而《五灯会元》发现了这个细节，却无从抉择，故而只能将此疑问留在了文中。

11. 第 1384 页：隆兴府石亭野庵祖璇禅师

完全抄录自《嘉泰普灯录》卷二一，然名作"隆兴府石亭野庵璇禅师"，二人法嗣完全相同，都是南岳下十六世，"大沩月庵善果禅师法嗣"。不知法号以何者为确，姑存疑。

12. 第 1387 页：荆南府公安遮庵祖珠禅师

此节乃采自《嘉泰普灯录》卷二十一，其中有"一声寒雁叫，唤起未惺人"，《嘉泰普灯录》作"一声寒雁叫，唤起未惺人"。"未惺人"比较难理解，"未惺人"的可能性更大一些，姑且存疑。

纪赟，1973 年生，原籍安徽池州市，2006 年文学博士，现为新加坡佛学院佛教文献学讲师，主要从事梵巴汉藏佛教文献学研究。发表有《高丽藏本高僧传研究》、《汤用彤校本高僧传校勘析疑》等文章多篇。

黄俊铨，1960 年生，原籍台湾，复旦大学 2004 级文学博士生。

中国禅学　第五卷
2010 年，第 49—68 页

《古尊宿语录》校读札记

詹绪左　石秀双

内容提要　《古尊宿语录》是一部研究禅宗思想史的重要文献资料。中华书局 1994 年出版了萧萐父、吕有祥、蔡兆华几位先生的点校本。笔者在研读原典的过程中，曾参考了该点校本，在获益的同时也发现其中时有可商之处，为此作是校记，以请教于点校者和方家同人。

关键词　禅宗　古尊宿语录　校读

《古尊宿语录》不仅是一部研究禅宗思想史的重要文献资料，同时也是研究唐宋时期白话的重要语料之一。中华书局于 1994 年出版了萧萐父、吕有祥、蔡兆华几位先生的点校本，嘉惠学林，功德无量。不过，该书在点校方面确也存在着一些问题，这对于一部六十七万言的著作来说是难以避免的。笔者在研读的过程中，试着对这些问题提出一些商榷的意见，希望能于本书的再版有所裨益。本文讨论的顺序以原书的卷次、页码为序，为了排版的方便，原书标点一律改为现今通行的标点。

1. 《黄檗断际禅师宛陵录》：问："如何是佛？"师云："即心是佛，无心是道。但无生心动念、有无、长短、彼我、能所等心。心本是佛，佛本是心。心如虚空，所以云佛真法身犹如虚空。不用别求，有求皆苦……"（第 38 页）

按："但无"句标点未确。该句结构比较复杂，"无"带有两个宾语：一是"生心动念"，二是"有无、长短、彼我、能所等心"。故"动念"后当施逗，"有无"（禅家以常见为"有"，以断见为"无"，二者均有碍成道，故当祛除）后当施顿。点校本显然未能准确体现原句的结构关系。

2. 《临济禅师语录之余》：黄檗问："什么处去来？"师去："昨奉慈旨，令参大愚去来。"黄檗云："大愚有何言句？"师遂举前话。黄檗云："作么生得这汉来，待痛与一顿。"（第 78 页）

"师去"句，点校本校注："'去'，《续藏》本亦作'去'。按文意应作'云'，疑误刻。"

按："去"确为"云"字的形误，不必"疑"。用"去"，则上下文意欠通。查禅典，恰有类似记载，正用"云"字。如《镇州临济慧照禅师语录》卷一："黄檗问：'什么处去来？'师云：'昨奉慈旨，令参大愚去来。'黄檗云：'大愚有何言句？'师遂举前话。黄檗云：'作么生得这汉来，待痛与一顿。'"另有异文可以辅证。如《宗统编年》卷十三："玄辞大愚，却回黄檗。祖问：'这汉来来去去，有甚了期？'玄曰：'只为老婆心切。'祖复问：'甚处去来？'曰：'奉慈旨，参大愚去来。'祖曰：'大愚有何言句？'玄举先话。

祖曰：'大愚老汉饶舌，待来痛与一顿。'"例中用"曰"字，义同"云"。

3.《睦州和尚语录》：上堂云："不受谩底人出来！"有僧出应诺。师云："被我挑一块屎，擗喉咙塞却，擗眼打，也争不受谩。"（第91页）

按："也"当属上句，"谩"字后着问号，作："被我挑一块屎，擗喉咙塞却，擗眼打也，争不受谩？"大意是说，被我用一块屎塞住了喉咙，又打了眼，怎能不受蒙骗呢？查禅典，上句末用"也"，下句首用"争"、"争奈"有数十例之多，却无二者连用之例。如《辟妄救略说》卷十："诚所谓将三老炷作一炉烧却也，争免得人以为怪怪奇奇耶？"《明觉禅师语录》卷二："师云：'众中总道，者僧着一口，着即着了也，争奈者僧在？'"是其例。

4.《睦州和尚语录》：问："僧讲什么经？"主云："金刚经。"师云："曾讲辨正论么？"主云："不敢。"师云："五戒不持。"（第105页）

"僧讲"句，点校本校注："'僧'，疑为'曾'。"

按：此校不必"疑"。核宋刻本《古尊宿语要》，该处正作"僧"字。故原句当标点为："问僧：'讲什么经？'""问僧"乃禅录中的常用语，如本书卷五《临济禅师语录之余》："问僧：'甚处来？'曰：'定州来。'"（第80页）又《杨岐方会和尚后录》卷一："问僧：'落叶飘飘，朝离何处？'僧云：'斋后离南源。'"均其例。

又，例中"金刚经"、"辨正论"，应着书名号。

5.《汝州南院禅师语要》：问："如何是解脱浆？"师云："苞苴渗血，篚物不多。"问："如何是金刚不坏身？"师云："老僧在你脚底。"僧便喝。师云："未在不是。"僧又喝，师便打。（第109页）

按："未在"后，应施逗。"未在"为禅录习用之语，意为"不在禅理之中，不合禅道"。如《圆悟佛果禅师语录》卷十二："思云：'子莫到西天么？'曰：'若到即有也，不妨绵绵密密地，语不失宗，步步踏着。'思云：'未在，更道。'"同书卷十五："侍有书与老师，僧驰书回。沩山折见，画一圆相，于中书个'日'字。沩山呵呵大笑云：'谁知吾千里外有个知音。'仰山云：'也只未在。'"又《密庵和尚语录》卷一："问云：'此是树上语，树下语？'对云：'杜撰长老，如麻似粟声未绝。'尊宿便打，某甲接住云：'未在，更道。'尊宿大笑。"即其例。

另，禅典中有"犹在"一词，其义与"未在"相对，常用来表达"在禅理之中，合于禅道"之义。如《古尊宿语录》卷十四《赵州真际禅师语录之余》："师云：'云居有什么言句？'云：'有僧问："羚羊挂角时如何？"云居："六六三十六。"'师云：'云居师兄犹在。'僧却问：'未审和尚尊意如何？'师云：'九九八十一。'"（第249页）

6.《汝州南院禅师语要》：师云："今夜两个俱是作家禅客，与宝应老称提临际正法眼藏。若要一喝下辨宾主，问取二禅客。"（第111页）

该语例，点校本校注："'临际'，疑为'临济'。"

按：此校也不必"疑"。禅录中屡见人名无定字，同音不同字的现象。核《古尊宿语录》，"临济"凡170次，"临际"共2次，然在其他禅典中，"临际"却有171次之多，虽总数比"临济"略少，但也足见其不误。下揭例，更值得注意。《虚堂和尚语录》卷八："上堂，僧问：'黄檗打临济时如何？'师云：'逼生蚕作茧。'僧云：'临际掌黄檗时如何？'师云：'冬行春令。'"例中"临济"、"临际"并出，尤可为证。

又，点校者在《古尊宿语录》卷八《勘辨语》中（第134页），据《五灯会元》改"临际"为"临济"，也可不必。

7.《汝州首山念语录》：复云："诸上座，佛法无多子，只是你诸人自信不及。若也自信得去，千圣出头来你面前，亦无下口处。何故？只为你自信得及，不向外驰求，所以奈何不得。直饶释迦老子到这里，也与三十棒。然则如此初心后学，凭个什么道理？且问你诸人，还得恁么也未？"良久云："若得恁么，直须恁么。无事，珍重！"（第119页）

按："然则"句，标点欠妥。原句当标作："直饶释迦老子到这里，也与三十棒。然则如此，初心后学凭个什么道理？"例中"然则如此"承上，"初心后学"贯下，如此句意才明晰。

8.《汝州首山念和尚语录》：师每见僧来，便云："恁么来者是谁？"僧云："问者是谁？"师云："是老僧。"僧便喝。师云："向道是老僧，又恶发作什么？"僧又喝。师云："恰遇棒不在。"僧云："草贼大败。"师云："得便宜，是落便宜。"（第136页）

按："得便宜是落便宜"乃禅林习语，多用来表达没有胜负、难见高下之意，也是禅宗祛除对立观念的体现。故其间不宜点断。同书卷九《石门山慈照禅师凤岩集》（第153页）中也有用例，点校者未予点破，这是正确的。又如《佛果圆悟禅师碧岩录》卷七："雪窦颂云：'黄巢过后曾收剑，大笑还应作者知。三十山藤且轻恕，得便宜是落便宜。'"《拈八方珠玉集》卷二："佛鉴拈云：'投子半斤，这僧八两，定盘星上争些子。虽然如是，得便宜是落便宜。'"亦其例。

9.《石门山慈照禅师凤岩集》：问："青山绿水即不问，急切一句作么生道？"师云："垂手过膝，两耳垂肩，汝州先师忌。"问："先师还来也无？"师云："三巡茶罢一炷香。"云："斋后向什么处去？"师云："风摇树响人不顾，叶落归根始知音。"（第141页）

按："汝州先师忌"，并非师生对答语，而是叙述句，起引出下面话题的作用，当独自成句。故原句应标点作："师云：'垂手过膝，两耳垂肩。'汝州先师忌，问：'先师还来也无？'"如是，下文中的问答才有着落。同卷中恰有类似的用例："送亡僧归，吃茶次，问：'亡僧迁化，向什么处去？'师云：'风摇树响，叶落归根。'"（第145页）可为证。

10.《石门山慈照禅师凤岩集》：又云："知见立，知即无明本；知见无见，斯即涅槃。若向这里明得去，未具衲僧眼，直须子细。"（第147页）

按：此例标点误，应作："又云：'知见立知，即无明本；知见无见，斯即涅槃。若向这里明得去，未具衲僧眼，直须子细。'"其意是说，"知见立知"当如何，"知见无见"又如何。二者字数相等，句式相同，语义也恰好相对。《断桥妙伦禅师语录》卷一："上堂：'知见立知，即无明本。三个猢狲，打倒猴大，投告山王，乃为曲分尊卑，八棒十三，一等行治。知见无见，斯即涅槃。甜瓜倒地，苦瓠上棚……'"可以比参。

11.《石门山慈照禅师凤岩集》：乃云："虚空有尽，此道无穷。如拳作手，如手作拳，皆是自己展缩，并不欠少。不由他人，各各具足。不肯承当，劝请诸上座承当埋没诸上座。直下承当去，承当个什么？归堂吃茶。"（第150页）

按："劝请"句，断句未妥，应作："劝请诸上座承当，埋没诸上座。"其意是说，禅道"无穷"，人人都具佛性，只是众人未能领悟。但禅师如果劝请诸人去"承当"（意为承受机缘，领悟禅法），则又是"埋没"诸人。类似的语例，同书中多见。如卷十五《云门匡真禅师广录上》："师云：'……且问汝诸人从来有什么事？欠少什么？向汝道无事，已是相埋没也。须到这个田地始得……'"（第255页）又同卷："上堂云：'你诸人无端走来这里觅什么？……见你乱走，向汝道菩提涅槃，是埋没你，是钉橛系却你。'"（第276页）

12.《汾阳昭禅师语录》：上堂云："夫说法者，须及时节，观根逗机，应病用药。不及时节，总唤作非时语。所以棱严会上云：'欲知佛性义，当观时节。'因缘若明，君臣父子，邪正浊净，显然自分……"（第164页）

"邪正"句，点校本校注："'浊'，原为'触'，据文意改。"

按："触"在佛典中本有"污"义，断不可改。丁福保《佛学大词典》："不净为触。《增韵》曰：'触，污也。'""触"在句中正是"污"义，与"净"对举。《根本说一切有部毗奈耶颂》卷二："……微尘有多种，花果饮食衣，有触与无触，净与不净别……"《教诫新学比丘行护律仪》卷一："……四十四：净巾拭手，当暴令干；四十五：须知院内床席触净，触者当须净之。"《丛林校定清规总要》卷二："古云：……入厕用筹分触净，出时脱履忌纵横。"《御选语录》卷十七《明招德谦禅师》："师在婺州智者寺居第一座，寻常不受净水。主事嗔曰：'上座不识触净，为甚么不受净水？'师跳下床，提起净瓶曰：'这个是触是净？'主事无语，师乃扑破。"皆其例。

又，"因缘若明"，断句亦误，当标点作："上堂云：'……所以棱严会上云："欲知佛性义，当观时节因缘。"若明君臣父子，邪正触净，显然自分。……'"再看类似的用例，如《汾阳无德禅师语录》卷一："上堂云：'夫说法者，须及时节，观根投机，应病用药。若不及时节，总唤作非时语。所以道："欲知佛性义，当观时节因缘。"若不明君臣父子之道，邪正不分，触净难明矣……'"此例从反面说明了"若不明君臣父子之道"如何，可确知"因缘若明"当分属于上下两句。

13.《并州承天嵩禅师语录》：上堂："……所以经云：'诸法如是生，诸法如是灭。若能如是解，诸佛常现前。'谁复释迦、毗卢、文殊、普贤是有是无？若道是有，作何面目？若道是无，诸上座向什么处行立？……"（第168页）

按："谁复"句，应标点为："谁复释迦、毗卢、文殊、普贤？是有是无？""谁复"义同"谁"，"复"为词尾，该句本身就是个特指问。如《呆庵普庄禅师语录》卷六："少林一曲听者难，无弦之琴谁复弹？"《普觉宗呆禅师语录》卷二："了达生死如梦事，梦中谁复论亲疏？"而"是有是无"又是一个选择问。如本书卷十五《云门匡真禅师广录上》："上堂云：'不得已，且作死马医，向汝道是个什么，是东是西，是南是北，是有是无，是见是闻，是向上是向下，是与么是不与么？'便下座。"（第275页）卷十七《云门匡真禅师广录中》："一日云：'五音六律，是有是无？'代云：'不可虾蟆窟里作活计。'"（第311页）如此为知两个问句当断开，否则结构、语意未明。

14.《并州承天嵩禅师语录》：杨大年、李驸马与师问答……问："忉利透日月之上，四禅免风火之灾。三交驾人牛之车，临汝握全提之印。弥猴有一面古镜，狌奴有万里神光。直下承当是何人也？"师云："朝看东南，暮观西北。"杨云："狸奴白牯却知有？"师云："淹杀据头嵩。"李云："月里煮油铛。"师云："石人腰带。"（第173页）

按：此段有两处欠妥，分述如下：

其一，"狸奴"句，当用句号。文中是杨、李与承天和尚三人的机语对答，由李问，杨和承天和尚作答。本句话正是杨对上面问话的答语，而不是问承天和尚的话，故不当着问号。句中"知有"是个常用词，义为"知，知道"，禅录中习见。如《宏智禅师广录》卷二："举南泉示众云：'三世诸佛不知有，狸奴白牯却知有。'"《景德传灯录》卷二五《金陵清凉文益禅师法嗣》："又僧问：'三世诸佛不知有，狸奴白牯却知有。既是三世诸佛，为什么却不知有？'"即其例。

其二，"据（繁体作"據"）头嵩"不辞，点校者未予细察。核原文所据之底本（明万历年间径山化城寺刻本）实作"壤头嵩"，然"壤"字亦费解，当为"塚"字的形近而误。宋刻本《古尊宿语要》此处正作"塚"。禅录中，他处也多作"塚"。如同书卷二三《汝州叶县广教省禅师语录》："进云：'不会意旨如何？'师云：'终是一堆灰。'问：'如何是出家人？'师云：'草深不露顶。'进云：'露顶后如何？'师云：'搒杀塚头嵩。'"（431页）《联灯会要》卷一三："公云：'狸奴白牯却知有。'嵩云：'淹杀塚头嵩。'"亦有作"冢"者，如《正法眼藏》卷三："嵩云：'淹杀冢头嵩。'李云：'月里煮油铛。'"（《历朝释氏资鉴》卷九、《居士分灯录》卷一中，此句也作"冢"）因"冢"、"家"形近，又有误"冢"为"家"者。如《指月录》卷二三："师云：'朝看东南，暮看西北。'杨云：'狸奴白牯却知有。'师云：'淹杀家头嵩。'李云：'月里煮油铛。'师云：'石人腰带。'"（《先觉宗乘》卷二，此处亦作"家"，误同）

15.《池州南泉普愿禅师语要》：师曰："你既知不应言托，拟何处扶持他？"曰："即心是佛既不得，是心作佛否？"师曰："是心是佛，是心作佛，情计所有。斯皆想成佛，是智人心，是采集主，皆对物时，他便妙用。大德莫认心认佛。设认得是境，被他唤作所知愚。"（第191页）

按：该语段，标点有误。南泉和尚的答语应标点为："是心是佛，是心作佛，情计所有，斯皆想成。佛是智人，心是采集主，皆对物时，他便妙用。大德莫认心认佛。设认得是境，被他唤作所知愚。"其意显然说的是"心"与"佛"的关系，界定"佛"是"智人"，"心"为"采集主"。本卷下文有："只如五祖会下四百九十九人尽会佛法，惟有卢行者一人不会佛法，只会道，不会别事。若认心是佛，心是三界采集主；若认智是道，智是多矫诈；若论佛出世时，唤作三界智人，说一切教义句理，唤作暂时受用具。"（第198页）此例恰可说明"佛"就是"智人"，"心"正是"采集主"。

16.《池州南泉普愿禅师语要》：曰："当怎么时，无佛名，无众生名，使某甲作么图度？"师云："你言无佛名，无众生名，早是图度了也。亦是记他言语。"曰：

"若如是，悉属佛出世时事了不可不言。"师曰："你作么生言？"（第194页）

"了不可不言"中的第二个"不"，点校本校注："此处疑衍'不'字。"

按：此校未妥，查宋刻本《古尊宿语要》，此处正作"了不可不言"，可证其不误。"了不"是常用语，意为"绝不，完全不"，《汉语大词典》已收。"了不可不言"就是绝不可不说的意思。文中僧人的意思是说，若是这样，"悉属佛出世时事"（"悉属……事"后当施逗），绝不可不说。所以南泉和尚随后就问僧人："你作么生言？"可见，前后语意甚贯。若无"不"字，反倒让人不解。

17. 《池州南泉普愿禅师语要》：师云："若以意会，即思量得也。他教中亦云：'种种生身，我说为量。'那个不可思议，不是意会得底物。如水里有水，即有影；若无水时，唤什么作影？法身由对报化得名。若无报化，法身向那边认法身？亦云是影。经论极则头，只到法身实入理地，那个早晚同于经论。经论不管伊，如何排遣？他且不到者里。大难，大难！"（第199页）

按：该语段有两处待商，如次：

其一，"法身向那边认法身"，此标点未当。这里南泉和尚是将"法身"喻作水中之影，"报化"喻为照影之水；故无"报化"时，"法身"则无处"认"。如此，原句宜标点作："如水里有水，即有影；若无水时，唤什么作影？法身由对报化得名，若无报化，法身向那边认？法身亦云是影。"

其二，"水里有水"句，第一个"水"字，点校本校注："'水'，疑为'井'。"此"疑"也不必。查宋刻本《古尊宿语要》，也作"水里有水"，可见不误。

18. 《池州南泉普愿禅师语要》：师示众云："……如今学人直须会取：佛未出世时，都无名字，密意潜通，无人觉知，唤作道人；佛出世权说三乘五性，他不是三乘五性人。从那边行履，他是自由人。会取今有本有，不从佛闻与他为缘。如今直须截断两头句，透那边，不被凡圣拘系。心如枯木，始有少许相应。引经说义，皆是与他分疏，向他屋里作活计，终无自由分。"（第199页）

按：例中"不从"句，当点断作："不从佛闻，与他为缘。"这里南泉禅师的大意是说，领悟禅道须"会取"（指领会），要"不从佛闻"，方能"与他（隐指禅法）为缘"。如若"引经说义"，则是"与他分疏"。"与他分疏"正和"与他为缘"相对而言。本卷下文也有："兄弟，直须会取，不从佛闻，无师自尔。"（第200页）可见，"不从佛闻"当单独成句。

19. 《池州南泉普愿禅师语要》：但会取无量劫来，性不变异，即是修行。妙用而不住，便是菩萨行。达诸法空，妙用自在，色身三昧炽然。行六波罗蜜空，处处无碍。游于地狱，犹如园观，不可道伊不得作用。（第200页）

按："色身"句，标点未确，当断作："色身三昧，炽然行六波罗蜜空。"本卷下文就有："不是不许，只如弥勒又作凡夫，他炽然行六波罗蜜，他家触处去得，因什么便不许他？他不曾滞着凡圣，所以那边会了，却来者边行履，始得自由分。"（第198页）可见，"炽然"当冠于"行六波罗蜜"之前。

20. 《赵州真际禅师语录并行状卷上》：年至八十，方住赵州城东观音院，去石桥十里。已来住持，枯槁志效古人。僧堂无前后架旋营斋食，绳床一脚折，以烧断薪用绳系之。每有别制新者，师不许也。（第 209 页）

按：本段有多处断句未妥，试述如下：

其一，"已来"当属上句，后施逗号，作："……方住赵州城东观音院，去石桥十里已来，住持枯槁，志效古人……""已来"表约数，其义为"左右"，佛典禅录中多见。如《惠远外传》卷一："远公既出长安，足下云生……旧寺相去十里已来，于一峻岭上，权时结一草庵。"《宋高僧传》卷二一《唐五台山竹林寺法照传》："于僧堂内粥钵中忽觐五彩祥云，云内现山寺，寺之东北五十里已来有山，山下有涧，涧北有石门……相见欢喜，问讯设礼，引照入门。向北行五里已来，见一金门楼。"皆其例。

其二，"僧堂"句，当标点为："僧堂无前后架，旋营斋食。""无前后架"和"旋营斋食"都是说赵州和尚修行生活之艰辛，二者宜断开。"前后架"是僧堂中摆放盥洗等用具的架子。佛典中有用例，如《天竺别集》卷三："堂内僧须回避上座都维那，及外处宾客不得无礼，及僧堂前后架诸处不得语笑喧杂高声，犯者二七拜。"而"旋营斋食"，盖谓随意弄些斋食来吃。

21. 《赵州真际禅师语录并行状卷上》：师问南泉："如何是道？"泉云："平常心是道。"师云："还可趣向不？"泉云："拟即乖。"师云："不拟争知是道？"泉云："道不属知，不知知是妄，觉不知是无记。若真达不疑之道，犹如太虚，廓然荡豁，岂可强是非也？"师于言下顿悟玄旨，心如朗月。（第 212 页）

按："道不属"这几句话，标点有误，应作："泉云：'道不属知不知，知是妄觉，不知是无记……'"类似的语例，禅录中多见。如本书卷四七《东林和尚云门庵主颂古》："举赵州问南泉：泉云：'道不属知，不属不知。知是妄觉，不豁，岂可强是非耶？'州于言下顿悟玄旨。"（第 937 页）又《真心直说》卷一："或曰：'祖师妙道，可得知乎？'曰：'古不云乎？道不属知，不属不知。知是妄想，不知是无计。若真达不疑之地，犹如太虚宽廓，岂可强是非耶？'"可见，例中"道不属知，不属不知"就是"道不属知不知"的意思，而"妄想"又恰与"妄觉"义同。

又，例中"师云：'不拟争知是道？'"亦当标点为："师云：'不拟，争知是道？'"《祖堂集》卷十八《赵州和尚》、《景德传灯录》卷十《赵州东院从谂禅师》此句均作："师云：'不拟时，如何知是道？'"可以为证。

22. 《赵州真际禅师语录并行状卷》：问："如何数量？"师云："一二三四五。"云："数量不拘底事如何？"师云："一二三四五。"问："什么世界即无昼夜？"师云："即今是昼是夜？"云："不问即今。"师云："争奈老僧何。"（第 229 页）

按：末句当用问号。这里赵州和尚对僧人的问题并不直接回答，而是借反问来促使他领会。用句号，与原意显然不合。"争奈……何"表疑问，禅录中习见。如《景德传灯录》卷十二《前临济义玄禅师法嗣》："桐峰庵主僧问：'和尚遥里忽遇大虫作么生？'师作吼声，僧作怖势，师大笑。僧曰：'遮老贼。'师曰：'争奈老僧何？'"《佛祖历代通载》卷二二："帝以众婇女围绕帝师。帝问云：'还也动心么？'帝师云：'目前虽可看，争奈老僧何？'帝大悦。"均其例。

23. 《赵州真际禅师语录之余》：镇府大王问："师尊年有几个齿在？"师云："只

有一个牙。"大王云："争吃得物？"师云："虽然一个下下咬着。"（第 236 页）

按：末句为转折复句，应点断作："虽然一个，下下咬着。"其意是说，我虽然只有一颗牙，但下下都能咬得着。不点断，则让人费解。《宗鉴法林》卷十八："或庵体云：'赵州开口，自然下下咬着。'"《月江正印禅师语录》卷三："少年时道是有主沙弥，八十岁行甚马脚驴脚？三五斗，头上青灰。一个牙，下下咬着。"并可为证。

24.《赵州真际禅师语录之余》：师因在室坐禅次，主事报大王来礼拜。大王礼拜了，左右问："土王来，为什么不起？"师云："你不会老僧者里。下等人来，出三门接；中等人来，下禅床接；上等人来，禅床上接。不可唤大王作中等下等人也，恐屈大王。"大王欢喜，再三请入内供养。（第 241 页）

按："你不会老僧者里"，断句有误。"者里"当属下句。此也有异文可作印证。《佛法金汤编》卷十："左右问师曰：'列土主来，为甚么不起接？'师云：'你不会老僧意，这里下等人来，出山门接；中等人来，下禅堂接；上等人来，禅床上接。不可唤大王作中下等人也，恐屈大王。'王欢喜，请入内供养。"例中"你不会老僧意"，恰等于说"你不会老僧"，足见"者里"只能属下。

25.《赵州真际禅师语录之余》：师问新到："离什么处？"云："离雪峰。"师云："雪峰有什么言句示人？"云："和尚寻常道尽十方世界是沙门一只眼，你等诸人向什么处屙？"师云："阇黎若回，寄个锹子去。"（第 242 页）

按：例中新到僧人的答语，是转述雪峰和尚的法语，故当用引号。原句应作："云：'和尚寻常道："尽十方世界是沙门一只眼，你等诸人向什么处屙？"'"如此，句意方明。

26.《赵州真际禅师语录之余》：师一日上堂，僧才出礼拜，师乃合掌珍重。又一日，僧礼拜。师云："好，好！"问云："如何是禅？"师云："今日天阴不答话。"（第 243 页）

按：例中"好好问"不应点破，当作："师云：'好好问！'"也正因为赵州让僧人"好好问"，所以僧人才问："如何是禅？"若将"好好问"点断，则上下语意不畅。

再者，"好好问"是禅师的惯用语，《古尊宿语录》中就有十二例。如卷七《汝州南院禅师语要》："问僧：'近离什么处？'僧云：'龙兴。'师云：'发足莫离叶县否？'僧便喝。师云：'好好问你，又恶发作什么？'"（第 112 页）卷二三《汝州叶县广教省和尚语录》："师云：'这个犹是野干鸣，还我师子来。'随后便喝，抚一掌。德云：'真师子儿！'师云：'是何语话？'德云：'好好问，兄弟。'"（第 443 页）卷四二《宝峰云庵真净禅师住筠州圣寿语录》："有僧出云：'这里是什么所在？'师云：'好好问着，且莫虚头。'"（第 784 页）均其例。

27.《赵州真际禅师语录之余》：师问僧："从什么处来？"云："南方来。"师云："共什么人为伴？"云："水牯牛。"师云："好个师僧，因什么与畜生为伴？"云："不异故。"师云："好个畜生。"云："争肯？"师云："不肯，且从还我伴来。"（第 246 页）

按：末句标点有误，当作"师云：'不肯且从，还我伴来。'""且从"表让步，意为"暂且不问，暂且放置一边"。禅录中习见。例如《景德传灯录》卷七《蒲州麻谷山宝彻禅师》："师云：'某甲向遮里住也。'丹霞云：'住即且从，还有那个也无？'师云：'珍重。'"同书卷十五《洞山良价禅师》："雪峰曰：'义存无口。'师曰：'无口且从，还我眼来。'雪峰无语。"又卷二五《杭州灵隐山清耸禅师》："问：'根尘俱泯，为什么事理不明？'师曰：'事理且从，唤什么作俱泯底根尘？'"皆其例。

28. 《赵州真际禅师语录之余》：一日，二人问师："什么处去来？"师云："礼拜五百尊者来。"二人云："五百头水牯牛聻尊者。"师云："为什么作五百头水牯牛去？"山云："苍天，苍天。"师呵呵大笑。（第 247 页）

按：例中"聻"与"尊者"当断开。"聻"为疑问语气词，是现代汉语"呢"的前身，钱锺书、江蓝生等已有考论。例中所叙之事，《五灯全书》卷七《赵州观音院真际从谂禅师》中录作："一日，二人问师：'什么处去来？'师曰：'礼拜五百尊者。'二人曰：'五百头水牯牛聻？'师曰：'为什么作五百头水牯牛去？'山曰：'苍天，苍天。'师呵呵大笑。"可为证。

又，同书卷四六《滁州琅琊山觉和尚语录》中有："举崔禅上堂云：'出来打，出来打。'时有僧出来云：'崔禅聻崔禅。'掷下拄杖，下座。"（第 919 页）"聻"后亦当点断，"崔禅"属下句，作："……时有僧出来云：'崔禅聻？'崔禅掷下拄杖，下座。"此也有异文可证。《禅林类聚》卷十六："善崔禅师尝升座，拈拄杖云：'出来打，出来打。'时有僧出云：'崔禅聻？'师掷下拄杖，便归方丈。"《联灯会要》卷十《定州崔禅禅师（凡一）》："拈拄杖，示众云：'出来打，出来打。'时有僧出云：'崔禅聻？'师掷下拄杖，便归方丈。"可见，这里的"师"，就是引例中的"崔禅"。"崔禅"只能属下句，作"掷下拄杖"的主语。

29. 《云门匡真禅师广录上》：上堂云："……自是汝诸人信根浅薄，恶业浓厚，突然起得，如许多头角。担钵囊千乡万里受屈么？且汝诸人有什么不足处？大丈夫汉阿谁无分？独自承当，尚犹不着。便不可受人欺瞒，取人处分……"（第 258 页）

按：本段有多处标点未妥，分述如下：

其一，"突然"句，当标点为："突然起得如许多头角。"《景德传灯录》卷十九《云门山文偃禅师》："除却着衣吃饭屙屎送尿，更有什么事，无端起得许多妄想作什么？"《南岳单传记》卷一："表曰：'欲得如是事，还须如是人。若是如是人，愁个甚么事？'尧封潜曰：'突然起得许多头角。'"均其例证。

其二，"着便"不当断开，其标点应作："……独自承当，尚犹不着便，不可受人欺瞒，取人处分……""不着便"为禅录中的常用词，义为"不走运，倒霉"。本语录中就有多处这样的语例。卷九《石门山慈照禅师凤岩集》："良久，云：'山僧与上座，两家不着便。'"（第 155 页）卷十六《云门匡真禅师广录中》："师拈起拄杖云：'乾坤大地总在上头。若透得去，拄杖也不见有。直饶与么，也是不着便。'"（第 297 页）卷十八《云门匡真禅师广录下》："师问僧：'设罗汉斋，得生天福，你得饭吃。'无对。师：'你问，我与你道。'僧便问：'为什么与么道？'师云：'先来不着便，如今着屎泼。'"（第 332 页）

30. 《云门匡真禅师广录中》：举三平颂云："即此见闻，非见闻。"师云："唤什么作见闻？无余声色可呈君。"（第 280 页）

按："即此"句，不宜点破。《宗门拈古汇集》卷十九《漳州三平义忠禅师》："三平有偈曰：'即此见闻非见闻，无余声色可呈君。个中若了全无事，体用何妨分不分。'"《续古尊宿语要》卷六《金山退庵奇禅师语》："卓拄杖云：'只此见闻非见闻，无余声色可呈君。'"皆可为证。

31.《云门匡真禅师广录》：一日云："三十年后会去在。"代云："点（繁体为"點"）儿落节。"或云："头上霹雳即不问你，脚下龙过道将一句来。"代云："朝起云，夜降雨。"（第 311 页）

按："点（點）儿"的"点（點）"，实为"黠"字的形近而误，"点儿"不辞。"黠儿"义为根机灵会之人；"黠儿落节"为禅僧习语，指根机灵会之人未能领悟禅旨，反而弄巧成拙，落入他人的机关。《林泉老人评唱投子青和尚颂古空谷集》卷五："师云：'漫天索价，博地相酬；拟滞情关，黠儿落节。高高标不出，深深话不及。'"《了庵清欲禅师语录》卷二："次韵送僧归蜀：……要识本来面目，好看秋月扬辉。多少黠儿落节，重来眼上安眉。"《嘉泰普灯录》卷二十九《东林卍庵颜禅师七首》："自赞（一）：……要是圆悟儿孙，丧却杨岐家法。奸汉多疑，黠儿落节。"皆其例。

32.《云门匡真禅师广录下》：师问修造僧："甚处来？"僧云："山上斫木来。"师云："还斫得合盘么？"僧云："和尚放某甲过即道。"师云："放你过作么生道？"僧便礼拜，师便打。代云："某甲也溜么？"（第 322 页）

按：末句标点误。"溜么"后，当施句号。"溜么"义同"这么"，不表疑问。禅典中多见。如《宗门拈古汇集》卷十四《荆州天皇道悟禅师》："笑岩宝云：'龙潭溜么问，天皇恁么答，若实会得，凡圣只有虚名，迷悟皆是剩语。若不会，不可瞎驴趁大队。'"例中"溜么"与"恁么"对举，可以为证。又《明觉禅师语录》卷三："玄沙云：'人人出者个不得。'山云：'和尚溜么道得，某甲为什么不得？'沙云：'我得尔不得。'"亦其例。

又，本书卷下文："问新到：'甚处来？'僧云：'不敢。'师云：'放你三十棒。'无对。代云：'某甲也溜么？'又云：'可惜许七间法堂。'"（第 327 页）"溜么"后，亦当用句号。

33.《云门匡真禅师广录下》：问僧："甚处来？"僧云："南华塔头来。"师云："祖师有什么言句？"僧云："有。"师云："不得错举。"（第 326 页）

按：校本于"南华塔"下着专名号，未确。专名号应加在"南华"下。"塔头"本指佛塔顶部，佛典中常见，如《撰集百缘经》卷八："于其彼时，有诸商客，从他邦来，持一上价摩尼宝珠，奉献上王。王得珠已，寻即遣人，系着塔头。""系着塔头"即系于塔的顶端。但引例中的"塔头"就指塔，"头"是词缀。本卷下文有"南华礼塔来"，表明"塔头"就是"塔"。此例专名号就着于"南华"下，这是正确的。

同书卷五《临济禅师语录之余》："师到达磨塔头，塔主云：'长老先礼佛？先礼祖？'师云：'佛祖俱不礼。'"（第 82 页）又卷十八《云门匡真禅师广录下》："问僧：'什么处来？'僧云：'南华塔头来。'"（第 326 页）"问僧：'甚处来？'僧云：'南华塔头来。'"（第 330 页）校本于"达磨塔"、"南华塔"下着专名号，俱当改之。

34.《云门匡真禅师广录下》：因斋欠，有僧侍立，师云："你还饱也未？"僧无

语。师拈拄杖云："拄杖却饱。"（第 337 页）

按："斋欠"不辞，"欠"应是"次"之误。"斋次"义为吃饭之时。禅典中多见。本书卷六《睦州和尚语录》："师因斋次，有俗官问：'请师施食。'师云：'三德六味，施佛及僧。吽，吽，快将来，老僧要吃。'"（第 91 页）"睦州陈操尚书因斋次，尚书自行饼馓与僧。僧遂引手接，尚书却缩手，僧无语。"（第 94 页）卷十八《云门匡真禅帅广录下》："师因斋次，问僧：'你是甚处人？'云：'淮南人。'"（第 311 页）"因斋次，问僧：'吃得几个鹇饼。'僧云：'吃得四个。'师云：'你为什么鼻孔里只有一茎毛？'无对。"（第 311 页）"因斋次，问僧：'羹受饭里，饭受羹里，过在什么处？道得，别有商量。'无对。"（第 311 页）又《天圣广灯录》卷一八《觉圆上座》："尉因斋次，问云：'今日盛陈香供，盖为生辰。大士亭斋，诸佛同佑。且道有利益也无？'"皆其例。

35.《袁州杨岐山普通禅院会和尚语录》：时有僧出众，师云："渔翁未掷钓，跃鳞冲浪来。"僧便喝。师云："不信，道！"僧抚掌归众。（第 349 页）

按："不信道"，不当点破。"信道"就是"信"，"道"为词缀；"不信道"后当着问号。如《祖堂集》卷四《药山和尚》："和尚向道吾曰：'你见适来跛脚沙弥摩？'对曰：'见。'师曰：'此沙弥有些子气息。'吾曰：'村里男女有什摩气息？未得草草，更须勘过始得。'师教侍者唤其沙弥，沙弥便上来。师曰：'闻说长安甚大闹，汝还知也无？'对曰：'不知。我国甚安清。'师曰：'汝从看经得，从人请益得？'对曰：'不从看经得，亦不从人请益得。'师曰：'大有人不看经亦不从人请益，为什摩不得？'对曰：'不道他无，自是不肯承当。'师向道吾曰：'不信道？老僧不虚发言。'"又《宏智禅师广录》卷三："举陈操尚书与众官，楼上遥见数僧从远来。官云：'数员禅客。'陈云：'不是。'官云：'焉知不是？'陈云：'待与验过。'僧至楼下，陈云：'大德。'僧举首。陈云：'不信道？不是。'官罔措。"可知，"不信道"断不可割裂。"不信道"又可用于句中，如《少室六门》卷一："经云：……天堂地狱只在眼前，愚人不信。现堕黑暗地狱中，亦不觉不知。只缘业重故，所以不信。譬如无目人不信道有光明，纵向伊说亦不信，只缘盲故，凭何辨得日光……"此例前云"无目人不信道有光明"，后又说"纵向伊说也不信"，可确知"不信道"就是"不信"。

类似的标点错误，书中多见。如卷三一《舒州龙门佛眼和尚小参语录》："解夏夜小参云：'……若于此见得，历劫孤明，未曾昏昧，方信道。达磨不来唐土，二祖不往西天。……'"（第 584 页）"方信道"后不应点破，"方信道"就是"方信"、"才信"，"达磨不来唐土，二祖不往西天"是其宾语。又卷三二《舒州龙门佛眼和尚普说语录》："师云：'僧行到楼前，操唤云："上座。"僧皆举头。操顾谓僚属云："不信，道！"当恁么时，如何作得个主宰，免被他勘破？'"（第 595 页）"不信道"亦不可点破，后当着问号。

禅录中又有"不见道"的说法，其义就是"没听说过"，"道"也是词缀。同书卷二九《舒州龙门佛眼和尚语录》："师云：'……有般汉只管行棒下喝，还明他不犯之令么？不见"道始终作家"？诸人每日来去，什么处得见百丈。'"（第 552 页）"不见道"句，标点亦误，应作："不见'始终作家'？"

36.《袁州杨岐山普通禅院会和尚语录》：师乃云："……虽然如是，且向第二机中说些葛藤。繁兴大用，举步全真。既立名真非，离真而立，立处即真。者里须会当

处发生，随处解脱，此唤作闹市里上竿子，是人总见。"（第 353 页）

按："既立"句，标点未确。"非"只能属下，作："既立名真，非离真而立，立处即真。""非离真而立"就是说"道不离真而立"。如《注肇论疏》卷二："非离真而立处，立处即真也。"《大慧普觉禅师语录》卷二三："道无不在，触处皆真，非离真而立处，立处即真。教中所谓治生产业皆顺正理，与实相不相违背。"《古林清茂禅师语录》卷四："既不可拣择，又不在明白里，自然头头上明，物物上了，当体解脱，非离真而立处，立处即真。"皆其例。

37.《潭州道吾真禅师语要》：上堂："向上一路，千圣不传。学者劳形，如猿捉影。你等诸人还明得这时节么？若明得，去天上人间堪受供养；若明不得，阎罗老子眼目分明。"（第 362 页）

按："若明得去"不当点断，应作："……若明得去，天上人间堪受供养；若明不得，阎王老子眼目分明。""明得去"就是"明得"，"去"是语助词。书中例多，如卷九《石门山慈照禅师凤岩集》："上堂云：'……若向这里明得去，未具衲僧眼，直须子细。'"（第 147 页）卷十《汾阳（善）昭禅师语录》："复曰：'若要于此明得去，直须得三玄旨趣，始得受用无碍，自求庆快，以畅平生……'"（第 161 页）"若能于此明得去，一句中有三玄三要，宾主历然，平生事办，参寻事毕。"（第 162 页）卷十九《潭州道吾真禅师语要》："上堂云：'古今日月，依旧山河。若明得去，十方薄伽梵，一路涅槃门；若也不明，谤斯经故，获罪如是。'"（第 363 页）卷三二《舒州龙门佛眼和尚普说语录》："师云：'如今明得了，向前明不得底在什么处？如今明不得，到几时明得去？只恁么翻覆体究，也须会去。'"（第 608 页）卷三三《舒州龙门佛眼和尚普说语录》："……只恐你向者里乱会乱有领览，祇要教你不动一念，便明得去……"（第 618 页）

38.《潭州道吾真禅师语要》：师乃云："古人道，主宾元不异，问答理俱全同安。"又云："宾主睦时全是妄，君臣合处正中邪。一等是出世尊宿，接物利生，言教有异。为复见处偏枯。为复利生不普。明眼底人通个消息。"（第 363 页）

按："问答"句，标点误，"同安"当属下句，作："师乃云：'古人道："主宾元不异，问答理俱全。"'同安又云：'宾主睦时全是妄，君臣合处正中邪……'""同安"为禅师名，禅录中多见。如《潭州沩山灵佑禅师语录》卷一："同安代云：'和尚不怪。'"《大慧普觉禅师语录》卷四："僧问同安：'如何是和尚家风？'安云：'金鸡抱子归霄汉，玉兔怀胎向紫微。'"皆其例。又，"主宾元不异，问答理俱全"是偈颂语，兹举其类例，如《五灯会元》卷十一《涿州纸衣和尚》："师于言下领旨，后有颂曰：'……人境俱不夺，思量意不偏。主宾言少异，问答理俱全。踏破澄潭月，穿开碧落天。不能明妙用，沦溺在无缘。'"校本如是断句，盖由不明"同安"为人名而致误。

又，引例中的"为复"，是表示选择问句的关联词，故该句当标点为："为复见处偏枯，为复利生不普？明眼底人通个消息。"《祖堂集》卷四《慧忠国师》："为复是心，为复不是心？"《从容庵录》卷一："一段真风见也么？为复世尊升座处是一段真风，天童举颂处是一段真风，万松请益处是一段真风？"是其例。

39.《舒州白云山海会演和尚初住四面山语录》：师云："若论第一义，西天二十八祖，唐土六祖，立在下风。一大藏教，白云万里。摩竭掩室，毗耶杜口，正在梦

中。千佛出世，寐语未了，文殊普贤拗曲作直。"（第 369 页）

按："白云"下着专名号，未当。"白云万里"乃禅家常语，意即离禅法很远。《正法眼藏》卷六："五祖演和尚示众云：'说佛说法，拈椎竖拂，白云万里；德山入门便棒，临济入门便喝，白云万里；然后怎么也不得，不怎么也不得，怎么不怎么总不得，也则白云万里。忽有个出来道："长老你怎么道，也则白云万里。"遮个说话唤作矮子看戏，随人上下，三十年后一场好笑。且道笑个甚么？笑白云万里。'"《无明慧性禅师语录》卷一："进云：'如何是把定要津句？'师云：'拟议则差，白云万里。'"《石田法熏禅师语录》卷三："祖师门下，荒草连天，拟欲寻思，白云万里。"皆其例。

40.《舒州白云山海会演和尚语录》：臻便出门，首见一青衣童鞠躬云："东海龙王请伴诸罗汉斋。"臻遂往赴斋。（第 398 页）

按："首"字当属上句。"门首"即"门口，门前"，佛典禅录中常用。如《根本说一切有部毗奈耶杂事》卷十八："门人见已，入报王曰：'尊者大目连今在门首欲见大王。'王闻语已，不胜喜跃，疾起敷座，出至门首。"《宋高僧传》卷二一《唐五台山竹林寺法照传》："涧北有一石门，见二青衣可年八九岁，颜貌端正，立于门首，一称善财，二曰难陀。"《虚堂和尚语录》卷一："到一家门首，婆云：'太无厌生！'际云：'饭也未得，何言太无厌生？'婆便闭却门。"皆其例。

41.《汝州叶县广教省禅师语录》：师上堂良久云："夫行脚禅流，直须著忙。参学须具参学眼，见地须得见地句，方始有相亲分，始得不被诸境惑，亦不落于恶道。毕竟如何委悉……"（第 431 页）

按："上堂"、"良久"后，均当以逗号隔开。"良久"是禅宗行业语，表示"沉默不语"。"上堂，良久"是两个动作，即禅师走上法堂，沉默了一会，然后才说话。中间如不断开，会让人误以为是"上堂时间很久了"。类似的语例，禅籍中多见。如本书卷十五《云门匡真禅师广录上》："上堂，大众集，良久，蓦拈拄杖云：'看看，北郁单越人，见汝般柴不易，在中庭里相扑供养你……'"（第 267 页）此例有"大众集"隔开二者，足见是两个动作。又如《了庵清欲禅师语录》卷二："上堂，良久，顾视大众云：'会么？山僧无说，汝等无闻，无说无闻，是第一义。'"《雪峰义存禅师语录（真觉禅师语录）》卷二："沩山上堂，良久，有僧便问：'请和尚为大众说佛法。'山云：'我为汝得彻困也。'"《保宁仁勇禅师语录》卷一："上堂，良久，以手捆口云：'大多口生。'"皆其例。

又，同书卷十五："上堂良久，有僧出礼拜。师云：'太迟生。'僧应诺。师云：'这漆桶。'"（第 271 页）"上堂"后，亦应施逗。又卷二四《潭州神鼎山第一代諲禅师语录》："国师迁化后，帝诏问就源。源亦良久云：'会么？'帝云：'不会。'"（第 459 页）卷二八《舒州龙门佛眼和尚语录》："休问曰：'师作何行业？感得如斯。'林乃良久曰：'会么？'休云：'不会。'"（第 524 页）此两例"良久"后，均当施逗。

42.《汝州叶县广教省禅师语录》：师问僧："日暮投林，朝离何处？"僧云："新戒不曾学禅。"云："生身入地狱下去。"（第 442 页）

按：末句标点未确，应作："师云：'生身入地狱，下去！'""下去"是禅师呵斥僧人的常用语，如本书卷十二《衢州子湖山第一代神力禅师语录》："仁者切莫向心田中认些子妄想将为极则。他上祖是什么榜样？下去，莫立！"（第204页）又卷十六《云门匡真禅师广录中》："师有时云：'……若说超佛越祖之谈，是烧饼香供养你。归依佛法僧。下去！'"（第284页）皆其例。

43.《汝州叶县广教省禅师语录》：鼓上首山。就中见一老和尚，彼时蒙它劈头一锥，直得浃背汗流。当时不觉，礼拜了，悔之不及。（第454页）

按："当时"句，标点未确，当断为："当时不觉礼拜了，悔之不及。""不觉"意思是"不禁，不由得"。如本书卷一《大鉴下三世——百丈怀海大智禅师》："一日，师谓众曰：'佛法不是小事，老僧昔被马大师一喝，直得三日耳聋。'黄檗闻举，不觉吐舌。"（第7页）又《虚堂和尚语录》卷九："上堂：'鸦作鸦鸣，鹊作鹊噪。尽大地人，不知孔窍。忽有个汉出来道："大唐国里有人在。"老僧不觉屈膝吐舌……'"均其例。

44.《汝州叶县广教省禅师语录》：举僧问香严："如何是道？"严云："枯木里龙吟。"曰："如何是道中人？"严云："髑髅里眼睛。"后有僧举问石霜："枯木里龙吟时如何？"霜云："犹有喜在。"曰："髑髅里眼睛时如何？"霜云："犹有识在。"师云："石霜一向打叠去空界里作活计。"后有僧举似曹山，山云："这石霜老声闻作这见解。"（第456页）

按：末句宜点断，作："这石霜老声闻，作这见解！"曹山和尚的意思是说，石霜是个老声闻（"声闻"意思是闻佛之言教，证四谛之理的得道者。常指罗汉。这里含有调侃的色彩），居然作出这般见解。类似语例，他处亦见。如《禅苑蒙求瑶林》卷三："翠岩可真禅师到慈明大师……明曰：'头白齿黄，犹作这见解！'"《筠州洞山悟本禅师语录》卷一："师曰：'我将谓汝是个人，犹作这个见解在！汝晚间来。'"《大慧普觉禅师语录》卷八："照云：'这老汉头白齿黄，作这个见解！'"皆其例。

45.《潭州神鼎山第一代諲禅师语录》：小参，举沩山与仰山行次，沩问仰曰："前头是什么？"仰云："枯树子。"沩又问："芸田翁翁亦云枯树子。"沩云："这田翁他后亦匡五百众。"（第460页）

按："沩又问"下，标点多误，宜作："沩又问芸田翁，翁亦云：'枯树子。'沩云：'这田翁，他后亦匡五百众。'"按校本标点，不仅句意费解，也与"问"的内容不合。

46.《潭州神鼎山第一代諲禅师语录》问："如何是接人之机？"师云："斋后来向你道。"曰："即今为什么不道？"僧随声一喝。师云："好。"僧礼拜。（第464页）

按："斋后"句，宜标作："斋后来，向你道。"其意是叫僧人斋后来，再向他说。"来"后断开，则语意显豁。本书卷八《汝州首山念和尚语录》："僧一日入室，师云：'且去，别时来。'僧应诺，师便打。"（第136页）又《万松老人评唱天童觉和尚颂古从容庵录》卷五："岩便问：'如何是异类中行？'山云：'吾今日困，别时来。'"《天圣广灯录》卷二九："进云：'出世后事如何？'师云：'待别时来，向汝道。'"均其例。

47.《筠州大愚芝和尚语录》：思和尚令石头送书与让和尚，回来与你一个锄斧子住山。石头……便归去。思云："书达否？"头云："书亦不达，信亦不通。去日蒙和尚许个锄斧子，便请。"思垂下一足，头便礼拜。（第476页）

按：例中标点未确。"思和尚令"后是行思对"石头"说的话，当用引号，作："思和尚令石头：'送书与让和尚，回来与你一个钃斧子住山。'"否则，句中的"你"，不知指的是谁。此事有异文可证。如《沙弥律仪毗尼日用合参》卷二："青原思令希迁持书与南岳让曰：'汝达书了，速回，吾有个钃斧了，与你住山。'迁至彼……"异文中有"曰"字，可证后面是所说的话。

48.《筠州大愚芝和尚语录》：五泄到石头……石头召云："阇梨。"泄回首。头云："从生至老，只是这个回头，作么？"泄忽然大悟，便拗折拄杖。（第476页）

按：例中"头云"句，标点欠妥，应作："头云：'从生至老，只是这个，回头作么？'"此有异文可见。《圆悟佛果禅师语录》卷十三："出至三门，石头乃唤云：'阇梨。'泄回首。头云：'从生至老，只是这个，更回头转脑作什么？'泄从此有省。""回头"前有"更"字，尤可知"回头"不当属上。

49.《舒州法华山举语要》：琅云："莫是举师叔么？当时先师教我寻见伊。"遂亲下旦过堂，问："上座莫是举师叔么？莫恁某甲适来相触忤师叔喝。"复问："长老何时到汾阳？"琅云："恁么时到。"（第497页）

按："莫恁"句，标点误。"师叔喝"并非琅和尚说的内容，当在引号外，作："问：'上座莫是举师叔么？莫恁某甲适来相触忤。'师叔喝，复问：'……'"此也有异文可证。如《续传灯录》卷三《大鉴下第十一世——汾阳昭禅师法嗣》："邪曰：'莫是举师叔么？先师教我寻见伊。'遂下旦过问：'上座莫是举师叔么？莫怪适来相触忤。'师便喝，复问：'长老何时到汾阳？'邪曰：'某时到。'"《正法眼藏》卷一："琅邪问侍者：'此是甚么人？'曰：'举上座。'琅邪遂亲下旦过堂问：'莫是举上座么？莫怪适来相触忤。'举便喝，复问：'长老何时到汾阳？'曰：'某时到。'"皆可参证。

50.《舒州龙门佛眼和尚语录》：上堂："昔日百丈大智禅师再参马祖，侍立次，祖举拂子，丈云：'即此用，离此用。'祖挂却拂子，问云：'你他后开两片皮，将何为人？'丈取拂子竖起，祖云：'即此用离此用。'丈挂拂子于旧处，祖便喝，百丈直得三日耳聋。"（第506页）

按：例中"即此用"、"离此用"后，都当施问号，这是表选择的疑问句。此事可证之于百丈和尚自己的叙述。《佛果圆悟禅师碧岩录》卷二："丈遂举再参马祖因缘：'祖见我来，便竖起拂子。我问云："即此用？离此用？"祖遂挂拂子于禅床角。良久，祖却问我："汝已后鼓两片皮，如何为人？"我取拂子竖起，祖云："即此用？离此用？"我将拂子挂禅床角，祖振威一喝，我当时直得三日耳聋。'"此处百丈用的是"问云"，可以确证。

51.《舒州龙门佛眼和尚语录》：上堂："若论此事，如人买田地相似。四至界畔，一时分明结契了也，唯有中间树子犹属我在。大众，既是四至分明结契子也，为什么中间树子犹属他……"（第522页）

按："结契子"，应是"结契了"之误。"结契了"即契约已签署完毕。《五灯全书》卷四十二《舒州龙门佛眼清远禅师》在叙此事时，正作"结契了"。又《宗鉴法林》卷二十四《福州灵云志勤禅师》："沙曰：'我与你作个譬喻，如人买一片园，东西四至结契总了也，中心有个树子犹属我在。'"《禅林类聚》卷十九："玄沙备禅师云：'若论此事，喻似一片田地，四至界分结契卖与诸人了也，只有中心树子犹属老僧在。'"例中"结契总了"、"结契卖与诸人了"，义同"结契了"，也可辅证。

52.《舒州龙门佛眼和尚语录》：上堂，举南泉和尚谓众曰："王老师卖身去也，有人买么？"时有一僧云："某甲买。"师曰："好一员禅客。"南泉云："不作贵，不作贱，你作么生买？"其僧无对。师云："恶笑杀人。有数尊宿为此僧着语……"（第525页）

按："恶"后当断。"恶"是一个象声词，禅典中常用来表达一种语气。如本卷下文："师乃失声曰：'恶，讨杀我，讨杀我！皇天，皇天，寻杀我！虽然如是，知是般事便休。直须运出自己家财，莫自拘于小节。参堂。'"（第528页）卷三十四《舒州龙门佛眼和尚语录》："忽一日省得，便上去。宿才见来，便云：'恶，是也。'师云：'作么生见得，便知道是也？'"（第639页）"恶"有时还可连用，表达一种更为强烈的语气，如本书卷二十九《舒州龙门佛眼和尚语录》："蒋山佛鉴和尚遗书至，上堂：'恶恶！师兄师兄，出在我前。去复我先。恶恶！师兄师兄，出在我前，许我并驾而齐肩；去复我先，使我只翼而孤骞……'"（第540页）

另，同书卷三一《舒州龙门佛眼和尚小参语录》："先师在白云会里，端师翁常曰：'……而今道眼不明，出世者多，罪过，罪过！如何敢为人高座上也！竖起拂子示人，恶吓杀人。如盲如聋相似，不惊不怖……'"（第589页），"恶"后亦当断。

53.《舒州龙门佛眼和尚语录》：师云："好，大众还见得悟处么？尽力放不下，着力担不起。将谓一物无，元是自家底。见得自家底，心中大欢喜。自兹家业兴，一举九万里。"（第550页）

按："好大众"不可点断。"好大众"是禅师对僧人的一种亲热的称呼，禅籍中多见。如本书卷三三《舒州龙门佛眼和尚普说语录》："师云：'……亦如毗目仙人执善财手，善财见无量世界微尘数诸佛，仙人放手，宛然依旧。好大众，放下手了宛然依旧，且作么生会？会取好。久立。'"（第616页）卷四三《宝峰云庵真净禅师住金陵报宁语录二》："复云：'好大众，也无禅，也无道，也无玄，也无妙，快活当明者一窍。一窍不明愁杀人。动即依他，和屎合尿。参！'"（第814页）又："上堂：'……米面柴炭之属，一切成现。寒则围炉向暖火，困来拽被盖头眠。好大众，适从僧堂来，却向僧堂去。'喝一喝，下座。"（第822页）

54.《舒州龙门佛眼和尚小参语录》：师云："……又有北院通辞洞山，山谓曰：'子何处去？'通曰：'入岭去。'山曰：'飞猿岭峻好看。'通迟疑。山曰：'通阇梨。'通应诺。山曰：'何不入岭去？'通顿于言下得旨……"（第591页）

按："飞猿岭"句，标点未确，当作："飞猿岭峻，好看！""好看"意为"当心，留神"，是禅师告诫僧人的习语，禅典中多见。如本书卷一《大鉴下三世——百丈怀海大智禅师》："师至晚上堂云：'大众，山下有一虎子，汝等诸人出入好看，老僧今朝亲遭一口。'"（第9页）卷十二《衢州子湖山第一代神力禅师语录》："师于门前下牓云：'子湖一只狗，上取人头，中取人心，下取人足，往来好看。'"均其例。又，本书卷三四《舒州龙门佛眼和尚语录》："举古人云：'飞猿岭峻，你好看。'问僧：'你如何？'代云：

'恁么则不去也。'"（第639页）此例尤可证"岭峻"、"好看"间须断开。

55.《舒州龙门佛眼和尚普说语录》：师云："先师到白云……乃有投机，颂云：'山前一片闲田地，叉手叮咛问祖翁。几度卖来还自买，为怜松竹引清风'……"（第606页）

按："投机颂"不当点破，"投机颂"指禅师契合禅道，领悟禅法时所作的偈颂，当着书名号。禅典中常见。如《虚堂和尚语录》卷四："一日在雪峰会里，因卷帘豁然契悟，乃有《投机颂》。"《续传灯录》卷十六《卫州元丰院清满禅师》："一日山行，取叶净手，豁然契悟，《投机颂》曰：'大奇大寄，动用还迷。更问如何？蓦口便槌。'"《楚石梵琦禅师语录》卷八："有演福润法师者问云：'我闻和尚《投机颂》云："崇天门外鼓腾腾，蓦札虚空就地崩。拾得红炉一点雪，却是黄河六月冰。"六月冰在什么处？'"皆其例。

56.《大隋开山神照禅师语录》：有一行者领众到师处，师问云："参得底人唤东作什么？"对云："不可唤作东。"师咄云："臭驴汉又唤作什么？"行者无语，众皆散。（第655页）

按："咄云"句，应标点作："臭驴汉！又唤作什么？"这是神照和尚咄斥行者的话，说行者是"臭驴汉"，接着问"又唤作什么"。如按校本断句，则让人误以为是"什么唤作臭驴汉"。此有异文可以确证。《景德传灯录》卷十一《益州大隋法真禅师》："有行者领众到，师问：'参得底人唤东作什么？'对曰：'不可唤作东。'师咄曰：'臭驴汉！不唤作东，唤作什么？'行者无语，众遂散。"

57.《大隋开山神照禅师行状》：师讳法真，貌古有威，眉垂覆睫。尝闻老宿辈，皆称为定光佛示迹。于剑南梓州盐亭县王氏家生。族本簪缨，妙龄凤悟，决志寻师于慧义寺，今护圣寺竹林院是也。（第664页）

按：例中标点多未确，当标点为："师讳法真……皆称为定光佛示迹于剑南梓州盐亭县王氏家。生族本簪缨，妙龄凤悟……"其中"示迹"，义为佛或高僧示现踪迹，佛典、禅录中习见。如《法界安立图》卷一："仰寻诸佛之降灵也，不可以形相求之，随机显晦，故得以言章述矣。自法王示迹，照临忍方……"《补续高僧传》卷十九《黑漆光菩萨传》："法明，莫详族氏，示迹于莱州，即墨县之荆沟村。"而"生族"，则是所生族氏之意。《宋高僧传》卷二十《唐吴郡义师传》："京师永寿寺释证智，不详生族。"《南宋元明禅林僧宝传》卷十三《季潭泐禅师》："泐生族甚微，父母俱早卒，寄食贫里，贫里不能善之。"皆其例。

58.《投子和尚语录》：师示众云："你诸人来者里觅言觅语，新鲜句簇花四六，徒口里有可道。我老儿气力稍劣，口觜迟钝，亦无闲言语与你。你若问我，我便随你问答。也无玄妙可及你，亦不教你垛根。……变现千般，总是你诸人生解，自担带，将来自作自受。我者里无物到你，也无表无里说似你诸人。有疑更问。"（第667页）

按：此例中两处标点可商，分述如次：

其一，"新鲜句"当属上，作："你诸人来者里觅言觅语新鲜句，簇花四六"，其意是说僧人们只知到处寻言觅语，找些新鲜语句，并非真正领悟禅道。《联灯会要》卷二一

《舒州投子大同禅师》："示众云：'诸人来这里觅新鲜语句，簇锦攒花，图口里有可道。我老儿气力稍劣，口吻迟钝，亦无闲言长语到汝。'"对比可知，"新鲜句"应属上。

其二，"自担带将来"不当点破，该句应标点作："变现千般，总是你诸人生解，自担带将来，自作自受。"投子和尚的这句话非常有名，禅典中常见转述。如《愚庵智及禅师语录》卷六："乃云：'目前无法，法法枞然。心外无机，机机相副。岂不见……投子云：诸人变见千般，总是自担带将来。赵州道：吃粥了也未……'"知"自担带将来"不可点破。

59.《襄州洞山第二代初禅师语录》：师乃云："……夫善知识者，驱耕夫之牛，夺饥人之食，方名善知识。即今天下，那个是真善知识？诸德参得几个善知识来也？不是等闲，直须参教。彻觑教透，千圣莫能证明，方显大丈夫儿。不见释迦老子明星出时，豁然大悟，与大地众生同时成佛，无前后际，岂不畅哉！虽然如是，若遇明眼衲僧，也好掠脊棒。"便下座。（第 708 页）

按：此段也有两处未妥，分列如下：

其一，"诸德"句，"也"当属下。作："诸德参得几个善知识来？也不是等闲……"查禅典，"来也"共数十例，却无一例作疑问句句尾，此例也不例外。本书卷二三《汝州叶县广教省禅师语录》："师云：'你既无牛，因甚踏破脚？'僧云：'怎么即亲从叶县来也。'师云：'莫乱走。'"（第 443 页）即其例。按禅家的吐属，"来也"在表疑问时，后面要加"无"或"未"，形成"来也无"或"来也未"的句型。如本书卷四六《滁州琅琊山觉和尚语录》："僧问。'一法若有，毗卢堕在凡夫。万法若无，普贤失其境界。正当与么时，还许文殊出头来也无？'"《云外云岫禅师语录》卷一："解夏小参：'三千大千世界悉作秋虫，鸣于一切声，各不相杂。诸人九十日内还曾闻来也未？'"均其例。

其二，"直须"句，应标点作："直须参教彻，觑教透，千圣莫能证明，方显大丈夫儿。"其意是说对教义直须参透它，看穿它。如按校本断句，"彻觑教透"费解。《断桥妙伦禅师语录》卷一："结夏上堂：'圣制中有一诀，上三星下半月，付诸人须辨别。九十日参教彻，参不彻，饮底是洋铜，吞底是热铁。'"《天目明本禅师杂录》卷三："乃直笔以酬之，并为说偈：'言直行直心乃直，拟存知解便乖疎。话头日用参教彻，说个如弦已涉途。'"两例中"参教彻"俱连用，可以为证。

60.《襄州洞山第二代初禅师语录》：上堂云："洞山者里……譬如太末虫，处处泊得，不能泊于火焰之上。被他诸方秃甜唇美舌，说作配当道：这个是禅，这个是道，这个是菩提涅槃，这个是真如解脱。被丈二钉八尺楔。楔在眼里，不知不觉。乍到洞山这里，不知是何说话，会得么？直饶会得，真如涅槃，菩提解脱，毫末无差也。被条绳子于脚跟下系却，不得出离。若是灵利衲僧，一咬咬断，作个脱洒衲僧，岂不快哉……"（第 713 页）

按：此段有三处标点待商，分述如下：

其一，"说作"句，"道"应属下。"配当"意为"配置停当，搭配"。如《礼记·学记》"言及于数"，唐孔颖达疏："犹若一则称配大一，二则称配二仪，但本义不然，浪为配当。"《宗镜录》卷二四："……如上广引诸圣微言，则知我之身心。世出世间，一切净秽国土，真俗法门，配当无差。靡不具足……"这里大意是说，被各位僧人甜唇美舌，说得头头是道，说这个是禅，这个是道……却被丈二长的钉子八尺长的楔子，楔在眼里，而听者还不知不觉。

其二，"被丈二钉八尺楔。楔在眼里，不知不觉。""八尺楔"的"楔"，后应施逗。

其三，"毫末"句，应标点为："直饶会得真如涅槃、菩提解脱毫末无差，也被条绳子于脚跟下系却，不得出离。"此为让步复句（"直饶"义为即使），"也"字当属下句。

61.《襄州洞山第二代初禅师语录》：问："承古有言，刹说众生说，三世一时说，即不无，未审为什么人说？"师云："三头两面者。"云："为即不无还当也无？"师云："虾跳不出斗。"（第714页）

按：该语段标点未确，当为："问：'承古有言，刹说众生说，三世一时说即不无，未审为什么人说？'师云：'三头两面者。'云：'为即不无，还当也无？'师云：'虾跳不出斗。'"例中有两个带有转折意味的复句，其主要标志是：上一分句以"即不无"置于末尾，表示让步性的肯定，同时起引出下一分句的作用。此种复句禅录中习见。如《瑞州洞山良价禅师语录》卷一："京兆米和尚，令僧问仰山云：'今时还假悟也无？'仰山云：'悟即不无，争奈落在第二头？'"《云门匡真禅师广录》卷二："示众云：'尔等诸人每日上来下去，问讯即不无，若过水时将什么过？'有久住僧对云：'步。'师深喜之。"均其例。"还当也无"，也是禅典中的习语，其意为"还能承当得么"。如《明觉禅师语录》卷一："问：'言迹之兴，异途之所由，生不犯锋芒，请师道。'师云：'谁家无白月清风？'进云：'还当也无？'师云：'土上加泥汉。'"

另，禅典中此类习语很多，如"即且从"、"且从"、"且置"、"即且置"、"则且置"、"即不问"、"即且止"，等等。例如《虚堂和尚语录》卷八："上堂：'……南山起云，北山下雨则且置，为什么桃花能红、李花能白？'"《五灯会元》卷十六《洪州法昌倚遇禅师》："这个即且止，宗门事作么生？"《抚州曹山元证禅师语录》卷一："僧问：'即心即佛即不问，如何是非心非佛？'"本书卷三九《智门祚禅师语录》："问：'拈槌竖拂，扬眉瞬目，即不问，向上一路，请师举唱。'师云：'你为什么担枷过状？'"（第734页）其标点错误，也显而易见。

62.《雪峰悦初住翠岩语录》：举先地藏问修山主："甚处来？"主云："南方来。"藏云："南方近日佛法如何？"主云："商量浩浩。"地藏云："争如我这里插田博饭吃。"（第769页）

按："商量浩浩地"不当点破。此乃禅林习语，是形容问答讨论激烈盛大之状，也用于呵责口头禅的意思。例如《佛果圆悟禅师碧岩录》卷七："这斩猫儿话，天下丛林，商量浩浩地。有者道，提起处便是；有底道，在斩处，且得都没交涉。"又写作"浩浩地商量"，如《圆悟佛果禅师语录》卷十七："举僧问马祖：'如何是祖师西来意？'祖云：'近前来，向尔道。'僧近前，祖劈耳便掌云：'六耳不同谋。'后来南禅师道：'古人尚六耳不同谋，那堪三二百众浩浩地商量，祸事祸事。'"可见，无论是"浩浩地商量"，还是"商量浩浩地"，"地"都不当与"藏"字连用。另有异文，也可为证。《万松老人评唱天童觉和尚颂古从容庵录》卷一："师云：……修等三人亦至地藏，遂问：'南方佛法，近日如何？'当时只好道与此方常日一般，却云：'商量浩浩地。'自领出头也不知。藏云：'争如我这里种田博饭吃。'"此例"地"、"藏"悬隔，更可见不当连用。点校本之所以标点为"地藏"，盖以其为人名而致误。其实，这里的"藏"就是指"地藏"，前句"藏云"，即可为证。

63. 《宝峰云庵真净禅师住金陵报宁语录三》：又抚掌云："……当下忽然见得倜傥分明去，也是棺木里瞠眼。如今还有无师智，自然智，不与万法为侣者，烜赫底丈夫汉，龃龃牙牙，千变万化，见我怎么胡言汉语，便好近前蓦口掴，拽下椅子掷向三门外，喝散大众，岂不快哉！还有么？"良久云："若无，且看老僧骑案山，跳入你诸人眼睛里，七颠八倒，呵佛骂祖去也。"喝一喝，下座。（第849页）

按：此段有两处标点未当，分说如下：

其一，"胡"字下当加专名号。句中"胡"、"汉"对举，"胡"指北方民族，"汉"指汉民族，"汉"字已有专名号，这是正确的，"胡"字亦当如此。类似语例，本书中多见。如卷十九《袁州杨岐山普通禅院会和尚语录》："师上堂：'拈花付嘱，有屈当人。面壁九年，胡言汉语。当人分上，把断乾坤。'"（第355页）"胡"、"汉"下已着专名号，确。

其二，"案山"下专名号宜去。"案山"并非专名，其义是"低矮的山，不高的山"，常与"主山"对言。如《黄龙慧南禅师语录》卷一："云：'汉王有道成无道，争奈案山低主山高，范蠡论功却不功。'"禅录中又写作"按山"。如《正法眼藏》卷三："洛浦游历罢，直往夹山按山顶上卓庵，经年，夹山知，乃修书令僧驰往。"又《指月录》卷二四《潭州石霜楚圆慈明禅师》："示众：'一切圣贤，皆以无为法而有差别。前是按山，后是主山，那个是无为法？'"是其例。

64. 《东林和尚云门庵主颂古》：云门颂：昧却当阳个一着，牵来拽去牙施呈。不知除却王维手，更有何人画得成。（第935页）

按："当阳"下原有专名号，未妥。此"当阳"义为"当面"，非专有名词。本书卷三九《智门祚禅师语录》："鳌鼻事难提，当阳荐者迷。举头错入草，岭上鹧鸪啼。"（第739页）卷四七《东林和尚云门庵主颂古》："东林颂：的的当阳句，明明箭后路。着靴人吃肉，赤脚人趁兔。"（第965页）又《宏智禅师广录》卷一："良久云：'妙印手持烟塞静，当阳那肯露纤机。'"皆其例。

参考文献

《祖堂集》，大韩民国海印寺版，日本京都花园大学禅文化研究所影印本1994年版。

《祖堂集》，张华点校，中州古籍出版社2001年版。

《祖堂集》，吴福祥、顾之川点校，岳麓书社1996年版。

《景德传灯录》，妙单文雄点校，成都古籍书店2000年版。

《古尊宿语录》，萧萐父、吕有祥、蔡兆华点校，中华书局1994年版。

《古尊宿语录》，影印本，上海古籍出版社1991年版。

《五灯会元》，苏渊雷点校，中华书局1984年版。

《联灯会要》，（宋）悟明集，涵芬楼影印日本《续藏经》第1辑第2编乙第9套。

刘坚、蒋绍愚主编《近代汉语语法资料汇编（唐五代卷）》，商务印书馆1990年版。

《敦煌变文校注》，黄征、张涌泉校注，中华书局1997年版。

《汉语大词典》，汉语大词典出版社1994年版。

《汉语大字典》，湖北辞书出版社，四川辞书出版社1995年版。

袁宾：《禅宗著作词语汇释》，江苏古籍出版社1990年版。

袁宾：《禅宗词典》，湖北人民出版社 1994 年版。

江蓝生、曹广顺：《唐五代语言词典》，上海教育出版社 1997 年版。

詹绪左，1958 年生于安徽芜湖。安徽师范大学文学院教授，硕士生导师。发表专著《汉字与中国文化》，《比丘尼传》（古籍整理）等，在《古汉语研究》、《文艺研究》、《中国书法》、《红楼梦研究》、《中国禅学》等杂志发表论文七十余篇。

石秀双，安徽省宣城市委老干局。

中国禅学　第五卷
2010 年，第 70—72 页

编者引言:走出旧有研究的思考惰性

龚　隽

　　西方对于禅学的研究虽然很大程度上受到日本学界的启发，也已经有了一个多世纪的光阴（参考笔者拙文《欧美禅学的写作——一种方法论立场的分析》，《中国禅学》第三卷）。20 世纪 80 年代以来，西方学者在禅学史，特别是有关初期禅宗，如北宗研究、神会研究等，以及有关禅话语录和公案等方面的讨论，都取得了相当的成就。他们借助于日本同行的成果，但又不囿于其中，无论在资料使用、研究问题和方法论上都有很大的超越，逐渐形成了他们自己的论述传统。近十几年来，禅学研究像西方东亚学传统中的其他学门一样，无论在问题域和论述方法上都有了很大的变化。传统文本文献学、历史学和哲学式的研究虽然仍有延续，但跨学门的学科方法却不断被应用到禅学的论域中来，特别是人类学和知识考古学的方法被广泛运用，使得许多传统禅学史研究中习焉不察，或忽略的问题浮上水面。即使对传统文本/文献的讨论，也不再是在陈旧而简单的历史学原则或历史简化论的方向上来开展，而是在更为复杂和丰富的脉络里来重新审查这些文本/文献的性质、制作形成与被应用的效果历史；文本/文献也不再限于传统的文字读本，而包括了仪式、照相、法器、真仪等诸多其他传播媒介。这其中许多引人入胜的论述，给我们传统禅学史研究的图式带来了相当大的冲击和意想不到的结果。如果只凭印象或表面的观察，就很容易不加分析地把这一切我们还不太习惯的研究方式和结论一概视为奇谈怪论，甚至会以非常轻率和不负责的方式来加以打发。

　　汉语学界，特别是大陆学界，由于长期把禅宗看做自家的传统，于是在研究上面也就形成了一种不成规矩的定见，禅学被想象为“我们”的志业，好像只有“我们”才是禅学书写和研究唯一的合法人。具有反讽意味的是，几十年来国际禅学研究界显示出来的，却完全是另外一种场景。非但国际禅学研究领域很少听到“我们”的声音，近来汉语世界严肃和像样点的禅学史著作，也有不少恰恰是参考了日本同行的研究才获得声誉的。更让我感到有点“受辱”的是，尽管我们有关禅学史的研究论文和著作数量非常可观，而在日本和西方同行的研究论文和著作引述中，却很少参考到“我们”的成果。这并非出于语言上的障碍（现在西方研究中国禅学的学者大都有很好的中、日文训练），也不是由于信息交流的困难，而主要根源于学术认可方式的不同。我们当然可以关起门来孤芳自赏，或许还可以借萨依德东方学的观念来为自己进行辩护，说那些西方帝国主义学者（包括日本学者）沉迷在他们那种东方学立场里，抱着自以为是的偏见和傲慢。但正如佛雷等一批学人所发现的，这样一种偏见和傲慢，即一种反转的东方学立场，其实也同样存在于东亚学人，包括“我们”自己的身上。

　　从传统内部看自己的传统和历史有他的长处，这可以让我们充分享有母语的特权和一套历史所积累的经验。但问题是,我们还缺乏处理这些经验的有效论述,而且我们现有的禅学论述似乎也很少沿传中国传统学术的精义和旨趣,而更多是在不中不西和没有经过批判反省的方法论指导下,进行着大量重复和没有问题意识的产品制造。这些研究并没有让我们感到自己比他人更接近于禅学的经验和传统。也许我们在欣赏自己所拥有传统特权的同时却忘记了,作为天下公器的学术所必备的其他一些重要条件。在这里,我仍然需要作出一点申明:我个人虽然很关注西方和日本同行的研究,但这并不代表我无条件地全盘接受他们的研究方式和结论。我的立场是,我们对西方和日本禅学史的研究仍然应该是采取批判地拿来主义,必须意识到他们对中国禅学史论述的优势和短处也是同时并存的。他山之石可以攻玉,在消融他者研究的前提下,创造出具有我们自己经验和风骨的禅学史论述,才是我们要努力的方向,也一直是我对作为“我们”的禅学研究者的期待。我们必须走出固有研究模式和思考的顽强惰性,才能为汉语佛学研究带来新的境界。欲求超越,必先会通,闭门造车只能让我们在阿 Q 式的精神胜利中感受一点虚荣心的满足而已。

因此,我们译介西方禅学史研究的成果就不会完全是一项没有意义的工作。而在这样一个专题的篇幅当中,我们能够做的也不过是尝一知十。这次我们从 20 世纪 80 年代直到最近几年所出版的英语禅学研究的论文与著作当中,挑选了部分内容译介给中国读者。在大量的作品中进行选择是一项困难的工作,特别是有的译文是从某些专著中选译出的章节,这样做,难免以偏赅全。不过,我个人在考虑选材的时候,一方面尽量兼顾西方禅学史研究中那些较有突破性的成果和某些我们研究当中所几乎忽略,而又相当重要的议题;同时,也更为侧重于选择那些具有方法论示范意义的作品,以便我们可以从具体的个案研究,而不单是抽象的原则论议中去理解一种方法论的有效开展。我想这方面的意识一直就是中国学人最需要用心去体会的。该专题的头三篇,即《中国禅与日本禅的研究现状》、《西方的东方学与禅学论述》和《走向“行事的”禅学研究》都是佛雷(Bernard Faure)的作品。佛雷是当今西方东亚佛学研究领域中享有盛名,同时也是颇有争议的一位学者。他在禅学研究方面,尤其是在方法论的思考上面,对近代中、日学者的研究都有批判分析;对西方禅学研究方法的来历、脉络与走向也有深刻的讨论,他还特别努力探讨了当前西方禅学研究应如何走出东方学的意识形态。所以这里所选的三篇,不仅有助于我们对西方禅学研究的历史脉络有一个基本的了解,更重要的是对这一领域里的方法论讨论有更深入的体察。接下来的三篇译文都是从文本分析的角度,对早期禅宗灯史以及经典禅的语录进行了饶有新意的阐释,这几篇论文不仅在很多禅学史的结论方面与我们汉语世界的研究大相径庭;特别值得注意的,是他们讨论文本的技术和方法,这些都可以帮助我们克服传统研究中对文本/文献性质那种过于简单化的认识和叙述方式。《中国禅宗“机缘问答”的先例》与《公案史——中国佛教思想中的语言转换》两文,则从历史与语言学的不同视角对禅学历史上的“机缘问答”和公案的形成、发展作了新的辨析,发前人未发之义。再下来两篇是关于初期禅史中两个重要概念的重新讨论。《早期禅的“一行三昧”观念》对中国初期禅学中的“一行三昧”——这一关键性的观念,进行了详细的思想史考察。就我所知,汉语禅学界对这一概念虽偶有论及,却还没有进行如此细密和系统的思想史考察。马克瑞(John R. McRae)是以研究北宗禅而向学术界表现他的实力的,他的这篇《神会与初期禅学中的顿悟说》却在大量前人研究的基础上重新讨论了南宗禅的重要人物——神会,可以说,这是一篇很有分量的论文。他应用详尽的史料,对神会生平,顿悟思想,乃至于其顿悟说与北宗之间的关系都进行了有些出人意料,而又论证严密的学术史分析与论述。不少结论与汉语禅学研究界所流行的习见相当不同，这对我们大多数学人来说既有点陌生，而又不能不认真加以应对。马克瑞另外一篇论文在讨论初期禅史中的东山法门与达摩的历史关系时，也克服了传统中、日学者相关论述中的基本结论和论述结构，特别是他借用"圣徒传"的观念来讨论不同文献中达摩传所衍生出的问题，以及运用文本与记忆的关系论述初期禅师作品的历史学手法，这在禅史研究的方法上具有了十分重要的意义。《论中世纪中国禅师肖像的仪式功能》则体现了西方禅学研究的新近方式，这一研究对传统禅学的一些基本观念具有一定的颠覆性。该文借助于人类学的手法去讨论禅师肖像在禅师葬礼和仪式中所具有的作用，从而对传统所流行的那类禅宗反仪式化的论调进行了批判。近来，西方有关中国禅学史的研究议题开始从唐代转向了宋代禅学，这里所选《大慧和居士：关于死亡的禅学开示》一文就是其中的研究表现之一。非常有意思的是，作者并没有因袭传统有关大慧讨论的一般性问题，而是从"普说"这一特殊的禅讲形式入手，讨论了大慧向居士传教的特殊旨趣及其意义，开拓了宋代禅史讨论的新视野。禅宗与藏传佛教的关系也是国际禅学界所关心的重要议题，我们曾经汉译过法国学者戴密微的《吐蕃僧净记》，其中特别讨论了摩诃衍与西藏佛教的关系。汉语禅学界对此问题的研究还不够充分，所以这次特别选译日本学者上山大峻的一篇被英译的重要论文——《敦煌发现的吐蕃禅文献研究》以飨读者，该文对我们讨论初期禅提供了一些很重要的参考史料和思考方向。最后一篇译文是讨论日本禅学史的，西方禅学研究一般都在东亚论述的范围内把研究重点放在中国与日本禅学的讨论上（也有少数讨论韩国禅佛教的）。而对日本禅学的研究中，道元是他们讨论的中心议题之一。我们这次选译的主题是以中国禅学为主，因为这篇"道元忌及其社会历史"并不是一般讨论道元禅思想的论文，而是从社会历史的角度，以历史记忆的效果史方法去考察道元忌这一仪式性的活动，是如何逐渐把道元和永平寺经典化、神圣化的过程。这一学术讨论方式很有意义，可同样用于讨论中国禅宗与社会历史中的许多类似议题，所以这次也特别选译给中国学者参考。

翻译是件费力不讨好的事，这次特别要感谢各位参与译事的年轻学人。虽然论文大都是由我匆忙选定的（《道元忌及其社会历史》一文由日本的何燕生教授提供，在此一并致谢），但具体而艰苦的翻译工作全由各位学人自己独立完成。由于时间和人力的关系，我们一时无法对每篇译文进行校译，有些译法还没有来得及完全统一，错误之处在所难免。另外，还有几处英译日文的词汇也一时因查不到出处而无从还原成日文，这些都是要在这里向读者道歉的。最后不能不提的是言生兄的美意与多次敦促，否则这一专题还不知要沉放到什么时候了。

龚隽，男，1964 年 4 月生，江西南昌市人，1993 年武汉大学哲学博士，现为中山大学哲学系教授，主要研究中国佛教思想史，近期代表作有《禅史钩沉：以问题为中心的禅思想史论述》。

中国禅学　第五卷
2010 年，第 73—91 页

中国禅与日本禅的研究现状①

伯兰特·佛雷

内容提要　该文为佛雷为他主编的《仪式脉络中的禅佛教》一书中之第一章。该文较系统地评述了 20 世纪初以来欧美学者对东亚，主要是中国和日本禅学研究状况。分别介绍和讨论了欧美学者对中国初期禅宗、日本禅师道元以及其他禅学议题的研究成果，并就西方禅学研究的方法论问题进行了分析。

关键词　中国禅　日本禅　初期禅　道元　方法论

下列评论所针对的学术著作，虽然其研究对象性质含糊，却可以集中置于"中国禅／日本禅"的门类之下。该研究领域的相关文献林林总总，参差不齐，我保留的只是过去 40 年中最重要的学术成就。这些记录，当然不能说都是客观公正和没有遗漏的。与任何此类的著作一样，这些论述体现了其论述者的惯用概念。

20 世纪 30 年代，在中国史学家胡适著作的推动下，汉学界开始关注禅宗研究，不过直到第二次世界大战之后，此项研究才真正发展成一门显学。这几乎比敦煌手抄本的发现晚了半个世纪。除了少数几个例外，禅学依然是日本和美国学者主导的领域。现就他们的欧洲先驱者稍作梳理，再对美国学者的论述加以介绍。

早在 1923 年，在其《六朝和唐朝的几位画家之刍议》这篇开题谦卑却具有开山意义的文章当中，伯希和（Paul Pelliot）对菩提达摩传奇的背景进行了探究。1947 年，戴密微（Paul Demiéville）发表了《心镜》一文，在文中他将中西方哲学传统中的"镜"的隐喻进行比较，开启一系列对"顿悟说"和"渐修说"研究之先河。此文对美国禅学研究的发展产生了深远的影响。1949 年，谢和耐（Jacques Gernet）受胡适著作的启发，发表了《神会和尚禅话录》的译文；1951 年，他发表文章，以翔实的文字表述了这位禅师坎坷不平的禅学历程。翌年，戴密微出版了《吐蕃僧净记》，在这本了不起的著作中，他试图揭开"顿悟说"论争的历史。"顿悟说"驱动了神秘莫测的"拉萨法会"的召开（目前某些学者认为法会地点并未在拉萨，而是在吐蕃，还有一些学者则否认法会曾经召开过）。这一著作，分为教义和历史两部分，是早期禅学，尤其是北宗极为珍贵的资料来源。摩诃衍是秉承"北宗"衣钵的人物，同时也是"吐蕃僧净"中土主角。

遗憾的是戴密微未能在先期著作的基础上，继续撰写第二卷本的禅学研究。不过后来他继续在法兰西学院授课，并发表相关的文章。值得玩味的是，虽然他于 1973 年出版了两本有关中国佛教和汉学的文集，可他在法国的影响并不大，倒是在日本和美国有人开始

---

① 【译者按】本文译自佛雷（Bernard Faure）主编的 *Chan Buddhism In Ritual Context*, London：Routledge Curzon, 2003, pp. 1 – 35。

阅读他的著作。不过，说到他的著作在法国的反响，必须提及 1970 年《赫尔姆斯》有关"禅学"的一期特刊。1985 年的增刊不仅涵盖禅学基本经典的翻译，还包括有关中国禅学（保尔·戴密微，尼古拉·凡蒂叶·尼古拉斯 Nicole Vandier-Nicolas，凯瑟琳·戴斯欧 Catherine Despeux）以及禅宗在西藏影响（古兰尼·马拉）的一些重要论文。

德国李华德（Walter Liebenthal）有关神会和尚和《金刚三昧经》的著作（1953）虽有（或因为）开创性，但总体上不足为信。随着菲利普·扬波斯基（Philip Yampolsky）1967 年对《坛经》的翻译，在译本中他对禅宗祖师传统以及祖师传统的发生进行了学术性的介绍，这使他的禅学研究获得学术认可。扬波斯基第一个将柳田圣山近来的研究介绍给美国学者。同年柳田圣山出版了他的一本开山之作——《初期禅宗史书之研究》。同时他和入矢义高合作，露斯·富勒·萨萨克（Ruth Fuller Sasaki）和伊殊·缪瑞（Miura Isshu）借此得以编辑《禅灰》（Zen Dust）。这部著作收有丰富的禅宗史料，不过材料混杂，难以利用。另外一位受到日本学界影响的学者是杜莫林（Heinrich Dumoulin）。他所著的《禅佛教史》关于禅宗历史的导论颇有价值。这部历史著作在补充修订之后，最近以两卷本重新编订出版（1988—1990）。

然而，就在过去二十年间，受柳田圣山著作影响的研究大大增加了。这些研究也用于反对 20 世纪 60 年代"反文化"运动对"禅宗"的挪用。首先就是要禅摆脱与由铃木大拙及其门徒所推动的，那类所谓"东方神秘主义"的联系，在法国，埃剃邦（René Etiemble）以"禅"（Zaine）的名义对这种"东方神秘主义"进行了抨击。

我们必须首先将自己置身于第二次世界大战后背景之中来了解此类研究的动向。中国历史学家胡适在经历了漫长的政治插曲后，开始着手从事神会和禅宗的研究，带来了敦煌手抄卷禅宗研究的兴起。然而不久，他的历史性方法论导致了同铃木大拙的对抗。铃木并未忘记 25 年前在《时代》杂志副刊上匿名发表，对其"禅宗论文"进行严厉批判的评论，他错误地认为文章出于胡适之手（见巴里特 1989）。无论如何，在论战中，铃木对胡适的历史观进行指责，在《东西方哲学》杂志的专栏中，他同这位中国史学家势不两立。两位主人公的立场都牢不可破：就胡适看来，"禅宗"仅仅是众多运动中的一次宗教运动而已，它的演变是唐朝政治史的内在组成部分。但是就铃木看来，禅宗超越了历史，史学家即是"简化论者"的代名词（见铃木 1953，胡适 1953）。

柳田圣山开始发表他的著作，希望打破这种毫无结果的二元对立的局面。虽然一开始他似乎站在胡适的立场上，但他对胡的历史观并不苟同。胡适实际上很了解这些分歧，在一封写给柳田圣山的信中，他把柳田的佛教理想同自己的无神论进行了比较。柳田圣山很快就关口真大对禅宗过度的历史学评论进行批判，坚持了自己观点的独创性。关口真大是天台学派的史学家，坚持认为所有"禅宗"历史是伪史。对柳田圣山而言，虽然传统的禅宗史学不能声称是真实叙事，但也不能被称作空洞的伪造物而遭摒弃。柳田圣山既批判了"灯史"的神秘化叙述，也批判了"超历史观"的"去神秘化"叙述，努力强调那些"发明"的宗教原创性。的确，《初期禅宗史书之研究》严密的文本批评似乎属于历史学的传统，但柳田小心地在前言部分对这个立场加以隐讳。

初期禅宗

受柳田启发的西方学者基本上保留了对禅宗起源的历史评论。这样做毕竟巩固了修正历史的结果：敦煌文献让那些名重一时的人物，如神会、神秀和"北宗"的其他禅师走出被遗忘尘封的牢狱，重新得到认识；当然也揭穿了"北宗"起源的神话。这个阶段应提及的有代表性的论述有：约翰·马克瑞（John McRae）、杰弗里·布劳顿（Jeffrey Broughton）和伯兰特·佛雷（Bernard Faure）有关北宗的论述，罗伯特·波斯维尔（Robert Buswell）对伪撰《金刚三昧经》的讨论，在彼得·格里高瑞（Peter Gregory）指导下由黑田研究所出版的文集中，格里弗思·弗克（Griffith Foulk）质疑了禅宗早期基本独立于唐朝佛教寺庙之外的流行观点（1987）。

敦煌手抄卷的影印复制，迅速推动初期禅宗研究成为硕果累累的领域。尽管几所美国大学比如伯克利·康奈尔拥有影印卷，但需要注意的是，美国学者同中国、日本和法国学者不同，在手抄本的理论研究上没有联合一致的行动。出于种种原因，禅宗研究和敦煌学在大西洋两岸仍然互不交叉。推动美国发现禅学的重要学术著作中，需要提到的是《汉藏早期禅学》（由黎华伦和兰卡斯特主编，1983）以及《顿悟和渐修：中国思想中的禅悟方式》（由格里高瑞主编，1987a）。其中，第一本书收录了柳田两篇重要论文的翻译，一篇是有关《历代法宝记》和四川的禅宗教派（柳田，1983a）；另外一篇是关于禅宗法典语录的兴起（柳田，1983b），此外，该文集还收录了上山大峻所撰关于敦煌西藏手抄本的研究概述。第二本著作一开始就收录了戴密微和 R. A. 斯坦因（Stein）关于西藏"顿悟说"文章的翻译。

禅宗和藏传佛教的关联也是一系列研究的对象。杰弗里·布劳顿的《西藏早期禅宗》（1983），此文被格里高瑞和吉梅罗（Gimello）编撰的《禅宗和华严研究》一书收录，此外该书还收录了路易斯·葛美兹（Louis Gomez）有关摩诃衍授法的文章（摩诃衍是戴密微在《吐蕃僧净记》中研究的禅师），以及约翰·马克瑞对"牛头宗"的研究（吉梅罗与格里高瑞，1983）。1986 年格里高瑞编了一本有关中国众多佛教门派有关"禅定"的书。不过该书的主干是禅宗，还有文章论及禅宗和净土（夏佩尔 Chappell）、"一行三昧"（佛雷）、"禅宗坐禅秘笈"（别勒费特 Bielefeldt）、韩国禅以及公案的技法（巴斯维尔）。

这些著作虽然印证了禅学研究不断增加的学识积累，但是大致上只是体现佛教传统的基本教义策略，最终未能把禅置于一个宽广的社会宗教背景当中。马克瑞同年（1986）出版的关于"北宗"和"禅宗"形成的著作也是如此。马克瑞试图借助翔实的文献研究，为北宗昭雪冤屈。神会对北宗的渐修禅法思想提出批评，指出北宗不过是禅宗的二流派系，因此低于神会和六祖慧能的南宗嫡传。马克瑞指出，就渐悟和正统性而言，"北宗"并没有什么值得对手妒忌的（就此问题还可参见佛雷 1988）。

马克瑞就近期的考古发现以及神会真仪的发现，融合了早期研究。麦克瑞沿袭柳田的方法，利用神会真仪，分析了禅宗在南昭佛国的演进。他对神会全部著述的注释翻译，必将超越谢和耐的选择。

神会多姿多彩的个性不可能不引发史学家的兴趣，从胡适、柳田到谢和耐和马克瑞均有撰述。不过另外一个复杂人物很快又引起了大家的注意。此人便是圭峰宗密（780—841），他与临济义玄同时代，自称秉承神会衣钵，介于早期禅（以敦煌卷抄本中所代表的）和经典禅（以语录和灯史为标志）之间。他是禅宗的第一位历史学家，同时也是"华严教"和"南宗"的祖师。早在 1975 年，杰弗里·布劳顿便翻译了宗密的主要禅学著作，不幸一直未获出版，宗密还计划，或许的确编辑过禅宗经论的《总序》。冉云华和格里高瑞也曾出版同宗密有关的研究著作（1972，1977；1987b）。格里高瑞的两本近作分析了宗密对儒教道教观的评论与"教禅一致"的思想，不仅把宗密置于大乘佛教的世系内，还将其纳入广阔的中国知识文化传统之中。

早期禅宗以敦煌文献为基础，著述相对丰富，与之相比，目前有关禅宗典论的研究为数不多。需要提及的是威廉·鲍威尔（William Powell）有关曹洞宗创始人洞山良价和曹山本寂的著作，还有艾普（Urs App）关于云门宗创始人云门文偃的著作研究。不知为何，虽然柳田和戴密微对临济义玄进行了很好的研究和翻译，但在英语范围内临济却没有成为深入研究的对象。对禅宗语录研究也较不足；的确，语录的难度会让最勇敢的学者望而却步。不过这个状况很快就会改观。1987 年，朱蒂·柏林（Judith Berling）在论文中把语录作为特别的文类进行处理，而丹尼尔·加德勒（Daniel Gardener）则以儒家语录为背景分析禅宗语录。两者都使禅宗语录丧失其部分的具态性。（柏林，1987；加德勒，1991；同时参见柳田，1983b 和马克瑞，1992）。吉梅罗在有关介绍惠洪禅师的研究中，对文字禅和宋朝儒学大家之间的密切联系进行讨论。他的学生黄启江有关宋朝名僧契嵩的论文也给人相似的研究。米瑞目·列弗林（Miriam Levering）的论文研究了大慧宗杲禅师"居士教育"的世俗背景，大慧禅师在"看话禅"的推广普及中发挥着特殊的作用。

有关语录研究的几本会议论文集中也体现了将禅宗研究放入大范围研究中的倾向。这些论文涉及下列主题：中土禅宗朝拜圣地，唐宋间的宗教变革，佛教救世主义和佛教"疑伪经"，佛教阐释学以及东亚范围内的高丽佛教。有关元明清禅宗的研究仍然屈指可数，不过可以参考的有于君方关于中峰明本的文章和有关袾宏的专著（于君方，1981，1982；同时参见 Hurvitz 1970），此外还有徐颂鹏关于寒山德清的著作（徐颂鹏，1979，还可参见吴百益，1975）。

道元研究

早期禅宗研究的第二极无疑是日本曹洞宗鼻祖道元禅师（1200—1253）的思想著作。其实许多西方的道元学者既活跃在比较哲学的领域，也进行专门的禅学研究。在 20 世纪 60 年代末之前，道元的著作在西方几乎无人问津，在铃木推广的临济禅宗史里他并不是个显赫的人物。后来才有金喜津（Kim Hee-Jin）和阿部正雄（Abe Masao）对道元的学术发现。和辻哲郎（Watsuji Tetsuro）（1889—1960）的论文推进了此项发现，他的观点也被大多数日本学者采纳，即这位中世纪禅师是日本历代以来最伟大的思想家。

在《道元希玄：神秘现实主义者》一文中，金喜津运用现代哲学视角来研究道元，他所开启的趋势在威廉·拉弗尔荷（William LaFleur）主编的《道元研究》（1985）中得以体现。总的说来，阿部正雄一面继续为铃木的传道工作作贡献，同时按照京都学派的哲学观重新阐释道元。借用拉弗尔荷的话，为了帮道元解脱历代的盲目崇拜，学者们更乐于先将他看做是哲人 [或者借用托马斯·卡苏利（Thomas Kasulis）的话，说道元是"无与伦比"的哲学家]，而非曹洞宗的鼻祖。

拉弗尔荷在《道元研究》的序言中提倡多样化的研究方式，即不仅借用哲学方法论，还采用历史、文学评论、社会学、语言学和人类学的研究方法。不过除了别勒费特的历史分析和罗伯特·伯拉（Robert Bellah）社会学性的结论外，此刊的投稿基本还是哲学思辨的。谁在阅读这些论文时，该如何想象道元禅师——这位被称做"理性主义"的思想家——能写文章描述他亲眼所见的超自然现象呢？

由此道元很快与"京都学派"之间联系起来，更不消说几乎从比较哲学的角度对他的思想进行复兴和研究。引发了对京都学派兴趣的，还有对西田几多郎及其门生西谷启治众多著作的翻译。拉弗尔荷最近编辑了美国禅宗研究代表人物阿部正雄的论文集，阿部正雄本人也出了有关道元的论文集。虽然对道元思想的哲学阐释完全合理，有时颇为丰硕（比如参见马勒多［Maraldo］，1985；斯坛堡［Stambaugh］，1990），但这种视角常常会将其他同样合理的解释贬抑于从属的位置。其他解释方法至少有这样的优点：不会把道元理想化，而是在存在的复杂性中再现这个人物。

卡尔·别勒费特的另一种策略避免了哲学性的简单化方法。他仍然秉承柳田的方法论，试图将道元放在当时的历史文化和背景之中，阐释他的禅学要义。最近几位日本学者沿用柳田的方法，开始质疑对曹洞宗起源的传统表述，他们尤其彰显了"菩提达摩"学派运动的重要性，这个运动受到道元及其党徒小心的封杀。最近发现了这个学派的一些文献，可以在这些文献的基础上，将道元置于相关的文化场景中进行阐释。

有关道元的翻译，首先必须提到的是诺曼·瓦德尔（Norman Waddell）对《正法眼藏》所作的选译，有些章节是同阿部正雄合作翻译的。瓦德尔和詹姆斯·柯得尔（James Kodera）分别翻译了道元的日记以及宝庆记。别勒费特翻译了道元的冥思手卷《普劝坐禅仪》。西山宏宣（Kosen Nishiyama）和约翰·史蒂文思合译的《正法眼藏》虽有全译本的优势，但不幸是平庸之作。横井雄峰（Yokoi Yuho）的译本也是如此。他选译的另一译本将体现道元晚年教律的某些仪式化的分册加以重组分译，颇有创意，这样道元的形象也没那样哲学化（1976）。他近期的译作《永平清规》亦是如此。（莱腾和奥村［eighton and Okumura］，1996）。

其他主题

对早期禅宗历史的修正引发了对正统禅宗语录的质疑，同样有关道元历史背景的研究，促使重新评价镰仓时代以及其后时期的禅宗。研究者在长期迷恋道元和镰仓佛教其他革新者之后，如今正看到积极的历史转向，目光投向了并非声名显赫但当时同样有影响的人物，如大日能忍、明庵荣田、心地觉心、圆尔辩圆、莹山绍瑾。大卫·波兰克（David Pollack）比较了14世纪的两位禅宗高僧，并翻译了五山文学的最具代表性的作品。肯内思·克拉福特（Kenneth Kraft）出版了临济派禅师大灯国师的研究专著，而佛雷则出版了莹山生平著作中预言性元素的研究。在随后时期，还出现了对和尚诗人一休宗纯上野的研究和译作；对阿岑、三佛德、喀韦尔阿贝·瑞义，以及对白隐慧鹤、铃木正三、盘圭永诼和无着道忠的研究（扬波斯基、提勒、瓦德尔和艾普）。对室町时代和江户时代禅宗研究了解的人相对不多，不过这种状况正迅速改变。特别要提到的是威廉·波迪福德（William Bodiford）有关14世纪、15世纪曹洞宗在民间扩展普及的重要著作，他就禅宗同民间文化的联系进行了阐述（1993）。1992年他在文章中对曹洞宗派民众化的概念进行了研究。

可见，日本禅宗研究同禅宗研究一样，具有"方法性个人主义"的特点，通过了解最知名或最开创性的代表人物研究中国禅/日本禅。不过新的研究对象和方法正陆续涌现。米瑞目·列弗林针对女性在禅宗流派特别是大慧宗果门派中的角色加以研究，即使不能称其为女性主义研究。还有学者已经着手从事禅宗制度史的编撰。马丁·寇卡特（Martin

Collcutt）几年前率先出版了关于五山禅宗教派的研究。所谓五山指的是京都和镰仓地区的禅宗庙宇。尽管如此，寇卡特的著作依然没有突破日本原有的纯粹禅宗概念，格里弗思·弗克则揭示禅宗起源概念的意识形态特质。

罗伯特·巴斯维尔的著作开始填补朝鲜禅教史的空白。朝鲜禅佛教被佛教理论家和像忽滑谷快天这样的史学家视为异端，处于长期无人问津的状态。巴斯维尔首先翻译朝鲜禅佛教集大成者知讷的著作，然后剖析沃尔特·列本森研究的禅宗顿悟经文《入金刚三昧经》的朝鲜源头，并出版了朝鲜禅寺庙生活的民族志研究，大大增进对于禅宗这一脉的了解。

不过最大的空白依然是缺少中国及其邻国的禅宗发展综史。关于日本，杜莫林最近的尝试虽值得嘉许，但仍然靠一些老生常谈，比如禅的印度起源（这在书名中就有体现）还有就是审视传统的视角过于倾向于历史目的论。他的著作虽然文献丰富翔实，但基本上只有参考书的价值。对于西方的学术读者，不过是扩展了柳田著作的某些方面而已。

研究方法的问题

总体上看，中国禅/日本禅研究一方面采取文本/文献学和历史学的方法，另一方面是阐释学和哲学论的方法。在此意义上，胡适和铃木大拙在其论战中建立的模式并未被成功地超越。文献—历史学方法依然是佛学研究的主流，这种方法强调文人传统，并且非常看重博中通日的学识。很多的博士论文仍然是诸如"某某禅师的生平和著述"之类的文章。

阐释学方法受到汉斯—乔治·伽达默尔（Hans-Georg Gadamer）和保罗·利科（Paul Ricoeur）的影响，是典型的美国宗教研究方法。它专注对宗教现象和符号象征含义的阐释，总体上对中国禅/日本禅的研究学者影响不大。另外，几位学者如彼得·格里高瑞、大卫·夏佩尔和罗伯特·波斯维尔则专注于佛教或禅宗本身的阐释学。格里高瑞细致研究了宗密判教的阐释体系。1984年阐释学成为由唐纳德·罗贝兹会议的中心议题，推动了《佛教阐释学》的出版（1988）。

了解禅宗和儒家文本的主要途径仍然是哲学方法，此种方法时而会妨碍其他方法的演进。一些佛门典籍特别是禅宗法典和相关文本，会被简化归纳为违背其原旨的某个哲学视角。哲学比较论一个半生不熟的例子是爱德华·善纳（Edward Shaner）所写的《日本佛教中的身灵体验》，他把光明真言观和曹洞宗的鼻祖变为了胡塞尔的前辈或门徒。

研究视角

现阶段仍然缺少这样的论述，即将中国禅和日本禅作为处于特定历史境况下的文化综合体系加以研究。我们希望中国禅和日本禅能同其他宗教流派的研究一样，朝那个方向演进（比如参看格拉帕［Grapard］，1992）。中国禅和日本禅虽被长期认为是佛学和东方学的属域，却正经历着宗教史和人文社会科学中活跃的论争。

显然，传统学科（比如汉学或宗教史）不得不面对研究对象的分崩离析（中国知识精英自我封闭的文化，或体验某些同源宗教，以及外部方法论特别是理科方略持久的压力）。学科间的界限受到跨学科方法论（不过是虔诚的祝福）名义的质疑，其他的意识形态的深层含义则受到责难（关注爱德华·萨依德引发的东方学的论战）。因此中国禅和日本禅研究必须学会接受挑战，充分利用各种方法论，应对异质的理论学说。

在阐释学对佛学研究的影响下，一些学者如约翰·马勒多，卡尔·别勒费特，格里弗思·弗克和戴尔·怀特（Dale Wright）质疑中日的历史地理传统。马勒多研究了几位早期日本禅宗历史学家历史观的前提理念，进而融合伽达默尔所称的"影响之史"，提出了一个更具包容性的研究方法。马勒多受柳田的启发，强调需要把"历史文献"看做是特意的文艺加工。戴尔·怀特也提出类似的观点。最后佛雷出版两本著作概括了主要可行的研究方法论。

沙夫（Sharf）和佛雷从人类学的角度研究禅宗和日本禅，特别彰显了佛教遗物崇拜的意义，并研究肉身以及其他禅宗双身体的作用。沙夫还研究了"登堂入室"等一些仪式的中心地位，而佛雷关注了禅宗和日本禅对于圆寂的态度历史。波迪福德也研究了曹洞宗丧葬仪式（1992）。

这些动向并没有完全借助传统的日本视角。本书代表的人类学策略尤其如此，脱离纯文本研究，探讨禅宗和日本禅同民间宗教之间的联系，还有有关禅宗和日本禅或寺院机构的研究。这种方法将传统放于中日佛教和地方教派的背景下，反对陈旧的历史学和历史简化论的纯粹精神主义的倾向。的确，禅宗排斥多种多样的地方流派，自我矛盾地树立新的以"语录"和"灯史"为代表的佛学正统。我们必须承认，还没有开始真正理解此类文献。这也是以柳田为代表的学者们所从事的工作。此外还原那些被抹杀的声音，无论是否在正统文学的范围内，也是同等重要的工作。要达到此目的，我们必须借助传统阐释学以外的研究方法，和其他的文献（比如，仪式记录，寺庙派别的手抄本，碑林文献，高僧言行传，剪纸和其他的传播物，还有真仪）。柳田在《研究》一书的出发点是禅宗之外的《续高僧二传》。现在我们必须回到收录圣徒言行的集子中，其中包含着史地角度之外的方方面面丰富的史料。

柳田的文章原发表在《远东亚细亚研究纪要》的一期向他致敬的特辑上。在那之后出现了许多的重要文章。这里只提一篇，早期禅宗最重要的文章当然是温笛·阿达默（Wendi Adamek）的论文，他对《历代法宝记》研究提出新的见解。

柯嘉豪（John Kieschnick）虽然没有专门研究禅宗，但是他对高僧的研究为早期禅宗研究提供了引人入胜的资料。道元的《正法眼藏》的翻译有一些，不过卡尔·别勒费特、格里弗思·弗克、威廉·波迪福德，还有斯坦利·韦恩斯坦（Stanley Weinstein）托曹洞宗的吉祥，完成了主要作品的翻译，以前的翻译很快就成了陈词滥调。当然如果不把严厉的批评当一回事，也无法研究京都学派。沙夫在《粗暴的觉悟》（Rude Awakening）中对这个学派进行了评论（1994）。

最近海伦·巴柔利（Helen Baroni）对黄檗宗的研究颇引人注意。虽然巴柔利的学术概念仍然很传统，但是她把不应忽视的日本禅宗第三门派的大量资料（包括日语在内的语言）收集在一起，这还是第一次。这里，我想提提已故学者麦克·斯堆克曼（Michel Strickmann）将要面世的《中国诗歌和语言》。此书虽不是关于禅宗本身，但它将两大占卜派别的一支回溯到黄檗宗，进而追溯到中国福建地区（黄檗山所在地）的民间文化。黄檗宗在17世纪由中国僧侣传到日本。

斯蒂夫·海纳的近作《流变的形状　流变的文章》得益于阐释学方法，达到了新的理论深度。他试图通过"狐狸精"的民间传说来解读禅宗教徒。同一方向的还有海纳与怀特编辑的有关禅宗公案的论文集。露斯·富勒·萨萨克（Ruth Fuller Sasaki）的著作带来了这方面长足的进展。这里囿于篇幅，无法对所有文章逐一讨论，不过应特别提到已故日本学者石川力山（Ishikawa Rikizan）所作的贡献。石川力山研究剪纸艺术，他把禅宗研究的领域拓展到民间文化，超越了宗派主义。威廉·波迪福德与伯纳得·佛荷是受他影响的西方学者。在同一领域，史学家黑田俊夫和网野善彦有关中世纪的史学专著，培养了新一代的日本史学家，比如 Taira Masayuki 和佐藤弘夫（Sato Hiroo），他们的著作大大转变了我们对新镰仓佛教教派的理解，尤其是对禅宗、律宗和济公的重新评判。西方学术界正刚刚感受到此种重修历史论的影响，显然这种影响将是巨大的。

　　本书将在以上界定的议程的范围内，重新审视中国禅宗和日本禅。把这些独立撰写的文章放在同一个主题之下，有点言不由衷。不过毫不夸张地说，这里收录的文章都对"纯粹"的禅宗传统提出质疑，并互为影响。最文本化的别勒费特析构了禅宗法脉和精神主张，形成意识形态批评论。其他几位研究禅宗和日本禅的物质文化（如真仪、袈裟，还有禅医）。他们还反思禅宗这样精英化和反仪式化的教派是如何受到仪式的民间信仰的影响。

　　本书的撰稿人也关注禅宗如何把打破旧习和极端教义，同还愿、避邪和安抚、和解等全套行为紧密相连。佛雷和詹姆斯·罗布森探究了禅师肉身在禅宗宗派主义中的发展作用。格里弗思·弗克和罗伯特·沙夫研究宋朝禅师真仪的作用。威廉·波迪福德写了《神道鬼魂教化》的文章。邓肯·威廉姆斯（Duncan Williams）讨论的是医药和道元的生平。

　　温笛·阿达默研究了四川保唐派鼻祖无住（714—774）肖像所发挥的作用，阿达默对《历代法宝纪》真赞的分析和翻译其实也为各个观点作了图鉴说明。比如说重要的主题包括禅宗模式对地方概念和弘法活动的重塑，以及禅宗对体现的运用。

　　据无住的门徒称，禅师圆寂后不久就画了他的真仪，《历代法宝记》最后的"真赞"有对肖像的描述。《历代法宝记》保存于从敦煌藏经地挖掘出的十二份手卷和一份来自吐蕃的碎片中，不过真仪下落不明。除了介绍《历代法宝记》，阿达默讨论了 8 世纪禅师记传和真赞的背景，以及高僧不同真仪和真赞此种体例在禅宗背景下的发展。最后他分析真赞宣扬的主张，点明了真仪涵盖的各种相抵触的救世学说的范例。

　　阿达默的此项研究有关"南宗禅佛教正统"的意识形态体现和文学、艺术和祷告形式之间的关系，特别是"无形"的表达方式。他利用不断增加的学术成果（这在本书中有极好的体现），对禅学史上的宗派结构加以质疑，有效挑战了"南宗""北宗"相对的正统叙述。如今大多数学者认识到，中国佛学中"顿悟"的概念先于救世说（它的攫取是南宗教义的标志）。

　　无住禅派的偶像朝鲜僧人无相（684—762）也是沙夫和弗克研究的禅宗真赞（Chinzo）。研究禅师肖像功能的各位作者对这样的概念提出了质疑，即真赞使法脉传继的关系合法化。他们还质疑了从艺术史的狭隘角度对画像进行标准研究，并提出了可以影响到亚洲艺术历史的一系列的理论方法。（参见佛雷，1998）。这些学者还对相关术语，如"相"、"真"和"定相"的语意场进行考证，还对中国佛像机构性、仪式性和文学性加以研究。他们特别提出，宋朝之前，高僧画像出现在佛教圣徒崇拜和禅师葬礼的环境中。唐朝之后，干漆技术的利用使遗物和雕像之间的区别消失，圣僧的遗体成为名副其实的"肉身塑像"。禅宗六祖慧能（圆寂于 713 年）的例子是最有名的。在本书中，罗布森研究的另一个有趣的例子是石头希迁，最近刚被发掘出来。弗克和沙夫研究了影堂，及其在禅宗法脉，特别是北宗承递中的作用。典型的例子便是《传法宝记》中提到的七祖堂。这里的肖像不仅是宗派归属的实证，而且也为某门派宣扬了其教统。

公元 845 年的灭佛运动对宋元两代的佛家肖像的制作和传承产生了重要的影响。由于禅宗没有采取宗派化的路线，成为佛教官方认可的代表。官方寺庙迅速被朝廷定为"禅宗庙宇"，禅寺通常会设祖师堂，渐渐地住持的肖像代替了宗师像。逐渐，这些肖像代表的不是某位宗师的衣钵传承，而是禅寺自身的演进。在此意义上，白云守端（1025—1072）迎请菩提达摩和百丈的肖像，也是为了恢复禅宗祖师的地位。日本禅寺也有相似的倾向，宗师和住持的肖像常常是比邻而放。另外重要的是，出现了在世禅师的肖像，被称做"寿像"。

弗克和沙夫研究了宗师堂肖像的布置如何替脉系正名，以及肖像的仪式，（确切说）丧葬仪式中的功能。按照中国的丧葬仪式，死者的肖像被看做是魂灵的席位，其作用和灵位一样，所以祖师和住持都被奉为祖宗，得到崇拜祭祀。高僧被看做是活菩萨，尊师的话语得以记录，传给后代，这是新的现象。这在升座仪式中得到充分表现，住持在仪式上被认同为佛。作为佛教身份的表现，佛祖偶像、住持本人以及他的肖像几乎可以相互转化。

住持的肖像除了在丧葬中的作用，还在他的弟子和信众中传播。在禅宗的仪式和机制背景下来看，这些肖像还扮演佛祖偶像的角色，而且同后者一样，得到佛骨舍利的度化。

弗克和沙夫指出，禅教内的偶像崇拜曾遭到批评，因为祖师的禅义不能在肖像中得到表达，最后质疑了艺术史家通常接受的理论。这样真赞（chinzo）不能局限于禅宗和禅宗大师。同样的道理，祖师堂肖像的排列也不足以印证祖师和住持之间的差异，结果肖像是"达摩祖传承印证"之论也很难站住脚。佛荷指出，佛像传播实现的只是佛骨舍利的"感召力传播"，这其实建立在起初丧葬物品的功用之上。弗克和沙夫却不认为达摩祖的脉系传承，只是靠舍利佛像传播感召力的一个极端例子。同佛荷不一样，他们看到了性质的不同，而非程度的高低。佛像作为宗教偶像物，具有同佛骨舍利、肉身或者浮屠一样的功能，代表佛祖缺席情况下的存在。这也是研究禅宗真赞所谓"现实主义"或"自然主义"的场景。

矛盾的是，本源的 Chinzo 是禅师的遗骨。佛荷和沙夫已经提到了禅宗肉身的重要性，詹姆斯·罗布森受两人，尤其是佛雷对石头肉身早期讨论的启发，对肉身现象追根溯源，得出了惊人的结论。罗布森的文章融合现代侦探小说的一切元素，描述死于几个世纪前人的遗骨依然可以是欲望的对象，被走私越境，引发名号、地点、人物的混乱，以及信徒的敌对，还有民族宣言、崇拜和亵渎。作为崇拜源头的"在场玄学"已经让位于污浊的操纵，同样展示了中国在革命后，传统禅宗的圣徒言传和民间崇拜兴起之间的细微界限。这也是文化记忆研究，看看地方和地区当局如何借用媒体，制作记忆并操纵记忆。他也提出崇拜兴起的程度问题和相关的研究者引发记忆的问题。西方学者通过写作和摄影，引发对肉身的关注，由此提高他们的地位。这说明，禅宗与日本禅不应仅仅被当做研究对象或一套概念。他们进行的研究是转化对象的表述研究，其研究的推动方式，使人想起东亚的佛教徒推崇祖师像和禅师像。

阿达默研究四川禅教派的宗派意识，别勒费特的文章也强调了它的重要性。该文表现的是日本环境下教派发展的背景。禅宗正式在日本的传播始于镰仓时代，有临济和曹洞两宗，传入的过程通常表述为从"联合弘法"过渡到"纯粹禅宗"。可是我们对日本禅的理解取决于"shu"的含义。通常译作"宗"，有时会译作"门"。把门派这样混淆时代的模型设想为中世纪的现象实在太草率，镰仓时代佛教论争的核心就是"shu"的概念。贞庆禅师（1155—1213）吁请禁止法然净土宗的传法，其中的导因是，法然企图建立新的教派。

别勒费特研究了东福寺祖师爷圆尔辩圆的文章，此文将日本佛教划分为十大门派，将禅宗视为佛法至极——心灵门宗。别氏将此文与同类著作置于同一背景下，这些已经有天台宗和真言宗的悠久法统，或是华严宗的《八宗概要》，同样还有禅宗的荣西法师的《兴禅护国论》和道元的《办道》。圆尔声誉良好的门派主义体现了"融合性"的禅宗图景，同禅宗的传统理念根本不同。

日本史学家黑田俊雄认为，"融合性策略"形成了显、密宗的佛家基础，这在圆尔弟子无住（1226—1312）所著的《沙石集》中有很好的图例说明。重要的是，在无住著作的倡导下，开始按照两部神道的观点讨论伊势神宫，特别批评了净土宗蔑视社神。威廉·波迪福德在论文中强调了社神在日本禅，尤其是曹洞宗中的意义（理论上它坚持道元的纯粹禅）。

波德福德研究了曹洞宗传统中一个极其重要但被忽略的方面：地方神祇的传说。日本禅的曹洞宗同中国禅一样，在远离首都贵族圈子的外省建庙宣教。不过曹洞宗和尚在其普度弘法的过程中，似乎比中国先祖走得更远，让禅宗教义更加适应地方风俗。尤其是禅师授法，很快就被视为重复佛祖开悟的仪式，成为隶属于佛祖法脉的半神秘物。"法脉图"（法脉象征物）的拥有者无论是禅僧还是俗众，都被看做是佛的合法承继者。这样曹洞宗利用行之有效的皈依模式，成为各类社会政治角色的调停人。

在精神层面，禅宗教义同地方信仰方法发生碰撞，冲突的痕迹在禅师言行语录中也有记载。民间传说的主题根据禅宗的象征意义得到了重新演绎。比如说源翁心昭在对抗"杀生石"所施的驱邪咒语，体现了典型的禅宗起源。杀生石是广泛流传在文学作品和民间传说中的极为凶险的石头。源翁在驱邪的过程中以心传心，使石头里附着的狐狸精归顺。心印是这种场合中的基本因素，禅师借用它点化超自然的生灵。波迪福德对于心印仪式化用途的阐述，为对抗阐释学提出了急需的矫正方法。从铃木大拙以来，虔诚的长篇累牍一直是该领域主要的研究方法。

这些神话传说中频繁出现的公案是社神或本地精灵在佛教教律的感召下皈依禅门。这一类型的度化可以让老百姓不用抛弃传统信仰而皈依禅宗。禅师遇到社神时，通常会发现一口泉水，这是禅寺奠基的关键因素。波迪福德研究了这些传说的社会背景：当地禅寺获得泉水守护者也是社神的祷福，同时保证了社群的繁荣昌盛。顺带提一下，曹洞宗的僧侣同中国祖师一样，往往被奉为水神或占卜者（索彦米［Soymie］1961）。

这些传说的另一特点是，禅师及其教律具有打击和安顺复仇鬼魂的力量。这种力量把禅宗教律同丧葬联系在一起，因为很多的冤鬼都是夭折的，很多故事描述禅师如何施法超度鬼魂。老百姓也可以得到类似的授法。众人希望获得人世的福祉而接受似神似鬼的集体法度，这完全偏离了非神话和伦理的阐释。大多数弥沙塞律研究都是如此进行的。

超自然神遇的传说将僧侣的感召力和佛经教义联系在一起，折射了曹洞宗授法的普众化。这主要发生于地方寺庙奠基到江户时代的初期，原因是大多数故事都集中在这个阶段。禅宗转入本土化的过程中，授法的魔力把精神施禅降到次要的位置，使得原有的偶像在禅宗的庇护下得以留存。

佛雷通过对禅宗袈裟的象征研究，重新阐释了曹洞宗传承的深刻象征。若干年前，已故学者安娜·赛得尔研究了中国袈裟的传承，她的论文不幸未获发表，最近温笛·阿达默继续此项研究。为什么袈裟成为达摩最卓越超群的象征物，在佛教徒的想象中取代其他器物，占据最显赫的位置？作才借助道元的《正法眼藏》以及后期文献，特别是受到密宗佛教极大影响的日本剪纸艺术进行研究。道元不仅受禅宗祖传衣钵概念的影响，而且对源于道玄（596—667）和义济（635—713）的弥沙塞律的理念也进行了回应。同时他也熟谙融合了寺庙授法和皇室登基的既定传统。

道元不仅传承袈裟的象征义，而且将它转化为至高的象征，完全脱离了物质现实。所有的法袍都含神秘意义，能够带来救赎超生。不仅佛教袈裟是这样，任何袈裟都是如此。法袍成为某种寺庙王权的标志。曹洞宗后期的文本中，袈裟所有的物理特征（大小等）都被赋予额外的象征含义，譬如，袈裟的杂碎具有宇宙论的意义，于是袈裟衍化为纺织的曼荼罗。日本袈裟（Kesa）被描述成具有类似佛塔、佛骨舍利甚至佛陀本身的功能。日本袈裟也被融合到剃度的法式当中（轮生转世的法仪，新剃度的和尚就是一个新生儿）。不过袈裟的材质由废弃的棉麻布转变到丝缎，引发了袈裟的极度符号化，这受到弥沙塞律师的抵制。他们宣扬回到简朴本真之境，指出制作丝质袈裟需要耗费大量的蚕丝，同佛教不杀生的教义背道而驰。佛雷指出，日本袈裟依然是弥沙塞律和禅宗论战的核心。

根据通常的表述，道元禅师同莹山绍瑾（他的后继者）不一样，不看重地方神祇的作用。具有讽刺意味的是，曹洞宗的弟子们会强调，师祖在到中国的云游中如何染病，如何得到日本稻荷神的救治。邓肯·威廉姆斯（Duncan Williams）在文章中谈到，从这个故事开始，专注于曹洞禅宗史和医学社会史之间的交叉点，确切地说是京都曹洞宗附属药店生产草药的销售。他认为在德川幕府时期，曹洞禅宗的发展，更得益于向普通百姓提供实惠的寺庙，而并非禅宗的默思冥想或者禅宗经文的研究。寺庙一个最吸引人的地方就是预防治疗疾病。

威廉姆斯的论文利用了他在永平寺发现的档案，这些材料如今被编印为《道正庵文书》，其中有草药销售的翔实记录，特别是京都一家名为"道正庵"药店生产的"解毒丸"的销售状况。"道正庵"药店同曹洞宗保持着独家专卖的联系，既向总庙再到母子庙以及十方庙直接销售，也向到京都游历的高僧出售药品。这样独家垄断的原因据说是，该店挽救了从中国回来病重的道元禅师的性命。

这种大众性的草药使得曹洞庙，除了使用像陀罗尼助丸一样的草药外，还有一种颇为有效的变通之法。对于广大无法请到江户或者长崎医生的村民来说，这是很有吸引力的。威廉姆斯通过分析日本不同地区出现的假药，以及各种药方（包括诊治牲畜病症），从而印证了药品的普及度。此外，他还揭示了曹洞宗如何在江户时代行医以及行医如何影响这个教派的特点。

参考文献

阿部正雄，1985《日本禅和西方思想》，威廉·拉弗尔荷主编。火奴鲁鲁：夏威夷大学出版社。

阿部正雄，1992《道元研究：哲学与宗教》，纽约：纽约州立大学出版社。

阿贝·瑞义其和彼得·哈思盖尔译，1996《大愚：禅师白隐慧鹤的诗歌书信及其他》，火奴鲁鲁：夏威夷大学出版社。

阿达默，温笛，1997《〈历代法宝记〉中所见中国佛统传承问题》，博士论文，斯坦福大学。

阿达默，温笛，2000《紫金袈裟：〈历代法宝记〉中袈裟的传承》，《宗教史》40，1：58—81。

爱普，尔斯，1987《無着道忠（1653—1744）：禅/日本禅 集大成者》，《远东通讯》3：155—174。

爱普，尔斯，1989《云门文偃禅师（864—949）生平弘法面面观》，博士论文，天普大学。

爱普，尔斯，1991《禅录的形成：反思云门宗文献史》，《禅宗研究年报》17：1—9。

阿岑，索雅，1986《一休和疯云诗选：中世纪日本的禅宗诗人》，东京：东京大学出版社。

巴柔利，海伦，1991《黄檗宗：导论》，《日本宗教》17，1：31—49。

巴雷特，提摩西 H，1989《阿瑟·威利，铃木大拙与胡适：重读〈禅宗与历史〉论争》，《佛教研究评论》6，2：116—121。

巴雷特，提摩西 H，1991《〈楞伽师资记〉年代考》，《皇家亚洲学会学报》，第三集：1，2255—259。

柏林，朱蒂斯 A，1987《《人间佛祖：杂议佛家语录的出现》，《宗教史》27，1：56—88。

别勒费特，卡尔，1985《再塑龙身：道元研究之历史和教义》，威廉·拉弗尔荷编《道元研究》21—53 火奴鲁鲁：夏威夷大学出版社。

别勒费特，卡尔，1988《道元禅思录》，伯克利：加州大学出版社。

别勒费特，卡尔，1989《无心与顿悟：论镰仓禅宗救世论》，见罗伯特·巴斯维尔和罗伯特·吉梅罗编《解脱之道：道谛及其在佛教思想的转型》，pp. 475 - 505，火奴鲁鲁：夏威夷大学出版社。

别勒费特，卡尔，1992《美国道元研究：论研究现状》，《驹沢大学禅研究所年报》3：212—196。

别勒费特，卡尔，1995《论静坐禅》，小唐纳德·罗贝兹编《佛教实践》，普林斯顿：普林斯顿大学出版社。

别勒费特，卡尔和路易斯·兰卡斯特，1975《坛经》，《东西方哲学》25，2：197—212。

波迪福德，威廉 M，1991《曹洞宗的达摩传承：卍山道白的改革运动》，《日本学》46，4：423—451。

波迪福德，威廉 M，1992《丧葬艺术中的禅：日本佛教的仪式超度》，《宗教史》32，2：146—164。

波迪福德，威廉 M，1993《中世纪日本曹洞宗的发展》，火奴鲁鲁：夏威夷大学出版社。

波迪福德，威廉 M，1996《禅宗与宗教歧视的艺术：变革社会歧视之努力》，《日本佛教研究学报》23，1—2：1—27。

波迪福德，威廉 M，1999a《虎关师练的禅宗教义序》，小乔治 J. 拓纳编《授法日本》pp. 98 - 108，普林斯顿：普林斯顿大学出版社。

波迪福德，威廉 M，1999b《莹山梦史》，小乔治 J. 拓纳编《授法日本》pp. 501 - 522，普林斯顿：普林斯顿大学出版社。

波迪福德，威廉 M，2000《空与灰：达摩禅宗传承仪式》大卫·格登·怀特编《弘扬密宗》普林斯顿：普林斯顿大学出版社。

布雷韦曼，阿瑟翻译，1989《泥与水：拔队得胜禅师语录》，三藩市：北角出版社。

布日柯，黑缪特，R.P. 克雷摩和 C. 欧微翰和编《中国日本和东亚艺术中的禅宗：禅宗国际研讨会论文集（苏黎世大学）》16 - 18。1982 年 11 月，伯恩：彼得·朗。

布劳顿，杰弗里·L，1975《圭峰宗密：禅与授法的融合》博士论文，哥伦比亚大学。

布劳顿，杰弗里·L，1983《西藏的早期禅宗》罗伯特·吉梅罗和彼得·格里高瑞编《禅宗与华严教研究》pp. 1 - 68，火奴鲁鲁：夏威夷大学出版社。

布什，苏珊·H 和韦克多·H. 脉和，1977—1978《中国 12、13 世纪的几幅律宗禅宗佛像画》《亚洲艺术档案》31：32—51。

小巴斯维尔，罗伯特·E，1983《朝鲜禅道：知讷文集》火奴鲁鲁：夏威夷大学出版社。

小巴斯维尔，罗伯特·E，1986《知讷对朝鲜禅宗中国坐禅的系统化》pp. 199 - 242(ii)火奴鲁鲁：夏威夷大学出版社。

小巴斯维尔，罗伯特·E，1987《看话禅的捷径：中国禅宗顿悟的演变》彼得·格里高瑞编《顿悟与渐悟》pp. 321 - 377，火奴鲁鲁：夏威夷大学出版社。

小巴斯维尔，罗伯特·E，1988《禅宗阐释学：朝鲜视角》小唐纳德·罗佩茨编《佛教阐释学》

pp. 231－256，火奴鲁鲁：夏威夷大学出版社。

小巴斯维尔，罗伯特·E，1989《中国和朝鲜禅教的形成：佛教密传金刚三昧经》普林斯顿：普林斯顿大学出版社。

小巴斯维尔，罗伯特·E，1991《佛光溯源：知讷的朝鲜禅道》，火奴鲁鲁：夏威夷大学出版社（1983 年的修订版）。

小巴斯维尔，罗伯特·E，1992《禅门弘法：当代朝鲜的佛法要义》，普林斯顿：普林斯顿大学出版社。

Chang, Chung—yuan 译《禅宗原义：禅灯传继节选》纽约：万神殿图书公司。

夏佩尔，大卫·W，1986《从论战到二元体：净土宗应对禅宗》，彼得·格里高瑞编《中国佛教的禅定传统》，pp. 163－197，火奴鲁鲁：夏威夷大学出版社。

夏佩尔，大卫·W，1983《禅宗四祖道信（580—651）弘法》，黎华伦和路易斯 R. 兰卡斯特编《中土和西藏的早期禅宗》pp. 89－129，伯克利：亚洲人文出版社。

克李耳瑞，可里斯托佛 J·C 翻译，1977《沼泽花儿：大慧禅师书信言录》，纽约：格瑞物出版社。

克李耳瑞，可里斯托佛 J·C 翻译，1986《禅悟：敦煌早期文献》，波士顿和伦敦：沙姆哈喇。

克李耳瑞，托马斯翻译，1990《禅灯传继：莹山禅师启悟艺》，三藩市：北角出版社。

克李耳瑞，托马斯和 J.C. 克李耳瑞翻译，1977《蓝崖录》三册 博尔德和伦敦：沙姆哈喇。

柯尔卡特，马丁，1981《五山：中世纪日本的临济禅寺》，剑桥：哈佛大学出版社。

柯尔卡特，马丁，1982《镰仓社会的禅寺》杰夫里·曼斯《日本宫廷和幕府：镰仓历史文集》pp. 191－220，纽黑文：耶鲁大学出版社。

柯尔卡特，马丁，1983《早期禅门清规：清规对禅宗社群之影响》，黎华伦和路易斯 R. 兰卡斯特编《中土和西藏的早期禅宗》pp. 165－184，伯克利：亚洲人文出版社。

喀韦尔，杰恩·喀斯特，1980《参悟禅的红线：一休惊世骇俗之道》，首尔：厚利国际公司。

戴密微，保尔，1947《灵灯》《汉学研究》1，2：112—137 再编《佛教研究选》（1929—1970），pp. 131－156。

戴密微，保尔，1952《吐番僧诤记》巴黎：法国大学出版社（1987 年重印）。

戴密微，保尔，1961《敦煌汉禅的两抄本》《佛教史论集》pp. 1－27，京都：出版社再编《佛教研究选》1973 pp. 320－346。

戴密微，保尔，1970a《祖堂集》《通报》56：262—286。

戴密微，保尔，1970b《禅与中国古诗》《赫尔姆斯》7：123—136 再编《佛教研究选》（1929—1970），pp. 456－469。

戴密微，保尔，1972《临济语录》巴黎：法亚的。

戴密微，保尔，1973《佛教研究选》（1929—1970）雷登：E. J. 布瑞里。

戴密微，保尔，1978《达摩多罗附言》，饶宗颐《敦煌白话》pp. 43－49，巴黎：法国远东学院。

戴密微，保尔，《从敦煌写本看汉族佛教传入西藏的历史》，麦克尔·索密编《敦煌研究论稿》pp. 1－16，日内瓦—巴黎：多兹。

戴密微，保尔，1987（1947）《心镜》彼得 N. 格里高瑞编《顿悟和渐悟》pp. 3－40，火奴鲁鲁：夏威夷大学出版社（对 1947 年的英文翻译）。

戴斯欧，凯瑟琳，1980《八世纪马祖禅师语录》巴黎：双洋出版社。

道纳，耐尔，1977《中国佛禅的大乘化》，《东方佛教徒》10，2：49—64。

道纳，耐尔，1987《天台智密论顿悟与渐悟之密和》，彼得·格里高瑞编《顿悟与渐悟》pp. 201－226，火奴鲁鲁：夏威夷大学出版社。

杜莫林，海力，S. J.，《从禅宗无门关看六祖后中国禅教的演变》，露斯·富勒·萨萨克翻译，纽约：美国禅宗第一研究所。

杜莫林，海力，S. J.，1988—1990《禅宗史》两册，纽约：麦克米兰出版社。

杜莫林，海力，S.J.，1992《二十世纪禅宗史》约瑟夫·欧·李耳瑞，纽约：威瑟希尔。

法博，傅勒明，1985《西藏敦煌文论同觉：The Dmyigs Su Myed Pa Tshul Gcig Pa' i Gzhung》，《东方杂志》46：47—77。

法博，傅勒明，1986《拔协书的西藏法会》，《东方杂志》47：33—61。

佛雷，伯兰特，1984《神会与华严》，《禅报》19：1—15。

佛雷，伯兰特，1986a《菩提达摩论：禅宗首文》，巴黎：麦尔。

佛雷，伯兰特，1986b《菩提达摩：文本与宗教范例》，《宗教史》25，3：187—198。

佛雷，伯兰特，1986c《禅宗一行三昧理论》，彼得·格里高瑞编《中国佛教的禅定传统》pp.99 - 128，火奴鲁鲁：夏威夷大学出版社。

佛雷，伯兰特，1986d《禅师智达与北宗的顿悟》，《远东研究丛刊》2：123—132。

佛雷，伯兰特，1987a《汉宗教中的空间与地点》，《宗教史》26，4：337—356。

佛雷，伯兰特，1987b《达磨宗，道元与曹洞宗》，《日本学》，42，1：25—55。

佛雷，伯兰特，1987c《当下之观：〈正法眼藏〉的自然，恶和传统》，巴黎：麦尔。

佛雷，伯兰特，1988《汉传佛教的正统旨意》，巴黎：CNRS版。

佛雷，伯兰特，1989《历史苦难中的佛教：唐朝中土宗教的起源》，巴黎：法国远东学院。

佛雷，伯兰特，1991a《顿之修辞：中国禅/日本禅的文化批判》，普林斯顿：普林斯顿大学出版社。

佛雷，伯兰特，1991b《嵩山与道信：朝圣的交通形象》，苏珊·纳君和于君方编《中国的朝圣与圣地》伯克利：加州大学出版社。

佛雷，伯兰特，1993《禅的洞见与溢见：禅传统的知识批判》，普林斯顿：普林斯顿大学出版社。

佛雷，伯兰特，1996《权力的光景：想象中古日本佛教》，普林斯顿：普林斯顿大学出版社。

佛雷，伯纳得，1997《正统之意：北宗的批判系谱》，斯坦福：斯坦福大学出版社。

佛雷，伯兰特，1988a《佛陀崇拜与现代凝视》，《理论调查》24，3：768—813。

佛雷，伯兰特，1988b《不同的声音：早期禅与天台教中的女性》，《禅学研究院年报》24：25—42。

弗克，西奥多·格里弗思，1988《禅宗及其在佛教寺庙的地位》，博士论文，密执根大学（安阿博）。

弗克，西奥多·格里弗思，1988《现代日本禅教》，肯内思·克拉福特编《禅：传统与传承》纽约：格雷物出版社。

弗克，西奥多·格里弗思，1992《中古中国的禅宗》《太平洋地区》8：18—31。

弗克，西奥多·格里弗思，1993《宋朝禅宗的神话，仪式和寺院作法》，P.R.爱布蕾和彼得·格里高瑞编《唐宋中土的宗教与社会》火奴鲁鲁：夏威夷大学出版社。

加德纳，丹尼尔 K《宋朝的思想模式与话语模式：论语录》，《亚洲研究学报》50，3：574—603。

谢和耐，雅克，1949《荷泽神会禅师语录（668—760）》，巴黎：Adrien Maisonneuve。

谢和耐，雅克，1951《荷泽神会禅师（668—760）传：禅宗历史的贡献》，《亚洲学报》139，1：29—68。

谢和耐，雅克，1954《神会禅师语录遗补》《法国远东学院学报》44，2：453—466。

谢和耐，雅克，1955《灵祐禅师（771—853）语录》，《法国远东学院学报》45：65—70。

吉梅罗，罗伯特 M，1983《初论早期华严宗，冥思与早期禅》黎华伦与路易斯 R. 兰卡斯特编《中土与西藏的早期禅》pp.149 - 164，伯克利：亚洲人文出版社。

吉梅罗，罗伯特 M，1993《道谛与文化：北宋禅宗的学道，书信与释脱》，小罗伯特·E. 巴斯维尔与罗伯特·吉梅罗《解脱之道：道谛及其在佛教思想里的转型》，pp.371 - 437，火奴鲁鲁：夏威夷大学出版社。

吉梅罗，罗伯特 M 与彼得·格里高瑞编，1983《禅宗与华严研究》，火奴鲁鲁：夏威夷大学出版社。

高美，路易 O，1983《大乘禅师的直接与逐渐之道：摩诃衍授法遗存》，罗伯特·吉梅罗，M 与彼得·格里高瑞编《禅宗与华严研究》pp. 69 – 168, 火奴鲁鲁：夏威夷大学出版社。

高美, 路易 O, 1987《炼金：佛教思想与传法中功与觉的隐喻》, 彼得·格里高瑞编《顿悟与渐修》pp. 67 – 165, 火奴鲁鲁：夏威夷大学出版社。

格里高瑞, 彼得 N 编, 1985《宗密与觉》,《东西方哲学》35, 3：249—269。

格里高瑞, 彼得 N 编, 1986《中国佛教的禅定传统》, 火奴鲁鲁：夏威夷大学出版社。

格里高瑞, 彼得 N 编, 1987a《顿悟与渐修：中国思想的悟法》, 火奴鲁鲁：夏威夷大学出版社。

格里高瑞, 彼得 N 编, 1987b《渐修后的顿悟：宗密心考》, 彼得·格里高瑞编《顿悟与渐修》pp. 279 – 320, 火奴鲁鲁：夏威夷大学出版社。

格里高瑞, 彼得 N, 1988《中国禅与朝鲜禅的融合与教化》,《佛学研究国际协会》12, 2：7—19。

格里高瑞, 彼得 N, 1991《宗密与佛教汉化》, 普林斯顿：普林斯顿大学出版社。

格里高瑞, 彼得 N 翻译, 1995《原人论：注释翻译及评论》, 火奴鲁鲁：夏威夷大学出版社。

汉森—芭伯, A. W., 1985《保唐禅的无思与无上瑜珈》,《佛学研究国际协会》8, 2：61—73。

海纳, 斯蒂芬, 1987《道元思想的真理与方法：近期学术概论》,《东方佛教徒》20, 2：128。

海纳, 斯蒂芬, 1989《道元与日本宗教美学传统》,《东方佛教徒》22, 1：71—95。

海纳, 斯蒂芬, 1994a《道元和心印传统：〈正法眼藏〉两版本故事》, 奥尔巴尼：苏尼出版社。

海纳, 斯蒂芬, 1994b《批判佛与有关十二册〈正法眼藏〉与七十五册〈正法眼藏〉之辩》《日本宗教研究学报》21, 1：37—72。

海纳, 斯蒂芬, 1996《把狐狸赶回"野狐心印"：中国禅、日本禅和朝鲜禅间的哲学普众的宗教元素之交叉》,《哈佛亚洲研究学报》56, 2：257—317。

海纳, 斯蒂芬, 1999《流变的形状, 流变的文本：哲学与狐狸心印中的民间故事》, 火奴鲁鲁：夏威夷大学出版社。

海纳, 斯蒂芬 和戴尔·S. 怀特《心印：禅宗文本与背景》, 牛津：牛津大学出版社。

海思格, 詹姆斯 W 和约翰·C. 马勒多编《粗暴的觉悟：日本禅, 京都学派与民族主义的问题》火奴鲁鲁：夏威夷大学出版社。《赫尔姆斯》1985【1970】《禅：根源与兴盛》第四期, 巴黎：双洋。

Hirai Shun' ei 1987《牛头宗与保唐派》, 思微欧·维塔《东方与西方》37, 1—4：337—372。

豪思顿, G. W.《大乘佛教的系统》,《中亚学刊》21, 2：105—110。

徐颂鹏, 1979《明朝中国的佛教领袖：寒山德清传 (1546—1623)》大学公园：宾夕法尼亚州立大学出版社。

胡适, 1932《中国禅学之发展》,《中国政治科学评论》15, 4：475—505。

胡适, 1953《中国禅学的历史及方法》《东西方哲学》3, 1：3—24。

黄启江, 1986《融合的试验：契嵩 (1007—1072) 与 11 世纪的中国佛教》, 博士论文, 亚利桑那大学。

荷维茨, 列昂, 1970《袾宏的净土独心和禅宗》, 西奥多·德·巴里编《明朝思想中的自我与社会》pp. 451 – 482。纽约：哥伦比亚大学出版社。

石川力山, 2000《日本剪纸的传承：中世纪日本的曹洞宗》, Kawahashi Seishu 翻译 斯蒂芬·海纳和戴尔·S. 怀特《心印：禅宗文本与背景》pp. 233 – 243, 牛津：牛津大学出版社。

依弗思, 克里斯脱夫, 1992《禅宗悟觉与社会》火奴鲁鲁：夏威夷大学出版社。

冉云华, 1972《宗密：对禅宗的分析》,《通报》8：1—54。

冉云华, 1977《禅宗的冲突与和谐》,《中国哲学学报》4, 3：287—301。

冉云华, 1983《神秀的禅宗之法》, 黎华伦和路易斯 R. 兰卡斯特编《中土和西藏的早期禅宗》伯克利佛教研究丛刊, 伯克利：亚洲人文出版社。

乔根森, 约翰 A., 1979《长卷：禅宗的最早文本》, 博士论文, 澳大利亚国立大学。

乔根森, 约翰 A., 1987《禅宗的帝脉传承：中唐儒家礼仪和奉祖在禅宗合法化中的作用》,《远东史论文集》35：89—133。

喀苏里斯，托马斯 P.，1978《禅门哲学家：道元英语文献概要》，《东西方哲学》28，3：353—373。

喀苏里斯，托马斯 P.，1985《无与伦比的哲人：道元谈〈正法眼藏〉》，威廉·拉弗尔荷编《道元研究》pp. 83 - 98，火奴鲁鲁：夏威夷大学出版社。

齐释尼克，约翰，1997《名僧：中世纪中土圣徒言传的佛家理想》，火奴鲁鲁：夏威夷大学出版社。

金喜津，1975《道元希玄：神秘现实主义者》，图克森：亚利桑那大学出版社。

金喜津，1985《"文字与书信的原因"：道元与心印语言》，威廉·拉弗尔荷编《道元研究》pp. 54 - 82，火奴鲁鲁：夏威夷大学出版社。

柯得尔，塔卡师·詹姆斯，1980《道元在中土的源起：历史研究和〈宝庆记〉的注释翻译》伦敦：路透里奇和柯甘·保罗。

克拉福特，肯内思编，1988《禅宗：传统与过渡：当代禅师与学者手册》，纽约：格瑞物出版社。

克拉福特，肯内思，1992《雄辩禅：大东和早期日本禅》，火奴鲁鲁：夏威夷大学出版社。

拉弗尔荷，威廉·R 编《道元研究》，火奴鲁鲁：夏威夷大学出版社。

拉弗尔荷，威廉·R《学院里的道元》，威廉·拉弗尔荷编《道元研究》pp. 1 - 20，火奴鲁鲁：夏威夷大学出版社。

黎华伦，1979《禅宗隐喻：波、水、镜和灯》，《东西方哲学》29，3：243—253。

黎华伦和路易斯 R. 兰卡斯特编《中土和西藏的早期禅宗》，伯克利佛教研究丛刊，伯克利：亚洲人文出版社。

雷顿，太根·丹尼尔，Shohaku Okumura 译 1966《道元所订永和清规》，佛教研究 SUNY 系列，奥尔巴尼：纽约州立大学出版社。

列弗林，米瑞目 L. 1978《禅宗对百姓的度化：大慧禅师和宋朝的新宗教文化》，博士论文，哈佛大学。

列弗林，米瑞目 L. 1982《龙女与摩山禅婆：禅宗佛教中的性别与地位》，《国际佛教协会学报》5，1：19—35。

列弗林，米瑞目 L. 1987《大慧与佛家居士：禅宗超度文》，大卫·W. 查培尔编《中世纪中国社会佛法与道教》pp. 181 - 214，火奴鲁鲁：夏威夷大学出版社。

列弗林，米瑞目 L. 1992《临济禅与性别：平等修辞与英雄修辞》，乔希·伊格纳·卡贝宗编《佛教，性与性别》奥尔巴尼：苏尼出版社。

李华德，瓦而特，1953《神会经诵》，《亚洲主刊》3，2：132—155。

李华德，瓦而特，1956《〈金刚三昧经〉浅论》，《通报》44：347—386。

小罗贝兹，唐纳德 S 编，1988《佛教阐释学》，东亚佛教研究，火奴鲁鲁：夏威夷大学出版社。

马勒多，约翰，1985《身心的修行：道元的〈身心学道与比较哲学〉》，威廉·拉弗尔荷编《道元研究》pp. 112 - 130，火奴鲁鲁：夏威夷大学出版社。

马勒多，约翰，1986a《禅宗有历史意识吗?》，《日本宗教研究学报》12，2—3：141—172。

马勒多，约翰，1986b《佛学研究的阐释学与历史观》，《东方佛教徒》19，1：17—43。

麦克瑞，约翰，1983《中国禅宗的牛头宗：从初期到鼎盛》，罗伯特·吉梅罗和彼得·N. 格里高瑞编《禅宗与华严研究》pp. 169 - 253，火奴鲁鲁：夏威夷大学出版社。

马克瑞，约翰，1986《北宗与早期禅宗的形成》pp. 169 - 253，火奴鲁鲁：夏威夷大学出版社。

马克瑞，约翰，1987《神会与早期禅宗的顿悟》，彼得·N. 格里高瑞编《顿悟与渐悟》pp. 227—278 火奴鲁鲁：夏威夷大学出版社。

马克瑞，约翰，1988a《禅宗〈心经〉注：中国佛教变化的初时含义》，《国际佛教研究协会学报》11，2：87—115。

马克瑞，约翰，1988b《早期禅宗史话》，克拉福特，肯内思编 1988《禅宗：传统与过渡》，纽约：格瑞物出版社。

马克瑞，约翰，1992《中国禅的论战与通灵转变》，见罗伯特·波斯维尔和罗伯特·吉梅罗编《释脱之路：道谛及其在佛教思想中的转型》pp. 339—369，火奴鲁鲁：夏威夷大学出版社。

缪瑞，伊殊与露斯·富勒·萨萨克，1966《禅灰：心印史与临济禅的心印研究》，纽约：哈括特，布雷斯世界。

摩瑞尔，罗伯特·F. 译《沙石集：无住一丹的故事，呼吁镰仓佛教多元化》，奥尔巴尼：苏尼出版社。

长友繁法，1992《身体的调和》，奥尔巴尼：苏尼出版社。

帕查，W，1963《敦煌佛教坐禅论》，《色里昂大学评论》21，1：47—62。再编《中国佛教面面观：互动与反思》华盛顿特区：1980。

帕克，约瑟夫 D，1999《室町时代（1336—1573）的禅宗山水艺术》，奥尔巴尼：苏尼出版社。

培力奥，保尔，1923《六朝和唐朝几位画家刍议》，《通报》22：215—291。

波兰克，大卫，1984《梦窗疎石和虎关师练：13、14 世纪日本中国味与日本味》，《国际佛教研究协会学报》7，2：143—168.

波兰克，大卫，1985《五山派禅诗》，纽约：十字路。

威廉·鲍威尔，1986《敦煌抄本》，火奴鲁鲁：夏威夷大学出版社。

里德，伊恩，1985《曹洞宗弘法的转化与改变》，《日本宗教》14，1：28—48。

里德，伊恩，1986《没有坐禅的禅宗？坐禅在禅宗机构中的位置》，《日本宗教》14，3：7—27。

任继愈，1984a《浅谈禅宗哲学思想》《中国哲学研究》15，4：4—69。

任继愈，1984b《论胡适在禅宗研究中的错误》，《中国哲学研究》15，4：70—98。

三佛德，詹姆斯，H，1977《尺八禅》，《日本学》32，4：411—440。

三佛德，詹姆斯，H，1980《心的曼荼罗：一休宗纯散文两篇》，《日本学》35，3：273—298。

三佛德，詹姆斯，H，1981《禅人一休》，哈佛世界宗教研究第 2 期，加州：学者出版社。

萨萨克，露斯·富勒翻译，1975《临济慧照禅师语录》，京都：禅学研究所。

萨萨克，露斯·富勒，入谷芳孝和丹纳·R. 弗雷泽合译《庞居士语录》，纽约：威瑟希尔。

施勒特，摩腾，1989《〈坛经〉渊源考》，《中东亚宗教研究》2：53—114。

施密特，J. D.，1974《杨万里诗中的禅，幻与顿悟》，《通报》60，4—5；230—281。

塞德尔，安娜（即将发表），《Den'e》《法宝义林：中日佛教大辞典》第八卷，巴黎：安德烈—梅森努。

善纳，爱德华，1985《日本佛教的身灵体验：现象学角度研究空海和道元》，奥尔巴尼：苏尼出版社。

沙夫，罗伯特 H，1989《成佛：禅悟的述行方法》，美国宗教科学院年会提交的论文（阿纳海姆：1989 年 11 月 20 日）。

沙夫，罗伯特 H，1992《悟觉崇拜：论中世纪中国禅师遗体崇拜》，《宗教史》32，1：1—31。

沙夫，罗伯特 H，1993《日本民族主义的禅义》，《宗教史》33，1：1—43。

沙夫，罗伯特 H，1994《谁的禅宗？再论禅宗民族主义》，詹姆斯·黑斯格，约翰·马勒多编《粗暴的觉悟》pp. 40 - 51，火奴鲁鲁：夏威夷大学出版社。

索任森，亨利克 H，1989《敦煌手抄卷中国禅宗特点考证》，《中东亚宗教研究》2：115—139。

索彦米，麦克尔，1961《中国本源及祖师》《法日学会会刊》7，1：1—56。

斯坦，若尔弗 A，1971《顿悟与同悟：论中土与西藏述语》，《宗教史评论》179，1：3—30。

斯坦，若尔弗 A，1987《顿悟与同悟：论中土与西藏述语》，彼得·格里高瑞编《顿悟与渐悟》pp. 41 - 66，火奴鲁鲁：夏威夷大学出版社。

Su Ying—Hui，1974《敦煌抄本中吴和尚身份考》p. 2913，p. 4660，S。1947《中国文化》14，5：89—98。

铃木大拙 1949—1953《禅宗论文集》3 册伦敦：莱德公司。

铃木大拙，1953《禅：答胡适》，《东西方哲学》3，1：25—46。

铃木大拙，1976《道元、白隐、盘溪：日本佛教的三类思想模式》，《东方佛教徒》9，1：1—17；9，2：1—20。

史华森，保尔 L，1993《禅不是佛教：佛陀本性近论》《守护神》40，2：115—149。

塔纳卡，肯内思 K. 和雷蒙德 E. 罗布森，1992《敦煌禅宗抄本：禅宗对西藏佛教的影响》，史蒂芬·D. 古德曼和唐纳德·戴维森编《西藏佛教：缘由与悟觉》pp. 57 - 78，奥尔巴尼：苏尼出版社。

塔纳卡·约硕，1981《从 3913 号抄本看唐朝佛教门派间的关系》，《亚洲学报》269：163—169。

常盘义伸和柳田圣山，1973《禅思泯灭录：译自〈绝观论〉，敦煌出土初期中国禅文献》，京都：禅宗研究学院。

图茨，纠瑟培，1958《佛徒次抄本，第二部分》罗马：一丝梅上山大峻，1983《敦煌西藏禅抄本研究：研究现状与前景》，肯内思·W. 伊斯特曼与 Kyoko Tokuno 翻译 黎华伦与路易斯·R. 兰卡斯特编《中土与西藏的早期禅》pp. 327 - 349，伯克利：亚洲人文出版社。

维多利亚，布莱恩，2000 年《禅的纷争》纽约：威瑟希尔。

沃度，阿尔纷索，1966《从圭峰宗密的阿黎耶识看曹洞宗的 '五级法'》，《日本学》21：125—170。

瓦德尔，诺曼，翻译，1977—1978《道元的宝庆记》，《东方佛教徒》10，2：102—139，11，1：66—84。

瓦德尔，诺曼，翻译，1979《时间：正法眼藏》，《东方佛教徒》12，1：114—129。

瓦德尔，诺曼，1984《未面世者：盘溪禅师传》12，1：114—129。

瓦德尔，诺曼与阿贝·马骚合译，1971《道元的〈弁道話〉》，《东方佛教徒》4，1：88—115。

瓦德尔，诺曼与阿贝·马骚合译，1972《道元的〈正法眼藏〉〈鬼神童子〉与〈障子〉》，《东方佛教徒》5，1：70—80。

伯顿，华特森，1988《禅诗》，肯内思编《禅宗：传统与传承》pp. 105 - 124，纽约：格雷物出版社。

伟曼，阿雷克斯，1977《吐蕃寺的教义之争》，《中亚学报》21，2：139—144。

威恩斯坦，斯坦利，1987《唐朝佛教》，剑桥：剑桥大学出版社。

沃尔特，阿尔伯特，1995《赞宁与禅宗：北宋时期中国佛教性质演变?》《中国宗教学报》23：105—140。

Wu Peiyi，1975《德经的精神自传》，W. T. De. 巴利编《新儒家揭密》，pp. 67 - 92，纽约：哥伦比亚大学出版社。

扬波斯基，菲利普，1967《六祖坛经》，纽约：哥伦比亚大学出版社。

扬波斯基，菲利普翻译，1971《禅师白隐选集》，纽约：哥伦比亚大学出版社。

扬波斯基，菲利普，1983《敦煌抄本复原新日本研究》，黎华伦与 路易斯·R. 兰卡斯特编《中土与西藏的早期禅》pp. 1 - 11，伯克利：亚洲人文出版社。

柳田圣山，1972《临济义玄传》，《东方佛教徒》5，2：70—94。

柳田圣山，1982《探寻真实的道元：质疑道元的禁忌》，《青年东方》8，1：3—19。

柳田圣山，1983a《历代法宝记和禅宗顿悟》卡尔·别勒费特翻译黎华伦与路易斯·R. 兰卡斯特编《中土与西藏的早期禅》pp. 13 - 49，伯克利：亚洲人文出版社。

柳田圣山，1983b《中国禅宗的语录发展》约翰·麦克瑞翻译，黎华伦与路易斯·R. 兰卡斯特编《中土与西藏的早期禅》pp. 185 - 205，伯克利：亚洲人文出版社。

于君方，1981《中国佛教的绵延：袾宏与晚明融合》，纽约：哥伦比亚大学出版社。

于君方，1982《中峰明本和元代禅教》，陈学霖与狄百瑞编《元代思想：蒙古统治下的中国思想与宗教》pp. 419 - 477，纽约：哥伦比亚大学出版社。

宙诗纳，罗伯特 B.，1977《论北宗的哲学评论》，博士论文，夏威夷大学。

宙诗纳，罗伯特 B.，1978a《北宗对心的理解》《东西方哲学》28，1：69—79。

宙诗纳，罗伯特 B.，1978b《北宗小乘佛教的含义》《东方佛教徒》11，1：37—49。

宙诗纳，罗伯特 B.，1983《北宗的无念思想》黎华伦与路易斯 R. 兰卡斯特编《中土与西藏的早期禅》pp. 131－148，伯克利：亚洲人文出版社。

（顾瑶　译）

　　伯兰特·佛雷（Bernard Faure），法裔美国学者，主要研究东亚佛教，曾任教于美国康奈尔、斯坦福等大学，现为哥伦比亚大学宗教系教授，英、法文佛教学著述甚丰，佛雷禅学研究贡献主要在中国早期禅学方面，他和马克瑞一起，借助于文本批评学和社会文化史等分析，修正了从传统禅到现代日本学者禅史写作中一直没有根本动摇过的禅宗传法谱系。佛雷的禅学著作大多建立在对禅研究传统的批判性思考基础之上，主要有如下三种"批判"：《无间的修辞：禅佛教的文化批判》（*The Rhetoric of Immediacy：A Cultural Critique of Chan/Zen Buddhism，Princenton：Princeton University Press*，1991）、《禅的洞见与溢见：对禅宗传统的认识论批判》（*Chan Insights and O-versights：an Epistemological Critique of the Chan Tradition，Princeton：Princeton University Press*，1993）、《正统性的意欲：北宗禅的批判谱系》（*The Will to Orthodoxy－A Critical Genealogy of Northern Chan Buddhism，California：Stanford University Press*，1997）。

中国禅学　第五卷
2010 年，第 92—99 页

西方的东方学与禅学论述①

伯兰特·佛雷

内容提要　该文是佛雷专书——《禅的洞见与溢见：对禅宗传统的认识论批判》的"导言"，主要说明作者对禅学书写的方法论脉络和方向。全文主要讨论了作为西方的东方学家，应该如何超越萨依德东方学理论的论述，去重新思考和写作禅学思想的历史。在方法论上提出了"另类的东方学"、行事的方法等论述方式，并主张应用多元方法论来互相补充、论述东亚禅学的传统。

关键词　禅　东方学　方法

> 在这儿你将发现诸多矛盾。因为没有矛盾，就不可能产生任何思想的活动，我们不是在做几何学，但他们的思想运却几乎是严格的。

——保罗·瓦莱瑞：《原本如此》

过去几十年对于禅佛教已经有了大量著述，然而，我的这部《禅的洞见与溢见：对禅宗传统的认识论批判》一书并不属于那种过于泛滥的有关"禅神秘主义"一类的著作。本书意在分析被标示为禅的那类叙事（discourse）之所以可能的条件及其各种限制。本书的主旨就是提供一种有关禅的"解剖学"（topology）——就是说，分析禅的各种主题（topoi）和范畴——把禅学研究开放给其他学科所提出的问题，以期把禅学研究融入到西方思想的主流当中。我主要对禅的意识形态感兴趣；"意识形态"这个词，既可以从它一般使用的意义上来理解，也可以从阿尔都塞（Louis Althusser）的意义上来理解，即他把意识形态解释为这样一种观念，它表现了与实在关系之间一种颠倒的图式。②

当使用单一语词似乎就可以穷尽禅的意义时，为什么在英文叙述当中，要使用两个不同的语词——Chan 和 Zen——来指涉禅的内涵呢？众所周知，Zen 是日语译读中文字"禅"（Chan）的发音（中文"禅"这个词本身是对梵文 dhyana 的翻译），而 Zen 是从Chan 佛教传统中发展出来的。不可否认，"Chan"与"Zen"之间具有一种连续性，多数

---

①　【译者按】该文译自 Bernard Faure, Chan Insights and Oversights: An Epistemological Critique of the Chan Tradition（Princeton University Press, 1993）一书的"导言"，标题为译者所加。

②　杜比（Georges Duby）把意识形态定义为在特定社会内部，赋有一种存在和历史作用的"表达（在某些情形下的图像、神话、观念或概念）系统（这一系统拥有它自身的逻辑和严密性）"（Georges Duby, "Historire Sociale et ideologie des societes", In Faire de l'histoire, ed. Jacques Le Goff and Pierre Nora, Vol. 1. Nouveaux Problemes, 203 – 230, Paris Gallimard, 1974, 149）。然而，对阿尔都塞来说，意识形态也指向"主体与他或她真实存在状况之关系的想象式表达"（Louis Althusser, Lenin and Philosophy and Other Essays. Trans. Ben Brewster. New York: Monthly Review Foundation. 1972, 162）。

学者也认为这两个语词之间可以互用。然而，他们之间也存在着许多历史、文化和思想上的区别，这些区别并不能视为表面现象：如果说禅这个词有所指涉的话，它们实际影响了对禅的"本质"的不同理解。本书的两个基本预设就是，并不存在有所谓禅的"本质"；同时，如果专门讨论"Chan"与"Zen"这两个概念的话，它们之间也存在着非连续性的方面，而且这种非连续性至少与它们之间的连续性一样明显。可以肯定，从历史的方面看，Zen 是承续 Chan 的传统而来，但是 Zen 从 Chan 那里承传了些什么呢？更确切地说，Zen 并没有在"初期禅（Chan）"和"经典禅（chan）"所遗留下的那些尚未探索的领域里繁荣发展吗？Chan 和 Zen 都不是铁板一块的，而是流动着的不断变化着的网络式结构。也许可以把他们比做维特根斯坦所分析的那类"鸭—兔"图式，在这里，人们根据不同的观点进行观察，一种图式（如鸭）的出现通常是以牺牲他者（如兔）为代价的。因此，如果我选择强调 chan 传统的某些方面，就有可能忽略其他的因素（如 zen），这并非要否认 zen 传统的重要性，而恰恰是去丰富对 zen 进行"理智的"和哲学的解释。

禅的传统首先是通过有关祖师谱系的叙述而获得它的合法性的。尽管这里有些叙述受到了历史学家的质疑，但是人们却很少细察这一叙述本身的意识形态功能。我并不想重复这些过程而把禅宗历史转变成一种"无缝塔"（seamless stupa）——这是一种在禅文献中时常被用以表示死亡和完美的象征。禅传统的同一性并不能从它的表面内容来获得。无论是 Chan 还是 Zen 都包含了大量不同宗教和思想的潮流，有一些思潮还附着在完全不同的宗派里，以不同的形式一再出现。光是这一点就应该改变我们对这样一个事实的看法，即为大部分禅宗学者所使用和滥用的那些宗派范畴，并不可能是用于理解禅宗思想实际消长的最适切的方法。

有关禅学的研究，自战后以来的日本特别繁荣。这些研究似乎也获得了西方学术的某种认可，尽管禅与西方反主流文化的广泛接触是在 20 世纪 60 年代才开始。禅学研究的这一发展主要源于 20 世纪初敦煌文献的发现及其陆续地开发。基于新的禅宗手稿的发现，像胡适、柳田圣山这样的亚洲学者对禅史研究的开拓性贡献，已经开始了对初期禅史进行根本性的重写。现在这一潮流已渐进尾声，新的资料也已经出现，该重新思考作为宗派传统和作为研究对象的禅宗，其性质各有哪些不同的预设。

这里首要的任务就是质疑传统禅学各种争论的有效性。这可以使我们把研究的焦点从那些已有大量论述的领域转移到因为各种原因而相对被传统学术所忽略掉的那些问题域。在这一过程中，历史学的方法需要一些其他的，诸如社会学、人类学或文学批评等方法论来加以补充。当然，每一种方法论的进路都创造了他自己的研究对象，并且也必须反过来，就其方法论和其诠释、认识论的基础接受质疑。特别是，我们必须记住，每一种方法无论其自称如何的"客观"，都包含了某种在学术领域里承担着特殊作用的意识形态于其中。尽管布赫迪尔（Pierre Bourdieu）曾正确地敦促我们"要使客观自身客观化"，澄清作者的立场（Bourdieu1980，51－70），但正如他自己也似乎相信的，这还是无法确保一种过于自吹自擂的"科学性"。大多数社会科学家都一直信赖一种学术的"沟通模式"，他们相信只要对作为参数的观察者的主观性进行再分析，他们就可以逐渐获得客观性。更为普遍的问题是，社会科学家通常都会忘记他们所追求的所谓的"科学性"理想，其实都是非常勉强的，因此，他们轻视他们学术叙事当中所具有的行事（performative）和修辞的性质，忽略他们所谓科学工具背后的符号学功能。甚至那些最具有反思性和"对话式的"论述也如传统所谓的那些"客观性"学术一样，都含有表演和行事的意义于其中。

（见 Rabinow1986，246）

　　禅学研究尽管已经拥有很高水平的语言文献学方法，但是它还没有达到人类学或文学批评这些学科那样成熟的方法论高度，而且大多数情况下仍然局限在历史或诠释学的方法里。本书的第三章将会考察中日禅宗历史学的主要特征及其局限所在。在这之前，我想先在此集中讨论不同的认识论和诠释学的问题，这些问题都是我们在处理像禅宗这样传统的宗教和思想过程中必须面对的。我们的一个出发点是，必须承认所谓的诠释循环，并认识到我们都处在伽达默尔（Hans - Georg Gadamer）所说的"效果史"中。于是，我们对禅宗的理解不仅要从中日历史学的成果中获取教益（一定程度上我们还要继续依靠他们的研究），而且还可以从整个东方学传统中去进行理解。因为东方学引发出的各种不同的学科可以使我们在自己的文化当中来确认禅的空间，特别是在西方对佛教所接受的语境中来进行禅的理解。为此，由萨依德（Edward Said）在他那部奠基性的著作《东方学》中所提出的一般性问题，也与禅的研究特别相关。

禅,作为另类的东方学

　　萨依德指斥东方学研究中普遍存在着的倾向，乃是希望揭示出一切论述都具有历史性，如果否认这点，那这一论述本身就会矛盾百出。然而，他的批判同样也不能够摆脱相同的缺陷——这一点，任何的批判都是如此。如，当萨依德把西方文化不加区别地看成铁板一块和一种不可救药的否定性"本质"时，他显然忽略并且有时是简单遗忘了非西方的文化论述中也重复着类似的否定性本质。

　　尽管萨依德主要对有关近东和伊斯兰的东方学论述有兴趣，但他的论点对远东的情况同样有效。特别是印度和中国已经成为类似的东方学论述对象——这或许可以在黑格尔的这一判断中获得最好的总结，他认为中国和印度并不拥有他们所说的那一切。关于此，我们在第一章还会回过头来讨论。这种东方学的预设现在还非常的普遍，甚至表现在像梅洛·庞蒂（Maurice Merleau - Ponty）这样一些思想家的更为精密的思想之中，他们相信"西方哲学可以（从印度和中国）了解到如何去重新发现与存在间的关系，以及这一问题最初是如何产生出来的。同时还可以审视这样一种情况的可能性，即当我们不把自己视为'西方人'时，我们如何重新开放对东方的看法"。

　　当梅洛·庞蒂在东西方传统中均洞见到了一种更广泛的理性存在时，大部分期待东方宗教（特别是禅）的人还是确信西方理性已经失败，而且他们（在东方宗教中）追求着一种被认为是西方已经失去了的"真实性"。对他们而言，亚洲已经成为一切智慧之源，欧洲已经不再拥有它自己的话语。这样一种与传统东方学立场相反的论述，标示着西方对于禅的理解所发生的变化，也表示了某些人类学论述的潮流。但是，如果我们以为这一变化代表了西方的主流，我们就错了：几乎无一例外的是，在西方的论述中，无论是东方还是其他的远古社会，都是被讽刺化或理想化了的。西方论述中的这种种族中心和东方学的前提并没有改观。

　　尽管萨依德对东方学的批判早已过时，但是他的激进主义不仅在某些方面成为一种反向的种族主义的案例，而且还证明了一种相反的效果，即他遗忘了甚至那些最鲜明的东方学方法也曾经产生过有价值的洞见，他也没有意识到他那种后东方学的观念也有其自身的盲点。意译日本禅师道元（1200—1253）的话说，就是"阐明的同时也在进行着遮蔽"。因此，人们通常都与他们所批判的那种方式一样，赋予自己所保留着的某种意识形态观念以特权。萨依德并没有充分地意识到，有些早期学者从东方学那些观念的陷阱中逃脱出来，他们并不能够简单都视为西方帝国主义的代理人。萨依德没有能够意识到社会历史和认识论的变化，这些变化本来可以使他（包括我们这些骑在东方学巨人肩上的人）感受到这一陷阱的存在。由于否认早期东方学框架内所进行的一切努力，质疑那些东方学家的研究价值，萨依德忘记了他自己曾经就是这一传统的受惠者，也正是这种他所批判的认识论特权使他自己的思想成为可能。换言之，萨依德悖论式地向我们显示，我们是多么容易成为一种方法论的替罪品。[1] 在指责个人因为认识论的限制而造成的失误时，[2] 我们通常会忘记，正像那些东方学家一样，我们的观念也并非都出于我们自己，其根源于一种独特的时空当中。如果从某些特定优势的观点看，也许存在不同程度的理解。因此，有些东方学确实比另外一些更好，这对于所谓"后东方学"来讲也是如此。正如拉夫乔伊（Arthur Lovejoy）所说的"充分的记录我们祖先的传统，甚至是那些混乱无章的传统，这不仅有助于我们澄清那些混乱，而且还可以让我们看看我们自己是否完全从这一虽然有些不同，却同样是极为混乱的传统中免疫出来"。禅学研究领域还没有发生纯粹和明确的认识论突破，而且认识论的意识可以为了修辞和意识形态的目的而重新被盗用，禅的传统本身就提供了这方面很好的例证。尽管风格不断变化，但近来西方对禅学的书写中，可以看到与古典东方学相对立的一系列特征的出现。最好我们不要弃前辈东方学家的论述于不顾，西方的形上学不可能与它自己的来源完全隔绝开来。[3] 对东方学不能够总是这样一劳永逸地简单反对，因为这样的否定只不过是在重复它的老路。我们承认，甚至在我们谴责它们论述中所隐含的帝国主义的时候，它们的论述中仍然存在着种族中心主义的前提和流行着西方式的理性。借德里达（Jacqyes Derrida）的话说，我们必须记住"每一个时代种族中心论都是极其夸张地颠倒，有些种族中心论的论述通过暗藏在引人入胜的效果中来巩固自己的主张，并从中获得一些本民族的利益"。也许我们无法完全逃避这种困境或诱惑，我们很难超越我们论述的局限；但是我们至少可以注意到任何学术，包括我们自己的学术背后所隐藏着的这些行事的和转化性的因素。

我们也可以讨论萨依德所指斥那类"谱系的缺点"——即作为一门学科的东方学的形成与西方帝国主义兴起之间，恰恰具有一种历史的关联——有关这一点其实并非严重到不可救药。毕竟，东方学家的困境只不过是诠释循环上一个外在变量而已，我们知道自从

---

① 我是从拉卡帕拉（Dominick LaCapra）那里借用这个词（scapegoatism）的，他把这个词定义为"一个人反对（而暗地里却分享）立于族群之外而进行自我净化，在这里，族群被认为是一种过分同质化和自私的形式"（Dominick LaCapra，"A Review of a Review". Journal of the History of Ideas 49，1988，4：681）。

② 尽管我把我自己也（自然和修辞性地）包括在这一集合名词（指"限制"）之内，但是我想要强调的是，我在这里关心的并不是萨依德这个人，而是他所表达的立场。

③ 有关形上学不可能自闭于传统，见 Derrida1972b。在西方形上学与东方学之间的贯通可以经由一位具有典范意义的东方学家圣·希赖瑞（Barthelemy Saint - Hilaire）的例子来说明。圣·希赖瑞是波尔努夫（Eugene Burnouf）的弟子，他的一部著作极大地影响了西方对佛教涅槃的解释，他也被他同时代人认为是最出色的亚里士多德专家之一（Barthelemy Saint - Hilaire，Le Bouddha et sa religion，Paris：Dider，1862）。

海德格尔以来，这一诠释"循环"就成为理解的前条件，而不是对它的否定。① 任何希望对其他人或传统的理解都要接受类似的挑战。伽达默尔把海德格尔的这一洞见进行了更细密的阐述，例如他就探讨了偏见所拥有的积极方面。而萨依德通常在非西方的学者那里发现他自己的"后东方学"模式，与此相反，我愿意提倡用一种特殊的西方方法去研究禅学——应该在保留东方学和后东方学思想洞见的同时，尽量回避它们各自的陷阱。虽然诠释学方法试图保持忠实于"原本的"传统，而狭隘的诠释学方法又不可能突破其既定的文化、空间和认识论的裂隙。一种可供选择的方式就是行事的方法（performative approach），即在意识到这一方法对特定文本的再诠释会受制于其自身的限制和"局部化的"（localized）理解的同时，并不因此担心修辞性地使用这一方法会产生一种新的论述。看似有些矛盾的是，这一行事的方法反而会更加忠实于禅的传统。它通过区别于一般对禅宗文本所进行的经院式解释——如对禅宗"语录"这样一种风格的解释，反而能够在复杂性中表现出禅的特殊性所在。这并不是说所有诠释或应用都同样的有效或正确，正如那些"解构"的最极端的诠释者——德里达自己也反对的——所希望我们相信的那样。虽然这种具有修辞性的自由带给我们对文本传统论述的更大空间，但是它也必须根源于对文本传统长时间的熟悉，和经历多次诠释的循环。

　　为了针对西方听众，萨依德的论述实际上也不得不接受其在理论上所否定的那些东西：一切源于翻译的，西方哲学语言的范畴被普遍使用。因此，他对东方学的批判仍然是一种西方论述的产物，我们还必须考虑他的这一论述在何种时空下是合理的。对西方人来说，他们不可能从纯粹传统印度、中国和日本人的视角去理解亚洲的宗教，或许也没有这样的必要。正如巴克廷（Mikhail Bakhtin）所说的，如果在文化理解上不承认任何先验特权的话，"居外"（exotopy），或者更简单地说在局外，恰恰是理解另类文化的有利因素。

　　当在中国和日本的基督教传教士在谈论佛教的时候，他们未能放弃的正是这一特权；但是同样的情况也发生在铃木大拙这样一位或许多少有些天真的，来自禅的"国度的"（native）学者身上。无论是否定禅（基督教传教士对禅的论述）或是把禅理想化（铃木大拙的论禅），我们都很难判断哪一种观念最易产生误解。尽管这两种完全不同的解释，其化约主义的程度有所不同，但是他们都导致了那些接近禅的西方人这样一种奇怪的困境：他们从来没有把禅看做是一种严肃的思想系统，因为西方有关禅论述的这些局限，使他们或者把禅低估为一类"自然的神秘主义"或"静默主义"的东方形式，或者把禅理想化为一种极其伟大的外来圣法。禅被看做是一种典型的"另类东方学"，一种不仅是西方人，而且包括日本人自己在内所编撰出的陈词滥调。

文化的"相遇对话"

　　当西方遭遇到其他文化，并通常对这些文化进行贬损，或者把它们理想化的时候，东方学只不过是这类更广泛认识论问题当中的一种历史产物而已。以奥格（Marc Auge）的

---

① 海德格尔认为，"关键并不是避免循环，而是以恰切的方式进入它"（Martin Heidegger, Being and Time. Trans. John Macquarrie and Edward Robinson. New York：Harper and Row. 1962，194－195）。

话说，"表面的反种族中心主义实际上就是重复着我们文学和哲学的传统，并且最终将表明，那恰恰是一种种族中心论的帝国主义"。无论是种族中心还是反种族中心的极端都根源于同一个基础，倾向于把不同文化和传统的区别绝对化。

尽管如萨依德所批判的那样，人种与社会政治的不同所产生的对文化的不同理解具有深刻的伤害性，但文化的差异同时也更深地根源于不同文化在书写、文学或塑造他们时间和自我观念时所选择的认识论方式。有关这一问题研究的人类学著作最近大量出现，昂格（Walter Ong）、谷迪（Jack Goody），以及他们当中的许多其他学者都已经向我们描述了由书写技术而产生的认识论区隔；法宾（Johannes Fabian）也探讨了人类学家所使用的时间模式，以及这些模式是如何影响到我们对其他文化的理解；杜芒特（Louis Dumont）也质疑了试图用西方个人主义的范畴去理解其整体的科层制社会的有效性。在本书第二部我将处理这些认识论问题，并具体思考语言、书写、空间、时间和主观性对理解（或建构）禅的影响。

这一理解也为各种不同的观念，或者如"传统"这样"透明的隐喻"（white meta-phor）所渗透着。"传统"这个词本来的意思是指有某些东西传递下来，这里存在着一种连续性、正统性，也由此而产生出非正统性，甚至更为严重的是异端性的观念。我们在禅的传统中就可以找到大量这些观念的应用。但是，那些被认为是不能传达真理，因而被判定是无所传承，没有内容承续（traditum）的其他"传统"又意味着什么？换言之，这里有些矛盾的是，那些被认为只有起点，却没有形成传承的禅表示了什么？我们有关禅的研究论述在提出大量纯粹学术问题的同时，却已经通过化约论的方式，把这些传统作为"异类"归并到一种不变的传统中，从而实际取消了它的存在。我们怎样去公平对待这些所谓的"异类"，并且在我们关于禅的历史和哲学论述中，保留住这些游牧式，或"间隙式"的思想传统？

正如福柯（Michel Focault）已经指出的，传统扮演着宏大叙事的角色，控制着论述的发展。这一历史的论述通常经由强化传统的线性发展方式，再造出某种传统的同质化效应，甚至在它受到质疑的时候也是如此。结果传统的异质性或多音化——传统内部的紧张与分歧——被消音化了。甚至那些自称是批判性的学者，他们有关传统的学术写作也证明是与他们所描述的那个传统结为同谋。为了避免纵容这类意识形态，并促使禅学论述中那些被压抑的领域重新浮现，有关禅的书写自身就必须成为多音和非线性的，必须意识到自己所使用的每一种论述背后的修辞所具有的重大效应。

在声称反叛另一种正统性的时候，心理分析学家德鲁兹（Gilles Deleuze）和古塔里（Felix Guattari）认为，人们应该尽可能地避免以自我的意思为主轴，去把多元性进行组织化、凝固化和中性化。尽管他们所自诩的那种方法可以成为有力的解构工具，或者对像禅这样的意识形态论述进行批判性地契入，但是那种声称完全的去中心化和不作解释的书写也是不可理喻的。我想在隐喻的意味上保留他们对"根状"（rhizome）的使用，这种隐喻特别有助于解构树状结构的禅宗谱系以及那些文本影响下的传统模式——这样可以使我们动摇一种文本或传统的结构，①

---

① 【译者注】"根状"与"树状"在这里是借用比喻两种不同的传统或论述方式。根状，意指一种传统是多元而平等发生的，如根状一样，也是多元发展的；树状，则表示存在一种主干或中心传统，而把其他传统都依附在这一主干之中，视为旁支或歧出。

而又不至于完全溢出于原本之外。① 无疑，如果我们想要谨记实践与表述之间的关系——这种关系也可能是一种紧张的关系，我们就不能简单地把传统观点都作为纯粹的意识形态而置之不理，相反，我们必须严肃考虑那一传统对建构它自己的多元性所做的努力。

比较、对应物和缠绕

相反，这种根状的模式对我自己写作风格的影响可能就是把一种西方话语植入于禅的论述当中。尽管我在对禅的研究中通常都会提到一些西方的思想家，但我的目的并不是要进行一种比较哲学的讨论。我的任务是在这样的意义保持着比较的方式，即就我所相信的，用史密斯（Jonathan Z. Smith）的话说，就是"一种领域的发现应该与另外领域的学者有关"。然而，我的目的并不是要在表面名相雷同的基础上，去比较那些西方哲学家的观念与中国或日本佛教的观念；而是把各种不同类型的论述缠绕在一起，并进行交叉移植，以期它们之间可以互相提升。我想指出，在不同传统、传统的回流和对应物中，类似论述策略的反复出现并不是源于他们之间存在一种思想的相似性，而是来自于他们修辞功能的类似。这里最为明显的问题就是基于不同语言约定之间的翻译，或者更确切地说是杂交：所谓由现代，主要是西方学者所创造的"理论"仍然流行于人文和社会科学当中，而具有语言文字学意识的历史学在传统的佛教学、中国学和日本学中间依然主导着研究的方法论。我期望在不同论述之间进行思考，这在某种程度上说，也就是佛教所谓的方便，其意在鼓励那些西方理论的老手去阅读一些佛教的文本，而（那些熟悉语言文本的）东方学家也思考一下理论与其研究领域的相关性。显然，我这里所信奉的立场包含了某种冒险，就是说，它两面不讨好，可能招致来自于双方正统派的批判，但是这一冒险也可能经由模糊不同流派间的界限而获得好处（或至少是愉悦）。

（龚　隽　译）

附：《禅的洞见与溢见：对禅宗传统的认识论批判》一书目录

---

① 东方学的模式甚至表现在德鲁兹和古塔里的文本中，如，当他们修辞性地问到"在东方难道没有——一种在各方面都与西方树状模式对立的根状型模式吗？"（Gilles Deleuze and Felix Guattari, On the Line. Trans. John Johnston. New York：Semiotext（e），1983，41）尽管他们很快拒绝了这一想法（"当然，把东方解释为根状和内在性也过于简单"（同上，44），他们接着认为"佛陀之树已经变成了一种根状模式"（同上）。可以肯定的是，这种根状模式盛行于佛教实践的层面，但在表述的层面肯定不是这样，在表述上，树状结构的谱系学主宰着佛教（特别是禅）的传统。

中国禅学　第五卷
2010 年，第 100—122 页

走向"行事的"禅学研究[①]

伯兰特·佛雷

内容提要　论文认为，现有的禅学研究传统存在三种路径：历史实证主义、结构分析方法和哲学诠释方法。主流的历史客观主义禅研究无法洞察到自身对"客观真理"的追求存在着的"目的论谬见"，结构分析和哲学诠释则作为替代性方法被引进来。在研究传统佛教宗派创始人如菩提达摩时，结构分析方法通过研究其姓名和功能，挖掘他在"祖师传统"中的结构性关系。哲学诠释学则更关注经典文本解释中的意义和历史性问题，主张任何禅的文本都应该敞开多元的读解，但诠释学单从文本的表达性意义去理解禅的公案会产生许多困难，因为公案经常不是要正面地表达某种"涵义"，像诗一样，它通常是指东说西的。伽达默尔诠释学所说的"视野融合"并不能充分意识到发生在传统中"被系统歪曲的传达"，因此需要借助于"怀疑诠释学"所提供的意识形态批判来加以补充，"怀疑诠释学"致力于挖掘潜伏在文本表层背后的深层、隐匿的"意识形态冲突"。作为替代，作者提出了禅研究的"行事的学术"，主张对于禅宗的文本解读不仅要超越其显在的"涵义"的层面，更应对其功用方面进行分析，如对公案进行的"效用的"或"行事的"话语分析。禅的文本和言语的"行事的"方面还体现在禅的修习者用"活句"来会通经典中的"死句"，其话语特征不仅是意义"传达式的"。此外，"行事的学术"更洞见到禅文本的"涵义"与其背后的宗派权力和政治意识形态之间的关联。

关键词　禅　历史主义　结构分析　诠释学　行事

在史学进路之外，"哲学诠释"或"结构批评"通常会被抉择为主流研究法。在本文中，笔者将首先探讨结构分析进路，同时利用一定篇幅检查禅宗传说中的创始人——梵僧菩提达摩——的相关论述。

一　结构分析方法

我和卢梭之间分享某种亲密联系，和夏布多里昂也有同感，虽然他和卢梭格格不入，这种感情并无二致。这样看来，似乎我最亲近的对象既不是卢梭，亦非夏布多里

---

① 【译者按】本文译自佛雷《禅的洞见与溢见》一书的第四章（原标题为"Alternatives"），标题为译者所加，该文的部分内容曾以"作为文本和宗教范式的菩提达摩"为题发表在《宗教史》杂志上。（Bernard Faure. Chan Insight and Oversight: An Epistemological Critique of the Chan Tradition. Princeton, NJ: Princeton University Press, 1993; History of Religion 25 No. 3, University of Chicago, 1986, pp. 187 – 198）

昂，而只是某个嵌合体（chimera）①。这个"杰纳斯"②的肖像由卢梭和夏布多里昂的二位一体所构成，它将同一个人的二元性特征呈现在我眼前，虽然他们背向行动。

——列维·斯特劳斯：《克鲁德·列维·斯特劳斯再思录》

1."传记"假象

尽管菩提达摩的传记晦暗不明，但他的身世却相对地众所周知。这一点或许不像它听起来那么荒谬，因为"圣徒传"（hagiography）涌现之刻，恰逢历史文献稀缺之时。通常，历史学家的任务乃是去揭示传说背后的事实，他们认为，圣徒传的文本是需要解释的档案资料，隐藏于其中的真理必须被揭示出来。偶尔，在这种"净浴"之后，仅剩下一个骨架被分离出来，并且只有它被送入历史博物馆。通常，一些取自他者骨架的"遗骨"也会被拿来，和它放在一起，以完成"展示"。就菩提达摩而言，传说中他连"遗骨"也荡然无存，只留下一只芒鞋躺在空空如也的墓穴中。在多数情况下，传记的"程序"仅仅是"圣徒传"生产程序的无意识复制，二者都具有共同的本质主义内涵，在这种本质主义姿态下，他们视历史人物为某一个"实体"，他的本质被反射在某个特定的僧传或教义的文本中。

在禅和佛教的史籍中，存在数个关于菩提达摩的传记，以及一些保存至今的名义上归于他的著作。然而，正如关口真大所表明，此类"达摩论"大部分是伪造的。到目前为止，在它们之中，只有《二入四行论》（论两种入道方式和四类修行）被认为是菩提达摩的教法，并被其弟子昙林记录下来。该著作同样包含菩提达摩的一个简短的传记，根据它的记述，菩提达摩是一个南天竺的和尚，来到中国传播大乘究竟法门③。这些传记的成分又重现于道宣《续高僧传》（对《高僧传》的补充记录）。《续高僧传》作于645年，并且直到664年为止不断在修订——这个时间点距菩提达摩的离奇之死已有一个多世纪了。据道宣所言，在菩提达摩到达南中国（南岳），并短期驻留在刘宋的都城（420—479）之后，他到了当时的北魏首都洛阳④。菩提达摩的修行方式——被称为"壁观"——和当时在北中国僧众中流行的传统印度禅法相当不同，实践起来也更困难，因而他仅吸引了寥寥可数的追随者，慧可就是他们之中的一个，后来成为禅宗的二祖。道宣《续高僧传》中关于慧可的这一篇告诉我们菩提达摩向他传授了一部佛经——《楞伽经》——作为其究竟法门⑤，因而，早期禅运动最先以"楞伽宗"之名而为人所知。对菩提达摩的一个较早记述见于《洛阳伽蓝记》（关于洛阳地区佛教寺庙的记录），然而在该文本中，菩提达摩仅是作为一个中亚地区的和尚而被提及，他连日歌咏赞叹永宁寺中的"大塔"⑥。在无穷尽的讨论之后，历史学家已经将如下这些互相冲突的形象——某个虔敬的甚至渐露老态的

---

① 【译者按】chimera来源于希腊神话中的妖怪凯米拉（Chimera），她是希腊神话中的吐火女怪，通常被描绘成狮子、山羊和蛇的组合体吐火的雌性怪物。

② 【译者按】Janus，杰纳斯古罗马门神，被描绘为有分别朝向相反方的两个面孔。

③ 见 Bernard Faure, Le traité de b odhidharma：Première anthologie du bouddhisme Chan. Paris ：Le Mail, 1986, p. 67.

④ 《大正藏》册五十，第551页b。

⑤ 同上书，第552页b。

⑥ 《洛阳伽蓝记》英译本（Yang Xuanzhi. A Record of Buddhist Monasteries in Lo－yang, trans. Wang Yi－t'ung, Princeton：Princeton University Press, 1984, pp. 20－21）。

僧侣、某种秘密禅法的严格的修持者、某个佛经的传播者——协调一致，对其人进行清晰的描述，但是这种描述很大程度上是从"后期禅"中达摩的传奇形象分离出来的。

　　然而，所有这些讨论及其引申的结论或许都不着边际。如前文所述，那种导致传记被精心编写的历史编纂的程序展示了其与圣徒传程序——这正是它依赖的对象——的关键性结合，它们纠缠在一起，通过借用各种文献资源填补了编年史的断裂。通过将这些文本视为能够提供有价值信息的档案，这些传记彻底忽视了它们的写作技巧和文风。这种在历史和圣徒传成分之间轻率分配的做法，依赖于如下非批判性假定——早期文献总是最权威的。该设想"强硬地"对待文本，最终使史家丢弃了关于"禅"演进的有价值的信息。

　　于是，在不经意的，或蓄意隐藏的意识形态动机（Ideological Motivation），以及简单地"使书写风格屈从于历史编纂的准则"①的推动下，一种过分武断的重构出现了。在禅的僧传中，我们业已提及某种流行的历史"目的论"观念，它将日本禅作为中国禅的自然衍生，并将"寻找真菩提达摩"意味深长地简单等同于"禅传统的合法化"。如果菩提达摩仅仅是一个寻常的中亚地区的清教徒，那么他就和中国禅及随后的日本禅宗的理解了无关涉，也和他业已领受的关注不般配，历史学家应该停止像道宣那样聚焦于这些"高僧"和他们的"传记"。就菩提达摩而言，现有的传记具有文学性，但很缺乏（如果不是一无所有的话）历史价值。菩提达摩应该被视为一个文本的或宗教的"范式"（Paradigm），而不应被重构为一个历史人物或精神实体。

　　或许有人会提出反驳：我们确实拥有一些归于菩提达摩的著作，并且他的思想对于我们而言至少相对地熟悉。此时我们或许又受到另一类型"本质主义"的误导。作为一种研究设定，米歇尔·福柯（Michel Foucault）关于"作者"的定义或许有所帮助。福柯表明："作者是意指膨胀里的节约准则……他不是一种灌注一部作品意指的无限源泉……在我们的文化里他是某种人们进行限制、排除和选择的有效性原则。总而言之，作者是人们用以阻滞虚构作品的自由支配、自由传通、自由处理、自由构筑、自由解构和重构的手段。"②

　　这样一种关于"作者"的定义或许会帮助我们避免近来仍然在禅学研究中流行的"历史主义"类型。一个恰当的例子是冉云华试图重建僧稠禅师（480—560）思想的努力③。据道宣的记载，僧稠是菩提达摩同时代的一个成功的对手。那些据信归属于僧稠的一些著作反映了北宗禅的观点，很明显是僧稠身后很迟时期的产物。类似地，僧传中仍处于运作中的还原主义的典例包括如下这些早期有成就的禅师：僧璨（606 年去世？）、牛头法冲（594—657）、卧轮（生卒未知）、神秀和慧能。这种传统的关于作者的讨论使我们回想起博尔赫斯（Jorge Luis Borges）关于"特隆"（Tlōn）的论述——一个所有的作品都被归于单个作者的世界："评论界往往发明作者，选择两本不一样的作品——譬如说《道

---

　　① Michel de Certeau, L'écriture de l'historire. Paris：Gallimard, 1975, p. 275.

　　② Michel Foucault, Discipline and Punish. Trans. Alan Sheridan. New York：Vintage/random House, 1979, p. 159. 译文参考福柯《什么是作者？》，米佳燕译，收入王岳川、尚水编《后现代主义文化与美学》，北京大学出版社 1992 年版，第 304 页。

　　③ Jan Yün - hua, "Seng - ch'ou Method of Dhyāna." In Early Ch'an in China and Tibet, ed. Whalen C. Lai and Lewis R. Lancaster, 51 - 63. Berkeley：Asian Humanities Press.

德经》和《一千零一夜》——让它们属于同一位作家，然后真心诚意地来判断这位有趣的'文人学士'的心理……"① 如文学批评家热拉尔·热奈特（Gérard Genette）所指出："从根本上说，特隆人的批评观念并非我们这些实证主义者批评的对立面，而可说是导源于对自身的夸饰。"②

2. 结构主义分析

> 哑角，完全需要！因为在一个理想的场景画面里，一切移动都遵循典型人物之间的象征交互性的，或者是和某个单一的人物形象相对的。
>
> ——斯特劳·马拉美：《戏剧随笔》③

有人或许会将乔治·杜梅泽尔（Georges Dumezil）对印欧诸神的论述延伸到禅师这里，也就是说，"通过研究他们的关系来认识他们，寻找和阐明他们的分类习性。此即在撰写这些诸神各自的专论之前，划定他们自己的区域界限"④。进而，因为我们正处理的是书写文献，将菩提达摩的"身世"作为一个"圣徒传"性质的文学篇章来对待是适宜的，这种类型可以被界定为某种"以空间读解支配时间解读"⑤。第一步，首先理解它的含义及相关问题，进而去追问它的性质为何，它受到何种规则控制，换句话说，它的横组合结构（syntagmatic structure）为何？"在给定的文本中，不同功能之间的实际存在的联系是什么？"第二步，检视圣徒传文本的纵聚合结构（paradigmatic structure），即"这种同类或相反的功能之间虚拟联系，在顾及整个'文集'（Corpus）的情况下，从一个文本过渡到另外一个文本"⑥。这促使我们追问圣徒传文本自身的意涵是否就一劳永逸地决定了？根据费尔迪南·索绪尔（Ferdinand de Saussure）："设想某个传说始于拥有一个意义，该意义从它产生之日起到现在始终如此，这种操作方式超出了我的理解范畴，这似乎是设想某种该传说所承载的决定性元素果真存在，并贯穿了数个世纪。"⑦ 索绪尔主张在任何一个特定的传说中，每一个语言单位（character）"是一个象征，人们可以观察到它的各种（a）名称、（b）相对位置、（c）字元（character）以及（d）功能和作用。如果某个名称被置换了，随之而来的是它的部分作用也被相互调换了，或者说整幕戏剧被这种偶然

---

① Borges, Labyrinths. Ed. Donald A. Yates and James E. Irby. Trans. Donald A. Yates et al. New York：New Directions. 【译者按】博尔赫斯：《迷宫》，汉译选自王央乐译《博尔赫斯短篇小说集》，上海译文出版社 1983 年版，第 30 页。

② Gérard Genette, Figures Ⅰ. 1966, p. 129.

③ 该段的法语原文为 "Comparses, il le faut！car dans l'idéale peinture de la scène, tout se meut selon une reciprocité symbolique des type entre eux ou relativement à une figure seule" Mallarmé 1945, 301；quoted in Roland. Barthes, "Introduction to the Structural Analysis of Narrative." In Roland Barthes, Selected Writings, 251 – 295. Glasgow：Fontana Paperbacks, 1983, p. 279. 【译者按】译文参考了张寅德译《叙事作品结构分析导论》，收入张寅德编《叙述学研究》，中国社会科学出版社 1989 年版，第 26 页。

④ Francoise Desbordes, "Le comparatisme de Dumézil：Une introduction", in pour un temps：Georges Dumézil, ed. Jacques Bonner（Paris：Centre Georges Popidou/Pandora Editions , 1981）：52.

⑤ Michel de Certeau, L'écriture de l'historire. Paris：Gallimard, 1975, p. 285.

⑥ O. Ducrot and T. Todorov. Dictionnaire encyclopédique des sciences du language, Seuil, París, 1972, pp. 139 – 146.

⑦ Jean Starobinski, Words upon Words：The Anagrams of Ferdinand de Saussure. Trans. Olivia Emmet. New Haven：Yale University Press. 1979, p. 8.

情形彻底地改变了"①。

　　我相信索绪尔的这段话提供了一个很好的出发点，据此，可以把菩提达摩的身世当做一种叙事加以考察。例如在研究中，它比弗拉迪米尔·普罗普（Vladimir Propp）民间传说理论更具有灵活性，后者并没有考虑"英雄人物"的名字的语义值，并且对于我们的目标而言，它提供了过于体系化的分析方法②。同样的情况也适用于罗兰·巴特（Roland Barthes）和克洛德·普雷蒙（Claude Bremond）对叙事逻辑分析的努力，不要说列维·斯特劳斯（Claude Lévi – Strauss）的神话研究了③。如果将该"叙事研究"应用于佛教圣徒传文献，虽然文本分析领域的近期发育或许会产生引人注目的成果，但圣徒传是一种混合叙事，相较于其他的神话或传说而言，它对结构分析进路有较强的免疫力。

　　在菩提达摩问题上，让我们聚焦于其中的两个元素，并重新思考——也即是说，在索绪尔早期定义的视野中来研究他的名字和功能，以及身世。在《续高僧传》中，菩提达摩的对立面是禅师僧稠，后者的禅修方法在当时非常受欢迎，但是却被道宣描述为一种低阶类型，他写道："然而观彼两宗，即乘之二轨也。稠怀念处清范可崇，摩法虚宗玄旨幽赜。可崇则情事易显，幽赜则理性难通。"④

　　道宣所界划的菩提达摩和僧稠之间的对立是典型的文学手法，与其说是描写菩提达摩和僧稠，不如说透露了道宣自己的意图。它使人回想起神秀和慧能的对立，他们被认定为南宗和北宗的创立者，同时成为两种禅修范式（顿修和渐修）的代表。如同我们看到的那样，每一个后代禅师都成为某个慧能或某个神秀。在所有这些情况中，该"对立"受到圣徒传意图的驱使，被明显地夸大了。除了这种对立，我想强调的是菩提达摩和僧稠，或慧能和神秀是互相暗指的对称角色。他们被特纳（Terence Turner）所称之的单个"叙事者"组合到一起，特纳表明，"一个行动者可以被分化为对立的两种形象，他们共享同一个特征，却和其中的一个或两个对立"⑤。圣徒传文本构成一个整体，作者使用的文学手法很明显地影响到每一个人物的传记，因此他武断地切割这种形式的"传记"的编纂，仅仅关注主角中某一个或他的对立面，例如菩提达摩（或者僧稠）。尽管有人反驳说，两个人物间的"分立"不仅仅是某种简单的文学手法，这种"分立"在集体表征层面反映了他们之间固有的联系。但这并没有使结构分析模型失效，相反，该"分立"支持结构主义分析方法。

　　罗兰·巴特提供了该结构模型的另一种形式，他设想有多个叙述者，"因此许多叙事作品描写两个对手围绕着一个'赌注'展开斗争。这样，他们的'行为'是对等的，这

　　① Jean Starobinski, Words upon Words: The Anagrams of Ferdinand de Saussure. Trans. Olivia Emmet. New Haven: Yale University Press. 1979, pp. 5 – 6.

　　② Vladimir Propp, Morphology of the Folktale. Austin: University of Texas Press, 1968.

　　③ 见 Brémond, Le Message narratif, "Communications 4: 4 – 32, Logique du récit, Paris, Seuil, 1973; Barthes," Introduction to the Structural Analysis of Narrative." In Roland Barthes, Selected Writings, 251 – 295. Glasgow: Fontana Paperbacks; Claude Lévi – Strauss, Structural Anthropology, trans. Claire Jacobson and Brooke Grundfest Schoepf, New York: Basic Books, 1963; The Raw and the Cooked New York: Harper&Row. 1969. Structural Anthropology, Vol. Two. Chicago: University of Chicago Press.

　　④ 《大正藏》册五十，第 596 页 c。

　　⑤ Turner. Terence., Narrative Structure and Mythopoesis: A Critique and. Reformulation of Structuralist Concepts of Myth, Narrative and Poetics', . Arethusa 19: 103 – 63, 1977, p. 155.

时，主体是真正双重的，我们没有更多的手段使用'替换'的代入法减缩主体，这也许正是一种常见的古老形式，叙事作品如同某些语言，似乎也有一个双数（dual）人称"[①]。罗兰·巴特注意到在法语中，duel 有"决斗"（duel，彼此之间的争斗）和"双数"（dual，在古希腊语法中，它表示单数和复数之间的中介）两层含义。"争斗"中的一个主角或许会改换，但是"争斗"本身则持续进行下去。因此，菩提达摩和僧稠之间的对立是被宣称慧能和神秀之间冲突的结构上的相似项，就像他们宗派主义夸张所显示的那样。它反映了两层真理之间的对立和互补：绝对和保守，或教派主义和协调主义，用禅的术语来说，它们是"教外别传"和"禅教一致"之间的对立。

在道宣的评论中，可以很明显地看到菩提达摩和僧稠之间"横组合对立"（syntagmatic contrast）。他们之间"纵聚合的等值性"（paradigmatic）亦可见之于如下事实：二者在关于"二入"的理论中被平行地分配了，以及他们身后均被早期禅宗推举为"初祖"的代表性人物。用索绪尔的术语来说，在圣徒传的话语中，二者具有相同的功能。例如，每一个人都代表了某种道教的"不朽"方式：菩提达摩通过被称为"羽化"的方式获得不朽，而僧稠经由"解虓虎之斗情"、"使灵泉流涌"获致"长生"[②]。

因而，僧稠似乎是菩提达摩最重要的"副本"：在圣徒传叙事的"组合轴"（syntagmatic axis）上，他是菩提达摩的竞争对手；在联想轴（associative axis）上，他是一个替代者。菩提达摩和僧稠均被净觉——《楞伽师资记》的作者——降低为早期禅两个主要倾向的"祖师"[③]。当人们从岑参的一首关于外国僧人——该僧人重视《楞伽经》，慑服了两只老虎和一条龙（受该龙守卫的神泉的形象性说法）——的诗中进行判断时，很明显地可以看出"他"是大约同时代的两个人物形象的混合物[④]。

在菩提达摩圣徒传的聚合轴（paradigmatic axis）上，我们发现其他一些"术士"的传说，例如宝志（418—514）和傅翕（又名"傅大士"、"傅菩萨"；497—569）。这两个角色作为佛教中某种潮流的典范——它视禅修为获得神通（abhiñā）的途径。傅翕，这个"中土维摩诘"（和僧稠一样）被视为天台宗的先驱，广为人知的菩提达摩遭逢梁武帝的故事是傅翕与梁武帝冲突的衍生版本——这是另外一个"双数"的典例[⑤]。在如上两种情形中，宝志扮演了一个明察秋毫的见证人的角色，他向处于困惑中的君主揭示了交谈者的真实身份——傅翕是未来佛（弥勒佛）的显灵，菩提达摩是观世音菩萨的化身。傅翕和

---

① Roland. Barthes, "Introduction to the Structural Analysis of Narrative." In Roland Barthes, Selected Writings, 251 – 295. Glasgow: Fontana Paperbacks, 1983, p. 279.

② 柳田圣山:《初期禅宗史書の研究》，东京：法藏馆，1967 年，第 596 页；Bernard Faure, Le bouddhisme Ch'an en mal d'histoire: Genèse d'une tradition religieuse dans la Chine des T'ang. Paris: Ecole Francaise d'Extrême – Orient, 1989, pp. 28 – 30。

③ 《大正藏》册八十五，第 1284 页 c；柳田圣山:《初期禅宗史書の研究》，东京：法藏馆 1967 年版，第 518 页。

④ 见岑参《太白胡僧歌》，清圣祖玄烨御制《全唐诗》，卷一百九十九，台北：宏业书局 1977 年版，1：2057ff.【译者按】岑参（715—770）《太白胡僧歌》全文如下：闻有胡僧在太白，兰若去天三百尺。一持楞伽入中峰，世人难见但闻钟。窗边锡杖解两虎，床下钵盂藏一龙。草衣不针复不线，两耳垂肩眉覆面。此僧年几那得知，手种青松今十围。心将流水同清净，身与浮云无是非。商山老人已曾识，愿一见之何由得。山中有僧人不知，城里看山空黛色。

⑤ 《碧岩录》，《大正藏》册四十八，第 140 页 a。

菩提达摩平行关系的另一迹象来自天台宗祖师湛然的教派性评论，他说："设使印度一圣来仪，未若兜率二生垂降。"简而言之，天台教法要胜过禅宗①。此处发生的逻辑带有很明显的教派主义特征，但是这种教派主义阐释并没有公正地对待该传说的驱动力和复杂性。

如果我们现在开始考察菩提达摩传说演化中他的名字所承担的功能，那么我们将进入到一个更为复杂的境遇中。索绪尔表明，改名是"传说的两种历史性变更之一，它倒不如被视为很难接受的"②。和名字相关的最明显的困扰之一来自菩提达摩（Bodhidharmatrāta）和克什米尔僧人达摩多罗（Dharmatrāta），后者活动于 5 世纪初期，并且被（错误地）视为《达摩多罗禅经》的作者③。达摩多罗的谱系不仅被转换为菩提达摩谱系，成为后期祖师禅的基础，并且在吐蕃，菩提达摩本人也以 Bodhidharmatrāta 之名为人所知④。有趣的是，在吐蕃佛教传统中，菩提达摩成为北宗禅师摩诃衍（Moheyan；Mahāyāna）的同道，占据了十六罗汉名单中的一个位置⑤。摩诃衍自己也经常以虎的同行者的身份出现，这可能是僧稠形象的复活。

菩提达摩的名字偶尔以其简化形式"菩提"（Bodhi）出现，更多的时候则称为"达摩"（Dharma/Damo）。在第一种情况下，或许会和他的竞争对手菩提流支混淆起来。巧合的是，菩提流支（527 年去世）是《楞伽经》的译者之一，尽管该《楞伽经》校本不同于据说是菩提达摩传授给他的弟子慧可的版本。根据这个传说，菩提流支和另外一个僧人光统（又名慧光，468—537）忌妒菩提达摩的名望，数次意图毒害他，并最终成功了⑥。慧光自己是僧稠的弟子，也曾在著名的嵩山少林寺学习过。

少林寺是北魏孝文帝为另一个中亚僧侣佛陀或跋陀（Buddha 或 Bhadra 的汉译）而建立⑦，在很长时间之后，仅仅因嵩山北宗禅的发展等特定的历史情境之缘故，菩提达摩之名开始和嵩山少林寺联系起来，也因此之故，他被追赠为"少林拳"的创始人。根据嵩山地名录，我们可以推测，佛陀/僧稠世系很明显和菩提达摩/慧可世系混合起来。菩提达摩开始承担佛陀（或跋陀）的相同功能——成为少林寺的祖师⑧。同样，Batuo（跋陀）也是 Gunabhadra（求那跋陀罗，394—468）的缩略译语，后者是《楞伽经》的首译者。菩提达摩传授给慧可的《楞伽经》正是求那跋陀罗的译本。在《楞伽师资记》中，求那

　　① 《止观义例》，《大正藏》册四十六，第 452 页 c。

　　② 索绪尔将另外一种历史性变更界定为："某种未曾改变的行为动机或目的的更换"，见 Jean Star-obinski, Les mots sous les mots：Les anagrammes de Ferdinand de Saussure. Paris：Gallimard。

　　③ 《大正藏》册十五，第 618 页。

　　④ 历史上曾经将菩提达摩等同于达摩多罗（Dharmatrāta），见契嵩《传法正宗记》，《大正藏》册五十一，第 780 页。该问题在藏密微那里被细致地处理了。见 "Appendice sur 'Damoduolo'（Dharmatra [ta]）," in Jao Tsong-yi et al., Peintures monochromes de Tun-huang（Dunhuang baihua），Memoires arche-ologiques, Vol. 13, No. 1（Paris：Ecole Frangaise d'Extreme-Orient）1978，pp. 43-49。

　　⑤ Sylvain Levi and Eduoard Chavannes, Les Seize Arhats Protecteurs de la Loi, Journal Asiatique, 1916, 8：5-48，189-304.

　　⑥ 该故事第一次出现在《历代法宝记》（774）中，见《大正藏》册五十一，第 180 页下。

　　⑦ Paul Pelliot（伯希和），"Notes sur quelques artistes des Six Dynasties et des T'ang" T'oung pao 22，1923，pp. 262-264。

　　⑧ 董诰（1740—1818）等编纂《钦定全唐文》（1814），台湾汇文书局 1961 年版，第 11 册，第 514 卷，第 6619 页。

跋陀罗被当做菩提达摩的师父而被引见①。传记的篡改很可能源自求那跋陀罗的《楞伽经》译者的身份，或者是人们将菩提达摩和少林寺创立者跋陀禅师的谱系混淆起来的缘故。尽管在一篇楞伽禅的后期著作中他们之间的关系被颠倒过来，在该文本中，菩提达摩变为求那跋陀罗的师父，但这种竞争/复数（duel/dual）结构仍然保持着②。

因此，该传说的不同成分互相强化，实则很难区别开来。然而，争议似乎是不得要领的或印象主义的，其实所有这些线索均指向了同一个结论：菩提达摩的身世这个混合文本的建构，不过是一个更大的构造的片断，该构造包含了那些乍看起来迥乎不同的禅师如僧稠、宝志、傅翕、佛陀（跋陀）、求那跋陀罗和菩提流支。所有这些名流应该被视为文本范式，而更少（如果不是全部的话）地视为历史人物。他们和历史学家的相关性首先不是基于他们的史实性，而是来自于他们"身世"方面意味深长的调制。

然而，尽管带有圣徒传色彩，祖师传记并不仅仅是传说或神话。和本文后面所提到的分析进路（诠释学）相比，祖师传记更倾向于抗拒结构主义分析，因而我们此处所采用的分析方法不能被不受限制地使用。就分析特定的传统人物形象类型——如人们宣称的佛教宗派创始人或特定宗教运动的领袖——而言，结构分析进路证明是极富成效的。引人注目的是，很多宗教运动的领袖或宗派创始人呈现为模糊的历史实存，很多佛教宗派源自某种相对隐匿的状态，他们被第二代或第三代继承者编组起来。我认为，这些继承者在大多数情况下是事实的创始人。"初祖"是追溯性的，他们被擢升到其高贵等级中，以赋予新宗派更多的合法性。他的名字界划了一个空白区域——在其中，人们可以很便捷地投掷所有必需的传记成分。换言之，"祖师传统"没有真实的源头，没有真实的"创立者"。用列维·斯特劳斯的语言来说，偶然扮演这个角色的名流是一个"虚焦"，一个虚拟的客体，只有他的阴影是真实的③。从德里达的哲学意味来看，"传记"就是一种"踪迹"（trace），该传记会围绕着这个暧昧的起源迅速增生，"历史"细节无论以何种方式保持下来，都会迅速地转变为传说。

禅宗中关于另外两个著名的祖师传的"润饰"来自于三祖僧璨和六祖慧能，它提供了禅宗祖师世系中被遗落的链环。该链环的主要意图是伪造几只独立宗派之间的联系。第一支名为达摩宗，很可能源自慧可或后来的一位《楞伽》师法冲（587—665?）；第二支被称为东山法门，是围绕着四祖道信（580—651）及其法门继承人弘忍发展起来的，该世系的合法性被追溯到僧璨——僧璨是一个模糊的角色，他被"擢升"为道信的师父，关于"三祖"最早的传记叙述来自《楞伽师资记》④；第三支是著名的南宗禅，很可能源自神会——而非人们通常认可的慧能，神会的主要功绩或许相对的默默无闻。上述三支禅系的创始人（菩提达摩、僧璨和慧能）身世的重构可以追溯到8世纪，正是宗派主义兴起的时刻⑤。以相同的方式，9世纪的"经典禅"将其源头追溯至慧能两个无名弟子——南岳怀让和青原行思。

---

① 《大正藏》册八十五，第 1284 页 c。

② Bernard Faure, Le bouddhisme Ch'an en mal d'histoire/by Bernard Faure. Paris: Ecole Francaise d'Extreme - Orient, 1989, p. 60.

③ Claude Lévi - Strauss, The Raw and the Cooked New York: Harper & Row. 1969, p. 5.

④ 《大正藏》册八十五，第 1267 页 b。

⑤ 关于这些"圣徒传"叙事的"地层"，见扬波斯基的《六祖坛经》译文。（Philip Yampolsky, The Platform Sūtra of the Sixth Patriarch, New York: Columbia University Press, 1967, pp. 3 – 38）

这些禅师被作为正宗的修行典范引入，他们应该被同等看待，不必经由"诱导的博学"而被赋予精神本体的地位——实际上，"无论是在战场还是言辞中，它纯然是胜方的姿态"①。相应地，所有圣徒传主题的衍生物应该首先从共时态视角加以考察，而不再试图去在传说的"外壳"上撷取真实的"果核"。通过这种方式，我们拓展了研究的视界，至少在奠基之父——这些模糊的历史个体——问题上，我们可以接近那种控制"真实"传记变换的"底层结构"。然而这也许不足以解释我们为何将某一类——例如，被称为菩提达摩的人物——当做禅宗初祖，而非其他一些可能类型——如傅翕或僧稠？作为最后一招看起来我们必须重新引入历史学或历时性维度，来搞清楚这些显而易见的颠倒之处。为了阐明这些混合文本，方法自身也必须是混合的。虽然努力去强调某种结构分析，也必须同时受如下意识所减弱：所有自以为完美无缺的体系都超越了历史的限度。只有通过拒绝所有方法论上的偏激，或许我们才开始理解：至少在意味（significance）——如果不是在意指（meaning）上的话——上，菩提达摩来自西方。

二　诠释学方法

"我用一个词"，"蛋头"先生傲慢地说……"总是同我想要说的恰如其分，既不重，也不轻。"

"问题是"，爱丽丝说："你怎么能造出一些词，它可以包含许多不同的意思呢？"

"问题是"，"蛋头"先生说："哪个是主宰的——关键就在这里。"

——刘易斯·卡洛尔《爱丽丝镜中奇遇记》

上文提及的胡适和铃木大拙博士之间的争论可以用西方诠释学的经典术语来加以解释——它源自"说明"（explanation，erklären）和"理解"（understanding，verstehen）之间的对立，对铃木而言，尚须附带如下条件，即"理解"是不依赖某种诠释方法的，它是纯粹直觉，属于一种名为般若（prajñā）的超经验的智慧。尽管存在这样的区别，铃木和诠释学的拥趸皆倾向于批评以追求"意指"或"真实"为名的"说明"的客观主义。诠释学方法来自于严肃看待传统说法的真实性，以及禅文本的哲学或文学的本性的意愿，就这些文本而言，它们和那种纯粹的"记录"文献截然相反（虽然如我们所看到的那样，二者差别并不明显）。这些文本向读者发问、诱引他，并且反过来它们自身也被诱引了。因此，这种运作将读者置于一个非同寻常的辩证的诡境。热拉尔·热奈特（Gerard Genette）曾表明："诠释学批评应该以'意义重生'或'精神改造'的语言说话，而结构主义批评则应该以冷漠的、概念重构的语言说话，由此它们将创造出意义的互补效应，在一个人不能同时说两种语言的情况下，它们之间的对话将更加富有成效。"②

这两种方法之间难道仅存在互补性吗，抑或它们也是彼此冲突的？一个被纯粹史学的

---

① Jean Paul Richter, quted in Sigmund Freud, Jokes and Their Relation to the Unconscious, Ed. Angela Richards. Trans. James Strachey. Pelican Library, Vol. 6. London：Penguin Books.

② Genette, Gerard, Figures of Literary Discourse, tr. Alan Sheridan, New York：Columbia University Press. 1982，p. 15.

措辞说明（或理解）的文本丧失其真理指认（truth claim），仅仅通过将文本置于一个测定网络（作者、影响、语境）之中，人们就易于忘却书写文本已经超越其生产情境，通过对话性的引导，它已经和它的所有读者处于同一个时代了。就学者的"距离感"和"价值中立"姿态而言，此处存在某种面对"实体论的屈从"（existential resignation），以及一种非常严重的意识形态的偏见。

因此，我们必须设想任何禅文本对"复合阅读"开放，它们中没有一种是最终决定性的。例如就道元的《正法眼藏》而言，目前正时兴的哲学解读缺失了文本的对话特质。无论怎样，问题仍然存在："文化文本何以能完成可展示的意识形态功能？作为一部霸权主义作品……这个文本何以能体现正当的乌托邦冲动，或与普遍价值形成共鸣？这种价值与阶级特权的那些狭隘限制是不相一致的，而又正是这些狭隘限制赋予其更直接的意识形态使命以活力。"①

日本禅学研究的一个重要成分是施莱尔马赫（F. D. Schleiermacher）和狄尔泰（W. Dilthey）所界定的诠释学传统，该传统仍然在有意无意地持续实践着。它意味着读者试图通过认同作者来理解他的言辞。因此，禅修者努力去理解菩提达摩西来的意图（或意义）②。然而，考虑到作者身份的诸多归属的可疑性质，这种"认同"有很大的不稳定性。关口真大等日本学者已经强烈指责该领域中所遭受的诠释学的滥用。

然而从狄尔泰开始，诠释学不断地在演化，特别是和海德格尔（Heidegger）、伽达默尔（Gadamer）、利科（Ricoeur）联系在一起③。例如，其中一个重要观点是伽达默尔的"效果历史"（effective history）概念——它使得伽达默尔声明任何与某种文学或历史文献的遭遇都是我们解释史的不可或缺的部分④。如果说伽达默尔正确地指出了"诠释行为"是一种"交谈"——某种读者和文本或传统之间隐含的互动，该"交谈"可以促成"视阈融合"（fusion of horizons）——那么他反而倾向于将传统及其解释者理想化。他不足以敏感地察觉那种大部分传统所秉具的本质的不确定性，因而无法顾及大多数传统中存在的"系统性扭曲"（systematically distorted）的可能性⑤。同样，他也无法认识到需要一种由"怀疑诠释学"（hermeneutics of suspicion）所提供的对于意识形态的批判。"视阈融合"

---

① Jameson Fredric（詹姆逊），The Political Unconscious：Narratives as a Socially Symbolic Act, Ithaca：Cornell University Press，1981，p. 288. 译文参考詹姆逊《政治无意识——作为社会象征行为的叙事》，王逢振、陈永国译，中国社会科学出版社1999年版，第275页。

② 汉语中的"意"通常可英译为"意图"或"意涵"。然而"语境意义"（contextual meaning）的概念与"作者意图"（authorial intention）正好相反。佛教的"方便"和"四悉檀"说法作为诠释学的策略或许提供了某种温和的立场。其"原点"（Locus classicus）即是《大智度论》。在《大智度论》中，佛陀宣称他根据听众的接受能力，提供四种悉檀：一者世界悉檀，二者各各为人悉檀，三者对治悉檀，四者第一义悉檀。见 Etienne Lamotte，traité de la grande vertu de sagesse，Vol. 1 – 5. Louvain：Institut Orientaliste. 1944 – 1980.

③ 关于诠释学从"浪漫主义诠释学"（romantic hermeneutics）到"后海德格尔诠释学"（post – heideggerian hermeneutics）的演进的描述，见 Ricoeur, Paul. Hermeneutics and the Human Sciences. Trans. by John Thompson. Cambridge：Cambridge University Press. 1981，pp. 43 – 128.

④ Gadamer, Hans – Geore. Truth and Method. New York：Crossroad，1982，pp. 267 – 274.

⑤ Tracy, David, Plurality and Ambiguity：Hermeneutics, Religion, Hope, San Francisco：Harper & Row1987，pp. 66 – 81.

的困境不仅来自传统的断层，同样导源于事实上存在的伽达默尔"诠释学模式"（herme-neutical model）的合法性问题，该模型需要人们针对自身的透明度，这是一种很难达到的状态①。

利科的"诠释学赌注"（hermeneutical wager）奠基于一个相对伽达默尔而言更具涵摄性的模式。从象征"诱引思想"（donne à penser）出发，利科发现象征的两种进路的二重性成为一个对所有诠释领域而言普遍存在的语义特征。就诠释领域的冲突界面而言，利科比伽达默尔更为敏感，他努力严肃对待这种"释义冲突"（conflict of interpretations）。然而，利科从未放弃超越古老的"说明"和"理解"的对峙，并最终达到一种超越批评论和怀疑主义的"次直观性"（secondary immediacy）。利科最后以强调"距离"和"认同"（erklären/verstehen）的互补性结束该文，并将之分别视为社会科学和诠释学的特征②。同样，在这种情况下，和形式自身（换而言之，从其所采用的风格尤其是修饰成分所占用的比例）相比，基于内容的争执所产生"释义冲突"也许不会如此之众。尽管对修辞有持久的兴趣，利科从未发明"隐喻性真理"（metaphorical truth）概念，他的风格停留在"非隐喻的"和"线性"状况。毫不奇怪，在"隐喻"的功能问题上，他最强烈地反对德里达（Jacques Derrida）③。

利科和德里达共同强调的一个重要观点是文本的相对自治，亦即德里达所强调的符号的迭代（iterability）④。对于"处境化"（contextualization）和"非处境化"（decontextual-ization）而言，"符号"（sign）和"文本"（text）皆致力于终结"源文本"（original text）和"权威释义"（authorized interpretation）的恋物癖，促成一种更加开放的关于传统的理解。然而，它也可以生产出一种"释义漂移"（interpretive drift）。这一点非常明显，例如，一些批评家沿此道路已经造成了对德里达的"解构"（deconstruction）概念的误读，尽管德里达事实上是第一个认识到所有解释的不平行性的人。我们必须警惕误解德里达，以为他提倡一种"意义的自由嬉戏"（free play of meaning）⑤。例如，正像尼采（Nie-tzsche）的晦涩语句"I forgot my umbrella"，永远保持着对解释的开放一样⑥，禅的公案也

---

① 见 Jacques Derrida, "Guter Wille zur Macht（1），" in Text und Interpretation：Deutsche – Fran?zsische Debatte, ed., Philippe Forger（Münich：Wilhelm Fink, 1984）；Fred Dallmayr, "Hermeneutics and Deconstruction：Gadamer and Derrida in Dialogue," in Critical Encounters（Notre Dame：University of Notre Dame Press, 1987）。

② 例如利科有如下的话："因此存在这样一种诠释学……它与其对抗流行的结构主义解释，不如说必定致力于彼此间的协调……那么，真理和方法并非构成某种断裂，反而是某种辩证的过程。" Ricoeur, Paul Hermeneutics and the Human Sciences. Trans. by John Thompson. Cambridge：Cambridge University Press. 1981, pp. 92 – 93.

③ 见 Paul Ricoeur, The Rule of Metaphor：Multi – Disciplinary Studies in the Creation of Meaning trans. R. Czerny. Toronto：University of Toronto Press, 1977, chap. 8；Derrida, "The Rhetoric of Metaphor." Enclitic 2：5—331978；LaCapra, Dominick, Rethinking Intellectual History：Texts, Contexts, Language, Cornell University Press, 1983, pp. 118 – 144.

④ Jacques Derrida, Limited Inc. Edited by G Graff. Translated by S Weber and. J Mehlman. Evanston, IL：Northwestern University Press. p. 200.

⑤ 【译者按】"free play of meaning" 一译"意义的差异运作"。

⑥ Jacques Derrida, "The Rhetoric of Metaphor." Enclitic 2：5—331978, pp. 103 – 113.

是如此，仅仅因为"意义为语境束缚，然语境却是无际无涯"①。这并不是要表明公案的意义就是空洞的一切，而是人们可以设想新的语境，新的对于"一般文本"（generalized text）的解释。虽然不存在唯一的"真理性解读"（true reading），甚至"解释"可以被视为"普遍误读"（generalized misreading），一些误读仍然得以保留在文本的意域之内，彰显自身的复杂性和异质性，其余的"误读"则是简单粗暴地对待文本——将它化约到文本的某一个水平上，穷竭其多义性，或者设法阻止它的播撒（dissemination）。尽管无法总是轻松地行走于感受误置（affective fallacy）——使文本解读依赖于读者的反应——和意图误置（intentional fallacy）——使文本解读依赖于作者及其理想化意图——的"中道"上，仍然有很多理由认为：一些误读被其丰富性权威化了。此处一个恰当的典例是道元似乎以某种方式误读了他的师父如净"心身脱落"的话，并用它来代替更传统的说法——"心尘脱落"。这同样并非意味着误读即暗指"真理性解读"，只是在这种情形中，误读证明比据信是"正本阅读"（original reading）更具本原性并更有成效。当爱丽丝反驳"蛋头"先生武断定义——"那么一个单词就有非常多的意思"——的时候，"蛋头"先生回答道："我造一个词，是要做大量工作的……我常常为此付额外的代价。"② 解构主义者倾向于如"蛋头"先生般行事，他们必须认识到其放纵诠释需要某个代价。

利科表明，当一个文本被"非处境化"的时候，一阶坐标就被废弃了，并使二阶坐标释放出来。通过这种方式，一个作品的意义"不再是隐藏在文本背后的某物，它裸露于文本的表面"③。该意义反过来又生产出"直面本文的自我理解"④。用禅学术语来说，利科或许被认为采取"渐"的立场，当他争辩道"我们必须通过迂回到文化作品的人文积淀符号那里，才能理解我们自身"时⑤，这种解释类型不仅把文本从"作者"中，而且从过分狭隘的言说姿态中释放出来。如巴赫金（Bakhtin）业已指出的那样，既不存在最先的，也不存在最终的对话，语境不理会任何限制。

此处显在的危险是受到诱引而将"无尽之意"（excess of meaning），以及随之浮现在"重置语境"（recontextualization）中的作品的解构成分归因于作者。在此处，道元的作品同样是一个典例。"解释"不能把自身限制在生产出文本的狭隘的"对话位置"（dialogical situation）上，当然该情境也不能完全忽视，因为它仍然在文本自身中积淀下来。尽管通过将某个 12 世纪的文本（如《正法眼藏》）置于当前西方哲学领域中，也能获得某些东西，但这并不会使道元成为第一个或首要的"绝世哲人"（incomparable philosopher）⑥。尽管"意义"是语境性的，而语境是无际无涯的，某些语境相对于其他的语境而言更具

---

① Jonathan Culler, On Deconstruction: Theory and Criticism After Structuralism. Ithaca, N. Y: Cornell University Press, 1982, p. 123. 译文参考陆扬译《论解构：结构主义之后的理论与批评》，中国社会科学出版社 1998 年版，第 107 页。

② Lewis Carroll, Alice's adventures in wonderland & Through the looking glass（《爱丽丝镜中奇遇记》）. New York: New American Library. p. 187.

③ Ricoeur, Paul. Hermeneutics and the Human Sciences. Trans. by John Thompson. Cambridge: Cambridge University Press. 1981, p. 218.

④ Ibid. , p. 142.

⑤ Ibid. , p. 143.

⑥ Kasulis, Thomas. The Incomparable Philosopher: Dôgen on How to Read the Shôbôgenzô. " In William R. LaFleur, ed. , Dôgen Studies, pp. 83 – 98. Honolulu: University of Hawaii Press.

有相关性。尽管不是完全的非法，流行的将道元解释为一个现代思想家的努力，或是常常依赖于意图误置（intentional fallacy）——在此，评论者声称通过如此如此的解释来理解道元的所思——或是倾向于制造半生不熟的伪性评论的"半成品"——某种匿名的"私小说"（subjective fiction）。比书写更高明的是戏剧，正如日本作家井上厦所做的那样，该戏剧的主角道元的小说特征是明显的①。

和伽达默尔一样，利科在诠释学程序（hermeneutical process）中引入"瞬刻间距化"（a moment of distantiation）概念。利科表明，间距化是一种在各个分析层面上理解状态②。尽管它在将读者从"作者崇拜"中释放出来很有帮助，可某些文本不寻常地是"作者的"（authorial），很难彻底脱离作者。文本受到语言结构的制约，它同时也决定于作者。作者受他的语言所局限，但也即在此局限中存在某种自由。当他认为自己能够控制语言的时候，他能与之嬉戏；即是当他看起来屈从于该语言的时候，他仍然可以自由使用它。因此，无论是把它们中的一个——作者或语言——还原到对方的界面上，或者甩开其中的任何一方都是不可能的。值得注目的是福柯，在其"理论阶段"努力废除"作者"概念之后，他在后期著作中又折回到原处。

与伽达默尔主义者的"哲学诠释学"相比，尽管利科在关于传统的研究中更注意"系统歪曲"的可能性而言③，他所倡导的"诠释"或"恢复"没有周详地考虑论及"释义冲突"所定义的困境。他申明"误解""等同于理解，皆属一类"④。但这并没有促使他审慎考虑"释义歧论"（différend of interpretations）——一个利奥塔暗示我们的概念。对利科而言，那种"误解是受到先在理解所支撑的主张"是一个卓越的（pre - eminent）、超批评（meta - critical）的主题⑤。和伽达默尔一样，利科依赖施莱尔马赫所提供的模式，根据该模式，"解释的语法层面"（例如，把言语理解为语言事实）和"技术层面"（例如，把言语理解为个体行为）处于同等地位⑥。然而，他最终将这些层次整理为一个序列。和结构主义进路（语法层面）相比较，他赋予诠释学进路（技术层面）以优越的地位，并因此认为"挽救诠释学"（retrieval hermeneutics）优于"怀疑诠释学"（hermeneutics of suspicion）。利科将这些方法组合成一个"二阶模式"，这种"好战的综合主义"（militant syncretism）使我们回想起"二谛"（Two Truth）理论和中国佛教中的教义分级法——"判教"思想⑦。通过将"诠释意图"视为一种协调"真理和方法"（warheit und

---

① 井上厦（井上ひさし）：《道元の冒険》，东京：新潮文库1971年版。这个戏剧以一个内有精神病患者的疯人院拉开序幕，该患者受到连环梦的困扰，在梦中他是一个13世纪的僧人道元。画面于是迅速地转向道元，他告诉其弟子自己做了一个连环梦，在梦中他是某个疯人院的精神病患者。戏剧于是以在"两层"真实之间的不停转换而展开，这种震撼效果因以下的事实而加强了：道元弟子及精神治疗师皆由同一个主角扮演。

② Ricoeur, Paul Hermeneutics and the Human Sciences. Trans. by John Thompson. Cambridge：Cambridge University Press. 1981，p. 144.

③ Tracy, David, The Analogical Imagination：Christian Theology and the. Culture of Pluralism. New York：Crossroad，1981，p. 137.

④ Ricoeur, Paul Hermeneutics and the Human Sciences. Trans. by John Thompson. Cambridge：Cambridge University Press. 1981，p. 83.

⑤ Ibid. , p. 77.

⑥ Ibid. , p. 47.

⑦ Ibid. , p. 161.

methode）的辩证过程，利科声称超越理解和说明（真理的或方法的）的"二元对立"。
利科显然忘却了如下事实：他对"结合法"的使用和依然保留了古老的形而上学谱系，
并且暗示了"方法"对于"真理"而言至少是第二位的，如果不是从属性的话①。他并
没有考虑其他联结"真理"和"方法"的显在的可能性——此处的"真理"在尼采的含
义上，总是某种特定"交谈"的结果——在一定范围内，"交谈"则是必将影响到结果的
方式。纵然利科看起来能够以最小的代价——作为（后）阐释的过程（诠释学的或结构
主义的批评）的两个互补的时宜——将"怀疑诠释学"（hermeneutice of suspicion）和
"信仰诠释学"或"挽救诠释学"（hermeneutices of faith or retrieval）结合起来，他也许会
发现——他申明自己正在从事于此——这种结合是更困难的，因为它们都是独立的和非综
合性的②。

被利科敷衍了事地提及的"怀疑诠释学"，在马克思主义批评家弗里德里克·詹姆逊
那里得到了更为严肃地提倡，詹姆逊从外围强调了利科所追求的综合主义试图忘却的内
容，也就是说，这种诠释学是排他性的，它拒绝被降低到促使其自身走向最终协调的辩证
的阶段。詹姆逊强调意识形态批评必须是决定性的。如果意识形态，如利科所界定的那
样，是一种"致力于揭示合理性面纱下的无私的知识"，如果诠释学仍然停留在忘却或掩
蔽自身的"行动"或"行事"层面上，它就依然是意识形态性的③。

然而，和传统诠释学一样，意识形态批评自身立足于某种形式化的假象上，它不是
定位于"上游"——某种起源，如惯习，而是定位于"下游"——在我们眼前的事物。
它自身因此也是"行事的"，以至于到了它自己并不承认的程度。詹姆逊似乎仍然受到
利科"两种诠释学"观念的影响，他旨在倡导自己所宣称的意识形态的和乌托邦的分
析的"共时性实践"④。在引用本雅明（Walter Benjanin）的著名格言"根本没有一种
文明的文献同时不是野蛮时代的文献"之后⑤，詹姆逊表明，该格言反过来理解依然正
确：在每一个有效意识形态话语中，终究存在某种乌托邦的意向。然而，尽管詹姆逊
强调在他的分析中，意识形态的和乌托邦的方面同等重要，乌托邦这个术语的消极内
涵依然表明：和利科相反，詹姆逊质疑源自这些乌托邦冲动的积极的诠释学一如消极
的诠释学那样，声称旨在呈现真实，却也是"意识形态性的"诠释学。另外，詹姆逊
认为文本的主要目的是在象征或想象层面上解决本质和真实的冲突，这种冲突应纳入

---

① Ricoeur, Paul Hermeneutics and the Human Sciences. Trans. by John Thompson. Cambridge：Cambridge University Press. 1981，pp. 92 – 93.

② 作为补偿，David Tracy 要求诠释学模型的更大的适应性。因为"信仰诠释学"或"挽救诠释学"能够将形式主义的重要性组合起来，而不丧失接纳的优先性。见 Tracy, David, The Analogical Imagination：Christian Theology and the. Culture of Pluralism. New York：Crossroad, 1981, pp. 136, 147 – 149；Tracy, David, Plurality and Ambiguity：Hermeneutics, Religion, Hope , San Francisco：Harper & Row, 1987, pp. 28 – 46。

③ 利科关于意识形态的观点，见 Ricoeur, Paul Hermeneutics and the Human Sciences. Trans. by John Thompson. Cambridge：Cambridge University Press. 1981, pp. 223 – 246. 阿尔都塞（Louis Althusser）将"意识形态"界定为"主体与其真实存在状况的想象性联系。"见 Louis Althusser, Lenin And Philosophy And Other Essays, Trans. by Ben Brewster. New York：Monthly Review Foundation. p. 162。

④ Jameson Fredric, The Political Unconscious ：Narratives as a Socially Symbolic Act, Ithaca：Cornell University Press, 1981, p. 235, pp. 281 – 299。

⑤ Ibid. , p. 281.

阶级斗争范畴中来理解。因此，"理想"是"真实"受到"介入"的图景，它承担了一种"如意"（wish – fulfilling）的功能。然而，詹姆逊终究以为，解释的任务是产生某种诠释学的"对立统一"（coincidentia oppositorum）："辩证的思考即是发明一个空间——在其中，两个同一然而却矛盾的方面在思想上合为一体。"①

然而，在大多数情况下，文本及其读者看起来都无法达到这个界标，它仍然是难点所在。一个恰当的例子是标题为《溪声山色》的文本——据推测是来自道元在公元1240年发表的某次集体讲课的记录，后来被收入《正法眼藏》。在该文的第二部分有一个困扰了许多注释者的章节，它和第一章高度的诗化、哲学化构成反差。在描述了各种和自然现象——这些自然现象在此是作为佛的"法身"或"宇宙身"（Cosmic Body）的显现看待的——相联系的"顿悟"情形之后，道元进而讨论禅传播的历史情境。语调陡转，道元激烈地抨击两个中国佛教僧人——菩提流支（527年去世）和慧光（468—537），他们作为译师和瑜伽行派的学者在北魏扮演了重要的角色②。作为中印度人，菩提流支被认为是他那个时代的最重要的译师，而慧光则被认为是律宗的祖师之一。道元的蔑视并非仅仅来自二人知识的或世俗的方面特征，蔑视更多的是二人在传说中的暗杀菩提达摩行动中所扮演的穷凶极恶的角色。虽然一些同时代的禅师质疑故事的真实性，但道元不加批判地接受了它。然而，令人称奇的不是他的接受，而是他指责是二人所为的激情。他称他们为"恶犬"，他们所珍爱的财富和名望类似于污秽的粪便。在评论该篇时，作为禅僧和学者的无著道忠受到压力，在其《永平正法眼藏瞻病》中写道："以蔑称恶犬侮辱僧侣不是顿悟者的语言。"③

现在，让我们检查该文在《溪声山色》全篇中的关键性地位。该文本由两部分构成：第一部分，本质上是描述性的，以"自然"和"顿悟"作为其主题，或更确切地说，通过洞察到自然作为一种自然的"事件"，而获得"顿悟"；第二部分的行文风格明显是劝诫式的。道元勉励其弟子要"发菩提心"，忏悔"业障"，并警告他们要面对几种"障道因缘"。他的重语气在某些时候可以被解释为传道者锐利的口才，它的目的是将聆听者从"邪道"上挽救出来。

文本两部分之间的关系是不明确的，评注者倾向于独立地阅读它们，且更注重前者。可见，这种解释使得文本前后"失衡"了。有趣的是，这种失衡据说是道元全部著作的特征：第一个阶段（至1242年）由更哲学化的文献构成。然而，教派的偏见和峻烈的训诫充满了第二阶段（1243—1253）。人们可以据此争辩道：在该阶段上，青年时期的激进主义隐退，成熟的保守主义取而代之，而撰写于公元1240年的《溪声山色》则是一个过渡性文本。尽管这种解读似乎可信，但它仍然遗留下一些尚需解决的问题——它并未帮助我们解释道元突然转换"心念"（和语言）的原因，只有忽略《溪声山色》的第二部分内容（或者更糟，忽略这部分的所有撰述内容），才能使道元思想

---

① Jameson Fredric, The Political Unconscious: Narratives as a Socially Symbolic Act, Ithaca: Cornell University Press, 1981, p.235.

② 《大正藏》册八十二，第41页a。

③ 鏡島元隆：《道元禅師とその門流》，東京：誠信書房1961年版，第229页。【译者按】因无法核对日文原著，此处译文乃是从英文转译。

自圆其说。然而很明显，道元试图将其富有洞见的言谈奠基于第一部分所提供的"顿悟"的宇宙本体论描述之上，并且这两部分对于他而言是不可割裂的。在《正法眼藏》的其他篇章如《山水经》中，这种描述和说明是很密切地混融在一起的，只有通过"暴力地"对待文本，才能分别阐明它们。因此，我们似乎要决定将文本的重心转向第二部分，或者更确切地说，转向更激烈的、好战的部分。然而，对于道元及其解释者而言，问题的核心仍然未获解决。

这种"粗暴的"修辞揭示了禅（Chan/Zen）本质上好战的性格。道元表明，他的一些同时代的僧侣和论辩对手所倡导的"禅教一致"是肤浅的，并且禅和其他教义之间的对抗是彻底"超世俗的"。诠释学必须对如上事实加以考辨，而非逃避它。因此尽管存在这样的征候，《溪声山色》的第一部分（描述性言论）乃是来自第二部分（命令式话语），而非相反。自然，道元的全部文本，包括对"顿悟"世界的本体论/诗化的描述根本上是行为主义的、修辞性的和对话式的。

正如我们上文所检查的那样，在各种诠释学类型中一个显在的危险是"过度诠释"：类似于精神分析学者，对诠释学的批评家而言，没有什么是不可改变的，任何事物都"浸透"了意指。在《符号帝国》中，巴特评论道："西方使一切事物无不沉淀在意义里。"① 相反的态度是，巴特在同一本书中举例道，将所有事物降低到任意的"能指游戏"（play of the signifier）的程度（例如日本汉字），无从"领会"阅读者自身中的"所指"加诸其上的限制（如巴特自己，因为缺少日语语言能力即是如此）。

可以说是立足于在诠释学的"内在"传统，德里达业已成这种"辩证的"、"目的论的"、"集权化的"诠释学的批判者。他的"播撒"概念阻止了立足于"根据文本的意义真理把它完整地聚合起来"而做出的诠释，并注定要促成文本的不可化约性的和多样性生产②。德里达同样指出，"存在着两种不同的对阐释的阐释（interpretations of interpretation）——即使我们在生活中能够同时感受到它们的存在，并把它们调和在一种模糊不清的构造中，它们其实是绝对互不相容的：一种是致力于破译，或梦想去破译某种不受差异运动和符号系统制约的真实或本源；另一种则不再去追寻本源，它肯定自由嬉戏，梦想一种完满的此在"③。

上面的讨论警示我们：存在轻松的折中主义和利科所提倡的"双重诠释学"界划所带来的两种危险。然而，致力于取代"克制性中立"的导向，历史学、结构主义和诠释学方法或许能为一种"行事的学术"提供便利的工具，这种"行事的学术"对其所深思的传统的各种语境保持敏锐性。因此，当人们面对"本质主义者"的理论——例如道元思想的哲学化解释——时，他或许会选择历史，反对哲学；当人们面对历史主

---

① Roland Barthes, The Empire of signs, trans by Richard Howard New York: Hill & Wang. , p. 70.

② Derrida, Jacques, Positions, Paris: Minuit, p. 62. 译文参考德里达著，佘碧平译《多重立场》，生活·读书·新知三联书店 2004 年版，第 52 页。

③ Jacques Derrida , Structure, Sign and Play in the Discourse of the Human Sciences "In The Structuralist Controversy: the language of Criticism and the Sciences of Man, from Macksey and Donato. ed. , Baltimore: Johns Hopkins University Press, 1970, pp. 264 – 265. 译文参考德里达《结构，符号，与人文科学话语中的嬉戏》，盛宁译，收入王逢振、盛宁、李自修编《最新西方文论选》，漓江出版社 1991 年版，第 148 页。

义的时候，他或许会选择哲学，反对历史①。这些方法论的抉择使我们回想起佛教的"方便"（upāya）说。佛陀自己提供了这个范式，他向"断见"者说"常"，向"常见"者说"空"。相应地，通过将某个复杂的书写文本（如《正法眼藏》）的意义限制在某个特定历史时期（镰仓）的观念上，我们或许仅仅将一个（复杂）文本还原为另一个似乎更容易被欺骗的文本/语境（text/context），而忘却在该还原过程中，这个语境（context）仍然是一个文本。在决定性分析中，甚至道元的生平，他的传记对于我们而言也仅仅是一个文本性存在。用德里达的话说，历史属于"泛文本"（generalized text）。

尽管有一个前缀，后结构主义（post‑structuralism）并非如同其词形所过分彰显的滞后（所以它是先锋的），它甚至于放弃了任何目的论（和形而上学）的立场。在解构行动中，诠释学的和反诠释学的程序同时然而却矛盾性地存在，并被定义为"从文本中细致梳理出意指的敌对性力量"②。解构的首选目标是揭示"不对称的定位，或文本建构的价值关涉之等级序列"。它要追问"为何某个'二元对立'的后项，被视为前项的消极、边缘的和补充性的版本"③？例如，正如我们已经看到的那样，为何一个如《正法眼藏》这样的文本在其"凝缩点"（point of condensation）上"自我相异"（differs from itself）？在此处，它的好战的意图是表面化的。在这种情形中，它的潜台词是指那些"先尼外道"的对手。在此，"先尼外道"的教义构成了"前文本"（pre‑text）一个隐匿的板块，在这种逃避性的对话中，道元的个人发言被秘密地嫁接起来④。

另外一个解构理论的布道者，保罗·德·曼（Paul de Man）分析了书写语言"预演"其"自我误解"的方式，以及文本如何隐喻性地演示其读者可能存在的解释动向（interpretive move）的不充分性⑤。将《正法眼藏》的某些章节置于这种光线下检视是一件有趣的事情。例如，在《葛藤》（一种关于"情识"和"文字"纠缠的隐喻）卷中，道元宣称："大凡诸圣虽趋于参学截断葛藤之根源，然不参学以葛藤断葛藤之谓截断，不知以葛藤缠葛藤，何况知以葛藤嗣续葛藤哉？知嗣法是葛藤者稀，能闻者无，道着者未有，证着者多乎？"⑥ 根据德·曼，文本将"解释操作"（interpretive operation）主题化，并由此预演了剧本，该剧本为这些文本的解释传统留下了喘息之机。例如，人们可以这样来思考名为《达摩论》的文本中所建立起来的在依赖或独立于书写文字之间的某种辩证的张力，随着某种冲突性解释——例如"教外别传"和"禅教一致"——的浮现，这种"辩证"

① Jonathan Culler, On Deconstruction: Theory and Criticism After Structuralism. Ithaca, N. Y. : Cornell U-niversity Press, 1982, p. 129. 参考陆扬译《论解构：结构主义之后的理论与批评》，中国社会科学出版社1998 年版，第 113 页。

② Barbara Johnson. The Critical Difference: Essays in the Contemporary Rhetoric of Readingǒ. Houston: The Univ of John Hopkins Press, 1980. 5.

③ Jonathan Culler, On Deconstruction: Theory and Criticism After Structuralism. Ithaca, N. Y. : Cornell University Press, 1982, p. 213.

④ Bernard Faure , La vision immédiate: Nature, éveil et tradition selon le Shûbôgenzû, Paris : LeMail, 1987 ; The Daruma‑shû, Dôgen and Sôtô Zen. " Monumenta Nipponica, 42, 1: 25 - 55, 1987.

⑤ Paul de Man, Blindness and Insight: Essays in the Rhetoric of Contemporary Criticism (Minneapolis: U-niversity of Minnesota Press, 1983, pp. 102 - 141.

⑥ 译文转自《正法眼藏》汉译本（《正法眼藏》，何燕生译，宗教文化出版社2003 年版，第338—339 页）。

瞬间瓦解了。

三 走向"行事的学术"

在进行另外一种替代性研究方法讨论之前，简要回顾一下促使现有禅（Chan/Zen）研究模式变更的因素是有所帮助的。我们务必使传记话语的"自我建立"复制或重录许多"禅"史中被精心设计的分散的策略。如果我们现在重新思考这个传统，很明显，我们的学术观念也应该在某种程度上改变。过往的学术研究影响我们对"禅"的理解，反过来，我们对禅的了解也影响到我们将实施的学术类型——由此可见，存在某种学术类型及其对象之间的让渡关系。这种因果关系的轮转是一种既成事实，我们可以选择去"怀念"或"确证"它，但是必须承认，它业已表明了某种和过往禅研究的彻底断裂。

"禅"自身的演进已暗示了这种从诠释学模式向"行事的学术"模式的转移：我们将看到，对"公案"的使用可以被"解释"（或"操作"）为偏离基于"注释或引用的真理"的传统佛教立场，走向了一种对经典的修辞性使用，它旨在达到某种似乎是"自由飘游的真理"（free - floating）的"生产"。"怀疑诠释学"自身通过教会我们寻找到一种潜伏在文本表层背后的深层、隐匿的意涵，业已松解了"意义"和"内容"之间的绑带（因此它容忍某种从潜隐的、深层的意义向更形式化的、表面化的意义的迁移）。尤其是詹姆逊，他教会我们视"阅读"文本为"揭露社会冲突"[1]。例如，《正法眼藏》中存在的"辩证的张力"揭示了道元和"先尼外道"的行家们之间某种"教义的"（同时也是"社会的"）冲突。

现在，我们可以像米歇尔·里法代尔（Michael Riffaterre）对"诗"曾经所做的那样，说"禅"文本或"公案"的"要义"与其说贮藏在其表面的或深层的意涵中，不如说贮藏于其"言外之意"中[2]。和"诗"、"文"（甚至于所有的"话语"）一样，"公案"通常是"言不由衷"，以及"醉翁之意不在酒"的。因此，需要一种"效用的"或"行事的"话语分析，以重新引入容易为诠释学忽略的"对话的"面向。然而，或许不存在简单的语境决断，因为语境本身——至少就禅的话语而言——在很大程度上依然保留其文本性，并且与"书写"文本之间有辩证的关系。当我们思考作为文本范式的菩提达摩时，我们已经注意到有必要将历史偶然性纳入考虑之中，甚至在运用结构主义方法时也是这样。设想"符号的重述性"（iterability of the sign）[3]——也就是说，针对任何言语、文本乃至记录事件的无穷尽的"语境重置"（recontextualization）——我们不得不断言所有的宗教、意识形态乃至学术立场最终将被"重新铭刻"（reinscribe）进崭新的、复杂的偶尔是冲突性的策略之中。例如，禅对灵性自由的辩护，有时悖谬地导向维护传统的最宝守的方面。而断言"文本的愉悦"（Pleasure of the Text），热衷于"边缘性"和"意识形态的谴责"——例如目前学术中的"东方主义"——已经实施了明晰地"清算"，并强化了现

① Jameson Fredric, The Political Unconscious: Narratives as a Socially Symbolic Act, Ithaca: Cornell University Press, 1981.

② Riffaterre Michael. Semiotics of Poetry. Bloomington: Indiana University Press, 1984, pp. 2 – 3.

③ Jacques Derrida, Limited, Inc. trans. Elisabeth Weber, Northwestern University Press, 1988, p. 200.

有的结构。不同于当前西方哲学中的某些潮流——如文学批评或人类学——"禅"很快遗失了它的颠覆性的力量，成为另一种强大的，然而却是宰制性的体系。为了避免这种惯习，仅"大声斥责"是不够的，因为这种责难方式仅仅是复制或强化了"替罪羊机制"（scapegoate mechanism）——这种机制是支配性的正统论（dominant orthodoxy）的属性，更不必说简单地为这种正统论背书——无论它是否意识到自身的意识形态效应。

不论是禅还是学术，话语的行事的特征皆根源于其自身的修辞性格。正如尼采所指出的那样，没有任何语言是记述式（constative）的。通常，无论其自身为何，学者总是压注于它的"隐喻"，甚至他们倾向于诉诸"白色隐喻"（white metaphors）以维持粉饰的科学性，禅以及学术文本因而组建了两种类型的象征及隐喻话语。因此，它不仅对于松解建构这些话语的象征组合而言是重要的，而且人们必须同时揭露它们"行事的面向"。例如就仪式而言，根据汤比亚（Stanley Tambiah）的说法，任何文本或"话语行动"（speech-act）"都象征性地或者/并且（or/and）反讽性地将宇宙符号化，并同时索引式地将社会等级秩序合理化和现实化"[1]。但是更精确地说，正如马克·奥热（Marc Auge）所追问的那样，困难在于同时考虑这两个面向——象征和功能[2]。

看来解释自身也是某个行动、某种表演。因此，诠释学并非如其所声称的那样是一种无偏见的方法，它成为某种"行事的仪式"（performative ritual），这种"行事的仪式"不仅有其（或解码）意指，并且同时承担了特定的社会的及意识形态的角色[3]。让我们折回到道元这里，仅仅将其读解成"绝世哲人"或某个"中世纪宗教/教派人物"的事实深刻地影响到正在浮现的标为"道元研究及其学术旨趣"的学科子域。无可否认，学者是这样一群人，他们将自己的兴趣投注于推动显然非常冷僻的学问——在这里是镰仓禅学或日本宗教/哲学现象。然而，皮埃尔·布迪厄（Pierre Bourdieu）的"社会分析"观念[4]以及利奥塔对维特根斯坦"语言游戏"概念的"行事的"引用[5]，已经指明了问题的各个界面。也许对该现象最为彻底的分析来自福柯的努力，他拒绝使用"怀疑诠释学"概念，并不顾及这个概念对达到某种深层意义的意愿，他不再如詹姆逊那样兴味于"暴露"话语中含蓄的意识形态，甚至在其自身的"求真意志"（will to truth）背后，他也洞察到正在进行的"权力运作"。仅仅将某种话语界定为意识形态是不够的，因为这种界定本身也是"行事的"[6]。职是之故，通过表明所有这些"深层诠释学"也许是一种维持"主体被

①　Stanley Tambiah, A Performative Approach to Ritual. In Proceedings of the. British Academy 65. London: Oxford. University Press, pp. 113 – 169.

②　Marc Auge, The Anthropological Circle: Symbol, Function, History. Cambridge: Cambridge University Press, 1982, p. 32.

③　Sullivan, Lawrence E. "Sound and Senses: Toward a Hermeneutics of Performance." History of Religions 26, no. 1 (1986): pp. 28 – 30.

④　Pierre Bourdieu, La distinction: critique sociale du jugement. Paris: Minuit. 1979, p. 595.

⑤　Lyotard, Jean – Francois and Jean – Loup Thébaud, Just Gaming, trans. Wlad Godzich. Minneapolis: Minnesota University Press. 1985.

⑥　Dreyfus, Hubert L. & Paul Rabinow, 1983, Michel Foucualt: Beyond Structuralism and Hermeneutics, The University of Chicago Press, pp. 123 – 125, 180 – 182.

支配"（the subject subjected）① 的状态权力策略，福柯持久不懈地拒绝"深层诠释学"的诱惑——无论是"信仰诠释学"还是"怀疑诠释学"。

根据这种分析，诠释学仍然停留在用禅的话语来说即"觅着转远，求之转乖"的情势中。临济义玄及许多其他禅师都提及这一点，强调无一法可见，无一法可求、可得。依据这种"交义"（intersection）或"非交叉"（nonintersection）模式，在 9 世纪左右发展起来的禅，可以被称之为"修饰的传统"（rhetorical tradition），这种传统和那种通常追溯性地寻找出那些被说成是"遮蔽"和揭示"原初的文本"和"本源性的真理"的传统不同，它总是前瞻性的②。可以肯定的是，许多禅的文本仍然肯认某种"原始的真理"——某种禅修行家必须面对的永久的"法"，一个神秘的起源，它必须通过某种和古代祖师"直面"，而"重现"于个体的修行体验中。众所周知，许多禅的教义来自如来藏传统及其关于佛性的思考，并且早期禅有强烈的实在论的寓意。这种对该模式的活泼的重新解释似非而是地将禅的高僧们导向确证纯粹的自发性，并视"法"为"作用"、"见在"的。然而，这种"见在"并非暗示任何先在的伏笔。尽管提及过往的祖师，禅传统被认为（或至少某部分人认为）是不断浮现的，是一种经由禅师的"活句"促成的当下的启示。虽然"死句"和"活句"之间的区分在禅宗那里最初似乎是作为某种诠释手段发展起来的，它也暗示了某种在"行事的"和"交流的"语言功能之间的区分，在这种意义上，它为其与诠释学的"断裂"铺平了道路③。

看起来我们至少移置了时常被称为"经典"禅的平台，导向某种"行事的真理"观念。对它的最好表达或许见之于禅师及其弟子的仪式化的遭遇中④。然而，这种突破不是决定性的（甚至也无法成为决定性的）。并且，也许是出于某种惯习，该诠释学模式很快地换上了新面孔。到了宋代，祖师们自己反对偶像崇拜的话语开始被神化起来，在《语录》中被看做是神圣的图像，语气也开始折回到某种对"过去诸佛"言句的崇敬——这是某种禅的"挽救诠释学"。"诠释的"和"行事的"趋向之间的辩证关系依然持续着，而后来的禅师也被"驱策"着去采用某种"行事的"风格，甚至当他们将其自身的正统性评论附在祖先的"著语"上也是如此。无论在何种程度上，因为禅文本也许比其他文本更多地体现了这种双重趋势，很明显，它需要另外一种并非严格意义上的诠释学的"阅读"方式。

禅文本的"行事的"品质来自于它们的策略化或战术化的使用方式，该使用方式似乎优先于它们的实际内容。以这种方式，禅的修习者用"活句"来会通经典中的"死句"。这种技艺业已在如《观心论》这样的早期禅文本中表现出来，在《观心论》中，当神秀提供了一种传统佛教各种相关名目的"重解"（reinterpretation）时，乍看起来，似乎

① 【译者按】此处引用的是福柯的观点"成为一个主体就是被支配"。

② Charles Michel, L'arbre et la source. Paris : seuil 1985.

③ Buswell Robert E. , Jr. "Ch'an Hermeneutics: A Korean View." In Donald S. Lopez, Jr. , ed. Buddhist Hermeneutics, Honolulu : The University of Hawaii Press 1988. pp. 231 – 256.

④ 正如汤比亚（Stanley Tambiah）在另一篇著作中所表明，仪式同时是象征性的和行事性的，它具有某种复式结构。在以下三种意义上，它可以说是行事的：奥斯丁意味上、表演的方面、价值索引方面。该定义似乎应用于"冲突"的仪式，"冲突"在最大限度上成为"仪式"，也就是说，部分丧失其所公认的自发性。

是想有效地保留在诠释学模式的范畴内，但实际上他已经越出了这个模式①。在禅的"顿悟"的论辩中，《楞伽经》、《金刚经》等经典开始被当做两个主角——也就是说，北宗和南宗——之间的符号或"集结"的象征而被使用。这种宗派和文本之间的"二叉分枝式"（dichotomy）被许多现代学者不加批判地接受下来。作为他们中的一位，铃木大拙曾将《楞伽经》中"渐"的内容和《金刚经》中"顿"的内容加以比较②。然而，从早期禅宗那里流传下来的《楞伽经》与其说是"教典"，毋宁说是个"驱邪"的文本。它的教义的方面对禅的修行者而言大约不是真的很感兴趣③。甚至在禅的经典如《六祖坛经》和大多数禅师的《语录》那里，它也主要是作为合法性的象征标志而存在。如果将汤比亚（Stanley Tambiah）对仪式的洞见运用于这些文本，我们可以说它们是一种"复式"的存在——象征和索引。它们同时"表现"真理，服务于社会区隔④。

在此，引入罗曼·雅格布森（Roman Jakobson）所称的"话语行动模型"（performative model of discourse）也许是合理的，也就是说，将禅话语视为某种"意义"的生产装置（同时也是稀释装置），而非交流的装置⑤。例如，我们在第七章曾经讨论过，禅的语言不再被视为某种透明的媒介物。语言的行事（更确切地说，以言成事）功能来自于它的隐喻品质⑥。因此，"禅"话语并不是简单地反映现实或表述真理，它有力地"生产"了它们，将它们"印"在听众的脑海里。类似地，禅修者与其说是（以苏格拉底的方式）努力发现隐藏的"真我"，不如说是"发现"或"生产"他自己⑦。真理是被"生产"出来的，而非在"对话"的邂逅中"揭示"出来的——"对话"，使我们想起伽达默尔所分析的"可信赖的"交谈，它如同一场置身其中的游戏，似乎超越了每个参与者的接受

①　也许应该指出，神秀这种对佛经的"唯灵论解释"类似于基督教徒对基督宗教经典的讽喻性阐释。和后者一样，它也完全保留在传统诠释学的框架内。无论这种对基督宗教文本的讽喻性阐释是否试图将各种文本的不协调之处还原为教会统一的权威性解释，神秀的"讽喻性"阐释积极地将传统佛家观念阐释为某种异质的、不合法的样式——以服务于解释者的目的（说教的或其他）。

②　铃木大拙：《〈楞伽经〉研究》，台北：南天书局1977年版，第60—62页。

③　Bernard Faure. La volonté d'orthodoxie dans le bouddhisme chinois. Paris：Editions du C. N. R. S. 1988.

④　一个虽然不完全相同然而却有趣的对"经"的"行事化"使用来自《心经》——这个明显的哲学文本开始被当做"陀罗尼 Dharani 使用。它虽系大乘教义的精髓，现在却被日本所有佛教教派（包括禅宗）唱诵。"（Lopez, Donald S., Jr. Inscribing the Bodhisattva's Speech：On the Heart Sutra's Mantra. History of Religions（May 1990），29（4）：pp. 351 – 372）此处的危险是再生产出某种形而上学的区分——用"哲学"（作为真理）反对"陀罗尼"（迷信）——并且视《心经》结尾处的对"陀罗尼"的使用，或者将全文作为"陀罗尼"的使用作为某种改写或背离。其他一些经典——如《楞伽经》以及伪造的《楞严经》——在禅宗中也首要作为"陀罗尼"被使用。

⑤　"意涵"一词在此取其广义，作为某种奥斯丁所称的语言的"以言取效"（perlocutionary）的"语力"（force）。因为"陀罗尼"具有这样一种"行事的"意涵（或者更准确的表达，意味深长的含义），虽然它通常丧失其语言学方面的含义。

⑥　奥斯丁将"以言取效的行为"（perlocutionary act）界定为"那种我们"通过表达某物——例如"令人心悦诚服的"、"劝说的"、"阻拦的"甚至于"惊奇"或"误导"——导致或达成的某种行为。Austin, j. l., How to Do Things with Words. Cambridge：Harvard University Press. 1962, p. 109.

⑦　与此相反，苏格拉底主张"追忆被遮蔽的自我"在"自我表述"方面构成了和古希腊的方式的某种断裂——后者是公开性地以某种赤条条的和非反省的方式比画着表达"自我"。见 Stroumsa Gedaliahu G. Caro Salutis Cardo：Shaping the Person in Early Christian Thought, in History of Religions, 30, 1：p. 28。

限度，言语向他们出示他们正在思考的东西。

这是一个在某些方面类似于诗歌创作，乃至于在如学术书写这样无趣的努力中时常发生的过程。因此，一种自觉的“行事的学术”转而更多地关切“方式的内容”（content of its form）①。对它的文学性的认知阻碍了其作者对“表现”的客观性、评论的中立性的追求。并非不似最近的文学批评的潮流那样，禅的书写（或言谈）达到（或努力达到）某种“游离能指的自由”（freedom from the signifier）。因而，存在某种继发性失重，一种在某些语录（recorded saying）文学中显而易见的得意之情，即使它最终伴随着某种“类型的仪式化”，折向了和它相反的方向。不幸的是，这种感觉尚无机会渗透到禅学研究中。

然而，正如保罗·德·曼所指出，事实是，不存在如“科学心灵”的学者愿意确信的纯粹的“记述语言”（constative language）。任何语言都是一种行动，所有“记述语言”都是“行事”的，这种表述将我们置于某种奇异的困境中。因为，一旦我们意识到解构规定了某种“暗示模式”（referential mode）中的“表现迷途”（fallacy of reference）②，我们就不能简单地用“表演”代替“知识”，或“解构”代替“诠释”。当意识到“行事语言”（performative language）和“记述语言”（constative language）之间的困扰时，德·曼即表明，“‘记述语言’和‘行事语言’之间的区分不是决定性的，从解构一种模式导向对另一种模式的解构是不可逆过程，但是总是存在缓冲地带，无须考虑它出现的频率为何”③。

如此是否即是“公案”的困境？我们又折回到这个问题。目前我们足以认识到：禅的言谈乃至禅的学术是一种“人们可以进入但无法成为玩家”的“语言游戏”，因为这种游戏“使我们成为它的参与者之一部分”④。利奥塔表明，人们总是被一种或数种语用所吸引⑤。我们无法将西方形而上学或佛教置诸脑后，设计一种新的游戏。我们必须心满意足于“古树新枝”，使用这两套语言游戏的装置（西方的和佛教的）来进行互证。

根据德里达，当某种偶然的“事件”注定要出现的时候，解构阅读认可这种“偶然的本质性”。也就是说，通过揭示任何抽象存在的“拼凑”本质，它模糊了“存在”和“偶然性”之间的形而上学的区分⑥。当解构被应用于将传统当做文本来阅读的时候，这种洞见表明诸如常规化或调和主义的现象不能被简单地界定为次级的、派生性的“事件”。然而，当解构阅读同样揭示出所有学术“文学”的、“隐喻性”的和“基础性”的

---

① Hayden White, The Content of Form ：Narrative Discourse and Historical Representation. Baltimore：Johns Hopkins University Press, 1987.

② Paul de Man, Blindness and Insight：Essays in the Rhetoric of Contemporary Criticism（Minneapolis：University of Minnesota Press, 1983, p. 125.

③ Ibid. , p. 130.

④ Lyotard, Jean – Fran？ois and Jean – Loup Thébaud, Just Gaming, trans. Wlad Godzich. Minneapolis：Minnesota University Press. 1985, p. 51.

⑤ 和语法（syntactical）或语意（semantical）的立场——它和上文所描述形式/结构主义、诠释学方法在宽泛意义上相对应——相反，语用论以如下方式进行描述：对话者运用各种方案，以达到影响彼此的目的（O. Ducrot & T. Todorov. Encyclopaedic Dictionary of the Science of Language. Trans. Catherine Porter. Baltimore：Johns Hopkins University Press, 1979）。语用论因此使结构和象征服务于功能。

⑥ Jacques Derrida, Limited, Inc. trans. Elisabeth Weber, Northwestern University Press, 1988, p. 218. 也可参考 Staten Henry, Wittgenstein and Derrida. Lincoln and London：University of Nebraska Press , 1984, p. 124。

"行事"本质的时候，它同样维持了"认知"和"行事"、"字面"和"隐喻"之间的"极性"。它从未试图将话语化约为它的"隐喻"的和"行事"的界面。"认知"的和"交流"的方面仍然保留了它们逻辑的或非逻辑的优先性。用老子的话说，任何真理看起来都是矛盾的（"正言若反"），这并不意味着所有的矛盾都是真实的，甚至真实的矛盾依然需要某种信念（doxa）来将其区分开。类似地，在"二谛"（Two Truth）理论中，认同和"真谛"的亲缘关系并非意味着摧毁其与"俗谛"之间的界限，相反，它只是维持"真谛"的逻辑在先性。为了肯定相反的方面，如某些激进的禅的诠释者所为，要将所有事物化约为相对物，并以提倡某种自然主义者为归宿，这就丧失了"中道"的立场。"二谛"理论的特性也许是矛盾性的，因为它们并非等级性的，在这个意味上，"自然主义者"的立场或许具有部分的合理性：即使在"顿悟者"那里，"二谛"也无法同时显现①。正如我们先前所提及的，以类似的方式，怀疑诠释学和挽救诠释学之间的对抗拒绝"合成"。然而很明显，如此言说业已成为某种困扰的遁词——溶解"异识"（différend）②。

　　虽然存在学者和其研究对象之间让渡关系，从诠释模式向行事模式的转移——它构成了唐代禅学演化的特征——也许会重新出现在"禅"（Chan/Zen）研究中③。虽然事实上学者倾向于根据研究对象秘密地设计他们自己的思考类型，以物的力量（par la force des choses），人们也可以期待：这个被激活的对象（此处就禅学而言）会反过来在其理论进路的顶端构造自身。对学理话语"行事的"本质的暴露也将最终到达其自身的界限，如果不想退化成虚假的说教的话——由此擦除这两极（诠释模式和行事模式）之间的"创生性紧张"。关于这一点，德里达曾经说过："文本不再成为文本，除非它在其第一个读者对它的构成法则和游戏规则第一瞥那里隐藏起来。"④ 从根本上说，解蔽即遮蔽，洞见即盲点，解构即重构。

（蒋海怒　译）

---

　　① Bernard Faure, . The Rhetoric of Immediacy：A Cultural Critique of the Chan/Zen Tradition. Princeton：Princeton University Press. 1991, pp. 53—78.

　　② 【译者按】différend 是利奥塔为强调多元性认识并存而使用的一个概念。

　　③ 拉卡普拉（LaCapra）曾指出："在一个让渡关系（transferential relation）中，一方倾向于以某种被置换的途径重复其正在进行的'追求目标的过程'……问题的关键不是简单地沉溺于让渡关系或拒绝它，而是在'它们之中'以某种对话的方式工作——这种对话致力于经验地或批判地控制交换的互惠性。""LaCapra Dominick. A Review of a Review", Journal of the History of Ideas 1988, 49, 4：682 –683.

　　④ Jacques Derrida, Dissemination. translated by Barbara Johnson. Chicago：The University of Chicago Press, 1981, p. 63.

中国禅学　第五卷
2010 年，第 123—137 页

《楞伽师资记》的文本传统①

伯兰特·佛雷

内容提要　作者利用汉藏《楞伽师资记》的不同版本，将《楞伽师资记》置于《观心论》、《无生方便门》，以及东山法门的碑铭文献的文脉中，并联系到它的"先文本"《续高僧传》、《二入四行论》、《修心要论》、《楞伽人法志》、《传法宝记》加以考察，认为在它们禅宗传统的叙事上存在"意义地扭曲和缠绕"。作者提出《楞伽师资记》可能并非一时一人之作，而是存在四个编辑阶段。作者认为，净觉以达摩传人自居，试图建立不同于神秀系统的北宗传承，他把《楞伽经》视为历代祖师传心的依约，并不是在于其内容，而是想借此为自己建立作为"正统性"地位的护符。作者认为，《楞伽师资记》对此后禅宗的实践产生重要的影响，它的成文，稳固了《楞伽经》和北宗禅的密切关系。但净觉自己的思想更接近于荷泽宗的宗密，如在修行方面，《楞伽师资记》重视"坐禅"，并通过宗密，使得"坐禅"成为禅宗修行的主要方式，诸如"一行三昧"、"守一"等观念的语义变化明确地反映出印度禅的中国化；净觉提倡的"禅教兼行"观念为宗密所重构，并将之发展为"禅教一致"理论；《楞伽师资记》中提出的"指事问义"、"就事而征"的方法启发了宋代以后的"公案"教学法，"公案"和"坐禅"的分野预演了"看话禅"和"默照禅"的对立。

关键词　楞伽师资记　净觉　禅宗

一　文　脉

传统并不仅意指代际之间传承的理论和实践的类聚，它还意味着"本质上控制每个文本生产的意义的自治序列"②。单个文本因此是"文集"的一个部分，而亦因此获取其意义。该原则总体上强烈影响着中国哲学的书写——在该领域中，"惯习的引证艺术、语言天才的伟大遗产以最抽象的方式显明自身"。③对于诸如《楞伽师资记》这样的著作，这种分析尤其贴切。在排除其他纷纭复杂问题的条件下，可以推定《楞伽师资记》的作者是一个禅师，他"以这种方式获取权威，虽然它已是业经剪裁后的精粹；他以该计谋表

---

① Bernard Faure, The Textual Tradition of the Record, in the The Will to Orthodoxy, A Critical Genealogy of Northern Chan Buddhism, California：Stanford University Press, 1997.

② ③ Marcel Detienne, Dionysos mis à mort (Gallimard, 1977), 23.

露其利益，诉诸起源或彻底掩饰这种起源”①。于是，《楞伽师资记》文脉研究应始于对下列文本的处理：《观心论》（对心灵沉思的论述）、《无生方便门》（论五种“方便”upāya），以及东山法门的碑铭文献。然而，上述研究方式远超出本书的框架，在此，笔者将使自己的研究限制于检查一些《楞伽师资记》的“先文本”（pre‐text），换言之，检视那些非常深刻地影响它的文本。这些文本包括：道宣的《续高僧传》（对《高僧传》的补充记录）、据传是菩提达摩所作的《二入四行论》（论两种入道方式和四类修行）、传说中的弘忍作品《修心要论》（关于精神修养的简要论述）和玄赜的《楞伽人法志》（关于楞伽经的教法和修习者的记录）。在这个清单上，我们必须加上杜朏的《传法宝记》（关于法宝传承的编年史）——这部著作虽然没有直接影响《楞伽师资记》，但是通常展现了和它相反的观点，在某些情况下，原始文本及其衍生文本之间存在着意义的扭曲和缠绕，因此通过比较《传法宝记》和《楞伽师资记》，我们可以推知杜朏和净觉的不同创作意图。

为了达成对该文脉的正确理解，我们应该先就其作者作简要的讨论。根据西藏的译本——Lin kahi mkhan pho dan slob mahi mdo （《楞伽师弟子经》），上山大峻已经宣称净觉不是《楞伽师资记》的作者②：因为与汉文写本不同，藏译本既无序言，亦无署名，并且在道信章中间的时候突然中止了；翻译显得幼稚，并且存在脱漏和关键的增删之处；它最失败的地方是记载了《楞伽师资记》附带提及的关于求那跋陀罗、菩提达摩以及神秀的传记，以及他们关于教授和书写风格关键性革新的对话③。

二　《续高僧传》

无疑，道宣的《续高僧传》是其后禅宗“灯史”文献的基础，《楞伽师资记》也不例外。也许是从道宣那里，玄赜和净觉引申出并着手阐释“楞伽禅”（Lankāvatāra tradi-tion）的概念。但是尽管调用《续高僧传》的权威，《楞伽师资记》的作者也将这种援引限定在简短的语句内。例如，他转述了菩提达摩向慧可传授的词句，但是仅仅限定于提及慧可关于本经的预言，在这一点上，他不同于《传法宝记》的作者。类似的情况也出现在关于僧璨的传记上，它直接引用了一条无关紧要的注释，这条注释记载在《续高僧传》中，《续高僧传》在记述法冲和楞伽禅的时候说：“按《续高僧传》曰，可后璨禅师。”④

---

① Etienne Balazs （白乐日），Chinese Civilization and Bureaucracy，New Haven：Yale University Press，1964，p. 130.

② 该文本保存在伦敦印度事务部图书馆的西藏手稿中，在瓦累·普散（Louis. de La Vallee Poussin）的《目录》中标号为 S. Tib. 710 （2），参见上山大峻：《チッベト訳〈楞伽师资记〉について》，《仏教学研究》，1968 25—26：第 191—209 页。【译者按】此处所说的《目录》即瓦累·普散编写的《印度事务部图书馆藏敦煌藏文写本目录》。《楞伽师资记》的藏译本是斯坦因（Marc Aurel Stein）所收集的敦煌藏文写本之一，关于这个藏译本的一般情况，可参考冲本克己所作《敦煌出土的藏文禅宗文献的内容》一文，该文由李德龙翻译，收入《国外藏学研究译文集》第八辑，西藏人民出版社 1992 年版，第 203 页。

③ 关于这个问题，请参考马克瑞 （McRae，John R），The North School and the Formation of Early Ch'an Buddhism. Honolulu：University of Hawaii Press. pp. 91 – 97。

④ 《大正藏》册八十五，第 1286 页 b。

但是这个文本并未论及法冲自己，或与此相关的慧可的其他一些弟子，它只是似是而非地提到了僧璨——作为一个有成就的佛经注释者，据说没有留下任何著作。

为了虚饰自己简短的祖师传记，净觉从其他地方引入了多种叙述成分，毫不犹疑地扭曲了事实。然而，他试图给自己的记述增添历史学的精确性。与道宣不同，净觉并没有诉诸超自然的力量，他首要强调禅宗祖师们的思想，在他看来，禅宗祖师们思想的承续性其意义要大于历史事实的合理性。如果他的著述能揭示前者，后者也就自然显明了。《楞伽师资记》的这个特征最清楚地反映在其对道信的长篇大论中。和其他地方不同，尽管读者业已领教了大量的理论阐释内容，该部分几乎不涉及传记的具体细节。但是净觉应该很熟悉道宣对道信的记述，于是他的沉默仅仅表明对该记述的拒绝。否则，谁能解释，在一个对净觉如此重要的段落里，他却忽视了他的主要信息来源给他提供的信息？在下面的情况下，这种事情最有可能发生：道宣的记述——出于非常明显的目的，他拒绝讨论道信和楞伽禅的联系——没有给净觉提供所需的材料支撑。因此，净觉最简单的做法就是忽略它，并且引用其他可控制的或较少危害性的材料来源。

三 《传法宝记》

很难确定杜朏是否应神秀的弟子之请将《传法宝记》的写作日期提到《楞伽师资记》之前①。《传法宝记》的写作，一般定为开元初年，但是当净觉撰写《楞伽师资记》的时候，他似乎不知道《传法宝记》的存在。然而，这两个文本似乎代表了接近"北宗"的两种思想趋向，并且我们恰好可以借助于两者之间的分歧，来探究《楞伽师资记》的自身特征。《传法宝记》是一个短小的没有展开的文本，这个事实可以解释为它归属于早期创作的标志。但是这一点可能也恰好表明作者不愿意将它写成一个定本。《传法宝记》的中心观念是真理超越所有言说。该观点在该文本的最初几行得到分外地强调，看起来比《楞伽师资记》要鲜明得多。《传法宝记》虽在多处提及《楞伽经》，但是并没有——如《楞伽师资记》那样——将它作为祖师传承的核心要素。在《传法宝记》这里，《楞伽经》仅仅是禅修实践的一种修饰，无法提供祖师传承的合法性。祖师传承的本质——如同其标题所显明的那样——是"法宝"（Dharma Jewel）的传递。

在《传法宝记》中，将菩提达摩从其他的禅（dhyāna）师那里区别开来的事物，与其说是教义或实践的至上本性，毋宁说是它被发现出来并赋予一个神圣的使命——传递"法"，这种激进的见解特别具有汉文化的性格；然而，《楞伽师资记》的相关内容依然坚持达摩禅相对于现存种种"禅"样式的优越性；神会在批评北宗的渐修主义的时候也采取和净觉同样的姿态，但是当他强调传法袈裟所有权——作为"传法"权威性的象征——的重要性的时候，则接近《传法宝记》。这两种没有清楚辨明的矛盾思想倾向缠绕在一起，贯穿在整个禅史中。"法"的圣典性使得掌握它的人成为非凡的一类——因此《传法宝记》在记述菩提达摩和慧可的时候非常强调这一点，然而如果我们依据杜朏的序言，他似乎轻微地怀疑这一点，但这并没有阻止他非常自信地叙述菩提达摩在其嫉妒的竞

---

① 《传法宝记》有 3 个敦煌写本，标号分别为 P. 2634、P. 3858、P. 3559（此为唯一完整的本子）。《传法宝记》的日文翻译和校注，请参考柳田圣山《初期の禅史（Ⅰ）——〈楞伽师资记〉·〈传法宝纪〉》，东京：筑摩书房 1971 年版。

争者持续不断地毒害下幸存下来。如果这个印度禅师最终死亡的话，这也是出自他本人的心愿——他已经完成了将"法宝"传递给慧可的任务。就慧可而言，为了承载起这个荣誉，毫不犹豫地砍掉了自己的一只胳膊。就在菩提达摩去世的当天，东魏①的使臣宋云考察西域返回时，在帕米尔高原一带看到这个西方祖师翩翩逝西。当听到这个传闻时，菩提达摩的弟子冲出，揭开其棺材，但见只履空棺——类似于道士的灵魂脱壳，羽化登仙——明显已经死去了②。

　　与此传说相比，《楞伽师资记》显得极为严谨：菩提达摩的"壁观"（wall contemplation）比他的神迹显得更为有意义。杜朏在《传法宝记》中有一句评论，反对将达摩禅降低为《二入四行论》中所说的"壁观"或"四行"：报冤行、随缘行、无所求行、称法行。"法"对于杜朏而言，无法被严格地限定在如此刚性的框架内。杜朏的批评明显地针对那些支持《二入四行论》的人而言，例如针对道宣——他的《续高僧传》也附和这个看法。《传法宝记》虽然也同《楞伽师资记》一样简述来自《续高僧传》的内容，但有时又不同于《楞伽师资记》，总是严厉批评《续高僧传》。例如，杜朏批评道宣对慧可的胳膊被强盗砍下的记述③。

　　在法脉问题上，《传法宝记》与《楞伽师资记》的区别最为明显，这个特征同样也反映在法如（689）去世的问题上。杜朏在《传法宝记》中试图将禅的传统追溯到释迦牟尼佛和他的直接继承者阿难、末田地和舍那婆斯。这种做法是受到庐山慧远（334—416）在《达摩多罗禅经》（达摩多罗关于禅的经典）序言中观点的鼓舞所致。《达摩多罗禅经》是在公元5世纪早期由克什米尔僧人佛大先编辑完成，并由佛陀跋陀罗（359—429）翻为汉文。或许是以此经为依据，神会建构了他的禅宗西土十三祖的理论④。在《传法宝记》所列的中国祖师名单中，以菩提达摩起始，却从未提及佛陀跋陀罗。杜朏虽然两次提及慧可关于《楞伽经》的预言，却从未提到该预言是受到该印度禅师翻译的四卷《楞伽》的启发而产生。《传法宝记》列出了中国禅宗的"七祖"（虽然他没有使用该术语）：菩提达摩、慧可、僧璨、道信、弘忍、法如和神秀。该文以《终南山归寺大通道秀和上

---

　　①　【译者按】应为"北魏"。

　　②　该问题的探讨，请参考 Robinet Isabelle（贺碧来）．"Metamorphosis and Deliverance from the Corpse in Taoism."History of Religions 19，1，1979，pp. 37 – 70。关于菩提达摩神话，参见 Bernard Faure，Le Traité de Bodhidharma：Première anthologie du bouddhisme Chan. Paris：Le Mail. 和"Le maître de dhyāna Chih – ta et le'subitisme'de l'école du Nord"Cahiers d'Extrême – Asie 2：123 – 132。

　　③　柳田圣山：《初期の禅史（Ⅰ）——〈楞伽师资记〉·〈传法宝纪〉》，东京：筑摩书房1971年版，第355页。

　　④　胡适：《神会和尚遗集》，台北：胡适纪念馆1970年版，第294—295页；扬波斯基（Philp. B. Yampolsky）：The Platform Sūtra of the Sixth Patriarch. New York：Columbia University Press. 1967，pp. 29 – 30："菩提达摩西国承僧伽罗叉（Sangharaksa），僧伽罗叉承须婆蜜（šubhamitra），须婆蜜承优婆崛（upagupta），优婆崛承舍那婆斯（Sānavāsa），舍那婆斯承末田地（Madhyāntika），末田地承阿难（ānadna），阿难承迦叶（kāšyapa），迦叶承如来付（tathagāta）。唐国以菩提达摩而为首，西国以菩提达摩为第八代。西国有般若蜜多罗（praj? āmitra）承菩提达摩后；唐国有慧可禅师承后。自如来付西国与唐国，总有十四代。【译者按】此据《神会和尚禅话录》（杨曾文整理）"。然而，神会的理论和《传法宝记》及法如所列名册的区别在于：依据慧远的《序》，他利用了《禅经》的说法。对《禅经》的利用这一点，证明神会受到了《传法宝记》的影响——尽管他在其他方面强烈地诋毁它。

塔文》结束，碑文的撰作者仅提供了很少的传记资料细节，看起来并不知道张说的作品①，后者是神秀"楞伽禅"的信徒。

《传法宝记》最有趣的地方是在禅宗祖师序列中给法如留下了位置，这使得《传法宝记》看起来是为法如所作，而非神秀②。但是在《楞伽师资记》里，北宗禅的奠基者似乎应该包括确认弘忍的另一支遗绪，但是净觉非杜朏，他克制住在弘忍和神秀两个传承系统之间加入他的师父玄赜一支的想法。无论法如从教的时间有多短（686—689），他所代表的思潮在8世纪初仍然很重要，这一支传承虽然在时间上与神秀系统相近，但却在几点上区别开来，尤其是他对佛教传统教义的怀疑，和试图将"禅的方便法门"（Chan upāya）秘密传授的做法。杜朏，看起来了解并且崇拜法如，甚至包括法如应神秀弟子之请而为神秀编辑的著作，理论上应归属于神秀，（在杜朏看来）也成了编纂者（法如）自己信仰的表达。这个暧昧的特征同样圆熟地展现于天台宗的思想体系中：日本的目录学家认为他编辑了《南岳思禅师法门传》（南岳慧思禅师教义的评论）③。如同我们看到的那样，无论是《传法宝记》还是《楞伽师资记》都没有附和神秀直系弟子的见解，无论普寂如何努力提高嵩岳寺派的地位——为了和法如弟子的少林寺传统进行对抗——《传法宝记》看起来是试图在他们之间取得一个折中。无论在何种程度上，《传法宝记》和《楞伽师资记》二者都看起来是出自禅门弟子辈思想家的著作，这些弟子在当时禅学界的真正影响是无法估定的。

四　《二入四行论》

在论及菩提达摩的部分中，净觉首先提供了一些传记材料，接着提醒读者参考《续高僧传》以了解更多的细节。随之他详尽地引用《略辨大乘入道四行弟子昙林序》（昙林弟子的序言，内容是关于做到大乘的四种修行方法的简要讨论），接下来便是被名为《二入四行论》的文本④，它实际上是一个称为"长卷"（Long Roll）的文本的开始部分。"长卷"的第二部分是同一法系内各类禅师的注释文选，他们中的大部分都无从知晓⑤。这个

---

①　【译者按】即《大通禅师碑》。

②　关于菩提达摩和慧可定居于少林寺的最新解读证明了法如系传承的重要性，因为他们也以该寺为基地。事实上，虽然少林寺碑文提到法如，但删除了关于神秀的线索——这股思潮或许从未在整体上战胜过神秀及其弟子。在《修心要论》（法如门下的另一作品）中，神秀（或道秀）被列为法如的弟子。见柳田圣山《初期禅宗史书的研究》，东京：法藏馆1967年版，第79页；小川隆：《初期禅宗形成史の一侧面——普寂と〈嵩山法門〉》，《驹澤大學佛教學部論集》第20号，1989年，第317页。存在争议的是，《楞伽师资记》没有将菩提达摩和慧可和嵩山联系起来以及将法如的信息完全删除，但是却提到了普寂（此即嵩山之嵩岳寺传统）。然而，根据 Tonami. The shaolin Monastery Stele on Mount Song. Trans. P. A. Herbert. Italian School of East Asian Studies, Epigraphical Series I. Kyoto：Istiturto Italiano di Cultura，Scuola di Studi sull'Asia Orientale（1990），该碑是为了纪念普寂的弟子僧一行而树立的。

③　《大正藏》册五十五，第1075页、第1077页 c。

④　《大正藏》册八十五，第1284页 c。

⑤　该文本为铃木大拙于1935年发现，看起来似乎广泛传播过，因为在敦煌有九个写本，对该文本的校注，请见柳田圣山《禅的语录I·达摩の语录——二入四行论》，东京：筑摩书房1969年版；它的法文翻译见 Bernard Faure. "Le Traité de Bodhidharma：Première anthologie du bouddhisme Chan. Paris：Le Mail."1986。

文本展示了许多我们在此无法探究的问题。净觉对他称为《达磨论》（关于菩提达摩的论述）的文本产生兴趣这一点似乎将他面见神秀的时间提前了，而当他发誓将菩提达摩的遗著流传下去的时候，他显然没有意识到求那跋陀罗时间上的优先性，不仅如此，在他评论《心经》的时候，他也从《二入四行论》抽出一节，标为《安心论》（论精神平静）并引用它。

禅史中大部分归于菩提达摩的文献都实际上被《楞伽师资记》将时间延后了，但是即使在净觉生活的年代，一定数量文本的著作权已经被归于这个印度导师了。《楞伽师资记》是第一个记载《二入四行论》的禅宗编年史，这个重要的认同立足于对"壁观"价值的认知，他觉得这是一种更高超的禅修实践，净觉同样认同达摩对《楞伽经》"要义"（本质意涵）的评论。另外，他把当时的一个竞争对手所支持的三卷《达摩论》视为伪作，他认为这个文本"文繁理散，不堪行用"①。

在该批评的背后，我们看到在法冲问题上的三种倾向：《楞伽师资记》强调文本的精神实质，同时拒绝类似《传法宝记》那样在文本之外论及"禅法传递"的无条件的宗派主义和过分拘泥于字面的经学家。《传法宝记》和《楞伽师资记》面对《二入四行论》时的截然相反的态度于是被揭示出来，这种相反的评价将随着《二入四行论》存在的漫长历史一直缠绕下去。《二入四行论》似乎受到四川保唐宗的激赏，正是从那个地方出发，《二入四行论》和《传法宝记》一起最初传入了西藏。

五　《修心要论》

《修心要论》经由敦煌的7个写本而为世人所知。在这7个写本中，最早的本子看起来在标号P. 3559里②，该手稿包括了《传法宝记》及其他一些文本。《传法宝记》显然可以归属于东山法门派，尤其是法如的弟子③，只有在这样的背景下，该论文才会最早产生，并作为弘忍的著作流传下去。但是《楞伽师资记》固执地反对这样的定位，因为弘忍修持的是"清净禅"："不出文记，口说玄理，默授与人。"④

净觉的意图在一个附言中清楚地表达出来："在人间有禅法，一本云是忍禅师说者。"⑤ 这个评论显然针对的是《修心要论》，净觉认为它是拙劣的伪作，也许净觉认为

---

① 《大正藏》册八十五，第 1258 页 b。

② 《修心要论》的另一写本即 S. 2669，S. 3558，S. 4064，P. 3434，P. 3777，及北京 yu 04。在 P. 3559 号写本的附记中，可以发现如下文字：初菩提达摩以此传慧可，慧可传僧璨，僧璨传道信，道信（传）大师弘忍，弘忍传法如，法如传弟子道秀等。是道信，有杜正伦作碑文。此文，忍师弟子取所闻（而）传（参见柳田圣山《伝法宝紀とその作者》、《禅学研究》第 53 号，1963 年，第 48 页）。铃木大拙首先认识到《修心要论》为弘忍弟子所作。他暗示道：该文本中的一个比喻同样也可见之于归于神秀的偈子中（明镜必须勤拂拭——对渐修的形象比喻），这让日本学者相信其作者为北宗禅的弟子。然而，被一些诽谤者归于神秀的偈子或许是受到《修心要论》的影响，它正确的反映弘忍的观点。在这种情况下，北宗是作为东山法门的忠实继承者（"东山法门或许不能完全脱离渐修传统"），而不是要表明自己对弘忍思想的歪曲（铃木大拙：《校刊少室逸书及解说》第二卷，安宅文库 1936 年版，第 141 页）。

③ 关于法如禅系，见伊吹敦《法如派について》，《印度学仏教学研究》（79）（40—1）：1110—1113。

④ 《大正藏》册八十五，第 1289 页 b。

⑤ 同上。

《修心要论》的内容与楞伽禅了不相关，他的批判直接指向法如派这个坚持《修心要论》的禅修团体。然而，如果净觉仅仅是简单否定《修心要论》表达出来的思想，就难以解释他为何在数个地方借用它。净觉的态度——此处引用而他处拒绝——证明无论在何种情形下宗派主义偏见都没有从他的著作中彻底根除，在某些纯粹教义判断的地方则更是一种压倒性的因素。在这种文脉中，我们也许要重新审查净觉将自己与僧稠联系起来的意图，在存在数种归于僧稠的伪作情况下，这个文本策略也许得到了推动，这些文本由同一个团体生产出来，该团体同样制作了《修心要论》，通过将文本置于僧稠的权威性之下，表达出一种将文本"教法"普遍化的意图。

六　《楞伽人法志》

与《二入四行论》及《修心要论》一样，玄赜的《楞伽人法志》是净觉的主要典据之一。《楞伽师资记》和《修心要论》的对立因此得以彰明。玄赜的著作为人所知乃是通过《楞伽师资记》的引用，但这些引用足以显示净觉只是在各方面发展了业已在玄赜那里表达出来的思想倾向。当把弘忍视为楞伽禅的不二祖师的时候，几乎是附带性地，玄赜清楚表明：东山法门派从未"生不嘱文"[1]。但是玄赜必须面对《修心要论》，他在该问题上的沉默就显得深思熟虑。进而，通过将法如描述为一个"当地人"，他剥夺了其作为弘忍主要继承人的资格，将他的重要性降低为东山派在京城传播的前驱。

尽管也许认同自己的师父关于法如及其门下的观点，净觉表明他自身较好地为慧安找到了位置。玄赜自己也许乐意将慧安和法如界定为两种对立思想趋向的代表，但是玄赜必须顾及慧安在郡县和两都的巨大声望——刚刚被皇帝赐予"政府教导长"（国师）和紫蟒袍的情形显然不能被视为无关紧要，仅仅是一个当地人[2]。于是净觉仅仅交代了弘忍关于"嵩山老安，深有道行"的评价，这个评价与弘忍慷慨赐予其继承人玄赜"兼行"的评价相比很快地黯然失色了[3]。通过展示这样的证据，净觉表明慧安整体上可归于"坐禅"的禅修实践无法比肩于经教和坐禅"兼行"的禅修实践，而玄赜的修行则体现了这一点。

然而对于神秀，玄赜则表现得完全不同：他努力将自己与北宗领袖神秀的声望联系起来，给自身恰当的定位，而不是排斥他。那个严厉对抗法如弟子的步骤现在转向了神秀门下。当他们声称根据文字书写判定他们的神秀继承者地位时[4]，玄赜则反驳道：一旦神秀觉悟，则"言语道断，心行处灭，不出文记"[5]。

同样很值得奇怪的是，显然承自神秀的诸如"五方便门"等北宗特有的理论立场，

---

[1]　《大正藏》册八十五，第 1289 页 b。

[2]　见《佛祖统记》，《大正藏》册四十九，第 372 页 b。

[3]　《大正藏》册四十九，第 1289 页 c。

[4]　【译者按】原文为：假言显理，顺理而契。

[5]　《大正藏》册四十九，第 1290 页 a。根据该文，胡适论辩道：（《胡适禅学案》，亲都、中文出版社 1975 年版，第 191 页）更为未经批判的是，将《五方便门》归之于神秀所作，这是不恰当的。我们知道神秀是《观心论》的作者，因此可以认为除非发现关于该争论的证据，他也是《五方便门》最初版本的作者。考虑到《楞伽师资记》及《楞伽人法志》的可靠性，显然和胡适所设想的差距颇大，它们的声明或沉默不能作为表面的价值。玄赜或净觉没有提到北宗禅著作的事实或许可以视为其没有能够传播的反证（contrario）。

在《楞伽师资记》中却烟消云散了。然而，在净觉所表述的神秀教法中，《大乘五方便门》的影响却是很清楚的。以对待《修心要论》同样的方式，净觉利用了这个他似乎已经忽略的文本。很明显，他对于神秀主要弟子的态度并没有摆脱矛盾的心态，神秀门下诸弟子如果无法最终使净觉关于楞伽禅的断言丧失效力，或许会给他们自身投下阴影。当《楞伽师资记》以一个简短然而充满对神秀的四个弟子赞叹的语句结束的时候，这个假想看起来匪夷所思。在《楞伽师资记》的撰作者问题上，这似乎是个矛盾之处，对于我们来说，坚信不疑并非唯一的选项，《楞伽师资记》的收尾部已经"问题化"了，也就是说，无法确定其作者即为净觉。

七　《楞伽师资记》的作者和时代

一般说来，纵使《楞伽师资记》具有复合性的征候，它已被视为独撰，它的长篇序言（包括净觉的个人传记）及其副标题使它的作者身份看起来毋庸置疑。不幸的是，它的撰作时间并没有标示出来，立足于"内在标准"产生了多种猜测，但无一具有决定性[①]。而依据其既有的文本状态，我们可以将它的成立时间推至唐朝开元初年。然而，日本藏学家上山大峻质疑净觉的《楞伽师资记》作者身份。在这种情况下，我们需要检测他的观点[②]。

在伦敦印度事务部图书馆的印度写本中，上山发现了一个标为"楞伽师弟子经"的文本。这个文本在瓦雷·普散的《目录》中标号为 S. Tib. 710（2），并表明它是《楞伽师资记》的藏译本[③]。事实或许果真如此，就如同斯坦因（R. A. Stein）所说：该文件是"翻译到西藏并且与中印'桑耶寺之辩'相关联的文件之一"[④]。

然而，和它的汉文写本不同的是，藏译本既无序言，亦无作者的署名，并且也是在论述道信章中间突然中止，说是突来的中断倒也未必，因为抄写者连续两次转录"终"（rd-sogs sho）这个字，也没有试图标示版本的题记。这种文本的切断在敦煌文献的藏文写本中并非异类，它们常常可以归因于译本所处的恶劣环境——并且大批量藏译卷子仍然在继续遭受这种恶劣条件。此外，在有些情况下，一个文本或许仅仅作为抄写者的练习纸，而

① 如中川孝：《禅宗史研究资料としての楞伽师资记の内容》，《印度学仏教学研究》，1961 年；田中良昭：《楞伽师资记和禅之灯史：净觉之诸問題》，《駒沢大学仏教学会志》（2：4—15），1959 年及《敦煌新出ペリオ本楞伽师资記二種について：特に净觉序の首缺を補う》，《宗学研究》4：69—74. 1962 年。最近的研究，见巴雷特（Timothy. H. Barrett）"The date of the Leng–chi shih–tzu chi." Journal of the Royal Asiatic Society. 3d series, 1, 2 1991, pp. 255–59。

② 见上山大峻、冲本克己：《敦煌出土のチッベット文禅宗文献の内容》，《敦煌仏典と禅》，大东出版社 1980 年版，第 415 页，《仏教学研究》，1968 年，及《チベット訳からみた〈楞伽师資記〉成立の問題点》，《印度学仏教学研究》1973 年，21，2：pp. 601–2.

③ 见瓦雷·普散（Louis. de La Vallee Poussin），"Catalogue of the Tibetan Manuscripts from Tun-huang in the India Office Library." London, 1962, p. 229. 及木村隆德：《敦煌出土のチベット文禅宗文献の性格》，收入《講座敦煌》，大东出版社 1980 年版，第 128 页。

④ 见 Marc Aurel Stein, "Tibetica Antica Ⅰ: Les deux vocabulaires des traductions indotibétaine et sino-tibétaine dans les manuscrits de Touen-houang." Bulletin de l'Ecole Francaise d'Extrême-Orient：72, 1983, p. 152。

非整个工作的最终复本①，然而，这看起来并非是标号 S. Tib. 710（2）写本突然中止的原因，它残存部分的良好物理状态显示它是一个被估价很高的文献。

上山最初和首要强调的观点是翻译的书写特性。出于苛刻的始终恪守汉文写本的考虑，藏译者调用了当时所使用的各种专业术语（甚至对于众所周知的佛经名称也以相同的方式处理），并且这些专业术语的定名依据是汉译佛经，而非求之于梵文的原始术语或标题。难道我们相信——如同上山提出的那样——译者没有注意到在公元 814 年以后，由伟大的译师 Chos‑grub（中文名法成）或 Ye‑sesde 所制定的"钦定译语"（official termi-nology）②？正如下文所表明，我们不应该贸然得出这样的判断。

然而，与汉文写本相比较，藏译包含了语义断裂和明显的变异，这或许因为译者的幼稚。但是，正如前文所表明的那样，译者看起来并不倾向于随意地对待他正在进行的翻译，在检查了藏译的主要不同之处后，这个观点可以得到加强。正如上山所强调的那样，藏译本与其最早编写的汉文写本（在写本中编号为 S. 2054）之间的不同并非出于偶然。

尤其值得注意的是，藏译本删除了所有提及"辩难"（maieutic）的内容。在《楞伽师资记》里，求那跋陀罗、菩提达摩和神秀都曾如此行事，它包括一系列的"指事问义"（soliciting things）。例如神秀，已经被证实曾使用这个方法，但对于另外两个禅宗"初祖"而言就不确定了。因此和汉文写本比较起来，在诸如此类的问题上，藏译显得更为可信。这促使上山推测存在另外一个并未遗失的《楞伽师资记》的汉文写本，藏译则更近于这个汉文写本。这个猜测中的汉文写本，经过净觉的修订，并且补充了道信之后的数代内容，是现存《楞伽师资记》的祖本③。

这个关于《楞伽师资记》文本编写的两个连续阶段的设想全然"似是而非"：基于道信章的中止，它阐释出《楞伽师资记》的文本存在双重架构。正如第一章的结尾和第二

---

① 见 Okimoto Katsumi. "Tonkō shutsudo Chibettobun zenshū bunken no naiyō." In Shinohara Hisao and Tanaka Ryōshō, 1980, p. 415。

② 见上山大峻《チッベト訳〈楞伽师资记〉について》，《仏教学研究》，1968 年，25—26：第 200—202 页。在后来的一篇论文中（上山大峻：《チッベト訳《顿悟真宗要决》の研究》，《禅文化研究所纪要》（8），1976 年，第 46 页），上山大峻注意到同一种类型的译经保存在西藏文献馆（nos, 791 and 803 of the Beijing edition）里的两种著作中，即《佛藏经》（Buddhapitaka‑sutra）（《大正藏》，第十五卷，第 633 页。）以及伪造的《金刚三昧经》（《大正藏》，第九卷，第 273 页。）——和另外一种北宗禅的文献（《顿悟真宗要诀》）一样。然而，最后一个文本的翻译比《楞伽师资记》准确，并且从钦定翻译术语中获益良多。根据 Tucci, Giuseppe. "Minor Buddhist Text：part Ⅱ. First Bhāvanākrama of Kamalaśīla. Rome：Istituto Italiano per il Medio ed Estremo Oriente. ", 1958, pp. 46‑48，《翻译名义大集》（Mahavyutpatti）的编纂始于公元 814 年，在吐蕃王朝的赤松德赞王（Khri srong lde brtsan, 742—797）时代。关于缺少权威的翻译对应语作为确定藏译时间的证据的讨论，见冲本克己《禅宗史における伪经〈法王经〉について》，《禅文化研究所纪要》（10），1978 年。关于法称，见上山大峻《大蕃国大德三藏法师沙门法成の研究》（上），《东方学报》（38），京都大学人文科学研究所编，1967 年，第 133—198 页。及苏莹辉（Su Ying Hui）. "A Study of the Identity of the Monk Wu（Wu he‑shang）in the Tun‑huang Manuscripts P. 2913, P. 4660, and S. 1947v. " Chinese Culture 14, 5：89—98, 1974.

③ 见上山大峻：《チッベト訳〈楞伽师资记〉について》，《仏教学研究》，1968 年；及《チベット訳からみた〈楞伽师资记〉成立の问题点》，《印度学仏教学研究》（21, 2），1973 年，第 601—602 页。

章的起始一样，藏译本道信章的突然中止是解释汉文写本《楞伽师资记》章节之间不成比例的长度的关键。该章的一个片断最近被西冈祖秀从敦煌的另外一种西藏写本里发现（编号为 S. Tib. 704），其所使用的翻译术语略异于此，这个事实暗示存在着《楞伽师资记》较晚期藏译本的可能性[①]。

上山的结论包含如下三项内容：（1）《楞伽师资记》祖本的创作年代，（2）《楞伽师资记》传入西藏的时间，以及（3）净觉决定制作第二个版本的原因。这三点看起来并不具有完全的说服力，因此需要重新审查。

《楞伽师资记》祖本的成立时间。如上山所相信的那样，几乎可以确定《楞伽师资记》祖本的写作目的是将楞伽禅与东山法门联系起来，其结果是东山法门派开始分享法冲等楞伽师业已取得的声望。

然而，上山观点的基础立足于这样的假设：《楞伽师资记》的第一个版本借用《续高僧传》，以及它们皆未记述道信门下情况的事实，并不必然意味着他们的作者处于同一时期。在笔者看来，弘忍的门下开始在两都范围内立足的时候之前，东山法门的合法性问题——也就是说，法脉传承的问题——是不可能产生的，他们的主要关切于是转向证明自己是弘忍的弟子，这一点在法如、神秀和玄赜身上体现出来。例如，当净觉引用《楞伽人法志》的时候，我们无从得知它是否包含道信章，但是很清楚的是，该作品的一个意图是公布弘忍和玄赜之间的对话。

毫无疑问，建立弘忍及其主要弟子之间的稳固联系是一个相当漫长的过程，在这个过程结束之后，这些弟子及其门下才能宣称他们和道信存在联系，于是，他们必须表明道信自身也是"楞伽禅"的信徒，并且擦除《续高僧传》留下的道信形象。如果道信和该传统之间的联系在《续高僧传》（665）最后编定之后迅速地确立起来，似乎不应该遭受初期禅史的忽视。值得注意的是，为何《传法宝记》表明自身对《续高僧传》的批判性态度，却随之试图复制它，并且和《楞伽师资记》一样，努力建立一个"楞伽禅"的传统？此外，继承法冲衣钵的楞伽师高僧们在当时仍然具有影响力，并且会毫不犹豫地对诸如此类的"篡夺"做出反应。最后，整个禅史似乎在证明这样一个事实：法脉的构建是一种"倒叙"（也就是说，从最切近处向后看），《楞伽师资记》在该问题上的考量似乎并非例外。因此，《楞伽师资记》的撰作时间很可能远在上山大峻猜测之后。

传入西藏（及敦煌）。在强调《楞伽师资记》藏译本的幼稚（在上山看来，这再明显不过）之后，上山得出如下结论：该译本必定成立于官方翻译标准出台之前或西藏政府征服敦煌绿洲之前（上山推定为 781 年）。其祖本于是必定是在公元 2 世纪中叶以前翻译到西藏的。经过"四川路线"——该路线曾经在短时间内开放，直至南昭国（约 751—794）承认西藏的宗主权为止[②]。

据桑耶寺（建于公元 775 年）的一个编年史 sBa－bzed 的记载，在赤德祖赞（约

---

①　见西冈祖秀《チベット訳〈楞伽师资记〉の新出断片について》，《印度学仏教学研究》，1982。西冈祖秀将翻译中出现的一些术语和标准术语进行对照，判断 S. Tib. 704 的校定后于 S. Tib. 710，但是，正如前文所述，这种判断并不总是决定性的。

②　关于该问题的研究，请参考 Backus 1981。

705—755）统治的末期，一个名叫尚喜（San－śi）的人到中国求经①，在回来的路上，据说在四川遇到了朝鲜禅师无相。受到他的感染，尚喜决定在进行计划外的五台朝圣之旅之前跟随无相学习一段时间②。该记载尽管有些荒诞无稽，却清楚地揭示出西藏和四川之间业已存在的文化交流。因此，毫不奇怪《楞伽师资记》和四川禅门的《传法宝记》一样，或许已经在那个时候传入西藏，并在西藏翻译出来，译就之后又被送到敦煌（当时敦煌尚在西藏的统治之下）。在我们目前的资料占有基础上，证明此类事件与反证它同样困难。我们或许仅需指出，如果《楞伽师资记》是最早的经由"四川路线"传入西藏的中国文本中的一部，那么它无疑和《传法宝记》及《二入四行论》一样，业已遭受保唐宗思想的渗入，必已将"菩提达摩"之名简称为"达摩"，但是事实并非如此③。

上山大峻这些包含部分缺陷的论点为西冈祖秀所承袭。首先，藏译本并非如上山所声称的那样幼稚，在经过仔细审查后，斯坦因认为汉、藏译者熟知彼此的传统术语，他们既有知性又有智慧，远非上山所说的"不能胜任"④。此外，上山轻率地归罪于《楞伽师资记》译者的"无知"，殊不知该"无知"或许正是"精心"抉择的结果。翻译者没有遵循西藏的"钦定译语"并不意味着它的创作时间要往前追溯，即使如此，那也不足使上山声称该译本至迟于781年以前已经产生。依据推算，吐蕃直到786—787年之际才占领敦煌，而标准翻译术语的制定（814）则远在此后。这一点可见之于 lDan－kar－ma 佛教图书馆的目录，该目录列出了墀松德赞当政期间（约756—797）的翻译名单。该目录及《翻译名义大集》（该作品的索引有助于翻译标准的建立）的编辑显示了印度佛教比中国佛教更具有影响力的事实。这个优势，随着在难以明晰的"吐蕃僧诤"中莲花戒对摩诃衍禅师的胜利原则上确立起来，并在一段时间之后成为了事实。

无论如何，上山的观点难以真正成立。该钦定翻译标准更多地用于梵文翻译，除非是法成这样的例外情况，译者几乎不使用它去理解汉文术语。斯坦因强调，中印两套术语在814年《翻译名义大集》编定之前共同存在，并且在其后又延续了一段时间⑤，因此，"古典的"和"现代的"术语之间的区别无涉于《楞伽师资记》这样的文本，当西冈试图就存在于标号为 S. Tib. 710 和 S. Tib. 704 中两个《楞伽师资记》的藏译写本——考虑到上山的划分标准，它们产生于《翻译名义大集》编定前后——中"印度"和"汉地"术语共存状况作出解释时，这一点或许可以解答他的困惑。和上述二位的观点不同，我认为

---

① 见 Marc Aurel Stein，"Tibetica Antica Ⅰ：Les deux vocabulaires des traductions indotibétaine et sino－tibétaine dans les manuscrits de Touen－houang."Bulletin de l'Ecole Francaise d'Extrême－Orient：72，1983；7－12.

② 关于无相及其传说的研究，笔者下一步将进行研究。

③ 见戴密微（Demiéville，Paul），"L'introduction au Tibet du bouddhisme sinisé d'après les manuscrits de Touen－houang：Analyse de récents travaux japonais." In Contributions aux études sur Touen－houang，Geneva and Paris：Droz，1979，p. 1。

④ 见 Marc Aurel Stein，"Tibetica Antica Ⅰ：Les deux vocabulaires des traductions indotibétaine et sino－tibétaine dans les manuscrits de Touen－houang."Bulletin de l'Ecole Francaise d'Extrême－Orient：72，1983，p. 167。

⑤ Marc Aurel Stein，"Tibetica Antica Ⅰ：Les deux vocabulaires des traductions indotibétaine et sino－tibétaine dans les manuscrits de Touen－houang."Bulletin de l'Ecole Francaise d'Extrême－Orient：72，1983，p. 154.

《楞伽师资记》的第一个藏译本（S. Tib. 710）很有可能在 781 年以后在敦煌翻译出来，这个时间甚至可以推迟至 814 年。

净觉的角色。情况是否如上山大峻所指出的那样，净觉并没有扩充或修订《楞伽师资记》？上山的论述立足于以下的猜测：《楞伽师资记》是在《续高僧传》的最终编定（665）之后迅速出现的，也就是说，它产生于净觉出生之前（683）。但是，正如上文所表明，该猜想不堪一击，《楞伽师资记》的祖本或许很晚才编集，那时东山法门已经在两都赢得了巩固的地位。《楞伽师资记》甚至比《楞伽人法志》（约 708）还要晚出。如果情况的确如此，没有什么理由阻止我们认为净觉是《楞伽师资记》的作者。

但是有各种理由认为净觉或其弟子后来完成了一个或数个《楞伽师资记》的"扩充版本"，实际上，它不仅是两个，而是最少有四个编辑阶段：

（1）基础文本。

（2）净觉的序言。

（3）道信章（第二部分），弘忍及神秀。

（4）终章，专介神秀门下四个弟子。

巴雷特（Timothy Barrett）正确指出，净觉没有使用睿宗而使用在他之前两位皇帝的庙号的事实，似乎是想表明《楞伽师资记》相关章节不可能晚于 716 年写定。当他仍是政治嫌疑犯的时候，这种大逆不道的举动或许是不大聪明的做法[1]。

我们已经注意到，在《楞伽师资记》记述求那跋陀罗、菩提达摩和弘忍的扩展部分中，其所使用的"安心"法接近神秀思想的核心。这种"指事问义"的禅修方法显示了《大乘五方便门》赋予的影响。在此，我们无从察知净觉是否知悉《大乘五方便门》在神秀门下的地位，这些弟子在京城享有的声望无可置疑地说明，净觉这个《楞伽师资记》的作者为何不敢私自占有宝贵的神秀继承权的身份，而仅仅通过暗示他与神秀的联系来自我愉悦。相反地，如巴雷特所表明的那样，情况有可能是这样：净觉谨慎地将自己与神秀世系拉开距离，该世系因牵连武则天而显得过分妥协了[2]。在净觉《注般若波罗蜜多心经》的序言中，净觉的俗家弟子李知非认为他是无可争议的"南宗单传"，[3] 那么，我们如何解释《楞伽师资记》以对神秀门下四个弟子的赞言而结束这个现象？

《楞伽师资记》末章的问题。如上所述，《楞伽师资记》末章区别于前文之处是它汇集了神秀四个主要弟子普寂（651—739）、敬贤（660—736）、义福（651—739）、惠福（生卒年未知）。到此，《楞伽师资记》的作者没有清楚说明"一脉单传"——而神会其后则会这样行事。但是净觉确实克制住自己将每代限制在一章之内，因此，令人吃惊的是，我们突然发现在如此短的篇幅内简要概括了四个人的事迹，在《大正大藏经》中仅占据十七行，和那些动辄六十行左右的章形成对比，道信章的篇幅也是它的双倍。为何，当他刚刚详细介绍了皇帝颁赐神秀谥号"大通禅师"的时候，难道他也感到有必要传达一个

① 在没有充分根据的情况下，早先我曾推定：净觉撰写《楞伽师资记》的时间应该很晚，大概在他注释《华严经》的同一年（727）。然而，巴雷特于 1991 年的论辩是令人非常信服的，而我正处于他的对立面。

② 见巴雷特（Timothy H. Barrett），"The date of the Leng–chi shih–tzu chi." Journal of the Royal Asiatic Society. 3d series, 1, 1991 年 2 月, p.259。

③ 见柳田圣山《初期禅宗史书の研究》，东京：法藏馆 1967 年版，第 597 页。

读者尚未知晓的信息——这四个人是否遇到了"大通和尚讳秀"[①]？

在这样的背景中，更令人吃惊的事实是《楞伽师资记》作者的疏忽，他必定忘了将这四个成就卓越的禅师纳入"楞伽禅"的拥趸之中，在文本的末尾，他是如此煞费苦心地推销这个传统。所有这些特征使此章疑云重重。它暗示我们存在着某个信众团体的"填补"工作，该信众团体与北宗有密切的联系，但却完全外在于净觉所处的世系。

八 《楞伽师资记》的后续影响

虽然在敦煌的写本中存在《楞伽师资记》的数个写本（一共9个，包括两个藏译本）——这一点可证明《楞伽师资记》曾经在唐代广泛地传播——但是很难评估它在禅史上实际产生的影响。它似乎从未传到日本或韩国——9世纪初以来，《楞伽经》及其注释在日韩就广为人知。尽管存在神会蔑称"北宗"而加之的耻辱，事实上我们也许能够在净觉的主要理念中看到他关于宗教实践的一些预演——它们成为后期禅的一些强劲的观念："坐禅"的优先性，以及"公案"的使用、"文字"之外的特殊传承（口传）和"禅教合一"。在修行方面，重视"坐禅"无疑是《楞伽师资记》的主要特征。尽管存在着朝向"静默主义"发展趋势，诸如"一行三昧"、"守一"等观念的语义变化明确地反映出印度禅的中国化——这种禅的"中国化"肇始于智顗和弘忍。对于众多生活于慧能经神会、马祖道一以至临济义玄时代的禅师而言，"坐禅"的优先性是一个严肃的问题。"坐禅"成为禅宗修行的标志在很大程度要归功于宗密。《楞伽师资记》的另一个主题是"指事问义"、"就事而征"教学法——质疑有形的现实事物，发掘它的深层含义。这种精到的技艺似乎包含着宋代禅宗流行以后"公案"教学法的种子。这种蕴涵自由精神的"公案"教学法，不久成为通常被视为过于消极的"坐禅"法的竞争者。于是两种潮流出现了，它们被对方互相彼此称呼（或许不无轻蔑地）对方为"看话禅"或"默照禅"[②]。但是第一种潮流（看话禅）的胜利实际上是"不立文字"的"纯粹禅"观念的逻辑结果。我们不仅可以在杜朏的《传法宝记》中看到这种倾向发展的最初征象，也可以从《楞伽师资记》中看到这一点。

同时，尽管存在很明显的矛盾，净觉仍坚持禅教兼行的重要性。这个已经显露于智顗和整个天台宗思想内的观念，为宗密所重构，并将之发展为"禅教一致"理论。在没有获得对立的"以心传心"理论相同的声望的情况下，这个理论仍然遗留了一条重要的思想进路，此后的日本、韩国禅学又重现了它。因此，《楞伽师资记》的一些主要观点或许会分娩出那些为一些互相攻击的禅宗支派所把持的教义。难道净觉没有意识到这些潜在的矛盾，抑或试图通过适度的综合来协调它们的立场？后一种设想可能更接近于事实。但是，期待着创宗立派的净觉，低估了自己的教义中业已运转的离心力的强度，它们或许只能达致表层化的妥协。这些瑕疵严重伤害了《楞伽师资记》，部分地解答了它为何迅速地从人们视野中消失这个现象。

在随之而来的历史时期内，僧众中干戈相向，随着各种佛学思潮丧失了自身的张力，

① 《大正藏》册八十五，第1290页 c。

② 对于该问题的细节性研究，见柳田圣山《看話と黙照》，《花園大学研究紀要》(6)，1975年。

于是迅速变质为不同宗派的教义立场。当净觉亲自赋予某种教派主义世系以坚固性时，他在很大程度上推进了这个趋势，因为直到净觉所生活的年代，这种教派主义仅仅以隐晦的方式书写下来。无疑，他是受到法冲的影响，开始将自己看做南宗的合法继承人，而法冲及其"楞伽禅"乃是承自三论宗的教义。这种宣示迅速为神秀另外一个弟子普寂所采用，并将招致神会的反制，它还推进了一个崭新的、立足于新近《金刚经》传统的南宗禅的创立①。众所周知，这个宗派注定有光明的未来，并且将在北宗的衰落之后，将各种"禅"的动向结合为一个整体。如果没有净觉的先例，事情或许不会如此发展。

尽管扮演了关键角色，净觉迅速地从禅的"正史"中消失，有多种因素促成这个结果，最主要的原因是如下这个事实：其著作的杰出见解及宗派主义的谱系建立在一个非常脆弱的基础之上：对求那跋陀罗的突出定位看起来最终降低了《楞伽师资记》的影响，这至少是每一个读者从《历代法宝记》及后续著作那里得到的印象。《历代法宝记》强烈地驳斥净觉道：

> 有东都沙门净觉师，是玉泉神秀禅师弟子。造《楞伽师资血脉记》一卷，接引宋朝求那跋陀三藏为第一祖，不知根由，惑乱后学。云是达摩祖师之师求那跋陀，自是译经三藏小乘学人，不是禅师，译出四卷《楞伽经》，非开受楞伽经与达摩祖师。达摩祖师自二十八代首尾相传，承僧迦罗叉，后惠可大师亲于嵩高山少林寺，问达摩祖师，承上相传付嘱，自有文记分明。彼净觉师接引求那跋陀称为第一祖，深乱学法。《法华经》云，不许亲近三藏小乘学人。求那跋陀三藏译出四卷《楞伽经》，名《阿跋陀宝楞伽经》；魏朝菩提流支三藏译出十卷，名《入楞伽经》；唐朝则天时，实叉难陀译出七卷，名《入楞伽经》。以上尽是译经三藏，不是禅师，并传文字教法。达摩祖师宗徒禅法不将一字教来，默传心印②。

毫不奇怪，几乎是半个世纪以后，这种无根由之讼仍然对净觉的论题产生持久性压力③。到了宋代初年，虽然受到《历代法宝记》的影响，永明延寿的禅史书写似乎从未留意这段批评：他重复了《楞伽师资记》的求那跋陀罗章，亦追溯到佛陀禅师（或许是跋陀罗的异名拼写，通常即是 bhadra 的书写体的缘故），并将通常归之于菩提达摩"理入"

---

① 据铃木哲雄（铃木哲雄：《南宗灯史的主张》，收入《講座敦煌》，东京：大東出版社 1980 年版，第 77 页），神秀在"滑台之会"期间强调《金刚经》的至上性的方式反映了他渴望去抨击由《楞伽师资记》所宣明的楞伽禅传统的意图。然而，类似的该《金刚经》旨趣也体现在北宗禅里，如一个关于"菩萨金刚赞"的评注中。关于该问题，请参见伊吹敦《北宗禅の新资料——金刚藏菩萨撰とされる〈观世音经讚〉と〈金剛般若经註〉》，《禅文化研究所纪要》（17），第 183—212 页。

② 《大正藏》册五十一，第 180 页 b。

③ 我们也注意到，在《坛经》的序言中有求那跋陀罗关于六祖的预言："将来当有一位肉身菩萨到此坛受戒。"将求那跋陀罗选为慧能六祖地位合法性的超自然的验证，似乎证实了《楞伽师资记》的影响。但是《宋高僧传》的作者误将该预言归之于罽宾译师求那跋摩证明了该影响的有限性。据纪念慧能受戒于光孝寺的佛塔碑铭（《光孝寺瘗发塔记》）的记载，一个名为智药的印度和尚据说在公元 502 年将一棵菩提树栽在求那跋佗所建立的光孝寺（原名法性寺）戒坛祭坛里，并且预言"吾过后一百六十年，当有肉身菩萨（肉身菩萨，或许隐喻慧能的尸身）来此树下，开演上乘"。该《记》作于 676 年，作者法才。如果该时间不误，我们在此获得了对法冲和早期楞伽禅的间接挑战。但是该《记》很可能晚于《楞伽师资记》，甚至晚于它所标示的时间。

禅修理论附加到佛陀身上。求那跋陀罗和菩提达摩之间存在着精神上的联系①，该联系因《楞伽经》传播已被象征化了，这种已经被象征化了的关系在招至《历代法宝记》的粉碎性攻击很长时间之后，仍然在特定的圈子中广泛传播着。在《禅门悉昙章》的一个校本（942 年版）的序言中，求那跋陀罗被视为菩提达摩的弟子——而非后者之师——而被提及②。最后，甚至北宗禅的诋毁者宗密，当他在其《集都序》中将僧稠和求那跋陀罗列于禅宗主要的十个代表中的时候，也能清楚地感受到净觉思想的影响③。但是最令人吃惊的事实是，《楞伽师资记》的确立，或者至少可以说是稳固了《楞伽经》和北宗禅的密切关系，即使这种禅风不足以保证北宗的持续繁荣，它仍然将这个毫无疑义的真实形象保留至今，正是基于这样的立场，它受到铃木大拙的附和并宣扬④。

（蒋海怒　译）

---

① 在北宗禅内部，《顿悟真宗论》同样复叙了《楞伽师资记》关于求那跋陀罗的记述。在他处，一个《大乘无生方便门》的写本同样包含了关于五法、三性和二空的描述，这些是《楞伽经》的提纲。柳田圣山（柳田圣山：《北宗禅の思想》，《禅文化研究所纪要》（6），1974 年，第 88 页。）将此视为《楞伽师资记》影响的证据，并且推断出该写本在时间上后于其他写本。但是我们必须注意到《楞伽经》对应章节在内容上很接近于《大乘无生方便门》所引用的经文，以至于不提及该文可以被视为神秀的部分弟子将自身和《楞伽师资记》区别开来的审慎的做法的一个步骤。确实可以认为：承自普寂的一系将自身和楞伽禅联系在一起。例如守直，据说接受了普寂的楞伽"心印"；宏正，"在洞察了《楞伽》要旨之后，构建了自己的'无住'法门"。（见董诰（1740—1818）等编纂《钦定全唐文》（1814），台湾汇文书局 1961 年版，第 19 册，第九一八卷，第 12067 页上；和第 11 册，第五〇一卷，第 6465 页。）

② 标注为 P2204 号，引自饶宗颐和戴密微合著：Airs de Touen－houang（Touen－houang k'iu）：Textes à chanter des Ⅷ 1－Ⅹ e siècles. Paris：Editions du Centre National de la Recherche Scientifique. 1971. pp. 86—87。

③ 见《大正藏》册四十八，第 400 页 c。对僧稠和求那跋陀罗的援引显然指向净觉所代表的方向。对宗密而言这和北宗禅不是一回事。他在其后作了一个简短的注："宗义别者犹将十室。谓江西荷泽北秀南侁牛头石头保唐宣什及稠那天台等。立宗传法互相乖阻。"（《大正藏》册四十八，第 402 页 b）。

④ 例如，可参考铃木大拙：Studies in the Lankāvatāra Sūtra. Reprinted－Taibei：Southern Materials Center. 1977. p. 60。

中国禅学 第五卷
2010 年，第 138—153 页

马祖语录以及禅语录的创作①

马里奥·泊塞斯基

内容提要 本文旨在通过对马祖语录的研究，来探讨禅语录的创作过程。本文首先概要介绍有关《马祖语录》的情况，包括这一作品的起源、文学结构、风格和内容，以及在其后的禅宗传统中的地位和作用。其次，通过以马祖语录作为语录类型的例子，进一步涉及诸如属于此一类型的作品的创作，以及用这类作品作为唐代禅宗兴盛的史料来源。

关键词： 禅宗 马祖语录 开悟 偶像破坏 对话体裁

近几十年来，对于中世纪的禅宗文学研究取得了长足的进展，使学者能在这一领域里重新评估一些重要的问题以及早期禅宗历史事件。学者们得以将注意力集中到一些传统佛学研究尚未论及的主题。禅宗文献及其他相关资料的整理，是禅学研究得以发展的关键。禅宗文献资料的新发现包括敦煌写卷以及其他文本，诸如失散了几个世纪的《祖堂集》的重新面世。当然，禅宗学者还得益于运用从相关学科而来的现代的研究方法论。因此，禅学研究者可以重写禅宗传统初期形成的至关重要的章节，以及禅宗之正式作为东亚佛教的主要宗派的出现。尽管禅学研究成绩斐然，但与古代禅宗历史研究相关的一些领域，很多工作仍有待完成。还需要进一步研究的主要领域包括，被用来作为史料来源的禅宗重要的文献资料，其出处、内容以及作用的研究，组成这些文献的独特的文学类型，此类型的主要特征及其起源，等等。

对一些基本的问题——诸如某种体裁的形成及其作用——缺乏有意义的思考，使得对早期禅宗文学研究的方法不能尽如人意。对于构成特定的禅宗体裁的基本特征，学界似乎并没有一个清晰可循的标准去界定。而在有关禅宗文学和历史的弘法性的和学术性的作品中，人们自由地用不同的术语指称特定的体裁。相关的例子是"语录"这一术语的运用，通常模糊了不同体裁之间的区别。尽管这一用语是针对特定类型的，但人们却经常泛泛地运用它，使之成了"禅文学"或"禅文献"的代名词。② 如此不精确的用语，淹没了禅

---

① 【译者按】该文译自史蒂文·海涅（Steven Heine）、戴尔 S. 怀特（Dale S. Wrght）编：The Zen Canon: Understanding the Classic Texts, Oxford University Press, 2004, pp. 53—79。

② 这种倾向的例子有 Judith Berling 的《将佛陀带到人间：关于佛教文学类型〈语录〉体的出现》，《宗教史》27 期，第一卷，（1987），第 56—88 页，是少数研究禅宗体裁的论文，在其对语录类型演进的讨论中，Berling 没有区分不同的禅宗文学类型。例如，《景德传灯录》是属于"灯史"类的，《碧岩录》是北宋公案的汇集本。两者都被认为是语录体裁，而语录类本身却被缩减为其中的一个要素，特指流行的诘问式对话故事。Berling 将不同的类型混为一体，且无视它们的出处，这种做法并非特例。事实上，这是现代禅宗研究的通病。

文学作品的丰富多样性，使得长期以来形成的各类不同样式的文献归类为单一的模式。这种不严密的用语意味着人们对语录的观念，乃是基于颇成问题的假设之上，那就是，判别禅宗文献的标准早已经是公认的，不言自明的，都应属于相同类型。尽管并没有设定禅宗文集的界限之清楚的说明，但最起码，人们有一种心照不宣的假定，那就是，禅宗文献一定区别于中国佛教中其他的典籍。

　　禅宗文学除了语录体外，尚有其他不同体裁的典籍，而对大部分作品缺乏精确分类的情况，时常导致各种体裁的作品界限不明，由此而疏忽了属于各个体裁的作品所特有的出处、内容以及文学样式。这些以完全不同的形式写成的作品，常常被混淆在一起，一视同仁地被作为记载禅宗故事的典籍。这些典籍的构成基本上是千篇一律地以宗教救赎为圭臬，始终如一地追求以永恒的真理为深刻的个人经验。这样做的结果，其实是抹杀了文学形式和内容的多样化，同时也忽略了特定作品写作的年代，这些作品乃是宗教和社会氛围大相径庭的不同时代的产物。再者，不管这些作品的叙事如何相似，如何首尾连贯，大多数的禅宗典籍都是由几种更早的文献和口头文学作品的集结编纂而成的，这些集子的编纂手法多少有些笨拙，而集子中的每一类作品都有其独立的出处。

　　有关禅宗文学的创作，我们可以通过将特定作品放在其写作的年代，审视当时流行的风格类型，而使一些问题得到澄清。在这里，我要检视的作品是《江西马祖道一禅师语录》（以下简称《马祖语录》）。这是语录型文献中最具影响的力作之一。[①] 这个文本记录了马祖道一（709—788）的一生及其教学活动。他开创了洪州禅，被公认为禅宗历史上最重要的禅师之一。9 世纪初，诸多早期禅宗宗派被新兴的南宗禅所取代。出于实际的考量，南宗禅以马祖洪州宗为马首是瞻。马祖因此而在禅宗重要历史阶段成为领军人物。禅宗的这段历史被认为是禅宗传统中的“黄金时代”。作为精英佛教的禅宗形成历史初期的翘楚人物，马祖被尊为禅宗最重要的祖师之一。他的语录在禅宗典籍中被尊奉为具有权威性的文献资料。

　　我对马祖语录的审视从两个方面入手。第一，为了与目前的卷帙要旨相符，这个章节概要介绍有关《马祖语录》的情况。这包括：这一作品的起源、文学结构、风格和内容，以及在其后的禅宗传统中的地位和作用。第二，通过以马祖语录作为语录类型的例子，我们也进一步涉及更广泛的问题，诸如属于此一类型的作品的创作，以及用这类作品作为唐代（618—907）禅宗兴盛的史料来源。

马祖语录的编纂

　　尽管《马祖语录》一般被视为有关马祖传记的主要著作，但这部作品的形成年代很晚。它的第一次面世是在北宋（960—1126）期间，只是《四家语录》中的一个部分。现在仅存的最早的版本的年代是晚明（1368—1644）期间。这个集子中，除了马祖语录，还

---

　　① 此语录是《四家语录》的一部分，见《续藏经》119，pp. 405c - 409a（将在下面讨论）。正见的英文翻译参见我的专著《日面佛》（Berkeley：Asian Humanities Press, 1993），pp. 59 - 94。日文的翻译，也包括中文原文，参见入矢义高《马祖の语録》（Kyoto：Zen bunka kenkyūjo, 1984），pp. 1—119。

汇集了百丈怀海（749—814）、黄檗希运（？—850）以及临济义玄（？—866）的语录。这三位禅师代表了马祖门下第一代法嗣。《四家语录》编纂年代的确定来自于杨杰的序言，这段序保存在明朝版本中，其写作年代为元丰八年十一月初一（1085 年 11 月 20日）①。根据杨杰的说法，这个集子经过黄龙惠安（1002—1069）的编辑。黄龙是临济宗著名的禅师，编辑年代大约在其晚年的时候。②

　　《四家语录》中汇集的作品在各个历史时期都有所不同。历史上有关马祖语录，在这个汇集本之前，并无单行本的记载。只有在《四家语录》里，马祖语录才首次以完整的面貌出现。换言之，这个集子是在马祖死后将近三个世纪才编纂的。就像马祖语录那样，临济语录也是在相对晚期才编纂的。尽管临济语录作为独立的作品似乎比《四家语录》要早，但它只是在北宋期间才首次面世，且很快即被汇集入《四家语录》。③

　　与马祖和临济语录相比，黄檗的两本语录《传心法要》和《宛陵录》，以及《百丈广录》的编纂年代要相对早一些。尽管没有现存的唐写本，但著名的唐朝相国裴休（787—860）在 840 年期间记载了《传心法要》和《宛陵录》的一部分。这两部语录即是在裴休记录的基础上形成的。裴休的记录是他在南方身为朝廷官员的时候以及他遇见黄檗并跟随其参禅的那段时间写下的。④ 两个本子的最终完成似乎是根据裴休的记录及黄檗圆寂不久后（将在下面第 4 节讨论）其他门人的记录加以整理而成的。当然，另外的一些资料也增加到了以后的版本里。⑤ 同时，也有类似的证据证明，集录百丈法语及其与弟子之间的问答的《百丈广录》是在百丈逝世后不久编辑的。⑥

　　这两个本子尽管常常被指称为"语录"，它们的创作却是在语录体发展之前，因此欠缺很多语录体所有的特征。⑦ 这两部作品明显地省略了人物传记部分，这是语录体的一个不可或缺的特色。更重要的事实是，两部作品均没有典型的"诘问式对话"。我们将在以下看到，洪州宗具有打破窠臼的传统，采用了新颖的宗教交流和实践模式。⑧ 与此相反，

---

　　① 见柳田聖山《語録の歴史—禅文献の成立史的研究》，Tōhō gakuhō 57（1985），p. 474。

　　② 同上书，p. 476。

　　③ 现存临济宗的语录版本可以追溯到甚至是更为后期的作品，是在 1120 年福建鼓山出品的。见秋月龙珉的翻译：《臨済録》（Tokyo：Chikuma shobō, 1972），p. 251。

　　④ 裴休与黄檗的关系之研究，见吉川忠夫《裴休傳—唐代の一士大夫と仏教》，Tōhō gakuhō64（1992），pp. 140 – 150。黄檗语录汇集之研究，见柳田圣山在入矢义高日译中的评论：《伝心法要，宛陵録》（Tokyo：Chikuma shobō, 1969），pp. 172 – 76。

　　⑤ 入矢义高翻译：《伝心法要，宛陵録》，pp. 172 – 76。

　　⑥ 百丈语录的汇集在纪念他的碑文上提到过，是阵诩在百丈死后不久写的。题名为《百丈山和尚要诀》的作品可能是其语录文献的早期版本，编入了圆仁（814—891）在 840 年左右从中国带到日本的文献目录里。见《大正藏》册五十五，第 95 页 a，101 页 a，106 页 c；柳田圣山著，John McRae 译：《禅家語録》，载 Whalen Lai 和 Lewis Lancaster 主编《中国和西藏的早期禅》（Berkeley：Asian Humanities Press，1983），pp. 191 – 92。

　　⑦ 宋初并无"语录"这一术语。这个术语是在《宋高僧传》里的黄檗和赵州（778—889）传记里首次出现的。见《大正藏》册五十，第 842 页 c，第 775 页 c。关于这个术语来源的讨论，见柳田圣山《語録の歴史》，pp. 229 – 246。

　　⑧ 由柳田圣山提出的术语"诘问式对话"的定义，见 John McRae：《中国禅宗诘问式对话的来源》，载 Steven Heine 和 Dale S. Wright 主编《公案：禅宗的文献和脉络》（Oxford：Oxford University Press，2000），pp. 47 – 48。

《四家语录》收集的百丈的第二部语录《百丈语录》比《百丈广录》要短得多，很明显的是宋代的作品。其内容和文学样式接近马祖与临济语录，是典型的宋代语录文献。有趣的是，黄檗的两部语录和百丈的《广录》这些早期的作品，在禅宗解脱论方法上，比起《四家语录》里其他的作品，要保守得多。

既然《四家语录》是宋代临济宗编纂的，其意识形态的作用是为了支持本宗所持的理念，即创建本宗的临济是马祖禅的当然传承者，扩而大之，临济一脉即是禅宗法脉的正统延续。这个集子毫无疑义地具有历史性的意义，因为它汇集了洪州宗四位最知名的禅师。同时，《四家语录》后期的编纂年代以及各文本不同的文学和历史渊源说明，在我们将之作为研究唐代禅宗的史料时，我们必须谨慎小心。尤其是其中的三部宋代编辑的作品，即马祖、百丈以及临济语录。至于马祖语录，其真实性值得怀疑，因为它经过了漫长的过程，是马祖死后三个世纪的作品。

既然马祖语录及其他类似的文献形成年代很晚，我们就不能不加考虑地将之作为"证据"，认定其中的内容就是有关唐代禅宗的原始资料。如果我们不加取舍地将这些文献的内容作为唐代那些伟大禅师的言行录，那我们就显得相当幼稚了。唐代禅宗的历史研究应该建基在最早的碑文和其他相关的文献资料。同时，我们也必须注意不要陷入另一种无根据的历史修正主义，认为唐代禅师的语录不过是宋代意识形态下的产物。根据葛瑞夫·富科的建议，我们不应该假设这些文献组成了"宗教神话体"，此神圣的历史服务于宋代禅宗世界的论辩、礼仪以及说教。如此，则这些文献的内容就被缩减到只能用来作为其成书年代的禅宗研究的直接资料，而对唐代的禅宗研究没有什么作用。①

研究这些文献的谨慎的方法应该是避免这两种简单化的方式，那就是无条件地将其内容当成真实的历史记录，以及认定其为宋朝意识形态的产物，是神话似的"黄金时代"，此神话由马祖为前驱，其门人尾随其后。这样的看法又把注意力从文本本身的创作拉离开去了。② 尽管像《马祖语录》这一类的编辑不可避免地受到 11 世纪禅宗氛围的影响，有其特定的关注点和问题，事实上，文本编纂者所用的几乎所有的材料，都可以在早期的作品中找到。宋代的编辑们只不过是尽其所能地将所有能够收集到的马祖的材料汇集一处，但并没有在意澄清这些材料的来源及其各种出处的历史的准确度。以下，我将检视各种宋以前资料的出处，是这些早期的材料构成了马祖语录。我还将内容中的各个要素追溯到其最早出现的面貌。在这之前，我们有必要将《马祖语录》作一个简要的浏览。

结构和内容

下面描述的《马祖语录》的结构和内容是典型的语录体裁。这类体裁的作品起初是为著名的禅师的一生及其说教作传，这些禅师的言行被作为具有独特禅宗风味的例证典范。这些文献通常包括传记见闻、简短的堂上开示、常规的对话、诘问式的对答以及其他

---

① T. Griffith Foulk：《宋代禅宗的神话，仪轨和寺院实践》，载 Patricia Buckley Ebrey 和 Peter N. Gregory 主编《唐宋时期的宗教与社会》（Honolulu：University of Hawaii Press，1992），pp. 149 – 150。

② 同上书，p. 149。

故事，描述禅师卓越的洞察力，有时是诗偈。尽管各种对话体裁的文献在文学样式和风格上时有不同，但基本上相差无几。例如，在《临济语录》中，其传记是放在最后，而一般传记是在开首。① 这种行录置于末尾的不同寻常的做法也可以在《云门广录》中找到。《云门广录》的编纂年代与《临济语录》的年代同时。② 这类体裁虽然有一些差异，但我们可以说，马祖语录及其他晚唐禅师的语录，大多数是在北宋期间编纂的，这些文献在文学结构和内容上基本一致。

《马祖语录》的结构由三个部分组成：马祖生平传记，马祖开示记录，三十二篇他与弟子的简短对话。虽然这三部分依次以这个顺序组成，但在原始文献中，这三部分并没有结构上明显的分隔，而是自然延续下去的。除了这两者文学结构的差异外，更重要的是，两者的内容大相径庭。我们很快就会看到，这些差异所指向的是三种不同来源的文学模式，这对中世纪的禅文学研究具有关键的意义。《马祖语录》的创作是一个编辑和综合不同材料的过程，编辑将之组合成一类的马祖生平传记，此种方法便模糊了作品中不同部分的来源的差异性。

在文献的第一部分，马祖的传记是根据传统佛教高僧传的格式写成的。马祖简短的传记叙述是典型的知名禅师的生平和事业的模式。根据业已建立的文学形式，传记提到了马祖幼年即倾心于宗教生活，然后是描写他的宗教生涯中的主要事件，诸如受戒，早期的学佛，参学于禅师处，开悟，教导徒众，逐渐成名。尽管像马祖那样的禅师传记是特殊氛围下的禅宗的产物，也包括了多方面的信息，诸如禅宗内部的宗教、历史变迁以及制度上的发展。这些传记清楚地反映了早期中国传记文学的写作，有纯文学的传记写作，也有佛教的传记写作。像纯文学的传记一样，禅师的个人传记也不是独立的。③ 这些传记公式化地描写此人在大的社会和宗教脉络中所起的特别的作用或所扮演的特别的角色。在纯文学传记中，传记人物总是众人所期望的典范的官员，而禅宗的人物传记则是开悟的僧人，富于魅力的禅师。

《马祖语录》里马祖的生平信息非常简短，是根据一般传记的写作方法，按部就班地叙述了他的一生，从他在四川出生起，直到他在洪州（江西北部）逝世为止。在这中间，传记提供给我们马祖受具足戒的简单数据，叙述了马祖与其师怀让（677—744）相遇并在湖南南岳衡山就怀让学习禅法，在江西开创丛林，先是在龚公山，其后是在洪州开元寺，其教学事业获得了格外成功。马祖计有139位知名的弟子，其弟子之众，是其他禅师望尘莫及的。就像知名禅师的传记那样，马祖传记的结尾部分是其死后被朝廷赐谥号，并为之建舍利塔。如此，就将他的一生与社会政治秩序联系在了一起。《马祖语录》中的生平模式可以从两个层面来读。一个层面是将之作为有关马祖生平的真实历史来读，他是一

---

① 《大正藏》册四十七，第 504b—506 页 c。

② 《大正藏》册四十七，第 575a—576 页 a。亦请参见柳田圣山《語録の歷史》，第 576 页。《临济录》和《云门录》两者新修改的版本都在 1267 年出版。见秋月龙珉译：《臨済錄》，第 252 页。有关《云门录》的编纂情况，见永井政之《雲門の語録の成立に関する一考察》，载 Shūgaku kenkyū《宗學研究》13（1971），第 111 – 116 页。

③ 官员传记格式的研究，见 Denis Twitchett《中国传记的问题》，载 Arthur F. Wright 和 Denis Twitchett 主编《儒家人物》（Stanford：Stanford University Press，1962），第 28 页。

个僧人，是一个著名的禅师。另一个层面是将之读成一个宗教人物，一个特殊的原型，对于他的作用的理想化的描述。

《马祖语录》的第二个部分是马祖三次开示记录。第一次和第三次的开示都以"示众云"开头。这个说法与"上堂"（意思是登上法堂）这个术语一起经常用于禅师开示的开始部分。在禅宗文献里，这两个术语交替使用，都是在正式的场合，禅师要在法堂针对听众的问题，为弟子们讲解佛教解脱的要义，为他们解决教理上的困惑，激励他们在宗教实践上坚持下去。第二次开示是由一个不知名的僧人发问引起的，这是这一类文献共有的特征。

在他的开示中，马祖收放自如地引用佛经，一般不会提及其引文的出处。从这些引文的内容来看，开示的作用在于给弟子们讲解有关佛教的教义，给他们提供宗教指导和灵感。开示的格式是传统的，而其内容与洪州宗领袖人物的激进形象并不相符。在现代第二手资料里的马祖，常常是宗教革命家的形象，喜欢推翻旧有的传统，打破寺院固有的戒律。尽管三次开示展示了宗教学说的概念，带有洪州宗特征的直接修辞的风格，这是属于禅宗之前中国业已存在的佛教空之传统的论域。事实上，开示的内容大半是以援引佛经和譬喻串联在一起，并加上马祖对这些引文的解说。让我举例说明之（方括号里是我加上的引文出处）：

> [《维摩诘经云》:]"夫求法者，应无所求。"[就像《华严经》所说，]心外无别佛，佛外无别心。不取善、不舍恶，净秽两边，俱不依怙，达罪性空。念念不可得，无自性故。故[如《华严》和《楞伽经》所解释的那样，]"三界唯心，"[如《法句经》云]"森罗及万象，一法之所印"。凡所见色，皆是见心。心不自心，因色故有。汝但随时言说，[杜顺《法界观门》称之为]"即事即理"，都无所碍。菩提道果，亦复如是。①

运用开示作为宗教训导的媒介，并不是中国佛教独有的传统。从现存的巴利藏早期佛经中，佛教僧团在北印度建立之初，说法开示即已是宗教训示的主要形式。在中世纪时期，知名僧人的说法经常吸引大量听众，是中国佛教的一个普遍现象。说法通常包括对大乘佛经的诠释，由博学多闻的僧人主讲，主讲者被尊称为讲师，或其他相似的头衔。② 与禅师所用的这种教学模式接近的，是法会首座的唱导师。他们讲经说法并不依赖某部经典。③ 有些唱导师用大众喜闻乐见的通俗化的语言来讲经。有些方式被现今的佛教说法开示所采用，以适应知识阶层中的在家众和出家众。为了被中世纪中国佛教主流普遍认可，

---

① 《马祖语录》《续藏经》册一一九，第 406 页 a。见正见的英译，Poceski《日面佛》里的译文稍有改动，第 62 页。

② 见陈观胜《佛教在中国的演变》（Princeton：Princeton University Press，1973），第 240—241 页。讲师虽然博学但未开悟，这是禅宗文学中标准的修辞，与开悟的禅师正好形成鲜明的对照。《祖堂集》叙述马祖语录中类似的例子有洪州大安寺的住持和一个鬼魂的故事（长沙：岳麓书社 1996 年版），第 14 册，第 304—305 页。对于这类和尚形象的夸大，可见于大量的义解式传记，包括高僧传记的汇集，诸如《高僧传》。

③ 陈观胜：《佛教在中国的演变》，第 243—244 页。

像马祖这样的禅师的说法，便采用了非常传统的形式。[①] 在他的开示当中，马祖的作用相当于一个传统上讲经说法的法师的角色，就像许多在他之前的中国僧人那样——例如著名的天台大师智颙（538—597），以及在他之后的许多法师，也是如此。

当我们接着看到《马祖语录》的第三部分时，情况起了戏剧性的变化。这部分是马祖与他的出家及在家弟子的对话。文中的三十二场对话，是马祖与他弟子之间简洁的互动，其中很多弟子都在当时成为了最卓越的禅师。在禅宗公案中，最著名的是马祖回答其弟子的问题时，采用了非传统的教学法，诸如喝与打，以引领他们及时开悟。这些故事的写法使得马祖的行动就像是说法开示。尽管我们看到的是文字上的表达，但他们只是口头表达的记录，保留了真实事件的精髓。此种口头表达的印象又进一步被口语化的修辞风格所加深。对话者之间不仅直接彼此相关，而且也直接与他们讨论时的场合周围的环境氛围相关。同时，对中世纪寺院日常生活的简短描述，用来作为真实对话发生的背景。他们之间的交流在这样的背景之下变得极富意味。[②] 这些都是在作者并没有刻意地揭示其企图的情况下完成的。作者的用意是模糊的，而我们并没有这个故事的来源，只能去逐字推敲公案对话的记录了。

这些对话的写作暗示着，它们都代表了伟大的禅师开悟言行的忠实记录。他们的言行直接见证了佛道的本质，那便是蕴涵在中世纪寺院生活的日常情形中。在这些简短的交流中，传统的佛教讨论模式不复存在，几乎根本就没有佛教义理和实践的解说。取而代之的是短短的故事，描述马祖生动地、即兴地、率性自然地与其弟子互动的情形。最典型的例子是，在马祖非同寻常的启发下，水老开悟的故事。

> 洪州水老和尚初参祖（即马祖），问："如何是西来意？"祖云："礼拜著！"老才礼拜，祖便与一蹋。老大悟，起来抚掌，呵呵大笑云："也大奇！也大奇！百千三昧，无量妙义，只向一毛头上，便识得根源去。"便礼拜而退。后告众（在他自己的寺院）云："自从一吃马师蹋，直至如今笑不休。"[③]

在这个以及其他相似的故事里，马祖被描写成一个打破窠臼的卓尔不群的人，而不是一个丛林的住持，威仪严谨，大众以之为行为规范的楷模。在大多数叙述他和弟子互动的故事里，马祖的形象更多的是激进的宗教领袖，挑战传统的行为规范，引介新型的宗教话

---

① 柳田圣山认为，禅说法与当时流行的传统说法有明显的不同。见柳田圣山《語録の歴史》，pp. 513—514。他的论点是建基于他自己对禅宗独特教法的信念——确实，整个禅宗经验是独特的——但没有任何可靠的文献可资佐证。我们没有足够的资料去确定中唐时期的禅说法的确切形式和仪轨框架。对禅说法的最早的描述是《禅门规式》（10世纪末的作品）中的简短段落。附在《传灯录》卷6百丈传记中（台北：新文风1988年版），p. 117。由正见英译，Poceski：《日面佛》，p. 34。尽管我们缺乏确切的证据，但禅师们说法的仪轨脉络似乎与大多数唐代寺院中的说法仪轨并无二致。对佛教仪轨框架的描述，在寺院文献中可以找到，诸如元照的《四分律行事钞资持记》，《大正藏》册四十，第404页b。Ch'en在《佛教在中国的演变》中加以援引，见p. 247。也请参见Edwin O. Reischauer的翻译：《圆仁日记：入唐求法巡礼记》（New York：Ronald，1955），pp. 154—155，圆仁日记的翻译片断，叙述了圆仁在839年所听到的开示。

② Paul Ricoeur：《诠释学和人文科学：论语言，行为和诠释》（Cambridge：Cambridge University Press，1981），p. 148。

③ 《马祖语录》，《续藏经》册一一九，第408页a；正见，Poceski《日面佛》，p. 16。《古尊宿语录》里有不同的故事版本，《续藏经》册一一八，第80页d，见《日面佛》中的翻译，p. 92注解58。

语，与他所处的时代的风格迥然有异。

马祖形象的对立

马祖在其开示中的形象与其对话中的形象之差异是巨大的。在开示中，他是一个传统的讲经说法的法师角色（不管禅宗的开示有多么的不同），一个相当传统的宗教人物，对佛藏及其传统了然于胸，所采用的是佛教传统中一贯的宗教训导的模式。但是，在这些对话里，他似乎完全是反传统的，是一个偶像破坏的禅宗大师，喜欢做出自然的同时又常常是古怪的反应，颠倒了当时固有的观念。受到普遍的有关古代"禅宗大师"的影响，禅宗信徒和学者一般都只注意到马祖在对话中的形象。他们还倾向于掩盖或忽略对话中偶像破坏的形象与开示中保守的形象之间的差异。这就导致了很多禅宗书籍中所展现的马祖形象是偶像破坏者，一个激进人物，从很大意义上来说，是他创造了禅宗的传统。

既然偶像破坏的禅宗对话出现在马祖语录及其他洪州宗僧人语录里，而没有在马祖之前的其他禅师语录里出现过，日本学者于是就假设，在宋代禅宗文献里如此盛行的诘问式对话应该归功于马祖及其追随者。为了与诘问式对话作为新禅宗的标志这一观念相一致，形成马祖及其洪州禅特性的历史渊源就被忽略不计了，而这一历史渊源很可能是古代禅宗最主要的特征。

根据柳田圣山广泛被接受的解释，在马祖的领导之下，洪州宗发展了新型的诘问式对话作为实践的模式，成为此宗大胆崭新的宗教训练方式。此一理论将所有传统的佛教实践模式以及早期禅宗的坐禅实践排除在外。这一解释也反映在其他日本学者的论文中，使之成为了禅师及其弟子之间互动的天然的方式，不仅是主要的，而且还可能是唯一的宗教训练方式。这种公认的宗教训练范例，似乎使禅师们无须直接交流，无须用说理逻辑推导的形式来宣说其对真理的深刻的证悟。这就导致了人们把注意力从规范的佛教教义实践转移到开悟了的禅师的实际言行。这个新的进路与早期印度和中国佛教循规蹈矩的渐进得果之路形成了极大的反差，可以说是将中国佛教的基本特色进行了改造。[①]

那么，是否有任何可信的证据，用以证明宗教交流中的诘问式对话和实践是与马祖及其唐禅师相关呢？以马祖语录中丰富的对答故事来作为支持柳田圣山理论的证据，是否恰当呢？由鉴于诘问式对话的故事主宰了现行对古代禅宗的（谬误）解释，并将之作为独特的具有偶像破坏性的中国化的宗教运动，我们不妨试着将这些问题从否定面来回答，那将会是另一番景象，将有助于我们对禅宗历史、教义和实践的关键因素的理解。

我们可以说，水老顿悟的故事已经告诉了我们这些故事创作时期的禅宗。但那是什么时候呢？这些故事的内容应该是真实地反映了主人公的理念和实践呢？抑或这些故事可能只是反映了后期禅宗的人物形象，而并非是发生在马祖和水老这些僧人身上的真实事件

---

① 见柳田圣山的三篇文章，《馬祖禅の諸問題》，载 Indogaku bukkyōgaku kenkyū17，卷一（1968），pp. 37 - 38；《中国禅宗史》，载铃木大拙和西谷启治主编《禅の歴史 - 中国》，pp. 53 - 56；及《禅宗語録の形成》，Indogaku bukkyōgaku kenkyū18，卷一（1969），p. 40。对受到柳田聖山观点影响的诘问式对话模式的进一步研究，见 John McRae《中国禅宗的诘问式对话和修道之路的演变》，Robert E. Buswell 和 Robert M. Gimelio 主编《解脱之路：道及其在佛教思想中的演变》（Honolulu：University of Hawaii Press，1992），pp. 339 - 369。

呢？我们再将问题简化一些，即传统和当代的禅宗的作者，他们把这些故事作为古代禅宗的史料，这是否合理呢？或者他们将他们的诠释错误地建筑在伪造的文献资料上，与他们想要描写的传统并无直接关联呢？为了要回答这些问题，并试图解决马祖在开示和对话中明显矛盾的形象，我们必须检视这些记录的由来，也就是这些不同的形象首次出现的地方。

　　文本中三个部分的出处

　　对禅文学进一步的检视说明，由禅的主体文学体裁构成的文献，是复合性的结构。不管其编纂者如何尽力将作品组织成连贯一致的叙述，以便生动地再现禅师的宗教追求和开悟（马祖语录便是这类作品），它们就像色彩缤纷的拼板，汇集了各个通常是不调和的部分。所有语录体裁的文献以及编年史的传灯体裁都是这样构成的。事实上，两者的体裁有很多相通之处以及重叠之处。因为这两种文献的编辑和编纂者采用了同样的资料，虽然风格很不一样，目的也稍有不同。传灯编年史作品和语录体这两者所采用的基本的资料，都包括了传记部分、说法开示的记录，以及诘问式对话故事。两种文献之间存在着大量地互相借用的情况，并采用了同样的原始资料。出于这个原因，在内容方面，我们可以说，传灯编年史是禅师个人语录的浓缩，以系谱的方式将各个禅宗宗派传承依次排列组织。

　　我们一旦放下固有的观念，即认为禅语录真实地、连贯一致地记录了禅师们生动自然地揭示了不可言说的真理，那么，我们就有可能对禅宗作品类型进行严谨的检视，这些作品的创作组合自不同的文学样式。为了更好地明了这些文献，我们必须确定组成它们的每一种主要的文学样式的历史渊源，以下，我将通过追溯原始资料来讨论这个问题，这些资料是马祖语录三个组成部分（传记、开示以及对话）的来源。如此，我们就能确定这三个部分最早出现的内容的根据了。

　　首先，马祖语录里的传记部分以及其他禅文献中的传记主要是根据权德舆（759—818）和包佶（？—792）所写的两篇碑铭，这俩人是有名的文人和官员。他俩生前是好友，他们在江西任职期间，与马祖有私人往来。权德舆的石碑"唐故洪州开元寺道一禅师碑铭并序"是在791年写的，离马祖逝世仅三年。包佶写的纪念碑则在这之后不久。[1] 另外，简短的石碑铭文是在1966年江西靖安宝丰禅寺的马祖纪念塔下发现的。这篇铭文也写于791年，是为了纪念塔的落成典礼而写的。[2] 包佶的铭文已经失传，但在《宋高僧传·马祖传》中提及此文，此马祖传的部分内容很可能就是取材于此铭文。[3] 既然权德舆与马祖及其弟子交往过从，他应该了解马祖的一些生平细节。[4] 虽然为纪念宗教

---

　　① 马祖碑文有三个现存版本，保存在《全唐文》501.5106a—5107a，《唐文粹》64.1058—1059，以及《权载之文集》28.167a—168a。这三个版本非常相似，不同之处大多是因抄写的失误。

　　② 有关这个碑铭的发现和内容的简要信息，见陈柏泉《马祖禅师石函题记与张宗演天师圹记》，载《文史》14（1982），p.258。

　　③ 《宋高僧传》卷一〇，《大正藏》册五十，第766页c。也请参见西口芳男《馬祖の伝記》，载Zengaku kenkyū63（1984），p.117。

　　④ 权德舆也为章敬怀晖（756—815）写了碑铭，他是马祖主要弟子之一，在唐朝首府长安传法。这篇碑铭题为《唐章敬寺百岩大师碑铭并序》，见《全唐文》501.2260b—c，以及《文苑英华》866.4568a—b。

领袖，碑铭的写作摆脱不了当时流行的公式化了的惯用语句以及高僧传记的写法，我们还是可以有理由肯定，马祖生平的基本框架在当时的这些原始资料里，应该是相当准确的。

尽管我们没有现存的唐代有关马祖开示的写卷，根据足资佐证的间接证据，我们可以推测，现存的开示部分是根据早期编辑过的马祖说法记录的资料写成的。由于篇幅所限，我们不能从相关的文献中提供很多引文和具体的文本分析，我们仅将得出这个结论所提供的证据概括如下。首先，在他的弟子语录中，引用了很多马祖开示时的法语。包括提到了当时存在的记录马祖教学的"语本"。这在《祖堂集》里的东寺如会（744—823）和仰山慧寂（807—883）的传记中都有记载。如会传记里提到他时说，马祖的语本包括马祖闻名于世的法语"即心即佛"。在仰山的传记里则提到他说，马祖在他的开示中引用了《楞伽经》。① 这两者还都现存在马祖的开示中。马祖的开示还引用或间接提到其他早期的文献，诸如黄檗的《传心法要》，这是《宗镜录》中所引的无业的开示之一②，以及百丈的语录③。再者，我们可以进一步比较著名的禅宗史学家圭峰宗密（780—841）于830年间写的作品中对马祖禅法的记叙以及现存版本的马祖开示。通过比较，我们就会发现，宗密读过马祖9世纪初的开示，并吸收过来叙写洪州宗的禅法。④ 最后，从这些文献的文学结构、术语、经典的引用、义学内容来看，马祖的开示与编辑于9世纪的记录其弟子的禅法非常接近，诸如百丈的《广录》、黄檗的《传心法要》。尽管以上的每一个观点本身都还没有定论，但这些观点综合起来还是有相当说服力的，能够说明马祖开示的出处，乃是由其说法和演讲汇编而成。

总而言之，就对话的出处来看，并没有任何证据证明《马祖语录》中的对话部分曾经在唐代出现过。现存最早的文献，诸如《祖堂集》是在952年汇集的，是在马祖死后164年。另外，这个文献中有关马祖的传记只收录了《马祖语录》中32次对话中的5次，内容与《马祖语录》里的那些对话有很大的不同。⑤《宗镜录》是五代（907—960）时期的禅宗著作，包括了唐代的资料，收集了马祖所有的开示（还有两次附加的开示的摘录），但只收录了马祖的一次对话。⑥ 马祖大量的对话，1004年编成的《传灯录》里首次收录了进去，其中包括一些众所周知的对话。这些版本的对话只有些微的差别，《马祖语录》里的对话基本上取材于《传灯录》。《传灯录》是在马祖死后的两个多世纪编就的。

《马祖语录》的三个组成部分的原始材料概括如表1所示。

---

① 《祖堂集》15.338，《祖堂集》18.410。

② 有关马祖的引言，见《宗镜录》卷十四，《大正藏》册四十八，第492页a。有关黄檗的段落，见《大正藏》册四十八，第381页a（入矢义高：《伝心法要，宛陵録》，Enryō，p. 30）。有关无业的段落，见《宗镜录》卷九十八，《大正藏》册四十八，第942页c。这些段落的互为呼应在柳田圣山的《語録の歴史》中已经被指出来了。

③ 见《马祖语录》，《续藏经》册一一九，第406页c，《百丈广录》《续藏经》册一一八，第85页。

④ 详见笔者专著《中唐时期的禅宗洪州宗》（博士论文，University of California at Los Angeles，2000），pp. 98 – 101。

⑤ 《祖堂集》14.304—309。

⑥ 《大正藏》册四十八，第418页b，492页a，550页c，940页b。

表 1 　　　　　　　　　　　　　　《马祖语录》的三个组成部分的原始材料

出处 a	段落 b		
	传记	开示	对话
宝丰禅寺碑记（791）	2/7	0	0
铭文（791）	7/7	0	0
宝林传中的传记（801）c	1/7（7/7?）	0（更多?）0	
禅源都序及裴休 sheyiwen（c. 830）d	2/7	3/3	0
祖堂集中的传记（952）	5/7	1/3	5/32
宗镜录（961）	2/7	3/3（+2）	1
宋高僧传（988）	7/7	0	0
传灯录中的传记（1004）e	7/7	1/3（+1）	11/32
马祖语录（c. 1085）	7/7	3/3	32/32

a. 括弧中注明了文献的大致编纂日期。

b. 每一部分中的分段建立在下列标准上：（1）传记分成七个部分，每部分包含了马祖生平的基本信息——生卒年月，出生地，龚公山从怀让参学禅法，逗留洪州，与文人官员的交往，训练徒众；（2）根据《马祖语录》里记载，作为比较的开示次数以 3 为基数；（3）现存的对话分为 32 段，这是根据《马祖语录》里的分段。某一文献的内容和《马祖语录》里的相关段落之间的对应呈片断的形式。

c. 宝林传的最后一卷（卷一〇）有关马祖的传记现已失传，只剩下一些短短的片断。我猜想现存的额外的传记资料和开示摘录是来源于现存的尚保留了相关传记资料的这部文献中。《宝林传》中的最后两卷内容在椎名宏雄的两篇论文里，《宝林伝逸文の研究》，Komazawa daigaku bukkyōgakubu ronshū II（1980）：234—257；以及《宝林伝卷九卷十の逸文》，Shūgaku kenkyū 22（1980）：191—198。

d. 《大正藏》册四十八，第 402 页下。《续藏经》册一一〇，第 434 页 b—d。在这两部文献中，宗密没有直接引用马祖的开示，他只是简单提到或者用自己的话语概括了每次开示。参见他在《圆觉经大疏钞》对洪州宗的讨论部分。《续藏经》册十四，第 279 页 a—b。

e. 《传灯录》卷六，第 104—106 页。第二次开示是作为独立的文献推出的，而不是其传记的一部分。《传灯录》卷二十八，第 581—582 页。

　　表中显示的数据表明，早期唐代的出处中没有一处收录有对话。9 世纪初，诘问式对话根本不存在这一事实也由《宝林传》的内容得到了确证。尽管失传的关键的第十卷包括了马祖传记，根据现存的资料来看，这部刻画新近去世的禅宗传人马祖的文献显然是在诘问式对话肇始之前编辑的。

　　自从《祖堂集》中对话出现以后，传灯体文献中的对话数量便开始逐渐增加。《传灯录》中马祖传记里的对话只包括了能在《马祖语录》中找到的对话数量的 34%。如果我们把出现在马祖弟子传记中的另外 11 次对话加上去，那数量就是 22 次，相当于《马祖语录》里的对话总量的 69%。显然，《祖堂集》首先开始将对话作为有关马祖的记录的一部分，并把它包括进马祖的传记。而《传灯录》则将这部分大大地扩展了。从那以后，宋代文献中汇集的禅宗资料，诸如《天圣广灯录》（1029 编）和《古尊宿语录》（1178 编），继续将对话包括进去，占据马祖记录中的最大部分。① 所以，我们断定，只有到了 10 世纪中期之后，有关马祖及其弟子偶像破坏的对话故事，才开始被用来了解他们的宗教思想和教学手段，以及洪州宗的历史的关键元素。

文学上的变化

以上有关《马祖语录》的分析，提供了解决问题的简单办法。这问题是由马祖在开示中和对话中所显示的形象差异引起的。两种极端不同的形象可以用简单的事实来解释，那就是两种文学类型来源于不同的时期，为的是因应不同的宗教与社会困境。两类不同文学叙述模式反映了马祖形象的改变，反映了洪州宗的形象，以及其他的禅宗派别的形象。这些形象根据它们被创造的时代而不断改变，各个时代皆流通着那个时代禅宗正统的独特的理念，并且还受制于创作它们的不同的派别。马祖在开示中保守的传统佛教导师的形象，为其现存的传记材料所确认，此形象反映了他作为一个唐帝国南方大丛林的住持的真实历史现实。而我们在他的对话录里所见到的偶像破坏者的形象，则反映了他之后的时代对马祖半神话性质的刻画。马祖被刻画成一个新兴运动的激进领袖，挑战神圣化了的中世纪中国佛教传统，开辟了一条建立新的禅宗正统的道路。

直接与其不同的来源相关，开示与对话之间值得注意的差异之一，是在不同的编辑和版本里的相同的故事和开示。尽管马祖开示的不同版本和唐代其他禅师的开示并没有重大变化，但有关对话的情形，却完全是另一种情况。通过将禅语录的不同本子作仔细的比较，我们看到它们经常有很大的变化，同样的诘问式对话在不同的版本中却有巨大的差异。② 有些情况说明，相同或相似的故事却跟完全不同的僧人联系在一起。显然，因为许多对话原本是口头文学的创作和传播，在其历史发展的初期阶段，它们的内容尚未定型，所以相同的故事就产生了不同的版本。

为了要阐明由于不同版本的诘问式对话所带来的变化，让我们来检视马祖和他的弟子无业（761—823）初次见面的故事。下面是两种现存的有关这个故事的版本。为了比较的方便，两者并排罗列，各个划分成段落。两种版本中故事的部分相同之处（或者只是一些无关紧要的细节上的不同）用斜体字标明。标 1 的版本引自《马祖语录》，③ 标 2 的版本来自《宋高僧传》中有关无业的传记。④ 当我们将两者进行比较时，我们要记住，尽管它们确切的出处已无从查考，《宋高僧传》的版本较早一些，且不是为某一宗派树碑立传的，所以应该是较为可靠的史料来源。

[A1] 后［当无业］闻洪州大寂［即马祖］禅门之上首，特往瞻礼。业身逾六尺，屹若山立。顾必凝睇，声仵洪钟。大寂一见异之，笑而言曰："巍巍佛堂，其中

---

① 这些文献中马祖语录的概要，可以参见冲本克己《禅思想形成史の研究》，《研究报告》（Kyoto：Hanazono Daigaku gokusai zengaku kenkyūjō, 1998），pp. 351 – 353。

② 柳田圣山：《語録の歷史》，p. 545。

③ 《续藏经》册一一九，第 407 页 d；正见译，Poceski：《日面佛》，p. 74。

④ 《宋高僧传》卷一一，《大正藏》册五十，第 772 页 b—c；正见译，Poceski：《日面佛》，p. 90 注解 520。同一个对话的另外两个版本可以在《祖堂集》卷十四和《宋镜录》卷九十八，《大正藏》册四十八，第 942c—943 页 c 里找到。

无佛。"

　　［A2］汾州无业禅师参祖。祖睹其状貌瑰伟，语音如钟。乃曰："巍巍佛堂。其中无佛。"

　　［B1］业于是礼跪而言曰："至如三乘文学，粗穷其旨。尝闻禅门，即心是佛，实未能了。"

　　［B2］业礼跪而问曰："三乘文学，粗穷其旨。常闻禅门，即心是佛，实未能了。"

　　［C1］大寂曰："只未了底心即是，别物更无。不了时即是迷，若了即是悟。迷即众生，悟即是佛道。不离众生，岂别更有佛？亦犹手作拳，拳全手也。"

　　［C2］祖曰："只未了底心即是，更无别物。"

　　［D1］业言下豁然开悟。涕泪悲泣向大寂曰："本谓佛道长远，勤苦旷劫，方始得成。今日始知法身实相，本自具足。一切万法从心所生，但有名字，无有实者。"

　　［D2］业才出，祖召曰："大德。"业回首，祖云："是什么？"业便领悟。

　　［E1］大寂曰："如是如是，一切法性不生不灭，一切诸本自空寂。经云：'诸法从本来，常自寂灭相［涅槃］。'又云：'毕尽空寂舍。'又云：'诸法空为座。'此即诸佛如来，住此无所住处。若如是知，即住空寂舍，坐空法座。举足下足，不离道场。言下便了，更无渐次。所谓不动足，而登涅槃山者也。"

　　［E2］礼拜。祖云："这钝汉，礼拜作么？"

　　这类基本的故事情节是典型的此种体裁的禅宗文学的写法。年轻的无业去参访马祖的寺院，意欲从著名的禅师那儿接受教导，以便开悟。在 C 之前的段落，故事情节非常相似。但在这之后，有关禅宗的参学和开悟的经验就大相径庭了。《宋高僧传》中的无业传记属于早期的故事情节，其中对马祖禅法的描写相当保守，与最早的材料相符。这个故事版本缺乏戏剧性的痛苦，而我们期待从古典禅宗故事中找到这类情节。这个故事只是简单地将马祖写成一个善巧方便的导师，用很普通的教义解释并引经据典来指导他的弟子。这种指导的风格跟传统的导师并无二致。这个故事版本将无业描绘成，当他听到马祖简短的有关佛与众生一体相即的道理后，随即开悟。但故事并没有澄清无业开悟的认知论方面的情况。并且，无业的形象也过于冗长。E1 段落给我们提供了无业开悟的内容，他领悟到的是法身无处不在，不离自性。所有这些都是中国佛教标准的思想，并不代表禅宗特有的理念。在此形式和内容中，这段马祖与无业的对话记录与其他唐代洪州宗文献中所载的传统对话相似，例如黄檗与百丈的对话，其模式亦类似于禅宗初期的一些文献，诸如《坛经》以及神会的语录。

　　相反的，《马祖语录》的后期版本中的故事，则将无业描写成在马祖的激发下顿悟，无须借助传统模式的教诲。后期版本中的写法，我们见不到教义的解释，这与禅宗后来崇尚简洁明了，避免长篇大论的说教一致。人们认为，像马祖那样的禅师，应该是摒弃传统的说教形式，取而代之以更直接的交流方式，即直指心性。故事所呈现的非同寻常的教法，与人们理念中的禅宗独特的宗风相一致，那就是棒喝，起疑情，以沉默应机，等等。故事中以呼唤弟子的名字作为接引学人的契机，这是另一种新颖的教学法。根据铃木大拙、柳田圣山以及其他学者的研究，这是由洪州宗发展而来的，是一种新奇的表达风格，完全是中国式的开悟境界。

　　我们即使不将其晚期的来源考虑在内，第二个版本的故事内容本身也使我们对它的真实性产生怀疑。例如，在 B 段落，奇怪的是，故事描述了当时还不是禅门弟子的无业，在求法之时，却询问如何是祖师西来密传心印。这个公式化的问题很可能源自于早期尽人皆知的问题，那就是"如何是祖师西来意"。这在宋代禅宗文献里屡见不鲜。那是典型的禅宗内部相互诘问的例子，因北宋文献而流行起来，并在公案主导的时代达到顶峰。这显然不是像无业这样的人问的话，因为他还是第一次参见禅师。更有甚者，在去马祖寺院之前，无业虽已博览经藏，却连心佛一体的教义也不熟悉。这个故事的作者以及其他类似故事的作者努力想使这个教义成为禅宗独有的特色，但心佛相即的理论其实在唐中期已经是中国佛教主流教义的一部分了。像无业那样饱览佛法，却对这个理论一无所知，并且讶异于从这一理论引申出来的教理和实践，显然是不可能的。

后来版本的《马祖语录》中的这个故事，显然不是 8 世纪的这两个僧人相遇的记录。它应该读作是反映禅宗初期形象转化的记录，这一转化是在 10—11 世纪发生的。这个过程的关键特征，是重新塑造了故事人物，将马祖和他的弟子描绘成激进的偶像破坏者。这个转化的进程反映了禅宗信念的改变，以及某些禅宗宗派的派别需要。在很大程度上来说，这些变化反映了日益流行的对于唐代伟大禅师开悟历程的关注。至少就某种程度而言，他们反映了后来的禅宗团体对转变现存的或创作新的叙述模式所做的努力，因为这是为他们自己的传承体系服务的。唐代著名的禅师形象经常是根据新的禅宗范例来创造的，以反映后来禅宗各个流派的关注点及其意识形态的需求。实现这样的转变的捷径是重写早期的对话，其中某一位禅师是参与者；或者创造出新型的对话，其中禅师的言行与宗教理念和后来的禅宗支派的倾向相一致。至于马祖的情况，我们当然说的是临济宗，自从此宗缓慢地发展之后，在宋初蔚为大观，成为禅宗正统，而马祖则被追奉为祖师。

经藏，文献，诠释

我们看到，马祖语录里的三个部分（传记、说法以及对话）是不同历史时期的产物，有不同的文学背景，揭示了禅宗不同的支派，这些支派是在不断调整观念、教理、实践和体验中诞生的。上述分析说明，尽管马祖的说法和传记的记录在中唐时期是有据可查的，但却没有证据证明他的诘问式对话在 10 世纪中期仍然存在，或者证明这些对话与马祖有任何直接的联系。我们所发现的《马祖语录》中各部分的不同出处也同样适合中唐和晚唐时期的其他著名禅师的语录。

根据对禅宗初期讨论和实践中的诘问式对话原型的中心角色的理念，我们要注意的是，《马祖语录》中的对话缺乏唐代的出处，这种情况并非只限于这个文献。尽管后期禅宗文集包括了许多偶像破坏的对话，马祖及其弟子是其中的主角，文献中没有一个是唐代的（即 10 世纪前的）。我确实不能找到任何当代的证据来证明，唐时期有任何诘问式对话叙述，更遑论作为禅宗的主要教化媒介了。没有一件唐代遗存的文献中有对于诘问式对话模式的自觉意识。这有诸多碑文和题铭为证（诸如上述的百丈和黄檗的语录）。还有宗密有关禅的作品，唐文人的诗和其他作品，像《宝林传》一类的史书为证。再有就是禅师们自己的作品为证，如大珠慧海（生活于 8 世纪）阐扬禅旨的著作《顿悟入道要门论》，以及沩山灵佑（771—853）写的寺院生活的小册子《沩山警策》。

只有从 10 世纪中期起，有关马祖及其弟子的偶像破坏的对话故事才开始成为了（误）解其禅学思想和禅法的方法。而目前的状况则更加剧了这种误解，因为日本的宗派性的学术研究带有偏见的诠释，全盘接受了这样的观念。更毋庸说还有通俗化了的传统禅法和历史。那并不排除有些对话可能是口头相传而来的，因此至少部分是基于马祖及其他禅师生前所发生的事情。尽管这些故事也许从其历史脉络中抽取了出来，根据晚唐时期的观点和关注点而被重新铸造，但如此微细的关联实不易显示出来。即使可以显示，宋代呈现的、并经由现代评论者诠释的诘问式对话的交流和实践模式，显然并非在唐代流行。有鉴于此，诘问式对话的故事不应该被用作研究洪州宗历史、禅法和实践的史料。

经藏的建立，诸如马祖语录等禅藏成了界定宗派传统及建立其正统的参数。文献的写作变成了新涌现的经藏的一部分，其典型的风格是，武断地划分某一传统的历史来源和根本禅法。这样做的结果是模糊了经藏内容创作的复杂历史进程。禅藏在某种意义上来说是伪造的，而其极大部分——目前来说即指大量假冒的故事，其特征便是中、晚唐时期的著名禅师的诘问式对话——对学习佛教的学生（或扩而广之对宗教文学的学生）来说，对这一事实应该是不足为奇了。

印度和中国的佛教历史都是不断创作新文献的历史，这些新文献复杂的来源因将作者归于佛陀或其他著名的佛教领袖和思想家而模糊不清了。诸如译成中文的印度大乘佛经的出处，还有大量在中国出现的伪经和论藏。新文献的繁殖公开将自身提升至经藏的地位，或者是在不知情的情况下渐渐地被接受为佛经。这可能是由于中文大藏经本身就是一个开放的体系。既然禅藏的创作是为了形成其独立的宗教文学——其中一些最终成为经藏的一部分，被珍视为准历史知识的储藏室和权威的禅法——禅宗只不过是继承和适应了与之紧密关联的大的佛教传统，成为它的一部分罢了。

我们对经藏文献的解读和诠释，诸如《马祖语录》，因为明白了影响其起源、文学结构、意识形态以及制度上的脉络而得以言之有据。所有这些，反过来，可以根据与某类文献所属体裁的特征而加以定位。禅体裁的形成是一个渐进的过程，典型的禅宗论辩式的特色经过了相当长的一段时间。[①] 每一类体裁，包括上述简要讨论的名禅师的语录，是从之前存在的文学范式而来的。像禅语录体的编纂，乃是长期演变的结果——通过"综合，置换，或创造"——从一类或多类前期的类型发展而来。[②] 通过综合早期的文献因素，并介绍叙述结构的新方法，禅宗发展出了原创性文学，以反映其不断变动的宗教和制度上的关注点。

理解导致创作某一类禅宗体裁的进程，以及随之而形成的制度化，对我们明了托多罗夫的术语"写作模式"有很大的帮助。古代禅宗文献的作者以及他们的中世纪读者都使用了这一模式。[③] 如同根深蒂固的社会机构，业已形成的体裁所传达的是一种宗教和社会态度，体裁既是由此种态度形成，也同时反过来影响此种态度。[④] 像其他制度一样，类型体裁反映了占支配地位的意识形态，揭显了创造出这些体裁的社会组织或宗教传统的主要构成特性和价值。明了禅宗体裁的形成和作用，使得创作这些体裁的宗派的历史发展清楚明白地显现了出来。[⑤]

---

① 托多罗夫：《类型的源流》，载《新文学史》8，第1期（1976），p. 162。

② 同上书，p. 161。

③ 同上书，p. 163。

④ Heather Dubrow：《类型》（London：Methuen，1982），p. 4。

⑤ 见托多罗夫《类型的源流》，p. 162。

就诘问式对话在历史上的出现而言，我们目前还无法知道这些故事是如何以及为何创作出来的。① 我们也不清楚导致这些文献成为经藏的动力和详情。这些文献使得禅宗偶像破坏的形象大受欢迎，而这些形象则通过唐代马祖和其他伟大的禅师的诘问式对话而揭示了出来。尽管我们能够推测转变中的宗教的、社会的以及政治氛围的不同方面是如何影响了这一发展，为了能对这些问题以富于意义的、积极的方式进行回应，我们必须对禅宗历史和文学进行系统的研究，具体指 9 世纪和 10 世纪时期。那是唐朝最后的衰落期，以及五代和宋朝初期。遗憾的是，禅宗学者对这个时期很少加以关注。

目前的分析突出了现存的一些严重的问题，那就是迄今为止人们普遍地将诘问式对话作为了解马祖及其洪州宗，以及其他禅宗宗派的资料。大多数对洪州宗教义、实践和制度的误解，源于唐代禅宗的研究将重心放到了由后期禅宗宗派文学伪造的对话上，而无视早期的资料，这些早期资料显然与后期那些引人入胜的有关禅宗的观念南辕北辙。但这并不意味着那些伪造的对话对我们了解禅宗的历史演变毫无价值。它们对我们了解产生对话的宗教和社会环境、后续的传播和使用这些对话的传统有极为重要的意义。然而，所有这些都与洪州宗和唐代禅宗毫不相干，因为它们只是宋代的宗教历史及其后的产物。

关键的问题之一是建立区分禅宗叙述因素的可靠的标准。这些与唐代禅宗研究相关的叙述因素对了解宋代禅宗的社会和宗教环境更为有用。这并不是说，我们所采用的组织论的方法视早期的文献和叙述比后期的为优越。宗教的含义不仅是因为新兴的伟大的宗教领袖而产生，而且还由于他们所创造的崭新的传统和文献。新的含义因为变动的宗教观点和不同的地域条件而不断地产生出来。而这常常是被掩盖住的，被认为是某个祖师原来的言论的重述及其意思的澄清。像《马祖语录》这样的文献应该被读作至少有两点关联：历史脉络下的中唐时期的禅宗祖师的生活和禅法；在随后的禅宗环境和传统下盛行的宗教态度和意识形态所导致的这些祖师形象的演变。这两个方面都是史学研究的领域，但我们千万不要将两者混淆起来。混为一体的结果就使得这个以及其他类似文献的研究愈加复杂化了。但即使是上述简要地触及了文献来源、类型以及诠释等诸多问题，即使我们提出要对这些问题作谨慎的考量，这些文献的价值仍然是不可低估的，因其能使大背景下的问题得到澄清，也即是中国宗教史中不断演进的重要传统之形成，具体反映在祖师们的生平中（由真实的和虚构的这两个方面组成）。

（沈海燕　译）

马里奥·泊塞斯基（Mario Poceski）现为美国佛罗里达大学宗教系副教授，专攻中国唐代佛教史，著有《如来之显现》、《〈华严经〉中的佛境》、《马祖与洪州宗的思想》等文。

---

① 对于不同的禅宗话语可能是形成诘问式对话的因素的研究，见 McRae《诘问式对话的成因》。

中国禅学　第五卷
2010 年，第 154—174 页

黄檗录①

戴尔·怀特

内容提要　《传心法要》与《宛陵录》是黄檗禅师留与世人的两部重要作品。本文主要从这两部作品的起源、文本的文学结构与风格、文本所展示的禅法，以及文本在禅宗史上的传播情况等四个方面，对黄檗禅师的这两部作品做出详尽的解读。
关键词　黄檗　传心法要　宛陵录

黄檗，9 世纪禅宗大师，记录其禅法的经典语录在禅宗文献里占据着非常重要的地位，其重要性主要源于这样两个基本要素：其一，从传统禅宗的观点来看，即由于它是黄檗希运禅师说法的记录，而黄檗则不仅是马祖传下来的洪州禅法的早期传承者，还是历史上临济宗的创始人临济义玄的老师；其二，从现代佛教研究的角度来看，它是体现禅宗在传统上被认为是中国佛教发展的"黄金时代"（golden age）存在状态的一个最好例证。它的独特之处就在于明确地标示了写作年代，因此为我们提供了一个禅宗传统内部至关重要的历史标志。这篇文章中所称的"黄檗录"，包含两部早期编集的关于黄檗禅法的"语录"（recorded sayings）：一部是《传心法要》，另一部是《宛陵录》。

黄檗录的序是由它们最初的编撰者裴休于公元 857 年 9 月写成的，而 9 世纪中期正是禅宗在中国开始占据突出地位的时期。黄檗录不仅清楚地向我们展示了洪州宗在 9 世纪中期的禅法，而且还表明了一种既独特又强有力的禅宗教导模式的出现，这种教导模式为后来宋代经典禅的发展提供了重要基础。本文拟从四个主要方面对黄檗录加以说明：文本的起源、文本的文学结构与风格、文本所展示的禅法，以及文本在禅宗史上的传播情况。

黄檗录的由来

中国禅宗的发展和盛行与强大的唐王朝（618—906）在历史上的发展情况紧密相关。唐朝中期，王朝衰微和社会政治衰败的迹象非常明显。安史之乱（755—763）给王朝的政治结构造成毁灭性的打击，以至于统治者无法重新恢复早期建立起来的中央集权的政治制度。对于中国佛教而言，这些历史性变更的意义极为深远。在此之前，佛教已经得到帝国政府的赞助与支持，佛教寺庙也是"政府"的寺庙，管理僧侣的权力完全掌握在统治者手中。既然政府以财政支持的形式鼓励佛教发展，那么佛教的建立就不得不对中央政府

---

① 【译者按】Dale S. Wright，"The Huang - po Literature"，原载史蒂文·海涅（Steven Heine）、戴尔 S. 怀特（Dale S. Wright）编 The Zen Canon: Understanding the Classic Texts, Oxford University Press, 2004, pp. 107 - 135。

的统治有所让步，也就是说，佛教在中国的发展将按照统治者所命令或鼓励的那样去进行。然而，到了唐朝中后期，这种情况同禅宗的发展一样发生了急剧的变化。与其说中国禅宗从藩镇割据的历史情境中获益，不如更准确地说，如果不是由于政治和军事力量在中国的分散，那么，如我们所知的禅宗将永远也不会出现。正是在权力分散的情况下，各地军政官员纷纷开始支持各种形式的佛教发展，而禅宗也由于受到各方力量的支持，在晚唐走向了佛教革新以及宗教影响力的前沿。

目前对这种发展所能作出的理解是，黄檗希运禅师的弘法生涯正处于中央政府对宗教的控制权力最薄弱的时期，与此同时，中国南方地方护法的人数正在日益增加。黄檗，福建人，约出生于 8 世纪 80 年代①，幼年在黄檗山（译者按：在今福建省福清县）出家，法名希运。按照禅宗的传统说法，黄檗后来曾参学于著名的百丈怀海禅师门下，而怀海则不仅是禅宗清规的制定者，还是伟大的洪州禅法的创立者马祖道一的弟子。尽管这些传承谱系在禅宗传统内部至关重要，但事实上它们已被证实并不能说明黄檗作为一名年轻僧人在佛教传统中都学了些什么，以及跟谁学的任何情况。尽管如此，很明显的是，随着洪州地区禅法的迅速兴起，作为一名弘传洪州禅法的禅宗大师，黄檗的声誉在他所处的时代就已广为人知。

9 世纪 30 年代，就在伟大的佛教学者宗密撰写关于洪州禅法的作品时，黄檗已成为洪州宗当时最知名的禅师。尽管宗密没有提到黄檗的名字，而只是着重强调了马祖——洪州宗的创立者以及其中最著名的人物，但极有可能的是，当宗密在调查了解这种新的禅法时，他脑海中出现的正是黄檗。② 而此前，不知具体是在何时——也许就在黄檗的老师逝后不久③——继福建省他出家的寺庙之后，黄檗可能已在江西省的黄檗山开创了自己的寺庙。④ 关于黄檗在这段时期里的生活情况，传记资料没有为我们提供任何信息。

我们所能准确知道的是，公元 841 年，黄檗吸收到一名非常重要的弟子——既是学者又是官员的裴休——他将在二十年后对黄檗的禅法进行编撰和出版。黄檗与裴休之间交往的故事非常重要，它为我们提供了大量关于黄檗文本的内容，以及它是如何产生出来的信息。⑤ 裴休（787 或 797—860）出生于河南省一个知名的官宦人家。和他的兄弟们一样，裴休考中进士，并担任了一系列官职。公元 853 年裴休官至宰相，此时已近黄檗辞世之年。裴休终其一生都是一位热衷学问的知识分子。就在进入官场且地位日益显赫的情况下，他把注意力越来越多地集中到对佛教的研究与实行上，并且还竭力去寻求中国最著名的佛教老师。于是，就在裴休职业生涯的中期，他成了伟大的华严宗和禅宗学者宗密的弟

---

① 无人知晓黄檗的出生年月，柳田圣山猜测，黄檗约出生于公元 766—783 年间，但是没有任何已知的资料提到这一点。此外，黄檗的卒年亦无人所知，传统文献上的记载是，他约卒于大中年间，即公元 847—859 年间。

② 参见柳田圣山和入矢义高编辑的《传心法要》，《禅の语录》卷八（东京：筑摩书房 Chikuma shobo1969 年版），第 151 页。

③ 同上书，第 167 页。

④ 柳田圣山写到，黄檗寺的兴建可能是为了与较古老的由政府倡建的开元寺竞争。同上书，第 165 页。

⑤ 裴休事实上是我们了解黄檗的最佳信息来源，其他的一些年代较早且包含了某些准确信息的原始资料还包括：《祖堂集》卷一六、《宋高僧传》卷二〇，以及《景德传灯录》卷一〇。

子，并开始在其指导下进行佛教哲学和禅学方面的研究。①

　　作为宗密一名热诚的学生，裴休不仅研习了那时南宗禅的各系禅法，而且随着洪州宗在中国的盛行，裴休对这种禅法也表现出了格外的好奇。然而宗密本人作为荷泽一系的禅师，他对洪州一系的禅风则有所批评。对宗密而言，这种过于乡土气的佛教宗派缺少富于内涵的远见卓识，远不如他在荷泽禅以及华严宗的佛教哲学中所见到的那样。② 但是，亦如我们所见，裴休向他的老师提出许多质疑，不愿意如此轻易就屈从于宗密对洪州禅法的批评。③

　　公元841年，就在宗密逝后，裴休接受政府任命就职于江西，于是他借此时机寻访到洪州宗当时最重要的代表人物——著名的禅师黄檗。关于黄檗，裴休可能从宗密或是其他人那里就已有所知闻。在裴休后来编撰的关于黄檗禅法的文本序言中，裴休说明了在公元842年他是如何迎请黄檗下山，入主自己治所所在地钟陵龙兴寺传法，以及他又是如何"旦夕"向黄檗问道，并接受他的法教。《传心法要》的大部分内容就是直接源于裴休在这一历史性时刻所作笔记。以上事实也证明了，裴休与黄檗的第一次会面就发生在中国佛教遭受会昌（841—846）法难之前，在这次法难中，数千僧人遭到了政府的打击。尽管没有资料提到黄檗在会昌法难期间的处境和下落，但是学者们推测，就像那个时代的其他人一样，黄檗可能也已经隐栖山林以避开来自官府的严酷刑罚。

　　在这段关于黄檗生命记载的空白之后，我们在裴休的序言中继续读到，公元848年裴休迁任宛陵地区观察使，并再次礼迎黄檗出山到他的治所所在地传法。于是黄檗入主开元寺，并再次向裴休传授禅法。对此，裴休写道："旦夕受法，退而纪之。十得一二，佩为心印，不敢发扬。"④

　　裴休写下的这段宛陵受法于黄檗的记录，是我们对黄檗一生所能了解到的最后资料。如果寺庙碑文上的记录准确的话，可能就在此后不久，这位伟大的禅师（大中年间，849—857）即逝于黄檗山，并葬在了那里。其后，也许就是在裴休的鼓动下，黄檗受朝廷赐谥，且还受到了满朝权贵的敬重。对裴休而言，那一历史性时刻发生的一切都尤为重要，因为正是从那时起，黄檗巨大声望的建立成为可能。公元853年裴休调往京城任宰相之职，几年后，当裴休从相位退下来之后，他开始根据过去在钟陵龙兴寺和宛陵开元寺两地从黄檗参学时所作的笔记，对黄檗的禅法进行整理。裴休在序言中写到，自己先是对得

---

　　① 除了与宗密和黄檗的联系之外，在历史上，裴休还与华严宗学者澄观有所交游，在晚年他还与沩山灵祐有所交往，沩山是一位与黄檗同时代的著名禅宗大师，主要弘法于湖南一带。在中国历史上，裴休最为人所知的可能是他在书法上的卓越成就。裴休的传记可以在《旧唐书》（卷一七七）和《新唐书》（卷一八二）中找到。如要了解与裴休相关的更多信息，还可以参看 Jeff Broughton，"Tsung‐mi's Zen Prolegomenon：Introduction to an Exemplary Zen Canon"，in Steven Heine and Dale S. Wright, eds. , The Zen Canon ：Understanding the Classic Texts（Oxford University Press，2004），以及 Peter N. Gregory 的作品，尤其是《宗密与佛教中国化》（Tsung‐mi and the Sinification of Buddhism）一书（普林斯顿：普林斯顿大学出版社1991年版）。

　　② 参见柳田圣山《传心法要》，第158页。

　　③ 关于这一问题，Broughton 写道："裴休对洪州禅法的兴趣，在裴休向宗密提出的有关禅法的问题中可以进一步得到证明。当宗密不断地批评洪州禅法时，裴休则对这些批评持有保留态度。"见 Broughton, Tsung‐mi's Zen Prolegomenon：Introduction to an Exemplary Zen Canon。

　　④ 《大正藏》册四十八，第379页 c。

自黄檗的禅法"不敢发扬"，随后当他再次思考这一问题时，他又写道："今恐人神精义不闻于未来。"① 正是这种对黄檗禅法不传于后世的担忧，使裴休最终决定把笔记拿出来公开。同时，为了使笔记中包含的黄檗禅法能够完整而又准确地呈现在世人面前，裴休决定争取得到黄檗山那些长年听闻黄檗说法的长老们的帮助。于是，裴休于序言中继续写道："遂出之，授门下僧大舟、法建，归旧山之广唐寺，问长老法众，与往日常所亲闻同异如何也。"②

我们可以想象得到，当由前任宰相裴休编写的关于黄檗禅法的文本到达黄檗山时，在僧人中间引起的将会是一场多么大的震动。那里的僧人一定已经意识到，这对于将黄檗禅法传播到一个相当广大的杰出人群中去，将会是一个多么不同寻常的机会；毕竟，裴休可能已经是当时最著名和最具影响力的佛教徒之一，他与中国社会最上层人士的紧密联系已经为那时禅宗传统的突破性发展带来了某种可能。然而，裴休送手稿到寺院来只是为了让僧人们编辑、校订，以及完善它，以使它能够更好地代表黄檗禅师的完整法义。在裴休看来，寺庙里的长老们应该比他对黄檗禅师的说法有更好的理解，因此他很欢迎大家对他已经写下的手稿进行可能的增补和修订。今天的历史学家绝大多数追随于禅宗史研究专家柳田圣山之后，认为黄檗山的长老们早在黄檗禅师座下学习的那些年里，就已经拥有了他们自己写下和收集到的"私人笔记"。因此，裴休手稿的到来不过是给了他们一个机会，使他们得以把自己的笔记拿出来与裴休收集到的内容相比照。③

然而，具有讽刺意味的恰恰是这些笔记的存在。因为黄檗的许多教导都集中体现了他对中国佛教中拘泥于文本的修行方式的批评，以及对僧人们秘密记录禅师说法行为的批评。然而，有充分的理由以及大量证据表明，不管怎样，很多僧人确实已经这样做了，而且还把这种记录禅师说法的行为视为对自己参禅的一种帮助。④ 在这一问题上，即使是裴休，这位有着高深学问的士大夫，尽管最终担心黄檗禅法不闻于后世的想法说服了他把自己所作的笔记拿出来公开，但是在他所写下的序言中仍然表现出对编写一部记录黄檗禅法的文本的做法持有保留的态度。无论如何，考虑到禅宗对拘泥于文本的修行方式所作出的强烈批评，我们可能更想知道，僧人们在这一点上为什么没有服从禅师的教导。对此，柳田圣山作出的解释是："围绕在一位伟大导师身边的弟子人数越多，每一位学生单独接受指导的机会就越少。于是，对弟子们而言，那些与导师直接接触的时刻变得格外珍贵，一些弟子很快开始把这些经历秘密地记录下来。最后，某些倾心于这一行为的僧人开始把他们从其他弟子那里听来的，加上他们自己经历过的与导师言行相关的内容编集成文选。这是一种完全自然的发展。"⑤ 如果考虑到这些会面对于精神探索的重要性，尤其是考虑到那时的中国已经处在历史上文教水平很高的阶段，那么秘密地把与禅师会面的经过记录下

---

① 《大正藏》册四十八，第 379 页 c。

② 同上。

③ 《传心法要》，第 172 页。

④ 《祖堂集》谈到了这些记录了黄檗活动情况的"笔记"的流通情况：10 世纪中后期，就在写作《祖堂集》的那个时候，那些笔记都仍在流传。同上。

⑤ 柳田圣山，"The Recorded Sayings' Texts of Chinese Ch'an Buddhism," Whalen Lai and Lewis Lancaster, eds., Early Ch'an in China and Tibet（Berkeley：University of California Press, 1983），p. 187。

来的行为就是"完全自然的"了。① 一方面，黄檗在说法时一定已经准许了弟子们去默记和反省。毕竟，他是已经开悟了的禅师，他的心灵所处的状态是僧人们所寻求的。他的行为被认为是开悟之后的表现，他所说的话在某种意义上被认为是捕捉到了法的深意。正确地领悟这些话，并可以在日后对它们进行深入的思考，正是这些想法促使僧人们去寻求某种保留禅师话语的方法。另一方面，书写的技能已经在僧人的生活中以及在中国社会中广泛地传播开来，这一事实也意味着，在这种情况下，僧人们最自然的反应就是把禅师的说法略记下来，留待日后冥想之用。

考虑到这些个人笔记的存在，以及裴休就原稿向长老们请求帮助的情况，似乎很有可能的是，僧人们对裴休记录、编辑并送至寺庙的原稿进行了增补。没有人知道在黄檗山僧人们的帮助下原稿究竟增加了多少。但是，我们在黄檗录中可能会看到，在向黄檗提出的各种问题中反映出了各种各样的观点。一些观点清楚地显示了佛教修行内在的运作方式，似乎还反映出了僧人们的精神状态。还有一些问题询问的则是在家人应该如何修禅的问题。这些出发点上的不同足以清楚地表明，有各种各样明显的偏好存在于黄檗录最后的定稿中。

尽管印刷术早在此前就已被发明出来，但那时的中国很大程度上仍处于"手稿"文明中，在这种文明中，手写本佛教经典仍然是最常见的。为了得到一份黄檗录的副本，僧人们就得自己抄写，或是请别人抄写。在抄写的过程中，有两种情况会导致原稿发生改变。第一是简单的抄写错误，抄写一部很长的经典，你可能会犯错。的确，不发生错误事实上几乎是不可能的。第二，改变原稿可能是故意的。你能决定不抄写什么，比如第四卷，如果你认为第一到第三卷已经足够了，或者如果你认为第四卷可能没有包含你所要寻求的特殊教义。对于一个已被提到过的故事，你也可以决定去改变它出现的方式，仅仅是为了美化它，或是为了使它与你先前听到过的说法保持一致。或者，你可以增加另一个关于黄檗的故事，这个故事是你曾听到过，但是迄今为止还没有被收录在这一文本中的。在那时，手写本与口传本之间的区别还没有像印刷术流行的时代那么明显。无论如何，我们知道的是，一旦手稿"传播"开来，就如同在原始佛教文化中所发生的那样，各种各样的不同版本就会产生。只有在一个官方版本出现之后，那些广泛传播开来的各种不同版本才会开始渐渐减少或是彻底消失。就黄檗录而言，这一情况发生在公元1004年，这一年《景德传灯录》刊行，在其宏富的内容当中就包括了各种版本的黄檗录中的一种，这一版本于是成了事实上的黄檗录的官方版。

我们可以推测到，被黄檗山的僧人们编辑且修正过的手稿后来被送还给裴休。② 在认为手稿合于出版之后，裴休作了一个序，时间是857年10月8日，在序中，裴休解释了这一文本的内容是什么，以及它是如何产生出来的。就此而言，这份序言本身就是一份相当重要的历史文献。我们也可以想象到，至少有一个原始文本的副本被黄檗山的僧人们保

---

① 根据文献记载，差不多有一千名僧人学于黄檗门下，这也就意味着对于绝大多数的弟子而言，与黄檗进行私下交流几乎是不可能的。我们也了解到，这些弟子中有十二人获得了"心印"，并被印可足以堪任禅师。这十二人中最著名的当数临济义玄，他是禅宗临济一系公认的创立者，临济宗至今仍流行在中国、日本等地。

② 笔者认为在裴休为手稿作序之前，手稿就已经被送还到他的手里，这一推理源于裴休在序言中解释了他是如何把手稿交给两位僧人带回到黄檗山的。

留了下来，可能还以手抄本的形式在中国南方流传了很长时间。这个版本没有裴休的序。裴休的版本，包括序言，无疑在长安的知识分子当中流传着，后来还被选作最权威的版本予以刊行。无论如何，我们在此拥有的是一个难得的关于一份重要的佛教手稿的实例，这份手稿不仅包含有准确的时间，还写有它自己的来源。这也是一个很好的机会，通过这个机会，我们关于禅宗经典是如何形成的，可以从这份手稿中知道很多。

黄檗录的文学结构、风格和作者

粗略地来看，黄檗录显示出两种不同的文学形式，一种表现为讲道或直接说法，另一种则表现为一问一答的对话。如果更仔细地来看黄檗说法部分的内容，我们就会注意到，引出这些说法内容的方式也有所不同。少数教导是以个人的方式被引介出来，如文云"师谓休曰"，或云，"九月一日，师谓休曰"。这些段落看来代表了黄檗录的最初形式，也就是出自裴休与黄檗会面之后所作的笔记。这部分内容促使我们描绘出这样一幅图景：黄檗正私下与裴休会面，并向他授法。此外，更多的说法则根本没有被引介，也就是说，在不明确听法对象的情况下，说法内容就已直接展开。

一些说法重复着在文本中已经出现过的教义。这些内容就像是出自两个不同的人对同一次说法所作的记录。要么是编辑没有注意到内容的重复，要么就是他仅仅是把已经收集到的内容加在了一起。还有少数的说法则是以一种大家都非常熟悉的禅宗惯用语——"上堂"来作开场。这一术语只是意味着，接下来的开示是禅师在寺院的大堂里给僧众作的一次正式讲法——禅师进入大堂，登上在僧众前早已搭好的法座，然后开始说法。现存最早的一部关于禅宗寺院规章的法典是这样来描述上堂说法仪式的："全寺大众在早晚课时均须于法堂集会。长者上堂，升座主事，徒众雁立侧聆，宾主问酬，激扬宗风者，示依法而住也。"[1] 在禅宗发展的历史过程中，这些说法的仪式已经逐渐成为标准的日常规范，我们可以看到，它们明显地渗透在黄檗录中。禅师上堂说法显然是绝大多数僧人以及大多数佛教信众听受禅法的基本形式。尽管后出的禅宗文献倾向于废弃这种记录禅师说法的形式，但是这种文学形式的改变并不能说明大多数人接触法教的形式已经过渡到了口传的形式当中。在这一点上，回想一下就会发现，即使是最早的佛教文献——佛经，采取的也是讲法的形式。它们是佛陀本人的讲法，其后由亲近佛陀的弟子凭记忆把它们回忆和宣讲出来。在佛经演化了几个世纪之后，许多变得相当长和复杂，不再适合于宣讲。尽管这一事实显而易见，但佛经仍始终被认为是佛陀说法的正式形式。所以后世的禅师继续采用这种形式说法，也就不会令人感到奇怪了。[2]

除了被归为黄檗说法的内容之外，大约半数的黄檗录包含的都是禅师与弟子们的对话，这些弟子既包括出家人也包括在家人。这些对话每一段都是通过汉字"问"、"答"

---

[1] Martin Collcutt, Five Mountains: The Rinzai Zen Monastic Institution in Medieval Japan , Cambridge: Harvard University Press, 1981, pp. 138 – 145.

[2] 在这一点上 Mario Poceski 是正确的，如他所说，这种文学形式反映了初期禅宗一些保守的倾向，这些"保守倾向"仅在回顾过去的时候才会被发现，尽管认识到这一点也很重要，然而，只要禅宗作为中国文化先锋派的形象被牢固地树立起来，这些倾向就会在禅宗往后的发展中被否弃。Mario Poceski, "Mazu yulu and the Creation of the Chan Records of Sayings," in Steven Heine and Dale S. Wright, eds. , The Zen Canon : Understanding the Classic Texts (Oxford University Press, 2004) .

给出，所以可以很容易从文本中辨认出来。其中，每一个问题都是以一个非常简洁的、典型的短句提出。这可能反映出对话的记录者或是文本的编辑对提问者所说的话并不感兴趣，他们都想尽可能直接地获得黄檗的禅法。对这些问题的回答则从一句话到几段话详略不等。从上面对"上堂"这一仪式的描述我们可以看到，在正式说法之后允许有一段时间用于问答，这是那个时代的惯例。就此而言，既然说法和问答可以发生在同一场合，且还可以通过遵循这一仪式的弟子们的回忆同时被写入黄檗录中，可见这两种形式之间的区别可能并不重要。

强调直接的心灵体验的必要性是黄檗文本的主题之一，与此相关联的一个看法是，传统的研习佛教经典的修行方式不仅不能对直接经验起到支持或激发作用，反而更可能阻碍或妨碍了它的发生。黄檗录不时地向我们展现黄檗是如何嘲讽那些执著于经典的僧人，他们热衷于概念上或教义上的理解，却缺乏远见，故而不能了解这些从概念上获得的知解对于禅的真义来说其实都不重要。随着禅宗传统的向前发展，黄檗作为他的那位完全打破偶像的学生——临济义玄的老师，他的这种反教条的形象也随之被强调和放大，以便可以更明显地与他在临济宗里的地位保持一致。然而，如果我们带着这种视黄檗为极端反经典和反教条的观点来看问题，就很可能会错过黄檗录所展现出的另一个事实，即黄檗对大量的佛教教义和经典其实都相当的熟悉和通晓。事实上，不管黄檗是如何严厉地批评了那些不恰当的围绕佛教经典冥思苦想的行为，我们了解到的黄檗仍是一个有着广博的学识和受过长期经典训练的禅师，而且他的这一形象显然一直延续到了他生命的终点。

以上说法的证据就在于，黄檗录引用并提到了许多其他的佛教经典。由于黄檗录源自于裴休与黄檗山僧人们的笔记和回忆，故而我们有充分的理由相信，只要文本提到黄檗引用了某种特殊的佛教经典，这就足以向我们证明黄檗禅师确实曾参阅过其他的佛教文献。无论如何，即使是在不断提出反对经典的看法的过程中，黄檗录也仍是从较早的佛教经典出发来描绘它自身的内容和背景。黄檗录的说法和问答部分都有证据表明，黄檗曾参阅许多佛经以及早期中国佛教学者的著作来支持自己的论点。有时，它们通过"如某某云"或"如《金刚经》云"的方式被明白地指出；有时，一部早期经典的语言仅仅被借用而非引用。但是这两种方式都已向我们清楚地表明，不管黄檗是如何强烈地表达了他对拘泥于经典的修行方式的批评，但是黄檗时代的禅宗仍然认为，佛教传统的经典对于一个已经开悟了的佛教徒的发展来说仍然极为重要。

黄檗录的文学风格也非常有趣。作为唐朝初期的佛教文献，尽管文本所体现出的在言辞上对教义进行修饰的痕迹仍然非常明显，然而刻板的书面语言正在从文本中消失。取而代之的是一种在修辞上很有效的口语化风格开始出现，它会让我们感到我们正在聆听一次真实的说法，一次直接来自9世纪禅师黄檗的讲道。这种口语化的效果使得黄檗禅师如真人般跃然纸上，而不是如同一个被提出来象征禅宗传统的符号。而且这种风格还使我们不仅能够想象到那些禅宗行人的个性，还能够想到他们在一同真实说法的场景。这种写作风格的转变在禅宗文献中的影响非常巨大，随后几乎被禅宗所有"语录"类的文献所采用。

换句话说，这种文学风格也赋予了禅师以个性，同时，禅师形象的具体化对传统的自我印象亦有所加强。然而，黄檗录最主要的作者裴休，作为中国知识精英阶层中的一员，他所受过的教育一定已经使他熟稔于那一阶层所采用的正式和优雅的文体，这一事实不禁让我们感到迷惑：当裴休竭力向京城的知识界推介黄檗时，他是如何能够允许黄檗口语化的演讲风格如此强势地出现在文本之中？当然，我们并不知道答案。但有一种合理的猜测是，唐朝末年的中国已经发生了广泛的变革，其中包括：中央集权的瓦解，文化领袖散落到其他一些以前在中国并不知名的地方，以及这样的一个事实，即从一种文化品位向另一种的转变一直是全部人类历史长期的主题。无论如何，我们能明显感受到的是，黄檗毕生思考和说话的风格——我们如今所能够归之于他的，始终在中国文化的各个层面上发挥着重大的影响。

如何对黄檗录的体裁进行合适的定位，也是一个令人困惑的问题。传统上，因为黄檗录已被收入大型的"传灯"文集中，于是《传心法要》附带《宛陵录》也被当做了"语录"体文献的范例。从某种程度上看，既然它们声称是黄檗说法的记录，即如裴休在两段不同时期从黄檗那里受法的记录一样，那么我们也许确实可以视之为语录。但是，仔细考察这些文本就会发现，它们缺乏语录体文献所应具备的某些基本特征。① 在黄檗录中，文本的开头没有关于禅师生平的简介，然而在所有其他"传灯"类文献的"语录"体文本中，我们都可以找到这样的简介。裴休似乎对黄檗禅师的传记不感兴趣，或者是他还没有考虑过这一问题。在介绍了黄檗录的由来之后，裴休直接以说法和问答两种形式开始了对黄檗禅法的记述。似乎仅仅在后来，在这些伟大的禅师离开人世之后，为了将他们纳入错综复杂的传法谱系之中，收集禅师的传记资料才显得重要起来。这些需要搜集的典型"事实"包括：出生的时间和地点，在家姓氏，出家于何处，师从何人，以及证明其很早就具有宗教方面卓越才智的各种故事，通常在正文的最后还会写下禅师离开人世时的情景，以及与他的传法情况相关的诗文。尽管后来的一些传记资料也提供了某些与黄檗禅师相关的信息，但是在黄檗录中，所有这些与传记相关的典型事实都没有出现。

此外，另一个被遗漏了的要素也使得最早出现的黄檗录被归为语录体的问题变得更为复杂，这一要素即发生在黄檗与其他禅师、僧人，或是官员之间"机缘问答"（encounter dialogue）的事例。② 我们从柳田圣山那里了解到"机缘问答"这一术语，讲的是禅宗里关于一位已经得"法"（Dharma）的禅师，当他与其他人相遭遇时，相应于其他人的行为或言语而表现出各种言行举止的一些故事。在后来成熟的禅宗文献中，这些问答非常典型，并且直到目前为止那些由问答所展示的关于伟大禅师们的故事仍是最广为人知的。尽管早期的黄檗录没有包含任何一个这样的故事，③ 但是，在文本中我们看到了"机缘问答"的雏形。当文本向我们展示黄檗与一位僧人或是一个在家人在进行一问一答的对话时，当文本的作者或是编辑们采用一种强有力的口头语言向我们展示那一遭遇的场景时，我们离"机缘问答"已经仅有一步或是两步之遥。Poceski 曾正确地指出，现存唐朝的禅宗文献没有证据表明"机缘问答"的模式已经存在。④ 然而在黄檗录中我们却看到，它已经为几个世纪之后才出现的那一文学形式奠定了基础。后来出版的各种版本的黄檗录，其中都包含了"机缘问答"的情节，这一事实表明，人们已经意识到"机缘问答"在"语

---

① 参见 Mario Poceski, Mazu yulu and the Creation of the Chan Records of Sayings。

② 从历史角度对"机缘问答"进行的概述，可参见 John R. McRae, "The Antecedents of Encounter Dialogue in Chinese Zen Buddhism," in Steven Heine and Dale S. Wright, eds., The Kōan: Texts and Contexts in Zen Buddhism（New York: Oxford University Press, 2000）, pp. 46 – 74。

③ 毫无疑问，我们可以把这一事实当做进一步的证据来证明这一文献确实出自早期的作者之手。

④ 参见 Mario Poceski, Mazu yulu and the Creation of the Chan Records of Sayings。

录"体文本中的必要性。黄檗，这位在临济谱系中至关重要的禅宗大师，为了使他的一生及与其禅法相关的说明继续符合时代的需要，并继续发挥其强大的感召力，他的形象被不断地更新着，那些"机缘问答"的片断于是也就成了黄檗录的修订版在更新黄檗形象时所要采取的形式。①

在前述对黄檗录如何形成这一问题所作解释的基础上，我们可以清楚地看到，文本"作者"的构成相当复杂。尽管黄檗本人的确不是文本的作者，但我们可以肯定的是，文本所使用的语言和修辞的方式确实是他的。尽管裴休是文本最初的作者，但他认为自己写下的仅仅只是黄檗曾说过的话。此外，在裴休的邀请下，除他之外的其他人也对文本的形成作出了贡献。当裴休把原稿送到黄檗山时，他请求任何一位曾经熟识黄檗的僧人或法师帮助完善原稿。于是，他们也把自己收集的黄檗"语录"贡献出来，增添到原稿中，并且还帮助塑造了原稿的形式和风格。即便如此，黄檗文本也还没有定型。它以手写本的形式流通着，我们将永远也无法知道在流通的过程中文本的内容被谁以及为了什么原因，又增加了什么，或是又删除了什么。我们也无法知道究竟有多少种版本的黄檗录在流通，以及最终这些版本中的一种又是如何在宋代被选入官方版而得以出版出来。"共同创作"（communal composition）是我们理解这一时期禅宗文献作者身份的最佳途径，即使它采取的是一种不寻常的早期形式，黄檗录就毫不例外。尽管黄檗录确实在我们面前展现出了一位堪称禅宗修行与思想上之典范的黄檗禅师形象，但是我们最好还是把这一形象视为日益壮大的中国佛教界在一段相当重要的时期里的一种理想的投射。②

黄檗录中的禅法

黄檗录所体现的禅法不仅与刚形成的洪州禅法的革新标准相一致，而且还为我们了解临济传统在东亚地区的出现和发展提供了一个早期基础。尽管在马祖道一和百丈怀海更古老的文学残卷的断片中，以及在宗密③于 9 世纪 30 年代对禅宗所进行的描述、有时是批评性的说明中，都可以找到黄檗录中出现的大部分法义，或是与之非常接近的法义。④ 但是这并不表明黄檗录不具有创新性，而是表明了黄檗录的创新是在佛教思想大的传统之中进行的。就如同任何文化发展的任何时期，一位伟大的教师所传授的将会是那一时代最权威的思想一样，如果从禅宗传统的内部来看，作为禅宗代表性的人物之一，黄檗亦处在了禅宗发展"黄金时代"的顶峰时期，他所传授的禅法也体现了那个时代禅法的特色。⑤ 不管怎样，黄檗的形象已经成为推对禅宗传统向前发展、克服并超越它的过去形式这样一种创造性行为的象征。本文接下来对黄檗禅法的概述将从十个具有代表性的方面展开，随后

---

① 到《四家语录》出现时为止，这些故事已经成为黄檗录中最经久不衰的部分。

② 关于黄檗录的作者身份问题，见 Dale S. Wright, Philosophical Meditations on Zen Buddhism（Cambridge: Cambridge University Press, 1998），第一章。

③ 柳田圣山写到，洪州宗的出现是如此的强势，以至于宗密在他的作品中暗示到，活跃于那个时代的几个宗派当中，洪州宗是他自己所继承的荷泽宗想要取得成功的唯一真实的障碍。见《传心法要》，p. 160。

④ 与马祖相关的叙述可参见 Mario Poceski, Mazu yulu and the Creation of the Chan Records of Sayings, 与宗密相关的内容参见 Broughton, Tsung－mi's Zen Prolegomenon: Introduction to an Exemplary Zen Canon。

⑤ 很可能，黄檗录在教导学人的方法方面体现了更多的创造性，而不是在阐述概念的方面。

再探讨黄檗教导方法上的革新问题。

1. 有关传承（Transmission）的看法及禅宗宗派的观念

很明显，在黄檗录中，"禅宗"被认为是一种与他宗截然不同的佛教宗派，而且从起源、历史、传说和象征符号等方面就已经可以把它识别出来。尽管不是所有那些在宋代禅宗传统高度发展时所出现的口号和标志都可以在黄檗录中找到，但是已经出现的那些内容，足以表明文本的作者对于他们与众不同的传承有着一种清醒的认识。黄檗提到了菩提达摩——具有传奇色彩的禅宗"创立者"，提到了慧能——杰出的却未受过正规教育的"六祖"，还提到了摩诃迦叶从佛陀受"无言说法"（wordless Dharma）进而传衍下来的禅宗谱系。必要时，文本也会通过黄檗之口来声明"我此宗门"的独特之处，进而使禅宗与那个时代的其他佛教宗派区别开来。

尽管《传心法要》作为原稿的标题，在它第一次公开出现之后就被确立下来，但是根据我们从文本中理解到的法义，这一标题可能与文本的内容并不是那么相符。文本的法义集中探讨了"心"，以及觉悟了的心从一位禅师传向下一位的方式。至于单线的传承关系——即一位禅师传法给下一辈中的一位禅师——这种传承观与一种更加复杂和日益扩大的传承关系相对立，以及一位禅师传法给诸多后来者的传承关系，都没有在黄檗录中出现。但是既然黄檗门下出现了十二位已经开悟的弟子，比马祖门下开悟弟子的人数还要多，那么传承问题必在此后不久即成了一个需要探讨的主题。尽管黄檗录没有谈到具体的传承问题，但是关于传承的法义仍是黄檗录的基本思想，正是这种思想使得在中国已经持续发展了至少一个世纪的独特而又分散的"禅宗"得以凝聚起来。

2. 对"心"（mind）的理解

"心"是黄檗录中一个最重要的概念。事实上，裴休在序言中就已公开声明，黄檗"唯传一心"，除此之外"更无别法"。[①] 尽管这种带有修辞色彩的声明听起来的确很极端，但其中表达的基本思想其实并没有什么特别，既然在至少两个世纪的时间里，"心"一直是中国佛教徒修行和思考的焦点。"心"这个词对于表明中国佛教的特性是如此重要，以至于到黄檗录出现时为止，"心"事实上几乎成了一种类似于概念的符号。在这里，我所说的心指的是坐禅冥想的焦点，而不是概念反思的对象。

在这一点上，黄檗只是简单强调了充分发展了的中国佛教的基本点，也就是，不能以心捉心，心的直接领悟是获得觉悟唯一可能的方式。但是，不顾已经受到的不要对心进行思量分别的劝诫，黄檗录的许多内容仍然包含了那样做的努力，尽管其目的明显是为了深化精神实践。《传心法要》就是以试图说明什么是"一心"（one mind）来开始的："诸佛与一切众生，唯是一心，更无别法。此心无始已来，不曾生，不曾灭……不属有无……超过一切限量、名言、纵迹、对待。当体便是，动念即乖……唯此一心即是佛。"[②]

黄檗录的许多内容都在试图纠正对心所做的错误理解。通过限定，心不可能是经验的客体，它不是一个禅宗的修行人可以与之取得联系的什么东西。既然心是一切事物可以被感知的无形背景，那么它也不是在全体事物内部的什么东西。黄檗录对这一问题的解释非常巧妙，它强调指出，这种精神性的背景实质上是"敞开的"（open）或者是"空的"（empty），任何试图把你自己安放在它之前的努力都会使你被排除在它之外。心也不是经

---

① 《大正藏》册四十八，第 379 页 b—c。

② 同上书，第 379 页 c。

验的主体。因此黄檗录宣称，心中本就"无能，无所，无自，无他"（no subject, no object, no self, no other）。① 心与心所"相互依存"（co-arise），因此是无差别的。既然如裴休所言，黄檗"唯传一心，更无别法"，那么我们接下来将更有理由对这一令人难以捉摸的禅宗标志作进一步的探究。

3. 一切皆是佛性之用（Everything We Do Is the Functioning of the Buddha-nature）

如果如黄檗所称心外无别法，心即是佛，那么我们所做的一切皆与佛的行为一般无二。早在宗密对他那个时代出现的各类禅法进行分类时，就已经把洪州禅法（那时主要是以黄檗为代表）归入法性宗（Dharmatā Zen）一类，一切"皆是佛性全体之用"的法义也被挑选出来，作为此宗最重要的特征。此后不久，明显的是，这也成了中国佛教教义发展的方向。唯一的问题是，禅师们可能会把这种思想推至多远，而又不至于堕入思想上自相矛盾或是道德上荒唐可笑的境地之中。

宗密就认为，尽管洪州宗值得钦佩，然其可能已经跨越了那条界限，马祖所走的路就可能已经太过"极端"。② 然而，很明显的是，黄檗仍始终在推动这种思想向前发展，后来的中国佛教史则证明了这一策略的确非常成功。这种教义的早期形式还可以追溯到印度和中亚有关如来藏（梵文 tathāgatagarbha，英文 worb of the Buddha）的思想中，这种思想认为佛性内在于一切人事物当中。那么，找寻它就成为了一种内在的行为，也就是仅仅去发现那个已经内在于你的东西，无论是在你的潜能中还是在你的现实存在当中。因此，《传心法要》宣称："及一念证时，只证元来，自佛向上更不添得一物。"③ 这种说法在《宛陵录》中被表述为："此性纵汝迷时亦不失，悟时亦不得。"④

4. 顿悟观（The Concept of Sudden Awakening）

"顿悟"是黄檗录的一个基本思想，指的是顿时进入到某种意识状态当中，这种意识状态一直就是你存在的基石，但却从未被真正注意过。尽管文本中提及"顿悟"的地方非常之多，但却没有哪一处对它作过详细说明。这可能是由于对 9 世纪的中国佛教而言，还没有产生出对这一主题进行反思的必要，因为在此之前，佛教主流传统已经用几个世纪的时间就何为顿悟的问题达成了一致——即使修行人可能已经尽了全部的力量去努力获得它，悟也仍然是一种突然的、不期而至的、无计划的，以及不可理解的就会降临到修行人身上的事件。

关于"顿悟"，剩下的唯一问题就是，如何确切地说明它，或者如何把它与佛教修行以及其他的传统观念联系起来。这也正是黄檗表现出其创新性以及言辞上的强势的地方。在谈到顿悟这一问题时，黄檗和洪州传统的禅宗采用了道家的说法——既然你已经安住于道中，并且还不可能逃离它，那就是"无为"。因此，悟也就仅仅是从对这一事实的迷惘中醒悟过来。故而文本中写道："唯直下顿了自心本来是佛，无一法可得，无一行可修，此是无上道，此是真如佛。"⑤

---

① 《大正藏》册四十八，第 384 页 b。【译者按】：这一引文在《传心法要》中的原文为："但无生心动念、有无、长短、彼我、能所等心，心本是佛，佛本是心。"

② Jeffrey Broughton, Tsung-mi's Zen Prolegomenon: Introduction to an Examplary Zen Canon.

③ 《大正藏》册四十八，第 380 页 a。

④ 同上。

⑤ 同上。

在这一中国式"顿悟观"出现的背后，存在着许多文化和精神方面的动力，其中的一个重要动力即哲学认知，在这种哲学认知看来，宣称真实超越的某物通过增加的层级而出现在这个世界之外，好像"悟"就是在未悟的世界中发现的诸多事相中的又一种一样，这种声明是没有意义的。因此，曾是初唐佛教思想核心的"次第修行"的思想，在禅宗传统里遭到了严厉的批评。黄檗录不仅指出"修六度万行欲求成佛，即是次第"，①并解释了这种"次第修行"思想的产生仅仅是人们受到误导的结果：是因为持这种观点的人对成佛后的状态产生了错误的理解。"无始已来无次第佛！"②

如果自己的心要通过寻求才能获得佛性，那么日常的宗教修行将会在修行人自身和修行所要达成的目标之间进行分别，这样的修行事实上将会阻止"悟"的发生。因此，黄檗提倡静心，即停止所有的思虑，因为这些思虑会使心与真实的存在相分离。《宛陵录》称："若欲会得，但知无心，忽悟即得。"就在妄念澄清的那一刻，突然地，"悟"就会发生。这样的顿悟在文中通过隐喻的方式被大量地提到，如文云，它是"顿超"，故能"一超直入如来地"。③

5. 对"心念"（Conceptual Thinking）的批评

黄檗录与洪州宗的一条基本原则是，心念对于灵修和禅宗的开悟来说是有害的。理解这种批评是困难的，因为文本的作者在写作时显然没有考虑他自己的意见，但这也有助于我们把这一主题放回到历史的脉络中去理解。因为中国所继承的佛教很大程度上采用的都是深奥的经藏的形式，自然，在中国佛教最初发展的半个世纪的时间里，对经典的研习成为佛教发展的主流。直至唐朝初年，出家人中最受世人尊敬和最著名的，还是那些已经精通三藏的佛教学者。

禅宗的出现则标志着佛教内部对于传统学究气的研习方式反叛时代的到来，从这一点上出发，强调实修以及对教义的简化就会是首先要考虑的问题。对何为"菩提"这一问题的重新思考也就意味着从根本上重建中国佛教，如黄檗录一类的禅宗典籍在此新的重要问题上都起到了示范作用。如果觉悟就是顿时突破至某种意识状态，而这种状态本就与你紧密相连，以至于你早已安住于其中，那么寻常的思维活动就会失去其效用。因此，黄檗说道："息念忘虑，佛自现前，此心即是佛。"④ "此心即无心之心……但能无心，便是究竟。"⑤

在此，心念被认为是强加于我们所经验到的世界之上的一种活动。除心不仅不是要除去经验的多样性以及经验活动本身，反而还会增强它。佛性的"空"（emptiness）要在日常的生活中去体验，而不是以概念化的方式把它从日常生活中抽离出来。由此，《传心法要》在"除心"（eliminating thought）与"除事"（eliminating phenomen）这两者间进行了明确的区分，"事"是我们在这个世界上所经验到的，那么，除心就并非是要除掉这个世界。"愚人除事不除心，智者除心不除事。"⑥ 此外，黄檗还帮助推动了禅宗破除偶像这

---

① 《大正藏》册四十八，第 380 页 a。
② 同上。
③ 《大正藏》册四十八。
④ 同上书，第 385 页 b。
⑤ 同上书，第 383 页 c。
⑥ 同上书，第 379 页 c。

一传统的发展，他指出，即使是圣见也是觉悟的障碍，"才作佛见，便被佛障！"①

6. 无著，无求（No Attachment, No Seeking）

黄檗录提出无著无求的思想作为其合乎逻辑的基本结论。尽管无著也是初期佛教的一个突出主题，但是"求"涅槃仍被认为是获得涅槃的唯一方式。然而，随着时间的流逝，许多佛教徒开始认识到，精神上的寻求本身也附带着某种执著，既有公开表现出来的对某一目标的执著，也隐含着对所追寻的某人或某物的执著。黄檗对这一问题的看法是，菩提本身就是菩提，只有舍离寻求菩提的执著才可能获得觉悟。如果我们提醒自己，黄檗说法的对象绝大部分是出家人，他们已经献出自己的一生去致力于寻求觉悟，那么这一教义的基本含义将有望被澄清。然而，对于那些出家人而言，亦如同对我们自己来说一样，"不去求"，可能已经成为一则令人感到无比困惑难解的训诫。

然而，就如黄檗所指出的那样，问题就出在执著。如果言谈举止间没有执著，也就是"出言瞬目，尽同无漏"，②"到此之时无栖泊处，即是行诸佛行"。③在描绘出一幅无著的图景之后，黄檗进一步教导他的弟子们"唯学无求无著……离即是法，知离者是佛。"④这些教义具有一种强大的效果，它们会迫使你去考虑你正在追求的究竟是什么。黄檗戏称之为"向外求佛"。⑤他厉声问道："觅甚么实法？"⑥且还喝云："求之转失。"⑦这也正是他何以说"菩提无是处；佛亦不得菩提，众生亦不失菩提"⑧的原因。寻求过一种无求的生活，这一悖论导致了一种精神上的紧张，而正是这种紧张被认为对于达到开悟的目的非常有益！

7. 超越二元对立（Nondualism）

前述的所有思想都表明了超越二元对立在黄檗禅法中的重要性。心包容万物，而万物皆有佛性。只要做到息虑忘念、无所执著、不去寻求你认为自己还未拥有的，那么顿悟就可能发生，因为你已经知道了实无一法可得。通过这种方式被构想出来的世界不会是二元对立的，它不会与个体相分离，也就是说，它不会与一个感知它且无忧无虑地安住于它之上的个体相分离。由是，所有那些被概述过的主题，此刻，在禅当中，在一种超越二元对立的理解中获得成熟。于是，黄檗录说道："不起二见，不厌不欣。一切诸法，唯是一心。"⑨"明知一切众生本是菩提，不应更得菩提。"⑩

尽管生死轮回、一切皆苦的思想是一切佛教修行的基础，但是仍有几个佛教宗派，包括禅宗在内，认为这种思想不仅导致二见，而且还会使修行人的心陷入到认为觉悟遥遥无期的念头之中。这些佛教宗派还认为，修行所要达到的目标就是去获得这样一种认识，即我们本就拥有我们正在寻求的，只不过还需要意识到我们已经获得了它。在谈论这一问题

---

① 《大正藏》册四十八，第 380 页 a。
② 同上书，第 382 页 a。
③ 同上书，第 384 页 c。
④ 同上书，第 383 页 b。
⑤ 同上。
⑥ 《大正藏》册四十八，381a。
⑦ 同上书，379c。
⑧ 同上书，382b。
⑨ 同上书，第 385 页 c。
⑩ 同上书，第 381 页 b。

时，黄檗采取的方式是：通过打破修行人与佛之间的界限，进而使其确信自己早已与佛同在。如黄檗录中写道："汝但除却凡情圣境，心外更无别佛。"① 并且"佛与众生，尽是汝作妄见……作凡、作圣、作净、作秽等见，尽成其障"②。此外，还应留意的是，"佛道魔道俱恶"，③ 也就是说，宗教上的见解并不比世俗之见对菩提的威胁更少。

8. 无为与舍离（Spontaneity and Letting Go）

对于"求"而言，最好的选择就是寻求过一种无为的生活，简而言之，就是通过把你身边的一切都看做是佛性的显现，进而过一种与这个世界和谐一致的生活。如果这个世界真的没有二元对立，那么自然地生活于其中就是唯一合理的选择。总的来说，这种观点体现了洪州禅法的特色，并且在黄檗录中找到的说法也与之完全相符。在这一点上，尽管宗密可能并不完全赞成洪州宗的提法，但他也只是在对洪州禅法进行描述之后，于结尾处写到，洪州宗的修行法门可被称做是"任心为修"。④ 无疑，洪州宗的这一主旨不仅暗示了它思想中的本土来源，还明确地表现出了它对初唐时期社会上因袭的贵族式佛教的拒斥。⑤

黄檗对宗教权威的拒斥，以及对他们当前所具有的价值所作出的批评，使黄檗录更多地表现出了对"凡夫"（ordinary）精神世界的关注，即更多地关注于如何通过努力使"凡夫"的精神境从那种被贬抑的社会地位中提升出来。"平常心是道"、"劈柴担水皆是妙道"，这些洪州宗的通俗说法已经非常清楚地表明了这一点。此外，我们还可以从黄檗对古人的评价中明显看到洪州禅法的道家根源，如其云："古人心利，才闻一言便乃绝学，所以唤作绝学无为闲道人。"⑥ 在这段话中，黄檗提到了道家的"无为"，我们或可把"无为"称做一种内发性的行为（spontaneous action），这种行为不仅与广大的世界保持着和谐，且还与之融为一体无有分别。这种自发性的行为还要求人们做到舍离（letting go），就如下面这段话中所云："内外身心一切俱舍，犹如虚空无所取著，然后随方应物，能所皆忘，是为大舍。"⑦

9. 无畏（No Fear）

根据黄檗录所言，正是恐惧阻止了我们成佛，也正是恐惧妨碍了我们直接看到生活世界的真相。有关恐惧的论述遍布于黄檗录中，某程度上讲，这种情况是仅有的。不过，恐惧本来就是大乘佛教的一个传统主题，它最早出现在《般若波罗蜜多心经》中。这些佛教经典描述了新学菩萨在毫无任何经验的情况下听闻空义（the teaching of emptiness）后的反应——他们因惶恐而退缩，并怀疑这一教导的含意是虚无的和有害的。佛经中关于恐惧的主题与我们在黄檗录中找到的主题相类似，但是在黄檗录中，这种来自空无的威胁（部分是作为使用各种隐语所要表达的一个结果）不只是概念上的，甚至还会发生在实际经验当中。

在《传心法要》中，我们读到了这样的一段话："……外如虚空，不塞不碍。无能

---

① 《大正藏》册四十八，第 385 页 c。

② 同上书，第 383 页 a。

③ 同上书，第 384 页 c。

④ Jeffrey Broughton, Tsung – mi's Zen Prolegomenon：Introduction to an Examplary Zen Canon.

⑤ 这是柳田圣山在《传心法要》中谈到的一个重要论题，第 158 页。

⑥ 《大正藏》册四十八，第 382 页 c。

⑦ 同上书，第 382 页 a。

所，无方所，无相貌，无得失。趋者不敢入此法，恐落空无栖泊处，故望崖而退。"① 恐惧和不安全感几乎就像轮回所采取的最重要的形式一样，它们也是阻碍我们觉悟的原因，而不是如我们在初期佛教中所看到的那样，是爱欲或渴望妨碍了我们觉悟。对这一事实，黄檗叹惋道："凡人多不肯空心，恐落于空。不知自心本空！"② 黄檗录提出来解决这一问题的办法非常直截了当，尽管事实上远没有那么简单——通过一次精神性的超越从此即不再恐惧和不安。在这种情况下，顿悟可谓是修行人向自己发出的一次挑战——"拨手似君无一物"，③ 你必须勇敢地张开双臂，就像一个没有任何东西可以失去的人所能做到的那样。

10. 善巧方便（Skill – in – Means）

如同许多从唐朝初期发展而来的中国佛教哲学一样，黄檗录对印度佛教教义"善巧方便"（梵文 upāya）亦表现出了极大的兴趣。Upāya 强调的是，佛教教义的提出均与受教者的境况相关。在黄檗录中，《法华经》的内容频繁出现，而《法华经》最为人所知的地方可能就在于它推动了有关"善巧方便"这一思想的发展，由此可见，黄檗录的作者们正热衷于将《法华经》里这一有利的宗教思想纳入正在形成的禅宗传统当中。与后来的禅师所不同的是，黄檗不能完全无视传统的佛教教义和经典，事实上，文本中有大量证据表明，这位伟大的禅师对经典和教义都非常了解。与此同时，黄檗的兴趣也清楚地表现在对这些经典和教义重要性的否定上，他的否定是如此的果决，以至于黄檗录用了大量的笔墨来解释这些过时的教义是如何以及为什么对今人的精神状况而言已经不再适用。

例如，在列数了一连串出自佛教圣典的复杂教义之后，黄檗指出："若约佛乘及祖师相传，即不说如是事。唯有一心，非同非异，非因非果。"④ 然而，紧随这句话之后，颇具讽刺意味的是，《法华经》——这部作为佛教传统组成部分的经典，似乎又被从传统中剔除出来——被引用来支持要把传统弃置一边的观点。这一事实颇具讽刺意味，可能文本的作者们并没有认识到这一点。此外，在批判传统的同时，为了与佛教传统建立起一种无著的关联（unattached relation），在文本的另一处，黄檗又提出了他自己遵循的一条基本原则，即："不得于一机一教边守文作解。何以如此？实无有定法如来可说。"⑤

如同初期禅宗在宣说法义时所发生的情况一样，在黄檗录中，我们也看到了一种大胆的倾向，这种倾向使得禅宗逐步走出此前中国已经形成的佛教言说（Buddhist discourse）的传统方式，并开创出一种新式的宗教语言。黄檗显然是这一时代的一位过渡性的人物。⑥ 在此之后，如我们在宋朝初期的禅宗文献中所看到的那样，那时的禅师不再如黄檗以及早期洪州宗的禅师们那样，需要奋争于禅宗与传统佛教的紧张关系之间。相反，他们能够简单地以 9 世纪发生在灵性对话（spiritual discourse）领域中的那场革命作为先决条

---

① 《大正藏》册四十八，第 380 页 a。
② 同上书，第 382 页 a。
③ 同上书，第 383 页 b。
④ 同上书，第 384c—385 页 a。
⑤ 同上书，第 383 页 a。
⑥ 黄檗使用的一种最有效的手法就是通过使用道家的标志性用语来支持他关于"善巧方便"的说法，同时还与佛教传统建立起一种非正式的无著关联。在一段话中，黄檗谈到了"道"（Tao）这个字，他把"道"当做是一种善巧的方法，并指出古佛已经运用这种方法来使人们步入"道"（way）中。此外，黄檗文本还引用了《庄子》的名言："得鱼忘筌"。《大正藏》册四十八，第 382 页 c。

件，进而率先进入到围绕他们自己所使用的佛教术语而进行的那些冒险性的创造活动当中。在促成这一历史性发展的因素中，"善巧方便"或许是最为有效的启动因素之一。

黄檗录中的教导方法

黄檗录展示出，黄檗教导学人所使用的方法不仅非常有趣，而且还颇具新意。仔细检索初期及后期的禅宗文献，就会发现这些文献所体现出的一种发展趋向：从关于佛教学说的明确教导，转向非学说性的对话；从传统的在宗教思想上进行引导的努力，转向一种大胆创新的激发学人对现实经验进行改造的行为。黄檗录即正处于这一历史性变革的中期，它推动了这一变革取得某些实质性的进展。在黄檗录中，传统教义也被提出来讨论，然而讨论的要点则主要是对这些教义进行批评和价值重估。在这点上我们可以看到，文本中凸显出来的黄檗禅师的鲜明个性起到了决定性的作用。在文本中，这位既有着难以超越的精神高度又有着现实的崇高地位的伟大禅师黄檗，被视作一位强有力的宗教权威，在他面前，即使是宰相裴休也会谦卑地诚服于他之下。在某种程度上，黄檗还被描绘成具有压制权力的化身，他不仅绝不允许混淆佛教学说的情况继续发生，而且还总是直指禅宗"大义"，并要求他的弟子们要么努力达到那一高度，要么就从禅修的道路上走开。黄檗绝对是一位非同寻常的精神导师，故而，他的教导方法也给人留下了异常深刻的印象。下面我将就黄檗录中所采用的五种教导学人的方法作一个简要的介绍。

1. 直指 (Direct Pointing)

这种教导方法伴随着某种形式的精神活动，禅宗就是因"直指"这一方法而闻名于世。这种方法或者需要通过言辞来表达或者也可以无须言语，只是"直指"禅宗"大义"，而无意于去"教授"它、解释它，或是用客观的语言来描述它。在禅宗发展了几个世纪之后，这些"直指"的行为，从荒诞的措辞到暴力的举动，开始变得越来越不寻常。黄檗录即处于这种发展过程的早期。"直指"一词在文本中出现过几次，而每次出现都总是与禅宗初祖菩提达摩相关，并且还总是显得有点像从初期禅宗经典那里继承来的口号一样。因此，我们在黄檗录中看到，不管什么时候，只要黄檗想要举一个例子，说明一个为了彻底发起菩提心的人是如何将所有复杂深奥的教义弃置一边时，他就会提到菩提达摩（中国佛教里的达摩形象在一段时间里还一直处于被发展的状态中）。

例如，在面对弟子的提问时，黄檗做出了这样一个富有挑战性的回答："祖师西来，直指一切人全体是佛。汝今不识，执凡执圣，向外驰骋，还自迷心。"① 除了帮助发扬有关"直指"的思想之外（所谓的发扬，其实就是把这一口号和这种观念传诸后世），黄檗还有几种教导方法可谓与"直指"的形式等同，其中的一种就如以上引文所刻画的那样，黄檗在教导弟子时表现出了一种近乎于不耐烦的、问罪般的姿态。对此，我们仅能想象到的是，黄檗提高嗓门，并表现出失去耐心的样子，以此来训诫他的那些仍对法义感到迷惘的弟子。

2. 悖论语言 (Paradoxical Language)

在佛教传统中，崇高的精神交流使用一种悖论式的语言来进行，已经有了很长的历史，这种做法在其他的宗教传统中也并非无人知晓。黄檗最喜爱的两部大乘经典——

① 《大正藏》册四十八，第383页a。

《金刚经》和《维摩诘经》，就极擅长于将语言糅合成悖论的形式，并以此来证明佛教的第一义谛不可能通过语言来把捉。尽管"空"（emptiness）和"涅槃"（nirvana）的确是佛教的修行人必须领悟的两个观念，然而，如果不能成功地超越这些观念，以及超越为了领悟这些观念之含义而采取的种种行动，那么彻底的觉悟就不可能发生。黄檗坚信这一点，因此，在黄檗录中，我们看到他频繁地使用各种悖论，并期望通过这种方式使学人迸发出更深刻的洞察力，进而得以悟入禅中。

在黄檗录中，我们还可以很容易地看到这种教学策略是如何被运用于上文已经概述过的各种法义。如果禅宗修行所要达到的目标已经内在于你的生命中，或者说就在你的眼前，即使你的心还处于寻常状态故而还无法看到它，那么就需要一种异乎寻常的语言来引导你指向它。这里正好有一个这样的例子，黄檗为了引导学人说了这样一段最为矛盾的话："法本法无法，无法法亦法。今付无法时，法法何曾法。"①

3. 超越常规的修辞（Outrageous Rhetoric）

"直指"与"悖论语言"都是"超越常规的修辞"所采用的具体形式，黄檗试图通过这些不同寻常的、有着某种威慑力量的言说方式，促使学人摆脱任何来自传统的说教型谈话方式的束缚。除此之外，黄檗还采用了其他的一些方式。其中之一就是，通过某种方法彻底扭转提问人的思路，或者是通过反问的形式使提问者直接意识到问题的答案；或者是通过对提问者的引导，使他探查到所提的问题其实是以种种的错误设想为前提。这两种方式看上去似乎带有某种嘲弄的意味。因为在文本中，黄檗似乎总能以这样的一种方式使复杂的问题变得如此清楚明白，以至于可能会使询问的人看上去荒唐可笑。我们可以想象到，黄檗的这种做法，其结果一定远比任何耐心的解释更为有效，且还更有助于促进学人思想上转变的发生。正因为如此，所以当有人虔诚地询问有关"实法"（true Dharma）的问题时，黄檗则以另一个问题直接答（反问）道："觅甚么实法？"② 这一反问明显暗示了提问者关于"实法"是什么的设想本身就表现了这一问题的荒谬。又比如，当有人在设想"妄念"与"佛"两相对立的前提下向禅师发问时，黄檗回答道："汝今觉妄起时，觉正是佛。"③这种修辞的另一种形式则简单地通过打破僧团惯例的方式表现出来。在下面所举的这个例子中，黄檗禅师登上法座，大众亦如往日般准备聆听法教，然而，文本于此处所记的却是："上堂云：百种多知，不如无求最第一也。道人是无事人，实无许多般心，亦无道理可说。无事散去！"④ 可以说，文本中出现的这些片断已经提前预示了此后禅宗"机缘问答"这一传统的到来。

4. 讽喻（Allegory）

对于过渡时期的宗教思想而言，讽喻的使用当然并非黄檗录所独有，但是出现在黄檗录中的这一方法仍可算是一种值得注意且有效的教导工具。我使用"讽喻"一词主要是出于这样的一种认识，即重要的或是神圣的经典往往含有各种程度或是不同深度的意义，字面上直接表达出来的意思仅仅是我们进入文本真义或深义的一个最初入口。当然，由于受到"善巧方便"之一观念的影响——这一观念认为，佛陀有意同时说了各种不同程度

---

① 《大正藏》册四十八，第383页 c。
② 同上书，第382页 b。
③ 同上书，第385页 c。
④ 同上书，第383页 b。

的法，以此来与处于不同层次的人以及各种不同的精神问题相应——佛教徒也被鼓励通过字里行间的推理来理解佛教教义。

黄檗显然不满也不感兴趣于传统佛教学说对经典所作的字面本义的理解。我们在文本中看到，黄檗无意于讲解传统的经典和教义：他不是把它们视为低于顿悟的一种修行方式，就是通过讽喻的方式指出这些教义的内在意义其实就是指向顿悟本身。例如，当一位焦虑不安的提问者向黄檗询问一个传统的佛经故事中有关暴力和来生的说法时，黄檗即通过讽喻的手法首先将这一故事从其字面意思中抽离出来，然后又置入了"心"，这一他认为是唯一值得注意的主题。他回答道："才起心向外求者，名为歌利王爱游猎去；心不外游，即是忍辱仙人。"① 后来的禅师绝大多数都不再采用讽喻的方式来说法，他们对待传统教义不是简单的忽略过去，就是根本不予理睬。黄檗录则处于禅宗历史发展的转折点上，那时的人主要还是从"佛教"的发展脉络中来理解禅宗，故而要求禅宗与佛教传统的特质保持一致。值得注意的是，黄檗录中讽喻的说法方式主要出现在问答部分，谈话的主题均由他人给出，黄檗的出现不过是为了教导这些人对传统教义应该如何理解罢了。在他本人的说法当中，讲道的主题由禅师自己来定，这些传统教义则被简单地忽略过去。但是当他被问到与传统教义有关的问题时，我们在文本中看到，黄檗所采取的就是通过一种或另一种方式使提问者从那种思路中解脱出来，他不是通过直接地拒绝回答，就是迂回地通过讽喻的方式来说明：事实上 A "的真实意思是" B，或者 C "象征着" D。

5. **引用与典故**（Quotation and Allusion）

尽管黄檗录向我们展现了一位对佛教传统进行了严厉批评的禅师形象，但是它也清楚地向我们表明，黄檗不仅对各种传统经典非常熟悉，而且还从这些经典中获益，他的很多洞见就是源自于这些经典。尽管后出禅宗文献中的禅师形象纷纷表明，他们对黄檗的了解远较他们对佛经的了解为多，但是与黄檗相关的全部资料都表明，黄檗本人与传统的佛教经典的联系比起他与正在形成中的禅宗宗派的联系要紧密得多。但是，黄檗对经典的引用也是非常有选择的。他自然地倾向于引用和提到那些支持了他的特殊兴趣的经典，以及那些与空、心和善巧方便等佛教理论相关联的经典。

因此，在文本中，我们看到黄檗引用了《金刚经》、《维摩诘经》、《法华经》，或是那些与他思想相近的早期中国佛教学者的著作。从入矢义高对黄檗录所作的现代日译的大量注脚中，我们感受到黄檗的阅读面是何其的宽广。入矢发现，事实上黄檗录的每一段甚至是每一行的措辞都与其他的佛教经典相关，那些经典被以各种富有创造性和洞察力的方式接合在一起。有时，文本直接引用这些佛教的或是禅宗的资源，但是更多的时候，各种语言仅仅是有意或无意地被借用过来，并被运用于洪州宗新出现的精神导师——黄檗的说法之中。尽管黄檗是独一无二的，但是作为宗教文献当中一部富有创新性的作品，黄檗录与其他经典之间的依存关系则是非常广泛的。然而，作为一种教导学人的方法，这的确非常有效。

禅宗史上的黄檗录

就在 9 世纪 40 年代的中国南方，在黄檗一位在家弟子谦逊的笔下，黄檗录出现于世，

---

① 《大正藏》册四十八，第 386 页 a。

迄今为止，这一文本已历经了一段漫长而又可敬的历史。我们已经知道了这一文本是如何形成的——它是裴休与黄檗山的长老们共同努力的结果。《宋高僧传》里的一段早期文献又向我们说明了黄檗"语录"是如何遍行于世。尽管当时的人所能想象到的"世"仅指中华帝国中的僧侣世界，但是不久之后这一文本就流传到了其他的文化中，并且最终还出现在世界各国的书架上。以下就是对这一有趣的历史过程所作的一个简单回顾。

黄檗录似乎在其流传的初期就已取得了巨大的成功。这可能要归因于以下两个重要因素，一个是裴休显赫的贵族地位，另一个则是临济宗与日俱增的声望。《宋高僧传》称，黄檗的"法语"被记录下来"行于世"。① 如人们所知，黄檗录在中国和日本的贵族及文人学士中尤其受到推崇。在中国的宋朝这种情形确实如此，佛教在当时的社会上层人士当中尤其受到尊崇。无论是北宋还是南宋，许多文人学士都参与到编辑和出版黄檗录的事务当中。公元 1004 年，《景德传灯录》挑选、编辑和出版了众多版本的黄檗录中的一种，这一版本遂成为许多类似的出版物中的第一种。事实上，黄檗录也是唯一一部以独立的形式被收录在《大藏经》里的"语录"。如柳田圣山所说，这似乎表明了这一文本的某种特殊的地位，实际上是一种似乎与佛经——佛陀说法的记录——相等同的地位。②

然而，宋代出现的两种发展情况对黄檗录的流传发生了重大影响，一种是消极的，另一种是积极的。首先，新的文学形式的禅宗经典的出现使得黄檗语录看上去古旧。如果我们可以把黄檗录视作语录早期未成熟的形式的话，那么发生的情况就仅仅是发展成熟了的语录录取代了黄檗的文本。后来的语录更像是简洁的传记，其中的信息包括：禅师的出生、家庭所在地、早期从学于著名禅师门下的经历，以及其他的相关情况，例如他们学于何处、跟谁学，他们在哪里传法、何时以及向谁传法，还包括他们是何时以及怎样离开人世的。这种准传记模式成为宋代禅宗文献的标准，它使得关于黄檗说法的记录显得似乎不够有远见。也许更重要的是，后来的语录特别强调了很多与禅师相关的逸闻趣事，这些传说展现了禅师们不合常规的言行举止。与此同时，这些禅宗经典也越来越不重视或者甚至是放弃了正式说法的形式或是对法义的发展，而这事实上曾是黄檗录的核心。

成为一位伟大的禅师也就意味着要有很多各种各样的故事来证明他与众不同的言行，而不是如同在说教的背景下那样，要有各种各样需要被详细解释的学说上的主题。尽管黄檗在他所处的那个时代确实极不寻常，然而当裴休和 9 世纪的僧人共同为我们展现的黄檗形象，与后出的更为古怪的禅师形象相比时，则开始显得保守。这其中隐含了某种讽刺的意味：黄檗以理性的方式努力论证了反教条、反逻辑的主张，而正是黄檗和其他禅师对反教条、反逻辑的强调，说服了后世的禅宗行人放弃了所有像黄檗曾付出过的努力。事实上，正是黄檗的逻辑诱使后世的禅宗行人进入到非逻辑的见解当中，也正是从这种非逻辑的看法出发，黄檗录才变得不再如此令人感到有趣。

这种转变除了表现为黄檗录的吸引力日益减少之外，还表现为在中国禅宗内部，由于黄檗录的问答部分看起来可能更像是宋代流行的有关"机缘问答"的文献，所以对黄檗录的阅读也就更多地集中在了问答部分而不是说法部分。另外，就在那个时候，另一种历史发展也在进行之中，这一发展将开始在某种程度上扭转局面。也就是在那时"新儒家"（neo—Confucian）传统的复兴正在开始形成，而这些儒家知识分子试图对他们的学说进

---

① 《宋高僧传》，《大正藏》册五十，第 842 页 bc。
② 柳田圣山：《传心法要》，第 181—182 页。

行界定的方式之一就是对准佛教展开猛烈的抨击。对于那个时代的中国知识分子而言，"佛教"就意味着禅佛教，而禅宗也确实成了他们集中火力猛烈批判的对象。[①] 最容易招致批评的可能就是新涌现出来的不讲任何学说教义的禅宗，这类禅佛教在大多数宋代"语录"和早期公案里均可以找到。然而，黄檗录由于写于较这些文献稍早的时代，似乎已经逃过了这场批判，因为黄檗的禅法即便含有对逻辑和教义的严厉批评，但它本身仍然是逻辑性和学说性的。因为这一原因，在这场反佛风暴的过程中，黄檗录仍继续以其精湛纯熟的面貌展现在世人面前，并且还被新儒家和众多佛教学者所引用，进而出现在各种不同主题的文本之中。

黄檗录于 1004 年在《景德传灯录》中正式出版之后，又有一系列重要的包含了黄檗录的历史文献出版。在下面这部重要的禅宗文献——1036 年出版的《天圣广灯录》中，临济的观点开始居于主导地位，这显示了临济宗在 11 世纪处于优势的状况。含有黄檗录在内的《天圣广灯录》，1148 年以完整版佛教经典的形式于福州印制出版，《天圣广灯录》的出版对于促进黄檗和临济宗思想的发展发挥了深远的影响。黄檗是临济的老师，由于这一缘故，也有必要将他纳入到当时居于优势地位的临济宗最神圣的谱系之中，在此后的几个世纪，新的关于黄檗的故事开始出现，并逐渐被增加到此前已出现的黄檗录中。到明代，黄檗录已经加入了大量与禅师相关的"机缘问答"的内容，所有这些都是以一种后来出现的文风写下的，而这些内容则启发了以公案为中心的完全成熟的中国禅宗的发展。在明代版的《四家语录》中，黄檗"机缘问答"的故事并排出现在其他三位临济宗伟大铸造者——马祖、百丈和临济的故事中间，这些故事还展现了黄檗禅师完整的个性，进而使他无论从风格上还是深度上都具备了丝毫不逊于其他那些禅宗硕德的光彩。[②]

我们并不清楚黄檗录的第一份抄本是何时出现在日本的。但是它在日本被大量详尽地引用是在 13 世纪早期的一份文献中，这无疑表明在此之前它已经流传到了日本。[③] 日本的禅宗史研究专家宇井伯寿（Ui Hakuju）认为，有大量可靠证据表明，是荣西（Eisai）这位日本临济宗的创始人，把黄檗录从中国带回了日本。《传心法要》在日本的第一次出版是在 1283 年，并成为在日本出版的第一部"语录"。有证据表明，这些文本在镰仓时代（Kamakura period）初期曾非常流行，不仅流行于临济宗的僧人中，而且还流行于那时为止仍支配着整个日本新的社会秩序的武士中。[④] 考虑到文本所具有的逻辑性，即使恰恰是破坏逻辑的，黄檗录可能确实更容易被理解，因而可以被更广大的读者所接受。有人可能会猜测，这一文本可能在日本也已经发挥了某种作用，就像它在中国所做的那样，说得更准确些，通过它的逻辑分析的进程，在其中"菩提"超越了语言和逻辑，它可能确实为帮助人们欣赏后来于室町时代（Muramachi period）出现的非逻辑的"机缘对话"和公案文本铺平了道路。

最后，无疑也是意义重大的，黄檗录还是第一部完全被翻译成英文的禅宗文献，或许

---

① 令人感到有趣的是，朱熹和其他的宋代新儒家都使用了宗密对他那个时代禅佛教的分析，并把宗密的分析作为他们批评禅宗的一个基础，对他们而言，宗密的分析之所以有用，就是因为宗密已经卷入到了反对洪州宗（临济宗的先驱）的派系争端之中。

② ZZ 2，24—25。

③ 柳田圣山：《传心法要》，第 182 页。

④ 同上书，第 182—183 页。

也正因此而被翻成了任何一种欧洲语言。在 20 世纪 50 年代的中国，John Blofeld 在他的佛学老师的帮助下，把《传心法要》翻译成了英文，题为 *The Zen Teaching of Huang - po on the Transmission of Mind*，此书于 1959 年出版，并且即刻就被吸收到了"棒喝禅"（Beat Zen）的运动中。与此同时，几乎完全关注于临济禅的铃木大拙还对黄檗录进行了解释性的评论和小段的翻译，这些工作开始出现在铃木众多的用英语完成的作品当中。这些作品有许多也把黄檗刻画成临济本人的良师益友。正是通过以上两种资源，黄檗的形象如今已传播到了全世界，也正是因为它们，我们可以合理地推测，关于黄檗录的故事还远远没有结束。

（秦　瑜　译）

戴尔·怀特（Dales wright），为西方学院（Occidental College）宗教研究与亚洲研究教授，他的研究领域是佛教哲学，特别是华严宗和禅宗，主要研究黄檗禅，其代表作为《禅佛教的哲学冥想》(Dales wright, *Philosophical Meditations on Zen Buddhism*, Combridge：Cambridge University Press，1998)。

中国禅学 第五卷
2010 年，第 175—192 页

中国禅宗"机缘问答"的先例①

约翰·R. 马克瑞

内容提要 该文主要探讨了"机缘问答"这一特殊方式在中国禅学历史中的地位和变化发展，作者重点讨论了"机缘问答"在"早期禅"思想中的各种不同形式、内涵、系谱结构，以及应用等问题，从新的方法论角度对"机缘问答"进行了深入的分析阐发。

关键词 机缘问答 早期禅 北宗 南宗

一 问答在禅门中的地位

无论是描述中世纪的还是描述现代的禅修，总离不了问答、叙事和口语，何以如此？对于佛教禅宗以外的其他宗派，人们似乎都可以用一组相对简洁的教义和修行方法加以描画，如四谛、八正道，或某些仪式、某种自修法门。但对于禅，唯一的办法似乎只有采取一系列叙事：若解释禅宗重心悟，就要说一说慧可断臂听菩提达摩开示的故事；说明禅宗怎样看待坐禅，就得讲一讲怀让如何假装磨砖作镜以接引马祖；至于真正的觉悟何以超乎名言，则需引入黄檗希运与临济义玄之间别具一格的拳打棒喝才可能描述清楚。这一描画方式，绝非中世纪的中国禅宗所独有。一休于京都二条桥下的逗留，即是一个来自中世纪日本禅宗的例子。② 翻开 20 世纪的禅学作品，人们恐怕很难找到一页不用故事来解释的。铃木大拙无疑是这一策略最有名的实践者。他的标准进路往往是这样："禅是如此这般，让我用几则故事来说明我的意思。"不过，他完全不是以解释为旨归。事实上，铃木讲的故事都是借已开悟的禅师之口说出。在禅宗的解释中，问答、叙事和口语为何受到如此重视？

很多读者不可能马上明白，这个问题既有意义又很重要的原因何在。因为把禅等同于

---

① John R. McRae，"The Antecedents of Encounter Dialogue in Chinese Ch'an Buddhism"，原载史蒂文·海涅（Steven Heine）、戴尔 S. 怀特（Dale S. Wright）编《公案：禅宗的文本和语境》（*The Koan：Texts and Contexts in Zen Buddhism*）（Oxford University Press，2000），pp. 46 – 74。——译者。

② 关于这些先例，下面两种书可以提供有用的信息：海因里希·杜莫林（Heinrich Dumoulin）著，詹姆士·W. 海西希（James W. Heisig）、保罗·尼特（Paul Knitter）译：《禅宗史》卷一（Zen Buddhism：A History. Volume 1：India and China，With a New Supplement on the Northern School of Chinese Zen）（New York：Macmian，1988），pp. 92，163，182 – 183；詹姆士·H. 桑福德（James H. Sanford）：《禅师一休》（Zen – man Ikkyu）（Chico，Cal.：Scholars Press，1981）。

故事，就如同我们对共享的宇宙论或世界观的感知一般，认为它自然是真的、显然是真的。① 也就是说，口语之于禅修，就如同人类呼吸空气、鱼儿畅游碧水一样不言而喻。思考禅以及对禅的描述为什么强调口语的问题，几乎相当于追问为什么存在万有引力。但是，这恰恰是关键之所在：现代物理学通过解释无所不在的力取得了重大进展，我们也应该把目光共同转向禅宗最普通的特征，即它对语言的特殊用法。这个过程的第一步，便是认识到禅宗本身以及人们谈论禅宗之时，对于语言、叙事和口语的使用具有真正深刻的"特殊性"。也就是说，我们应当自觉地"去熟悉化"——习见的禅的修辞使我们对吊诡和荒诞见怪不怪，把奇异之处过于简单地当做"禅师的行为"接受下来。本文试图证明，禅宗文献对禅师与弟子的描述方式并没有任何预定或必需的因素。把禅作为文化现象与宗教现象加以理解，首先就是要认识到这些描述具有很大的偶然性和特定的历史条件。铃木俊隆是旧金山禅修中心的创始人，也是美国最受爱戴的禅修偶像之一。借用他的话来说，对禅本身的理解需要一颗"初心"。②

　　本文将详细描画影响禅宗机缘问答之发生的各种因素。由于篇幅所限，再加上笔者对这个问题的研究刚刚起步，本文无意于分析所有这些因素如何相互作用产生出历史文献所明载的结果。本文的重点是把"主犯"揪出来，而不是企图把所有的"共犯"一网打尽。

　　不过，在着手分析之前，我们有必要弄清楚什么是机缘问答，以及当机缘问答出现时如何对其进行辨认。这就把我们带到了两个相区别的领域：第一，口语和书面记录之间的差异；第二，禅的历史演化和可能包含机缘问答记录的文本在类型上的历史演化。

　　柳田圣山把"机缘问答"英译为"encounter dialogue"。机缘问答是一些发生在禅师与门人之间的提问与回应。③或者说，机缘问答是一种特殊的口头实践。通过它，禅师与弟子以一种可以界定的方式相互问答，虽然这种方式未必能够用主谓陈述加以表达。在理想状态下，问答旨在启发弟子开悟。师父既然不可能简单地以命令的方式让徒弟开悟，因此就运用了各种口头的、身体的方式来触发其觉悟。机缘问答往往可以从预设精神之道及其否定加以理解：弟子的提问隐含了解脱之道，师父则把隐含的预设挑明，从而开示当下即是的顿悟。④ 当然，也有消极的情形：徒弟遭到训斥，因为他还没有走上求道的正途；或者，最终表明弟子或其他提问者无须精神上的援助。有时候，弟子或同道会抓住禅师的

　　① 任何文化中的人们，都会自然而然地把宇宙论感知为是真实的。关于这一理解，参见玛丽·道格拉斯（Mary Douglas）《自然符号：宇宙论探索》（Natural Symbols：Explorations in Cosmology），第二版（New York：Pantheon Books, 1982）。接下来，我将把问答、叙事与口语的三元组合简单地称为"口头"或"禅宗对语言的使用"。

　　② 参见铃木俊隆《禅者的初心：漫谈禅定与禅修》（Zen Mind, Beginner's Mind：Informal Talks on Zen Meditation and Practice）（New York：Weatherhill, 1970）。

　　③ 柳田圣山著，约翰·R. 马克瑞译：《中国禅宗"语录"文本的发展》（The Development of the "Record Sayings" Texts of the Chinese Ch'an School），载刘易斯·兰卡斯特（Lewis Lancaster）、黎华伦（Whalen Lai）编著 Early Ch'an in China and Tibet，贝克莱佛学研究，No. 5（Berkeley, Cal.：Lancaster - Miller Press, 1983），pp. 185 - 205，尤其是 p. 192 及 p. 204 注解 25，那里给出了"机缘问答"的界定。

　　④ 参见拙文《机缘问答和中国禅宗精神之道的演变》（Encounter Dialogue and the Transformation of the Spiritual Path in Chinese Ch'an），载罗伯特·M. 吉美罗（Robert M. Gimello）编《解脱之道：佛教思想中的道及其演变》（Paths to Liberation：The Marga and Its Transformation in Buddhist Thought）（Honolulu：University of Havaii Press, 1992），pp. 339 - 369。

纰漏，即因一时疏忽而陷入的某种二元对立。即使在这样的情形之下，我们依然可以明显体会到机缘问答中活泼泼的直接性。若有些问答企图寻求佛教义理或精神之道的明晰解释，那么这样的问答则被排除在机缘问答的范围之外。它们之所以不能被称为机缘问答，在于它们只是"关于"如何求道，而不是面向现实求道者的当下需要。

上面关于机缘问答的界定，尽管不完整，也过于简略，但目前还是够用的。更重要的是，这个界定几乎完全是一种理想化的抽象，因此无法反映机缘问答本身的生动性、丰富性和微妙性。而且，它还可能过多地掺入了我们自己对于中国中古禅宗的投射。这些因素目前可以忽略不计。不过，口语交流自发的流动性和书面语的固定性之间存在某种张力，这种张力产生了两个重要问题。第一，我们必须依靠书面文本，它们所包含的，不是机缘问答本身，而是机缘问答记录。这是一个极其要紧的区分。有足够的证据表明，早在机缘问答被记录下来之前，类似的东西已经在禅师团体中十分流行。与此同时，也有足够的证据表明，对机缘问答的记录既是困难重重，同时又是意义深远。

第二个问题是，我们怎样才能辨别，一次特定的对白是机缘问答而非某种启发性稍逊的交谈？是否存在某些明确的书面语特征，由此我们可以把以知识为旨归的讨论同以启蒙为旨归的讨论区别开来？把这些特征列举出来也许很有用，但是很困难。而做比说容易：也许我们没有办法很好地说清楚，但是，如果看到某个机缘问答，我们的确能够把它辨认出来。此外，我试图证明，对机缘问答的记录运用了一系列文学技巧，以便重现口语交流的自发性和活泼泼的直接性。这一文学后果在多大程度上遮蔽了机缘问答记录的戏剧性特征？对此进行考察是很有意义的。也就是说，机缘问答没有必要记录"实际上发生"了什么，虽然它们活泼泼的直接性让读者看起来似乎就是对真实发生的事情的记录。认识到机缘问答的文学效果，这对于理解它们的本性来说很要紧。

在禅宗传统中，机缘问答什么时候开始出现，什么时候第一次以书面的形式记录下来？下面，我们沿用习见的分期和术语，先来简要回顾一下禅的历史演化。[①]

1. 原禅

菩提达摩的历史身份至今是个谜团。尽管如此，至少从 6 世纪中叶开始，就有一批禅师奉他为精神的楷模。这群禅师似乎漂泊于中国北方各地，随身带着相传菩提达摩所作的《二入四行论》。禅师们把大量晚近的材料纳入其中，而这些材料的作者，大部分为无名氏或不知名的人物。材料的来源也很成问题，其中有些可能出自 8 世纪。《二入四行论》里头的问答似乎都不符合前面对机缘问答的界定。有几条材料虽然接近机缘问答，却很可能系后人伪托。

2. 东山法门

从 624 年到 674 年，在这半个世纪里，道信（580—651）和弘忍（601—674）在湖北黄梅双峰山聚众习禅。实际上道信住在西山，弘忍住在东山。由于弘忍为禅宗这一时期的中心人物，所以人们就把道信、弘忍的教法统称为"东山法门"。东山徒众来自中国各地，有不同的佛教宗派背景。关于弘忍的教法（或者至少是归在他名下的教法），我们可以参照《修心要论》。这本著作由他的学生在他去世若干年或几十年之后编辑而成。也有

①　以下的概述主要引自拙著《北宗和早期禅宗的形成》（*The Northern School and the Formation of Early Ch'an Buddhism*）（以下简称《北宗》），东亚佛学研究，No. 3（Honolulu：University of Hawaii Press，1986），当然，同时也吸取了笔者最近发表的研究成果。

一部作品据说为道信所著，但它的成书时间甚至可能比《修心要论》还要晚。① 不管怎样说，在这两个文本中都找不到类似于机缘问答的东西。下面这段话（据传为弘忍所说）是我们所能找到的接近于直接问答的材料：

> 弟子上来集此论者，直以信心依文取义作如是说……若乖圣理者，愿忏悔除灭。若当圣道者，回施众生。愿皆识本心，一时成佛。闻者努力，当来成佛。愿在前度我门徒。
>
> 问曰：此论从首至末，皆显自心是道。未知果行二门是何门摄？
>
> 答曰：此论显一乘为宗……若我诳汝，当来堕十八地狱。指天地为誓：若不信，我世世被虎狼所食。②

这则材料的结尾处显然回荡着那些自称为弘忍门人的编者的声音。不过，无论是这里，还是从文中不时出现的"努力"二字，我们都能听到弘忍自己的声音。

3. 北宗

701 年，神秀（606？—706）应则天武后之邀到达洛阳。这一事件标志着禅开始走进中国文化精英。接下来的二三十年里，神秀与其门人在京师备受尊崇礼遇，他们自称为道信、尤其是弘忍"东山法门"的传人［实际上，禅的东山法门时期可以延伸到弘忍去世以后，神秀 675 年至 700 年住玉泉寺传法时期亦包括在内。至于北宗时期，可以从弘忍弟子法如（638—689）7 世纪 80 年代在嵩山的活动算起］。北宗代表了禅的活动与书写文本的大繁荣，禅宗文献中的"传灯史"就是在这一时期出现的。正是在传灯史的文献中，我们找到了第一个无可辩驳的证据，证明当时的禅师们运用了某种类似于机缘问答的交谈，但这些交谈并没有被充分地记录下来。③

4. 南宗

从 730 年开始，一位名唤神会（684—758）的僧人对北宗提出了公开的尖锐批评，同时标举自己的老师慧能（638—712）为菩提达摩以来的六祖，为顿教法门的真传。神会曾在各地活动，最后以洛阳为中心宣扬禅法。他是新禅宗运动的积极传教者，同时也是一位从事宗派主义的斗士和募捐者。事实上，对神会生平及教法的研究表明，他的说法活动对他的禅法内容和风格都起到了一定的决定作用。人们已经收集到了相当可观的记载神会教法的文献，其中含有相当数量的口头对白。尽管神会对禅宗话语的变迁很可能产生了重大影响，但这些记录口头对白的材料没有一则符合前面所界定

---

① 参见大卫·夏佩尔（David Chappell）《四祖道信的教法》(The Teachings of the Fourth Ch'an Patriarch Tao - hsin (580—651))，载兰卡斯特、莱编著《中国与西藏的早期禅宗》，pp. 89 - 129；伯纳德·佛雷（Bernard Faure）著，菲利斯·布鲁克斯（Phyllis Brooks）译：《正统性的意欲：北宗禅系谱之批判》(The Will to Orthodoxy: A Critical Genealogy of Northern Chan Buddhism) (Stanford, Cal.; Stanford University Press, 1997)，pp. 50ff. 夏佩尔和佛雷都认为，《楞伽师资记》中关于道信的文字表达了道信的真实教法。我已经证明，这是不可能的。参见拙著《北宗》，p. 119。

② 《最上乘论》。——译注

③ 我有意简化了机缘问答的界定，以及首次记录机缘问答的问答。本文尚未涉及那些含有问答记录的禅宗敦煌文献，它们也许可以检验本文"机缘问答"用法的界限。最近我开始着手这方面的考察工作。

的机缘问答。①

5. 牛头宗

尽管牛头宗把自己描述为道信门下旁出，但它的全盛期却在 8 世纪下半叶。下面将会讨论两个与牛头宗相关的文本：《绝观论》和《六祖坛经》。《绝观论》为无名氏所著，约成书于 750 年。最早的《坛经》写本可以追溯到 780 年左右。此外，牛头宗一系的传记资料中也有一些简短的段落，尽管其历史真实性晦暗不明，但它们对禅的修辞和思想产生了极富创造性的影响。

6. 江湖禅（Provincial Ch'an）

8 世纪后半叶 9 世纪初，在今天的江西和湖北一带发展出了新的禅风。本文将集中讨论马祖道一（709—788）及其洪州宗。② 据禅宗史记载，马祖与其弟子在农作及其他日常活动的氛围中当机回应，巧妙对答。这一风格看起来同马祖关于佛性在平常心与日用常行之中的禅学思想完全吻合。倘若如此，这可能便是确凿无疑的最早出现的机缘问答。实际上，有关马祖及其第一、二代传人的记载构成了禅文学中最精彩的机缘问答逸事。还有一个问题值得注意：马祖与门人如此这般的形象一直到了 952 年才出现在书面记载之中。在一些更早的文献中，马祖及其洪州宗的形象与此并不相同。

这个不和谐之处非常重要。对此我们稍加评论。记录机缘问答的第一部文献出现在 952 年。这部文献共 20 卷，记载了佛及禅宗历代诸祖的语录和故事。它就是《祖堂集》，由泉州雪峰义存（822—908）的两位三传弟子编辑而成，当时正值唐王朝覆灭之后的社会动乱与政治动荡时期，但五代时的东南沿海的闽越地区却是和平的天堂。人们只能想象，两位编者惊诧地发现这时期抵达泉州的佛教徒具有出人意料的特征：他们中很多人以机缘问答的奇闻逸事谈论师父、师祖和修行的同伴。很有可能，在这时期僧团出现之前，没有人特别注意到这类奇闻逸事的普及，它们可能曾经以僧侣间闲谈的形式从一个地方流传到另一个地方。因此，两位编者必定已经认识到，有那么多人在讲述同一类故事。他们肯定也已经意识到一种巨大的新进展：这种非正式的"密室"活动从此引起了个人的兴趣。③

《祖堂集》的编者在发现此类闲谈的广泛传播及其内在宗教价值的同时，肯定也意识到它的不稳定性：日益恶化的社会动乱可能对佛教的建立带来不可避免的危害，而这种转瞬即逝的口语形式可能会失传。因此，他们一边惊讶地认识到机缘问答广泛流传的新现象，一边对前景忧心忡忡：除非把它们记录下来，否则有关机缘问答的所有材料，甚至于机缘问答这一口语类别本身的消息都很容易随着当时的战乱和社会动荡湮没无闻。

---

① 下面还会谈到神会讲故事的某些例子。神会作品中的问答（神会自己也参与其中）过于形式化、义理化。我将把这些材料放到另一项正在进行的工作中去探讨。这项工作就是根据神会现存的作品研究他的教法和翻译。

② 在一篇研究早期禅宗史的未刊手稿中，杰弗里·布劳顿（Jeffrey Broughton）把北宗称为"都市派"（metropolitan school）。本文"江湖禅"（provincial Ch'an）这个提法正是受到了布劳顿的启发。柳田圣山指出，记录机缘问答的活动可能始于马祖（《中国禅宗"语录"文本的发展》，第 192 页）。本文试图对这个问题进行细致的探讨。

③ 关于"密室"活动，可参见欧文·戈夫曼（Erving Goffman）《日常生活中的自我表达》（*The Presentation of Self in Everyday Life*）（Garden City, N. Y.: Doubleday & Company, 1959），pp. 106 – 140, esp. 109 – 113。

对机缘问答的记录总体上看有很多创新之处。其中一点，在于不仅记录了禅师的神圣开示，同时还记录了弟子们往往程式化、有时还带着傻气的提问。我不太确定《祖堂集》的编者是否知道他们决定记录弟子提问的意义。根据他们所收集的问答材料的性质来看，也许他们没有认识到这一点。但是，从我们现在有利的角度来看，这一决定意味着中国佛教发展史上一次富有重大意义的飞跃。[①] 不管他们对记录过程的自反意识如何，他们确立了一个格式：对口语的书面再创作应当用标准的口语形式，即官话转录下来，这样它们就可以超越地方方言的障碍，得到人们广泛的理解。如果用方言记录，它们就在很多地方无法为全部中国读者所理解。禅宗研究往往漠视以书面语重现口头问答的重要意义，但这一重现过程显然并非无足轻重。《祖堂集》中的很多问答者，或者是南方人，或者来自其他地方，他们讲的不是北方官话，尽管这样，《祖堂集》还是把他们的话用官话转录下来了。由此，下面两个条件（其中的一个或两个）事实上适用于《祖堂集》的所有内容：（1）问答必须从某种官话之外的口语转换成官话；（2）运用文学技巧，使书面材料看起来是对真实言说的记录。[②] 第一个条件表明，就是在记录过程中发生了某种"翻译"；第二点则只是让我们承认这样一个事实：我们所处理的，首先是"文本"而非"事件"。换句话说，对于《祖堂集》中的逸事，我们不要试图从它们了解8世纪禅史上发生了什么，而是应该从它们理解10世纪禅师的思维方式和书写方式。

　　上述思考和推论在很大程度上决定了我们当下的探索进程。当然，它们的价值尚有待其他场合的检验。我在这里只想强调《祖堂集》的不同寻常之处，以及作为宗教实践的机缘问答的出现同对它们的书面记录之间在时间上的不一致。[③] 诚然，《祖堂集》只是一系列始于8世纪20年代的"传灯录"著作中的一种，因此它的基本结构并非没有前例。不过，如果不考虑下文即将介绍的那些不完整或模糊的例子，我们可以说它是现存最早的机缘问答记录。令人惊讶的是，《祖堂集》把如此大量的机缘问答材料包括在一个文本之中，同时这些材料还表明，机缘问答已经是一种成熟的口语形式。它们并不是一些素朴的、不相连缀的故事。我们经常会发现机缘问答的不同版本、评论和变化，这些都暗示了两种实情：活跃的话语群体，编者在编写过程中的有意识介入。显然，整个禅师群体都在讲逸事，都在参悟一些玄奥的问答。当然，逸事和问答都被纳入了庞大的"传灯录"谱系框架。

　　随着历史的进展，到了宋代最终出现了公案集。公案集把机缘问答的特定片断辑为系列，其中最重要的段落则成了参禅者的必修功课——《碧岩录》、《无门关》等文献称之为"看话"。虽然可以比较方便地把这些公案集视为后来的发展，不过我们将看到，师父向弟子提问这一倾向在公案集出现之前就很明显了。有没有这样一种可能性：事实上正是《祖堂集》中已经显而易见的编辑倾向导致了公案集的出现？在这里我们没有办法讨论这个诱人的问题。不过，有足够的证据表明，早期禅师提出无法解答的难题让弟子去冥思苦想，这一做法同后来的"看话"参禅法之间无疑很相似。因此，一个非常有意义的做法，是不仅把它们当成机缘问答的口头实践，而且把它们理解为禅师提问的应机方式（"应机

---

① 本书第169页"3. 超越常规的修辞"。

② 这里我参考了本人同康奈尔大学梅祖麟教授之间的私人交谈。

③ 下面一点也表明了这种时间上的不一致：敦煌文献中虽然有几则《祖堂集》编者的直接师承福先省僜的几首偈，但尚未发现机缘问答的材料。

方式"在这里当然指那些强调个体精神努力的问答方式，我们在描述机缘问答的时候提到了这一点）．

本文的最后将会介绍《祖堂集》中的一个例子。不过，讨论那段重要的文字之前，根据前面的思考，我们可以对能够获得的禅宗材料提出下列问题：早期禅宗的问答材料中间，是否有跟成熟的机缘问答相似的材料？能否在其中找到一些机缘问答的记录，尤其是师父提出问题以引导弟子苦思的例子？最根本的问题是，我们应当用怎样的标准——如果有的话——去判断哪些材料属于机缘问答，哪些材料属于机缘问答的变种？与此相对的另一个问题则是，是否存在着一些证据表明从机缘问答到看话禅的出现是一个自然的过程？

二　导致机缘问答记录和看话禅出现的八大要素

通过对文献的粗略考察，笔者发现机缘问答和看话禅的最终出现很可能归功于早期禅宗的八大不同特征。下面的讨论避免义理问题，比如空、般若的概念，中观辩证法的影响，等等。当然，这绝不是说我们的讨论只局限于语言层面。我将表明，禅在达到完美的问答技艺之前必须发展出以社会为导向的实践基本原则。显然，我们所说的八大特征中没有一个是贯彻早期禅宗运动始终的，同时它们也没有穷尽整个早期禅宗运动的全部特征。

1. 禅师接引弟子应机无碍的形象

按照文献的描述，早期禅师常常有一种特殊的教育能力，它展现为无法结构化的时中性。弘忍就是这方面最早的著名例子。弘忍被尊为禅宗五祖，是东山法门的中心人物，也是高僧行传中不识字的圣者的原型。他白天照料僧团的牲畜，夜晚坐禅。弘忍原本沉默寡言，但是，从他被道信指定为继承人的那一刻起，便能够理解门人的问题，应机接引，无滞无碍，既契悟最高智慧，又精通方便法门。[①] 在弘忍门下，侍奉师父时间之久，莫过于法如。据记载，法如具有独到的应对弟子的能力，所以能怒斥门人而不招致怨恨。他的愤怒如同湖中央两条相撞的空船。这是说，空荡的声音意味着既不沾滞也不抗拒。同样值得一提的是老安（亦称慧安，584？—708）和北宗的义福（661—736），有各种关于他们的玄妙逸事。[②]

这一宗教类型的典范自然首推菩提达摩和慧能。菩提达摩对慧可及其他弟子的教法，对它的描述随着时间的推延呈现出明显的演化趋势。关口真大已经把这个演化史做了清晰的梳理，甚至把它作为整个禅宗意识形态演化的一个标志。菩提达摩与慧可关于"安心"的那段有名的问答（《无门关》41 则即引此）从发生的时间上来说应当是最早的，但它只是到了 952 年《祖堂集》的出版才出现。这一点对于我们现在进行的研究来说非常重要。在更早的文献记载中，菩提达摩对慧可的教法是授以《楞伽经》（见 667 年的《续高僧传》）或《金刚经》（见神会所著的一篇文献的附录，神会卒于 758 年）。菩提达摩同梁武

---

① 参见拙著《北宗》，p. 36。严格说来，有关弘忍的描述并不是禅宗文献中这方面最早的记载，因为同一个文本（《传法宝纪》）同时也提供了其他禅师的信息。而且，接下来马上要讨论到的法如墓碑文早于《传法宝纪》二十年。然而，弘忍是最早的一位核心人物，以他为中心，这种神秘的机缘问答得到了发展。

② 关于法如的隐喻见于《传法宝纪》。参见《北宗》，p. 264。关于老安与义福的故事，参见《北宗》，pp. 56 - 59，64 - 65；或参见佛雷《正统的意欲》，pp. 100 - 105（老安，或称慧安），pp. 78 - 91（义福）。

帝之间的那段著名问答奇妙地阐明了当时流行的"中国道谛"同禅门师徒对机模式之间的差异。但是，甚至这段问答也只是到了758年（或稍晚一些）才第一次见诸文字（见神会所著同一篇文献的附录）。①

慧能则是另一番情形。扬波斯基（Yampolsky）和柳田圣山认为敦煌本《坛经》成书于780年。这里我们完全可以接受这个观点。本文的后面部分还将讨论其他两个成书于10世纪的版本对于敦煌本的增衍。② 也就是说，我们不必考虑是否有一个比敦煌本更古的本子，而且，《坛经》中的慧能不是那位据说卒于713年的历史人物慧能，而是后人在8世纪晚期及以后创造的传奇人物：他尽管不识字，却神慧聪朗，应机无碍。他作过一首很有洞见的偈（与神秀相抗的传法偈），曾出言玄妙（告诉两位僧人说，不是旗动，不是风动，而是仁者心动），还曾以神通挑战追捕者（慧能得衣钵南归时，受命赶来的慧明根本没办法把法衣拿起来，更不必说带它回黄梅了）③。在这些事件里，慧能之为觉者，不是通过言说或文记，而是通过应接周围的人体现出来的。

2. 北宗的"指事问义"

早期禅师如何应接弟子？有关弘忍和慧能的圣徒形象可不是我们唯一的线索：虽然我们不知道弟子如何应对老师，但至少可以找到一些材料，证明弘忍和慧能之前的禅师已经提出一些类似于机缘问答的问题。《楞伽师资记》是一部写于8世纪20年代的灯录，其中就包含了许多引人入胜的"指事问义"，它们由巧妙的问题和简短的义理告诫构成。④ 这些问题和告诫都归在几位早期禅师名下。兹举例如下：

求那跋陀罗

［求那跋陀罗］凡教人智慧，未尝说此，就事而征，指树叶是何物。

又云：汝能入瓶入柱，及能入穴山，杖能说法不？

又云：汝身入心？

又云：屋内有瓶，屋外亦有瓶不？瓶中有水不？水中有瓶不？乃至天下诸水，一一中皆有瓶不？

又云：树叶能说法，瓶能说法，柱能说法，及地水火风皆能说法，土、瓦、石亦能说法者。何也？

菩提达摩

［菩提达摩］大师又指事问义，但指一物，"唤作何物"？众物皆问之，回换物名，变易问之。又云：此身有不？身是何身？又云：空中云雾，终不能染污虚空。然能翳虚空，不得明净。

---

① 参见关口真大《达摩大师の研究》（《达摩大师的研究》）（东京：春秋社1969年版）。这部著作列举了达摩传记的各种要素，并且按时间顺序编排了它们在各种文本中的出现情况。

② 关于各种文本对慧能传记与传奇形象的发展，参见驹泽禅宗史研究会编《慧能研究》（东京：白水社1978年版）。

③ 参见菲利普·B. 扬波斯基（Philip B. Yampolsky）译：The Platform Sutra of the Sixth Patriarch: The Text of the Tun‒huang Manuscript（《敦煌本六祖坛经》）（New York: Columbia University Press, 1967），p. 134。在敦煌本中，慧明并没有遭遇举法衣的挑战。这个故事已经随着《坛经》的发展而大大扩充了。参见《慧能研究》，pp. 142‒149。

④ 这部分内容主要参考了拙著《北宗》，pp. 91‒95。

弘忍

［弘忍］大师云：有一口屋，满中总是粪秽草土，是何物？

又云：扫除却粪秽草土并当尽，一物亦无，是何物？

……

又见人然灯，及造作万物，皆云：此人作梦作术也？或云：不造不作，物物皆是大般涅槃也。

……

又云：汝正在寺中坐禅时，山林树下，亦有汝身坐禅不？一切土、木、瓦、石，亦能坐禅不？土、木、瓦、石，亦能见色、闻声、著衣、持钵不？

神秀

［神秀］又云：此心有心不？心是何心？

又云：见色有色不？色是何色？

又云：汝闻打钟声，打时有，未打时有？声是何声？又云：打钟声只在寺内有，十方世界亦有钟声不？

……

又见飞鸟过，问云：是何物？

又云：汝向了了树枝头坐禅去时得不？

……

又云：《涅槃经》说，"有无边身菩萨从东方来。"菩萨身既无边际，云何更从东方来？何故不从西方来、南方北方来？可即不得也？[①]

　　我们来讨论一下上面这些提问。当然，这些讨论现在都还没有办法充分展开。第一，如果菩提达摩就周围事物提问这一形象对我来说是可信的，那么这仅仅是因为我知道，它将进入一种新的语言共同体并努力同我周围的人交流。根据《圣经》解释的相异规则，[②]我怀疑这个细节源于不同僧团所共享的生活经验，它太平常了，没有必要对它进行有争议的加工。我很容易想象菩提达摩一边同语言作斗争，一边把他的一些问题从简单的语言学问题转变成具有深刻哲学与宗教意义的追问。

　　第二，虽然我没有作过广泛的调查，但是，过去十余年的阅读经验，以及同印度佛学专家的若干讨论都没有告诉我，在更早的佛教文献中可以找到这类提问的明确先例。当然，人们可能会把它们同3、4世纪的玄学"清谈"进行比较。不过，我至今还没有看到这方面富有成效的研究。[③]

---

① 《北宗》，pp. 92－93。

② 这个规则简单地表述如下：同文本整体的论辩程序不协调的任何要素很可能是无意带入的，因此也就可能更精确地反映前一个发展阶段的情形。当然，诚如大卫·R. 卡奇普尔（David R. Catchpole）所言，这个规则可能被滥用。参见卡奇普尔《传统历史》（*Tradition History*），载 I. 霍华德·马歇尔（I. Howard Marshall）编《〈新约〉的解释：原则与方法》（*New Testament Interpretation：Essays on Principles and Methods*）（Grand Rapids, Mich.：William B. Eerdmans, 1977），p. 175。

③ 我曾经徒然地从《世说新语》寻找相近的例子。参见刘义庆撰，刘孝标注，理查德·B. 马瑟（Richard B. Mather）译：*A New Account of Tales of the World*（《世说新语》）（Minneapolis：University of Minnesota Press，1976）。

第三，8 世纪初，这种风格的提问在北宗禅师中间很可能是一种比较普遍的潮流。当然，在更严格的意义上我们只能说，《楞伽师资记》的编者、神秀的后继者净觉（683 - 约 750）是这样认为的。有关求那跋陀罗的指事问义显然是不可靠的。只有《师资记》把他纳入禅宗传法谱系，而且也没有任何已知的事实依据。当然，尽管有这些怀疑，我们也没有正当理由说，有关求那跋陀罗的指事问义实际上应该归在菩提达摩名下。

第四，这里所用的术语显然基于中国的造字法。在中国的"六书"中，"指事"字的字形直接让人们想到这些字包含的抽象意义，比如数字"一"、"二"或方位词"上"、"下"。①

第五，所引问题的内容，以及它们彼此之间的逻辑相似性意味着一种一致的思想向度，这一向度并没有被问题的吊诡性质所完全排斥。这些问题的义理内涵当然值得我们进一步探究。

关口认为，这些"指事问义"同禅宗后来的公案很相似。他的分析很简单，没有说服力，遭到了柳田异常激烈的批评。尽管如此，我相信关口的观察还是值得我们重加考量。② 显然，我们不能从"指事问义"直接跳到 11 世纪及以后的公案集。恰恰相反，我们需要考虑机缘问答在两者之间的影响。当然，我们完全可以合理地推论说，"指事问义"代表了某种与公案里头师父向弟子的提问同属一类的东西。与机缘问答相比，"指事问义"只有单方面的内容，即师父的问话；同公案相比，"指事问义"缺乏足以说明提问者意图的语境和文脉。

3. 8 世纪文献中解释的"禅"风

除了"指事问义"之外，我们可以从这个时期或稍晚些的文献中发现各种线索，表明存在着某些东西，它们似乎同兴盛于后世的独特的话语"禅"风很相似。我们不是很清楚，这是否意味着一种统一的解释风格。不过，这些材料足以表明，有某种有趣的东西虽然没有被充分地记录下来，但毕竟已经被反映出来了。

这一方面的核心人物是前面提到过的神秀。他对实叉难陀于 8 世纪初译出的佛经进行了"禅学注疏"，功不可没。人们渴望知道每一个佛经术语可能的"禅学意味"，而神秀的诠释风格在很大程度上同他在《观心论》及其他著作里发展出来的"观心释"相一致。一切佛法无非"观心"。佛不以名相说世事，佛以名相说秘密之义。佛经说燃火，说净水，这不是为僧众说洗身之法，而是用隐喻说观心：燃火比喻佛智，而清净水可洗尘垢则喻指禅定可洗荡身心。灯者，非谓以世俗之灯供佛；"灯者，觉正心觉也"。身为灯台，心为灯盏，信为灯芯。神秀云："智慧明达喻灯火常然。如是真如正觉灯明破一切无明痴暗。"③

关于不同寻常的"禅风"问答在当时的流行，我们可以在严挺之为北宗禅师义福所撰的墓碑文④里发现另一条线索。严挺之在碑文中写到，他和杜昱——他也为义福写了一

---

① 其定义可参见小川环树《新字源》（东京：角川书店 1994 年版），p.413a。当然，这使我对达摩努力学习汉语同传法之间的真正联系愈加困惑。

② 参见关口真大《达摩大师の研究》，pp.335 - 343；柳田圣山：《破るもの》（《破坏者》）（东京：春秋社 1970 年版），p.236。

③ 参见《观心论》，载拙著《北宗》，p.235。

④ 严挺之：《大智禅师碑铭并序》（《全唐文》卷二八〇）。——译者。

篇墓碑文①——在收集义福门人记忆中的先师言论。两位作者显然没办法把所有言论记下来，因为它的数量实在太庞大了。虽然他们都认识到了这些言论的价值，但在他们所写的墓碑文中却找不到任何与我们目前的研究主题相应的材料。②弟子收集先师言论，这一做法在禅宗史上一开始就有了（菩提达摩的《二行四入论》及《修心要论》即是明证，后者明确地说是由弘忍弟子编著的）。不过，严挺之和杜昱的陈述风格暗示着，义福的言论包含了某种特别的东西。

这种特别的东西，渐渐地在北宗禅师及其他在禅宗发展史上起重要作用的禅师的墓碑文中得以清晰地呈现。比如，下面这段问答和评论引自法云的墓碑文③〔法云卒于766年，为普寂（651—739）弟子〕：

> （御史中丞韦公）来修谒问。（法云）长老曰："如来遗教，付嘱仁贤。贫道有檀像一龛，敬以相奉。"意深言简，闻者凄然。韦公致别之明日，长老绳床跏趺，无病而灭。④

在尊奉神秀为佛、尊奉普寂为天下宗师之后（这在北宗的文献中屡见不鲜，是8世纪上半叶北宗争取公众认同的运动的一部分），稍后于他们的禅师将传法过程也一道简化，这是再自然不过的了。

在惠真（673—751）的墓碑文中，⑤我们可以看到几则更清晰、更类似于机缘问答的材料。惠真的思想，近于天台宗、律宗而非禅宗。

（人若不解，则以禅说。）

或问：南北教门，岂无差别？

对曰：家家门外有长安道。

又问曰：修行功用远近当殊？

答曰：滴水下岩，则知朝海。

又问曰：无信根如何动发？

曰：儿喉既闭，乳母号怵。大悲无缘，亦为歔欷。⑥

我们可能会碰到一个习见的质疑：惠真在这里不过是用一些容易理解的隐喻来回答问题罢了，他并没有提出某种真正新颖的"禅的说教方式"。纵然如此，我们也必须做出这样的推论：这样一种新型的隐喻用法8世纪下半叶在禅门中很流行，它们也明显地存在于法持（714—792）和玄朗（673—754）——他们分别是牛头宗和天台宗有名的代表人物——两人的传记之中。⑦《宋高僧传》和《景德传灯录》包含了一些在北宗禅师之间展开的机缘问答的例子——当然，这些例子可能是后世伪造的。⑧人们在当时应用这种机缘问答的原型的广泛程度，可能大大超过现存文献的记载，而北宗禅师则可能只是使它们在

---

① 杜昱：《大智禅师义福塔铭》（《唐文拾遗》卷十九）。——译者。

② 参见《北宗》，pp. 95，294注解161，p. 302注解243。

③ 李华：《润州天乡寺故大德云禅师碑》，《文苑英华》，卷八六一。——译者。

④ 参见《北宗》，pp. 95 - 96，p. 302注解244。

⑤ 李华：《荆州南泉大云寺故兰若和尚碑》，《文苑英华》，卷八六〇。——译者。

⑥ 参见《北宗》，p. 96，p. 302注解245。

⑦ 参见《北宗》，p. 96，p. 302注解246。

⑧ 这方面最明显的例子是降魔藏与神秀之间的问答，参见《北宗》，p. 63。

禅门中的应用合法化的先驱。

4. 早期禅修之社会向度的义理根据

早期禅修者运用吊诡式的讯问、问答和交互式的训练法，这时他们究竟何所为？既然他们没有明确地说出来，[①] 那么我们唯一的办法唯有转向卷帙浩繁的现存文献，以便从中找到线索。当然，这种研究进路显然面临很多方法论上的质疑，因为它需要诉诸解释上的跳跃和筹划。

人们很早就认为，《二入四行论》一个最显著的特征，就是它在结构上的双重模式，即入道的抽象门径与积极门径。我们可以采取很多不同的方式来解读这个文本，其中最合适、最有用的解读方式之一，则是把这两种门径分别理解为内在的方式与外在的方式。也就是说，"理入"指的是内在的修养，是在个体心理深处发生的精神践习；而"行入"则是指个体在其与世界的交互作用中所从事的积极践习。

除了机缘问答的对话本质之外，另外一个需要考虑的重要问题是：在多大程度上，北宗《五方便》的义理架构为机缘问答的出现提供了可能的合理论证。在这里，我不是仅仅把机缘问答理解为口头活动，而是把它理解为更一般意义上的社会活动。也就是说，现在我们要问：《五方便》是否为禅宗宗教修行外在的、社会的维度提供了合理论证？

对这个问题的回答显然是肯定的。下面是一个关键性的段落：

菩萨知六根本来不动，内照分明，外用自在，是大乘正定，真常不动。

问：是没是内照分明？是没是外用自在？

答：根本智是内照分明，后得智是外用自在。

问：是没是为根本智，是没是后得智？

答：为先证离身心相为根本智。知见自在不染六尘是后得智。以先证为根本，若不以先证为根本，所有知见皆随染。明知知见自在，于证后得智，名后得智。

> 眼见色心不起是根本智，见自在是后得智。耳闻声心不起是根本智，闻自在是后得智。鼻舌身意亦复如是。根本后得处处分明，处处解脱，根根不起，证证净。心不起，根根圣。

根本智和后得智这两个术语在《俱舍论》及许多后续文献中甚为常见。不过，上面的引文所属的《五方便》"开智慧门"乃是依《法华经》立论，而《法华经》并不重视根本智和后得智。[②] 诸多例子表明，北宗热衷于表演而直接抛弃义理建构。鉴于此，完全没有必要追问为什么根本智和后得智这对术语出现在这里。重要的问题在于这对术语与北宗所使用的其他术语之间的一致性。

我们发现，《五方便》"开智慧门"到处散播着与根本智/后得智这对术语有关的陈述：

---

① 当然，他们的后继者也很不情愿对他们的行为作出公开的解释。之所以如此，可能是由于某种深刻的、我们还没有想到去探究的原因迫使他们不能这样做。

② 参见中村元编《佛教语大词典》（东京：东京松塞出版公司 1981 年版），pp. 81c—d。在那里，根本智是自觉之智，而后得智则是觉他之智。请注意，根本智与后得智这对术语在《五方便》中应用广泛。参见望月信亨《佛教大词典》，第 10 卷，（东京：世界圣典刊行协会，1958—1963），pp. 1269a—b，1378b—c，2689c—2690a，4846b—c。

心不起心如，色不起色如，心如心解脱，色如色解脱，心色俱离，即无一物。①

离心自觉，不缘五根。离色觉他，不缘五尘。心色俱离，觉行圆满，即是如来平等法身。②

离念名体，见闻觉知是用。寂是体，照是用。"寂而常用，用而常寂。"寂而常用，即事则理。用而常寂，则理是事。寂而常用，则空则色。用而常寂，则色则空……

寂是展，照是卷。舒则弥沦于法界，卷则总在于毛端。吐纳分明，神用自在。③

所谓觉者，心体离念。离念相者，等虚空界，无所不遍，是名自觉。离嗔相者，等虚空界，无所不遍，是名觉他。

离念痴者，等虚空界，无所不遍。法界一相，即是如来平等法身，是名觉行圆满。④

我们很容易从《五方便》的其他部分及《五方便》之外的其他文本中找到更多的例子。不过，这些例子已经足以揭示，北宗所系心的根本点，不仅在于描述如何理解抽象的佛法，还在于描述有情众生如何把佛法付诸修行。这一双重模式结构无疑深受菩提达摩《二入四行论》的影响。我们或许可以把它视为早期禅宗的根本特征。

如果这种双重模式结构明确地涉及老师和弟子两个方面，如果它明确地说一个人必须先自觉然后才能觉他，那么，我们现在进行的研究就会显得容易得多。然而，在这一时期的所有禅宗文献（其他宗派的文献暂且存而不论）中，热忱向道的弟子形象始终没有出现，从已经觉悟的禅师的后得智中受惠的是无名的有情众生。不过，这种双重模式结构无疑已经确立了社会领域中的行为或个体间性领域中的行为的重要性——这既暗指一种历史过程，同时也是一种价值判断。

5. 师生间仪式化问答的运用

上面简单描述了社会向度的机制。除此之外，《五方便》尚有其他颇有意思的特点。文本的有些段落很像老师的评论，它们引导着北宗认同的入门训练程序。这些程序包含了仪式化问答的实例。第一个例子见于《五方便》的开头。老师引导弟子发四弘誓愿之后——

和问言：见何物？

子云：一物不见。

和：看净，细细看。即用净心眼无边无涯除远看。无障碍看。

和问：见何物？

答：一物不见。

向前远看，向后远看，四维上下一时平等看。尽虚空看。长用净心眼看。莫间断亦不限多少看。使得者，然［能］身心调，用无障碍。

问：看时看，何物看？

---

① 参见《北宗》，p. 174。

② 参见《北宗》，p. 175。

③ 参见《北宗》，p. 178。

④ 参见《北宗》，p. 179。

　　　　答：看，看，无物。

　　　　问：阿谁看？

　　　　答：觉心看。

　　透看十方界，清净无一物。常看，无处相应即是佛。豁豁看看，看不住。湛湛无边际，不染即是菩提路。心寂分明，身寂则是菩提树。四魔无入处，大觉圆满超能所。①

　　第二个例子见于《五方便》的第二部分（这一部分名义上是依据《法华经》）：

　　　　和尚打木问言：闻声不？

　　　　答：闻。

　　　　问：是没是闻？

　　　　答：不动是闻。

　　　　问：离念是没？

　　　　答：离念是不动。

　　此不动是从定发慧方便，是开慧门。闻是慧。此方便非但能发慧，亦能正定。是开智门，即得智。是名开智慧门。②

　　在这里，我们从一个对于北宗义理来说具有特殊意义的文本中看到了仪式化问答的几个片断记录。如果我们试图从早期禅宗文本中寻找问答记录的先例，这类材料不容忽视。也就是说，机缘问答在多大程度上源于那种弟子以完全程式化的方式应对师父的僧侣式训练和仪式化背景？在《五方便》的其余地方，我们可以找到此类问答式教授仪式的其他部分，它们呈现出同样的写书形式，即"叙述—回应"。这类材料将北宗义理巧妙地编织成一个迷人的复合体，其中交织着仪式化的传授、问答式教法和指导下的禅定修习。我曾经讨论过这里的一些用语对于我们理解北宗义理及《坛经》结构的重要性。③这类材料还有一点值得讨论，那就是早期禅宗对于天台宗思想的吸收。④对于这类材料的意蕴，有这样一种可能的解读：禅宗的机缘问答不是（或者说，可能不是仅仅）源于自发的口头交谈，而是（可能部分地）源于仪式化交谈。格里菲思·福克（Griffith Foulk）和罗伯特·沙夫（Robert Sharf）曾经论证说，自发性仅仅"铭刻"于宋代禅极度仪式化的语境之中。如果考虑到这一点，那么我们对于机缘问答起源的解释就允许我们消除唐代禅与宋代禅之间的如下界划：在禅宗的"经典"时期唐代，机缘问答是自发的，随后则是宋代禅的仪式化问答。至少，上面给出的问答记录的例子让我们从"事件"的前概念中解脱出来，同时启发我们从其他地方寻找机缘问答作为"文本"的起源。我们待会儿再回到这些问题。

6. 逸事与问答在教授活动中的广泛运用

　　在禅宗发展史上，有一点不容忽视，那就是逸事与问答被越来越广泛地运用于教学。人们几乎可以描画出逸事在禅宗文献中日益增多的图表。下面这个故事就是一个有趣的例

---

　　①　参见《北宗》，pp. 173 – 174。《北宗》第228—229页注解228—233对所用的术语有一些简短的说明。

　　②　参见《北宗》，p. 180。

　　③　参见《北宗》结语部分，p. 238。

　　④　请注意，神秀住玉泉寺达25年之久，那曾是天台智者大师（538—597）的驻锡之地。

子：一对愚夫愚妇从来没有见过镜子，他们在酿米酒的当儿看到了对方在水面上的倒影，却错当成了各自的相好。故事的道德的训诫则是：痴愚的凡夫没有认识到，整个世界只是自心的映射。①有关菩提达摩的传说在历史过程中的层积也是一个相关的例证。不过我们现在没有必要再次讨论它了。对禅宗的这一向度作出最重要贡献的人物无疑是神会。

胡适认为，神会改变了中国禅宗。对于神会之历史重要性的这种刻画，我们用不着全盘接受。胡适显然把他自己在20世纪的背景下产生的关注投射到了他的中世纪研究对象身上了。且不管神会的顿悟说在义理上的重要性究竟如何，也不管他对北宗的直接批评事实上产生的影响究竟如何，他改变禅宗的一个重要方面在于他让同道认识到，描述禅宗义理必须慎之又慎。我曾把这一影响称为神会的"修辞纯洁性"标准，它拒斥任何二元主义或渐修主义的表述。也就是说，神会对北宗教法的二元主义和渐修主义所提出的激烈抨击对其他禅师产生了激冷效应。

另外，神会又是天才的故事大王和演讲大师。很多最出名的禅宗故事首先就是出现在他的开示和演讲记录之中：菩提达摩与梁武帝，菩提达摩与慧可。不过，说来奇怪，其中关于他自己的老师慧能的故事倒不太多。神会文集中还有大量的问答记录，这些问答或者展开于神会与他所设定的北宗代言人之间，或者展开于他和同时代的诸多方外名流之间。这里显然带有虚构创造的成分，神会同方外名人之间的某些问答可能纯属杜撰。另外，这些问答同我们预期中的机缘问答之间还是有一定距离：它们的结构过于明晰，过于逻辑化，不可能表现自发的交谈。

7. 对觉悟经验的叙事脉络

早期禅宗书写的另一个倾向则是对觉悟经验的虚构性描述。在转入讨论慧能之前，我们先来看看体现这一倾向的其他几个例子。

最出名的早期禅宗文之一，便是牛头宗的《绝观论》。牛头宗的禅师素以文学创作才能闻名。《绝观论》设想了一场问答，假立师资二人，弟子为"缘门"，老师是"入理"。问答的基本框架如下：

> 于是入理先生，寂无言说。缘门忽起，问入理先生曰：云何名心、云何安心。答曰：汝不须立心、亦不须强安。可谓安矣。
>
> 问曰：若无有心、云何学道。答曰：道非心念，何在于心也？问曰：若非心念，当何以念？答曰：有念即有心，有心即乖道。无念即无心，无心即真道……问曰：无心有何物？答曰：无心即无物，无物即天真，天真即大道……
>
> 问曰：若此说者，我转不解。答曰：实无解法，汝勿求解……问曰：谁说是言？答曰：如我所问。问曰：云何如我所问。答曰：汝自观问、答亦可知。
>
> 于是缘门再思再审，寂然无言也。入理先生乃问曰：汝何以不言？缘门答曰：我不见一法如微尘许而可对说。尔时，入理先生即语缘门曰：汝今似见真实理也。
>
> 缘门问曰：云何似见，非正见乎？入理答曰：汝今所见，无有一法者。如彼外道，虽学隐形，而未能灭影亡迹。缘门问曰：云何得形影俱灭也？入理答曰：本无心境，汝莫起生灭之见……
>
> ［以下选自《绝观论》结尾部分］

---

① 参见《原命论》，载《北宗》，pp. 169 – 170。

问曰：若不转即身是［如来］，云何名难？答曰：起心易，灭心难。是身易，非身难。有作易，无作难。故知玄功难会，妙理难合。不动即真，三圣希及。

于是缘门长叹，声满十方。忽然无音，豁然大悟。玄光净智，返照无疑。始知学道奇难，徒兴梦虑。而即高声叹曰：善哉善哉！如先生无说而说，我实无闻而闻。①

我并不认为师资二人的上述问答构成了"机缘问答"，因为它逻辑性过强，结构也过于精巧。这个批评同样适用于另外两个有着共同修辞结构的文本，即《真宗论》和《要诀》。② 在这两个文本里，都只有一位佛法的印证者，他既是开悟的禅师，同时又是居士。也就是说，同一个人分身为二，一为禅师，一为居士，然后就佛法的修证展开问答。文本的开头煞是有趣：在交待了说法者既为老师又为弟子的双重身份之后，弟子提出第一个问题，老师便赞叹道，善哉善哉，这是他自入道以来所听到的最深刻的问题！

《绝观论》、《真宗论》和《要诀》的叙事无疑是虚构。不过，我们有理由猜测，它们试图提供一种理想的师资交谈的理想模式，而且，它们实际上也可能在一定程度上模拟了禅师与修习者之间的真实问答。这里的要点，不是去怀疑这些事件的精确性，而是应该注意到，这些文本代表了禅宗传统在文本运用上的创新。这个说法当然也适用于《坛经》。我对北宗的研究表明，《坛经》所描述的事件不可能真的发生过。然而，正是慧能故事的虚构性具有极端的重要性——这一点才是关键之所在。③

8. 禅宗问答的系谱结构

除了本质上的虚构性之外，慧能故事的主角的特征引出另一个要点——慧能的故事同《法华经》中的龙女故事之间有着深层次的相似性：他们完全缺乏天才人物通常所具备的禀赋。一方面，龙女为女人身，为非人（虽然是高贵的非人血统），远未成年，然而，她却能够忽然间变为男子，跳过菩萨行所要经历的一切考验和磨难而证得无上菩提。另一方面，慧能则目不识丁，来自化外的南荒之地，出身卑微（祖父固然做过官，却是位谪官），甚至没有正式剃度出家，但他却凭借天才的直觉能力而被选为六祖。

正是在慧能的故事之中，我们找到了机缘问答记录得以出现的最后一个要素。机缘问答是否在师资之间真实发生过，如果真实发生过，那又是如何发生的，以及在多大程度上是真实的，诸如此类的问题并不重要。重要的问题是，何以禅宗不愿意记录那些在中国伽蓝的密室中可能每天要发生的事件。不仅记录天才的名师的言论，而且还记录弟子的言论，这一做法能够被大家所接受，必然归因于某种认识论上的转变。慧能的例子很可能是引发这种认识论转变的重要因素。

人们通常认为，机缘问答只是到了马祖道一一系的洪州宗才兴盛起来。上面提到，据

---

① 参见拙文《中国佛教的牛头宗：从早期禅宗到黄金时代》（*The Ox-head School of Chinese Buddhism: From Early Ch'an to the Golden Age*），载 R. M. 吉梅罗（R. M. Gimello）、P. N. 格里高瑞（P. N. Gregory）编《禅与华严研究》（*Studies in Ch'an and Huayen*），库罗达（Kuroda）研究所东亚佛学研究，No. 1（Honolulu: University of Hawaii Press, 1983），pp. 169–253.

② 它们分别是《大乘开心显性顿悟真宗论》和《顿悟真宗金刚般若修行达彼岸法门要诀》的简称。我曾经著文讨论过这两个文本。参见拙文《神会和早期禅宗的顿悟教法》（*Shen-hui and the Teaching of Sudden Enlightenment in Early Ch'an Buddhism*），载 P. N. 格里高瑞编《顿与渐：中国思想中通往觉悟的两条进路》（*Sudden and Gradual: Approaches in Enlightenment in Chinese Thought*），库罗达研究所东亚佛学研究，No. 5（Honolulu: University of Hawaii Press, 1987），pp. 227–278.

③ 参见《北宗》，p. 175.

禅宗史记载，马祖与其弟子在农作及其他日用常行的氛围中当机回应，巧妙对答。机缘问答数量庞大，涉及人物众多，因此，如果有人认为这类问答无一不是虚构，它们完全没有"真正"发生过，他就难免被当成异端。我当然不会走得这么远。不过，我也很难不注意到上面曾经提到过的一个问题：尽管马祖与其弟子之间的机缘问答被假定为发生于8世纪末9世纪初，有关它们的记录却只是到了952年才出现于《祖堂集》之中。

我们有一个更早的出自洪州一系的文本，那就是《宝林传》。现存的《宝林传》已是残本。一个普遍的假设是，其失传的部分（它至少有一部分跟马祖与其嫡传弟子相关）已经转入《祖堂集》的相应部分。也就是说，《宝林传》的失传部分同《祖堂集》的相应部分之间并没有本质上的差异。我本人无法接受这样的假设。理由很简单，《宝林传》现存部分并不包含机缘问答记录。《宝林传》诚然记录了大量的问答，而且它们事实上都是借已开悟的禅师虚构问答。然而，没有一则问答像《祖堂集》中的机缘问答那样栩栩如生。

不过，我认为《宝林传》的另有一个十分重要的特征，即严格的叙事结构：先是描述祖师（从释迦牟尼经由菩提达摩一直到马祖）的生活，接着描述他们的教法：每位祖师总是被描述两遍，先是作为上一位祖师所发现的有很高天分的弟子，然后是作为寻找继承人的祖师。奇怪的是，《宝林传》从来不（至少到慧可为止）描述祖师的开悟经验；我们只能看到他们开悟"之前"和"之后"的形象，对于开悟过程中最为重要的事件毫无所知。当然，就目前的研究任务来说，我们只需注意到，弟子在叙事结构上的重要性不亚于老师。《宝林传》创造了一种对等结构：一边是作为未来祖师的弟子，一边是作为证道弟子的祖师。

我猜想，这种对等结构促成了机缘问答记录的产生。也就是说，它使得同时记录问答双方成为可能。不过，《宝林传》毕竟没有描述禅师的开悟经验。这可能是因为它是用于佛法在江西这一新教区的弘化，而不是用于伽蓝精舍之内的训练。

三　最后的思考

由于本项研究只是一些初步的探索，我不打算给出一系列完整的结论。相反，我们来讨论一段出自《祖堂集》的简短文字，由此引发的一些思考同样适用于禅宗机缘问答记录的例子。这段文字说的是马祖初遇怀让的著名故事：

> 马和尚在一处坐，让和尚将砖去面前石上磨。马师问："作什摩？"师曰："磨砖作镜。"马师曰："磨砖岂得成镜？"师曰："磨砖尚不成镜，坐禅岂得成佛也？"①

这一事件真正"发生"过吗？我们无疑没有办法证明它未曾发生过。不过，既然这一事件第一次见诸文字距离它的"发生"大约已是两个世纪，我们完全有理由对它的真实性深表怀疑。

新闻报告强调精确性，与此相比，这里更重要的是事件是如何被记录、引用、争论，以及如何通过口头和书面的媒介被改写的。首先，我们可以清楚地听到《维摩诘所说经》的回响。在那里，维摩诘责备舍利弗以林中静坐为宴坐。维摩诘的先声被《祖堂集》用

---

① TTC，72a14—b3。

一种当代的形式加以重铸，因为其中的"磨镜"暗指《坛经》中的"心偈"。在接着上面所引马祖与怀让的问答之后，《祖堂集》还好几次提到镜子，表明了编者某种前后一贯的编辑意图。其次，读者可要注意到这个故事版本的原始性质：既没有特定的地点，又没有特定的时间——我们所看到的，只是语词构成的简单内核，叙述者丝毫没有为问答组建某种语境的意思。这个故事后来的版本增加了一些合适的细节——《祖堂集》本质上就要求它的读者开动想象力，自己将问答的语境补足。用马歇尔·麦克卢汉的话来说，它是一种"热媒体"，如同收音机，促使听众或读者去积极地想象究竟发生了什么事情。它不是电视机那样的"冷媒体"，给予观众充足的感官信息，从而让他们的脑瓜休克。①

最后，人们引用这个故事，常常用来说明马祖的开悟，或者至少以此说明马祖作为怀让弟子的身份。这个最早的故事版本固然包含了几行怀让与马祖之间的往返问答，但这里毕竟没有一个明确的陈述（说明两人的师徒关系）。传统上人们由这故事把马祖视为怀让的继承人，而怀让则被视为六祖慧能的传人。不过，只要我们略微仔细地察看现有材料就不难发现，马祖还师从其他禅师，而怀让跟某些北宗禅师的接触同他跟慧能之间可疑的接触比起来更具有实质性。

无论在马祖的宗教修行过程中可能发生了什么，重要的在于我们认识到，从某一个未知的时刻开始，禅师团体发展出了如此这般的马祖与怀让相遇的图景。且不管实情如何，戏剧化的相遇图景通过口头或书面的形式流传开来了。《祖堂集》提供了某种故事内核，细节的补充则留给了读者、听众——或许还有禅师。巴雷特（T. H. Barrett）说得好，这个过程和几乎同时代产生的笑话书的流传过程非常相似。《五方便》的形式架构为北宗禅师提供了仪式化的框架，他们可以对它进行修饰润色，也可以在上面添加自己的理解。与此相仿，禅宗的机缘问答文献也为禅门师弟们准备了基本架构，他们可以在此基础上进行即兴创作。当然，这类文献的出现，需要一种共享的对佛教修行法的理解，需要一些前面分别讨论过的要素。

（刘梁剑　译）

马克瑞（John. R. McRae）耶鲁大学博士、哈佛大学博士后，曾任印第安纳大学宗教研究系教授，现旅居日本，为东京大学访问教授。其学术专攻为禅学史和东亚佛教史，代表作为《北宗与初期禅的形成》、《透视禅学：中国禅佛教中的冲突、调适与系谱》。

---

① 参见马歇尔·麦克卢汉（Marshall MacLuhan）、昆廷·菲奥里（Quentin Fiore）著《媒体即讯息》（*The Medium is the Message*）（New York：Bantam Books, 1967）。

中国禅学　第五卷
2010 年，第 193—203 页

公　案　史
——中国佛教思想中的语言转换①
戴尔·怀特

内容提要　本文从公案的前史、公案的语言转换、公案传统的衰落三个方面，围绕中国禅宗传统中的公案，对中国佛教思想中的语言转换现象进行了深入的探讨，并进一步揭示了公案传统对中国禅宗发展所产生的重要影响。

关键词　公案　禅　开悟　语言转换

公案的前史

什么是公案（kōan）？字组合"公案"（kung - an）一词的隐意延伸到宗教修行领域之前，它指的就是前人根据先前的法律判断所作的"公开记录"（public records）。这些法律传统的公开记录进入公共领域事件中成为体现正义的标准和原则，与此类似，禅宗传统的"公开记录"也宣告了"开悟"（awakening）的标准和原则。《中峰禅师广录》（Foulk在第一章、Ishii 在第四章里均有详细讨论②）即扩展了两者间的这种类比关系："世称长老者，即丛林公府之长吏也；其编灯集录者，即记其激扬提唱之案牍也。"③ 法律上的"公开记录"限制了法律的武断和任意性，同样，禅门有关"开悟"的"公开记录"也被认为保存了开悟的同一性，因而可以使未悟者的谎言被揭穿。由是，《中峰录》似乎是为了强调这一点，因而反复声称："公者，乃圣贤一其辙、天下同其途之至理也；案者，乃记圣贤为理之正文也。"④ 无论是在法律还是宗教领域，《中峰录》都同样肯定了，只要"公案行，则理法用"，"王道"（the kingly way）、"佛道"（the Buddha way）"治矣"。⑤

---

① 【译者按】Dale S. Wright，"Kōan History：Transformative Language in Chinese Buddhist Thought"，原载史蒂文·海涅（Steven Heine）、戴尔·S. 怀特（Dale S. Wright）编《公案：禅宗的文本和语境》（*The Kōan：Texts and Contexts in Zen Buddhism*），Oxford University Press，2000，pp. 200 - 212。

② T. Griffith Foulk，The form and Function of Koan Literature：A Historical Overview，以及 Ishii Shūdō，Kung - an Ch'an and the Tsung - men t'ung - yao chi，两文均出自 Steven Heine & Dale S. Wright，ed. ，The Kōan：Texts and Contexts in Zen Buddhism，Oxford University Press，2000.

③ 《中峰和尚广录》，见 Isshū Miura 与 Ruther Fuller Sasaki 译，The Zen Kōan（New York：Harcourt，Brace & World，1965），第4—6 页。【译者按】文中所引《中峰和尚广录》原文出自《大藏经补编》册二十五，台北：华宇出版社1985 年版，第798 页，以下均同。

④ 同上书，第6 页。

⑤ 同上书，第5—6 页。

的确，这些说法背后体现出儒家色彩并不偶然。《中峰录》的目的就在于把公案公开确立为一套勘验修行人开悟与否的标准，以此与那些主张宗教成就可以被清楚评判的要求相呼应。于是，《中峰录》在这一小节的最后还进一步指出，通过公案的建立，可以使"祖意以之廓明，佛心以之开显"。①

那么，哪一种记录将会被公开作为衡量修行人觉悟与否的标准呢？选择的过程似乎从一开始就受到了宋代禅僧无意中形成的共识的影响，即那些从"语录"和"灯史"里挑选出来的内容最受大众欢迎，且已一再被摘录出来进行讨论和思考。然而，最后规范的选择仍是由公案集的编撰者所为，像杰出的《无门关》（*Gateless Barrier*，日文 Mumonkan）和《碧岩录》（*Blue Cliff Record*，日文 Hekiganroku）。他们所挑选的都是那时为止堪称禅宗"黄金时代"最尊贵的禅师说法的片断，以及那些根据宋代标准被认为可能是觉悟者概述和总结他们对周围世界体验的片断。这些话语往往非常"奇特"、不同寻常，有时甚至从那些想要成就这种心灵状态的人看来也非常的矛盾。然而，正是这些异常奇特的语言使每个人都能非常清楚地感觉到，"菩提"根本上就不同于绝大多数修行人寻常的精神状态。于是，这些奇特的语言成了区别的标志，从形式上揭开了悟与未悟这两种精神状态质的差异（qualitative distinction），进而把公案最初的言说者与此后那些将要参究公案的学人区分开来。

这种把两者间的差别公开出来的做法，其目的似乎是双重的。首先是为了维持一种标准，根据这一标准可以判断后人开悟的真实性。如无门（Wu-men，日文 Mumon）在他第一篇关于赵州的"无"所作的评论中说道："参禅须透祖师关。"② 其次，除了作为判断开悟与否的标准之外，无门和其他早期辑录公案的禅师还把他们编辑的著作当做是某种方便法门，并认为修行人借由这一方便法门亦可悟道。那么，古代禅师说过的话为什么会被认为可以具有那么大的威力呢？因为考虑到这些话代表了它们出自其中的那种精神状态，如果修行人能够顺着这些话回返（hui-fan）到它的源头，那么他（她）将在那一刻达到某种心灵的境界（mental space），就是那种与公案最初的言说者完全一致的境界。③铃木大拙（D. T. Suzuki）用英语优美地表达了这一传统观念，他写道："the idea is to re-produce in the uninitiated the state of consciousness of which these statements are the expression."④（参究公案就是为了使这些话语所表现出的那种意识状态在初学者的脑海中重现）公案语言会促使或是"迫使"（press out）修行人去构想出伟大的禅师们对"空"（empty）的体验。或者，亦如铃木所说："只要我们能够把禅师们讲说这些公案时的精神状态在脑海中同样地显现出来，那么，我们将会了解他们。"⑤ 无门还进一步声称，那些

①　《中峰和尚广录》，第 7 页。

②　Shibayama Zenkei（柴山全庆），Zen Comments on the Mumonkan（New York：Harper and Row, 1974），p. 19.

③　我从 Robert E. Buswell 那里借用了这种说法，"The 'Shortcut' Approach of K'an-hua Meditation: The Evolution of a Practical Subitism in Chinese Ch'an Buddhism" in Peter Gregory, ed., Sudden and Gradual: Approaches to Enlightenment in Chinese Buddhism（Honolulu：University Press of Hawaii, 1987），p. 347.

④　D. T. Suzuki, "The kōan Exercise" in Essays in Zen Buddhism, Second Series（New York：Samuel Weiser, 1953），p. 94.

⑤　D. T. Suzuki, "The Reason of Unreason：The kōan Exercise" in Zen Buddhism, ed., William Barrett（New York：Doubleday and Co., 1965），p. 151.

在这种努力中获得成功的人，将会与诸佛及历代祖师一般无二。到那时，修行人不仅明白了那些奇特的公案语言的含义或"意图"（intent），而且还会开始说出类似的话。也就是说，你将会与祖佛"同一眼见，同一耳闻"①。

那些在他们所参的公案中已经直接体验到禅师意图的人，通常会写下相应的诗偈来"阐释"（capping）公案的妙旨。这些诗偈最后被称为"颂占"。② 其中，最著名的偈颂会被附在公案之后，作为对同样经验的表述以供参禅者选择。正因为这些偈颂被看做是对同一经验的表述，所以它们被认为同样可以使那些参究它们的人由此而悟道。此后，在日本的公案传统中，白隐禅师（Hakuin）就是根据他的弟子们从那些权威的佛教语录集中挑选偈颂匹配公案的能力，来有系统地测试弟子们对公案的理解。实质上，白隐禅师的测试只是一种多重选择的考试而不是一种创作行为，因为他仅仅要求弟子们从原始材料中挑选出一偈一句来与公案体现出的景象相配。在此，"匹配"（match）或"对应"（tally），这一隐喻性的语言出现在所有与这部分内容相关的上下文中，从而进一步显示了参究公案所包含的"以心传心"（mind - to - mind transmission）的目的。这些与"匹配"相关的隐喻出自各种背景，比如说商业会计，还比如中国古时候实行的测试信使真假的做法，即通过看信使所持的那块碎陶片是否与收信人所持的那一块相吻合。既然公案所使用的语言与产生这则公案的心灵"相吻合"，那么的确，当学人在理解的基础上选取偈颂与公案相配时，也就表明了在参究公案的学人与言说公案的禅师之间已经达到了某种程度的心灵的同一。

我们从这些观念背后的普遍假设可以得出有趣的结论，即某种合理的、可预见的结构把公案语言与开悟联系起来。在公案语言与禅师的心灵之间，以及公案语言与修行人的心灵之间，存在的联系被认为是远非偶然的或任意的。尽管公案从还未开悟的利根人看来也可能是难于破解的，然而它们仍被设想为直接地、没有歪曲地表达了它们从中出现的那一心灵的状态。在此，在公案中，菩提已经获得了具体的形式，如果照着这种形式一直参究下去，那么修行人就有可能回返到公案从空无中形成的那一刻。

这些关于菩提能够以语言形式被表述的假设——尽管与禅宗学说有着明显冲突——仍从早期中国佛教传统以及它们在印度和中亚的源头那里（它们也在那里广泛传播）借用过来。然而，因为它们似乎与流传已久的关于超越性的涅槃学说相抵触，所以这些假设可能还不能通过理论形式被清楚地表述出来。尽管如此，如果佛教传统中没有这种假设，那么不管是公案语言还是佛经语言，都不可能承负它们已经在佛教中担起的重任。如果佛教徒不能假定佛经中所包含的佛陀的话语以某种富有意味的方式与觉悟者的经验相关联，那么首先，这些既缺乏基本原理又不能发挥什么作用的佛经就可能永远不会被编写出来。同样地，如果人们不认为公案语言与伟大禅师的开悟相关，那么在禅修实践的领域里也将不会保有它们的一席之地。事实上，一段复杂的关于早期中国佛教传统中的宗教语言及其用法的前史的预想，已经为公案这一想法的产生建立了条件。

---

① Shibayama Zenkei（柴山全庆），Zen Comments on the Mumonkan，p. 19.

② 【译者按】怀特的原文在此处把禅师所作的偈颂称为"著语"（capping phrases，日文 jakugo）。然而禅宗传统上是以"颂古"指阐释公案妙旨的偈颂，而公案各句下所标注的小字（字数多寡不等）才被称作"著语"。根据上下文，Wright 此处所指应为"颂古"而非"著语"。故于此段中，译者将怀特写作"著语"的地方均改为"颂古"，不再一一标注，特此说明。

在佛经开始被用于仪式和观想之前，佛教寺庙与丛林中共同背诵的偈颂（gātha）就是像这样开始的：

> 无上甚深微妙法，
> 百千万劫难遭遇，
> 我今见闻得受持，
> 愿解如来真实义。

这些仪式性的偈语显示了一个佛教徒对他将要探求的传统宗教语言所怀有的深深的崇敬和宗教的敬畏。如果偈颂不只是被说，而且还被意味深长地听时，那么它就会提醒修行人：他们所听到的都是曾从佛陀觉悟了的心中发出的话，这些话慈悲地想要向他们传达开悟的信息，以使他们可以从苦难中获得解脱。背诵这些话会使修行人能够更毅然和更真实地把他们自己向佛经中所描述的佛陀的心意敞开。尽管公案语言在修辞上不同于佛经语言，因为它已经不再使用教导、各种学说以及好辩的风格来指示学人，然而，在两者的差别背后是更为根本的同一，也就是，无论公案还是佛经都显示了菩提心，并在此基础上，它们都可被视为一种达到菩提的方法和检验是否觉悟的尺度。

《心经》和《法华经》广泛地传播着几种不同形式的宗教语言，正是这些不同形式的宗教语言成为了公案发展的实际背景。我们在此仅强调其中三种：（1）陀罗尼（dhāranī）或真言（sacred formulas），包括咒语（mantra），修习于佛教密宗；（2）专心称念佛的思想或名号，即净土宗的念佛（nien-fo，日文 nembutsu）；（3）观想（visualization，contemplation，kuan），即中国教门传统（scholastic traditions）的修行法门。正是这三种语言现象使得发展于禅宗公案传统里的宗教语言观成为可能。

陀罗尼（dhāranī）就是通常以原始语言或经典语言背诵的真言，这些真言并不被那些为了仪式的目的而背诵它们的人所理解。那么，对这样一个其文字不可理解，其意义又无人知晓的偈颂，人们为什么还要背诵它呢？一个最基本的回答是，这些都是从古佛心中流出的最神秘和最神圣的真言，事实上，对任何一位虔敬的修行人而言，这样的回答也就足够了。除此之外，大概这些神秘的文字一定还被认为拥有某种能量，这种能量由于无法通过翻译被传递到汉语里，因而也就无法在心念中去把捉。简言之，它们必须是在一个更根本的层面上而不是在心念上发挥作用。它们必须作用于修行人，却无须要求这个人去考虑它们字面上的或隐含着的意义。与之相类似，在此应该先明确的是：尽管后来的禅宗公案仍旧使用中文文献作为资料来源，但公案传统也认为它所使用的语言乃是直接从菩提心中流出，并且只要公案语言在一个更根本的精神层面上对修行人产生某种影响，同样也就可以促使其超越惯常的理解。宋朝末年，禅宗丛林里盛行的仪式以及笼罩在神秘氛围中的公案修行，都明显与藏传佛教密宗对陀罗尼和咒语的修持相似。

早期的大乘佛教经典已经向我们展示了佛语的神奇和力量，这种说法在形式上仅与虔心念佛的净土传统稍有不同。尽管念佛修行似乎一开始就含有道德教化的力量，但是随着关于佛的力量与慈悲，以及关于佛陀教法的大乘思想的发展，优雅的、赋予语言以力量的"他力"（other-power）修行日渐使得学佛持戒（the ethics of Buddha imitation）的修行为之失色。考虑到佛与其他众生差别的存在，观佛形象和念佛名号的修行，逐渐从按照佛的教化持戒修行，转向这样的一种可能性，即，在不需要诉诸持戒功德的情况下，佛的福德智慧（merit and mind）或是佛的慈悲（grace）也可以通过神圣的语言来传递。鉴于我们在西方已经接受的日本禅宗，尽管仍在试图保持其独立性，却仅残留在与净土佛教的宗派竞争当中，所以我们也已经接受了这样的一种看法，即中国的禅与净土、公案与念佛的结合是失败的。尽管这种结合是一种复杂的历史现象，就如同在日本的黄檗宗（ōbaku-shū sect）里所发生的那样，但只要这二者结合所需要的任何一个条件可能已成为普遍事实，那么可以从源头上分离这两种传统的无论什么差别，不是随着时间的流逝已经被消除，就是已经被简单地忽略。正如念佛修行是佛陀赠予世人的一件礼物一样，公案，如后来的禅宗传人所说的那样，也是中国自己时代开悟的佛向未来的世代传递信息的媒介。对那些通过实修而接受并珍视它们的人而言，它们所提供的，除了所有与福德相关的声明之外，就是一种直接切入到完全同一的佛心的方法。参究公案和修行念佛，两者所使用的语言以令人吃惊的方式交叠在一起。同样的术语，既指导了公案修行人"把话持守在心前"，也告诉了净土宗的修行人围绕着佛陀的名号和思想去做什么。

　　最后，在此简单勾勒的公案前史还包括了心念上导向"观"的修行，这种修行在天台、华严和密宗里发展得最为充分。这些在"空与色"（emptiness and form）的辩证关系中展开的修行，明显发展于《心经》中所描绘的图景：在佛陀与弟子对话的过程中，空与色的关系在结构上不断地变换着。中国教门各宗仅对《心经》中所能看到的各种现状进行了系统化，并在那些看来对中国人意义最为深远的方面扩展了它们。这些经典通常被称作"观"（contemplations），并被用作中国人禅观（vipasyanā）的指南。它们是心念的训练，操作于思的界限之内，激励修行人尽其所能地在上述训练的过程中把必要的而不是矛盾的思想框架把握在一起。尽管它们的确是言说和心念的训练，并常常最终以命令似的"思之"（szu-chih）作为结语，但它们的基本原理仍是为了引发这样的一种"心"，这颗心已经做好了准备去迎接超越心念的、被称作是"顿悟"（sudden awakening）的事件的发生。像《心经》一样，中国的"观"也滋养了矛盾感，并且随着时间的流逝，矛盾还成了一种深度或菩提的象征。一些公案，尤其是那些在日本白隐禅师德川时代的分类中被叫做 hosshin 的公案，仍然保留了"观"的风格，就是说，它们确实可以被思考，即使这样的思考是极其矛盾的，因为它是多维的。这种明确的"观"的佛教修行对公案修行来说是一个如此清楚的先驱，因为两者都在力图从理智上的困惑混乱中寻求某种突破。

"公案"的语言转换

　　回顾过去，宗教语言观及相应的修行在初期禅宗里的发展，均以我们所能了解到的方式指向了公案的发展。宗教语言——尤其是那些以矛盾和奇特的形式出现的宗教语言——唤起觉悟，这一观念是绝大多数早期禅宗经典的根本思想。在晚唐至宋代的禅宗文献中，"某某于言下大悟"也许是最为常见的一句话。于是，寻求古代禅师对某则公案所下的特殊"转语"（turning words），实质上演变成了对正统公案的搜求。那些从禅师语录中摘取出来的有力语言可以如此彻底地转变人心，甚至于可以唤起觉悟，这一事实自然导致了这种对表现了宋代禅宗特色的语言的热切关注。最后，"看话禅"（k'an-hua Ch'an）从各种禅法中脱颖而出，从字面上来理解，可称之为"looking at language meditation"，我们所拥有的是一个佛教"正名"（rectification of names），因为"looking at language in meditative ways"确切地指他们正在做的是什么。①

　　然后，我们要问：这些方法是什么？公案所使用的语言，一旦从大型的禅宗经典文集中摘录出来，它又是如何被运用于追求顿悟的禅修当中？我们已经提到过动词"回返"（trace back）。公案是僧人们可以"追寻"（track）的"踪迹"（traces），顺着这些踪迹就可以回返到觉者心中最初产生公案的源头。但是你又将如何回返呢？这一过程还包含着许多其他的动作："提起"（to elevate）、"把住"（to hold up），就好像是为了方便去观察；"观"（to look at）、"检校"（to inspect），即检视那已被持在心前的一念；"静虑"（to concentrate on）、"凝神"（to focus on）、"参究"（to investigate）、"问询"（to inquire）、"勘验"（to examine），所有这一切都给人一种印象，即公案是唯一要观想的对象，并且所有的精力应该被用于"以一种固定的方式持守"以及"凝神"于那已被集聚于心头的一念。

　　在禅定中参究公案，结果是使得公案语言奇特而又矛盾的特征更为明显。尽管最初选择公案的一个标准就是"奇特"，但是没有什么比不自然的或规规矩矩的禅定可以使公案的奇特性变得如此彻底。对绝大部分的人而言，日常生活不会引起人们对它本身的关注，常态和常识也正是在这样的事实中被维持着。在极少的情况下，当我们真的关注于日常生活中的某一元素，审视它，并重构其不被注意的背景时，它即刻开始看上去古怪起来，这就如同我们突然意识到某个令人惊奇的词，这个词我们已经说过几百次了，却从未曾注意过它。对我而言，参究公案似乎也应该会产生这样的效果——寻常的话、语言间寻常的联系变得极不寻常，几乎到了令人感到困惑迷乱的地步。一位僧人持守一则公案的时间越久，"日夜持之在心"，根本上它就越不可能被看做是一种语言的表达。从寻常语言入手，探察其令人惊异的奇妙，跨越这道门槛似乎成为这种禅修方式的根本所在。

　　在深入参究公案的过程中，会发生某种寻常主/客关系的颠倒，当禅宗僧人们在谈论这种颠倒关系时，某种使得公案语言显得异常奇特的方式即被揭示出来。参究公案期间可能发生的是，公案作为观想的对象是如此地占据了修行人的主体，以至于取代了主体的位置，而修行人的自我则感受到它自身反如公案的客体或对象一般。Ruther Sasaki（也代表了 Isshū Miura 的看法）对此说道："公案被已准备好的仪器所取代，并且，只要仪器和装置的熔接一发生，某种意识状态就会被达成，而那正是公案所要达到的目的。"② 僧人的主体就是准备好了的仪器。当主体与客体的熔合发生时，公案的主体性，它的"目的"（如 Sasaki 所说），就是控制熔接的装置。③

　　一个有趣的问题反复出现在现代有关公案的诠释当中。也就是，公案以及公案所使用的语言，对于最初言说它们的禅师而言是奇特和矛盾的吗？或是这些语言仅仅从我们这些

---

　　① 然而具有讽刺意味的是，恰恰就在这个名字产生之时，禅宗修行人开始向相反的方向发展，转向强调"话头"（hua－t'ou），尽管仍然是语言学的，他们试图通过话头来完全避开语言的影响。

　　② Miura and Sasaki, The Zen Kōan, p. xi.

　　③ 如果这就是他所指的意思，那么 Sasaki 在说这句话之前，即"把公案说成是禅修的对象（subject），就是不正确地陈述了这一事实"（p. xi），可能最好还是别用英语颠倒了这个句子的结构。相反，如果 Sasaki 使用"subject"指的是"object"，如我们平常在英语里的错误用法那样，那么这一陈述就会使得下面所说的内容有意义，而且以上说法也将会是"正确的"。当我们说"subject matter"时，我们指的是"object"，即将要被主体执取的那一客体，是主体所关注的那一对象性的事物。

未开悟的人看来才是奇特的？还是公案的语言乃是以一种简单而又直接的方式表达了觉悟者所获得的一种新的"常识"？抑或是，这就是那种最终符合于事物"如其所是"（suchness）的存在方式的语言吗？对我而言，似乎传统的禅宗经典对这些问题的回答，既可能是"yes"也可能是"no"，具体则取决于当时正在强调的是哪一种思想背景。例如，当现实复杂的相互贯通和相互依赖关系正在被强调时，如同在华严禅中所凸显的那样，那么，这种语言确实符合于事物的存在方式，它就是有意义的。然而，如果是空的否定作用以及菩萨修行法门的暂时性和权宜性正在被强调时，那么无论这些语言是如何的费解和矛盾，也不可能会被认为与事物的存在方式相符。初期禅宗里的许多要素出现在宋代最早写下的公案文集中，从中似乎显示出了对第一种看法的某种偏向：矛盾的语言是值得努力沉思的，正因为从一位觉悟者的观点看来，这种语言显示了关于事物究竟如何存在的某些真相。此后，随着思想批判的发展，似乎第二种可供选择的看法已变得更具吸引力。认为公案语言和它的目标之间不存在对应关系，既然这种看法避开了说清楚两者间的一致性的必要，那么它的确是一种比较安全的主张。然而，这种看法的缺陷亦在于，在某种可以理解的联系欠缺的状态下，公案呈现出恣意的外观。为什么这种语言一定要被认为可以唤起那一目的？无论如何，后人在参究公案时亦表现出了这种倾向，即否弃在真正的公案修行中对思想和反省所应承担的任何责任，这种倾向也进而暗示了，在公案语言和它的目标之间，开悟的禅师不必去思考一种比常人的心所能获得的更为深刻的统一。

宋代发生的两次有趣的论战已经为我们今天思考这些问题的方式打下了基础。一次是发生在禅师大慧和宏智之间，这次论战把看话禅或临济传统的公案禅，与"默照"（silent illumination）禅或曹洞传统的默坐（zazen–only）禅明确地区分开来。另一场论辩，大慧也卷入其中，是由于在如何运用公案的问题上意见不统一。围绕着公案的研习，一种被大慧称为"文字禅"（literary Zen，日文 monji Zen）的传统也在发展着，在反对这种禅法的过程中，大慧提出了一种实质上并不反映整则公案面貌的修行，这种修行要求把所有的注意力都放在公案的一个字上，也就是话头（hua–t'ou, main phrase）上，在那里，公案语言确实在无念的了悟中达到了顶点。在我看来，这些区分极大的讽刺就在于，如果从相反的方面来看，它们有可能会得到更为精确地表述。也就是说，如果我们贴近去看大慧所倡导的公案修行，这种修行拒绝采用任何言说的、思量的，或文字的路径去了解公案的意义，那么我们实际上也就只剩下了默照。我们还会回过头来讨论这一点。另外，如果我们看看在曹洞传统中都发展了什么，那我们就会在看话禅和文字禅中找到一些意外的收获。

以上显示的两重分歧明显表现在两部最著名的公案集中：《无门关》走在了文学和诗歌发展的前面，它的语言是平直的，它的基本原理在于超越观念的秩序，进而挣脱从知性上去解读公案的诱惑；而《碧岩录》本身就是一部既精巧又复杂的文学杰作。前者就其特性而言，鼓励默默地专注于阻碍菩提的所知障。后者就其特性而言，鼓励通过观照和想象去探索未知以及那些仍未被经验过的领域。史蒂文·海涅在《道元与公案传统》一书中，反思了以上两者的分别。这本书的一个主题是，道元的《正法眼藏》"无论是主题还是风格都与《碧岩录》明显相似"[①]，而且，如果我们从临济宗的声明——大慧的"直

---

① Steven Heine, Dōgen and Kōan Tradition: A Tale of Two Shōbōgenzō Texts (Albany, N. Y.: SUNY Press, 1994), p. 218.

指"（shortcut）法门是公案传统发展的顶点——退一步来看，我们就会认识到道元本人乃是一位这样的公案禅师，他已经脱离了这种类型的禅宗文献，走上了一条完全不同的发展路线，且有着根本不同的影响。围绕着《碧岩录》，道元开启了一种新的注释体裁，这种体裁抹去了第一位的原始文献与第二位的、解释性的文字之间的差别，或是经典与自我之间的差别。在这种体裁中，"转语"（turning word）可以出现在任何地方，或出现在道元对原始公案的批评中，或出现在这位修行人反身自省的时刻。

不管怎样，在中国，不论宋朝取得了多么巨大的文学、哲学和文化的成就，就是在这样的一个历史背景下，大慧对公案和禅的理解都已获得了成功。尽管在中国文化发展的其他维度上，观念的精细化将成为宋代文化的特征，但是禅宗将抗拒这种诱惑，并坚定地在无念中确立它自身。这种发展首先通过参究公案的"话头"（critical phrase）这种方式表现出来。大慧强调指出，尽管公案看起来像是允诺了超前的洞见和理解力，但这并非它们事实上所提供的。因此，与参整则公案不同，大慧提倡深参一句话头，最常见的是只参公案里的一个字。此外，他还坚决主张，"话头"是没有意义的，任何思量卜度根本上只会妨碍修行人的开悟。顺此推导下去，大慧警告说，士大夫虽然是他那个时代最热衷于参究公案的人，但由于他们总是倾向于求知解，所以也就最不可能通过参公案而开悟。[①] 因此，他建议他们，彻底停止任何诠释公案的努力，并且"不用将平昔聪明灵利思量卜度，拟心思量"[②]。这种修行所需要的第一位的精进是否定性的，如布斯韦尔所解释的，"无念"成了"看话禅的……核心"[③]。此外，用布斯韦尔的话来说，"不存在任何需要被发展的东西；弟子所必须做的一切就是断除妄想，同时，既要知道无所求，亦要知道无所证"[④]。

结论：公案传统的衰落

以下四点，是我认为公案传统对中国禅宗发展所产生的最重要的影响。

第一，看话禅本是由于对禅师语言文字的痴迷而产生，实质上却成为了默照禅；也就是说，公案重新被吸收到了坐禅的修行当中。当然，这一点从未被明确表示过，事实上，人们通常设想的情况与我的推论正好相反。我的推理乃是源于对经典中所展示的两种修行状况所作的简单比较。大慧之后，参究公案的修行越来越趋近于无念。不思量被允许进入到这种修行中。公案的叙述结构被消解得只剩下了一个单一的点，也就是"话头"。而话头本身也被声明是没有"意义"的。那么不管某人是正在打坐还是不在打坐，对公案的参究剩下的也就只是一种深入的、长久的对某一点的关注。这种表述在形式上并不同于"无观"（non‑vipasyanā），也就是"止"（Samatha）的状态中的坐禅。结果是，"看"和"话"都被重新吸收到了"默"的禅修当中。

第二，随着持戒功德被视为一种妄想而被消除，以及理智的作用在宗教实践中被弃置

---

① "士大夫学此道，不患不聪明，患太聪明耳。不患无知见，患知见太多耳。"（《大慧语录》卷二十九，《大正藏》册四十七，第 935 页 a 23—24 页，引自 Buswell, "The 'Short‑cut' Approach," p. 371）。

② Buswell, "The 'Short‑cut' Approach," p. 350。

③ Ibid.

④ Ibid., p. 351.

一旁，在禅宗里，信（faith）的作用将会被强调，也因此而引领着禅宗趋近，并最终与净
土佛教联结在了一起。对大慧以及此前几位包括临济在内的禅师而言，信是一个基本的主
题。在大慧看来，顿悟需要以信为基础。另外，慢（pride）则阻止了修行人去实行在他
们看来徒劳无益的渐悟。渐悟是一种遭到大肆诋毁的学说，这一学说与那时已经消逝了的
北宗相联系，他们设想通过个人的精进和对功德的寻求可以真实受益。尽管我并不清楚在
这种学说发展的过程中，末法时代（the declining dharma，age of mo-fa，日文 mappō）这
一流行观念究竟扮演了一种多么重要的角色，但是禅宗和净土宗对信的强调和对慢的舍弃
竟然惊人的相似。两者都表现出对文人学士修行方式的蔑视，并把自身的修行重点完全放
在了战胜潜在的儒家的"戒行功德"上。

　　回顾过去，我们还可以注意到一种有趣的学说"交叉"的现象，这一现象发生在宋
代并被确定下来。在那时，认为禅宗在前"黄金时代"就已有许多禅者开悟的看法非常
普遍。然而，当他们问自己早期这些伟大禅师的共同之处在哪里时，普遍的回答是，他们
全都否弃了自己早期研习佛经的修行。就是说，知识上的成就最终被否认，以便顿悟可以
发生。对于宋时的修行人而言，这倾向于指出，通过放弃知识性的研究，他们可以从禅师
们的证悟经验中直接获益。既然所有的禅师已经否弃了它，那他们又为何还要把它拾起来
呢？然而，显然未被注意的是，从这一交叉口出发还存在着另一种可能已被推行的相反路
线：他们可能已经意识到，伟大禅师的共同之处还在于对佛经长期的、严肃的研习。事实
上，他们于经典的研习都非常努力，即使在他们修行的某一时刻需要批判和否弃这种行
为。尽管他们确实都批判地否弃了这种修行，但他们也共同主张，这种对佛教经典的研习
可以被否弃，但却绝不可以被失去。[①] 与此同时，某些领域的佛教学说已被自然地认作是
禅宗顿悟的一个前提。然而，宋代禅师仍倾向于从字面上不加辩证地对佛经的研习采取拒
斥的态度。实质上，他们建构出了一种禅宗基本教义的形式：这一传统不断走向反理智，
并且，在这一过程中，它复杂的传统教义被简化成简单的公式，于是使得从文字上对这些
公式的阐释被认为是恰当的。在元、明、清三朝，禅宗和净土宗制度上的统一日益增多，
尽管导致这一现象的因素有很多，但是当我们从这些学说和修行的关联上来看时，理解上
也就少了几分神秘。

　　第三，从最后的分析来看，甚至在宋代禅宗发展的顶峰时期，或是稍后，公案的发展
也使得中国各地的知识阶层投身到另一种新的传统的建设当中，这一传统把禅宗的几个要
素抽取出来置入一个更包容的文化架构中，进而完全压倒了禅宗。早在宋代，一种革新性
的道学（tao-hsüeh）传统就开始在这种虚饰的论辩中占据了上风。尽管这一传统已极大
地受益于禅宗不得不提供的资源——坐禅、顿悟、出家等——但是它也为理智活动留下了
非常充裕的空间，且视之为向"道"之本。这些理智活动有一些是取自中国佛教的早期
发展成果，以及天台、华严和初期禅宗学说上取得的进展，并且还模仿于这些成果之后。
尽管现在很清楚，禅宗和新儒家之间相互影响的联系是多方面的，同时也很清楚，在两种
传统均受益于这种交流的情况下，禅宗从它的反对派那里受益较少，因为它的教义对理智

---

　　① 伯兰特·佛雷提出了相似的观点："在最终舍弃它们到达终极真理之前，这些精神训练的要点
就是，去遍览所有的精神产物，体验'方便善巧'的传统真理。但是这一过程或路线与目的并非不相
关，因为它已经以某种方式被写在了所要达到的目标当中。"The Rhetoric of Immediacy：A Cultural Cri-
tique of Chan/Zen Buddhism（Princeton，N. J.：Princeton University Press，1991），p. 53.

活动的谴责已经根深蒂固。它不是更深入地探索自己的佛教和中国传统，以此重组自身来面对道学的挑战，而是选择了顿悟的沉默。然而，这一选择也宣告了禅宗将在未来的中国处于边缘地位；当王朝的车轮匆匆驶过之后，禅宗对中国文化的贡献也将日益变得无关紧要。

第四，尽管禅宗在中国社会仍将通过绝对的保守策略和修行来维持自身，但是因为禅宗的绝大多数修行目的如今已与净土宗的混合在了一起，所以我们仍可以在禅宗传统里发现某种创造，而这种创造正处于那些根据禅的原理，也就是在禅宗原则的范围内，本不该被找到的地方。我们在一些元朝和明朝的禅宗经典中发现了理性的、形上结构的重新出现——努力去"解释"禅宗修行如何与现实相联系。① 无疑，历史环境迫使禅宗僧人必须对这些情况作出说明，不管出于什么原因，这些环境始终允许着新儒家对禅宗的边缘化。新儒家对禅宗的批评，即使是很简单的批评，都取得了极大的成功，就因为那时禅宗信徒的知识储备是如此的糟糕，以至于根本无力针对反对他们的意见去进行说理和争辩。然而，文化的衰败最终确实激起了一种反应：禅宗僧人开始通过说理来论证他们自身的修行。这些说理自然采取了形上的形式：看话禅是如何建构起来的？这种禅法何以会使你集中全部精力去冥想一个出自古代禅师的单一的"无意义的"短语？在这些说理的过程中，也需要心理学上的说明：心是如何被建构起来的？这样的心何以会促使你进入一种无念的状态中？当然，新儒家的学者们也会争辩说，得出一个由提倡常识的主流所称赞的结论是没有意义的。禅宗的辩护者们因而要把儒家学者的成果替换掉，他们的反应事实上掀起了一股新的创作禅宗文献的浪潮。然而，作品的创造性受到了限制，因为它的作者们没能看到，他们用元公案（meta-kōan）语言写下的作品直接反对了那些他们所要论证的结论。由于袒护教义的力量其矛头总是指向他们的对立面，故而他们也无法看出"一个正确地在做出解释的人"——借用临济的话，不是他们的学说所要维护的那样一个无念无言的自我。这些学说关注于一则公案是什么以及一个人的心是什么，尽管这些学说都是创新性的，但是他们没能把自己作为学说主张者的身份包括进去。它们缺少反身的深思熟虑，而这曾使许多伟大的禅师在第一时间就变得著名。

在铃木大拙为我们用英文写就的作品中，这种公案与关于公案的元讨论之间的分离被模仿和被进一步加强了。铃木自己的作品有关公案的记录非常有趣，他把重点放在了元、明时期的注释文本上。这自然是最适用于铃木使命的文本，因为他的使命就在于，在一种完全不同的文化脉络里向我们解释为什么那些伟大禅师的言行是如此的"奇特"。铃木本人的作品并不符合他们所提出的有关禅的定义。在20世纪中期，把禅传播到美国人和欧洲人的面前，需要有一些重量级的形而上学以及大量的阐释。太多的"禅心"（Zen Mind）将会破坏这一使命。当铃木在写作关于公案的作品时，他不是只给我们纯粹的"无理性"，而是被迫退回来，清楚地说出"无理性的理性"（The Reason of Unreason）这样的话，这是他给自己最好的一篇关于公案传统的文章所起的标题。他预先就知道他将不得不给出一些非常好的"理由"，因为如果禅宗在这些环境下不是看来最合理的选择，那么它只会被拒绝。事实证明，他的推理非常出色，我们中的许多人被说服了，或者至少是受到了他的影响。即使是现在，因为铃木的作品错误地陈述了禅宗传统而招致学者们的批评，我们也能够看到，铃木已经令人印象深刻地完成了他的使命。"禅"，无论它是什么，

---

① 例如元朝的《中峰禅师广录》。

对许多人而言，至少仍然象征着"伟大实体"的某一面。铃木为我们提供的这些理由，现在看来可能是不充分的，但它们曾经说服我们接受这一事实，即我们并没有失落主体。即使为了实现这一目的，铃木的学说采取了一种极端的形上学的新形式，我们也仍想去学会如何才能听到"单手击空的声音"。

（秦瑜 译）

中国禅学　第五卷
2010 年，第 204—223 页

早期禅的"一行三昧"观念①

伯兰特·佛雷

内容提要　论文首先梳理了早期禅的"一行三昧"观念的文本脉络，指出早期禅的"一行三昧"观念不同于其印度教典依据《文殊说经》，也有异于《大乘起信论》，同样，它也不同于隋唐其他宗派如天台宗、净土宗的一行三昧思想。接着，作者将"一行三昧"置于唐代宗教话语中的语境中，分析它和禅宗"一心戒"、密宗"看一字"、净土宗"称名念佛"、道教"守一"观念之间的意义关联。论文还分析了"一行三昧"观念的宗教政治背景，认为隋唐各个宗派之间及其内部（如禅宗南北二派）围绕着对"一行三昧"观念的解释，进行追求"正统性"的斗争和教理"交换"。作者认为，作为一个宗教议题，"一行三昧"被代替可以解释为标志着"认识论的突破"，这个"认识论的突破"发生于"早期禅"和"经典禅"之间，"一行三昧"观念容许在"超越"和"实修"之间维持富有成效的辩证关系，使得"早期禅"顺利地过渡到"经典禅"。进而，如果对天台、禅和净土宗作整体性考察，将会发现"一行三昧"观念的存在有益于最大限度地弥合各种佛教思想趋向之间的裂痕。

关键词　一行三昧　早期禅　隋唐佛教

术语"i－hsing san－mei"，即论文集中谈到的"一行三昧"，它在某种特定的早期禅话语的出场过程中扮演了重要角色，将它翻译为"一行三昧"，已经将中国僧众的禅修传统的意涵阐明出来。然而 8 世纪的禅者究竟是如何理解"一行三昧"的呢？我们仅仅拥有相对较少的文本依据。基于现有的禅学文献，可以很明显地看出"一行三昧"并非仅仅是智颛（583—597）在其杰作《摩诃止观》（论述卓越的"平静"和"洞察力"）中所阐述的四种"三昧"之一，尽管它已经成为天台宗传统的一部分。不仅如此，它还是作为天台教义及其令人印象深刻的、几乎是不可抗拒的坐禅技艺或各种"方便"（upāyas）的思想库的一个反动呈现出来的。

本文的第一部分将表明，"一行三昧"观念是如何从其教典的起源展开为隋唐时期的各种阐释，从而在天台、净土和禅学传统中获得了数种不同的意涵——上述每一个传统使用相同的术语，然而它产生意义的论证语境却通常彼此相异。

---

①　【译者按】本文译自 Bernard Faure, *The Concept of One－Practice Samadhi in Early Ch'an.* Peter N. Gregory, *Triditions of Meditation in Chinese Buddhism*. Honolulu：The University of Hawaii Press, 1986。需要说明的是，佛雷在此文中使用"One－Practice Samadhi"来意译汉语名词"一行三昧"，且在文中并用"One－Practice Samadhi"和"i－hsing san－mei"两个术语，基于这两个术语在文中表达相同的意涵，并且其汉语对应词均为"一行三昧"，照顾到汉语的表达习惯，均译为"一行三昧"。

本文的第二部分将聚焦于禅学，主要处理被称之为"北宗"的重要编年史《楞伽师资记》（关于修习《楞伽经》的禅师及其弟子的传记）。笔者将试图表明，不同社会历史环境下所生成的不同概念被逐渐等同于"一行三昧"，或至少开始在北宗禅的话语中占据了类似的位置。通过界定"一行三昧"所归属的语义域，也就是说，通过检视其所出现的所有语境，笔者试图揭示出它的意义域——该意义域在传统的解释中是晦暗不明的。

在本文的第三部分及最后一部分中，"一行三昧"观念将被置于隋唐政治——宗教的情境中。笔者将表明，该情境是中国宗派佛教形成的关键因素，同时也是它们中的一部分彼此间的纽带。"一行三昧"的重新定义——近似于宣示"突然觉悟"（顿悟）——为南宗禅战胜其对手北宗禅提供了一条便捷的途径。同时，它也在其他一些佛教僧侣中激发出不同的反应，例如天台宗和净土宗。

该工作假说的论证将限定在较少直觉的方式中。此外，更为完全的论证将检测"一行三昧"观念或此类禅修实践和唐朝社会其他非概念性实践之间的联系，也就是说，类似的修辞也存在于公元7—8世纪政治、经济、社会及语言学领域，与此相伴的是它在中国宗教场景中逐渐消亡。但是该工作设想在本文的视野之外，必须留待以后分析。

一　"一行三昧"观念的演变

（一）教典的起源

根据《望月佛教大辞典》[①]，此"一行三昧"是梵文 ekavyūha – samādhi（一庄严三昧）或"ekākāra – samādhi"（一相三昧）的汉译。可见，它的最初含义并不是"一行三昧"。该表达的"古句"（locus classicus）见于《文殊师利所说摩诃般若波罗蜜经》（Sapta satika – prajāpāramitā – sūtra；文殊师利所讲授的般若经，亦名《文殊说经》）：

> 文殊师利言，世尊，云何名为一行三昧？佛言：法界一相（一相；ekalaksana），系缘法界，是名一行三昧[②]。

《文殊说经》提到了达到"一行三昧"的两种修行方式，第一种包括阅读《摩诃般若波罗蜜经》和修习般若智慧，第二种是某种形式的祈念佛的名字（念佛；buddhānusmrti），在该修行中，人们通过不断地称念佛名（不一定是阿弥陀佛），将其思虑集注于佛本身，并避免观想其外表，于是，人们就能够将三世诸佛形象化。

这两种方法后来被净土宗总结为"思考本质或规律"（理观）和"思考现象"（事观）。在第一种情形下，人们"观""绝对者"或"平等"之理（samatā），即"如是"（tathatā）之相状；在第二种情形下，人们"观"佛法的多元特性，这两种"观"最后皆通往认识法界的无差别性。这就是"一行三昧"为何通常被称之为"一相三昧"（或 i – hsiang san – mei）的原因，"一相"即无相[③]。

（二）第一种解释

《文殊说经》所定义的"一行三昧"与其是说明修行方法上的单一性，毋宁说它意指

---

① 望月信享：《望月佛教大辞典》，东京：世界圣典刊行协会，1958，Vol. 1，p. 130a。

② 《大正藏》册八，第731页 a。该篇全译见大卫·夏贝尔本论文集中所撰写的章节。

③ 见 Ratnakūta, T11. 655b – 656a。

的是与"真谛"超越的或本体论的同一，甚至当指向主体与客体的同一的时候，它仍旧强调某种形式的客体（至此，"绝对"可以被视为某个对象），而非人这个主体。但是在公元6世纪，随着对"止观"（Śamatha vipaśyanā）含义的思考，以及在《大乘起信论》（Awakening of Faith）和《摩诃止观》等文本中，该定位变易了，"一行三昧"观念开始和"止观"理论结合起来，被赋予了大乘意涵。

根据平井俊荣的研究①，"止观"方法作为印度禅的典例，随着鸠摩罗什（344—413）将大乘观念成功引入，以及随之而来的"三论"（San-lun）中观学的发展而被废弃了。强调般若智慧（prajñā）、抵制禅修表现在对"止"（Śamatha）的拒绝和对"观"（vipaśyanā）的利用。这种修行论上的侧重在中国南方甚为流行，而北方仍然保持其与传统禅修实践较多的联系。该势态最终导致了二者的互动，表明其他自身要寻求静虑和智慧之间新平衡，这据称有助于统一中国南方和北方的佛教的不同趋向，鸠摩罗什的一个不走运的竞争对手，佛陀跋陀罗（359—429）在当时已经预示了这一点。但是仅仅折回到小乘佛教的止观实践在理论上是不切实际的，于是一些僧侣试图用大乘佛教术语来重新定义它，刚刚译就的《文殊说经》在这种重新定义方面有极大帮助。借助于《文殊说经》的"一行三昧"概念，《大乘起信论》和《摩诃止观》的作者确实可以解决他们关于"止观"的新理论。下面，就让我们简要地检视这些著作的立场。

1. 关于《大乘起信论》

《大乘起信论》，这部公元6世纪编造的中国伪经赋予"止"的实践以"真如三昧"（samādhi of suchness）或"一相三昧"（one-mark samādhi）的意涵。如此，它将"止"（samādhi）从现象界提高到超越界的层面，使其成为"理观"的一种类型。在小乘佛教中，"止"意味着简单地将思虑集中于某个对象，例如"身体"或"呼吸"②。与此相反，《大乘起信论》宣称：

> 复次依如是三昧故，则知法界一相。谓一切诸佛法身与众生身平等无二即名一行三昧。当知真如是三昧根本，若人修行，渐渐能生无量三昧③。

般若经类中有清楚表达的"遮诠"之空（Śūnyatā），在此逐渐成为准实体化（quasi-substantial）的"真如"，一种中国思维更能够接受的进入形而上学的方式。在《大乘起信论》中含具了这种解释的原型，随之被华严哲学所阐扬，然而《大乘起信论》在该观点上的本源性却被它的华严宗评论家所忽略④。

2. 关于《摩诃止观》

公元594年，当智颛在玉泉寺讲说他的《摩诃止观》时，他试图综合当时所流行的大小乘佛教修行传统。为了达到这个目的，他汇集了多种坐禅及祷告实践方式，并将之大体分为四种类型，即四种三昧：（1）常坐三昧；（2）常行三昧；（3）半行半坐三昧；（4）非行非坐三昧。在上一节中，这些"三昧"在斯蒂文森（Daniel Stevenson）的论文中已

---

① 见平井俊荣《一行三昧と空観思想》及藤原凌雪《一行三昧について》，《龍谷大学論集》（3），1971年，第5—12页。

② 见戴密微（Paul Demiéville），"La yogācārabhūmi de Sangharaksa," *Bulletin de l'École Francaise d'Extrême-Orient*, Vol. 44, No. 2 (1954), pp. 409–410。

③ 《大正藏》册三十二，第528页b。

④ 例如元晓（617—686）和法藏（643—712），见 T#1846 和 T#1847。

经被巧妙地加以论述①。在此，除了需要提及智顗对"一行三昧"处理一些显著特征，我们无须再诉之笔墨。《摩诃止观》的第一部分论述到：这些修习实践总体上称之为"三昧"，因为人们可以借此协调、矫正、稳定自己精神状态②。智顗随之引用《大智度论》："大论云，善心一处住不动，是名三昧。"并附注道："法界是一处，正观能住不动。"③ 总而言之，这个观点它类似于《大乘起信论》关于"静"（Samatha）的本体论的界定。但是就智顗而言，《文殊说经》所定义的"一行三昧"首先被分为四种"三昧"，而在最后则归结为"一行三昧"。

智顗指出，"常坐三昧"乃是从《文殊说经》和《文殊问经》（Manjusri – pariprcchā – sūtra）中引申出来，它也被称为"一行三昧"④。他说到，该种禅修应该以"九十日为一期"。它包括"专称一佛名字"——虽然这种称名念佛占据次要的角色。尽管如此，在智顗那里，"一行三昧"的解释模棱两可，在一些地方，"法界"成为"一行三昧"的对象，就是强调了"三昧"的本体论的方面：

但专系缘法界，一念法界。⑤

然而，在《摩诃止观》的其他一些地方，智顗强调"一行三昧"的"一行"含义，更确切地说，强调端坐的体姿。后来的一位注释者日本僧侣证真（1164—1204）在其《止观私记》中声称，智顗通过引用《文殊说经》和《大智度论》，将"一行三昧"的两个方面——前文所说本体论的方面和方法论的方面——结合起来⑥。湛然（711—782）在他对《摩诃止观》的评论《止观辅行传弘决》中剿袭了智顗的模棱两可，但是看起来最终选择了自己的"一行三昧"的解释⑦。他表明，如果"一行"仅仅意指真谛的"一如"，那么它也适用于其他三种"三昧"，于是就不能反映坐禅的本质⑧。尽管这种解释标志着和以往的决裂，但在《摩诃止观》中，"一行三昧"却已经成为"坐禅"的同义语，这种解释在天台宗中持续了近一个世纪⑨，并且以更加限制性的形式存在于禅宗思想中。很自然，当这两个宗派的弟子将《文殊说经》作为经典依据而加以援引时，一般而言，他们仅仅引用《摩诃止观》而已。

3. 走向"一行三昧"的新定义

在《大乘起信论》和《摩诃止观》的共同影响下，"一行三昧"（或"一相三昧"）成为广泛传播的修行方式，并进而对中国化佛教的建构产生影响。意味深长的是，伴随着《摩诃止观》编纂的是净土宗和禅宗也同时出现，虽然这两个宗派继承了上述两种著作的

① 【译者按】佛雷此处指的是 Daniel Stevenson 所作的 The Four Kind of Samadhi in Early T'ien – t'ai Buddhism，该文亦收入 Peter N. Gregory，*Triditions of Meditation in Chinese Buddhism*. Honolulu：The University of Hawaii Press，1986。

② 【译者按】原文为：通称三昧者，调直定也。

③ 《大正藏》册四十六，第 11 页 a。

④ 同上。

⑤ 同上书，第 11 页 b。

⑥ 《大日本仏教全书》，东京：仏书刊行会，卷二十二，第 285—287 页。

⑦ 《大正藏》册四十六，第 182a—b。

⑧ 见《止观大意》，《大正藏》册四十六，第 459 页 c。【译者按】原文为：初圆行者，四种三昧遍摄众行……若无胜行胜果难阶……唯专念法界故也。

⑨ 见《四明尊者教行录》，《大正藏》册四十六，第 868 页 a。

"一行三昧"观念，它们终究小心谨慎地修订其意涵。从它们解脱论的视角来看，"一行三昧"应该按照其字面意思来理解，"一行"的方法之所以优越是因为它包含所有其他的修行方式。它不再如同其在《摩诃止观》中的那样，属于诸"三昧"的一种。智𫖮所认识到的"坐禅"和"称名念佛"复合实践被视为太过于复杂，以至于难以产生有效作用，因此，禅宗和净土宗在此观念中巧妙地仅保留了它们认为适当的成分。于是，在禅宗中，"一行三昧"开始等同于坐禅；在净土宗中，它又与念佛同义了。《文殊说经》赋予"一行三昧"的最初含义，由于其固有的内在矛盾性，便给诸如此类的阐释开启了大门。

在净土宗中，道绰（562—645）的《安乐集》将"一行三昧"降低到其最初的元素上面——"念佛"①（invocation；buddhānusmrti），但是如此的"念佛三昧"仍然属于禅坐的一种形式。到了善导（613—681），这种情况不复存在了，他赋予"一行三昧"以"专称佛名"的意涵②。在《往生礼赞私记》（后来出现的一种关于善导思想的评注）中，日本僧人良忠（1199—1287）如《文殊说经》那样使用"一行三昧"的"理观"和"事观"的区分，但是在这样做的时候，他将"事观"转换为称念阿弥陀佛之名：

> 问：经（《文殊说经》）说将思虑集中于法界，天台（智𫖮）引用该篇作为其理观之根据。现在你说称念佛名，区别何在？答："一行"之术语可以同等运用于"理"和"念佛"，这就是为何人们从理观的立场出发，最终走向阐明那种无上的祈祷（念佛）。智𫖮采纳其最初的观点，善导采纳其结论，前后、理事之区别，可以用环境变化来解释。③

良忠总结到：如果将所有修行归结于称念佛名，就显然丧失了它们的目的，因为它们皆无法使人在净土中迅速地再生为佛。该论辩思路非常自然地导向对坐禅的批判，这种批判业已在善导的著作中发现了。例如，善导的《念佛经》谴责"看心"的修习方法④。后来，他的另外一个评注者诹访义让（1796—1858）在其《往生礼赞默记》中将早期的三种立场总结为：《大乘起信论》持理观立场；《摩诃止观》持理观和事观立场；善导只支持事观立场⑤。

4. 禅宗与"一行三昧"

现在让我们检视禅宗关于"一行三昧"的不同一般的定义。如果我们相信《楞伽师资记》的说法，"一行三昧"在后人称之为"四祖"的道信禅师（580—651）那里正式出场。道信援引《文殊说经》关于"一行三昧"的定义，认识到"念佛"的价值，但是"念佛"对他而言仍然是一种次要的方便，一种"坐禅"的辅助，而最终被否定了⑥。即

---

① 《大正藏》册四十七，第 14 页 c。

② 原文如此。见《往生礼赞偈》，《大正藏》册四十七，第 439 页 a。

③ 良忠：《往生礼赞私记》册十四，东京：山喜房仏书林 1973 年版，第 383 页。【译者按】此处没有核对日文，为英文转译。

④ 《大正藏》册四十七，第 128 页 c。

⑤ 《望月佛教大辞典》Vol. 1，p. 131a。

⑥ 《大正藏》册八十五，第 1287 页 b。本论文集中 David Chappell 所撰写的部分进一步讨论了道信关于"一行三昧"的理解。也可参考 David Chappell 所撰《禅宗四祖道信（580—651）的教学法》一文，该文收于 Whalen Lai 和 Lewis R. Lancaster 所编《汉藏地区早期禅学》一书，（Barkeley：Asian Humanities Press，1983），第 89—129 页。

使受到天台宗的深刻影响，道信关于"一行三昧"的观念很明显地超越了《摩诃止观》的"常坐三昧"范畴，走向涵盖生活中的所有行为，例如"举足、下足"①。我们无法确定该思想到底是道信本人的思想还是净觉（《楞伽师资记》作者）的观点，无论如何，这种"三昧"观念不再如铃木大拙所言是纯粹"静止的"、"被动的"——铃木并且将这种"静止的"、"被动的"和禅宗六祖慧能（638—713）的"活动的"、"动力的"的观念加以比较②。

据最澄《内证佛法相承血脉谱》（后文简称《血脉谱》），禅宗五祖弘忍（601—674）继承了道信"一行三昧"的旨趣。但是在弘忍那里，《大乘起信论》的影响要胜过《摩诃止观》，这种倾向在道信那里就存在了。

> 弘忍问大禅师（道信）说："云何名一行三昧？"似乎已经意识到佛的法身和化身的同一。大禅师（道）信……乃知弘忍已直入一行三昧，达甚深法界，于是传授秘诀。③

即使受到《大乘起信论》的强烈影响，对东山法门而言，《文殊说经》依然保留其圣典的权威性。这一点可从武则天（624—705）和神秀——"东山法门"的"创立"者——的对话中看得出来：

> 则天大圣皇后问神秀禅师曰："所传之法，谁家宗旨？"答曰："禀蕲州东山法门。"问："依何典诰？"答曰："依文殊说般若经一行三昧。"则天曰："若论修道，更不过东山法门。"④

神秀的《观心论》（"*Treatise on Contemplating the Mind*"）赋予"观心"（mind‐contemplation）以含具众行之"一行"之价值，但是并没有明确地将之与"一行三昧"挂起钩来。虽然《观心论》依然显示了智颉的影响（例如标题"观心论"，取自智颉的一部著作），它也吸收了《大乘起信论》"一心"、"二门"（即真心、妄心）的理论。

随着神秀在8世纪早期到达京城，高僧们吸纳华严哲学形而上学的兴趣迅速增长了。即使如此，神秀也并非如日韩学者反复声称的那样，是两种最近在日韩发现的《华严经》评注的作者。这两种《华严经》注释的作者，如我在其他地方所表明，是一位亦名为神秀的华严后学⑤。他于慧济寺（属现在的浙江省）出家，和北宗禅第三代传人道璿（702—760）、守直（或名守真，700—770）处于同一历史时期，道璿和守直或许在赋予北宗禅以稳固的华严哲学基础方面有所助益。然而，日韩学者认为，在该注释中可以看到，本体论倾向已经在神秀禅师的时代已经传播开来，这一点是正确的。据称为实叉难陀

---

① 在某些方面，它看起来类似智颉所说的第四种三昧——"非行非坐三昧"，见 Daniel Stevenson 本书中所撰写的前文。

② 实际上，铃木通过表面的判断，转而试图模糊该观点：道信和慧能立场的对立显然应该来源于各自"甚深"的宗教体验。如果这种推理被认可的话，考虑到精神灵性的问题，必将得出北宗和南宗在基本上一致的看法，当然，铃木小心地避免得出如上结论。见铃木大拙《禅思想史研究》，东京：岩波书店，1968 年，pp. 222ff。

③ 最澄：《传教大师全集》卷二，东京：世界圣典刊行协会 1975 年版，第 210 页。

④ 《大正藏》册八十五，第 1290 页 b。

⑤ 请参考拙文 "*Shen‐hsiu et l'Avatamsaka*"，Memoirs of the Research Institute for Humanistic Studies，no 19（1983），pp. 1–15。

刚刚译就的《大乘起信论》① 在当时非常流行。在天台宗"一行三昧"理解中，已经丧失了方法论内涵的"一相三昧"在该伪译中频繁出现。

北宗禅的文本《大乘无生方便门》（"Treatise on the Five Upāya"）虽然没有明确提到"一行三昧"，但仍然持续强调终极实在的"一相"（一切相的基础）本质，并由此引用了《大乘起信论》：

> 所言觉者，为心体离念，离念相者，等虚空界无所不遍。法界一相即是如来平等法身，于此法身说名本觉。②

北宗从如来藏传统中引申出来的本体论话语趣味给禅带来了新的发展方向，并由此背离了印度禅，同时，它也背离了其所由产生的中观学的正统性。这种转换或许来源于对《大乘起信论》本体论术语的误解，但是，它一经产生，就直接影响了"一行三昧"的阐释。

即或慧能（或者至少说，《坛经》的作者）和神会（684—758）——南宗禅的领袖——借用了《楞伽师资记》的"一行三昧"观念，他们根据自身的意图重新塑造了它，把它变为批判北宗禅及其"坐禅"的工具。《坛经》对"一行三昧"有长篇论述，它的开头是：

> 一行三昧者，于一切时中，行住坐卧，常行直心是。《净名经》云："直心是道场，真心是净土。"莫心行谄曲，口说法直，口说一行三昧，不行直心，非佛弟子。但行直心，于一切法上无有执著，名一行三昧。③

如果不是全部的话，在这一章中，对消极坐禅的批评是非常直接地针对北宗的，后文将针对该批评进行完整地讨论。可以肯定地说，既然将《维摩诘经》作为这种"三昧"的来源④，作者似乎谨慎地拒绝《文殊说经》以及任何天台宗的影响⑤。《坛经》中所说的"直心"隐没在《大乘起信论》及其本体论观念"本心"观念中。

另外一方面，在《祖堂集》的作者看来，慧能试图检视、核对关于"一行三昧"的诸多界定。

> 心生即种种法生……汝等须达一相三昧、一行三昧。一相三昧者，于一切处而不住相，于彼相中不生憎爱，不取不舍……一行三昧者，于一切处行住坐卧，皆一直心，即是道场，即是净土⑥。

---

① 见 T#1667。

② 《大正藏》册八十五，第 1273 页 c。

③ 此处笔者采用的是扬波斯基（Philip Yampolsky）的《六祖坛经》译文。（New York：Columbia University Press，1967），pp. 136 – 137（cf. T48.338b）。扬波斯基按照本体论的思考传统，将"一行三昧"译为"关于一如的三昧"。【译者按】中译选自敦煌本《坛经》第 14 节。

④ 《大正藏》册十四，第 538 页 b、542 页 c。

⑤ 然而，天台宗对《坛经》的影响仍然非常强烈，这一点在 Neal Donner 的论文《圆和顿:〈坛经〉中的天台信息》有所讨论，该论文在美国学术社团理事会（American Council for Learned Societies）于 1981 年在黑田研究所（Kuroda Institute）主办的会议"顿渐的极性：中国思想的周期性主题"上提交。该论文的完善修改版本将发表于该会议论文集上，该论文集由 Robert M. Gimello 和 Peter N. Gregory 编辑，将由夏威夷大学出版社出版。

⑥ 柳田圣山编《禅学丛书》(4)，京都：中文出版社 1974 年版，第 48 页。

神会的立场可以解释为通过诉诸禅的来源——般若学传统——达到对北宗禅本体论倾向的反动。这或许可以解释为何神会撤换了神秀及其门徒过分频繁引用的《文殊说经》（以及《楞伽经》），改之以《金刚经》。例如，在《神会语录》中，他宣称：

> 告诸知识，若欲得了达其深法界，直入一行三昧者，先须诵持金刚般若波罗蜜经，修学般若波罗蜜①。

诵持《金刚经》同样可以消弭前世和后世的业障。无论北宗禅的"一行三昧"是否被批评为"唯意念论"，神会"一行三昧"的修行可以描述为"无为"或"无作"，换句话说，它包括"无作意"（non - intentionality）和"无念"（non - thinking）：

> 是无念者，即是般若波罗蜜。般若波罗蜜者，即是一行三昧②。

神会同样诉诸《胜天王般若波罗蜜经》（*Devarājapravara - prajāpāramitā - sūtra*）的权威性，但是无论在这两种《般若经》还是在慧能所引用的《维摩诘经》中均没有提及"一行三昧"。因此，神会和《坛经》的作者在这一点上仍然依赖《楞伽师资记》。

宗密（780—841）继承了神会对北宗的批判，但是补充了某种对"坐禅"的细微辨析工作。在《禅源诸诠集都序》（*General Preface to the Collected Writings on the General Preface*）中，他根据修行观的不同区分出五种禅：

> 若顿悟自心本来清净，元无烦恼，无漏智性本自具足，此心即佛，毕竟无异。依此而修者，是最上乘禅，亦名如来清净禅，亦名一行三昧，亦名真如三昧，此是一切三昧根本。③

宗密的"一行三昧"观念来自《大乘起信论》，而非《金刚经》。具有冲突意味的是，宗密在这一点上更接近北宗禅④，而非其宗师神会。在将"自性清净心"阐释为"本体论实在"方面，他迈出的步伐是如此之远，甚至超过了神秀的诸多弟子。因此，在"一行三昧"的问题的对立，并不总是对应着这两个宗派教义主张上的不同⑤。

北宗的影响同样体现于大珠慧海的《顿悟要门》（"*Essentials of Sudden Swakening*"）⑥，慧海传统上被认为是马祖道一（709—788）的弟子，但是他的身世晦暗不明。事实上，他或许早于马祖道一。在教义方面，他无疑代表了禅的较少激进的路向。无论如

---

① 胡适编《神会和尚遗集》，台北，胡适纪念馆1970年版，第181页。同见于 Jacques Gernet 的法文译本 "Entretiens du Maître de Dhyāna Chen - houei du Ho - tsö"，（Paris：Publications de l'École Francaise d'Éxtrême - Orient，1949），pp. 99 - 100。

② 胡适：《神会和尚遗集》，台北，胡适纪念馆1970年版，第308页。

③ 《大正藏》册四十八，第11页a、399页b。笔者采用的是 Jeeerey L. Broughton 的译本，《圭峰宗密：禅教合一论者》，博士研讨班，哥伦比亚大学，1975年，第93—94页。

④ 尤其对于如《无生方便门》这样的文本而言。（T#2834）。

⑤ 这种情况对于诸如"顿/渐"的争论同样适用。众所周知，这种争论始于734年的"滑台之会"，神会将北宗标志为"传承是傍，法门是渐"。尽管这种批评几乎没有正当性，但是它使南宗禅作为禅传统的一个具有代表性的异端建立起来。该问题的讨论，见扬波斯基（Yampolsky）关于《坛经》的介绍，以及上面提到的夏威夷大学出版社出版的会议论文集。同样可参考"顿/渐会议综述"，刊登于《中国哲学》（Journal of Chinese Philosophy）卷九，1982年版，第471—486页。

⑥ 见平野宗净《顿悟要门》，《禅の語録》（6），东京：筑摩书房1970年版，第92页。

何，他的"一行三昧"观念很明显地袭自《楞伽师资记》，从纯粹禅学的观点看，可视为另外一种教义综合的努力。在宗密而言，他到来得如此之迟，以至于不能阻止禅的彻底改向——这种新的路向很快将"一行三昧"废弃了。为了理解"一行三昧"观念为何丧失其内涵，有必要检查它最初对于禅者的意义。至此，再次审视《楞伽师资记》看起来是适当之举。

二　北宗文本中的"一行三昧"观念及其模式

到此为止，在判断"一行三昧"观念的演变方面，我们的论证一直是沿着传统的路径，遵循它的文本依据来进行[①]，由此我们发现，"一行三昧"的问题域为《文殊说经》、《摩诃止观》及《大乘起信论》所给出的定义建构起来。然而，该路径无助于我们理解"一行三昧"含义主旨，以至于迄今对它不置一词。这必然要求我们明确地将评估"一行三昧"在唐代宗教（主要是禅宗）话语中的理论角色的分析意图，区别于那种"非情境化"地阐明业已激发传统经典解释的"一行三昧"观念的自身意涵的做法。因此，本节所关注的不是如后者那样阐释"一行三昧"——毕竟，在"一行三昧"的修行方式被设定为"不著文字"的情况下，这是一个荒谬的任务。相反，笔者是要去检查"一行三昧"观念在唐代宗教话语中的理论角色。一方面，是如《楞伽师资记》那样，"一行三昧"标准定义所蕴涵的模棱两可的、多元的本性推进了它消化一整套理论和修行实践的步伐；另外一方面，"一行三昧"观念同样为拒绝所有其他的理论或修行实践提供了基础。因此，如下文所述，我们应该检查《楞伽师资记》或多或少阐发出的"一行三昧"的观念等价物，或者在适当的时候通过分析它的同时代著作来达到这一点。

有必要对净觉及其《楞伽师资记》作一简要介绍。净觉出生于公元683年，大概在公元750年安禄山叛乱之前去世。唐中宗在公元710年试图夺取皇位失败后被杀，而净觉则是中宗之妻魏夫人的弟弟。很显然，净觉跟随东山法门的两个主要代表人物——禅师神秀和慧安（798年逝世）——修行，并从其师玄赜（生卒年不详）那里继承了楞伽禅法。楞伽禅被设想为传自求那跋陀罗及其"弟子"菩提达摩，净觉的《楞伽师资记》试图将东山法门作为楞伽禅的合法继承者，它列举了"楞伽宗"的八代，据称在北宗里代表了边缘化的趋向。无论如何，我们必须意识到净觉的立场和神秀的主要弟子有些微的不同。

（一）基础范式

华严理论中关于"一"和"多"（即绝对的"理"和现象的"事"）的阐释为《楞伽师资记》强调"一行三昧"提供了理论基础。众所周知，该阐释观念和《华严经》——《华严经》是净觉的《楞伽师资记》经常引征的文本，尤其是在论述慧可的部分里——有关，在某些方面被僧璨加以发展了。实际上，"一即多，多即一"的著名程式由双重模式所组成，华严宗和天台宗各自强调了它的不同侧面。

---

① 这种传统的进路，见小林丹照的如下3篇论文：《禅における一行三昧の意義》，《印度学仏教学研究》（9），1961年版，第160—161页；《一行三昧私考》，《禅学研究》（51），1961年版，第176—186页；《一行三昧論》，《日本仏教学会年報》（41），1976年版，第159—173页。亦见于平井俊荣《一行三昧と空観思想》及藤原凌雪《一行三昧について》，《龍谷大学論集》（3），1971年版，第1—10页。

就华严宗而言，"一即多"。换句话说，规律或"绝对"（理）在每一个或所有现象（事）中显现自身，修行者必须从"绝对"出发去理解现象世界；另外一方面，就天台宗而言，"多即一"，既然所有现象同等地反映着"绝对"，人们就能够从人世间现象的复杂性折回到"绝对"。当然，这种比较仅仅具有启发性价值，无法去评判这两种传统的教义复杂性，但是它或许有助于提供禅宗中普遍存在的两种大致的倾向。就修行而言，它产生了重要的后果。如果一个人强调"一即多"，那么"一种"实践就等同于"所有"实践，并因此将它们废弃了。从这种区分出发，就产生了"一行三昧"的至上性及其对正统性的吁求（或者，严格地说，行事的正确性）。

如果"多即一"，那么所有的修行实践就是同等的和相协调的，因为它们同样表达着真理。也就是说，使心虑平静（"安心"）或体证"一行三昧"，远非意味着拒绝其他修行实践，而是它们必要的先决条件。否则，这些实践就变成仅仅属于渐进的"方便"，倘或如此，它只能使人迷惑于其主旨。另一个与北宗禅相关的文本——《无生方便门》通过引用"不生"（即"绝对"）、"方便"将这个思想说得很清楚。在此方面，"一行三昧"并不仅仅是从其他实践形式中选取的一种[1]。它更意指遍布的、支撑其他所有形式的不间断、不懈的实践（一行的另外一种含义）[2]。这种实践的观念或许借自华严宗。例如，智俨（602—668）曾表明，"一行三昧"是一种"普遍"的思考（通观），与顿的教学法相应（顿教）[3]。

从"一行（在众行之中）"到"一（绝对）行（因此一无所行）"，这种观念侧重点的渐进式转换，可以从道信对道教"一"的观念的批判中察知一二。他曾引用一个伪经——《法住经》（《佛临涅槃法住经》）的话说：

　　　　一亦不为一，为欲破诸数，浅智之所闻，谓一以为一。[4]

净觉看起来主要关注如下"一行三昧"的假设所带来的危险——无论把它当做"一"种实践（方法论意味），还是把它当做实践的对象（本体论意味）。为了避免本体论上的背离，他反复说明"一相即无诸相"；就方法论立场而言，他看起来在下面两种解决形式间犹豫不决：一种是将"实修"对应于该"实相"，意味着没有特定的实践，因而等于所有修行；另外一种是一无所修。事实上，他不得不放弃他的遮遣法，以至于承认"绝对"必须被表述为"无相不相"。然而，他所疑虑的仅仅是"一行三昧"自身的言语表述，而非其根本意涵。任何立足于"顿"的认知皆是无"修"[5]，这样的逻辑存在于一系列表达式中：如同"一"意味着"绝对"，因此否定任何相对的数目；"一"相（或实相）即"无"相；"见"实际上即无"见"；"知"即无"知"（一种主客俱遣的"有学识的无知"）。很显然，如《楞伽师资记》中所言，北宗的基础教学法是"顿"而非"渐"（如它的竞争对手所宣称的那样），进而，其本质已经被包含在"一行三昧"中了。在某种程

①　这种观念同样始于禅的解释，见柳田圣山和梅原猛合著《无的探求：中国禅》，角川书店1969年版，第104—108页。

②　该观念看起来类似于道元的"行事"概念，见《大正藏》册八十二，127ff。

③　《大正藏》册四十五，第550页a。

④　《大正藏》册八十五，第1289页b。

⑤　"顿悟"是"安心"（使思虑纯净）或"理入"（进入理）的同义词，见柳田圣山《北宗禅の思想》，《禅文化研究所纪要》（6），1974年版，第67—104页。

度上，所有这些术语，虽然它们并不完全和其语义演变及应用域（修或知）重叠，可以被视为同一。它们源自同一种意义的游戏——它已经在基础范式"一"（One）／"一"（one）中起作用，该范式分解为如下一些极性的构件：

绝对	相对
形而上学的	方法论的
排他的	协调的
遮诠	表诠
顿	渐

吊诡的是，尽管如此，当人达到"一行三昧"或"顿悟"的层次，一些具体的、外在的修习显得有效了。道信及其继承者不得不将自己整体上和开创者联系起来，而这些开创者不可能轻易地满足他们的精英期待，于是，必须找到一个折中点。通过借用其他佛教派别甚至非佛教宗派"静虑"技艺，用禅学"顿"的视角重新做出解释，这个目的达到了。现在，我们将对这些技巧中的一部分及其背景做出思考。

（二）"一行三昧"的等价物

1. 守一

第一个和"一行三昧"同值的术语是保守"一"的修行（守一）。在《楞伽师资记》中，该修行被认为是始于著名的中国佛教居士傅大士（或名傅翕，497—569）[1]。虽然汤用彤声称道教徒从这位僧侣（他首先使用该术语去翻译梵文"dhyāna"）那里借用了"守一"[2]，但"守一"很明显地借自道教传统。在道教文本中，"守一"这个概念有很多内涵，我们或许会疑惑它们中有多少在禅的解释中得到共鸣。在老子和庄子那里，"一"即"绝对"，即那种不朽的"道"自身[3]，"守一"或"抱一"意味着和道的神秘地"同一"，个体成为所有事物的结合体。在很久以前，随着老子的偶像化，"一"被认为是一个人格神，甚至是神圣的"三位一体"。例如，在《抱朴子》中，"一"有"姓字服色"[4]，于是，"守一"包括将"太一"形象化，以至于其本质如此显现在修行者的身体中，助其长寿。据这部著作的作者葛洪所言，"知一者，无一之不知也。"[5] 茅山派的陶弘景（456—536）也给出了类似的解释，后来的重玄宗（一个受到中观哲学强烈影响的道教派别）也做出了相应的解答[6]；"守一"同样出现在唐高宗（682年去世）和潘师正的对话中，后者为一个居住在嵩山的道教传人，而嵩山恰好是北宗的祖庭[7]。

---

① 汤用彤：《汉魏两晋南北朝佛教史》，台北：鼎文书局1975年版，第71、79页。

② 《老子·第十章》，施舟人（Kristofer Schipper），"Le corps taoïste"（Paris：Fayard，1982），pp. 175 - 208；及保罗·安德森（Paul Andersen）《存思三一之法——公元四世纪的一部修道手册》，伦敦，Curzon Press，1980。

③ 《抱朴子·第十八章》，《道藏》（870），台北：中华书局1974年版。

④ 同上。

⑤ 同上。

⑥ 关于茅山派，请参考司马虚（Michel Strickmann）的《茅山的启示：道教与贵族社会》一文，载《T'oung Pao》Vol. 63，No 1（1977），pp. 1 - 64；关于重玄派，请参考贺碧来（Isabelle Robinet）的《八世纪为止的〈道德经〉注本》，巴黎：法兰西公学与高等中国研究所1977年版，pp. 96ff.

⑦ 见吉冈义丰《道教と佛教》（第3卷），国书刊行会1976年版，第307页。

关于"守一"的另外一种解释出现在特定的道教圈子中，反映出道德教化的倾向。在敦煌已发现一个据称是张鲁所作的老子注释文本——《老子想尔注》，张鲁是天师道（the sect of the Celestial）的第三代传人。《老子想尔注》反对关于"一"的所有神人同形论，在《老子想尔注》中，"守一"首先意味着遵循道所蕴涵的"法"则，以达到"太平"①。这种"守一"和守"法"之间的混合物与佛教关于菩萨戒的观念有些许的亲和力。据道士张万福所言：

> 一戒者，唯戒于心，不起他念也，即此戒谓守一勿失。②

大约在同一时期，北宗禅开始宣称佛性等同于"一心戒"，其与道教观念的区别在于将"守一"的目标定为"觉悟"，而非仅仅是"长命"。如伯希和（Paul Pelliot）所言，概念属于的相同或相近并不意味着思想系统的一致……而通常情况则是：在相同的词语之下隐伏着某种对立的观念。③

难道早期禅的高僧们没有意识到这些观念的不相容性？道信（或净觉）有关道教徒倾向于将"一"或"心"实在化的批评与其说是针对道教重玄派弟子，毋宁说是针对一些禅宗的门徒④。在一部伪经——《金刚三昧经》，出现于公元7世纪中叶，与东山法门密切相关——中，可以找到下面关于"守一"的定义：

> 菩萨令彼众生存三守一入如来禅。以禅定故，心则无喘。大力菩萨言，何谓存三守一入如来禅？佛言：存三者，存三解脱；守一者，守一心如。入如来禅者，理观，心净如。⑤

尽管如此，道信从傅大士那里借用过来的"守一"仍然是一种传统的修行方式，它包括"身空"和"识空"，在这个过程中出现的所有精神现象都被视为假象而被拒绝。尽管存在道教技术的一些影响，这种"坐禅"的内容很明显是属于佛教的。

在思想调和背景中，"守一"的道教内涵或许对大量存在的禅的普通信徒有吸引力。因此，虽然作为神秀的弟子，宰相张悦（730年去世）有许多亲密的道士朋友。他的儿子张春（生卒年不详）⑥在跟随北宗禅师义福（658—736）修行的时候，继续修习道教长命术。无论在何种程度上，将"一行三昧"混同于道教的"守一"成为那个时代的共识，因为它仍然在后来的禅学著作如《顿悟要门》中被使用⑦。

2. 观心/看心

与"一行三昧"密切关联的另外一个术语是"观"（或"看"）心。表面上看，道信

---

① 斯坦因#6825，饶宗颐编《〈老子想尔注〉校正》，香港东南书庄1956年版，第13页，第63—65页。也可参考索安（Anna Seidel）《论汉代老子的神格化》，巴黎远东学院出版物1969年版，第78页。

② 见《道藏》，第77册。及吉冈义丰：《道教と佛教》（第3卷），国书刊行会，1976年，335—336页。

③ 伯希和（Paul Pelliot）：《有关〈道德经〉梵语译文的问题》，《通报》1912年版，第13期，第415—416页。

④ 值得注意的是，根据《楞伽师资记》，神秀自身同样通过表述"重玄"来维护自己的教义。见《大正藏》册八十五，第1290页c。

⑤ 《大正藏》册九，第370页a。

⑥ 【译者按】音译。

⑦ 见平野宗净《顿悟要门》，《禅の語録》（6），东京：筑摩书房1970年版，第92页。

在该观点上并没有很好地保持前后一致：最初，他排斥"看心"，仅向初学者推荐它，该记述如果没有遭到篡改的话，在此又一次展现出他的教学法的双重架构（顿/渐）。无论在何种程度上，"观心"天然的是北宗修行的显著特色，或许神秀的第一部著作也致力于讨论该主题。看起来，这种"观心"或"看心"的旨趣反映出天台宗思想的强烈影响——在天台宗那里，此类"观心"或"看心"甚为流行。但是即使在天台传统里，"观心"或"看心"也成为争论的话题浮现出来了："观"或"看"应该面对的是心的哪一个方面——真心抑或妄心？该论题成为天台思想发展的障碍之一。以四明智礼（约于公元 1023 年去世）为代表的正统派坚持"观心"意味着检视"妄心"，而非"理心"。《楞伽师资记》所坚称的禅宗初祖求那跋陀罗或许会拒绝这样的争论，但是他的继承人道信看起来处于矛盾的心态之中①。就神秀而言，"观心"不容否认的是一种神圣的"看"（visio spiritualis），而非内外不一的"看见"（visio mentalis）。根据《楞伽师资记》，下面这些或许是他的观点："此心有心不，心是何心？"②它所暗示的回答是心为"无心"，看心等于看"空"，同样在《楞伽师资记》中，弘忍将"看心"用如下术语表达出来，它使人回想起关于拉丁语中的"冥想"一词（在拉丁语中，词汇"冥想"来自 templum，一个人们可以由之开启视野的区域③）：

> 初学坐禅看心，独坐一处，先端身正坐，宽衣解带，放身纵体。④

于是，据弘忍看来，通过观察处于空间的最基层的字母"一"（或"一指"）——"尽空际远看一字"，这种心灵状态已经促成了⑤，较有经验的禅师则被告知要在其头脑中观察"一"（"且向心中看一字"）。这种修行也许应该与密教所使用的"A 字观"联系起来。

另外一方面，据后来北宗禅的一部选集（《师祖七祖方便五门》）中所言，"看心"等于"看无所看"⑥。但是这种观念已经在神秀时代被使用了，这一点可以从其弟子智达（或慧达，即侯莫陈琰，于公元 714 年去世）的著作中看出，因为它提到了"顿悟"，该著作以《要诀》（"*Essential Teachings*"）知名，一般认为它将顿/渐争论的发生时间推迟了。但是我有证据表明，该《序言》作于公元 712 年，具有权威价值，由此可以认为，神会和他的宗派并没有"发现"顿教。虽然没有提及"一行三昧"之名，智达却作了详细说明：

> 念念不住，即证一合相……此恃无所……清净法界…号芦舍那，清净无相，号净土⑦。

---

① 《大正藏》册八十五，第 1288 页 c—1289 页 a。

② 《大正藏》册八十五，第 1290 页 b。

③ 【译者按】templum，古希腊的一种祭祀场所。

④ 《大正藏》册八十五，第 1289 页 c—1290 页 a。

⑤ 或"一字"，同上。

⑥ 见铃木大拙《禅思想史研究》（2），东京：岩波书店 1968 年版，第 454 页。

⑦ 【译者按】即《顿悟真宗金刚般若修行达彼岸法门要诀》（简称《顿悟真宗要诀》或《要诀》），见 ms. Pelliot #2799（Fonds Pelliot, Bibliothèque, Paris）。该《要诀》在 John Mcrae 于上文所述关于"顿/渐"的论文集中的论文中得到广泛深入地讨论。

类似于净觉，智达宣称"真见"即"无见"，并且确认"真见"必在"观"之后。尽管如此，"观"本身即源自"无念"（因此是"顿"）。通过这种方式，逻辑上将"看心"界定为中国禅师摩诃衍（Mahāyāna）在桑耶寺僧诤过程中所宣称的"不再思考"（不思）、"不再检视"（不观）①。北宗的"观心"从一开始便注定是无果之花，一种精神上的失误（Excessus mentis）。这样说吧，通过"观"其心，修行者亦必遣散其心，因而也就不再将它僵化或实体化，如同我们都认可的神会和宗密关于北宗禅的批评那样。

在一个名为崔宽的官员所撰写的智达墓碑上又提及了北宗坐禅实践中的密教影响问题，尤其是它关于"一行三昧"的解释。② 据碑文所言，智达从神秀那里得到了口传的教法（口诀）和秘密的佛语（秘密藏），并在洛阳向群众宣教。他直接展示那种根本的咒文，传播顿悟之法。在敦煌发现了智达的两种著作——《慧达和尚顿教秘密心契禅门法》（The Secret Method of Master Hui-ta）和《要诀》，在它们的标题中表达了深奥和含蓄的意涵。第一种著作一开始就被铃木大拙博士视为密教著作，而第二种已经被复制，和《观世音菩萨陀罗尼经》（"Dhāran Sūtra of the Bodhisattva Avalokite svara"）放在一个校本里。我们知道，北宗的一些高僧如一行（683—727）、景贤（660—723）、守真（700—770）曾对密教师善无畏（637—735）和金刚智（669—741）的教学法产生兴趣。但是智达的情况说明，甚至在这两位印度僧侣到达中土（716—719）之前，神秀的弟子就已经被洛阳流行的密教的深奥教学法所吸引了③。

《楞伽师资记》的某些内容可以从这样的视角做出解释。首先浮上我们心头的就是弘忍关于"看一字"的律令，难道"一"这个字母或音节是一个"咒语"？道信在"一解千从"这类逻辑基础上精心组织自己的思想，他援引一部佛经的话说："一句深神，历劫不朽，"④ 在另外一个地方，他又说："法海虽无量，行之在一言。"⑤

在善无畏和北宗景贤的谈话记录——《禅要》（Essentials of Dhyāna）中有如下断言："能开一字，演说无量法"⑥，以同样的方式，神秀引用《涅槃经》，宣称："善解一字。名曰律师。"⑦ 但是净觉仍然没有给出此"一字"即"咒语"的任何证据，密教影响"一行三昧"的问题仍然是未决定的，或许使神秀弟子亲近善无畏的不是这样的密教教义，而是菩萨戒的问题。⑧

3. 一心戒

菩萨戒在北宗中的重要性必须从其与"一行三昧"的关系中来理解。这些戒律，或名为"无相"戒或"一心"戒，在北宗中关于古律学的论说中发展起来，类似于"一行三昧"发展了"直指人心"传统，它们也都是"顿"教的一种运用。柳田圣山认为《坛

---

①　见戴密微（Paul Demiéville）：《吐蕃僧诤记》，巴黎：法国大学出版社1952年版，pp. 78ff.

②　见《芒罗众墓译文》，《石刻史料新编》册十九，台北，新文丰出版公司，第14263—14264页。

③　见长部和雄《唐宋密教史论考》，东京，永田文昌堂1982年版，第1—33页。

④　《大正藏》册八十五，第1289页a。

⑤　《大正藏》册八十五，第1288页c。

⑥　《大正藏》册十八，第948页c。

⑦　《大正藏》册八十五，第1290页b。

⑧　当然，这两个问题有紧密联系，因为根据《禅要》，"正法"即陀罗尼咒。

经》中所提到的"无形的戒律"（无相戒）对于牛头宗而言是非常明确的。① 但是这一概念同样也被当时的一部伪经《梵网经》注释所使用。该注释由北宗禅师道璿所编辑，而正是道璿将律、华严和禅宗在公元 736 年介绍到日本。不幸的是，它已经遗失，只留下了《传述一心戒文》——最澄的弟子光定（779—858）关于"一种精神性的戒律"（一心戒）的著作——所引用的相关片断保存下来②。"一心戒"的理论后来在日本净土宗和禅宗中的曹洞宗中扮演了非常重要的角色。

这些戒律的典型化即是"无上忏"，它包括"端坐念实相"③。《普贤观经》中的这个著名章节为《楞伽师资记》所引用，以阐述道信对"一行三昧"的论证④。

4. 念佛

"一行三昧"的经典定义包括"祈念佛的名字"（念佛）。道信在援引该定义后感到有必要澄清他关于"净土"的立场，他承认"念佛"是辅助性的修行，但是这里的"念佛"和善导及其弟子所倡导的"称名念佛"有很大的不同，道信意义上的"念佛"奠基于般若空观，它有助于认识到"念佛即是念心"，而非指向往生净土。"佛"和"心"一样，不能从其相貌来理解，更不须指向西方，因为"一方无量方，无量方一方"，"究竟清净，即是净佛国土"。这一观点在南宗禅、北宗禅中被反复提及，在《顿悟要门》中，一个当地的修行者问慧海：

> 愿生净土，未审实有净土否？⑤

慧海自以为可通过援引《维摩诘经》的话"若心清净，所在之处，皆为净土"解决该问难。此类回答或许并不切题，因其忽略了该提问之所以产生，恰恰因为修习者心灵已被染污这样一个简单事实。华严哲学赋予禅学教义以乐观的和平主义的偏见，这种观念无法满足陷入苦难和绝望世界的平民百姓渴望逃离的期望。因此，为了吸引这些平民百姓，禅师们引入了"渐"的种种方便，在大多数情况下，他们不过是通过"顿"的术语学隐瞒了这个事实。如此，他们就能够维持和其他佛教宗派的富有成果的交流。这种模棱两可的态度的最明显的证据就是《楞伽师资记》，和它使用"一行三昧"的方式——某些时候，"一行三昧"是作为一个简单的修行来理解，但它更经常地，或更基础性地作为一个"绝对"的或"顿"的修行方式，也就是说，无论如何，没有修行，或是纯粹的"自然"化。

迄今为止，我们的讨论已经聚焦于"一行三昧"的这些调和观念，它们看起来在《楞伽师资记》和很多其他的北宗禅的文本中处于核心地位。另外一个可以概括为"无上的"或"最清净"的观念，由于其难以驾驭的本性，只能捎带一笔。它呈现于北宗的另外一个趋向中，其观点可见之于《传法宝记》，该倾向传自神秀的同门弟子法如（于公元689 年去世），主要代表人物是元珪（644—716）——传统上被认为是慧安（于公元 708

---

① 柳田圣山：《大乘戒经としての六祖坛经》，《印度学仏教学研究》（12），1964 年版，第 65—72 页。

② 《大正藏》册七十四，第 653 页 a。

③ 《大正藏》册八十五，第 1287 页 a。

④ 接着，《楞伽师资记》又被西藏的一个抄本（Pelliot#116，作者为"降魔藏"——神秀另一高足）引用。智达在他的《要诀》中给出了关于"无上忏"的同一个定义。

⑤ 平野宗净：《顿悟要门》，《禅の語録》（6），东京：筑摩书房1970 年版，第 197 页。

年去世）的弟子。元珪的碑铭中有如下内容：

> 此一行三昧，天竺叭意相传，本无文教。①

类似的地方也可在法如的碑文中发现：

> 师以一印之法，密印于众意②……大竺相承，本无文字，入此门者，唯意相传③。

以同样的方式，《传法宝记》以四悉檀门理论（也就是说，"言句"和"依他"无法表达终极认识）开始。很显然，"一行三昧"在此被理解为对禅或教的"共修"方式的排斥，以及后来被标志为"在文字之外的特定传承方式"（教外别传）的一个宣告，它也许是道元（1200—1253）"正法眼藏"思想的来源。

总而言之，顿渐之争（在8世纪的中国语境中，它纠缠于对诸种"方便"的评判）在导致南北宗的分裂之前已经潜存于北宗思想里了；该争论同样存在于"一行三昧"多种阐释方式之中；但是，教义争论本身又受到一种完全异类的因素所推动，本文的最后部分将对此做出研讨。

三 "一行三昧"之8世纪的宗派背景

什么是"一行三昧"的真正旨趣？我们是否应该顺着胡适的论证思路，将该观念视为中国式的将佛教——因为它对于中国头脑而言太过烦琐——简单化的一个结果？如戴密微（Paul Demieville）在回顾胡适的论题时所言，（胡适的）这种想法自身就是过分简单的④。很明显的是，那些促使"一行三昧"观念传播的"问题群"是远为复杂的。这并不是说，当禅的思想在中国下层社会传播时，不存在简化来自印度禅的条分缕析的分析的渴望。但是当"禅"成为统治阶级的意识形态时，建构了"一行三昧"的理论基础的"禅"的华严诠释逻辑，同样反映了"禅"的观念的演变。对"一行三昧"最令人吃惊的赞赏来自则天皇帝自身并不是一种偶然的巧合，那些最初看来仅仅属于教理的问题，也可能被投下了政治赌注。

因为缺少充足的文本依据，这些利益清晰的图像变得晦暗了。进而，围绕着顿渐问题的"一行三昧"争论无疑有自身的逻辑和动力学机制，这种运行隐伏在"普罗泰戈拉主义者"们（protagonists）的视野之外。因此，在政治上的区分细微难别，并且或许业已渗入这些过程的情况下，我们无法期望得出一副完整的、无间断的画图，建立备选性解读的必要信息也可能付之阙如。虽然如此，如同我所设想的那样，目前的分析应该是首选项，它被建构在一个可理解的，受到更多论题和理据围绕的框架中。

---

① 《大唐中岳东闲居寺故大德珪和尚纪德幢》，陆增祥：《八琼室金石补正》卷五十三，《石刻史料新编》，第4849页。

② 【译者按】此处所言法如碑铭，为《唐中岳沙门释法如禅师行状》，收入《唐文拾遗》卷六七及《金石续编》卷六。佛雷此文转引自柳田圣山《初期禅宗史书の研究》，京都，法藏馆1967年版，第489页。

③ 同上书，第487页。

④ 《佛教文献目录》（*Bibliographie bouddhique*），Vols. 7 – 8（1934—1936），Paris，（Adrien – Maisonneuve），1937，第133页。

　　事实是，在大多数情况下，"一行三昧"是在那些以建立"禅"谱系的正统性为鹄的的著作中被讨论的。进一步而言，它常常和《楞伽经》的传播、六祖或七祖的法统问题隐晦地联系起来。当然，就《楞伽师资记》而言，上述判断是真实的，道信表明了将"一行三昧"问题等同于《楞伽经》"诸佛心第一"的断言①。进而，净觉就则天皇后与神秀之间的对话评论如下："以秀是忍门人，便成口实也"②，由此他看起来暗示存在一个奠基于"一行三昧"的传承历程。

　　同样的观点也存在于元珪的描述中，在元珪那里，我们了解到"一行三昧"乃是经由印度输入的标识③。元珪自身被视为菩提达摩以下的第七期的代表，他接受了法如的法统，并视《楞伽经》为"心镜"。

　　在其《内证佛法相承血脉谱》中，最澄将自己纳入禅、天台、律（天台宗的菩萨戒）的谱系，它既是"纯粹"的，同时又"加入"了密教。关于其禅传承，他首先援引《传法宝记》，简要地评价了菩提达摩、慧可、僧璨、道信、弘忍、神秀、普寂、道璿及其自己的师父行表（722—797）④。虽然提及了牛头宗，但是主要依据从道璿那里学得的北宗禅传统。他对"一行三昧"的解释可见之于他对弘忍的评论以及对《文殊说经》的援引⑤。在对道璿的评论中，普寂被当做禅宗七祖而被提及⑥。该谱系不断地被后续的诸多文本认同（例如荣西的《兴禅护国论》），并且和"一心戒"紧密联系起来。在其他地方提到"一行三昧"的是在评论僧一行（一个最初跟随普寂学习北宗禅，并因专注于"一行三昧"而以"一行"为法号的僧侣）的时候，他在此处被作为密宗代表而被提及。

　　在《坛经》和神会《语录》那里，"一行三昧"的讨论转向对北宗修行的猛烈批判。《坛经》里有如下的话：

> 　　迷人著法相，执一行三昧，真心坐不动，除妄不起心，即是一行三昧。若如是，此法同无情，却是障道因缘……若坐不动，是维摩诘不合呵舍利弗宴坐林中。⑦

　　但是在教义的批评背后，我们却可以辨认出神会和《坛经》的真正目的：慧能代替神秀为禅宗六祖，神会自己则替换普寂为禅宗七祖。宗密同时也表明"一行三昧"是"达摩门下展转相传者，是此禅也"，它的对立面是天台（或北宗禅）那样的"渐"修。

　　因此，围绕着"一行三昧"概念及相关术语的语义域可从两个视角加以认定：（1）作为禅宗内部的冲突场域，其中每一个派系都试图在其追求正统性和权力的全面斗争中胜过其他派系。并且同时（2）在教义"融合"的共同背景下，允许在禅宗和其他宗派之间进行有益的交换。

　　但是为了达到如上结论，我们必须首先解构该虚假的树状谱系，它由每个教派的僵化的传统所提出，并且随之加于复杂现实之上。这些宗派在8世纪早期并不是完整的。在当

---

①　《大正藏》册八十五，第 1286 页。

②　同上书，第 1290 页。

③　《大唐中岳东闲居寺故大德珪和尚纪德幢》，《八琼室金石补正》第五十三卷，《石刻史料新编》，第 4849—4850 页。

④　《传教大师全集》卷二，第 202—203 页。

⑤　同上书，第 210 页。也可参考《慧可传论》，第 207 页。

⑥　同上书，第 212 页。

⑦　笔者采用的是扬波斯基的《六祖坛经》译文，第 136—137 页。

时，萌发的宗派主义刚刚开始改变诸多佛教思想、思潮之间的关联。

在被称为"北宗"的禅传统那里，至少可以辨识出四种倾向，它们分别发端于法如、慧安、神秀以及玄赜与净觉所属的"《楞伽》"派。在他们中间，慧安派在某种程度上处于外缘，这为它在以后将自己重新定义为早期南宗禅的代表提供了可能性。南宗自身也从未统一过，关于七祖的争论如果未出现于神会在世之时，那么在神会去世以后很快就开始了。宗密关于洪州、四川和牛头禅的隐晦的批评是这种教派纷争的痕迹。

日本学者相对忽视不空（705—774）之前的密宗、法藏（643—712）和澄观（738—839）之前的华严宗。同样可以认为，就当时正兴盛的天台宗玉泉寺派而言①，弘景（634—692）及其弟子惠真（673—751）和神秀派的关系非常密切，他们的融合主义观点或许影响了北宗的思想。这种融合主义的最佳代表是僧一行，他在嵩山随普寂学禅之后，转随惠真学习天台和律，后来又从善无畏那里接受了密教思想，因此他对于"一行三昧"的兴趣必须置于这样的语境中来获得解释。

聚集于浙江天台山的天台宗的另一支，最初同样对神秀的弟子做出友善的回应，它的主要代表湛然和北宗的僧人关系良好，并且很明显的是，他甚至为被纳入北宗禅的谱系的三祖僧璨（于公元606年去世）树碑。他的弟子李华在对湛然的师父玄朗（673—754年）的描述中同样展示了对北宗的偏爱②，其中一些描述强调天台和禅以及它们和律宗之间的融洽和谐关系。另外一方面，来自不同宗派高僧之间的某种程度的敌意仍然持续着，一个典型的例子是慧持和慧忍，这两个天台宗的尼姑原是血亲姊妹，她们被卷入争论的旋涡，去反对普寂和他的门下。这个插曲在她们的墓铭中表达出来，高丽僧人义天（1055？—1101）在他的一部著作《释苑词林》中记载了这个故事③，在这份文献中，僧一行被唐玄宗挑选出决定谁是正确的，他站在了天台尼姑一边。

在净土宗中，同样可以辨识出几种趋势，它们主要由善导的几个弟子所代表，例如怀感（生卒年不详）以及一个有影响力的、独立传教的僧人慧日（即慈愍慧日，680—748）。同样应该提及该谱系的另外一支教团，它由如下僧人组成：飞锡（生卒年不详）、楚金（698—759）、承远（713—803）以及法照（生卒年不详），其中法照是天台玉泉寺派的传人，禅净双修的高僧。

很明显，"一行三昧"是这些天台和净土宗教团中的一个重要论题，它的意义可以从其对那种区分禅宗内部派别的"顿/渐"之争的反应中表现出来。例如，要知道湛然是如此提及《文殊说经》的：

> 故信禅师元用此经以为心要，后人承用情见不同，致使江表京河禅宗乖互。④

湛然同时对南宗和北宗禅做出批评，但是他仍然依据《楞伽师资记》的记述，通过诉诸"一行三昧"的文本依据《文殊说经》，他表明了对拒绝该文本的南宗禅（洪泽宗）的批评。但是，尽管他起初同情北宗禅，却最终彻底排斥了禅宗。作为天台宗六祖，他重

---

① 关于玉泉寺派的讨论，见冢本善隆的《中国佛教通史》（第1卷），东京，大东出版社1976年版。

② 见《全唐文》卷三百二○，台北：华文书局1965年版，第4101页。

③ 见斋藤光纯《〈释苑词林〉》，《櫛田博士颂寿记念：高僧传の研究》，山喜房仏书林1973年版，第839—840页。

④ 《大正藏》册四十六，第184页c。

新宣明了天台宗对"一行三昧"的解释（例如《摩诃止观》对"一行三昧"定义）。当《楞伽师资记》试图表明禅宗"一行三昧"传统来自傅大士及其"守一"的修行时，湛然武断地宣称，其师玄朗的祖师傅大士菩萨无疑要胜过印度僧人菩提达摩①。

净土宗师将"一行三昧"阐释为"念佛三昧"。但是他们中的一部分人（如楚金）以修行"法华三昧"知名，"法华三昧"在李华的一些描述中被提及，相对于本体论的"一行三昧"（将法界视为实体、对象）而言，"法华三昧"看起来在当时被视为一个异类；类似于《楞伽师资记》，飞锡同样使用箭的隐喻来证明思虑"一行三昧"的渐进过程②。但是尽管存在"一行三昧"概念所带来的共同底色，这些议题的论述却时常导向彼此之间的争执③。如大卫·夏贝尔（David Chappell）在本文集的后半部中更全面的论述所言，对禅宗的最知名的批评来自慧日的《往生净土集》（关于在净土中重生的记述），该文本偶存于韩国，它经常从宋代的背景回溯，反讽性地提到禅师"不过是向和尚和普通人推荐存在于自己身体内的佛，而非外界的佛"的人④。它争辩到，为了成为一个"善友"，人也必须防止按照这些禅师的指导行动，而应该自我体知如何"检视精神状态"（看心）⑤。

这些批评是针对谁？部分可以认为是将禅宗看成总体上无效的，但是"静坐式冥思"（坐禅）未列其中，相反，它被视为"六度"中的"共修"法门。慧日的主要批评对象看起来是南宗禅，及其对"空"（sūnyatā）的执著以及拒绝所有作为的修行方法。这种针对南宗禅的批评同样出现在不久以后神会对北宗的批评中，这难道是一种巧合吗？天台玉泉寺派的一些僧人（即飞锡和楚金）和南阳郡有密切联系，而正是在南阳郡，神会发动了他的攻势。⑥ 该事实或许成为他们批评南宗的一个证据。他们最初同情北宗，只是到了后来，随着禅宗内部争论趋向激烈化，他们于是宣称自己的世系以及从《文殊说经》出发"一行三昧"的阐释。

然而，如果"一行三昧"观念的"排他/折中"方面归属于同样好辩的"顿/渐"范式论争过程，那么何以该"一行三昧"可以被当做一个有效的辅助修行方法？在试图回答这个问题之前，笔者有必要指出，在唐代，所有分流自大乘佛教的宗派都至少在理论上提倡"顿"教，北宗当然也不例外。但是随着神会成功的"论辩"，"顿悟"术语开始成为南宗禅的独有物。然而，神会遇到了出乎意料的抵抗，一方面，或许是来自《楞伽师资记》的影响，"一行三昧"与北宗密切相关；另一方面，"一行三昧"观念和"顿悟"观念所处语义域存在细微差别，这使得其他宗派可以指责神会的说法。因此，为了支持北宗禅，宣称本宗的"顿教"不同于神会的"顿悟"，天台宗和净土宗选择了强调"一行三昧"圣典定义，以及它的本体论的和方法论（念佛）的成分的做法。

南宗在该论辩前沿上的反应尚无从得知。逻辑上它应该将天台和净土纳入"渐"教

---

① 《止观义例》，《大正藏》册四十六，第 452 页。

② 《大正藏》册四十七，第 240 页 a。

③ 同上书，第 466 页 c。

④ 【译者按】原文为：又诸禅师，劝诸道俗，自内求佛，不假外佛。

⑤ 《大正藏》册八十五，第 1237 页 c—1238 页 b。【译者按】原文为"亦应不假禅师教导，自解看心。"

⑥ 大久保良顺：《唐代に於ける天台の伝承について》，《日本仏教学会年报》（17），1952 年版，第 87—89 页。

中加以批评。《景德传灯录》（作于公元 1004 年；景德年间编纂的关于"传灯"的记述）的一篇暗示了如下这一点：六祖慧能早期对神秀的"心镜"偈子的批评为原型对卧轮和尚的一首偈子做出批评。卧轮的身世无从知晓，但是很明显他接近于北宗和禅净派的圈子。他的偈子原文见之于敦煌的写本，在观念上接近于《楞伽师资记》中的"一行三昧"。他的一篇关于"检视精神的途径"（看心法）的片断同样出现在《楞伽师资记》的序言中和法冲的《净土法身赞》（赞叹净土的法身）里，他的思想在汉藏两地都有重要影响，其中，以南宗禅融合神秀的做法或许是最引人注目的。

另外一个妥协的例子可见之于宗密的书写。在其《集都序》中，神会的弟子试图将南宗的至上性"一行三昧"和那些低劣的被简称为"制止非真实的认识，陶冶心灵"（识妄修心）的实践加以对比，宗密附言道：

> 南侁北秀保唐宣什等门下，皆此类也；牛头天台惠稠求那等，进趣方便迹即大同，见解即别①。

在该著作的总结部分，宗密附带性地将求那跋陀罗（394—468）、慧稠（即僧稠 480—560）和卧轮并提②，在该宣言中，我们可以察觉到对当时禅学的几种趋向的一种隐晦批判，这份名单背面可以"读到"净觉的名字。《楞伽师资记》的作者因声称求那跋陀罗是禅宗初祖而在当时享有盛名，他并且将自己视为僧稠——菩提达摩传说中的对手——的私淑弟子。净觉关于"一行三昧"的观念及其关于禅宗世系的见解保持了持久的影响力，甚至在"顿/渐"已近一个世纪之后，宗密仍然觉得有必要去争夺《楞伽师资记》所诉求的正统性。

即便如此，宗密的"统合"意图及其"好战的综合主义"来得太迟了。在洪州宗中，一种新型的，一个再也无须诉诸传统"一行三昧"问题群集的禅学思想已迅速地发展起来。甚至宗密视为"最上乘"的"如来清净禅"也被视为太"哲学化"，而不得不被"祖师们的禅法"（"祖师禅"）弃置一旁。当最澄表明"一行三昧"简要地概括了传自菩提达摩的禅传统的时候，他是正确的，然而他仍想把这种在中国一如星火明灭的禅学传统移植到日本。同样的结论对于其他三种宗派（天台、律和密宗）——最澄及其弟子在 9 世纪所学习的内容——而言同样有效。

作为一个宗教议题，"一行三昧"被代替可以解释为标志着"认识论的突破"，这个"认识论的突破"发生于"早期禅"和"经典禅"之间。但是人们不能低估该观念的重要性，它容许在"超越"和"实修"之间维持富有成效的辩证关系，并很顺利地过渡到"经典禅"。进而，如果对天台、禅和净土宗作整体性考察，将会发现，该观念的存在有益于最大限度地弥合各种佛教思想趋向之间的裂痕。当三个宗派之间的关系转向相互敌对的时候，"一行三昧"也丧失了它的价值。而当最澄将他的"融合的教义"奠基于"一行三昧"的演化时，它却恰好起到了平衡作用。

（蒋海怒　译）

---

① 《大正藏》册四十八，第 402 页 b—c；笔者采用的是 Broughton 的译本，第 148 页。

② 《大正藏》册四十八，第 412 页 c；Broughton，p. 298。【译者按】原文为"求那、慧稠、卧轮之类。"

中国禅学 第五卷
2010 年，第 224—250 页

神会与初期禅学中的顿悟说[①]

约翰·R. 马克瑞

内容提要 从新近发现的《神会塔铭》和现存敦煌北宗禅学文献可知，神会是在前宗派时期的北宗背景中开始其宗教生涯的。而 8 世纪的前几十年，"北宗"不是与"南宗"对立的一个宗派，而是代表初期禅学的整体。神会的顿悟思想与初期禅学思想并不矛盾，他反对"北宗"的渐教是当时禅宗内部不满禅学发展状况的声音的反应，而不是代表慧能南宗对北宗进行的斗争，因为《坛经》是公元 780 年左右才形成的。因此，反过来倒可以说《坛经》继承和发展了神会的顿悟思想。神会强调顿悟更多的是一种策略和修辞而不是修行上的考虑，而此思想为后来的禅学传统接受则主要因为它为宗教发愿者提供了一条成佛的捷径。神会对禅学的贡献主要在于他凭借其反北宗的斗争在初期禅学中制造了一场危机，而这场危机则为初期禅学走向古典禅学提供了创造性的契机。

关键词 神会 初期禅学 古典禅学 北宗 南宗 顿悟

一 引论

1. 现代禅学研究对顿悟的理解

在整个 20 世纪，禅学研究领域出现过一些颇为热烈的争论，但一般都赞同顿悟说代表了初期中国禅学思想主流的最高水平。尽管相关细节和具体诠释内容有含糊其辞之处，但在该领域从事研究的学者们往往以三个主题描述禅学的顿悟学说史：（1）慧能在《坛经》"心偈"中表现的顿悟说；（2）神会对北宗渐教的挑战和公开肯定慧能为第六代祖师；（3）马祖、石头以及稍后的禅学传统在教义和宗教实践上传承了慧能的精神。

近些年的研究显示，对这些主题的传统诠释实际上完全不对，尽管这些发现的意义尚未得到充分认识。初期禅学的历史正处于彻底改写的过程中，但很清楚，顿悟说与顿渐二教之间的争论再也不能作为理解禅学的宗教信息及其在唐代中国广受青睐的尺度了。

首先，我们现在知道，要为历史人物慧能（638—713）的教义提供具有任何确定性

---

① 【译者按】John R. Mcrae, "Shen - hui and the Teaching of Sudden Enlightenment in Early Ch' an Buddhism"，原载皮特·N. 格里高瑞（Peter N. Gregory）编《顿与渐：中国思想中通往觉悟的不同进路》（*Sudden and Gradual: Approaches to Enlightenment in Chinese Thought*, University of Hawaii Press, 1987），pp. 227 - 278。

的描述都是不可能的。慧能最积极的弟子神会①（684—758）的大量著作根本没有引用其亲教师的教法。既然神会通过引用慧能能够提高其理论主张的合法性，我们就可以推测他没有得到慧能教法的任何记录。② 神会或他的某个追随者请托诗人王维为慧能撰写的碑铭包括对他生平的叙述，但对其教法却语焉不详。③ 因此非常有理由这样想：引导神会的仅仅是他的记忆而不是慧能教法的任何抄本，他重集的慧能教法与他本人的教法没有明显区别。我们现在已知道，声称记录了慧能法语的《坛经》，是由初期禅宗牛头宗的某个僧人在 780 年左右写成的。《坛经》的内容与神会学说之间的差异及其与牛头宗知见学说的类似，削弱了该文献起码含有慧能教法的某些精要这种可能性。④ 慧能作为一个传奇形象极为重要，但他所作出的任何历史贡献的痕迹却一去不复返了。⑤

因此，人们已发现，禅学史上也许最著名的趣闻，即《坛经》对慧能和北宗神秀（606？—706）交流两个"心偈"的记录，是某种创造性的传说而不是事实的记录。虽然这并非说此传奇无关痛痒——远不是如此！——这两首偈中包含的思想不应该在神秀"渐教"与慧能"顿教"的简单对立关系中加以理解。相反，两偈构成了一个纯然的整体，对无尽菩萨行的"圆满教义"表达了某种简练的理解。也就是说，一个人为了将一切众生从痛苦中救度出来，他即使在不断的禅修中也应该不停地工作，因为从来没有概念化的众生、救度或禅修。⑥

实际上，与传统的诠释完全相反，这两首偈颂在写作时就用了北宗的思想与术语。确实，并不仅仅是明镜台、菩提树和勤拂拭等基本隐喻如人们希望那样与神秀具有某些联系。两首偈颂最新颖的方面是，在敦煌本之外的其他所有本子中，"慧能"偈颂的第三行"本来无一物"本身就是北宗文献的某行文字蕴涵的内容。或许更加重要的是，北宗文献

① 本文是关于神会系列研究的第一章。我也计划考察胡适关于神会历史意义的阐释，探讨南阳慧忠与神会法系间可能的关系，最后就知见神会全部著作做一个有注解的、内容翔实的对照译本。

② 此观点由菲利普·P. 扬波斯基提出。《六祖坛经：敦煌写本——翻译、导论与注释》（纽约和伦敦：哥伦比亚大学出版社，1967），第 32 页。但有一个可能的例外：《景德传灯录》（景德年间编纂的传灯录，此后称《传灯录》）卷二十八中的神会法语（T51，439b—440a）有神会与"六祖"的六个问答。柳田圣山《语录的历史》，《东洋学报》卷五十（1985 年 3 月），第 395 页，认为从内容看似乎可以相信这是对神会一个相当早期的文献的摘录。然而，他也认为"六祖"这个词并非一定指慧能。我相信他的观点是说，这段文字很早，此中的师父或许是指神会同样参学过的神秀。我明白，没有理由不同意柳田教授的观点，而这个文献的某种表征将会对我们后面关于神会早期弘法生涯的立论增加砝码。不过，由于这样做仅有理论背景为基础，我决定信守通常只用当时材料的做法。顺便说，罗伯特·B. 祖希纳在《荷泽神会禅师法语》（《中道》卷四九，第 3 期 [1975 年 11 月]，第 45—47 页）中刊布了包括此处内容在内的另一个材料（神会的演说，但并非这些对话）的译文。

③ 该碑铭在扬波斯基的论著中曾得到讨论，第 66—69 页。在柳田圣山的《初期禅宗思想研究》中，可以见到一个有丰富注解的本子（京都：法藏馆 1967 年版，第 539—558 页）。

④ 将《坛经》的著作权归到牛头宗门下，在柳田著作中是一个有全面性论据的主题，《初期禅宗思想研究》，第 181—212 页。虽然此论据主要以外围证据为基础，但笔者的知识还无法挑战它。此外，笔者发现柳田的理论和牛头宗与此相关的另一资料完全一致。见约翰·R. 马克瑞《中国佛教的牛头宗：从初期禅学到黄金时代》，载罗伯特·M. 詹密罗和彼得·N. 格雷戈里编《禅学与华严学研究》，《东亚佛教研究》第 1 册（火奴鲁鲁：夏威夷大学出版社 1983 年版），第 218—232 页。

⑤ 关于慧能传说的发展，见扬波斯基，特别是第 58—88 页。

⑥ 约翰·R. 马克瑞：《北宗与初期禅学的形成》，《东亚佛教研究》第 3 册（火奴鲁鲁：夏威夷大学出版社 1986 年版），第 1—7 页以及第 235—238 页，该处对《坛经》的两首心偈有更广泛的讨论。

中有大量"无一物"的讨论。因此，我们必然得出这样的结论：《坛经》心偈的撰写有取于北宗思想。[①]

结果，曾经当做理解禅宗顿悟说起源的单纯标志加以介绍的，现在必须被理解为某种广泛，甚至曲折的思想进程的结果。将此趣闻和偈颂作为渐悟者与对立者的象征这种传统解释，必须在 9 世纪中期以及此时期外的背景中进行讨论，并且不应用它来描述初期禅佛教的历史或思想发展。

上述第三个主题，即马祖道一（709—788）、石头希迁（700—790）与后来的禅学传统对初期禅学顿悟说的承传，也带有种种毫无根据的臆想。《坛经》相对晚出以及该经为牛头宗所撰，明显排除了慧能与/或神会到马祖等人间任何直接传承的可能性，此一传承的虚幻性通过传记资料就能得到证明。[②] 而且，我们不应被稍后的禅宗使用的"北宗"一名误导，那是神会反对所谓北宗渐修论者的战斗标准。事实上，这种宗派标签式的连续性模糊了八九世纪期间的禅学最重要的一个差别，即"初期禅宗各派"（北宗、南宗和牛头宗）与始于马祖洪州宗的"古典禅学"的差别。

的确，理解初期禅学向古典禅学转化的动力，是当今禅学研究面对的最重要的问题之一。这是因为两者之间明显不一致，这在初期禅学与古典禅学文献遗产的显著差异中得到了反映：古典禅学与初期禅学的区别，在于它几乎完全致力于"机缘问答"（encounter dialogue）实践，即师徒间自然、自由的机语。初期禅学文献包括各种各样的理论阐述、修行劝诫和仪轨程序，而古典禅学更加一致地致力于机缘问答情景的记录，他们对二难的悖论、明显的谬论、有益的反常行为的片段津津乐道。初期禅学文献试图将新的意义和某种新的皈依（dedication）精神注入习惯性的佛教理论与实践中，古典禅学文献完全拒斥或否定传统的活动。初期禅学文献在传布新信息的种种企图中，或者令人兴奋，或者令人增长见识，或者令人困惑，古典禅学文献从具体、鲜活和抓住真正精神问题的师徒的生动形象中获得动力。

无论是好是坏，阐明初期向古典的转化都涉及一些与原始资料相关的极为困难的问题。也许初期禅学与古典禅学之间恰恰存在着非连续性的最显著、最明显的内容是古典时期的文献——或至少是那些包括机缘问答的最有特点的文献——在敦煌禅籍中完全没有。[③] 当然，缺乏这种文献的一个原因是敦煌与马祖及其洪州宗的兴盛地南中国腹地间遥远的距离。同样，古典禅学的机缘问答实践与口头语言间非常紧密的关系，令敦煌的西藏人和西藏都无动于衷。这甚至在（任何实质意义上的）禅学传到更深地吸收了中国语言与文化的韩国与日本前很多年。要么古典禅学没有被视为向敦煌和西藏传播的恰当类型，要么敦煌的佛教僧团既不准备亦无法接受这样一种新型的宗教实践形式。

---

① 马克瑞：《北宗与初期禅学的形成》，第 237—238 页，关于支持这一主张的具体材料。另一支持材料见第 230 页注 2 所及。

② 从传记资料判断，马祖更可能属于北宗和四川系的祖师。见西口芳男《马祖的禅系》，《禅学研究》第 63 期（1984），第 123—124 页。

③ 敦煌发现了一两部古典禅学人物的文献，但这些文献本身没有体现出古典禅学文献的任何明显特征。最明显的例子是沩山灵祐（771—853）的《沩山警策》，这部著作在一个敦煌写本中发现，题为《大沩警策》。田中良昭在其《敦煌禅宗文献研究》（东京：大藏出版社 1983 年版）第 335—342 页中已讨论过这个文献，它的内容是关于寺院戒律的一段非常习见的文字。这部著作已由墨尔文·马萨·武本译为英文：《沩山警策：戒律与禅宗洪州宗》（夏威夷大学硕士学位论文 1983 年版）。

敦煌缺乏古典禅学不仅表现了某种文化和年代的差异，也意味着我们被置于无法借助任何独立尺度来理解古典禅学文献发展的境地。

要是绕过宋代编者之手——他们对各种版本做过或可知或不可知的同化工作——我们简直没有与初期古典禅学相关的任何文献。这类问题超出了本文的范围。①

关于南中国腹地出现的机缘问答，令人惊讶的不仅仅是它出现了，而且经由洪州宗及其后继禅学传统的成员它似乎已经有了完整的关注焦点。换句话说，尽管我们能够感觉到初期机缘问答禅学的种种范式，② 但这不过是初期禅学宗教实践的一个方面。另一方面，尽管机缘问答可以用北宗、南宗、牛头宗和四川禅系开展起来的理论与实践来诠释，但它接受了在洪州宗与其他禅系强调的心，以致他们的宗教实践与初禅学的繁杂努力根本不同。因此，初期禅学与古典禅学之间的差异具有质和量两面，最起码我们应明白不能直接从慧能走向马祖。③

那么，神会及其顿悟说的真正影响究竟是什么？

2. 神会与现代禅学研究

因为种种原因，神会的生平和教法在 20 世纪成为学术兴趣的一个焦点是完全可以理解的。他的口头与书面教法的记录，在敦煌发现的许多初期禅学文献中是最有趣的，也是最具思想挑战性的。这些文献属于同一个历史人物所作，这已然非同寻常，况且它们似乎来自神会整个生涯的不同点（point），因此可以对其立场的演进进行思考，这是初期禅学研究中仅见的机缘。即便承认初期禅学与古典禅学之间的非连续性，"南宗"与"顿教"被正统当做描述中国禅学主流的标签仍然是一桩公案。既然神会的确是率先为顿悟说、为南宗的合理性斗争的人，他的经历对禅学发展的影响就远远胜于传统文献中显而易见的那点东西。

撇开这点不谈，窃以为现代学术过高估计了神会的重要性，并且曲解了其贡献的性质。对神会的教法及其历史作用的误诠，从著名的中国学者胡适（1891—1962）开始就发生了转移，他是第一个发现并研究神会教法的敦煌写本的人。④ 简单地说，胡适认为，不仅在中国佛教上，而且在一般的中国思想和文化史上，神会的生涯都标志着某种主要转折的开端。他将这种转折说成是对中国本土价值的重新肯定和对六朝与初唐时期大行其道的佛教思想的排斥。神会用来开启这种转折的手段就是顿悟教法，胡相信这是深入中国人心的、本质上简明的解决宗教修习问题的方法。⑤

---

① 柳田教授近作《语录的历史》一文是他研究初期到临济义玄的禅学语录文学史的重要总结。

② 见马克瑞《北宗与早期禅学的形成》，第 91—97 页。

③ 我现在的主要研究就牵涉马祖洪州宗与早期禅学的关系。

④ 胡适关于神会传记的研究出版于 1930 年，重印于《神会和尚遗集——附胡先生晚年的研究》（台北：胡适纪念馆 1966 年版；1968 年重印），第 3—90 页，亦见柳田圣山编《胡适禅学案》（京都：中文出版社 1975 年版），第 99—142 页。后者包括胡适所有已出版的禅佛教著作，其中大部分直接或间接与神会有关。

⑤ 胡适关于整个中国历史的理论在其大量著作中都有论述，最简明的论述见于其论文《中国的思想》，见宓亨利所编《中国》一书（伯克利和洛杉矶：加利福尼亚大学出版社 1951 年版），第 221—230 页，以及《中国历史中的宗教和哲学》，见陈衡哲编《中国文化论集》（上海：太平洋国际学会 1931 年版），第 32 页。

　　胡适关于神会的基本著作为其他作者广泛接受了下来，尽管他们常常不参考其更大的诠释性系统。这些学者中的佼佼者是 D. T. 铃木大拙，他对中国禅与日本禅，特别是临济禅的著名诠释，激发了现代人对中国禅/日本禅的巨大兴趣，并有效地传达了现代对中国禅/日本禅的理解。铃木大拙尖锐地批评了胡适研究禅学的过度历史主义的方法，但并没有对他的发现加以证伪。[①] 铃木大拙同意神会是顿教逐渐取得成功的功臣，但他倾向于否定其历史贡献的主体——从铃木大拙乐于深入禅道（Chan message）的核心看，他更加热衷于谈论禅的原创性直观，他将这种原创性直观归功于菩提达摩和慧能。铃木大拙的确觉得，首先由菩提达摩和慧能、稍后由神会传授的禅道的胜利代表了中国佛教中的某种转折，尽管在他心目中这种转折不是中国本土文化的再现，而是彻底消除来自传统的外部思想包袱注定要变成"顿悟经验"的纯粹表达。

　　在中国禅佛教发展中神会的确是一个主要人物，尽管其贡献的重要性在大部分现代禅学著述中都被低估了，其性质也不是那么回事。禅佛教在 8 世纪后期的确经历了某种主要的转折（这与说禅学的出现本身在中国佛教或中国思想史中代表了某种转折大不一样），但神会不过是这个过程中的众多成员之一。禅学的出现在中国宗教和思想史上是一个主要事件——一个必须放在中古的唐代社会到前现代的宋代社会这个更大背景中来思考的事件——但顿悟教法仅仅是多种相关学说和实践因素之一。

　　在下文中，笔者将根据新的塔铭和文献证据对神会的生平和基本理论、特别是他的顿悟说做出初步重诂。这些材料允许笔者为神会的生平建立新的年表，并对其初期学说的发展做出新的诠释，而这两者都意味着他与北宗的关系比从前人们想象的要密切得多。分析这种关系，为预测顿悟说在神会的生命、思想和此后禅学传统中的作用提供了基础。

二　神会的传记

　　新近，神会传记[②]的研究受到了龙门发现的神会墓碑和法器的推动。尽管此碑雕凿简陋，内容也很简单，但它立于 765 年，因此是关于神会生卒年的最早资料。这一新发现的主要贡献是该碑的《塔铭》说神会于 758 年去世，享年 75 岁，僧腊 54 岁。尽管该塔铭将神会为唐统治朝廷效力的时间定在安禄山激烈而短暂的叛乱之后，但它将其生卒年修订为 684—758（此前所知的生卒年是 670—762）年，澄清了他开始在慧能门下修学的时间。新发现的墓碑也是明确称神会为禅宗七祖的最早资料。和墓碑一道还出土了四件与神会有

---

　　① 胡适与铃木大拙间的这场争论，最终导致《东西方哲学》杂志上的一场众所周知的论文交流，这无疑是现代禅学研究中最值得庆贺的论争。不幸，这次论文交锋完全发生在他们学术生涯的晚期，在他们最有创造力的时期几十年之后。或许作为这种情况的结果，他们或没有兴趣或没有能力真正考虑对方的立场，自那时起也没有人愿意重新估价和继续他们的对话。见胡适的《中国的禅：它的历史和方法》，《东西方哲学》卷三，第 1 期（1953 年 4 月），第 3—24 页，以及同期第 25—46 页铃木大拙的反驳《禅：答胡适》。

　　② 现代最早的神会传记研究是注 13 所引胡适 1930 年出版的著作。胡适的发现，连同他更晚近的结论，菲利普·扬波斯基在其关于《坛经》的导论中进行了摘要，第 23—28 页。

关的工艺美术品，它们都是精美的唐代工艺美术的例子：一个有盖塔形骨灰盒（出土时盒里有骨灰——可能是神会的骨灰），一个净瓶（kuikā），一个长耳香炉，一个钵。前三件是铜礼器，最后一件是涂有一层高度反光釉彩的陶器。①

1. 神会的早期修学

神会 684 年生于襄阳高氏家。② 《宋高僧传》本传描述他天资聪颖、谙熟老庄，因读《后汉书》而知道佛教。他离家投本府国昌寺颢元法师（一个不怎么有名的僧人）③ 出家为僧。据宗密和《景德传灯录》记载，神会初到曹溪（在现今广东省境内）参问慧能时是 14 岁，④ 利用新发现的塔铭记载的日期，时间当是 697 年。至于神会在曹溪停留了多久，则无法确知。后来，他游学北方，于 704 年在长安受具足戒。⑤ 此时他一定继续在北方诸师门下修学；宗密实际上说他在神秀门下参学了 3 年。⑥ 无论如何，依宗密，神会在707—709 年的某个时候重返曹溪后，慧能将"知其纯熟，遂密授语"，传给了他。⑦ 无疑，直到 713 年慧能圆寂前神会都与他在一起。

---

① 神会墓碑的发现是由河南龙门博物馆职员温玉成报道的。温的论文《记新出土的荷泽大师神会塔铭》，《世界宗教研究》1984 年第 2 期，第 78—79 页，描述了《塔铭》并分析了它的历史意义。此文随即用日文摘要出来，并增加了对《塔铭》的大量分析，还有《塔铭》的复本和译文，竹内弘道：《关于新出土的荷泽神会塔铭》，《宗学研究》卷二十七（1985，3），第 313—325 页。神会的法器可在 1986 年夏天的一次中国工艺美术品赴日展中见到，见《黄河文明展》，东京国立博物馆（东京：朝日新闻社 1986 年版），图片 110—113 及说明第 185—186 页（日文）和第 201 页（英文）。本次展览结束后，柳田教授就神会钵和其他工艺品发了一条简短的私人信息给我，他似乎愿意承认它们是真实的。神会墓中发现的这个钵，证实了说他没有得到菩提达摩衣钵这类文字资料的含义——至少证实了他没有将它传给某位弟子。此次展览目录简单地将这个钵描述为一个有盖塔形（stūpa）镀金钵，里面发现的灰据说是香灰。

② 神会的姓氏和生地见《宋高僧传》本传（T50.756c—757a）和《景德传灯录》（T51.245a—b）。胡适《神会和尚遗集》第 5 部分纠正了宗密著作中对高的两种不同说法。宗密的三部著作有对神会生平的叙述：《圆觉经大疏抄》卷三下，ZZ1/14/3.277a—d；《圆觉经略疏抄》卷四，ZZ1/15/2.131a—d；《中华传心地禅门师资承袭图》或《禅门承袭图》，ZZ2A/15/5/433d—434a，或廉田茂雄译：《禅源诸诠集都序》，《禅的语录》卷九（东京：筑摩书房 1971 年版，第 277 页。）《大疏抄》与《略疏抄》的内容是一样的，除了前者在慧能的名字下给了我们更多信息之外。后文只在与《大疏抄》不同的地方我才会引用《略疏抄》。《承袭图》的内容是从《大疏抄》逐字搬来的。

③ 《续高僧传》（T50.587a）提到一位来自襄阳的禅师，他是 632 年以世寿 61 岁逝世的一个僧人的老师。尽管这是神会出生前相当早的事情，但地点和人名的一致性显示了这两人间的某种关系。

④ 王维的《能禅师碑》说神会"中年"时开始向慧能学禅。胡适和其他一些人认为这比下文（扬波斯基，注 26）所说年龄更有权威性，但竹内（317）强烈主张，"中"字应当读为"冲"，意思是青年时期。大约与《坛经》同时成立（但独立于《坛经》）的慧能传记《曹溪大师传》说这是发生在神会13 岁时的事情。见 ZZ2B/19/5.485b，或《慧能研究：慧能传记与资料的基础研究》，驹泽大学禅宗史研究会编（东京：大修馆 1978 年版），第 42 页。宗密《大疏抄》提供的神会年龄是 14 岁，《坛经》中慧能也说神会是一个"小僧"。这些细节似乎证实了竹内的解释。

⑤ 神会在长安受具足戒的事实在宗密的《圆觉经大疏抄》和《景德传灯禄》中都有所叙述，后者也说他在 707—709 年重回曹溪。神会受具足戒的时间，是用塔铭所记他去世时的年龄减去其僧龄来确定的。

⑥ 这个主题在胡适那里有讨论，见《神会和尚遗集》，第 7—8 页。

⑦ 见竹内弘道的讨论，第 316—317 页。

2. 神会的弘法生涯

了解神会在慧能圆寂后那段时间即713—720年的活动，将是非常有趣的。虽然我后面将会做出一些与这个时期相关的推断，但基本上没有可信据的具体生平日期。① 《宋高僧传》简单地说，慧能圆寂后神会"遍寻名迹"。720年，他被配住南阳龙兴寺，这里位于其俗家襄阳北面很近的地方，距东都洛阳也不太远。这个时期神会明显将其注意力集中在洛阳；《宋高僧传》称，尽管普寂的宗派仍然居于主导地位，但他的教法此时已开始为人所知。② 神会的著作有与南阳籍著名人士的对话，有些对话也许就是从此时期传下来的。③ 神会的《坛语》大概也可以追溯到这个时期，尽管日期无法

---

① 716年6月，神会的确与一位名叫神英的学生有联系，但仅仅是建议这个学生到五台山。他们也许是在南岳相遇的，但这一点不能确定。见宇井伯寿《禅宗史研究》，卷一（东京：岩波书店1939年版），第207、248—249页。宇井（第207—208页）批评神会在其生涯中领徒过早，但没有证据说明两人不是偶然相遇。关于神英的综合研究，见瑙尔·伯恩包姆《一个寺庙的映象》，《美国东方社会杂志》106，1（1986）：第119—137页。第121页提到了神英与神会的相遇。

② T50.757c.

③ 见胡适《神会和尚遗集》，第13—14页。扬波斯基（注24—25）为神会各种著作的不同写本（与大多数版本）列了一个简表。这个文献的不同写本有神会各种各样的对话，其中有两个是署上"神会语录"或"神会录"这种临时性标题流通的，例如胡适刊布的一个残卷（伯3047号［第1部分］；关于胡适的校订、注释和解说，见《神会和尚遗集》，第91—158页），以及石井光雄所藏另一个在日本发现的残卷，该本1932年以《敦煌出土神会录》为名出版摹本，两年后由铃木大拙和公田连太郎刊布了一个校订本，题为《敦煌出土荷泽神会禅师语录》（东京：森将书店1934年版）。入矢义高在考查斯坦因掠集的缩微胶片时发现了第三个写本（S6557），此本由胡适加上序文和注解于1960年出版。（胡适的著作刊布于《中央研究院历史语言研究所集刊》外编第4种，第1册［1960年9月］，第1—31页；我商得了胡适《神会和尚遗集》（第401—452页）中的重印本。）第三个本子的标题是《南阳和尚问答杂征义》。（柳田《语录的历史》［第367—369页］主张，"征"这个字指老师向学生征问，而不是相反；这个解释是一个问题，因为此字不见于文献的正文。我后面引用该文献时，将会用《问答》这个标题。）该文献有一篇刘澄写的序文，在圆仁《新求圣教目录》中，此人就是该文献的结集者。见柳田的《禅籍解题》，西谷启治和柳田圣山编《禅家语录》卷二，《世界古典文学全集》，36册B（东京：筑摩书房1974年版），第461页。P. 戴密微的《两份有关中土禅宗的敦煌卷子》，《塚本博士颂寿纪念：佛教史学论集》，第1—14页（从后往前翻）有对S6557号卷子的讨论。此外，《神会和尚遗集》中的这个文献，《铃木大拙全集》第3卷（东京：岩波书店1968年版）第236—288页有伯3047号与石井本的对勘本。雅克·谢和耐《荷泽神会禅师语录》（668—760），《法国远东学院通讯》卷三一（河内，1949），有胡适《神会和尚遗集》初版中所有神会作品的译文，包括《问答》。谢和耐的《荷泽神会禅师语录补遗》，《法国远东学院通讯》卷四十四第2期（1954）第453—466页，有取自石井本的铃木和公田校订本的对勘。柳田《语录的历史》（第367、370—372页）主张，《问答》的不同写本来自神会生涯中的不同地点，而附有刘澄序文的写本是最早的，其中只有神会745年到洛阳前的材料，这无疑是从胡适的分析（《遗集》第415—421页）中汲取的结论。然而，伯希和3047号卷子多出一些问答，并称神会为荷泽和尚，因此它是745年后结集的。因为石井本体现了校订的痕迹，并且含有不见于另外两个本子的材料（其中最有趣的一些内容——如历代祖师传记等——被《铃木大拙全集》本遗漏了，但能在该文献的铃木1934版中找到，只有1卷），所以它是三本中最晚的。顺便说，结集者刘澄也许与另外几个同名的人有关联，这些人因与初期不同的禅家关系密切而为人所知。见柳田《语录的历史》，第377页。

确定。①

　　730 年、731 年和 732 年，神会在僧俗二众面前说无遮法，公开、激烈地攻击北宗普寂（651—739）和降魔藏的教法与传承。最著名的一次无遮法是 732 年正月十五日在滑台大云寺（河南滑县）所说，但神会最初反抗北宗之战的时间常常被弄错了（不是 730 年）。宗密说神会 732 年前在洛阳，并在这里对北宗传授菩提达摩衣钵的说法进行批判，但此说在纪年上也许是不严格的。② 既然据说来自福先寺和住在洛阳的法师们都参加了法会，我们可以推测神会已经与那些寺院发展出了一种特殊的关系。③ 其他法会的地点不清楚（我将在本文结论的 A 部分讨论神会选择滑台的可能理由）。

　　745 年，神会正式住锡洛阳荷泽寺，这是与他有着密切联系的地方。事实上《景德传灯录》说，神会是 745 年被发配到洛阳后才写《显宗记》"定两宗"，即定"南（慧）能顿旨，北（神）秀渐门"的。④ 主要以大云寺说法为基础的《是非论》（《菩提达摩南宗定是非论》）也是 744—749 年的某个时间编定的，可能就在神会 745 年被发配到荷泽寺后

---

　　① 该著作全名是《南阳和尚顿教解脱禅门直了性坛语》。该文献一般被视为神会现存最早的作品，时间可以追溯到他 720 年开始住锡南阳时，尽管没有相关时间的具体证据。田中教授《敦煌禅宗文献研究》第 254 页将《坛语》的时间定为 718 年后，这无疑是正确的，但我不能挖掘相关的理由或证据。见后面注 139 中对柳田关于该文献特点的摘要。该文献的第一个写本（北京图书馆寒 81）由铃木大拙发现和刊布；见其《关于神会和尚〈坛语〉的敦煌出土本》，《大谷学报》卷一六第 4 期（1935 年 12 月），第 1—30 页；《少室逸书》（大阪：安宅佛教文库 1935 年版），第 37—55 页；以及《校刊少室逸书及解说》（大阪：安宅佛教文库 1936 年版），第 57—71 页（文献）和第 51—68 页（解说）。这个材料重印于《铃木大拙全集》卷三第 290—317 页时，在校订过的文献前有解说（《全集》本似乎只有少许修正）。王重民首先发现存在另一个写本（伯希和 2045 号［第 2 部分]），并在胡适《新校订的敦煌写本神会和尚遗著两种》中公布出来，《中央研究院历史语言研究所集刊》第 29 本第 2 册（1958 年 2），第 827—882 页（这个写本中还有神会的《是非论》［指第 1 部分]）。这个本子重刊于胡适的《神会和尚遗集》第 225—252 页。入矢教授也发现了另外两个残卷（斯坦因 2492 号和 6977 号）。篠原登志夫在校订和翻译该文献时，利用了该文献所有有效的本子，《荷泽神会的语汇——译注〈南阳和尚顿教解脱禅门直了性坛语〉》，《驹泽大学文学部研究纪要》卷三一（1973 年 3 月），第 1—33 页。篠原作品中的一些错误，在中村真孝的《南阳和尚顿教解脱直了性〈坛语〉》（《驹泽大学佛教学部研究年报第 8 卷［1974]》，第 137—146 页）中得到了修订。《坛语》已由李华德译成英文，《亚洲研究》第 3 系列，第 2 期（1952），第 132—155 页。李华德尽管有能力参考谢和耐的《语录》，但他仅仅用了伯希和 2045 号一个写本。

　　② 见宇井，第 212 页。

　　③ 见铃木哲雄《荷泽神会论》，《佛教史学》卷一四第 4 期（1969 年 11 月），第 226 页。

　　④ T51.245a.《景德传灯录》用《显宗记》的标题来称该文献，卷三〇，458c—459b。《宗镜录》则用类似的标题《显宗论》（与敦煌文献同名）摘录该文献，卷九九，T48.949a—b。它原来的标题是《顿悟无生般若颂》。此标题见于斯坦因 468 号，有注解的校订本见胡《神会和尚遗集》，第 193—199 页，随后第 200—208 页是胡适的解说。该文献敦煌本据说较《景德传灯录》所载本简单些，缺少后者所附有关二十八祖的叙述（柳田：《初期禅宗思想研究》，第 124、324、365—388 页，主张二十八祖的系统是《宝林传》的创新，神会从未提出过）还有篇幅不清楚的第二个敦煌写本（斯坦因 296 号）。最早注意该文献的敦煌本者是入矢义高：《鸣沙余韵：敦煌出土未传古逸书开宝［英文副标题是：敦煌发现奥勒尔·斯坦因搜集大英博物馆藏希见未传汉文写本遗书]》（东京：岩波书店 1930 年版）。罗伯特·B. 祖禔纳已翻译了该文献，《显宗记：初期禅文献》，《中国哲学杂志》卷三（1976），第 253—268 页。该文献是用优雅的文体写成的，少了《是非论》那种传教的急迫和论辩的火气。

不久。① 自然，应当承认神会在滑台的活动影响不大，宗密认为自他到洛阳起南北二宗的差异才广为人知。② 《宋高僧传》说神会在荷泽寺建了一座供奉六祖像的真堂，在家信徒宋鼎为之写碑。新发现的神会碑用模糊的叙述证实了这一点，宋鼎（墓碑说他的身份是兵部侍郎）"迎请（神会到）洛城，广开法眼，树碑立影"。③ 大概这碑和像都是慧能的，前者可能就是王维写的那口碑。④ 《宋高僧传》又说，神会还传授了自释迦牟尼以下西天诸祖和中土六祖的宗脉，图绘了中土六祖的真像，房琯为《六叶图》作了序。⑤ 大约此时，神会也努力为第三祖僧璨准备一篇合适的传记⑥（自8世纪顷菩提达摩一脉相承的理论形成伊始，僧璨就是中土诸祖中形象最模糊的一位祖师）。

尽管745年神会到荷泽寺后就公开批判北宗传承不正、教法不真，但直到749年关于他在那里的公开说法都没有任何记载。据一个时间不可靠的文献，从此年开始神会每月作坛场，继续对北宗进行公开攻击。⑦ 然而，神会《问答》中讨论的许多主题，其中包括与僧俗的交流，主要来自神会一生中的南阳时期，这说明反抗北宗的斗争并不是他唯一关注的事情。⑧

3. 神会的流放和复出

753年，因担心神会聚集大量徒众可能出现问题，一个名叫卢奕的军官参奏了他，他因此被从京城流放了。尽管普寂这位颇有影响的僧人早在差不多十五年前就去世了，但据说卢奕在这件事情上受到了他的指使。⑨ 宗密指出，北宗的宗教首领并不同意流放神会，这是无知徒众们更多出于竞争意识而采取的行径。实际上，考虑到753年长安的政治气

---

① 铃木哲雄已注意到，该文献关于滑台论辩的最初时间的资料是通过744年开始发挥的某种作用来表达的。他也主张，749年是该文献的下限，因为依《历代法宝记》记载，那年发生了一场论辩，而它没有提及。见《荷泽神会论》，《佛教史学》卷一四第4期（1969年11月），第225—226页和第238页注8—9。《历代法宝记》的引文见T51.185b，或见柳田圣山《初期的禅史》卷二——《历代法宝记》——《禅的语录》第3册（东京：筑摩书房1976年版），第155页。《是非论》有三个敦煌写本：伯希和2045号（第1部分）、3047号（第2部分）和3488号（第1部分）。该文献见胡适《神会和尚遗集》，第260—314页。的确，胡适在巴黎发现的这些写本是他研究神会生平和他后来所有中国禅学著作的催化剂。柳田，《语录的历史》，第376页主张在神会教法的发展中该文献处于《问答》第一和第三本中间的位置。

② 在宗密的三个文献中都有此说，如宇井所及，第231页。在前面几页中，宇井强调神会的斗争缺乏影响。

③ 见竹内，第324页。

④ 如扬波斯基提到的，注66；雅克·谢和耐《荷泽神会大师传》，《亚洲学刊》第249期（1951），第48页，以宋鼎所立碑与王维所用标题相同为基础，主张慧能这口碑写于739年之后。

⑤ 宇井，（第210—211页），指出这些仅仅涉及铃木、公田校订的石井本《问答》中所见的材料。

⑥ 这在松田文雄《关于神会的法统说：特别以彰显三祖问题为中心》中有讨论，《印度学佛教研究》卷六第2期（12；1958年3月），第221—224页。

⑦ 这里依据的是时间不可靠的《历代法宝记》，第237页注释④提及。

⑧ 宗密著作中的一条资料显示，神会也通过解释《妙法莲华经》中的三车这个隐喻赢得了声望；胡适从这篇被提到的传记推测此事大约发生在开元（713—741）末年。此记的文字也意味着神会当时住锡南阳龙兴寺。见宇井（209页）所引胡适（14页）和（第110—111页）的文献。这个关于神会住锡的推测来自宇井，（第230页）。

⑨ 实际上，考虑到这些是8世纪后期人物传记中关于普寂和神秀的误置了时间的资料，这或许并不是大问题；卢奕有可能通过他对这位祖师的回忆或从某些与他同时的祖师法嗣那里得到普寂的指使。

氛，就像任何宗派迫害一样，很可能仅仅神会聚徒众多这一事实就是他被从都城流放出来的重要原因。[①]

无论如何，神会的流放似乎有点严厉。由于卢奕的参奏，神会由两位高级臣僚带去面见玄宗。在皇帝汤池内的一番对答，带来的是一道"将神会'贬'徙外省"的诏敕，[②] 先徙弋阳（江西弋阳），后贬武当（湖北景贤）。754 年，帝敕令神会迁往襄阳。最后，754 年七月又敕移住荆州开元寺。这些地方中，襄州是神会的故土，是南中国腹部最重要的佛教活动中心之一。此外，武当那时是慧能圆寂后已颇有名气的南阳慧忠的住锡地。如果不是此前，那么此时这两人肯定见过面，我的印象是慧忠后来的活动从某种意义上讲是神会活动的继续。[③] 宗密是我们了解神会迁徙细节的资源，他说北宗传布于四个地区。宗密对神会迁徙的描述带给人的印象根本不是"流放"，倒像是一次皇帝主办的宗教说法之旅。

755 年安禄山叛乱开始后，中央政府发现自己资金短缺，很快有人建议各大府设置戒坛，允许发愿者缴纳"香水钱"后度为僧人。理论上，准备纳戒的出家人要受戒必须能背诵经典 500 纸；但实际上，任何人只要愿意缴纳 100 缗钱就可得戒。[④] 当然，缴纳这么多钱的理由是僧人们用不着进一步纳税。

在两次努力流产后——神会大概并未参与其中[⑤]——757 年，诏令在全国推行这个始于洛阳的计划。[⑥]

此前参奏神会的卢奕已于 755 年十二月被叛军所杀，因此礼请神会回东都主持这次出售戒牒的法会毫无障碍。特别是，我们知道他在被焚毁的佛教寺院遗址上建了一座临时殿堂，在堂内筑了一个方坛。因为《景德传灯录》说，神会对未来皇帝代宗（762—779 年在位）和郭子仪于 757 年九月和十月分别收复长安与洛阳颇有助力，所以叛军至少在名义上还控制两京时，神会似乎已开始了他的募捐活动。因为给唐朝廷募到了一大笔钱，肃宗皇帝（756—762 年在位）回到长安后，神会就被召入内廷供养。这个皇帝为了表彰神会对国家的功劳，在荷泽寺中为他造了一座"禅宇"。注意到神会参与这次募捐活动的时间有多短暂是很有趣的：从 757 年五月最初颁布诏令到来年同月他去世。[⑦]

---

① 实际上，考虑到这些是 8 世纪后期人物传记中关于普寂和神秀的误置了时间的资料，这或许并不是大问题；卢奕有可能通过他对这位祖师的回忆或从某些与他同时的祖师法嗣那里得到普寂的指使。

② 在神会从京城流放出来这件事上，无论北宗卷入的程度如何，他为激励其追随者反对北宗而夸大了整个事件倒是可能的。在此个案中，应当没有理由设想神会所有的公开说法都是对北宗的恶毒攻击；这种论辩的策略在他被逐出洛阳后也会见到。

③ 我将在稍后某个场合给出这种印象的理由，但见第 238 页注释②。

④ 宇井，第 234 页。

⑤ 依山崎宏：《荷泽神会禅师》，《隋唐佛教研究》（京都：法藏馆 1967 年版），第 211—214 页（第 213—214 页有摘要），这个计划最先是由声名狼藉的杨国忠在太原或河东推行的。同样的方案杨死后也实施过，这次是在彭原。

⑥ 这个计划是在裴冕（769 年卒）唆使下，由肃宗皇帝在凤翔（在今陕西境内）行辕颁布的一道诏令推动的。

⑦ C. A. 皮特森：《中晚唐的朝廷与行省》，载《隋唐中国》，第 589—906 页，第 1 部分；丹尼斯·崔瑞德编，《剑桥中国史》卷三，（剑桥：剑桥大学出版社 1979 年版），第 474 页将这一年说成是叛军优势阶段终结的一年（756 年七月至 757 年十一月），接着进入了军事相持阶段（757 年秋至 758 年秋）。

4. 神会的去世与官方的认可

758 年五月十三日，神会在荆州开元寺去世。[①] 后人用典型的禅宗模式描述他的去世：在要求弟子最后一次向他问法并再三赞叹"无为一法"后，遂于中夜往生。依宗密，据称是夜山南东道节度使李广珠[②]看见他从法座上腾空而去。李去神会的寺院调查时，才发现这个老和尚已经去世了。

关于神会塔，有些小小的矛盾。依宗密，759 年在龙门已建了一座塔，763 年此塔所在地被命名为宝应寺。另外，《宋高僧传》主张塔是 763 年迁到洛阳宝应寺的。[③] 无论如何，765 年龙门的塔已建好，新发现的这口神会墓碑也刻好了。这口碑与前面那座塔或两座塔之间的关系无法确定。不过，这口碑的塔铭的确说李嗣虢王（可能与《是非论》里出现的嗣讨王为同一人）收取神会遗骸葬入了新塔。[④]

765 年的塔铭称神会为"第七祖国师"，这是出于对已故祖师的尊重而用的非官方称号。[⑤] 770 年，皇帝诏赐其"祖堂"为"真宗般若（prajñā）传法之堂"。772 年，又诏赐其塔为"般若大师之塔"。[⑥] 因此，神会身后以"真宗"和"般若"两名为人所知。依宗密，796 年德宗皇帝敕皇太子召集一次禅师集会，此后神会就被正式立为禅宗第七祖。[⑦]

三　从北宗文献探究神会的影响

1. 神会的早期教育经历问题

具有讽刺意味的是，对敦煌禅宗研究几十年后，其结果竟然是增加了神会宗教开展的一个重要部分的模糊性。从前，任何对神会个人哲学的最初形成有兴趣的人，都可以简单地指向其亲教师，即以《坛经》和其他著作著称的慧能的教法。然而，历史性的慧能的具体教法——与《坛经》和其他地方描写的传奇式人格形象相反——根本不得而知。另外，宗密明确地称神会大约在长安时已经纯熟，这暗示神会曾受到慧能之外其他禅师的影响。

慧能圆寂后的这个阶段，即据称神会在中国到处参访宗教名迹时又是怎么回事？慧能

---

① 此处采用的具体时间是神会墓碑说的。《大疏抄》、《宋高僧传》、《景德传灯录》也将神会去世的时间定为五月十三日，尽管年份不同。宗密的文献与墓碑一致，都将神会去世的年份系于 758 年。《宋高僧传》特别采用了一个与任何合理年份都不一致的年份，尽管胡适认为此年份是指 762 年。见胡适《新校订的敦煌写本神会和尚遗著两种》，第 875 页。《宋高僧传》说神会享寿 93 岁，而《景德传灯录》则与墓碑记载一致，都说他享寿 75 岁。竹内在氏著第 315—316 页评论了这些矛盾。宇井氏著第 235—236 页注意到关于神会去世的地点存在着开元寺或荷泽寺的矛盾。我同意墓碑和《大疏抄》（见下面的逸事，它也称在开元寺）之说，但要注意，这将进一步缩短他参加得到政府支持的募捐活动的时间。

② 传记不得而知。

③ T50. 757a.

④ 见竹内，第 324 页；以及铃木哲雄《荷泽神会论》，第 320 页。

⑤ 竹内（第 320 页），列举证据说明此时"国师"并没有被用作官方封号，相反是称呼身份高或名声大的法师的一个普通用语。

⑥ 见竹内，第 320 页。

⑦ 宗密在其《禅门承袭图》中提到这一点。ZZ. 2A/15/5.434b，或镰田，第 277 页。宇井（第 237 页）指出，律宗 778 年发生的冲突也有类似的结果。

713 年圆寂后，神会为什么要等差不多二十年才发动他的战斗，支持立慧能为第六祖并反对他所想象的北宗错误？神会著作中没有任何直接引用慧能教法的文字，再次令人难以确定神会从北宗禅师继承的宗教遗产的性质和情况，但似乎有理由推想神会的思想主要是在他受戒和慧能圆寂后这两个时间内于北方发展起来的。

事实上，不难想象，神会在北方的经验在慧能圆寂前后都是非常积极的。就我们所知，8 世纪的头二十年，在慧能和现在所谓北宗成员之间充满了友好关系。在这段时间内，慧能被视为那个联系松散的宗教团体中口碑好但相隔遥远的一员：他与神秀、老安和另外几人都被列入那份首先出现在北宗文献中的弘忍十大弟子的著名名单内，其名字也见于一个模糊不清的作品中，此作品是在一个非常重要的北宗敦煌典籍中发现的，其中还有马鸣（Aśvaghosùṣa）、慧可和神秀等著名的名字。[1]

而且，我们知道至少有三个弟子曾在慧能和其他北宗禅师门下参学过。除了神会，这些人中最有趣的是净藏（675—746），他先在北宗禅师老安门下参学，后来参访南方而与慧能相遇，最后又回到北方为他的剃度师父守塔。[2] 尽管从逻辑上讲也许应将神会的例子排除在这里考虑的问题之外（因为这里的问题是神会在慧能门下参学的可信度问题），但没有任何不言而喻的（a priori）理由排斥这种可能性，即神秀在被迎往皇宫供养时指引神会往曹溪向慧能参学。虽然我们不知道另外有人陪同神会到曹溪，但这个推测本身并不是出于神会的性格，他将其他弟子留在了荆州，留在了在一个比洛阳和长安更利于禅修的氛围中。[3] 这意味着，直到神会的宣传运动展开攻击之前，没有任何理由将慧能和他的教法从其余初期禅学中区分开来。

2. 文献

我后面将介绍一个初期禅学文献的部分译文，该文献泄露了神会发动反抗北宗战斗前的思想及其与北宗人物合作时的种种关系。该文献以《大乘开心显性顿悟真宗论》的标题为人所知。[4]

虽然神会对《真宗论》有所影响，但该文献最令人感兴趣的是其一目了然的北宗渊

---

① 最早载有弘忍弟子名单的著作是成立于 731—716 年的《楞伽师资记》。第二个文献的来源可能是类似的。见马克瑞《北宗》，第 38—39、84 页。

② 马克瑞：《北宗与初期禅学的形成》，第 58—59 页，以及注 291。

③ 这是从神秀某个时期的弟子一行所写的一封书信中知道的。

④ 该文献（完整的敦煌写本是伯希和 2162 号）最先在矢吹的《鸣沙余韵》中得到描述，第 538—540 页。该文献亦可见于 T85.1278a—1281c 和《铃木大拙全集》卷三，第 318—330 页。有一个残卷斯坦因 4286 号，大约包括该文献前面的三分之一的复制胶片重新刊布于饶宗颐《神会门下摩诃衍之入藏——兼论禅门南北宗之调和问题》文末，《香港大学五十周年纪念论文集》第 1 册（香港：香港大学1964 年版），第 178 页后。另一个印刷本（根据《大正藏》本）见于金九经的《姜园丛书》（沈阳，1934）。关于该文献作者与内容的分析，包括它与其他北宗文献的关系，外加与《要诀》的比较，见田中良昭《敦煌禅宗文献研究》（东京：大东出版社 1983 年版），第 237—259 页。本文中的这部分译文以铃木本为基础，我用此本对照斯坦因 4286 号进行了检查，与《要诀》的比较则参考了田中《敦煌禅宗文献研究》第 253—254 页的内容。J.C.克里瑞出版了《真宗论》的全译本，载《禅的黎明：敦煌初期禅文献》（波士顿和伦敦：香巴拉 1986 年版），第 101—103 页。克里瑞的翻译体例不规范，但总体上是准确的，他的读物偶尔还有比铃木本更好的标点。不幸，他没有对该文献作任何注解和解释，而他用的也是《姜园丛书》这个过时的版本。见笔者对《禅的黎明》的评论，《东西方哲学》卷一九，第 2 期（1986），第 138—146 页。

源。首先，神会与北宗禅师老安被列为该文献作者，或许亦在普寂门下参学过的慧光的师父。① 其次，该文献的结构是以《顿悟真宗金刚般若修行达彼岸法门要诀》这个北宗文献为摹本的。②

《敦煌真宗要诀》的作者是智达（714 年卒），他在序文中说自己是老安和神秀（如同《真宗论》的作者比于老安和神会）的弟子。伯纳德·佛雷最近发现的一篇墓志铭显示，这个僧人是长安当地人（也可以从罕见的三字姓氏和名字"侯莫陈琰之"知道），20岁时成为僧人，先入嵩山老安（门下）、后来又入神秀（秀和尚）门下参学。修习 20 年后他觉悟了，因神秀说他"智达辩才无碍"，此后他就更名为智达。后来他到洛阳和河北一带游化。他于 714 年六月初十去世，但不知享寿多少。除了一些有趣的对话，智达的墓志铭还有"广开顿悟之宗"和"方便"、"传灯"等语，这是值得注意的。虽然墓志铭在这方面比《要诀》的内容更详细，但文献和墓志铭是完全一致的。③

《要诀》和《真宗论》都是以禅师与居士口头对话的形式来表现的——但对每个文献序文的切近阅读透露了这样的事实：老师与问者是同一人！既然《要诀》作于 712 年（时神会仍在曹溪与慧能在一起），既然它故意表现出受到神会的影响，我们可以推测正是这种形式影响了《真宗论》，而不是相反。这与《真宗论》可能成立于 720 年后是一致的。④ 这两个文献用戏剧形式来传达消息的努力，是禅学文献史上某种令人愉快的革新，但这种革新的力量只是以重复的方式得到了坚持。⑤

---

① 在普寂门下参学的僧人慧光即 720 年左右以"发现"《禅门经》为人所知那个人。见柳田圣山《禅籍解题》，第 462 页，又柳田《关于〈禅门经〉》，《塚本博士颂寿纪念：佛教史论集》（东京：塚本博士颂寿纪念会，1961 年版），第 869—882 页。柳田和田中（《敦煌禅宗文献研究》，第 243—246 页）两人推测这是不同的两个人。

② 关于该文献的讨论和版本，包括藏文本的翻译，见上山大峻《藏译敦煌真宗要诀研究》，《禅文化研究纪要》卷八（1976），第 33—103 页。上山令人信服地认为，该文献这个藏译本比任何汉文写本都可靠。柳田：《禅籍解题》，第 458—459 页；柳田：《荷泽宗禅的思想》，《禅文化研究纪要》卷六（1974），第 80 页；以及田中：《敦煌禅宗文献研究》，第 251—256 页，将该文献描述为北宗教后期的作品。

③ 见崔宽《六度寺侯莫陈大师寿塔铭文并序》，见于《芒洛冢墓遗文四编》，罗振玉辑《石刻史料新编》第 1 辑（台北：新文丰出版公司 1977 年版），第 19 册，14263b—14264b。佛雷在短文《智达禅师与北宗【禅宗北派】之"顿悟"》中公布了他的研究成果，《东亚手册》第 2 册，京都（1986）。除了已提到的信息外，还提供了六个负责为他造塔的弟子的名字，但我一下子认不出他们中的任何一人。依墓志铭中提供的人来看，智达在神秀生活的时代起码有 40 岁，因此他一定生于 660 年左右或此前（或许此前不少时间）。墓志铭的作者，《唐书》（《二十五史》，开明书店编，第 3411 页下栏）在其兄长崔宁的传记中论及一桩 767 年的偶然事件时曾简略提及。因此，要么该墓碑是智达去世相当长时间后才建造的，要么墓志铭的抄录者为了辨别而将崔宽这些复杂、显赫的头衔（哈克的系统将他定为正五品）加了上去。如果情况是前者，这篇墓志铭有可能是为证实《要诀》而撰写的。

④ 《真宗论》有一段与北宗的《楞伽师资记》相同的文字，后者是 713—716 某个时间在远离两京的地方撰集的。我怀疑《真宗论》直接援用了这个文献，而不是相反，见本文第三部分 B1。借用慧光（即使在《禅门经》中可能是虚构人物）的名字也暗示《真宗论》是 720 年之后产生的，尽管这种借用有一次走了另外一条路子。

⑤ 这两个文献之间的密切关系也是柳田著作评论的主题，《荷泽宗禅的思想》，第 80 页。上山《敦煌真宗要诀》第 67—68 页和田中第 253—254 页有这两篇序文的对观。

　　既然这两篇序文的相当一部分是相同的，那么一文献对另一文献的型塑就是不受总体结构限制的。在后面的译文中，相同和极为相似的文字印成斜体字。此外，遗漏的文字（与《真宗论》相关）用方括号括着的圆括号表示。最后，为方便读者我列出了几个问题。

真　宗　论

沙门大照居士慧光集释①

［序］

　　夫大道融心，显实一理。前后贤圣，唯趣此门。悟者三界唯心，不悟随眠耶正。大乘宗定对相显真。②（了［佛］性）③者，知诸法寂然，因缘立事，假合成名。不了［佛性］者，著名住字，［其心］取想奔耶。

　　若欲摄妄归真，染净平等者，要须注意观心，本觉自现。意观有力，仍不出意念④到［涅槃］彼岸。常入甚深禅定，久习不已，自然事是皆毕（即精神进步将自然出现）。若观处有事，渐渐向真。

　　纵放身心，虚豁其怀。⑤起作恒寂，［你的心将由其对象］不像而照。⑥任运三昧，［故你能］温道育德，资成法身。返悟心源，无妨无碍，体若虚空，名无边三昧。心无出入，名无寂三昧。于一切有处⑦净无求，名不思议三昧。三昧不昧，不从缘起，名法性三昧。

　　一切学者［现在］但求其解，不求自证。若欲修习大乘者，不解安心，定知悟失。时有居士，俗性李名惠光，是雍州长安人也，法名大照。⑧不顾荣利，志求菩提，［……］⑨前事安阇梨，后事会和尚。⑩皆已亲承口诀，密授教旨。至于精义妙理，达本

---

　　①　《敦煌真宗要诀》题尾有"侯莫陈琰问，智达禅师口诀，蒙主簿本上"句。

　　②　遵照克拉瑞第 105 页，我在铃木本此句的"真"字后断句。铃木补出了"乘"字前的三个脱漏字，因此处斯坦因 4286 号有"耶（离经叛道），正，大"。有些人的做法似乎有取消"定"字之嫌，我从斯坦因 4286 号将此字解释为"必须"的力量。

　　③　斯坦因 4286 号是"性"，不是铃木的"悟"。

　　④　"意"这个字很难翻译得恰当。在印度佛教哲学中它指末那识（manas），一般也可用作意识的同义语，作为第六种感觉器官的概念（心作为其他感觉信息的采集者），或者在瑜伽学中作为第七识的名字。在汉文中此字也有"意愿"、"意图"的意思。因此此处有"意愿"、"精神的"和"专心"等不同译法。

　　⑤　"Evaporated"是对虚豁即"［使］空阔"的一个译法。

　　⑥　斯坦因 4286 号是"缘"而不是铃木的"像"。

　　⑦　此处"Realms of existence"或许是更好的译法，用《真宗论》中出现的"无所"除去对心物平行论的需要。见下面注 81。

　　⑧　《敦煌真宗要诀》说侯莫陈的俗名是琰（墓志铭是琰之），其法号名智达。

　　⑨　括号中的这些段落表示《敦煌真宗要诀》中有而《真宗论》中没有的文字。此处前一文献说智达在嵩山住了二十多年。

　　⑩　智达当是老安和神秀的弟子。

穷源，出有入无，圆融自在。① ［……］②

　　居士乃禅思余暇，叹此群迷，遂显［……］事理幽门，谘呈妙义，开斯法要。
［……］［其教法］可谓涉海之舟船，直往菩提，斯言信矣。庶将未悟者愿令得悟，［心］
未安者愿令得安，未解脱者愿令得解脱。③

［文　献］

1. 居士问曰："佛法幽玄，凡人不测；文字浩汗，意义难知。请问禅师法要。［……］
　　暂辞方便，直往直言。④ 不弃俗流，幸无秘密。"⑤
　　大照禅师答："善哉！善哉！观汝所问，菩萨根基似欲纯熟。吾长身四十有五，入
　　道已来二十有余，⑥ 未曾有人问斯意义。汝有何事？复决何疑？直问直说，不假
　　烦言。"

2. 问曰："夫欲入道者，当修何法？看何法？证何法？求何法？悟何法？得何法而趣
　　菩提？"
　　答曰："一法不看，亦无有求；一法不证，亦无有后；一法不悟，亦无道可修，即
　　是菩提。"

3. 问曰："弟子无始世来，流浪生死，与理相违。乍闻顿说，冥漠不知。神识昏昏，
　　莫知所在。由若醉人，未能星悟。伏愿下接群迷，赐垂少问，方便会真。"
　　问曰："云何真性？"
　　答曰："不起心，常无相清净。"

4. 问曰："云何自性？"
　　答曰："见闻觉知、四大及一切法等，各有自性。"

5. 问曰："自性从何而生？"
　　答曰："从妄心生。"

6. 又问曰："云何离自性？"
　　答曰："心不起即离。"

7. 问曰："云何是道？云何是理？云何是心？"

---

　　① 我不知道"出有入无"这个短语是否类似于互文，以至说慧光能进出有无。
　　② 此处《敦煌真宗要诀》为："契家中之至智，得修心之正觉"。当然，"修心"一词令人想起了
传为弘忍所作的《修心要论》这个标题。
　　③ 《敦煌真宗要诀》这一段是："居士以禅思叹余暇（原文如此，当为'余暇，叹'——译者按）
此群迷，遂托为答问，开慈法要。可谓释门之龙象，涉海之舟船。《经》云'直往菩提'，斯言信矣。庶
将来学者，幸依文守心。"接着这一句，《敦煌真宗要诀》还有："先天元年十一月五日棣州（山东阳信
县）刺史刘无得叙录。"
　　④ 斯坦因 4286 号是"真言"而不是铃木的"直言"，但注意后文的"直问直说"。
　　⑤ 这段话《敦煌真宗要诀》有："琰问智达禅师：'佛法幽玄……意义难知。请问禅门法要。不求
人天，直趣菩提彼岸。禅师慈心，不不（此字衍——译案）弃俗流，幸无秘密，垂赐直言。城牛有为，
请不劳智；方外无为，愿垂法要。'"（省略号表示文字与《真宗论》一样。）
　　⑥ 《敦煌真宗要诀》中智达说他时年 53 岁，为僧 32 年。

答曰："心是道，心是理。理①则是心，心外无理，理外无心，心能平等，名之为理。理照能明，名之心。心理平等，名之佛心。得此理者，不见生死。凡圣无异，境智无二。理事俱融，染净一如。如理真照，无非是道。自他俱离，一切行一时行，亦无前后，亦无中间，缚解自在，称之道。"

《要诀》与《真宗论》的北宗特点：我已经提到过《要诀》的具体作者是北宗的某个人，但为了论定神会影响《真宗论》的性质，对该文献的特点加以思考仍然是重要的。

《要诀》在几个方面体现出很明显的北宗特点。第一，该文献关注"不起"心，这是8世纪20年代的禅修者众所周知的口号。② 第二，《要诀》中的许多理论阐述以"观心释"为人所知，而这正是北宗文献的标志。③ 第三，"守心"是传为弘忍所作一重要文献中的核心思想，这类概念的运用显示它与北宗关系密切。④ 第四，该文献是在后期北宗的资料中流传的。⑤

《要诀》的一个有趣特点是它将"观心"与"见［佛］性"结合在一起的修辞方法。后者事实上是初期禅宗思想中极为重要的核心概念之一，但只是因了神会它才变成一个众所周知的口号。实际上，《要诀》对《涅槃经》的引用，恰如神会数年后所为："见性成佛道。"⑥

或许，《要诀》外的《真宗论》也明明是一部北宗文献。该文献的中心论题还是观

---

① 斯坦因 4286 号此处有两个"理"字。

② 他 716 年入长安后的某个时间，密宗大师善无畏（śubhākarasiha）批评神秀弟子景贤（660—723）其他禅宗信徒是想专守一心："汝初学人，多惧起心动念，罢息进求，而专守无念以为究竟者，即觅增长不可得也。"（T18.945a）。因此，T18.945b 出现的"不起"、"无念"，偶尔还有"无一物"，都是此时众所周知的概念。

③ "观心释"这个概念来自智𫖮的著述，它指那些在观想时获得的直观的佛教概念与观念的内涵。在初期禅学文献中，它有时指以观心用的标准术语进行异乎寻常和差不多总是强制性的再诠释。北宗和牛头宗都以这样的实践而著名。关于这种实践的较详细讨论，见马克瑞《北宗与初期禅学的形成》，第198—207 页。《敦煌真宗要诀》将这种诠释模式用到了引自《金刚经》的"应无所住而生其心"这句话中：
"一切心无，是名'无所'；更不起心，名之为'住'。'而生其心'者，'应'者当也，'生'者看也。当无所看，即是而生其心也。……"
问曰："见何物？"
答曰："《（涅槃）经》曰：'见性成佛道。'"
《涅槃经》的这句引文实际上是对 T12.547b 中的经文的修正式摘引。关于"无所"这个概念的初出，见柳田圣山《达摩的语录：二入四行论》，《禅的语录》第 1 册（东京：筑摩书房 1969 年版），注第158；小川贯一：《般若心经解题》，《西域文化研究》第 1 卷，《敦煌佛教史料》（京都：法藏馆 1958 年版），第 83 页 b；以及入矢义高：《传心法要与宛陵录》，《禅的语录》第 8 册（东京：筑摩书房 1969 年版），注第 124。既然《金刚经》的这句话是一个北宗人在另外一个文献中引用的，所以它在这里出现不能证明它受到了慧能的影响；见一行（685—727）关于《大日经》（Mahāvairocana Sūtra）的疏，T39.579b。

④ 关于《敦煌真宗要诀》中两次出现的"守心"，见上文注 74 和 75。关于《修心要论》中"守心"思想的讨论，见马克瑞《北宗与初期禅学的形成》，第 136—138 页。

⑤ 见上山关于该文献诸写本的描述：《敦煌真宗要诀》，第 34—36 页。

⑥ 见上文注第 230 页注 3。

心，它也用"不起"来阐明。在形式上，该文献用"离"这个概念与北宗的用法类似。与知见北宗文献的其他类似之处，包括区分根本智与方便智（inner - directed and outer - directed wisdom）和运用"观心释"这种鲜明的思想再诠释模式。① 再者，"顺"与"妄"这对概念和北宗《圆明论》的"顺观"与"逆观"颇为类似，对"自心"与"妄心"的描述也类同于神秀《观心论》的二元论。② 最后，《真宗论》有个地方还有一段与713—716年某个时候所作的北宗《楞伽师资记》相同的文字，另一个地方对一部与《观心论》类似的、身份模糊的流行经典进行了讨论。③

然而，就这一讨论的目的而言，注意到《真宗论》思想中对神会的几个明显暗示也是很重要的。那几个与神会后期思想倾向极为类似的地方，是对与观心有关的某些论述（一定程度上是本译文第2部分的证据）、偶尔即指顿教，用了否定语气；还用了"真了性"这个短语。这种术语明显将神会的《坛语》包括了进来。④

在从这种证据抽象出任何结论前，简要讨论一下另一个文献。

《法性论》的证据：关于神会是北宗教义群体的初期成员，《要诀》和《真宗论》并不是仅有的证据。敦煌北宗宝藏里发现的另一个暂时被命名为《法性论》的短文，其中的术语也令人想起神会的《坛语》。这部论可在一套由八九个写本组成的北宗资料集的两个写本中见到。这两个写本是整套写本中篇幅最长和最完整的，包括传为弘忍所作的、非常重要的《修心要论》，以及东山法门和北宗的其他不太著名的文献。⑤ 另一个有趣的细节是，该文献最后几行可在一附有一首老寂（大概是北宗的普寂）偈颂的敦煌写本中见到。⑥ 尽管不能确定《法性论》的具体作者，该文献很明显来自这样一个时代：那时，现在以南北宗著称的两个群体还没有明显的敌意，慧能与神会的教法是作为东山法门的不同类型被人们接受的。

《法性论》⑦ 显示了大量与神会思想相似的地方。当然，最重要的是对"见性"这个概念的关注。虽然这样的概念和这个具体术语在神会前的北宗文献中都有，⑧ 但这个概念却同时出现在神会《坛语》的标题和文献之中。因此，认为这个术语及其相关思想构成

---

① 见《铃木大拙全集》卷三，第326—327、339页。

② 见前揭书，第320页（不过，自心是不常用的概念。）

③ 田中：《敦煌禅宗文献研究》，第247—250页。

④ 有一个明显属于北宗的文献其标题就是《了性句》，但其中没有神会那样的三字短语。见《铃木大拙全集》卷二，第450—452页。

⑤ 我用"东山法门"和"北宗"这两个概念是为了显示：（1）初期禅学的基本理论总体上属于弘忍和道信；（2）神会及其弟子所述更加复杂的思想。见马克瑞《北宗与初期禅学的形成》，第8—10页关于此内容有些武断但有用的区分性说明（在北宗这个概念单独出现的地方，它可以涵盖另一个概念）。此处涉及的选集在前偈书注311—312中有描述。

⑥ 见《铃木大拙全集》卷三，第445页；《校刊少室逸书》，第89页。这段共同的文字从《涅槃经》的一句引文（事实上是T12.547a那句经文的义引）开始，以类似于《坛语》的语言继续下去；胡适：《敦煌真宗遗集》，第243页（第230页注3，并比较《宗镜录》中一段托名南岳慧思的文字，T48.941a。）从它本身看，由于敦煌写本抄写上的随意性，这类巧合不会有特别的意义。

⑦ 《法性论》是铃木暂时命名的标题；该文献本身从与"法性"相关的内容开始，但稍后就是这样的文字："今约顿教理门真（直?）了见性。所言见性者，是其佛性。"见《铃木大拙全集》卷二，第444页。

⑧ 见马克瑞《北宗与初期禅学的形成》所载《修心要论》，第125页，第317页注79。

了神会初期宗教哲学的标志是可靠的。此外，《法性论》从《维摩诘经》引用了一行同样见于神会著作中的经文——也出现在《真宗论》中。[①] 神会和《法性论》为了说明众生有佛性，都用了金与矿的隐喻。[②] 在上文已提及的一段文字中，都将定慧的关系说成"定慧等用"，而通常意指"房子"的"家"这个字，该文献与在神会《坛语》中所见完全一样，都是"之"这个语法成分的替代者（例如"观之时灯家用"）。[③] 而且，该文献用了"无相"和"无念"这两个均可译成"无想"的概念。这是有意义的，因为神会非常强调他那与北宗的"离念"相对的"无念"。总观之，这些对应性显示《法性论》与（例如《坛语》中所见）神会教法之间关系密切。[④]

《真宗论》与《法性论》体现了神会及其背后慧能的思想，对我来说似乎是毫无疑问的。这种思想体现出的与《法性论》和曹溪思想的相同性，对神会教学生涯初期的某个阶段来说是很正常的，那时他希望将他的思想归功于其亲教师慧能。在该文献和《真宗论》诞生的时期，大概在 8 世纪 20 年代，神会还是会觉得并会被人觉得他是那个我们现在称为"北宗"的宗教团体的成员。在这一点上，神会的思想与整个初期禅学思想的框架处于完美的和谐之中。[⑤]

四　神会的教法与北宗的理论

事实上，神会教法与北宗理论间的密切关系并非恰好与初期的这些著作相始终。柳田教授认为："南宗"有取于"北宗"，而且我们的确能够在神会的著述中发现这方面的证据。[⑥]

我们此处的焦点是《坛语》和《显宗记》这两个文献。神会的另一些著述也有体现其较早教法的文字，辨别这些文字依靠复杂有时甚至是主观的论证。实际上，即使这两个文献的时间不确定（《坛语》一般被看成 8 世纪 20 年代某个时间写成的），但没有具体的文献证据支持这种推测。的确，《显宗记》缺少激烈争辩的言辞，但没有理由想象神会放弃了他反抗北宗的战斗，哪怕是暂时放弃。仔细体会神会与居士对话的内容和时间——他们为人所知的传记可以帮助我们逐步将集结《坛语》的时间具体化——但这是将来的任务。另一方面，在 732 年的公开说法（该文献主要以此为基础）与 745—749 年该文献最终编成期间，《真宗论》也许曾被明显编辑过。不过，尽管《显宗记》在理论上比《坛语》更粗糙，两者之间并没有严重的歧异。考虑到这些不确定性，此时期我们可以同时

---

①　见 T14.554b；《铃木大拙全集》卷二，第 445 页，卷三，第 322 页；以及胡适：《神会和尚遗集》，第 236 页。这种巧合的意义需要进一步研究。这行经文是"常求无念实相智慧行"，但禅学文献省略了"行"字。

②　《铃木大拙全集》卷三，第 444 页和卷二，第 237 页（《问答》）。

③　见与普寂的偈颂一起出现的这段文字。

④　不过请注意，《法性论》指出，达到无念也会表现某种严重的精神问题，这似乎是一种远离了神会的观念。

⑤　这一分析与柳田和田中的分析不同，他们认为《敦煌真宗要诀》在理论上比《真宗论》更成熟，两个文献都体现了北宗对神会思想的回应（见田中的摘要，第 255—256 页）。我相信此处提供的本子是对此证据更合理的诠释，他们就这个主题进行写作时并非所有解释都是有效的。

⑥　柳田：《初期禅宗思想研究》，第 101 页。

从两个文献来思考证据。

首先，在这些文献中辨别神会对北宗的批判相对比较简单。当然，最明显的是关系到禅定，特别是他那众所周知的批判"凝心入定，住心看净，起心外照，摄心内澄"的"四个声明"。这些批判在《坛语》和《真宗论》中都有，尽管只是在后一文献中它才具体指向北宗的教法。① 还有另一个用类似语气做出的名气小得多的评论：对种种"远看"修行（见于《北宗五方便》）的呵斥和对"取净"的批判。② 一个人必须事实上觉悟或"见到"佛性而非简单地接受人本身具足佛性这样的内容，也可能是对传为弘忍所作《修心要论》的具体批判。③ 我至少查考到另外两个对北宗理论的具体批判，一个关涉以法界现证法界的问题，一个是贬斥对方便而不是顿悟理论的运用。④

但北宗文献也有大量针对种种禅定弊病的警策。最常见的是针对"无记"的警策，这是修行者通过其觉观对象进入或获得的一种意识枯寂的境界。这类警策在北宗的好几个文献里都可见到。⑤ 《五方便》中所见对小乘人禅定中不能听闻的描述，借用神会的语言来说这实际上是对"凝心入定"的批判。⑥ 神会的一个有关禅定的论述，也显示他对无记空、二元性概念和执著悟果等问题都有强烈的警觉。⑦

这段非常类似神会批判的、带有感情色彩的文字是在《敦煌真宗要诀》中见到的：⑧

> 一切众生心，皆发如来藏，如欲度有情，谛观狮子亿。⑨
> 心来无处所，诸缘须誓舍，来即尽意看，是名"无间法"。⑩
> 心来无处所，尽意看更看，看看看不绝，是名"无漏智"。⑪
> 心来无处所，贪求解经论，时念不长看，是名"求世智"。⑫
> 心来无处所，贪造诸有为，空忆不熟看，是名"外道法"。⑬
> 心来无处所，贪入空寂定，心寂识泛空，是名"声闻难"。⑭
> 心来无处所，常入无所净，不出于世间，是名"菩萨缚"。

---

① 胡适：《神会和尚遗集》，第 287 页。

② 同上书，第 247、249 页。

③ 同上书，第 246 页。

④ 同上书，第 236、252 页。

⑤ 例如见马克瑞《北宗与初期禅学思想的形成》所载《修心要论》，第 128 页。

⑥ 马克瑞：《北宗与初期禅学思想的形成》，第 181—183 页。《圆明论》有一对它所谓"逆观"的批判，在这种观法中对象被析为最微小的成分，然后进入空空如也的状态。这似乎直指某种较古老的、已过时的理论立场；在 8 世纪初，无论一个人实际上是否按照这种方法修行都是有问题的。见马克瑞《北宗与初期禅学思想的形成》，第 213—215 页。

⑦ 马克瑞：《北宗与初期禅学思想的形成》，第 215—217 页。

⑧ 此处所用汉文本是首先在铃木《校刊少室逸书》中刊布的本子，但我用了上山的校订本，第 102—103 页（译案：此本为北京图书馆藏本，编号致 86，题名《惠达和上顿悟大乘秘密心契禅门法》）；他对相应藏文的翻译在第 88 页。

⑨ 此处"有情"这个概念是"众生"的同义语。

⑩ 汉文本有"亿"字的地方，上山将相应的藏文译为"住所"。

⑪ 中间两行藏文诗节有点不同："其他要素刹那现。/若现心意即观之。"

⑫ "泛"这个字当为"没"之误。

⑬ 藏文诗节读作："此心生于太虚空，若人证入空不动，观空解空而证空，是则名为'声闻法'。"

⑭ 藏文本没有此节和前一节。

> 心来无处所，无所常清净，出世坦然平，是名"菩萨解"。
> 心来无处所，清净常现前，不着一切相，是名"诸佛土"。
> 心来无处所，东方不可量，四方亦如是，是名"归大宅"。①

很明显，北宗的"观心"行实际上并非神会所说的那么回事，而是通过效法圣心来进行自由简便的修习。不过在现在的语境中，更重要的是要注意：这些修行的描述含有对神会稍后如此强烈地感觉到的同类弊病的警策。

此外，下面这被视为（无疑是假的）道信的论述显示，北宗禅师也教导他们的弟子避免"起心外照"："若心缘异境，觉起时即观起处，毕竟不起。"② "道信"也用类似神会用过的否定模式来描述禅定行：

> 亦不念佛，亦不捉心，亦不看心，亦不计心，亦不思惟，亦不观行，亦不散乱，直任运。亦不令去，亦不令住。独一清净，究竟处心自明净。③

虽然我能够提供更多证据来证明，神会的批判未能公正、准确或完整地刻画北宗的禅定修行，但他的说法确实不是此处的问题。当然，北宗的成员不按照对其师父开示的充分理解进行修行是不可能的，但这也超出了此刻关注的范围。相反，现在关心的是，在禅学传统的语境中神会的种种批判本身缺乏终极的根源性。上文引用的文字显示，这类批判在北宗文献中有大量的先例。

北宗著作与神会对这类批判的运用有两点差异。第一，北宗文献对禅定修行者发表评论，目的是为他们能将精神努力提升到最高水平。另一方面，在神会全部文字的语境中，这些批判似乎被用来作为拒绝某种禅定方法，甚或是完全否定亲身禅定修行的借口了。第二，当然，在《显宗记》中，神会将他的批判落实到特定禅师的教法上了。因此，他创新性地运用这些批判不仅涉及那些浸透到一系列简短口号中的情感的结果，也涉及在某种有争议的语境中对其诠释与运用的过分扩展。

神会的理论当然并不限于批判北宗。但是，其理论与该宗理论的如下相似性总体上没有受到重视：神会对"坐禅"的重新定义增加了"观心释"的模式，而为了让读者或听众受到某种新宗教视野的刺激，他在这种形式中进行了表面上令人难以接受的联系。由此"坐"这个字变成了"念不起"，而禅则变成了"见本性"。④ 虽然"见性"是神会最有特色的理论，在初期文献中也没有得到特别强调，但如我们上文所见，"不起"这个概念在北宗的教法中是一个非常核心的概念。这个概念反复出现在神会的著述中。⑤

神会的著述中有一些关于超越肉身、自我和意识，以及在各种感觉能力和感觉材料中获得自由的资料。⑥ 正是这类关于人类个体存在组成部分的主张，在《北宗五方便》中几

---

① 藏文为"归（人的）本宅"。汉文有这样一行结句："余诸法更有四句着（偈），不得（碍）于论大说。"

② 柳田：《初期的禅史》卷一，第 249 页；或 T85.1289a。

③ 柳田：《初期的禅史》卷一，第 205 页；或 T85.1287b。

④ 见《显宗记》，载胡适《神会和尚遗集》，第 287—288 页。神会的阐述在《坛经》中得到了进一步发展；见扬波尔斯基，第 140 页。

⑤ 铃木哲雄曾经指出了神会著述与《坛经》在术语上的一个微妙差异，在前者中是激励读者去"见佛性"，而在后者中则是将"见性"视为一种黏附式用语。

⑥ 胡适：《神会和尚遗集》，第 232、241—242 页。

乎被令人讨厌地重复了。神会还假设了一些与内圣和外智、根本智和后得智等概念间极为相似的区分。① 此外，他还编造了一些与《五方便》和《圆明论》中的内容极为相近的关于空间的资料。② 最后，正是这个被错误观念掩盖的佛性概念的运用回到了弘忍的《要论》，尽管其解释互不相同。③

五　神会对顿悟的强调

尽管有核心证据表明，我迄今讨论过的著作存在着某种共同的思想，但对一个重要的差别我们不应该视而不见。在《真宗论》和《法性论》中，神会的思想看上去已增加了某种清晰可辨的北宗信息。然而，在神会自己的著作中，这种信息是不同的，即便我们能发现大量与初期北宗思想的相似之处。

当然，一个人阅读神会著作的主要印象，是对其顿教理论的非常特别的感觉。这种印象甚至在他很少用"顿"这个概念的《坛语》中都保持了下来。很明显，神会在这个文献中的意图是，那些听他说法的人都应该发菩提心，就像他们已听过他的说法一样。他看上去曾是一位造诣高深的法师：尽管该文献开首所见种种誓愿毫无疑问是日常仪轨系统的一部分，但为了将其徒众引向一种更庄严、更好地向觉悟（inspiration）的刹那敞开的精神氛围，神会一定要利用它们。不过，发菩提心——他用完全相当于究竟获得觉悟的方式来使用的一个概念——后，对禅定修行并没有有任何真正的思考。例如，神会的《坛语》有如下赞叹菩提心的偈颂：

> 发心毕竟二不别，如是二心先心难。
> 自未得度先度他，是故敬礼初发心。
> 初发已为天人师，胜出声闻及缘觉。
> 如是发心过三界，是故得名最无上。④

神会并不回避从宗教修行的某个初级阶段当下觉悟的问题，不过讲得很简略。关于觉悟的最初刹那与继续进行自我保任的过程间的关系，他最著名的是生孩子的隐喻，即孩子顿生而渐熟。⑤（这种僧人式隐喻的极端简洁总是让我惊讶！）不过，神会为圆满过程中的修道者做出的规定是非常一般性的；他更擅长鼓励其听众走向觉悟的最初刹那而不是指导修行者一生修行，这似乎是可能的。

《显宗记》浓厚的宣传色给人们留下了这种极为明显的感觉：在这种情况下神会更感兴趣的是赢得其宗派的皈依者——或者起码赢得与其立场一致的人——而不是在他的听众中实际激发起精神上的体验。我们不应该忽视与这更具论争性的氛围的联系，不应该忽视与顿有关的数量更多、似乎常常莫名其妙的具体资料的联系。我们也不应该忽视这个事实，只有《显宗记》中所见修行教示才要求徒众为了达到其直观的最初刹那而背诵《金

---

①　胡适：《神会和尚遗集》，第237、239、241页。

②　同上书，第240、244页。

③　同上书，第233页。

④　同上书，第250—251页。有可能为不致招来他攻击北宗式的批判计，神会有意避免对禅定修行作具体论述。见本文结论。

⑤　同上书，第287页。

刚经》。在禅学传统发展的脉络中，这种做法肯定是一种退步。① 换句话说，神会争论的热情与其理论和修行上的肤浅有关。

六 结论

1. 神会修学的宗教背景

不言而喻，从这些证据可知神会是在前宗派时期的北宗背景中开始其宗教生涯的。请注意，我所用"北宗"这个概念与神会的用法不同：对他来说，这个概念是有问题的、刻意的批判性贬称，用于指那些他认为非菩提达摩心传因而不应该用"南宗"这个概念来称呼的人。另外，在我的用法中，"北宗"这个概念指 8 世纪前几十年间在两京阐发与传播禅学新信息的师徒这种非正式组织的群体。这些人称他们的教法为"东山法门"、"楞伽宗"，甚至"南宗"，因此必须跳出后期禅学传统的陈见，即以为我在"北宗"原有的贬义上使用这个概念。

记住该宗的前宗派性质是很重要的；8 世纪开始时，北宗禅师代表初期禅学的整体。他们无疑有很多差异、不同兴趣和活动范围，但从现存资料中我们发现具体历史人物之间只有微不足道的差异。曾经有过几次一贯和全面地表达禅学宗教信息的意图，但从这个立足点将这些阐述与具体法系联系起来，如果不是不可能的，也是非常困难的。一个人从初期禅学文献中获得的压倒性印象是旺盛的宗教生命力，这种能量是这不断壮大的禅学运动努力获得承认并传播它本身的自我理解所凭借的。慧能肯定是这个有些松散的宗教群体的一员，就像神会曾是其中一员一样——或许即使是后来——他反抗北宗的战斗开始后。

无疑，推动神会的因素至少有一部分是他确实对禅学领域当时的发展不满。事实上，他并非第一个进行这种批判的人。吊诡的是，正是神会批判普寂时引用的文献《传法宝记》，强烈地批判弘忍、神秀甚至包括普寂在众多尚未或不能领会其更深旨趣的大众中传播禅，从而将禅大众化了。② 这些批判是非常著名的，在某些方面与神会的批判截然相反，神会在将其教法化约为大众消费品方面比其他任何人都走得远。无论如何，我们容易想象，禅师与弟子如何解释禅这种新宗教运动中体现的精神事业是见仁见智的。既然我们深受汉文化帝国边缘小镇敦煌保存的文献档案所限，这些文献没有对这类过分、扭曲或轻率的解释提供任何具体的细节就是很自然的。很明显，神会对北宗理论的批判并非这类批判的标志，但它们对非主流思潮也是有效的。③ 无论如何，神会完全按照这些非主流思潮的定义描述北宗是故意引起争辩的用语。

促使神会发动反北宗战斗的具体因素仍然隐晦不明。考虑到他用来实现其所选择的使命的派性力量，他自己的个人气质可能与此事有很大关系，但有些迹象表明他的宗教法系

① 胡适：《神会和尚遗集》，第 299—304 页。《圆明论》有这样一行文字："诸行人等，不可以将凡情依文取解，即言得真理。"

② 马克瑞：《北宗与初期禅学思想的形成》，第 268—269 页。法如（638—689），一个与现在的讨论无关的重要人物，也被列进了受批判的人中。

③ 罗伯特·祖希纳：《北宗禅佛教哲学的批判分析》（夏威夷大学哲学博士学位论文，1977 年版）。虽然敦煌文献没有对（例如初期禅学）可能的过分行为进行具体描述，有些文献还是提供了相当简单的研究例子。一个这样的例子也许是《南天竺国菩提达摩禅师观门》，T85.1270b—c；或《铃木大拙全集》卷二，第 219—221 页。

也是一个因素。我想到的不是慧能，而是老安这个与慧能和神会关系非常密切的北宗人物。我们知道这位曾在慧能和神会门下参学的僧人的名字，我们应该没忘记老安的名字曾被列入《敦煌真宗要诀》和《真宗论》。此外，神会选择将滑台作为初期攻击北宗的舞台，也许与这个地方是老安的出生地有关。① 最令人感兴趣的，是看到老安的传记表现出一种对寿高百岁的神秀胜出一筹的决定性倾向：按照他的墓志铭，据说老安开始在弘忍门下参学的时间更早，他曾与一个更神异的人相交，他享寿甚至比神秀还要高。② 也许正是老安身上这种胜人一筹的倾向被转化成了神会身上的宗派竞争精神。

2. 神会的顿悟理论

从此处介绍的证据来判断，似乎有理由接受这种传统解释，即神会从慧能那里继承了对顿悟的重视。然而，我们对慧能的教法缺乏任何可靠的描述，因此没法说在神会游访北方前后他有关顿悟的教导是否在性质和重要性两方面都是一贯的。很有可能是下面这种情况：如果神会受戒前就顿悟了并在长安继续修学，慧能对他回来的评论或许是指神会更赞赏那种经验的更广泛的精神结果。或者，在北方几年后神会扩大了理解视野，最终使他有可能回到曹溪，在慧能门下进一步接受教导后达成顿悟。

虽然我们不能哪怕有选择地说这些设想中的某个设想是正确的，但我们能够可靠地推测，顿悟理论与北宗教法之间在初期没有任何互相冲突或矛盾的看法（apprehension）。在上文讨论过的任何文献中，没有清楚地暗示神会初期生涯中的顿悟与其周边的理论圈子之间有任何内在冲突或紧张。相反，真正的困难是弄清神会思想的来龙去脉，而这个共同的理论基础在神会的著作中是显而易见的。

对神会的宗教哲学来说，顿悟这个概念是终极的核心概念。从某种意义上讲，这是对北宗引导人们皈依其佛教解释这一使命的直接继承，一如传为弘忍所作的《修心要论》和神秀的《观心论》这类著作中所阐明的。这些文献迫使其读者放弃在自然积累宗教功德的基础上取证的种种形式主义修行，直接转向禅定修行和现生取证。神会在其公开传法中使这样的信息变得更加直接，他试图激励其听众在听他说法时做出这种决断——使他们通过他自己的神奇加持力达到某种宗教的兴奋状态。

虽然如此，从更加直接的意义上说，基于较早期北宗文献的种种观点看，神会一心一意强调顿悟只是体现了某种量变。③ 的确，并非因为他的信息在任何主要方面有所不同，而是因为他选择了适当的媒介。贯穿神会所有的思想和活动的核心线索是他从戒坛开始的说法生活；④ 完全可以理解，他选择成为激励人们皈依这种佛教精神探索的角色，与他高度关注觉悟的最初刹那是联系在一起的。用最简单的话说，神会对顿悟的重视与其改宗的宗派角色（proselytic, evangelical role）之间有一种难解难分的关系，这种关系强烈到了难

---

① 此时这个地方的行政长官是常常与普寂联系的居士李邕，这起码是同样重要的。

② 马克瑞：《北宗与初期禅学思想的形成》，第57—58页。如果我们相信这篇墓志铭，老安甚至在道信去世前就开始在弘忍门下参学了，他是梁武帝为保平安而挑选出来出家的（在神秀团体中发生［没有继续提到］的一次偶然事件中），享年128岁！

③ 柳田《语录的历史》第392—393页将神会的理论描述为"顿教"论，而将北宗的理论描述为"顿悟"论。尽管我对《真宗论》的由来持不同观点，但这种区别仍然是存在的。

④ 《历代法宝记》说神会每月作坛场说法，"破清净禅，立如来禅"。这看上去是对神会生涯的一般性叙述，但可能主要适用于他的晚年。T51.185b，或柳田：《初期的禅史》卷二，第155页。在《语录的历史》，第404—409页，柳田讨论了道宣到慧忠时期中国坛场的持续发展。

以说清因果的地步。神会信奉这种顿悟理论是因为他从戒坛就开始传授它了，而他从戒坛开始传授这种理论则是因为他信奉了它。

这种解释有助于我们理解神会理论的一个更关键的侧面：他未能用任何严肃的方式来思考悟后保任。尽管他承认获得觉悟的最初经验后需要渐修，就像小孩虽然生而齐备而必须渐渐长大成人，但神会明显全然漠视精神圆满这个过程中的细节和动力。这是胡适说神会的教法是"否定了禅本身的新禅，所以根本上也就算不得是禅"的理由。[①] 作为一名只关心增加教徒规模的弘法者，神会可能不会对在这条佛教精神道路上从事禅定和其他活动的修学者进行直接的继续指导。至少，在有关神会及其弟子的任何理论和传记资料中，没有包含开设任何继续修学的课程。这一想法从神会的法系相对说来中断得早也可以得到证实，此法系在规模、活力和持久性方面都被普寂的法系取代了。[②] 普及能够激发起更大的个人忠诚，因为他积极参与到其法嗣的修学之中，而不是像神会那样仅仅在他们宗教生活的开端教化他们。

对禅定修行缺乏涉猎，也许是神会将北宗持续修行的理论扭曲为渐教的另一个原因——他无法真正理解在持续不断的精神修炼背景中所需要的这种敏感。传为弘忍的"守心"论对那些很容易忽视修行丰富内涵的人来说，是某种方法的范例。《修心要论》中有一种明显的意识，即将这种阐述同时用来劝导修学者积极努力和防止他们执取觉悟的结果。[③] 这是一种细致入微的阐述方式，这在神会的著述中完全付诸阙如。

进一步，也许情况正是这样：神会所以强调戒、定、慧"三学"等持，恰恰是因为它削弱了广修禅定的理由，并间接地削弱了传统寺院的自我调控和精神修养课程。确实，神会文献中对北宗僧人的种种讥讽和他们对禅定修行基础地位的强调，意味着不需要努力工作，只需要神会力图提供的这种激励。[④] 虽然神会的人生事业从坛场开始实现，但他的教法减轻了佛教僧人的担子，消除了僧人与居士的区别，有助于禅学在未受戒者中传播。

---

　　① 《中国的禅》，第 7 页。

　　② 神会的法系据称延续了五代，直到伟大的圭峰宗密（784—841），但第三代到第五代之间的谱系是可疑的。宇井第 255—256 页指出，神会的知名弟子差不多是普寂（33 名）的一半，两个法系中弟子们的年龄大概一样（只有三个神会弟子活过了公元 800 年），这两个群体的地理分布也差不多。但在下一个时期，神会的南宗宗派就变得如此弱小，甚至不能与北宗相提并论。在第 258 页，宇井注意到神会的法系在第二代只有 12—15 人。（当然，我认为只有 9 人是神会的合法弟子，他们的传记全都不得而知。）因此在这个地方（神会开创的荷泽宗的第三代）这股宗派力量突然消失了。公元 800 年后，只有灵坦（816 年卒）和法如（811 年卒）继承余绪。法如的法嗣南印此后仅仅承续了 10 年，这一派就进入了偏远的四川（而我不同意南印是神会的合法弟子）。

　　从各种传记判断，神会的弟子只有两人与他一起住了一段时间。这些传记在这方面惊人的一致，即对这些弟子遇见神会前后的相关活动都缺乏细节。关于其中的几人，其有特点的形象如下：弟子在人生的早年与神会相遇，随后隐居到某个偏远的地方，常常回到其本寺和故地。在这个偏远的地方，弟子住在一间简陋的茅棚中——他有时有驯服当地野兽的作略——通过弟子的力量，这茅棚渐渐转变成一个积极的修学中心。此处提及的这些地方包括南阳和长安，也涉及（对两位弟子）稍后与临济宗的一派有关的杨岐山和洞庭湖周边的另一个地方。

　　③ 马克瑞：《北宗与初期禅学思想的形成》，第 136—137 页。

　　④ 山崎《荷泽神会禅师》第 208—211 页说，神会的在家信徒主要是有抱负的、自我奋斗的人，而不是上层家庭的成员。尽管这些人是通过自己的努力成功的，但他们与世俗宗教事务和自我提升这两极的关联正如门户阴鸷拥有特权和通过科举或军功取得成功的关联一样。

从这个意义上说，神会的教法与《坛经》之间具有某种直接的连续性，也是中国禅后来大众化的一大关键。

3. 禅宗对顿悟理论的接受

吊诡的是，虽然神会不关心持续不断的精神修养问题，但他的顿悟理论还是为人们所接受了，因为它非常有用。这一点需要谨慎的解释。

由于信奉顿教和拒斥渐教，神会特别选择了一种不容许进行二元主义阐释的理论。渐修方法（不是表面的，而是具有令人永远难忘的内涵的）的问题，是它假定迷悟间的不同和从一个状态过渡到另一个状态的可能性都是真的。按照这种方法，为精神升华而修习的禅定与为积累宗教功德而从事的善业之间没有任何不同。例如，神会批判北宗对"离念"这个概念的使用，他认为这个概念包含了一种有目的或有意达到解脱境界的努力——这在概念上是自相矛盾的。他的方法是"无念"，他用这个概念指个体思想分别前某种本体性的意识层面或已内在于众生的解脱源泉。虽然"离念"与"无念"在本义上差别很小，但神会更喜欢后者，因为它较少二元论的痕迹。

现在，非二元的经验也许是顿悟的一个重要心理特征，但它也不仅如此。联系到他的顿教，神会批判渐教的热情，其最大意义是修辞上的影响：通过公开批判某一派的禅定教法，他让日益壮大的禅宗的所有成员更加意识到外在的表达——包装，如果你愿意——他们的思想与修行方式。神会之后，禅师们都通过避免二元论的阐述而学会了保护自己免受批判。他的战斗乃至令后来的禅师们在表现他们自己的思想时，甚至忧心忡忡地避免渐修主义的痕迹和单线发展、定向逻辑的迹象。在《坛经》和其他牛头宗著作采用的策略中，彰明昭著者就是通过从其二元论根基上直接否弃精神修炼理想的方法来定义这行者将追求的理想，结果导致对更高层次、需要更精微定义的宗教理念进行具体说明（在佛教语境中这个过程就是人所周知的"止扬"，在西方哲学中则是"扬弃"）。这种我所谓避免二元论阐述负担的修辞清净原则，是神会对中国禅学影响最重要的方面之一。

顿悟理论总体上被神会之后的禅学传统接受了下来，但这在种种理论性的概念中有多大意义呢？"顿教"和"顿悟"这样的概念至少具有他们用来作为其根本理论立场的口号或标签的价值。在神会这个案例中确实是这么回事，神会对顿悟思想的重视无以复加，他争论的嗓门在这里最响亮，这里也是他全部修行和理论框架的底层。

我们常常看到其他非论辩性的，甚至其主体本身很少以任何方式思考这个理论的文献在标题中使用这个概念——包括两个概念者有上文讨论过的《敦煌真宗要诀》和《真宗论》，以及传大珠慧海所作著名的《顿悟入道要门论》。[①] 实际上，我的印象是，这个概念作为身份标签出现远比作为有具体内容的理论频繁得多。我相信，顿悟这个概念被广为接受，部分原因是它作为标签有吸引力、有灵活性、没有害处。

无疑，顿悟思想的本体性与修行性内涵是重要的，但它们也是可变的。就其最简单的意义说，这个概念不过是指在直观的某一刹那实现宗教真理的非二元性体证。在这个层面上，这个概念当下就在两个方面具有吸引力：首先，它看上去起码为宗教发愿者提供了一

---

① 该文献已由平野宗净译为现代日文，《顿悟要门》，《禅的语录》第 6 册（东京：筑摩书房 1969 年版）。还有两个不太令人满意的英译本：约翰·布洛菲尔德：《慧海的顿悟禅法》（伦敦：莱德公司 1962 年版），托马斯·F. 克拉瑞：《百丈、慧海禅师语录》（洛杉矶：中央出版社 1978 年版）。

把简便快捷地达到终极目标的钥匙（与多生的自我修炼相反）；第二，允许人们采取与神会后的修辞清净要求相一致的态度来使用它。既然禅师们对此思想更深奥的本体性和实践性阐明都没兴趣——这将是进行无根的理论思考——他们能够并已经描述了任何一个不限于在终极概念意义上坚持该理论的"顿"的教法。由对悟后的渐修阶段的要求（或应许），神会甚至减缓了他自己的顿教的影响。

在许多禅学文献的标题中，人们非常自由地传播顿这个口号，而其具体的理论含义倒无足轻重了。然而，这并非只是一个空洞的口号。相反，我相信这个口号最重要的内涵是，它在一个概念中结合了上文已提及的那种有利禅定修行的敏感性。这就是说，在禅定文献和善知识必须将劝诫积极努力和禁诫执取目标贯通起来的地方，顿悟这个理论（或标签）就将此修行的敏感性吸收到它本身中去了。这种向开悟境界彻底、圆满转化的诉求起到了一种引导弟子积极努力的胡萝卜的作用，而针对种种渐修式方法的明确警告则起到了一种反对将此目标二元概念化的制动器的作用。既然很容易将"顿悟"这个口号贴到任何文献或理论上以传达这种敏感性的重要性，同时对这些文献或理论本身的具体内容没有任何更高的要求，人们将顿当成一个口号接受就不应该大惊小怪。正因为如此，顿悟才成了禅学传统的口号。

4. 神会对禅学的历史影响

正因为禅学热情接纳了神会的顿悟口号，我们不应该下结论说他的其他观点同样是真的。实际上，神会对禅学的贡献总体上是通过一种否定性影响的过程实现的。神会凭借其宗派性的反北宗斗争在初期禅学中制造了一场危机，仅仅因为传统为克服其攻击引起的分歧而采取种种措施，这场危机就在禅学中带来了创造性的提升。既然北宗一开始就从来没有作为有组织的团体存在过，那么说他导致了北宗消失就是不太准确的；或者，既然没有人在理论上提倡他描述和批判过的这种基本立场，那么说顿教取代了渐教也是不太准确的。事实上，"北宗"的诸多贡献被稍后的禅学传统保留了下来，尽管它们是在牛头宗和洪州宗的保护下才得到保留的。拥有《坛经》的牛头宗和拥有《历代法宝记》（其著作权完全是模糊的[①]）的四川各系，集中将神会的许多创新融入了禅学传统中。马祖和慧忠的相当一些说法看上去也是对神会思想的批判。[②]

正如神会的主要努力是宣传性的，他的主要影响也体现在修辞和神话领域。为了确立一条修辞清净标准，他将许多涉及菩提达摩和几位初期祖师的新趣闻添加到了初期禅学宝库中。在这个过程中，神会有助于使传法理论变得更加具体和准确，尽管他没有对该理论的概念基础进行有意义的变动。[③] 与他讲故事的爱好相联系，对宗教声明的形式而不仅是其本质的关注，或许有助于促进机缘问答和"语录"这两种禅文学类型的

---

① 关于《历代法宝记》，见柳田《初期的禅史》，第 2、3—35 页，或《〈历代法宝记〉与禅学顿悟理论》，卡尔·拜勒菲尔德译，载黎华伦和刘易斯·R. 兰卡斯特编《中国和西藏的初期禅学》，伯克利佛教研究系列第 5 册（伯克利：亚洲人文出版社 1983 年版），第 13—49 页。

② 柳田：《语录的历史》，第 388、393、402、407—408 页。在第 419 页，他认为《坛经》反过来批判了慧能的思想。（柳田也提到牛头宗和其他人的种种批判。）

③ 柳田教授觉得，终其一生神会对佛陀与菩提达摩间的八位印度祖师都持守着一种错误的纪年理论。见《初期禅宗史书研究》，第 124 页。

出现。① 这些变化也许是形式上的，但它们对禅学传统的发展具有非常大的意义。

在 8 世纪，禅学中发生的真正转变是马祖道一洪州宗（这是古典中国禅佛教时期最早的宗派）内的"机缘问答"这种修行的出现。机缘问答文学也许可以归到顿教的名目下，在这个意义上它满足了上文提到的两重标准。既然机缘问答的修行者们毫不留情地攻击种种渐教的理论阐述，并劝诫弟子们不懈努力，他们就能有效地利用顿悟这个口号。此外，既然神会反抗北宗的斗争和《坛经》的出现已经提供了对于顿渐二元对立的某种方便、有益（在极为深远的意义上）和有趣的传奇性解释，后来的禅宗就将这个传奇变成了其自身历史性自我理解的组成部分。然而，与这个传奇中表现出来的形象相反，在禅学发展中顿渐的二元对立在某种程度上是一个伪问题。虽然神会对明显增加的种种禅学思想结晶及其反传统精神的详尽阐述作出了贡献，但他的生涯并不代表该宗发展过程的根本中断。总体上说，神会的教法是北宗理论的扩展而非更张，而从整个禅学背景看，他的革新只不过对古典禅学的出现有所贡献。

（冯焕珍　译）

---

① 实际上，柳田教授认为神会的《坛语》就具有这种文学类型的所有基本要素：他由一个有名而非匿名人编辑；流传的范围限于信奉神会教法的人；神会被视为人们应当恭敬的禅师；最重要的是，该文献侧重于在某个具体时间对神会的徒众进行实际引导。见《语录的历史》第391—392、399 页，涉及《问答》的相关评论在第369、376 页。

中国禅学　第五卷
2010 年，第 251—269 页

东山法门与菩提达摩思想之分化/承接[①]

约翰·R. 马克瑞[②]

内容提要　本文以详尽的史料比较为基础，梳理演示了菩提达摩形象如何一步步被宗教典范化的过程，并指出慧可形象在塑造达摩之宗教典范形象中的重要作用。论文从《二入四行》入手回溯禅宗最初之面貌，分析二入四行之教法主张。进而对东山法门作一考察，大致勾勒禅宗法统风貌至此是如何被后代禅僧以文本的方式确立起来的过程概貌。最后，论文对比了印度佛教与禅宗的修持主张，认为禅宗禅定论述之最为显著的特色之一是使用两极概念。

关键词　菩提达摩　二入四行　"圣徒式"传记　东山法门　修心要论　两极

菩提达摩，据传统记述，原是南印度一位伟大的婆罗门王的第三个儿子，后来出家过上了佛教僧侣的生活[③]。他被深奥的大乘佛法所吸引，最终成为继承释迦牟尼教法的第二十八祖。为了弘传大乘佛法的真义，他渡海来到中国，然后有了之后这场与梁武帝（r. 502—549）的晤谈。梁武帝颇以建庙、造像、支持僧人弘法而闻名。

武帝："我所有在利益佛教上的努力，能有什么样的功德？"

菩提达摩："一丁点儿都没有。"

武帝："你是谁，竟然对我说出这样的话!?"

菩提达摩："我不晓得。"[④]

---

①　John R. McRae，"Beginnings：Differentiating/Connecting Bodhidharma and the East Mountain Teaching"，原载马克瑞之著作《透视禅学：中国禅佛教中的冲突、调适与系谱》（*Seeing through Zen：Encounter，Transformation，and Genealogy in Chinese Chan buddhism*）（Berkeley/Los Angeles/London：University of California Press，2003），pp. 22 - 44。——译者

②　【译者按】本文译者所加说明内容在正文中出现时均以"［　］"括出。"（）"内的是原文内容。

③　接下来是对有关菩提达摩的传说中一些最重要部分的简短（但却不可省略的，有选择性的）陈述，根据的是《景德传灯录》（景德年间编纂）的记载，《大正新修大藏经》No. 2076 第 51 册 217a9—20b25［后文一律简写为 T2076，51. 217a9—20b25 的形式］。与梁武帝的晤谈在 219a26 ff.，慧可断臂是在 219b17。有关菩提达摩的一些资料是放在慧可的条目下的，从 220b26 开始。

④　【译者按】应马克瑞先生的要求，本文的所有经典引用皆转译自他的英文转述，经典原文将附在页下相应的注释中。本段之《景德传灯录》所出原文如下：

帝问曰。朕即位已来。造寺写经度僧不可胜纪。有何功德。

师曰。并无功德。

帝曰。何以无功德。

师曰。此但人天小果有漏之因。如影随形虽有非实。

帝曰。如何是真功德。

　　意识到在南方弘传其教法的条件并不成熟，菩提达摩乘一枝芦苇渡过了扬子江①，到了就在重镇洛阳北面的嵩山，寓止于少林寺。但他并没有参与到僧团的常规活动当中去，而是用了九年时间在洞窟中面壁默坐。他的非凡修为最终引起了一位叫慧可的学人的注意。他后来成为了达摩的法嗣，并因此成为禅宗二祖。但是慧可在没有证明自己对大乘法的全部奉献精神之前，并未得到这新的身份：因为大师一直默坐，不愿收他为徒；这个学生就跪在达摩的身后，静静地默求于心，中国北方寒冬的大雪慢慢堆积在身体周围。最后，达摩打破沉默，询问他想要什么——回答当然是"求法"——不料达摩竟又不再理睬他了。为了表明他诚挚的献身精神，慧可孤注一掷，砍断自己的一只手臂放在大师面前。看到这里，菩提达摩终于认可了他的真诚，允许他问法：

　　慧可："我的心不安逸——请为我安慰它吧！"

　　菩提达摩："把心拿给我，我就帮你安。"

　　慧可："但是，不管我如何去找，这心都不是一件可以找到的'东西'啊。"

　　菩提达摩："好了，我已经帮你安抚好你的心了！"②

　　慧可听后蓦然醒悟。他继续在达摩门下学习，最终受印可，继承了达摩的衣钵。

　　菩提达摩后来变成了那些不懂佛法真义的嫉妒僧人所指责的对象。虽然他们几次三番地想要毒死达摩，但直至达摩自己觉得时机已到的那刻，才准许他们得逞。慧可全程督导了达摩的葬礼，把他葬在洛阳以南一条河的岸边，但后来大师却回到了印度，而只在他的墓棺里留下一只鞋子；有人看到他正提着另一只鞋子穿越中国的边境③。慧可继续将衣钵

　　答曰。净智妙圆体自空寂。如是功德不以世求。

　　帝又问。如何是圣谛第一义。

　　师曰。廓然无圣。

　　帝曰。对朕者谁。

　　师曰。不识。

　　帝不领悟。师知机不契。

　　① 杨何·拉姆齐［Young‐hee Ramsey］的一幅非常出色的水墨画，描绘的就是这个传说，原书把它用作了扉页插图。

　　② 【译者按】本段在《景德传灯录》中之原文如下：

　　光曰。诸佛法印可得闻乎。

　　师曰。诸佛法印匪从人得。

　　光曰。我心未宁。乞师与安。

　　师曰。将心来与汝安。

　　曰。觅心了不可得。

　　师曰。我与汝安心竟。

　　此处之"光"即慧可，慧可初名"神光"。

　　③ 靠装成尸体来使自己获释的本领，在禅宗之前的中国传统中就早已是众所周知的了。可参见罗伯特·F. 堪普尼（Robert F. Campany）在《与天地同存：葛洪〈神仙传〉之翻译与研究》［To Live As Long as Heaven and Earth: A Translation and Study of Ge Hong's Tradition of Divine Transcendents］的讲解，第52—60页。

传给僧璨，僧璨以降依次是道信、弘忍，然后就是六祖慧能。

简言之，这是菩提达摩在禅宗传统内部的法嗣传承。这是正统禅宗宗义连贯的精髓，无疑是颇有它的效用的：菩提达摩，一位觉悟了但又打破原有佛教习俗的大师，把佛法的真义弘传到了中国，而中国直到达摩到来的时代还仅仅是从肤浅、利己的角度来理解佛法。在少林寺的"九年面壁"以及对慧可的暗示性的要求——或更确切地说是慧可那令人毛骨悚然的，为证明其对于佛法真义的内心渴望所付出的一切——暗含着对于习俗意义上佛教代表的不与理会，以及对学人要不遗余力地、或言能自我献身地去上求觉悟的要求。这则故事曾多少次地被讲述过——以前是在中国、韩国、日本的禅堂中，现在还要加上美国和欧洲——目的是为了鞭策学人投入更多的精神于上求佛法中去。

这段"安心"的对白，事实上就是禅宗精神修习的一个原型实例。这绝不仅仅是单个人的热切尝试，而是一种交互式的事件，即在宗教系谱脉络中，师徒之间的相互遭遇。对于菩提达摩的攻击反而凸显了达摩作为佛法真义唯一传播者所拥有的独一无二的地位。还有他以自主生死的本领超越了死亡，以及随后的回归其本土，都为他非凡的能力平添了一道神秘的光环。毫无疑问，这些达摩的相关记述，（事实上我应该查阅菩提达摩的所有相关"记述"，因为上文记述的只是一个有骨无肉的、从一系列有分歧的信息资源中抽取出来的概述）代表了禅意的高度综合的精华，并且因此，它成为后几个世纪禅宗经典和语录所最为珍视的主题之一。

一路演进的菩提达摩"圣徒式传记"[①]

这里并不是想说，传记的一些部分是值得质疑的；也不是说其中正误参半；同样也并非意在指出传记是经由个别能被人接受的元素，通过人为虚构而成的合成品。所有这些可能性中的选择在某种程度上都是正确的，但是即使是在这种混合体中，他们仍旧没能恰切地描绘出真实的情境。这个争论点是更为根本的。

传达给我们的对于菩提达摩的想象是一个漫长的宗教典范化过程的结果，而且并不是"传记"（对于一个人生平或多或少准确的描述）意义上的形象。更恰当地说，这是一个对圣人的理想化的想象，是佛的超凡感召力的真人示范，是在中国土地上一个印度圣徒的生平。这最终不会使"圣徒式"传记中的任何原形或此人一生度过之原始"印迹"［trace］的准确记录得以重现——其中"印迹"［trace］一词是雅克·德里达［Jacques Derrida］的一个术语，意指某现象之缺乏源头的开始，指构想的，但理智又永远难以企及的源头。因此，任何现代传记作家想要重写一本权威性的菩提达摩生平记述的尝试都注定将是失败的，并且潜在地，这在目的上与现代以前的作家创造宗教典

---

① 【译者按】原文此处用"hagiography"一词，借用基督教传统的专属名词，意指"圣徒传"、"圣徒言行录"。在此处借指经宗教典范化了的佛教徒传记，为区别原始意义，译者译为"圣徒式传记"并特加引号，以示区别，后文情况均同此例。

范的努力并无不同①。这并不意味着我们应该鄙弃这个宗教典范化过程的原始材料和演进面貌，当然，同时我们必须坚定地保有对这些宗教典范化的背后动因的清醒意识。

有关菩提达摩传记的最早迹象得自于一些基本上不能相互参照比较的原始资料。换言之，对菩提达摩的宗教典范化的想象从根本上就不同于任何哪一种"历史上"可能存在过的真实的菩提达摩。对于在禅宗传说中出现的菩提达摩"圣徒传式"性格的解读，不只是琐碎的学院式的谨慎，而是解读中国禅宗文化和宗教传统甚为重要的钥匙。在考察将菩提达摩宗教典范化这一进程的含义之前，我们需要设置一个基线，即故事的开头——不是作为传记事实的核心，而是作为神话式地创造其形象的最早表现②。

以下按年代先后列出的这些说法，出自于对有关菩提达摩宗教典范化之最初想象的合理信心。依照 17 世纪中和更早的原始资料，认为菩提达摩：（a）在 479 年或该年之前的某时从海路到达中国的南方；（b）在 495 年之前，也许是 480 年左右去往了北方；（c）在 516—526 年的某个时候身处洛阳；（d）大约在 530 年去世（也就是 524—534 年中的某时）。另外，还有少许对菩提达摩的最初想象的特性描述，是我们有信心得出的，即：（e）他是南印度人，婆罗门种姓，并且有可能是某皇室家族的成员；（f）宣称信仰大乘佛教，教授禅定，并集中在洛阳地区传法；（g）拥有包括慧可（他是对于菩提达摩之后嗣发展壮大最具影响力的角色）在内的少量知名弟子；（h）是一个叫昙林的和尚之编纂贡献的受惠者（也许是发生在菩提达摩死后），昙林创作了名为《二入四行论》的文本并署上了菩提达摩的名字③。

尽管上述八条判定都是基于文献的证据（可靠性程度不同），但我们还是要抵制这样的诱惑——把它们看做是共同地对于单一、全面的禅宗初祖的想象起作用的东西。这八条说辞得自于著述者动机有别、写作年代各异的不同的原始材料。除准确性的问题以外，甚至不能确定所有这些说法（尤其是 c）是关于禅宗创始者，而不是关于其他一个也叫菩提达摩的人的。把前四条说法放在一起，我们也可以得出一个不太可能的情节——菩提达摩

---

① 参见伯纳德·佛雷（Bernard Faure）的《顿的修辞：对禅佛教的文化评论》［*The Rhetoric of Immediacy: A Culture Critique of Chan/Zen Buddhism*］（第 25、27 页），引用雅克·德里达的《致写作学》［*To Grammatology*］。在佛雷的"作为文本与宗教上的范例的菩提达摩"一章（第 197 页），有一个类似克洛德·列维—斯特劳斯［Levi-Strauss］用于指称神话中扮演"实质上的焦点"的那个角色的概念，这个角色自始至终作为朦胧的源头起着作用，随后"圣徒传式"的细节逐渐增多弥漫，但它的影子还是真实的。（这里佛雷指的是克洛德·列维—斯特劳斯的《生肉与熟食》［*The Raw and the Cooked*］，第 5 页）。在"作为文本与宗教上的范例的菩提达摩"一章中，佛雷嘲笑对圣徒传的精确性的探求是一种"洗死尸"（第 188 页），各种范例的骨架都被细节洗涤过，并且连贯起来，建构为一套有效的虚构，一副拼凑的骨架，一个人物的脱了水的残余，而这些从未存在过。我并不相信参与到这项事业之中是必然的：我之所以用"因为不是事实，所以更加重要"作为禅学第一定律的原因是，为了有效地区分学术研究的适当分析和"圣徒式传记"进程的"洗死尸"。

② 布鲁斯·林肯（Bruce Lincoln），在《理论化中的神话：叙述，意识形态和学术》［*Theorizing Myth: Narrative, Ideology, and Scholarship*］中指出，对于神话的传统处理是认为"一个逻辑体系本来就是自我书写的"（第 149 页），与之形成对比的，神话从根本上说是得自于各色人等加入著者作用后的叙述过程。还可参见他所说的"非个人过程"（第 18 页）。

③ 关于菩提达摩传记、教法、弟子的细节考量，请参考我的《北宗禅》，第 15—29 页。这里提到的 17 世纪中叶的著作是指道宣的成书于 645 年的《续高僧传》。基于这一点我不打算把这直到道宣 667 年去世时才编辑出来的多出来的部分算入菩提达摩的作品中。

在中国花费了整整半个世纪——不是完全没可能，但这就意味着他在相对年轻的时候就到达了中国，这就与传说他是 150 岁相反了（例如，在 c 的原始材料中出现的）。同样，考虑到证据可显示一个时间范围，那么包括菩提达摩和梁武帝在内的故事则明显有时代的错误，因为后者的在位时间是 502—549 年。对于菩提达摩生平之可用到的相关信息的考察，需要处理数之不尽的细节和矛盾。事实上，他的"圣徒式传记"就是传说中禅宗意象之流动性的绝佳例证。

要想了解禅宗"圣徒式传记"的动态图像，最简便的方法就是考察菩提达摩的形象是怎样随着时间的推移而变化的。下面列出的是他"圣徒式传记"的每个要素首次出现在原始文本中的日期，这显示出了一个逐渐丰满的、多次塑造后的总体上的模范，即：菩提达摩作为禅宗初祖的形象不仅随着时间的推移而变得日益详细，而且新的论调还有效地取代了早先的，把该形象的真实品质改造为宗教偶像①。

547 年　说到他从波斯来到中国，他抵达洛阳是在 516—526 年的某年，那时他已 150 岁。

645 年　被描述为南印度的婆罗门种姓僧人，在梁朝时（420—479）来到中国南方；慧可的手臂被说成是强盗所断。

667 年　描述他传《楞伽经》给慧可。

689 年　列出传法次序，主张自菩提达摩、慧可、僧璨、道信、弘忍一脉相承。

710 年左右　认同：嵩山少林寺；慧可自断手臂的故事②；菩提达摩被描述为自愿被毒药毒死，之后留下一个空坟，并且在中国的边境上有人看到他，他那正是在返回印度的途中。

715 年左右　被描述为南印度一位婆罗门王的第三个儿子；被认为是求那跋陀罗之后的第二位祖师，《楞伽经》的翻译者。

730 年　会晤梁武帝的故事，说他在慧可自断手臂之后将衣钵传给了慧可。

758 年或稍后　明确地以"初祖"相称，传《金刚经》给慧可。

---

①　下面的列举项主要基于关口真大的《达摩之研究》中，关于菩提达摩"圣徒化传记"原始资料之演变的详审研究。

②　慧可此传说，在之前的文本中并无清晰明确的叙述，但这一联想可能是从《涅槃经》中未来的释迦牟尼还是"雪山少年"时的例子里引申过来的，当时，少年为了聆听下半个偈子，舍身跳下悬崖。参见 T374，449b7—451b5，以及休伯特·德特（Hubert Durt）的"*Du lambeau de chair au démembrement：Le renoncement au corps dans le bouddhisme ancient*，"esp. 8。关于这样的自我禁欲的宗教仪式事宜，可参考柯嘉豪（John Kieschnick）的《杰出的僧人：中世纪中国"圣徒式传记"中的佛教理想》，第 35—50 页（慧可的这段逸事在 41 页有所提及）。柯嘉豪介绍了维克多·特纳（Victor Turner）的"核心范式"（root - paradigm）这个概念，他把它定义为"起到特定的符号象征作用的某特殊行为的固定模式。"（参见维克多·特纳的《戏剧、主题、与隐喻：人类社会的象征手法》[*Dramas，Field，and Metaphors：Symbolic Action in Human Society*]，第 60—97 页。）尽管我更喜欢从多重的"核心范式"方面来思考，但这种手指或手臂的舍献是潜在地适用于中国的例子的。他写道："在佛的遗迹面前自残不仅仅是献祭，而是一种占有。内行通过燃烧自己来从佛身吸收力量，净化自己的身体、把自身转变为神圣的，活生生的圣迹。"（第 44 页）围绕慧可的传说无疑脱胎于具有此种相同信仰的人之手，原初的早期禅宗僧团试图冒称他们挑选出的祖师也具有类似的力量。相关的论述（包括专门舍献生命）可参照詹姆士·A. 本（James A. Benn）的《文本与肉体之相遇处：燃身作为中国佛教中所杜撰的修行方法》[*Where Text Meets Flesh：Burning the Body as an Apocryphal Practice in Chinese Buddhism*]。

801 年 描述他临终前念诵"传法偈"。

952 年 与慧可间的"安心"的对话。

988 年 说他面壁深入禅定。

1200 年 左右"舍利"（尸身火化后所得）在日本被"达摩宗"［Daruma School］所供奉①。

1224 年 提及他如何地面壁九年②。

13 世纪 用武术把他与少林寺联系到一起。

1642 年 把一本武术书归于菩提达摩名下③。

从新闻行业之精确性角度来看，上述各种各样关于菩提达摩生平的细节，没有一个算得上是"真实"的，但也因此，以上每一条都比单纯的"事实"来得更重要。对于菩提达摩传记的介绍，显得不合情理的详细——就像大不列颠百科全书中列出的条目（亨瑞荷·杜默林［Heinrich Dumoulin］撰写）把他认作是靠近马德拉斯［Madras：印度东南部的一个城市，位于孟加拉国湾的科罗曼德尔海岸］的康吉布勒姆［conjeeveram：印度东南部的黄金城市］人一样④——说明了我笔者的第三条禅学研究定律⑤："精确暗示着错误。"当然，与刻板地完全对照真实还是虚构相比，在这一系列圣徒式传记的发展中所体现出的创造力的全面建构，最为使人印象深刻。

事实上，如果我们更为贴近地去观察，就会发现，关于菩提达摩这一角色想象的演变，可称得上是禅宗本身演变不折不扣的索引。更确切地说，如果我们可以及时地在不同点上截取分析的截面图，就会发现禅宗成员在每个特殊时期都重新阐明菩提达摩的身份以契合他们自身对于宗教圣人的设想；每一个独立存在的实体都是经过重组变形的，这也从而暗示了中国禅宗在宗教特性上的质的变迁。这当然是一个延续至今的动态过程：一部 1992 年拍摄的台湾电影记述了菩提达摩的一生，显示他不仅仅一动不动如磐石般深入禅定长达九年，而且还是位具有不可思议武术天分的人，可以用牙齿接住飞箭，还可以飞身腾空——他的腿来回搅动像是电影《卧虎藏龙》里面的那样！现代的武术电影传统，正如古代的禅宗传统所作的，按照其自身需求重造了菩提达摩的形象。结果不同，但是过程却基本上没有变化。

换言之，古代中国禅宗宗派和现代武术流派都创造菩提达摩的形象来契合他们自己对于觉悟圣人的设想。这些想象出的圣人，满足了每一个宗派或流派所感受到的需要——从最初的一个傀儡首领进而人格化，并且用精神上的修持和健硕体格的训练来使它的特殊形式合法化。认定这众多对于菩提达摩"圣徒传式"想象中的任何一个是精确的，都只是

---

　　① 参考伯纳德·佛雷的《达摩宗，道元，与曹洞宗》。尽管舍利有可能自然地产生，但它最早的方式是经由火葬而产生。

　　② 我猜想，进一步的研究应可将与此相关的文字出现的时间推前至 12 世纪。

　　③ 相关的文字记录即出自《易筋经》。最早的木雕版出现在 1642 年。较少中国武术史的评论家认同它的两篇序文是唐宋时代的作品。然而，周剑南最后指出，这两篇序言都是后人伪造的。可以参见他的《刑意拳之研究》，第 88—89 页，以及他的《武术中少林派之研究》，第 156—157 页。

　　④ 参见《新大不列颠百科全书》第 15 版，"菩提达摩"词条。这里给出的信息还可在"大不列颠在线"的"菩提达摩"条目中找到。

　　⑤ 【译者按】马克瑞先生有关于禅学研究的三大定律，即：1. 因为不是事实，所以更加重要。2. 法脉说越是强大就越是不公正的。3. 精确暗示着错误。

脱离开一系列的持续变化而选取了一个传说中的形象而已。一方面，去讲述任何一个版本的菩提达摩"圣徒式传记"即是在呈现一个礼拜日式［Sunday - school，基督教之主日学，又意指肢解地理解，一知半解］的禅宗想象。这样做当然可以被传统内部的参与者所接受，但是，在历史叙述的作品中，妄想历史地精确呈现如此过分简单化的故事，是不可能的；这好比是给一个"串珠式"假象委以承载真实性的重任。另一方面，否认在此"圣徒传式的"过程中所体现的宗教和文化上之意义的整体性，仅仅关注于一代又一代中国从事佛教事业者所塑造的菩提达摩形象在技术层面上的精确性，是更为极端的错误。这些形象并不真实，但却因此更为重要。更确切地说，这些形象为数代的从事禅宗事业者以及对禅宗狂热者所使用，也正因如此他们可能比一个对于历史上可证实的事件之过于简单的改造来得更为重要。

最早的禅宗和《二入四行论》

在所有这些当中，有一点的坚持非常之有用：菩提达摩的早期追随者通过一部简短却极为有影响力的文本——《二入四行论》——回忆了他的教法。此文本面世的确凿"期限"［terminus ad quem］是在645年，但这时的文本已经纳入了一些有可能是出自慧可生平的素材；因此，如果不必一定要追溯到菩提达摩本人之在世时期的话，这个文本无疑至少可回溯至6世纪后半叶。这个文本读起来不像是个翻译本，而且此文本创作中的"历史的"菩提达摩这个角色是超出我们所知范围的。或许这是昙林代表达摩，并以慧可所转授达摩教法的相关信息为基础所撰写的，所以这个文本拥有一种禅宗传统所常见的基于回忆的真实性。但最重要的一点是，该论得到了菩提达摩法嗣僧团的承认，认为它体现了达摩的教法。

在我转入该论本身的内容之前，让我再对以菩提达摩的名义进而发展的最初禅宗僧团之原生形态作些简短说明。首先，从历史证据的总体印象上看来，慧可比菩提达摩，更像是这个松散联合在一起的修行团体里的核心人物。当慧可追随大师学习的时候，他已是个成熟的成年人，而非一个陌生面孔之新人；因此菩提达摩最初所作的一系列对于慧可所达程度的认可便是合理的，是确认慧可可否接受自己教法衣钵的手段。其次，与慧可和菩提达摩有关联的个体在变化中也有个确定的尺度——包括都是四海行脚的苦行者，都从事儒家（有点神秘的那种），最终都成为研究《楞伽经》的专家。再次，慧可和联结在他身上的形象，尽管在一些情形中差别很大，但在中国北方（不单单是在洛阳）各种不同的场合中却都被视为是一致的。这部分是因为时代的更迭兴衰——发生在574年北周政权对于菩提达摩的一场意味深长的迫害——但，无论原因为何，他们并未建立任何固定持久的运作基础。

要证实这些几乎同时被提及的男人（或许还有一小部分的女人）的确同属于最初禅宗团体，或许最为重要的证据特征，乃是他们都共同抱有对《二入四行论》的兴趣。他们在书信中讨论这个文本，把该论的内容作为书写对话的框架，当时光流逝，这些就被附在了文本的正文中。尽管我相信只有这最初的文章才是准确的，但是该论经由敦煌手稿而流传至我们手中的时候，它已经被添加了数量可观的内容，大体上，它已远远超过原始文本本身。这些材料中没有一个是可以确定时代的，尽管就我所知的全部增补过程可能持续到了 8 世纪①。

下面这段文字，就是该论的中心——大致也确实应算作这一学说的雏形（如果没有混入后期禅宗思想的话）：

理入在于基于教法而悟入真实。人必须拥有深深的信仰，相信一切众生皆有这同样一个、凡圣具备的"真性"，只是［only］（在凡人那里）被错误的感官感觉遮蔽而察觉不到了。如果一个人抛弃错误而接受真实的庇护，那么他便是驻于"壁观"，视自己与他人、凡人和圣人，都是一样的；坚定不移，不再被书面的教义所摇摆。被这样以"真理"神秘地同一，没有分别，安详而静止，这就叫做理入。②***

最简单地来说，此段是有关佛性观念的详尽细节，这潜在或真实的觉性就潜藏在我们所有人的身上，凡与佛的区别仅仅是凡人因为他们的愚昧分别和感官活跃而没有觉察到心源的力量。这里所用的术语（下一个段落我们将讨论一个出了名的反例）不是那么难以理解："真性"［true nature］，或"佛性"［Buddha－nature］，是一种完美的、绝对的（如果根本上是非真实的、非存在的话）实体，但它只是被我们的知见——人为的概念化和凡人意识的错误见解——所遮蔽。

20 世纪最著名的研究中国禅学的学者柳田圣山曾警告说，我们不应忽略"佛性"或说"真性"与感官分别之世界之间的关系这条重要的线索：这即是第二句结尾之"只是"［only］一词。这个并不引人注意的限定词指出了两种真实之间的效价［valence］不同——通俗地来讲，我们可说是重要性程度的不同——较之我们寻常生活变幻不息的景象，"佛性"被理解为从根本上讲更为重要的、更加真实的。换言之，与其被我们自身意识的表象所困惑——尽管，当然这些包括了我们通常最为紧密依属的个性——修习者不如转而强调他们极度的信心，坚信生命最深处，真实心中的"佛性"的存在。在佛教中，"信仰"即是对自己正见的"坚定不移"。在中国的术语中，"信仰"被"神秘地视为与'真理'相同"，也即，被提升到了"佛性"的层面，此一层面高深莫测地隐藏于我们通常的感知水平之下。在那个无分别的真实的层面上，"信仰"是不明朗的，但却发着奇特的光④。

尽管这种中国特有的修辞可能看起来与众不同，所有的这些用词事实上是相当直截了当的——除去我上文所提及的那个出了名的例外以外。这例外当然是指"壁观"这一术语，自从"壁观"一词被引介到此，禅宗传统就被迷惑了。最终，没有人真正知道那个术语代表什么意思了。它仅出现在另一个差不多同时期的原始资料中，是一个列给初学者修习禅定的建议，该词出现处也并没有进一步的解释⑤。在清单中的这一术语所指的事情对我们并不非常的有用，特别是由于判定这属初学者之修习的论断与史家道宣（596—

---

① 完整的［英文］译文参见布劳顿［Broughton］的《菩提达摩文选》［*The Bodhidharma Anthology*］。

② T2060，50.551C7—12；马克瑞之英文译本，《北宗禅》［*Northern School*］，第 103 页。

*** 【译者按】相应原文为：理入者，谓藉教悟宗。深信含生，同一真性，但为客尘妄想所覆，不能显了。若也，舍妄归真，凝住壁观，无自无他，凡圣等一，坚住不移，更不随于文教，此即与理冥符，无有分别，寂然无为，名为理入。

④ 参见柳田圣山的《北宗禅的思想》，第 71—72 页，可作为马克瑞的《北宗禅》Ⅲ 的注解。

⑤ 参见智俨的《华严经内章门等杂孔目章》，T1870，45.559a28—b3。

667）的注评意见不一———道宣认为"达到大乘壁观是最高境界"① ——最终，这一术语变成了禅宗传统所诠释的面对着墙壁打坐的行为，但是就像我们在上文所讨论过的菩提达摩"圣徒式传记"的演进过程那样，这个含义要扎下根还需要一定的时间（正如在本书②第六页所指出的，在此演进过程中最重要、最初始的含义仅出现在988—1224年）。

保罗·斯万森［Paul Swanson］最近提出复合词"壁观"有可能是由两个都代表"观"［vipaśyanā］或"内观"的单字合并而成的。因此"壁"这个字并没有被用作它真实的"墙壁"的含义，而更像是 vipaśyanā 的第一个音节的音译，这个梵文术语通常在汉语中被翻译为"观"，即上面合成词中的第二个字。"观"这个字当然可以在汉语中被用作不同的意思，但是这里的合成词"壁观"原本意指"符合于 vipaśyanā 的那个'观'的意思"。不幸的是，音韵学在这里不是那么的有效：在中世纪的中国，"壁"这个字最后以 k 结尾（在现代的日本，这个词的发音是 heki），并且似乎从来没有被用作音译。③最终，"壁观"和"vipaśyanā"的联系似乎被排除了；这里并没有关乎"理人"之深入禅定研究或洞察的含义。

智顗止观理论与实践的代表作《摩诃止观》含括了我猜想的一种更好的可能性："止即壁定，八风的邪恶感知不能侵入。止是静水，八种迷乱的物欲、淫欲会使它泛滥。"④⑤

在关于"壁观"这个术语的注释中，湛然（711—782）写道：

> 一个房间有四面墙壁，则八风不能侵入。如果一个人可以止息它们，那么他就超越了来自心内身外或和谐或冲突的邪恶感知的界限。八风只是四种和谐与四种冲突……这房间的墙壁也能抵御这八风（的进入）；因此他们被用作这个比喻。⑥⑦

智顗和湛然的这个用法似乎非常契合于《二入四行论》的说法："壁观"在文本中可能被认为是"凝神于止［śamatha］，完全摒除好、坏命运之八风的干扰"的意思。不论明确的八风的提法有无被应用到菩提达摩的论述中，一般意义上"壁观"都被用作指持续不断地排除纷扰，这非常符合"理人"。

---

① 参见道宣的《续高僧传》，T2060，50.596c9。

② 【译者按】指本文所出自的马克瑞之著作《透视禅学：中国禅佛教中的冲突、调适与系谱》［Seeing through Zen: Encounter, Transformation, and Genealogy in Chinese Chan buddhism］，后文相同情况不再赘加解释。

③ 保罗·斯万森（Paul Swanson）的 Wall - gazing, Vipaśyanā, and Mixed Binomes。在 CBETA 搜索引擎上搜索"壁"这个字，只会显示一条信息是关于这个字被用作音译（在 T85.1205b7），是出自敦煌手稿中的一本语录集子。这或许是个抄写或印刷上的错误，不过这个术语是被用作 pratyekabuddha 的音译（原文译作"壁支迦佛"，而一般是用"辟"这个字的），在用"壁"这个字的时候，把 t 和 k 这两个音节作换位是允许的，在中、早期的中国这个字的发音是 pjk。关于此重建词的现象可参考埃德温·G. 普利布兰克（Edwin G. Pulleyblank）的《中国中早期、中后期的发音重建和早期官话词典》［Lexicon of Reconstructed Pronunciation in Early Middle Chinese, and Early Mandarin］，第34页。

④ 智顗：《摩诃止观》，T1911，46.58a18—19。我不知道智顗的"壁定"与菩提达摩的"壁观"有什么早先的关联。

⑤ 【译者按】所引原文为"止是壁定，八风恶觉所不能入。止是净水，荡于贪淫八倒"。

⑥ 湛然：《止观辅行传弘决》，T1912，46.305c21—27 及以下。

⑦ 【译者按】所引原文为"室有四壁则八风不入。若得止，已离界内外违顺恶觉。八风祇是四违四顺。……室壁亦免此之八风，故以为喻"。

尽管这个比喻性的解释似乎是合理的，但它对于后来的禅宗成员来说显然还不够明晰。他们最终介绍给大家的是更为生动的形象——菩提达摩在洞窟的墙壁前面坐着。这个问题极难解决，而我们应当清楚地注意到这个不确定的存在。

无论如何，菩提达摩所表述的"理入"——或毋宁说是最初的禅宗团体的表述，而署名在菩提达摩的名下——表达了宗教修持者的基础性立场。不幸地，此基础性立场到底是如何操作起来的并不完全明晰。这是指某种瑜伽式的全神贯注吗，是某种被动的精神上的止息或安定吗？文本在这点上难以捉摸，而这留待于早期禅宗之东山法门教法阶段来提供详尽的细节。现在，不管怎样，让我们从总体上简要地看看《二入四行论》的结构和内容吧。

首先，什么是"二入"？我们不能把它们看做是讲解义理时无关紧要的方便施设，进而否认它们的二重性。该论通过安立两种单独类型的通道以通往宗教的真理，展示了一个双模的形式，而这在禅宗传统中是具有地方性的。这一双模形式经常会被否定——某些时候是带着好辩的激情——但是它近乎普及地流布状况还是非常显著的。该论的文本本身中，"理入"和"行入"的关系是对立又同时统一的：每一边都与对方形成对照，并最终结束于同样的结果。除去禅宗最早期的"互斥"［duel］关系的表现形式以外，事情就是这样的。（回过头来讲一下，这里的术语"互斥"是按照它的法语意思来使用的，在英文中同时符合"斗争"［duel］和"双重"［dual］之两层意思。）我们所部分掌握的描写菩提达摩的最早记述，较关注于他与另一早期禅师僧稠（480—560）之间的相"斗争"的一面。菩提达摩以其教法之无可匹敌的深度而闻名，僧稠则以其清高有效的潜心苦修而著称。[①]

"行入"包括了以下四个增补项：

（1）报冤行：不带有憎恨和抱怨地去领受所有的痛苦，把它们当做过去世所犯罪过的果。

（2）随缘行：即便交到好运也要保持不为所动，认识到它终会消散。

（3）无所求行：摒弃渴求，明了这是所有痛苦的根源。

（4）称法行：不作任何"修行"［practice］地去根除错误的思想，修六波罗蜜。[②]

正如这四个步骤之内容所清晰显示的，术语"修行"［practice］用在此处指不要去作精神上的耕耘——例如轰轰烈烈地进行宗教上的进取——而毋宁去作每个人自己日常本分的事情。[③] 第二"入"中的"四行"，意指修行的进程：修行者对于变动中的自身生活境遇采取日益超然的态度，最终实现的结果是认识到发生的所有事情都与最究竟的佛法相一致。在这一点上，尽管"二入"是经由不同的方向或方式的努力而上求，但当分别到达顶峰时，即进入同一片真实。

---

① 僧稠是一位非常重要的人物，他是国家禅学中心系统名义上的领袖，该系统制定了寺庙系统中的一条非常重要的惯例，就如中国的开元寺以及日本的国分寺。参考马克瑞的《北宗禅》（博士论文），第31—50页。

② 【译者按】此处"称法行"应该是"除妄想、修行六度而无所行"，"无所行"是"不住相"的意思，而非无所作为。

③ 此处的中国字"行"我尚有存疑，它在佛教文本中被用作多种意思，包括 saṃskāra［行］和"有为"；"行"，在中国语言里是"进行"的意思，或一个更为普遍的意思"行动"。我保留"修行"这个译文是因为我认为该词与"自我修为"有重叠的意思。

这里有一个问题很重要，即要将第二"入"高度地置于上下文脉络中进行研究或聚焦于其外部的特性，留心可感知之现实的相关细节，犹如我们真的生活在其中一样。这是一个如此重要的两个"入"之间的对照："理入"是种种抽象的、好反省的、瑜伽式的（所有这些描述当然是开放的，可以重新加以解释，可以征引原始文本以指明相关的特征），"行入"代表具体的、向外的、日常的。所有佛教文本，而不单单是这些禅宗文献，往往使用措辞简洁、明确的术语来表述内心和外境，因此此处的差别便尤显重要了。我们可以看到"理"与"行"的双重模式，更确切地说：一个是关于人内心态度的抽象描述，一个是人正在活动进行中的进展明细。这个双重模式循环往返于禅宗传统中，并将会有助于我们组织那些不时出现且难以驾驭的后期禅宗思想创造。

弘忍和东山法门

《二入四行论》在后来的几个世纪都被忽视了，无疑正是因为它太简洁易懂，太明确易见了。在表达上有一点太单调了，它的朴素与禅宗传统所想要的开山祖师形象不相称。基础的佛教教义认为一切事物都会改变，这就很容易去认识到每个人和每个事物都是短暂的，或处在历史的洪流中，都只是白驹过隙。尽管如此，该论在7、8世纪早期，还是持续扮演着一个重要的角色。

这个时期包括了被称为"东山法门"的禅学阶段，这一称呼是基于弘忍（601—674）传法的道场——"黄梅"而来。"东山"是指黄梅"双峰"中的一座，虽弘忍的老师道信（580—651）居住在另一座山峰上，"东山法门"这个叫法仍同是对两位大师而言的。事实上，这个术语是神秀（606？—706）和他的直属法嗣使用的，用来指称他们从道信和弘忍处所继承的教法。因此，不如把神秀居住在荆州玉泉寺的四分之一个世纪也包括进来的好。

将"东山法门"与初期禅宗清楚地区分开的最为基本的特征之一，即是禅僧是集中在一个唯一、固定的道场中的。当然，这绝对不是说这个时期所有①的禅宗活动都发生在黄梅和玉泉寺，而是指"东山法门"阶段包括了一个漫长而不间断的时期，在此期间禅宗僧团在固定的一个或两个道场内发展壮大。这相比于菩提达摩、慧可及其弟子的那种不稳定的四处行脚的生活来说，是一个改革性的转折。

不难理解，我们拥有的关于"东山法门"的资料比初期禅宗的要多出很多，这也就使得我们可以得出以下一些关于这个僧团和他们教法的归纳性说明。

第一，正如慧可在初期佛教中是占绝对的主导地位一样，弘忍是"东山法门"的核心人物。根据他们的传记描述，道信是被介绍和安置在年轻弘忍的导师的位置上的。弘忍被描述为一个安静而谦逊的学生，白天打坐，晚间照顾牲畜②，所以当他开始传法受众的时候，所有人都惊异于他的卓越才华（弘忍的形象是慧能形象的清晰先例）。当道信将要

---

① 【译者按】斜体为原作者所加。

② 【译者按】有关弘忍的传记材料不多，早期的文献有《楞伽师资记》、《传法宝记》和《历代法宝记》，晚出的有《宋高僧传》和《景德传灯录》等。据《传法宝记》记载，说弘忍"昼则混迹驱给，夜便坐摄至晓，未尝懈倦，精至累年"。《宋高僧传》说他"至双峰，习乎僧业不逞艰辛。夜则敛容而坐，恬澹自居"。所述情况与本文论述略有出入。

入灭的时候，他的指示被记录了下来，粗略地说"我估计弘忍会令人满意的"①——意思是确定弘忍来继承法嗣。这个缺乏热情的认可事实上是对真实情形的揶揄的说法。真实的情形是弘忍是自始至终唯一的选择。黄梅是弘忍的家乡，他的家族在当地以隐居修行而闻名遐迩，但在弘忍圆寂后，就再没有有关这个团体的消息了。而正如我们将要看到的那样，当神秀和他的徒众在 701 年移居到洛阳后，他们又以"纯东山法嗣"的姿态出现，且弘传署名为弘忍所作的文本，并以之作为他们教法的内容。

第二，道信和弘忍只教授禅法，除此以外别无其他。在我们拥有的所有有关他们的材料中，没有证据显示他们提倡或进行诵经、向阿弥陀佛祈祷或从事哲学性分析的活动——这点与将他们作为禅师而提出的众多指涉形成对照。

第三，"东山"的禅师们拥有了日益增多的徒众。传记声称全中国的修行人"十有八九"都归于他们门下，但是我们事实上只知道大约六个人是追随道信的，大约二十五个是跟从弘忍的。而神秀的可比较的数字是大约七十个，故大体上的趋势是清楚的。

第四，相对于道信和弘忍全心全意献身于禅修事业，他们的学生则拥有多样的宗教兴趣。和尚们无论是依《法华经》或中观派修习，还是精于律学，都长途跋涉来到黄梅进行禅修。的确，黄梅的"东山教团"似乎在 7 世纪后半叶便作为一个特殊的修行团体——专事戒、定、慧"三学"之第二"定学"的修习——而被整个中国所认可。

第五，据我们所能知道的，弘忍的弟子们只在有限的时期内留在老师身边。最著名的例子当然就是慧能，他被认为只在黄梅逗留了八个月左右。这使同时代的中国人感到令人惊异的短暂。另一方面，对于短期逗留的榜样之最为意味深长的反例，是法人和尚（613—689），他从 16 岁开始就在黄梅侍候弘忍，被视为是弘忍的侍者或助手。这使我们想起了另一个例子：佛陀的堂弟、长期侍者——阿难。（法人是从"东山法门"到"都市禅"［metropolitan Chan］阶段的过渡期中一位重要的人物。）根据传记来判断，大多数弘忍的弟子都更像神秀，神秀从弘忍的授法生涯之初就跟从老师，前后六年之久。虽然这条信息还需依情况而定——六年是乔达摩［Gautama］在菩提树下开悟之前从事苦行的时间长度，而佛教的"圣徒式传记"往往为了援用佛陀的事例为行动依据而去模仿这些数字——这个榜样似乎即是：作为道信和弘忍的学生，先跟随在老师身边少许几年，继而从事其他事务。

第六，有关"东山法门"的规模、管理或精神性的生活方式，并无特别可说之处。伟大的日本学者宇井伯寿（1882—1953）提出，东山门下包括了五百或一千名成员，但他所使用的这个数字事实上是指出席弘忍葬礼的人数。此活动中出席的应当还有数目可观的在家的皈依者和仰慕者，更不用说书写资料还会含有源自虔诚的夸大了。鉴于我们知道的大约二十五人是跟随弘忍学禅数年的，即便考虑到时间的推移，他弟子的数目会有增多的可能性，但任何时候同时出席的也不过是这些数目中的一部分。没有任何精确的方式可以推测某时刻同时进行禅修的僧、尼的真实数目，这个数字大约随着时间的推移，在少数几个到差不多几十个之间上下波动。宇井伯寿也没有任何证据表明这些和尚参与了除打坐和平常的宗教仪式之外的任何事情，即是说，没有任何证据支持"东山"所闻名于世的

---

① 【译者按】据《传法宝记》，原文为："弘忍差可耳。"

禅僧劳作这一著名却或许虚幻的理想。著名的格言"一日不作，一日不食"只出现在数个世纪之后，并且，弘忍的教团无疑也如当时其他的佛教中心一样分享居士劳工和佃农。这里我们最好的证据就是《坛经》，当中描述六祖慧能最终是一个身份卑微的寺庙仆役。鉴于这是发生在一个世纪以后的对弘忍僧团的想象，我们首个关于任何特殊"禅宗"形式寺庙系统的证据，在这之后数个世纪都没有出现。唯一有可能的结论即是否定性的：没有任何根据暗示禅宗曾发展出一种特殊的生活方式，禅宗僧侣劳作的内容还只是精神上的修持。

从初期禅宗到"都市禅"：《修心要论》

那么，道信和弘忍到底教授的是何种方式的禅定呢？通常的，也是最不可避免的步骤是首先解释我们关于从前的方式都知道些什么，然后转去解释后继的。当对较早的祖师进行禅定方式之陈述的时候，结果几乎总是变成"串珠"假相的清楚例证。也就是说，与其去探究随着时间的流逝，禅宗运作的动态演变究竟是怎样的面貌，不如提出一个简单的互换形式作为分析。因为大部分的创始人事实上所表现出来的是以禅宗正统之传统系谱结构为基础的、静态地来苦心经营着僧团。这个禅宗正统是在宋朝及以后才得以发展的。事实上，现在所认为的"道信的教法"和"弘忍的教法"在这些历史人物真实生活着的时间段里并不存在，而仅出现在由"东山"向"都市禅"过渡的时期。时间只是延迟了几十年，在整个中国佛教历史的跨度里或许看上去不过是一瞬间，但如此一瞬间也可以发生相当可观的变化。道信和弘忍的教法是被回溯地记录下来的，就像是对从前的教程，以书写的方式加以重建。当它问世的时候，"东山"教法之经由回溯而得的特点便显得意味深长了。

在黄梅，道信和弘忍可能没有必要将教法付诸纸面。在相关的师生之间私下互动的背景中，书写下指导方针或许是有用的，却未必是必要的。当他们的学生迁移到两大主要城市——长安和洛阳时，他们需要面对的是比以往宽广出许多的舞台，这时的情形就变得完全不同了。长安在当时是全世界最大的城市，人口可能达到一百万，靠丝绸之路的连接而与印度、波斯、中东保持紧密贸易，因而非常之富足。洛阳稍微小一点，但却是一个古老的文化和宗教的中心。皇帝的宫廷不时在这两大城市之间迁换。皇帝宫廷和文化圈子环绕在这里，这对于全中国在思维和宗教上的新生事物来说都是非常具有吸引力的地方。事实上，它对于全东亚、印度以及中亚都具有着非凡的吸引力。这个"帝国的中心"，数世纪以来都是佛教翻译和研究活动的焦点，这个状态一直持续到8世纪末。即便是这样，禅宗在现代作品中依然被描绘为是拒绝外界价值导向的影响和皇帝的慷慨资助，而在乡村的环境中不受干扰地独立发展的。但这种禅宗形象和它的基本身份，恰好是在皇家的中心而非其外围发展起来。我们只需要回想一下传说中有关菩提达摩和梁武帝的会晤——这传说是在8世纪中期编出来的——我们就会明白，在中世纪的中国，这些主题是如何被制造出的。这正像是中国最早的自然诗是在城市居民间发展起来的一样，差不多"正统"的唐代禅宗农耕劳作的原始风格和反知性主义，都是在五代和宋朝的文化背景下，在高度地篡改当中创造出来的（事实上，甚至菩提达摩和梁武帝的晤谈都是在试图削弱禅宗形象中打破旧习的那一面的背景下形成的）。

当弘忍的学生去到位于黄梅和皇家中心之间的省级僧团时，他们的首步举措之一是把他们老师的教法编辑为书面的记录，这便是《修心要论》。当中包括了一段直截了当的"供述"，称这并非出自弘忍本人，而是出自他的学生之手；时间上推测起来是在弘忍圆寂之后。实际上，这是禅宗传统编辑文本来回忆叙述一个特定的大师教法的最早例子，也就是说，文本是在大师身后不久编辑、校订出来的。《修心要论》可能是准备来给法人使用的，法人在689年圆寂之前在嵩山教授了几年的禅法。而同时，神秀差不多是确知此文本的存在的，这个文本在8世纪的20年代就为其他文献所征引了。

尽管道信在禅宗"圣徒式传记"中被视为是弘忍的师父，但归属在他名下的书面教法却是出现在署名为弘忍的著作之后。[①] 一两个与道信有关的基本口号可能更早一些就存在了，但是就像在目前已经出版的那些充满学究气的著作中所断言的那样：从道信到弘忍的教义革命，是单凭印象得来且完全不足信凭的。此外，"道信"的教义由理性诡辩的形式组合而成，作者以此来掩饰其思想的虚假性。无论如何，鉴于"道信"的教法首次出现是在8世纪的20年代，我们可以清楚地察觉到一个编年走向上的回溯性特征。换言之，禅宗僧团的成员，为一系列普遍公认的祖师出版相对应的著作，而时间上是反向而动的，先是为弘忍，其次是道信，再次（8世纪中期）是僧璨。因此，任何想要在一个前进的次序当中，从祖师到祖师地再现禅宗教法革命的企图，都注定会因方法的原因而失败，这个原因既是基础的，又是意义深远的。这样的企图可作为"串珠"假相的例子，这种谬论削弱了大多数作者处理证据的能力。处理证据应如其所是，而不是如其所设计成的那样。因此，当我们着眼于《修心要论》的时候，我们无法看到弘忍本人，而是看到一个在弘忍圆寂几十年后人们记忆中的他。

虽然如此，《修心要论》仍旧是宗教文献当中的杰作。明白简练又朴实无华，它常常劝诫它的读者要发奋上求解脱。人生短暂，我们可能今天在修行，但在顺缘中着手从事佛学修持的机会甚为稀有，有可能此后的生生世世都再难遇见。为了增强这强有力的鼓舞，该文又以惊人的精细笔法描述了一种对于宗教境界的态度。它推介修行方法时精心构思，以避免表达的时候显得过于强调最后的目标。（正如每一个佛教义理的初学者很快便会认识到的那样，一心渴求以涅槃［nirvā na］为最终的目标是与真正的涅槃观［the desire-lessness of nirvā na］本身相违的。）《修心要论》以一种可感觉到的令人愉悦的敏感度来巧妙地处理这些意见。它提供备受欢迎的基本论题，并附以详尽的细节，这些基本论题在被归为菩提达摩所作的《二入四行论》里，只是勉强作了一点极为芬芳美味却难以捉摸的预告。

《修心要论》的中心是下面这段对话，当中包括了一段伪造的经典选段：

　　《十地经论》有言，"有情的生命体中存在着金刚石般的佛性，就像是太阳，本质上是明亮、完美、圆满的。"尽管广阔无垠，那仅是因为它被层层的五蕴乌云所覆

---

　　① 大卫·W. 夏佩尔［David W. Chappell］的《禅宗四祖道信（580—651）之教法》［The Teach-ings of the Fourth Ch'an Patriarch Tao - hsin］有对于道信教法的浅近解释，但该书没有重视回溯性写作的问题。

盖住了。就像罐子里面的灯，它的光明不能闪耀。

更进一层，用这光明四射的太阳打一个比方，就好像这个世界上的云团和迷雾，在所有的八个方向上升起、聚集，因而世界变为黑暗，但太阳怎能永远黯淡？

（提问：太阳没有变得黯然无光？）那为什么没有光亮了呢？

回答到：太阳的光芒没有被摧毁，而仅仅是被云层和迷雾偏转了方向。有情的生命体所拥有的纯净之心也即如此，只不过被差别对待的思维、错误的想法和归属占有感的层层乌云所覆盖了。如果能够只是清楚的保持（心之所知）并且不产生错误的想法，那么涅槃的大法之光就会自然显露了。①**

"云与日"之间的关系在这里用作比喻和解释菩提达摩论中的"真性"是显而易见的，而类似的限定词甚至都用于描述佛性或觉悟之光是如何"仅仅"被人日常心理上的身份感所遮蔽了的。除去这样在开始的简洁陈述中采用相同的价值结构之外，弘忍该论所描写的对精神修持之"保持"（心之所知）（即"守心"）阶段的基本态度，即是在人自身中培养如珍宝般的佛性之本来心境。与其侵略性地把思想强加到一个人的生命中去刮除愚昧的云层——这也许更像是伸出一只巨大的爪子，在天空中想要拽走遮住太阳的云层和迷雾——不如采取适当的反应，去确证众生无始觉悟之终极的真实，去持守在自身质朴状态下恒常不变的智慧，继而为了不间断的觉悟经验能依情况而定地显现，以精力充沛却无有烦恼的方式去奋斗努力。

《修心要论》描绘了两种特殊的打坐方法，文辞优美地展示了两种基础性的精力充沛又沉着镇静的姿态。第一种是观想日轮，设想它好像就放置在那里一样，光芒照耀回来形成视野中一个固定的点，硕大、圆满犹如一只巨大的庙堂里的鼓，在支架上向一旁悬挂着。这个方法实际上是从《观无量寿佛经》中援引出的。该经典是东亚净土传统中一部重要经典，并且尽管它在此处的用法很清楚的是描述一种全神贯注中的经验（杜绝丝毫涣散，集中精力在太阳之一点），但它仍然含蓄地在其中使用了"涅槃之光芒"这个符号象征的暗示。

第二种方法，不是集中精力于佛性本身，而是关注在使佛性晦暗的异常活跃的精神活动过程上：

使你的身体和心灵纯净、平和，完全不要有任何的分别思考。身体竖直坐好。调

①　参见马克瑞的《北宗禅》，第121—122页。这段引文在《十地经论》（T1522，26.123a1—203b2）中没有出现过，而只是在26.126a23提到过一次"日轮"，是对佛陀智慧的简单比喻。这段引文也没有在其他手稿译本（T278.22，279.26，或285）当中出现过，该论可能从这些文本中吸取过资源。引文到何处截止，解释从哪里开始都不清楚，所以标点是我自行添加的。

**　【译者按】《修心要论》即《最上乘论》之相应原文如下："［问曰。何知自心本来清净。答曰。］十地经云。众生身中有金刚佛性。犹如日轮体明圆满广大无边。只为五阴黑云之所覆。如瓶内灯光不能照辉。譬如世间云雾八方俱起天下阴闇。日岂烂。也何故无光。光元不坏。只为云雾所覆。一切众生清净之心亦复如是。只为攀缘妄念烦恼诸见黑云所覆。但能凝然守心。妄念不生。涅槃法自然显现。［故知自心本来清净。］"参见T2011，48.377a24。"［　］"中是原文所有，但本论文中没有引用的部分，为方便起见，译者略作补全。

节呼吸，集中精神，使你的意识既不在你身内，又不在你身外，也不在任何中间的位置上。细心、自然地这样做下去。平静而留心观察你自己的意识，你就可以看到它一直是怎样运动的，就像是流动的水或闪烁的雾气。当你认识到了这意识，只需持续地去观察它，逐渐地、自然地，不在你自身内外采用任何固定的姿势。继续这样平静而留心观察，直到它的起伏波动消融在平和的稳定状态之中。这流动的意识将会消失，犹如一阵狂风。当这意识消失了，所有的妄想也随之消失，甚至是（十分稀薄的）十地菩萨的妄想也会随之消散无踪。①②

其他的权威人士可能会反对，认为仅仅止息意识的变换是不能等同于圆满、完美的觉悟的——当然，这后来在禅宗内部变成了一个讨论的议题。③ 但重要的一点是，在此处推荐了一种专注但却要求不高、不甚严格的心态。与强加这个观点、努力尝试去“达到”觉悟相反，弘忍该论劝告修禅者只是让其自然而然地发生。暂且不论这个方法是否适合于每一个人，（至少会有一个禅宗大师公然地嘲笑这类方法，如同嘲笑守株待兔者一般）该文本的敏锐之处在于它使两种方法相互抵对，要求保持一种积极的忍耐，如果你愿意的话。这种灵敏度表现出一个卓越的学说综合体的风范。

印度佛教和中国佛教之两极概念

禅宗禅定论述之最为显著的特色之一是使用两极概念。自然，这样的论述常常包含着基础的非二元论的暗示。非二元论即指没有任何绝对的差别。即使如此，二元陈述的频繁发生还是造成一定的冲击。菩提达摩和僧稠，慧能和神秀，理与行，顿和渐，北宗和南宗，还有临济与曹洞：从“圣徒式传记”的人物形象到法系区分的学说主题，二元的陈述真正地在禅宗传统中泛滥了。指出这一状况；排列起这些用在不同上下文中的成对概念；暗示他们在某些结构中，本质上都是相同的，这些都诱人地简单。当然，比较稳妥的方法，是对于这些成对的概念间存在细微差别的可能性保有警惕。现在的问题是，比较弘忍的论著和更早的佛教禅定理论能让我们得出怎样的推论呢？

诚然，在印度佛教禅定学说中最重要的一对主题是止［śamatha］和观［vipaśyanā］。用非常简要的话来解释，“止”即是指一组练习，目的是开发心灵对于特定对象集中精神不涣散的能力。大量的对象物可以用来作为这一“特定对象”。“特定对象”是由禅修老师指派，作为适宜的对治手段，来对抗每个学生独特的心性偏差。一个修禅者如果显示出愤怒，就可能会被教导要多做生起慈爱的修持；如果他是表现出傲慢，可能就会被告知要去进行包括观死尸在内的一些修行。当一个修禅者消除了阻塞他集中精神的障碍时，他就

---

① 参见马克瑞《北宗禅》，第130—131页。

② 【译者按】《修心要论》之相应原文如下：“好自闲静身心。一切无所攀缘。端坐正念善调气息。惩其心不在内不在外不在中间。好好如如稳看看熟则见此心识流动。犹如水流阳焰晔晔不住。既见此识时唯是不内不外。缓缓如如稳看看熟则返覆销融虚凝湛住。其此流动之识飒然自灭。灭此识者乃是灭十地菩萨众中障惑。”T2011，48.378c27。

③ 当然，尽管这是一个武断，如古代人帕坦伽利的《瑜伽经》［Patanjali's Yogasūtra］的开篇一行所写到的：“精神上的训练是意识波动的终止。”［yogaζ cittα‑vrtti‑nirodhah【译者按】梵文直译是：瑜伽是（学会）控制意识的转变。］

通过了四个阶段的禅定［dhyāna］，或说"静虑"。（汉字"禅"是梵文音译，在日文中写作 zen，韩文作 sŏn，在越南语中作 thien。）① 根据经典的记述，在第一阶段的禅定中，修习者的意识被描述为是"一境状态"［singlepointedness］**，即专注在两种不同类型的内心的缓慢思索以及欢愉与极乐的结合当中。依靠着他们自觉的决心，修习者从这一阶段进入到下一阶段，继续去消除内心的缓慢思索以及欢愉与极乐的感觉——这些被认为从根本上来说会耗散掉用来完成下一步的工作的精力。在禅定的第四个，并且也是"最重要的"阶段，修习者的意识仅仅会表现出"一境"的心理特征。虽然言说和散漫的思考在这个阶段是不可能的了，但在这里，禅修者变得拥有心灵感应、超级听力、空中飘浮、知晓自己的前世、了解其他人的业障与命运等非凡的能力。佛陀和他的弟子们为了教学的目的经常使用这些能力，但佛教传统潜在地认为它们是危险的转移，对精神上的培养没有任何价值，并且有戒律反对僧侣对居士泄露他们拥有这些能力。

与高度弹精竭虑进行集中精神的训练相反的是，观［vipaśyanā］修仅仅是集中精神于某物，目标是达到对象物的清晰了悟。在止［śamatha］修中，意识被集中得像探照灯一般，而在观修中，这个如探照灯般的意识照亮了人类处境之最重要的关节点：无常和合而成的人之肉身，思维和感觉的发源，以及人类痛苦的必然性。修习者通过止，使意识集中起来，勘验这些关节点；通过观，看到并且理解它们。这种止和观在技术层面上并非真是截然分开的，但即便如此，在解释它们的时候仍然会为了方便而分开说明。禅修的训练始终都是佛教传统中最为广泛运用的，在呼吸上的集中，有引领修习者自然地达到精神向内集中的功效：当身体安定，呼吸舒缓的时候，一个人的注意力便由沉静转而为知晓。

任何佛教团体对于内观禅修对象物的挑选，都与该团体之于佛教教义的理解相一致。因此，在早期佛教中，人们通过观身、观自己的思维、观自身的感觉来认识他们内在的无常、痛苦、因果之相互关系以及外在世界的性质。另一方面，大乘佛教在内观禅修中达到的认识趋向于体认万物的本性皆空［śūnyatā］，这一点以及其他的大乘学说都被早期中国的禅师以各种各样的方式表达过了。尽管上座部［Theravāda］和其他主流佛教［Mainstream Buddhism］原始资料确实列举了内观修习中进展的诸阶次③，这些阶次并不是指各不相同的境界，而更像是一个单一的觉知上的成就分成了越来越多的步骤。（关于禅定［dhyāna］之阶次的解释，与之大为不同，且包含着重大的概念上的差别。）对于内观如何产生，并没有任何真正的解释——只是基本的设想，当这个意识对准了特定的对象物的时候，就会拥有天然的理解能力。就像是佛陀的觉悟，这种了知经验是无法说出的，但它

① 尽管"禅宗"之名显然是得自于中国对于禅师之称呼的取词，但是"禅"这个字的微妙之处，在中世纪中国的理解中仍旧不是很清晰。两个使人饶有兴味的问题，一是天台智顗的用词，从使用"禅"和"禅波罗蜜"（dhyāna pāramitā）到使用"止观"（śamatha - vipaśyanā）的过渡，二是译师玄奘的几乎从来都不去使用"禅"这个字。前一个问题经常被学者论及，但后一个，据我所知，则还未被考察过。相关的问题，参考 T. 格里菲思·福克（T. Griffith Foulk）的《佛教寺院传统里的禅宗及其空间》［The Ch'an School and Its Place in the Buddhist Monastic Tradition］。

** 【译者按】singlepointedness，巴利文 Ekaggatā 的英译，ekaggatā（ekagga 一境 + tā 状态），本文译作"一境的状态"，另有他译为"一境性"。

③ 最近的研究成果提出，大乘佛教对于印度和中亚的影响，从来都没有在东亚的重大。考虑到这一状况，也为了避免"小乘"（hīnayāna）这个词中显而易见的轻蔑含义，我使用了"主流佛教"（Mainstream Buddhism）这个词来指称非大乘的以及南部、东南部和中亚的佛教传统。

的效果无疑是解脱①。对于人之境遇的完满了知，会达到解脱的结果，将人从周遭境遇有害身心的作用中解放出来，这一点在整个佛教传统中都是自明的②。

回到眼前的问题，我们现在或许可以提出下面这个问题了：菩提达摩论中的"二入"或弘忍论中建议的两种修习方式，与止、观的印度佛教教义相类似到怎样的一个程度？"理入"可被认作是对止的阐释，而相同的认识也被应用于在心中清楚地呈现日轮的修习上，对此已经介绍过了相应的根据。佛性概念的运用、在所有人类心中觉悟的日轮（实际上，是在所有有情的生命之中）、无分别智的性质，这些都是成佛的状态本身的要素，是一个把早期印度佛教和原初禅、早期禅区分开来的意义深远的新观念。可是，这也还是一个单一的止修，唯一的特性是意识被培养去集中精神于意识之最为精粹的了知能力。在弘忍论中的"守心"［maintaining the mind］修习，恰好是确认了潜在智慧的存在，并且使得它以绝对的形式向外放射光芒。我倾向于把这种印度佛教"止"［śamatha］理论之集中意识描述为探照灯，它可能被锁定在"观"［vipaśyanā］中的特定主题；在中国的比喻中，涅槃［nirvāna］内之觉悟的日轮是一个关乎启迪、囊括万有的资源。尽管已经提供了在这种隐喻意义上的区别，但是如果仅仅是近似地看，印度佛教关于止修的观念仍是如此地与"理入"以及日轮在心中的清晰呈现相关。

然而，这并非在做有关内观修习——菩提达摩的"行入"以及弘忍聚精会神于分别识的活动——之间的对比。当然，这个问题的一部分是和属在弘忍名下的两种特殊的禅修技巧相关的，这两种禅修技巧均包括止和观这两个实质性的构成在内。（当然，正如我们上面刚刚看到的那样，很多的印度佛教之禅修都可说成是这样的。）弘忍的教法，要学人集中精神于差别识的活动，它包含了两方面的终止：它期待在学人的修习过程中，意识的活动最终将会平息；而了知，在那个终止的过程中，被称做"智慧之风"［wind of wisdom］。然而，为了这一刻，我们必须承认，弘忍论中推荐的第二种修习方法类似于"止"，甚过类似于"观"。

问题是，菩提达摩论中所说的"行入"完全不符合这个模式。事实上，也根本不是任何类型的瑜伽修习方式，这一"入"里四个阶段的途径都是属于在这个世界上的人的活动。当然，这里重点是在于精神的状态，修习者贴近自身的生命体验。但这重点却是在行动而非结果上。这应会提醒我们注意一个事实——这里发生了些事情，且其本质上并不在"禅修"的范围之内。取而代之的，我们有必要看看在中国传统中，与菩提达摩论中的这一对儿"入"相对应的类似情况。

在4、5世纪那样一个公共性的时代，当中国的僧侣和居士试图去理解佛教时，他们惯于运用一种独特的中国式的表达方式：区分本质（体）和功用（用）。这里并没有什么尖锐的体、用分别；且依照这种观点，实体和处境便都是可借由另一方而被触及的。并不是有什么尖锐的从本质移动到功用的转换，因为这二者间的区别更像是在一个旁观者的意

____

① 有关主流佛教的禅定理论之诡辩式的分析，可参看吉美罗［R. M. Gimello］的《神秘主义与沉思冥想》［*Mysticism and Meditation*］。

② 为什么了知就一定意味着解脱？去深思这一问题是极有趣的。我相信，这是佛教传统最为基本的假设前提，所以基于此，这点完全没有被着手处理过。大概这基本的佛教态度的背景，展现了吠陀（Vedic）概念中之知识的习惯效验，展现了命名的力量，也展现了 Vvid 中"知道"（knowing）和"作为"（doing）相结合的含义。无论如何，这个论题要留待其他时间来讨论了。

识中，而非在实体本身中。在《物不迁论》中，僧肇（374—414）以一个早期《放光般若波罗蜜多经》译本的引文为基础，对这种关系作了如下解释：

> 《放光经》说："法没有去，没有来，也没有活跃的转换。"在找寻静止的作用中，一个人怎么能用废止活动来寻求到寂静呢？人必须在（事物的）活动中探寻寂静。因为人必须在（事物的）活动中探寻寂静，尽管这种动依然故我。因为人不应用废止活动来寻求寂静，尽管（事物）依然故我，并没有超越活动。然而，即使这样，活动和寂静都从未有变化，不同的是，迷惑占领了他们。①②

20 世纪初期的学者汤用彤（1893—1964）解释说，僧肇的整部论都致力于表明活动和寂静是一样的。这并不是说存在着什么静止的基本要素（这些要素可以形成无数现象上的表征）；而是指基本的事实和现象的变换是不可分的同一体。③

因此，下述几个判断便全然是合理的了：菩提达摩的"二入"彼此是非常之不同的；另外，似乎它们在第四"行"中融合在了一起——"与大法一致地修习"，这是如此的与"理入"相似。"二入"可能会被分开来讲，但是在一个确定的理解中，它们是相互包含的，甚至相互成为彼此的一部分。从更普遍的观点来看，这只是对分散在禅宗传统中的不同类型"两极概念"间的异同抱以更广泛关注的开始。我们会有机会重新回到菩提达摩的论当中，去认可它在禅史上一再反复出现的建构模式中所担任的符号性角色。无论如何，在这点上让我们继续留意，明了所有这样的"两极概念"都是不同的、这些不同的匹配对可能抱有各不相同的暗示。有这样简单却重要的观测结论在手，我们或许可以把我们的注意力转到下一阶段的中国禅宗中去了。

（江 泓 译）

---

① 《肇论》是由一系列的论集合而成的，这部《物不迁论》是其中的一篇，参见 T1858，45. 151a10—14。这段经典引文并未出现在现存的《放光经》的本子中，参见 T221，8. 1a—146c29。

② 【译者按】所引原文："放光云。法无去来。无动转者。寻夫不动之作。岂释动以求静。必求静于诸动。必求静于诸动。故虽动而常静。不释动以求静。故虽静而不离动。然则动静未始异。而惑者不同。[缘使真言滞于竞辩。宗途屈于好异。]""[ ]"中是原文所有，但本论文中没有引用的部分，为方便起见，译者略作补全。

③ 参见汤用彤的《汉魏两晋南北朝佛教史》，第 334 页。也可参看 E. Zürcher 的《佛教的征服》[*Buddhist Conquest*]，第 88、89、92 页。体用的论题在本书第 137—140 页也有讨论；也可参照 79 页，马祖的"体用"，以及第 91 页，被援引到"五方便"的情况。

中国禅学　第五卷
2010 年，第 270—310 页

论中世纪中国禅师肖像的仪式功能[①]

T. 格里菲斯·福科　罗伯特·H. 沙夫

　　内容提要　通过对相关文献进行广泛的调查，本文集中讨论了中世纪中国杰出禅僧画像的宗教意义和仪式功能。调查结果表明，在中世纪的中国，肖像在禅师葬礼及纪念仪式中扮演着核心角色，体现着十分复杂的宗教意义，也发挥着极其重要的仪式功能。另外，这一研究成果对关于禅宗祖师肖像本质的各种根深蒂固的观念提出了质疑，并对其中的某些论断进行了辩驳。
　　关键词　中世纪　禅师肖像　宗教意义　仪式功能

导　论

　　许多日本艺术的历史概述，包括日文本以及衍生的西文本，都有专门章节描述一种独特的绘画题材"顶相"，其中包含了禅师和禅僧的肖像。那些调查表明，顶相题材繁盛于中国的宋（960—1279）元（1279—1368）时期，并于镰仓时期（1185—1333）随着大规模传入的禅宗制度及修行实践而被引介到日本。众所周知，现存最早、最完好的顶相有十多幅，这些中国著名禅师的肖像绘制于中国而被日本的朝圣者们带回日本。其中，无准师范（1178—1249）的肖像被他的日本弟子圆尔辨圆（1202—1280）于 1241 年带回日本，中峰明本（1264—1325）的几幅肖像也以类似的方式传到日本，这些肖像经常被引为这种风格的典范。[②] 除了这些中国作品外，还有大量现存的画像遵循大陆的范例在日本绘制，这些画像以其历史久远、保存完好以及明显的艺术价值而被奉为艺术历史珍品。总共有大约七十幅从 13 到 16 世纪流传至今的中国和日本的顶相被认定为"民族瑰宝"或"重要的文化财产"。今天，在日本的博物馆和寺庙里收藏的有艺术价值的顶相作品，包括那些未被官方认定的和为数众多的作于德川时期（1615—1868）的作品，总数大概是

---

　　① 本文最早发表于 Cabiers d' Extreme – Asie 1993—94 卷。随后的十年中，在佛教禅宗领域及东亚佛教艺术方面的研究作品颇多。我们会在注释中对这些日益增加的研究表示感谢，但不会因此改变我们的初衷。相应地，因为时间有限，我们决定照原样发表最初的文章，只做一些排印上的更正。【译者按】该文译自佛雷（Bernard Faure）主编的 *Chan Buddhism In Ritual Context*，London：RoutledgeCurzon，2003，pp. 74 – 150。

　　② 无准像现藏于东福寺。见松下、太田、田中 1967：200；驹泽 1979：29—30；京都国立博物馆 1981：5；京都国立博物馆 1983：8，50，259—260；滨田 1986。关于中峰明本现存的众多肖像，见田中 1953：136，145；芬顿（Fontein）和希克曼（Hickman）1970：40—42；京都国立博物馆 1983：9，52—55，260—261；井手 1986：49—51；井手 1989。

前述数字的十倍之巨。①

这种题材的画像倾向于遵循一种易于辨别的构图规则：僧人盘腿坐在椅子上，鞋子整齐地摆放于前面的一个脚凳上。他身着整套的仪式服装，包括内法衣和外法衣，左肩披着袈裟。禅师或禅宗祖师的袈裟与位于心部上方显眼的装饰环（臂环）搭配。僧人的肖像则总是用右手持一器物，通常是拂子、如意、拄杖或竹笔等各僧职特有的配饰。竹笔常常是靠在椅子上。椅背是直的，或高，或低，有的还配有弯曲的扶手，有时还会罩上一件图案精美的织物。

肖像中人物通常占据四分之三的空间。不过，现代学者认为在顶相的题材中还有很多别的构图方式，如元老坐姿正面像、半身像。半身像人物总是置身于一环形圈内，以丝绸或纸的空白处为背景，面向左、右或正前。另有一种不太常见的顶相以景物为背景，僧人或端坐，或以"经行"姿势叠手站立。最后，但凡被学者认定为顶相的画像，通常题有自由诗体的"像赞"，诗后还附有该像与赞产生背景的题铭。实际上，一些学者把这种赞颂和题铭的形式当做顶相题材的一种特质，即顶相通常有别于祖师像——"传说中"远古时期的祖师肖像。

若干年前，关于划分为"顶相"类的肖像画的宗教功能，艺术历史学家伊丽莎白·霍顿·沙夫（Elizabeth Horton Sharf）和本文的两位作者（两人皆为佛教学者）共同提出了一些问题。通常认为顶相是用于印证禅的觉悟或作为传法的证据，但是我们三人对于这一看法的准确性都表示怀疑。② 我们认为，验证这一论断的一条好途径就是去东亚佛教卷帙浩繁的历史文献中考察顶相这一术语产生的来龙去脉。我们希望，通过对记载该术语的文本进行分析，会有助于我们弄清楚这种肖像的产生及其宗教功能。

于是，我们着手对相关文献进行广泛地调查，这些文献包括高僧传、语录、传灯录、清规、公案、僧人的日记、中世纪的画论和绘画题款。不出所料，这些调查使我们得以检验艺术史家们关于禅师肖像的多种论断的历史准确性。但还远远不止这些，因为我们发现自己不得不重新考虑顶相题材的现代艺术历史轮廓的真正基础。简而言之，我们所发现的是，在中世纪的中国和日本，顶相一词泛指画像。而且，用它来特指一种明确的"禅"画题材，实际上只是近来艺术史领域的一种未必有用的惯例。事实上，顶相的现代定义不仅是对现存画像的描述，而且实际上发挥了一种切实的功能：规范明确地描述一个术语集为艺术历史研究创造出一种题材。所以，我们研究了通常被认定为顶相的客体所具有的仪式功能，这又促使我们对顶相题材的现代建构的原因进行了广泛的调查，由此，又提出了与亚洲艺术史领域中类别形成及分类有关的诸多理论问题和方法问题。

我们最初的研究论文联名递交给了大学艺术协会 1990 年年会。我们指出，实际上没有文本证据或艺术历史证据证明，现在被归结为顶相的画像本身曾被用作觉悟的证明或法

---

① 见木下政雄、横田忠司 1979：166，在日本仍然会出现一些重要的顶相；最近发现了一幅元代画像，后来被指定为重要的文化财产，见井手诚之辅 1986。

② 顶相是用来颁给弟子以作传法证明，这一观念差不多被曾为这个主题写作的每一个学者所重复。如见布林克（Blinker）1987a：147；布林克 1987b：47；芬顿与希克曼 1970xxx – xxxi；滨田 1986：13—15；饭岛 1957：17；木下政雄、横田忠司 1979：165—166；驹泽大学 1985：871c；松下、太田与田中 1967：199—200；斯坦利·贝克（Stanley – Baker）1984：113。

系传承的证据。毋宁说，我们所掌握的大量中世纪资料表明，在东亚佛教丧葬和纪念仪式等更大的背景中可以更好理解这类画像的功能。① 随着调查继续进行，我们很快就发现，关于该主题的全部研究并非单单一篇文章可以承载。于是，课题组三位学者中的两位撰写了本篇文章，集中探讨我们协作研究的一个方面，即中世纪中国杰出禅僧的画像的宗教意义和仪式功能。② 顺着这条路子，我们将会对所谓"祖堂"或"真堂"的寺院组织的发展作一个长长的附记。我们会看到，理解和中国佛教"精神谱系"或"法系"观念体系对应的这个设施对于我们重建禅宗画像的意义与功能是至关重要的。

表象与现实：语词学的问题

在中世纪的中国佛教文献中，有三个名词几乎可以通指祖师的画像：像、真和顶相。顶相一词不太常见，是佛教专用语，好像是在 10 世纪时开始使用的——当时佛教画像的绘制和使用已经开始发生明显的变化了。我们将在下文较为详细地探讨顶相一词的传入，但首先我们要回头关注术语"像"和"真"，二者在早期汉语著作的所有题材中一般都是指称画像的。对这些术语稍作考察，就足以发现其中复杂的哲学、宇宙论的乃至"神秘的"意义，这些意义与早期中国人物肖像画表现手法是相关的。

名词"像"——相像、肖像、形状、形式、图像、表象，诸如此类——引申自同音异形词"象"，两者基本上可以互换使用。"象"起源于中国古代，是一种象形文字，指大象这种动物（有甲骨文为佐证），后来除了指大象外还用于"象牙"、"象牙雕像"。早先用"象"指称雕像的用法解释了为何一般情况下它可以引申为"表象"，在特定情况下引申为宇宙"形态"或对天的认知"结构"。

这些天体布局和我们的"星座"有些类似，在地球上有相对应的符号或"复制品"。例如，《史记》提到帝王袍子上的十二个"古人之象"，包括日、月、星辰、山、龙、雉、宗彝、藻、火、谷种、斧形、符。③ 魏希斯勒认为，"在前现代中国，在替换或表达实体或象征物时，'象'可能最接近我们所说的 symbol（象征）、symbolize（用符号表现）等词。"（1985：33）。但是，正如爱德华·谢弗（Edward Schafer）所说的，"symbol"（象征）这一译词并不能够完全表达这些图案的意义，而是必须联系"关联理论"来理解其中的意义——帝王袍子上的装饰象是为了强化统治者的仪式活动与天体运行之间的相互关系。④ 谢弗宁愿把"象"翻译为"effigy"（肖像）、"simulacrum"（像）、"analogue"（类似物）、"counterpart"（对应物）、"equivalent"（相等物）或"other identity"（其他身份）。天地间事物是对应或相等的；它们密切相关、相互适应"。⑤ 对"象"的这种解读在《易

---

① T. 格里菲斯·福科，伊丽莎白 E. 霍顿和罗伯特 H. 沙夫，"禅宗画像的意义与功能"（The Meaning and Function of Chan and Zen Portraiture），发表于专题讨论"相象与血统：亚洲的宗教画像"，纽约，1990 年 2 月 17 日。

② 伊丽莎白·霍顿·沙夫的名字没有作为这篇文章的合作者出现，但我们要对她在调查和编辑技术上的巨大贡献表示感谢。

③ "符"是一种区别的标志，见魏希斯勒（Wechsler）1985：33。

④ 见谢弗 1977：292n. 11，其中他例证了李约瑟（Joseph Needham）、席文（Nathan Sivin）、中山茂、波凯特（Manfred Porkert）及其他人对"correspondences"（符合）一词流通的贡献。

⑤ 谢弗 1977：55—56。关于"符合理论"的详细讨论见沙夫 1991：162—247。

经》中找到了进一步的证明，书中的这个术语用来表示"阴""阳"线条组成的六爻结构。这些结构是发现于天地之间模式的"图像"。《易经》的《系辞传》告诉我们，圣人能够洞明天下所有繁杂的事物。他们观察了形式与现象，然后勾画出事物的图像和它们的特征，因此它们被称为"像"。[①] 该传后文也反复提及"象"即上天模式之"像"："是故，易者象也。象也者，像也。"[②] 谢弗反对把 symbol（符号）的作用等同与"象"，而认为既然"象"在本质上是无物无状的，应使用"simulacrum"（像）、"counterpart"（对应物）等词。他的观点应该是正确的（谢弗 1977：5，292n. 8）。

"象"的语源学及其在《易经》、《道德经》中的用法，表明了它在古代中国与现实的图式摹本相联系的神秘意义和创造力。这为铜镜——用来辨别、再现、查探事实的神秘装置——的神力所确证。有题铭的铜镜背面和抛了光的铜镜正面一样能反映宇宙映象，镜背通过一套按照类似于曼陀罗的几何图案进行排列的"画像"或"象"来反映世界。[③] 对中国人来说，表现或反映现实的行为与辨别和用符号来操纵明显现象之下的结构或形式的能力是紧密联系的。[④]

中国画像中另一常用的词是"真"，该词的语源学联系同样间接提及描述手法中的诺斯替教派元素："真"的原意是"真的"、"真实"或"真正的"。这个词早在六朝时期即用于肖像，显然是因为画家的任务是精确地捕捉所画人物的"神"，而不仅仅是他的外表（施 1988：69）。这种对肖像画工艺崇高的理解，画家顾恺之（345—406）有过正式的表述，即所谓"传神"、"以形写神"。[⑤]

画像应关乎传达"神气"的观念，后来被神圣化为较难理解的绘画"六法"，由画家谢赫（活跃于公元 500—535 年）列举出来。谢赫六法中第一法，按理也是最重要的一法

---

① 本田 1978：2.277；译自威廉（Wilhelm）1967：304（有改动）。

② 本田 1978：2.319；比较威廉 1967：336。另注意，《道德经》第 14 章使用了该术语，其中"象"用作道的别名："绳绳兮不可名，复归于物。是谓无状之状，无物之象"。在该经第 21 章我们也会发现下列文段："惚兮恍兮，其中有象"。两段文字都表明，对于《道德经》来说，"象"和"道"一样具有本体论要义。

③ 特别参见罗威（Loewe）1979：60—85 和谢弗 1978—79。

④ 在一次中国画的"伟大传统"的讨论中，方闻评论道："画家的目的在于精力充沛地参与创造性的改造，而不是制作一个仅仅是自然的仿制品的东西。绘画必须描绘、表达现实"。（方 1984：4）

⑤ 1961 年，陈简略地研究并翻译了《晋书·顾恺之传》。《晋书》收录了一则逸事（别处没有见过），说顾恺之倾慕一个女子，画了她的像挂在墙上，用棘针刺她的心，遂使之心痛，顾恺之趁机表露感情，于是得到女子的芳心（92.21a，见陈 1961：15）。这个魔力故事显然是杜撰出来的，但确实能够表明中国人对人物画像的痴迷——尤其是杰出画师的作品。（关于"魔力"或"图像神力"，特见弗里德伯格 1989：263—270）据说顾恺之也特别强调"点睛"，有时画完之后数年不点睛（陈 1961：14—15；马瑟 1976：368；布希、史，编辑 1985：14；斯皮罗 1988）。在探讨这一主题的一篇文章中，斯皮罗认为，顾恺之的兴趣其实在于"活化"画像，而非"达物理上的相似或人物的内在特征"（斯皮罗 1988：12）。对于顾恺之而言，"点睛传达精神并焕发光彩，使精神得以安住于画像之中……就是说，点睛使画像'活'了起来，直接为它注入生命"（同上：12—13）。虽然我们同意说顾恺之的兴趣在于赋予画像以生命，但我们并不赞成斯皮罗对两种绘画题材的区分：（1）肖像，注重追求物理上的相似及人的个性；（2）宗教画，力求"神奇地"赋予图像以生命（见斯皮罗 1988：15）。就处于我们研究的中心的中国佛教肖像来说，这两种任务是相互制约、密不可分的。而且，我们推测，对于大部分（即使不是全部的话）中国人的祖先肖像来说，都是如此。

是关注"气韵"或"神韵",虽然传统的评论者和现代学者关于这两个名称的确切含义有很大争议,但所有人都认为,第一法关注的是,超越画笔、墨水、颜料等无机媒介,给所绘人物以"生命"。就一幅画像而言,这就意味着抓住了画像人物重要而独特的精神或灵魂。[①] 按照中世纪理论家的观点,一旦艺术家成功地抓住了"神韵",自然就会形似或逼真。9 世纪时张彦远所编的《历代名画集》,是关于绘画史论的概要,对这个原则作了解释:

> 古之画,或能移其形似,而尚其骨气。以形似之外求其画,此难以与俗人道也。今之画,虽得形似,未生气韵。以气韵求其画,则形似在其间。[②]

显然,肖像画法讲求"真"与对画家任务的这种理解是同时发生的:传统资料认为,画像的"真"或"真实"不在于表面上的写实,而在于把握画像主人公内心深处的能力。

在后来的皇家艺术集成目录中,"真"一般指帝王将相的正式画像——主要是纪念意义的画像。而且,"真"通常不用于传说人物及英雄的画像,在中世纪的资料中,这种画像的一般称谓就是普通的"像"。[③] 因此"真"好像成了画家中意的术语,他们因而可以继续标榜(即使不是现实如此)肖像画是来源于生活的。下面我们会看到,在中世纪的佛教文献中,"真"也许是一个最为普遍的术语。勿以为怪,因为作为大部分佛教画像中的人物,几乎所有的祖师都被认为是重要的历史名人。尽管如此,我们却几乎不可能根据所描绘的人物、仪式背景、功能或类型截然区分绘画手法中常见的汉语名词。后文我们再继续这一话题。

与"象"与"真"不同,复合词"顶相"则是中国佛教的新词。它起初是作为梵文术语 usnīsa——佛陀头顶上肉髻——的译词而造出的。[④] usnīsa 一般包含于佛的三十二种"特征"或"相"(梵文 laksana),同时它还是释迦牟尼佛独特而又易于辨认的形象特征之一。[⑤] 佛教文献中对佛顶相的论述和理解大相径庭,但鉴于该议题的学术复杂性,我们在这里不便进行深入的研究。我们的调查直接关注的是"无见顶相"的教义——认为撇开肖像学的常规,众生无法见到佛的真正顶相。

---

① 关于"六法"、特别是"气韵"的文献相当可观。实际上,谢赫六法论的关键段落的标点,在几十年前曾引发了激烈的辩论,而且可能永远无法解决这些争议。特见索珀(Soper)1949。埃克(Acker)1954:xxviii - xxxiii;高居翰(James Cahill)1961;许理和〔Zürcher〕1964:386—392;方 1966;方 1984:4;海约翰(Hay John)1983;海约翰 1984;布希、史,编辑 1985:10—17。

② 据《历代名画集》译——译者注。

③ 如《宣和画谱》,北宋徽宗时期(1101—1125)的画集目录,俞剑华点校,1964。

④ 在古典梵文中,该词有很广泛的含义,包括"顶骨上方"、"头顶的装饰"、"缠头巾"、"带状头饰",诸如此类。关于 usnīsa 的充分论述,见于戴密微(Demiéville)、梅(May)编辑,1929:5.421—430;望月 1933:4.3632—3633;韦曼(Wyman)1957:250;戴路德(Hubert Durt)1967。关于相和随好的代表性英文名单见于汉维兹(Hurvitz)1980:353—361。下文的讨论主要依赖于这些资料,还有长尾雅人的个人帮助,我们在此一并致以谢意。接下来,我们评论的是中国人对佛教专业术语 usnīsa 意义的理解。

⑤ 在梵文《翻译名义大集》(Mahāvyutpatti)17 中,顶髻相(梵语 usnīsa - siraskatā)在佛的三十二相中列在第一位,但不同的文献之间,排列的顺序和内容都有很大的不同。在《三藏法数》中,它降到了三十二相的最后一位,此处它是作为"顶成肉髻相"而列出的。见汉维兹 1980:353—361。

　　汉语中表示不可见的顶相的词是"无见顶相"，其梵文已经被获原云来（Wogihara）由藏文 anavalokitamūrdhatā 译回。《大智度论》所列的八十随好中，包括无见顶相，而且是将它作为区别于列于三十二相中的肉质顶相的一个标记。[①] 还有一种以菩萨地（bodhi-sattva – bhūmi）为代表的传统，将无见顶相等同于"顶相"。[②] 与上述两个传统不同，《摄大乘论》将"无见顶相"当做佛的一种特征，既独立于相，也独立于随好。关键的段落是解释通过"色蕴（rūpa）转变"而获得"法身圆满"的那一段："由佛土、自身相好、无边音声、无见顶相，自在由转色蕴依故。"[③]

　　关于佛的顶相不能为众生所见，藏经的资料提供了多种解释。根据一些文本，从顶相发出的光远比太阳光更为强烈，因此不能直接看到。然而，中国人最为熟悉的这支传统认为顶相不可见是由于没有人能够站在佛上面的缘故：众生总是仰视佛的庄严，因而未能一睹那至高无上的顶相。一些文献更进一步表明，佛身量高大，头顶天空，超乎想象之外。[④]

　　据我们所知，用"顶相"指代肖像，直到北宋时期才有明证。当我们开始研究时，所面对的问题就是：用来指称佛顶上不可见到的肉髻的一个汉语术语，怎么会在宋代用来指称佛教僧人的肖像的？为了解决这一疑惑，我们研究了中国中世纪佛教肖像的制度意义、仪式意义和文字意义。现在，我们将注意力转到这一议题上。

作为神圣遗存的肖像

　　唐朝及其之前的佛教文献主要在下列环境中提到高僧肖像：（1）有独特魅力的圣僧的礼拜仪式，和/或（2）大师逝世后的葬仪。在多数情况下，这两类——信仰的和葬礼的——是一致的，而且，伴随着高僧的悼念仪式而绘制的肖像，成为包括给亡灵供品在内的持续信仰行为的重点。

　　只有少量的早期案例提到高僧生前即有肖像以供敬仰。其中一例是东晋佛教道安大师（卒于 385 年），据说他的徒众对其宗教画像有强烈的宗教信仰。378 年的政治事件迫使道安把他的教团从襄阳迁到江陵上明寺，那里很快成为"道安崇拜"的中心。据《高僧传·昙徽传》记载，道安的早期追随者昙徽（323—395）作了一幅道安的肖像，用作存念礼拜的重点。肖像制出之后，"士女咸西向致敬印手菩萨（亦即道安）"。[⑤]

　　另一个大师生前即有肖像以供礼拜的早期事例是《涅槃经》的注释者昙延（516—588）。《续高僧传》记载，建德年间（572—578），陈朝学者周弘正出使北周，北周武帝安排周弘正与本朝学者进行一场辩论。当周弘正击败北周的前两名代表时，昙延前来增援，在辩论中击败了周弘正。结果，（周弘正）"及返陈之时，延所着义门并其仪貌，并

　　① T. 220：6. 968c18—19；另见拉莫特（Lamotte）1949—80：3. 1346—1347。

　　② T. 1582：30. 568a（按作者所提供页码，该文应在 T. 1579《瑜伽师地论》卷四十九——译者注）。一些文献认为八十随好只是对三十二相的详尽阐述，这可能有助于矫正各种不同排列之间的矛盾。

　　③ 《摄大乘论》，T. 1594（原文见 T31n1594—p0149c——译者注）。

　　④ 见戴路德 1967，其中对此有充分的论述。

　　⑤ T. 2059：50. 356b3 ff；比较许理和 1972：1. 199 及小林 1954：13。

录以归国。每夕北礼，以为昙延菩萨焉。"①

除了这种奇闻逸事，大师生前即有肖像以供礼拜之事在早期的文献中极少得以明证。更为普遍的情况是，画像是与悼念和纪念仪式相关的，画像有多种功用：亡灵的栖身之处、仪式的重要供品、对逝者的回忆、辨认埋葬地点等。实际上，大量的文献证明，佛教画像在中国是伴随着处理高僧遗存的方式的发展而出现的。②

佛教对"特别的死者"遗存的痴迷已被充分地证明了，因而这里只需作简要的说明。自从佛教在印度兴起，佛教启蒙圣贤的遗存——缕缕头发、指甲或颗颗骨舍利和火化的骨灰——被热心地收集起来，奉入佛塔或供在坛上，受到所有佛教徒的膜拜。印度的经藏、题铭和考古资料表明，这些遗存被当做有生命的实体；正如格雷戈里·萧潘（Gregory Schopen）所说，"它们'浸透'了活佛所具备的那些特征"（萧潘 1987：204）。此外，萧潘还表明，佛教遗存是享有财产权的"法人"。作为崇拜的对象，遗存的作用等同于在世的如来佛，两者所依附的价值是同一的。③

有一个概念与遗存崇拜紧密相关，即认为圣人死后，其遗体不会受到污染，因此自然能够抵抗腐蚀。在亚洲的很多地方，包括信仰佛教的中国，大师遗体不可思议的"抗腐蚀性"，历来被当做很高的精神成就的标志，而且中国佛教僧传也记载了大量的类似事例：虽然没有用防腐药物保存身体，但是由于有毕生的冥想实践而获得的纯净和功德，据说此后经年他们的遗体都不曾腐烂，并且能保持健康且栩栩如生的面容。④

六朝时期，能得以神奇地保存下来的佛教圣人的遗体通常是埋葬于山边或城郊的墓地里，埋葬的地点常常会用一个塔或小庙作为标记。在众多的个案中，我们发现，小庙配有逝者的画像或雕像。一个典型的例子就是惠始，《释老志》中有他的传记：

> 太延中（435—440），（惠始）临终于八角寺，齐洁端坐，僧徒满侧，凝泊而绝。停尸十余日，坐既不改，容色如一，举世神异之。遂瘗寺内。至真君六年（445），制城内不得留瘗，乃葬于南郊之外。始死十年矣，开殡俨然，初不倾坏。送葬者六千余人，莫不感恸。中书监高允为其传，颂其德迹。惠始冢上，立石精舍，图其形像。经毁法时（446—452），犹自全立。⑤

另一个早期的例子是竺昙猷，他住在山上修习禅定，拥有巨大的奇异力量。他于 385 年逝于所居的山洞中，其身端坐、不朽且面容健康。在 479—482 年，僧慧明入山隐居，

---

① T. 2060：50. 488c10—12（感谢筱原亨一提供的参考资料）。保留于蒲州柏梯寺的昙延画像，即便在昙延去世很久以后，好像依然是昙延崇拜的重点。据《宋高僧传·文照传》，文照礼昙延画像而出家。结果昙延在其梦中出现，并对他说话。（T. 2061：50. 868. c10—22；比较小林 1954：19—20 中的论述。）

② 关于高僧崇拜、他们遗物的保存以及佛教画像的演化之间的关系，特见小山 1934 和 1937，小林 1954。

③ 根据难兜（Gilgit）《说一切有部根本戒律》（Mūlasarvāstivādin vinaya），"礼拜活佛者，和礼拜入涅槃者，有同等虔敬之心——此二者功德都无差别"（萧潘 1987：209—210）。

④ 关于禅师尸身不可思议的抗腐蚀性，特见小山 1937；戴密微 1965；福尔（Faure）1991：148—169；福尔 1992；沙夫 1992。下文对佛教木乃伊和涂漆雕像的论述大部分来自沙夫 1992。

⑤ 据《魏书·释老志》原文移译，译文中括号里的内容，为本文作者所加——译者注。《释老志》是北魏时期（386—534）佛教和道教的历史记载，见于魏收集《魏书》卷一一四；比较《高僧传》卷十《惠始传》（T. 2059：50. 392b3—c7），以及《法苑珠林》卷十九（T. 2122：53. 428a25—b1），这里他被称做昙始。

发现昙猷尸骸不朽而其禅室荒芜。慧明雇人清理荒秽，重造堂室并造卧佛及昙延像供奉。①

这个习惯一直延续到唐朝，我们继续发现关于画像和雕像与佛教圣人的遗体一道安放在陵塔中的记载。例如，禅修者法钦死于 773 年，他的尸体被安放在一个泥瓮之中，奉在塔内，所塑雕像靠在桌边，犹如活人一般。902 年，塔与雕像被发现，打开瓮之后，其肉形全在。② 除了这些之外，我们可以加上禅宗六祖慧能（638—713）的事例：根据最近的一个记载，他的画像和用药物保存起来的肉身及一些其他东西一起放在塔内。后文我们再谈谈慧能的例子。

我们还发现了一个鲜为人知的情况，即用画像来"代替"法师不朽的肉身。这个故事见于《高僧传·帛僧光传》，帛僧光隐居山中修习禅定，卒于 385 年。根据《高僧传》的记载，帛僧光死后，其肉身安坐如生，颜色如常。（事实上，他的徒弟们一个星期后才意识到他已经死了，他们仅仅是在注意到他没有呼吸后才加以推测。）70 年后，郭鸿入山礼拜。他用如意试着拨其胸部，飒然风起，帛僧光的衣服随之消散，只剩下白骨。郭鸿大为惊恐，将白骨收入室内，用砖垒在外面，用泥封上。然后为帛僧光画了一幅像放在那里。据《高僧传》的编纂者慧皎（497—554）所说，编写该书的时候（530/531），画像尚在。③ 这个情况表明，帛僧光肉身的"不朽"没有禁得住时间的考验，而他以前供人礼拜的遗体，也被画像所代替。

精神修为很高的佛教大师肉身会自然不腐，这个观念促使人们试图把尸身做成木乃伊以人工保存肉身。如罗伯特·沙夫在别处所说的，制作木乃伊起初仅仅是为了提高圣人肉身自然不朽的能力——制作过程本身就是一个非常困难而且不确定的过程，使得这一观点听起来似乎言之有理。④ 通常采用的方法是干贮肉身，然后用层层的布将其裹起来，这些布是用浸过漆的麻或苎麻制成的。在有些情况下，好像漆布是直接裹在僧人仪式法服之上，或是事后把法服刻印到干漆表面。做好的木乃伊随后就镀金，着华服，并佩以与僧人的身份相符的装饰物，如拂子或拄杖。在唐朝，随着干漆技术的完善，圣人的肉身可以（如果技术和运气好的话）改造成"真身"，从而消除神圣遗存与逼真的雕像之间的距离。

佛教僧传中有大量关于这种干漆木乃伊的材料，但在此仅一个例子就足以达到我们的目的。前面提到的禅宗六祖慧能的木乃伊，也许在中国是最为著名的。（曹溪南华寺出现的木乃伊，使得这间寺庙直到现在还是重要的圣地。）⑤ 根据《景德传灯录》（1004）中的慧能传记所述，慧能知道将要入灭，沐浴之后，众弟子围在四周，他安坐而化。大师的弟子们随后用漆布为之裹身，使其不致受损：

---

① 见《高僧传》卷十一《昙猷传》，T. 2059：50. 395c26—396b16，《慧明传》见于同卷 400b4—15；也见小林 1954：15 中的论述。

② 《宋高僧传》卷九进一步记载，法钦发长覆面（T. 2061：50. 764b14—765a11）。也见小山 1937：109—110，他对这些以及其他盛放雕像的佛塔的例子进行了论述。

③ T. 2059：50. 395c5—25；比较小林 1954：14 中的论述。

④ 在中国，关于佛教木乃伊的最早记载涉及的是杰出禅师的肉身，他们的肉身在其死后自然不腐。很显然，制作木乃伊是想用来为后代保存他们"永垂不朽"的奇迹。见沙夫 1992 对此进行的充分论述。

⑤ 关于对木乃伊及存放它的寺庙历史的详细分析，见福尔 1992：165—180。布洛菲尔德（Blofeld）1972：86—92 记述了最近访问该寺的情况。

　　门人忆念取首之记，遂先以铁叶漆布固护师颈。塔中有达磨所传信衣（西域屈
眴布也，缉木绵华心织成，后人以碧绢为里），中宗赐磨衲、宝钵、方辩塑真、道具
等。主塔侍者尸之。[①]

　　我们还可以了解到，那座陵塔在开宝（968—975）初年完全毁于大火，但慧能的真
身被主管和尚保护起来，使之未受损害。慧能尸身制作的木乃伊，至今还能在南华寺见
到。顺便说一下，该木乃伊并没有铁领的痕迹，脖子上也没有伤痕。[②]

　　用来保存佛教圣人肉身的油漆过程，花费昂贵、耗费时间，而且因生漆有毒又具危险
性。而最为重要的是，在唐朝，用油漆技术把肉身变为不会腐朽的圣像，与用它制造干漆
雕像在本质上是一样的。干漆技术就要在木头或黏土外层上再层层包裹浸漆麻布。每一层
都需要很长时间才能弄干，所以整个过程可能要用数月以上的时间，结果是有足够厚的涂
漆层和柔韧性以便精雕细刻。这时，雕塑看起来就像上过漆的木乃伊，随后又会被涂漆或
镀金。而且，如果用的是泥胚，雕塑一完工，就会把泥胚挖掉。[③]

　　尽管难以证明，但有证据表明，这种耗费时间而又高度精密的技术是用干漆制作木乃
伊的必然结果（人们发现木制或土制的框架是肉身合适的替代物，肉身在制作过程中很
难加工），东亚一些最为出色的佛教雕塑正是利用这一技术制造出来的。于是我们发现，
干漆木乃伊和干漆雕塑最早出现在历史记录中的时期大致相同（六朝晚期到初唐时期），
而且无论是用于干贮尸体还是铸造防护层，干漆的应用和塑造在本质上是一致的。此外，
大量的事例显示，在干漆木乃伊上的努力，好像已经走了样，至少有这样一个案例，干漆
雕塑是作为开始腐败的干漆木乃伊的替代品而制作的。[④] 然而，我们的资料残缺不全，导
致了这样的历史重构在很大程度上是靠推测而来的。

　　然而，我们的讨论不需要依赖于这种推理，因为漆木乃伊只不过是中国僧人试图消除
雕塑与遗存之间距离的诸种策略之一。例如，有几个这样的记录，是说圣人遗体被火化
后，用骨灰与泥土混合形成的混合物给死者塑像。虽然没有已知现存的"骨灰像"作为
例证，但《宋高僧传》里有三个相关的例子，都是唐朝的事例。最早的是朝鲜禅师无相
（684—756），他的泥塑混有其遗骸，塑好之后的几天里还面部流汗。[⑤]

----

　　① T. 2076：51. 236c11—16。（作者英译对本段文字略有改动，今依汉文本原文收录——译者注）。
　　② 戴密微1965：416和李约瑟1974：图片1330都收录有这个木乃伊的照片。木乃伊的身份尚未确
定，但极有可能不是历史上的慧能之身。现在学者们相信，许多慧能的传记是后来的传说，他在生年并
不怎么为人所知。木乃伊的出现以及关于它的种种传说，无非是想利用大师后来的名望。
　　③ 关于东亚干漆雕塑，见华尔纳（Warner）1936：10；华尔纳1964：55—60；西川、萨诺（Sano）
1982：48—49。尽管日本中世纪时制作的大量干漆造像保存到了现代，但中国唐朝的作品留存至今的极
少。纽约大都会艺术博物馆收藏了一件来自大夫庙（河北正定）的释迦牟尼雕塑，制作于650年前后，
可能是现存最早的例子。见瓦特（Watt）1990：57。
　　④ 这是关于律师鉴真（688—763）的例子，以作为日本律宗的祖师而闻名。750年，鉴真第五次
东渡日本没有成功，就参访曹溪，在那里见到了慧能的真身。很显然，慧能的木乃伊深深地吸引了鉴
真，因此他也十分渴望死后能做成木乃伊，但好像那个木乃伊出现了什么问题，最后鉴真的肉身不得不
火化了。鉴真在日本奈良创建的唐提招寺，保存了大师的一幅画像，是一幅非常精致和逼真的干漆技术
的杰作，显然是用来作为鉴真木乃伊的一个替代物。对此的完整论述见于沙夫1992的附录。
　　⑤ T. 2061：50. 832c29—833a2。另外两个案例是木叉（T. 2061：50. 823b1—5）和束草（T. 2061：
50. 857b2—13）；见小山1937：116—117的论述。

有关这一论题的另一种说法是，把死者的遗骸保存在他的塑像中。一个著名的例子就是供奉在敦煌 17 窟的一个矮桌上的泥塑，塑的是 851—861 年河西走廊的僧官弘辩。塑像的背后有一个用泥封住的小洞，里面可见一个丝袋，袋里装的可能是弘辩的骨灰。我们还要提及天台教圆珍（814—891）法师的例子。供奉在圆城寺祖堂的所谓智证大师圆珍像，可能就装有圆珍的骨灰。通常认为这尊塑像是平安早期在日本塑造的，很显然它模仿了圆珍入唐期间（853—858）所见到的原型。[1] 事实上，这种做法在日本好像已经很普遍了：我们发现差不多每一个重要佛教宗派都有这样的做法，如兴国寺（和歌山）心地觉心（1207—1298）禅师的像，被认为是日本现存最早的顶相雕塑之一。[2] 在这里对这类塑像进行充分讨论会使我们离题太远。有不同的策略可以使造像与圣人神圣的遗存在功能上等同，只要指出这一点就已经足够了。

佛教圣人的像，不管是雕塑的还是绘制的，都未必为了使肖像成为信仰的客体和神力的来源，而将其与圣人的遗存直接联系起来。许多隋唐时期禅师的传记，记录着他们的墓如何在其死后变成虔诚礼拜的焦点，他们的像也被尊奉为圣像。在一篇相关主题的研究论文中，小林太市郎讨论了各种像的信仰功能，包括天台智颢（538—597）、律师道宣（596—667）、净土教祖师善导（613—681）、法相宗祖师慈恩（632—682）及前面提到的禅宗祖师慧能和法钦（小林 1954）。在每一个例子中，一系列神秘的事件都与大师的遗存和他的像相关，而且像开始被当做精神雕像和崇拜对象。总之，要注意的是，这种像的仪式功能绝不是禅宗独有的，实际上，上面简短列举的每一个重要的中国佛教传统对此都有所表现。

隋唐时期的禅宗真堂

大量隋唐时期的资料证明，庙宇僧院中有专供存放中国高僧肖像的堂。我们对这种设施的起源几乎一无所知。六朝时期的资料表明，人们建造陵塔用以奉祀圣人遗存，堂有可能正是由这种小型陵塔演化而来的。[3] 好像这些庄严的陵墓最初多建于遥远的山顶上，或偏僻的郊外墓地中，部分原因是由于早期中国禁止在城墙以内处理尸体。如前所言，早期的佛教陵墓经常会安放一尊死者的画像或塑像。后来肖像就被看做等同于大师的遗存——各种整合遗存与肖像的方法促进了人们的这种看法——陵墓仪式的焦点就从遗存转换为圣像了。如果纪念塔中间安放的是圣像而非尸体，那它就可以迁移到庙宇辖区内而不会违反中国人的禁忌。一旦迁到僧院内部，这些神圣场所——被称作"重堂"、"影堂"、"真堂"或"祖堂"等多种名堂——就不必再只是尊奉某一位圣人，而是可以用来奉祀与这一机构多少有些关联的很多杰出人物的肖像。

遗憾的是，我们没有任何隋唐时期详细的仪式指南或真堂的建筑规划，因而对于唐代

---

① 关于弘辩与圆珍的塑像，见伊藤 1987 和毛利久 1977：82 中的论述。注意，伊藤认为，按照年轻人的面貌给僧人塑像，能让人猜测到该塑像制作于僧人生前。他的分析毫无根据，不足采信。

② 毛利久 1977：27。兴国寺的这尊塑像所标日期是 1286 年，由此应该造于心地觉心生前。心地觉心的另一尊塑像大约要早十年，是"日本所知最古老的顶相塑像，也是最古老的生者顶相。"（李、卡宁汉姆与乌拉克 1983：251。其他一些盛有骨灰的重要的日本塑像包括东京本门寺的日莲（1222—1282）像，京都真宗佛光寺的良源（1295—1336）法师像；见毛利久 1977：26—33 中的论述。

③ 关于从纪念塔到真堂的演化，见小山 1934 和 1937：111 中的论述。

真堂的功能进行历史重建只能依靠：（1）保存在敦煌遗稿中的少量粗略记载；（2）偶见于日本朝圣者著作中的参考资料，如 804—806 年在中国学习的空海（774—835）、838—847 年游历中国的圆仁（792—862）；（3）宋元资料中对前代真堂的简短记载。尽管资料很少，但有效的证据足以让我们去推测 8—9 世纪真堂"禅宗"风格的独特演化。

隋唐时庙宇中安放的纪念肖像描绘的多是某一特定宗派的祖师。如此一来，这类像往往与更大一些的庙宇复杂组织中特定的寺或院联系起来，而这更大的庙宇复杂组织是特别仪式或解经传统的实践中心和/或研究中心。一些日本朝圣者的记录证明，中国的真言宗寺庙就使用这些设置。空海在《御请来目录》中记录了一系列新传入的经本和仪式器具。其中，他提到从中国带回了下列高僧的肖像：（1）善无畏（637—735）；（2）金刚智（671—741）；（3）一行（683—727）——善无畏与金刚智的徒弟；（4）不空（705—774）——金刚智的徒弟；（5）慧果（746—805）——不空的弟子，享名于日本，是空海的本师（T. 2161：55. 1064b17—21）。这些人物都与真言宗有联系，该宗在帝王的恩宠下，兴盛于长安的大兴善寺和青龙寺。虽然空海声称已经继承了真言宗自毗卢遮那佛到金刚萨埵、龙树菩萨、龙智菩萨、金刚智、不空和慧果的法系传承，但很清楚，在这些肖像中描绘的祖师们并非同一法脉传承。根据空海自己的记载，善无畏不是真言宗最初谱系的部分，而一行和不空被当做"法兄弟"关系——两人都是金刚智的弟子，是同一辈分。而且，根据中国的资料，不空的主要传人不是慧果，而是慧朗。因此，如果真如空海所声称的那样，慧果果真是不空的衣钵传人的话，那么拥有不空传承的至少有两人（慧果和慧朗）。

必须谨慎解读空海的谱系记载，因为他有意提升自己为受人敬仰的真言谱系第九祖。尽管如此，很显然，空海带回的密教祖师的肖像并无异常之处：圆仁也说，金刚智与不空的肖像被供奉在专门供奉密教始祖的禁地。而且，圆仁在信奉天台修行实践的寺庙里遇到过类似的肖像排列。明显不同的是，在天台宗寺庙里供奉的是慧思（515—577）、智顗等天台大师的肖像。[①]

来这种寺庙的客人，从朝拜的僧人到偶过的访客，都会在祖师的肖像前摆上供品以示对祖师谱系的敬重。这种崇拜不仅给该寺庙的解经或仪式传统增添了合法性和神圣性，也加强了奉祀杰出祖师的谱系与周围寺庙的联系。不过，我们并不是说，在真堂或其他一些合适的圣所供一套祖师的肖像就会使该寺院成为一个有自身意识的佛教"宗"或"派"的正式部分。毋宁说，这样的设置使得佛僧得以专修某一经注或仪式传统，所奉祀的肖像正是该传统的象征。不管怎样，有了这种类——宗谱的分类，供奉该宗派所尊奉的圣僧肖像的圣所就开始类似于孔教的家庙了。

唐代佛教内部最关注按照谱系界定自己并使自己合法化，虽然真言宗和天台宗都认定自己的祖师谱系追溯到印度，然则在声称精神谱系传承自印度僧人菩提达摩（或根据不同的版本，写为 Bodhidharmarmatrāta；阎波尔斯基1967：8—9）的运动早期，声势浩大的有神秀（606？—706）一派，即后来所说的禅宗北宗。最早描绘这一宗派谱系的《传法宝记》（713）是一部七位祖师的传记：菩提达摩，慧可，僧璨，道信（580—651），弘忍（600—674），法如（638—689）和神秀。[②] 虽然这本书没有使用序号去编排祖师（"第

---

① 见赖肖尔（Reishauer）1955：64，67，71，72—73，217，220—221，224，228，230，265 及 294。

② 见柳田圣山 1971：329—435 中的编定本和日文翻译。

一"、"第二"，如此等等），但很显然，前五位历经五代而组成了师徒传授的不间断的谱系。另一方面，法如和神秀是"法兄弟"，一起作为弘忍的法嗣拥有第六代的传承。我们还从另一部敦煌文献看到，神秀的首席弟子普寂（651—739）在嵩山少林寺建了一个石柱和一座"七祖堂"，以纪念《传法宝记》中称颂的七位祖师。① 我们可以推测，那些柱子上的文献模仿了《传法宝记》，而且七祖堂保存了灵匾以及每一个受奉祀人物的肖像。

在少林寺特别建造的祖堂中，普寂公开展示神秀的谱系，显然是为了提高他自己的地位，因为只有公众认可了神秀是合法的第六代法嗣，他作为达摩一系"七祖"的地位才能获得承认。虽然我们对此事的历史重构比较复杂，但一些细节还值得说一说，因为它涉及与早期"禅宗"谱系相关的最早得到证明的真堂。

选择坐落于东都洛阳附近的少林寺本身就很重要，我们从《传法宝记》和其他同时代的记录来看，在 7 世纪末，少林寺并不是神秀活动的中心，而是法如及其追随者的基地。传说菩提达摩到达中国后不久就隐居于此，并在此将法传给了继承者慧可。然而，将菩提达摩与少林寺联系起来的现存最早文献恰恰是《传法宝记》；包括《续高僧传》（编撰于 644 年）中的重要资料在内的更早印度僧人传记都没有提到过这个地方（关口真大1967：133）。那么，菩提达摩与少林寺之间的联系似乎是法如在此生活期间建立起来的，最迟也不过是 689 年法如逝后不久。另外注意一下在法如死后不久就写出的墓志铭，包含了我们所知道的最早的传自达摩的法系图式：

> 南天竺三藏法师菩提达摩，继承教宗，传法东土。《传》曰："师启化有情众生，神妙渊博，入魏传法慧可，可传（僧）璨，璨传（道）信，信传（弘）忍，忍传（法）如。"（柳田圣山1967：488；马克瑞1986：85—86）

考虑到所有这些因素，我们可以认为，从弘忍回溯到菩提达摩的传法世系的说法，发端于 7 世纪晚期少林寺的法如及其后继者。

奇怪的是，在这一时期，后来被人尊崇为弘忍主要法嗣的神秀很显然是住在荆州的玉泉寺和度门寺。实际上，直到 700 年，神秀才开始在都城洛阳和长安说法，他在那里一直待到 706 年去世。而且，神秀的遗骸被送回了度门寺，睿宗（710—712 年在位）为他在那里修建了一座宏伟的陵塔（马克瑞1986：55；福尔1997：34）。好像把神秀提升到"六祖"地位的是他的弟子们，普寂是其中的主要人物。这绝非易事，因为大家知道法如已经是五祖主要的法嗣了。普寂的策略包括：（1）编撰《传法宝记》，书中将早期的材料重新整理以与神秀的传记及塔铭一致；（2）在少林寺建造前文所述的"七祖堂"，其中将两位祖师——神秀和法如——都列为第六代。

---

① 此处所说的敦煌文献是神会的《菩提达摩南宗定是非论》，胡适编（见胡适1968：289）。我们的分析认为，"七祖堂"被解读为"七位祖师的堂"而非"第七位祖师的堂"。这一种解读可以被神会对此进行批评时使用的逻辑所证明：他对普寂把神秀尊崇为第六代祖师提出了批评。因此，如果"七祖"的意思是"第七祖"，那么他应该指的是法如。但这又不大可能，因为在《传法宝记》中，法如的传记是排在第六的，而神秀是第七。无论如何，神会攻击的关键在于，北宗的谱系允许有两位第六代祖师，而没有指定第七代。还要指出的是，根据普寂的墓志铭，他的后继者们称普寂本人为"七祖"，而不是神秀或法如（马克瑞1986：65—66）。

　　如果对《传法宝记》的产生方式进行详细分析，则会使我们走得太远。① 只要注意到下述事实就可以达到我们的直接目的了：《传法宝记》现存校订本的编纂者杜胐很明显是受命于普寂，篡改文献以提升神秀在达摩一系的法嗣地位。② 这只要把神秀说成是弘忍的法嗣即可。但杜胐不能忽视认为法如是弘忍的合法继承者的既成传统。结果是一代有两个"六祖"，这种"妥协"方式在少林寺祖堂生动地演绎了出来。似乎普寂又借助纪念仪式的媒介作用以及策划"七祖堂"来弥缝法如的法系之说，正如他吩咐代理人杜胐通过传记的媒介做同样的事情一样。

　　荷泽神会及其后继者们继续利用真堂来争取达摩法系地位。现代禅宗学者之所以对神会耳熟能详，得仰仗他在提升师父慧能为五祖弘忍的合法继承人的运动中发挥的重要作用。这就需要不断地攻击普寂和"北宗"后人，指斥他们误认神秀为弘忍主要的继承人。神会批评普寂编辑《传法宝记》以至于出现两个第六代祖师，并批评他在少林寺建"七祖堂"（胡适 1968：284，289）。神会清楚地知道，普寂的意图是从法如那里夺回达摩法系的声望，但通过重立法如作为弘忍的真正法嗣来反驳神秀的后人，并不是神会的兴趣所在。相反，神会专注于《传法宝记》中法系之说的矛盾性，坚持慧能是五祖的唯一合法继承人。③

　　在 752 年前后，神会（正如之前的普寂一样）建造一个纪念印度和中土历代祖师的真堂来证实他关于达摩谱系的论断。根据《宋高僧传》中的慧能传所记，和普寂不同，神会在洛阳他自己的寺院（荷泽寺）里建了一个堂，每代只尊奉一位祖师（T.2601：50.755b10 及以后各页）。据说兵部侍郎宋鼎为此撰文立碑，神会自己也加了一个序，详述绵延不断的宗脉，并为每一位祖师图绘其影安立堂中，太尉房琯（697—763）作《六叶图序》（T.2061.50：755b13）。虽然我们可以质疑这个记述中一些历史细节的准确性，但它表明唐代的佛教真堂正发展成安放多种肖像和纪念石柱的重要建筑。这种建筑能确立僧侣及方丈的资格，部分原因是由于争取到政府高官的认可和支持。

　　根据自称是荷泽神会传法弟子的禅宗史家宗密（780—841）所述，神会在 758 年去

---

　　①　关于神秀与法如关系的早期著作以及关于《传法宝记》编撰的情况，特别见于柳田圣山 1954；1963；1967：35—38；1971：24—28；福尔 1987：26—38，128—134；福尔 1989：65—67；还有马克瑞1986：85—87。注意，我们关于《传法宝记》作者身份的重构，不同于柳田圣山、福尔和马克瑞（见下文的注释）。

　　②　荷泽神会（684—758）力批《传法宝记》，指斥普寂为了证实其所定祖系而着人编纂文献（胡适 1968：284，289）。仔细分析《传法宝记》以及相关的资料完全证实了神会的指控。似乎杜胐的《传法宝记》是在一个更早期文献的基础上编纂的，该文献现已佚失，其中包括现存文献中的前六个传记（达摩到法如）。编纂这个文献的目的无疑是证实法如的墓志铭中所勾勒的法系，同时确立少林寺古老而合法的法系中心地位。杜胐对文献的改变包括增加一个序言，一个附记和一篇神秀传。这些变动措辞严谨，力图把神秀放在与法如同等的位置，并在法如死后拥立神秀为弘忍的法嗣。考虑到先前已存在的法如谱系记录的有效约束力，杜胐尽可能《传法宝记》的"原始文本"以迎合神秀后继者的要求。

　　③　乔根森认为，神会的批评牵涉到一个基于皇室传承模式的世系概念：皇族每一代只能有一个合法的继承者（即一个在位的统治者）（乔根森 1987）。根据乔根森所论，为了坚持每代单传的原则，神会力求为南禅建立一个"正统谱系"，同时推进他自己作为当前法系承接者的印信（第 104 页）。然而，神会所发起的禅宗世系继承的单传颇具争议。这个原则可能是法如的弟子提出的，结果神会却利用它来消弭神秀追随者的阴谋。

世，其后五年，皇帝在龙门（洛阳附近）大师陵塔那里建造了宝应寺。[①] 770 年，代宗皇帝（763—780 年在位）赐该寺的祖堂额："真宗般若传法之堂"。[②] 在 806 年为神会的一个弟子慧坚（719—792）立的纪念碑中，徐岱还提到有另一个祖堂供奉七位祖师的肖像。碑记称神会为"七祖"，并称国库拨款修建了一座画有七位祖师肖像的观音堂（乔根森1987：119—120）。

乔根森指出，这些供奉七代祖师的早期佛教真堂，在一定程度上再现了皇室祖先祭祀的规则安排（乔根森 1987：110）。皇室祖先祭祀是根据《礼记·王制》来安排的："天子七庙，三昭三穆与太祖之庙而七。诸侯五庙，二昭二穆与太祖之庙而五……"七庙是各自独立的圣祠，分别安放着一系祖先的灵位。始祖的灵龛放在中间，二、四、六代依次排在左边，三、五、七代排在右边。左边的（偶数）称"昭"，右边的（奇数）称"穆"。

很显然，从宗密以及其他一些禅宗谱系的倡导者所用的语言来看，到 9 世纪早期，禅宗的世系排列借鉴儒教纪念仪式的词汇并不罕见。例如，为证明七祖的谱系终结于神会，宗密明确地把该谱系与皇室祖庙中的七庙等同起来。[③] 此外，在对四川"南山禅宗"的批评中，宗密说，除了创建者的名字及其少数弟子的身份，对该系的世系和昭穆他并不清楚（ZZ. 14.279c10—12。乔根森 1987：110）。

我们知道，神会自己力图建立一代一祖的原则，同时证明慧能是五祖唯一的合法继承人。神会的后人则走得更远，他们在祖堂中仿照皇室祖庙的排列，更进一步推进了达摩谱系与皇室宗族之间的类同。到 8 世纪晚期和 9 世纪早期，他们成功地争取到官方的认可和赞助。但是，随着这一宗教谱系自达摩传承而来的概念扎下根来，就不断冒出声称承袭慧能衣钵的分支，内部纷争也持续不断。例如，所谓洪州一系的后人宣称，其法系传自慧能，经一个叫做南岳怀让（677—744）的名不见经传的僧人传给他们自己的师父马祖道一（709—788）。同时，石头希迁（700—790）的后人则声称他们的法系自慧能经石头的师父青原行思（殁于 740 年）而传承下来。然而，与这些活动相关的历史资料很少，而且我们不能断定他们在多大程度上用真堂来支持他们世系传承的论断。不过，假设他们中至少有一些支系会利用这种方法争取宗教的合法性以及世俗的赞助，应该是不无道理的。

禅宗对精神谱系的强调看来是促进祖堂或真堂发展的重要力量，这些堂在宋代成为中国佛教寺庙独特的景象。虽然其他唐代佛教传统，如真言和天台，也在特地建造的圣所一起奉祀高僧的肖像，但并不一定就认为这些大师构成严格意义上的师徒关系谱系。但是，随着奉达摩为祖师的佛教谱系内部竞争的加剧，我们看到一个新的重点——精神"血脉"。这些谱系被认为类似于世俗的宗谱，尤其是类似于皇室宗族。因此，他们设置的祖堂在物理排列以及仪式功能上，都类似于传统的中国祖庙。这些堂证明了禅宗传统中肖像与传记之间的紧密关系：特定禅宗真堂中祖师的排列与诸如《传法宝记》这样的传记中祖师的排列之间，往往是一一对应的关系。如此一来，禅宗真堂不仅是特定寺庙中宗派派

---

① 见宗密的《圆觉经大疏钞》，作于 833—841 年（ZZ. 14.277c1—3），详细论述见于乔根森 1987：118—129。

② 文本继续记述到，772 年，敕赐陵塔额曰：般若大师（神会的谥号）之塔。根据宗密所记，许多禅师在 796 年被皇太子召集论定禅宗正统，而且正式批准了神会在达摩一系七祖的地位。这件事被记在神龙寺中奉敕建造的一个石碑上（宗密曰"见在"），而且皇帝亲自写了"七祖赞文"（ZZ. 14.277c2—3）。

③ 《中华传心地禅门师资承袭图》，ZZ. 110.434b7。

别的象征，而且可以在历史背景上（如谱系）证明其宗教的正统性，以及为这些声称的公共仪式的神圣化提供了舞台。

宋元时期禅宗真堂的演化

会昌时期（841—846），皇帝布告天下严厉压制佛教，导致包括塔和真堂在内的众多寺庙设施遭受损毁。在压制事件之后，宣宗（847—860 年在位）敕令"天下诸寺修治诸祖师塔"。[①] 无论那些修治的性质和程度如何，唐王朝的瓦解和继之而来的五代时期（906—960）长达半个世纪的政治分裂，在总体上成为佛教寺庙机构特别是祖堂组织演化的分水岭。

我们看到，唐朝所谓的禅宗实际上由许多相互竞争的分支组成。如果说它们之间有什么联系的话，也只不过是都借助同样的谱系神话使它们各自的精神权威合法化而已：都声称通过印度禅师菩提达摩直接承接于释迦牟尼佛。然而在 10 世纪前半叶，虽然中国北部因纷争而遭破坏，但在东南诸国却出现了对达摩法系更为普遍的新理解。[②] 正如柳田圣山所指出的，这些王国在动乱年代是相对和平与繁荣的天堂，而且往往统治者认同佛教（柳田 1984b：1—5）。于是，不足为奇的是，全中国的佛教僧人都去那里避难，带来了他们各自的谱系说和众多地方宗派的圣传知识。这一状况产生了更加普遍的禅宗宗谱观念，这个宗谱愿意容纳天下所有将精神继承回溯到菩提达摩的人。

先前神会所强调的"世代单传"的传法原则仍然可见于该宗谱的主干，它包含了以慧能为终点的 33 位印度及中土祖师的法系传承。但有一种新的观点认为，这个谱系在慧能之后分为两个主要的支系（青原系和南岳系）及诸多支派。所有这些派系都被接纳到禅宗的行列中，如分别从四祖和五祖分支出来牛头（594—657）和神秀那样的早期旁系等。

能够体现禅宗谱系派系众多的现存最古老的文献是《祖堂集》，952 年编于南唐时期的泉州城（现福建省）。[③] 南唐的皇帝，和当时那些中国割据政权的皇帝一样，认为自己如大唐帝王一样是辉煌帝国的统治者。这些帝王效仿前唐帝王给予佛教慷慨赞助，以期获得同样的声望。《祖堂集》容纳了全中国的禅宗派系，并把福建地区（如南唐）的禅师描绘成唐代佛教辉煌的监护人，因而他们浮华的虚荣心获得了满足。

大概在《祖堂集》编成 23 年之后，南唐就灭亡了，《祖堂集》本身在出版了 150 年后也在中国销声匿迹，其版本现仅存于朝鲜。不过，在其他统称为"传灯录"的传记中也反映了《祖堂集》中达摩法系的普遍观念，其中最早而且最有影响的就是 1004 年的《景德传灯录》。"传灯录"使得禅宗思想家可以统筹众多的地方宗派，使每一分支在广泛的禅"宗"内都有一席之地，而且向朝廷表明本宗是中国佛教最标准的传播者。这些灯录得到宋朝廷的认可而且编入正统藏经之中，由此可见它们的成功之处。严格说来，起源

---

① 《佛祖统纪》，T. 2035：49. 464a26—27。

② 这种情况发生的主要地区包括吴国（902—937）和南唐（937—975）（二者都在南京附近），吴越国（907—978）（在今天的浙江境内），福建的闽、南汉（907—971）（位于今天的广州）以及楚国（927—956）（今天的湖南省）。

③ 此文已由柳田（1984b）编辑；也见扬波斯基（1967：51. n. 177）中的论述。

于释迦牟尼佛的以心传心的神话为中心的禅宗版佛教史，成为了官方权威。

宋朝廷还不仅仅是认可体现于禅宗传记中的禅宗谱系：它为禅宗一系的法嗣保留了许多国家支持的大寺院及十方刹。这里所说的许多寺院有着悠久而辉煌的历史，而且在宋之前的历代都受到认可和赞助。但是宋以前，还没有官方指定的"禅"寺。朝廷正式宣布把许多官方大寺改为"禅寺"（或禅院），这证明了宋代禅宗的兴盛。这种变更通常包括给寺院重新命名，给大门重新赐匾额，从接续了禅宗法系的众僧中指定新方丈（称之为开山），以及重光真堂。①

与之前各时期相比，关于宋代真堂的组织和功能的历史资料相对丰富一些。② 每一个宋代的大寺院都设有这样的堂，被称作"真堂"、"祖堂"或"祖师堂"等，位于佛堂或法堂的西边。佛堂和法堂（与方丈室及大门一起）沿着南北中轴线排列，土地堂位于中轴线以东，正对着西边的真堂，形成了非常对称的排列。

土地堂供奉着两类神灵的像或牌位，二者都不是源自佛教的神灵：（1）土地神，是寺院所在地区的地方神；（2）伽蓝神（各种寺院保护神）。把真堂与土地堂对称设置有其用意所在，因为它表明，供奉在这些圣地的土生土长的神灵在精神级别和功能上是大致相等的。这些神灵在地位上显然低于供奉在佛堂（只供释迦牟尼、毗卢遮那，或供阿弥陀、释迦牟尼及弥勒三尊像）中的那些神。而且，供奉的祖师、土地神和保护神都是它们所住寺庙的创建及衍生的象征，为了保证寺庙设施的财产和安全，它们也会受到供拜。后面我们再讨论这一点。

宋代禅宗真堂与之前的真堂最为显著的区别是，除了供奉传统的祖师像以外，还供奉开山祖师及历代祖师像。事实上，我们已经看到，通过这种方法，之前未附属某宗某派的公共寺院就可以转变为禅宗的机构了。而且，缩减宗谱（消除早期禅宗祖师中间几代的人物）在许多寺院中已习以为常，只按正常序列保留前几位方丈像。有些寺院好像还一并废掉了早期祖师像。

不难想象方丈像侵占并最终取代早期禅宗祖师像的过程。早期禅宗祖堂中的像生动地展示了禅宗谱系的延续，并证明了寺庙卓著的精神资源。然而，唐宋之间群龙无首之际，随着对禅宗谱系更加宽泛的理解，用单一的真堂来代表整个禅宗宗谱越来越困难了。《祖堂集》已经包含了两百多个传记，而《景德传灯录》也扩充到大约1700个主传及附传。困难在于如何既能限制塑于堂中的祖师像的数目，又能有效地展现寺院的精神遗产。

其中一个解决方法是祖堂中只供奉方丈自己的历代师承而排除所有的旁系。由于资料的不完整性，我们只能进行试验性的猜测。但有证据表明，这种组织原则在宋代早期就被使用了。因此，当一个公共寺院初次被宣布为"禅寺"，并在祖堂供奉新开山祖的时候，一起供奉的还有方丈本系先前其他大师的肖像。本系指的是能使他与慧能和达摩相连的谱系。这些像，每代一个，根据古代"昭"和"穆"的组织原则，排列于上面所论的唐代

---

① 关于"十方刹"的论述见福科1987：69—72。

② 丰富的可用资料使我们的宋代寺院文化研究获得了丰厚的回报。这些资料包括佛寺地面的规划（包括特定类型建筑图纸）；收在寺院的《清规》中的寺院规条、日常安排以及礼拜手册；《地方志》；《山志》；个别和尚的传记、纪念碑以及《语录》；佛教的年表、公案、百科全书；和尚及佛教居士的日记和实录；像荣西和道元那样的日本求法者记录的第一手的寺院生活记录；现存的宋代佛教肖像画。

画堂中。①

　　然而，依照方丈的谱系而组织的祖堂不可能延续很久。宋代公共禅寺的规则规定，方丈必须从那些得到正式禅宗宗系传法的人中间选出。但这个规定并未指定必须从前任方丈的法嗣中挑选新方丈；新方丈可以是组成广泛的禅宗谱系任何旁支的衣钵持有者。事实上，这是一个原则问题，即宋代公共寺院的方丈应该只根据功绩来选出。② 结果，对于公共寺院的方丈来说，成为他前任的法系继承者，只是例外，而非规则所致。而且，由于人员变动频繁（大部分和尚上任不到几年就会退隐或被提升为更有声望的主持者），前任方丈像的数目就有可能迅速地增加了。不用说，供奉历届方丈所有的精神祖先几乎完全不可能，即使在操作上可行，也会导致真堂极为混乱的局面。解决的方法是只供奉方丈们本人，而不去理会他们个人的法系。

　　由此，祖堂所代表的不是单个人的谱系，而是寺院自身的谱系。虽然偶有把中土前六位祖师的肖像和方丈们的像一起供奉在祖堂中，但这并非规范如此。当然，认为每位方丈的个别谱系想当然地是通过慧能追溯到达摩，这也在情理之中。然而除此以外，单个寺院的历任方丈并非必定是师徒关系。这些变化所造就的另一个结果是，任何一个方丈的像可能供奉在多个真堂中，这要由他一生中住持过寺院的数目而定。这种新排列的明显优势是，既然这导致了祖师系列历代单传（一代一祖），那么祖堂就可以不断根据"昭"和"穆"的原则进行组织。

　　我们对这种转变的理解，乃是根据有限却值得关注的一些证据。一个决定性的资料就是 1070 年版的白云守端（1025—1072）所编《祖堂纲纪序》③。文章开篇云：

> 吾道盛于此土，菩提达磨之纲焉。创立禅林之制，百丈大智之纪焉。此实天下之共知。而奈何天下祖堂中，各以开山传次者为其祖。（ZZ. 120. 209b2—4）

　　守端悲叹人们通常忽视先辈祖师的教导，继而他又说到："吾欲天下祖堂中，以达磨、大智正其位，以开山传次者倍之"（ZZ. 120. 209b11—12）。这表明，到了 11 世纪中叶，许多禅寺中的真堂已经不再供奉早期祖师像而改奉先代方丈了。守端认为，不尊奉禅宗祖师，就会有忘记禅宗基本原则的危险。因此，虽然他不反对供奉开山祖及其传人，但他认为他们在仪式上是附属于达摩和百丈的。

　　守端对达摩和百丈的特别关注是非常有意义的。选择达摩自不待言：他是中国禅宗的"初祖"，要立志成为禅寺的方丈就必须成为这一系的成员。守端提到的第二位祖师百丈怀海（749—814，谥号大智禅师），在宋代被尊奉为第一个独立禅寺的创建者和第一部禅林清规的作者。T. 格里菲斯·福科在别处表明，把百丈描绘成禅宗修道生活的创始人的传说是伪造的。尽管如此，这个传说在宋代广泛流传，用来对禅宗在中国佛教修道生活的支配地位进行合理解释（福科 1987：328—383；福科 1993）。

　　百丈是斡旋两种对立谱系观念的理想人选：一是以前六代祖师为范例的师徒相传的谱系，另一则是因所处职位而相关的方丈谱系。两种祖师谱系观念都强烈要求成为禅宗真堂

---

　　① 这样的排列在日本现存的几套禅宗祖师像中得到证明，它们可能是直接建立在宋元模式的基础上的。见榊原 1985，谷口 1984，以及下文对现存于京都鹿王院明兆系列画像的论述。

　　② 这和所谓"甲乙土地院"的方丈形成鲜明对照。通常这些小一点的私人建筑的当家是以师徒甲乙相传，他们会设置简洁的真堂。

　　③ 该序现存于《白云守端禅师语录》，附于任龙门山乾明禅院住持时的说法之后。

的体现代表，而百丈这个人则力图将二者部分地结合在一起。作为第一个禅寺的创建者，百丈被尊为禅宗寺院生活的"太祖"（或"大祖"），这是一个类似于达摩的角色。同时，百丈还是"开山祖"的原型。

把百丈包括到祖堂中也很自然地模糊了许多寺院真正创立者的身份，这些寺院只是在宋代由国家宣布为"禅宗"机构的。例如北山的灵隐寺，在唐代就是一个重要的佛教活动中心。但直到 1007 年被加上"十方丛林"的头衔时，灵隐寺才被正式封为"禅"寺（望月 1933—36：5.5025b—5026a）。在灵隐寺漫长的历史中，有大量的杰出僧人担任方丈一职。但是，被封为禅寺之前的那些方丈们与达摩一系就没有必然联系了，因而展现于祖堂之中的谱系记录里他们就被漏掉了，而百丈则被用来连接当时的禅宗住持谱系和唐代的禅宗祖师传承。因此，祖堂中肖像的排列就掩盖了许多禅寺形成的过程。

据推测，守端作序的《祖堂纲纪》是为其住持的龙门山乾明禅院而作的。虽然这个规约本身已不复存在，但我们可以从后来视守端的纲纪为权威的禅宗史家那里了解一二。实际上，有证据表明，守端的祖堂所使用的排列成了整个宋元时期禅寺的典范。例如，禅僧史家觉范慧洪（1071—1128）在他的《林间录》（出版于 1107 年）中引用了守端的话："天下丛林之兴，大智禅师力也。祖堂当设达摩初祖之像于其中，大智禅师像西向，开山尊宿像东向，得其宜也。不当止设开山尊宿而略其祖宗耳。"（ZZ.148.299a）

我们不能判定，慧洪是直接引用了守端现已遗失了的纲纪，还是仅仅从留存于今天的序言进行推论。不过直接引用的可能性更大一些，因为在另一部认为也是守端所作的《佛祖统纪》中，有一段文字几乎完全相同，并且附有慧洪的判断，认为这样的排列应该是整个帝国的标准（T.2035：49.422a9—12；比较 T.2035：49.464b19—21）。

从元代的禅林规约《禅林备用清规》（编于 1311 年），我们知道守端的模式事实上确实成为了一个标准。该文本包括了详细的仪式程序和每年例行的赞偈：达摩祖师祭、百丈祖师祭、开山祖祭以及各种祖师祭（例如"诸祖祭"，ZZ.112.312d—313d）。在每一场祭祀中，一个真像被搬出来安放在法堂，这里是供奉和祈祷的中心。要注意，以这样的方式礼拜的祖师系列与守端建议供奉在祖堂的是一样的。这不仅仅是巧合：在同一部规约里为百丈的年祭所作的说明中，我们发现了守端的《祖堂纲纪序》完整再现。

元代另一有影响的禅林规约《敕修百丈清规》同样引用了守端的"序"作为权威，而且赞同他的肖像排列（T.2025：48.1117c16—18）。这个规约包括了每年的达摩祭、百丈祭及开山祖师祭的类似程序指南和礼拜经文（T.2025：48.1117c19—1119a21），对中世纪日本禅寺的组织和操作产生了巨大的影响。

《禅林备用清规》和《敕修百丈清规》中描述的都是为守端的序中提及的那些人或那类人举行的祭祀，只有一个例外，即为当时的嗣法师举行的祭祀。如我们所看到的，很少有一个公共寺院的方丈从前任方丈那里得到传法，新的方丈一般是从"外面"挑选的。尽管如此，作为寺院的头领，方丈有责任为所有的先代方丈——他也许和这些人没有私人关系——举行祭祀。鉴于中国人的孝顺观念，很难相信方丈会崇拜别人的师父而忽视自己的师承。因此，除了祭祀守端所列出的人物外，方丈还有责任为他自己的精神之父举行祭祀。方丈会在他的私人财物中保留师父的肖像以作祭仪之用。

关于禅宗祖堂中排列的另一条重要证据或许可以在《五山十刹祖》中找到。该书中包含了南宋时期杭州附近几座大丛林的详细地面规划和建筑绘画。① 其中有三座寺院的完整规划：上述的北山灵隐寺、天童山景德寺和天台山万年寺。前二者属禅宗寺院，而第三个不是。但是如前所述，三者基本是一样的。幸运的是，灵隐寺的建筑图解为我们展示了祖堂内部的排列，祖堂位于法堂的正西边，与檀那堂相对。

灵隐祖堂的规划表明，安置肖像的宽大建筑沿着北墙按下面的顺序（自西向东）排列：（1）第一代，（2）百丈，（3）初祖达摩，（4）二祖慧可，（5）开山祖和（6）第二代。② 在这个特例中，肖像的排列方式好像是这样的：代数为偶数的前代方丈列于达摩右侧，代数为奇数的列于左侧——与既定标准明显相反。③ 虽然规划只是特别安排了前三代的肖像排列，但很明显，这表明了规划上因缺乏空间而有必要缩减。实际上，堂里也供奉了之前的所有各代方丈。而且，虽然有些细节在守端与慧洪的指令中没有提到，如慧可的位置，但是肖像排列的原则完全与守端的典范一致。

我们前文提出，供奉于祖堂中的先辈灵位与供奉于土地堂中的本地神灵是相互联系的，不仅是由于它们在寺院中对称设置，而且是由于它们的宗教功能。我们在守端和慧洪的著作中发现了支持这个假设的证据。他们认为，百丈之所以被崇拜，是因为他拥有能够使寺院繁荣的"力"。这并不仅仅是一个隐喻：下面我们会看到，祖师的灵位在他们死后很久还是作为生人来看待的。供奉在祖堂里的百丈及其他祖师的灵位每天都要照料，特别是经、食物及香等供品——以便确保寺院的持续繁荣，就像土地神和保护神所做的那样。

虽然我们在这里关注的是与禅宗相关的真堂，但必须注意，在宋代，不论寺庙属于什么佛教派别，其真堂组织以及举行的仪式是基本一致的。实际上，几乎所有宋代重要寺院的建筑构成都是一样的。僧堂、法堂、佛堂、祖堂，大门、方丈等诸如此类的物理结构和功能，彼此之间的功能大同小异，不论住持是禅宗、天台宗还是律宗一系的僧人。这些不同宗派的真堂之间唯一较大的区别在于其所供奉祖师的身份不同：禅宗真堂安放禅宗祖师的灵位，天台宗真堂安放天台祖师的灵位，而律宗真堂供奉的则是律宗祖师。④

因此，当我们转而描述如天台丛林（一般称作"教院"）的祖堂时，会发现对待开山祖及其后继者们采取的是一视同仁的态度。⑤ 事实上，甚至使用同样的术语（"开山历代祖"）。天台"山家"正统第四祖智颚和第九祖湛然（711—782）像，也同样与方丈祖系

---

① 见《禅学大辞典》3：12—13 中的复制品。《五山十刹祖》总共有 72 幅插图，包括寺院的地面规划、建筑、装饰、仪式，如此等等。现存的文本为室町中期的本子，但极有可能是约为 1250 年原本的复制品；文本的细节与现存的宋代寺院规约紧密相关。

② 这个规划中对前代方丈的称呼有些混乱，因为"第一代祖"恐怕是继开山祖后该寺院的第二代。"第二代"也就成了第三代。但是也有可能开山祖是有名无实的：我们知道，名方丈的弟子们偶尔也会以其师父名义建庙。即使大师可能从未到访此地，他们也可能会在真堂里供奉大师像作为"开山祖"。与中峰明本有关的若干寺庙就是类似的例子（见井手 1989：109）。

③ 如果我们假设祖师们供奉于堂的北端，那么"昭穆"顺序就颠倒了。归根结底，由于规划的比例太小，该堂中的祖师座次还需进一步考虑。

④ 然而，这与日本镰仓时期的情况有所差别，因而在这个问题上产生了一些混乱。当宋代寺院设置被中国禅师的日本弟子传到镰仓时期的日本的时候，他们看起来如此不同于先前存在的按照唐代模式建造的天台及真言宗建筑，以至于宋代的新类型被当做是"禅宗"所独有的。不过在宋代，天台和律宗道场则与禅宗极为接近。关于对在宋代寺院中发现的私家堂的详细论述，见福科 1993。

⑤ 见《增修教院清规》的详细描述，ZZ.101.351c—352c。

一起供奉,[①] 这两位祖师被认为规范和系统化了天台宗的教义和习俗,他们在天台宗的地位大致类似于达摩与百丈在禅宗的地位。也有迹象表明,也许有些寺院的祖堂里包含了所有九祖在内。[②] 不管怎样,天台寺院规条中详述的智颢和湛然及历代方丈的年祭程序,很大程度上与禅林中所用的是一致的。同样的情形也存在于律院中,在那里,历代方丈与道宣（殁于 667 年）一系的律宗九祖共享真堂。[③] 我们相信,在这些堂中,允许方丈一系与早期的祖师一系合并在一起,这里所体现的组织原则能够追溯到宋代,当时禅宗有着决定性的广泛影响。

　　如上所述,渐渐地,祖堂只代表方丈谱系而不是某个别人的谱系,这对中国佛教肖像的产生和使用有巨大的影响。最为重要的是,这使得有必要在方丈生前就为他制作肖像——这种做法在唐代是鲜见的。宋代的僧制规定,方丈临终之际,要绘制画像,因为后来的丧葬仪式需要死者的像。而且,一旦仪式结束,画像要放在祖堂并留待年祭之用。宋代传记的年表证实,画像确实在方丈死前或在其刚刚去世之时（如果有必要的话）就要制作。但是,由于特别杰出的高僧屡屡变动,从住持一个寺院到另一个寺院,若等其死之将至才为其造像,已经不实际了;方丈所住持的每一个寺院,都需要为其造像以备真堂之用,不管他离世之时是否仍居于该寺。如此一来,就有必要在方丈仍在任的时候,经常是在他死前好多年就制作出肖像来。这个像在方丈离开后被保留下来,并供奉于祖堂之内。这种像被称为"寿像",有别于在其死后制作的像,就如用"寿塔"来表示为仍然健在的高僧建塔一样。

　　相关历史记录不甚清晰,因而我们无法获悉已于别处任职的前任方丈的"寿像"何时正式安放在祖堂里。然而,有证据表明,不必等到方丈死后才安放。因为肖像是按照方丈们出任的顺序陈列的,又因为不能保证前任方丈去世的顺序与其在任的顺序相同,所以在许多事例中,陈列在祖堂中的更近代一些的前任方丈的排名,会包括仍然健在的祖师（"祖"）的像,散置于已逝方丈的像当中。

　　这种"寿像"显然是重要身份的标志:大概只有为精英级别的方丈才在其生前就绘制这样的"纪念"像。这种像表明,所描绘的方丈属于获得官方认可的尊贵的祖师谱系。后来,仍在世的杰出方丈的纪念像被视为圣像而大量制作出来,其目的并不仅仅是珍藏在祖堂里。正如我们下文会看到的,到了南宋,这种像传播甚广,信徒和世俗的赞助者多视其为真正的护身符,并把它看做与在世祖师之间联系的象征,无论这种联系有多么微弱。在转向这种像的仪式功能与作用之前,让我们先简单地看一看与中国祖师肖像系列的仪式安排相关的日本现存证据。

关于宋元时期禅宗真堂陈列的日本证据

　　如我们所见到的,由守端倡导的真堂陈列包括了达摩、百丈、寺院的开山祖及历任方

---

① 《增修教院清规》;比较《四明尊者教行录》,T. 1937:46.930a—c。

② 天台九祖是:（1）龙树,（2）慧文,（3）慧思,（4）智颢,（5）灌顶,（6）智威,（7）慧威,（8）玄朗,（9）湛然。日本入宋求法者成寻（jojin）在天台寺见到了所有九位祖师像（平林 1988:16）,但并不清楚他们是安放在佛堂还是安放在靠近佛堂的祖堂里。另一位日本入宋求法者俊静（shunjo）建于日本镰仓时期的祖堂供有天台九祖和律宗九祖（石田 1972:395）。

③ 见《律院十规》,ZZ.106.23a—24d。

丈。虽然这在禅宗公共寺院中显然是一种普遍的布局，但有证据表明还有另外一类布局，特别是在私立的甲乙徒弟院中，住持的传承是师徒相授的。例如，我们知道，前六祖（从达摩到慧能）的众多肖像集在南宋时期制作出来。有些肖像集是刻在石头上的，而其他的是作在纸或丝绸上，还有用木刻画复制的。可能的情况是，这种肖像集偶尔与历任方丈一起供奉在宋元时期的祖堂里。但是，中国的文献几乎未能提供相关的证据，我们可以间接利用的只是出自日本的艺术史证据。

不过，我们所拥有的证据仍然具有提示性。保存在日本的中文碑记与拓片目录显示，一些宋元时期的寺院拥有刻着六位祖师像的石柱。一个叫白云慧晓（1223—1297）的日本僧人，1266 年入宋，1279 年从浙江延庆寺带回了这样一套拓片。[①] 提取拓片的六个石柱很明显是比邻而立，因为这六幅肖像是依照传统的"昭"、"穆"排列的。因此，初祖达摩、三祖僧璨和五祖弘忍都面对正右（只能见到人物的左耳），而二祖慧可、四祖道信和六祖慧能都面对正左。从观看这套拓片者的视角来看，肖像应该是按照下面的顺序排列的（箭头表示人物转而面对的方向）：

$$6 \rightarrow 4 \rightarrow 2 \rightarrow \leftarrow 1 \rightarrow 3 \leftarrow 5$$

每张拓片中祖师都是侧面像，双手抱在胸前，部分或全部覆于袍袖之中。上方铭刻着表明身份及辈分的题额（如"四祖信大师"），接下来是一段颂，是从《景德传灯录》几乎逐字抄下来的传略。中国文字一般是按照从右到左的顺序竖行排列的，二祖、四祖和六祖的肖像上的碑记也是如此。然而，初祖、三祖和五祖像上的竖行文字左右方向正好颠倒过来，必须从左往右看，显然是为了增强像照镜子一样的排列对称效果，而且对树立石柱以及悬挂摹刻的顺序不会产生任何疑义。

提取拓片的六个石柱很有可能就立在延庆寺门外。那些并不是用于年祭的画像——这种祭拜以绘制的画像为中心，祭拜时临时把画像由祖堂迁往法堂。再者，延庆寺的这套摹刻祖师像好像是为了永久展现该寺的卓越传承，并且为信众和香客再造祖师像提供一种廉价方法。有可能那些拓片偶尔会供在祖堂里，但我们没有发现可靠的相关证据。

日本高田（大分县）门福寺保存了几乎相同的一套六幅拓片，拓于 14 世纪早期湖北景德禅院的一套石柱。我们不知道两套之间的类似是因为其中一套复制了另一套，还是二者来源相同。无论如何，一旦把这一系列祖师像刻在了石头上，肖像就可以通过拓片的媒介而广为流传，反过来，拓片又为新的摹刻以及绘画提供了模型。[②]

从禅宗史传我们知道，整个宋元时期，中国各地都曾绘制与摹刻六位祖师像。但是，并没有资料表明这些像挂在哪里，如何使用。实际上，如果不是中世纪时日本根据中国的模型制造出类似的套像，我们对这些套像到底是怎样出现的都一无所知。在这方面特别有意义的是中国僧人西涧子昙（1249—1306）于 14 世纪早期在日本制作的两套摹刻。一套是所谓的《六代祖师》，藏于京都妙心寺，另一套与之类似，存于福冈圣福寺（见田修和入矢编，1987：93—98）。这两套摹刻值得注意之处在于，所描绘的六位祖师都坐在曲背

① 现存于京都国立博物馆的六幅拓片，起初是放在京都东福寺塔头栗棘庵（这个塔头是在慧晓自东福寺住持退隐之后为其建造的）。关于这套拓片的讨论和复制品，见谷口 1984。

② 在日本明兆（1352—1431，见下）于 1425 年创作的"释迦三尊与三十祖师像"中，画像与栗棘庵的拓片在结构上非常相似，也许是以之为模型的吧。

椅上，与艺术史家称为顶相的宋代方丈像形式大致相同。西涧所题六篇颂词，与前面提及的拓片相同，也包含了主要摘录于《景德传灯录》的传略。这些像的排列也遵照前面的那套拓片的昭穆传统，这很有意义，因为它表明，似乎是特意设计把它们安放在一起的。但同时，我们并没有足够的证据证明这样的组合曾经供奉于中国的祖堂里。

　　除了上面所讨论的六位祖师组像，我们还发现可能是根据中国模型绘制的中世纪日本的肖像组图，描绘的是自达摩以来的开山祖法系的历代祖师。两套现存最古老的这类像是由画家明兆（1352—1431；见榊原1985）所制，其中更早的那套就是藏于京都鹿王院的所谓"释迦三尊与三十祖师像"，由明兆绘制于1425年，共有七轴：中间的一轴画的是释迦牟尼佛和两个侍者，侧面六轴（每边三轴）每轴画有五位祖师。整套画像，除了中间的三尊，包括了自初第一代祖达摩而来单一法系内共三十位祖师，如第二十六代的宋代禅师无准师范，二十七代无学祖元（1226—1286）及其日本弟子二十八代高峰显日（1241—1316），二十九代梦窗疏石（1275—1351），还有梦窗的法嗣第三十代舟桥秀贤（1311—1388）。排列如下：

第四轴

释迦三尊

第五轴	第三轴
10 8 6 4 2	1 3 5 7 9
第六轴	第二轴
20 18 16 14 12	11 13 15 17 19
第七轴	第一轴
30 28 26 24 22	21 23 25 27 29

　　我们再次发现，所有奇数辈分的祖师，自第三轴开始：达摩（1），僧璨（3），弘忍（5），南岳（7）和百丈（9），都是面对正右方的；而偶数辈的祖师，从第五轴开始：慧可（2），道信（4），慧能（6），马祖（8）和黄檗（10），都是面对正左方的；这样一来，画中所有的祖师都面向中央。和上面讨论的六位祖师的组像一样，三十位祖师中的每一位头部上方都题有一段传略。而且就如石柱上的像一样，每位祖师都是半面像，双手叠放在胸前，全部或部分为袍袖覆盖着。

　　画轴的总数（七轴）与排列很容易让人想起基于传统祖庙的"七庙"的中国早期模式。有意义的是，在这套画中，中央的"初祖"位置由释迦牟尼占据。这也许是在告诉我们关于上面所考察的组像的一些情况，每一幅描绘六位祖师，包括菩提达摩在内的所有祖师都把头转向陈列的中央，好像他们正在面朝中间的第七个人物：也许这些组像起初也是当做侧面像的。延庆寺和景德禅寺里描绘着六位祖师的石柱极有可能被排列在中央佛像的两边，佛像也许是用石头或铜造的。同样，西涧所绘制的祖师组像也许是要挂在一个坛场的两边，中央是或画或刻的佛像。①

　　明兆绘制"释迦三尊与三十祖师像"的用意显然是来说明所描绘的第三十位即最后的祖师——舟桥秀贤禅师的法系。1380年，足利义满三世（1358—1408）在京都建了一座叫做大福田法性寺的寺院，还安奉了舟桥秀贤为开山祖。1387年，即舟桥秀贤

---

① 在今天的日本禅宗寺院里，祖师及历代方丈像都是以这样的方式悬挂的。

逝世的前一年，义满为舟桥在寺院建了一座纪念寺庙（塔所）。看来，明兆被委托绘制"释迦三尊与三十祖师像"已悬挂在一个叫鹿王院的庙里，直到今天该像依然保存在那里。

日本禅宗有一种被称作"开山堂"的特别祖堂，鹿王院即是其中之一。虽然元明时期的禅宗寺院里已经有这样的堂存在，但它们与那些从"外面"指定方丈的重要公共寺院并没有联系。由梦窗疎石及其弟子在足利的赞助下建立起来的日本寺院是"子承庙"，其住持是梦窗一系师徒相承的。[①] 因为所有大福田法性寺的历代方丈都是梦窗和舟桥一系的，所以供奉在开山堂里的祖师系代表的是历代大福田法性寺方丈的历代精神祖先。

明兆的第二套祖师像作于1427年，包括总共四十件单个的作品，现藏于东福寺。描绘的人物与"释迦三尊与三十祖师像"一样，从初祖达摩到二十六祖无准师范，但在第二十七代，他画的是无准的日本弟子东福寺的开山祖圆尔辨圆（1202—1280）。第二十八代到第四十代的祖师则是圆尔辨圆之后的东福寺历任方丈。因为东福寺是一个子承庙，其住持由圆尔一系的法嗣来承接，单一系列的肖像相应地描绘了开山祖及其十三个直接继承者的法系。当然，这只有在"私家"寺院才成为可能，因为这种寺院自身的代系与每个方丈的谱系是一致的。虽然在中世纪中国的公共寺院中几乎不会有这种情况，但这在子承庙中已经成为规则，而非偶然。因此，很有可能明兆的东福寺祖师组像受到了宋元模式的启发。

寺院仪式中祖师像的功能

在上文中，我们回顾了与禅宗祖堂的历史发展相关的资料，我们特别关注到所供奉肖像的选择和排列体现出的"谱系"观念，以及如何利用那些堂使特定寺院的住持者的宗派地位合法化。现在我们要转向供奉于那些堂里的肖像的仪式功能，因为这些肖像在佛教的葬礼仪式与祭祀中扮演了一个重要角色。

给已逝方丈举行的葬礼仪式，其中心不是他那具毫无生气的尸体，而是他的肖像。这幅肖像一般作于方丈逝世前后，有时也随方丈的意愿而作。对禅宗方丈葬礼仪式的最早描述可见于1103年的《禅苑清规》，它是宋元时期最为流行的寺院仪典：

> 三日后入龛，如亡僧法，入龛时请尊宿一人举灵座（当有法语）。法堂上西间置龛，东间铺设卧床衣架，随身受用之具。法座上挂真，法堂上用素幕白花灯烛供养之物，真前铺道场法事。小师在龛帏之后幕下，具孝服守龛。[②]

《禅苑清规》继续非常详细地描述葬礼，其间不断地提及那幅至为重要的方丈像。该像被安放于法堂中间的法座，成为所有常住僧人上香致礼的中心。外人也可以在大师的像前上香和致礼。随后，肖像被放入龛内带到火化或埋葬的地方，在那里重新立坛以供祭拜

① 关于日本"公共"寺院与"私人"寺院的论述，见克卡特1981：93，116，150，231。

② 见于《禅苑清规》"尊宿迁化"部分；参见镜岛元隆等1972：259—260；比较1204年的《校定清规》（ZZ. 112. 19d—21d）、1311年的《禅林备用清规》（ZZ. 112. 61b—63a）、1325年的《律院清规》（ZZ. 106. 36a—40a）、1336年的《敕修百丈清规》（T. 2025：48. 1127a—1129a）和1566年天伦枫隐撰《诸回向清规》（T. 2578：81. 659b及以后各页）中方丈葬礼的相关部分。

之用。带回寺院之后，又重新安置在法堂，众人再次祭拜。接着，肖像被移至方丈寮，寺院全体大众再次致礼。知事头首及逝世方丈的弟子早晚两次到像前供斋和烧香（供斋的次数与寺院正餐是一致的）。当新方丈就任时，肖像就被移至祖堂了。[①] 好像肖像不仅仅是用来代表逝世方丈的灵位，在某种意义上可以说代表的是他本人。而且，仪式的过程表明，死者的灵位继续占据着方丈的职位并继续住在方丈寮里，直到安排好了新的方丈。只有这时，他的灵位才加入供奉于祖堂的先代方丈的行列。

宋元寺院仪典中对葬礼仪式的描述，与中国葬礼实践的一般方式（明显的例外是，在佛教中火葬较为普遍）是一致的。大量的非佛教中国葬礼资料证实，肖像所担当的重要作用，是逝者入棺那一刻起其灵魂的归宿。[②] 格鲁特在记述他在厦门所观察到的上层人物的葬礼时，描述了这个活动：

> 如果（画师）能够设法在葬礼前已经作好准备，家人就会把死者的像挂在棺材上方的墙上，它可以与木制的灵牌起到相同的作用，即作为死者的灵位，是代替正密封在棺材中的身体的"另一个我"。出于这样的考虑，家人总是急切地找到好的肖像。因此，在许多情况下，画师被迫一遍又一边地画面部，直到他们认为极为逼真才算成功。（格鲁特 1982：1. 113）

如上所见，佛教文献清楚地表明，逝世方丈的像事实上是用来安顿他的魂或"灵"的。肖像占据着方丈的禅座，和方丈在生时一样接受供香和礼拜。葬礼仪式甚至包括对着方丈的灵位进行的一场正式的"讨论"：

> 法堂面真设座，对灵小参。昏钟鸣，鸣鼓集众，两班出班如常式（也就是说，接下来的小参活动是受在世方丈监督的）。[③]

由此，葬礼肖像在功能上与祖先牌位或"位牌"是一样的，通常是一个小木牌，上面刻着死者的名字。位牌与肖像是一致的，江户时期的禅宗学者无著道忠（1653—1744）注释《敕修百丈清规》时所引用的一则"古老的注释"中就清楚地体现了这一点：据古人所言，若真像题有死者名字，则无须再用位牌（无著 1979：484）。有意思的是，为了使位牌或肖像灵验而强调写上死者名字的重要性。

在禅宗祖堂中，好像直到南宋后期，才把灵牌或位牌放到肖像前面——这种惯例通常与儒教的葬礼或纪念仪式相关（松浦 1976：471）。不过，在其他各方面，仪式所用的器具以及所供茶饭都类似于儒教所为。按照儒教的模式，每位先祖及前代方丈的年祭都集中于他们去世的周年纪念上。在周年的前一天，把肖像挂在法堂的一个讲台上，并在台前的桌子上摆放供具。当晚，众僧齐集念诵《楞严咒》，为亡灵增加功德。次日上午，行者点燃供桌上的香烛，放好早上的粥饭。

年祭的主要部分大概在午膳的时间举行，新方丈亲自点香并奉上热水、茶和斋饭等供

---

① 见镜岛元隆等 1972：259—260，还有上面注释提到的寺院仪典的葬礼部分。

② 如见《朱子家礼》中的葬礼描述，这是朱熹（1130—1200）所定的仪式手册，自南宋时广为流传。《家礼》记录了司马光的观点：在丝绸"魂帛"的背面绘制死者的像"以泊其魂"（伊佩霞 1990：78）。在利玛窦日记中（盖拉弗 1953：72—73）提到靠着棺材安放肖像。关于 20 世纪初丧礼仪式活动的详细描述，可参见格鲁特 1982 第1—3 卷。

③ 《禅林备用清规》，ZZ. 112. 62c。也见《丛林校定清规总要》"对灵小参"部分，ZZ. 112. 20d。

品，而众僧则念经诵咒。寺院的值事们轮流上前上香。全体人员致礼之后，仪式结束。然后肖像被送回祖堂，方丈及值事们来日还在早餐后聚集在那里祭拜，还要再次供上香、茶和点心。[①] 年祭明显是基于佛教礼拜仪式中的客—主模式：贵客被请到家里，设宴款待并赠送礼物。但是，这种"密教式"的仪式通常是指礼拜菩萨和如来，在这种情况下，贵客恰恰就是已逝祖师的灵魂。

正如献祭的颂词中所说的，供品的明确目的是"增崇品位"（ZZ. 112.24a）。禅宗祖师的社会地位真正关系到禅宗一系活着的成员，因为它的神话谱系的声望给他们提供了在众多的佛教寺院组织中的特权地位。然而，颂词所指的品位不是在这个世界上的地位，而是在先灵王国的地位——庞大的天国，每家都想让自己的家庭成员安置其中。如守端所强调的，如果不能尽到供养眷顾寺院利益的先灵的义务，就不要指望寺院繁荣下去。

与所谓"入室"仪式相关的寺院仪典里提到了祖师像，特别是达摩像的另一个作用。在这个正式的仪式中，方丈的弟子们逐个来到他的面前，在半私密的情况下接受他的训导。达摩像，往往被称作"顶相"或"相"，挂在方丈的外室，前面放着一张供桌。在仪式开始之前，方丈本人要对像礼拜。进入丈室之前，每个弟子都要对着肖像上香礼拜，然后进入房间，靠近方丈，鞠躬，恭敬地站在方丈座位的西南角。随后，该弟子就"吐露心声"并等待方丈的训导。[②]

位于丈室外面的初祖达摩像，不仅是作为方丈尊贵的精神遗产的提示，它还有助于设计仪式的神秘背景：方丈与其弟子之间的交流，在仪式上再现了记录在禅宗传记中的无数次对话，其中，令人敬畏的先师力图测试学生的坚毅和洞见。我们不知道，用在此处的达摩像是与在祖堂里和百丈一起供奉的那幅一样，还是与安放在那些堂里肖像更像一些。但是我们知道，"入室"仪式所用的像通常被称作"顶相"——同一个术语也用来指称其他仪式情景中的祖师像。

写真：已逝和在世的祖先

关于此处所讨论的肖像的主人公，我们只简略地谈谈即可。只有那些获得传法从而进入可以追溯到释迦牟尼佛的广泛法"系"的人，才能作为正式纪念像适合的候选人。原则上说，这个和尚是生活在遥远的过去、刚刚去世还是仍然健在，并不太重要：一旦得到传法，他就加入了"祖"、"师"的行列并成为仪式崇拜的适当客体以及纪念像的合适主体。

如前所见，寿像——主人公仍然健在的时候制作的纪念像——是在历任方丈逐渐取代供奉在真堂里的祖师的过程中出现的，这又使得有必要在方丈生前就要为他制作正式肖像。寿像的出现伴随着一个重要的转变，即对高僧（还在世的和已离世了的）地位的理解：名僧不仅被当做圣人或名宿，还被看做中国的活佛。

虽然这种观念起初孕育于禅宗内部，但在宋代很快就扩散到佛教传统的所有派系。随

---

① 见《丛林校定清规总要》中的描述，ZZ. 112.23d—24a。

② 对这种"入室"仪式最有代表性的描述见《丛林校定清规总要》，ZZ. 112.16b—c 及《禅林备用清规》，ZZ. 112.35c—d。

着对"祖—佛"仪式作用的日趋强调以及随之而来的"开示的制度化",在佛教序列内出现了一种新的精英。这个由在任和退休方丈组成的精英,就是中国宋元时期所谓的"尊宿",这个术语在佛教丧葬仪式的环境中与"祖"多少是可以交替使用的。① 为上述尊宿举行的精致的丧葬和纪念仪式,与为普通僧人举办的(他们的葬礼草草了事而且没有纪念像)全然不同。而且,只有尊宿们才有资格住持公共寺院,也只有他们的言行会被记录下来以留给后人。

与"祖"、"尊宿"头衔相关的尊贵的宗教地位,在所谓的"上堂"仪式中得到了生动的证明——这也许是宋代公共寺院的方丈所举行的最为重要的一个仪式。在仪式中,法相庄严的方丈登上安放在法堂中央圣坛上的华丽宝座("高座"或"禅座")。接受了大家的礼拜和供养之后,方丈发表一通简短而庄严的说教,希望以此象征觉悟成佛的自然过程。② 这个仪式的意义很显然在于,方丈登坛在功能上与坛上设佛像是一致的:方丈被视为与如来同等的神圣。

方丈与佛的一致在最早的禅宗仪典《禅门规式》中就已明确,它宣称佛堂中央的佛像——中国佛教寺院仪式的中心点——在唐代的禅宗寺院中被在世的方丈所取代,从而排除了对佛堂的需要。③ 而且,如前所见,在为逝世的方丈举行的丧礼及纪念仪式中,他的肖像被安置在法堂里,与上堂仪式中使用的宝座一样。根据宋代佛寺的仪式逻辑,佛像、在世的方丈本人及方丈像在很大程度上是可以交替使用的。如同他的肖像一样,在世方丈的身体好像已经被当做佛的模拟物("像")了。

肖像的传布与像赞记录

如我们所见,中国佛教肖像最初的一种功能是用于葬礼:方丈的像在其去世前后制作出来,作为在葬礼期间及以后他灵魂的栖止之所。但我们也知道,到了宋代,方丈的肖像逐渐被用于葬礼仪式及年祭的直接背景之外了。实际上,对于有些方丈,或对于他们中的大部分来说,各色人等(从高层次的大檀越到行者和过客)制作了数十甚至上百的肖像,或者说为他们制作了数十甚至上百的肖像。

保存到今天的这种肖像相当少见;我们看到的只是"颂"、"赞"的记录,它们包含了方丈们在自己、弟子、师父及其他各位祖师和大师画像上题写的诗句。④ 这种颂词被收集起来放在方丈著述的末尾,并逐个或共同用简短的题序说明肖像的主人公及肖像的拥有者。保存至今的这类颂词和题序数以千计,为我们研究中国中世纪的佛教肖像提供了无价的资源。

---

① 术语"尊宿像"用于禅宗寺院仪典中,指称祖堂里的肖像。

② 上堂仪式的描述可以在《禅苑清规》里找到,见镜岛等 1972:71—75。另见福科 1987:373 和沙夫 1989 中的论述。

③ T.2076:51.251a6—10。见福科 1987:374 中的论述。禅宗寺院中废除了佛堂之说不足为信,但这并不会削弱《禅门规式》的记录在禅宗神话中的意义。

④ 当然,方丈们也在传统的佛教神灵的像上(也在相关的其他任何东西上)题铭,但这种像与我们这里所讨论的无关。

现存最早的一份保存肖像题铭的文献是有关杨岐方会（993—1049）的记录。[①] 在杨岐文献的附录中我们发现了标题为"祖师真赞"的四则颂词记录，由杨岐亲手题在自己的像上。[②] 试将第一则颂词提供如下：

> 口似乞儿席袋，
> 鼻似园头屎杓！
> 劳君神笔写成，
> 一任天下卜度。

第三行尊敬的语气表明，绘制肖像的不是方丈，而是另外某个人，之后又是由此人着手安排祖师的题铭。然而，前两行描绘的是肖像中方丈的面貌。杨岐热衷于采用"自赞"（方丈赞颂自己的诗歌，主要题写在自己的肖像上）体裁共有的描绘方法。禅宗文献包含了无数此类像赞，方丈们于此中诙谐地嘲弄自己的面貌。这种文学样式因禅师的自传而出名；通过用诗歌或散文嘲讽自己的丑陋、笨拙或愚蠢，禅宗方丈能够毫无顾忌地表现自己对虚荣、自负及世俗规范的超脱。[③]

"自赞"一词见于其他几种早期文献，包括《黄龙慧南禅师语录》[④] 和《法演禅师语录》。[⑤] 除了我们刚才提到的杨岐题于自己肖像上的两段颂词之外，后来的文本记录了这样一个早期的例子，方丈的题铭放在了别人的像上。在这个例子中，肖像是方丈本人的师父白云守端的。法演在白云守端像上题铭的方式比较有意思，他利用了"真"这个词的多种意义。开头他写道："一月在天影含众水，师真之真非月非水"（T. 1995：47. 666b15—17）。我们会在下文详细探讨这种双关语的意义。

直到 11 世纪中期，禅宗文献通常包含题为"真赞"或"像赞"的部分，一般置于靠近作品结尾的地方。早期的肖像题铭集子，如见于杨岐记录，或与杨岐同时代的雪窦重显（980—1052）的记录末尾处的，就只有少量的颂词。[⑥] 然而，到了 11 世纪后半叶，单是一个方丈的文献就原文记录数百个这样的题铭已是司空见惯了，这些题铭大部分是方丈题

---

① 唐代禅师的文献中也偶有肖像颂词。例如，有一份洞山良介（807—869）记录的日文本就包含一个以"真赞"为标题的条目，题铭共有二十字，前十字已难以辨认了（《洞山良介禅师语录》，ZZ. 118. 458b）。然而，注意，《洞山录》的这个版本发现于一部晚期的日本著作——指月慧印（1689—1764）于 1761 年编校的《洞上二祖师语录》——之中。《洞山录》中出现这个像赞表明，宋代模式对后来编辑疑为唐代大师作品的编者有着广泛的影响。

② 见《杨岐方会后录》，T. 1994b：47. 648c23—29，以及 ZZ. 118. 471c 中相应的部分。注意，这部分的标题在《续藏经》版简称"自赞"。还要注意，大正本把最后三个颂词连在了一起，从而给人一个错误的印象，好像这三者是该选集的一个后记。

③ 伯纳德·福尔借用皮埃尔·布尔迪厄（Pierre Bourdieu）的观点称这种修辞手法为"贬低策略"："使用这种策略，大师在等级中的地位得确保他可以否定那个等级，并因此可以提高该等级及其象征性否定的利益"（福尔 1991：20）。

④ 黄龙慧南（1002—1069）的记录。见 T. 1993：47. 636a8 及 ZZ. 120. 101a，两者都收录了《自述真赞》。

⑤ 五祖法演（1024？—1104）的记录；见 T. 1995：47. 666b23。

⑥ 见《明觉禅师语录》，T. 1996：47. 697b15—698a6。这个集子是雪窦的传教及著作，其中收录的总共八个题铭是为各种"大师"而作的，包括禅师和其他高僧。但是，雪窦的记录没有提到他自己的任何肖像。

于自己像上的"自赞"。

随着所记录自赞数目的增加，我们开始发觉有些人设法安排有题署肖像之事宜。许多颂词依照简短的公式化题序："某某请赞"或"某某求赞"。虽然肖像主人公的身份并不一定能够辨认出来，但是从诗歌的内容以及题序本身往往能够看出题铭是从方丈肖像上摘录下来的。①

即便是对现存自赞仅加以粗略考察，也足以表现出向方丈求赞的那些人形形色色的身份。题铭的题序提及了寺院等级中的差不多每一个级别。其中一个典型的例子是，《圆悟佛果禅师语录》记录了应首座、维那、知藏、书记、监寺以及各种冠以"禅者"、"禅人"、"小师"之名的弟子们之请而写的像赞。② 这种题铭的分布并不限于高级的官员和有职位的和尚：在"行者"、"信士"及"居士"等人中这种题铭也并不少见。③大慧宗杲（1089—1163）的记录特别能说明这一点，因为它包含了许多为大慧像求题铭者的姓名。仅从这些名字判断，这里记录的二十一则自赞中至少有十二则是赠给俗人的。④

用以研究肖像题铭的资料中，最有价值的也许算《宏智禅师广录》，它以大量的概要记录了多产大师真觉（1091—1157，谥号宏智）的说教及著作。这个文本包含了数百则这种题铭，分为数卷，单是赞的那卷就可以让我们了解到求具名肖像者的范围。记录中已经查明身份的人中，有寺院官员、各种禅僧、居士以及宏智所住持寺院的访客。但这个记录最重大的特征是，如此众多的肖像未曾具名就分送出去了。例如，其中就提到有一干行者全体为方丈作画并求赞。⑤ 而且在第七卷中，八十多则赞集中于同一个标题之下："禅人写真求赞"（T. 2001：48.79a22—82a10）。

在中世纪时，方丈肖像随意派发，其中最突出的例子也许是宏智记录的第九卷，其中记录了列于"禅人并化主写真求赞"（T. 2001：48.103b10—109a2）共同标题之下的大约四百则像赞。"禅人"一词好像一般被用来指称禅宗的追随者，多数是僧侣，但可能也包括俗家修行者。另一方面，"化主"一词起初是指称方丈或"参头"，但这里是指在寺外负责筹措资金的寺院官员。化主起着寺院特使的作用，管理传法、化导俗众、争取施主以及化募钱物等。⑥ 好像他出发时带着已先行具名的方丈肖像，将其分发给慷慨施主及重要官员，甚或出售肖像以筹集钱物。

---

① 《黄龙慧南禅师语录》中的一则题铭开头一句是："禅人图吾真，请吾赞"（T. 1993：47.636a8；ZZ. 120.101a）。另一个例子见于《大慧普觉禅师语录》，其中大慧在颂词开头即云："我赞我真……"（T. 1998：47.861a8）。在大多数例子中，题序本身就表明是方丈的肖像，经常仅仅把画像颂词称为赞或"自赞"。题序可能更加直截了当：例如《超宗慧方禅师语录》（超宗慧方的记录，1173—1129）有两则颂词，第二则列出的标题为："禅人写余真求赞"（ZZ. 120.137）。常见的还有用"某某写师像求赞"的句子介绍题铭，如见《宏智禅师广录》，T. 2001：48.102a10 及以后各页。

② T. 1997：807b28—808b25。该文是圆悟克勤（1063—1135）的文献记录。

③ 如见《妙明真觉无见睹和尚语录》，记录了十四则为各种官员、和尚及俗人所作的题铭（ZZ. 122.236b—d），还有《雪岩祖钦和尚语录》，记录了给同样形形色色人等所写的题铭（ZZ. 122—292a—b）。这些是见于中国禅宗记录中大多数自赞部分的典型。

④ 见《大慧普觉禅师语录》，T. 1998：47.860b22 及以后各页。

⑤ 见 T. 2001：48.103a4。

⑥ 其职责描述见《禅苑清规》卷五，镜岛等 1972：167—175。

　　虽然宏智可能是所记载的最多产的像赞作家，但应各色人等之请而制作大量肖像的活动，则于《语录》资料中得到很好的证明。[1] 很难知道如何理解这种活动，而文献完全没有告诉我们这种肖像产生的方式是什么。然而我们可以推断，获得肖像所需的经济实力和获得这种具名肖像所需的社会地位，在决定谁可以得到肖像时，与精神成就的重要性是一样的。如果是一个大施主或权贵求取肖像，那么大寺院的方丈就很难拒绝了。

　　关于这个假设的证明能够在西岩了慧（1198—1262）的文献记录中找到。文本的"赞佛祖"部分包含了一则赞诗，所冠的标题是"舍钱建阁深都寺"。[2] 标题后还附了一个注释："写师像并自真，同憩松下，乞赞。"这个不知名施主居然将自己描绘成大师的知己，好像是一个来头不小的人。无论如何，很显然的是，为了报答施主对僧伽的慷慨奉献，方丈可能会被劝服题写肖像以作报偿。

　　在中国的中世纪时期，禅宗方丈的自题肖像无疑是一份珍贵的财产和令人尊敬的物品。如我们所见，宋代重要禅宗丛林的方丈，是作为开悟祖师神圣谱系的在世子孙和地方代表来崇拜的，开悟祖师的谱系可以追溯到佛陀。事实上，方丈最主要的宗教责任在于在仪式上扮演佛的角色。考虑到宋代禅宗修道生活的组织及仪式环境，归根结底，一个令人尊敬的方丈的肖像就是一个圣像，被当做佛像来崇拜。另外，在肖像上加上大师的题铭，则在方丈像和其神圣仪容之间建立了有效的联系，从而使方丈的肖像活灵活现，就像用遗存来活现佛教圣人的雕像一样。因此，葬礼肖像与那些在其生前和死后流通于众弟子及施主之间的无数幅肖像的区别，只在于程度不同，而非两种不同的类别：在两种情况中，肖像都是被用在仪式上，证明开悟祖师虽不在却有如仍在。[3]

　　在谈论下一个话题之前，可以提一个有趣的现象，我们对与禅佛教肖像有关的重要文献进行了广泛研究，但却未能揭示一个情况，即方丈把自己的肖像交给其得意弟子作为开示或传法的凭证。事实上，认为方丈肖像是用作传承标志的学者中，大部分人好像觉得没有必要引用任何确实的证据。偶尔有人会引用日本僧人道元（1200—1253）的《正法眼藏·嗣书》来支持这个观点。[4] 然而，当我们考察了《嗣书》本文时，我们发现道元断然否认顶相是用作传法证明的。实际上，整个章节是对传承的合法证明——即所谓的"嗣书"——进行的说明，道元认为顶相与嗣书不同，顶相在中国大量免费分发给居士、初学佛者、商人等（T. 2582：82.69b）。

　　证明这个被反复提及的概念时，偶尔也会引用到大日能忍的例子。大日是为人熟知的日本佛教大师，享名于12世纪末。据说他由于缺少法系传承而遭到对手的指摘。作为回敬，大日在1189年派弟子练中和胜辩入宋，并带了一封信和礼物交给拙庵德光禅师（1121—1203），同时请求拙庵印可他的开悟。根据《本朝高僧传》卷十九的记载，德光对大日的开悟予以印可，赐法号，付法衣并题赞达摩像。大日的两个弟子不愧有进取之

　　———————————

　　① 如《佛海慧远禅师广录》（瞎堂慧远，1103—1176），其中列出了大约三十则标题为"禅人绘师像求赞"的赞词（ZZ. 120. 490d. 492a）。

　　② 《西岩了慧禅师语录》（出版于1263年），ZZ. 122. 184a18。

　　③ 还要注意，在宋代，那些需要上层和尚主持授礼的行者和新手，偶尔会用上层和尚的肖像来代替真人（塚本善隆 1975：61）。虽然这个活动被政府官员指责为违滥僧制，但却证明了关于肖像与活着的祖师有相同的仪式功能。

　　④ 如见驹泽大学 1985：871c。

心，他们又请人绘制了拙庵像并请拙庵题赞。①

奇怪的是，这个记载本该被用来证明顶相是用作传法象征的，因为该文显示达摩法衣和顶相能够发挥这个功能。另一方面，拙庵的肖像是应大日弟子之请而题赞，而且它并不包括在明确提到的证明大日成就的物品之中。但这个记载还有一个更为严重的问题：《本朝高僧传》是后米师蛮（1626—1710）在1702年编辑的传记。当我们查阅现存的德川时期之前的大日传记时，发现确实提到了达摩的法衣和肖像，但并未提及拙庵像。由于空间的限制，我们不得不再一次留待日后完整的报告中再详细分析与该例有关的材料了。

实际上，与这个被"反复提及的概念"最接近的是投子义青禅师（1032—1083）传记中的一段文字，其中提到他被定为法嗣的时候，从师父那里得到了一幅肖像。然而，根据近来的研究，这个故事存在很多问题，尤其是付给投子的像以及该像所代表的禅宗谱系，都不属于他的师父浮山法远（991—1067），而是属于曹洞一系梁山缘观的法嗣大阳警玄（943—1027）的，法远属于临济义玄（殁于866年）一系。而且，仔细分析本文的记录可以看到，传法象征中扮演重要角色的并不是大阳肖像本身：这一功能是由大阳的碴鞋和法衣完成的。②

事实上，这是我们所知道的唯一一个方丈肖像出现在中国传法的背景之中的例子。这也不足为奇，因为一幅方丈的肖像并不很适合用作法系传承的标志。我们看到，禅宗方丈的自题肖像能够轻易地被各色人等得到，因此，很多拥有这种肖像的人不太可能据此宣称在禅宗中有任何较大的个人成就。而另一方面，拥有大师的法衣、碴鞋或其他个人物品，则可以视为可信的证据，表明与大师亲密的个人关系——甚至用作传法证明。在该特例中，大阳肖像之所以具有价值，正是因为所涉及的两个人物一生中从来未曾谋面：大阳在投子出生前七年就已经去世了。在这种情况下拥有肖像确实会有一些意义，因为它象征着把投子作为大阳集团的成员了。

不管怎样，投子传记并不能证明方丈曾经把"他们自己的"像交给弟子作为获得成就的凭信。浮山传给投子的肖像只是未有法嗣而业已离世的大师像。实际上，它只是一幅需要归宿的葬礼肖像而已。浮山之举是为了物色大阳法嗣的人选——此人不仅要为大阳的灵魂，还要为大阳一系的前辈做好常规的供奉以及年祭仪式。

禅宗注疏中的陈述与解构

以上所考察的资料都指向一个事实，就是中国佛教把方丈的肖像当做仪式供奉的核心，当做建立和保持与活佛个人关系的手段，方丈死后还作为他灵魂的安顿之所。但是，属于禅宗"传灯"和"录"之类的文本也对纪念像进行了相当"禅宗式的"解构。这个解构利用了佛教资料中的一个普通术语——"真"的字面意思。"真"实际上是后人为先人所作的画像，以便作为方丈物质存在的替代品。禅宗的奇闻逸事嘲讽这样的观念，即方丈的"真"能够安置于方丈的"形"或肉体之内。那么怎么能够在肖像中成功地表达

①　见《大日本佛教禅书》，63：273a—b。
②　虽然通过这个例子，我们确实对宋代传法的本性有了充分的了解，不过，我们将在最终的报告中再对此进行完全的分析。

"真"（在禅宗资料中等同于"佛性"）呢？禅宗文本通过"真"的双关语义来阐明它们的观点，在体现形式的有形的"真"（portraiture）与无形的"真"（truth）之间进行意义转换。

这种双关语的最早例子之一见于952年的《祖堂集》（注意，为了指出这个词的多种含义，我们可以将下面引文中的"真"译为"真像"）：

> 师临迁化时，谓众云："还有人邈得吾真摩？若有人邈得吾真，呈似老僧看。"众皆将写真呈似和尚，师尽打。时有一少师普化，出来云："某甲邈得师真。"师云："呈似老僧看。"普化倒行而出。①

下面见于《景德传灯录》赵州（778—897）传中的奇闻逸事更为明确：

> 有僧写得师真呈师，师曰："且道似我不似我，若似我即打杀老僧，不似我即烧却真"。僧无对。（T. 2076：51. 277b23—26）

注意在这里发生作用的转义用法：方丈像通常作于其去世前后，以用于葬礼仪式。赵州好像是在说，如果像是佳作，那么一定是他的死期将至；但如果像失真的话（尽管可能会如此），那么被火化的应该是像而非方丈的身体。

还有这样一个记载，有个方丈在其师父葬礼期间朝拜师父的像时做出了唯信仰论的古怪之举。前文提到的最早记载自赞的文本之一《杨岐方会和尚后录》，记录了下列一则奇闻逸事，大概是发生在杨岐的师父慈明（石霜楚圆，986—1039）的葬礼期间：

> 慈明迁化，僧驰书至，师集众挂真举哀……慈明忌晨，设斋众集。师至真前，以两手捏拳安头上，以坐具划一划，打一圆相便烧香，退身三步作女人拜。（T. 1994：47. 642b5—13）

这些传说证明了大师的"真"不该在他的外表中去找，而应在无形的佛性自身中去找。然而，非常值得关注的是，佛的真性不能在外在形式中寻找，这一教条并非任何新观点或"禅宗"独有的观点。巴利经典有佛的宣言："见法者见我，见我者见法"。②《般若波罗蜜多经》文献中也重复了这一观念，它断言佛是般若波罗蜜多的善巧所生，而佛的三十二相实际上是无标记的。③ 在禅宗圈子内广为研习的《维摩经》，同样明确表达了这一概念："佛身即法身也"、"诸如来身即是法身，非思欲身。佛为世尊，过于三界。"④最后，注意下面从《楞伽经》开篇摘出的几行："如见物为实，彼人不见佛；不住分别

---

① 《祖堂集》，见柳田编定本，1984a：1644a（4.79.5—10）。《景德传灯录》卷七也记述了同样的故事：师将顺世，告众曰："有人貌得吾真否？"众皆将写得真呈师，师皆打之。弟子普化出曰："某甲貌得。"师曰："何不呈似老僧？"普化乃打筋斗而出。（T. 2076：51. 253b28—c3）

② 《相应部》22.87；巴利圣典协会第三编：120；比较《长部》2. 100与154。

③ 如见《小品》：于真义中，此（般若波罗蜜多）是诸如来身。如世尊言："法身是诸佛、世尊。而众僧勿以为单个之身即为吾身。众僧勿从法身之成就见我。"但如来身为众缘所造，以般若之智而可得见。（孔兹1975：116。本段中文据英文版译出——译者注。）

④ T. 475：14. 539c1和14. 542a。相应文段藏文本的英译文，见拉莫特1976：39和83。另外，注意下面维摩诘与佛陀的对话："尔时，世尊问维摩诘：'善男子，汝欲见如来，为以何等观如来乎？'维摩诘白佛言：'我观如来前际不来，后际不去，今则不住。'"（瑟曼1976：91，本段据《维摩诘所说经》译——译者注。）

心，亦不能见佛。不见有诸行，如是名为佛"。^①这些例子可以无限增加：那些告诫不能把"觉悟"等同于任何外在的东西的篇章，见于几乎与每个重要的佛教传统相关的所有经典之中。

因此，当方丈给弟子提出了一个难题，让他们去"写其真"的时候，他们就会被置于一个典型的"公案"束缚之中。"真形"无形，任何类型的绘画都不可能表达出来，即使是对大师真实地表现和描绘，也根本不可能表现出来。然而，用《心经》的话来说，"空不异色"——不能误以为大师的真性即是其色身，但也不能游离于色身之外。每一个"无见"概念只能通过表述来表现。

用"顶相"一词指称方丈的肖像，实际上与我们在"真"这个词中见到的一样，也是利用了双关语或辩证语词游戏。因为如上所注，佛的真正顶相是不可见的——它超出了言表之外。大量的材料证明，宋代学僧熟知"无见顶相"，这一点在众多的文献中都可以看得出来。实际上，似乎他们没有把可见和不可见的顶相区分开来：在宋代文献中，"顶相"一词只是"无见顶相"的缩略语而已。例如，《首楞严经》——一部与禅宗传统密切相关的伪经——在序言的开篇就提到了无见"顶相"。^②虽然禅宗的文本记录中偶见"无见顶相"一词，^③但更多提及的是顶相，它被描绘为高出想象之外、不可见或无形。例如，记录在《宏智禅师语录》中的一句传教诗云："末山超拔兮顶相不形"（T. 2001：48.44c10—11）。还有下面见于《景德传灯录》卷17的师徒对白："问：'无边身菩萨，为什么不见如来顶相？'师曰：'汝道如来还有顶相么？'"^④

正如前文所提到的"真"，任何用来作为可见的"开示标志"的东西，都被大乘辩证逻辑系统地解构了。正如不可能见到佛头的真正形状一样，也不可能制作出方丈的真像。因此顶相一词在佛教修辞学中和"真"的作用是完全一样的——两个概念都陷入了自身的辩证否定之中。事实上，关于用"顶相"一词来指称开悟方丈的肖像，无著道忠在对祖师像的论述中给予了十分清晰的解释：

> 祖师的（真正）标志在根本上是全无形式的。就像如来，他的顶相无法见到，因而（祖师们的肖像）称作顶相。《大法句陀罗尼经》云："如来顶相肉髻圆满，一切天人所不能见。"（无著道忠 1909：163b）

因此，这些用于方丈肖像的普通词汇——"顶相"和"真"——能够用来建构双关语，以表达无法表达之事的不可能性。禅宗的方丈们在自己的著作中都热衷于利用这些比喻。浏览一下文献中记载的数百则像赞就会看到，"顶相"和"真"都是他们玩双关语和文字游戏时所喜爱的主题。

"真"的双关语玩味的是这样的概念，即肖像（真）永远无法表达肖像主人公的真性（其"真"），因而就不"真"。这是宏智大师喜欢的一个议题，上面所提到的他的数百则自赞经常使用如下开场白：

---

①　摘自菩提流志译文，T. 671：16. 516b。

②　见《大佛顶如来密因了义诸菩萨万行首楞严经》："至心归命，无见顶相，首楞严王"。（T. 945：19. 105c24）

③　如见《从容录》，T. 2004：48. 282b12—13 及《普庵印肃禅师语录》，ZZ. 120. 273b。

④　T. 2076：51. 337c15—16。最后一行的大致意思是：你所说的如来，难道你还把它错认为是有顶相的东西吗？

是真是假，谁相描画？似我似谁，莫入思维。（T. 2001：48. 106b4—5）

像兮非真，真兮非像。（T. 2001：48. 106c2）

真非真，假非假，是影是形，成幻成化。（T. 2001：48. 113b6）

是真非相，是相非真。（T. 2001：48. 113b24）

说真不真，说似不似。（T. 2001：48. 116c14）

　　这只是小部分抽样而已；这种游戏在文献中的重复简直到了"令人腻烦"的程度。而且，虽然"顶相"一词出现得通常会少一点，但使用的方式基本类似。试举一例，我们发现，中峰明本（1263—1323）禅师在一则自赞开篇就提到了"无见顶相"："不可以色颜无见顶相；此所需者，悬像于诸物已明之时？"①

结　论

　　本文只是我们现行研究的初步报告，没有具体论及现存于日本的禅宗祖师像所提供的证据。与我们议题相关的大量日本文本证据也并未展示。限于篇幅，对日本资料的分析只能留待以后完整的报告了。可以这样说，我们所有可以利用的资料都指明，日本禅宗祖师肖像与中国祖师肖像作用完全相同：就像在中国一样，在日本，肖像在葬礼及纪念仪式中扮演着核心的角色。而且，除了用于这些明确的丧葬背景之外，日本禅师的弟子及仰慕者——无论僧俗——还制作了禅师纪念像并免费散发。

　　限于篇幅，我们也不得不放弃对当代关于顶相的大量艺术史著作的评论。毫无疑问，精通东亚艺术史领域的学者都会体谅我们的研究成果与重要学术观点在这个问题上的相左之处。但是，我们在论文中采用了论战式的语气，对看起来是简单易懂的事实却反复强调，对这一方面不太熟悉的读者也许会感到惊讶。我们的研究成果对关于禅宗祖师像本质的各种根深蒂固的观念进行了辩驳，所以，在结论中提及我们的方法也许是有助益的，一方面，我们发现中世纪中国佛教中的"顶相"一词并非只是用于禅宗一系的僧人肖像，它也用来指称天台和律宗的肖像。这就使我们对艺术史家将"顶相"类型限定于禅宗肖像产生了怀疑。② 另一方面，我们同样质疑把"顶相"看做是禅宗传统独有的宗教主题和价值的观点。例如，认为所谓"顶相"的"写实主义"反映的是大师与其法嗣之间的亲密关系（面传心授），据说这种关系是禅宗传统所独有的，但现在看来这一观点很难再坚持下去了。③

　　我们的研究还对"顶相"与"祖师像"，以及"顶相"与"身"之间的艺术史区别提出了质疑。第一种是根据表现对象与风格做出的区分（"写实主义"的高僧写实像，对"理想化的"半传说中的古代祖师像），接之而来的是对这两种风格的肖像的意义和功能进行一定的设想。历史记录对这种区分的有效性提出了质疑，特别是因为对于该传统自身

---

　　① 见《中峰和尚广录》卷九，《大日本校订藏经》，31. 6. 7。中峰很喜爱这个话题，他的题赞满是类似内容。（本段像赞按英文译出——译者注）

　　② 如见布林克 1987a：147；芬顿、希克曼 1970：xxx；滨田 1986：15；饭岛 1957：17；木下政雄、横田忠司 1979：164；京都国立博物馆 1983：259；松下、太田和田中 1967：199。

　　③ 禅宗肖像的写实主义与作为传法证明的功能相关，这一观点在相关著作中随处可见。如见芬顿、希克曼 1970：xxxi；松下、太田和田中 1967：199。

来说它是外来的：如我们所见，"顶相"一词在佛教的圈子里用来指称现在一般归属于"祖师像"的东西，反过来也一样。与此类似，现代艺术史家通常用"身"或"化身"（挂像）来指称用在葬礼及纪念仪式中的肖像，"顶相"则用来指称据说是由大师传给弟子们的写生肖像。我们再次发现，在禅宗传统中，"顶相"和"身"可以互换使用，而不用顾及它所承担的仪式功能。

我们还对另外一个观点提出了质疑，即认为肖像主人公所面对的方向可以表明制作肖像之时主人公是否还在世（布林克 1987a：96—97）。根据我们的分析，更可能的情况是，某一特定肖像主人公的朝向是由肖像在相关的祖师圣像排列中所占的位置（"昭"或"穆"）决定的。

最后，虽然中世纪佛教祖师像确实出现在各种各样的组织及仪式背景中，但就是没有证据表明，这种肖像曾经由大师们送给其弟子作为"开悟证明"或"传法凭信"。一旦放弃了这种虚构的说法，我们就势必要驳斥这样的推论，即宣称题赞所反映的亲密关系、肖像的"自然主义"或"顶相题材"的任何其他风格特征，可以由它们作为传法凭信的功能而引申出来。

我们的论文已经造成了一定的误解，无疑部分是由我们陈述的论辩性质所造成的。我们绝不是说，为高僧的葬礼仪式所制作的那幅肖像，与受其追随者委托而作的或由行者制作分发的数百张像表面上难以区分。而且，几乎所有的禅宗高僧像都是应后人及施主之命而作的，因而有理由认为，绘制某特定肖像所需的时间和艺术技巧会反映出该像委托人的地位和经济实力。只需说明这一点就足够了：关于为正式的寺院仪式而特制的肖像与为了教诲个体的施主们所制作的肖像之间特征上的差异，还有很多问题悬而未决。虽然由于现存肖像数目不多，因而把那些离散的类别联系起来有很大的风险性，但我们仍然会继续对这个问题的研究。然而，当我们查阅现存的"文本"记录时，极为清楚的是，没有构建祖师像分类系统的专门术语基础。而且，我们对于禅宗肖像发展的历史重建表明，无论那些肖像的审美价值或风格如何，就其宗教意义而言，它们都属于一类：都被看做体现中国佛陀的神授能力的圣像。

我们将禅宗肖像置于丧葬的背景而非传法的背景之内，有可能会引起另一种误解。伯纳德·福尔就这篇文章的早期版本发表了自己的观点。他认为，虽然"顶相"也许没有在严格意义上用作"传法凭信"，但既然它们能传递祖师的"神授能力"，那么它们仍然与这种凭信有关：

> 我完全同意（福科、霍顿和沙夫的分析），拥有肖像本身并不足以证明精神的传承和觉悟。然而，这一装置使大师的神授能力仪式传承得以进行，并为其提供了途径，从而将顶相的拥有者与其师父延续下来的传统主流思想神奇地联系起来。因此，顶相其实奠定了一个仪式基础，使得合法性权威作为一个特例可以通过"嗣书"而得到净化。（福尔 1991：174—175）

在驳斥认为禅师用具名画像作为"传法"凭信的观点时，我们从未试图否认肖像担当了福尔所强调的"神授能力传承"工具的功能。相反，我们引经据典以阐明高僧像被大量制作流通于僧俗之中，并且，我们一直在尽力引起大家对该作品法宝功能的关注——先前的学术文献显然忽视了禅宗肖像在这一方面的功能。对禅宗肖像的标准解释，将其葬礼作用与设想的"传法"功能截然区分开来。与之相反，我们认为，将肖像分发给弟子及施主们实际上是它们作为葬礼物品的原初功能发展的必然结果。所以我们很高兴地看到，福尔在独立地研究了同样的问题后也强调，在禅宗传统中，遗存、木乃伊和圣像——特别是"顶相"——之间存在着功能上和象征上的同等性。我们完全赞同他的论述，认为佛教圣像、遗存一样"充满了逝者的力量"（福尔1991：170）；同时，他认为中国中世纪"顶相"的分布与遗存的传播具有大致相同的宗教意义（174—175），我们对他的洞见真心地感到钦佩。

但是，福尔认为，禅宗中以授予嗣书为传法的正式标志，散布遗存与肖像只是使高僧神授能力的一般传播得到"净化"或"强化"。我们对此不敢苟同。这里有本质上的差别，而不仅仅是程度上的不同。对比在两种类型的传承中大师所扮演的角色，一个是积极的，而另一个在本质上是消极的，这个差别也许就会清晰地呈现出来。

根据禅宗的观念，法嗣的正式确定被当做大师的神圣特权，这个特权是在传法时由其师父授予的。正如数以百计广为流传的禅宗传奇逸事所描写的，从理想上来说，法嗣的确立必须有大师主动的意愿和参与。在中国宋代，嗣书被看做文件依据，为某人确实从在世大师那里"以心传心"提供证明。但如道元所正确描述的，有题铭肖像并不具备此功能，原因很简单，因为祖师们几乎没有主动制作和分发他们自己的肖像。再重复一遍，毫无例外地都是受祖师的弟子及世俗的追随者委托而制作肖像的，在此之后祖师往往勉强答应亲自题铭的请求。就如在高僧火化后收集和分发他的遗存一样，制作和分发大师的像也是其追随者们所重视的一项任务。当然，与传统的遗存不同，纪念像能够在预料到祖师将圆寂时制做出来——可以说，这些像是为纪念精神"死亡"（教化）而制作出来的。由此，在世大师虽仍健在，却可以被提升到"精神祖师"的序列。[①]

想必我们还记得，在正式传法的事例中，法嗣不仅与其师父，还与禅宗一系中所有早先的"诸佛及诸祖"在仪式上是平等的。为了证明法嗣的新地位，通常会颁给他一份由祖师签名盖印的为其个人特制的证书。这份文件与其他物品一道，拥有它即表明他有资格出任公共禅寺的方丈。不言而喻，拥有遗存或圣像并不能在官方地位及特权上产生这样的变化。而且，与存在于遗存或圣像中的神授能力不同，严格说来，传法凭信中赋予的权力不是"可以转移的"——"嗣书"授予精神级别的权力只适用于文件中指定为法嗣的那个和尚。

我们已经看到，法的传承会使一个僧人成为纪念肖像的适当人选，而这种肖像又反过来作为仪式崇拜和尊奉的对象。在我们看来，这种传承顺序与通过遗存与肖像的分发而进行的神授能力传播截然不同。因此，与福尔不同的是，我们强调的是使禅宗祖师与禅宗追随者区分开来的巨大差异——换句话说，是担当禅宗肖像主人公的那些人，与力图获得这些肖像的那些人之间的一道界限。

中国佛教肖像的起源，可以追溯到六朝时期与佛教圣僧相关的葬礼活动。随着唐代佛教真堂的演化，除了作为逝去先祖的绘像继续发挥葬礼和纪念功能之外，成套的肖像还被用在寺院机构内描绘并合法化相互竞争的"诸宗"。鉴于所说的"诸宗"被当做由祖先的英灵及其在世后裔所组成的精神谱系，丧葬功能与宗派相关的功能间很自然有着紧密联系。随着宋代由官方指定的禅系及天台系寺院的出现，逐渐由各系的历代方丈与开山祖肖

---

① 注意，禅宗肖像作为法宝与泰国护身符有相似的功能，这些护身符附有受佛教徒信奉的佛教圣人肖像。泰国佛教的法宝护身符也在有神授能力的大师逝世前后制作与分发。见坦比亚1984中的充分论述。

像一起履行丧葬与宗派的双重功能。到了后来，禅宗与天台祖师还在世的时候，他们的像就被绘制出来安放在寺院的祖堂里，在世方丈的类似肖像大量流通于僧俗之中，即使在这时，也绝不会忽视肖像与葬礼的关联：它们描绘的是仍然健在，却已经进入"涅槃"并加入祖先行列的和尚。

方丈的肖像，就像居于高位的在任方丈本人一样，实际上被看做一幅宗教圣像——它是佛性的证明、仪式崇拜的重点。严格说来，既然肖像表明佛不在时犹如仍在，那么在功能上它就等同于木乃伊化的祖师遗骸、佛的遗存或等同于一座陵塔。这是一个恰当的背景，可以由此开始探究禅宗肖像的"现实主义"或"自然主义"。但是，对于这个议题的充分探究，也只能有待于我们以后的详尽报告了。

参考文献

中国佛教藏经

《大正新修大藏经》，高楠顺次郎和渡边海旭编，一百卷，东京：大正一切经刊行会，1924—1932；文中用"T"标志，其后是文号.卷数.记录号（a，b 或 c）以及行数（如果需要的话）。

《续藏经》，一百五十卷，台北：中国佛教会 1968 年版。为《卍大日本续藏经》重印本。（《卍大日本续藏经》编辑：中野达慧；发行时间：1905—1912；发行者：京都藏经书院），文中用"ZZ"标识，其后是卷数、页码、记录号（a，b，c 或 d）以及行数（如果需要的话）。

其他资料

埃克，威廉·雷诺德·比尔（Acker, William Reynolds Beal）1954：*Some T' ang and Pre-T' ang Texts on Chinese Painting*, Institutum Sinoligicum Lugduno Batavum，卷八，Leiden：E. J. Brill。

布洛菲尔德·约翰（Blofeld John）1972：*The wheel of Life：The Autobiography of a Western Buddhist*，第 2 版，Longdon：Rider and Company。

布林克·海姆特（Blinker Helmut）1987a，*Zen in the Art of Painting*，George Campbell 译，London and New York：Arkana. 初版是德文版：*Zen in der Kunst des Malens*. Berne, München：Otto Wilhelm Barth Verlag，1985。1987b：*Body, Relic and Image in Zen Buddhist Portraiture*，见《国际交流美术史研究会第六回国际シンポジウム——肖像》，第 46—61 页，京都：国际交流美术史研究会。

布什·苏珊（Bush Susan）、时学颜（Hsio-yen Shih）编，1985：*Early Chinese Texts on Painting.* Cambridge：Harvard University Press。

高居翰（Cahill James）1961：*The Six Law and How to Read Them*，Ars Orientalism，第 372—381 页。

陈世祥（Chen shih-hsiang）1961：《顾恺之传》，《中国历代历史译丛》第 2 辑，Berkeley：University of California Press。

克卡特·马丁（Collcut Martin）1981：*Five Mountains：The Rinzai Zen Monastic Institution In Medieval Japan.* Cambridge：Harvard University Press。

孔兹·爱德华（Conze Edward）译，1975：*The Perfection of Wisdom in Eight Thousand Lines and its Verse Summary. Bolinas. Ca*：Four Seasons Foundation，1973 年第一次印刷。

戴密微·保罗（Demiéville Paul）1965：*Momies d' Extrême-Orient*，见 *Journal des Savants*，*troisième centenaire*，第 144—170 页，再版于 *Choix d' études sinologiques.* Leiden：Brill。1972，第 407—432 页。

戴路德（Durt Hubert）等编，1927 年至今：*Hōbōgirin：Dictionnaire encyclopédique du bouddhisme d'ares les sources Chinoises et Japanaises.* 迄今为止共 7 卷。东京：日仏会馆。1967：*Note sur l' origine de l' Anavalokitamūrdhatā.* Indogaku bukkyōgaku kenkyū16（1），第 450—443 页。

伊佩霞（Ebrey Patricia）1990：*Chu Hsi' s Family Rituals：A Twelfth-Century Chinese Manual for the Performance of Cappings, Weddings, Funerals, and Ancestral Rites.* Princeton：Princeton University Press。

福尔·伯纳德（Faure Bernard）

1987：*La volonté d' orthodoxie dans le bouddhisme chinois.* Paris：Éditions du C. N. R. S.

1989：*Le bouddhisme ch' an en mal d' histoire：Genèse d' une tradition religieuse dans la chine des T' ang.* Publications de l' École Francçaise d' É xtrême - Orient，卷一五八，Paris：École Française d' É xtrême - Orient。

1991：*The Rhetoric of Immediacy：A Cultural Critique of Chan/Zen Buddhism.* Princeton：Princeton University Press。

1992：*Relics and Flesh Bodies：The Creation of Ch' an Pilgrimage Sites.* 载于 *Pilgrims and Sacred Sites in China*，Susan Naquin 、Chün - fang Yü 编，第 150 - 189 页，Berkley：University of California Press。

方闻（Fong wen）

1966：*Ch' i - yün - shen - tung*："*Vitality，Harmonious Manner and Aliveness*". *Oriental Art n. s.* 12，第 159—164 页。

1984：*Images of the Mind.* 载于 *Images of the Mind：Selections from the Edward L. Elliott Family and John B. Elliott Collections of Chinese Calligraphy and Painting at The Art Museum，Princeton University*，Wen C. Fong、Alreda Murck、Shou - chien Shih、Pao - chen Ch' en、Jan Stuart 编，第 1—212 页，Princeton：The Art Museum，Princeton University。

芬顿·简（Fontein Jan）、玛尼·希克曼（Money L. Hickman）1970：Zen Painting and Calligraphy. Boston：Museum of Fine Arts。

福科 T. 格里菲斯（Foulk T. Griffith）

1987：*The Ch' an School and Its Place in the Buddhist Monastic Tradition.* 密歇根大学博士论文。

1993：*Myth，Ritual，and Monastic Practice in Sung Ch' an Buddhism.* 载于 *Religion and Society in T' ang and Sung China*，700 - 1300. Peter N. Gregory、Patricia B Ebrey 编，Honolulu：University of Hawai' I Press。

弗里德伯格·大卫（Freedberg David）1989：*The Power of Images：Studies in the History and Theory of Response.* Chicago：University of Chicago Press。

盖拉弗·路易斯（Gallagher Louis J）1953：*China in the Sixteenth Century：The Journals of Matthew Ricci.* New York：Random House. 1942，第一版。

格鲁特 J. J. M. de（Groot J. J. M. de）1982：*The Religious System of China：Its Ancient Forms，Evolution，History and Present Aspect；Manners，Customs and Social Institutions Connected Therewith.* 台北：南天书局。初版：Leiden：E. J. Brill，1892。

滨田柳：《东福寺圣一国师》，见《奈良国立博物馆》，1986，第 13—14 页。

海伊·约翰（Hay John）

1983：*Values and History in Chinese Painting，I：Hsieh Ho Revisited. RES*6，第 72—111 页。

1984：*Values and History in Chinese Painting，II：The Hierarchic Evolution of Structure. RES*7/8，第 102—136 页。

平林文雄 1988：《参天台五台山记：校本并研究》，东京：风间书房。

本田济 1978：《中国古典选 2》卷二，东京：朝日新闻社。

胡适 1968：《神会和尚遗集——附胡先生最后研究》，马君武编。台北：胡适纪念馆。

汉维兹（Hurviz Leon）

1956：*Weishou，Treatise on Buddhism and Taoism：An English Translation of the Original Chinese Text of Wei - shu CXIV and the Japanese Annotation of Tsukamoto Zenryū.* 见 *Yün - kang：The Buddhist Cave - Temple of the Fifth Century* A. D. in North China，卷十六，第 25—103 页。京都：京都大学人文研究院。

1980：*Chih - i*（538 - 597），*An Intuoduction to the Life and Ideas of a Chinese Buddhist Monk. Mélanges Chinois et Bouddhiques*，卷一二，Brussels：Institut Belge des Hautes? tudes Chinoises. 1962 年第一次印刷。

井手诚之辅

1986：《万岁寺の见心来复像》，《美术史》119 号，卷三五（1），第 42—56 页。

1989：《中峰明本自赞像をめぐって》，《美术研究》343 号，第 99—116 页。

饭岛勇 1957：《顶相について》，《博物馆》80 号，第 17—20 页。

石田充之 1972 编：《镰仓仏教成立の研究：俊芿律师》，京都：法藏馆。

伊藤史郎 1987：《初期天台宗的肖像雕刻——以圆珍为中心》，《国际交流美术史研究会，第六回国际シンポジウム——肖像》第 22—28 页，京都：国际交流美术史研究会。

冉云华 1966：《中国佛教编年，581—960》，Santiniketan：Visva - Bharati。

乔根森·约翰（Jorgenson John）1987：*The "Imperial" Lineage of Ch' an Buddhism：The Role of Confucian Ritual and Ancestor Worship in Ch' an' s Search for Legitimation in the Mid - T' ang Dynasty. Papers on Far Eastern History* 35（Canberra：The Australian National University Department of Far Eastern History），第 89—133 页。

镜岛元隆、佐藤达玄、小坂机融 1972：《译注禅苑清规》，东京：曹洞宗宗务厅。

金泽弘 1979：*Japanese Ink Painting：Early Zen Masterpieces.* Barbara Ford 编译。东京：讲谈社国际株式会社。日文初版标题为《初期水墨画》，在《日本美术》系列卷六九，东京：至文堂。

高本汉（Karlgren Bernard）1966：*Grammata Serica：Script and Phonetics in Chinese and Sino - Japanese.* 台北：成文印刷公司。初版于 Bulletin of the Museum of Far Eastern Antiquities，12（1940）。

木下政雄、横田忠司编，1979：《禅宗の美术——墨迹と禅宗绘画》。收录于《日本美术全集》，东京：学习研究社。

小林太一郎 1954：《高僧崇拜与肖像艺术》，《佛教艺术》23：第 3—36 页。

驹泽大学 1985：《禅学大辞典》，东京：大修馆。初版三卷，1978。

小杉一雄

1934：《六朝时代の仏塔に於ける仏舍利の安置について》，《东洋学报》21（3）：第 417—467 页。

1937：《肉身像及遗灰像の研究》，《东洋学报》24（3）：第 405—436 页。

京都国立博物馆

1981：《禅と美术》，京都：京都国立博物馆。

1983：《禅の美术》，京都：宝藏馆。

拉莫特（Lamotte Etienne）

1949 - 1980：*Le Traité de la grande vertu de sagesse de Nāgārjuna（Mahāprajñāpāramitā - āstra）*，5 卷，Louvain - la Neuve：Institut Orientaliste。

1976：*The Teaching of Vimalakīrti（Vimalakīrtinirdea - sūtra）*，Sara Boin 译为英语。London：Pali Text Society。

李·雪曼 E.（Lee Sherman E）、米歇尔 R. 卡宁汉姆（Michael R. Cunningham）及詹姆斯 T. 乌拉克（James T. Ulak）1983：*Reflections of Reality in Japanese Art. Cleveland*：The Cleveland Museum of Art in Cooperation with Indiana University Press。

罗威·米歇尔（Loewe Michael）1979：*Ways to Paradise：The Chinese Quest for Immortality.* London：Geoge Allen and Unwin。

马克瑞·约翰·罗伯特（McRae John Robert）1986：*The Northern School and the Formation of Early Ch' an Buddhism.* 黑田东亚佛学研究所 3，Honolulu：University of Hawai' I Press。

马瑟·理查德 B.（Mather Richard B.）1976 译：*Shih - shuo Hsin - y：A New Account of Tales of the World*，by Liu I - ch' ing with commentary by Liu Chn. Minneapolis：University of Minnesota。

松下隆章、太田博太郎、田中正大 1967：《禅寺と石庭》，《原色日本の美术》10，东京：小学馆。

松浦秀光 1976：《禅宗古实尊像の研究》，东京：山喜房仏书林。

望月信亨 1933—1936 编：《望月佛教大辞典》十卷，东京：世界圣典刊行协会。

毛利久 1977：Japanese Portrait Scrulpture.《日本艺术图书馆》第 2 号，W. 石桥千惠编译，东京：讲

谈社国际株式会社与至文堂。初版标题为《肖像雕刻》，发表于《日本美术》系列卷一〇，东京：至文堂，1967。

诸桥辙次 1955—1960：《大汉和辞典》十三卷，东京：大修馆书店。

无著道忠

1909：《禅林象器笺》，京都：禅文化研究所。

1979：《敕修百丈清规左觿》，见柳田圣山主编《禅学丛书》卷八 a 及 b 的一部分，京都：中文出版社。

长尾雅人 1987：《摄大乗論：和訳と注解》，东京：讲谈社。

奈良国立博物馆 1986：《禅宗と墨跡——圆尔辨圆をめぐって》，展览目录（9 月 9 日—10 月 10 日）。

李约瑟（Needham Joseph）1974：*Science and Civilization in China*，卷五第 2 部分，Cambridge：Cambridge University Press。

西川杏太郎、爱米利·萨诺（Emily J. Sano）1982：*The Great Age of Japanese Buddhist Sculpture AD600—1300*，Fort Worth and New York：Kimbell Art Museum and the Japan Society。

赖世和（Reischauer Edwin O.）1955：*Ennin's Diary：The Record of a Pilgrimage to China in Search of the Law*. New York：The Ronald Press Company。

榊原悟 1985：《相国寺本"列祖像"と探幽一门》，《古美术》76，第 60—75 页。

谢弗·爱德华（Schafer Edward H.）

1977：*Pacing the Void：T'ang Approaches to the Stars*. Berkeley：University of California Press。

1978—1979：*A T'ang Taoist Mirror. Early China* 4，第 56—59 页。

萧潘·格雷戈里（Schopen Gregory）1987：*Burial Ad Sanctos and the Physical Presence of the Buddha in Early Indian Buddhism：A Study in the Archeology of Religions. Religion* 17，第 193—225 页。

关口真大 1967：《达摩之研究》，东京：岩波书店。

沙夫·罗伯特（Sharf Robert H.）

1989：*Being Buddha：A Performative Approach to Ch'an Enlightenment*，论文发表于美国宗教学会年会，Anaheim，1989 年 11 月 12 日。

1991：*The Treasure Store Treatise*（宝藏论）*and the Signification of Buddhism in Eighth – Century China.* 密歇根大学博士论文。

1992：*The Idolization of Enlightenment：On the Mummification of Ch'an Masters in Medieval China. History of Religions* 32（1），第 1—31 页。

施闲：《徐璋和他的松江邦彦图》，《美术研究》1988 年第三期，第 69—73 页。

田修二郎、入矢义高 1987 编：《禅林画赞——读中世纪水墨画》，东京：每日新闻社。

索珀·亚历山大（Soper Alexander）1949：*The First Two Laws of Hsieh Ho. The Far Eastern Quarterly* 8（4），第 412—423 页。

斯皮罗·奥德雷（Spiro Audrey）1988：*New Light on Gu Kaizhi. Journal of Chinese Religions* 16，第 1—17 页。

斯坦利·贝克·琼（Stanley – Baker Joan）1984：*Japanese Art.* London：Thames and Hudson。

坦比亚·斯坦利·杰亚拉加（Tambiah Stanley Jeyaraja）1984：*The Buddhist Saints of the Forest and the Cult of Amulets：A Study in Charisma，Hagiography，Sectarianism，and Millennial Buddhism. Cambridge Studies in Social Anthropology* 49，Cambridge：University of Cambridge Press。

田中一松 1953：《布袋和尚像》，《国华》734，第 136、145 页。

谷口铁雄 1984：《禅宗六祖印像について——豊後·円福寺本を中心に》，《佛教艺术》155，第 11—37 页。

瑟曼·罗伯特（Thurman Robert A. F.）1976 译：*The Holy Teaching of Vimalakīrti：A Mahāyāna Scrip-*

ture. University Park and London：The Pennsylvania State University Press。

冢本善隆

1974：《魏书释老志の研究》，《冢本善隆著作集》卷一，东京：大东出版社。1961 年由佛教文化研究所首次出版。

1975：《宋时代の的童行试经得度制度》，《冢本善隆著作集》卷五第 1 号，东京：大东出版社。1941 年首次出版于《支那佛教史学》卷五第 1 号。

瓦尔纳·朗顿（Warner Langdon）

1936：*The Craft of the Japanese Sculptor.* New York：McFarlane, Warde, McFarlane, and the Japan Society of New York.

1964：*Japanese Sculpture of the Tempyo Period：Masterpieces of the Eighth Century.* James Marshall Plumer 编，Cambridge：Harvard University Press。

瓦特·詹姆斯（Watt James C. Y.）1990：*The Arts of Ancient China.* New York：The Metropolitan Museum of Art。

韦曼·阿莱克斯（Wayman Alex）1957：*Contributions Regarding the Tirty－two Characteristics of the Great Person*，载于 *Liebental Festschrift*，Kshitis Roy 编（*Sino－Indian Studies* 5，第 3、4 部分）. Santiniketan：Visvabharati。

魏希斯勒·霍华德（Wechsler Howard J.）1985：*Offering of Jade and Silk：Ritual and Symbol in the Legitimation of the T'ang Dynasty.* New Haven：Yale University Press。

威廉·理查德（Wilhelm Richard）1967：*The I Ching or Book of Changes.* 第三版，《波林根丛书》19，由 Cary F. Baynes 从德文原本译为英文。Princeton：Princeton University Press，1950 年第一版。

扬波斯基·菲力浦（Yampolsky Philip B.）1967：*The Platform Sutra of the Sixth Patriarch：The Text of the Tun－huang Manuscript with Translation, Introduction, and Notes.* New York：Columbia University Press。

柳田圣山

1954：《灯史的系谱》，《日本佛教学会年报》第 19 期，第 1—46 页。

1963：《伝法宝纪とその作者》，《禅学研究》第 53 期，第 45—71 页。

1967：《初期禅宗史書の研究》，京都：法藏馆。

1971：《初期の禅史 I》，《禅の语录 2》。东京：筑摩山房。

1984a：《祖堂集索引》三卷，京都：京都大学人文科学研究所。

1984b：《祖堂集》，《禅学丛书》四卷，京都：中文出版社。

俞剑华 1964 编：《宣和画谱》，北京：人民美术。

许理和（Zürcher E.）

1964：*Recent Studies on Chinese Painting. T'oung Pao* 51，第 377—422 页。

1972：*The Buddhist Conquest of China：The Spread and Adaptation of Buddhism in Early Medieval China.* 卷二，Leiden：E，J. Brill. 1959 年初版。

（夏志前　译）

T. 格里菲斯·福科（T. Griffith Foulk）现为美国萨拉劳伦斯学院副教授，以研究中国唐宋时期禅学为主，发表过"宋代禅宗的神话、仪式与僧侣实践"等论文；罗伯特·H. 沙夫（Robert H. Sharf）现为美国密西根大学亚洲语言与文化系教授，主要研究东亚，尤其是中国与日本佛教，发表多篇相关领域的有影响的学术论文，并著有 *Coming to Terms with Chinese Buddhism：A Reading of the Treasure Store Treatise*（University of Hawaii Press，2002）等著作。

夏志前，中山大学哲学系博士生，广东省宗教研究所助理研究员。

中国禅学　第五卷
2010 年，第 310—326 页

大慧和居士：关于死亡的禅学开示①

米里姆·雷夫琳②

　　内容提要　本文从"普说"这一说法形式入手，考察大慧宗杲向居士传法开示之特点。论文以大量细致的禅学史料为基础，以"普说"这一禅宗独有的开示方式为线索，先考察"普说"形式的发端以及各个时期的应用情况，继而以大慧"普说"中对居士开示与死亡相关的内容为例，指出大慧成功地把"普说"转化为一种有效的工具，使得他在教授僧众的同时可以直接应对居士的求法要求。

　　关键词　普说　大慧宗杲　居士　死亡

　　径山大慧宗杲普觉禅师，通常被称为大慧或宗杲，是禅宗临济宗杨岐一派的禅师③。他于 1089 年在安徽出生；其弘法事业最初开展在中国的南方，时值南宋初期。在其后半生，成为了当时最具影响力的禅师之一④。他门下有成千上万的门徒、大批的法子以及众

---

　　① 【译者按】Mirian Levering，"Ta‐hui and Lay Buddhists：Ch'an Sermons on Death"，原载米里姆·雷夫琳《大慧与佛家居士：禅宗超度文》，（大卫·W. 夏佩尔编《中世纪中国社会佛法与道教》，1987），pp. 181‐205。本文是以笔者的博士论文《居士之禅悟：大慧和宋代新型宗教文化》为基础的（哈佛大学出版社，1978 年）。

　　以下是注释当中将会用到的缩略语：

　　《普说》　　　《大慧普觉禅师普说》五卷，《卍续藏》，31，5，第 395 页 a—509 页 d。

　　YCZESG　　Kagamishima Genryū，Satō Tasugen，and Kosaka Kiyū，Yaku‐chū Zen‐en shin‐gi（译注《禅苑清规》）（东京：Sōtō Shū Shūmu Chō，1972）。

　　② 【译者按】本文中之"［ ］"表示其中内容为译者所加，"（ ）"中内容为原作者所加。原文中的引文并未标明具体出处页码，译者比对续藏发现多所出入，故文中引文只采取直译英语原文，未在脚注中列出相应经典原文及出处。

　　③ 径山属浙江省临安府；大慧于 1137—1141 年以及 1158—1161 年分别住持此山的两处丛林，"大慧"是他入灭前那年皇帝所赐的法号。"宗杲"是大慧第一次出家最初用的法名。"普觉"是大慧刚入灭后皇帝赐给的谥号。"禅师"的意思是禅学老师，这是他的称号。参见祖咏编纂的《大慧普觉禅师年谱》，《续藏经》，册八，第 1—16 页 a。

　　④ 大慧在跟随了一系列不同支派的宗师参学禅法之后，于 1124 年开始得以师侍圆悟克勤禅师。他在 1125 年受印开悟，1127 年跟随圆悟禅师南下。在 1137 年之前，不论是师侍圆悟或是独自在江西福建弘法，大慧都还相对较为默默无闻。1137 年他受邀住持径山能仁禅院，吸引了大批的徒众。在住持能仁禅院的第四年，他被流放到湖南的衡州；九年之后又被贬至广东梅州。他于 1155 年被赦免并重获僧籍。在短暂地北方巡游之后，他再次被邀住持径山的禅院，时年已 69 岁。四年之后退居明月堂，再两年后圆寂。虽然大慧弘法事业鼎盛阶段中的相当长的部分并非是在皇城度过，但他一北归之后便被誉为当其时最为杰出的禅师。粗粗浏览大乘世系图表——例如柳田圣山编的《禅家语录 II》（东京，1974），第434—435 页等等——我们不难发现大慧之后一代的杰出禅师当中相当多都是大慧的弟子；在临济宗下几代的学人当中，大慧的法嗣占绝大多数。大慧的手迹和语录在他圆寂后很快就变成了经典；后人研读时褒贬不一，这些情况在朱熹、道元以及明代的憨山德清禅师的著作中都有记载。

多文人、士大夫阶层的居士①。如此众多的学人追随在他门下，部分是因为他是著名禅师圆悟的弟子中最为杰出的一个②。但更主要的是他的个性以及接引学人风格上的活泼、可亲，除此之外，他还引领为数可观的僧俗弟子在参禅开悟的修行之路上取得了多寡不一的进展。

　　大慧对于发展禅学理论和参禅方法有着众多贡献，其禅法最为闻名之处在于他提出：对于公案的诠释是被作为一种生起疑情的方法③。本文并非要概述他所有重要的贡献，而只想着重于一点，即被称为"普说"的说法形式。笔者选择这种说法形式，并把它作为大慧的贡献加以着力分析，是因为"普说"显示出了大慧对于居士之宗教生活和修行觉悟等方面所存在问题的深切忧虑。

　　事实上，禅师们所采用的如大慧之"普说"的说法方式，暗示出一种新的在家人与禅师之间的关系。我们可以看到这种新型关系发展的五个明显阶段。最初，在家人作为禅师的"墙外弟子"，与禅师是一对一的关系。这些相关的记载贯穿了唐代早期的禅宗文献。第二个阶段，在家人可以作为供养人，在寺庙中资助某些法事，以祈求福报，不论他们本人出席与否，都与他们的自身生活没有任何特定的联系。这些法事包括祈请僧人开坛讲法或单纯的供养财物。这种僧俗关系反映出当时的观念，认为在家人的宗教实践和出家人是迥然不同的。在家人主要是要为将来的幸福或为他们所钟爱的人而做善事积累福德。第三个阶段，在家人可以请僧人到通常意义上的宗教场所之外来做法事，例如为已故亲友作为期七天的悼亡祭奠。这些法事应在家人的特定需要而设，但就佛经与教义显示，这些都不是非做不可的。这显示出早在大慧的时代以前，甚至在他之后，有关这类情形的语录记载，可能都未直接提及居士、死亡或悲痛的话题。第四阶段，在家人可以和其他的在家居士一起组成团体来"种福田"和学佛法。这些团体都是在寺庙和师父们的指导下运作的。大概在这个阶段，在家人开始要求寺庙来着手应对他们这些仍然生活于俗世之人的解脱诉求。

　　从大慧处我们所看到的是第五个阶段的僧俗关系，即在家人的宗教实践不只是形式上的，也不只是随喜参与，而直接与解脱教义相关。这清楚地标志着一种全新的对于居士生活的关怀，而这也正是大慧自己所积极搜寻的新型僧俗关系。因此，大慧之"普说"形式的开展和他对"普说"的全新运用，可被看做是展现出了一种崭新的指引在家人的路径。传统的弘法严格区分僧与俗，对僧人开示解脱实践的方法以及能引领其开悟的智慧；对在家人则只讲授因果和福田的重要性。大慧所处的时代，外界主流的居士教育也仍是讲

---

　　①　有关追随大慧参禅之文人、士大夫的情况可以参见大慧的"普说"以及书信中的相关部分。大慧的"普说"书目的相关信息可以参阅第304页注释⑤。他的书信则可在他的《语录》中找到，而且这些书信在流通的过程中形成了许多不同的版本。有关日文注译本的情况可参考荒木见悟的《大慧书》（东京，1969）。

　　②　圆悟克勤（1063—1135）是临济宗杨岐派僧人，也是其时最为有影响力的禅师。他最广为人知的是《碧岩录》中的评唱。

　　③　对于大慧的这一禅学新说，柳田圣山在《看话禅中信与疑的问题》中发表了最饶有趣味的评论。英文著作中，松本史朗经常在提及大慧的时候，把他和起疑情以及"公案"的作用联系在一起。例如他的《禅佛教论文集》［essays in zen Buddhism］，丛书二（伦敦：Luzac and Co.，1933），第10—18页，24页，75—78页，289—291页，303—305页；还有《关于禅佛教的介绍》［An Introduction to Zen Buddhism］（纽约：Philosophical Library，1949），第171—173页。

授报应说和如何积攒福报。大慧不单摒弃了这种传统的分别对待，他还双管齐下地引导居士禅修。一方面向他精选出的居士弟子开示空性、觉悟的要义；另一方面传授如何借助"公案"和"参话头"来修习禅法。他尽可能地去摒除这种对于僧俗采取不同教授与实践方式的做法。他鼓励门下所有的居士学人去参究精深的空性真义，去实证华严所谓一切万法理事无碍，事事无碍的玄旨，并努力通过"公案"和"参话头"来参禅开悟。

　　笔者将从"普说"形式本身入手，首先阐述在使用这一形式的初步探索阶段中，大慧所给予的独创贡献。其次，将更为切近地以一篇"普说"开示为对象，分析大慧如何分两个步骤去处理居士亲友的临终、丧亡之痛。看他如何针对悲痛欲绝的居士当时最为紧迫的精神需求，提供恰切的帮助，并进一步引领他们去体会更高的真空之性理以及开悟之路径。

"普说"形式简史

　　"普说"是在禅宗内部发展出的三种主要宣讲佛法之形式中的最后一种。其他两种讲法方式为"上堂"和"小参"。在1103年刊行的现存禅宗最早的清规校订本——《禅苑清规》中即对此有所记载①。"普说"明显是从这两种形式中脱胎而来的，且在许多方面都与他们类似；特别是在大慧广泛探索的影响下，情况愈加明显。

　　关于"上堂"，《禅苑清规》中规定，禅门僧众需一月六次去法堂参加方丈的升座，向所有位次在他之前的僧众请教。每个月的第五天等所有是五倍数的日子都被指定为"上堂"日②。"小参"是指每月至少在第三、第八、第十三、第十八、第二十三及第二十八日，在方丈室所作的禅法宣讲③。这两种形式的说法活动都可对居士开放。居士们可以参加，同时要求给予供养——多半是钱财供养。但居士角色的作用几乎只在于因举资供养了一场说法而积累了福报。禅师们的评述记载中鲜有关涉某具体居士或任何明确与居士立场相关的东西，甚至没有泛泛地提及居士群体④。通常，禅师们的评述记载是后于僧众的质疑以及继之而起的僧众与禅师之间的对酬问答的。每当有质疑时，禅师或是举出一个相应的"公案"或是自己立以清规，因此跟从他的弟子可以从最深层的意义上去领会他的意图。大多数的这类述评记载都非常简短，长度大约取决于当时记录的长短，所以这些述评并不是可以详细呈现当时讨论状况的媒介⑤。对于一名禅僧或是一位持戒的居士来说，每一念都可直接地增益智慧、遣除无名。在如此全身心投入修行实践的背景下，那些广义上的开示几乎是多余、甚或有害的了，尤其是在一个月要聆听六或十二次的情况下。

　　在1103年的《禅苑清规》所列出的诸规则中，还没有出现"普说"这一形式。因此我们可以推断在1103年之前，这种形式还未被广泛使用。此后相继出现的两本《清规》

---

　　① ［日］镜元隆、佐藤达玄和小坂机融：《訳註禅苑》（《禅苑清规》的译注本）（东京1972），第1—28页，本书既给出了《禅苑清规》的原文和历史，又附有日文的翻译。（也可在 ZZ 2.16.5, 438a—471c 页找到经典原文）【译者按：本论文英文原本的术语表作《禅院清规》，应是《禅苑清规》之误，故从中文原名，后译均同，不再另作说明】。

　　② 镜元隆、佐藤达玄和小坂机融：《訳註禅苑》，第71—75页。

　　③ 同上书，第78—85页。

　　④ 参阅第306页注释①，对圆悟之"上堂"和"小参"的综述。

　　⑤ 参阅第306页注释①。

则开始有短章论及"普说":一本是 1274 年刊行的《丛林校定清规总要》①,另一本是 1311 年成书的《禅林备用清规》②。在目前没有其他相反证据的情况下,我们可以推知,"普说"的推广在 1103—1247 年之间。

是大慧发明了"普说"这一形式吗?如果不是的话,在他推广运用之前,"普说"又是怎样的面貌呢?这些写于大慧圆寂后百余年的《清规》中的记述没办法提供给我们确切的答案。正如它们或许可以提供给我们信息去了解经由大慧发展之后的"普说",却鲜有记载显示是大慧首创了这一形式或是他找到并调整了这一弘法方式。虽然如此,它们确实暗示了"普说"这种弘传方式产生的背景,并且作了历史记录。为方便读者,我在此仅引用出现较晚也较为完备的记载,即 1311 年的《清规》中两段。意在指出在这两段相似的记载中包含着多么意义重大的不同:

> 举行普说时,侍者总应叫客头行者(他的职责是照顾客人)③ 把普说的标志悬挂在僧寮(僧人住宿的地方)、僧堂(僧众聚集在一起诵经、吃饭以及做其他活动的地方)及其他大堂前,并且在内堂或法堂里(为普说)按行列安排好座位。④(内堂显然是用作特殊的典礼或讲法的,法堂是举行正式的律法的布道的。)当进餐结束,堂司行者通知侍者,而后通知众僧众。⑤ 他击鼓五次。在侍者离开内堂后,他招起(僧众的)集会。接下来,他前去招请僧众出来就座。⑥ 普说的仪式和小参一样。⑦ 曹洞宗的方丈,每月第一和第十五天在僧堂中升座⑧,对大众"广泛开演讲说"。只有大慧和尚,兼通教法的本质和讲法分艺术,不去挑选时间和地点(但是何时何地展开普说都是适合他的)。⑨

这段记述明确地暗示,尽管大慧不同于其前辈,采用了上述这样的形式,但他却不是首创之人。

大慧本人对这段历史的记载则稍有不同:

> 一百年前并无普说。但是从熙宁到圆悟(1068—1094)这段时期内,当真净和尚住在东山归宗寺的时候,⑩ 就开始有普说了。真净的弘愿是引领学众去到觉悟之途。⑪

---

① 原文参见 ZZ 2.17.1;关于"普说"的段落在 15b—c。关于此作品的日期,请参阅《訳註禅苑》,第 2 页。

② 原文参见 ZZ 2.17.1;关于"普说"的段落在 36c。关于此作品的日期,请参阅《訳註禅苑》,2 页。

③ 参见无著道忠《禅林象器笺》(1716 年成书)(东京,1963),第 299—300 页。

④ 《丛林校定清规总要》仅仅提到了内堂;ZZ2.17.1,卷下,15a。

⑤ 堂司行者是维那的助手,是禅寺管理性职位中主要的一员。参见《禅林象器笺》,第 299 页。

⑥ 《丛林校定清规总要》对此有相关补充:"那些轮值的和两组后备的僧职人员。"关于"两组僧职人员"的更多信息可以参阅《禅林象器笺》,第 219—221 页。

⑦ 《丛林校定清规总要》对此有相关补充:"(早先的)清规未尝提及('普说')。"

⑧ 《丛林校定清规总要》补充道:"在上堂结束后。"

⑨ 《丛林校定清规总要》遗漏了关于大慧的这最后一句。

⑩ 归宗寺,在江西省南康县庐山。我还没有找出它和东山有什么联系。不过,真净克文确曾为庐山归宗寺僧人。

⑪ 《大慧普觉禅师普说》卷五,《卍续藏》,册三十一,第 460 页 a。

本段显示临济宗的真净克文（1025—1102）是"普说"的首创者。后来的禅宗传统，即把大慧的这种关于"普说"起源的说法当做为众所公认的观点。例如无著道忠 1716 年的日文著作中就有关于这一传统说法的记录：

> "普说"即升座也。"上堂"亦升座也。但"普说"不炷祝香、不搭法衣，以为异。自真净始，三佛亦行之，到大慧方盛，"普说"须是知见广博人而始得。①

鉴于上述原始资料的状况，致使我们无从得知，这种传统说法是否准确。真净也留下了"语录"集子，但是其中全无"普说"的记载。②"三佛"定是指临济宗五祖法演（？—1104）门下的三位名或字当中带有"佛"字的弟子：圆悟克勤（1063—1135），又被称作佛果；佛鉴慧勤（1059—1117），以及佛眼清远（1067—1120）。他们当中现存的只有圆悟和佛眼两位禅师的"语录"③。两位的"语录"中都可找到关于"普说"的记载。

大慧之前诸禅师的"普说"

在大慧之前的"普说"是怎样的面貌呢？"普说"和"上堂"、"小参"又有何不同呢？从前，在家人是如何只作为供养人而自处？但这时居士群体的需求又在何种程度上影响了说法形式在地点、形式和内容上的转变？在圆悟和佛眼的《语录》中对于"普说"的记载提供给了我们一些处理这些问题的依据。

圆悟或许是他所处时代临济宗中最为杰出的禅师。因此对他的"语录"记载，在数量上就比同时代的其他人超出许多。即便如此，在他的《语录》中，也只能找到一处的"普说"记载，1400 字左右④。这是一篇清晰明了的法理开示，其内容并未明确提及居士之修行。其中一大部分是述说圆悟自己对佛法真理的探询和最初开悟时的经验。开示显得活泼而机智：记述确定无疑的佛法真理；分享证悟之后的大自在；劝勉学人去精进修行，亲身现证。此篇"普说"要比圆悟《语录》当中"上堂"、"小参"的平均篇幅长出许多。"上堂"平均在 200 字，"小参"则为 442 字⑤。并且，这段开示明显是在一个特殊的场合进行的⑥，而其中却并未牵涉到在家之供养人的相关讯息。

圆悟的师弟佛眼，也有数目颇丰的《语录》保留至今⑦。在这些"语录"中，指明是"普说"的有 9 篇。紧随其后，有 39 篇冠名为"善语"，这些也有可能是"普说"的记载。既然这些"语录"的格式归属暧昧不清，加上它们和那 9 篇明确标为"普说"的文字在形式和长度上如出一辙，我姑且暂时把这 39 篇也作为"普说"来加以研究。紧接

---

① 《禅林象器笺》，第 433 页。

② 笔者的这一研究结论可在无著道忠处得到确证，参见《禅林象器笺》，第 436 页。

③ 此综述是以柳田圣山编辑的《禅家语录Ⅱ》第 423—514 页（特别是第 435 页及 485—491 页）为基础的。至少就柳田所知，并无佛鉴慧勤的《语录》留存。

④ 圆悟的"普说"可以在《圆悟佛果禅师语录》卷十三，in T47.774—775. 找到。

⑤ 参阅第 306 页注释①。

⑥ 这是一篇"高僧普说"，其与其余"普说"的区别，请参考《禅林象器笺》，第 436 页。

⑦ 佛眼清远的"普说"，保留在《佛眼禅师语录》卷五，《古尊宿语录》卷三十一，ZZ2.23.4，280b—296a。

在 9 篇"普说"之后的第十篇文字，明确地以"普说"作为标题，且是应居士之请而作的开示①，这巩固了笔者原本凭借感觉的推测，使笔者进一步确定此处的"善语"，与"普说"是同类的。前面 9 篇"普说"平均每篇 460 个字，接下来的 39 篇平均每篇为 420 个字。最后的一篇对居士的开示大约有 1140 字，是这部《语录》里面篇幅第二长的文字。

佛眼"普说"（或"善语"）的文章主体中并没有说明是对哪些在家供养者而作的开示，也没有关于这些居士的情况、经历和他们请示问题的记载。举例而言，这 9 篇"普说"的第一篇，就用了全篇 320 个字的一大半来专门开示禅病类型。其旨趣在于使僧众在参习"公案"或静修的时候可以"抛却身心"，若是面对居士而发，却不甚恰当②。第49 段开示，指明是给某居士的，但在内容和形式上都和之前那些明确标出写给"道上学人"［students of the way］的非常相似。"students of the way"这个词是佛眼《语录》中的术语，专指那些住庙修行的学人。由此居士以及上下文的更多内容可推见，这则开示是应此居士之需而作，但文中并没有显露出此一开示的目的。

大慧同时代禅师之"普说"

虚堂智愚（1185—1269）提到"三佛以来皆有普说"。③ 这句论说带来了以下的疑问：是否大慧同时代的禅师们已经在使用"普说"了？如果真的是这样的话，那么他们的"普说"在形式、长度、预期的徒众、演说的方式等方面与大慧之前以及大慧自己的"普说"有无不同呢？为了回答以上问题，笔者对隶属禅门四个不同宗派，且与大慧同时代或稍后的 38 位禅师所现存的文本作了一个初步的调查④。附录中罗列了这一研究的详细结果，以期有助于对"普说"的历史与形式怀有强烈好奇的读者。在此笔者仅提供一份研究摘要以及少许研究报告，在报告中将介绍大慧生活的时代通用的"普说"形式是怎样的一种情形。内容如下：

Ⅰ．现存记录中，大慧之前"普说"的情况⑤：

（1）真净克文（1025—1102）：没有使用记录。

（2）佛鉴慧勤（1059—1117）：没有语录现存。

（3）佛眼清远（1067—1120）：9 篇（每篇平均 400 字）；39 篇（每篇平均 420 字）；1 篇（1140 字）。

（4）佛果圆悟克勤（1063—1153）：1 篇（1400 字）。

Ⅱ．现存记录中，大慧所处时代"普说"的情况780：

（1）雪堂道行（1089—1151）：2 篇（分别为 280 字、540 字）。

（2）山堂僧洵（生卒年不详）：1 篇（560 字）。

---

① 佛眼清远的"普说"，保留在《佛眼禅师语录》卷五，《古尊宿语录》卷三十一，ZZ2.23.4，295a—296a，《为李舍人普说》。

② 当然，居士可能也希望聆听这方面的开示。

③ 《虚堂智愚和尚语录》卷四，ZZ2.26.4，360d—366b。

④ 完整名单请见附录。

⑤ 参阅第 303 页注释④、⑤、⑧、⑥。

（3）雪峰慧空（1096—1158）：2 篇（分别为 180 字、400 字）。

（4）佛海慧远（1115—1169）：3 篇（分别为 1280 字、800 字、820 字）。

（5）普庵印肃（1115—1169）：1 篇（1120 字）。

（6）松源崇岳（1132—1202）：2 篇（分别为 1224 字、700 字）。

Ⅲ. 大慧现存文献中的"普说"①：

（1）卷一"普说"：14 篇（在一些文本中是 13 或 15 篇）（平均每篇 2503 字）。

（2）卷四"普说"：66 篇（平均每篇 2294 字）。

（3）合计：80 篇"普说"：（平均每篇 2346 字）。

　　粗略地看上面这个表格，读者第一会注意到，"普说"的记录非常少见：上述大部分的禅师被记录下的"普说"仅有一至三篇不等。是不是他们的"普说"确实只有这么罕见的几场呢？也有可能，绝大多数的"普说"并没能像"上堂"或"小参"那样被记录下来。因此我们也可推论说，要么"普说"确实罕被运用，要么就是当时的人们并未把这种形式作为一种非常严肃的弘法教授方式。如果是这样，则又有问题随之而起——为什么佛眼和大慧的"普说"记录比其他人的多出那么多呢？原因在于他们的"普说"技巧还是他们对待"普说"的态度呢？或者原因其实相当简单，他们原本就远比其他的禅师更加频繁地采用这种说法的方式？

　　第二，"普说"文本通常篇幅较短，大多数文本都远不足千字。

　　第三，"普说"并未被广泛运用。与大慧同时代或稍晚的三十八位禅师中只有六位有使用"普说"的记载。

　　第四，"普说"显然在形式上和"上堂"、"小参"是相同的：三者都是以一个疑问开篇，然后禅师徒众宾主问酬，接下来由禅师针对此一段的对话作一评论。此时禅师或是列举一则"公案"或是以法理为依据加以述评。看起来，差异仅在于，附随"普说"而进行的宗教仪式在结构上与"上堂"和"小参"不同。

　　第五，现存的"普说"记录，很少可以看出此一"说法"是由居士们供养发起的。仅有一篇佛眼的文献提到了其居士供养人。

　　第六，在"普说"文本中，几乎找不到迹象表明"说法"面对的是包括居士在内的徒众而进行的。在一些情况中，同一位禅师的"普说"即使不一定比"小参"长，也会比"上堂"要来得篇幅长且内容松散。不过，"普说"并未以任何方式谈及居士的修行或生活会有什么特殊的要求，甚至是在那篇提到居士供养人的文本中，我们也找不出相关的文字是谈论这位居士，或讲述他的生活处境，或解说他是为供养说法而发心的。阅读这些文献时，我们会产生一种很强烈的感觉——根本上，"普说"和"上堂"、"小参"一样，是教授僧众参禅的一种策略。

---

　　① 目前最为完整的大慧书目研究要数石井修道所做的工作。特别是《大慧语录的基础研究（上）》，《驹泽大学佛教学部研究纪要》31（1979 年 3 月）：第 283—306 页，是他对大慧"普说"文本的分析。他的研究结论认为基本上有两种类型的文本——卷四的"普说"和卷一的"普说"。《卍续藏》中的大慧的"普说"是这两种文本的合并：先一篇卷四"普说"，再接一篇卷一的。《大慧普觉禅师语录》（T47. 811—942）是卷一文本的译本。卷一有 13 到 15 篇"普说"开示。

大慧对"普说"的运用

我们从大慧之前以及大慧同时代的禅师对于"普说"的应用可看出，通常来说，"普说"在当时是被看做一种在形式和目的上都与"上堂"、"小参"相差无几的说法方式，尽管似乎仪式上的相似要少些。大慧的使用"普说"却与他的"上堂"、"小参"不同，也相异于他同时代及稍前略后的其他禅师①。笔者认为，这些差异说明，大慧的"普说"形式是经深思熟虑而有意进行了改变，目的是为了能够应对与居士和将信将疑的在家人进行交流的特殊需求。

第一，大慧的"普说"被记录下的数量，远大于过去的同类情况的记录数目。大慧的"普说"，在现存文献中，大约有 80 篇，这当中包括了从他《语录》中流传分散出去的卷四中的一部分。另外，读者也一定已经注意到了，在我们的这些考察对象中，佛眼清远是其余诸师中唯一一位留下超过 5 篇"普说"的禅师。

第二，大慧的"普说"平均长度超过 2300 字，几乎是在他之前其余"普说"中最

① 为作一对照，笔者对大慧更为传统的"上堂"文本做了一些研究。大慧的《语录》中大约有 213 篇"上堂"。在那些与居士或供养人没有关系的情形下，文本篇幅就会特别的短小，平均每篇在 130 字左右。在这 213 篇中，只有 15 篇有记载——居士是"说法"的供养人或是居士促成了此次"说法"。这 15 篇则稍长于其他，平均每篇 358 字。在此 15 篇中，至少有 4 篇可以完全确定是为了处理居士之与死亡相关的疑问。因此，如果以这 213 篇为代表的话，大慧的"上堂"记录得相当精短，且只用了 7% 的比例来处理与居士相关的事宜。

笔者在大慧的《语录》中，仅找到一篇"小参"，篇长约 175 字，没有关涉居士的内容。笔者做以上研究所使用的《大慧普觉禅师语录》的版本出自《缩藏经》，藤 8；"小参"在 17b。

读者这时也许会怀疑，是否大慧只不过是用一种形式代替了另外一种呢？也即，以大慧之前的禅师们使用"上堂"或"小参"的方式来使用"普说"呢？笔者没有充足的时间来考察所有宋代早于大慧及与大慧同时之禅师们的"语录"，来求证这一假设。鉴于缺少这一必要研究，因此只能暂时保留"我们认为大慧创造了使用这一新的'说法'方式之新方法"的论点。然而，作为研究的一个开头，我考察了圆悟的"上堂"和"小参"。笔者之所以选择圆悟是因为他著作丰富，而且他的居士徒众数量庞大，至少和大慧的不相上下。研究结果如下：

1. "小参"

总计：81 篇

平均长度：442 字

应居士之请的合计：11 篇（占 13.5 %）

直接回应居士或针对居士所需的篇数：0 篇

2. "上堂"

总计：247 篇

平均长度：200 字

应居士之请的合计：39 篇左右（占 15 %）

直接回应居士或针对居士所需的篇数：1 篇（?）

如果我们以这些数字比对前文所列出的大慧"普说"的情况，可以看出大慧并非仅是在另一个名目下做了圆悟在"上堂"或"小参"里所做的工作。事实上，大慧是圆悟的法子，也因此，大慧最有可能以之为榜样采用他的教授方法来进行弘法活动。对大慧来说，圆悟不单只是一位闻名遐迩的先贤，而且有如上所述密切的关系，这是使得大慧应居士而"说法"的频率和讲授风格较其他禅师大为不同的最大助因。

长篇幅的两倍。实际上，这表明，大慧给自己引入若干主题、开展相应计划留出了余地。尽管我在上文指出短小精悍的"说法"与僧众的禅修实践更为相称，但在此笔者还是认为，形式上的加长，使得"普说"在应对包括居士群体在内的徒众时，变得更为有效。

第三，大慧80篇"普说"中的55篇，或者说大慧"普说"的69%，都是回应居士而作的。

第四，凡遇"普说"是应居士之请而作酬唱的，大慧总是先要对发问的居士称名赞扬，并且基本上总是赞扬此居士祈请"普说"的发心——回转他此一功德给旁人或是回向增长自身的智慧。这些称赞并不会喧宾夺主地霸占"说法"这一主要职责的地位，但又几乎不可或缺。当一位僧人或其他禅师来请大慧"普说"时，通常在文本中不会提及祈请人。

第五，最为重要的是，大慧脱开通常的惯例，在"普说"的主体部分处理居士供养者的特殊需求。大慧差不多总是对聆听他"普说"的禅众称说"供养者"多过称呼他姓名。当他察觉居士祈请"普说"时表露出其个人的修行需求时，他就会直接回应居士之所需，"普说"也马上紧随以与死亡相关的内容。

大慧找到了"普说"这种形式，但并没有改变这一形式的外壳：他的"普说"和早于他的先贤们一样，以他与僧众的宾主问酬为开头，继而是以一个段落的篇幅来评论不同角度的问、答。大慧对这种传统开场的保留，显示出他关切于保持"普说"的原本用意，即"普说"是一种用以教授僧众的方法。然而他同时也拓展了此一形式，更加频繁地加以使用（或者记录），并且附以评语使之获得更为直接的应对居士或居士诉求的意蕴。

大慧自己对于"普说"的想象是怎样的呢？尽管对其进行过度诠释是很诱人的，但这也并非全无帮助。在大慧的一篇普说形式记录下的论述中，文本将徒众指向了《华严经》：

> 在古人建立这一法门的时候，他这么作时，是用有（经典的）威信的。我们怎么得知呢？你们难道没有回忆起《华严经》，在"离世间品"中，普慧菩萨唤起如云朵般的两百个疑问，而普贤菩萨则不断涌现出两千个解答么？在这之中，有一疑问："普说三昧"（字面意思：周遍三世的布道）之名意味着什么？答案是：佛子、菩萨和摩诃萨，对三世有十种布道。哪十种呢？对过去世讲过去世，对过去世讲未来世，对过去世讲现在世。对未来世讲过去世，对未来世讲现在世，对未来世讲没有穷尽（无限的时空）。在现在世讲过去世，在现在世讲未来世，在现在世讲平等性。这就有了九个世界了。再加上，如果人看到他自己独自的意识，如对其他九世的敏锐洞察一样，把它看作好像是一串连接在一起的许多珠粒一般，继而这独自的意识就和万有连接在一起成为第十世。因此说，在现在世，人可以对三世说法，因为意识会将他们合而为一。[①]

让我们简要地复述一下这段话的意思。菩萨的神力之一，即是可同时为各道众生讲法，使不同世界的众生能够同时聆听到他——我们一开始会觉得这看上去神秘甚或不可思

---

① 《普说》460a。无著道忠指出，大慧没有精准地从《华严经》中征引原文，原文中此问句并无"普"字。不过在同一段经文稍后部分，"因此，十菩萨依靠此普说周遍三世"一句中，有"普说"这样的词眼儿。参见《大方广佛华严经》卷五十三，T10.281b，开首句为"有十种说三界。"

议。含义众多的"不同世界"，在这里是指过去世、现在世和未来世。普贤菩萨解释说，若一念是佛智流露的超然心念，那么当下的这一念可以上溯、下延周遍过去、现在、未来三世。经由可被及三世之一念而在当下的说法，是同时对九世开演的①。

我们可以将上面这一段落拉到一个更为直接而尘世的层面来讲。如果说佛智可与诸界连接、互动，并可展现这一不可分的（诸界）整体内的协调一致与相互关系，那么超越在家、出家，超越僧人修持与俗世上求的差别，对不同理解程度的徒众进行说法，使之互相交往联系，也应是切实可行的。所有僧俗徒众都受教于这佛智之一念，因为这一念是可洞察诸界众生，并给之以次第教导的。大慧之于世间的使命在于弘传他对于华严要义、广义、大义的理解："普说"这样的标题，以及他引用的经典的权威性，都明显地与表达他的个人理解、表达使用这一形式②的意图相吻合。

关于死亡的开示：时机

尽管居士一生有许多不同的时机来供养禅师开示"普说"，并且大慧也会对机地处理居士们众多不同的需求，但最为引人注目地体现了"普说"之于居士的"宗教功能"的，是大慧应居士悼念亡故，供养祈请而作的开示，当中述说的，对于死去亲友者很有裨益。

施行财供养或法供养来为临终积攒功德是佛教中古老但又存有争议的修行方法③。这种观念认为，人可以通过行善、供奉佳果来赢得来生的福报，是由功德可以回向这样一个观念发展而来的。而功德可回向这样的观念，最初是从佛陀将他的功德回转给门徒这样的布施举动而引发的④。在回向死者这种特殊情形中，一般公认这种回向——在死者死后四十九天内，在他还处在其最后一次死亡和下一次出生之间的中阴身阶段时——是必须的，也是有效的。在这个阶段，帮助播撒善业种子可有助于他避免堕入恶道而转生在人道或天道⑤。在人死后四十九天内的这段时期，每七天斋僧、请和尚诵经或讲法已成为惯例⑥。在大慧的"普说"中，我们可以找到三处记录其"说法"是为悼亡而供养祈请的，分别

---

　　① 【译者按】此处的"九世"，英文原稿用"nine modes"，而译者查照相关术语，只有"four modes"的用法，指"四生"，猜测此处文本相近的用词或为"九众"（nine groups），或为"九世"（nine times），或为"九界"（Nine Realms）。此处据上下文选用"九世"。

　　② 其他禅师在讨论此一形式时，提供的是另一些经典资源。无著道忠征引的两条都是出自《华严经》的。第一处是出自"卢舍那佛品"，然后注解"普"字为"给予"之意。第二处是出自"十种三昧"，直接提及"普说"——"普说佛陀教法"。无著为这种形式找到了最具信服力的经典依据。参阅《禅林象器笺》，第434—436页。

　　③ 关于此争论的一些例子，请查阅无著道忠的《禅林象器笺》之"追善"一段，第573—574页。

　　④ 参见望月信亨的《佛教大字典》卷一第三版。（东京，1960），第270页，佛经相关一段。

　　⑤ 可参考松浦秀光的《禅家の葬法と追善供养の研究》（东京，1969），第239—242页。也可参考望月的《佛教大字典》4：3648—3650，"中有"［Chuu］，以及2：1809—1810，"四十九日"。对比《地藏菩萨本愿经》（704年译为中文）卷二第七章，"若能更为身死之后，七七日内，广造众善，能使是众生永离恶趣，得生人天，受胜妙乐。"T53.783，引自松浦之《禅家の葬法と追善供养の研究》，第239页。

　　⑥ 宋僧道诚在公元1019年编纂的《释氏要览》："如世七日七日斋福。是中有身。死生之际。以善追助。令中有种子。不转生恶趣故。"T54.305。

是在供养人的亲眷死后的第三十五、四十二、四十九天。

惯例上也会在亡者死后第一百天举行一个悼念仪式，这一习惯显然是从一个类似儒家的传统中吸收进来的，并且也被普遍冠以儒家传统的称法："结丧"①。儒家会在这一天把尸骨下葬在他最后的安息之地，之后他们会把亡人的牌位放入祠堂②。在儒家的习俗中，这一段时间的仪式标志着从体会不幸到憧憬未来的转变：在这段时间内，亡者正式地成为了他家人可以倚望帮助的祖先③。大慧依从了这一在百日祭奠的习俗，谈到这一时段时沿用儒家的叫法④。我们也可找到大慧在供养人服丧期结束很久之后所祈请的"说法"的记录⑤。

我们可研究得知，大慧的"普说"始自宋代士大夫汤思退之请⑥。汤思退在宋朝政府中身居多种要职：在大慧流放获赦北回之时，他身居兵部签署官员、临时尚书大臣的职位⑦。这些高职位使得他成为朝廷中最为显赫的四五位大员之一。汤思退的女儿，名字已不得而知，将近二十二岁时亡故。在这场"说法"的开头部分，大慧说，今天说法的因缘是汤丞相要为他亡女的四十二日祭祈福。祈福的目的是增益她在身后世界的安乐。在结尾处，丞相令大慧升座宣讲般若。

关于死亡的开示：法义

大慧引导居士面对亡故和丧亲之痛时的做法与他处理僧众的方法区别在哪里呢？第一个我们能得出的观察结论是，有关业力、轮回还有转世的教义在面对居士时被强调的程度远远大于面对僧众时所作的开示⑧。在此"说法"中，大慧把业力说、轮回说应用于汤女等亡者身上以劝慰那些丧亲的居士。这些亡者已被引往美好的生活，且为将来成佛种下了善种。在临终那一刻，这"说法"的成效会变成为宁静而清晰的意识。这个转变是转生

---

① 松浦秀光：《禅家の葬法と追善供养の研究》，第 269 页。

② 同上。中国佛教徒的情形是，四十九天的供养一结束，亡人的牌位就被放置到寺庙的祭坛中，和之前摆放的祖先们的牌位一起；然后在那里和其他祖先们一起接受回向和供养。

③ 同上。

④ 在那个时代，这一习俗肯定已普遍被佛教沿用，参见松浦的《禅家の葬法と追善供养の研究》，第 268—270 页。大慧在此经典中频繁地提及"坟墓"来表明，他要求埋葬尸骨应在那一日，或靠近那日进行。参见"普说"，469a—470b。

⑤ 例如"普说"，450a—451b，这次"说法"是同时面对许多亡人的亲属们进行的。可想而知，他们不太可能是同时死掉的。

⑥ 此段在"普说"，468a—469a。对此的引用、总结，本论文将不再提供相关更进一步的细节。

⑦ 汤思退，字进之，在宋朝身居多项要职。他的传记在《宋史》卷三七一。除了两篇和他亡女相关的"说法"之外，他的一封邀请大慧讲法的祈请也被收录在《普说》的结尾。大慧写给他的一封书信则收录在《大慧书》下卷。他也在《年谱》的 92 页被提及说他建立了"无碍会"。这些宋代的职位头衔的翻译取自于 E. Kracke 的 Translation of Sung Civil Service Titles（巴黎：école pratique des hautes etudes，1957）。

⑧ 在业障说中，死亡被看成生死流转的漫长流程中的大事件。在此教义中，一个人的诸多次生死时的性格特征如何都决定于他过去所作所为的品质。投生有十种生存层面，投身三恶道——地狱、恶鬼、畜生——的情况更为频繁。托生人道、阿修罗道和天道是更为称心的。最为理想的，但很少发生的是，转世为菩萨、辟支佛、声闻众、佛。在生死流转中，做善业以确保来世的幸福等是非常重要的。

善道的明确征兆。大慧说：

> 我听说汤女的品德高尚，知晓佛法。她必定在过去生中深深地种下了般若慧种，因此可以在此生虔信这一大事因缘。① 在抛却意识的那一刻，她心中非常清楚，临终之时双手交叠结着阿弥托佛的手印。这就是（宗密）② 所说的："作对的③ 事，是惺悟心；惺悟心不从情中来。在临终之际，它能转业。"他对此又补充了一个说明："对，是指合于义理，不是指正义于仁慈之'对'。"如果人们行为上遵循正理，临终之时，④ 他们会因此能合掌，（感受）不到痛苦和忧伤地结着手印。如果在世时他们遵循正理而行，临终时他们就确然能把业果转向（好的）方向。假如这样的话，那么他们就往生净土无疑了。⑤ 这没有必要抱有怀疑。

一个做了很多善业有保障的人不必为命运而悲伤、忧虑。死亡只不过是一个过渡，脱去旧衣服换上一件新的：

> 我听说阁下您陷入了巨大的悲痛中，并且阁下您到现在还没从悲痛和伤心中解脱出来。人怎么能用有限的精力去为一个感觉不到的灵魂流泪呢？对于去世的女儿来说，她的死就像蓦然间脱去了一件穿着了多年的破外衣一样，接下来她会转生到天上，或佛土，或其他的什么地方。既然生死相隔，哭又有什么用呢？⑥

另一方面，大慧用强有力地描述来强调死亡现前时，没有准备好的人将会遇到的大恐怖。他这里的目的，当然不再是宽慰，而是劝诫学人上求佛果：

> 宗密接着说："使我们做不对的事情的，是疯狂、迷乱的心念。狂乱心由情升起，改变了路途走向。临终之际，不能转业。"这即是说，当四大分离消散，神识变得晦暗、混乱的时候，那些生前满怀欲望系念在情爱上的人会被情爱所诱捕；那些热烈地依恋黄金和奇珍异宝的人会被金银珠宝所诱捕。在那时，人的意识驰骋如野马；业力决定的神识支配着意识，鬼魂和恶魔就住进来了。这类人，因为作了恶业，就被业力所纠缠，进入恶鬼道。如果没有天堂，那就罢了。只要有天堂，一定是上好的人才能转世到那里。如果没有地狱，那也就罢了。只要有地狱，一定是卑鄙的人才会转世到那里。

这里我们能发现一个微妙的替换：善业不再能担保一个人有把握的、平静的面对生死过渡，而只有觉悟的心才能做到。尽管善业是如此可贵，善业可引向觉悟，但是仅仅做善业是不够的，还必须积极上求觉悟。死亡须臾而至——若人不急求觉悟，就会被痛苦、迷惑、恐惧、欲望所征服。死亡是经受考验的时刻。不管一个人怎样成功地保持着他正面的德行和智慧，当死亡降临的时候他都有可能会失望：

---

① "此段大事因缘"，更为确切地说是，"重要的业障关头"，指觉悟佛法。

② 这里提到的圭峰禅师，是著名的融合禅与华严学说的华严宗师圭峰宗密（780—841）的另一个称谓。此段被收录在《景德传灯录》（台北，1968 年第二次印刷）卷一三，第 67 页。宗密在诗文中提供了注释。

③ "作有义事"。

④ 字面意思即是："人要偿还业障的牵系，将诀别人世……"（报缘谢时）

⑤ 字面意思即是："祥和、丰足的世界"，是"净土"的另一种叫法。

⑥ 《普说》，461b—462a。

　　我常看到世人生生世世爱恋躯壳。当他们到了那一年最后一个月的第三十天（在这一天所有的旧账都要在新年来到之前作一结算，是对临终的比喻），五蕴的所有痛苦都一齐爆发出来。在那一刻，因为不时地在生死之界上拉扯，他们的手脚都透露出讯息来（这是说，躯壳之后的真实变得无法躲藏），躯壳已是无望和无用的东西了，这是幸运也是不幸。只有真实的东西将会发生作用。

　　那么什么才是"真实的东西"，可以应对死亡这个事件呢？大慧提出这样一个问题：

　　什么是这"真实的东西"？举例来说，汤女今年年芳二十二。告诉我，二十二年前，在她还没有在汤丞相家里出生之前，她居于何处？如果你不知道她从何处而来，那么出生就是件大事情。这种对于她突然死去的巨大悲痛是否存在呢？她的意识是清醒而没有烦恼的，就像死亡便是抛掉旧鞋子一样——这一（她意识的活动的）瞬间去了哪里呢？如果你不知道它去了哪里，那么死亡也就是件大事了。因此有言："无常（即是，死亡）来得迅速，生死的叩问是件大事情。"① 一位儒者也说："死亡和生命都是伟大的。"②

　　死亡不仅仅是一个考验的时刻，它还引出了一个最大的问题，生死对于没有觉悟的人来说是一个需要面对的终极之谜。某种程度上，死亡之于大慧是一个最根本的"话头"。一个人不知道死后自己将会怎样，不能预知将转生何处而仅能意识到他最后是谁，不知晓对自己而言最为重要的真相。他被他的躯壳——他的欲望在世间的化身——所困惑，没有见到自己的真性。死亡之谜是存在之意义谜题的一种形式，明智的人必然会为自己面对它，解决它。死亡的必然发生，我们作为人的生命期的短暂和不可预知，这些事实同样注定了我们面对生存意义之谜的方式。死亡大大地减缓了我们的无知以及无知所致的一系列后果，并且激起了我们的热情去迫切地寻求智慧。因此，死亡相关的议题提供给大慧以可能，去唤醒他门下的居士和徒人上求觉悟的动力。

　　悲痛也被认为是一种由关系密切的亲属之间业力相互牵引而起的不可避免的伴随物。一个人许多世之业，导致他成为某人的孩子，例如：

　　父母所爱的，他们怎么能不渴望？如果这是如此，那么人之上天赋予的天性就被破坏了。此外，身体发肤都得自于双亲。当我的身体痛苦时，我父母亲的身体也在痛苦中。鉴于双亲是这样经受痛苦的，叫他们不要企盼、不要想念（从逝世了的孩子身上转移开），这可能么？

　　大慧的智慧与慈悲体现在他绝不催促丧亲者走出悲痛。他说，不悲伤，是不合情理的。相反，要全心全意地去悲痛，体会、表达你所有的感受。当悲痛之情自己枯竭的时候，那寂静的一刻，是你省思和觉悟的大好时机。将悲痛自然的显露可以引向一个增益智慧的契机：

---

　　① 此句在《六祖坛经》中顺序不同，第七章，笔者的翻译遵从查尔斯·卢克［Lu K'uan Yu］在《禅与宗门教义》中的用法，系列三（伦敦：Rider and Co.，1962），第73页。

　　② 这段出自《庄子》第五章，《德充符》："仲尼曰：死生亦大矣，而不得与之变。"庄子借仲尼（即孔子）之口说出此句，也许是因为这样，大慧才说这是儒家所说。后半句使人想起《中庸》，第十章的"至死不变"。

有人教人们不要去（渴望而心意烦乱地）想（逝者），但是这种理解只是一个方面。① 如果你想战胜悲痛，那么你今日必须先感觉到悲痛。如果你想你的意识不要被（对你孩子的）心烦意乱的念头所占据，那么你今天必须先准许它的占据。在你的脑海中，一遍又一遍地直到爱的习气被消除了，而你会自然地到达无思的状态，在这种状态中，没有痛苦。如果今天我催促你不要去想，不要悲伤，那好比是以浇油来灭火。②

在另一则开示中大慧建议道：

因此，如果你想哭，只是哭；如果你想去（心烦意乱地）想，那么就想吧。当那一刻突然来临，当你意识到你已经哭了那么多，以至念头和依恋都枯竭了，那么反省你的念头。③

大慧如此去运用业力与轮回的信念，谅解他们表现出的悲伤，去宽慰、去解说、去调动他们的情绪，这些可以激发他们严肃地寻求觉悟之心。业力无情，使得死亡在暂时的真实层面成为一个大麻烦。而还未觉悟的人就在这个层面上过着他们的生活。业力在它自身的领域内是全能的。甚至连释迦牟尼，能彻知一切法空，究竟万法智慧，也不能消除定业。普通人还能做什么呢？

但大慧并未忽略提供给门下居士他对于死亡的最根本的见解。主要的意思，当然的，是说死亡也是空性的、乌有之事，因为并没有一个"我"——没有"我"，也就没有可被称说出生直至死亡者。认识到了这点也就认识到了业力的空性，因此也就超越了它。这是挣脱业力报应之强大力量的唯一方法。

我们可以发现这个主题交织贯穿了整部"语录"。举例而言，大慧以这样的句子作为"说法"的开场白：

如果你明了了这个方向的路径（就是说，近乎知道佛陀和祖师所传递的讯息是什么了），你会知道，尽管汤女多年前出生了，但实质上她从未出生过；她今天的消散，同样地从根本上讲，没有什么东西消散了。生和不生，像是镜子的反射一样；消散和未消散，就像水中的月亮一样。镜中的轮廓，水中的月亮——都看得到，但无法抓取。

在"说法"的高潮部分，他以更为高深莫测地方式提出相同的信条：

有情众生本无增减。
而且没有一个人可以承受住业力。
没有业力也不需承受就叫做无念。
据我的理解，佛陀也没有魔力。
这样他就可凭借无念的方法穿透所有业力。

大慧注释道：

---

① 字面意思即是："堕在一边"。这只是"一边"，是因为它认为想与不想是有差别的，而不是认为两者皆空，认为皆空是更可取的。

② 《普说》，472a。

③ 《普说》，422a。

如果你能理解"没有业力也不需承受就叫做无念。据我的理解，佛陀也没有魔力"，那么你就会理解这句古训："一根狮毛尖上，十亿根狮毛又接着出现了；抓取一千、一万，不如只知道怎么抓住一根。"那么什么是那一根呢？出生和你不知道你所从来之处，死亡和你不晓得你所将往之所。努力，在今生你要抓住它。

再次出现是在靠近结尾的地方，在他的最后一个偈子中，他说：

> 今天丞相完成了一周的佛事
> 然后请我转大法法轮（即是说，开示说法）
> 我转的轮子并没有活动，
> 我说的佛法也并无一字。
> 你必须知道过世了的女儿从未出生过，
> 那么今天也从来没有消散。
> 因为无生无灭，也就没有轮回转世，
> 金刚之身没有变换也没有毁坏。

如大慧在别处指出过的那样，大慧"语录"的两大主题——业力报应以及生死的空性——在同一思想框架下是可调和的。业力因果报应在某种层面来说是真实的，也是对我们这些尚未觉悟者所生活的世界的有效描述。如果我们过早地站在佛的立场，宣称业力是空性的，是不妨事的，那么我们会发现，我们还是在受着我们恶业所招致的令人不快的恶果之苦，并且我们所受的这些痛苦还是有它们经验的真实①。业力因果报应也是一种真实的通往解脱之路的描述：我们累生累世积攒的福报越多，我们可以听闻佛法、觉悟成佛的机会就越大。因此，善举被认为是通往解脱的一环。

但从另一个观点来看，这两个主题又很难协调。觉悟必在完全认识了业力因果报应的空性之后，只要我们还在业力报应的框架下考量我们的行为，我们就不能觉悟空性的真谛。此外，朝最近的、能通过积德而到达幸福的目标努力，似乎比实现超拔出轮回苦乐、实现觉悟的目标，更需要一条特殊的宗教路径②。一个人可以设想许多合理又清晰的步骤去克服这种在表面看来的目标分歧。例如，他可以说，一举一动皆有觉性与空性，因此理应有功德。但大慧并未试图去调和这两个不同的目标。他暗示说汤女所做智慧功德，定然往生净土无疑；又透露说对佛法的正知正见可以助她完全地脱离轮回。他激励徒众说，此功德回向能使她免于堕入三恶道并宣告她将不再轮回生死。他非但不去调和这两个主题，还似乎使之相冲撞，用充满说服力的激情唤起徒众对业力报应的信念，既对悲恸者给予抚慰，又鞭策出家、在家的徒众同样地去面对死亡之谜以及认识空性的终极真理。

结　论

大慧把"普说"转化为一种工具，使得他在保持教授僧众的同时可以直接地应对居

---

①　在其他地方，大慧说："尽管你可以说他们天性中的过错本质上是空的，当它到达不能逃避痛苦的报应的那个时刻，那真正是痛啊！"（《普说》，458b）

②　请参阅温斯顿·L. 金（Winston L. King）的《祈望涅槃》（*In the Hope of Nibbana*）（LaSalle，Ⅲ.：open court, 1964），当中讨论了这种分裂对佛教徒行为准则的影响。

士的要求。但要畅所欲言，大慧需要一个可无限拓展的"说法"形式。目前为止，我们已经考察了一种具有代表性的讨论死亡的形式，我们可以看到这种拓展的主要原因之一：在这些居士供养祈请的"说法"中包含两个层面上的真理和两个层面的修行，它们需要被融合到一起，并相互联系起来。如果大慧单是对和尚讲法，只需论及空之真谛或华严要义就完全足够了。但是许多居士还是惯于把自己在佛学上的修持局限在做大善业、出生还有转世的范围内。大慧可以简单地选择单就这个层面来给居士们说法，他确实相信业力之因果关系是真理的至关紧要的维度，也知道这些是大多数居士所期望受教的方面。但大慧并不满足于此，因他诚挚地相信即便居士们过着普通俗世的生活也可以增长智慧，到达觉悟。因此他每次就因果报应这个临时性真理而作的回向，都是为了要让居士们能像出家人那样，看到探寻究竟真理的需要，这样就在不否定报应的基础上超越了它。

在有关死亡的"说法"中，我们特别清晰地看到两个交织在一起的层面。供养这讲法是为了给死者增加福德，而死亡也必须从这个层面去面对去抗争。在未见空性之前，死亡是无法被完全看透的。两个层面必须相结合来加以理解。行和果层面的修持必须结合以上求觉悟的修行。释然与放心是基于因果报应的正直不倚与规律不爽，再用"亡者还有未完的事务要我们处理"的这种感觉去鼓励居士们，同时还必须结合以唤醒牵绊在死亡上的情绪，鞭策居士们如出家人一样地上求觉悟。任何舍弃一边的理解都是片面而有害的。如果明智地看待死亡，它其实是一个理想的契机，将报应信条与疑情相结合，而这将引领我们达到觉悟。

迎合居士们寻求心安的需要，劝解他们当下的悲痛，巩固他们对于因果报应的认识，同时，利用这个时机极力主张空性的真谛才是应对由死亡而起之谜的唯一真实资源——这一任务需要将不同主题组织精巧地放在一个界面更宽的谈话中加以完成。大慧显然调整了"普说"这一形式去以应对上述需求，然后用它构成了我们上文刚刚所研究的"说法"类型，给出了一个建设性的方法，把居士含纳到禅宗和禅宗的宗教制度之内。大慧的例子说明，最好明确给出一个承诺，在居士生涯中有着可行的解脱路径。大慧关注的是，指明不必一定要从这个世界中分离出去才能够进行禅学修持，这是对在宋代成长起来的新的居士群的一个富有创造性的回应。

在别的地方有人争论说，日渐增多的居士群体毁掉了禅法和禅修的纯洁性。然而我们刚刚所研究过的"说法"，虽诚然是以一种新的精神来表述的，但却不能被说成是一种掺了水的教法或对僧众教授的疏漏。从"说法"开场的互动和它的主体本身都可看出，此教法仍是保有了很高的要求的。是否大慧同时融会两种截然不同的需求之合成尝试真的招致了不幸的结果，使得禅宗被掌握在较少的追随者手中，还将交由未来的研究。

附录：
大慧之前辈与后学的"普说"

在《雪堂行和尚语》，这一小本雪堂道行（1089—1151）的语录中，有两处"普说"记录。在他们的记录形式中，两篇都很简短，分别只有 280 字和 540 字；它们和居士没有确定的联系。尽管如此，雪堂确实是大慧同时代的人这个事实，使得他也使用了"普说"形式这一事实变得有意义起来。雪堂是佛眼的弟子，后者也曾经使用过"普说"。

在《山堂僧洵禅师语》，这一个简短的关于山堂僧洵的语录记录中（日期未详，但大概与大慧同一时代），我们发现了一篇560字的"普说"。在这篇"普说"中，也没有任何居士供养者或居士听众的迹象。山堂是黄龙一支的。

在《福州雪峰东山和尚语录》中，记录了雪峰慧空所作的两篇"普说"。两篇都很简短：一篇有180字，另一篇有400字。没有任何记录表明是为居士所作的。雪峰生活于1096—1158年，他也是黄龙一支的。

在《佛海慧远禅师广录》卷三中，有佛海慧远（1103—1176）的三篇"普说"。最长的有1280字，其他两篇分别为800字和820字。它们和居士没有确定的联系。佛海是圆悟的弟子（后者也曾经使用过"普说"），也是大慧的师兄弟。

在《普庵印肃禅师语录》中，我们发现了印肃（1115—1169）所作的一篇"普说"，他比大慧年轻26岁，但在大慧生涯的后半段较为活跃。这篇为孩童时期的初学者所作的"普说"，没有包含任何对居士的直接指涉。这篇"普说"有1120字。普庵是佛眼的徒孙。

在《应庵昙华语录》卷十的末尾，附了松源崇岳（1132—1202）的一篇"普说"，有700字。因为它是对应庵昙华和尚（1103—1163）的赞，它应该是在大慧圆寂或其后不久的时间内写出来的。应庵昙华是圆悟的徒孙。松源崇岳是圆悟玄孙辈的法子，是应庵的徒孙。

在《松源岳禅师语》这一短篇幅的松源崇岳（见前述条目）语录中，我们发现了一篇124字的"普说"。这里依然没有表示出和居士的联系。

我们能够在曹洞宗找到的第一篇"普说"是在《如净禅师语录》中，上面记录着长翁如净（1163—1228）的话。如净出生于大慧入灭的那一年，是日本曹洞宗师道元的中国导师。在他的语录中，只有一篇"普说"。道元证明了他的老师习惯于频繁地举行"普说"。

（江泓　译）

米里姆·雷夫琳（Miriam Levering）美国田纳西大学宗教学系教授，佛教研究学者。她研究的重点集中在宋代禅学、禅宗和女性、佛教与女性、佛教历史学、日本佛学等领域。出版的主要著作有：《居士之禅悟：大慧和宋代新型宗教文化》（哈佛大学出版社1978年版）、《大慧宗杲的教法：宋代禅宗的血脉法统、宗派主义与宗教融合》，收录在约翰·麦克雷、阿尔伯特·维特合编的《创造禅宗的世界》，等等。

中国禅学　第五卷
2010 年，第 327—340 页

道元忌及其社会历史①

W. M. 波迪福德

内容提要　纪念道元的各种庆典对道元的永平寺本身以及永平寺在曹洞宗中的地位，都具有一种特殊的重要性。论文考察了历史上永平寺的领袖们是如何采取各种各样的策略来开发道元忌。他们曾寻求皇室的支持，要求出席道元的纪念仪式，声称唯有永平寺仍维持着道元所倡导的传统修行实践，取得出版道元著作的许可，组织道元诞辰的庆典，还促进与道元相关的学术发展等，从而巩固和发展了永平寺的地位。

关键词　道元忌　道元　永平寺　曹洞宗

最近，日本为著名的佛教祖师道元（1200—1253）举行了许多纪念仪式。按照日本的计算方法，1999 年是道元诞辰 800 周年纪念，而 2002 年为其逝世 750 周年纪念。美国的佛教徒则将 2002 年作为道元诞辰 800 周年纪念。纪念道元不是一项小的成就。合乎体统的庆祝活动需要许多人的努力，一起工作好一段日子。在本文中，笔者将试图追溯道元庆典的历史，并考察这些庆典对道元的永平寺本身以及永平寺在视道元为创建者的曹洞禅宗中的地位，所起到的特殊重要性。

现今，曹洞禅宗建立了日本最大的单一教团。在此表述中，必须强调"单一"一词。净土真宗拥有为数更多的寺院（约 3 万所），并对此引以为傲。但他们分成约十个（或更多）主要的教团，其中最大的教团（净土真宗本愿寺派）有着约 1 万所寺院效忠。与此相比，曹洞禅宗由 1.4 万所寺庙和僧院组成，全部都共存于一个单一的团体机构中（《宗教年鉴》1997 年版，第 64—77 页）。不像日本其他的佛教教团，此单一的组织机构承认两大本山——永平寺和总持寺②，而非仅仅一个。在这两所寺院中，永平寺的存在全赖道元，这位佛教僧人今被认作日本曹洞禅传承的开山祖师。道元不但建立了庙宇，并将其发展成为了永平寺，而且在他死后，对道元的纪念，乃至其纪念的开发利用，使得永平寺留存下来并继续成长了 700 多年。如果没有永平寺领袖们格外地努力促进永平寺成为道元崇拜的圣地，恐怕永平寺就不能作为曹洞宗本山存留下来，或者至少没这么兴旺。要了解永平寺其位的不稳定性，只需考察一下曹洞禅宗教团的寺院经济的构造（见表 1）。

---

① 【译者按】原文由日本何燕生教授提供，为波迪福德（William M. Bodiford）尚未正式发表的论文，特此致谢。

② 永平寺位于福井县（前近代的越前县），而总持寺现位于横滨（东京附近）。最初的总持寺位于石川县的能登半岛。

表 1	日本归属于各大本山的曹洞寺院数		
	永平寺	总持寺	寺院总数
德川时代（约 1750 年）	1300	16200	17500
当代（约 1980 年）	148	13850	14000

在德川时代，曹洞教团由超过 17500 所寺院组成。当中由幕府命令，原属义尹（如大持寺和普济寺的派系）和明封素哲（如大乘寺派系）两大法统的寺院派系，都归附于永平寺。加上该两大法统，永平寺属下的寺院总数约达 1300 所。余下的约 16200 所曹洞寺院归属总持寺（见镜岛宗纯 1980，"解说"）。现代日本 14000 所曹洞禅寺当中，仅有 148 所与永平寺有着直接的联系（樱井 1982，下卷，第 1516—1525 页）。在这 148 所寺院中，约有三分之一是位于北海道的小寺院，这些寺院是在 19 世纪末明治政府开始将这个岛殖民化以后才建立起来的。北海道以外的寺院，只有五六所在德川时代幕府下令整顿曹洞寺院关系之前与永平寺维持着某种正式的关系（关于德川时代宗教机构规定开始以前的寺院关系，其确切的数据无从获得。作为一种概观性的综述，见 Bodiford1993，第 122—139 页）。

换言之，几乎全部曹洞寺院都直接或间接地归属于总持寺，而非永平寺。实际上，总持寺屹立于成千上万所末寺之首。在此意义上，总持寺才是真正的本山。永平寺只是名义上的本山而已，与为数众多的大部分末寺并没有任何组织机构上的联系。曹洞僧人（如，高桥 1980，第 5 页）有时会将此种状况描述为：总持寺是"寺统本山"，而永平寺是"法统本山"。

这种表述可作为依据进行更严密的考察。"总持寺是寺统本山"的主张涉及相同性质的术语，认为某一特定的宗教机构（总持寺）享有与其他宗教机构间在组织上的特殊关系。然而，"永平寺是法统本山"的表述则混杂了不同性质的术语，把一个物质性的机构联系到抽象性的宗教概念"法统"上。在此对等关系上，永平寺处于曹洞宗历史的宗教性阐述的开端，由此它自己就获得了抽象的象征性意义。此种宗教上的历史叙述中，借由一个可以回溯到道元的历史系谱，所有曹洞僧侣继承了精神上的权威。道元有着远古开山祖师的历史形象，同时永平寺对其他机构使用此形象的方式拥有主权。这两点都不能遗漏，永平寺就是靠此获得象征性势力的。因此，通过把自己描述成教团集体纪念道元的具化，永平寺得以维持了其作为整个曹洞教团本山的地位。

在过去的 500 年或更长时间内，永平寺的领袖们采取过各种各样的策略来开发道元忌。他们曾寻求皇室的支持，要求出席道元的纪念仪式，声称唯有永平寺仍维持着道元所倡导的传统修行实践，取得出版道元著作的许可，组织道元诞辰的庆典，还促进与道元相关的学术发展。现存的资料无法为这些策略的每一步进展提供证明材料，但提供了足够的细节向我们展示宣扬道元的活动是如何服务于永平寺在组织制度上的需要的。甚至一份关于这些策略发展的简略考察，都将帮助我们更好地理解道元和"道元禅"概念如何获得对于曹洞禅教的重要性和在日本宗教史的现代叙述中的显著性。

1. 皇室的支持

在各种策略当中，没有比取悦皇室更为重要的了。据宫廷贵族中御门宣胤（1442—1525）的日记记载，1507 年，永平寺住持成功获得朝廷授予御笔敕额做寺院山门上的匾额，上面写道："本朝曹洞第一道场"（《宣胤卿记》，11.23、12.16 条，卷四五，218b，221b）①。此匾额的受领不仅是皇室对永平寺杰出地位的认可，更意味着与朝廷建立了新的财政协议。一所五山僧院名誉住持的每一次就任，幕府都会收取款项（Collcutt1981，第 228—236 页）。同样地，从那以后，朝廷也向永平寺每一任名誉住持收取款项（今枝1982，第 394—397 页）。此项协议同样使永平寺富裕起来，因为它也对每一个荣誉收纳费用。支付了足够的费用，僧人就能获得"永平先住"的名誉头衔，还有声望显赫的紫衣（皇室用色）和禅师号的授予。永平寺将对这些荣誉所收纳的费用用于建造新的寺院建筑，或者重建被冬雪或大火损毁了的建筑。整个中世时期，永平寺一再地试图通过发出恳愿让更多的曹洞僧人去追求名誉头衔，来筹措僧院建设工程的资金（Bodiford1993，第135—136 页）。

现今，没有记录留存下来告诉我们永平寺是如何赢得朝廷的认可的。我们甚至无法确切知道当时永平寺领袖们的名字。因此，关于永平寺与朝廷关系的唯一线索，就在于朝廷授予永平寺领袖们禅师号的皇榜中的用语（这些禅师号见《诸宗敕号记》）。榜上除了封号，诸如"大功正传禅师"（1509 年授），还附有一段简短的评述赞颂受封者。这些赞颂的话语可能反映出了永平寺提议的术语，因为朝廷既不了解受封者，也不懂得用于赞颂受封者的禅宗术语。意味深长的是，许多榜文——尤其是早期的榜文，特别称颂受封者为"道元之嫡孙"。这一用词的反复使用表明了永平寺的地位是依靠其被承认为道元的僧院而取得的（广濑 1982a，第 384—386 页）。

后来，每当其作为本山的地位受到威胁，永平寺就会援引皇室对其的认可，用于其与总持寺的多场斗争中，以及德川和明治政权下的宗教机构重组期间。然而，永平寺尝试通过授予荣誉头衔来增加资金，却因一个主要的弱点而反倒受挫：这些头衔的费用支付来自永平寺以外。换言之，这就需要与其他派系寺院的僧人合作，如总持寺。自然，总持寺的领袖们就拼命确保此种合作不会出现。总持寺招收了大量僧人，数倍于永平寺名誉住持。它发出命令禁止其末寺的僧人到永平寺谋求荣誉，甚至试图阻止曹洞之外的寺院承认永平寺颁授的紫衣。在总持寺的末寺当中，只有了庵派属下的寺院显示出了反抗的态度，继续向永平寺寻求荣誉头衔。可是，作为财供养的交换，了庵派领袖们要求永平寺拒绝授予荣誉给任何敌对派别的僧人（Bodiford1993，第 135—138 页）。

2. 祖师忌

第二个最重要的策略是祖师忌，用来将永平寺与道元忌联结起来。就是这些祖师忌，而非其他事件，最终开始强调永平寺作为曹洞法统本山的地位。然而，与其后来的重要性大相径庭，没有证据证明道元忌承担了永平寺早期历史中的任何重要角色。事实上，根本

---

① 如今，永平寺山门上有一块木制匾额，据说是后圆融天皇（1358—1393）的御笔，于 1372 年由他本人赠与永平寺。上面写道："日本曹洞第一道场"——非"本朝曹洞第一道场"。不过，令人极为疑惑的是，永平寺事实上是否早在 14 世纪就获得后圆融天皇的御笔或其他皇室荣誉。在曹洞或非曹洞的资料中都没有直接或间接的文书证据证明这次更早的御赐。加之，如果较早的御书已开了使用"日本"一词的先例，后来的御赐极不可能又要更改为"本朝"。其他的矛盾同样存在。中御门宣胤记述道，永平寺最初要求的是不同的语序（"本朝第一曹洞道场"），遭到了拒绝，而写此手书的是世尊寺行季（1476—1532），并非一位皇家君主。很难想象，如果寺院早在 130 多年以前就已拥有由后圆融天皇所赐的御笔木匾，永平寺还会在 1507 年请求一种不可接受的语序，或接受一个小小的贵族所写的手书（见今枝 1982，第 395—396 页，397 页注 10）。

没有任何道元忌的文件证明，直到经过了 350 年以后。

当然，祖师忌是一定办过的。例如，我们知道在 1246—1252 年道元仍在世的时候，永平寺僧团为道元之师如净（1163—1228）办过祖师忌（《永平道元和尚广录》，"上堂"注 184、249、276、342、384、515；参见伊藤 1980，第 185—188 页）。同样地，曹洞僧人义云（生卒年不详）于 1314 年当上永平寺住持，其语录谈及 1331 年为其师寂圆（1207—1299）举办的第三十三次祖师忌（见《义云和尚语录》，第 9a 页）。这段内容很重要，因为它论证了永平寺在第三、七、十三和三十三周年都举行了祖师忌，这正是标准的中国式忌日祭奠安排（见圭室 1963，第 171 页）。更重要的是，特别为道元而建的祖庙——承阳庵（后改名承阳殿），就是道元去世后不久于永平寺兴建的（《瑞长本建侵记》，第 85 页）。因此，有理由假定早在 350 周年忌以前，定期举办的道元忌就已是永平寺每年的例行法事之一①。

同时，我们也必须留意到，道元的祖庙承阳庵并非中世时期永平寺唯一的祖庙。还有为义云而建的祖庙灵梅院。正如上文所述，义云于 1314 年当上永平寺住持，从而通过寂圆传承下的各个成员确立了对永平寺的控制（Bodiford1993）。根据 1945 年永平寺的供养清单，灵梅院也从土地获得收益，而其土地的覆盖面积约为承阳庵的两倍半。这份清单表明了承阳庵的捐赠财产仅包括道元死后立即收到的土地捐献，而灵梅院则多年时间内都还一再接收更多的土地捐赠（广濑 1982a，第 477—481 页）。因此，基于缺少有关道元忌的记录，而灵梅院的财富又大大多于承阳庵，可以推断中世时期永平寺的领袖们比起道元更看重义云忌（即他们自己寂圆一系的先祖之忌）。

与义云任永平寺住持差不多同一时期，另一位名叫莹山绍瑾（1264—1324）的曹洞僧人则致力于宣扬道元忌。然而，莹山活动的基地并非道元的永平寺，而在洞谷山永光寺，这是他在能登县刚建立的一所新寺院。1323 年，莹山在永光寺兴建祖庙（传灯院），里面安放了他那一系四位先祖的舍利，有道元的老师如净、道元、道元的弟子怀奘（1198—1280）和怀奘的门徒义介（1219—1309）。莹山命令所有曹洞僧人都必须尊崇列位先祖，并对永光寺举行的祖师忌作出贡献，使得永光寺可以行使其作为曹洞教团新本寺的职责②。祖师忌的强制性参与赫然出现在莹山为增强永光寺势力而做的计划当中，这就引起我们关注祖庙的最终意义。在莹山眼中，他们通过给予抽象的概念"法统"一个具体的形式，使一所寺院神圣化。这么一来，他们就掌握了相同一系的僧人们所关联的其他寺院的支持。这时，在中世日本，许多新的教团联合起来，在他们的始祖的庙里为共同的崇拜举行仪式。例如，法然（1133—1212）在本愿寺的墓地遗址成了新净土宗的中心，

---

　　①　有一本道元忌的手册，题为《永平开山忌行法华讲式》（收于《续曹洞宗全集》，卷二，"清规·讲式"），于 20 世纪初在永平寺出版。据后记，此文本于 1747 年由面山瑞方以宝庆寺所藏义云原本为基础改订而成的。然而，此文本的谱系仍然未为所知。在记载翔实的面山生平中，并没有证据证明他曾看过此文本。他为 1752 年的第五百周年道元忌编集了一本道元忌的手册（《承阳大师报恩讲式》），他并没有在里面提及此事。而且，我们知道《法华讲式》的手册是 1759 年庆养寺（位于江户）的住持专为道元忌捐赠给永平寺的。那个庆养寺的文本最有可能是《永平开山忌行法华讲式》的原本（熊谷、吉田 1982，第 985 页）。

　　②　要理解莹山对永光寺的野心，最重要的文献包括有：《洞谷传灯院五老悟则并行业略记》、《洞谷尽未来可成本寺之置文》、《洞谷尽未来际置文》和《洞谷记》（1432 年大乘寺抄本，244b）。要注意，松田进行分析之时，1432 年的大乘寺《洞谷记》抄本还没有出版，莹山出生的正确年份也尚未得知。

而亲鸾（1173—1262）在本愿寺的墓地遗址则成了净土真宗的中心（Dobbin1998，第32—33页）。尽管如此，莹山寄予永光寺的宏志还是失败了。如前所述，作为曹洞教团本山当权的并非永光寺而是总持寺（Bodiford1993，第95—97页）。

不过，莹山在永光寺的活动的确成就了一个重要的结果。其活动有助于将道元忌的举行普及至全日本。莹山在永光寺实行的成文的典礼日程自然包括了道元忌的指令。这个日程——《洞谷行事次序》（后称《莹山清规》），被其他曹洞寺院的僧人所模仿，无论是莹山一系之内或之外。这样，在16世纪中叶以前，许多——当然并非全部——曹洞宗修道中心每年都举办道元忌[①]。

永平寺住持门鹤（1615年卒）为道元组织了一次最值得关注的祖师忌。这次道元忌发生在1602年，是第350周年纪念。这次道元忌之所以值得注意，是因为门鹤组织了一场筹款活动来募集资金，更因为他使用这些收入重建了永平寺的山门。在15世纪70年代的某个时候，永平寺的许多建筑都被火灾毁灭或破坏掉了（广濑1982a，第472—477页）。自那时以来，很多建筑都已由门鹤的前任者重建了，他们主要依靠的是通过荣誉头衔的颁授筹集得来的资金。门鹤也用此方法筹集资金：他作为永平寺住持最为人所知的举措就是1599年他要求寺院推荐更多的僧人获取头衔，使永平寺得以重建（广濑1982a，第527页）。不过，把永平寺的重建联系到道元忌上，却创造了一种有力的资金募集新工具。它规定了一个合适的期限，激发其他寺院更为迅速地而不是迟缓地捐赠资金。

门鹤要强调道元忌重要性的决定，很可能与他是永平寺300年来第一位不属于寂圆一系的住持有关。门鹤是来自东日本关东地区的外人，最初属于天真派系。作为一个外人，他与永平寺唯一的联系就是天真系与寂圆系都承认道元为共同的先祖。怀念道元就提供了这么一个必要的联系，给予了门鹤就任永平寺住的身份（广濑1982a，第525—530页；广濑1982b，第664—665页）。

在门鹤以后，道元忌就成了永平寺一个主要的收入来源。每隔50年举办的祖师忌尤其提供了决定性的机会，让永平寺维护自己的权威和重建寺院本身。因此，德川时期永平寺的历史以永平寺举办的主要的道元忌就可以谈论许多[②]。例如，1652年，400周年道元忌，数以百计的僧人聚集在永平寺举行了10天的仪式。僧堂、浴室、山门，以及罗汉像都得以重建或大修。永平寺还建了一座新的藏经楼，收入了最新印刷的东叡山（即天海）

---

① 《洞谷行事次序》已失传，大概是莹山东弟子们在他死后于永光寺编成的。《莹山和尚清规》标准版于1680年由卍山道白出版，它是以莹山在世期间尚未有的文本和修行实践为基础编辑增补而成的。因此，当使用莹山清规作为莹山的僧院修行的典据，务必通过与较早的写本作比较，证实每一节内容。就道元忌而言，在1680年出版的文本中看到的说明也可以在现存最早的抄本《行事次序》（1376，第31—32页）中找得到。完全相同的说明也见于其他寺院改造过的各个版本的典礼日程，如《正法清规》（1509，第1册，第67—68页）和《龙泰寺行事次序》（1559，第110—111页）。《广泽山普济寺日用清规》（1527，第653a页）是一本完全无关的典礼文本，也同样对道元忌的仪式作了详尽的说明。然而，其他中世的典礼手册，如《青原山永泽寺行事次第》（约1582），却不包含道元忌。加之，在中世时期的听法笔记中谈及的僧院活动的分析也不写道元忌（Bodiford1993，160页）。在上述四个文本中，两个是在作为其派系独立本山的寺院（正法寺和普济寺）使用的。在这一点上，要着重指出，普济寺的有关说明要求它属下的末寺派代表参与。

② 当笔者阅读樱井秀雄（1982）编的《永平寺史》，注意到其中花费了很大的篇幅记录道元忌，这促使我去探讨此论题。

版的佛教经典（广濑 1982b，第 666—667 页）。1702 年 450 周年忌，永平寺募集资金重建了佛殿、僧堂、回廊、僧寮、单房和道元的新塔院（熊谷、吉田 1982，第 836—837 页）。1752 年 500 周年忌，23700 名僧人聚集在永平寺举行仪式。山门又再重建（熊谷、吉田 1982，第 976—978 页）。1802 年 550 周年忌，永平寺重建了僧堂和僧寮。1852 年 600 周年忌，永平寺重建了不老阁和藏经楼，还铸造了一口大梵钟（熊谷 1982b，第 1293 页）。1902 年第 650 周年忌，永平寺重建了佛殿、僧堂和长寿院，主要修缮对象是库堂和其他建筑。永平寺又铸造了一口大梵钟。50 年前为上一次祖师忌所铸造的钟由于一些未公开的原因已经消失了。（或许是在 1868 年明治维新以后被政府没收了）。

1902 年的祖师忌作为新明治时期首次主要的道元忌，意义重大。虽然只有约 300 名僧人参与了实际的纪念仪式，但在仪式开展的几个月过程中，在仪式举行期间，约有 30000 名居士到访永平寺。因此，相比于德川时期以往的情况（如 1752 年，据说有 23700 名僧人参加了），出席僧人的数目戏剧性地减少了，但居士人数却急剧增加（吉田 1982a，第 1380—1389 页）。

大量居士参与道元忌开始于 18 世纪 30 年代。载庵禹邻（1768—1845），1827—1844 年任永平寺住持，他积极鼓励在全日本设立居士团体（"讲"），即所谓"吉祥讲"，尤其致力于道元的纪念活动。这些团体存在的目的就是每年派送代表前往永平寺参与道元忌（熊谷 1982b，第 1266 页）。因此，到了 1902 年，居士参拜永平寺的实行已经完好地建立起来了。

永平寺最后一次举办的主要的道元忌是 700 周年忌。此次忌发生在 1952 年，15 年战争（1931—1945）结束后才 7 年。那时，日本在经济上仍未从战时的荒废和挫败中恢复过来。因此，主要的新建工程就免谈了。取而代之，永平寺决定支援有关道元的出版发行。他们列出想要出版的刊物类型，包括：道元的著作，对道元著作的评论，关于道元的学术著作，道元用语辞典和道元的传记。最终，出版了 16 部有关道元的专著（吉冈 1985b，第 1445、1455 页）。

战争并不是历史上唯一限制永平寺举办道元忌能力的灾难。更早的，在德川时期，农业饥荒、政府政策，还有与敌对本山总持寺间的斗争，都严重限制了 1802 年的 550 周年忌和 1852 年的 600 周年忌的可能范围。1774 年，寺社司开始限制佛教寺院直接的捐献请求，因为给国家经济添加了经济上的负担（熊谷、吉田 1982，第 991—992 页）。这些限制当然平等地适用于永平寺和总持寺，但由于永平寺相对较弱小的经济基础，所受的伤害就更大。1788 年，总持寺为了保护它自己的经济基础，命令峨山一系（即归属总持寺的全部寺院之派系）的僧人不能再向永平寺寻求僧侣头衔。换言之，正当政府不再允许永平寺请求资金之时，其来自荣誉头衔的收入来源也枯竭了。

总持寺的新政策还有一个更重要的含义。那时候都由武士政府从仍归属总持寺的三所关东地区的曹洞寺院（所谓的"关三刹"）给永平寺任命新住持的。总持寺禁止其僧人在永平寺接受荣誉之后，这三所关东寺院年资较深的僧人没有一个会接受政府的任命前往永平寺。结果，1792—1795 年，永平寺住持之职空缺了三年之久（熊谷 1982a，第 1017—1022 页）。在 1795 年初，永平寺没有住持，没有资金募集活动，更几乎没有任何来自荣誉头衔的收入。道元的 550 周年忌要在 1802 年举行，仅距七年时间。因此，1795 年的时候，外界任何中立的祭奠者可能都会断定永平寺不能承办任何特别的活动或建设工程。

3. 传统的修行

永平寺通过宣称只有它保存了道元所教导的传统的修行，使自己脱离了危机。1795年，玄透即中（1729—1807）就任永平寺新住持。即中原属明峰一系（经由圆通寺），此系的成员过去曾与总持寺敌对。即中一进入永平寺，立刻就开始了恢复其新的寺院筹款能力的工作。他写了一连串长长的公文给寺社司，其中他提出了三点主要的主张（概括自熊谷1982a，第1125—1190页引用的原典）。

（1）永平寺必须被承认为日本所有曹洞法系的唯一的总本山。这一地位在中世已由朝廷授予永平寺了。总持寺要否认它是错误的。因此，峨山一系的曹洞僧人也应该被允许出现在永平寺寻求荣誉头衔。

（2）按照"东照神君"（即德川家康，1542—1616）建立的规定，日本所有的曹洞僧人都必须恪守永平寺家训（即规范，参照《永平寺诸法度》，第1615页；Bodiford 1991，第450页）。然而，最近，日本曹洞僧人举办的僧院仪式受《明朝花丽新规》之影响而败坏了。日本曹洞僧人已违背了永平家训（即道元之教导），如此一来他们是为不孝。此不孝之举必须要改正。拒绝恪守道元古规的曹洞僧人应被政府处罚。

（3）为了改造曹洞僧人，永平寺绝对有必要被允许按照道元古规建造新的僧堂和僧寮。这新的僧堂和僧寮必须为1802年第550周年道元忌及时做好准备。道元写过，他（即道元）兴建了日本第一所僧堂。因此，正是一所旧式的僧堂建立了道元佛教的基础。基于这些理由，（即中提出）永平寺应被准许为这些重要的建筑工程募集资金。不然，永平寺将不能维持其朝廷所承认的地位，也不能恪守"神君"德川家康的指令。

玄透即中的论点得到了支持。1801年，寺社司赋予永平寺通过建造新的僧堂和僧寮实行道元古规的权限。即中立即编辑了新的寺院规定，解释包括道元忌在内的仪式依照所谓的古规应该如何举行。1803年，他将新规定以《永平小清规》为题分三卷出版。该题目暗示其为道元所作的寺院规定——广为人知的《永平清规》的汇编。1799年，在与政府的交涉过程中，即中出版了此文本的改订版①。通过这两次出版，即中以古时的僧院传统建立了永平寺作为核心的名声，他确认此传统为古时禅本身之不变的真髓。

这些事件发生的时机非常有意味。即中的《永平小清规》出版于1803年，但其中描述的程序早在1802年的550周年道元忌就已于永平寺实行过了。我们可以想象这"古"程序会如何感染来访者。全日本曹洞寺院的资深僧侣来到永平寺参加纪念仪式。以往，他们很少有机会想起道元。然而，在这一年里，为了道元忌，他们得努力筹备旅费。在永平寺，他们体验到一种新式的僧院修行，并不像他们在自家所施行的那样。他们发现新的僧堂和僧寮在许多方面都不同于他们在自家寺院所知道的样子。每天日课的仪法也不同，祖师忌也不同。这些不同使他们对永平寺独特的地位和权威留下深刻的印象。唯有永平寺保持着道元所教导的传统僧院修行，这一主张并非仅仅是一种修辞。来访的僧人可以自己体验到这一点。他们的眼睛、耳朵和身体告诉他们永平寺是独特的。他们从道元忌中发现到该寺一种新的重要性。

---

① 由于此作品的序文所标示的日期为1794年，通常都会把这一年误认为是其出版的日期（熊谷1982a，第1057—1058页）。尽管《永平清规》最早于1667年印刷出版，但成为流通版的却是玄透即中1799年的改订版。1667年以前此文本的历史不为所知。

永平寺使用同样的策略于 1852 年的 550 周年道元忌。那时卧云童龙任永平寺住持。1850 年，他向寺社司送去一封详细的公文，其中他再次陈述上面提到的主张，特别强调日本所有的曹洞僧人都必须恪守由东照神君（德川家康）下令执行的永平寺的家训（即规定）。他还增加了一种新方式。按童龙的说法，永平寺家训要求所有僧人穿着佛教的"如法衣"。当然，何种僧衣才是确切地如法，从来就不是十分清晰。无论如何，如法衣是与永平寺所穿的僧衣相一致的，但在日本的其他佛教寺院却找不到。因此，童龙请求寺社司公布新的规定，要求曹洞僧人遵守此规。这是一种尝试，要迫使所有曹洞僧人承认永平寺的优势地位。

然而，不像以往那样，这一次寺社司并没有发布有利于永平寺立场的裁定。1852 年 5 月 11 日，卧云童龙不等政府行动，去信总持寺通知他们，任何穿着不合法僧衣的僧人都将不被允许进入永平寺。换言之，任何寺院代表前来永平寺参加 550 周年道元忌——就在三个月后——除非他们首先换上永平寺所接受的僧衣，否则将不被允许进入（熊谷 1982b，第 1303—1311 页）。此立场的含义应该很清楚。来自全日本的资深曹洞僧人前来永平寺参与 550 周年道元忌，他们将以各种具体的形式体验到永平寺的权威——永平寺有能力划定道元忌之意。他们从中感受到永平寺的势力，不仅是建筑类型的不同，也不仅是仪式类型的不同，还有他们自己的新僧衣（熊谷 1982b，第 1291—1311 页）。

4. 诞辰纪念

1868 年明治维新，新政府的反佛教政策严重削减了全国范围的授名僧尼人数。此后，永平寺借助道元忌来巩固与居士之间更为亲近的关系。1899 年 5 月 10 日，就是庆祝道元诞辰 700 周年的那一年，永平寺组织了其初次的居士授名仪式，该仪式明显与道元诞辰有关，而非其逝世。男女居士被邀请在永平寺逗留七天举行仪式、听闻佛法，并以曹洞系特殊形式的菩萨戒接受授名。此事件如此成功，被公开称为"报恩授戒会"，结果第二年（1900 年）就成为了永平寺每年的例行法事之一。不过，典礼的日期被更改了。由于 5 月 10 日太靠近夏安居（每年 5 月 15 日起）的开始，对于永平寺的僧人们不是很方便。而对于大多从事农业的居士们，这个日子也很不切实际，因为它与春种相冲突。因此，1899 年，典礼提前一个月至 4 月 28 日（吉冈 1982a，第 1390 页）。最后，1900 年，曹洞领袖们公开把 1 月 26 日称作道元诞辰之日，命令日本所有的曹洞寺院庆祝这个日子（樱井 1982，第 1555 页）。当然，没有人知道道元生辰的实际日子。由面山瑞方（1683—1739）校注的《订补建撕记》（曹全 17，"史传"，卷二，第 15 页），是一部颇具影响力的道元传记（有关于此见下），它给出道元出生的日期为 1200 年 1 月 2 日。然而，这部作品没有更早的写本提供任何证据证实面山所推出的日期（参见诸建，第 2 页）。

5. 学术

谈到面山的《订补建撕记》，就将我们带到永平寺为推进道元忌所作努力的最后一项构成要素。这一要素在日本以内或以外的普通人身上发挥了最大的影响作用，无论他是否属于曹洞宗机构。我要讲的是学术。关于道元生平及各时期的学术研究始于 15 世纪的永平寺。当时，有一位住持名叫建撕，他编写了道元生平年表，还附有道元自己的著作、书信和其他历史文献的大量引文。这部作品最初题为《永平开山御行状》，现在一般称作《建撕记》（即建撕之记录）。毫无疑问，此书是出现过的道元传记中影响最大的一部。自 1452 年建撕完成其记录直至今天，几乎所有涉及道元的传记、史书、百科全书（等），都直接或间接地重复着《建撕记》中的信息。

1452 年，建撕写了他的历史，这个时间很重要，因为这一年就是道元逝世 200 周年纪念。然而，在他的记录里，建撕从来不提祖师忌，也不暗示说是道元忌成就了《建撕记》编写的动机（河村 1975，第 201a 页）。可能建撕并非有意识地选择 1452 这一年。毕竟《建撕记》不是以道元之死结束的，而是继续记录永平寺早期历史直至 1340 年左右（诸建，126 页）。但有理由推定，《建撕记》的学术成就也是受纪念道元的类似愿望激发的。

为了庆祝 1754 年的 500 周年道元忌，面山瑞方出版了他的建撕记注本，即前述的《订补建撕记》（见熊谷 1982a，第 1223 页）。在他的版本中，面山删减了与道元没有直接关系的部分。道元死后的所有事件都被删除了，增添了相当分量的新材料，内容涉及道元的家世，道元在比叡山的受训，道元与荣西（1141—1215）的会面，道元与其师明全（1184—1225）的关系，道元赴宋的旅途及在宋的游历，道元移居前越及镰仓之行，道元的神迹，道元与曹洞药物制品的关系，等等。面山所作的删减和增加缩短了《建撕记》的焦距，更明显地将其变换成道元生平的圣徒传式的记录和道元周围环境的全面性概观。更重要的是，以不易明了的方式将著者面山的意见插入《建撕记》中，已大大超出了题目《订补建撕记》之意。这一点很重要，因为在 1975 年以前面山本《建撕记》是唯一容易到手的版本。

50 年后，为庆祝 500 周年道元忌，永平寺出版了面山注本的插图版——《订补建撕记图会》（序文日期为 1806 年，但实际上是 1817 年出版；熊谷 1982a，第 1222—1223 页）。此插图版在理念上很适合面向居士听众层演讲，因为演讲者可不受文本字句的限制描述插图的内容。对鼓励居士更专注于曹洞宗的活动，它发挥了关键性的作用（熊谷 1982b，第 1272 页）。例如，1828 年，载庵禹邻（1768—1845）开始采取一种新手段，鼓励设立居士团体，就是为人所知的"吉祥讲"。其成员每年派遣代表前往永平寺参加道元忌和怀奘忌（熊谷 1982b，第 1266 页）。这些居士成员向永平寺的捐赠，帮助维护寺院度过严峻的经济困难时期，如在天保时期（1830）日本遭受了多次饥荒。没有插图版的《订补建撕记图会》去鼓励居士们对道元的信仰，永平寺是否还能向贫困的人们求得钱财，这很令人怀疑（熊谷 1982b，第 1271 页）。

插图版《订补建撕记》引出了另一个策略，永平寺用它鼓励吉祥讲成员的居士行脚之旅。在 19 世纪中叶以前，永平寺已开始建造纪念碑纪念《订补建撕记》插图所画有的道元一生的主要事件。当然，没有人确切地知道这些事件中大部分是在何地发生的——如果事实上的确发生过。无论如何，纪念碑是建成了。吉祥讲的成员前往或离开永平寺的路上，在沿途的这些地方都会稍作停留（熊谷 1982b，第 1276—1281 页）。这些纪念碑使前往永平寺的旅程更加有趣，也鼓励了一些人参与行脚，即使他们不能走完前往永平寺之路的全程。

《建撕记》连同面山的增补和后来的插图在如此广阔的听众层中流行，遍及日本社会所有阶层，有助于将道元塑造成一个日本高僧中为人熟知的人物。一直到 1975 年，所有道元生平的记录，无论其书写是出于面向大众的消费还是出于学术上的考量，几乎都完全基于面山注本的《建撕记》。除在道元自己的著作中找得到的贫乏的传记细节以外，几乎没有其他的来源。例如，在 1952 年以前，出版了超过 21 部不同的道元传记。这些传记大部分是在 1902—1952 年出版的——相应于几次主要的道元忌——它们全部都是简单地重复或节略《订补建撕记》和《订补建撕记图会》的文本内容（熊谷

1975，第202—204页）。

因此，当1975年河村孝道把六个早期的《建撕记》写本编辑出版的时候，我们对道元传记的理解进入了一个新纪元。此书《诸本对校永平开山道元禅师行伏建撕记》翻印的写本最初印刷早在1472年，因此，比起面山的增补，这些写本更加大为紧密地忠于建撕自己的文笔。对这些早期版本的考察首次显示了面山瑞方是多么大范围地改变了《建撕记》。我们现在知道，面山版的道元传不可信赖。换言之，既然所有以往的道元传都是基于面山的成果，它们也没有一部可信了。即使是1953年大久保道舟写的传记——其著名的《道元禅师传研究》也必须小心使用。由于面山歪曲的大范围未能立刻被了解到，许多1975年后出版的百科全书条目、参考书著作以及西方和日本学者的陈述，还是重复面山的《订补建撕记》和《订补建撕记图会》中的错误记录。因此，任何关于道元生平的文字都不可信赖，除非你首先确认其作者是否已完全理解河村那些早期写本的意味。

除了出版道元传，永平寺影响我们对道元的纪念方式，其第二个主要方法就是努力促进《正法眼藏》的研究——现今日本最广为人知的宗教著作之一。今天，当有人记起道元或想到曹洞禅，大多会自然想到道元的《正法眼藏》。对道元及其《正法眼藏》的这种自动的联想正是现代的一个发展。在15世纪末以前，大部分道元的作品被藏在寺院地下室里，变成了秘密宝藏（Bodiford1993，第134—135页）。即使在德川时代早期文本学习复兴以后，大部分日本曹洞僧人也只是研究广为人知的中国佛典或经典的中国禅籍（横关1938，第825页）。少数学问僧像面山瑞方开始研究道元的作品，但他们是例外。即使学问僧阅读道元的作品，也通常不会向他们的弟子门人讲授这些作品。事实上，从1722年到1796年，政府当局其实禁止了道元《正法眼藏》任何部分的出版或散布（横关1938，第909—912页）。

政府关于出版《正法眼藏》的禁令由于玄透即中的上书而解除了。玄透即中于1765年就任永平寺新住持，其努力实行道元"旧规"之事上文已作概括。一接手永平寺住持之职，即中就发誓要及时出版道元的《正法眼藏》，庆祝1802年的550周年道元忌。即中为促成出版一事所使用的确切用词并无存留，不过他大概发出的言论类似于更早以前引证过的主张。至少在解除出版禁令的官方指令中可以找到同一段文字的理由，此指令特别认可《正法眼藏》制定道元家训，而所有曹洞系的成员都必须遵从它（熊谷1982a，第1035页）。出版的工程立刻开始了，两卷本《正法眼藏》于1796年便得以印刷出版。工作如此烦琐——校对不同写本，编辑文本，重新排列章节顺序，插入未被叙述过的作品，重新命名各章节，刻制木板，以及筹集出版经费——以致直到1808年即中死后一年，选定了90章的最后一章才出版（见表2）[①]。尽管有大量文本上的错误，永平寺出版的《正法眼藏》（通称"本山版"）即使今日仍然是最广为阅读的版本[②]。

[①]　今天，本山版《正法眼藏》包括95章。不过，其中5章直到1906年才加进去。1796年，《正法眼藏》整部的出版得到了允许，但有5章（"传衣"、"佛祖"、"嗣书"、"自证三昧"和"受戒"）仍被禁止出版，因为这些章节涉及宗教机密（如传法仪式，见熊谷1982a，第1035页）。

[②]　对于大多的学术性目的，道元著作最小型的版本是大久保道舟编的《道元禅师全集》（二卷加补篇，东京：筑摩书房1969—1970年版）。可是，要对道元《正法眼藏》各个前近代版本进行详细的文本研究，就必须参照《永平正法眼藏搜书大成》（二十五卷加补篇，东京：大修馆书店1974—1982年版）。

表 2　　　　永平寺"本山版"《正法眼藏》年表（熊谷 1982a，1086—1102 页）

年份	《正法眼藏》出版章节数
1796	2
1797	14
1798	11
1799	9
1800	22
1801	14
1802	5
1803	8
1804	1
1805	3
1811	1
1815	盒装完整版
总计	20 年　　90 章

　　永平寺不仅出版了道元的《正法眼藏》，还促进曹洞僧人和居士对它的学习研究。从 1905 年开始，永平寺组织其第一个正法眼藏会议——"眼藏会"。学者、通俗作家、有兴趣的居士和僧人参加了一系列的研修会，会上他们阅读并讨论了《正法眼藏》某些特定的章节（吉冈 1982a，第 1393 页）。第一次的"眼藏会"非常成功，完全在预想之外。自 1905 年以来，它成了永平寺每年的例行活动，不久它逐渐地改变了曹洞禅寺教育的指针。在更早的年代，只有一个禅师——西有穆山（1821—1910）曾经就应该如何阅读和理解《正法眼藏》说法。穆山的一位弟子——丘宗潭（1890—1925）任"眼藏会"首届会长。宗潭的说法提供了一种模式，每一位来到永平寺的其他禅僧都可以学习（吉冈 1982a，1394—1395 页）。这种模式已成为标准，而非例外。今天，每一位曹洞禅师都讲授道元的《正法眼藏》。

6. 结语

　　道元忌有助于维持永平寺稳定的财政、良好的修缮，聚集了大量指望从道元获得宗教灵感的僧人和到访的居士。永平寺已成为道元的地方，一所让人纪念道元的寺院，道元禅在此实行，道元的《正法眼藏》在此出版，人们在此研读道元《正法眼藏》和学习道元佛教。正如我们记住了道元，我们也应该记住回忆不是价值中立的，它不会是纯正客观的学术的产物。我们或许应该提醒自己，我们纪念的道元是一个被建构的形象，这一形象很大程度上是被建构来服务于处在总持寺的对立中永平寺的宗派议程事项的。我们应该记住《正法眼藏》的道元被示范为一名渊博的宗教哲人，它是道元回忆史中相当近期的创新。无论在现代的道元对我们的时代会是多么的重要，他对于镰仓佛教或中世佛教或大部分德川时期佛教而言，也许并非如此的重要。反而是宗派议程事项中的道元、位于莹山之上的道元、制造奇迹的道元，等等的道元博得了较早世代的日本人的怀念。当我们在 21 世纪纪念道元之际，我们必须不要忘记这些其他更古的道元形象。最后，在纪念道元的过程中，时机成熟了，是时候有人写一部新的更准确无误的道元传了，他要分出什么是可知的，什么是面山瑞方和插图版《订补建撕记图会》的美术家们的记忆和创造。

参考文献

原典全集（按英文缩略语序）

JZ 常全《常济大师全集》，孤峰智璨编，1937。重印增补版，横滨：大本山总持寺1976年版。

SKEN 诸建《诸本对校永平开山道元禅师行状建撕记》，河村孝道编，东京：大修馆书店1975年版。

SKO 曹古《曹洞宗古文书》，大久保道舟编，三卷，东京：筑摩书房1972年版。

SZ 曹全《曹洞宗全书》十八卷，改订增补版，曹洞宗全书刊行会编，东京：曹洞宗宗务厅1970—1973年。

ZSZ 续曹全《续曹洞宗全书》十卷，改订增补版，曹洞宗全书刊行会编，东京：曹洞宗宗务厅1974—1977年。

原典（按书名罗马字序）

《永平道元和尚广录》（1598年门鹤抄本）十卷，收于《道元禅师全集》卷二，大久保道舟编，东京：筑摩书房1970年版。

《永平开山忌行法华讲式》（约20世纪初），收于《续曹全》卷二，"清规·讲式"。

《永平寺诸法度》（1615），收于《曹古》卷一，No. 28，第20—21页。

《永平清规》（1799［非1794］年改订版，由光绍智堂以1667年的版本为基础编辑而成，1670）二卷，又称《日域曹洞初祖道元禅师清规》，收于《曹全》卷一，"宗源"。

《永平小清规》（1803）三卷，玄透即中（1729—1807），收于《曹全》卷四，"清规"。

《义云和尚语录》，收于《曹全》卷五，"语录"卷一。

《行事次序》（此文本的早期写本，后来称为《莹山和尚清规》，1376年普济善救抄）二卷，禅林寺（福井县）写本，经竹内弘道准许影印。

《承阳大师报恩讲式》（1753年面山瑞方著），收于《续曹全》卷二，"清规·讲式"。

《莹山和尚清规》（1680年卍山道白著，以1434年《洞谷清规》为基础，后者基于1423年梵清抄的《洞谷山永光寺行事次序》），收于《常全》。

《广泽山普济寺日用清规》（1527），收于《曹全》卷四，"清规"。

《宣胤卿记》（中御门宣胤的日记，1442—1525），收于《增补史料大成》，增补史料大成刊行会编，卷四四至四五，京都：临川书店1965年版。

《龙泰寺行事次序》（1559），收于《续曹全》卷二，"清规·讲式"。

《青原山永泽寺行事之次第》（1633，基于约1582年抄本），收于《曹全》卷四，"清规"。

《正法清规》（1509年改订版《行事次序》抄本），收于《续曹全》卷二，"清规·讲式"。

《诸宗敕号记》（约1311—1660），收于《续群书类丛》卷二八b，墒保己一、墒忠宝编，1822，重印，东京：经济杂志社1902年版。

《订补建撕记》（建撕历史的1754年版，由面山瑞方改订增补，1683—1769），除去面山东增补，二卷，收于《曹全》卷一七，"史传"卷二。

《订补建撕记图会》（《订补建撕记》1806年插图版，瑞冈珍牛、大贤凤树绘）二卷，含面山的增补，收于《曹全》卷一七，"史传"卷二。

《洞谷传灯院五老悟则并行业略记》（文献日期为1323年9月13日，收于《洞谷记》1718年编的版本），收于《常全》，第411—416页。

《洞谷尽未来可成本寺之置文》（1318年12月23日，莹山绍瑾记录的文书），收于《正法眼藏杂文》（1515），1970年重印于松田文雄的"关于莹山禅师的尽未来际置文——永光寺开山的背景"，《宗学研究》12，第133—134页。

《洞谷尽未来际置文》（1319年12月8日，莹山绍瑾记录的文书），收于《曹古》卷二，No. 163，第120—121页。

《洞谷记》（1432年大乘寺抄本），收于1974年大谷哲夫编"大乘寺秘本《洞谷记》"，《宗学研究》16，第231—248页。

《瑞长本建撕记》（1552 年版建撕记，1589 年瑞长重抄），收于《诸建》。

现代研究（按作者姓名罗马字序）

Bielcfcldt, Carl. 1985. "Recarving the Dragon: History and Dogma in the Study of Dōgen." *In Dōgen Studies*, edited by William R. LaFleur. pp. 21 – 53. Honolulu: Univ. of Hawai'i Press.

Bodiford, William M. 1991. "Dharma Transmission in Sōtō Zen: Manzan Dōhaku's Reform Movement." *Monumenta Nipponica* 46, no. 4: 423 – 451.

Bodiford, William M. 1993. *Sōtō Zen in Medieval Japan.* Honolulu: University of Hawai'i Press.

Collcutt, Martin. 1981. *Five Mountains: The Rinzai Monastic Institution in Medieval Japan.* Cambridge, Mass.: Harvard University Press.

Dobbins, James C. 1989. *Jōdo Shinshū: Shin Buddhism in Medieval Japan.* Bloomington: Indiana University Press.

Hirose Ryōkō 广濑良弘，1980，"延享度曹洞宗寺院本末牒を見る要点（本書の資料の手引）"，收于镜岛宗纯 1980（6 页）。

Hirose Ryōkō 广濑良弘，1982a，"永平寺の衰運と復興運動"，收于樱井 1982，上卷：第 379—541 页。

Hirose Ryōkō 广濑良弘，1982b，"幕府の統制と永平寺"，收于樱井 1982，上卷：第 543—714 页。

Hirose Ryōkō 广濑良弘，1985（2 月），"本末制度の成立と展開：曹洞宗"，"近世の仏教"，《歴史公論》11，No. 2：第 54—60 页。

Hirose Ryōkō 广濑良弘，1988，《禅宗地方展開史の研究》，东京：吉川弘文馆。

Imaeda Aishin 今枝爱真，1982（1970），《中世禅宗史の研究》，第二版，东京：东京大学出版会。

Itō Shūken 伊藤秀宪，1980，"「永平廣録」説示年代考"，《駒沢大学仏教学部論集》11：第 171—197 页。

Kagamishima Genryū 镜岛元隆，1961，《道元禅師とその門流》，东京：诚信书房。

Kagamishima Genryū 镜岛元隆，1983（1963），"榮西道元相見問題について：古写本「建侵記」発見に因みて"，重印于河村、石川编 1983，第 41—57 页。

Kagamishima Genryū 镜岛元隆，1985，《道元禅師とその周辺》，东京：大东出版社。

Kagamishima Genryū 镜岛元隆、Tamaki Kōshirō 玉城康四郎编，1980，《道元禅の歴史》，《講座道元》2，东京：春秋社。

Kagamishima Sōjun 镜岛宗纯编，1980（1944），《延享度曹洞宗寺院本末牒》，1747 和 1827 年文本排版，重印增补版，东京：名著普及会。

Kawamura Kōdō 河村孝道，1975，"永平開山道元禪師行状建侵記解題"，收于《诸建》，第 199—215 页。

Kawamura Kōdō 河村孝道，1987，"正法眼藏の成立史的研究"，东京：春秋社。

Kawamura Kōdō 河村孝道、Ishikawa Rikizan 石川力山编，1983，《道元》，《日本名僧論集》8，东京：吉川弘文馆。

Kawamura Kōdō 河村孝道、Ishikawa Rikizan 石川力山编，1985，"道元禅師と曹洞宗"，《日本仏教宗史論宗》8，东京：吉川弘文馆。

Kosaka Kiyū 小坂机融，1993，"清規論の展開"，《道元思想の歩み》，第 71—91 页，曹洞宗宗学研究所编，东京：吉川弘文馆。

Kumagai Chūkō 熊谷忠兴，1982a，"古規復古と玄透即中禅師"，收于樱井 1982，下卷：第 1017—1230 页。

Kumagai Chūkō 熊谷忠兴，1982b，"幕末期の永平寺"，收于樱井 1982，下卷：第 1231—1322 页。

Kumagai Chūkō 熊谷忠兴、Yoshida Dōkō 吉田道兴，1982，"宗統復古運動と永平寺"，收于樱井

1982，下卷：第 715—1015 页。

ōkubo Dōshū 大久保道舟，1953，《道元禪師伝の研究》，东京：筑摩书房。

ōkubo Dōshū 大久保道舟，1966，《修訂增補道元禪師伝の研究》，改订版，东京：筑摩书房。

Sakurai Shūyū 櫻井秀雄编，1982，《永平寺史》，二卷，福井县：大本山永平寺。

Sano Bunnō 佐野文翁，1983，"玄透開版正法眼藏関係年表"，东京：佐野文翁。

Shūkyō nenkan《宗教年鑑》，1997，东京：文化厅。

Takahashi Zenryū 高桥全隆，1980，"本末成立と徳川幕府の宗教政策について"，收于镜岛宗纯 1980（16 页）。

Tamamuro Taijō 圭室谛成，1963，《葬式仏教》，东京：大法轮阁。

Takeuchi Hiromichi 竹内弘道，1990，"新出の禅林寺本「瑩山清規」について"，《宗学研究》32：第 133—138 页。

Yokozeki Ryōin 横关了胤，1938，《江戸時代洞門政要》，东京：佛教社。

Yoshioka Hakudō 吉冈博道，1982a，"明治期の永平寺"，收于櫻井 1982，下卷：第 1323—1408 页。

Yoshioka Hakudō 吉冈博道，1982b，"大正昭和期の永平寺"，收于櫻井 1982，下卷：1409—1498 页。

（冼立群　译）

W. M. 波迪福德（William M. Bodiford）加州大学洛杉矶分校宗教系教授，专攻日本佛教曹洞宗史研究，著有《中世纪日本曹洞宗》和《佛教律法之想象》等著作。

中国禅学　第五卷
2010 年，第 341—358 页

马　祖　综　论
——关于马祖道一禅师的经历、遗迹、禅学、时代及语录

邢东风

中国禅宗有两个最显著的特征：一是禅的实践融于日常生活当中，二是教团组织分布广泛、法脉持久。但在历史上，禅宗也有形成、发展和变化的过程，上述特征并不是从禅宗一开始就有的，而是从唐代马祖道一禅师开始的。马祖对于禅的生活化和教团组织的发展壮大都作出过巨大贡献，因此他是中国禅宗史上极为重要的人物。但是关于马祖的生平经历，历史上只有简单的记载，而且有不少分歧异说，使后人难以了解马祖的全貌。笔者自 2005 年 8 月至 2007 年 3 月，先后走访了四川的什邡，江西的抚州、南昌、赣州，湖南的南岳衡山，福建的建阳，对马祖遗迹进行调查。通过实地调查，不仅发现了一些新的资料，而且对上述各地与马祖相关的历史文化也有了一定的了解。本文首先根据实地调查的资料，结合有关的史料记载及研究成果，对马祖的生平经历及相关遗迹加以辨析和说明，然后分析马祖禅的特征及其时代背景，最后综述马祖语录的编纂和流传情况，并就马祖的研究作一展望。

一　马祖的生平经历和相关遗迹

马祖道一禅师，生于唐中宗景龙三年（709），卒于唐德宗贞元四年（788），生前曾被称为"马师"、"马大师"等，后人习惯上称他为"马祖"或"大寂"。马祖的一生到过很多地方，根据唐宋时代的史料记载，可知他的足迹所至除了故乡四川以外，还有湖北、湖南、福建、江西，遍及当时南中国的大部分地区。与此相应，马祖的生平经历也可以大致分为几个阶段，如四川时期、湖南时期、江西时期，等等，其中他在江西生活的时间最长。

（一）马祖和四川

马祖道一俗姓马，汉州什邡县人。唐代什邡县位于今四川什邡市。今什邡市区西北方向约 15 公里处有两路口乡，那里有一座村庄名叫"马祖村"，当地自古传说为马祖出生之地，在村庄的入口处还有一座佛寺名为"马祖庙"。现在的庙宇虽系重建，但寺址古已有之。为纪念马祖道一禅师，什邡市政府于 2005 年 8 月将两路口乡改名为马祖镇，并同时举办了隆重的"马祖文化节"。

　　马祖少年时代出家，出家的地点在罗汉寺①。罗汉寺位于今什邡市区北侧，该寺历史悠久，至今尚有诸多古迹保存，其中有一口"马祖古井"，传为马祖当年的遗迹。马祖当年虽在罗汉寺出家，但是尚未削发剃度，应属寄居在寺内的少年行者。以后到了青年时期，来到资州（治所在今四川资中），在那里剃度为僧。在他21岁时，即开元十七年（729），在巴西受具足戒，从此成为比丘②。

　　有的史料说马祖"幼岁依资州唐和尚落发，受具于渝州圆律师"③，但是这种说法不见于唐代的记载，而是宋代以后才出现的，未必十分可信。唐和尚是指处寂禅师（669—736），他是四川本地出身，长期跟随弘忍十大弟子之一的资州智诜禅师，可以说是辅助智诜禅师开创四川禅宗的人物。处寂在资州传法20余年，马祖到资州时，处寂已在那里，因此可能有机会跟随处寂受学。不过，根据唐代僧人宗密的记载，马祖是金和尚的弟子④。金和尚是指无相禅师（684—762），本为新罗人，开元十六年（728）至中国，大约于开元十八年（730）到四川，在资中成为处寂禅师的弟子。金和尚在资中住了两年，而马祖当时才受大戒不久，还不大可能离开资州远走高飞，因此也不排除他在资州师从金和尚的可能。总之，当马祖受戒的前后，唐、金二人都在资州，他们都有足够的资格做马祖的老师，马祖与二人也都有接触的可能，但由于金和尚是唐和尚的弟子，马祖不大可能同时兼为二人的弟子，于是他在资州期间的老师究竟是谁便成了问题。鉴于宗密的时代仅比马祖稍晚，如果一定要在唐、金二人当中决出一位马祖的老师，那么理所当然地只能依从宗密的记载。

　　但是，现在大多数学者都认为马祖是唐和尚的弟子，柳田圣山还认为马祖本人由于得法于南岳怀让而不愿意被人知道自己与处寂的师承关系，权德舆的《塔铭》里只说马祖在资州落发而不提处寂之名，也是因为马祖作为怀让唯一法嗣的地位确立之后而故意嫌弃与处寂的师承，宗密也是故意把马祖说成金和尚的弟子⑤，也就是说宗密为了压低马祖的辈分而故意抹杀马祖与处寂的关系。这样的看法都是过于拘泥宋代以来的成说，以至于无视和否定唐代的记载。至于柳田圣山的看法，缺乏有力的证据，猜测性的成分很大。实际的情况或许和柳田的看法刚好相反，即马祖早年的师承关系本来就比较复杂，所谓"圣人无常师"，于是在记载上就难免混乱不清；就算他真的师从过处寂，也不至于因为后来嗣法南岳得到曹溪正传而引处寂为耻；宗密作为一代禅学大家，即使对洪州禅有所贬抑，也不至于卑劣到在马祖的师承记述上去做手脚，再说宗密对洪州禅也不是全盘否定，洪州禅在他的心目中毕竟是仅次于荷泽神会而已，更何况马祖乃当时禅林中著名的"大士"，随意误记马祖的经历，岂非自讨见笑于天下？实际的情况很可能是后代的禅僧出于对马祖的尊敬而故意将马祖的辈分抬高，即使马祖曾经师从过名不见经传的人物，也要把他说成师出名门以拔高祖师的地位，于是马祖在唐人的笔下或是"落发于资中"而不记其师，或是其师本为金和尚，可是到了宋人笔下，他的师承便被归属到辈分和知名度都比金和尚

---

　　①　《祖堂集》卷十四谓马祖"于罗汉寺出家"。

　　②　权德舆的《塔铭》说马祖"初落发于资中，进具于巴西"。

　　③　《景德传灯录》卷六、《江西马祖道一禅师语录》等，《宋高僧传》卷十作"削发于资州唐和尚，受具于渝州圆律师"。

　　④　参见宗密《中华传心地禅门师资承袭图》、《圆觉经大疏钞》卷三之下。

　　⑤　参见柳田圣山《初期禅宗史书の研究》，法藏馆2000年版，第337—339页。

更高的唐和尚名下了。

至于马祖受戒的地点，唐代的记载说是在"巴西"，宋代以后的记载说是"受具于渝州圆律师"。唐代叫做"巴西"的地方有两郡一县，两郡即隆中巴西郡和绵州巴西郡，前者相当于今四川阆中一带，后者相当于今四川绵阳一带，一县即绵州巴西郡的治所巴西县（今四川绵阳市）。如果依据唐代的记载，马祖受具的地点应当不超出这两个巴西郡的范围。唐代的渝州即今重庆一带，虽然它的治所巴县（今重庆）也带一个"巴"字，但渝州也好，巴县也罢，与当时的"巴西"可谓风马牛不相及。至于所谓"圆律师"，更是一个来历不明的人物。有的现代学者试图把唐代的记载和宋代的记载调和起来，于是曲费周折地将巴西和渝州解释为同一个地方，但皆属牵强附会，难以令人置信。唐代"巴西"是专有名词，它的所指非常明确，记载马祖"进具于巴西"的权德舆乃饱学之士，他虽没有明言这个"巴西"究竟是指哪个巴西，但是也不至于混乱到用这个专有地名去指称一个让一般人很难捉摸得到的渝州巴县的"巴县西"。权德舆和马祖时代相同，又曾与马祖及其弟子有过直接接触，若以他的记载为准，马祖受戒或在阆中，或在绵阳，与今重庆无关。

在唐宋史料中提到一个被称为"长松山马"的人物[1]，柳田圣山最先提出此人就是马祖[2]，继有铃木哲雄承袭此说，认为马祖离开处寂后住在长松山，然后去到南岳[3]。长松山位于今成都市龙泉驿区长松乡境内，山上多高大古松，且有古刹长松寺[4]。其实早在明人的记载中就已提到长松寺，并说该寺为马祖在开元年间创建[5]。假如史实果真如此，则马祖在四川的经历就应包括曾住长松山的一节。但是也有学者不赞同柳田的看法，例如西口芳男就对此说提出质疑，认为"长松山马"应指他人[6]。的确，"长松山马"这一地名加俗姓的称呼非常特别，马祖一生住过很多地方，其中有的地方住了很长时间，但是都没有得到类似的称号，而且即使马祖真的住过长松山，那么他当时还是一位年轻僧人，一般来说也没有理由被人称呼俗姓而不称其法名，因此"长松山马"也有可能是金和尚门下另外一位与马祖同姓的人物。总之，要弄清"长松山马"究竟是不是马祖，还需要进一步研究，只有把这个问题澄清以后才可以断定马祖是否曾住长松山。

现代学者在论及马祖的早期经历时，往往不大注意宗密的相关记载，于是或认为马祖受戒以后不久便离开四川到了南岳，或认为他在处寂去世以后便去湖南投奔怀让。但是按照宗密的记载，马祖到南岳之前曾经有过"游方头陀，随处坐禅"以及"久住荆南明月山"的经历，后来因为"巡礼圣迹"，于是才到南岳[7]。其中关于马祖的"游方头陀，

---

① 宗密的《圆觉经大疏钞》卷三之下最早提到"长松山马"，将此人列为"成都府净众寺金和尚"的弟子之一；继有《景德传灯录》卷四的目录里提到"益州长松山马禅师"，将其列为处寂的弟子。

② 参见柳田圣山《初期禅宗史書の研究》，第 283 页、338 页。

③ 参见铃木哲雄《唐五代の禅宗》第 115 页（大东出版社，1984 年）、《唐五代禅宗史》，第 369 页（山喜房佛书林，1997 年）。

④ 参见"成都方志网"（http://www.cdhistory.chengdu.gov.cn/）。

⑤ 曹学佺《蜀中广记》卷八："志云：西北七十里长松山为州斧宸，界内诸山皆发脉于此。长松寺本蚕丛庙址，开元中马祖、行空和尚乃建寺。明皇召对，赐额'长松衍庆寺'，又赐名香，为亭以贮之，曰'御香亭'。宋赐名'嘉福寺'，今名'灵峰'。"

⑥ 参见西口芳男《馬祖の伝記》（《禅学研究》六三卷，1984 年，第 118—120 页）。

⑦ 参见宗密《中华传心地禅门师资承袭图》、《圆觉经大疏钞》卷三之下。

随处坐禅"都到过哪些地方，今已无从知晓。关于"荆南明月山"，唐宋史地资料中记载的与荆南有关的明月山有三处：一在松滋县（今湖北枝江、松滋之间）西70里；一在秭归县（今湖北秭归），因秭归西邻巴东县，因此也可以说在巴东；一处在沅陵县（在今湖南）东200里。其中前两处都属于唐代荆南节度使的辖境，但是始见于宋代的记载；后一处虽然属于湖南境内，但是紧靠荆州或荆南节度使的南界，而且见于唐代的记载。宗密所说的明月山究竟是指哪里，目前很难断言。不过归州在当时被视为"四川之门户"，在通常情况下，这里应是马祖走出四川的必经之地，所以他曾住秭归（或巴东）明月山的可能性恐怕更大。无论如何，既然马祖曾在荆南明月山"久住"，那么他在这里逗留的时间恐怕至少也有一两年吧？考虑到马祖应不至于在受戒之后马上远走高飞离开四川，加上他"游方头陀"和"久住"明月山的经历大致需要数年时间，那么他离开四川和到达南岳的时间恐怕比学者们通常估计的要晚若干年。如果尊重唐代的记载，而不拘泥于宋代以后的成说，大概把马祖离开四川的年代设想为开元后期、25岁左右之后才更合乎情理。

马祖离开四川以后，是否回到过家乡，一直是一个谜。今四川什邡罗汉寺内有马祖说法台遗址，传说是马祖当初返乡时说法的地方。据有的史料记载，马祖"得法南岳后归蜀乡，人喧迎之……再返江西"①。如果这个记载属实，那么马祖返乡应为他在江西时期的事情。

（二）马祖和南岳

马祖出四川，住荆南，然后到了今湖南境内的南岳衡山，受法于怀让禅师。怀让（677—744），俗姓杜，金州安康（在今陕西）人，早年曾在荆州学律，后受学于嵩山慧安禅师，又往曹溪师从慧能，后住武当山，最后一直在南岳。马祖师从怀让的经历是史料中一致肯定的事实，但是关于马祖与怀让交涉的具体情况，史料中有不同的说法。权德舆的《塔铭》在提到马祖在巴西受戒之后接着记述道："后闻衡岳有让禅师者……跣履造请，一言悬解，始类颜子如愚以知十，俄比净名默然于不二。"按照这样的记述，很容易给人造成马祖受戒后不久便前往南岳投奔怀让的印象，另外就是使人觉得马祖与怀让的接触似乎从一开始就很默契。但是按照宗密的记述，马祖先是游方头陀，随处坐禅，又曾久住明月山，后因巡礼圣迹才到南岳，而且马祖是经过与怀让"论量宗教"、被折服以后才师从怀让②。如此说来，马祖到南岳之前应当经过了一段时期的辗转过程，并非从四川直奔南岳；马祖投靠怀让也不是一拍即合，而是经过了思想的较量。在这两种不同的说法中，由于宗密和马祖没有直接的关系，不必为贤者讳，所以他的记述也许更为客观。在后来出现的相关记载中，《宋高僧传》比较接近权德舆的说法③，而禅宗灯史中关于马祖在南岳先是一味坐禅、后来在怀让磨砖作镜的启发下才"心意超然"的禅门逸话④，多少带有宗密所谓"论量宗教，理不及让"的味道。无论如何，马祖通过师从怀让的经历，获

---

① 《五家正宗赞》卷一。

② 参见宗密《中华传心地禅门师资承袭图》、《圆觉经大疏钞》卷三之下。

③ 《宋高僧传》卷一〇："闻衡岳有让禅师，即曹溪六祖之前后也，于是出岷峨玉叠之深阻，诣灵桂贞篁之幽寂。一见让公，泯然无际，顿门不俟于三请，作者是齐于七人。"

④ 参见《祖堂集》卷三、《景德传灯录》卷五。

得了曹溪法脉传人的禅门合法身份，这对他日后的发展无疑有着重要的意义；另外，他在怀让的启发下，明白了禅非坐卧、佛非定相的道理，这为他日后建立起融禅的修行于日常生活之中的活泼禅法奠定了基础。

马祖在南岳期间住在传法院。传法院位于南岳衡山掷钵峰下，宋代以后又名马祖庵，至今遗迹犹存，数年以前已重建。传法院的附近还有磨镜台遗迹，传说就是当年怀让磨砖作镜启发马祖的地方。

关于马祖在南岳的年代，唐代史料中没有记载，宋代以后才有所提及，其中一种说法是马祖于"唐开元中，习定于衡岳传法院，遇让和尚"①，另一种是马祖在怀让门下"侍奉十秋"②。按照前一种说法，马祖的南岳经历应在开元年间（712—741），但是开元年间长达29年，这个记载没有说明马祖的南岳经历到底是在开元年间的什么时候。后一种说法意味着马祖在南岳住了十年，但是没有说明这十年的上下限各是什么时候。把这两种说法综合起来，就会使人得到这样的印象：马祖开元年间在南岳住了十年，但是不清楚他到达和离开南岳的时间。

不过，根据史料记载，马祖在离开南岳以后到了建阳佛迹岭。史料中虽然没有说明他到达建阳的年代，但是《宋高僧传》中提到志贤和道通都是在天宝元年（742）前往佛迹岭投奔马祖的③。既然天宝元年马祖已在建阳，那么他离开南岳的时间只能更早。正如王荣国教授指出的那样，由于马祖从初到建阳到传法受徒应需经过三年左右时间聚集其在当地的影响力，所以马祖到达建阳的时间很可能在开元末年④。如果马祖开元末年已经到达建阳的话，那么很显然，他离开南岳的时间还要更早一些。尽管目前无法确定马祖离开南岳的具体年代，但是根据以上理由，把这个时间设想为开元二十七八年（739、740）前后，应当不会有太大的出入。

假如马祖在南岳的时间下限是开元二十七八年前后，那么他是否还有可能在南岳住上十年之久呢？换句话说，他到达南岳实际上可能是在什么时候呢？如果按照"侍奉十秋"的说法，那么从开元二十七八年上推十年，则当开元十八年（730）前后，此时马祖刚刚20岁出头，才受大戒不久，一般来说还不具备远走高飞的条件，加上宗密所述马祖在到南岳之前的种种经历也需要数年时间，因此马祖实际上不可能那么早就来到南岳。上文已经指出，马祖离开四川应该在他25岁（733）左右以后，因而他到达南岳的时间也相应地更晚一些。如此说来，史料中所谓"开元中"不一定就是指开元中期，而所谓"侍奉十秋"之说则显系夸张，实际上马祖在南岳住留的时间很可能只有六年左右，即开元二十一至二十七年（734—739）前后，而不可能有十年之久。有的现代学者由于把"开元中"理解得过于狭窄，并拘泥于"侍奉十秋"的说法，于是把马祖到达南岳的时间设想得过早，而忽视了马祖到南岳之前的种种经历。

---

① 《景德传灯录》卷六。

② 《景德传灯录》卷五、《古尊宿语录》卷一。又宋代的五祖法演禅师也曾说："马祖见让之时，亦相从十余载。"（净善《禅林宝训》卷一）

③ 参见《宋高僧传》卷九、卷十。

④ 参见王荣国《马祖道一禅师的传法活动考论》，《马祖与中国禅宗文化学术研讨会论文集》，第41—42 页（2005 年 8 月什邡市编印）。

（三）马祖和建阳

马祖离开南岳以后，来到建阳佛迹岭。有一种说法认为马祖离开南岳后到过岭南的韶州（今广东韶关）参礼慧能遗迹，然后翻越大庾岭抵达虔州（今江西赣州），再由虔州向东进入汀州（今福建长汀），最后由汀州北上抵达建阳①。但是此说没有证据，不足以为信史。关于马祖的建阳经历，在唐人的著作中没有提及，而始见于宋代的记载。如上文已经提到的那样，在《宋高僧传》里记载志贤、道通、明觉等人都是马祖在佛迹岭期间归依马祖的②，继而有《景德传灯录》说马祖"始自建阳佛迹岭，迁至临川，次至南康龚公山"③，最早将建阳经历列入马祖的传记，以后的禅宗灯史几乎一字不差地沿袭了这一记载。

建阳为唐代建州属下县置，位置相当于今闽北建阳市。佛迹岭又名佛迹岩，位于建阳的莒口镇境内，距建阳市区约 20 公里，山上有圣迹寺，当地传说为马祖住过的地方。圣迹寺附近有一"圣迹石"，上有一尺余长的左足痕迹，当地古来或说为马祖行迹，或说马祖因为"钦慕佛迹"而到此地④。不难推想，实际上是先有圣迹石的存在，然后其附近的山冈和寺院才可能以"佛迹"或"圣迹"命名。再考虑到宗密所述马祖在到南岳之前就曾有"巡礼圣迹"的经历，那么马祖千里迢迢来到建阳，或许就是为了寻访这里的"圣迹"。根据当地的地方志以及圣迹寺的碑文记载，圣迹寺由晚唐五代时期的翁部建立，由此可见马祖到这里时还没有正规的寺院。自从圣迹寺建立以后，翁氏后人一直是维护这处马祖遗迹的有力外护。

关于马祖在建阳的年代，史料中没有直接的记载。上文已经指出，通过《宋高僧传》中关于志贤和道通归依马祖经历的记载，可以判断马祖天宝元年已在建阳，又根据王荣国教授的推断，马祖到达建阳的时间可能还要早于天宝元年。那么马祖是什么时候离开建阳的呢？关于这个问题，史料中同样没有记载。不过，史料记载马祖离开建阳以后到了江西，因此可以根据他在江西的时间推测其离开建阳的大致年代。据《宋高僧传》记载，"释超岸……天宝二载至抚州兰若，得大寂开发"⑤。由此可知马祖天宝二年（743）已在江西抚州。另外，禅宗灯史中有一段怀让派人到江西勘问马祖、马祖答以"自从胡乱后，三十年不曾阙盐酱"的著名禅话⑥，这段故事发生的时间，既不会早于马祖在建阳的天宝元年，也不会晚于怀让去世的天宝三年（744）八月，于是只能在天宝二年或天宝三年八月之前。这就意味着马祖在天宝二三年时已经到了江西，而他离开建阳的时间自然还要更早一些。

---

① 参见李浩《马祖道一大师传》，第 55—57 页、69 页（佛光文化事业有限公司，1999 年），又参见郭辉图《马祖道一生平年谱》（四川省什邡市政协学习文史委员会编《马祖道一研究资料集》，第 408 页，2005 年 8 月什邡市编印）、《马祖道一返蜀的时间、动机及其影响》（《马祖与中国禅宗文化学术研讨会论文集》，2005 年 8 月什邡市编印，第 101 页）。

② 关于明觉在建阳归依马祖的记载，参见《宋高僧传》卷一一。

③ 《景德传灯录》卷六。

④ 清人郑昱撰《重兴古佛迹寺碑记》谓"祖钦慕佛迹，初辟宗风"。该碑记现存圣迹寺。关于这篇碑文的内容以及圣迹寺的古迹遗存情况，笔者在另文《马祖和建阳》中有详细介绍。

⑤ 《宋高僧传》卷十一。

⑥ 《景德传灯录》卷五。又《古尊宿语录》卷一也有大致相同的记载。

　　总的来说，马祖的建阳经历大致始于开元二十八年（740）前后，终于天宝二年（743），他在建阳度过了三年左右时光。三年时间在马祖的经历中并不算长，但是马祖的独立传法就是在这一期间开始的，《景德传灯录》所说的"始自建阳佛迹岭"，就是指马祖独立传法的开始。建阳是马祖禅的发祥地，而且禅宗在福建地区的传播也是从马祖来到建阳开始的。

（四）马祖和江西

　　马祖离开建阳，来到江西，在这里度过了他的大半生时光，因此历史上把他本人称为"江西马祖道一禅师"，把他的教团称为"洪州宗"。马祖在江西期间曾先后住在临川、南康、洪州等地，与此相应，他在江西的经历也可以大致分为三个阶段，即临川时期、南康时期、洪州时期。

　　大约在天宝二年，马祖来到临川，这里成为他在江西期间的第一个传法根据地。临川是唐代郡名，作为州置名为抚州，位于今江西抚州市。史料记载说马祖住在临川的西里山[①]，但是关于西里山的具体情况，历史上没有记载。已故的原江西省地方志办公室何明栋先生首次披露了西里山就是后来的犀牛山的消息，并介绍了此山的一些具体情况[②]。经笔者实地调查，得知这座山在清代咸丰年间被铲平，如今早已不在。西里山原来的位置，就在今抚州市临川区界内正觉寺和抚州市第六小学一带，在唐代应属临川城外的近郊。正觉寺或说建于唐初[③]，或说建于唐开元年间[④]，该寺大殿原来坐落在抚州市第六小学院内，如今整个寺院已被移置到第六小学的旁边，寺内还保存有古井圈一口，石雕建筑部件一个，据说还有一块石碑，可惜下落不明。总之，正觉寺的历史相当悠久，马祖当年曾经住在这里，如今是抚州市佛教协会的所在地。

　　另外，史料中还提到慧藏禅师在出家以前靠打猎为生，有一次追逐猎物而到马祖庵前，因受马祖的启发，于是皈依马祖出家为僧，后来住在石巩寺[⑤]。石巩寺位于今江西省宜黄县二都镇，距抚州市区约70公里，因该寺依山岩而建，山岩形状如拱，故名石巩寺。据清代同治年间的《宜黄县志》记载，马祖于唐肃宗（756—761年在位）时"自建阳佛迹岭迁至宜黄石巩，结庵巩下"[⑥]，可见当地自古相信马祖曾经住过此地。无论清代县志的记载是否符合史实，慧藏当年与马祖相遇的地方大概不会距石巩一带太远。当地还有"马祖射山"的传说，将石巩的形成与一位叫做"马祖"的人物结合起来，内容是东汉末年一位叫做马祖的神仙，因为痛恨富人将石巩山当做帝王"靠背"，一箭射开山岩，于是形成石巩[⑦]。这个传说虽然把马祖当做东汉时代的神仙，但是它的素材显然与马祖有关，曲折地透露出马祖与石巩的关系。假如马祖和石巩无缘，则很难想象当地会出现这样的传说。根据这些记载和传说，马祖在临川期间，很有可能到过宜黄一带，而且给当地人留下

---

　　① 参见权德舆的《塔铭》、《宋高僧传》卷十一、《景德传灯录》卷六、《江西马祖道一禅师语录》等。

　　② 参见何明栋《马祖道一大师在赣弘法圣迹述略》，《禅》1996年第3期。

　　③ 参见《赣东史迹》，抚州地区群众艺术馆、文物博物管理所编印1981年版，第112页。

　　④ 参见《正觉寺简介》。

　　⑤ 参见《祖堂集》卷一四、《景德传灯录》卷六、《江西马祖道一禅师语录》等。

　　⑥ 转引自《赣东寺庙》，中共抚州地委统战部《赣东寺庙》编委会编印1997年版，第30页。

　　⑦ 参见《赣东史迹》，第114页；《赣东寺庙》，第31页。

同情平民的"神仙"印象。

　　由于马祖离开临川以后到了龚公山，因此他在临川的时间下限和在龚公山的时间上限应该大致在同一期间。但是，关于他何时离开临川、何时到了龚公山，史料中也没有记载。对于这个问题，学者们作过种种推测，例如铃木哲雄认为马祖于公元765年住龚公山①，西口芳男认为马祖于至德二年（757）年左右在龚公山②，王荣国认为马祖于大历初年（766）已在龚公山③。其中西口芳男提出的时间最早，他根据《祖堂集》关于招提慧朗的生平记载④，推测慧朗受戒和投奔马祖的年代为至德二年。其实《祖堂集》的记载只说明慧朗是受戒以后才去虔州投奔马祖，而不一定是说他受戒以后马上就去了龚公山。一般来说僧人受戒之后继续在原地修持磨炼的情况更为常见，在这一点上慧朗和马祖的经历一样，未必会在受戒以后马上就远走高飞。如果是这样，则慧朗去虔州投奔马祖就可能是在他受戒若干年之后，与此相应，马祖在虔州龚公山的时间也应晚于至德二年。另外，根据唐技的《虔州龚公山西堂敕谥大觉禅师重建大宝光塔碑铭并序》，马祖的弟子西堂智藏"年二十三，首事大寂于临川西里山"⑤。智藏23岁时正当乾元三年（760），其时马祖尚在临川，与此相应，马祖离开临川和来到龚公山的时间也就不会早于这一年，至于具体的年代，如果参考铃木哲雄和王荣国的意见，很可能就在公元760—765年。而《祖堂集》中关于慧朗投奔马祖的记载，如果不作狭隘的理解，刚好也与唐技《碑铭》的说法相呼应。这样，从天宝二年开始，马祖在临川住留了大约20年时间。

　　在此期间，先后有超岸、慧藏、智藏等人前来投奔，马祖教团得到进一步的发展。其中智藏禅师后来成为马祖门下资历最老、地位最高的弟子之一。智藏出身赣南，马祖离开临川转移到赣南，很可能与智藏有关。

　　虔州或南康是马祖在江西期间的第二个传法基地，他当时住留的地点就在龚公山。龚公山至今犹在，今人多称"宝华山"，位于江西赣县田村镇境内，距赣州市区约70公里，唐代属虔州或南康郡，因而史料中称为"虔之龚公山"或"南康龚公山"。山下有一古刹，名曰"宝华寺"，当地传说为马祖创建。在马祖之后，西堂智藏继续在这里领众传法。

　　据说宝华寺建于公元746年，寺内四方竹原产四川，由马祖当年从四川带来，马祖同时还带了139个徒弟来到这里；马祖于天宝五年（746）到佛日峰（后名马祖岩），后至龚公山，与弟子结茅开山，修筑禅院，住留长达28年，于大历八年（773）转至洪州钟陵开元寺；贞元七年（791），西堂智藏由洪州来到这里，继马祖之后主持法席⑥。近代以来，该寺自抗日战争期间始香火中断，赣州私立幼幼中学迁入寺内办学，蒋经国兼任该校名誉校长，曾多次到过这里；20世纪70年代，寺内先后被用作敬老院、农业中学、知青

---

　　① 参见《唐五代禅宗史》，第378页。

　　② 参见西口芳男《馬祖の伝記》，《禅学研究》63，1984年，第128—129页。

　　③ 参见王荣国《马祖道一禅师的传法活动考论》，《马祖与中国禅宗文化学术研讨会论文集》，第45页。

　　④ 《祖堂集》卷四招提和尚章："师讳慧朗……年十三于邓林寺模禅师处出家，十七游衡岳，二十受戒，乃往虔州龚公山谒大寂……至元和十五年庚子岁正月二十二日迁化，春秋八十三。"

　　⑤ 李景云手稿本《赣县龚公山宝华古寺志》历代碑铭录部分。

　　⑥ 参见《赣县龚公山宝华古寺简介》。

林场等，"文化大革命"期间遭到破坏；自 1988 年始得恢复①。

宝华寺内如今保存有唐至明清时期的古迹多处，其中最古的是"大宝光塔"和刻有唐技《碑铭》的石碑。"大宝光塔"是西堂智藏舍利塔，因由玉石雕刻而成，当地俗称"玉石塔"，上有铭文。此塔最初建于元和十四年（819），长庆四年（824）由皇帝赐名"大宝光"，会昌五年（845）因唐武宗废佛而被毁，后于大中七年（853）重立。玉石塔为唐代遗物，"文化大革命"期间遭局部破坏，但大体完好。

刻有唐技《碑铭》的石碑今存宝华寺内，碑题全文为《虔州龚公山西堂敕谥大觉禅师重建大宝光塔碑铭并序》，刻立于北宋元丰二年（1079），比迄今学者们通常引用的清刻本《赣州府志》卷十六所载同一文献早出 800 年左右，而且文字亦有若干差别，例如上文所引西堂智藏"年二十三，首事大寂于临川西里山"，在清刻本中作"年十三，首事大寂于临川西里山"，一字之差，便可导致对智藏投奔马祖及马祖住留临川的年代判断相差十年之久。

另外，根据宋代的舆地资料以及赣南当地"先有马祖岩，后有宝华山"的传说，可知马祖入龚公山之前曾到过马祖岩。马祖岩位于今赣州市章贡区水东镇境内，山上岩洞据说为马祖修炼之处。此外，在今兴国县埠头镇至赣县吉埠镇之间有一河流名"平江"，距宝华山仅十华里左右，自古以来俗称"西江"，现在都是泥沙。西江之名古已有之，沿用至今，很可能就是马祖对庞居士所说的"西江"。西江水的泥沙浑浊恐怕亦非始于今日，设若如此，那么"一口吸尽西江水"的含义就不仅仅是"一口吞不下一条江水"那么简单了，而是或许还含有要人容得下世上无尽的浑浊的意思。

在南康期间，先后有怀海、自在、齐安、无等等人投奔马祖，其中怀海禅师后来成为马祖门下的重要弟子之一。可以想见，马祖教团在这一时期成熟壮大起来。

龚公山所在的虔州或南康一带是一个比较特殊的地方，这里远离当时政治文化中心的中原地区，属于比较贫瘠的偏远之地，但是由于靠近大庾岭，这里又是连接岭南和内地的交通要道。山高皇帝远，为马祖教团的发展提供了相对自由的空间；重要的战略地位，使得由朝廷派往这里的地方官员往往具有复杂的社会背景。根据史料记载，马祖在南康期间受到了当地官员的支持。例如权德舆在马祖的《塔铭》里说："刺史今河南尹裴公，久于禀奉，多所信向。"②《宋高僧传》说："郡守河东裴公，家奉正信，躬勤咨禀。"③ 这里提到的刺史或郡守裴公，是指曾任虔州刺史的裴谞。裴谞（719—793）于代宗、德宗时先后历任河东道租庸盐铁使、虔、饶、庐、亳诸州刺史、兵部侍郎、河南尹、东都副留守等职④。安史之乱时营救皇室数百人，后受代宗器重，因遭宰相元载排挤，于大历二年至大历五年（767—770）出任虔州刺史。裴谞在虔州任职期间，对于马祖多有亲近，显然对马祖在当地的传法事业提供了便利和支持。裴谞家族一方面是当时东都洛阳城里的显贵大户，父亲裴宽（681—755）曾任河南尹、户部尚书、礼部尚书，而且"弟兄多宦达，子

---

① 参见《赣县龚公山宝华古寺简介》以及李景云手稿本《赣县龚公山宝华古寺志》概述部分，第 8—9 页；历史沿革部分，第 18—20 页。

② 《全唐文》卷五〇一。

③ 《宋高僧传》卷十。

④ 参见《旧唐书》卷一二六、《新唐书》卷一三〇。

侄亦有名称"①；一方面裴家世代在江西有着深厚的根基，除了裴谞曾任虔州刺史外，裴宽的父亲曾任袁州刺史，裴宽的侄子、裴谞的堂兄弟裴胄（729—803）也曾担任过江西观察使，而且裴胄与马祖《塔铭》的作者权德舆也是好友②；此外，裴氏家族还有信佛的传统，裴宽"崇信释典，常与僧徒往来，焚香礼忏，老而弥笃"③，而裴谞除了亲近马祖之外，后来还因庇护犯法的僧人而被贬官，可见其信佛之深。由于具有如此背景的地方官的热情支持，便可为马祖在当地的传法提供有力的外护。

关于马祖在南康的年代，根据上文提到的乾元三年（760）马祖尚在临川的情况，可知他在南康的时间上限应在乾元三年以后，只是目前无从确定其具体年代；又根据史料中关于马祖后来被路嗣恭请到洪州，以及路嗣恭于大历七年（772）前后出任江西观察使的情况，可知马祖在南康的时间下限大致在大历七年。总之，马祖在南康度过了大约十年时光。在这一期间，马祖的传法事业获得巨大的发展，并开始得到地方官员的崇信与支持。

洪州是马祖在江西期间的第三个传法基地。据史料记载，马祖被路嗣恭以隆重的礼节请到洪州，住在开元寺④。洪州相当于今江西南昌及其周边一带，洪州城就在今日的南昌。南昌古名豫章，唐代先后名为豫章、钟陵、南昌，这里是唐代江西观察使的治所，也是江西地区的政治文化中心。开元寺位于今南昌市内，亦即当年的洪州城里，今名佑民寺，据说始建于南朝梁代，历史上先后名为大佛寺、开元寺、上蓝院、承天寺、能仁禅寺、永宁禅寺、佑清寺等，1930年重建时改为今名，"文化大革命"期间被完全废毁，80年代始得恢复⑤。开元寺与唐代各州设立的开元寺一样，乃是当地的官寺，马祖被请到这里，意味着他的禅法和教团得到了江西地区最高官府的认可与支持。不过，马祖在洪州期间并非一帆风顺，史料中关于他与洪州城大安寺主等讲僧交锋的记载⑥，表明当时洪州一带讲经之风盛行，马祖在洪州遇到讲僧的抵制，但是最终占了上风。这一期间又有更多弟子投奔马祖门下，如普愿、怀晖、智藏（京兆）、灵默、太毓等，马祖教团的发展臻于巅峰。

另外，史料中提到马祖去世前不久到过石门山，去世以后，他的塔庙就安置在那里⑦。石门山又名宝峰山，位于今南昌附近靖安县宝峰镇境内，距南昌市区约70公里，当地有宝峰寺，马祖舍利塔就在寺内。该塔于"文化大革命"期间被毁，埋藏地下的马祖舍利石函亦被挖出。石函铭文记录了马祖去世的年代⑧，是为权德舆《塔铭》之外确定马祖卒年的又一重要依据。现在的马祖塔为1993年重建，石函原物大概收藏在靖安县博物馆内。据说宝峰寺始建于天宝年间，原名泐潭寺、法林寺，大中四年（850）更名宝峰

①　《旧唐书》卷一〇〇。

②　参见《旧唐书》卷一四八、《新唐书》卷一六五权德舆本传。

③　《旧唐书》卷一〇〇。

④　参见权德舆《塔铭》、《宋高僧传》卷十、《景德传灯录》卷六、《江西马祖道一禅师语录》等。

⑤　参见何明栋的《述略》一文。

⑥　参见《祖堂集》卷十四。

⑦　参见权德舆《塔铭》、《祖堂集》卷十四、《宋高僧传》卷十、《景德传灯录》卷六、《江西马祖道一禅师语录》等。

⑧　原文参见陈柏泉《江西出土墓志选编》，江西教育出版社1991年版，第3页。本资料由王荣国教授提供，特此申谢。

寺；马祖生前曾到这里，马祖去世以后，百丈怀海守塔而居，继续领众；以后宝峰寺一直香火不断，至宋代更有空前发展，名僧辈出，成为当时著名的禅宗据点；抗日战争时期曾遭洗劫破坏，至"文化大革命"期间彻底被毁，90 年代得到重新恢复①。除了石门山宝峰寺以外，在南昌周围地区还有其他传说马祖到过的地方，由此可以想象马祖在洪州期间的活动范围很可能涉及洪州周边的诸多地方。

马祖在洪州期间与当地的地方官有过较多的接触，继路嗣恭之后，先后有鲍防、李兼（或作李谦）、权德舆等地方官员，都是亲近马祖的信奉者和支持者。其中路嗣恭（711—781）是一位敢作敢为的官员，例如他曾任关内副元帅郭子仪副使，知朔方节度营田押诸蕃部落等使，在任上杀掉了拥兵自重不服调遣的大将孙守亮，威震全军；到江西上任伊始，便杀掉了先为鱼朝恩手下的酷吏、后来又受到宰相元载庇护而为百姓痛恨的贾明观；后来兼任岭南节度使期间，率兵平定岭南将领哥舒晃的叛乱，斩叛军万余人，并诛宿奸者及商舶之人，私吞被杀商人家财百万贯②。路嗣恭自大历七年（772）前后至大历八年（773）十月期间任江西观察使，延请马祖到洪州就在这一期间。他大张旗鼓地把马祖请到洪州，恐怕与其果敢独断的作风不无关系。又路嗣恭的次子路恕以参与平定岭南叛乱之功，30 岁即任怀州刺史，以后历任京兆少尹、监门卫大将军、吉州刺史等，死后追赠洪州都督③，由此可见路氏父子在江西有着深厚的根基。另外，《宋高僧传》中提到的那位撰写马祖碑文的包佶也是路恕的朋友④，在代宗、德宗时期历任汴东、江淮等地水运、两税、盐铁使，负责财务之职。包佶虽然不在江西，但是与路恕关系密切，史书上说"恕私第有佳林园，自贞元初（785）李纾、包佶辈迄于元和末（820），仅四十年，朝之名卿，咸从之游，高歌纵饮，不屑外虑"⑤。大概由于路氏家族的影响，于是包佶和马祖也有过某种关系。

据史料记载，"建中中有诏僧如所隶，将归旧壤，元戎鲍公密留不遣"⑥。这位拒不执行诏谕而将马祖秘密留在洪州的"元戎鲍公"就是鲍防。鲍防（722—790）出身贫寒，通过科举步入仕途，先后担任过太原节度使、御史大夫、福建观察使、江西观察使、礼部侍郎等职。大概由于他在太原期间曾主持军事，所以被称为"元戎"。建中元年（780）四月由福建观察使转为洪州刺史、江西团练观察使⑦，建中三年（782）历任还京⑧，可见他在江西任职大约三年（780—782），与马祖的接触就在这一期间。鲍防与佛教的关系，史书没有记载，关于"建中中有诏，僧如所隶"的背景和经过，今也不得其详，但是鲍

---

① 参见《宝峰山志》，（香港）中华佛教出版社 2004 年版，第 6—10 页。

② 参见《旧唐书》卷一二二、《新唐书》卷一三八。

③ 同上。

④ 关于包佶的传记，见《新唐书》卷一四九。有的禅宗史著作将包佶与贺知章等一并被称为"吴中四士"（参见杜继文、魏道儒《中国禅宗通史》，江苏古籍出版社 1993 年版，第 320 页）。据《新唐书》卷一四九："佶字幼正，润州延陵人。父融，集贤院学士，与贺知章、张旭、张虚若有名当时，号吴中四士。"贺知章生于 659 年，卒于 744 年，包佶乃活跃于代宗、德宗朝，当公元 762—805 年间，然知与贺知章齐名者应为包佶之父包融。

⑤ 《旧唐书》卷一二二、《新唐书》卷一三八。

⑥ 《宋高僧传》卷十。

⑦ 参见《旧唐书》德宗本纪上。

⑧ 参见傅璇琮主编《唐才子传》第 1 册，中华书局 1987 年版，第 498 页。

防秘密保护马祖的举动，恐怕既与他敢于自作主张的一贯作风①有关，同时也体现了这位出身寒门的官员对于平民化的马祖禅的本能认同。

又据权德舆的《塔铭》，还有一位江西的地方官"成纪李公""勤护法之诚，承最后之说"；《宋高僧传》也提到有"陇西李公"对马祖"素所钦承"。这位李公，史书中作李兼或李谦，于贞元元年四月出任洪州刺史兼江西观察使②，其时已是马祖的晚年，但从《宋高僧传》的记载来看，他与马祖的交往或许更早。又据他和当时的建昌县令李启等人所作的《马祖舍利石函铭文》，可知他于贞元七年（791）还在洪州刺史任上，当时参与或主持了马祖塔的建设。无论如何，李兼是马祖晚年最后一位护持马祖的江西地方官员。

另外，在李兼任职洪州期间，马祖《塔铭》的作者权德舆刚好也在李兼府内供职，担任判官。权德舆（759—818）的父亲于安史之乱时举家迁移洪州③，权德舆的青少年时期就是在洪州度过的。他在马祖《碑铭》里自谓"尝游大师之藩"，"往因稽首，粗获击蒙。虽飞鸟在空，莫知近远，而法云覆物，已被清凉"。根据这个记述，他可能很早就曾亲近马祖学佛问道。后来他又在为马祖弟子怀晖禅师所作的《碑铭》里自述"三十年前尝闻道于大寂"。怀晖卒于元和十年（815），权德舆的《碑铭》作于是年，则三十年前刚好是贞元二年（786），其时已为马祖晚年，而权德舆也在洪州任职。

自路嗣恭出任江西至马祖去世前后，先后担任洪州刺史（包括兼任江西观察使者）的江西地方官员共有8人，而仅见于史料记载的即有近半数者与马祖有过亲近关系。地方官员的热情支持，显然是马祖及其教团得以在洪州发展的一项重要原因。

马祖自大历七年（772）来到南昌，至贞元四年（788）去世，在洪州度过了他生涯中最后的大约16年时光。

二　马祖禅及其时代

马祖在中国禅宗史上是继六祖慧能之后最卓越的宗教领袖人物，对禅宗的发展作出了多方面的重大贡献。在禅学思想方面，他提倡"即心即佛"、"非心非佛"、"平常心是道"等几大主张，将佛教的唯心论和彻底的空观圆满地结合起来，更加清楚地指明了觉悟解脱的依据就在现实的人心，而心本身又是空，不可执著；与此相应，修行实践也不需要抱定某种异常的心态和脱离正常的生活，而应当保持平常的心态或者在平常日用中进行。这些教义主张虽然并不都是马祖的发明④，其中大部分可以在以往的佛教中找到张本，但它确实是在马祖那里才被明确化而成为鲜明的旗帜，并且给后来的禅宗以深远的影响。在禅的实践方面，马祖一方面强调实践体验，明确反对当时佛教中流行的讲经论、重义解的空谈

---

　　①　例如他曾在任职太原期间对进犯的回纥军盲目出击，后来贞元元年策试时又对穆质加以提拔（参见新旧两《唐书》本传）。

　　②　权德舆的《塔铭》说："贞元元年，成纪李公以侍极司宪，临长是邦。"《旧唐书》卷十二德宗本纪说："贞元元年……夏四月……鄂岳观察使李谦为洪州刺史、江西都团练观察使。"

　　③　参见《旧唐书》卷一四八、《新唐书》卷一六五。

　　④　例如关于即心即佛与非心非佛的观点，铃木哲雄列举了马祖以前和马祖以后诸多禅师的约40条用例（参见铃木哲雄《唐五代禅宗史》，山喜房佛书林1997年版，第383—389页），可见这种观点是当时禅门中广泛流行的思潮。

风气,《祖堂集》的马祖传里用了大部分篇幅记述马祖及其弟子反对讲经讲论的事例,就
是此类明证;另一方面,马祖也反对凝心入定式的禅修方法,而将禅的实践融汇到日常生
活当中,利用日常生活中的各种场合作为禅悟的契机,从而使禅的修行实践变得灵活多
样,不拘一格。禅宗虽然历来是佛教中的实践派,但是明确地反对讲经论、求义解,强调
佛法的实践性,以及在实践上切切实实地把禅的修行融入日常生活,都是从马祖开始的。
在教团建设方面,马祖以远离当时政治文化中心的江西地方为根据地,依托于当地的官民
支持,建立起庞大的教团组织。在马祖的影响下,江西一带自中唐时代起便成为整个中国
佛教的一大重镇。马祖教团的形成,不仅使慧能以来的南宗势力获得了空前的发展壮大,
而且为马祖以后南宗势力向全国的扩展提供了切实的组织保障。可以说,如果没有马祖教
团,便根本无法想象中晚唐时代会形成南宗的势力覆盖全国的局面。由于马祖从诸多方面
给禅宗的发展以巨大的影响,以至于有的学者认为中国禅宗的真正形成是从马祖开
始的[1]。

　　马祖生当由盛唐向中唐过渡的时代,无论是作为思想学说、实践方式还是作为教团组
织的马祖禅,它的出现并非独立孤起的现象,而是与当时社会文化发展变迁的大趋势相呼
应的。经过安史之乱以后,唐王朝中央政权的势力大为削弱,而地方势力相应地增强。马
祖所在的江西地方,虽然不像北方由强悍的节度使控制的地区那样可以无视朝廷的号令,
但是毕竟地处偏远,加上朝廷的相对软弱和地方大员的自主专断,于是才为马祖门下形成
庞大的教团组织提供了有利条件。可以说,若没有朝廷的软弱,便不会有地方大员的专
断;若没有地方大员的专断,马祖教团便不会得到本地官府的保护和支持。因此,马祖及
其教团在江西的发展,虽然具有个人际遇的偶然性,但是这种个人际遇却是在当时整个社
会政治格局变化的大背景下发生的具体一幕。

　　马祖禅虽然得到地方官员的保护和支持,但是马祖本人既不曾到过当时政治文化中心
的中原地区,也没有和当时的朝廷及中心佛教势力发生瓜葛,而是以偏远的江西作为传法
根据地,依靠包括地方官府在内的各种地缘关系,最终形成具有全国影响的一大宗派。马
祖禅曾经受到南阳慧忠国师的抨击[2],他们的禅学分歧,从某种意义上也可以说体现了贴
近朝廷的中心佛教势力与远离朝廷的地方佛教之间的分歧。马祖门下的弟子中虽然也有个
别人受到朝廷的尊重,但是大多数分散在南方各地传法,保持了马祖的作风。还有一些弟
子为了"选佛"而放弃仕途投奔到马祖门下,如丹霞和尚和庞居士就是此类典型[3];至于
汾阳无业禅师更是到处躲避官府的纠缠,并且明言"亲近国王大臣,非予志也"[4]。很明
显,马祖禅反对那种注重经论义解的贵族化佛教,与朝廷和中心佛教势力保持距离,以远
离当时政治文化中心的南方地区作为传法根据地,在总体上保持了慧能以来南宗禅的地方
性佛教特征[5]。

　　另外,唐代的科举制度为庶族出身的士人进入上流社会提供了更多的机会,到了中唐
时期,庶族出身的士人已经成为对当时的文化有广泛影响的社会阶层。与此相应,中唐时

---

① 参见柳田圣山《馬祖禅の諸問題》、入矢义高《馬祖の語録》序。
② 参见《景德传灯录》卷二八《南阳慧忠国师语》。
③ 参见《祖堂集》卷四。
④ 《宋高僧传》卷一一。
⑤ 关于慧能南宗的地方性,可参见拙文《南宗禅的地方性》,载《世界宗教研究》2005 年第 1 期。

期的文化也出现显著的变化，贵族文化衰落，世俗文化兴起①。佛教亦不例外，以往那种烦琐复杂的教义学说和实践方法越来越没有市场，而简明扼要的教义体系和简便易行的实践方式则受到雅俗各阶层人士的欢迎。马祖禅的教义和实践方式正是这样一种更平民化的宗教体系，与贵族化的佛教相反，其中凝聚着容易引起那些不靠门阀出身而靠自己努力、通过科举的途径开辟自己政治前途的新兴士大夫们共鸣的因素②。当时的江西虽然属于偏远落后的地区，但是"自中原多故，贤士大夫以三江五湖为家"③，由安史之乱所导致的士人南迁，同时也伴随着文化上的地域转移，因而世俗文化的风潮也不可避免地渗透到江西地区。正是在这样的背景下，那些庶族出身的士大夫遇到了世俗化的马祖禅，双方一拍即合，马祖禅成了用佛家语说寒门事的宗教，再加上它贴近平民的特性，于是便获得了广泛的社会认同。

三　马祖语录的编纂及马祖研究

马祖语录何时开始编纂，今已无从详考。《祖堂集》中载有马祖弟子东寺如会所说的下面一段话，其中透露出一些关于马祖语录编纂的最初消息：

> 每曰："自大寂禅师去世，常病好事者录其语本，不能遗筌领意，认即心即佛，外无别说，曾不师于先匠，只徇影迹。且佛于何住，而曰即心，心如画师，贬佛甚矣。"④

从东寺如会的议论可知，在马祖去世之后，即有"好事者"将马祖的言论记录下来，而其内容主要是关于"即心即佛"的说法。在东寺如会看来，那些关于"即心即佛"说的语录，只不过是马祖留下的"影迹"，而非马祖禅的精神实质；而且佛是无限的，并不只限于心，"心如画师"，它是能动不拘的，因此如果只说"即心即佛"的话，那就是对佛的贬低。如会虽然没有明言"好事者"是谁，但是一般来说，只有那些可以经常接触马祖、对马祖的教诲耳熟能详的弟子，才有条件将马祖生前的言论记录下来，因此如会所说的"好事者"，很可能就是指马祖的一部分弟子。至于这些弟子是谁，今已无从知晓。

与如会所说的情况相应，在现存马祖弟子的语录中，可以看到他们对马祖言论的引用或评论，例如南泉普愿的语录里就反复引用马祖"不是心，不是佛，不是物"的说法，在百丈怀海的语录里则有对马祖"即心即佛"说和"非心非佛"说的评语。另外，在马祖禅系以外的禅师语录或著作中，也可以看到他们对马祖观点的评述，例如南阳慧忠的语录里有对"即心是佛"说的批评，宗密的著作里有对洪州宗观点的综述和评论，等等。这种情况表明，在马祖去世以后，其生前的言论不仅在弟子当中广为传诵，而且受到当时禅门的高度关注。在这样的条件下，如会所谓有"好事者"编纂马祖的语录，应当并非

---

①　关于中唐时期门阀世族与庶民阶层的地位变迁以及相应的文化转变，可参见那波利贞《唐代に於ける士大夫階級と庶民階級とに就きて》一文（那波利贞《唐代社会文化史研究》，创文社 1974 年版）。

②　参见西胁常记《権徳輿とその周辺》，《唐代の思想と文化》，创文社 2000 年版，第 101—102 页、107 页。

③　穆员：《鲍防碑》，《全唐文》卷七八三。

④　《祖堂集》卷一五东寺章。

虚言。除此之外，在唐人撰写的碑铭文字中也有一些关于马祖言行的记载。

就目前所能见到的范围而言，关于马祖言论的最早记载都比较零散，如上面提到的南泉普愿和百丈怀海的语录中引用的马祖言论，均为只言片语。除此之外，还有将马祖思想的要点加以概括综述的记载，其中最早的见于权德舆的《洪州开元寺石门道一禅师塔碑铭并序》和《唐故章敬寺百岩大师碑铭并序》。二文中的相关记载分别如下：

> 大抵去三以就一，舍权以趣实，示不迁不染之性，无差别次第之门。尝曰：佛不远人，即心而证，法无所摄，触境皆如，岂在多歧以泥学者？故夸父吃诟，求之愈疏，而金刚醍醐，正在方寸。

> 禅宗长老百岩大师之师曰大寂禅师，传佛语心法，始自达摩，至于慧能之化行于南服，流于天下，大抵以五蕴、九识、十八界皆空，犹镜之明也，虽万象毕呈，而光性无累，心之虚也，虽三际不住，而觉观湛然。得于此者，即凡成圣，不然一尘瞥起，六入胶固，循环回复于生死之中，风涛火轮，迷妄不息。

不难看出，权德舆记述的马祖思想要点在于"即心即佛"的说法。继权德舆之后，在宗密的《禅源诸诠集都序》、《中华传心地禅门师资承袭图》、《圆觉经大疏钞》等著作里，对以马祖为代表的"洪州宗"的主张也作了概括性综述，其要点还是侧重于"触类是道而任心"的说法。

总之，在马祖去世后的几十年内，已经有马祖语录的编纂，但是这些语录没有保存下来，所以现在已经无法了解当时编纂的马祖语录是什么样子。除此之外，至今保存下来的当时关于马祖言论及观点的记载，分别见于马祖弟子以及其他禅师的语录和著作当中，这些记载大多只是零散的片段，而稍有系统的记载并非马祖语句的实录，而是综合要点的转述。

现存最早而又成系统的马祖语录是《祖堂集》卷十四的"江西马祖"章。此书由五代时期的静、筠二僧编著，完成于南唐保大十年（952），是现存最早的禅宗灯史。其中的"江西马祖"章共约3000字，内容主要是马祖的对话记录，比起以往的马祖言论记载有了大量增加，如果再加上散见于其他章节里的马祖对话，则书中所记马祖语录更为详备。

大约与《祖堂集》同时，永明延寿（904—975）的《宗镜录》里也有马祖的言论记载。据说《宗镜录》的初稿完成于延寿住持雪窦寺期间（952—960），最后定稿于他住持永明寺（即今杭州净慈寺）期间（961—975）[1]，可见此书的编纂与《祖堂集》差不多同时，而完成的时间比《祖堂集》略晚。《宗镜录》本着"举一心为宗，照万法如镜"的宗旨，旁征博引佛教经典和祖师法语，融汇佛教的各种学说。书中卷一、十四、四十九、九十二、九十七、九十八中分别有马祖语句的引用，此类内容约合1500字，虽然零散而无系统，但也是迄时为止除《祖堂集》以外记录马祖语句最多的文献，而且其中有些马祖言论不见于其他灯史资料。

《祖堂集》和《宗镜录》都是在马祖去世一个半世纪以后才编辑成书的，二书内容虽然不同，但是都收录有马祖的语句。这种情况表明，当时很可能有某种形式的马祖语录流传于世，于是二书的编者才得以或引用马祖的语句，或将其纳入新编的禅宗灯史。不过，

---

[1] 参见门净法师《净宗六祖延寿大师》一文。

现在已经无从知晓他们当时依据的究竟是怎样的马祖语录资料了。

继《祖堂集》之后，宋代陆续有多部禅宗灯史出现，其中大部分也有马祖语录的记载，如道原的《景德传灯录》、李遵勖的《天圣广灯录》、悟明的《联灯会要》，以及普济的《五灯会元》，等等。就这几部灯录的成书年代来说，《景德传灯录》成书于景德元年（1004），《天圣广灯录》成书于天圣年间（1023—1032），《联灯会要》约成书于淳熙十年（1183），《五灯会元》成书于淳祐十二年（1252），前两部是北宋时代的作品，后两部完成于南宋。就这几部灯录中记载的马祖语录来说，《景德传灯录》最详，《天圣广灯录》和《联灯会要》稍简，但是其中有一些不见于其他文献的记载，《五灯会元》与《景德传灯录》大致相同。相对而言，由于《景德传灯录》的成书时间较早，而所收马祖语录又比较详备，所以其中的马祖语录在宋代编著的禅宗灯史中价值最高；《天圣广灯录》和《联灯会要》由于收录了一些不同于其他文献的马祖语句，因而也有一定的参考价值。

在宋代编辑的马祖语录中，除了见于禅宗灯史者外，还有一部《江西马祖道一禅师语录》。这部马祖语录约有5000字，它在历史上的各种马祖语录当中是收集马祖言论最全的一部。目前常见的这部马祖语录的版本有两种：一个收录在《卍续藏经》第119册，又名《马祖道一禅师广录》；另一个收录在《四家语录》当中。根据《卍续藏经》将这部语录作为一个独立成篇的文献加以收录的情况来看，可以推测此书或许曾有单行本传世。不过《卍续藏经》中没有记载这个语录的编辑者，也没有说明这个语录原来是什么样的本子。《四家语录》共有六卷，汇集了马祖道一、百丈怀海、黄檗希运、临济义玄等四位唐代禅师的语录，其中的第一卷即为《江西马祖道一禅师语录》。根据明代复刻本《四家语录》的序文，可以得知有关此书成立经过的一些情况。

明代复刻本的《四家语录》附有北宋杨杰的序文，题名《马祖百丈黄檗临济四家语录序》，文中提到"积翠老南，从头点检，字字审的，句句不差"①。从杨杰序文的题名可知此书原名《马祖百丈黄檗临济四家语录》；又根据杨序中"积翠老南，从头点检"的说法，可知此书的编者系"积翠老南"。这位"积翠老南"就是黄龙慧南禅师（1002—1069）。"积翠"是指积翠庵，乃慧南禅师入黄龙山之前的住处。"老南"是相对于庐山小汉晓南禅师而言，因慧南辈分为高，故在当时丛林中被称为"老南"。杨杰的序文作于宋神宗元丰八年（1085），可知此书应完成于元丰年间（1078—1085）。这样，我们现在可以知道《四家语录》中的马祖语录经过了黄龙慧南的编辑，而编辑完成的时间是在北宋元丰年间，比上述《景德传灯录》和《天圣广灯录》的成书时间稍晚。

不过，宋代原版的《四家语录》今已无存，目前所能见到的是日本江户时代复刻的明代复刻本。根据这个刻本中的唐鹤征所作《四家语录序》，可知当初的明本《四家语录》系由"东安解君静山宁"捐资复刻宋本而成。这个复刻本中除了有唐鹤征的序之外，还有释传正所作的《读四家语录引》，并保存了杨杰的序文。唐鹤征乃唐顺之（1507—1560）之子，明穆宗隆庆五年（1571）年进士，历任太常卿，继承家学，以博学闻名②。正传的引文作于明神宗万历三十五年（1607），由此可知明代复刻本大约刊刻于万历年间。明代复刻本后来流传到日本，庆安戊子（1648）年，由长崎的一位佛教信徒隐峰将

---

① 柳田圣山主编《禅学丛书》之三《四家语录·五家语录》，中文出版社1983年版，第1页。"点检"，原作"点捡"，今校改。

② 参见《明史》卷二〇五。

此书奉献出来加以复刻，于是始有此书的和刻本。1973 年，柳田圣山将这个和刻本编入《禅学丛书之三》，题名《四家语录·五家语录》，由中文出版社影印出版。由于这个和刻本的保存，现在得以了解宋代《四家语录》的面貌，并得以判明其中的马祖语录经过了黄龙慧南的编订。

这部和刻本《四家语录》的卷四收录了《筠州黄檗山断际禅师传心法要》，其中保留了黄檗语录原编者裴休的序和署名。根据这个情况可知，在《四家语录》成书之前，马祖、百丈、黄檗、临济等人的语录已经有人分别编辑，经过黄龙慧南之手，这些原来分散的四家语录被合为一册。如果是这样，那就意味着在黄龙慧南之前已经有人编辑了一部比较完备的马祖语录，但是现在既无法得知这部马祖语录最初的编辑者究竟是谁，也不清楚黄龙慧南在编辑时对它是否作过改动。

继《四家语录》之后，在《古尊宿语录》一书里也有马祖语录的记载。《古尊宿语录》也是一部禅宗祖师的语录集，最初由南宋绍兴初年（1131）福州鼓山赜藏主汇集唐宋时代 20 位禅师的语录而成，共 4 卷，题名《古尊宿语要》。淳熙五年（1178），鼓山德最在其卷首加写略序，不久后鼓山晦室又出版了《续开古尊宿语要》6 卷。至咸淳三年（1267），觉心居士捐资重刻，又在原 20 家语录的基础上增补了 8 家。到此时为止，马祖的语录并不在《古尊宿语录》之内。最后到了明永乐十一年（1413）《古尊宿语录》入藏之时又增补了怀让、马祖等 9 家语录，合计 48 卷。《古尊宿语录》从最初的 4 卷本扩充到最后的 48 卷本，其间经过了多次增补，马祖语录究竟是在什么时候被增补进去的，现在已经难以详知，目前仅知道明代永乐南藏本和万历径山藏本的《古尊宿语录》均为 48 卷，其中的第一卷都收录了马祖的语录。目前国内读者比较容易见到的是由上海古籍出版社 1991 年影印出版的明万历四十五年刊刻的径山藏本《古尊宿语录》。

除了上面介绍的资料以外，自宋代至明清时期编纂的各种禅宗资料中还有很多记载马祖言论的文献，但是其中记载的内容基本上没有超出上述资料的范围，因此这里就不一一列举了。

从以上介绍可知，马祖的言论在历史上被分别记录在各种不同的文献当中，其中那些只言片语的记录显得非常零散，而比较系统的记录又大多内容重复，于是有的现代学者便试图将这些分散的马祖语录汇集起来，同时去除其重复的部分。最早从事这项工作的是日本学者，例如宇井伯寿在 1940 年新编了一篇《马祖语录》①，内容系从《祖堂集》、《景德传灯录》、《古尊宿语录》等文献抽选而成，合计约 2400 字。1985 年，禅文化研究所出版了入矢义高主编的《马祖的语录》（日文书名为《馬祖の語録》）。该书以和刻本《四家语录》中的马祖语录为底本，另外又从《祖堂集》、《景德传灯录》、《宗镜录》、《天圣广灯录》、《联灯会要》等资料中抽选出有别于《四家语录》的相关内容，以《补遗》的形式补充在《四家语录》的马祖语录之后，于是构成迄今为止收集马祖言论最为完备的马祖语录单行本。在当时还没有电子检索的条件下，入矢本将以往各种文献中的马祖语录资料搜罗殆尽，就是在今天看来，也不能不令人由衷地佩服。入矢本被称为"昭和马祖广录"，的确并非过誉。此外，入矢本还附有马祖语录的注释及现代语译（日文），它是迄今为止唯一一部马祖语录的译注本。当然，入矢本也不是完美无缺，其不足之处主要有三：一是在辑录的内容方面，没有收录宗密以及唐人碑铭文字中关于马祖言论的记载，这

---

① 见《第二禅宗史研究》，岩波书店 1990 年版，第 523—531 页。

不能不说是一个缺憾；二是在注释方面，由于该书由多人分担完成，因此注释的水准参差不一，有些应当加以解释的地方未作注释，有的注释不够详尽；三是书中有较多的错字误字。不过瑕不掩瑜，尽管有一些缺点，入矢本依然是到目前为止最有价值的马祖语录版本。

在借鉴既有研究成果的基础上，笔者最近完成了一部新的马祖语录注释，希望把马祖的资料收集得更为完备，注释解说也更为周到和准确，但是一定还有遗漏和缺点。

最后，关于马祖的研究，是中日学者都很关心的课题。中国学者一般只注重对马祖禅思想的解释，而很少关注相关史实的探讨，总的来说是多议论而少实证，在有关史实的把握上或是囫囵吞枣，或是错误百出；日本学者相对来说更注重史实的细密检讨，但是基本上只限于文献史料的考证，而没有通过遗迹调查掌握相关的实物资料，从而限制了研究的视野；而中日两国学者都缺乏的是对相关历史遗迹的实地调查。在这一研究领域，马祖禅的文本解释、文献考证和遗迹调查，三者不可或缺。文本解释是把握马祖禅思想的基础，文献考证是把握马祖经历的重要途径，遗迹调查是了解马祖经历及其实际影响的重要手段。在目前的马祖研究中，讨论马祖禅思想的论著可谓多如牛毛，其中很多在内容上大同小异，还有一些过于玄学化的解释，真正立足于可靠的文本解释的作品并不多见；关于马祖经历的研究是最薄弱的环节，许多关于马祖的论著对马祖的经历只是一带而过，其中往往还有以讹传讹的成分，由于马祖的经历不详，因而对于马祖禅思想的解释也就严重地失去历史感，显得空洞乏味，甚至流于任意的发挥和空论。关于马祖经历的研究，在受到文献史料限制的情况下，就更需要辅以实地调查。将实地调查的资料与历史文献的记载结合起来，不仅可以更完整准确地把握马祖的生平经历，而且可以具体地了解马祖在各个地方造成的影响，其中后者并非只是马祖当时一时一事的历史陈迹，而是在相关各地的历史上长期带着马祖烙印的"马祖文化"现象，有的直到今天还对当地的人们发生影响。如此说来，所谓马祖研究绝非仅仅限于马祖本人的思想学说，而是还包括马祖的生前身后、左右周围，思想学说仅仅是宗教的一个方面而已，因此在马祖研究的场合，举凡历史上与他有关的方方面面都应当列入考察的范围之内。从这样的观点来看，目前已有的马祖研究涉及的层面还很狭窄，在这一研究领域还有许多有待开垦的地带，例如关于马祖教团的详细情况，以及散在各地的与马祖相关的历史文化，都是今后需要着力探讨的课题。

邢东风，男，1959 年 4 月生，哲学博士。现为日本爱媛大学法学部教授。

中国禅学　第五卷
2010 年，第 359—375 页

马祖道一丛林建设及其现代意义

温金玉

内容提要　禅居方式的变革来自两个方面的压力，从外部来说，禅僧行无踪迹，动无彰记，随其所止，游化为务，这不仅使僧人弘化难以展开，极大地限定了佛教的教化之功，同时这样的生存方式更成为社会稳定之隐患，引起当政者的高度警觉；从内部说，隋唐之时，禅僧皆寄居律院，其修持理念行事多与法制不合，既不得别住，而龃龉时生，甚觉不宜。加之，师徒之间单传心法，秘不示人，禅修者失去大众交流、薰习增长的氛围。马祖乃"合众以成丛林，清规以安禅"，由是宗门益盛，转化无穷。所以马祖丛林建设实是中国传统社会对佛教僧团适应性之要求与中国佛教内部矛盾变革的双重结果，体现了一定的历史必然性。

关键词　马祖道一　洪州禅　丛林　禅居

在波澜壮阔的中国禅宗史上，马祖道一及其门下所开演的洪州禅可以说是最为扣人心弦的一浪。马祖一脉以"平常心是道"为旗帜，在修行宗旨上将六祖慧能以来所倡导的于境上无念、无著的思想真正落实为"即心即佛"的无修之修；在授徒传法方式上更是惊世骇俗，以喝、打、竖拂、画地等方式随机开示接引，将破除言相、截断情解的理念推向极致，其流风余韵令日后禅门弟子呵佛骂祖，棒喝交加，史家评其宗风为机锋峻峭，大机大用，卷舒擒纵，杀活自如。马祖系凭此独特的修行理念与修持方式，法海横流，枝叶繁荣，中国禅宗至此而大盛。

然而，透过后世灯录给我们展示出中国禅宗史上马祖一系的辉煌，我们是否可从繁华的背后去寻觅中国佛教的曲折发展脉络，马祖道一所创立的禅居模式为什么会成为一个成功案例？它是如何来处理禅林与当时社会的关系的？又是如何协调僧团内部的不适与矛盾的？从达摩禅法初传到一花开五叶再至五家七宗的蔓延，马祖禅充当了怎样的一个环节？从佛教弘化制度的层面应如何来为马祖的丛林兴建定位？成功的马祖禅系为我们今天的佛教僧团建设又有着什么样的启示意义？

一　马祖生平及丛林兴建略述

马祖（709—788），名道一，俗姓马，禅林尊为马祖。汉州什邡（今四川什邡市）人，其出生地即是现今被称为马祖村的地方，后人为纪念他，于此建有马祖寺。其生卒年有二说，一是依《全唐文》中权德舆所撰《唐故洪州开元寺石门道一禅师塔铭》所说马祖圆寂日为："贞元二年四月庚辰，春秋八十，夏腊六十。"① 如此其生卒年是公元 707—786 年。一是依《宋高僧传》记载"至戊辰岁，举措如常，而请淋浴讫，俨然加趺归寂。享年八十，僧腊五十。"② 这样生卒年即是公元 709—788 年。陈垣先生在《释氏疑年录》中考证应是公元 709—788 年。③ 马祖容貌奇伟，传记说其"生而凝重，虎视牛行，舌过鼻准，足文大字。"④ 他幼年依资州"唐和尚"处寂门下出家，从渝州圆律师受具戒。后闻六祖慧能弟子怀让在南岳衡山般若寺开演顿法，遂于开元年间，至南岳就怀让习曹溪禅法，言下领旨，密受心法。在《祖堂集》卷三、《景德传灯录》卷五、《宋高僧传·怀让传》等多种僧传与灯录中皆记载了"磨砖作镜"的悟道因缘。道一于怀让处侍奉十年，潜心学法，一直至开元、天宝之际，才离开南岳。初止于建阳（今福建省建阳县）之佛迹岭，未久，迁至临川之西里山与虔州龚公山。大历年间（766—779），北上洪州（州治在今江西南昌），驻锡开元寺，是时学者云集，化缘大盛。贞元四年（788）正月，登建昌（今江西靖安县）石门山，经行林中托付后事，于二月四日示寂，世寿八十，塔葬于建昌石门山泐潭寺（今宝峰禅寺）侧。道一的言行，后人辑有《马祖道一禅师语录》（又称《大寂禅师语录》，收入《古尊宿语录》卷一）、《马祖道一禅师广录》（收入《四家语录》卷一）各一卷。

《祖堂集》说马祖："说法住世四十余年，玄徒千有余众。"⑤ 在这漫长的弘法岁月里，各僧传记载其行履所至，皆聚徒说法，创建丛林，开辟了一处处弘法道场。禅林中至今留有"马祖创丛林，百丈立清规"的传说。有学者说虽对"马祖大师在江西有 48 座道场"之称颂无法一一对应考证，但以地方志书及碑刻塔墓，"迄今查实马祖行履所至南及赣县，北到都昌，东抵安仁（今余江），西达万载，可谓是遍及全省。然而由于历史长久，至今保存或是有遗迹可考的马祖大师圣迹只有 28 处。"⑥ 由此可以看出，马祖在禅法的弘化方面主要心力是放在丛林的建立上。依据记载，马祖除在未参怀让前便在四川简州长松山（明月山）上建有长松寺外，⑦ 主要的业绩是在福建建阳佛迹岭，江西临川西里山、龚公山以及洪州开元寺所建道场。我们谨作一个简单梳理。

福建建阳佛迹岭：又称为佛迹岩。马祖从怀让处悟道后，并未先至江西，而是进入福建，"肇化"于建阳佛迹岭。《景德传灯录》记载"始自建阳佛迹岭，迁至临川，次至南唐龚公山"。⑧《宋高僧传》也说道一"肇化建阳佛迹岩聚徒"。⑨ 当时吸引了不少僧人前往参学，《宋高僧传》中列名的就有志贤、明觉、道通等人，有学者指出："道一禅师在建阳弘法实现了南岳怀让禅系向全国拓展的开始，预示着南岳禅系第一个辐射

---

① 《全唐文》卷五百零一。
② 《宋高僧传》卷十《道一传》，中华书局 1987 年版，第 222 页。
③ 陈垣：《释氏疑年录》，中华书局 1988 年版，第 126 页。
④ 《宋高僧传》卷十《道一传》，第 221 页。
⑤ 《祖堂集》，张华点校，中州古籍出版社 2001 年版，第 472 页。
⑥ 何明栋：《马祖道一大师在赣弘法圣迹述略》，《禅》1996 年第 3 期。
⑦ 《四川通志》卷三十八。转引自邱环《马祖道一禅法思想研究》（博士论文），第 35 页。
⑧ 《景德传灯录》卷六，《大正藏》册五十一，第 246 页。
⑨ 《宋高僧传》卷十《道通传》，第 226 页。

区的展开。"① 这说明马祖道一在福建已建立自己的弘法基地，并在当地产生了一定的影响，从后来他离开福建移锡江西后，仍有许多福建籍的僧人如福州长乐人怀海、泉州同安人怀晖、建州人慧海、邵武人隐峰等相继往江西投其门下参学就说明了这一点。

江西临川西里山：马祖离闽首先来到江西临川，可以说西里山是马祖大师入赣弘法的第一座道场。此山又名"犀牛山"，坐落丁临川府所在地（即今抚州市）郊外。马祖率徒来此修盖茅棚，广招门徒，开堂说法，驻山数载。马祖率徒众自临川西里山南下，曾至虔州，觅洞栖身修行，此地后称马祖岩，坐落于今江西省赣州市水东乡佛日峰山麓。但在此处时间不长，马祖即率徒迁锡于城东北龚公山。明万历年间悟学和尚携徒本慧来此建寺，冠名曰："马祖岩寺"。而后，寺内香火渐盛，成为远近闻名的弘法道场。

龚公山：今名宝华山。坐落于赣县田村乡境，距赣州市区有百余里。据清康熙年间版《赣县志》记载："龚公山，距城（当时赣县县城即今赣州市）东北一百三十里。旧为龚隐士所栖，后为马祖道场。"由龚公山之名改为宝华山则是明代的事。山上有一寺名宝华寺，② 寺内保存完好的清道光十五年（1835）所立《重修宝华山大雄宝殿碑》有云："山以龚名，地因人志，至前明始颁曰宝华。盖自唐宋及千余年而兴而废。……由马祖肇兴，继之者智藏禅师，开法本山。"③ 据邱环博士考证，"马祖在龚公山的时间大约有将近二十年"。④ 可见马祖在龚公山修行时间不短，影响自然很大。从现有的史料来看，马祖门下的许多弟子都是在这一道场参学悟道的，如道通、智藏、怀海、自在、盐官、大梅等。二十年的辛苦经营，逐渐使龚公山成为马祖禅法的弘化中心。

洪州开元寺：马祖在江西的影响日益扩大，大历年中（766—779）移住洪州开元寺（即今南昌市佑民寺），凭借良好的人际因缘，再一次将自己的弘法事业推向高潮。洪州为江西的政治文化中心，唐朝时为江南西道的都督府，治所在钟陵（今南昌）。开元寺为洪州所辖官寺，肇建于南朝梁代，也是当时著名寺院。马祖"隶名于开元寺"，选择此地、此寺来扩展自己的影响，推进自己丛林建设的步伐，巩固自己的弘法基业，可谓高瞻远瞩，别有怀抱。马祖在开元寺弘法长达近二十年之久，以天时、地利、人和之独特优势全力弘扬以"平常心是道"为核心的禅法，声名大振，前来参学者日众，开元寺这一弘法道场也得到了最大限度的张扬，《宋高僧传》评曰："于时天下佛法极盛，无过洪府，座下贤圣比肩，得道者其数颇众。"⑤ 门下除自龚公山等处随其而来的怀海等徒众，又有智常、惟宽、太毓、玄策、神鉴等来相投，因而座下弟子常有百余人之众。其时，马祖道一所主开元寺与石头希迁所主南岳石台寺成为天下禅和子往来参学的两大中心，《宋高僧传》云："自江西主大寂、湖南主石头，往来憧憧，不见二大士为无知矣。"⑥ 马祖示寂于这一中心后，唐宪宗谥其号为"大寂禅师"。其门下弟子先后得其所传，法化一方，各为宗主，法系兴旺，禅史称为洪州宗，其所驻钟陵开元寺也因此而被人们誉为马祖的"选佛场"。

---

① 王荣国：《晚唐五代福建禅宗与南岳禅宗互动》，载《禅宗与中国佛教文化》，中国社会科学出版社 2004 年版，第 150 页。

② 日本京都大学藏有清衍操所撰《宝华寺志》四卷。

③ 《江西通志》卷一二五。

④ 邱环：《马祖道一禅法思想研究》（博士论文），第 41 页。

⑤ 《宋高僧传》卷十一《太毓传》，第 251 页。

⑥ 《宋高僧传》卷九《希迁传》，第 209 页。

在江西四十余年的弘化历程中，马祖始终将丛林建设置于首位，在龚公山和开元寺成为接引学人的根据地后，马祖更以龚公山和开元寺作为基地将这一禅法向周边地区扩展，撒网布点，建立了不同规模的弘法道场。如坐落于宜黄县二都乡境的石巩寺，马祖曾率徒择一巨型山洞立庵修行，后渐扩为寺。马祖离寺后，弟子慧藏驻锡于此达30余年之久，道场最盛时僧众达700人之多，道光年间的《宜黄县志·寺观志》更载此寺曾被敕封为"石巩义泉古寺"、"马祖第一道场"。坐落于安仁（今余江县）东洪湖乡境内的马祖岩，是马祖在天宝年间（742—756），率徒众云游至此，见其四面环山，崖石壁立，幽雅清静，宜于修行，即住锡于此，后人也将此处称为"马祖岩"。坐落于豫章（今南昌）南郊辟邪铺东侧天禄山上的真寂禅院，马祖率众一度驻锡于此弘法。坐落于丰城县宣风乡境的海慧寺，马祖于此肇基建寺。坐落于金溪县归德乡境的石门寺，马祖率众至此弘法。此外还有东岩寺、白水寺、峰顶庵、凌霄洞、凌霄院、马祖寺、新开寺、禅山寺、佛兴寺、大果寺、大唐寺、开阳院、宝云寺、龙门寺、曹溪寺、法药寺、书堂庵、宝峰寺等，皆留有马祖演法度众的遗迹。尽管来自地方志的资料有时不免有附会之处，但即使如此也可看出马祖在江西兴建丛林规模之大，范围之广。

此外，据宋希叟绍昙所撰《五家正宗赞》说，马祖禅师在江西弘法期间曾返回家乡什邡弘法："师讳道一，汉州什邡人，姓马氏，容貌奇异，虎视牛行，得法南岳后归蜀，乡人喧迎之，溪边婆子云：'将谓有何奇特，元是马簸箕家小子。'师遂曰：'劝君莫还乡，还乡道不成，溪边老婆子，唤我旧时名。'再返江西。"[①] 这一段趣闻倒印证了远来和尚会念经，而熟悉反倒会增加轻蔑的说法。马祖道一是否曾在江西门徒云集、声望如日中天之后衣锦还乡，以佛法回报家乡父老，目前尚无更直接的资料来证实，权且存一悬案。

二　马祖丛林建设的内涵与特色

"马祖创丛林，百丈立清规"的真实含义是什么？马祖丛林建设的实质是什么？与前代禅宗大德相比较，马祖的丛林建设理念有何特色？我们试分析之：

丛林，指僧众聚居之寺院，通常是指禅宗寺院，故又称禅林。经典中对"丛林"一语之解释颇多。如《大智度论》卷三载，僧众和合居住于一处，犹如树木聚集之丛林，故以之为喻；《大庄严论经》谓，众僧乃胜智之丛林；又据《禅林宝训音义》载，"丛林"二字系取其草木不乱生长之义，表示其中有规矩法度。

丛林建设的意义在于禅僧禅居方式的调整与变革，而禅居方式的变革并不仅仅表现为禅僧生活方式的改变，也涉及僧团内部一系列制度的变更。马祖在闽、赣四十余年的丛林建设实践过程中，其实在较广的范围与较深的层面对佛教的中国化进行了探索，其制度方面的变革主要体现于以下几个方面：

（一）经济制度

佛教初传中国，其所遭遇到的最大阻力或责难在理论层面上便是伦理观念，而具体呈现出的实践层面便是可闻可见的制度样态。如乞食是原始僧团实施的主要制度之一，但这一制度在中国始终没有很好地实施过，这和中国的国情及文化背景有关。印度文化，向来

① 《五家正宗赞》卷一《江西马祖禅师》，《卍续藏》第一三五册，第907页。

敬信沙门，中国文化的民情风俗，与印度迥然有别，除了贫而无告、沦为乞丐者，即使如隐士之流，也是靠自己躬耕畎亩而得衣食的。那种不事生产、以乞食为主的生活方式，不但不受以农立国、以勤俭持家的社会风气所欢迎，反而引起知识分子与朝野的反感。翻阅《弘明集》与《广弘明集》，这样的言论比比皆是。如武周时狄仁杰就说："且一夫不耕，犹受其弊，浮食者众，又劫人财"。① 中宗时辛替否亦有疏曰："当今出财依势者，尽度为沙门；避役奸讹者，尽度为沙门。其所未度，惟贫穷与善人耳，将何以作范乎？将何以租赋乎？将何以力役乎？"② 可见，出家人这种不耕而食、不织而衣的生存方式已遭社会之质疑。

为了应对这一社会现实，中国僧众被迫抑或有意识地来改变僧团的生活方式，虽在隋唐以前，僧团生活大都靠帝王大臣的信仰、供养来维持。不过，也有一些僧人，因地制宜，依靠自己的劳动自食其力。如记载东晋道安12岁出家后，因形貌丑陋，不为师之所重，"驱役田舍，至于三年，执勤就劳，曾无怨色"。③ 就说明在东晋时僧团就已开始从事传统戒律所反对的生产劳动。实际上中国佛教并不一般地排斥生产经营和体力劳动，东晋僧人道恒在《释驳论》中，就以为沙门"体无毛羽，不可袒而无衣；腹非匏瓜，不可系而不食。自未造极要有所资，年丰则取足于百姓，时俭则肆力以自供。诚非所宜，事不得已"。④ 从魏晋以来，随着出家人数的激增，加之寺院经济的壮大，僧人参加劳动的事例可能更不在少数。但真正将其落实于实践，从根本上成为僧团一种固定的生存方式，可能要到禅宗山居以后。

学界目前较为公认的说法是从四祖道信（580—651）时农禅并重已见端倪。道信于武德七年（624）来到蕲州，住破头山（后名双峰山），大振法道，学侣云集。"自入山来三十余载，诸州学道，无远不至。"⑤ 道信在山中聚徒五百，且定居三十年，这在中国禅宗史上确是具有划时代意义的大事。因为在此之前，达摩一系及楞伽师，都是以游方为务，居无定所。道信率众定居，实现了禅僧生活方式的重大转变。据《传法宝纪》载，道信"每劝门人曰：努力勤坐，坐为根本。能作三五年，得一口食塞饥疮，即闭门坐。莫读经，莫共人语"。⑥ 这种禅修方式为其嫡传弟子弘忍所继承弘扬，被誉为"法妙人尊"，博得了"东山法门"的称号。弘忍7岁从四祖道信出家，后于蕲州黄梅双峰山东山寺主法，在《楞伽师资记》所引《楞伽人法志》中说他："自出家，处幽居寺，住度弘愍，怀抱真纯，缄口于是非之场，融心于色空之境。役力以申供养，法侣资其足焉，调心唯务浑仪，师独明其观照，四仪皆是道场，三业咸为佛事；盖静乱之无二，乃语默之恒一。"⑦ 《传法宝纪》中也说他："昼则混迹驱给，夜便坐摄至晓，未尝懈倦，精至累年。"⑧说明弘忍也一直从事劳作。道信寂后，弘忍领众修行，影响日广。如《楞伽师资

① 《旧唐书》卷八十九《谏造大像疏》。

② 《旧唐书》卷一〇一《陈时政疏》。

③ 《高僧传》卷五《道安传》，中华书局1992年版，第177页。

④ 《弘明集》卷六，《大正藏》册五十二，第35页。

⑤ 《续高僧传·道信传》，《大正藏》册五十，第606页。

⑥ 《传法宝纪·道信传》，引自杨曾文校写《敦煌新本六祖坛经》附编（一），上海古籍出版社1993年版，第166页。

⑦ 《楞伽人法志》，见《楞伽师资记》，《大正藏》册八十五，第1289页。

⑧ 《传法宝纪·弘忍传》，引自杨曾文校写《敦煌新本六祖坛经》附编（一），第167页。

记》中说："四方请益，九众师横，虚往实归，月逾千计。"《传法宝纪》中亦说："令望所归，裾履凑门，日增其倍，十余年间，道俗投学者，天下十八九。自冬夏禅匠传化，莫之过。"① 聚集于弘忍门下的众多弟子同样以劳动来实现自养。两大弟子神秀与慧能均有劳动作务的经历。《宋高僧传》记神秀至弘忍处"乃叹曰：此真吾真师也。决心苦节以樵汲，自役而求其道。"② 慧能至弘忍门下也曾踏碓春米 8 个月。

马祖在江西创立数十处道场同样继承禅门这一农禅并重的优良传统，他聚众授徒，建立集体劳作、共同参修的制度，从而奠定禅宗发展基业。经济制度的变动从源头上解决了禅僧流动不居的生活习性，从物质上保证了禅僧生活上的自给自足。"佛教集团或是中国寺院不再依赖任何其他资源，但凭他们自己的力量，这在中国佛教历史上确是一个大转变。"③ 从道信提出"能作三五年，得一口食塞饥疮"到马祖门下怀海号召"一日不作，一日不食"，事实上已经将禅众的劳动作为一种制度固定下来。

在禅居方式的演变史上，如果说由道信、弘忍的东山法门彻底改变了自达摩以来岩居穴处、游化为务的独处隐修方式，使聚众定居、共同修道成为可能，为禅林模式的确立奠定基础，中国禅僧的修道生活由此发生了划时代的根本性改变；那么至马祖、百丈的洪州禅就使这一丛林制度走向规范，形成规模，僧众行止有序，寺院道风井然，使禅居方式成为中国佛教僧团百世不替之定式。

（二）教育制度

丛林的建立宗旨在于为禅僧提供一处安心修道之所在，因此丛林的根本是以修行为中心，从这个意义上说，丛林便是一个学修中心。

唐时政府对僧众实行籍账管理制度，强化对僧团的控制。禅僧大多栖住于律寺，时日一久，龃龉丛生，甚以为苦。史籍记载说"多居律寺，虽列别院，然于说法住持未合规度，故常尔介怀"。④ 律寺有一定的成规，而在唐代，由于官寺的设立，普遍带有浓厚的国家统治性格。"隋唐时代，各州都设有许多寺观，我们与其说这些寺观都受到王朝的外护，则不如说王朝以官寺为中心直接管辖诸寺观。"⑤ 由官府控制的僧官系统下达的各种宗教法令及修持仪式等，与修禅者的修持理念多有不适合之处。为了解决居于岩穴或寄居律寺对"修禅"的诸多不便，马祖始进行开创性的改革，"别立禅居"、"另创丛林"，作为安顿禅僧之所。其弟子百丈怀海禅师更承继师志，立下一套适合中国僧侣生活的丛林清规，这就是所谓"马祖创丛林，百丈立清规"。

其实说禅宗僧人多居于律寺，这是一个习而不察的误解。《中国禅宗通史》认为："自道信、弘忍以来，即使著名的大禅师如神秀等，也只是寄名于合法寺院，本人大都离寺别居，或岩洞，或茅庐，或通称'山舍'、'山棚'。尤其在普通禅僧中，无度牒、无寺籍的人占多数，他们与律寺更加无缘。律寺之兴，当始于唐玄宗，他将禅师聚居诸寺，重

---

① 《传法宝纪·弘忍传》，引自杨曾文校写《敦煌新本六祖坛经》附编（一），第 167 页。

② 《宋高僧传》卷八《神秀传》，第 177 页。

③ 李瑞爽：《禅院生活与中国社会》，载《佛教与中国思想及社会》，第 298 页。《现代佛教学术丛刊》第九十册，大乘文化出版社 1978 年 12 月初版。

④ 《景德传灯录》卷六，《大正藏》册五十一，第 251 页。

⑤ 中村元等：《中国佛教发展史》，余万居译，台湾天华出版公司 1982 年第二版，第 360 页。

点改为律寺，将禅众置于戒律的控制之下，逐渐使其失去本色。"① 我们从马祖传记中同样可以得到印证，"大历中，圣恩溥洽，隶名于开元精舍"。然"建中中，有诏僧如所隶，将归旧壤。元戎鲍公密留不遣。"② 可见马祖其时也是挂名于开元寺，并有被遣送原籍的可能。马祖别立禅居，自创接引模式，不能只看做是为律寺戒规所逼，实际更多的是出于禅修者的实际悟道需求，出于禅宗修持理念的贯彻落实，应该说马祖的创丛林更富于自觉性与主动性。

曹溪门下高扬不立文字，教外别传，直指人心，见性成佛的宗旨，强调佛法妙理，非关文字。马祖道一对于教相的破斥，主要是打破那种不求明心见性，只是一味拘泥于文字解析的习气。这虽然说也是对早期禅门对于经教态度的承袭与引申，但其极度的夸大与强烈的批判使其禅风与早期禅法形成鲜明的对比，单向度地发展了禅宗否弃经教的一面。有学者认为，"洪州禅的诞生，意味着在'早期禅'那里还是伏流的离教内证倾向，已经充分地明朗化、公开化了，由此中国禅走向了一个新的时代和境界"。③ 马祖的教学方法并不是死搬硬套传统佛教的条条框框，而是应机接物，变化无方，体现了教育方式的针对性、灵活性。他打破传统桎梏，对接机方式大胆创新，采取脚踏、拳打、画地、竖拂、棒喝方法，令学人截断情解，悟得本心。

脚踏：水老和尚问马祖："如何是西来的意？"祖乃当胸踏倒。师大悟，起来抚掌呵呵大笑云："大奇！百千三昧无量妙义。只向一毛头上，便识得根源去。"乃作礼而退。④

掌掴：法会禅师问马祖："如何是西来祖师意？"师曰："低声近前来。"僧便近前，祖打一掴曰："六耳不同谋。"⑤

打：僧问："如何是西来意？"师便打，乃云："我若不打汝，诸方笑我也。"⑥

喝：百丈谓众曰："佛法不是小事。老僧昔再蒙马大师一喝，直得三日耳聋眼黑。"⑦

画地：有僧于师前作四画，上一长下三短。问云："不得道一长三短。离此四字外请和尚答。"师乃画地一画云："不得道长短。答汝了也。"⑧

这些方法其实就是取自日常生活的师徒交流之间，有学者指出："禅宗将这些做法用到师徒之间传授禅法，传递某种信息，彼此交流参禅心得和悟境，充实了以正面言教为主的传统佛教的传授模式和交流方式，从而使禅宗丛林生活带有一种吸引世人注意的粗犷气息和朝气。"⑨ 这种交流方式充分表达着禅者的一份自信与洒脱，时时事事都在提醒着自性的圆满具足。这种接机形式，"其成就不在于思想上有何发展，而在于造就了一种强烈的时代氛围。这个氛围概略说来，就是对于佛祖乃至一切精神束缚的普遍怀疑、否定倾向，就是个体精神对于自由的强烈追求意愿，最终完成中国思想史上的一次局部的思想解

① 杜继文、魏道儒：《中国禅宗通史》，江苏古籍出版社 1993 年版，第 260 页。
② 《宋高僧传》卷一〇《道一传》，第 222 页。
③ 龚隽：《禅学发微》，台湾新文丰出版公司 2002 年版，第 273 页。
④ 《景德传灯录》卷八《水老和尚传》，《大正藏》册五十一，第 262 页。
⑤ 《景德传灯录》卷六《法会传》，《大正藏》册五十一，第 248 页。
⑥ 《景德传灯录》卷六《道一传》，《大正藏》册五十一，第 246 页。
⑦ 《景德传灯录》卷六《怀海传》，《大正藏》册五十一，第 249 页。
⑧ 《景德传灯录》卷六，《道一传》《大正藏》册五十一，第 246 页。
⑨ 杨曾文：《唐五代禅宗史》，中国社会科学出版社 1999 年版，第 320 页。

放运动。"①

　　我们细检马祖语录及其弟子传记，会发现在实际的禅林生活中，马祖的接引方式更有坐禅、上堂、小参、入室请益等多种形式。马祖就是以这样的气度来创造着禅林新的接引方式，而这样的方式几乎成为日后禅宗后人竞相承继的不变定式。

　　马祖禅机独脱，权变无方，能养成百余员宗将，自有其超然过人之处。史称"大寂门下八百余人，每参听之后，寻绎师说，是非纷错"。②《祖堂集》更详细地说："大师下亲承弟子总八十八人，出现于世；及隐遁者，莫知其数。"③《景德传灯录》说："师入室弟子一百三十九人，各为一方宗主，转化无穷。"④ 可见马祖会下得法者众，法道之盛罕有其匹，这与马祖丛林所创新颖独特的教育制度不无关系。不仅如此，现代研究表明，马祖所创丛林教育制度，对于中国文化与中国教育的书院制度，以及宋、明以后的教育精神，也有较大影响。

（三）管理制度

　　自达摩以来禅修者皆随其所止，游化为务。然至隋唐之时，由于国家宗教管理政策的加强，僧团置于政府的直接控制之下。僧众不得随意游方，多居住于律宗寺院，或律寺中的别院，并须依律例行事。《大宋僧史略》记载："达摩之道既行，机锋相沟者唱和，然其所化之众，唯随寺别院而居，且无异制。"⑤ 可见禅僧住于律寺或别院，在生活方式上多受约束，这样才出现"合众以成丛林，清规以安禅"的现象。在以往的研究中，一般谈到丛林管理制度，多以怀海《百丈清规》为中心，对马祖之贡献涉及不多。其实，准确地说，正是马祖道一与百丈怀海这一对师徒，开启了禅宗丛林清规制度的中国化。丛林清规的创设，应是马祖与弟子百丈共同完成的。

　　马祖别立禅居与传统寺院有着很大的不同，但其大众共修、参禅悟道的宗旨却与传统寺院相同。这样脱离官寺控制所独创的禅林，就需要在传统戒律与僧制之外另行创立一套规范化的可以摄受僧众、安心修禅的制度，使修禅者有自己的规范可守。依目前学界对"百丈清规"的研究，其制度管理层面的创新主要有：

　　（1）修持理念方面："马祖创丛林，百丈立清规"时，皆以"不立佛殿，唯树法堂"为施设原则，彻底的将禅行者直接引向内心的修证。

　　（2）丛林组织方面：尊"长老"为一寺之主，相当于"住持"，必须道高腊（戒龄）长，具道眼者，方堪担任。"长老"以下，设十寮舍，以安置全寺僧众，并各请"首领"一人，及"职事"数人，纲维僧众生活，领导大众修行。后世"丛林四十八单"的形成，即源于此。

　　（3）日常行持方面："合院大众，朝参夕聚"，由"长老"上堂说法，"宾主问答，激扬宗要"。每逢此时，徒众必须"雁立侧聆"。

　　（4）生活方面：全寺唯"长老"一人可居住单间"方丈室"，其他"学众"尽入

---

　　① 吴立民主编《禅宗宗派源流》，中国社会科学出版社 1998 年版，第 150 页。

　　② 《宋高僧传》卷一一《普愿传》，第 256 页。

　　③ 《祖堂集》，张华点校，中州古籍出版社 2001 年版，第 472 页。

　　④ 《景德传灯录》卷六《道一传》，《大正藏》册五十一，第 246 页。

　　⑤ 《大宋僧史略》卷上，《大正藏》册五十四，第 240 页。

"僧堂"。僧堂内设"长连床",供学众坐禅、寝息。日常饮食,以粥为主,人人有份。若有犯"清规"者,由"维那"检举,"摈令出院"。

（5）行普请法:即集体从事生产劳动,自给自足。当时百丈怀海禅师以身作则,下田耕作,直到年老,仍然持作不辍,遂有"一日不作,一日不食"之名言传播寰宇,成为后世佛教典范。

其实这些管理制度在马祖那里已都有显示。我们仅以《祖堂集》中的一段记载为例:

> 有一日斋后,忽然有一个僧来,具威仪,便上法堂参师。师问:"昨夜在什么处?"对曰:"在山下。"师曰:"吃饭也未?"对曰:"未吃饭。"师曰:"去库头觅吃饭。"其僧应喏,便去库头。当时百丈造典座,却自个分饭与他供养。其僧吃饭了便去。百丈上法堂。师问:"适来有一个僧未得吃饭,汝供养得么?"对曰:"供养了。"师曰:"汝向后无量大福德人。"对曰:"和尚作么生与么说?"师曰:"此是辟支佛僧,所以与么说。"进问:"和尚是凡人,作么生受他辟支佛礼?"师云:"神通变化则得。若是说一句佛法,他不如老僧。"[①]

不立佛殿、唯树法堂是禅林建设的一个基本原则,以法堂代替佛殿,这也是禅林中最为特别之处。在传统寺院中,佛殿是重要的建筑设施,一般处于寺院的中心位置,然而,佛寺的建筑、佛殿的设立、佛像的敬造等,目的都是启发学人明了自性。如果忽略了自性的证悟,就会把依佛像而修自性的方便沦为偶像的崇拜,这对于佛法真实层面的启悟反倒成了莫大的障碍。从上面的引文中我们可以看到,在马祖时已对这种传统的寺庙建筑格式进行了改革,"禅林中不树佛殿,唯建法堂的创意,凸显住持僧宝依禅林中有佛法证悟体验的长老为住持,和合修学,可以说极尽现实的权巧方便"。[②] 如果说不立佛殿是对外在权威的否定,那么唯树法堂则是对内在自性的肯定。法堂在丛林中就成为演布大法之场所。禅林僧众依法而住,教学则依朝参夕聚的方式。在朝夕参聚中,由住持升堂说法,主事以及徒众雁立于两侧聆听。主宾之间除了这种方式外,还可以用问答的方式来教学,将一宗的要旨举扬出来互相激发。禅林中设长老为化主,禅林中的领导者,是居住于方丈的长老,是住持一方的化主。相对于学众而言,住持是能化,居于主位,学众是所化,依化主而修学。而长老,要由具备"道眼"和相当德行资格的人担任。马祖作为长老,住持一方,就要代佛说法,接引众生,所以僧来便上法堂参师。

《百丈古清规》中丛林以住持、十务、大众所构成。十务即是协助住持工作、维持寺院正常运作的十个职务,《禅门规式》中记载有"置十务谓之寮舍,每用首领一人,管多人营事,令各司其局也"。[③] 在《禅苑清规》中更清楚地表明职事的名称与职责:"丛林之设,要之本为众僧。是以开示众僧,故有长老;表仪众僧,故有首座;荷负众僧,故有监院;调和众僧,故有维那;供养众僧,故有典座;为众僧作务,故有直岁;为众僧出纳,故有库头;为众僧主典翰墨,故有书状;为众僧守护圣教,故有藏主;为众僧迎待檀越,故有知客;为众僧召请,故有侍者;为众僧看守衣钵,故有寮主;为众僧供侍汤药,故有堂主;为众僧洗濯,故有浴主水头;为众僧御寒,故有炭头炉头;为众僧乞丐,故有街坊

---

① 《祖堂集》,张华点校,中州古籍出版社2001年版,第468页。
② 智海:《百丈清规初探》,《中国禅学》第一卷,中华书局2002年版,第206页。
③ 《景德传灯录》卷六《百丈禅师传》,《大正藏》册五十一,第251页。

化主；为众僧执劳，故有园头、磨头、庄主；为众僧涤除，故有净头；为众僧给侍，故有净人。"① 前引《祖堂集》中就出现了"库头"、"典座"之职事名称，这说明在马祖时虽未有后世丛林四十八职事的规模，但可以想见，在马祖门下八百人之众的禅修活动中，职事的设立已是必然之事。

从佛教初传之日起，中国的僧众就面临着寻觅出一种符合国情民俗的生存方式的问题。以学术界一般认可的汉哀帝元寿元年（公元前 2 年）大月氏王使臣伊存口授浮屠经为佛教传入汉地之始，至马祖生活的唐代中叶（约当八九世纪之期），佛教与中国传统文化相融合，大量吸收儒道思想以及接受民俗影响，从理论形态至戒律制度都已有了巨大的变异。在中国这样一个宗法社会里，马祖所创立的丛林更像一个和睦相处的大家族，在一个家长的带领下，全体家庭成员修房种地，集体生活、集体生产、集体修行，寓修禅于劳动之中，经济统一支配，不得有私人财产。"僧团在实际上牵涉一种'家'的变异——从他们的血缘关系的家，转而为寺院的家。"② 这种家族式寺院的发展，将佛教的僧团扩大了。扩大了的佛教集团需要更多的空间，这样更多的连锁寺院就大量兴起。所以日后中国寺院大多沦为宗派道场或子孙丛林，是有其伦理层面的必然性的。有学者指出，这一禅修方式正是"把中国古代小农经济的生产方式，紧密地结合到僧众的生产方式和生活方式上来。这一变革与中国的封建社会的结构得到进一步的协调，从而获得生命力"。③ 同样，马祖道一与百丈怀海的创丛林、立清规，毅然改制，诚然是由于他们气度雄伟、见地超群，但更多的也是适应时势机运的必然趋势。

马祖的丛林建设不仅修正与吸纳了从达摩至道信以来禅僧生存模式方面的成败得失，更为百丈怀海以后的丛林建设指明一条可持续发展之路，为中国佛教丛林制度的最终确立奠定了基础。综合以上分析，其禅居改革的特色主要表现为以下几个方面：

第一，丛林建设的广泛性：从达摩以来，禅修者大多是"行无踪迹、动无彰记"，并没有固定的传教场所，以致"法匠潜运，学徒默修"，至道信时则是"择地开居，营宇立象"，来建立弘法传教基地。马祖继承了道信以来创建道场的传统，但他与道信、弘忍、慧能选择一处作为弘法传教基地不同，而是在自己弘法之地大范围地建设"卫星丛林"，使原有的弘法中心成为一个个强大的辐射源，将禅法不断地向四周扩散。如果说弘忍在禅宗承传法统上打破了"一代一人"的模式，实现了人事上的多头并弘，那么马祖在丛林建设上的变革就是实现了弘法基地的遍地开花。众多丛林的建设，更使门下交流成为可能，发扬了禅僧喜爱云游参学的优良传统，同时也克服了因交通不便所造成的消息闭塞、影响力受阻的困难，使禅法的弘传无远弗届，也使独立个体的弘法变成团体的集群效益。杨曾文先生对此评价说："8 世纪后期至 9 世纪中后期的一百多年的期间，是南宗迅速兴起的时期。在这期间最引人注目的宗教文化现象是南岳怀让—马祖禅系和青原行思—石头希迁禅系从湘、赣两个流域崛起，迅速传播到各地，并且在各地形成很多传法中心。成为后世禅宗主流的禅门五宗正是从这些传法中心中逐渐产生的。"④ 若从组织形式来看，马

① 《禅苑清规》卷八《龟镜文》，《续藏经》第一一一册，第 459 页。

② 李瑞爽：《禅院生活与中国社会》，载《佛教与中国思想及社会》，第 284 页。《现代佛教学术丛刊》第九十册，大乘文化出版社 1978 年 12 月初版。

③ 任继愈：《禅与中国文化》，《世界宗教研究》1988 年第 1 期。

④ 杨曾文：《唐五代禅宗史》，中国社会科学出版社 1999 年版，第 304 页。

祖丛林建设，构筑了洪州禅系独特的传法网络，形成颇具规模的经营格局。

第二，教育制度的灵活性：在接机教化的方式上，马祖因材施教，对以往烦琐固定的禅修形式进行了大幅度修正与简化。在接引弟子手段方面，否弃语言文字名相，采取暗示、隐语、反诘等这些特殊方式诱导学人悟入自心，有时甚至采用较为极端的踏、打、喝等动作来截断学人情思，令人当下醒悟。其实这些接引方式的缘起，与其丛林设施有着密切的关系。因为马祖所创立的多数丛林，皆为独具山居特色的小道场，马祖在这些简陋的茅棚、岩洞里接众，不可能像在正规大寺院那样开演讲授。马祖的接引方式只能是从师徒日常生活的情景展开，随缘度化。加之在这样的山居方式中，师徒之间上下均力，共同劳动，许多接引对话其实就是这种劳动场景的再现，而在这样的劳动场合中，又会有很多不可重复的具体机缘，从而导致马祖接引方式的灵活运用。同时，只有这些行住坐卧中产生的"接机"，才使其"平常心是道"的宗旨得以现实的诠释。马祖门庭广大，弟子众多，龙象辈出，所以禅机层出不穷。据《景德传灯录》所载，如道明吐舌、麻谷掀禅床、宝彻翘足、智常斩蛇、普愿斩猫、从谂放火，等等，都是马祖这一灵活接机方式的运用与展现。

第三，管理制度的创新性：马祖时代，佛教面临着内外文化形态与修持理念的冲击。其时，儒、释、道三教俱已成形，并各自拥有庞大的信仰队伍与雄厚的寺院经济，三教相争、诸宗竞立的情形较为激烈，愈是在发展壮大，矛盾冲突也愈分歧历然。马祖独辟蹊径，别立禅居，将自己的徒众拉出这一是非纷争之圈，将自己的修持理念在自己的弘法地盘上得以落实，把自己的丛林建设蓝图在独特的禅修风格中得以实践。马祖所创丛林，其禅居形式，既别于达摩一系的岩居穴处，也不同于道信门下的独家经营，而是如星火燎原，遍及各方。其内部管理机制，如共同作务，上下平等，在僧团中均有原创意义。这种制度既是对印度佛教戒律和僧侣日常生活的重大突破和改造，也是对中国古代小农经济生产方式和生活习惯的自觉回应。马祖的这一劳动实施已奠定农禅合一的修行基础。

第四，禅修生活的简易性：马祖禅"平常心是道"的主张，把禅引向了生活化、行为化。方立天先生指出："洪州宗赋予寻常生活实践以新的意义，同时也把禅修转移到了日常生活、日常行为轨道上来，这是一种生活化的禅，行为化的禅，是生活化的佛教，行为化的佛教，这种强调在最平常的世俗行为中体现了佛性作用和洋溢着禅味的主张，为佛教实践开辟了新天地、新途径，使禅在日常行事的自然运作中充分表现出生动、活泼、自然、质朴、灵活、幽默、娴静、奇峭等多姿多态的风采。"[①] 马祖认为，道不属修，修成还坏。因为起心动念，扬眉瞬目，所作所为，皆是佛性全体大用。所以，马祖在回答百丈怀海所问"如何是佛旨趣"时，直截了当地说："正是汝安身立命处！"[②] 平常的生活就蕴涵着佛法大意，行住坐卧，举首投足，处处是道场。所以禅修就变成为"只如今行住坐卧、应机接物尽是道"。[③]

① 方立天：《中国佛教哲学要义》，中国人民大学出版社 2002 年版，第 475—476 页。
② 《景德传灯录》卷六《道一传》，《大正藏》册五十一，第 246 页。
③ 《景德传灯录》卷二八《道一传》，《大正藏》册五十一，第 440 页。

三 马祖丛林建设的现代启示

据说,马祖道一的老师南岳怀让曾经得到六祖慧能预言:"向后佛法从汝边去,马驹踏杀天下人。"① 这一"马驹",便是后来的马祖道一。这虽是禅林日后的附会,但从中透露出的宗派信息却是真实的。葛兆光先生指出:"如果从禅宗史和禅思想史两方面综合考察各种资料,我们也许会注意这样一个结论,即马祖道一及其门下弟子与神会一样,是六祖慧能之后南宗禅史上最重要的人物,而马祖禅活动的中唐才是禅思想史上的真正的大变局。"② 马祖的丛林制度创新与改革是成功的,中国佛教的特质在禅,而禅宗的辉煌与延续最后由马祖一系来担当。那么,马祖丛林建设的思想与实践对我们当前佛教建设有何启示意义呢?

(一)丛林建设是中国佛教的根本命脉

当今中国佛教既迎来了大好的历史机遇,又面临着自身建设的严峻挑战,已故赵朴初会长在 1993 年《中国佛教协会四十年》的报告中就针对在对外开放、市场经济的大潮中,拜金主义、享乐主义、极端个人主义腐朽思想的泛滥,明确指出:"佛教界有相当一部分人信仰淡化,戒律松弛;有些人道风败坏,结党营私,追名逐利,奢侈享乐乃至腐化堕落;个别寺院的极少数僧人甚至有违法乱纪、刑事犯罪的行为","如果任其蔓延,势必葬送我们的佛教事业。"提出了"加强信仰建设、道风建设、教制建设、人才建设、组织建设"的历史性任务。并特别指出教制建设是基础,大声疾呼各级佛协组织、各个寺院都要大力加强佛教教制的基础建设,纯洁僧伽队伍,正本清源,研究制定相应的规范化、制度化的具体办法和措施,兴利除弊,以保证佛教事业健康地发展。那么,今天我们面临的任务是什么呢? 在 2003 年 9 月 25 日召开的中国佛教协会第七届理事会第二次会议上,中国佛教协会会长一诚法师说:"十年后的今天,佛教界的上述不良风气与现象仍然不同程度的存在,甚至在某些地区还有发展和蔓延的势头。"③ 市场经济的冲击,僧团信仰的淡然,是当前我们进行丛林建设的最大障碍,所以加强道风建设是佛教自身建设的核心问题。圣辉法师在中国佛教协会成立五十周年纪念大会上也强调说:"近几年来,伴随商品经济的发展,产生了拜金主义、享乐主义、极端个人主义的负面影响,佛教道风建设面临严峻形势,有不少僧人信仰淡化,戒律松弛,道风不正,金钱至上,甚至少数人为了名利地位不惜拉帮结派,结党营私,贪污受贿,这种不良风气已经严重腐蚀到了僧人队伍,败坏了佛教的形象和声誉,如果任其发展下去,势必危及中国佛教的前途与命运。"④所以,社会大环境对寺院生活、个人修持的侵蚀与影响是当前丛林建设必须直面的现实问题。我们可以看到中国佛教界一直在为加强丛林自身建设而努力。20 世纪 80 年代初,中国佛教界中心工作是落实宗教政策,恢复重建寺院。但后来随着出家人数的增多,寺院经

---

① 《景德传灯录》卷六《道一传》,《大正藏》册五十一,第 245—246 页。
② 葛兆光:《中国禅思想史》,北京大学出版社 1995 年版,第 294 页。
③ 一诚:《在中国佛教协会第七届理事会第二次会议上的讲话》,《法音》2003 年第 10 期,第 37 页。
④ 圣辉:《中国佛教协会五十年》,《法音》2003 年第 10 期,第 26 页。

济的好转，僧团内部的许多不合佛法的问题便显露出来。在这种情况下，僧团自身建设便迫切地被提到议事日程上来。[①] 1981 年，中国佛教协会举行第一次传戒活动，接着山西、四川、广东、浙江等地也相继举行了规模不等的传戒活动。1993 年中国佛教协会召开第六届全国代表大会及成立四十周年大会，在会上成立了专门的教制工作委员会，提出了加强佛教"信仰建设、道风建设、教制建设、人才建设、组织建设"的工作目标。并制定《关于汉族地区佛教寺庙剃度传戒问题的决议》，召开汉传佛教重点寺院管理工作座谈会，制定了《全国汉传佛教寺院管理办法》和《全国汉传佛教寺院共住规约通则》。国务院也颁布了《宗教活动场所管理条例》等文件。这表明教团已将丛林建设提到议事日程上来。在以后的几年里又制定了《全国汉传佛教寺院传戒实施暂行办法》，在江西云居山真如寺进行传戒试点。1996 年 5 月 29 日在无锡召开了佛教教制建设工作委员会会议，修订《全国汉传佛教寺院传授三坛大戒管理办法》，制定了《全国汉传佛教实行度牒僧籍制度的办法》、《全国汉传佛教寺院住持任职退职的规定》。[②] 1996 年 10 月 1 日举行了"中国佛教协会暨莆田广化寺规范传戒法会"，戒期为 108 天。此次传戒法会标志着中国佛教三坛大戒的传授从此走上了健康发展的轨道。丛林建设是中国佛教的根本命脉，试想，如果没有马祖的锐意革新，别立禅居，很难有中唐法海禅波的涌动；没有洪州禅系的薪火相续，就不会有今日禅宗丛林的一统江山。

（二）加强丛林规范的制度化

现代丛林制度的建设，是关系到整个佛教自身建设以及未来发展的大问题。当前《宗教事务条例》的颁布以及正式实施为我们整顿丛林提供了一个契机，对照《条例》我们来反思一些存在的问题。

1. 丛林建立问题

《条例》第十三条指出："筹备设立宗教活动场所，由宗教团体向拟设立的宗教活动场所所在地的县级人民政府宗教事务部门提出申请。"然而现在乱建寺院已成为一大社会问题。乱建情况较为复杂，有僧众，有俗人；有佛教徒，也有非佛教徒；有个人，有集体，有公司，也有政府。特别是许多地方以"宗教搭台，经济唱戏"为由，大建寺院；有的地方为促进地方旅游经济，也造佛塑像，商业经营。第二十四条说"宗教团体、寺观教堂以外的组织以及个人不得修建大型露天宗教造像"。但无锡灵山大佛、海南海上观音俱非宗教团体所为。重庆华岩寺门外 18 米高的观音菩萨像工程，实际也是由地方政府来承建的。另外，据报道甘肃兰州市政府已向世界银行申请旅游贷款 300 万美元来重建白塔山上的金山寺。[③] 我们应从何种立场来看待这些问题，这是需要认真探讨的。例如，2006 年 2 月 6 日至 7 日，全国政协常委、中国佛教协会常务副会长圣辉法师在无锡考察时称赞灵山创造了一种"僧俗和谐"的"灵山模式"。而三亚的观音菩萨从造像工程始至 2005 年开光盛典，一直得到教界与政界的高度重视。开光之日，来自"两岸四地"佛教界近 200 位长老大德，参加"海峡两岸暨港澳佛教圆桌会议"。2005 年 12 月 25 日来自海

---

① 《抓好传戒工作，促进僧团建设——五年来传戒工作的回顾与展望》，《法音》1999 年第 2 期，第 9 页。

② 学诚：《僧尼受戒制度古今谈》，《法音》1997 年第 3 期，第 11 页。

③ 《兰州市政府向世行申请贷款重建金山寺》，《佛学通讯》2005 年第 7 期。

内外的 40 余位高僧聚首重庆华岩寺，为中国首尊露天金佛举行隆重的开光法会。此次盛会由重庆市佛教协会主办、重庆九大寺院共同承办，这也表明佛教界对此项目的认可。所以对于非宗教团体的造像问题是应"一刀切"的禁止，还是正确引导、合理利用，这是宗教部门与中国佛教协会需要正视的问题。

2. 寺院管理问题

民主问题：《条例》第十七条规定"宗教活动场所应当成立管理组织，实行民主管理"。目前许多寺院为家长制管理模式，住持掌控僧众的去留资格，僧众对寺院管理者的敬畏来自非宗教的原因。同时寺院住持的选举、任命问题也是当前一个众说纷纭的话题。

财务问题：《条例》第十八条规定"宗教活动场所应当加强内部管理，依照有关法律、法规、规章的规定，建立健全人员、财务、会计、治安、消防、文物保护、卫生防疫等管理制度，接受当地人民政府有关部门的指导、监督、检查"。实际上许多寺院的收支是一本糊涂账，缺乏监督，并时闻有人卷款失踪。甚至有的寺院成为家族产业、团伙钱庄。学诚法师指出："由于丛林经济的不断增长，内部僧众歧见与矛盾也随着日益激化，揽权争利互相排挤成为一个普遍存在的问题。一切以私人的利益为出发点，势必破坏了丛林和合共住的原则。这样，也就从根本上动摇了丛林在佛教中的地位。丛林的经济收入，若不能得到如理如法的应用，而被少数人中饱私囊，其弊端与恶果实在是无法估量的。"①据《中国民族报》载，无锡市宗教部门已要求所辖各寺院定期向相关部门申报财务收支情况。关于非营利组织会计制度问题，宗教部门已在部分地区的一些寺院展开试点工作。马祖丛林职事中专设库头经理经济事宜，且职责明确，这对于寺院经济管理来说是具有历史意义的。

教育问题：洪州禅之所以会掌握禅宗发展命脉，最根本的一条是马祖门下龙象辈出，并散布天下，各为一方化主。当年独领风骚的荷泽宗，不世而斩，原因即是门下寂寥。佛教界曾一再提出当前最为紧迫的是培养人才问题。目前我们尽管拥有 40 多所佛学院，但如何整合资源可能是宗教事务部门与中国佛教协会应多加关注的紧迫问题。教学师资缺乏、课程设置单一、生源素质参差不齐、教材不统一，形成佛教教育中的新困惑、新问题。中国佛学院是中国大陆地区唯一的汉传佛教高级佛学院，两年只招收一届学员，而名额仅有 40 余人，这样的招生教学规模要解决人才缺乏问题只能是纸上谈兵。1992 年 1月，中国佛教协会在上海召开"全国汉语系佛教教育工作会议"，赵朴初会长大声疾呼："当前和今后相当时期内，佛教的工作最重要、最迫切的事情，第一是培养人才，第二是培养人才，第三还是培养人才。"时隔十余年，我们反观佛教界的人才，又能做怎样的感想呢！另外，马祖针对学人应机接物曾有较大的改革，今天的授徒讲习也要有一套既具灵活性又具层次性的教育制度。丛林学院化，学院丛林化，应契合时代发展而构成一种新型的僧伽教育体制。《条例》第二章第八、第九条即是有关设立宗教院校的规定。此外，随着佛教弘法空间的扩大，寺院的功能应作具体的发挥，人们到寺院中来，除了满足宗教生活的需要之外，在更高层次的文化里，寺院又具有多种教育的效能。现代的寺院应设立图书馆供人阅读佛教典籍；提供视听中心、简报室介绍佛教文化史迹；有会议室可以研讨、座谈；有讲堂可以布教弘法、举办活动来导人向善，达到净化社会的功效。如此，方能使寺院发挥多项教育、文化等功能，为大众服务。

---

① 学诚：《现代丛林修学生活的趋势》，《法音》1996 年第 7 期，第 10 页。

自养问题：马祖曾提倡农禅并重，《条例》第二十一条也规定"宗教活动场所内可以经销宗教用品、宗教艺术品和宗教出版物"。这样可使丛林有适当的作务与合理的收入。但现在也出现了与民争利于市的现象。在 2004 年 10 月 24 日举办的"中国佛教协会举办省级佛教团体负责人研修班"上，也指出了"要加强佛教教制建设，除切实贯彻落实中国佛教协会制订的《全国汉传佛教寺院管理办法》等文件外，建议制定适应现代社会的、具可操作性的寺院管理模式文本。要注意纠正一些寺院越来越严重的商业化倾向。"①

3. 僧众管理问题

城市精舍：城镇大量精舍的出现，是当前一个突出的问题。僧人不住寺院，失去集众薰修的受益。"只有在如法如律的丛林生活中才能快速地培育出法门龙象。为什么这样说？丛林的创设，是参照佛教僧制而建立的。对个人而言，丛林生活能使自己戒行清净，即使有失威仪，及时忏悔，还复清净，使学人身心安住于如法的律仪中。再则，对大众团体生活之规律，渐渐熟悉，了知如何出家、如何受戒、如何布萨、如何安居，乃至穿衣吃饭、求医问药、出入往返等一切丛林生活方式，都契合于佛教的根本精神。如此经过日久年长的修学熏染，易于养成道貌岸然、威仪秩秩、庄严朴实、心胸豁达、气度恢弘，与世人迥然不同，到寺外弘化之时，一举手、一投足，令有缘见者，无不油然生起敬仰之心。"② 济群法师也指出，作为出家人，和社会的接触要保持一定距离。现代社会的诱惑太多，用一句通俗的话来说就是红尘滚滚，所以现代人修行比以往任何时代都要难。在过去，一道围墙就能保障寺院的清静；而今天，电视、电话、网络都能突破围墙的阻隔。除非具备很深的定力，否则单靠个人力量，的确很难抵挡世俗的冲击。而一个如法的僧团，就是抵挡尘世的一座堡垒。所以生活在僧团中，远比独自居于精舍更有利于修行。一滴水只有放在大海中才不会干涸。

游僧再现：大量游僧的存在，已成为一些地方的不稳定因素。如《中国民族报》披露："进入结夏安居期以来，山西省五台山及周边地区外来僧尼喇嘛大量增加。据初步统计约有 600 多人，其中有红教和白教喇嘛，也有黄教喇嘛，还有外来僧尼……这些外来僧尼喇嘛，除出于对佛教的信仰和对佛教名山的追崇外，有相当数量的人从事非法宗教活动，借佛敛财。他们来到五台山后，由于挂不了单，进不了庙，有的租住民房设置佛堂，有的在山沟山坡的土窑洞或自己搭建的棚中居住，严重扰乱了五台山的佛教秩序和社会秩序。"③ 马祖当年创建丛林的初衷就在于"合众以成丛林，清规以安禅"。

（三）政教关系的协调

政教关系的问题在当代话语系统中其表达形式就是宗教与社会主义社会的相适应。从中国佛教传入之时起，政权与法事的弘传便紧密结合起来。在佛教初传期，最重要的人物是佛图澄及其弟子道安，佛图澄虽然是一个地道的传法僧，但在他的传记中，并没有太多关于他在民众中弘法的记载，反而是说他与当时的政治领袖石氏父子间的密切关系。他的传法也多限于其神异的一面。所以"佛图澄对于佛教教义，似不及其注重神通变幻之敏感。佛图澄在中国传法的命运，很受当时知识活动及其政治当局之各种关系的影响。他不

---

① 常正：《中国佛教协会举办省级佛教团体负责人研修班》，《法音》2004 年第 11 期，第 30 页。
② 学诚：《现代丛林修学生活的趋势》，《法音》1996 年第 7 期，第 10 页。
③ 王俊臣、李崞生：《还五台山一个清净道场》，载《中国民族报·宗教版》2005 年 8 月 9 日。

能达其本愿而作为一个佛教的传法僧，去适应公众以遂其职责。但是他能表现神术，为政治当局作宗教仪式。虽然明显地，他不曾向中国人民公众作佛教教义的教授，但他的宗教上的作风，至少，是和儒家伦理并排着，表演了紧要任务的。"① 佛图澄传教是宗教与政治关涉的典型示范。尽管当前有学者对道安提出的"不依国主，则法事难立"的说法有新解②，但无论如何这一理念却为日后的统治层与教界人士所认同。庐山慧远在这方面作了一个成功的尝试。慧远不同于其师道安的政治理念之处，在于道安认为于乱世不依国主则法事难立，但慧远却坚持遵奉不敬王者的戒律要求。我们来看马祖是如何将隐修与入世相结合，来处理僧团与政权关系的。禅宗前期的几代祖师在这一问题上多采取回避的态度，或为官府所不容，或屡征不就。即使被征召者，如神秀，也是满腹的心思与不如意。马祖在传教弘法过程中，既保持了传统山林佛教的特色，但又与当朝政要显贵关系融洽，这是他成功拓展洪州禅生存空间的原因所在。从达摩祖师初谒梁武帝开始，如何圆融地与社会相适应，如何善巧方便地与统治层保持一个较好的联系模式，便成为困扰历代禅师的心病。但从马祖这里可以说算是有了一个较好的答案。经济地位的不独立，决定了僧团无法摆脱对政府的依附关系。历代政府皆要求僧团不能游离于政权的管辖之外，这就决定了中国佛教的团体不能走与印度僧团一样的弘法路线。政权也反对僧人游走民间，这从历代政府有关宗教的法令就可看出这一点。我们来看马祖是如何延续前辈对中国佛教生存发展探索之路的。

马祖初到江西聚徒教化，郡守河东裴某就"躬勤谘禀。降英明简贵之重，穷智术慧解之能"。③ 后移住洪州开元寺，开堂说法，直至入灭。其时，"连帅路嗣恭聆风景慕，亲受宗旨。由是四方学者，云集坐下"。④ 此外还有御史大夫鲍防和李兼来护持。马祖在江西传禅之所以取得巨大的成功，主要得益于地方官吏的重视与支持。有学者指出："自代宗以来，凡官于江西的官僚，几乎无不扶持道一禅系的发展……这是洪州宗得以迅速扩大，终于成为中唐最大的禅系的一个重要政治因素。"⑤

那么马祖又能为政府分担什么呢？历史上的每一次战乱与灾荒，都会制造大量的流民，流向佛门的人数也会相应大增，这几乎成为一个规律，这些走入寺院的流民并不隐讳自己"出家离俗，只为衣食"⑥ 的动机。此外，过去原本可以暂时寄宿留食的寺院，包括官寺在内，由于受到战乱的破坏，僧尼逃窜，致使在"兵饥交接"中的"四方僧游，寄食无地。"⑦ 马祖在龚公山传法期间，正是天宝年间，使唐王朝由盛转衰的安史之乱（755—763）于此时爆发，北方地区再次陷于混乱之境，江南西道（包括今江西、湖南在内）当时成为流民大量迁入的地区，马祖正是在这样的历史背景下，创建丛林，开辟道场，安顿流民，为当政者分忧。农禅式丛林兴起后，僧团的经济来源解决了，禅僧的游走问题也不存在了，战乱造成的流民也安顿了。可以说这一禅居方式极大地缓解了禅修僧团

　　① 李瑞爽：《禅院生活与中国社会》，载《佛教与中国思想及社会》，第277页。《现代佛教学术丛刊》第九十册，大乘文化出版社1978年12月初版。

　　② 夏毅辉：《"不依国主，则法事难立"质疑》，《求索》2003年第1期。

　　③ 《宋高僧传》卷十《道一传》，第222页。

　　④ 《景德传灯录》卷六《道一传》，《大正藏》册五十一，第246页。

　　⑤ 杜继文、魏道儒：《中国禅宗通史》，江苏古籍出版社1993年版，第231页。

　　⑥ 《续高僧传》卷二十五《智则传》，《大正藏》册五十，第655页。

　　⑦ 《续高僧传》卷二十四《昙选传》，《大正藏》册五十，第641页。

与社会政治、经济间的矛盾，更为重要的是为解决当政者所头痛的社会游民问题提供了一种可接受的模式。这使马祖最自然不过地成为当政者的座上客。吕澂先生针对此就指出，马祖"初在江西南部的临川（南康），后又到了洪州（南昌），与当地官吏结识——当时新兴的禅宗在民众中很受信仰，一般政令难以发动的地方，往往借禅师的说服轻而易举，所以当时学禅的人常为官吏所欢迎"。①所以，当地官吏对马祖禅系的支持，除了信仰层面的原因以外，欲利用佛教义理、名僧声望以稳定社会、安抚流民的政治动机也不应排除。

加强佛教自身建设，推动中国佛教的现代化进程，使之更加适应建设有中国特色的社会主义事业，为中华民族的全面振兴作出新的历史贡献，是21世纪中国佛教所面临的重大课题和每一个佛教学者肩负的历史重任。为了完成好这一历史使命，必须对中国佛教的现状有比较客观的分析研究，在此基础上有所改革与创新。从宏观大局看，中国佛教处于新中国成立60年来的最好发展时期，这是改革开放30多年来，在党的宗教政策的正确指引下，克服种种困难而取得的。中国佛教在政治上具有国家承认的、与其他宗教团体平等的合法权益和地位；在信仰上具有宪法所保护的充分自由，在思想上对于宗教教义的理解与阐扬不受任何束缚，而且随着国势的强盛，佛教物质条件的优越也达到历史的新高峰。同时党和国家提出的宗教政策也为佛教与社会主义社会相适应提供了坚实的基础，即贯彻执行党的宗教信仰自由政策，是佛教存在和发展的政治基础；依法加强对宗教事务的管理是佛教存在和发展的法律保障；积极引导广大佛教徒走与社会主义社会相适应的道路，则是佛教存在的和发展的现实目标。

然而，佛教毕竟是一个长期在古老封建社会传播，积淀有不少历史消极因素的宗教，无疑有其与社会主义社会不协调的成分。中国佛教重死度鬼、偏重出世，以及教团内的宗派门户之见等积弊，虽然从21世纪以来便受到猛烈地批判，但积重难返，在当今也尚未被彻底清除。加之当前市场经济的影响，寺院中也出现了佛事商品化的现象，这一切给人与时代精神不相协调的感觉。佛教界目前存在的主要问题：一是寺院经济的迅速增长与管理体制的滞后。二是由于经济处于相对独立状态，一些实力雄厚的寺院就有摆脱佛教协会与政府管理的倾向。不能过分强调寺院管理的特殊性而排斥或淡化"相适应"方针。从政府管理部门来说，党的十六大报告提出关于社会主义时期宗教工作基本方针的四句话"全面贯彻党的宗教信仰自由政策，依法管理宗教事务，积极引导宗教与社会主义社会相适应，坚持独立自主自办的原则"应当成为宗教工作的指导思想。各级组织、各个部门应充分认识党和国家对宗教工作的新的要求，认识到宗教问题的"三性"，即："根本是长期性"、"关键是群众性"、"特殊的复杂性"。认识到全面正确地贯彻党的政策也好，依法加强对宗教事务的管理也好，目的都是要引导宗教与社会主义社会相适应。从佛教界来说，就是要加强佛教自身建设，以独有的出世品格来弘扬"人间佛教"精神，回馈社会、服务人群，报恩众生，为共同构建和谐社会而努力。

温金玉，中国人民大学佛教与宗教学理论研究所教授，博士生导师。

---

① 吕澂：《中国佛学源流略讲》，中华书局1979年版，第234页。

中国禅学　第五卷
2010 年，第 376—394 页

百丈清规之考察

屈大成

内容提要　有关"百丈清规"的研究，可说汗牛充栋，但当中不少仍以《景德传灯录》附载的"禅门规式"略本为百丈怀海所立，故以百丈是清规的始创者为主要观点。然这传统说法近年受到不少挑战。本文综合前贤的研究成果，及通过文本比对和文献考查，指出"禅门规式"略本非百丈之作；其种种规定已为中国僧人所实行，几无创新之处；自订律仪乃是禅家以至整个中国佛教圈里惯常的做法；而以百丈为"禅门规式"的作者，乃是随着禅宗成为独立教团，临济宗人为抬高自家地位而假托的。

关键词　百丈　禅门规式　清规　景德传灯录　临济宗

清规，意指清净的法度，为禅宗寺院组织规程及寺众日常生活规则的统称①，常途以为是百丈怀海（749—814）所创②，号称"百丈清规"。百丈师承马祖道一（709—788），开创洪州禅系，尤其他订立清规，令禅宗除教学独树一帜外，在僧团运作上也有别于传统，成为一真正独立的宗派和教团，亦标志着汉化寺院戒规的成立。因此，百丈在中国禅宗史乃至中国僧团史上，贡献极大。所谓"百丈清规"，实指"禅门规式"而言③，其内容择要，最早见于赞宁（919—1001）《宋高僧传·百丈传》。赞宁为律学专家，他评论这新规范跟传统的截然不同，禅宗人普遍跟从，令禅宗"独行"：

> 其诸制度，与毗尼师一倍相翻，天下禅宗如风偃草，禅门独行，由海始也。④

而"禅门规式"之略本，首见附载于道原《景德传灯录·百丈禅师传》。宋以后辑出

---

①　清规一词，学者多指最早见于杜甫（712—770）《偶题》诗（"后贤兼旧制，历代各清规"，参见《杜诗详注》第四册，中华书局 1979 年版，第 1542 页），稍后见于不空（705—774）《不空三藏表制集》卷 1（"威仪轨则并是废绝，况绵历多载，台殿荒凉，瞻言清规，实所叹惜"），参看高楠顺次郎、渡边海旭编《大正新修大藏经》卷五十二（下简称《大正藏》），台北新文丰出版事业股份有限公司 1983 年复印本，第 830 页 c。查裴松之（372—451）《魏志·邴原传注》引《原别传》已见有此词："邴原名高德大，清规邈世"，见《三国志》卷十一，《二十五史》第五册，上海古籍出版社、上海书店 1986 年版，第 1109 页第 1 栏。

②　百丈的生年，向以为是 720 年，实误。参看林悟殊《唐百丈禅师怀海生年考》，《中山大学学报》第 42 卷第 5 期，2002 年，第 54—60 页。

③　"百丈清规"一名，最早见于贰咸《禅林备用清规》（1311），参看藏经书院编：《卍续藏经》卷一一二，台北新文丰出版社股份有限公司 1993 年复印本，第 28 页 a。

④　《大正藏》册五十，第 771 页 a。

的各种"清规"，亦多附录"禅门规式"略本，并推崇百丈始创之功。如宗赜《禅苑清规》（1103）说：

> 今禅门别行，由百丈之始，略叙大要，偏示后来学者，贵不忘本也。①

明本（1263—1323）《幻住庵清规》（1317）也说：

> 人心之不轨道久矣，半千载前已尝瓦解，百丈起为丛林以救之。②

佛教史传如祖琇《隆兴佛教编年通论》（1164）、志盘《佛祖统纪》（1269）、宗鉴（？—1206）《释门正统》（1237）、念常（1282—？）《佛祖历代通载》（1333）等，都记载百丈创立清规，并择述部分内容③。《新唐书·艺文志》（1060）也录百丈著《禅门规式》一卷④。可是，在百丈死后即写成的《唐洪州百丈山故怀海禅师塔铭》（下简称《怀海塔铭》）、百丈的语录⑤、百丈的弟子⑥、跟百丈时代相若或稍后出的禅家，以及禅宗灯史《祖堂集》，均无提到百丈有此作。因此，百丈是否真曾订立清规，在日本以至西方学界曾引起讨论⑦，国人

---

① 《卍续藏经》册一一一，第 466 页 a。

② 《卍续藏经》册一一一，第 486 页 a。

③ 参看《隆兴佛教编年通论》卷二十一，《卍续藏经》册一三〇，第 317 页前上一下；《佛祖统纪》卷四十一，《大正藏》册四十九，第 381 页 b；《释门正统》卷 4，《卍续藏经》卷一三〇，第 410 页 a；《佛祖历代通载》卷十五，《大正藏》册四十九，第 619 页 b。

④ 参看《新唐书》卷五十九，《二十五史》卷六，第 4290 页第 2 栏。

⑤ 《怀海塔铭》记百丈门人神行和梵云，把百丈的言论编纂成"语本"存世；《祖堂集》卷十四也说百丈的教化。"备陈实录"（参看吴福祥、顾之川点校：《祖堂集》，长沙岳麓书社 1996 年版，第 321 页，下文皆用此版本）。又闽越灵嶷律师曾向百丈请教有关"佛性有无"的问题，百丈为文回应，而这些文字跟语本一同流传。观现存的《百丈怀海禅师语录》，确提到"如何是有情无佛性，无情有佛性"的问题。如是，《百丈语录》或即是前述百丈的"语本"，当中没有提到规式之作。

⑥ 最明显的是百丈弟子沩山灵佑有作品涉及僧众规仪（见本文第三节），但没有提到百丈写下清规。

⑦ 近藤良一指出《怀海塔铭》记百丈嘱咐弟子要用简单的方式处理尸体，但后出《禅苑清规》卷七"尊宿迁化"一节所记的"葬法"则复杂得多，而且《怀海塔铭》没有记及任何有关"清规"的内容。因此他认为"百丈清规"最初只以口头传承的方式存在，要待 12 世纪后半期才录成文字。佐藤达玄则认为，"百丈清规"在百丈时代一定已见诸文字，否则便失去规范僧团的权威性。又冲本克己也不同意近藤良一的说法，他指出《禅苑清规》所述的"葬法"，乃受到儒家仪礼的影响，故趋于复杂化毫不为奇，而且《怀海塔铭》一些内容都可在"禅门规式"略本中找到。详参看近藤良一《百丈清规·成立原型》，《北海道驹泽大学研究纪要》第 3 号，1968 年，第 19—48 页；佐藤达玄著、释见憨等译《戒律在中国佛教的发展》下册，嘉义香光书乡 1997 年版，第 676—677 页；冲本克己《"百丈古规"》，《禅文化研究所纪要》第 12 号，1980 年，第 53—55 页。《清规研究》，收入佐佐木教悟编《戒律思想研究》，京都平乐寺，1981 年，407—437 页。石井修道推测"百丈清规"在百丈山代代相传，慢慢形成，至第十一世道常（？—991）时代成立。参看石井修道《百丈教团沩山教团（续）》，《印度学佛教学研究》第四十二卷第 1 号，1993 年，第 289—295 页。其后石井修道著有长文，回顾以前学者的观点，再铺排各种有关百丈的资料，重申百丈没有编著成文的"百丈清规"，但当"百丈清规"在百丈山慢慢酝酿出来，及在《宋高僧传》和《景德传灯录》载录百丈著"禅门规式"后，便传出百丈写有清规。参看石井修道《百丈清规·研究》，《驹泽大学佛教学部论集》第 20 号，1995 年，第 15—53 页。另近藤良一尝试从现存"清规"推测较古旧清规的内容，也可参考。参看近藤良一《百丈清规永平清规》，《印度学佛教学研究》第十三卷第 1 号，1965 年，第 297—300 页、《百丈清规·禅苑清规》，《印度学佛教学

在这方面也有论介①。本文建基于前贤的研究成果,对"禅门规式"略本的成立、其内容有无创新之处及禅宗形成初期自订律仪的情况,进行考察,期对百丈清规有更全面和深入的了解。

一 "禅门规式"略本的文本比对及其成立

宋以后提及和附录"禅门规式"的文献不少,不过内容大多重复,不赘述。"禅门规式"的内容撮录,最早见于以下两种文献:

(1)《怀海传》,《宋高僧传》(988)卷十,赞宁撰,下简称"宋传本"②。

(2)"别立禅居",《大宋僧史略》(999)卷上,赞宁撰③。

"禅门规式"略本主要见于以下四种文献:

(3)"禅门住持规式",转引自《大宋传灯录》,《释氏要览》(1019)卷下,道诚集,下简称"要览本"④。

研究》十七卷第 2 号,1969 年,第 328—330 页。西方学者的讨论,仍以"禅门清规"为百丈之作的传统观点。参看 Collcult Martin, "The early Ch'an monastic rule: ch'ing kuei and the shaping of ch'an community life," in Whalen W. Lai and Lewis R. Lancaster eds. Early Ch'an and Tibet. Berkeley: Asian Humanities, 1983. pp. 165 – 184。近年有两篇博士论文,探讨"百丈清规",两文除吸收日本学者的成果外,还提出自己独到的看法,拙文获益良多:Theodore G. Foulk, "The 'ch'an school' and its place in the buddhist monastic tradition." Ph. D. dissertation, University of Michigan, 1987. pp. 264 – 390; Poceski Mario, "The Hongzhou school of chan Buddhism during the mid – Tang period." Ph. D. dissertation, University of California, Los Angeles, 2000. pp. 372 – 439。另释依法对学者们讨论的简评,也值得参看。见 Yifa, The Origins of Buddhist Monastic Codes in China. Honolulu: University of Hawaii, 2002. pp. 28 – 35。

① 据笔者所见,汉语学界介绍国外研究"百丈清规"情况者,主要有湛如:《唐宋时期的禅宗教团与清规之研究》,见网页 http://www.orientbuddha.org/fjxy/show.asp? id = 2725(检索日期:2006 年 2 月 6 日);释能融:《律制、清规及其现代意义之探究》,台北法鼓文化事业股份有限公司 2003 年版,第 20—22 页。有关"百丈清规"的中文论著甚多,拙文参考了李瑞爽《禅院生活和中国社会》,收入张曼涛主编:《佛教与中国思想及社会》,台北大乘文化出版社 1978 年版,第 273—374 页;邓克铭:《百丈怀海禅师之禅法与清规教团的规范意义》,收入惠敏等《中华佛学研究所论丛(一)》,台北东初出版社 1989 年版,第 113—130 页;杜继文、魏道儒:《中国禅宗通史》,江苏古籍出版社 1993 年版,第 258—262 页;潘桂明:《百丈怀海的禅法思想和实践》,《禅学研究》第二辑,1994 年,第 59—68 页;张弓:《汉唐佛寺文化史》上册,中国社会科学出版社 1997 年版,第 345—348 页。谢重光:《百丈怀海大师佛教改革论略》,收入财团法人佛光山文教基金会编《1992 年佛学研究论文集——中国历史上的佛教问题》,台北佛光文化事业有限公司 1998 年版,第 373—391 页;杨曾文:《唐五代禅宗史》,中国社会科学出版社 1999 年版,第 322—326 页;王月清:《论百丈清规的僧团伦理思想及特色》,《禅学研究》第四辑,2000 年,第 202—207 页;业露华:《百丈怀海与中国禅宗之发展》,收入郑志明主编《两岸当代禅学论文集》上册,嘉义南华大学宗教文化研究所 2000 年版,第 243—259 页;智海:《百丈清规初探》,《中国禅学》第一卷,2002 年,第 206—216 页;林悟殊:《从百丈清规看农禅——兼论唐宋佛教的自我供养意识》,收入胡素馨主编《寺院财富与世俗供养》,上海书画出版社 2003 年版,第 380—401 页;王永会:《中国佛教僧团发展及其管理研究》,成都巴蜀书社 2003 年版,第 98—148 页。

② 参看《大正藏》册五十,第 770c—771 页 a。

③ 参看《大正藏》册五十四,第 240 页 a—b。

④ 同上注,第 301 页 b—c。

（4）"禅门规式"，附载于《百丈怀海传》，《景德传灯录》（1004）卷六，道原编，杨亿（974—1020）删定，下简称"灯录本"[①]。

（5）"百丈规绳颂"，收入宗赜《禅苑清规》（1103）卷十[②]。

（6）《古清规序》，杨亿述，收入德辉《勅修百丈清规》（1336）卷八[③]。

其他相关的参考文献重要者有：

（7）《怀海塔铭》（818），陈诩撰[④]。

（8）《祖堂集》卷十四（约953），静、筠二师编[⑤]。

（9）《洪州百丈山大智禅师语录》、《百丈广录》，二书收入《四家语录》。《四家语录》约于11世纪编成[⑥]。

为便于讨论，现先将"宋传本"、"要览本"、"灯录本"分段列述比对如表1：

表 1　宋传本、要览本、灯录本之比较

	宋传本	要览本	灯录本
1	伏睹圣朝颁赐大宋传灯录云：禅门住持规式 自洪州百丈山大智禅师怀海创置也	禅门规式 百丈大智禅师	
2	然多居律寺中，唯别院异耳。略云：以禅宗自少室，至曹溪已来，多居律寺。虽住别院，然于说法住持，未有规度，常尔介怀	以禅宗肇自少室，至曹溪以来，多居律寺。虽别院，然于说法住持，未合规度故，常尔介怀	
3	且曰：吾行大乘法，岂宜以诸部阿笈摩教为随行邪？或曰：《瑜伽论》、《璎珞经》是大乘戒律，胡不依随乎？海曰：吾于大小乘中，博约折中，设规务，归于善焉。乃创意不循律制，别立禅居	博约折中，设于制范，务其仪也。遂创意，别立禅居	乃曰：祖之道欲诞布化，元冀来际不泯者，岂当与诸部阿笈摩教为随行耶？旧梵语阿含，新云阿笈摩。即小乘教也或曰：《瑜伽论》、《璎珞经》是大乘戒律，胡不依随哉？师曰：吾所宗非局大小乘，非异大小乘。当博约折中，设于制范，务其宜也。于是创意，别立禅居
4	初自达磨传法，至六祖已来，得道眼者号长老。同西域道高腊长者，呼须菩提也。长老居方丈，同维摩之一室也	凡具道眼有可尊之德者，命为长老。既为化主，即处于方丈。同净名之室，非私寝也	凡具道眼有可尊之德者，号曰长老。如西域道高腊长，呼须菩提等之谓也。既为化主，即处于方丈，同净名之室。非私寝之室也

①　参看《大正藏》册四十九，第250页c—251D页b。

②　参看《卍续藏经》册一一一，第465页后下—466页后上。

③　参看《大正藏》册四十八，第1157页c—1158页b。

④　参看《全唐文》卷四四六。有关《怀海塔铭》的内容介绍，参看石井修道《百丈教团沩山教团》，《印度学佛教学研究》第四十一卷第1号，1992年，第106—112页。

⑤　同上，参看第317—322页。

⑥　参看《卍续藏经》册一一九，第409页c—411页c。有关《四家语录》的版本讨论，参看椎名宏雄《"马祖四家录"诸本》，《禅文化研究所纪要》第24号，1998年，第161—181页。

续表

	宋传本	要览本	灯录本
5	不立佛殿，唯树法堂，表法超言象也	院不立佛殿，惟树法堂，表佛祖所嘱受，当代为尊也	不立佛殿，唯树法堂者，表佛祖亲嘱授，当代为尊也
6	又令不论高下，尽入僧堂	所衷学众，无多少、无高下，尽入僧中，依夏腊安排	所褒学众，无多少、无高下，尽入僧堂中，依夏次安排
7	堂中设长连床，施椸架，挂搭道具	设长连床，施椸架，挂搭道具	设长连床，施椸架，挂搭道具
8	卧必斜枕床唇，谓之带刀睡，为其坐禅既久，略偃亚而已	卧必斜枕床唇，右胁吉祥睡，以其坐禅既久，略偃息而已，具四威仪也	卧必斜枕床唇，右胁吉祥睡者，以其坐禅既久，略偃息而已，具四威仪也
9		其入室请益之者，任其勤怠	除入室请益，任学者勤怠，或上或下，不拘常准
10	朝参夕聚。（《大宋僧史略》：有朝参暮请之礼，随石磬木鱼为节度。）	阖院大众，朝参夕聚，长老升堂。主事徒众，雁立侧聆。宾主问酬，激扬宗要，表依法而住也	其阖院大众，朝参夕聚，长老上堂升坐。主事徒众，雁立侧聆。宾主问酬，激扬宗要者，示依法而住也。
11	饮食随宜，示节俭也	斋粥二时均遍，务于节俭，表法食双运也	斋粥随宜，二时均遍者，务于节俭，表法食双运也
12	行普请法，示上下均力也	行普请法，上下均力也	行普请法，上下均力也
13	（《大宋僧史略》：随从者谓之侍者，主事者谓之寮司。）	置十务，谓之寮舍。每一寮用首领一人，令各司其局也	置十务，谓之寮舍。每用首领一人，管多人营事，令各司其局也。主饭者目为饭头。主菜者目为菜头。他皆仿此
14		或有假号窃服，混乎清众，并别致喧挠之事。即堂维那检举，抽下本位挂搭，单摈出院者，贵安清众也	或有假号窃形，混于清众，并别致喧挠之事。即堂维那检举，抽下本位挂搭，摈令出院者，贵安清众也
15	（《大宋僧史略》：或有过者，主事示以柱杖，焚其衣钵，谓之诚罚。）	或彼有重犯，即以挂杖杖之，对众烧衣钵道具，遣从偏门而出，示耻辱也	或彼有所犯，即以挂杖杖之，集众烧衣钵道具，遣逐从偏门而出者，示耻辱也
16		详此一条制有四益：一、不污清众，生恭信故	详此一条制有四益：一、不污清众，生恭信故。三业不善不可共住，准律合用梵坛法治之者，当驱出院。清众既安恭信生矣

续表

	宋传本	要览本	灯录本
17		一、不毁僧形，循佛制故	二、不毁僧形，循佛制故。随宜惩罚，得留法服，后必悔之
18		三、不扰公门，省狱讼故	三、不扰公门，省狱讼故
19		四、不泄于外，护宗纲故	四、不泄于外，护宗纲故。四来同居，圣凡莫辨。且如来应世尚有六群之党，况今像末，岂得全无。但见一僧有过，便雷例讥诮。殊不知以轻众坏法，其损甚大。今禅门若稍无妨害者，宜依百丈丛林格式，量事区分。且立法防奸，不为贤士然。宁可有格而无犯，不可有犯而无教。惟百丈禅师护法之益，其大矣哉
20	其诸制度与毗尼师，一倍相翻，天下禅宗，如风偃草，禅门独行，由海之始也。（《大宋僧史略》：凡诸新例，厥号丛林，与律不同，自百丈之始也）		禅门独行，由百丈之始。今略叙大要，遍示后代学者，令不忘本也。其诸轨度，山门备焉

　　“宋传本”第 2 段有“略云”二字，“灯录本”第 20 段表示所引述的为“略叙大要”，显示这两本之“禅门规式”皆为简略版，而非全本，因此本文称之为“禅门规式”略本。常途多以“灯录本”为现存最古者，按“要览本”录自《大宋传灯录》，此书为《景德传灯录》的原本①，由是“要览本”可说更古旧。《宋高僧传》和《大宋僧史略》虽较早出，但它们都是“禅门规式”内容择述，而在《大宋僧史略》赞宁更是用自己文字进行归纳，并非原文照录，唯当中有三项资料为他本所无，值得注意（第 10、13、20 段）。相比之下，“要览本”和“灯录本”显得首尾一贯，为一完整文本。

　　比较“要览本”和“灯录本”，最明显的分别是后者多了五条附注（第 3、13、17、20 段），及在第 3 和第 4 段，“灯录本”较详细。这五条附注，全不见于“宋传本”，必属后加。更值得注意的，是“宋传本”和“灯录本”相类的引述，不见于“要览本”（第 3、4 段），“要览本”和“灯录本”相同的用语，“宋传本”的又不同（第 5、6、8 段）。而有关职位的设置和惩处违犯者的叙述，“要览本”和“灯录本”都花了相当篇幅（第 13—19 段），显得十分重视，但“宋传本”只字不提。因此，三本是各有所据，抑或同出一源而各作增删，难以确实。但无论如何，在三本之前，必有一“禅门规式”原本②。

---

　　①　现见于藏经的《景德传灯录》乃元代延祐年间（1314—1320）的版本。
　　②　［日］宇井伯寿（1882—1963）持这见解，唯他认为这原本为百丈所著。参看宇井伯寿《第二禅宗史研究》，东京岩波书店 1941 年版，第 375—376 页。

"禅门规式"原本的下落，要到《勅修百丈清规》才见消息。此书卷末载一山了万（1241—1312）给其法兄云屋自闲（1231—1312）的书信，当中论及大智（即百丈）的"古规"：

> 二年前，百丈晦机尝缄至，彼中旧清规，阅之其间，纰缪殊甚。约共删修。……愚初立论，以祝寿为首，如监寺、书状等项设职，润大智元文，以小字，笺石窗、南书记本末于后。庶今丛林负职，有所从来。大概古规中，唐文多对偶，当尽翻译。①

信中记晦机元熙（1238—1319）曾致书了万，说阅读过百丈山所藏的"旧清规"，发觉错误甚多，因此相约一起删订。了万初步意见，是把先前监寺石窗法恭（1102—1181）、书记黄龙慧南（1002—1069）对百丈原文的润饰，改用小字笺注于原文之后；又说在"古规"中，唐代文体多用对偶，文义不显，故要重写。引文出现"旧清规"和"古规"二词，并说是"大智元文"。言下之意，百丈原本仍存。可是，到元熙的弟子德辉编集《勅修百丈清规》时，却表示"百丈清规"行之既久，历代都有所修订，版本众多，令人无所适从，而他也不能求得最初的版本。

> "百丈清规"行于久矣。繇唐迄今，历代沿革不同，礼因时而损益，有不免焉。往往诸本杂出，罔知适从，学者惑之……旁求初本不及见②。

如果元熙在世时，百丈山仍保存了清规原本四百多年，很难相信过了二三十年，即德辉的时代突告失佚③。了万指百丈古旧清规仍存的说法，很值得怀疑。

又"禅门规式"略本出现"禅宗"、"律寺"（第2段）、"宾主"（第10段）三词，很值得考查。按"禅宗"一词成为宗派观念，是迟至9、10世纪间之事，还要到南宋，才被广泛运用④。可是"禅门规式"略本却明确说"禅宗"肇自少室达摩，以迄曹溪慧能。"律寺"一词的字面意义为律宗之寺，查今天所谓各宗派的先驱人物，在隋唐时间其实驻锡于各大寺院，并没有高举宗派名义创立寺院⑤。"宾主"一词，意指通过师徒之间

---

① 《勅修百丈清规》卷八，《大正藏》册四十八，第1160页a。

② 同上注。

③ 成河蜂雄认为这书信可证明在南宋时期，百丈山仍存古清规，至宋末元初才因动乱失佚。参看成河蜂雄：《百丈古清规——"敕规"编纂》，《印度学佛教学研究》第31卷第2号，1983年，337—340页。王永会意见相同，参看氏着《中国佛教僧团发展及其管理研究》，第119页。又德辉在《勅修百丈清规》虽不时引述"古规"的说法（如参看卷二"念诵"、"巡寮"、卷四"东序知事"，《大正藏》册四十八，第1121页a、c、1132页a），但他既未见"初本"，所言的"古规"当不是原本。

④ "禅宗"一词早见于道宣《续高僧传》，唯意指各种习禅者或是习禅的宗要，并无宗派的意味。这词作为宗派观念的用例，首见于《圣胄集》（"禅宗第一祖"），而此书乃唐光化年间（898—900）之作（参看田中良昭《敦煌禅宗文献研究》，东京大东出版社1983年版，第121—134页）。有关"禅宗"一词的用例及其意义的讨论，参看柳田圣山《初期禅宗史书研究》，京都法藏馆1967年版，第437—457页。

⑤ "律寺"或可解释作依律制而运作的寺院。但既是寺院，必依律制，无须特别标明。有译注本说律寺是"律宗僧人所居的寺院"，有误，因是时律宗仍未成立。参看顾宏义注释《新译景德传灯录》上册，香港海啸出版事业有限公司2005年版，第291页。"禅门规式"或是要突出禅门新制跟传统戒律之别，故意说禅家舍律寺、创新居。

的问难，测试对方的底细，是临济义玄（卒于 866 或 867）禅教的独特用语①。因此，这三词的运用，足已显示"禅门规式"略本必非百丈亲笔。

在《景德传灯录》之后，《禅苑清规》和《勅修百丈清规》都有引录"禅门规式"略本，内文跟"灯录本"大体相同，分别是"灯录本"五条附注，"百丈规绳颂"保留了首两条，"古清规序"则删去，而两者都把后三条附注当做正文看待。至于标题，《禅苑清规》称之为"百丈规绳颂"，"规绳"跟"规式"意义相当，而加上"颂"字，或是因为宗赜的引述把全文分成 11 段，并从中插入宗赜自创的总结性颂文的缘故（但内容无新意）。《勅修百丈清规》引录的标题则称为"古清规序"，序末有一段话为他本所无：

> 亿幸叨叡旨，删定《传灯》，成书图进，因为序引。时景德改元岁次甲辰良月吉日书②。引文说在景德元年（1004），杨亿修订《传灯录》上呈朝廷，并写序文引介。《勅修百丈清规》"肃众"条下亦说'宋翰林学士杨亿推原百丈立规之意，略曰：……'，接着便节录上表第 14 至 19 段③，由此可见，在德辉心目中，"古清规序"是杨亿推测百丈立规式原意之作，因此称为"序"④。

百丈禅风拘谨，无独特之处，在马祖座下，地位较低，然其下传沩山灵佑（771—853）、仰山慧寂（807—883），以及黄檗希运（唐大中年间［857—860］卒）、义玄，分别衍生出沩仰和临济两宗。这两宗要依靠百丈为中介，才能上接马祖、慧能（638—713），成为禅宗正统。随着禅宗各派的崛兴，百丈的地位日高，依附为百丈的机缘语录也日多⑤。加上百丈及其门下确对戒律有所措心（见本文第三节），因此便假托清规是百丈之作，进一步凸显百丈的重要性。上文提到《古清规序》作者杨亿，便是服膺临济宗⑥；而沩仰宗在宋初已走下坡，临济宗正趋兴盛，亟须增强自家的地位。因此，"禅门规式"略本的作者很可能是临济宗人。又"灯录本"第 20 段指文中所述的仪"轨"法"度"，"山门"都具备了，反映出"禅门规式"略本的作者也是禅宗人，其所属禅寺已实行这些规式。倒过来看，"禅门规式"的内容，就是"禅门规式"略本作者所居禅寺的规矩。

二 "禅门规式"略本内容大要及检定

有关"禅门规式"略本内容，前贤的解说十分详尽，以下仅分四节勾勒其大要⑦，并

---

① 参看潘桂明《中国禅宗思想历程》，今日中国出版社 1992 年版，第 310—311 页。

② 《勅修百丈清规》卷八，《大正藏》册四十八，第 1158 页 b。

③ 参看《大正藏》册四十八，第 1121 页 c。

④ 早于 1934 年，何兹全已认为"禅门规式"是杨亿之作。参看何兹全《中古时代之中国佛教寺院》，收入何兹全编《五十年来汉唐佛教寺院经济研究》，北京师范大学出版社 1986 年版，第 51 页。

⑤ 参看葛兆光《中国禅思想史》，北京大学出版社 1995 年版，第 303—304 页。邱环认为百丈为马祖所器重，跟葛兆光的意见有出入。参看邱环《百丈怀海及其禅法研究》，《宗教学研究》2003 年第 1 期，第 113—114 页。

⑥ 杨亿师法广慧元琏（951—1036），元琏是首山省念（926—993）的著名弟子，传临济宗禅法。参看潘桂明《中国居士佛教史》下册，中国社会科学出版社 2000 年版，第 490—491 页。

⑦ 有关"禅门规式"内容的解说，以下两文很值得参考：镜岛元隆：《百丈古清规变化过程——考察》，《驹泽大学佛教学部研究纪要》第 25 号，1967 年，第 1—13 页；平川彰：《百丈清规戒律》，《佛教学》第 37 号，1995 年，第 1—21 页。

利用上述《怀海塔铭》、《祖堂集》、《洪州百丈山大智禅师语录》资料相印证；然后从检视中国僧人的活动情况和戒律的规定，考察这些内容是否如禅家一向所声称，为独有而创新。

1. 标题、立规式的原则和因由

"要览本"的标题作"禅门住持规式"，"灯录本"作"禅门规式"，按前者版本较古，因此"禅门住持规式"当是原名，"禅门规式"是略称（第1段）。有关立规式的原则，乃不限于守大、小乘戒律，也非违犯大、小乘戒律，而是要不偏不倚、博通众说、得其简要（第3段）。至于创立的因由，是自达摩创宗以来，禅家一向在律寺另辟院堂居住，虽跟他派分开，但在教学及僧团运作方面，始终未合禅门的法度。因此须另立禅居和规式（第2段）。《怀海塔铭》记百丈得在家人布施，觅地建寺，如是百丈真的曾自立寺院：将欲卜筑，必俟檀那，伊浦塞游畅、甘贞，请施家山[1]。

2. 设备和职位

禅宗寺院，称"禅居"（第3段）、"山门"、"丛林"（第20段），院内设法堂、僧堂，不立佛殿（第5段），僧堂内安置长可连坐多人的床[2]，及设置衣架安放衣钵等道具。全体学众依僧腊大小，安排位置（第6、7段）。

禅寺中主持教"化"之"主"，为具识见和德行者，尊称"长老"，住于"方丈"室（第4段）[3]。另置十个职务，名为"十务"，称为"寮舍"；各设"首领"一人，名"寮司"，率领多人作业，下属称"侍者"，负责日常事务的管理（第13段）。正文没有举出十务的名称及职责，附注提到饭头和菜头，负责管理饭菜；另第14段提到维那一职，负责惩治违犯者[4]。

3. 僧众生活

全体学众，每天早晚，都齐集法堂，待长老上堂说法，学众依次站立聆听，并跟长老互相问难；另随着敲打石磬和木鱼的音声节奏，进行课诵。又僧众不论职位高低、平时用功与否，均可入方丈室，向长老请益。又坐禅时间既长，须稍事休息时，要斜枕于床边，右胁安详而睡。大众每天两次进食斋、粥，人人平等[5]。此外，大众都要进行劳动，名为"普请"（"普"遍邀"请"僧众作务），无论职位"上下"，都要"均"等出"力"（第8—13段）。《怀海塔铭》也说百丈"行同于众，故门人力役，必等其艰劳"；《祖堂集》

---

① 《全唐文》卷四四六。《宋高僧传·百丈传》也说善信请百丈住新吴界。

② 现存长连床的式样，可参看张十庆《五山十刹图与南宋江南禅寺》，南京东南大学出版社2000年版，第81、89—90页。

③ "禅门规式"指出方丈室典出《维摩经》，乃类同维摩居士的卧室大小，显示无所不容的胸襟。据笔者有限的学识，这是禅家创说。

④ 近藤良一根据《祖堂集》、《景德传灯录》的记载，推测十务还包括典座、侍者、火头、园头、米头等职位。参看近藤良一著《百丈清规成立原型》，第34—39页。

⑤ 谢重光认为早晚二时进膳，体现怀海不拘泥于教条，大胆改革的精神，也照顾了中国的实际情况（参看谢重光译：《勅修百丈清规》，台北佛光文化事业有限公司1997年版，第382页）。按"禅门规式"没有提到进餐时间，《禅苑清规》卷一申明禁止"非时食"（凡日中以后至翌日天亮前，禁止进食，又称过午不食），连小食、药石、果子、米饮、豆汤、菜汁等都不准许，十分严格（参看《卍续藏经》卷一一一，第439页c）。"禅门规式"所谓"二时"，很有可能是指早午二时，而非早晚二时。又戒律中有"足食戒"，规定如午前已饱吃了任何五种正食（饭、秒、干饭、鱼、肉五种吃得饱的主食），不得再吃。故每天进食两次，较易犯戒；但如首餐未足食，吃第二餐也不犯戒。

记载百丈每天从事劳动，都先人一步，执事者欲令百丈休息，曾故意把用具收藏，怎料百丈找不到用具劳动，也没有进餐。由是有"一日不作，一日不食"的名句传世，故可推"知普"请在百丈师徒间，当已实行：

> 师平生苦节高行，难以喻言。凡日给执劳，必先于众。主事不忍，密收作具，而请息焉。师云："吾无德，争合劳于人？"师方求作具，既不获，而亦忘喰。故有"一日不作，一日不食"之言，流播寰宇矣①。

还可注意的，是《怀海塔铭》记百丈曾指示他死后要"据《婆娑论》文，用净行、婆罗门葬法"，换句话说，即是用外道的葬法。查《大毘婆沙论》记载大天入灭，众人堆积香薪、酥油、花香等物，拟连同遗体焚烧，但怎样都点燃不起来；有占相师指大天承受不了这么隆重的葬具，因而洒上狗粪，火随勃发，顿成灰烬②。火葬在中印都是僧人葬法的一种，但洒上狗粪，便有歪常制，可能因此百丈视之为外道的方法，而百丈仍无顾忌地采用，或是想借此表示不必用厚葬③。

4. 惩处方法

如有假扮成僧人，混入僧团、喧哗扰攘者，维那要立即检举出来，拿下他们挂搭的衣钵，驱逐出禅居。又如有违犯戒律者，立即以柱杖责打，并当众烧毁违犯者的衣钵道具，把他们从偏门驱逐出去。这惩治方法，益处有四：

（1）令僧团保持和合清净，僧人互相恭敬。

（2）依循佛制，僧团形象不受破坏。

（3）不用打扰官门，省却诉讼。

（4）僧团内部事情不外传，纲纪得以护持。

这部分有三条附注：益处一有附注说如有僧人行三不善业，要驱途出院，不可共住。益处二有附注说如对于违犯者，只作惩罚而不驱逐，必定后悔。在全段后有附注详说禅居的僧众来自各方，良莠不齐，因此有过者便要惩处，否则会连累僧团和整个佛法传统（第14—19段）。

"禅门规式"略本提出另立禅寺、普请，及废弃佛殿，令禅宗在住处方面自成一隅、在经济方面自给自足，及在教学风格方面独特且猛烈，令人耳目一新，最受注目。其实这三项主张并非新创，也有可能失实。

"禅门规式"略本指出，在百丈之前，禅家于律寺中另辟院落驻锡，于史有据。赞宁《大宋僧史略》举出道信（581—651）住东林寺、能禅师住广果寺、谈禅师住白马寺等为例子④。按禅宗形成之初，禅家确多居于各地大寺。例如法如（638—689）和马祖门下的惟宽（755—817），先后居于嵩山少林寺，慧安（582—709）和南泉普愿（748—843）先后居于嵩山会善寺，净觉（683—750）、牛头系崇惠（唐大历十四年［779］卒）和普寂

---

① 《祖堂集》卷一〇四，第317页。

② 参看卷九九，《大正藏》册二十七，第512页a。

③ 《百丈语录》记某人轮回成野狐寿终，百丈领众人依法把它火葬，因此火葬是百丈系人所采用的葬法。参看《卍续藏经》册一一九，第410页前下。有关佛教葬法的简介，参看刘淑芬《林葬——中古佛教露尸葬研究之一（一）》，《大陆杂志》第九十六卷第1期，1996年，第22—31页。

④ 参看《大正藏》册五十四，第240页a。

（651—739）法孙藏用先后居于长安安国寺，义福（658—736）居于长安慈恩寺等①。另辟院落的记载，有法融（594—657）于牛头山幽栖寺北岩下立"茅茨禅室"，聚众百多人②；慧能相传于宝林寺中另立华果院③；神秀虽称为玉泉寺大通禅师，他其实在寺东七里处，择地终老：

> 寺东七百里，地坦山雄，目之曰："此正楞伽孤峰，度门兰若，荫松藉草，吾将老焉。"④

普寂驻锡的嵩岳寺，亦设"西方禅院"⑤。而且，在百丈时代，禅家已纷纷建立自己的住处。原因有的是受朝廷和施主礼遇，助建寺院。最著名是神会（668—760）于收复两京有功，肃宗（756—763 在位）为建荷泽寺⑥。其他例子有无相（684—762）于成都新建净众、大慈、菩提、宁国四寺⑦；南阳慧忠（？—775）请建太一延昌寺和香严长寿寺；⑧ 神会弟子光瑶，为慎邑大夫所重视，"首创禅宫"⑨；另一弟子行觉见江陵国昌寺残破废弃，集众修复安住⑩；道隐也是得神会"顿明心要"后，施主为建精舍；⑪ 牛头系道坚受相国燕公的钦重，造寺请居⑫；百丈同门道通（731—813）因徒众云集，刺史为建"禅宫"⑬；宝修（元和初年［806—820］卒）师承弘忍法裔，安止于罗浮山石室，施主"为造梵宇，蔚成大寺"⑭。曾与怀海切磋的圆修（735—833）安止于杭州秦望山，地方官合力"造伽蓝，移废额曰招贤，以安之"⑮。此外，有的是为了修行教学，例如石头希迁（700—791）著《草庵歌》，畅述自建草庵安居之乐：

> 吾结草庵无宝贝，饭了从容图睡快；成时初见茅草新，破后还将茅草盖。住庵人镇常在，不属中间与内外，世人住处我不住，世人爱处我不爱。庵虽小舍法界，方丈老人相体解⑯。

---

① 参看椎名宏雄《初唐禅者·律院居住》，《印度学佛教学研究》第十七卷第 2 号，1969 年，第325—327 页；湛如《敦煌佛教律仪制度研究》，北京中华书局 2003 年版，第 70—75 页。姜伯勤指敦煌寺院不少都有律寺的特色，寺中又有习禅的别院，跟中土的情况相类似。参看姜伯勤《敦煌艺术宗教与礼乐文明》，中国社会科学出版社 1996 年版，第 372—374 页。

② 参看《续高僧传》卷二十六，《大正藏》册五十，第 603 页 c。

③ 参看法海等集《六祖大师缘外记》，《大正藏》册四十八，第 363 页 a。

④ 张说（667—730）：《唐玉泉寺大通禅师碑铭》，《全唐文》卷二三一。

⑤ 参看李邕（678—747）《嵩岳寺碑》，《全唐文》卷二六四。

⑥ 参看《宋高僧传》卷八，《大正藏》册五十，第 757 页 a。

⑦ 参看《宋高僧传》卷十九，《大正藏》册五十，第 832 页 c

⑧ 参看《宋高僧传》卷九，《大正藏》册五十，第 763 页 a

⑨ 参看《宋高僧传》卷十，《大正藏》册五十，第 767 页 a。

⑩ 参看《宋高僧传》卷二十九，《大正藏》册五十，第 893 页 a。

⑪ 参看《宋高僧传》卷二十九，《大正藏》册五〇，第 891 页 b。

⑫ 同上注。

⑬ 参看《宋高僧传》卷十，《大正藏》册五十，第 767 页 c。

⑭ 参看《宋高僧传》卷十，《大正藏》册五十，第 768 页 b。

⑮ 参看《宋高僧传》卷十一，《大正藏》册五十，第 774 页 c。

⑯ 参看《景德传灯录》卷三十，《大正藏》册四十九，第 461 页 c。

希迁门人昙藏（758—827）于"西园结茅，参请者繁炽"[①]；普愿于池阳南阳山自建禅宇，足不下山三十多年[②]；神会弟子福琳于黄州大石山"结庵而居，四方禅侣，依之甚众"[③]，另一弟子志满（805年入塔，年91）南游黄山灵汤泉，而"结茅茨"[④]；百丈同门大梅法常（752—839）"草衣结发，居小皮舍"[⑤]，无等于黄鹄山"结茅分卫"[⑥]。药山惟俨（751—834）因求教者日多，在后山起小屋作参访修行的地方：

> 师初住时，就村公乞牛栏为僧堂，住未得多时，近有二十来人，忽然有一僧来，请他为院主，渐渐近有四五十人，所在迫狭，就后山上起小屋，请和尚去上头[⑦]。

如是看，百丈别立禅居，绝非破天荒之举，而为禅家所普遍实行。

普请的具体内容，"禅门规式"略本没有提到。据后出的"清规"及禅家生活记载所见，乃包括打柴、挑水、烧饭、补衣、丧葬等日常杂务，以及镢地、除草、农耕、捡野菜、拾蘑菇等农业、觅食工作[⑧]。当中最惹争论的是农耕。首先，僧众可否蓄田，佛典众说纷纭：《四分律》、《摩诃僧祇律》禁蓄田宅和屋舍等物，《中阿含经》禁止"受田业店肆"[⑨]。可是，《十诵律》记瓶沙王欲赠予比丘田宅，佛陀应允[⑩]；《大般涅槃经》指如时世饥馑、供养匮乏，可以蓄有田宅、谷米等[⑪]。律学巨擘道宣（596—667）引用《中阿含经》的话，认为可不可以蓄田园、奴婢等私财，以能否增长善法而定：

《中阿含经》云：我说一切衣服、饮食、床榻、园林、人民，得蓄不得蓄者，皆不定。若蓄便增长善法，我说得蓄，反此不得蓄[⑫]。

其次，僧众在某些情况下虽然可蓄有田地，但从事劳动者需是在家人。《五分律》记佛陀指明要由"净人"（在寺院中服务的在家人）管理布施得来的田宅[⑬]；《摩诃僧祇律》也说"僧园民，年年谷麦新熟时，供僧食"[⑭]。《四分律》容许比丘除乞食外，也可长期接受在家人的供养[⑮]。以至法显（418—423年间卒，年逾八十）游印时，目睹在家人为

---

① 参看《宋高僧传》卷一一，《大正藏》册五十，第774页a。

② 同上注，第775页a。

③ 参看《景德传灯录》卷一三，《大正藏》册四十九，第305页b。

④ 参看《宋高僧传》卷十，《大正藏》册五十，第766页c。

⑤ 参看《祖堂集》卷一四，第336页。

⑥ 参看《宋高僧传》卷一一，《大正藏》册四十，第774页b。

⑦ 《祖堂集》卷四，第103页。

⑧ 参看杜继文、魏道儒《中国禅宗通史》，第259页。

⑨ 参看《四分律》册五一三，《大正藏》册二十二，第962页c；《摩诃僧祇律》二五，《大正藏》册二二，431页a；《中阿含经》卷十六，《大正藏》册一，657b。

⑩ 参看卷四八，《大正藏》册二十三，第349页b。

⑪ 参看卷六，《大正藏》册一十二，第643页a。

⑫ 《四分律删繁补阙行事钞》卷下1，《大正藏》册四十，第110页a。有关僧众蓄物的规定，参看何兹全《佛教经律关于僧尼私有财产的规定》，收入其主编《五十年来汉唐佛教寺院经济研究》，第158—181页。

⑬ 参看卷二六，《大正藏》册二十二，第174页a。

⑭ 参看卷一六，《大正藏》册二十二，第352页a。

⑮ 参看卷三五，《大正藏》册二十二，第815页c。

造寺院，供应田宅、园林、民户、牛犊、钱券，僧众不乏饮食①。在各种劳动中，僧人尤严禁农耕，因为掘地会伤及生命；而鬼神乃依附草木而住，伐草木会令鬼神流离失所，故律典设"掘地"、"伐草木"二戒禁止②。还有《大智度论》以"合药、种谷、殖树"为"不净食"③；《佛垂般若涅槃略说教诫经》明言"不得斩伐草木，垦土掘地"④；道宣抨击于土地作务者，慈悲心不足，也不依佛陀的教诫："成树塔寺，缮造田园，举锸牵材，未思物命，燎原溉湿，岂避生灵？惟恐福业不成，实未怀诸慈恻。是则不闻大圣之明诫也⑤。"

"禅门规式"略本主张普请，鼓励僧众亲自耕种劳动，明显冲破印度律制的规限，令禅宗教团自给自足，最为今人津津乐道，认为百丈开创了农禅一系⑥。后出的《百丈禅师广录》设一段问答，指禅宗教人不着一物，试图为掘地伐草木这些犯戒的行为开脱，更加强百丈给人特立独行的印象：

> 问："斩草伐木，掘地垦土，为有罪报相否？"师云："不得定言有罪，亦不得定言无罪；有罪无罪，事在当人……如律中本迷煞人，及转相煞，当不得煞罪。何况禅宗下相承，心如虚空，不停留一物，亦无虚空相，将罪何处安着？"⑦

囤积田地及从事耕种等工作，在中国佛教界里，由来已久：道安（314—385）年少出家后，于田舍工作了三年⑧。法显曾与数十名同修于田中刈稻⑨；道恒（346—417）指是时僧徒"垦殖田圃，与农夫齐流"⑩；魏太武帝（424—452年在位）西伐盖吴时，"长安沙门种麦寺内"⑪；慧思（515—577）在慧文门下，"性乐苦节，营僧为业，冬夏供养不惮劳苦"，后来慧思自立，来投者"归从如市"、"填聚山林"，慧思都供给"事资"，可见大众劳役甚勤⑫。信行（540—594）"舍具足戒，亲执劳役"⑬；道英（557—636）于普

---

① 参看《高僧法显传》，《大正藏》册五十一，第859页a。
② 参看《四分律》卷一、十二，《大正藏》册二十二，第641页a—642页a。
③ 参看卷三，《大正藏》册二十五，第79页c。
④ 参看《大正藏》册十二，第1110页c。
⑤ 《续高僧传》卷二十二，《大正藏》册五十，第622页a。
⑥ 例如杜继文、魏道儒之《中国禅宗通史》指百丈把禅行与农作融合为一，他完成的农禅体系，有划时代的意义（第252页）。要注意的是，《怀海塔铭》和《禅门规式》略本都没有提到普请的内容，百丈门下更曾订下在寺院内外不能置田地的规定（详下节），因此百丈是否赞成农耕，悬而未决。有关百丈清规跟寺院经济关系的讨论，参看原田弘道《宋代丛林性格》，《佛教经济研究》（驹泽大学），第13号，1984年，第55—58页；彭仕敏《汉传佛教丛林清及其"普请法"略论》，《湖南省社会主义学院学报》2000年第4期，第44—46页；宫本觉道《中国禅宗にお经济生活》，《驹泽大学大学院佛研究会年报》第36号，2003年，第107—118页；黄运喜《禅宗丛林制度的建立与僧团内部结构的变化》，《中国禅学》第二卷，2003年，第171—181页。
⑦ 有关这段问答的讨论，参看铃木哲雄《"百丈广录"思想》，《印度学佛教研究》第四十六卷第2号，1989年，第63—68页。
⑧ 参看《高僧传》卷五，《大正藏》五十，第351页c。
⑨ 参看《高僧传》卷三，《大正藏》五十，第337页b。
⑩ 参看《释驳论》，《弘明集》卷六，《大正藏》册五十二，第35页b。
⑪ 参看《魏书》卷一一四，《释老志》，《二十四史》第三册，第2505页。
⑫ 参看《续高僧传》卷十七，《大正藏》册五十，第563页a。
⑬ 参看《续高僧传》卷十七，《大正藏》册五十，第560页a。

济寺，"置庄三所，麻麦粟田皆在夏县东山深隐之所"①；慧胄（唐贞观初年［627—649］卒，年69）住清禅寺，"水陆庄田，仓廪碾硙，库藏盈满"②；志超（571—641）于寇贼横行，民不聊生的时势，"结徒劝聚，余粮不穷"③；日僧圆仁（794—864）入唐，至赤山法花院，见到"有庄田以宛粥饭，其庄田一年得五百石米"；又目睹僧众收集蔓菁和萝卜，上座负责捡叶，僧众不论老少，都要担柴④。禅家也有很多类似记载。例如道信劝勉门人"能作三五年，得一口食塞饥疮"⑤，"能作"即是作务、作役；弘忍（602—675）在道信门下，"常勤作役"，"昼则混迹驱给"⑥；法融于牛头山聚僧众百余人，虽然"山寺萧条"，仍能"自足依庇"⑦；神秀（？—706）见弘忍后，"决心苦节，以樵汲自役"⑧；慧能初到弘忍处，也在桩米房工作八个月，得法南下后，又"混农商于劳侣"⑨；普愿牧牛种田⑩，马祖弟子志贤"汲水拾薪，惟务勤苦"⑪。凡此可见，中国僧人禅家耕种劳役，十分平常，非百丈首创。

所谓不立佛殿，只设法堂，"禅门规式"略本指出因为长老乃得佛陀代代嘱授，两者地位无二。有关唐代寺院的配置实况，今天已难查考，但不应没有佛殿⑫。《景德传灯录》记希迁请大众"铲除佛殿前草"，可知佛殿虽荒废甚久，但仍存在⑬。据《祖堂集》的描述，丹霞天然（739—824），惟俨驻锡处都有佛殿⑭。大和五年（831）寂然于剡县沃洲山南建成之禅院，有"正殿若干间"，当包括佛殿⑮。宗赜《禅苑清规》谈到"于佛殿前礼佛"、"大殿"，及设"殿主"一职⑯，如是看，《禅苑清规》虽继承"百丈清规"，也不会不立佛殿；至南宋，禅寺更是以佛殿为中心⑰。至于法堂，也是寺院的寻常建筑。例如牛头慧忠（683—769）于寄居的寺院东面别创法堂说法，信徒云集：

① 参看《续高僧传》卷二十五，《大正藏》册五十，第 654 页 b。
② 参看《续高僧传》卷二十九，《大正藏》册五十，第 697 页 c。
③ 参看《续高僧传》卷二十，《大正藏》册五十，第 592 页 a。
④ 参看圆仁著、白化文等校注《入唐求法巡礼行记校注》卷二，花山文艺出版社 1992 年版，第 166、188 页。
⑤ 参看杜胐《传法宝纪》，柳田圣山校订《初期·禅史Ⅰ》，东京筑摩书房 1971 年版，第 380 页。
⑥ 同上注，第 386 页。
⑦ 参看《续高僧传》卷二十六，《大正藏》册五十，第 604 页 c。
⑧ 参看《宋高僧传》卷八，《大正藏》册五十，第 756 页 a。
⑨ 参看王维《六祖能禅师碑铭并序》，《全唐文》卷三二七。
⑩ 参看《宋高僧传》卷一一，《大正藏》册五十，第 775 页 a。
⑪ 参看《宋高僧传》卷九，《大正藏》册五十，第 763 页 b。
⑫ 张十庆曾推测并绘制早期禅寺的布局，以法堂为中心，不设佛殿，但他也只是根据"禅门规式"略本的描述，唯一的佐证是他指出日本部分禅寺例如京都妙心寺，直至近世仍保持着法堂大于佛殿的体制，或是表现出早期禅寺的格局。参看张十庆：《中国江南禅宗寺院建筑》，湖北教育出版社 2002年版，第 39、45 页。
⑬ 参看《景德传灯录》卷十四，《大正藏》册四十九，第 310 页 b。
⑭ 参看《祖堂集》卷四，第 96、103 页。
⑮ 参看白居易（772—846），《沃洲山禅院记》，《全唐文》卷六七六。
⑯ 参看卷九"训童行"，第 464 页 a，及卷二"念诵"、第 443 页 c 卷四"殿主钟头"，第 449 页 c。观其着墨不多，则是时寺中虽有佛殿，却不大重要。
⑰ 参看戴俭《禅与禅宗寺院建筑布局初探》，收入佛光山文教基金会编《中国佛教学术论典》七十五册，高雄佛光山文教基金会 2003 年版，第 35—36 页。

众请入城，居庄严旧寺。师欲于殿东别创法堂……不日而就，翕是四方学徒云集坐下矣①。

曾向神秀请益的香育，隐居大佛山，州将韩闻请他出山，并"树造法堂，严饰奇丽"②；马祖、普愿住持的寺院也设有法堂。③ 又值得注意的是，慧洪（1071—1128）说他听闻怀海训言建寺"必先造大殿，以奉安佛菩萨像"；又闻德山宣鉴（780—865）指"营造殿宇"乃是"魔业"，故要"撤去大殿，独存法堂"，两者说法矛盾，因此有无所适从之感叹："呜呼！百丈德山皆祖师，一则建立，一则扫荡，安所适从而折中哉④？"

慧洪师承真净克文（1025—1102），远绍汾阳善昭（847—1024）余绪，著作等身，又曾寓居百丈寺，亲瞻怀海遗像⑤。如百丈废佛殿真的这么原创及风行一时，很难想象博学如慧洪也会弄错。可能的解释是，这规定本是后来的禅师（如宣鉴）所立，但有人为了令百丈的禅风更突出，便假托是他的主意⑥。

"禅门规式"略本的其他说法，如折中大、小乘律制，道宣早已进行⑦。"化主"为选贤与能，前此已有先例：永淳二年（683），慧安回家乡玉泉寺，刚巧神秀逝世，众欲推举慧安任住持；大历五年（770）元崇因大众的坚请，任钟山寺主持⑧。又其所设立的职位中，维那乃印度寺院已有的职位，南北朝时为僧官名，乃副官之职；饭头、侍者二职，也见于惟俨住处⑨。还有一些规定，乃依循印度律制。如称化主为"长老"，"禅门规式"略本已表示这是西域的习惯；另据《十诵律》的记载，有下座比丘称呼上座比丘时不恭敬，佛陀遂规定下座比丘要称呼上座比丘为"长老"，诸如长老舍利弗、长老目犍连⑩。又如依僧腊大小排位，《四分律》记有比丘问佛众僧中谁排第一，佛陀以故事回应：象、猴、鸟共依一树居住，一天它们争论谁最应受尊重。象忆述它小时走过树顶接触到它的肚脐；猴忆述它小时举起手可触摸到树顶；鸟忆述它以前曾在雪山右面吃果实，把种子掉到地上便生出此树。由是鸟最年长，也是最资深。因此佛陀宣告谁先出家，谁居上座⑪。又如置衣架，据《根本说一切有部毗奈耶杂事》的记载，比丘随处放衣服，令衣服容易弄污和遭虫蚁咬破，佛陀知悉后，允许于寺内造衣架挂搭物品⑫。又"禅门规式"略本重视即时严惩违犯者，以免动辄诉诸官门，查印度政权少干涉佛教事务，所谓"众僧名

---

① 参看《景德传灯录》卷四，《大正藏》册四十九，第 229 页 a—b。

② 参看《宋高僧传》卷八，《大正藏》册五十，第 760 页 a。

③ 参看《祖堂集》卷十四、第 16，306、358 页。

④ 《潭州白鹿山灵应禅寺大佛殿记》（1125），《石门文字禅》卷二十一，《四库全书》第一千一百一十六册，上海古籍出版社 1987 年版，第 428 页。

⑤ 参看陈自力《释惠洪研究》，北京中华书局 2005 年版，第 32 页。

⑥ 无着道忠（1653—1707）《禅林象器笺》曾言："世谓拆却佛殿，独存法堂，德山独有此作，殊不知本是百丈立意也"（北京中华全国图书馆文献缩微复制中心 1996 年版），第 16 页上。

⑦ 道安指出"大小二乘，理无分隔，对机设药，除病为先"，力图证明所谓小乘戒律其实通于大乘教理。参看《四分律删繁补阙行事钞》卷中一，《大正藏》册四十，第 49 页 c。

⑧ 参看《宋高僧传》卷十八、十七，《大正藏》册五十，第 823 页 b、814 页 c。

⑨ 参看《祖堂集》卷四，第 105、106 页。

⑩ 《大正藏》册二十三，第 286 页 b。

⑪ 参看《四分律》卷五十，《大正藏》册二十二，第 940 页 a。

⑫ 《大正藏》册二十四，第 262 页 a—263 页 a。

字不贯王籍，其有犯者，众自治罚"①，但在中土，自南北朝以来，朝廷设立僧官，管理佛教事务，负责惩治犯过的僧尼②，"禅门规式"略本的规定实有回复寺院自主的印度传统的意味③。此外，"禅门规式"略本容许坐禅者感到疲倦时稍事睡觉，如看《四分律》的记载，有比丘晚上集合坐禅，有的睡着了，佛陀指示用拂子的把柄拍醒，或用皮鞋掷醒，或用禅杖触醒，或用水洒醒等④。相比之下，"禅门规式"略本的处理显得温和⑤。

三　禅家自订律仪的传统及结语

戒律为佛教徒修道及共同生活的轨范。一般来说，戒律不容任意更改，但律制也设"随方毗尼"一项，意指某些律仪可随不同地方的风俗民情，斟酌取舍。佛教传入中土后，由于印度律仪不全适用，中国佛教徒一面不懈地研习律典，另一面自订律仪。如有道安（312—385）的"僧尼规范"，灌顶（561—632）设"立制法"十条等。禅家给人的印象虽是不拘泥于繁文缛节，但其实从不废弃戒律。例如普寂"隐居半岩，布褐一衣，麻麦一食"，"以正戒为墙"，临终遗训是"尸波罗密是汝之师"⑥，义福"律行贞苦"⑦，净觉（688—746）"律仪细行，周密护持"⑧，同光（700—770）认为"修行之本，莫大于律仪"⑨。随着禅门势力日盛，徒众日多，自然需订下一些守则，予以规范维系⑩。现存最早的一套禅门规则，为百丈门人在百丈死后所立⑪。德辉《勅修百丈清规》在转载《怀

① 义净（634—713）撰、王邦维校注：《大唐西域求法高僧传》，北京中华书局 1988 年版，第 134 页。

② 有关唐代朝廷对待佛教的政策的详细叙述，可参看史丹利·维因斯坦（Stanley Weinstein）著、释依法译《唐代佛教》，台北佛光文化事业有限公司 1999 年版。

③ 早期印度佛教反对塑造佛像，以免对佛陀盲目崇拜，妨碍修行。《禅门规式》略本不立佛殿，或也含有反归原始佛教的意图。

④ 参看《四分律》卷三十五，《大正藏》册二十二，第 817 页 b。

⑤ 再如后出的《禅苑清规》启章便是"受戒"、"护戒"两项，禅家也要受具足戒，可见"清规"从无脱离传统的律制，清规不少规定都有取于传统律制以至中国礼仪。参看 Yifa, "Chinese vinaya tradition to chan regulations," in William M. Bodiford ed., Going Forth：Visions of Buddhist Vinaya. Honolulu：University of Hawaii, 2005. pp. 124 – 135。

⑥ 参看李邕《大照禅师塔铭》，《全唐文》卷二六二。

⑦ 参看严挺之（673—742）《大智禅师碑铭》，《全唐文》卷二八〇。

⑧ 参看王维（701—761）《大唐大安国寺故大德净觉师塔铭》，《全唐文》卷三二七。

⑨ 参看郭湜《唐少林寺同光禅师塔铭》（771），见周绍良主编《唐代墓志汇编》下册，上海古籍出版社 1992 年版，第 1776 页。

⑩ 禅宗北派对于戒律甚为重视，原因在于其跟律宗同时兴起，两者必有交流；另禅家由早期的苦行流浪到于寺院安住，自然衍出生活律仪的探讨。参看椎名宏雄《北宗禅にお　戒律　問題》，《宗学研究》第 11 号，1969 年，第 139—152 页。

⑪ 仪润《百丈丛林清规证义记》序记《清规》乃初创于梁法云（467—529）（参看《续藏经》卷一一一，第 291 页 a）。《续高僧传》卷五记梁武帝敕法云为"光宅寺主，创立僧制，雅为后则"（《大正藏》册五十，第 464 页 b）。但法云所创的僧制已佚，内容不得而知；而此序乃清同治十年（1871）之作，也没有其他佐证，因此很值得怀疑。又不少学者根据《嵩山□□□故大德净禅师身塔铭并序》（746）记净藏（675—746）曾"作禅门龟镜"（见周绍良主编《唐代墓志汇编》下册，第 1598 页），认为这是最早出的清规。刘长东正确地指出"禅门龟镜"不过是形容净藏堪作禅门的模范而已。参看刘长东《宋代佛教政策论稿》，巴蜀书社 2005 年版，第 226 页。

海塔铭》之后，续说于立碑铭的同一天，大众议决了五事，记于碑侧。德辉以"可为鉴戒"，故一并载录下来：大师迁化后，未请院主日，众议厘革山门久远事宜都五件：

> 一、塔院常请一大僧，及令一沙弥洒扫。
> 一、地界内不得置尼台尼坟塔及容俗人家居止。
> 一、应有依止及童行出家，悉令依院主一人，僧众并不得各受。
> 一、台外及诸处不得置庄园田地。
> 一、住山徒众不得内外私置钱谷①。

据引文，这五项是在百丈死后及未请到新院主的过渡期间，大众讨论寺院长期以来的问题所下的决议，可见百丈门人甚重律仪的严守。例如禁止在禅居范围内设置尼台、尼坟和尼塔，乃避免俗人的讥嫌；禁止在台外及四周置庄园田地及禁止僧众在寺院内外私置钱谷，乃是对僧众囤积土地和财富的陋习的反动；不容许俗人家庭借居止，乃依从唐政府寺观内"不得宿客居住"的敕令②；年少者出家，只可依止院主一人，乃避免僧众内讧。

百丈弟子沩山灵佑（771—853）著《沩山警策》，说佛陀制戒，是为了规范佛弟子；戒律中的种种条文，可革除各类弊病：

> 佛先制律，启创发蒙，轨则威仪，净如冰雪，止持作犯，束敛初心，微细条章，革诸猥弊③。他特别抨击一些僧人不懂律仪，高声说话，目无尊长，进食无礼，仿如外道：或大语高声，出言无度，不敬上中下座，婆罗门聚会无殊，[木宛]钵作声，食毕先起④。……

实际上，灵佑于大沩山聚徒众千余人，"自为饮食纲纪"⑤。观灵佑这么重视行止的礼仪，他或制定了一些僧人日常生活的轨则。百丈另一弟子法正（？—819），亦"敷演毘尼，洪严戒范"⑥。凡此反映出百丈门人甚重视戒律的演绎和持守。

马祖弟子、百丈同门智常，于元和年间（806—820）于归宗寺曾"革以禅规"⑦。智常下传芙蓉灵训，创芙蓉院，"住持严整，海内闻名"⑧，灵训弟子雪峰义存（822—908），于光化四年（901）定"规制"。现存永明延寿（904—975）之立石志记，附于《雪峰义存禅师语录》之末：

> 一、或有投归僧坊而求变白披缁者，尽令归奉一主。一主无二，即免为诤。
> 但依芙蓉先师规制，即知其义也。

---

① 《大正藏》册四十八，第 1157 页 a。可是，这五项决议不见于《全唐文》等其他文献，原碑也失逸，《勅修百丈清规》变成孤证。

② 有关唐政府这些禁令的施行及其因由，参看张国刚《佛学与隋唐社会》，河北人民出版社 2002 年版，第 111 页。

③ 《卍续藏经》卷一一一，第 144 页前上一下。

④ 同上注，第 144 页前下一后上。

⑤ 参看郑愚《潭州大沩山同庆寺大圆禅师碑铭》，《全唐文》卷八二〇。

⑥ 参看柳公权（778—865）《百丈山法正禅师碑铭》，《全唐文》卷七一三。

⑦ 参看余靖（1004—1064）《庐山承天归宗禅寺重修寺记》（1063），《武溪集》卷七，《四库全书》第一〇八九册，第 62 页。《宋高僧传》卷一七记智常驻锡该寺后，"其徒响应，其法风行"，所谓"响应"、"风行"者，有可能意指禅规的改革。参看《大正藏》册五十，第 817 页 b。

⑧ 参看《祖堂集》册一七，第 382 页。

一、蓝田、张际两庄，但逐年轮差了事僧，勾当始终供应。塔院常住供养当院僧徒等，切不得别议住持。

一、众中或有老者、病者，不任自取索，即差了事童行，终始看待。如无童行，转差沙弥；如无沙弥，轮差大僧。始终看待，无至违越。

一、或有乡村檀那，精心礼请，唱佛道场。必须众议能为法事者，差免俗讥嫌。

一、当院出家沙弥、童行、大僧等，无事出院，不辞知事及大众等，如若却来，便须出院。若为小小因缘，若无重过，却来即罚礼一百拜放住。如若当时不遵指约，亦须出院。

一、当院徒众等，或非知事辄行杖木，令人不安，昼时出院。

右件条约，住持之事，仰纲维、主首及僧徒等，共相遵守，不得违越，终而复始①。

据引文，僧众的工作包括轮值管理庄田，应施主之请于道场唱赞佛名佛经，照顾僧众中的老者和病者。在当院出家的沙弥、童行、大僧等，无故不辞而别，如没有犯重罪，回来后罚礼拜一百次；如不依指示，须逐出寺院。徒众非任知事之职，动辄行杖木之责，令人不安，也须暂时逐出寺院②。又观文中提到住持、勾当、常住、知事、纲维、主首等职位，足见禅寺制度规模之大③。

总括来说，中国僧人向有因应中土的特殊环境而自订律仪的传统，禅家也不例外。从《怀海塔铭》所见，百丈已粗立一些规定，而其门人灵祐、法正及周遭的禅家智常、灵训、义存，或曾进行禅规改革，或订下形形色色的律仪。至唐末宋初，禅宗慢慢以独立宗派的姿态崛兴，亟须寻找自家身份的确认。因此，随着传承谱系的确立、灯史语录的编纂，作为教团的运作规范——"禅门规式"也逐渐酝酿出来。又从第二节的讨论可见，"禅门规式"略本的种种规定，有的已是中国僧人及禅家行之既久，有的本自印度律制，几无创新之处。其贡献在于把这些规定，融汇为一，再设立名目（如普请、寮司），加以统合，进行制度化管理，并以禅宗独门规则为标榜呈现出来，此外，禅家为加强这些规式的权威性，上溯自百丈为始创者，以接通慧能的禅宗正统。其后的佛教史传承袭此说，各种"清规"也无一例外地奉百丈为始祖，久之成为定说；"百丈清规"一词，亦风行于世。

屈大成，广东省番禺县人。香港大学中文系文学学士、哲学硕士、哲学博士，现职香港城市大学中国文化中心讲师。专著有《大乘大般涅槃经研究》、《涅槃经导读》、《中国佛教思想中的顿渐观念》、《佛学概论》等。

---

① 《卍续藏经》册一一九，第 486 页后下—487 页前下。

② 有关这些罚则的讨论，参看尾崎正善《丛林にお　罚则》，《比较文化研究》（鹤见大学比较文化研究所）第 5 号，2003 年，第 89—113 页。

③ 赞宁评论义存"知戒急"，可见义存给人的印象都是重视戒律。参看《宋高僧传》卷十二，《大正藏》册五十，第 782 页 c。有关义存的戒律观，参看铃木哲雄《唐五代禅宗史》，东京山喜房佛书林 1985 年版，第 463—469 页。

中国禅学　第五卷
2010 年，第 394—398 页

圭峰宗密的本末之辨

韩焕忠

内容提要　圭峰宗密撰成《原人论》一文，运用判教的方式对儒道二家及佛教内部的各种解释一一辨别。从回真向俗、入世化民的角度上，宗密在不同程度上肯定了儒道二教及对本原的理论进行了多方面的诘责。佛教的人天教、小乘教、大乘法相教、大乘破相教，在宗密看来，也都不是究竟之论。宗密认为，只有一乘显性教以"一切有情"普遍具有的"本觉真心"为人的本原，这才是佛教内部各种教门的合理性。圭峰宗密的本末之辨是华严判教在教理阐释中的运用与发展。

关键词　宗密　本末　原人论　一真灵性

韩愈的《原道》、《原性》，柳宗元的《天说》，刘禹锡的《天对》以及韩愈弟子李翱的《复性书》等，都是古文运动的杰作，其理论思辨虽不及佛家之精微，但却提出了一个非常重要的问题，即人的本性是什么？韩愈是排斥佛老的健将，当他以仁义礼智信等儒家纲常规定人性时，实际上就具有否定佛教合理性的意味。李翱、柳宗元、刘禹锡等人虽然对佛教颇有好感，但将人性之本归诸儒家之善或自然之天的思路也表明他们不以佛教为皈依。佛教内部因经论众多，宗派林立，对这一问题也有不同的解释。圭峰宗密（780—841）作为华严宗的第五代祖师与禅宗南宗荷泽神会门下第五世法孙，对这一问题进行了深入思考，他自谓"数十年中，学无常师，博考内外，以原自身，原之不已，果得其本"①。为此他撰成《原人论》一文，运用判教的方式对儒道二家及佛教内部的各种解释一一辨别，并对这一问题给出了自己的回答，由此形成圭峰宗密的本末之判。②

1. 斥迷执

中国固有的儒道二教都非常重视对人的本性的省察，宗密对此进行了总结，"儒道二教说人畜等类，皆是虚无大道生成养育，谓道法自然，生于元气，元气生天地，天地生万物。故愚智贵贱，贫富苦乐，皆禀于天，由于时命。故死后却归天地，复其虚妄"③。这就是说，在宗密看来，儒道二教将人的本性归结为"大道"、"自然"、"元气"、"天命"

---

① 宗密：《原人论·序》，《大正藏》册四十五，第 707 页 c。
② 中国先哲非常重视"本末"一对范畴。如《论语·学而》云："君子务本，本立而道生。"《礼记·大学》云："物有本末，事有终始，知所先后，则近道矣。"《庄子·天下》云："明于本数，系于末度。"此先秦诸子既以本末而辨先后、轻重矣。至魏晋，玄学盛行，本末有无之辨成为时代的主题。而佛教诸家的判教，特别是华严宗的判教，特别重视本末之分，如贤首法藏就以《华严经》为"称性本教"，其他经典为"逐机末教"。永嘉玄觉《证道歌》云："但得本，莫愁末，如净琉璃含宝月。"禅宗亦以明心见性为修道证真之本。
③ 宗密：《原人论·斥迷执第一》，《大正藏》册四十五，第 708 页 a。

等。宗密认为，儒道二教的宗旨，是为人们建立日常行为规范，而不在于推究人身的根本，所以其所说的万物，都是一些非常具体的有形的事物，即便是指大道以为身本，也缺乏详细的说明，只能算作一时的权便之论，而不是终极的究竟之谈。但有些人迷执其说，以之为真实的道理，于是宗密就站在佛教的立场上，对儒道二教关于人之本原的理论进行了多方面的诘责。

道家认为，万物都是从虚无大道生成的。宗密认为，万物既然是从虚无大道而生成的，那么生死、贤愚、吉凶、祸福等现象也都是从虚无大道而生成的；虚无大道既然是永恒长存的，也就意味着祸、乱、凶、愚等恶劣的现象无法剪除，福、庆、贤、善等现象无法增加。既然一切都已确定不疑，不可改易，如此一来，老庄之教，也就是被唐朝皇室奉为皇家宗教的道教，就没有什么意义了。而且虚无大道还养育了虎狼这类凶猛的动物，夭折了颜渊、冉耕这样的圣贤，祸害了伯夷、叔齐这样的君子，其尊贵性又体现在什么地方呢？在宗密看来，道家虚无大道生万物的观点必然导致对自我的根本否定，因而其错误性是不言而喻的。

儒道两家主张，世间万物都是自然而然的，不必有什么原因（因）和条件（缘）。宗密认为，这种说法显然是非常荒谬的。照此而论，那么一切没有原因和条件的地方都应该生成、变化，因此人们可以看到石头生成了草，草生出了人，人产生了畜生，而且这种生成还不应有前后、早晚的区分。推而广之，要想成为神仙，也就不用道教精通的炼丹合药；要获得天下太平，也不必凭借贤良之人的治理；要养成仁义之风，也不必依赖教化和修习。如此一来，人们又何必以老子、庄周的道教与周公、孔子的儒教作为行为的规则呢？在宗密看来，儒道二教主张万物都是自然而然，同样也会导致对自身的否定。

儒道二教还认为万物都是从元气生成的。宗密反问道，那一瞬间形成的人们的精神未曾有过学习、思考，为什么在婴孩时期便能有爱恶之情、骄恣之性呢？如果说这些都是一生下来便有的，那么儒教所倡导的五德、六艺等也应该一生下来就会，又何必要依赖一定的条件进行学习呢？如果生就是禀受元气忽然而有，死就是元气消散猛然而无，那么鬼神又自何而来呢？有些人能够追忆自己前生的往事，表明今世是前生的继续而非禀受元气忽然而有；人死之后，成为鬼神，其灵明知觉仍未断绝，可知死后也不是元气消散猛然而无，因此历史上才会有祭祀求祷之类的活动，何况有不少死而复苏的人讲说阴间的事情，有些人还能在死后使老婆、孩子感受到自己的存在，进行复仇和报恩！而且天地之气本来是没有知觉的，人禀受这种没有知觉的元气而生，怎么就忽然间有了知觉呢？草木同样也是禀受这种元气，为什么就没有知觉呢？实际上，宗密的反问也正是儒道两家自感困惑的地方。

儒道二教还喜欢把人生在世的贫富、贵贱、贤愚、善恶、吉凶、祸福等都归结为天命。宗密对此又问，这个老天在赋予人们命运的时候为什么贫多富少、贱多贵少乃至祸多福少呢？多少之分既然都是由天决定的，天为什么这样不公平呢？无行却富贵，修行反贫贱，无德却富有，有德反贫穷，纵观古今，忤逆获吉而道义遭凶，仁爱早夭而残暴长寿，这样的事还少吗？如果说这些都是由于天命的话，天命给人的感觉就是专门使不道的人兴盛而使有道的人丧亡，哪里还有福善益谦之赏与祸淫害盈之罚？因此宗密认为，既然一切的祸乱反逆都是天命决定的，那么圣人在推行教化时责人不责天、罪物不罪命就是不恰当的。"《诗》刺乱政，《书》赞王道，《礼》称安上，《乐》号移风，岂是奉上天之意，顺造化之心乎！"① 言下之意，儒家的一切教化都不能在天命中找到依据。

在宗密看来，儒道二教将人性本原归结为大道、自然、元气、天命，实是未能找出人的本原，习此二教，不免为其迷惑，而以其说为真理，便成执著，自然应当予以破斥。因此他对儒道二教原人论的解释便以"斥迷执"为标题，隐然间也彰显出因缘果报、三世轮回的解释功能。

2. 斥偏浅

佛教内部经论众多，派别林立，对人生本原也都做出了不同的解释。宗密自浅入深，将佛教的原人论分为人天教、小乘教、大乘法相教、大乘破相教与一乘显性教五种。宗密认为，五种原人论中，除了一乘显性教外，其余四种，都非究竟之论。

人天教以业力作为人的本原。佛为那些刚刚开始立志修行的人，即初心人，讲说三世业报、因果轮回的法则：造上品十恶，死后堕入地狱；造中品十恶，死后堕为饿鬼；造下品十恶，死后堕为畜生。佛按照世间的行为规范，教导他们修持不杀、不盗、不淫、不妄、不酒等五戒，使他们避免堕入三恶道，而生在人道之中；修上品十善及布施、持戒等，上生六欲天；修四禅八定上生色界、无色界天。修此教们可以获得成人或生天的果报，故而称之为人天教。在此教看来，众生之所以生死流转于地狱、饿鬼、畜生、人、天等五道中，是由于其前生所造的业力使然。宗密对此不以为然，他反问道，既然是由于造业而流转生死，受五道之身，但不知又是谁在造业谁来受报？在他看来，眼、耳、手、足以及心脏都是有具体形状的器官，喜、怒、爱、恶等情绪并非实体，前生后世，身心不同，都不是造业的主体，因此他认为人天教未能推究出人生真正的本原来。

小乘教以色心二法与贪瞋痴作为人的本原。"色"指人的肉体之身，"心"指人的思虑念想，在小乘教看来，色心二法在因缘力的作用下，和合一处，从无始以来，念念生灭，相续无穷，凡愚之人执以为我，产生贪瞋痴等，驱使身口意，造业受报，故受五道苦乐等身，三界胜劣等处，在无始无终的生老病死、成住坏空中轮回不绝。小乘教将色分为地水火风四大，将心分为受想行识四蕴，反复推寻我在何处，使人们觉悟此身不过是众缘和合而成的假相，从而破除贪瞋痴，修行无我智，证得我空真如，乃至灰身灭智，成就阿罗汉果。宗密认为，在无穷无尽的时间长河里充当人之本原的那个东西，其自体应该是无间断的，而心法中的前五识如果缺少特定的条件就无法生起，意识在某些情况下，如在昏倒、睡眠、禅定等状态中，也无法进行，因此色心二法不能承当人之本原的重任。换言之，在宗密看来，小乘教的原人论也未能推究出人的真正本原。

大乘法相教以八识中的阿赖耶识作为人的本原。大乘法相教认为，一切有情众生，自无始以来，法尔（即自然而然之意）具有眼、耳、鼻、舌、身、意、末那、阿赖耶等八识，其中第八识阿赖耶识为其他诸识的根本，阿赖耶识转生成前七识，前七识又各自具有变现功能，从而形成人与万事万物以及纷繁复杂的世界。由此可知，人与万物都没有实在的自性，实际上只是第六识与第七识在无明的作用下，将诸识的能变之性执以为实在之我，将诸识的所变之境执以为实有之法。宗密举梦为喻：人在睡梦中好像亲身经历了许多奇妙的情景，醒来之后，方知是梦，而非真实。宗密由此认为，我们自身也是"唯识所变"的结果：迷时执著有我与外物，由此起惑造业，流转于无穷的生死苦海之中；悟解了这个道理之后，就知道我们自身为阿赖耶识转变而成。大乘法相教由此认定阿赖耶识为

---

① 宗密：《原人论·斥迷执第一》，《大正藏》册四十五，第708页 c。

人的本原。宗密当然不同意此论，他接下来举出的大乘破相教对此进行了批驳，指出了这种原人论的局限。

大乘破相教以空为人的本原。宗密认为，大乘破相之谈，不唯为诸部《般若》所专有，而是遍及各种大乘经典之中，其主要目的和功能，就是破除对各种法相的执著。大乘法相教以阿赖耶识为人的本原，从大乘破相教的立场来看，自然也是一种执著，应在破除之列。宗密设问道，所变外境既属虚妄，能变心识又怎能是真实的呢？若以梦为喻，梦时的梦想与梦中所见诸物似乎能见与所见的区别，但据理而言，则同一虚妄。"诸识亦尔，以皆假托众缘，无自性故。"① 由此大乘破相教得出"空"为人之本原的结论。但宗密对大乘破相教的主张仍然不满意。在他看来，内心与外境都空无所有的说法，不仅否定了能知主体的存在，而且否定了虚妄诸法产生的依据，就如同虚妄的梦想与梦境必须依赖睡眠之人一样，那么谁是睡眠之人呢？

宗密对以上四教原人论的解说，是按照前浅后深的次序进行的。由于这四教未能推究出人的真正本原，所以宗密斥之为"浅"，若习此浅说而执以为究竟之论，则又陷自于"偏"。宗密在此一一指其偏浅而斥破之，故谓之"斥偏浅"。

3. 直显真源

一乘显性教以"一切有情"普遍具有的"本觉真心"为人的本原。宗密认为，这才是关于人的本原的究竟之论。

宗密将此"本觉真心"解释为"无始以来，常住清净，昭昭不昧，了了常知，亦名佛性，亦名如来藏"②。既然人人具有"本觉真心"，为什么还会流转生死呢？在宗密看来，这是由于众生无始以来受到妄想遮蔽，以肉体凡质为真实的自我，因此结业受报，沉沦苦海。佛怜悯众生，为之宣说一切皆空的道理，又开示一切众生所具的"灵觉真心"与诸佛一样清净无染。也就是说，众生与佛虽有迷悟之异，但真心却同，因此从"至教"，即最为圆满的教法来看，众生本来就是佛，因此必须"行依佛行，心契佛心，返本还源，断除凡习，损之又损，以至无为，自然应用恒沙，名之曰佛"③。众生依据本有的"真心"，通过修行，可以成为真实的佛。

既然只有一乘显性教的原人论是最为究竟的终极之论，那么佛为什么还要讲说其他教法呢？宗密认为，这是由于众生根性不同的缘故。对于那些中下根性的人，佛从浅至深，循循善诱，先说人天教，引导他们改恶向善，次说小乘教与大乘法相教，使他们转染为净，最后才说大乘破相教与一乘显性教，破除他们对法相的执著，而彰显其本身具有的本觉真心或灵性，将各种权便法门会归到终极的真实教法之中，使之依据真实教法修行乃至成佛。而对于那些上根利智的众生，则直接向他们宣说一乘显性教，使他们顿悟自身本具的"一真心体"，而心体一旦彰显，就会自觉一切皆是虚妄，以此悟真之智断恶修善，息妄归真，成就自己的法身佛。

宗密此处所说的"一乘显性教"，实际上就是前面所说的"显示真心即性教"及与之对配的"直显心性宗"。宗密以"一真灵性"或"本觉真心"为本，以"空"、"阿赖耶识"、"色心二法及贪瞋痴"、"业力"为末，实际上就是以他认定的华严宗教理为本，其

---

① 宗密：《原人论·斥偏浅第二》，《大正藏》册四十五，第 709 页 c。
② 宗密：《原人论·直显真源第三》，《大正藏》册四十五，第 710 页 a。
③ 同上。

他教法为末。因此说，宗密对各种原人论的排列就是对华严宗判教的一种运用和发展。

4. 会通本末

从追求终极真理以实现超凡入圣、转迷开悟的角度上，宗密一一否定了人天教、小乘教、大乘法相教与大乘破相教的原人论。但从回真向俗、入世化民的角度上，宗密指出，上述诸教所说的人之本原又都在一定程度上展现了一乘显性教所说的"本觉真心"或"一真灵性"具有其合理性。

宗密对这个"不生不灭，不增不减，不变不易"的"一真灵性"流转生死进行了解释。[①] 他认为，众生无始以来迷睡不觉，自身本具的"一真灵性"被隐覆起来，称为"如来藏"。众生依如来藏而起生灭妄想，故而大乘破相教谓之为空。不生不灭的真心与生灭不已的妄想和合而成阿赖耶识，有觉与不觉二义。依其不觉的一面，起心造业，不知本性空无，阿赖耶识因之转成能见之识与所见之境，从而形成法执和我执。因此，大乘法相教谓阿赖耶识为人的本原。在我执的驱使下，众生贪爱那些使自我获得润泽的顺境而瞋恨损坏恼乱自我的逆境，所以小乘教以色心二法及贪瞋痴为人的本原。众生造下杀、盗等恶业，生于地狱、饿鬼、畜生道中，也有些人畏惧恶道的痛苦，修行布施、持戒等善业，得以进入母胎之中。是以人天教以业力作为人本原。在宗密看来，人禀气受质，凝成身心，怀胎十月，降生为人，无论其一生际遇如何，都是前生业力决定。儒道二教不知前生，不明因果，故而谓人的本原为元气、自然、天命、大道。

也就是说，宗密所谓的"会通本末"，就是对儒道二教、人天教、小乘教、大乘法相教、大乘破相教的原人论进行"同情的了解"，看到它们与一乘显性教的相互融通之处，同时也在知其所以然的基础上更加坚信一乘显性教所揭示的"一真灵性"的究竟与终极。因此说，圭峰宗密的本末之辨是华严判教在教理阐释中的运用与发展。

韩焕忠（1970—），山东曹县人，哲学博士，苏州大学哲学系教师，主要研究中国佛教思想史。

---

① 宗密：《原人论·会通本末第四》，《大正藏》册四十五，第710页 b。

中国禅学　第五卷
2010 年，第 399—412 页

洛阳新出比丘尼墓志与唐代东都圣善寺[*]

赵振华

内容提要　盛唐时期的洛阳，人口聚集，是佛教最为兴盛的地区之一。会如、志弘本仕宦家庭主妇，社会地位较高，经济生活优裕，晚年先后于圣善寺、宁刹寺削发为尼。她们生平濡染佛法僧之教益，走在世俗信仰群体的前沿，以个人出家的实践具体推动佛教之盛行，也足见佛教对世俗人生之深刻影响。在东都的佛教丛林中，圣善寺由中宗为母后武则天资福所建，规模雄峻，地位独特，高僧住持，信众汇聚，影响深远。这座禅宗寺院至五代后晋，三历兵燹，一遭"法难"，数度修复，历 230 余年。

关键词　比丘尼会如　比丘尼志弘　东都圣善寺　唐

近年，洛阳出土了两方唐代比丘尼墓志，一是《大唐故韩氏刘夫人墓志》，青石质，60 厘米见方，楷书 30 行，满行 29 字，由进士庄若讷撰，墓主法名会如，号金刚。一是《大唐皇再从祖姑故宁刹寺比丘尼志弘墓志》，青石质，72 厘米见方，楷书 28 行，满行 27 字，由其夫君光禄卿王谅撰，墓主出身皇族，赐封号"陇西郡夫人"，名声地位显著。两位志主为仕宦家庭主妇，生活相对优裕，然而皆于晚年出家为尼，成为洛阳世俗群体中热衷佛教并为之献身的代表人物，且所奉教派与皇家圣善寺有密切之关系，其宗教思想、行为背景颇可研究。此将墓志厘定、标点，简作讨论。

一　墓志原文

（一）比丘尼会如墓志

大唐故韩氏刘夫人墓志铭并序

夫人彭城刘氏，法名会如，号金刚，山宗释典也。世食旧德，家于汝坟。曾祖玄庆，隋大宁郡大宁县令，学探由夏之奥，政成卓鲁之术。祖元贞，皇房陵郡至诚府别将，干城之任，为王爪牙。父洪义，皇兵部常选，上柱国，性好文酒，养志林园。夫人即柱国之季女也，生而柔顺，闺阃不逾，卝岁丧父母，哀毁过制，礼以女子有行。既笄而适韩氏，恭承中馈，敬止高族。舅姑是穆，娣姒攸称，夫人之行也。府君才量素高，三命至朝请郎，秩六百石。惜哉公器，享年不永，天宝初，府君薨。夫人体敬

---

*　本文是河南省社科规划项目"洛阳新出土唐代墓志整理与研究（2000—2006）"（批准号：2007BKG002）的前期成果。

姜事夫之则，崇孟母训子之道，抚育偏露，慈爱益深。尝解衣服以给孤遗，辍资粮以赡亲戚；九族之内，闻望日高。

自以为寡弱未亡之人，无以报父母舅姑之德。乃诣圣善寺大师弘正，与同学十数人，俱受五百大戒。锐意禅观，在家出家，一澄慧心，顿遣诸著，庶几禔福泉壤，岂伊度脱身世而已哉！且先王之教，发肤不可以不爱，故微削发，示不忘从缁徒；衣服不可以不衷，故尽褐衣，示不忘去烦俗，夫人之节也。爰修百福，逮兹九夏，斋诫之诚，守而弥洁，阴阳之沴，莫可或违。自春乖和，及冬转亟。二子渐、益等，斋心求医，衔涕尝药，不脱冠带而侍，向涉一年。虽寿考之福不延，而纯孝之情颇至。以天宝十一载十月廿八日薨于仁风里之私第，春秋六十。卜嗣岁仲月朔日归葬于府君之旧茔，同居异穴，以受戒故也。

夫人方疾之殷，遗嘱二子曰："吾殁之后，以道流处之，择东原不毛之地，建西方清静之塔，瞻望而父，以安吾神，幽明之间，不失尔祀，此吾志也。"悲夫！渐以武达，前高平郡永固府别将；益以文称，预临汝郡乡贡进士，皆可大可久，有才有望。嗟乎！二子行以孝彰，情由理著，恭理命之有素，瞻先茔而未忍。是以进退荼蓼，精诚寤寐，征六梦于冥寞，候二尊之安否。傥同茔未可，庶先妣诲之，冀其前知，终寝后命。至哉夫人，协从夫之道。嗣子奉尊先之训，卒归卫人之祔，不废周公之典。呜呼！堇原逶迤，柏垄幽蔼，占以龟兆，封之马鬣。恐陵谷之斯变，俾声芳之有归。铭曰：

北邙之北，重岗前抱；辽落原田，萦纡蔓草，府君之所宅兮。其一。
日往月来，坟树斯拱；言依旧域，肇启新垄，夫人之所祔兮。其二。
展矣夫人，宜此家室；克著苹藻，爰具戒律，禔福之所归兮。其三。
哀哉嗣子，古谓纯孝；不陨儒风，聿尊释教，因心之所至兮。其四。
冉冉行人，滔滔逝水；阅兹陵谷，倏忽千祀，勒铭之所纪兮。其五。
前国子进士庄若讷纂。

（二）比丘尼志弘墓志

大唐皇再从祖姑故宁刹寺比丘尼志弘墓志铭并序

银青光禄大夫前光禄卿上柱国袭琅邪郡开国公王谅撰

粤有比丘尼法号志弘，则高宗天皇大帝之曾孙，许贞孝王讳素节之孙，褒信郡王讳璆之季女也。分派紫霄，承荣朱邸；百行无点，五礼克修。笄年归于我，封陇西郡夫人。冰雪其操，桃李其姿；至行多能，高矩全节；六姻是则，二族所推，美矣哉！常谓人曰："兰室之与莲宫，如之何？袨服之与缁衣，如之何？"时人异其言。后数年，乃削发坏衣，出家舍俗，于宁刹寺辩音律师下受具戒。遂发菩提之迹于金沙中，登蚊脚之梯为希有事。既而曰："禅者寂也，寂可定而惠生。"遂于东都圣善寺，诣山门澄沼禅师问道。一自苦心，禅寂斯固；入三昧乐，得解脱门；可以为住世医王，可以为释教法主。悲夫！生以时也，灭以顺也，以生以灭，义无常哉！厥示寝疾，反时适顺。以建中三年四月七日终于东都道化坊旧宅永穆寺，春秋六十有一，僧夏凡六。以其年十一月廿四日，迁神于河南县毕圭乡龙门里也。呜呼哀哉！

在家之际，有子五人，有女三人。长曰邮，前青州千乘县令。次曰鄂，前河中府解县尉。次曰邠，前同州白水县丞。次曰郐，前宋州楚丘县丞。次曰鄂，前弘文馆明经。长适前江陵府公安县令段宥。次适前大理评事李係，晚年出家，法号悟真。次适太原府祁县尉李肃。邠等并柴毁失容，缓泪成血。谅虽道俗有殊，而情理难易，还悲独鹤之声咽，终叹孤鸾之影沉。堕泪裁文，寄哀贞石。铭曰：

平王之孙，齐侯之子；其德淑顺，其华绮靡。禀训梁苑，女仪如彼；言归沁园，妇道如此。其一。佛理超寂，克修必见；岂无全生，知生如流。电岂无荣，乐知乐如露泫；电露倏欻，夫何所羡。其二。至道可保。至教可从；道教两悟，若会云龙。婉婉之质，凛凛之容；淬然孤贞，乃类高松。其三。法有明昧，事有生灭；生灭一致，明昧齐设。去矣反真，哀缠拉血；高树悲风，寒原苦月。勒铭颂美，呜呼永诀。其四。

哀子朝请郎前行河中府解县尉骁骑尉晋阳县开国男鄂书。

二　比丘尼会如、志弘生平与出家

（一）会如家世与葬法

据墓志所载，会如祖上三代皆朝廷命官，出身于军官家庭，是家中最小的女儿。惜童年失怙，父母双亡，15 岁嫁于韩府为媳。其夫朝请郎，为七品文散官，相当于县令，惜享年不永，天宝初年（742）亡故。时会如 50 岁，育孤赡亲，九族之内，闻望日高。

墓志记会如："自以为寡弱未亡之人，无以报父母舅姑之德，乃诣圣善寺大师弘正，与同学十数人，俱受五百大戒。"会如寡居，孤独苦闷，为报己父母、夫父母（舅姑）所谓双重父母之恩，舍身圣善寺，由弘正大师剃度为尼，取"法名会如，号金刚"。"五百大戒"，比丘尼具足戒戒律之大数也，《药师如来本愿经》曰："比丘尼受持五百戒。"即取得正式僧尼资格。墓志再记会如用心专一，依禅理参究修行，坐禅而观念真理。无论居家住寺，禅定而生智慧，离执著生死等念，希望安福于黄泉下之父母、丈夫，不仅解脱己身而罢。还说："且先王之教，发肤不可以不爱，故微削发，示不忘从缁徒；衣服不可以不衷，故尽褐衣，示不忘去烦俗，夫人之节也。"意谓古代先王教诲，身体发肤不可以不保全爱护[1]，所以稍稍削去头发，表示不忘自己归属佛教为尼姑；衣服不可以不贴身穿着，所以终只穿常人的粗布衣服（而着缁衣），表示不忘远离世俗烦扰，这是比丘尼会如的节操啊。

接着墓志说会如过了九年清净的尼姑生活后，春季染恙，及冬病重，两子求医尝药，侍服一年，因沉疴难起，于天宝十一载（752）逝于私第，时年 60 岁。则会如有 10 年僧龄，或居家，或住寺而以老病终卒于家。其子于次年二月初一，葬会如于夫君之侧，因受戒的缘故，不予合葬。

唐代世俗社会实行夫妇合葬于一穴之丧葬风习。而会如遗嘱，身后为自己营建身塔，葬以尼礼，表示是释迦之门徒；墓地且与夫坟毗邻，表示生前世俗之因缘。其二子纯孝，

---

① （清）阮元校刻《十三经注疏》一一，《孝经注疏》卷一，《开宗明义章第一》："仲尼居，曾子侍。子曰：'先王有至德要道，以顺天下，民用和睦，上下无怨，汝知之乎？'曾子避席曰：'参不敏，何足以知之？'子曰：'夫孝，德之本也，教之所由生也。复坐，吾语汝。身体发肤，受之父母，不敢毁伤，孝之始也。'"中华书局 1980 年版，第 2545 页。

为合葬或异穴而葬，进退维谷。于是将寤寐之六梦，占以吉凶，谨慎确定，终从先母之训。就以往洛阳出土墓志而言，夫妇同兆域而分葬，这种葬俗流行于信仰佛教的妇女群体。此略举数例：夫君殁后，"心依释教，情远俗尘。虽匪出家，恒希入道"的宋尼子，临终之际，谓诸子曰："归骸反（返）真，合葬非古。与道而化，同穴何为？"于长寿二年（693）二月十二日"葬于洛阳之北邙，去夫茔五十步，志也"①。卢璪妻李晋，后夫而亡，崇信释典，深悟泡幻。寝疾大渐，遗令曰："不须祔葬，全吾平生戒行焉。"开元十三年（725）十月廿三日，三子谨遵先旨，"奉迁归洛城东北，厝于先茔之旁"②。洛阳古代艺术馆藏《侯府君夫人王氏墓志》（开元廿三年）云，侯府君亡后，"夫人精意禅寂，深悟空门，启手之晨，戒无同穴。是用不祔于公矣"。元和七年（812）葬于洛阳县平陆乡积闰村的何凑妻边氏夫人，亦后夫而亡。临终，遂命诸子曰："时人以生死同于衾穴，厚葬固于尸骨。吾早遇善缘，了知世幻。权于府君墓侧，别置一坟。"卒后，葬于何凑之墓次③。以往江苏江都出土的《唐故信州怀玉山应天禅院尼禅大德塔铭》，记比丘尼善悟生平归宿与会如仿佛。其夫卒后，出家为尼，以乾符六年（879）归寂于禅院，遗令火焚，二子为母收灵骨而起塔④。墓志未记会如瘗于何处，而墓志铭云："北邙之北，重岗前抱……府君之所宅兮……肇启新垄，夫人之所祔兮。"是会如墓塔立于洛阳城北邙山，东都居民丧葬之风水宝地。

　　会如长子韩渐以武达，次子韩益以文称，均不见于唐史。墓志由"前国子进士庄若讷纂"，是君未入史册。天宝十载（751）进士⑤，与李彝、高郢同入高等⑥。《全唐文》收文一篇⑦，《全唐诗》收诗一首⑧，传世作品甚少，其所撰会如墓志，情谊深切，辞藻华赡。

（二）志弘出家与东都宁刹寺

　　墓志开首云："粤有比丘尼法号志弘，则高宗天皇大帝之曾孙，许贞孝王讳素节之孙，褒信郡王讳璆之季女也。"是其曾祖为高宗李治，祖李素节、父李璆，两《唐书》皆有传⑨。素节为高宗第四子，萧淑妃所出。淑妃与则天争宠结怨，则天立为皇后，杀之。谮素节，出为申州刺史，屡遭迫害，被缢而死，时年43岁。中宗继位，追封许王。素节被杀之时，唯少子璆等以年小幸免，开元初，封璆为嗣泽王，以继伯父泽王上金之后，屡

　　①　洛阳古代艺术馆编《隋唐五代墓志汇编·洛阳卷》第七册，《唐故邢州任县主簿王君夫人宋尼子墓志》，天津古籍出版社1991年版，第12页。

　　②　《隋唐五代墓志汇编·洛阳卷》第九册，《卢璪妻李晋墓志》，第142页。

　　③　《隋唐五代墓志汇编·洛阳卷》第十三册，《唐故边氏夫人墓记》，第10页。

　　④　《隋唐五代墓志汇编·江苏卷》第一册，《唐故信州怀玉山应天禅院尼禅大德塔铭》，天津古籍出版社1991年版，第139页。

　　⑤　（清）徐松撰《登科记考》卷九之《天宝十载》，中华书局1984年版，第322页。

　　⑥　《全唐文》卷三七六，任华《送李彝宰新都序》第二册："宗室后进有以学术辞藻著称者，彝也。少好学，通九流百家之言，善属文，颇有大节。去年制举不捷。无何，以书历抵二相国，论安边术，由是召试西掖。凡数十余人，彝与庄若讷、高郢同入高等。"上海古籍出版社1990年版，第1691页a。

　　⑦　《全唐文》卷三五六，庄若讷：《对征十一税判》第二册，第1601页b。

　　⑧　《全唐诗》卷二〇四，庄若讷：《湘灵鼓瑟》上册，中州古籍出版社1996年版，第1159页。

　　⑨　《旧唐书》卷八六，《高宗中宗诸子列传·许王素节传》，第2826、2828页。《新唐书》卷八一，《三宗诸子列传·许王素节传》，中华书局1975年版，第3587、3588页。

居要职。志弘为"大唐皇再从祖姑"者，是从宗族辈分上讲，素节与中宗、睿宗为同父兄弟，璆与玄宗为堂兄弟，志弘与肃宗为不出五服之堂姊妹，则志弘为代宗之"再从姑"、德宗之"再从祖姑"也。

墓志由志弘之夫君"银青光禄大夫前光禄卿上柱国袭琅邪郡开国公王谅撰"，是公官职品阶颇高，与其5子3婿均不见于史籍。德宗建中三年十一月廿四日，王邮等子女将其母志弘"迁神于河南县毕圭乡龙门里也"。近年，有数方出土于洛阳市洛河以南的关林镇、古城乡域的墓志，志记其葬地为"毕圭乡"或"毕闺乡"①，则尼志弘墓志当亦出土于这一带。唐代的洛阳，以龙门佛教石窟为中心，其周回遍布寺院。这里既是僧俗礼佛传法的宗教圣域，又是信徒圆寂后永生佛国的上佳葬地。

崇释学佛是深入人心之社会潮流，故志弘常以妇女所住芳香高雅的"兰室"与佛寺"莲宫"作比较，以盛装"祎服"与僧尼"缁衣"相对比，以此表达超脱俗世，向往佛界的愿望。果于"后数年，乃削发坏衣，出家舍俗，于宁刹寺辩音律师下受具戒"。"坏衣"，袈裟；"受具戒"，即受具足戒。于是，"遂发菩提之迹于金沙中，登蚊脚之梯为希有事。""菩提"指对佛教"真理"的觉悟。"金沙"为真实无著之义②，"蚊脚之梯"，《佛藏经》卷上云："譬如有人，负四天下及诸须弥山河草木，以蚊脚为梯，登至梵天，于意云何，为希有不。"句谓志弘觉悟虚空，追求修行解脱不生不灭的最后境界，十分难得。志弘"既而曰：'禅者寂也，寂可定而惠生。'遂于东都圣善寺，诣山门澄沼禅师问道。一自苦心，禅寂斯固；入三昧乐，得解脱门；可以为住世医王，可以为释教法主"。尼所说为出家人修持禅定，获得佛道智慧，当是自身之证悟。为使修行达到新的层次高度，登寺而问道于高僧。"医王"，医术极精之人，多用以比喻诸佛或高僧；"法主"，佛教僧众首领。此乃王谅对志弘出家学佛所获成就之夸赞。

志弘因疾病以建中三年（782）四月七日"终于东都道化坊旧宅永穆寺，春秋六十有一，僧夏凡六"。道化坊位于洛阳城内，洛河以南坊里区之正中心，外廓城南门长夏门内路西往北第4坊③。后来舍旧宅为永穆寺，回归住锡。除了执著的宗教狂热，或与志弘为解脱老病之苦而舍身、舍家有密切之因果。志弘之次女"适前大理评事李係，晚年出家，法号悟真"，是母女之双双皈依，除了社会崇佛的因素，与母亲的宗教观也有直接的影响，家庭信仰之承续，可见世俗佛教信仰的普遍。

志弘只有6年僧龄，则出家宁刹寺时已55岁（776），时辩音律师为寺主。关于宁刹寺之人物与历史，尚见于如下材料：龙门石窟第0566窟有长寿三年（694）一月一日神都"宁刹寺尼奉为报上，敬造弥勒像一龛"④的题记。龙门石窟第1336窟《内道场供奉尼惠灯和和石龛铭》记卒于开元十九年（731）的比丘尼惠灯，于武后之"长安末年

① 赵振华、何汉儒：《唐代洛阳乡里方位初探》，第一章第十二节毕闺乡，《洛阳出土墓志研究文集》，朝华出版社2002年版，第88、89页。

② 丁福保编纂《佛学大辞典》，《金沙轮三昧》，文物出版社1984年新1版，第655页3栏。

③ 中国社会科学院考古研究所洛阳工作队：《隋唐东都城址的勘查和发掘续记》，图一〇，唐洛阳东都坊里复原示意图。《考古》1978年第6期，第373页。

④ 龙门石窟研究所编《龙门石窟碑刻题记汇录》，中国大百科全书出版社1998年版，第0792号题记，《神都宁刹寺尼造弥勒像记》，第182页。

（704），恩敕令出，于都宁刹寺，安□□□"①；"今王城宁刹寺律有比丘尼惠空，以律为仪，以定自处，而住世六十有四夏"，大历二年（767）十月廿日葬于龙门②。葬于贞元七年（791）的东都敬爱寺法玩禅师，生平颇善以教导人，寂灭后，散布于东都与嵩山诸寺之众弟子，联合为法师于少林寺修建灵塔，其中有"宁刹寺尼临檀契一"③；贞元十八年（802）葬于洛阳邙山的鸿胪少卿张敬诜之"长女从缁，隶宁刹寺"④；永贞元年（805）合葬于洛阳邙山平乐乡朱阳原的张诜夫妇墓志记其"长女出家宁刹寺，大德法号义性，戒律贞明，操行高洁"⑤。以上材料显示，宁刹寺是东都的一座比丘尼寺院，其尼众来源之一部分，为官宦人家女子。

三　圣善寺命名与建设

会如、志弘年龄相差 29 岁，生活于同时代之同一座城市，城内寺院众多，惟先后登圣善寺山门，恭请法师开悟，可见寺院之地位与住持之涵养非同一般。

（一）名称由来与创建

神龙元年（705）正月，82 岁的武则天病重，传位于其子中宗，中宗上尊号曰"则天大圣皇帝"，十一月，则天薨。《唐会要》说，圣善寺在章善坊，"神龙元年二月，立为中兴寺"，时在中宗再御龙榻之初，为己之中兴而建寺纪念。其母去世后，神龙"二年，中宗为武太后追福，改为圣善寺。寺内报慈阁，中宗为武后所立"⑥。《诗·凯风》曰"母氏圣善"，意为母亲圣明而善良。故中宗云："朕承天宰物，光宅中区，嗣祖宗之丕基，承圣善之洪业"，则寺为怀念母后而改名，取"母氏圣善"之义。

神龙二年二月"丙申，僧会范、道士史崇玄等十余人授官封公，以赏造圣善寺功也"⑦，时中宗登帝位方一年。且于 3 年后不惜强拆民居以厌求扩充，不顾农时而扩寺兴建。景龙三年（709）"春，正月，丁卯，制广东都圣善寺，居民失业者数十家"⑧。"景龙四年正月二十八日制：'东都所造圣善寺，更开拓五十余步，以广僧房。'计破百姓数十家"，所记扩建时间比《资治通鉴》晚一年。时监察御史宋务光上疏谏曰："陛下孝思罔极，崇建佛寺，土木之功，庄严斯毕。僧房精舍，宴坐有余，禅宇道场，经行已足"⑨，

---

①　龙门石窟研究所编《龙门石窟碑刻题记汇录》，第 1650 号题记《内道场供奉尼惠灯和和石龛铭》，第 384、385 页。

②　洛阳市文物工作编《洛阳出土历代墓志辑绳》，第 577 号墓志《唐宁刹寺故大德惠空和尚墓志》，中国社会科学出版社 1991 年版，第 577 页。

③　张宁主编《隋唐五代墓志汇编·北京卷》第二册，《大唐东都敬爱寺故开法临檀大德法玩禅师塔铭》，天津古籍出版社 1991 年版，第 16 页。

④　《全唐文》卷六一五，薛长孺：《唐故鸿胪少卿张敬诜墓志铭》第三册，第 2750 页上栏。

⑤　《隋唐五代墓志汇编·洛阳卷》第十二册，《唐故云麾将军河南府押衙张府君夫人上党樊氏墓志铭》，第 191 页。

⑥　《唐会要》卷四八，《议释教下》，中华书局 1955 年版，第 848 页。

⑦　《旧唐书》卷七，《中宗睿宗本纪》，第 141 页。

⑧　《资治通鉴》卷二〇九，《唐纪二十·中宗景龙三年》，中华书局 1997 年版，第 1685 页 b。

⑨　《唐会要》卷四八，《议释教下》，第 848 页。《全唐文》卷二六八，宋务光：《谏开拓圣善寺表》第二册，第 1206 页 a。

中宗不予采纳。圣善寺、报慈阁，均由中宗立名①。

以往洛阳出土的葬于开元十二年（724）的李寂墓志说，寂就任安乐公主府录事参军事，"于时造圣善寺，起报慈阁。君遂率工作制，相石呈林，未尽中人之产，便穷大匠之斲。天子嘉之，优以功最，制授朝散大夫，行豫州汝阳县令"②。由此推测，当时为皇帝建寺而纳金献劳的东都地方官员为数不少。

武则天执政时，在洛阳宫城内明堂之后建天堂安置大佛像，后"天堂既焚，钟复鼻绝。至中宗，欲成武太后志，乃断象令短，建圣善寺阁以居之"③。《隋唐嘉话》亦如是记载④，阁曰"报慈阁"⑤，所置大概是凸显头面的释迦胸像⑥，或云佛像饰以银珠⑦。寺中也有一些佛教艺术品，玄宗朝秘书少监、驸马都尉郑万钧擅长书艺，手书《心经》，镌刻上石，立于"圣善之宝坊"⑧。"圣善、敬爱，亦有古画。圣善木塔院多郑广文画并书。"⑨

圣善寺为皇家所建，其规模格局、建筑品质等非一般寺院可比，报慈木阁（塔）更以雄伟高峻之体量而引人向往，李颀⑩、褚朝阳⑪、成崿⑫等文人墨客留下的几首登临诗篇

---

① 《全唐文》卷二六八，权若讷《请复天后所造诸字疏》第二册："伏惟应天皇帝陛下孝德纯至，超越礼经，圣感潜通，光昭瑞应。置圣善报慈之阁，义贯于终天；存合宫永昌之号，敬深于如在。"第1205页中栏。《全唐文》卷二七〇，张景源《请改中兴寺为龙兴疏》第二册："至如永昌、登封，创之为县名者，是先圣受图勒石之所，陛下思而奉之，不令改易。今圣善、报慈题之为寺阁者，陛下申恩竭力之致，故崇而仰之，独昭其号。"第1213页中栏。

② 《隋唐五代墓志汇编·洛阳卷》第九册，《唐故朝议大夫守武州别驾上柱国李寂墓志》，第125页。

③ （唐）杜佑撰《通典》卷四四，《礼四·吉三》，岳麓书社1995年版，第636页。

④ （唐）刘悚撰《隋唐嘉话》卷下："武后为天堂以安大像，铸大仪之配之。天堂既焚，钟复鼻绝。至中宗欲成武后志，乃斲像令短，建圣善寺阁以居之。"中华书局1979年版，第38页。

⑤ 《旧唐书》卷一九〇中，《文苑列传中·许景先》："许景先，常州义兴人，后徙家洛阳。少举进士，授夏阳尉。神龙初，东都起圣善寺报慈阁。景先诣阙献《大像阁赋》，词甚美丽，擢拜左拾遗。"第5031页。

⑥ （宋）钱易《南部新书》卷三："圣善寺报慈阁佛像，自顶至颐八十三尺，额中受八石。"文渊阁《四库全书》原文电子版第一册，济南开发区汇文科技开发中心编制，武汉大学出版社1997年版，第335盘，第3730号，第37页。

⑦ （唐）李绰撰《尚书故实》："郑广文作《圣善寺报慈阁大像记》云：'自顶至颐八十三尺，慈珠以银铸成。虚中盛八石。'"文渊阁《四库全书》原文电子版第一册，第317盘，第3537号，第7页。

⑧ 《全唐文》卷二二五，张说《石刻般若心经序》第二册："秘书少监驸马都尉荣阳郑万钧，深艺之士也。学有传癖，书成草圣，乃挥洒手翰，镌刻《心经》，树圣善之宝坊，启未来之华叶。"第1002页c。

⑨ （宋）李昉：《太平广记》卷二一二，《画三·吴道玄》第五册，中华书局1961年版，第1623、1624页。

⑩ 《全唐诗》卷一三四，李颀《圣善阁送裴迪入京》上册："云华满高阁，苔色上钩栏；药草空阶静，梧桐返照寒。清吟可愈疾，携手暂同欢。堕叶和金磬，饥乌鸣露盘。伊流惜东别，瀍水向西看；旧托含香署，云霄何足难。"第740页。

⑪ 《全唐诗》卷二五四，褚朝阳：《登圣善寺阁》上册："飞阁青霞里，先秋独早凉；天花映窗近，月桂拂檐香。华岳三峰小，黄河一带长；空间指归路，烟际有垂杨。"第1559页。

⑫ 《全唐诗》卷七八〇，成崿：《登圣善寺阁望龙门》上册："高阁聊登望，遥分禹凿门；刹连多宝塔，树满给孤园。香境超三界，清流振陆浑；报慈弘孝理，行道得真源。空净祥烟霁，时光受日温；愿从初地起，长奉下生尊。"第4771页。

长传于今。一代诗人白居易与圣善寺长老如满大师有斋戒之因，于开成元年（836）将自著文集置东都圣善寺，"纳于律疏库楼"①，与经籍合藏一处。

佛经《顶轮王大曼荼罗灌顶仪轨》由唐"东都圣善寺沙门吉祥集"②。

"旧说：圣善寺阁，常贮醋数十瓮，恐为蛟龙所伏以致雷霆也"③，盖因阁体高峻，易遭雷击，为消防火患而贮备，时人以"龙之性粗猛而畏醋"④ 也。

（二）三次焚毁与重修

唐王朝借助的回纥兵平定安史之乱（755—763）后，"至东京，以贼平，恣行残忍，士女惧之，皆登圣善寺及白马寺二阁以避之。回纥纵火焚二阁，伤死者万计，累旬火焰不止"⑤。是为首次烬于战火，澄沼大师等于大历初重修之。

《唐语林》云："圣善寺银佛，天宝乱，为贼将截一耳。后少傅白公奉佛，用银三铤添补，然不及旧者。会昌拆寺，命中贵人毁像，收银送内库，中人以白公所添铸，比旧耳少银数十两，遂诣白公索余银，恐涉隐没故也。"⑥ 是寺中银铸巨佛像等毁于武宗敕令"天下废寺"⑦ 时，史称"会昌法难"（会昌五年，公元 845 年）。毁佛之第二年武宗死，宣宗继位后恢复佛教，圣善寺重续香火。

"东都圣善寺，缔构甲于天下。愚曾看《修寺记》云：'殿基掘地及泉，以蜃灰和香土错实之，所以备倾垫也。'乾符初，尝有估客沥愿，寻除殿屋之表，工徒集金三十万以埏埴，叠脊峻十有三尺，每瓦丘铁贯之具，率以木者，神功异绩，不可殚记，咸此类也。巢贼陷洛之前年，寺僧见东鸱吻上有青碧霏烟，径冲天汉，如筒如幢，其围合抱。是日秋霁，天无纤云，斯气也，自卯至酉而后销歇。烟中隐隐如有物上下，观者如堵，竟不能谕。越二年，烬灭于贼燧。"⑧ 另有记时者曰：僖宗"乾符四年（877）十月，东都圣善寺火"⑨。新修之寺为黄巢兵所焚，再次烧于兵乱。

此后，圣善寺又得到修复。唐末，一度成为官军的军事据点。僖宗中和四年（884），李罕之为河南尹、东都留守，时罕之有众三千，以圣善寺为府。光启初（885），"部将刘经与李罕之争据洛阳，罕之败经于圣善寺"⑩。"光启元年，蔡贼秦宗权遣将孙儒来攻，罕之对垒数月，以兵少备竭，委城而遁，西保于渑池。蔡贼据京城月余，焚烧宫阙，剽剥居

①　《全唐文》卷六七六，白居易：《圣善寺白氏文集记》第三册，第 3059 页 c。

②　《顶轮王大曼荼罗灌顶仪轨》，《大正新修大藏经》，《密教部》0959 号，第一卷，第 372 页。财团法人佛陀教育基金会出版部印赠。

③　（唐）李肇《唐国史补》卷中，上海古籍出版社 1979 年版，第 46 页。

④　（宋）钱易《南部新书》卷八，文渊阁《四库全书》原文电子版第三册，第 335 盘，第 3730 号，第 35 页。

⑤　《旧唐书》卷一九五，《回纥列传》，第 5204 页。

⑥　（宋）王谠撰、周勋初校证《唐语林校正》卷七，中华书局 1987 年版，第 627 页。

⑦　《旧唐书》卷一八上，《武宗本纪》，第 603—606 页。

⑧　（唐）高彦休撰《唐阙史》卷下，《东都焚寺》，文渊阁《四库全书》原文电子版第二册，第 336 盘，第 3808 号，第 35 页。

⑨　《新唐书》卷三四，《五行志一》，第 887 页。

⑩　《旧五代史》卷六三，《张全义传》，中华书局 1976 年版，第 837 页。

民。贼既退去，鞠为煨烬，寂无鸡犬之音，罕之复引其众，筑垒于市西"①，圣善寺或毁于战乱。

杨凝式（873—954）历仕五代朝廷，官至太子太保，长于诗歌，更精书法。寓居洛阳，好游览寺观，画壁题记殆遍。后晋天福四年（939），时67岁，作《洛阳风景四绝句》诗，"真迹今在西都唐故大圣善寺胜果院东壁，字画尚完，亦有石刻。书侧有画像，亦当时画"②。圣善寺至此已经历230余年。是录载南宋宁宗（1195—1224）理宗（1225—1264）间人张世南撰《游宦纪闻》，则寺院或尚存于彼时，这大概是圣善寺的最晚记录。

唐室女字李小休，于大和八年五月十六日"权葬于城北河南县平乐乡朱阳村，从宜也"，"其墓在圣善寺塔院东南百余步，在贤士、扈儿二孩墓北，联畛稍西"③，则城北邙山之上也有一座圣善寺。

四　圣善寺僧侣与禅宗系统

圣善寺地位非凡，规模雄峻，高僧汇聚，有唐一代先后住持、驻锡的僧人至夥，由于缺乏材料，目前所知甚少。寺成，首位住持是惠范，时在中宗景龙元年（707）④，太平公主为高宗少女，武后所生，特承恩宠。惠范与之有染，公主便利用自己的特殊身份，为他争取到这个特别寺院的住持："有胡僧惠范，家富于财宝，善事权贵，公主与之私，奏为圣善寺主，加三品，封公，殖货流于江剑……先天二年七月，玄宗在武德殿，事渐危逼，乃勒兵诛其党窦怀贞、萧至忠、岑羲等。公主遽入山寺，数日方出，赐死于家。"⑤ 可见这位出家之人恃主妄为，横犯戒律。李绰曰："构圣善寺佛殿，僧惠范以罪没入其财，得一千三百万贯。"⑥ 惠范，或作会范，慧范，音译其名而字异。

受业禅师，漾宗达摩的僧灵慧曾一任住持："至景云年中（710—711年），属国家大弘佛事，广辟僧方，以圣善初成，□拓硕德，以法师道齐林远，业绍□安，遂蒙征召赴都，充其大德。归□者若雾，渴仰者如云，三二年间，得灯无替。"⑦ 中天竺僧善无畏自西域携经入长安，开元十二年（724）"随驾至洛京，诏于圣善寺安置"，翻译佛经，教授

---

① 《旧五代史》卷一五，《李罕之传》，第206、207页。

② （宋）张世南撰《游宦纪闻》卷一〇，文渊阁《四库全书》原文电子版第二册，第317盘，第3572号，第46页。

③ 洛阳市文物工作编《洛阳出土历代墓志辑绳》，第655号墓志，中国社会科学出版社1991年版，第655页。

④ 《资治通鉴》卷二〇八，《唐纪二十四·中宗景龙元年》：九月"银青光禄大夫、上庸公、圣善、中天、西明三寺主慧范于东都作圣善寺，长乐坡作大像，府库为之虚耗。上及韦后皆重之，势倾内外，无敢指目者。戊申，侍御史魏传弓发其奸赃四十余万，请置极法。上欲宥之，传弓曰：'刑赏国之大事，陛下赏已妄加，岂宜刑所不及！'上乃削黜慧范，放于家。"第1681、1682页。

⑤ 《旧唐书》卷一八三，《外戚列传·敳暨妻太平公主》，第4739、4740页。

⑥ （唐）李绰撰：《尚书故实》，文渊阁《四库全书》原文电子版第一册，第317盘，第3537号，第7页。

⑦ 《唐文拾遗》卷六二，《大唐相州安阳县大云寺故大德灵慧法师影塔之铭》，《全唐文》第五册，第309页a。

梵文。开元二十三年（735）涅槃，"葬于龙门西山"①。"唐圣善寺僧道宪，俗姓元氏，开元中，住持于江州大云寺，法侣称之"②，是僧洁心画观世音像，落水获生。天宝八载（749）前后，圣善寺有律师比丘虚心③。

据佛教历史，禅宗初祖菩提达摩，二祖慧可，三祖僧璨，四祖道信，五祖弘忍。比丘尼会如墓志所记于圣善寺授徒习经之法师弘正，为禅宗法裔。李华《故左溪大师碑》记达摩嫡传诸嗣法弟子云："至梁魏间，有菩萨僧菩提达摩禅师，传楞伽法。八世至东京圣善寺宏正禅师，今北宗是也。"④ 据《舒州山谷寺觉寂塔隋故镜智禅师碑铭》，道信传宏忍，忍公传慧能、神秀。"秀公传普寂，寂公之门徒万人，升堂者六十有三。得自在慧者一，曰宏正。"⑤ 由是知宏正为禅宗北宗第八代传人。弘忍可写作宏忍，则弘正亦可作宏正。《杨骑曹集序》记"求道于宏正禅师，百千人中，独受心要"⑥ 之杨极，如同会如，亦卒于天宝年间，安史乱前。由传承年代与所主寺院推判，此宏正即剃度会如为比丘尼之弘正大师。东京安国寺契微和尚尝"乃通四部经于宏正大师，尤精《楞伽》之义"⑦。郑州原武县丞崔君殁后，其妻洛阳源氏"既免丧，始游息道门……又事宏正禅师。入定性离，天机独得，喜怒哀乐，无自入焉"⑧。可见禅师精研释典，性怀广慈，德隆望重，一生大弘佛法于僧俗间。

禅宗习《楞伽经》、《金刚经》、《大乘起信论》等佛教经典，其中心思想集于慧能《六祖坛经》。慧能的弟子神会（684—758），人称禅宗七祖，应兵部侍郎宋鼎之请，入住洛阳荷泽寺传授顿教禅法，影响日著⑨。卒于贞元八年（792）的慧坚禅师，为禅宗七祖神会"付以心要"之嫡传。"乃去山居，游洛下"，宗室嗣虢王李巨"慕禅师之道，展门人之敬，乃奏请住圣善寺"，于东都弘扬南宗法门，时在肃宗朝，安史乱中（755—763）。"属幽陵肇乱，伊川为戎凭凌，我王城荡薎，我佛刹高阁随于烟焰，修廊倏为煨烬"⑩，乃乱平后回纥兵焚阁薎寺也。

比丘尼志弘墓志云："遂于东都圣善寺，诣山门澄沼禅师问道。"目前，关于澄沼生平知之甚少，大历初（766），洛阳遭安史之乱孽火之后，寺塔皆为丘墟。河南尹张延赏"迎致嵩山沙门澄沼，修建大圣善寺。沼行为禅宗，德为帝师，化灭诏谥大辩，即东山第

①　《全唐文》卷三一九，李华：《东都圣善寺无畏三藏碑》第二册，第1432页。

②　（宋）李昉：《太平广记》卷一一一，《报应十·僧道宪》，第768页。

③　《东京大圣善寺律师比丘虚心为亡父母追福造经幢》，立于天宝八载（749）正月十五日。经幢藏龙门石窟研究院。

④　《全唐文》卷三二〇，李华：《故左溪大师碑》第二册，第1433页c。

⑤　《全唐文》卷三九〇，独孤及：《舒州山谷寺觉寂塔隋故镜智禅师碑铭》第二册，第1758页c。

⑥　《全唐文》卷三一五，李华：《杨骑曹集序》第二册，第1414页a。

⑦　《全唐文》卷五〇一，权德舆：《唐故东京安国寺契微和尚塔铭》第三册，第2261页b。

⑧　《全唐文》卷五二一，梁肃：《郑州原武县丞崔君夫人源氏墓志铭》第三册，第2346页c。

⑨　洛阳市文物工作队：《洛阳唐神会和尚身塔塔基清理》，《大唐东都荷泽寺殁故第七祖国师大德于龙门宝应寺龙首腹建身塔铭》，《文物》1992年第3期。（宋）释赞宁撰《宋高僧传》卷八，《唐洛京荷泽寺神会传》，中华书局1987年版，第179页。

⑩　徐岱：《唐故招圣寺大德慧坚禅师碑铭》，陕西省古籍整理办公室编《全唐文补遗》第四辑，三秦出版社1997年版，第10—11页。

十祖也"[1]。"五祖弘忍大师在蕲州东山开法。时有二弟子：一名慧能，受衣法，居岭南为六祖，一名神秀，在北扬化。其后神秀门人普寂者，立秀为第六祖，而自称七祖。其所得法虽一，而开导发悟有顿渐之异，故曰南顿北渐，非禅宗本有南北之号也。"[2] 囿于材料，目前还难以确定澄沼为南北何祖嫡传，依澄沼所处年代看，其时南宗顿教禅法由神会初行于北方。有人认为"可以确定张延赏迎请来主持修复工作的澄沼就是北宗禅师"[3]。以往洛阳出土、贞元十七年（801）葬于龙门山西原的《唐故秦州上邽县令豆卢府君夫人魏氏墓志》，说她出身于官宦之家，年十二嫁于豆卢府君，年廿二，丧夫；年卅四，卒父；年卅三，亡母。魏氏"嗟人生如梦幻，欻然自悟，归信释门，斋戒不亏卅余载。顷曾授指趣心地于圣善寺大辩禅师。先登有学之源，少证无言之果"[4]。居士魏氏卒年71岁，比志弘小9岁，是先后闻道于澄沼禅师者。洛阳古代艺术馆藏《唐故天女寺尼胜藏律师坟所尊胜幢记》云："律师法名胜藏……问禅要于圣善山门院大辩先师……及岁满，具戒于圣善严持院凝大师律下。"[5] 比丘尼胜藏谢世于元和七年（812）十二月一日。澄沼以修葺圣善寺而树勋禅林，寂灭后得皇帝诏谥，由弟子奉为东山十祖，是禅宗嗣法高僧，有崇高之宗教地位，惜无传略。《全唐诗补编》有僧义存《送澄沼》五绝一首[6]，义存卒于开平二年（907），年87，持戒于唐末，则诗中之僧人非玄宗时期的澄沼。

玄宗朝，《唐少林寺灵运禅师功德塔碑》由崔琪撰于开元十七年，"圣善寺沙门勤□"[7] 书丹，行书劲妍洒脱。代宗、德宗朝有"圣善寺沙门处常"[8]。德宗七于贞元十一年（795）诏：立戒坛于嵩山会善寺，"申命安国寺上座藏用、圣善寺大德行严、会善寺大德灵珍、惠海等住持"[9]。证禅师"前后于吴防、圣善两处化导"，至贞元十三年（797）归寂该寺，建玄堂于龙门[10]。寺院大德法凝亦常施教于善信，如官吏穆员之母裴氏（卒于贞元十三年）"晚年学道于圣善寺法疑（当是法凝）大师，所受方便平等，则家政也；忍辱慈悲，则素行也；真如正觉，则天性也。皆异积旧习，彼于德施，尽大师之法，吾无得

① 《全唐文》卷七九〇，张彦远：《三祖大师碑阴记》第四册，第3669页b。

② （宋）释普济撰《五灯会元》卷四，《荐福弘辩禅师》，中华书局1984年版，第225页。

③ 简宗修：《白居易集中的北宗文献与北宗禅师》，（台湾）《佛学研究中心学报》第六期，第222页。

④ 《隋唐五代墓志汇编·洛阳卷》第十二册，《唐故秦州上邽县令豆卢府君夫人魏氏墓志》，第165页。

⑤ 现在洛阳古代艺术馆《石刻艺术陈列室》陈列，第00—80号。

⑥ 陈尚君辑校《全唐诗补编》下册，《全唐诗续拾》卷四七，僧义存《送澄沼》："忽告归乡去，崎岖枉涉途。雪岭三秋外，澄沼一事无。"中华书局1992年版，第1451页。

⑦ 河南省开封地区文物管理委员会、河南省登封县文物保管所编选：《少林寺碑刻选》，《唐少林寺灵运禅师功德塔碑》，河南第二新华印刷厂印刷1978年版，第17—24页。《全唐文》卷三〇三仅录其正文而不载撰文与书丹者。

⑧ 《唐文续拾》卷四，卢征：《右司郎中造观世音菩萨石像铭》："长兄从，时任河南府司录参军，（缺）圣善寺沙门处常，图终创始，选功舍财，罔不精竭。"收于《全唐文》第五册，第17页b。

⑨ 北京图书馆金石组《北京图书馆藏中国历代石刻拓本汇编》第二十八册，《嵩山会善寺戒坛记》中州古籍出版社1989年版，115页。《全唐文》卷五一〇，陆长源：《嵩山会善寺戒坛记》第三册，第2296页a。

⑩ 孙兰风、胡海帆主编《隋唐墓志汇编·北京大学卷》第二册，《唐圣善寺故证禅师玄堂铭并序》，天津古籍出版社1992年版，第30页。

焉"①。"唐贞元十九年（803）秋八月，有大师曰凝公，迁化于东都圣善寺塔院。越明年二月，有东来客白居易作《八渐偈》，偈六句四言以赞之。初居易常求心要于师，师赐我八言焉。"② 法凝或称凝大师、凝公，《景德传灯录》卷二九有传。

　　葬于永贞元年（805）的《张诜夫人樊氏墓志》为"大圣善寺沙门至咸撰"③。元和二年（807）葬于河南县北廿五里邙山的陇西郡太夫人李氏，"晚崇释氏，发心于圣善寺山门道懋大师，始受菩萨戒"④。前引葬于元和七年（812）的《唐故边氏夫人墓记》为"大圣善寺沙门文皎述并书"⑤。元和十五年（820）葬于邙山之阳的向晋妻宋氏墓志，由"大圣善寺沙门齐诸撰"⑥，近年伊川出土《仓部郎中郑鲂墓志》（大和九年，835），由"尚书水部员外郎分司东都上柱国陈商撰，圣善僧释谛书"。可见该寺的一些和尚，颇擅文翰，与东都居民融洽友善，乐助于其终老之时。

　　僧如信学四分律于释晤，后传六祖心要于圣善寺先师净名。《楞伽》、《俱舍》、《百法》，经根论枝，无所不通，为东都临坛开法大师，"长庆四年（824）二月十三日，终于圣善寺华严院，春秋七十有五，夏腊五十二"。宝历元年（825）迁葬于奉先寺，祔其先师塔庙穴之上，唯立佛顶尊胜陀罗尼一幢⑦。继僧如信任院主者是其同学僧智如，"年十二授经于僧皎，二十二受具戒于僧晤，学四分律于昙浚律师，通《楞伽》、《思益》心要于法凝大师。贞元中，寺举省选，累补昭成、敬爱等五寺开法临坛大德。繇是行浸高，名浸重，僧尼辈请以圣善寺敕置法宝严持院处之……太和八年（834）十二月二十三日，终于本院，报年八十六，僧夏六十五"，迁祔于龙门奉先寺祖师塔西⑧。是法凝大师即口传香山居士偈语的法师凝公，由前引《唐故天女寺尼胜藏律师坟所尊胜幢记》知，澄沼圆寂后由凝师续灯。此时的圣善寺继承南宗的法系，习传顿悟教义。

　　开成元年（836）前后，圣善寺长老曰如满大师、振大士⑨。如满答唐顺宗问佛之生灭，应对机警，"帝闻大悦，益重禅宗"⑩。据《唐东都圣善寺志行僧怀则于龙门废天竺寺东原创先修茔一所，敬造尊胜陀罗尼幢塔》，大中四年（850）前后，圣善寺有志行僧怀则⑪。据说前些年登封市文物在登封嵩岳寺塔东侧发现了唐东都大圣善寺行先藏大师塔铭，将有助于寺院历史之研究。

　　① 《全唐文》卷七八五，穆员：《秘书监穆公夫人裴氏元堂记》第四册，第3641页c。

　　② 《全唐文》卷六七七，白居易：《八渐偈》第三册，第3068页b。

　　③ 《隋唐五代墓志汇编·洛阳卷》第十二册，《唐故云麾将军河南府押衙张府君夫人上党樊氏墓志铭》，第191页。

　　④ 《隋唐五代墓志汇编·洛阳卷》第十二册，《唐故陇西郡太夫人李氏墓志铭》，第206页。

　　⑤ 《隋唐五代墓志汇编·洛阳卷》第十三册，《唐故边氏夫人墓记》，第10页。

　　⑥ 《隋唐五代墓志汇编·洛阳卷》第十三册，《广平郡宋氏夫人墓志》，第51页。

　　⑦ 《全唐文》卷六七六，白居易：《如信大师功德幢记》第三册，第3060页b。

　　⑧ 《全唐文》卷六七六，白居易：《东都十律大德长圣善寺钵塔院主智如和尚茶毗幢记》第三册，第3058页b。

　　⑨ 《全唐文》卷六七六，白居易：《圣善寺白氏文集记》："中大夫守太子少傅冯翊县国侯上柱国赐紫金鱼袋太原白居易字乐天，与东都圣善寺钵塔院故长老如满大师有斋戒之因，与今长老振大士为香火之社。"第三册，第3059页c。

　　⑩ （宋）释普济撰：《五灯会元》卷三，《佛光如满禅师》，第147页。

　　⑪ 张乃翥：《龙门藏幢读跋两题》，《敦煌研究》1989年第2期。

五　余论

佛法东渐，入唐而盛。太宗世民虽为彰尊祖宗亲，以老子李耳为先宗，而崇佛不辍，既广建寺院[1]，又鼓励译经[2]，最高统治者确立了佛教在国家的崇高地位。贞观末，太宗驾崩，才人武则天于长安感业寺出家为尼[3]，后由高宗接回内宫，这时佛教已是深入社会各个阶层各种人物的信仰。

中宗于神龙元年（705）再登皇位，不久武后病亡。中宗为生母资福，报先慈之深恩，寄思念之长绪而建圣善寺于东都章善坊，藏宝卷，立高阁，供圣像。期间驻锡的高僧大德，自修深湛，传灯有属，广结善缘，布道弘法。众善信萦怀佛寺，浸浴教义，诵经习禅、悟道出家。这座著名的大型皇家寺院于盛唐安史之乱后、武宗"会昌法难"始，晚唐黄巢陷洛时，唐末孙儒据城际，屡遭焚灭毁坏，期间数度重修，至五代后晋，规模尚存，前后230余年。北宋立都汴京，洛阳地位衰落，圣善寺风光不再。

一代诗人长居洛阳履道里的香山居士白居易与圣善寺深结佛缘，饰修银铸法像于圣殿，宝藏自撰文集于经阁。

前引有关史料知，虽玄宗安置密宗创始人中天竺僧善无畏于圣善寺，但该寺多数住持传承禅宗法衣。如菩提达摩下传八世，至宏正禅师，是禅宗北宗之传法门人；慧坚禅师为七祖神会嫡传；圣善寺法师净名传南宗六祖慧能心要于释晤；大历初修建大圣善寺者乃澄沼禅师。则圣善寺是唐代东都禅宗教派寺院。或前期为渐法扬化，后期由顿门传教。

官僚家庭主妇会如与志弘中年以后出家为尼，这个问题值得探讨。从年代上看，会如（693—752）出生于武则天后期，最终病亡于开元天宝盛世。她卯岁丧亲为孤儿，饱受失怙之痛；及笄嫁夫，育子持家，亦享天伦之乐；初步老年，夫君先殁，精神寄托离失，经济来源断绝，体味寡孤之苦，便参道问津，恒依法侣，是为偏丧亲偶而归心佛乘者。

志弘（722—782）出生、生活于盛世，33岁遭遇"安史之乱"7年有余，中年以后生活安定。她是皇族嫡裔，出身名门；夫为朝官，品阶显赫；儿女满堂，各得其所；封为陇西郡夫人，"六姻是则，二族所推，美矣哉"！可是晚年抛家舍夫，落发为尼，捐宅成寺。在她心中，唯有迈进佛门，才是修成正果的直接途径。出嫁之次女亦皈依释教，作为

---

① （唐）释道宣撰《广弘明集》卷二八上，唐太宗：《于行阵所立七寺诏》："可于建义已来交兵之处，为义士凶徒殒身戎阵者各建寺刹，招延胜侣，望法鼓所震，变炎火于青莲；清梵所闻，易苦海于甘露。所司宜量定处所，并立寺名，支配僧徒及修造寺院。"文渊阁《四库全书》原文电子版第十四册，第337盘，第3825号，第33页。

② 《旧唐书》卷一九一，《方伎列传·玄奘传》：僧玄奘寓西域17年，经百余国，"贞观十九年，归至京师。太宗见之，大悦，与之谈论。于是诏将梵本六百五十七部于弘福寺翻译，仍敕右仆射房玄龄、太子左庶子许敬宗，广召硕学沙门五十余人，相助整比。高宗在东宫，为文德太后追福，造慈恩寺及翻经院。"第5108、5109页。

③ 《旧唐书》卷四，《则天皇后本纪》："后年十四，太宗闻其有色，选为才人。太宗崩，后削发为比丘尼，居于感业寺。高宗幸感业寺，见而悦之，复召入宫。"第81页。

社会中人，她们生平濡染佛法僧之教益，信奉接受因果报应、轮回转世、修行成佛等思想，甘心舍弃优裕的世俗生活，是为追求彼岸斥绮縠而披坏衣者。

唐代社会，民众具有宽泛的宗教信仰自由，佛教有着其他宗教所不具备的广泛影响，为各阶层人士所普遍接受。林立的寺院招收的平民百姓为最广大的崇奉群体，其中的女性，尤其是中老年妇女，更走在世俗信仰群体的前沿。人口稠密的东都，是王朝佛教最为兴盛的地区之一，会如、志弘等遁入空门，了却自身归依释佛之夙愿，是其无比深切的精神寄托向往达到极致的典型例证。圣善寺、宁刹寺山门长开，随时吸纳善信为僧侣，不失机缘地为佛教之盛行推波助澜。

赵振华，洛阳师范学院河洛文化研究中心研究员。

中国禅学 第五卷
2010 年，第 413—430 页

紫柏大师与憨山大师

戴继诚

内容提要 紫柏大师与憨山大师都是晚明佛教复兴运动的中坚，二人怀着续佛慧命，再振宗风的强烈使命感，悲天悯人，弘法护教，终身致力于晚明佛教的再振。他们不保守，敢创新，扬善止恶，正气凛然，堪称末法时代的豪杰志士。在护法、弘法过程中，紫柏大师与憨山大师同舟共济，相濡以沫，在对佛法宗纲与救世理念的理解上，二人心有灵犀，英雄所见略同。作为两位护法尊者，紫柏大师与憨山大师为中国佛教的拓展与创新作出了杰出贡献。

关键词 紫柏 憨山 禅宗 西方净土 嘉兴藏

晚明佛教复兴运动中，紫柏与憨山引领时风，激流勇进，是整个运动的中流砥柱。他们性情相投，经历相似，是万历三大师（紫柏、憨山、云栖）中关系最密切的两位。二人折中三教，融通性相，广交善缘，足迹遍天下，有力拓展佛教的发展空间，增进了世人对佛法正信的同情与理解。同时，他们心系天下，慈悲济世，救世救法并重，庙堂山林融通，为中国佛教人间化进程迈出艰难而关键的一步作出了贡献。

——

紫柏与憨山堪称是晚明佛教复兴运动的两大"柱石"，许多重大弘法护教运动均得力于他们的引导与推进。紫柏弘法活动于江浙起步，以修复寺庙与刻印藏经形式赢得世人瞩目。憨山佛教振兴事业始于五台山，后以东海牢山为中心稳步拓展。二人友谊始于明神宗万历十四年（1586），而其机缘在于紫柏刻藏（《嘉兴藏》）事业亟须有广泛社会影响的教内外人士参与资助之时。就憨山在北方，尤其在京师的声望而言，无疑是紫柏此项伟业的最佳人选。憨山《达观大师塔铭》云：

> 师以刻藏因缘议既成，闻妙峰师建铁塔于芦芽，乃送经安置于塔中，且与计藏事，未偕。复之东门，乃访予于东海，时万历丙戌秋七月……时予在长安（指京师），适师弟子于君玉立来，言师已东行，计其程，旦夕乃入山期也。予闻之，亟促装归，日夜兼程。至即墨，师已出山，在脚院，诘朝将长发。是夜一见，大欢笑。明发，请还山，留旬日，心相印契。师即以予为知言，许生平矣。①

---

① 憨山德清：《达观大师塔铭》，《紫柏尊者全集》（以下简称《全集》）卷首，《续藏经》第一辑第二编，第三十一套，第四册，第 315 页。（下引紫柏著述均出自《续藏经》第三十一套，第四、五册，第三十二套第一册版本，不详注）

　　二人初遇于万历丙戌秋七月，紫柏四十四岁，憨山四十一岁。此次会晤，憨山年谱记述云：

　　　　十四年丙戌，予年四十一……予在京，闻达观禅师访予于海上，即趋归，兼程追
　　　　之。值师出山，寻即同回，盘桓两旬。赠予诗，有"闲来居海上，名误落山东"
　　　　之句。①

　　初次相见，情投意合，皆大欢喜。其中诗句见于《紫柏尊者别集》卷三，题名《牢山访憨清公》：

　　　　吾道沉冥久，谁唱齐鲁风。闲来居海上，名误落山东。水接田横岛，云连慧炬
　　　　峰。相寻不相见，踏遍法身中。②

　　"吾道沉冥久，谁唱齐鲁风"，将"吾道"（佛教）与"齐鲁风"（儒家）对举，既是对佛教与儒教不振的一种感慨，又表达了儒释间唇亡齿寒的密切关系。紫柏与憨山均为晚明三教合一运动的积极倡导者，儒释同病相怜，休戚与共。"闲来居海上，名误落山东"，憨山因五台山"祈储法会"而望重朝野，但盛名之下，难以久居，遂远避东海牢山，和光同尘，安心参禅，但声望不减，信众日增。接下来两句是对牢山景致的描绘，衬托出憨山的超俗与洒脱。最后两句既表达了自己对憨山的仰慕与敬重，又盛赞憨山佛法高深，大有仰之弥高，钻之弥坚之感。

　　海印寺因憨山苦心经营，香火旺盛，逐渐成为东海佛法传承重镇。紫柏另有《牢山海印寺》一诗，描绘所见盛况云："珠林完旧物，天子锡灵文。鸟道悬丹嶂，僧堂起白云。鱼龙阶下宿，尘世海边分。佛火谁相续，心香朝暮熏。"③

　　紫柏与憨山海印寺之会是晚明佛教复兴运动中的重要事件，揭开两大高僧集团合作的序幕，为佛教再振注入巨大活力。此后，他们天各一方，席不暇暖，兴利除弊，致力于佛教再振事业，但信息与人员交流不断，尤其是弟子辈往来频繁。《憨山大师梦游全集》中不仅与有紫柏多封书信，且有不少回答紫柏弟子佛法疑问的书札。憨山高寿，紫柏弟子如法铠的塔铭也由他撰写。二人一南一北，遥相呼应，为晚明佛教，尤其是禅宗的崛起推波助澜，奔走呼号。憨山弟子福徵云：

　　　　憨祖自别妙峰，所称法门深契，无如达观。积岁相思，千里命驾，觌面针锋，此
　　　　日相对。藉非兼程追及，那免兴尽空回。牢山一见，谊足千古。④

　　万历二十年（1592），紫柏从五台山至京师，着手云居寺复兴的凤愿。云居寺是北齐静琬法师承其师慧思遗志，刻经于石，以备"法难"候用之寺院，但其时已为豪右所居。由于得到慈圣皇太后（神宗生母）支持，紫柏如其所愿，兴复成功。在复兴云居寺过程中，于雷音窟中意外发现三枚佛舍利。紫柏对此格外慎重，遂邀憨山同往瞻仰礼拜，他并

---

　　① 憨山德清：《憨山老人自序年谱实录》（上），《憨山大师梦游全集》（以下简称《梦游集》）卷五十三，《续藏经》第一辑第二编，第三十二套，第五册，481页。（下引憨山著述均出自《续藏经》第三十二套，第二、三、四、五册版本，不详注）

　　② 紫柏真可：《牢山访憨清公》，《紫柏尊者别集》（以下简称《别集》，均出自第三十二套）卷二，第一册，第59页。

　　③ 紫柏真可：《牢山海印寺》，《全集》卷二十五，第一册，第6页。

　　④ 福善、福徵：《憨山大师年谱疏》，第41岁条，《大藏经补编》第十四册，第504页。

希望憨山以志记之，憨山欣然应允。《憨山大师梦游全集》卷二十二有《复涿州石经山琬公塔院记》与《涿州西石经山雷音窟舍利记》两文，是记载这一事件的重要文献。

紫柏与憨山的第二次会面，相聚时间长，话题较多，二人对刻印藏经、续写明《传灯录》、复兴曹溪祖庭等活动达成共识。憨山《自序年谱》云："初与达观师于石经山，因思禅门寥落。谓：曹溪，禅源也，必源头壅阏，乃志同往以浚之。"① 在《达观大师塔铭》中，憨山亦言："师与予计，修我朝《传灯录》。予约师往浚曹溪，以开法脉，师先至匡山以待。"② 对照二文可以看出，最早提出修撰灯录的应是紫柏，而首倡复兴曹溪祖庭的为憨山。应该说，二人此时雄心勃发，壮怀激烈，大有振兴佛法舍我其谁的豪迈气概。

二

万历二十三年（1595），一件始料不及的事件打乱了紫柏与憨山业已付诸实施的佛法振兴计划，晚明佛教复兴由此出现重大转向。

万历中后期，朝中"争国本"事件久拖不决，派系林立，紫柏与憨山一直关注世法的整治，对这件攸关国运的大事自然不能无动于衷。总体而言，二人属于当时神宗"立储"角逐中的正统派，支持皇长子朱常洛为太子。万历九年（1581），憨山在五台山力主将本已准备好的"无遮法会"改作为神宗恭妃王夫人求嗣的"祈储法会"，这一法会受慈圣皇太后之邀，憨山一手操办。而神宗偏爱郑贵妃，对憨山此举心怀不满。但投鼠忌器，因皇太后袒护憨山，神宗只好作罢。万历二十三年，憨山与牢山道士因海印寺产权归属问题产生摩擦，神宗以此为借口，抓捕德清，流放岭南。其间原委，《憨山老人自序年谱实录》分析云：

> 二十三年乙未，予年五十。春正月，予从京师回海上，即罹难。初为钦颁藏经，遣内使四送之，其人先至东海。先是上惜财，素恶内使。以佛事请用太烦，时内庭偶以他故触圣怒，将及圣母，左右大臣危之。适内权贵有忌送经使者，欲死之，因乘之以发难。……（予）及至京，奉旨下镇抚司打问。执事者先受风旨，欲尽招追，向圣母所出诸名山施资，不下数十万计，苦刑拷讯。予曰："某愧为僧，无以报国恩，今安惜一死，以伤皇上之大孝乎？"即曲意妄招网利……上意遂解，由是母子如初。及拟上，蒙圣恩矜察。坐以私创寺院，遣戍雷州。③

憨山法难时，紫柏远在庐山，无法亲自至京为憨山诉冤，遂许颂《法华经》百部，祈憨山不死。万历二十年，二人议定远赴曹溪，再振祖庭，但因憨山拘押京师，紫柏遂单身礼曹溪之后，他回到献京，为憨山送行。憨山《达观大师塔铭》云：

> （紫柏）即往探曹溪回，将赴都下救予。闻予南放，遂待于江浒。是年十一月，会师于下关旅泊庵。师执予手叹曰："公以死荷负大法，古人为法，有程婴、公孙杵臼之心，我何人哉？公不生还，吾不有生日！"予慰之再三。濒行，师嘱曰："吾

---

① 憨山德清：《憨山老人自序年谱实录》（下），《梦游集》卷五十四，第五册，第483页。
② 憨山德清：《达观大师塔铭》，《全集》卷首，第四册，第315页。
③ 憨山德清：《憨山老人自序年谱实录》（下），《梦游集》卷五十四，第五册，第482—483页。

他日即先公死，后事属公。"遂长别。①

此次相遇是紫柏与憨山生前最后一次会面，时间是万历二十三年（1595）十一月，地点在南京下关旅泊庵。此中所言"程婴、公孙杵臼之心"，为春秋时一典故，出自《史记·赵世家》。② 紫柏以之剖白心迹，既是对憨山为法忘身的盛赞，又是一种自勉。此次相会，紫柏对自己的命运似乎有了某种不祥预感，托付后事于憨山。

憨山在奔赴岭南途中，于万历二十四年（1596）二月三日在庾岭旅邸壁间，发现紫柏一年前朝拜曹溪途中，暂住此馆留下的诗句，令他兴奋异常，"恍对法身而临宝镜，欢喜踊悦"，于是他也留诗一首云："君到曹溪我不来，我到曹溪君已去。来来去去本无心，谁知狭路相逢处。"知己难得，法友难遇，二人天涯海角，近在咫尺。此事无疑增添憨山南行的信心，心境大为好转，以致"饱餐而去，六日至曹溪，礼六祖真仪。顷即出山，至五羊，谒总镇王公"③。重新燃起再振佛法的信心。

万历二十八年（1600），憨山兴复曹溪的夙愿终于有了重大起色。由于得到新任广东总督戴耀的鼎力支持，经过一番艰苦筹划与运作，凋敝已久的曹溪祖庭重新焕发生机。

曹溪颓废不振是紫柏最大的心病，当他获知憨山中兴曹溪时，喜出望外，感慨不已，遂作《康居国会尊者像赞寄憨公并序》寄给憨山，将他比作三国时在吴国传法的名僧康僧会，④ 对憨山中兴祖庭的壮举予以高度赞扬。其中云："曹溪肉佛所见，自唐及宋，饮曹溪而得道者，代不乏人。尔来曹溪涸矣，摇林萧然，又藉憨师以谪成为波澜，而曹溪复活。"⑤ 康僧会画像是紫柏特请晚明著名人物画家丁云鹏所绘，表明紫柏对此事的慎重。《像赞》文短义丰，不妨俱引：

> 康祖来吴，清公谪粤。髑髅大师，金刚眼突。瘴海之惨，骨刺魂惊。大师得戍，弥感圣明。曹溪蛊毒，饮者皆丧。大师饮之，销尽诸障。指撮舍利，康祖之贪。贪不为我，此心何惭！弘法得罪，命如单丝。千里瘴岭，芒鞋踏遍。雷道嵽嵲，飓风正高。钵瓶孤逝，舌相昭昭。南粤魍魉，白日鼓掌。我若无心，菩萨影响。有心应之，康祖愚痴。章甫之国，其谁不疑？石头之别，肝膈冰冷。丁生吹火，写康祖影。缘影得心，心忘性冥。大用无常，钟以眼听。根尘主客，收放梦醒。掌击瑶塔，牢山之顶。⑥

---

① 憨山德清：《达观大师塔铭》，《全集》卷首，第四册，第 315 页。

② 《史记》卷四十三《赵氏世家第十三》云，晋国权臣屠岸贾与赵朔有仇，并"灭其族"。但赵朔之妻为晋成公姊，"有遗腹，走公宫匿"，并于宫中生下赵武。屠岸贾闻讯，欲搜寻。公孙杵臼为赵朔门人，与赵朔友人程婴友善，二人设计将赵武救出。但恐屠岸贾不死心，公孙杵臼"乃谋取他人婴负之，衣以文葆，匿山中"。程婴出面告发公孙杵臼和他匿藏的假赵武，杵臼与假赵武遂被杀死，而真赵武得以被保护长大，后复仇。

③ 以上所引出自憨山德清：《与达观禅师》，《梦游集》卷十三，第二册，第 188 页。

④ 康僧会（？—280）三国吴僧人。祖籍康居，世居天竺，后移居交趾。年十余丧父母，服满出家。好学博览，通内外典籍。时江东佛法未盛，立志东游弘法。吴赤乌十年（247，或作赤乌四年）至建业（今南京），设像行道，孙权为之立建初寺。译有《六度集经》、《旧杂譬喻经》。三国时，江南少知佛法，康僧会渡江而来，以通俗说教弘法，尤以善恶报应诠释佛教因果轮回思想，度化江南几十年。憨山由中原腹地至南蛮之所，开化一方，与康僧会所为类似，所以紫柏会由憨山联系到康僧会。

⑤ 紫柏真可：《康居国会尊者像赞寄憨公并序》，《全集》卷十八，第五册，第 473 页。

⑥ 同上书，第 473—474 页。

　　紫柏对憨山历经千辛，销尽曹溪蛊毒，再振祖庭称赞不已。他认为憨山之所以能使曹溪起死回生，在于其心志性冥，宠辱不惊，弘法忘身，无愧于心。"掌击瑶塔，牢山之顶"，或指牢山法难事，憨山纵然在牢山道士的诬告中败北，但天意难违，重振祖庭，亦是对此憾事的一个补偿。

　　当憨山在岭南忙碌于佛法化民与曹溪振兴时，紫柏正在北方继续他的佛教救世努力。万历二十三年（1595），神宗矿税政策开始施行，由宫廷派出的矿监为非作歹，鱼肉百姓，民变蜂起。紫柏目睹百姓流离之灾，命运之苦，联系到憨山谪戍岭南，备受瘴疫之害，遂发出"平生三大负"①的志愿，"老憨不归，则我出世一大负"高居于"三大负"之首，而憨山远在曹溪，此一志愿暂时无从实施，于是，第二负"矿税不止，则我救世一大负"就凸显出来。

　　万历二十七年（1599），紫柏不顾个人安危，北上京城，准备救助因反对矿监被抓的南康太守吴宝秀，紫柏弟子与挚友如密藏道开、汤显祖、冯梦祯等苦劝不成。憨山闻知，也致信紫柏，希望他三思后行，暂避锋芒。《达观大师塔铭》云："癸卯秋，予在曹溪，飞书属门人之计偕者，招师入山中。报书直云：'舍此一具贫骨。'"②显然，疾恶如仇的紫柏此时已置生死于度外，执意留在京师。"吴入狱，师至多方调护，授吴公毗舍浮佛半偈，嘱诵满十万，当出狱。吴持至八万，蒙上意解，得末减。吴归，每念师辄涕下。"③应该说，紫柏救护吴宝秀的目的获得预期效果，但他明目张胆为一朝廷要犯申冤诉屈，与当权者为敌，必然引起廷臣嫉恨。

　　万历三十一年（1603），作为神宗立储问题后遗症的"癸卯妖书"事件爆发，神宗在震怒之下，勒令厂卫抓捕嫌犯，京师哗然，风声鹤唳。首辅沈一贯欲借此打击与之有隙的次辅沈鲤，因苦于无直接证据，遂授意给事中钱梦皋，上疏诬告沈鲤门生、礼部右侍郎郭正域是"妖书"制作者，企图将沈鲤牵涉进去。郭被捕后，游医沈令誉④因与郭有交往，为厂卫所抓。在搜查沈令誉寓所时，发现他藏有紫柏的书信，信中有关于憨山的语句。在谈及憨山被贬时，信中云："牢山海印之复，为圣母保护圣躬香火。今毁寺戍清，是伤圣母之慈，防皇上之孝也。"⑤因立储问题，神宗母子关系已现裂痕，而此信所言，尤中万历隐痛，紫柏遂为厂卫所抓。

　　紫柏被逮，只是官吏相互倾轧的牺牲品，欲加之罪，何患无辞？所以，对他的审讯也是草率了事，且施以酷刑。紫柏性情刚烈，年事已高，备遭痛创，心灰意冷，遂有离世之志："世法如此，久住何为？"带着满腔愤懑与遗憾，匆匆告别人世。

　　抓捕紫柏的导火线是那封有替憨山申冤言辞的书信。他一直希望解救这位生死至交，而此信恰成为他身陷囹圄的主要证据。《东厂缉访妖书底簿》云："沈令誉供，系吴江县人。先年在籍投拜，被参问绞监。故僧人达观（紫柏）为师，万历三十年六月，以行医

---

　　①　憨山德清：《达观大师塔铭》云："师以予未归初服，每叹曰：'法门无人矣，若坐视法幢之摧，则绍隆三宝者，当于何处用心耶？老憨不归，则我出世一大负；矿税不止，则我救世一大负；《传灯》未续，则我慧命一大负。若释此三负，当不复走王舍城矣。'"（《全集》卷首，第四册，第316页）

　　②　同上。

　　③　同上。

　　④　关于沈令誉其人，沈德符《万历野获编》卷二十七《紫柏祸本》云："紫柏既北游，适有吴江人沈令誉者，亦其高足，以医游京师且久……亦得与郭宗伯（郭正域）往还。"

　　⑤　陆符：《紫柏尊者传略》，《别集》附录，第一册，第74页。

来京。比达观先已在京，朝夕相往计议，救拔德清张本。"① 认为紫柏滞留京师，意在
"救拔德清"。

当紫柏圆寂于狱中时，憨山仍以一介囚徒的身份远在岭南接受对他的处罚。由于二者
的特殊关系，紫柏被抓后，憨山也受牵连，被迫离开曹溪，回到原遣戍地雷州。

万历三十四年（1606）八月，朝廷大赦，憨山得以重回曹溪，继续未竟的曹溪中兴
事业。为复修南华寺大殿，他不顾年迈体弱，前往端州采运大木。但他曹溪改革此时遇到
巨大阻力，由于整顿积弊之举触动了个别僧侣的既得利益，所以，在采运大木期间，有僧
人诬他私用净财，讼之按察院。憨山闻讯后，身心憔悴，大病几死。后来虽真相大白，冤
案洗清，但已使他精疲力竭，遂坚决辞去曹溪住持之职。直到天启二年（1622）十二月，
他才受请重回曹溪，为众说戒讲经，次年十月十一日圆寂于南华寺。

万历二十三年（1595），紫柏与憨山相别于南京旅泊庵时，曾嘱托身后事于憨山，但
他罹难时，憨山远在岭南，无法亲赴京师为紫柏葬事奔波，遂遣上首弟子大义于万历三十
二年（1604）紫柏遗体南还时，一路护送。万历四十四年（1616），憨山终于遂愿，北上
主持紫柏荼毗仪式。《达观大师塔铭》云：

> 越十一年乙卯，弟子先葬师全身于双径山后，适朱司成文宁公。礼师塔，知有
> 水，亟嘱弟子法铠启之，果如言，复移龛至开山。乃与俗弟子缪希雍谋得五峰内，大
> 慧塔后开山第二代之左，曰文殊台。卜于丙辰十一月十九日荼毗，廿三日归灵骨塔
> 于此。

> 予始在行间，闻师讣，即欲亲往吊，因循一纪，未遂本怀。顷从南岳数千里来，
> 无意与期会，而预定祭日，盖精神感乎，亦奇矣。师后事予幸目击，得以少尽
> 心焉。②

"无意与期会"却在"精神感乎"下赶在紫柏荼毗日完成了紫柏生前遗愿。憨山弟子
福徵云：

> （福）徵于憨祖东游侍间，所见手著出世大文字，无如云栖莲池，径山达观两塔
> 铭。当世庙、神庙间，海内得三大祖师。憨祖与莲师因缘浅，与达师因缘深。半作达
> 师塔铭，实半作己躬塔铭。所关宫闱建储同、声气犯患同、宗教通会同、孔孟统一
> 同。憨祖一东游，了结彼此三大公案。在径山，则示参禅切要；在云栖，则示念佛切
> 要。集两师之大成，揭三教于终古，法法圆满，未有盛于东游荼毗达师，凭吊莲师之
> 日者也。③

文中已将紫柏、云栖、憨山称为"海内三大师"，明确肯定紫柏与憨山之因缘较云栖
深，并认为憨山为紫柏作《塔铭》，一半也是自己之《塔铭》。说憨山"在径山，则示参
禅切要，在云栖，则示念佛切要"，暗示紫柏、云栖二者思想宗旨的异趣。福徵谓憨山集
紫柏、云栖两大师思想于一身，从憨山思想发展脉络看，是有道理的（下详），但在性情
上，憨山与云栖迥异，却与紫柏有着巨大的共性。

---

① 《东厂缉访妖书底簿》，《别集》附录，第一册，第75页。
② 憨山德清：《达观大师塔铭》，《全集》卷首，第四册，第316页。
③ 福善、福徵：《憨山大师年谱疏》，五十八岁条，《大藏经补编》第十四册，第535—536页。

紫柏突然圆寂，对憨山是一个沉重打击。在《与贺知忍中翰》书中，憨山云：

> 度岭以来，杳如隔世，道义之知，岂能忘于一日？自癸卯冬，闻达师讣音，则山僧此心与之俱死。法幢既折，有识何归！？不止痛心而已。切念达师生死之义，将期解脱之日，亲往致一瓣香。尔后山僧日益多难，足无停影。直至癸丑冬出粤，拟过南岳，一赴故人之约，取道东归，岂期匆匆，又复三载。
>
> 人生几何？况今年逾七十，目前光景无多，顷闻业已入塔，益增惶惧，恐即填沟壑，何面目见达师于寂光乎！？兹将扁舟东下，秋冬可抵双径，以践生死之盟，生前面许塔铭，此愿岂可再违？①

紫柏罹难，憨山"心与之俱死"。为完成紫柏遗愿，他归心似箭，终因他故，在相隔十三年后，才了却自己一桩心事。憨山说自己在紫柏生前"许《塔铭》"，或指南京江头紫柏送别憨山时"后事属公"的内容。

而在与故友镇澄空印的书中，憨山亦言："自愧下劣，向从法门龙象之后，志期稍以建立，拈一茎草，供养十方。岂知定业难逃，沉沦至老。自达师化后，此心已殒，无复人间。"② 已失去早年叱咤风云、侠肝义胆的豪壮气势。智旭说憨山"晚年一味默修，不管丛林中事"。③ 也印证了这种情况。

三

作为晚明佛教复兴的两大柱石，紫柏与憨山身体力行，功勋卓著，二人在性情与思想上有着许多共通之处，奠定了他们生死与共的友谊基础，此点在福徵为憨山年谱作疏时已有指陈。

如上文所述，福徵认为憨山与紫柏：（1）所关宫闱建储同；（2）声气犯患同；（3）宗教通会同；（4）孔孟统一同。其中（1）是二人在神宗"立储"问题上的态度。如上所言，二人支持皇长子朱常洛为太子，这也是二人命运坎坷的一个潜在因素。（2）显然是从性情与经历上而言，二人均为禅僧，气宇轩昂，恢弘大度，领袖群伦，左右时风。紫柏与憨山在人生经历上也有巨大共性。憨山幼即入寺，但正式出家已十九岁，而紫柏也在十七岁因偶然因缘开始禅僧生涯。紫柏一生以弘法利生为务，足迹踏遍名山大川。憨山也在二十七岁离开南京大报恩寺，立志北游，此后奔波各地，单瓢只杖，汲汲于佛教事业的展开。所谓"宗教会通同"、"孔孟统一同"是就二人思想宗旨而论。在教内主张会通与融合，在教外呼吁三教合一。对儒道经论不再分河饮水，而是兼容并蓄，为我所用。

福徵对紫柏与憨山之间关系的分析无疑是准确和恰当的，但尚有进一步诠释的必要。作为两位对晚明佛教发展影响至深至远的禅宗大德，紫柏与憨山在宗教归趣上有更大共性；而在弘法理念上，尤其在《嘉兴藏》后期刻印上，憨山的支持弥补了紫柏圆寂后群龙无首的不足，对藏经刻印平稳有序进行起到关键性作用。正是在憨山直接指导与激励

---

① 憨山德清：《与贺知忍中翰》，《梦游集》卷十七，第三册，第 224 页。

② 憨山德清：《与五台空印法师》，《梦游集》卷十三，第二册，第 192 页。

③ 蕅益智旭：《祖堂幽溪寺丁亥除日普说》，曹越主编：《明清四大高僧文集》之《灵峰宗论》，北京图书馆出版社 2005 年版，第 226 页。

下，紫柏去世后，《嘉兴藏》刻印才在举步维艰的状况下正常运转。以下对此两方面作简要分析与评述。

（一）紫柏与憨山的禅宗自力解脱思想

晚明佛教四大师中，智旭出世最晚，当其崭露头角时，晚明佛教复兴大势已去，真正奠定晚明佛教发展基础的是万历三大师。三人之中，云栖拘于东南一隅，安心净土法门鼓唱，以一位宽容、慈祥的长者形象为世人称道。圣严法师认为，云栖之所以在晚明居士中有重大影响，就在于他"着重实际生活中的威仪细节，细如牛毛，也着重对于忠君报国、待人接物、济物利生、因果报应、修持感应等信念的阐扬，可谓不遗余力"。所以，"唯有这样一位大师，始能受到当时众多居士的崇敬和亲近。若仅以学问艺术及事业为专长的僧侣，不会得到居士群的拥戴，最多将之视为方外的朋友而不会为之心折。仅重于禅修或持戒念佛的僧侣，虽受到尊敬却不会被居士们奉为指迷的良师"①。

圣严法师认为云栖以人格的感召力赢得居士们的好感，享誉一时，此说是准确的，但云栖具有重大社会影响还有更深层的原因。云栖能以一所名不见经传的小寺为中心，拓展其在社会上的影响，主要在于他自觉顺应了晚明佛教禅教归净的趋势，摄禅归净，以净统教，在普通信众与知识阶层中引起强烈心理共鸣。同时，云栖一生行事"谨密俭约，一步弗苟"，与狂禅作略迥异，这也与其时社会上开始排斥狂禅风气的社会心理相吻合。所以，云栖的出现，实是中国佛教在晚明发展的合理结果，是佛教迈向近代化的一个信号。从这种意义上讲，云栖的念佛思想代表了晚明佛教的基本走势。他以禅宗起家，禅净并修，但西方净土修持甚得其青睐。所以，在圆寂前，他要求弟子们"老实念佛，莫换题目"。云栖尚主张"参究念佛"，而在其后继者智旭那里，就明确反对"参究念佛"，只要一心念佛了。②

与云栖、智旭形成对照的是紫柏与憨山的禅宗究竟论，紫柏更是一位不折不扣的禅宗大德。从宗旨归趣上说，四大师在思想宗旨上可分为两大派别，云栖、智旭偏于净土法门的鼓倡；而紫柏、憨山则重点强调禅宗法门的修持与确认，并在一定程度上有回归禅宗传统的要求，这与佛教其时发展趋势是不尽一致的。所以，紫柏与云栖身后受到的待遇就迥然有别。《居士传》卷五十载居士马邦良言："殿西有二楹，供养云栖、紫柏二大师，而云栖香火为尤盛。"③

紫柏对净土思想，尤其是西方净土论一直持有异议，他虽有提倡念佛法门的法语，但其思想主旨，始终以自力解脱的禅宗为归。他有当时佛教"七大错"之说，其中就有对迷信西方净土论的批判。他说：

> 以为念佛求生净土，易而不难，比之参禅看教，唯此着子最稳当。我且问你，净

---

① 圣严：《明末佛教研究》，台北东初出版社 1987 年版，第 266 页。

② 智旭尝云："独参究之说，既与禅宗相滥，不无混讹可商，尝试论之：心佛众生，三无差别，果能谛信，斯直知归；未了之人，不妨疑著。故'谁'字公案，曲被时机，有大利，亦有大害……言大害者：既涉参究，便单恃己灵，不求佛力，但欲现世发明，不复愿往。或因疑生障，谓不能生，甚则废置万行，弃舍经典。古人本意，原欲摄禅归净，于禅宗开此权机，今人错会，多至舍净从禅，于禅宗翻成破法，全乖净业正因，安冀往生彼国？"（《灵峰宗论》，第 230 页）

③ 彭绍升著，赵嗣沧点校：《居士传》，成都古籍出版社 2000 年版，第 273 页。

土染心人生耶？净心人生耶？半染半净人生耶？全净心人生耶？若染心人可生净土，
则名实相乖，因果离背；若半染半净生净土者，吾闻古德有言，若人临终之际，有芥
子许情识念娑娑世，断不能生净土；若全净心生者，心既全净，何往而非净土？奚用
净土为？如是以为念佛一着子，能胜参禅看教，岂非大错？①

依西方净土之说，即使十恶不赦的罪人，只要临终前念诵阿弥陀佛，也可得到超脱，
往生极乐净土，此即所谓"带业往生论"。紫柏明确反对此论。他说："倘平生念佛虽久，
及至舍命，婆娑欲习不忘，净土观想不一。如此等人，亦谓念佛可以带业往生净土，以
义裁之，往生必难。"②紫柏坚持禅宗心净土净之论，否认念佛求生净土易而不难之说。这
与云栖、智旭的观点截然相反。不唯如此，对西方净土论者认为西方极乐世界真实存在的
看法，他也大胆深表怀疑。他说：

夫圆觉倒想，初非有常。倒想在诸佛，即名"圆觉"；圆觉在众生，即名"倒
想"。如众生能善用其心，孰非无量寿觉？婆娑孰非莲花净土？必曰："外众生而得
佛，外婆娑而生净土"，此为钝根聊设化城尔。今天下请其入化城，则心然皆喜；延
之宝所，莫不攒眉而去。何耶？③

紫柏贬低净土思想，称之"为钝根聊设化城"，这是云栖、智旭等难以接受的。"化
城"之喻出自《法华经》卷三《化城喻品》，旨在说明化城虚幻不真，是释尊接引众生的
一种方便法门。紫柏认为西方净土乃"化城"之类，显是视之虚幻不实。应该说，西方
净土在紫柏思想中不是一种宇宙论构架，而是一种诱导工具。圣严法师的评价是正确的，
他说：

达观真可紫柏大师的立场，是一位十足的禅者……勘验念佛工夫的深浅，用以判
断临终能否往生的情况，实在很好，但此仍是禅家的方式，不过是以禅的立场，将净
土念佛，作为禅修的方法之一而已。④

紫柏反对西方净土论，也与他对净土信仰的认识以及当时教内积弊的清醒认识有关，
其净土论终归不离唯心净土。在给俗家弟子吴用先的书札中，紫柏云：

到家果能打屏人事，专力净业，乃第一义。第恐净业理未彻，必受多生染种，现
行困折，行终难副言也。大抵有志净业，切勿厌烦，厌烦则性相见地终不高明……以
此言之，则见地不高明，净业亦未易修也。思之。又净业一途，近时僧俗逋逃薮也。
三狻（吴用先）当大痛省。老朽忉怛如此，非无见耳。⑤

这段开示至少有三点值得注意：（1）西方净土信仰的一个重要特征是"厌此欣彼"，
即念此界之苦而欣净土之乐，但紫柏却说"有志净业，切勿厌烦"，显然与此说唱反调。
（2）"净业一途，近时僧俗逋逃薮"，这是他不赞同净土信仰的现实原因。晚明佛教复兴
中，净土信仰群体广泛。其中，不乏品行高洁、信仰真诚者，但毫无疑问，鱼目混珠，僧

① 紫柏真可：《示学者》，《全集》卷三，第四册，第 346 页。
② 同上书，《法语》，《全集》卷二，第四册，第 338 页。
③ 紫柏真可：《跋东坡〈阿弥陀佛颂〉》，《全集》卷十五，第五册，第 452 页。
④ 圣严：《明末佛教研究》，第 165—167 页。
⑤ 紫柏真可：《与临川吴始光居士》，《全集》卷二十四，第五册，第 529—530 页。

品流杂，甚至打家劫舍遁入佛门以求避祸者，也为数不少。紫柏戒行精严，对僧众窳败现象不能容忍，"恨屋及乌"，西方净土也成为批判对象。（3）紫柏说"老朽忉怛如此，非无见耳"，说明他对净土信仰的看法有一个认识过程，且立场坚定。这表明，他对西方净土信仰的批判并非盲目与偏执，而是理性思考的结果。

憨山净土思想介于紫柏与云栖之间，但终归紫柏一路，这是二人建立深厚友情的思想基础，是二人弘法活动遥相呼应的深层原因。

憨山对净土思想予以很高评价，他说："吾佛世尊，摄化群生，所说法门，方便非一。而始终法要，有性相二宗。以其机有大小，故教有顿渐之设，末后分为禅教二门。教则引摄三根，禅则顿悟一心……若净土一门，普被三根。顿渐齐入，无机不摄，所谓横超三界，是为最胜法门。"①视净土为最胜法门，与紫柏所说颇显异趣。但憨山此处的"净土"主要指"唯心净土"，而非"西方净土"，且也为其禅修服务的。

与云栖一样，憨山鼓吹禅净双修，力倡参究念佛。他说："参禅看话头一路，最为明心切要。但近世下手者稀，一以根钝，又无古人死心；一以无真善知识抉择，多落邪见。是故念佛参禅兼修之行，极为稳当法门。"② 然而，云栖参究念佛是引导禅者归趣西方净土的手段；而憨山参究念佛却始终立足于禅宗之基，参究念佛只是话头禅的变通形式。也就是说，憨山参究念佛仍然是禅宗法门，与西方净土了无交涉。所以，纵使他对净土思想表达敬意，但在涉及所念之佛是西方之佛还是自心所化之佛时，他就与西方净土论者分道扬镳，分河饮水了。他申明："今所念之佛，即自性弥陀；所求净土，即唯心极乐。诸人苟能念念不忘，心心弥陀出现，步步极乐家乡，又何必远企于十万亿国之外，别有净土之归耶？所以道'心净则土亦净，心秽则土亦秽'。"③ 这又回到了慧能南禅的传统，与西方净土论迥异其趣。

与紫柏类似，憨山也对"带业往生"之说持批判态度。他说：

> 恶辈往生更难。虽云"带业"，亦由多生夙习善根，内熏所发，根虽恶劣，即一念勇猛之心，超于上上。较彼"放下屠刀，便作佛事"，又差胜矣。然此万万无一，世人若必待此而求生，谬矣。④

不过，憨山净土论带有一份调和色彩，与紫柏固执且强烈排斥西方净土不尽相同，这与他"机用善巧"个性或有关系。憨山净土论坚持唯心净土思想，但也间或容纳西方净土的教化功能。从根机利钝出发，他认同西方净土法门摄化钝根下劣者的作用。他说："众生初学，惧信心难成，意欲退者，当知如来有胜方便，摄护信心。谓以专念西方极乐世界阿弥陀佛，所修善根回向，愿求即得往生。常见皈依佛，故终无有退。"⑤ 这与紫柏的全盘否定是不同的。且憨山晚年隐居匡庐，"将一切禅道佛法，置之度外，单修拙度，效远公六时，刻香代漏，日持弥陀五万声，以送余生。"⑥

---

① 憨山德清：《净土指归序》，《梦游集》卷二十，第三册，第246页。
② 憨山德清：《示刘存赤》，《梦游集》卷五，第二册，第134页。
③ 憨山德清：《示优婆塞结念佛社》，《梦游集》卷二，第二册，第117页。
④ 憨山德清：《净土指归》序，《梦游集》卷二十，第三册，第246页。
⑤ 憨山德清：《答湖州僧海印》，《梦游集》卷十一，第二册，第174页。
⑥ 憨山德清：《与汪静峰司马》，《梦游集》卷十七，第三册，第223页。

如上所述，憨山净土思想的核心是禅宗唯心净土论。所谓"净土一门，无论悟与不悟，上智与下愚之士，但修必得者，皆由自心"①，就是这种思想的集中表达。与憨山相比，云栖的相关论述截然相反。云栖云：

> 其初一篇分三等西方②：一为文殊、普贤、马鸣、龙树诸菩萨所生之西方，二为远公、永明等诸知识，苏子瞻、杨次公等诸贤者所生西方，三为凡庸、恶人、畜生等所生之西方。其说近似有理，但九品往生，经有明文，昭如日月之在中天，何须待尔别为三等？一王创制，万国钦崇，山野匹夫，另立科约可乎？其谬一也。佛明九品者，西方原无二土，而人机不同，故往生者，自成其九。鲍之说，是西方原设三等之士，以待三等之人，与经不协，其谬二也……千经万论赞叹西方，千圣万贤求生彼国，独鲍一人重加毁訾，何其不惧口业也？居士初时信心虔笃，吾甚爱之；今若此，吾甚忧之。③

憨山的自力解脱论站在禅宗唯心论基础上，与云栖等鼓吹西方净土的他力解脱迥异其趣，这应是憨山与云栖"机缘浅"的思想背景。

（二）紫柏与憨山在《嘉兴藏》刻印上的合作与在紫柏圆寂后憨山对此项事业的鼎力支持

紫柏倡导的《嘉兴藏》刻印工程浩大，牵涉面广，在教外，他以精诚感召力吸引大批居士的鼎力支持，但教内济宗与洞宗僧众反应冷淡，亟须其他高僧参与协助。

憨山五台山"祈储法会"名声远播，后虽隐居东海，影响不减五台。紫柏早年在北方参访，对憨山应有所闻，但未能谋面。当刻经事业展开时，教界支持付之阙如，紫柏不得不在刻经初期寻求更多的支持。此点前文已有所陈，容再详述。《达观大师塔铭》云：

> 师以刻藏因缘，议既成，闻妙峰师建铁塔于芦牙，乃送经安置于塔中，且与计藏事。未偕，复之东门，乃访予于东海，时万历丙戌秋七月。④

此处的"芦牙"指山西宁武县芦牙山。妙峰禅师，名福登，别号妙峰，山西平阳人，幼时父母值凶岁亡。年十二投近寺出家，僧待之虐，年十八外逃。后得山阴王朱俊栅厚待。二十七岁时，南询参访，至金陵大报恩寺作净头，与憨山相识。憨山北游参访，遇之于京师，遂成法友。

据憨山《敕建五台山大护国圣光寺妙峰登禅师传》载，憨山东隐牢山后，"师（妙峰）往芦牙结庵以居。期年，圣母以求储因缘，访予二人，独得师。就芦牙敕建华严寺，顷成一大道场。于山顶造万佛铁塔一座，高七级。"⑤"祈储法会"中，憨山与妙峰功成名就，深孚众望。紫柏借送经之故造访妙峰，显有邀请妙峰参与刻藏之意。万历十四年

---

① 憨山德清：《净土指归序》，《梦游集》卷二十，第三册，第246页。

② 此处所说"初一篇"，指一位姓鲍的居士所作《西方论》三篇文章中的第一篇，云栖对其中某些观点不予认同，遂有此论。详见曹越主编《明清四大高僧文集》之《竹窗随笔》第155—157页，北京图书馆出版社2005年版。

③ 云栖袾宏：《竹窗三笔·蔑视西方》，《竹窗随笔》，第155—157页。

④ 憨山德清：《达观大师塔铭》，《全集》卷首，第四册，第315页。

⑤ 憨山德清：《敕建五台山大护国圣光寺妙峰登禅师传》，《梦游集》卷三十，第四册，第317页。

（1586），全权筹划刻藏事宜的密藏道开也曾到五台，与妙峰谋刻藏事，但紫柏师徒的造
访均未获致预料结果，① "未偕"原因不得而知。紫柏谋妙峰受阻，转而寻求憨山支持。

　　万历十四年，紫柏与憨山在东海牢山"盘桓两旬"，畅所欲言，谈话主题与刻藏之事
有密切关系。但憨山此时似乎对是否参与此事犹豫不决，《憨山老人自序年谱实录》中对
此次会晤是否语及刻藏之事付之阙如，《达观大师塔铭》中亦无丝毫此类信息，只是后来
《刻方册藏经序》中才揭明此事（下详）。

　　万历十五年（1587），筹集藏经资金的十位善信聚会燕京龙华道场，共同发起资金筹
集运动。会上并通过一份名为《检经会约》的文件。道开在"致憨山老师"中云："此必
得师命方可举行，有便乞示下，《检经会约》并校草格板、新求文字，俱俟十月颙入问候
附去。"② 对憨山在藏经刻印中将起到的作用寄予厚望。

　　万历十七年（1589），筹划已久的方册藏创刻于五台山紫霞谷妙德庵，紫柏门人如奇
等负责刻印。万历十八年（1590），沉默已久的憨山终于对《嘉兴藏》刻印表明了立场。
在《刻方册藏经序》中，他详细阐述了刻印藏经的意义：

　　　　万历丙戌秋（1586），达观大师、密藏开公远蹈东海，访清于那罗延窟，具白重
　　刻方册大藏因缘，方且订盟于窟中。尔时清以荷法情深，心重然诺，岂不荷担？以洞
　　门未开，荆朴未辟，意将有待而然也。已而达师西游，开（密藏道开）、本（幻余法
　　本）二公重赴清凉，以卜居，质疑于曼室大士，即蒙印许以金色界。未几，诸缘毕
　　集。越庚寅秋（1590），幻余本公问余，来入海印，出所创枣柏大论若干卷示余清，
　　乃焚香稽首，再拜受之。喜彻藏心，法香熏遍毛孔，及读诸大宰官长者居士缘起语，
　　备殚始末，字字真心，信乎无不从此法界流出也。

　　　　……若大师者，斯刻之举，不啻秦庭之哭，真有夺军拔帜之意。其恢复法界之
　　图，远且大矣。睹其金汤外护，高深坚利。若诸宰官居士者，岂非地涌之众，亲受付
　　嘱而来耶？不然，何以勇健如此？故吾观真谛，真谛不有；吾观俗谛，俗谛不无。是
　　役也，吾辈且息肩，其犹庵人不能治庵，尸祝将越尊俎而代之也。以彼易此，两其无
　　幸也哉。虽然勿谓无人，自顾所积何如耳。

　　　　闻之大块噫气，万窍怒号，由其声大而响齐。故一唱而万和，同声相应，岂成虚
　　语？是知斯藏之役，将计日献捷；斯刻之功，将浩劫而不穷，直使人人因之而见佛，
　　物物以之而明心，睹法界于毫端，觐毗卢于当下。斯可谓，人天其仰，真俗交归，随
　　顺方便之最上第一义谛，广大威德法门也。

　　　　或曰：方册减敬，将无慢法之罪耶？予曰：性性湛然，般若圆明。诸流通者，譬
　　若分灯。即大地俱焚，曾未择薪，而本火固然，不增不减。试将以此广大法炬，遍周
　　沙界，穷未来际，烧尽阐提，即使众生界空，而本法犹湛然常住也。二公勉矣前旌，
　　嗟予小子，惭愧形服。以禅弓不张，慧剑不利，怯弱不敢先登，敢辞执鞭之后。③

　　憨山此序表明，早在牢山之会时，紫柏就曾与他谈及刻藏之事，并有结盟之愿，但他

---

　　① 密藏道开有《与妙峰老师》一书，详见《大藏经补编》第十四册，《密藏开禅师遗稿》第
364—365 页。其中云："第刻经之事，尚无毫发头绪，不知此段机缘，毕竟何如耳。"
　　② 密藏道开：《与憨山老师》，《密藏开禅师遗稿》，《大藏经补编》第十四册，第 364 页。
　　③ 憨山德清：《刻方册经序》，《梦游集》卷十九，第三册，第 239 页。

当时忙于他务，未能马上应允，"意将有待"，或是静观其变。直到庚寅（1590）秋，幻余法本再次就刻藏之事征询于憨山，并带去诸善信赞助刻印方册藏的发愿文以及最初刻印的华严居士学者李通玄《华严经合论》，供憨山审阅。这些经论印制精良，质量上乘，甚为憨山所悦。憨山在阅读愿文后，终于决定参与《嘉兴藏》刻印工程。

为突出佛经庄重威严，传统藏经刻印一般运用梵夹版式，但《嘉兴藏》刻印之初，紫柏就主张以方册版式取代印造昂贵的梵夹式。紫柏的建议在当时是有阻力的，而憨山明确支持紫柏之说。愿文直接以"方册藏"命名，正表明憨山的态度。在发愿文中，憨山盛赞以紫柏为首的刻藏团体的丰功伟绩，认为紫柏"斯刻之举，不啻秦庭之哭，真有夺军拔帜之意。其恢复法界之图，远且大矣"。

万历三十一年（1603），紫柏坐化狱中。此前，密藏道开隐去，幻余法本病故，师徒三人是整个刻藏事业的核心，他们纷纷离去，使本已困难重重的刻藏事业雪上加霜，面临夭折境地。紫柏本人对刻经事业充满信心，但"癸卯妖书"令他对世态人心备感失望。坐化前一天，他吩咐侍者性田云："楞严、径山刻藏事，可行则行，不可行则止。"①

憨山说自己与紫柏有"死生之义"，② 对自己不能亲手援助紫柏出狱，怀有一种愧疚与自责的心态。③ 为弥补这份遗憾，立志完成紫柏生前极为慎重却又未竟的事业，就是一种必然而坚定的选择。

福徵《憨山老人自序年谱疏》万历三十一年，憨山五十八岁条云：

> 达师为法忘身之事非一，而创刻方册，视圜中罹难因缘，尤为可大可久。惟此方册，广法运，便参学，随人随地，悉可流通。否则，梵本庄严，帙繁价重，通僧不通俗，退方善信，虽闻佛名号，难见法宝只字矣。自达师开辟胜因，传播海内外，天上天下，佛法中人，无不闻知。嘉兴郡中楞严寺，有书本经坊常住者，其刻藏缘起，在达师高足密藏公，奉慈圣太后旨，鸠工五台。而究竟成就，则在径山寂照化城，及吾郡楞严般若堂两地。当日达师法语，著为令曰："径山藏板，不得发经，楞严发经，不得藏板"。似逆虑后来，他郡邑之妄有纷更者。憨祖过嘉郡时，楞严堂主茂竹公，延斋于本寺，因请开示。憨祖示语，历叙楞严废兴，亦称茂公端雅慈忍，而勉以大法，流通无穷不朽之佛事。因于坐间面嘱徵云："我与达大师，法门心契，休戚相关，刻藏事，即我事，此未了念也，汝幸勿忘。"嗣后移坊私印，纷更数番……而经坊一大事因缘，徵当从之始终，无负达憨诸祖遗念也。④

憨山说自己与紫柏"法门心契，休戚相关，刻藏事，即我事"，明确表达了紫柏圆寂后自己对刻藏事业的高度关注。紫柏坐化后，藏经刻印仍在进行，但已无先前的声势与影响，紫柏五世法嗣解印《密藏禅师遗稿后跋》云：

> 我紫柏尊者有徒七人焉：一密藏祖，二幻予祖，三寒灰祖，四幻居祖，五澹居祖，六洞闻祖，七慈音祖。其担荷翻刻大藏经者，惟密祖与幻予祖也。恢复化城，中

---

① 紫柏真可：《圜中语录》，《全集》卷首，第四册，第 321 页。
② 憨山德清：《答杭城诸宰官》，《梦游集》卷十七，第三册，第 228 页。
③ 憨山弟子福徵云："达师为本师生平第一法契，每以不得拊面痛哭为恨。东游缘起，特为了此第一打公案。"（《憨山大师年谱疏》，七十二岁条，《大藏经补编》第十四册，第 566 页）
④ 《憨山大师年谱疏》，五十八岁条，《大藏经补编》第十四册，第 538—539 页。

兴刻藏者，乃澹祖也。幻居、寒灰二祖者，赞襄刻藏者也。洞祖不预焉，慈祖无闻也。密祖有徒焉，乃念云翁也。念云继祖父之志，续刻未刻之经，司掌经坊，吴江开建禅林，接待往来云水，二时茶饭精严，天下禅林称颂，此真诚实行菩萨人也。念翁有徒焉，今我香庵叔也。香叔生平无喜怒色，无世情态，具慈忍心，体佛祖意，持《莲花经》数千余部，寒暑不歇，老病坚持，此是灵山会中，曾受佛记弟子者也。香叔有徒焉，乃明一兄也。明兄蚤厌世途，长卧而逝。明兄有徒焉，今吾按指颖侄是也。维其杰出缁伦，注心道法，慨祖宗之公案未完，收辑密祖遗言，广布担愿，了完全藏，不谓第六世而有斯人，愿来绳绳而无尽。我本樵采之人，愧无文字可赠，但直叙其枝分源派而已。以示将来法属，咸知刻藏相乘之脉，若一微尘内，流出大千经卷；半满科中，现起无位真人，则在读是书者，当机领略云尔。①

"刻藏相乘之脉"后继有人，薪火相承，无愧紫柏家风。但这些弟子影响毕竟有限，要成燎原之势，憨山的支持就尤为迫切了。

万历三十八年（1610），紫柏弟子澹居法铠定居径山，主持刻藏事宜。由于刻藏工程千头万绪，操劳过度，身体状况每况愈下。憨山得知后，致书法铠，希望他善待法体，以竟刻经伟业。书中云：

> 古人任大事者，未有不以有余而从事于物也……先大师以法门之大事，付公一肩而荷之，不遗余力。当百折之冲，秋毫皆穷神极力以应之，以其志有余而不暇顾其形之易瘁也。今也有形易化，时往难复。当及时修养以全其天和，所谓"本立而道生"也。以公生平所学，以明心为格，若心广而形眇，则力全而任有余未尽之业，犹千里之行，以暂息而至，公必有以自处也。何如？②

拳拳关爱之心溢于言表。对紫柏弟子的厚爱既是对法友尊敬之情的自然流露，也是刻经工作的必然要求。此外，憨山又亲撰《澹居铠公赞》，对澹居秉承紫柏遗志，勇于承担刻藏壮举予以鼓励，其中云：

> 骨棱层，心寥廓，气昂藏，机活泼。那一半，没描摸。佛祖郎当，众生络索。拚命横身一力担，不负家传者一着。③

此文可能写于万历四十四年（1616），憨山至径山为紫柏茶毗之后，几乎与此同时，他又有给紫柏另一弟子寒灰（如奇）的开示法语，鼓励他协助刻经事业，完成其师遗愿。信中云：

> 奇先礼达大师，求出世法，师许可，令参老人，为之薙染，依老人数载，以刻大藏因缘，复归本师执劳，此大役非一日矣。今以老病觅大休歇场，意卜之无当也……老人示之曰：尽大地是寂灭场，唯在学人肯放下处，便是休歇地耳，又何从他觅哉？古德云：不离真有立处，立处即真。良由自心生灭，一向循情，种种取舍，故头头障碍……老人观双径乃八十八祖说法地，大慧禅师，亦归宿于此。即汝本师和尚，脚跟遍海内，立足无卓锥，毕竟以刻大藏因缘，故得埋骨与大慧同坑。况汝随本师愿轮，

---

①　解印：《密藏开禅师遗稿后跋》，《大藏经补编》第十四册，第 420 页。
②　憨山德清：《示澹居铠公》，《梦游集》卷七，第二册，第 149 页。
③　憨山德清：《澹居铠公赞》，《梦游集》卷三十五，第四册，第 363 页。

刻经于寂照开山，皆汝用命之地，即汝放舍身命处也。

老人知汝不能放舍者，乃我见未忘，非懒病也。以净法界中佛祖众生，大家有分，独我见者不能入。若见有我，则视佛祖皆是人相。人与我相对，如此终无可避之人，亦无可休之地矣。汝自不休，则无地可休。汝若肯休，则当下便休。一切放下，方为大休。休则佛与众生，皆即避影，亦无地可容渠矣。汝求向上一路，虽云奇特，不若放下平贴耳。古人云：家邦平贴到人稀，若到平贴地，则佛亦不做，更何向上可求耶？①

寒灰本为紫柏弟子，后托付于憨山处参学，因刻藏需要，重归本师。他是五台山刻经的主持者，幻予去世后，他尝主持藏经刻印。但刻藏工程费力劳神，使他备感艰辛，遂有归隐休歇之意。万历四十四年（1616），憨山至径山主持紫柏茶毗仪式，适逢寒灰卜休歇场所未果，遂征询于憨山。憨山却以紫柏荣归双径，鼓励他继续本师刻印事业，而非知难而退。

方册藏的刻印前后几易其地，历经曲折，法铠主持刻经后，用冯梦祯建议，修复化城，作为径山下院，以为经版贮藏之地。紫柏生前曾有化城寺兴复意愿，未果，完成这一重任的是前文所指的中丞吴本如（用先）。憨山《题化城募缘疏》一文中，除再次盛赞刻藏之功外，又详细交代了经版储藏的细则与注意事项，表现出他对刻经的慎重，与先前的模棱两可的态度形成鲜明对照，他说：

刻藏盛举，乃自佛法入中国二千余年，一段大事因缘，令末法无量众生，种成佛真因……惟此功德，实震旦第一稀有之胜事。非大悲愿力者，不能发此心；然又非大愿力者，不能克全其业。今方过半，已费数万计，故非一人一手一足之力也。刻板之地，始议五台，苦冰雪；次迁径山，苦雾湿。皆非久计。末迁化成，可谓得所。其建议始冯太史（冯梦祯），恢复得吴中丞克荷者，末得澹居铠公，皆莫大之愿力也。但贮版之房，须高厂架，使离地透风，不致易坏。即板成，而安置之功，殊非一人一力可措也。②

《嘉兴藏》后期主要以径山为刻印场所，而主持其事者多为紫柏弟子及再传弟子。憨山高寿，对紫柏后辈不时勉励与督促，使刻经事业不为他事所扰，一直在紫柏舍身弘法精神感召下有序进行。对于参与藏经刻印事业的紫柏弟子，憨山都能平等视之，关怀护爱，多所指点。在给一位"介侍者"的开示语中，憨山云：

紫柏老人，全身荷负大法，欲建法门中兴之业，故刻方册大藏经。此一段大事因缘，非小小也，末后全付担于澹公一肩荷之……侍者在介，事事贾勇先登，不避艰险，其功居多，此又众中之尤难也。

常谓世人未有无所为而乐用者，即古豪杰皆然，况其他乎？……今观介侍者，初心无他图，图出家耳。今奔走七年，化城定矣，大法已得所矣。其居功者，宁无偶语乎？老人谓今当可以如来之赏而赏之也。介侍者即已老人得如来之大赏，若不能奉如来法，持如来戒，行如来事，万一破戒坏法，如来亦有三尺在也。慎之哉！③

① 憨山德清：《示寒灰奇小师住山（丙辰）》，《梦游集》卷六，第二册，第146页。
② 憨山德清：《题化城募缘疏》，《梦游集》卷三十一，第四册，第329页。
③ 憨山德清：《示在介侍者》，《梦游集》卷七，第二册，第148页。

此位介侍者情况难得其详，从信中知，在藏经刻印中，他能秉承紫柏精进勇猛精神，荷负大法，不避困难。憨山以"今当可以如来之赏而赏之"，实是对介侍者协助藏经刻印事业贡献的莫大鼓励。

紫柏圆寂后，憨山的指导与帮助对藏经事业稳妥推进具有重大意义，使得藏经刻印一如既往，薪火相传。紫柏伟大人格的感化与憨山宽厚精神的垂范确保《嘉兴藏》的刻印经历千难万险，善始善终。

憨山曾说"予了达大师末后因缘，即投老匡山"①，将完成紫柏遗愿视为自己一生中的重要使命。他说：

> （紫柏）以自性宗通，故随机之谈，如千钧弩发，应弦而倒，无非指示西来的意；称性冲口，曾无刻意为文也；一唾便休，弟子辈笔而藏之者什一。师初往来于金沙曲阿之间，与于、王、贺氏诸君子大有夙缘，所闻最多。如庵居士于公执侍甚谨，得片言如宝，只字不遗，凡随师杖屦者，必搜而得之。师每至匡庐，必主于江州孝廉邢君来慈长松馆，多有所说。师化后，并属弟子仲橐、润甫，结集成帙。予久沈瘴海，适为师了末后因缘，之双径。先过金沙之东禅，二公以予与师为法门深契，故出其稿，稽首请校而梓之。②

究之于憨山晚年所为，除了亲自主持紫柏遗体茶毗，鼓励紫柏弟子完成"嘉兴藏"刻印外，最重要的工作应是亲手校订紫柏遗著了。他校阅长达三十卷《紫柏尊者全集》，给后人留下研究紫柏以及晚明佛教的重要资料。紫柏曾准备与憨山撰述明代传灯录，此事因紫柏系狱、憨山遭遣没能完成，但憨山编订紫柏遗著，以特定方式完成了紫柏的未竟遗愿。

晚明佛教复兴中，紫柏与憨山建立了深厚的友情与持久的法谊，他们相互支持，密切配合，大大推进了晚明佛教的健康发展。对紫柏在晚明佛教再振中的贡献，憨山给予高度评价。在给紫柏俗家弟子于玉立的信中，他认为"末法中有此宗匠（紫柏），可追像法"③。而在《紫柏大师像赞》中，他说：

> 法界网裂，其维不张。适生大师，力振其纲。踞狮子窟，斫栴檀树。奋迅未伸，爪牙已露。击涂毒鼓，酾甘露浆。饮之者醉，耳之者狂。寂灭性空，轰霹雳舌。奔雷捲电，触者褫魄。以大地心，坚金刚骨。眼里有筋，胸中无物。临济不死，黄蘗犹生。谁知大师，不受其名。大方阔步，不存轨则。翻身掷过须弥峰，一拳捶碎无生国。④

诗偈对紫柏一生行事作风作了高度概括，彰显了紫柏刚烈威猛的人格特征。憨山此"赞"行文如奔雷疾风，与紫柏作略相得益彰。而"正法可无临济、德山，末法不可无此老"⑤的评论剔肤见骨，切中肯綮，准确刻画了紫柏在晚明佛教面临艰难转折过程中出现的意义。末世与末法的双重危机塑造了紫柏与憨山这样的不世英雄。在另一首《紫柏大

① 憨山德清：《送坚音慈公住金沙东禅寺序》，《梦游集》卷二十一，第三册，第258页。
② 憨山德清：《紫柏老人集序》，《全集》卷首，第四册，第310页。
③ 憨山德清：《与于中甫比部》，《梦游集》卷十七，第三册，第225页。
④ 憨山德清：《紫柏大师像赞》，《全集》卷首，第四册，第312页。
⑤ 憨山德清：《达观大师塔铭》，《全集》卷首，第四册，第317页。

师赞》中，憨山说紫柏：

> 面如月，心似铁，短发长鬣，丰神自别。拳头一捏双眼空，脊梁才竖诸缘歇。槌碎金刚圈，圆成甘露灭。十方世界没遮拦，一道神光间不彻。蓦地相逢鼻孔酸，心中有痛难分说。①

此"赞"集中展示紫柏一生叱咤风云的神韵，最后两句"蓦地相逢鼻孔酸，心中有痛难分说"，隐约透露二人深藏心底的隐痛。紫柏与憨山二人力图重振久已颓废的佛法，但在教内毁誉参半，教外连遭打击，二人心有戚戚，同病相怜。

四大师中，蕅益智旭出世最晚，当他崭露头角时，紫柏早以圆寂，憨山流放岭南，②但对紫柏与憨山在晚明佛教复兴中百尺竿头、激流勇进的人格魅力倾慕不已，他说自己"纲宗急辨，每怀紫柏之风，护法忘身，愿续匡山之派"③，对紫柏豪侠之风，表达由衷赞誉，并因没能躬炙紫柏而深为遗憾，他说：

> 近代传孔颜心法者，惟阳明先生一人；传佛祖心法者，惟紫柏大师一人。旭生也晚，习儒时，不得亲炙阳明；后学佛，不得躬承紫柏。④

对憨山在晚明佛教复兴中的重要贡献，智旭亦表达由衷敬意，在《憨翁法祖真容赞》中，他说：

> 伟貌丰神，坚勇大势。空定凝神，光明初霁。忧在法门，祸福宁计！掣电奔雷，德山、临济。密用潜行，圜中海际。知之者，谓是只手擎天；不知者，谓是英雄欺世。谁知其甘处于非宗非教之间，不与时流同逝。⑤

而憨山本人亦有一些《自赞》诗偈，其中一首云：

> 威威堂堂，澄澄湛湛。不设城府，全无崖岸。气盖乾坤，目撑云汉。流落今事门头，不出威音那畔。无论为俗为僧，肩头不离扁担。若非佛祖奴郎，定是觉场小贩。不入大冶红炉，谁知他是铁汉。只待弥勒下生，方了者重公案。⑥

这对自己一生作了准确而传神的评述。天降大任，历尽磨难，但壮志不改，心境坦然。在另一首《自赞》中，他说：

> 霜鬓蓬松，冰心冷淡。钳口结舌，奔雷卷电。作东西南北之人，受百千万亿之难。号是憨僧，呼为铁汉。形影相看瘴海滨，莫道斯人无侣伴。⑦

玉壶冰心，古道热肠，护法不辍，出生入死。当他突遭法难，流落于瘴乡疠海之时，并不感到寂寞与孤单，"形影相看瘴海滨，莫道斯人无侣伴"，因为挚友紫柏时时护佑自

---

①　憨山德清：《紫柏大师赞》，《梦游集》卷三十五，第四册，第362页。
②　智旭云："决志出家，时紫柏尊者已寂寞中，云栖老人亦迁安养，憨山大师远游曹溪，力不能往，其余知识，非予所好。"（《退戒缘起并嘱语》，《灵峰宗论》第343页）
③　蕅益智旭：《毗尼事义集要缘起》，《灵峰宗论》第340页。
④　蕅益智旭：《赠石淙掩关礼忏占轮相序》，《灵峰宗论》第377页。
⑤　蕅益智旭：《憨山师翁清大师像赞（三首）》，《灵峰宗论》第572页。
⑥　蕅益智旭：《自赞》，《梦游集》卷三十五，第四册，第365页
⑦　蕅益智旭：《自赞》，《梦游集》卷三十五，第四册，第364页。

己，鱼雁往来，鼓舞鞭策，其间虽隔千山万水，却近在咫尺，手足情深。

　　士为知己者死，紫柏与憨山两大师均将对方视为知己，所以才能坦诚相待，结下终身友情。如果说李贽与紫柏以"教主"身份挺立于晚明儒释两大阵营，俯视群雄，睥睨古今的话，那么，在佛教内部，紫柏与憨山就是两位百折不挠、视死如归的护法统率。他们相濡以沫，荣辱与共，以坚忍的毅力，渊博的学识，伟岸的人格，勤勉的行动，激励与引导大批僧众与居士参与晚明佛教再振运动，为中国佛教的延续与拓展进行了可贵的探索，作出了杰出贡献。

　　戴继诚，哲学博士，现为中国人民公安大学犯罪学系教师。

中国禅学　第五卷
2010 年，第 431—443 页

敦煌发现的吐蕃禅文献研究

——领域及其前景的一个评论[①]

［日］上山大峻

内容提要　此文根据在敦煌所发现的吐蕃禅文献对唐代汉地禅宗在吐蕃的传播与发展作出了分析，对此领域的研究状况进行了综述并对前景予以了展望。作者指出，由于受佛教宗派意识形态的影响，西藏的古代史书对吐蕃禅的记叙是不真实的；为了呈现吐蕃禅的真相，除依据敦煌出土的吐蕃文写本外，还需要特别注意利用宁玛派文献。

关键词　敦煌写本　吐蕃禅　汉地禅　宁玛派　吐蕃僧辩会　摩诃衍禅师

引　言

我研究的目的是用敦煌发现的古代文献澄清那个地区的佛教历史及其特质。在我的研究中，我试图说明两个僧人学者释昙旷与释法成的生平。在敦煌保存的很多手稿证明了他们在那一地区的重要性。尽管如此，他们在中国佛教史的主流中仍然默默无闻。[②] 释昙旷与释法成活动的年代，正是吐蕃占领敦煌的时期，即公元 781—848 年。[③] 自然，我们探

---

① 【译者按】该文译自 Whalen Lai and Lewis R. Lancaster, Early Ch'an in China and Tibet, Bekerly：Asian Humanities Press, 1983, pp. 327 - 349。

② 关于昙旷的研究：

上山大峻：《昙旷与敦煌的佛教研究》，《东方学报》（昙旷研究专刊）35 （1964.3)，第 141—214 页。

评论：

山口瑞凤（Zuihō Yamaguchi）：《上山大峻所著〈昙旷与敦煌的佛教研究〉》，《东方学报》47 （4)，第 113—114 页。

P. 戴密微（Paul Demiéville）：《敦煌学近作》，《通报》56 （1—3) （1970)，第 29—44 页。

关于法成的研究：

上山大峻：《大蕃国大德三藏法师沙门法成的研究》（Part 1)，《东方学报》38 （1967.3)，133—198 页；（part 2)，《东方学报》39 （1968.3)，第 119—222 页。

评论：

P. 戴密微：《敦煌学近作》，《通报》56 （1—3) （1970)，第 47—62 页。

③ 日本学者如藤枝晃（Akira Fujieda）认为吐蕃对敦煌的占领期是公元 781—848 年；而戴密微与其他学者则认为是公元 787—848 年。

藤枝晃发表了一个对这一时期敦煌的各种情况的很好的研究报告：《吐蕃占领时期的敦煌》，《东方学报》31 （1961.3)，第 199—292 页。

讨的问题就涉及他们与吐蕃佛教的关系。这对昙旷尤其如此，因为他在晚年卷入了"吐蕃僧辩会"（the Council of Tibet），即大乘和尚（Hva-shang mahāyāna，摩诃衍禅师/the Ch'an master Ma ho yen/ mkhan po Ma ho yan）与莲花戒（Kamalasila）的教义争端。① 当时，吐蕃赞普提出了 22 个问题请他回答。这件事也涉及法成，他有大量藏文与汉文手稿在敦煌留存下来。他被任命为大蕃国大德三藏法师译所的译师。翻译佛教经典在那时是吐蕃王国的国事。这个译所就为此而设立。

为了澄清昙旷参与的吐蕃僧辩会，以及法成活跃于其中的吐蕃佛典翻译，彻底考察一下敦煌所保存的吐蕃文献是绝对必要的。

在研究过程中，我于 1968 年发现了《楞伽师资记》的吐蕃文译本，这使日本学者第一次认识到从敦煌发现的吐蕃文献中有禅宗材料。② 我也发现吐蕃禅文献中提到摩诃衍禅师之名。这个发现孵生了我的一个信念，要澄清"吐蕃僧辩会"的真相就必须借助于对这些文献的研究。1970 年，我得到了"伯希和吐蕃文写本—116"（后面简称"伯希和—116"）的缩微拷贝，其中包含有大量整理得很完善的有关禅的材料，这是我研究的基本依据。③ 大约同时，小畠宏允（Hironobu Obata）在我的指导下进行吐蕃禅研究，有了一个相当重要的发现，即《五部箴言》中《大臣箴言》的某些段落，完全与"伯希和—116"记载有多位禅师语录的一节相合。《五部箴言》是宁玛派的一个伏藏文献，其部分内容曾由 G. 杜齐（G. Tucci）于 1958 年在《小部佛教文本》（二）发表。④

在 1974 年，我发表了一篇"伯希和—116"内容的概述，以利于其他学者的共同研究。小畠宏允也在"伯希和—116"的基础上，发表了他关于吐蕃禅的研究（Ⅰ：4）。

---

① 戴密微最先用术语"Le Concile de Lhasa"（"拉萨僧辩会"）来描述在西藏历史上记载的大乘和尚与莲花戒间的宗派辩论（见戴密微著《拉萨僧辩会》【汉译本《拉萨僧净记》】，巴黎，1952）。G. 杜齐将这个术语修改为"he council of bsam yas"（"桑耶僧辩会"）（见 G. 杜齐著《小部佛教文本》（二），罗马，1958，第 32 页）。戴密微后来又修改为"the council of Tibet"（"吐蕃僧辩会"）（见戴密微对《小部佛教文本》（二）的评论，《通报》46（3—5）（1958），第 408 页）。

最先，我倾向于赞同杜齐（见"昙旷与敦煌的佛教研究"），但当我的研究有所深入后，我认识到此教义之辩涉及范围相当大，远不限于在桑耶的论争，所以，我亦将此论辩称为"the council of Tibet"（"吐蕃僧辩会"）。冲本和其他学者则继续称呼此论辩为"the council of bsam yas"（"桑耶僧辩会"）（见Ⅰ：7 等）。

② 在欧洲，学者们很早就承认了吐蕃禅：

M. 拉露，《关于汉地禅传播之吐蕃文献》，《亚细亚学报》231（1939）。（这篇论文是对"伯希和吐蕃文写本—996"的一个研究）；P. 戴密微，《拉萨僧净记》，巴黎，1952。（"伯希和吐蕃文写本—116、117、812"作为摩诃衍禅师的吐蕃文著作而被研究，见第 13—17 页）。

G. 杜齐，《小部佛教文本（二）》，罗马，1958。（在这部书中，杜齐依据吐蕃文原始资料，考察了禅向吐蕃的流传）。R. A. 斯坦因：《顿悟或同时领悟：对汉文与藏文术语的评论》，《吉美博物馆年鉴》（1969），第 3—30 页。（此处斯坦因依据吐蕃敦煌写本讨论了"顿"与"渐"两个术语的意义）。

虽然上述研究已经发表，但其重要性在日本还没有被认识到。

③ 根据从这个缩微拷贝中收集的材料，我在 1970 年 12 月 6 日向日本西藏研究会提出了一篇论文，题目是"敦煌发现的吐蕃禅文献"。在此论文中，我概述了"伯希和—116、121、812、813"，以及"斯坦因吐蕃文写本—710、468、709"的内容。

④ 《五部遗教》据称是由邬坚林巴（O rgyan glin pa，生于公元 1323）掘于雅隆水晶岩洞中。此书的第五部分（ca 卷）是《大臣箴言》，包括有讨论顿宗与渐宗的部分。杜齐发表了这些部分的一个罗马字母转写本，以及英译，收在《小部佛教文本》（二），第 68—192 页。

也在此时，又发现了一个宁玛派文献《静虑明灯》（*Bsam gtan mig sgron*），里面有些材料与《大臣箴言》及"伯希和—116"相似。[①] 1973 年，留居法国的今枝由郎（Yoshiro Imaeda）发现了一个对应《顿悟大乘正理诀》的问答部分的吐蕃文文献，而《顿悟大乘正理诀》与"吐蕃僧辩会"相关联。[②] 由于这些发现，人们对禅在吐蕃的传播与吐蕃占领时期敦煌的吐蕃文禅文献的兴趣骤然升温，这些文献的发现被公认具有极端的重要性，不仅因为它们是研究早期中国禅的原始文献，而且因为它们是可能揭明佛教传入西藏的早期实况的历史资料。

随着在东京大学研究"伯希和—116"和其他吐蕃禅文献的专家小组——冲本克己（Katsumi Okimoto）、木村隆德（Ryūtoku Kimura）与原田觉（Satoru Harada）——的研究成果的发表，这个领域的研究在日本日益引人注目。

谙熟日本当前对敦煌出土的吐蕃禅文献研究状况的兰卡斯特（L. Lancaster）教授恳请我为伯克利佛学研究系列的《中国与吐蕃的早期禅史》专卷提供一篇论文。能为欧美的学者用英文综述日本在此领域的研究现状，我感到非常荣幸。虽然时间不允许我充分准备，但我仍大胆提出了这篇论文。

这篇论文分三个部分：

（1）我拟以编年史的顺序反映日本学者迄今在这个领域的研究成果，并对它们的内容予以简单归纳。

（2）我拟对上述研究所依据的敦煌材料的性质以及它们作为吐蕃研究的原始材料的价值，予以探讨。

（3）我拟探讨一下吐蕃文献对禅研究领域的意义，以及未来研究的可能进程。

最后，我感谢兰卡斯特教授给我提供发表这篇论文的机会，也感谢 K. W. 伊斯特曼。他在我们间搭桥，并与德野京子（Kyoko Tokuno）女士一道翻译我的论文。

一　敦煌发现的吐蕃禅文献的研究

（1）上山大峻著：《〈楞伽师资记〉的藏译》，《佛教学研究》25—26（1968.5），191—209 页。[③]

在这篇文章中，我讨论了在"斯坦因吐蕃文写本——710"（后面简称为"斯坦因—710"）中的一部吐蕃文写本《楞伽师资经》，证明它是中国北禅系统的《楞伽师资记》的藏译。

---

① 《静虑明灯》，又称为《大圆满诀窍静虑明灯》等，是活跃于 9 世纪的一个大僧人学者努·桑杰也协（gNubs chen sangs rgyas ye śes）所著。1974 年由列城（Leh, Ladakh）的 S. W. 答西刚巴（Tashigang pa）出版，是 Smanrtsis shesrig spendzod 丛书的第 74 卷。今枝由郎（Y. Imaeda）在 1974 年从 E. G. 史密斯那里得到了这部书，并告之日本学术界。从书末题署看，这部书似乎是一个含有这个时期珍贵信息的原始资料，然而，正如冲本指出的那样（见 I：10），这个文本大概被后来的学者修订过。

② 今枝在 1975 年 7 月 16—21 日在巴黎召开的第 29 次国际东方学家会议上口头报告了这部书。他的研究则发表于 1975 年的《亚细亚学报》上（见 I：9）。

③ 这个吐蕃文文本尚未发表。对此文本的评论，可见戴密微《敦煌学近作》，《通报》56，第 46—47 页。我根据《楞伽师资记》的藏译，也发表了一篇论文，试图分析其汉文本的形成。这篇论文名为《根据藏译看〈楞伽师资记〉的成立》，《印度学佛教学研究》21（2）（1973.3），第 597—602 页。

这部吐蕃译本仅译有汉原文第一部分。由于译文是原文的直译，可以重构所用的汉文原本的原貌。

此译文有一个值得注意的特点，所用术语与《翻译名义大集》（*Mahāvyut patti*）的相应用语有别。如，解脱为 grol thar，因缘为 rgyu rkyen，缘起为 rkyen las gyos，妄念为 myi'den pa'i sems，等等。因此，我推断，这个译文要早于《翻译名义大集》对术语的标准化。

（2）上山大峻：《摩诃衍禅师的吐蕃文轶文》，《印度佛教学研究》19（2）（1971.3），第124—126页。

虽然没有独立发现摩诃衍禅师的其他汉文著述，但他的存在以及他的禅思想通过《顿悟大乘正理诀》为我们所知。然而，在敦煌的吐蕃文献中，有诸如《摩诃衍禅师顿禅入门》和《显了摩诃衍禅师禅要》。在此论文中，我收集了五个文本，"斯坦因—468"，"伯希和—116、117、812、813"。对这些文本的内容我作了一个概述，以表明这些文本事实上含有摩诃衍禅师的著述。[①]

（3）上山大峻：《敦煌出土的吐蕃禅文献研究："伯希和—116"所提出的问题》，《佛教文化研究所纪要》13（1974.6），第1—11页。

"伯希和—116"是一个写有124个页面的手稿，在纸的两面都书写以能够折叠。虽然手稿有多处修补，但保护得很好，很完整。还有九个文献断片，"伯希和—21、118、813、817、821、822、823"，以及"斯坦因—706、708"，有与前述"伯希和—116"文本对应的部分内容，表明该文本曾被广泛阅读。[②]我判断，该手稿是对吐蕃禅研究最有意义的一个敦煌吐蕃文献，写作本论文的目的是提供这部写本的一个概况，并提供一些已鉴定部分的信息。

此写本的内容被排列如下：

　Ⅰ、右面，第1（1）—21（2）页

《普贤行愿王经》的藏译本（与北京版的第716相同）。

　Ⅱ、右面，第21（3）—108（1）页

《能断金刚般若波罗蜜多大乘经》的藏译本（与北京版的第739相同）

　Ⅲ、右面，第108（2）—117（1）页

（起首）略而显示大小乘之差别，入门以及各各之相。

　Ⅳ、右面，第117（2）—118（4）页

（起首）见之略义。

　Ⅴ、右面第119（1）页—左面第23（2）页

（起首）为了回应无始时来耽著于物与语言者的争辩，令他们远离此诸见，于诸离能取、所取的大瑜伽师们所需之义，当作为简要的警醒之物。

紧接上述内容的是14个问答，而在回答中引有16部经，包括《入楞伽经》、《金光明经》与《解深密经》。

　Ⅵ、左面，第23（2）—47（3）页

---

① 戴密微在1952年认为"伯希和—116、117、812"是大乘和尚的著述。然而，在写作此论文时，我还不知道他的这个发现。

② 按照冲本，"斯坦因—703"包含的文献与"伯希和—116"相同（见Ⅰ：7）。

　　a）在第一节是 23 个问答，说明不观（mi rtog pa）之禅观。在回答中引有 19 部经论。

　　b）第二节引录下列 8 个堪布的语录：1. 龙树，2. 菩提达摩多罗，3. 无住（bu cu），4. 降魔藏，5. ardan hver，6. 卧轮（'gva lun），7. 摩诃衍（ma ho yan），8. 提婆。然而，冲本相信左面 40 页的最后一个句子不全，而事实上（a）与（b）是不一致的。（见 I：7）

　　Ⅶ、左面，第 48（1）—50（2）页

　　是摩诃衍禅师的语录。

　　Ⅷ、左面，第 50（3）—67（4）页

　　是 18 个禅师的语录，顺序如后：1. bhu cu，2. kim hun，3. d'zang，4. 道林（dehu lim），5. lu，6. kim hu，7. pab svan，8. par，9. d? va，10. tshvan gi，11. wang，12. d? vang za，13. 使者汉居士根思，14. 神会（? in ho），15. 'byi lig，16. 摩诃衍，17. de'u，18. 无住。

　　Ⅸ、左面，第 68（1）—119（2）页

　　（题目）顿悟真宗金刚般若修行达彼岸法门要诀（顿悟真宗要诀）。

　　Ⅹ、左面，第 119（3）—122（4）页

　　（起首）对五种错误理解，不能通过观空而趋于断。

　　Ⅺ、左面，第 123（1）—123（4）页

　　（题目）《示现法界经》。

　　除了鉴定前文 I：2 小节中摩诃衍（ma ho yen）与摩诃衍（ma ho yan）外，我已经鉴别了前文 Ⅵ—Ⅷ 小节中列有语录的禅师：[①] bu cu ＝ Wu－Chu Ch'an－shih 无住禅师，mkhan po bdud'dul gyi sñin po ＝ Chiang－mo tsang ch'an－shih 降魔藏禅师，gva lun san si ＝ Wo－lun ch'an－shih 卧轮禅师。

　　《五部箴言》中的《大臣箴言》的部分内容与"伯希和—116"的部分内容（"伯希和—116"的左面第 41（2）—44（4）页与《小部佛教文本》（二）第 70（27）—71（14）相同）相符，我已讨论了它们基于同一来源的可能性。[②]

　　最后我提出下述问题：由于这个文献含有大瑜伽（摩诃瑜伽）文本与印度思想因素（后者已经被描述为"吐蕃僧辩会"中摩诃衍和尚思想的对立面），这个文本是否代表了吐蕃禅与印度佛教冲突之后的一个阶段？仅仅像这里呈现的这个文本的存在是否就能表明历史实况不同于在"吐蕃僧辩会"后铩羽而逃的摩诃衍的传说？

　　（4）小畠宏允：《吐蕃禅宗与〈历代法宝记〉》，《禅文化研究所纪要》6（1974.6），第 139—176 页。

　　在这篇论文中，小畠依据《巴协》（别名《桑耶寺禅志》）[③]以及"伯希和—116、117、812、813"讨论了保唐宗系的传承。无住禅师的传承是在四川剑南地区形成的，记

―――――――――

　　①　吴其昱（Wu Chi－yu）1973 年在巴黎召开的第 29 次国际东方学家会议上发表了论文《在"伯希和－116"中卧轮禅师的语录》，认定了卧轮禅师以及他的语录。但我没有见到这个论文。

　　②　最先注意到《大臣箴言》与"伯希和－116"有相同段落的是小畠，他那时是龙谷大学的研究生。

　　③　R. A. 斯坦因 1961 年在巴黎发表了这个文本以及法文摘要，取名为《巴协：桑耶古志》。

录在《历代法宝记》中。保唐宗系通过南诏王国传入吐蕃，在"吐蕃僧辩会"前已落地生根。小畠认为，在《历代法宝记》中记载的禅宗传承在吐蕃存在，他引证汉地伪经的藏译如《大佛顶经》、《金刚三昧经》、《法王经》作为进一步的证据，这些伪经在《邓噶》（*Lden Kar*）目录和敦煌文献中有发现。

（5）小畠宏允：《吐蕃禅宗与伪经翻译》，《印度学佛教研究》23（2）（1975.3），第170—171页。

在前一篇论文中（见Ⅰ：4），小畠已经指出了汉文伪经的藏译的存在，并用这种伪经支持《历代法宝记》所涉及的禅宗传承在吐蕃的存在。这篇论文是该研究的一个深入。在此文中，他评论了九部由北禅宗传入的伪经。

（6）木村隆德：《敦煌出土的"伯希和—116"研究（一）》，《印度学佛教学研究》23（2）（1975.3），第281—284页。

这篇论文是关于"伯希和—116"的第五部分内容的研究［右面第119（1）页—左面第23（2）页］。它试图评估"伯希和—116"与"吐蕃僧辩会"间的关联。这一部分包括了在内容上与《顿悟大乘正理诀》相似的14个问答。然而，这些问答与《正理诀》中的问答没有对应。这个文本在问答进行之前与之后的内容表明，大瑜伽思想的追随者们已经回应了相宗（*mtshan ma la dad pa rnams*）思想的信奉者的疑问。木村总结道，这里显示的材料与"吐蕃僧辩会"无关。即使Ⅴ—Ⅷ部分是基于顿宗思想撰作的，因而与"吐蕃僧辩会"相关，但还是不能肯定这个文本是摩诃衍禅师思想的一个系统表达。

（7）冲本克己：《从"伯希和—116"看桑耶寺之佛教论辩（1）》，《日本西藏学会会报》21（1975.3），第5—8页。

在我对"伯希和—116"（见Ⅰ：3）的研究发表后，冲本克己对此文本作了进一步研究。在这篇论文中，他提出了一些新发现，并对我的部分观点作了修正。

首先，冲本推论道，这个文本的左面第40与41页的部分已经遗失了，而被我认为属一个文本的Ⅵ（a）与Ⅵ（b）两部分，应该被理解为两个独立的作品，可相续标为Ⅵ与Ⅶ，即每一个编号须增加一号，这样整个文献应包括12个独立的文本。

在这个文本所列的禅师中，mkhan po dehu lin san si被判定为鸟窠道林禅师（A. D. 741—824），而bsam brtan gyi mkhan po sin ho为神会禅师。

冲本还指出，"斯坦因—703"对应于"伯希和—116"。他认为，"伯希和—116"不可能在9世纪前形成，因此不可能直接与发生在桑耶的"吐蕃僧辩会"相关。[①] 然而，这样一个文本的存在却能够表明"吐蕃僧辩会"涉及的范围要比我们以前假设的要宽广得多。作者进一步强调了宁玛派文献《大臣箴言》与新发现的《静虑明灯》对研究这部写本与大圆满（rdzogs chen）系统的关系的重要性。

（8）小畠宏允：《对菩提达摩多罗禅师的吐蕃传承的考察》，《印度学佛教学研究》

---

① 冲本认定dehu lim sen si即是道林禅师（741—824）。因此，他将编纂"伯希和–116"的最早时间定为公元824年，并证明此文本不是吐蕃僧辩会的一个同时代记录。然而，认定dehu lim为道林的证据并不充分。而且，构成"伯希和–116"的各种文献并非是同时撰作的。例如，《顿悟真宗要诀》是在8世纪下半叶译成吐蕃文的（见Ⅰ：17）。大概这样的看法是准确的：这些文献在不同时期完成，后以现在看到的形式编辑在一起。在这种情况下，即使在"伯希和–116"中与"吐蕃僧辩会"同时的材料，也不会与辑中后一时期的文本相冲突。

24（1）（1955.12），第229—232页。

《历代法宝记》是最早记载菩提达摩多罗（Bodhidharmatāra）为中国禅宗始祖的文献。奉他为始祖也是保唐系传承的一个特点。大畠指出，在吐蕃文献中，菩提达摩多罗被载为禅宗始祖，但并非达摩（Ta mo）禅师。由此，作者考察了出现有此始祖名字的9个敦煌文献的相应处上下文，这些文献包括"伯希和—116、699、813"。然后他试图确定记载在《历代法宝记》的保唐宗的禅宗传承在其进入吐蕃与其他系的传承接触后所经历的独特变化。下面一段引自《大臣箴言》的引文是有典型意义的："从达摩多罗等七位汉地祖师传到摩诃衍和尚，是最后一位。"[①] 在此意义上，大乘和尚被理解为第八位祖师，这是对《历代法宝记》所载传承的一个特别的修订。大畠还注意到，北宗的理入说在吐蕃文文献中是被归为达摩多罗的。他认为，这可能表明了北宗与保唐宗的一种结合。

（9）今枝由郎：《与"吐蕃僧辩会"相关的敦煌吐蕃文文献》，《亚细亚学报》263（1975），第125—146页。虽然这个研究是在巴黎发表的，但因其对敦煌吐蕃文写本研究的重要性，我在此概述一下。

今枝发现"伯希和—823"是《顿悟大乘正理诀》的"旧问"部分的藏译。虽然此吐蕃文写本是残本，但其13问中有12问已被确定见于《正理诀》中。此论文还包括有此文本的罗马字母转写本。作者对此文本有如下的看法：这部写本应该是吐蕃王授意的一次教理讨论的记录，此国王对那时的教理论争兴趣盎然。这些教理讨论有三卷之多。现前的文本似乎是三卷中的第一卷。《正理诀》的汉文编辑者编纂了这些问答，标为旧问、新问等。此文本对应《正理诀》的部分是汉文本的直译。

今枝在"伯希和—996"中发现，《八十经之由来》的作者标为智慧宝音（Yeses dbyans of Spug），不同于布顿在《佛教史》中将其说为是大乘和尚。[②] 他还证明，"伯希和—818"是此文本的一个残本。布顿错误的识读可能是宗派偏见的结果，而对摩诃衍与莲花戒的论辩的实际面目的描述堕入了历史迷雾之中。作者最后作出结论，莲花戒与大乘和尚大概没有相遇过。

（10）冲本克己：《桑耶宗辩（2）：敦煌吐蕃文写本中的禅师们》，《日本西藏学会会报》22（1976.3），第4—8页。

由于"伯希和—116"、《大臣箴言》与《静虑明灯》三个文献含有内容相近的部分，学者们已经认可它们作为吐蕃禅研究的原始资料的重要性。在这篇论文中，冲本对这些文本作了比较研究，试图评估其作为历史原始资料的确当性。作者还讨论了这些文本中的一些禅师提出的问题，并猜测 Ardan hver 的门徒 Man hva sang，即与参加"吐蕃僧辩会"的禅师摩诃衍是同一人。在该论文的结尾，作者还编辑了在此三文本中出现的所有禅师的比较图表。

（11）原田觉：《桑耶宗辩以后顿宗论书的存在问题》，《日本西藏学会会报》22（1976.3），第8—10页。

《顿入无分别修义》（北京版第5306）被归为无垢友（Vimalamitra）所作，他是宁玛

---

① G. 杜齐：《小部佛教文本》（二），第68与81页。

② M. 拉露：《关于汉地禅的传播之吐蕃文献》，《亚细亚学报》231（1939）。这篇文章提供了一个"伯希和－996"的照片复制，一个罗马字转写本和一个法译。

派的创立者之一。G. 杜齐在《小部佛教文本》（二）中发表了此文本的梗概。他表明它的内容与莲花戒的《修习次第》相似。在此论文中，原田在发现这个文本的后一部分对应于"伯希和—116"的一部分之后重检了此文本。

作者首先对此文本的奢摩他与毗钵舍那（śamatha－vipaśyana）部分与《修习次第》的相应部分作了一个详尽的比较分析，发现《顿入无分别修义》包含有取自《修习次第》第二、第三部分的段落。而对此文本的后面部分，虽然杜齐认为是莲花戒所作，但原田显示了此部分的大部分对应于"伯希和—116"的Ⅴ—Ⅶ部分。

原田认为，《顿入无分别修义》的这部分是根据"伯希和—116"或一个相似文本撰作的，并做出了如下推论：现前的文本并没有与渐宗之论《修习次第》的教理发生冲突，相反它承认《修习次第》的义趣是有益于作为顿宗的极端立场的"无分别定"（rnam par mi rtog pa'i ting nge 'dzin）思想的。在此文本的上下文中，它采取了一种调适性立场，以图解决顿宗与渐宗之争。

（12）木村隆德：《敦煌出土的吐蕃文写本"斯坦因—709"》，《日本西藏学会会报》22（1976.3），第11—13页。

A. 斯坦因爵士收集的吐蕃文写本"斯坦因—709"也包括有与禅相关的材料。在其论文中，木村考察了这个写本，得出结论：此写本包括有9个相续的文本。其中发现有《解深密经》的部分内容，以及与《修习次第》相对应的部分。作者还发现，其中还有音译与翻译两种形式的一篇对北宗禅的批判，署名为神会。这些颂句是凝心入定，住心看静，起心外照，摄心内证，并非按原顺序排列。术语 de b zin g śegs pa'i bsam gtan（如来静虑）在文本中也有出现，对应术语如来禅。

木村总结道，此写本是在"吐蕃僧辩会"后撰成的，是依据顿宗的极端立场而对顿宗与渐宗教理的一个结合。这种结合也是《大臣箴言》与《静虑明灯》的特色。

（13）冲本克己：《关于二入四行论的吐蕃文译本》，《印度学佛教研究》24（2）（1976.3），第992—999页。

很多在"伯希和—116"中没有出现的禅师，在《大臣箴言》与《静虑明灯》中有记载。这些部分译自《二入四行论长卷子》，在冲本的论文中被揭示出来。作者还发表了与《静虑明灯》中的藏译相对应的汉文部分。

（14）小畠宏允：《吐蕃禅宗顿宗的发展》，《佛教史学研究》18（1976.3），第59—80页。

在"吐蕃僧辩会"上与印度佛教对抗的是禅宗。此禅宗不代表北禅、南禅或者保唐宗，但对吐蕃而言是特异的。吐蕃的禅宗没有卷入北禅与南禅之争，也没有与法禅宗（the Dharma Ch'an school）相争的征象。所以小畠称之为顿门派（顿派、顿宗），以区别于汉地禅宗。作者以《顿悟大乘正理诀》为基础，考察了顿宗的禅理。小畠做出结论，摩诃衍代表的禅仅在表面上与北宗相似，实际上其教理与保唐宗相近，还有取自南禅（神会系）与法宗（the Dharma school）的因素。也许摩诃衍作为北宗的禅师，通过修改神会学说与保唐宗的《历代法宝记》中的达摩多罗的圣传，而在采用《历代法宝记》之事上受到激励。这些在北宗文献中没有发现，但对教化吐蕃是有用的。

（15）小畠宏允：《〈历代法宝记〉与吐蕃佛教》，《禅之语录》3（1976.6），第

325—337 页。

此文是为一般读者写的，作为附录载于柳田圣山（Seizan Yanagida）教授的《历代法宝记》的翻译评注本。在文中小畠在其最新研究的基础上，讨论了《历代法宝记》在吐蕃的流传与影响。

（16）小畠宏允：《"伯希和—116"中的诸禅师研究》，《禅文化研究所纪要》8（1976.8），第 1—31 页。

在"伯希和—116"的左面第 41—67 页（Ⅵ（b）—Ⅷ，冲本Ⅶ—Ⅸ）里，有 27 处名字与语录冠有堪布（mkhan po）、禅堪布（bsam gtan gyi mkhan po）、禅师（śen si）等字样。在其文章中，小畠给出了"伯希和—116"的这部分的罗马字转写版与日译文。作者还收集了从《大臣箴言》与《静虑明灯》中发现的单独的禅师。他还简略地附上了学界对这些单独的禅师的研究情况。

（17）上山大峻：《对〈顿悟真宗要诀〉的吐蕃译本的研究》，《禅文化研究所纪要》8（1976.8），第 33—103 页。

"伯希和—116"左面第 68（1）—119（2）页是一个《顿悟真宗金刚般若修行达彼岸法门要诀》的吐蕃译本，后者是在敦煌重新发现的一个禅宗文献。译文是完整的，如同《楞伽师资记》的译文，没有采用《翻译名义大集》中相应的标准术语，而且它还与摩诃衍禅师的学说立场一致。所以我在这篇论文中发表了此吐蕃文译本的罗马字转写本，汉文本以及日译本。

根据对这个文本的翻译方法的分析，我认为这个译本是在公元 8 世纪中叶左右译成的。这应该在《翻译名义大集》编纂之前，在此时期，对印度与汉地的佛教经典的翻译还是各自独立进行的。

通过考察此文本的内容可明显看出，译者在试图解释《能断金刚般若波罗蜜经》时，实际是在应用"看无所处"（myed pa'i gnas bltas）的教理，后者是一个典型的北宗说法。"看无所处"相当于"看心"。我已经证明，"看心"的观念在卧轮禅师与摩诃衍禅师的著述中都有发现。

（18）冲本克己：《桑耶宗辩（3）：摩诃衍的两种遗文》，《日本西藏学会会报》23（1977.3），第 5—8 页。

为了清楚表明澄清摩诃衍禅师的学说在桑耶论辩之前的地位的必要性，冲本在这篇论文中设法从吐蕃文资料中收集了摩诃衍的所有著述。除了我以前已经注意到的著述外，作者还发现了摩诃衍的另外两部著述。其中之一是"伯希和—21"，它是对《正理诀》的一个老问题的回答的概述。另外一个是"伯希和—709"，是"伯希和—468"的续篇，即《摩诃衍堪布的顿禅入门》。

二　敦煌重新发现的吐蕃文写本的特色与意义

可以从前述的不同论文看出，我们对吐蕃禅的探究首先是研究敦煌的吐蕃文写本，然后是以这些材料作为原始资料作进一步的研究。我愿意在此探讨一下敦煌吐蕃文文献的特色及其在西藏研究中的地位。

　　就敦煌的汉文写本而言，从非常早的一个时期开始，就引起了中日学者的极大兴趣，甚至可以认为，在对这些发现的考察与研究的方法论方面已经没有多少潜力可挖。① 然而，除了 M. 拉露（M. Lalou）与 L. 德拉·瓦雷·普欣（L. de la Vallee Poussin）的目录外，② 相对于汉文写本，对吐蕃文写本的研究相当滞后，特别对占吐蕃文写本的绝大部分的佛教文献而言更是如此。③ 而且，这些敦煌吐蕃文写本在对西藏的一般研究中也几乎没有用到。也许这是由于缺乏正确地评价这些文献作为研究西藏文化与宗教的资源的可行性标准。这些吐蕃文著述著于吐蕃占据敦煌（781—848）时期，它们直到被重新发现前一直处于封存状态，所以作为原始历史资料具有相当高的研究价值。在这些吐蕃文文献中，发现了一些在现今的藏文藏经中没有收入的佛教经典，以及行政文书、编年的记录。④ 尽管这些文献对重建 8、9 世纪敦煌地区的历史必不可少，⑤ 但相对于吐蕃本土文献的历史记录，它们对吐蕃历史研究的价值得到承认来得相当慢。原因也许是敦煌位于吐蕃王国的边缘，以及这个地区本是一个汉地城市，只暂时被占领而已。而为何这些写本遗留在敦煌，以及数量何以这么大，仍很不清楚。一般是这么认为的，它们是吐蕃文献主流的附属部分，在其中没什么影响，所以，与正统的吐蕃文化传统在意义上有异，不具相同的正当性。

　　迈出纠正上述看法的第一步是在 1952 年，戴密微（Paul Demieville）出版了《顿悟大

---

　　①　有很多对敦煌汉文写本的研究。藤枝晃用英文发表了一个关于这个领域的非常好的综述，题目为《敦煌写本：一个综述》（part, 1），《人文学报》（京都大学人文研究所）9（1966），第 1—32 页；及（part, 2），《人文学报》10（1969），第 17—39 页。

　　②　M. 拉露：《敦煌吐蕃文写本馆藏目录（Ⅰ，Ⅱ，Ⅲ）》，巴黎，1931—61。这些目录列出了伯希和收集并保存在巴黎国家图书馆中的 2216 部敦煌吐蕃文文献。缩写 "P. tib."（"伯希和吐蕃文写本"）指这个目录。

　　L. 普欣：《印度事务部图书馆中保存的敦煌吐蕃文写本目录》，牛津，1962。这个目录列出了 A. 斯坦因爵士收集并保存在伦敦印度事务部图书馆的 765 部敦煌吐蕃文写本。缩写 "S. tib. #"（"斯坦因吐蕃文写本 – #"）指这个目录。

　　③　下列是研究敦煌佛教写本的部分论文目录（在这篇论文中所述的我对法成与禅的研究除外）：

　　M. 拉露：《敦煌〈八千般若〉的吐蕃文写本》，《亚细亚学报》（1964）

　　藤枝晃与上山大峻：《敦煌〈无量寿宗要经〉的吐蕃文写本》，《Miscellanea Typographica et Bibliographica》23（1962），第 345—356 页。

　　上山大峻：《敦煌出土的〈般若心经〉吐蕃文写本》，《印度学佛教学研究》13（2）（1965.3），第 779—783 页。

　　吴其昱：《台北中央图书馆所藏四部敦煌吐蕃文佛教写本》，《吐蕃研究：纪念 M. 拉露专辑》，巴黎，1971，第 567—571 页。

　　F. 毕绍夫（F. Bishoff）与 C. 哈特曼（C. Hartman），《莲花生与金刚橛的建立："伯希和 – 44"》，《西藏研究》，巴黎，1971，第 11—28 页。

　　木村隆德：《莲花戒的〈金刚经广注〉敦煌吐蕃文写本》，《印度学佛教学研究》24（1）（1975.12），第 237—241 页。

　　④　R. A. 斯坦因在 1968 年 11 月访问日本时在日本西藏学会对敦煌吐蕃文献的内容与性质作了一个概述，见《敦煌的吐蕃言语文献》，《日本西藏学会会报》16（1970.3）。

　　⑤　为了准确说明公元 781—848 年吐蕃占领下的敦煌，必然要运用那里留下来的写本。藤枝晃与我皆认为，唯根据汉地或吐蕃本土的资料研究吐蕃历史是不恰当的。藤枝晃的《吐蕃占领时期的敦煌》，以及我对法成的研究，是在这一领域运用敦煌吐蕃文文献的尝试。

乘正理诀》。① 这个文本证明，吐蕃僧诤不是一个传说，而是一个历史事实。随着这个文本的出版我们还发现，在前藏（如拉萨和桑耶）发生的事件记录在敦煌保存的文献中。

由于由西藏历史学家所记叙的事件在当前的文献中被证实，西藏历史学家的可信性当然得到加强。② 然而，西藏历史传统和当前文献的叙述之间的歧义并没有得到彻底解决。例如，西藏历史学家述及大乘和尚论辩失败，而《正理诀》却说他取得了胜利。而且，西藏历史学家宣称，禅的教义和修行在西藏被禁止，乃至消失，但敦煌写本中的禅文本却迫使我们做出另外的结论。关于前一个问题，戴密微最先推测，摩诃衍事实上败于论辩，但《正理诀》的汉文编辑者改写了历史而将摩诃衍描绘成一个胜利者。后来，我提出有两次论辩，一次摩诃衍胜了，另一次他被莲花戒击败。③ 另外，我还提出，虽然禅在吐蕃本土被禁，但在遥远的边地敦煌却继续传播。④ 以这种方式，我曾认可不同的解释同样合理，而没有对原始资料作批判性考察。那时我们没有知识基础来确认西藏传统或者敦煌写本内容的历史合理性。

现在，吐蕃禅研究的发现，已经把我针对敦煌写本对西藏研究的重要性的理解，提升到了一个新层次。

其中之一是发现敦煌写本"伯希和—116"与在前藏流传的宁玛派文献《静虑明灯》在内容上的相似。另外就是发现在西藏后来的历史阶段，智慧音（Ye ses dbyangs）所撰的一个文本归属于大乘和尚。

这些资料使我们能够以下述方式思考西藏历史传统与敦煌写本：有可能在种种情况下，对西藏历史的说明被后代学者所改写。而在改写之前的历史事实被保存在敦煌写本与宁玛派的文献中。在此意义上，西藏历史传统与敦煌文本内容间的歧异不仅因为敦煌是偏地性质，而且因为西藏历史学家的歪曲。敦煌文本是对吐蕃同时代的可信的说明，提供了批判的研究西藏历史的基础。

上述的这些情况已经相当明了了，敦煌资料将对未来西藏研究发挥远较现在更为重要的作用。

根据我们现今的知识状况，我愿意在研究敦煌吐蕃文文献方面提出下面的议题：

（1）前藏和敦煌在地理上相隔遥远，在文化上也相异。以此类推，汉地中原的汉文化与敦煌的汉文化也同样相异。这些西藏文化的差异在现今的敦煌研究中并没有被彻底弄清。所以，即使我们在某些情况下能证实敦煌写本的历史性，也不能做出结论认为它们所记录的一切对前藏是合乎实际的。

（2）敦煌写本不能提供现今西藏文献的完整集成，它们被遗留在敦煌的原因尚不清

---

① P. 戴密微：《土蕃僧诤记》。这部著作包括《顿悟大乘正理诀》的一个照相复制，以及一个带有详尽注释的法文译本。这个划时代的著述标志着敦煌与吐蕃研究的一个转折点。

② 杜齐在《小部佛教文本》（二）中的第 1 章即"根据吐蕃资料看桑耶僧辩"中证实，在《智者喜筵》中巴窝·祖拉成瓦（Dpao gtsug phreng ba）所列的人名与《顿悟大乘正理诀》所列的相符，这表明吐蕃本土的历史记录是可靠的。

③ 杜齐质疑吐蕃记述的可靠性（见《小部佛教文本》（二），第 46 页）。

④ 我对"伯希和 –116"的研究引起了对此问题的关注（见 I：3）。

楚。因此，依据这些残缺材料开展研究会冒错误地重建全体历史面貌的危险。因为这些文献只是散留下来的部分。[1]

（3）未来如果研究吐蕃敦煌文献的方法论获得进展，而且我们对敦煌的文化状况的解读有所改善，那时我们应该能准确运用敦煌材料于包括吐蕃禅在内的早期吐蕃佛教研究。这些条件的实现标志着运用敦煌文献于西藏研究的第三阶段。

三　吐蕃禅研究的前景

禅，在思想形态上被认为是典型的汉地产物，却被译传进吐蕃，并为其人民接受，这是一个令人惊奇的发现。禅宗教理，假设在"吐蕃僧辩会"后遭禁止，曾在吐蕃是一个接续的传统，这也是相当出人意料的。现在，就禅研究和早期吐蕃佛教研究而言，重建吐蕃禅历史是重要与责无旁贷的任务。

下面我对这个新界定的研究领域的意义以及研究方向作三点展望：

（1）一些早期禅宗的极为重要的文献，如《楞伽师资记》和《历代法宝记》，在汉地已经失传。这些文本在中国敦煌写本中被重新发现，标志着重建早期禅史的重大进步。现在，已能在吐蕃敦煌文献中寻找这方面的材料。已逸的文本，如降魔藏禅师的语录，以及《顿悟真宗要诀》的后部分，在敦煌的汉文资料中没有发现，现在可以根据它们的藏译本得以恢复。在现存有汉文本与藏译本的情况下，可以通过比较研究，恢复一个更准确的文本，确定吐蕃文本中一些人物的名字，等等。到此为止，已经成功地从敦煌文献中收集了一些这样的文本（见Ⅰ：1，13，16，17），而且如果更仔细地研究敦煌写本以及宁玛派的经典，将会得到更多的回报。

（2）以文献证明了禅在吐蕃的流传与发展，我们能对中国早期禅的特质及其传播的范围有更深入的理解。例如，小畠（Ⅰ：4）依据吐蕃文原始资料，重建了《历代法宝记》的禅宗传承传到吐蕃的过程，由此，我们对那时的保唐宗获得了更多的知识。根据吐蕃禅宗的旨趣，我们还可以辨析南宗与北宗间接触的信息，以及二者的融合。

（3）过去禅研究是在中国禅与日本禅的地区分类下进行的，而现在，一个新领域——吐蕃禅出现了。吐蕃禅在最早阶段是通过汉地的北禅、南禅与保唐宗的禅师与经书流传的。然而，在吐蕃，禅宗是在印度佛教中观派与密教的影响下奇特地得到了改造，因为在这个时期，中观与密教传进了吐蕃。禅宗在这种条件下在吐蕃的独特发展，现在需要澄清，这样就可能发现对吐蕃的早期宗教历史以及8、9世纪的敦煌佛教的特质发生误读的范围与原因了。

下面列出的是在现阶段需研究的有关吐蕃禅的问题：

第一，阐明禅文献所述的教义内容与传承，以及早期禅流传到吐蕃的方式。[2]

---

① 上山大峻：《论敦煌出土的吐蕃文写本的性质》，《日本西藏学会会报》21（1975.3），第45—50页。

② 我曾经思考过，摩诃衍受邀经敦煌进入拉萨，随此禅应该即告传入。而小畠相信在摩诃衍之前，保唐宗经过南诏王国已传入吐蕃。现在，我相信还有其他观点可以探讨：其一，即使在吐蕃僧辩会后，还有禅材料从不同路径传入吐蕃。其二，传入也可能是途经中亚，如在"伯希和－996"中所显示的那样。

第二，对"吐蕃僧辩会"予以定论性研究。①

第三，对佛教密教教理，如大圆满、大瑜伽以及它们与禅宗的融合，予以解释。②

第四，对吐蕃禅予以澄清。③

第五，对传统西藏历史及其相关记录的失真予以分析性研究。④

最后，我愿意提出另外一个未来禅研究预计会涉及的课题，虽然它是在吐蕃禅的领域之外。按照我们在吐蕃的禅文献基础上划分出一个新研究领域并冠以吐蕃禅的研究方式，大概在维吾尔（Uigur）与西夏（Tangūt）的研究领域也可以开展同样的研究。维吾尔与西夏语文献比早期吐蕃文文献出现更晚，但与禅的广泛传播是同时的。虽然在数量上很少，但以维吾尔与西夏文所译的禅文献的存在已得到证实。如果这项研究富有成效，将极大地扩展禅研究的领域，并将更多地揭示出禅的未知的历史。

（K. W. 伊斯特曼、德野京子英译，周贵华汉译）

上山大峻（1934—），日本藏学家，毕业于龙谷大学大学院。主要成就是对吐蕃统治时期的敦煌佛教的研究，著述颇多，主要有：《昙旷与敦煌的佛教学》、《敦煌出土的藏译般若心经》、《大蕃国大德三藏法师沙门法成的研究》等。

---

① 对"吐蕃僧辩会"还有许多问题需要澄清，如发生的时间以及方式。小畠质疑大乘和尚与莲花戒是否真相遇过，理由是吐蕃僧辩会与西藏历史所给出的图像有些不同（见Ⅰ：9）。杜齐在说"概言之，我认为对桑耶僧辩会的传统说明应有保留地接受"（《小乘佛教文本》（二），第153页）时，应在表明，按给出的表面说法，是很难接受西藏对吐蕃僧辩会的传统描述的。

我也认为，这些宗派的论辩发生的实际情况与结果应该与西藏历史所述的有某些不同。

② 我现在认为，禅可能与大圆满的大瑜伽（摩诃瑜伽）融合在一起了，后者大约是在同一时期传入吐蕃的，并一直在那里得到修习。当然，在吐蕃僧辩会上，禅与印度佛教发生了论战，然而，顿宗与渐宗的教理可能在另一个宗派密教的大圆满派那里形成了融合。彼此涉及的禅与大瑜伽的文献在一定程度上表明了这一点。很可能像无垢友与吉祥音（Dpal dbyangs）这样一些人促进了这种发展。当然，这仍是一个大胆观点，需要通过对宁玛派的著作如《静虑明灯》（一个重新考察吐蕃历史资料的著作）以及敦煌文献的进一步研究来阐明。我在下面的论文中讨论了这个问题：《吉祥音所著的一个大瑜伽文献："伯希和—837"》，《佛教文化研究的纪要》16（1977.1）。

③ 小畠强调，禅曾经在吐蕃有过独特的发展（见Ⅰ：14），我赞成这个观点。我预计，吐蕃禅的特质会在未来这个领域的研究进展中越来越确定。趋向这个目标需澄清两个问题，一者是在"伯希和—116"中记的传承：龙树、菩提达摩多罗、无住、降魔藏，Ardan hver，卧轮，摩诃衍等；二者是"伯希和—996"中所述的禅宗传入的意义。

④ 在佛教在西藏的后弘期，认为印度佛教高于其他形式的佛教。山口瑞凤（Z. Yamaguchi）认为大乘和尚在吐蕃僧辩会上辩论失败的故事就是证明。在这样的氛围中，宁玛派不愿公开自己含有与汉地佛教相结合的事实的著述，只有在加层印度佛教的外衣后才流通这种著述。山口认为，布顿的佛教史就是后弘期这种观点的代表（见山口瑞凤：《吐蕃佛教与新罗的金和尚》，《新罗佛教研究》，1973）。

今枝也在布顿佛教史中发现了一个文本，是智慧音所作，但被归于了摩诃衍（见Ⅰ：9）。

在这些研究的基础上，我怀疑在阿底峡之后，印度佛教流行而成为绝对正统，禅即被当做异端，被排除于西藏历史记录之外。在此时期，即构造出印度佛教大师们在吐蕃僧辩会上取得胜利（的神话）。即使在大圆满教理中有很多与中国早期禅相似的内容，宁玛派仍一直极力否定。这个事实表明前述现象反复发生过。

中国禅学　第五卷
2010 年，第 444—452 页

宋元明清佛教史论纲

魏道儒

从北宋建立到清朝灭亡，是佛教在中国封建社会发展演变的第二个千年。本期佛教在学说思想、信仰形态、修行方式和传教方式等方面，都与域外佛教拉开了更大的距离。特别是这一时期佛教形成的政治品格、思想纲领和道德标准，使中国佛教在整体精神风貌方面呈现出更鲜明的特点，并且发挥出多样化的社会功能。也正是在这一时期，融合了多民族宗教文化因素的佛教，真正成为中国传统文化中不可分割的有机组成部分。

佛教在这一历史时期的演变，可以划分为三个阶段，即两宋、辽金元和明清。不同王朝在特定时期形成的政治结构、经济结构和意识形态结构，以及历代王朝的宗教政策，是促成佛教新格局形成的重要因素。同时，特定历史时期的国际形势、国内科学技术和思想文化的状况，也是我们考察本期佛教时所密切关注的内容。

一

宋王朝在总结历代经验和教训的基础上，对佛教采取了既不盲目崇奉，也不过分抑制的基本方针。从北宋开始，因为宗教政策引发的佛教大起大落情况减少了，给社会带来的负面影响也减弱了，特别是像"三武一宗灭佛"那种针对整体佛教的政治打击和武力镇压运动，再也没有出现过。与隋唐五代及其以前的历代王朝相比，宋王朝对佛教事务管理的措施更少随意性，更具备系统化和制度化的特点。仅就僧尼普查而言，次数之多、程序之严密、统计之精确，超过任何朝代。

宋王朝注重运用经济手段对佛教进行调控，名目之多，前所未有。但是到北宋中期以后，随着财政支绌日趋严重，像鬻牒、出售紫衣和师号、向寺院和僧人征收各种税费等多种措施，逐渐丧失了控制和调节僧尼数量，协调僧团与社会各阶层关系的功效，成为国家弥补财政亏空、肆意搜刮的手段。这既助长了官僚机构的违法乱纪之风，也加剧了佛教僧团的腐败。这些情况都是后代王朝，特别是明清两朝所竭力避免的。

考察两宋时期佛教新格局的形成过程，考察宋代佛教的新特点及其深远影响，有五方面的内容值得特别关注。

第一，禅宗经过唐末五代的发展，逐渐成为佛教中影响最大的一派；经历了巨变的禅思潮，开始笼罩整个佛学界，基本奠定了佛学发展趋向的基础。

就禅宗内部的派系变化而言，北宋前中期是临济、云门两宗共同推动禅学的发展，到北宋末年，则是临济、曹洞成为禅宗最主要的两支。至南宋末年形成的"临天下，曹一角"的禅宗分派格局，直到清末也没有改变。

北宋时期，从汾阳善昭到圆悟克勤，以"代别"、"颂古"和"评唱"为主要内容的文字禅成为显学。文字禅的思想和实践可以追溯唐代，但是它形成与公案之学相联系的稳定形式，成为颇具影响力的禅学潮流，则是从北宋开始。文字禅之所以能够产生，是因为禅宗上层人物在新的历史时期具备了放下锄杆、拿起笔杆的条件。文字禅的形成过程，也是禅宗新经典的创造过程，是禅学整合佛学各部分的过程。它能够风靡禅林，与宋代科举体制造就的士大夫群体、与宋代的官僚体制和士风特点等，有着密切关系。文字禅的兴盛，把有文化的禅师与士大夫联系得更紧密了，也把禅与文学联系得更紧密了。

两宋之际，宏智正觉发挥唯识性空思想，吸收庄子入禅，力倡静坐默究为证道的唯一手段，弘扬默照禅法，形成了曹洞新宗风，影响很广。稍后，大慧宗杲融合儒释教义，主张通过直观参究公案中的"话头"，达到对诸法无别、以我为主的体验，进而能够在现实生活中"随缘任运，任性逍遥"，完善了临济宗的看话禅法。这种禅法也和默照禅一样，不仅吸引了众多禅僧，而且得到士大夫的响应。南宋初期以后，看话禅成为禅学的主流，超越了宗派界限。因此，到两宋之交，整体禅学的三大组成部分，即夹杂着棒喝的机语酬对，与公案相联系的文字禅，以及注重心理体验的看话禅和默照禅，就最终定型了。

尽管禅学经历了诸多变化，并且努力把佛教各派思想纳入禅学体系，但是，从初唐以来，特别是从六祖慧能以来所强调的自证自悟、自成佛道的禅学基本思想，并没有被放弃。文字禅的逐步展开，禅宗新经典的不断涌现，正是用大立文字的方法，支撑"不立文字"的宗旨。

在禅学突出个性特征发展的同时，佛教内部各派学说的融合也进入了新阶段。延寿在坚持禅宗基本理论的基础上，用法相宗证成万法唯识，用华严宗明万行的必要，用天台宗检约身心以去恶从善，从而使一切经教全部纳入禅宗领域。延寿的理论，标志着纯禅时代的结束，综合禅时代的来临。宋代以后，诸宗融合，包括禅、教、密、律、净土的融合，不仅是禅宗的演变方向，也成为佛学发展的趋势，其影响远远超过了以突出本派理论优势为宗旨的各派中兴运动。

第二，域外佛教的持续输入，已经不再成为左右中国佛学发展的主要因素。佛教在循着自身内在规律发展的过程中，诸宗派分别出现了所谓"中兴"运动，其声势之浩大，涉及面之广泛，影响之深远，都是此后所没有的。

从两汉之际到隋唐，佛教的发展既受到传统思想文化和社会现实的制约，又与域外输入的佛教新因素息息有关。从宋代开始，以注解新译典籍进行理论创造的阶段基本结束。尽管宋代在译场组织、人员配备、译经种类和数量等方面都有值得重视的内容，但是所译经典对当时及其以后佛学发展演变的影响，几乎微小到可以忽略不计的程度。

隋唐时期形成的佛教诸宗派，其不均衡发展的态势在唐中叶就明显呈现出来。经过唐末五代社会剧烈动荡的洗礼，多数宗派典籍散佚，传承断绝。中兴运动正是在佛教义学普遍衰落的情况下兴起的，而不是在民间佛教信仰消失的情况下兴起的。激发教、净、律诸派"中兴"的原因是多方面的，或有历史传统的作用，或受佛教总体格局变动的牵制推促，或与中外佛教交流息息相通。北宋的佛教综合复兴运动，在社会各阶层产生了程度不同的反响和回应。

以振兴本宗为己任的佛教各派，主要进行了四个方面的工作。其一，建立永久弘扬本宗的寺院；其二，致力于本宗散佚典籍的收集、整理、研究和宣讲，争取多继承前代遗产，力求较全面普及本派基础知识；其三，重新设计或接续已有的本宗传法系谱；其四，以本宗的基本思想诠释别派比较流行的典籍，促动本派学说在整体佛学中的运行。

　　然而，义学诸派在理论创新方面，几乎没有可圈可点的闪光之处，全然不能与同时期的禅学相提并论。即便在中兴气象最可观的华严和天台那里，情况也是一样。在华严学僧内部，仅仅围绕"同教"与"别教"的辩论，竟然延续了几十年。复兴天台的旗手知礼，提出所要"观"（想）的对象（"境"），是与真如、佛果直接对立的"三魔四障"，就是"众生心"、"己心"中纯恶无善的部分。这种重点让人们认识和体认"妄"、"恶"等纯负面精神活动的止观实践，原本是要发挥自我忏悔罪恶，加强自我道德修养的作用。但是，它同时会让人不能全面看待世界、人生和自我，把人带到与"存天理，灭人欲"相同的道路上去。他的焚身愿望，正是这种极端思想指导下的追求。所以，他提出的最具创新意义的学说，也最没有活力。

　　第三，净土法门经过多途发展，出现了不同种类的多元复合性质的净土信仰，具有惊人的号召力和感染力。此类净土信仰以僧俗结社为桥梁，广泛流行于社会各阶层，发挥着超出宗教范围的多种社会功能。从佛学内部而言，净土开始成为影响力仅次于禅学的佛教信仰和实践。

　　从纯宗教的目的方面考察，人们对于净土的执著追求，实际上是对救世主的呼唤，是对消除现实苦难的期盼，是对百年之后获得圆满归宿的憧憬。这是倡导自证自悟，号召凭借自力解脱的禅学所不能满足的。可以说，禅宗理论中蕴涵的顽强理性精神，恰恰不能阻止净土信仰在特定人群中的流行。

　　自北宋初年开始，倡导和实践净土信仰成为各宗派僧众的共识，净土学说由此多渠道、多层面展开。当时出现的多种自成体系的净土学说，分别属于禅宗、华严、天台和律宗诸系统。它们一般都具有吸纳多种因素的融合特点，不但远远超出了佛教译籍的学说范围，也超出了唐代注疏的论证范围。这些"多元复合净土信仰"所依据的基本理论、所崇拜的信仰对象、所确定的修行内容、所树立的修行目的，都与传统的净土经典存在差别，具有适应社会需要的创新性质。然而，无论任何一种净土学说，又都与本于弥陀经典的西方净土有着千丝万缕的联系。尤其值得注意的是，净土结社运动从以杭州为中心的江浙一带兴起，扩展到北方的京畿地区，其种类之多，规模之大，延续时间之长，传播速度之快，是历史上所罕见的。创建和参与各类结社的人员，在僧团之外有朝廷的达官显贵，有各级地方官吏，有一般士人，更有广大下层民众；在佛教内部则有各宗派的领袖人物，地方名寺的住持，以及一般僧众。

　　第四，在三教融合的大背景下，三教关系开始进入新的阶段，佛教由此逐步形成了新的政治品格和道德观念。

　　宋王朝实行三教并举的方针，使思想界具有了宽松的环境，有利于新思想、新学说的产生。从宋代开始，三教的平等融合，开始成为统治阶级、佛教僧侣和社会各阶层的共识。无论在儒家人士中还是在文化僧侣中，都出现了三教融合的新理论和新实践，理学也正是在这种时代潮流中产生的。让三教从不同方面发挥治世利人、协调人际关系、维护王权统治的作用，已经不仅仅是学说发展的状况，而是社会不同阶层的需要，更是统治阶级的要求。宋代以后，三教在思想方面的冲突和斗争退居次要地位，相互融合成为主流，特别是到明清时期，开始出现了荣辱与共的局面。

　　就佛教而言，吸收儒家思想也进入了新阶段。儒教的政治伦理观念，开始被公认为是佛教伦理体系的重要支柱，宋代一些倡导儒释融合的代表人物，也成为后世的典范。从契嵩开始，佛教逐渐成为推广和神化孝道的重要力量，成为"慎终追远"的儒家孝制中不可缺少的组成部分。正是在这种情况下，佛教才真正不能从社会生活中被排斥出去了。

宋代佛教界所讲的道德，明确以儒家的道德规范为核心，并不仅仅局限于佛教传统戒律的范围。《禅林宝训》比较完整地反映了宋代佛教界把儒家的纲常名教和佛教戒律结合起来，共同作为道德建设基本准则和内容的实况，对后代佛教产生了持久的影响。

宋王朝强化君主专制主义的中央集权，给予意识形态以巨大影响。国家至上，君主至上，化作"忠君报国"的理想和呼唤，成为那个时代的最强音。毫无疑问，这是诱导佛教思想剧烈变化的一个持久和重要的因素。把"忠君爱国"、"爱君忧时"等作为僧侣的美德，把振兴佛教视为"报国恩"，把树立佛教信仰（发菩提心）等同于树立"忠义之心"，已经不是个别僧侣的特殊见解，而是佛教界的思想纲领和道德标准。佛教的爱国主义意识可以追溯到很早，但是，它作为中国佛教的一个传统则是从宋代开始形成。

第五，从佛教的传播途径方面考察，自北宋开始，佛教从写经流传时代过渡到刻印藏经的流传时代，这是具有重要意义的。

刻板印刷佛教经典可以追溯到唐代，但是在宋代以前，还没有大规模刻印佛教经典总集性质的大藏经。北宋开宝藏的问世，标志着印刷大藏经开始取代手写大藏经。两宋历时悠久的五种大藏经的刊刻，对佛教经典的普及和流通，对雕刻、造纸、印刷等手工艺的发展，对加强与周边地区和民族的思想文化沟通交流，都具有重要的推动意义。从宋代开始，雕刻和印刷大藏经成为历代王朝的重要文化建设事业。从宋到清的大藏经刻印，规模之浩大，影响之久远，在古代世界印刷史上是绝无仅有的事情，其意义已经远远超出了宗教的范围。尽管此后手写佛经作为功德善举依然在社会各阶层流行，但是作为提供学习、研究之用的各类佛教典籍，毫无例外是以印刷本为主。

二

辽金元统治的四百多年间，少数民族统治者采取的宗教政策，既有别于此前的唐宋，也不同于以后的明朝。特别是辽、元两朝的佛教政策，尽管曾产生了广泛而持久的影响，但在历史上都是受称颂最少，遭诟病最多的。

从辽太宗开始，就把观音作为王族的保护神，把佛教崇拜对象纳入了辽王朝的崇拜体系之中。随着帝王对佛教的崇信程度不断加深，尤其是佞佛帝王的出现，进一步刺激了佛教信仰在民间的流传。从宫廷到民间，妇女以黄粉涂面，称为"佛装"；无论男女贵贱，直接使用佛、菩萨名起小名，这些做法逐渐成为民间习俗。正是在佛教信仰的流传过程中，加强了契丹族与汉族对统一民族的认同感。

辽王朝并没有设置专门管理宗教的机构和官吏。任命僧官，往往与帝王个人喜好有关。辽朝对僧人的封官赐爵始于景宗，盛于兴宗、道宗。辽代僧人的社会地位和政治地位空前提高，他们所享有的某些特权，只有以后元代的喇嘛教僧人可以相比。从王室、达官显贵到一般富豪的大量施舍捐献，社会地位十分低下的寺院二税户，社会民众以结社形式参与寺院佛事，共同支撑起辽朝庞大的寺院经济。

辽朝虽然和北宋一样，直接承袭晚唐五代的佛教，但两地佛教的精神和面貌截然不同。辽朝佛教以密教和华严为主。密教广泛流行于社会各阶层。从皇室贵戚到士庶百姓，往往通过雕塑佛菩萨像、建塔造幢以及讽诵行持等活动，表达虔诚的信仰。密教义学的发展，显密之间的对立、冲突和融合，也正是在这种大背景下形成的。华严学是在密教刺激下发达起来，其兴盛不是表现在对唐代原有教义的创新方面，也不是表现在传播范围的扩大方面，而是表现在与密教的融合方面。辽代最著名的密教学问僧是精通华严的，而倡导显教和密教融合的学僧，也是研究华严的学者。显教和密教的关系，在辽代表现为华严和密教的关系。

在辽代佛教界，觉苑和道硕是倡导显密融合的两个代表。他们的区别在于，觉苑是站在密教的立场上，通过吸收华严学的内容，沟通两者的关系；道硕则是从华严学的角度论证显密的平等无差别。他们所要吸收或弘扬的华严学内容，有着惊人的相同之处：不是来自《华严经》，而是来自华严宗的教理。其核心思想，就是智俨在《华严一乘十玄门》开头所揭示的"法界缘起"理论："一即一切，无过不离，无法不同。"尽管他们引用的《华严经》语句不同，并且以引用澄观的著作内容为多，但是其核心思想，不出这个范围。他们虽然祖述善无畏、一行所传的胎藏系统，但是，由于吸收了华严宗的核心理论，已经成为带有时代特点的中国化密教思想。这是在显密融合大背景下的必然产物。

金王朝的统辖地区包括了此前的辽地。尽管金朝佛教接受了辽和北宋佛教的双重因素，但汉化进程更快、程度更深的金王朝，把辽代的一些佛教管理措施都逐渐作为消极残余来消除。特别是二税户制度，金王朝三令五申予以取缔。从发展总趋势上看，金代的政策使佛教逐渐消除辽代的残余影响，并逐步向宋代佛教靠拢。与辽代相比，佛教的派系结构和学说思想都发生了重要变化。密教与华严学不再成为显学，继承北宋传统的禅学成为佛学的主体。

元王朝建立的民族等级制度，直接波及了民族心理和文化的分布。流行于不同地区的宗教也首次被官方放置在有民族等级优劣划分的前提下来考察。与此相应，儒释道三教在蒙元统治集团的直接干预下，经历了重新定位和排列，形成元代独特的意识形态结构。元代的佛教管理机构繁多杂乱，设立和罢撤随意、管辖范围交叉重叠，僧官位高权重。佛教管理体系之所以发生这种显著变化，与喇嘛教至高无上的宗教地位有直接联系。

无论是古代藏文典籍还是汉文史书，凡记载元代萨迦派者，无不痛斥其上层僧人在内地和藏区横行不法，跋扈恣睢，乱政害民，可谓劣迹斑斑，罪状多端。然而，萨迦派活跃于元代政治舞台上，也发挥了多方面的积极历史作用。它帮助元廷在西藏地区建立了有效的行政体制，结束了大约四百年的分裂割据局面，实现了政治的统一。藏族地区作为一个整体进一步密切了与中央的关系，从而使藏区加强了与内地的经济、技术和文化的相互交流和融合。另外，以喇嘛教为载体的藏族文化，在这个历史阶段才真正成为中华民族文化的有机组成部分。

南宋时期，各地在执行朝廷颁赐寺额过程中，出现过把寺院进行分类的现象，但那时还没有形成寺院分类制度。从元代开始，官方把政府管理的寺院分为禅、教、律三类，并且要求保持各自的专业。这种措施为明代寺院分类管理的系统化和完善化奠定了基础。元代寺院经济不是与社会生产发展同步成长起来的，而是通过掠夺民田、接受赏赐、规避差税等方式在短时间内膨胀起来的，所以对社会经济造成了更大的危害。同时，经济实力的极度膨胀，也成为佛教内部滋生腐败堕落的温床。

在藏传佛教居统治地位的情况下，汉地佛教，特别是作为主流的禅宗，受到巨大冲击。那些不堪忍受蒙古贵族压迫的汉族僧人，从修行思想到实践，都发生了变化。他们往往主张退隐山林，不与统治者来往。

元代政权巩固后，佛教中以喇嘛教的地位最高，是密宗的代表，在北方重点扶植天台、华严和唯识三宗，被称为教门。元代临济宗分为北南两支，差别是很大的。北方的海云印简一系，在蒙元统治初期，与统治者保持密切关系，积极参与政治，管理宗教事务。尤其是在规劝蒙古贵族接受汉文化，鼓励他们以儒术治国等方面，成效显著。此系始终被元代统治者树立为临济正宗，但是，他们在禅学上并没有任何建树。另外，北方的曹洞宗接续金代的发展，其状况与海云印简一系相似，主要弘法基地是河南嵩山少林寺。

南方禅宗均属临济宗，分别出自宗杲和绍隆两系。宗杲弟子育王德光之后，出现了灵隐之善和北涧居简两支；绍隆的再传弟子密庵咸杰之后，出现了松源崇岳和破庵祖先两支。这四支构成了南方临济宗的主流，也是整个元代禅宗的主体。它们总体可归为功利禅和山林禅两种类型。前者指以功利为目的，积极靠拢朝廷，凭借政治权势带动禅宗发展的派别，其代表主要有之善系和居简系，以及崇岳系的清茂、守忠等人。五山十刹，主要由这类禅师住持。后者则与此相反，大多数人山居隐修，不为世人所知；部分人活动于民间，影响很大，但拒绝应征，与朝廷官府的关系疏远，其最重要的代表是祖先系统。无论哪个系统，在禅学上主要继承宗杲的看话禅，并进行了若干调整。尤其是到元中叶以后，主张密、教、禅、律四宗统一以及禅净融合的浪潮在禅宗中逐渐高涨起来。

三

明王朝建立之初，就废除了蒙元贵族不平等的民族政策和宗教政策，特别是取消了喇嘛教的特权，不仅受到社会各阶层的拥护，也为佛教的发展提供了新的社会环境。

明太祖时期，建立了与行政建制相配套的僧司机构，在中央设僧录司，在府、州、县分设僧纲司、僧正司和僧会司，同时规定了各级僧官的名额、品阶、职权范围，以及任选标准等，由此构成了自上而下的严密佛教管理体系；这是中国历史上最成熟的僧尼管理机构，并且为清代直接仿效。明太祖直接插手佛教的内部事务，多次颁布诏令，把寺院分为禅、讲、教三等，僧人也相应地分为三宗，要求"各承宗派，集众为寺"。这对明代及其以后的佛教发展走向起到决定性的作用。

明朝前期，佛教从王朝更替的动荡中逐渐趋于稳定，并且在新王朝规范治理的过程中实现逐步转变。佛教界的义学诸派陷入沉寂，有影响的义学名僧很少。相对说来，禅宗比较活跃，以元叟行端和笑隐大䜣两系最有影响，特别是前者，与明廷关系尤为密切。就禅学而言，也发生了不同于宋元的新变化，禅向义学的倾斜，是其中一个突出的特点。

明代中期，佛教队伍在规模上超过明初，但是，无论义学还是禅学，都处于有史以来最缺乏生机的阶段：既没有形成能影响全国的传教基地，也没有出现众望所归的禅师，更没有什么新的禅思潮兴起。有活动能力的禅师，多数在为建寺院、治田庄、蓄财使奴、构筑豪富生活而奔忙。禅宗之所以不景气，从学风上讲是出于禅僧对于义学的攀附。当时，讲经注经受到国家重视，禅僧们竞上京城，听习经典，作为修行过程的必要环节。因此，佛教经论的功底如何，不仅是衡量义学法师水平的标准，也是考查禅师水平的尺度。法师登门向禅师挑战，似乎也成为常见现象。

从神宗到明朝灭亡的七十余年间，明王朝对佛教逐渐失去有效控制，各种佛教管理措施已经不能执行。随着各种社会矛盾的激化，以江浙地区为中心，佛教出现了复兴浪潮，声势浩大，发展迅猛，席卷全国，并且一直延续到清雍正时期。明末佛教复兴运动分为两股潮流，一股潮流主要在都市城镇里奔涌，是以袾宏、德清、真可和智旭为代表的"佛教综合复兴运动"。另一股潮流主要在山林村野中流淌，是以临济、曹洞为主体的"禅宗复兴运动"。两股潮流相互激荡，相互呼应，相互影响，打破了佛教的长期沉寂，共同促成了佛教在中国封建社会最后一个兴盛期。

以"明末四大高僧"为代表的学问僧，在佛教思想方面有共性。他们所推崇的佛教人物，是宋代以来倡导禅教净律融合的延寿等人。他们继承教禅并重、三教合一的主张，既重禅学，也重义学，更重净土。特别是明末清初的智旭，不仅倡导不分优劣地弘扬天台、禅、律、唯识、净土等教理，而且主张信仰一切佛、菩萨和祖师，并且包括佛教一切经典。他积极推广各类赎罪法事，重视和支持礼忏、持咒、血书、燃香等活动，并且把念佛、戒杀和放生有机地统一到求生净土的信念和实践中。他们以俗家弟子为主要宣教对象，不以复兴佛教的某个宗派为目的，号召全面继承佛教遗产。他们不仅在当时社会上和佛教界享有盛誉，也成为后世佛教信仰者顶礼膜拜的偶像。但是，他们淡化法系传承，消除门户壁垒的主张，始终没有成为此后清代佛教界的主流认识。

禅宗崛起的直接原因，是社会动乱造成的穷苦民众源源不断地涌入佛教队伍，范围很广，规模很大。当时具有弘教传禅资格的禅师达上千人，这在整个禅宗史上也是少见的。在数以百计的"开堂说法"者周围，往往聚集着数百名僧人，有的多至一二千众。他们中的不少人不循戒律，贬低佛典价值，否定西方净土，反对从事瑜伽教僧的职业。这种禅风与宋以来的禅宗传统直接抵触，而与晚唐五代的山林禅有更多相似之处。当时禅宗内部的争论很激烈，辩论的症结在于：是突破传统佛教，还是维护传统佛教；是有选择地继承禅学遗产，还是全面继承佛教遗产。这些争论有时十分烦琐，引发出的创见则极少，往往与参加争论者的宗派隶属、政治态度等交织在一起。就此而言，这与当时党社的派系斗争又有些近似。

就明末禅宗复兴的派系结构说，是曹洞宗和临济宗并兴。曹洞宗有两支不断扩张，一是湛然圆澄开创的云门系，二是无明慧经开创的寿昌系。临济宗的主要派系出自笑岩德宝的弟子幻有正传门下，正传的著名弟子有密云圆悟、天隐圆修和雪峤圆信，都在江南一带传禅。到了清代初年，禅宗复兴运动的影响已经遍及全国，受到清朝廷的特殊关注和强力干预。

支撑佛教综合复兴的是官僚士大夫阶层；托起禅宗复兴的是失去土地和生活资料的流民。他们有不同的境遇、不同的需要和不同的追求，从而使两股复兴潮流呈现出迥然不同的风貌。到清雍正时期，禅宗的复兴运动彻底沉寂，佛教综合复兴运动中的主导思想逐渐成为社会各阶层信众的共识。

四

清王朝宗教政策的指导思想，是把维护专制皇权放在第一位，彻底清除任何宗教派别中有违于皇权至上的因素。这个政策的突出特点，是把儒释道"三教"与其他一切有秘密结社性质的民间教派严格区分开来，自觉把前者作为加强统治的思想工具，扶植多于限制，采取相对宽松的政策；明确把后者作为颠覆政权的力量，武力镇压多于思想诱导，采取严厉打击的措施。

清王朝对建寺和度僧都颁布了法律条文，而且规定也比较细致。寺院分为国家建造和民间建造两种，都被纳入政府的统一规划和管理之下，限制比较严格。清代的僧道管理机构基本仿照明代建立，变动不大。在度牒管理、废除试经度僧制度等方面，清王朝作出较大变动，对佛教发展也产生了深刻影响。清王朝对佛教内部不同宗派或不同法门的变动情况格外重视，其中，干预较多的是清代前四帝。他们的态度相当明确，也完全一致：着重鼓励和支持的是律宗和净土，重点整顿和清理的是禅宗，任其自生自灭的是教门诸派义学。

即便与元代相比，清朝对藏传佛教的管理措施也更为细致。总的说来，清廷授予上层喇嘛以政教权力，鼓励喇嘛教在内地传播，但并没有引发元代那样从中央到地方的乱政扰民局面。宗教上层人士的教权，在协助中央管理地方上起了重要作用。同时，清廷通过编译四种文字对照的《大藏全咒》，通过在京城建立喇嘛教寺院等措施，强化了满、汉、藏、蒙诸民族的文化认同意识。有清一代，藏传佛教对汉传佛教的影响已经不能与元代相比了。

从顺治到乾隆，佛教沿着明末开辟的方向继续发展演变。由于受到清王朝政治、经济和思想文化的制约，也不断修正前进方向，调整内部结构。总的说来，佛教还保持着相当规模，在社会上还产生着相当大的影响。尤其是禅宗，还一度保持兴旺局面。嘉庆以后，随着清王朝的内忧外患进一步加剧，官方已经无暇顾及传统宗教，佛教自身也进一步衰落，许多寺院逐渐成了流民的藏身之地。太平天国运动时期，以天主教为号召，反对偶像崇拜，对佛教和道教都予以排斥和打击。僧尼星散，寺院遭受破坏。佛教的存在，更集中地表现在瑜伽焰口、水陆道场、慈悲水忏、梁皇忏、大悲忏、金刚忏、打佛七等各类法事的广泛盛行中。总体观察，清代佛教有三个重要情况值得关注。

其一，教门各派义学进入全面衰落期，律宗形成一支严格意义上的宗派。佛教界在普遍淡化原有宗派隶属的同时，更重视师徒传承关系，从而使新形成的支派继续保持旺盛的活力。

清代佛教界始终没有形成学习、研究佛教经典，探讨佛教理论的风气。谈得上对佛学有研究者，已经寥若晨星。就佛教义学的总体情况言，尚不能与明代末年相比。除了个别华严学者还保持某些特点之外，其余的义学门类就没有特点可言了。佛教各宗派中，唯有兴起于明末的如馨一系，在组织规模的宏大、法系传承的严整、社会影响的扩大等方面全面超越前代律宗。

随着佛教内部各派思想融合的不断加深，在绝大多数情况下，宗派之别已经很难反映思想的不同。对于一般僧人而言，由于原有的宗派划分并没有高低优劣之别，所以出身于或临济或曹洞，或禅宗或教门，并没有什么重要意义。能够决定他们身份、地位以及是否赢得社会承认的一个关键因素，是他"嗣法阿谁"。也就是说，他是谁的弟子很重要，关键时刻会决定他在佛门的进退荣辱。同样因为重视师徒传承关系，有的宗师谨慎择徒，终生只认可一位嗣法弟子；有的宗师则辄有付嘱，网罗众多门徒。正是由于对师徒传承关系更为重视，许多佛教新支派发展起来，并且法脉延续久长，其影响至今还看得到。

其二，禅宗诸派依然保持着传法系统，在组织规模上始终是佛教的主体。但是，禅学却从保持个性的多头发展，逐步转向融合各种佛教思潮，并与其他教派逐渐趋同。

明末山林禅宗复兴的浪潮在清初得到进一步发展，继续成为佛教的主体。就派系结构而言，临济和曹洞都有一定扩张，以江浙等地为主要基地，分别衍生出若干支派，弘化于南北各地。不同的支派，其禅学思想或宗风也不相同，或者推崇斗机锋、施棒喝，甚至呵佛骂祖，用极端狂放的方式表达自证自悟的教义，完全沿袭唐末五代的山林禅风；或者主张钻研语录公案，作拈古、颂古，继承北宋以来的传统；或者以参究话头为证悟正途，沿着南宋宗杲开创的禅学道路前进。随着清王朝政权的巩固，在社会趋于稳定的过程中，加上雍正的严厉整顿，山林禅和文字禅成为主流舆论批判的对象，逐渐趋于沉寂，唯有看话禅与净土思想融合，继续盛行于禅林。

其三，西方净土信仰、菩萨信仰和各种救赎性质的法事盛行于佛教界和社会各阶层，成为最有影响力的佛教信仰和实践。

进入清代以后，禅宗的唯心净土思潮逐渐失去号召力和感染力，传统弥陀经典宣扬的西方有相净土越来越兴盛。专弘西方净土的宗师比以前任何时期都多，并且在实践中不断有所创新。另外，专门弘扬西方净土的著名道场及其结社组织也随之涌现。纯粹的西方净土法门在普及过程中，逐渐取代禅宗法门，成为佛教界最流行的思潮，同时为越来越多的社会民众所接受。与此相联系，同样是寄希望于佛、菩萨拯救的各种救赎性质的忏仪法会，流行于社会各阶层。西方净土信仰、菩萨信仰和救赎法会在僧俗两界的盛行，表明人们重视他力拯救远远超过重视自力解脱。这也是导致禅学必然衰落的一个重要原因。

魏道儒，中国社会科学院世界宗教研究所佛教研究室主任，研究员，从事佛教研究，代表作有《中国禅宗通史》等。

中国禅学　第五卷
2010 年，第 453—460 页

楚山禅风浅议
——以看话禅教学为中心

伍先林

内容提要　楚山绍绮作为明代中前期具有重要代表性的临济宗大禅师，他的禅法主要是继承了宋代大慧宗杲以来在禅门中占有主流地位的看话禅，而不同于神秀北宗禅和宋代默照禅等一贯相所容易导致的末流法门。同时楚山针对元明以来净土念佛法门影响日渐广大的局面，主张以禅融净而禅净融通，楚山禅法是在禅宗的基础上以看话禅融通净土念佛的禅净融通法门，这也即后来所谓的参究念佛法门，不同于禅宗完全衰落后以净融禅甚至以净夺禅的净土念佛法门。另一方面，为顺应三教合一的时代潮流，楚山又继承了唐宋以来宗密、契嵩尤其是宗杲等人的三教融通思想，楚山在大力阐扬心性禅即佛教禅宗明见心性本源思想的同时，还主张以佛教禅宗的心性本源融通儒道二教特别是儒教理学的思想，楚山是以佛教禅宗为本位而融通儒道二教，主张三教融通的。楚山禅法深刻地反映了明代以来佛教禅宗发展的总趋势。

关键词　楚山禅风　心性本源　看话禅　参究念佛　融通　三教

据《续指月录》等资料记载，楚山绍绮禅师（1404—1473），蜀之唐安人，俗家姓雷，号楚山、幻叟、荆壁等。九岁丧父而出家，后来在临济宗无际明悟禅师座下经过无际禅师反复锤炼而终于得法。

一

楚山既曾真参实悟，故他于悟后说法，能纵横无碍，机辩无穷地阐扬禅宗的妙旨。作为一个临济禅大宗师，楚山在一次说法中是这样揭示、标榜禅宗"不立文字，教外别传，直指人心，见性成佛"的宗旨的：

> 集众。登座，以拂子击香堂一下。良久，召众云："会么，于此会去，犹较些子。古人谓道个直指，早是曲了也。若更说心说性，未免狼藉不少。虽然衲僧门下，固是官不容针，佛祖方便言中，不妨通一线道。夫所谓心者，乃真如自性之心，非妄想缘虑之心也。实万法之总有，群灵之幽府。所谓性者，即自心中本具真空之理，虚灵知觉之性也，非气禀情识之性。实二仪之所祖，三教之元宗。心乃性之灵，性即心之理。心性名殊，其体无异。所谓一而二，二而一者也。盖此心性之体，大包无外，细入无内，周遍圆融，隐显无碍，穷今极古，彻果该因，舍折有无，统括名相，在圣无得，在凡无失。无欠无余，湛然常住。只为当人，无始妄生一念，逐境成迷，由迷而昧，结成虚幻，不能照了。遂没溺于生死海中，随业漂流，升沉无已。是以佛祖兴

悲应世，曲设化机，故大觉释尊，舍金轮王位，遁迹雪山，六年苦行，至腊月八夜，目睹明星，忽然悟道，然后回机出世，说法利生四十九年三百余会，顿渐偏圆之（差1），三乘五教之宗事，无不穷理，无不尽上。恐群迷滞于名相，不达离言之妙，未契本怀。故末后于灵山会上，拈一支花，普示大众。当时人天百万，独迦叶一人破颜微笑。世尊乃云：'吾有正法眼藏，涅槃妙心，付与摩诃迦叶。'此教外别传之宗，始于兹也。由是西天列祖，递代相承，至二十八祖菩提达摩大师，单传心印，来此东土，是名初祖。始云：'不立文字，直指人心，见性成佛。'次有二祖神光，立雪断臂，求安心法，于觅心了不可得处，忽然悟入，又云：'灵灵不昧，了了常知。'此直指明心见性之说，乃验于斯也。及乎三祖忏罪，四祖求解脱法，五祖言性空故无，六祖谓本无一物，以至南岳磨砖，青原锄斧，擎叉舞笏，架箭抛球，瞬目扬眉，伸拳竖指，三玄五位，棒喝交驰，逆顺卷舒，东涌西没，如此之大机大用者，则直指明心之道，皎如青天白日，昭然无隐。喧（差1）宇宙，照耀古今，而应用无尽也。观夫从上佛祖，当机垂手勘辨之际，如是施设，如是钳锤，如是机用，究其本怀，不过只要点出当人心眼，扫除生死翳膜，直显此心之妙，俾尽大地人言外知归，直下顿了，彻证心源，妙契真常而已。故云'以心传心，以心印心'。离心之外，实无一法可得也。虽然，未审此心果作么生明，性作么生见，毕竟唤那个作本心本性。若言自己四大五蕴是，却成认贼为子；若言目前色空明暗是，何异唤奴作郎，此皆不出根尘二法，情识见解，此谓凡夫常见。若离却个四大、五蕴、色空、明暗、根境之外，端的唤甚么作本心本性。若谓无心可得，未免沉空滞寂，则堕二乘断见。若总不恁么见，则转更没交涉。如是则何所谓明心见性之说耶。幻叟今日不惜口皮，重为诸人露个消息，要明此心么？"竖起手中拂子，"要见此性么？"打一〇。放下拂子，良久，云："会么，于此会去，则庆快生平。便见此心此性，于物物头头上，全机显露。声色根尘里，触处洞然，直下与个四大、五蕴、色空、明暗、观体混融，了无同异，迥绝去来，物我一如，始终一贯，当处觅一毫是非动静去来之相，俱不可得，何内外根尘分别之有乎？以此为明，则尽十方世界是个大圆宝镜，耀古腾今；以此为见，则山河大地是个金刚正眼，烛地辉天。到此可谓毒药醍醐搅成一味，瓶盘钗钏镕作一金。信手拈来，更我刹法，此非凡流识情所测，惟上根证悟者方知。故非明明之可明，实非见见之可见，斯即本妙灵心，真空妙有之实相，体中本具之明见也。岂假揩磨拂拭，托缘藉境，然后而使其明见哉。"①

　　楚山在为众说法中指出，禅宗所谓"直指人心，明心见性"的"心"不是我们的一般妄想缘虑之心，而是"万法之总有，群灵之幽府"的"真如自性之心"，即众生内在生命与宇宙万法一元同体的真如本源自性心；而所谓"性"也就是自心本源所具"真空之理"或"虚灵知觉之性"，心与性是名异体一的。此心性本体作为我们内在生命与宇宙万法一元同体之本源，是"大包无外，细入无内，周遍圆融，隐显无碍，穷今极古，彻果该因……在圣无得，在凡无失。无欠无余，湛然常住"的。然而凡夫众生一念妄想，遂迷此本源，没溺生死海中。故大觉释尊兴悲应世，说法利生，广说顿渐偏圆之三乘五教，末后恐群迷滞于名相，才画龙点睛似的在灵山会上标示教外别传之旨，直揭此心性本源。

---

① 《楚山和尚住同安投子禅寺语录》卷一，参学门徒祖壅集。

后来此直指心源的教外别传之旨由达摩传来中国，代代相承，教学方法不断地迭更变新，尤其是马祖道一之后，风行机锋棒喝的大机大用的教学方法，这些机用包括"擎叉舞笏，架箭抛球，瞬目扬眉，伸拳竖指，三玄五位，棒喝交驰，逆顺卷舒，东涌西没"等。这些机用尽管变化多端，也无非只是为扫除妄见，让人直证心性本源而已，故禅宗的宗旨是"以心传心，以心印心"。

楚山宣说到这里，恐人仍然滞于学理和知见，不能真正实证心性本源，乃就学人容易导致的知见执著予以破除。楚山指出，若认为自己四大五蕴与目前色空明暗之根境就是吾人内在生命与宇宙万法一元同体的本源自性心，则堕于凡夫常见；若认为要离却自己四大五蕴与目前色空明暗之根境才是本源自性心，堕于二乘断见，如此等种种都容易导致知见执著，不是真正的明心见性。那么要怎样才能真正明见心性本源呢？楚山在这里以禅师的作略，先是竖起手中拂子，后又打一〇相，通过竖拂和打〇相让人超越言思知见的执著而直接证入心性本源。若能真正于此超越言思知见的执著而直接证入心性本源，则可明见吾人内在生命与宇宙万法一元同体的心性本源"于物物头头上，全机显露。声色根尘里，触处洞然，直下与个四大、五蕴、色空、明暗、观体混融，了无同异，迥绝去来，物我一如，始终一贯"，同时也就从相对、差别的境域而进入绝对、平等的境界，"毒药醍醐搅成一味，瓶盘钗钏镕作一金"，这种超越相对和差别的境界是上根证悟者的自证境界，是超越明与所明、见与所见的能所相对差别的绝对和平等境界，故云"非明明之可明，实非见见之可见"。这种明见心性本源的顿悟见性境界也是心性本体中本自内在具足的明与见，"岂假揩磨拂拭，托缘藉境，然后而使其明见哉"。也就是说，所谓明心见性是不同于神秀北宗和曹洞宗默照禅的末流要通过"托缘藉境"的"揩磨拂拭"灰尘的外在、渐进功夫来恢复明镜的。我们可以看出，在这里，楚山作为一个临济宗师，他的禅风是彻底地坚持了慧能南宗禅的立场的。

总的看来，楚山的这一大段说法是通过汪洋恣肆、机辩无碍的禅风机语来明确表达慧能禅宗"不立文字，教外别传，直指人心，见性成佛"的思想和风格的。同时，楚山不但大力阐扬佛教禅宗明见心性本源的思想，而且还以佛教禅宗的心性本源融通儒道两家的思想：

> 诸佛出世盖为一大事因缘，祖师西来只为个一着子。个一着子者何？即一大事因缘也。一大事因缘者又何？乃自心全体之谓也。所谓一者，心也，离心之外，了无一法可得。故云："天得一以清，地得一以宁，人得一以真，万物得一以遂生成。"邵子诗云："天向一中分造化，人从心上起经纶。"儒典云："一本万殊，万殊一本。"又云："吾道一以贯之。"所言大者，即心之全体也；事者，即心之妙用也。大哉！心体广□无际，泛应无穷，寂寂虚灵，含具众理，能应万事者矣。原夫三教圣人所设门庭虽异，究竟指归理则一也。当知此法甚深微妙，岂可得而思议哉？故在天同天，天莫能盖；在地同地，地莫能载；在日月与日月同明，而明超日月；在阴阳与阴阳同消长，消长莫能移；在四时与四时同寒暑，寒暑莫能迁；在万物与万物同盛衰，盛衰莫能变。故能生于生，生莫能生；能死于死，死莫能死；能有于有，有不能有；能无于无，无不能无。故能大能小，能卷能舒，能悟能迷，能凡能圣，实万法之本源，乃群灵之幽府。若夫众人得之，则乃灵于万物，具乎五常；士大夫得之，乃能修身、齐家、治国、平天下；宰辅得之，则能□理阴阳，调□补□；王侯得之，则乃分茅列土，藩屏圣明；圣天子得之，奄有四海，协和万邦；若夫阿罗汉得之，具五神通位，

登四果；辟支迦得之，出无佛世，度有缘人；诸菩萨得之，行愿□资，智悲齐运；佛世尊得之，万行圆融，十身满证。至哉！此法无一理而不统，无一事而不该，物物全彰，头头显露，尘尘叶妙，法法归源。①

诸佛出世为一大事因缘，而此一大事因缘乃吾人自心之全体，楚山解释说，"一"就是指自心本源，因为自心本源外别无一法可得；"大"即指自心之全体，"事"就是自心本源表现的全体妙用，这体现了楚山禅师自由解释的不拘一格的学风。楚山强调自心全体的思想显然是继承了慧能、马祖、临济等人相承一贯的禅宗思想②。楚山以禅家的自心全体思想与儒、道二教作了互相融通的解释，如他以佛教禅宗的一心说比配道家老子"天得一以清，地得一以宁"和儒家"一本万殊，万殊一本""吾道一以贯之"等。这个作为吾人内在生命与宇宙万法一元同体的本源之一心，"实万法之本源，乃群灵之幽府"，就体现在吾人自心全体不可思议的无穷妙用之中。佛、道、儒三教都不出吾人自心全体不可思议的无穷妙用，所不同的是所得有深浅，"三教圣人所设门庭虽异，究竟指归理则一也"。楚山特别指出"此法无一理而不统，无一事而不该"，而且"若夫众人得之，则乃灵于万物，具乎五常；士大夫得之，乃能修身、齐家、治国、平天下"等，可见，楚山其实是在以佛教禅宗的心性本源融通儒道二教特别是儒教理学思想的，楚山说自心本源"一本万殊，万殊一本"，"含具众理，能应万事"，以及他前面所说"所谓性者，即自心中本具真空之理，虚灵知觉之性也，非气禀情识之性。实二仪之所祖，三教之元宗"，"心乃性之灵，性即心之理。心性名殊，其体无异"等，都非常明显地表现了楚山其实是在以佛教禅宗的心性本源融通儒道二教特别是儒教理学思想的，因为所谓"心""性""理""气禀情识""一本万殊"等也都是朱熹（1130—1200）等理学家经常标榜的术语和理论。当然，如果比较起来，楚山禅表达的心性本源思想更为接近理学二派中的心学一派。

宋代以后，儒教尤其是程朱理学逐渐被统治者明确规定为国家正统的意识形态，而理学所宣讲的就是"修身、齐家、治国、平天下"这一套，而且理学主要是吸收了佛教禅宗的心性思想而形成了一种比较精致的理学心性论。三教合一思想是佛教传入中国以后尤其是唐宋以来的时代潮流，宋明理学就主要是受佛教的刺激，吸收了禅宗和华严宗等佛教宗派以及道家思想而形成、产生的，所以宋明理学也可以说就是一种以儒家思想为本位而融合了佛道二教的三教合流思想，虽然有些理学家表面上不肯承认。与此不同的是，佛教界的许多重要代表人物则通常是比较公开地主张以佛教为本位而融通儒道二教的三教融通思想，这除了因为佛教本身的圆融思想以外，还有佛教人物为了便于佛教的弘扬，为佛教在古代中国这个以儒教为正统意识形态的国家里争取地盘，减少来自外面的思想阻力的考虑。

楚山禅师以佛教禅宗为本位融通儒道二教，主张三教融通，这其实是继承了以圭峰宗密（780—841）、明教契嵩（1007—1072）尤其是大慧宗杲（1089—1163）等为重要代表

---

① 《石经楚山和尚录》卷二，参学门徒祖性集。

② 如马祖道一说："一切众生从无量劫来，不出法性三昧，长在法性三昧中。著衣吃饭言谈，只对六根运用，一切施为尽是法性。不解返源，随名逐相，迷情妄起，造种种业。若能一念返照，全体圣心。"（《古尊宿语录》上册，中华书局1994年版，第4页）即众生在实际生命的起心动念作用中，若能一念返照，摆脱迷妄，自证本源，则实际生命作用的自心全体就与圣心、佛心无异。

的佛教人物的思想，他们都主张以佛教禅宗为本位的三教融通思想，这尤其是唐宋以来佛教禅宗发展的总趋势。楚山本人在阐扬禅法时，也确实认为参禅学道不必一定非要出家方可，如他曾说："若论此事，乃当人分上本有之灵，不假上天讨，掘地寻，亦不必舍家缘，抛富贵，但肯回头信入此道者，则可与从上李刺史裴宰相、庞居士诸大老千古同风共一也。"① 这其实也正是宣扬以佛教禅宗为本位的三教融通思想的宗杲等人的一贯思想主张。

二

楚山在接引学人时，除了禅师们普遍常用的机锋棒喝之外，还有他自己独自设计的一些独特机用和机语，据载：

> 师室中尝设"三转语"以验学者，一曰："从上佛祖横说竖说，到这里因甚开口不得？"二曰："天下老和尚行棒行喝，到这里因甚都用不着？"三曰："俊俏衲僧走遍诗（四）方，到这里因甚措足不得？"凡有酬对，但云"不是不是"，才拟议，拈拄杖打出，鲜有契其机者。②

> 师室中，凡见僧来，或拈拄杖，或举拂子，或掷蒲团，云："速道速道"，僧拟开口，便曰"不是不是"，随曰"出去"。一日，侍僧曰："师因甚见僧来，入门未开口，便道'不是'，来僧礼拜，便云'出去'，意旨如何？"师举起手中数珠，曰："会么？"侍僧拟议，师厉声曰："不是不是，出去。"③

楚山这里所谓的"三转语"或拈拄杖、举拂子、掷蒲团，这些诸如此类的机用或机语都是超越心思意解的，而学人凡有酬对，都云"不是不是"，甚至拈拄杖打出。楚山的意图是截断学人的知见情解，从而让学人在那言思知见所不能到的地方发起疑情，自参自悟从而达到自信自肯、直下承当，这深刻地反映了楚山禅法教学的良苦用心。从宋代以来，就已经有些禅师如黄龙慧南④、兜率从悦⑤、高峰原妙⑥等创设了一些独特的机语如

---

① 《石经楚山和尚录》卷二，参学门徒祖性集。

② 《楚山禅师语录》第二册。

③ 同上。

④ 据载：师（慧南）室中常问僧出家所以，乡关来历，复扣云："人人尽有生缘处，那个是上座生缘处？"又复当机问答，正驰锋辩，却复伸手曰："我手何似佛手？"又问诸方参请宗师所得，却复垂脚云："我脚何似驴脚？"三十余年，示此三问，往往学者多不凑机，丛林共目为"三关"。（普灯此文次云："脱有酬者，师未尝可否。"人莫涯其意，有问其故。师云："已过关者，掉臂径去，安知有关吏；从吏问可否，此未透关者也。"）见《黄龙慧南禅师语录》之二《黄龙慧南禅师语录续补》，《中国禅宗大全》，长春出版社 1995 年版，第 311 页。

⑤ （兜率从悦）设三问，以问学者：一曰，拨草参玄只图见性，即今上人性在什么处？二曰，识得自性方脱生死，眼光落地时作么生脱？三曰，脱得生死便知去处，四大分离向什么处去？见《大慧普觉禅师宗门武库》，《中国禅宗大全》，长春出版社 1995 年版，第 467 页。

⑥ 高峰原妙三转语是："大彻底人，本脱生死，因甚命根不断？佛祖公案，只是一个道理，因甚有明与不明？大修行人，当遵佛行，因甚不守毗尼？"（见《高峰原妙禅师禅要》，《续藏经》第一百二十二册）我们可以看出，楚山禅师的"三转语"等与黄龙慧南、兜率从悦和高峰原妙等很有相似之处，都有截断学人的知见情解，从而使学人发起疑情参究的作用。

"三关语""三转语"等来考问学人,这是禅宗教学方法不同于佛教其他宗派乃至世界其他各大宗教的一个重要的独特之处,因为禅宗的着眼点始终是在实证、证悟即获得真实的宗教体验,这些在宗教学比较研究方面是很值得我们深入探讨的,这里暂时无法展开详细讨论。

然而,在禅宗禅法流行的许多时候,都有一些学风不正确的现象,楚山的时代也不例外,楚山指出:

> 近世以来,人心不古,禅学之者,不务真参实悟,惟事接响承虚,以觉识依通为悟明,穿凿机缘为参究,破坏律仪为解脱,□缘据位为出世,以致祖风凋散,魔说炽然,塞佛法之坦途,瞽人天之正眼,使吾祖教外别传之道于斯而委地矣。故我大觉释尊,于二千年外,已识尽众生心病,预设多种奇方,于无渐次法中,曲垂修证规则,不过只要诱引当人一个入路。①

在楚山时代,也存在一些不能真参实修、真参实悟的不正确的学风,不修律仪,同时对于古人的机缘公案也只是觉识依通,以心意识对古人机缘公案作知解穿凿,并没有真参实悟。针对这些弊病,楚山以参话头的方法来使人达到真参实悟,而看话禅的方法也只是"于无渐次法中,曲垂修证规则,不过只要诱引当人一个入路",楚山说:

> 心地法门,在乎真参实悟而已,故不可依他作解,障蔽心光,埋没己灵,孤负先觉……岂不闻达磨西来不立文字,直指人心,见性成佛,斯言岂欺人哉!尔等既能信受,再勿蹰躇,就从今日为始,即将从前见闻觉知之事,及贪嗔痴妄之心,直下一刀两断,勿存毫末在心,向此三条下七心单前,竖起脊梁,全机坐断,单单举个狗子无佛性话,时时鞭起疑情,反复推穷参究,静闹闲忙,勿令间断,倘多生习气根尘烦恼,一时不能顿尽,亦不必将心排遣,但于根尘起处回光一照,当念自空,先哲所谓"念起即觉,觉之即无"是也。每日用心,如是体究,做一日要见一日工夫进退,做一月要见一月工夫得失,不可一曝十寒,急流勇退,直须始终如一,绵绵无间,诚能如是克究,不患心地之不悟明也。②

> 截断从前义路,提起本参话头,向此百日期中痛加策进,直须动静两忘,寤寐如一,久久情想空,疑团碎,蓦然裂破面门,依旧眉横鼻直。③

> 若是个本色道流,以十方法界为个圆觉期堂也。莫论长期短期、百日千日结制解制,但以举起话头为始,若一年不悟参一年,十年不悟参十年,二十年不悟参二十年,尽平生不悟,决定不移此志,直须要见个真实竟处,方是放参之日也。故先哲所谓一念万年,岂虚语哉?④

这三段话应该说将看话禅的修行方法表达得比较清楚了。看话禅的修行方法经过南宋宗杲的大力提倡以后,成为宋元以后禅宗普遍推行的修行实证方法,楚山显然也是继承了宗杲以来普遍提倡的看话禅的修行方法。高峰原妙曾认为参话头要具备大愤志、大信根、

---

① 《石经楚山和尚录》卷二,参学门徒祖性集。
② 同上。
③ 同上。
④ 同上。

大疑情三大要素①，这三大要素在宗杲那里表述为决定志、决定信、疑情，内容都是一样的。楚山在上面谈到，参话头时要"决定不移此志"，"既能信受，再勿踌躇"，"时时鞭起疑情"，这就将参话头的三大要素都提到了。而参话头是要"截断从前义路"，"将从前见闻觉知之事，及贪嗔痴妄之心，直下一刀两断"，"单单举个狗子无佛性话，时时鞭起疑情，反复推穷参究"，也就是说看话禅是将话头作为截断知见妄想、指向自心本源而发起疑情的工具来参的。参话头工夫纯熟，则"动静两忘，寤寐如一，久久情想空，疑团碎，蓦然裂破面门，依旧眉横鼻直"，也就是说如果工夫纯熟，则可以通过看话头而疑情破碎，从而自证自心本源。楚山提到最多的话头是赵州狗子无佛性的"无"字话头，其实楚山上面提到的三转语等都是可以作为话头来参的。

三

但是楚山所处的时代毕竟与大慧宗杲和高峰原妙都有所不同了，所以楚山阐扬的看话禅与宗杲、原妙也不完全一样。楚山阐扬的禅法应该说更为接近于中峰明本、天如惟则以后的禅，更注重将看话禅与净土念佛法门结合起来，如楚山绍绮禅师曾经示秀峰居士云：

> 夫念佛者，当知佛即是心。未审心是何物，须要看这一念佛心，从何处念起，复又要看破这看的人毕竟是谁？……祖师云："心同虚空界，示等虚空法。证得虚空时，无是无非法。"所言心者，非妄想缘虑之心，乃虚明圆湛广大无相之心也。三世诸佛之所证，证此心也。六道众生之所昧，昧此心也……但将平日所蕴一切智见扫荡干净，单单提起一句阿弥陀佛，置之怀抱，默然体究，常时鞭起疑情，这个念佛的毕竟是谁，反复参究，不可作有无卜度，又不得将心待悟。但有微尘许妄念存心，皆为障碍，直须打并。教胸中空荡荡，无一物，而于行住坐卧之中，乃至静闹闲忙之处，都不用分别计较，但要念念相续，心心无间，久久功夫纯一，自然寂静轻安，便有禅定现前……豁开顶门正眼，洞彻性空源底，自当点首一笑，始知涅槃生死、秽土净邦，俱为剩语。②

又示月庭居士云：

> 夫格外真机，难容凑泊，初参之士，必假筌蹄。所谓梵语阿弥陀佛，此云无量寿。佛者觉也，觉即当人之自心，心即本来之佛性。是故念佛者，乃念自心之佛，不假外面驰求。马大师所云即心即佛是也……要信自心是佛，则知念佛念心，念心念佛，念念不忘，心心无间，忽尔念到心思路绝处，当下根尘迥脱，当体空寂，始知无念无心，无心无念，心念既无，佛亦不可得矣……居士果能于此洞彻自心源底，始信火宅凡居即是西方安养，举手动足无非古佛道场。溪光山色，头头彰紫磨金容，谷韵

---

① 如高峰原妙禅师说："若谓著实参禅，决须具足三要：第一要有大信根，明知此事，如靠一座须弥山。第二要有大愤志，如遇杀父冤仇，直欲便与一刀两段。第三要有大疑情，如暗地做了一件极事，正在欲露未露之时。十二时中，果能具此三要，管取克日功成，不怕瓮中走鳖。苟阙其一，譬如折足之鼎，终成废器。"见《高峰和尚禅要·示众》，《中国禅宗大全》，长春出版社1995年版，第551—552页。我们从上面可以看出，楚山对于看话禅方法的论述正是继承了大慧宗杲和高峰原妙的基本精神。

② 转引自〔日〕忽滑谷快天《中国禅学思想史》下册，朱谦之译，上海古籍出版社2002年版，第736页。

风声，历历展红莲舌相。尘尘契妙，法法该宗，不即不离，心心解脱。①

楚山在这里将看话禅与净土念佛法门结合起来了，他说"夫念佛者，当知佛即是心"，"是故念佛者，乃念自心之佛，不假外面驰求。马大师所云即心即佛是也"，可见他是以禅宗的自心净土、自性佛来解释净土宗的念佛的。同时他又说"但将平日所蕴一切智见扫荡干净，单单提起一句阿弥陀佛，置之怀抱，默然体究，常时鞭起疑情，这个念佛的毕竟是谁，反复参究，不可作有无卜度，又不得将心待悟"。这其实是以看话禅的修行方法来念佛的，也就是要以"念佛的毕竟是谁"作为话头来参究。所以楚山的禅法实际上是在禅宗的基础上以看话禅融通净土念佛的禅净融通法门，这也即后来的所谓参究念佛法门，楚山是以禅融净而禅净融通的，毕竟不同于禅宗完全衰落后以净融禅甚至以净夺禅的净土念佛法门②。楚山这种以看话禅融通净土念佛的禅净融通法门，在某种意义上说是针对净土念佛法门影响的日渐广大而开的。但如果将看话禅所参的话头局限于"念佛是谁"这单一的话头上，那么在某一意义上则容易导致禅宗的衰落。日本学者忽滑谷快天就曾说"禅净兼修是禅道衰落之最大原因"③，如果我们不把这一结论绝对化，那么这种看法还是有一定依据的。

伍先林，哲学博士，中国佛教文化研究所研究人员。

---

① 转引自〔日〕忽滑谷快天《中国禅学思想史》下册，朱谦之译，上海古籍出版社 2002 年版，第 736—737 页。

② 可以参见太虚法师关于《中国佛学特质在禅》的系列演讲。

③ 转引自〔日〕忽滑谷快天《中国禅学思想史》下册，朱谦之译，上海古籍出版社 2002 年版，第 726—727 页。

中国禅学　第五卷
2010 年，第 461—470 页

研读虚云和尚《增订佛祖道影》的新发现

叶　兵

内容提要　本文通过对虚云和尚《增订佛祖道影》和相关文献的研读，基本掌握了虚云和尚增补、修订《佛祖道影》的具体情况，以及明清以来佛教界辑录《佛祖道影》的脉络。作者发现有 3 篇《虚云和尚法汇》中收录的祖师传赞并非虚云和尚所撰，而虚云和尚 1955 年增入的 21 篇祖师传赞则应补入《虚云和尚法汇》中。作者还发现虚云和尚的增订内容除了能反映他认真严谨的态度和传承佛法的使命感外，还有助于了解他对南宋济公和尚、明代三峰法藏禅师以及禅净之争所持的观点。作者发现虚云和尚《增订佛祖道影》通行本中存在 3 处编排上的错误，值得出版界注意。

关键词　虚云　佛祖道影　校勘　新发现

《佛祖道影》全称《佛祖正宗道影》[①]（下称"苏州本"），清代释守一依据前人刊本重编，共收 240 尊天竺、东土佛教祖师的画像，光绪六年（1880）在江苏苏州刊行。书分为 4 卷，卷一收佛祖正宗并附录支派牛头宗佛祖道影 39 尊；卷二收南岳系临济宗、沩仰宗祖师道影 68 尊；卷三收青原系曹洞宗、云门宗、法眼宗祖师道影 85 尊；卷四收天竺东土圣僧及贤首、天台、慈恩、莲社等宗派祖师、尊宿道影 48 尊。每图皆附文字传赞，右半页为画像，左半页为文字传赞。卷首另有"古月拜影图"一幅。

虚云和尚在主持福建鼓山涌泉寺期间，"禅诵之余，复加征集，续得若干尊。其原有传赞者，多存其旧，无者为之僭补，依世次编入。至苏州本所列世系间有讹误，另加考正。都为三百十一尊，敬谨寿之梨枣，冀普同供养，咸植胜因。命名曰《增订佛祖道影》，示仍依守一大师原本，第加增订而已。"[②] 虚云和尚沿袭苏州本的 4 卷体例，在其基础上进行增订、重辑，于 1935 年编成《增订佛祖道影》（以下称"乙亥本"）刊刻流通。20 年后，虚云和尚在江西云居山真如寺期间，"又得二十七尊，复系以传赞，加刻、重补增入"[③]，形成我们今天看到的 1955 年编定本《增订佛祖道影》（以下称"乙未本"）[④]，该本共收入 331 尊佛祖画像。

---

①　释守一：《佛祖正宗道影》，光绪六年苏州玛瑙经房刊行，北京首都图书馆有该书藏本。

②　虚云和尚：《增订佛祖道影》，卷首《虚云和尚增订序》，台北新文丰出版社股份有限公司 1999 年版，第 1—4 页。

③　虚云和尚：《增订佛祖道影》之《乙未重增附记》，台北新文丰出版社股份有限公司 1999 年版，第 670 页。

④　笔者所见，乙未本除台北新文丰出版社 1975 年版本外，还有陕西人民美术出版社 1999 年 1 月出版的《佛祖道影线刻图》（又名《虚云和尚重辑佛祖道影》）。

笔者研读乙未本《增订佛祖道影》时，发现几个值得探讨的问题，于是参阅文献，提出个人一得之见，谨向方家就正。

一　虚云和尚增入了哪些内容

苏州本收 240 尊道影及传赞，乙未本收 331 尊道影及传赞，两者之间相差的 91 尊道影及传赞，应当就是虚云和尚两次增入的内容。但是，据乙亥本《虚云和尚增订序》、《宏修大师题词》①、1955 年乙未本《乙未重增附记》以及 1961 年岑学吕编《虚云和尚法汇》收入之《增订佛祖道影传赞序》②和各篇"增订佛祖道影传赞"③，5 处对增入数的说法均不同，而且与刊本的实际情况有差距，可谓众说纷纭，使人莫衷一是。兹罗列 5 处说法，其淆乱可以显见。详见表 1。

表 1　　　　　　　　　　虚云和尚增订佛祖道影数量考

文献/道影数量	苏州本原有数	1935 年增入数	1955 年增入数	合计数
乙亥本《虚云和尚增订序》	240 尊	64 尊	—	304 尊
乙亥本《宏修大师题词》	240 尊	百余尊	—	340 余尊
《虚云和尚法汇》收入之《增订佛祖道影传赞》	240 尊	71 尊	—	311 尊
《虚云和尚法汇》收之各篇佛祖道影传赞	240 尊	76 尊	—	316 尊
乙未本《乙未重增附记》	240 尊	69 尊	27 尊	336 尊
乙未本《乙未重增附记》	240 尊	两次合计增入 90 尊		330 尊

虚云和尚没有在刊本中标识哪些道影是他加入的，我们无法根据刊本直接析出虚云和尚加入的内容。虽然增补的画像在画风上与苏州本有所区别，但仅从画风上加以甄别，很难保证结论的精确。因此，笔者将苏州本《佛祖正宗道影》、岑学吕编辑的《虚云和尚法汇》与虚云重辑的乙未本《增订佛祖道影》对勘④，掌握了虚云和尚两次增订的情况。

（一）1935 年乙亥本，新增入 70 尊祖影及传赞，全书收道影合共 310 尊

《虚云和尚法汇》中收入云公为乙亥本撰写的传赞共 76 篇，除 70 篇为新增传赞外，所

---

① 虚云和尚：《增订佛祖道影》，卷首《宏修大师题词》，台北新文丰出版社股份有限公司 1999 年版，第 11 页。

② 岑学吕：《虚云老和尚年谱法汇增订本》，台北修元禅院 1997 年版，第 689 页。

③ 同上书，第 692—727 页。

④ 北京首都图书馆把馆藏释守一《佛祖正宗道影》全部 240 幅佛祖道影在"首都图书馆"网站"古籍插图库"中公布（http://query.clcn.net.cn/GJAndST/gjct5.asp?Direction＝New&IType＝佛教）。2006 年 4 月，浙江古籍出版社将《大日本校订缩刷大藏书经》收录的释守一《佛祖正宗道影》影印出版，书名《清刻佛教艺术图像》（上、下册）。笔者依据上述两处材料及《虚云和尚法汇》，校勘乙未本《增订佛祖道影》。

余6篇中，三十八世径山道钦禅师（牛头系）、三十九世鸟窠道林禅师（牛头系）、明三峰法藏禅师等3篇传赞为苏州本原有，应从法汇中剔除；五十一世鹿门自觉禅师（青原系）、五十二世普照·辩禅师（青原系）、莲宗八祖明云栖莲池大师等3篇传赞是云公重新撰写或改写的。

　　乙亥本新增的70篇传赞中，还有些篇章可能不是虚云和尚撰写的。因为据《虚云和尚增订序》所说，虚云和尚以鼓山收藏的《列祖道影》（存117尊）与苏州本相校，相同的有108尊，有9尊是苏州本所没有的①。虚云和尚很有可能把这9尊祖师画像及传赞也增补到苏州本中去，因目前没有《列祖道影》的鼓山藏本可资对校，还不能确定（详见表2）。

表2　　　　　　　　　　　　乙亥本新增祖影传赞详目

增入牛头支5尊及传赞	三十三世牛头知岩禅师；三十四世牛头慧方禅师；三十五世牛头法持禅师；三十六世牛头智威禅师；三十七世牛台鹤林玄素禅师
增入南岳系30尊及传赞	三十六世鼓山灵峤禅师；三十八世乳源灵树如敏禅师；五十四世无用贤宽禅师；五十五世高丽铁山琼禅师；五十五世独庵道衍禅师；五十五世石溪无一全禅师；五十六世壁峰宝金禅师；五十六世松隐茂禅师；五十六世绝学世诚禅师；五十七世无照玄鉴禅师；五十七世径山季潭泐禅师；五十七世华亭玄峰禅师；五十七世宗照莲峰禅师；六十世古庭善坚禅师；六十六世真圆月潭禅师；六十七世如满月轮禅师；六十七世本安无心禅师；六十八世用周水月禅师；六十九世知空中峰禅师；六十九世铁舟行海禅师；六十九世华岩圣可禅师肉身；七十世性音迦陵禅师；七十世海会溟波禅师；七十世法乳超乐禅师；七十一世圆通明广禅师；七十一世量闻明诠禅师；七十二世普荷担当禅师；七十二世大晓实彻禅师；七十三世红螺彻悟禅师；七十四世石钟松波禅师
增入青原系16尊及传赞	三十六世大颠宝通禅师；四十世鼓山兴圣国师；四十一世乳源双峰广悟禅师；四十一世冲煦慧悟禅师；四十六世丹霞子淳禅师；四十六世宗赜慈觉禅师；四十七世真歇清了禅师；四十八世天童宗珏禅师；四十九世雪窦智鉴禅师；五十世天童如净禅师；七十世鼓山为霖道霈禅师；七十世鼓山惟静道安禅师；七十世怡山空隐宗宝禅师；七十二世鼓山遍照兴隆禅师；七十三世白光德明祖师；七十四世鼓山了堂鼎彻禅师
增入两土圣僧13尊及传赞	阿若憍陈如尊者；梁韶州月华智药三藏尊者；唐石钟发光禅师；梁鼓山扣冰古佛；宋广州大通达岸禅师；明洱源潜龙应文禅师；明虎丘真可紫柏禅师；明曹溪憨山德清禅师；明真寂闻谷广印禅师；明鸡山定堂本贴禅师；明南雄莲社念纯大师肉身；明鸡山释禅本无禅师；清鸡山读彻苍雪禅师
增入南山律宗6尊及传赞	明戒台知幻律师；明慧云古心如馨律师；明鼓山澄芳性清律师；明宝华三昧寂光律师；明宝华见月读体律师；明宝华定庵德基律师

---

① 虚云和尚：《增订佛祖道影》，卷首《虚云和尚增订序》，台北新文丰出版社股份有限公司1999年版，第2页。

（二）1955 年乙未本，增入 21 尊道影及传赞，全书收入道影合共 331 尊

新增 21 篇传赞为虚云和尚撰写①，应补入《虚云和尚法汇》中。具体增补情况详见下述。

1. 增入南岳系祖师道影 7 尊及传赞

包括三十六世鹅湖大义禅师；三十九世西塔光穆禅师；四十世资福如宝禅师；四十一世报慈德韶禅师；四十二世三角志谦禅师；四十三世兴阳嗣铎禅师；七十二世高旻天慧实彻禅师。

2. 增入青原系祖师道影 11 尊及传赞

包括四十一世江西修水黄龙海机禅师；四十三世金陵法灯禅师；四十四世云居道齐禅师；四十五世灵隐文胜禅师；四十六世智者嗣如禅师；四十七世宝林文慧禅师；四十八世祥符良庆禅师；四十八世灵隐慧光禅师；四十九世中竺元妙禅师；五十世已庵深净禅师；七十一世鼓山恒涛大心禅师。

3. 增入两土圣僧道影 3 尊及传赞

唐韶州尼无尽藏禅师；明半塘寿圣善继禅师；明鹅湖养庵广心禅师。

4. 增录明朝宋濂撰写的《血书华严经赞有序》

据《虚云和尚年谱》记载，1953 年三四月间，虚云和尚"在苏州时，游半塘寿圣寺，礼见元善继师塔院，观血书华严经及宋濂制赞并碑文古迹"②。虚云由此知道有善继禅师的资料，后请人绘画道影，又亲自为之撰写传赞，增入乙未本中。虚云和尚为什么要把宋濂的《血书华严经赞有序》附入呢？宋濂在这篇文章中说善继禅师是宋代永明延寿禅师转世，而自己则是善继禅师的后身。虚云和尚在善继禅师的简传中对此发了一段议论，他说："弥陀大慈，既现丰干，后化永明，以至善师、宋公，悉于此土大作佛事。苏东坡、曾鲁公、陈忠肃、王十朋，皆以禅德转世，亦犹弥陀游戏人间耳，孰能谓之堕落耶？"③这段议论是针对佛教内部存在的禅净优劣之争，批驳一些贬禅褒净的谬论。在祖师简传中加入一段申发议论，并不符合本书的编例，在全书中亦绝无仅有，必定是虚云和尚认为极其重要才这样做的。虚云和尚在 1955 年农历三月二十日，为云居山大众作方便开示时，专门就禅宗与净土的问题阐述自己的看法，其中也引用了善继禅师转世为宋濂的例子。他说："阿弥陀佛化身为永明禅师，永明禅师化身为善继禅师，善继禅师后身为无相居士宋濂。永明禅师就没有阿弥陀佛那样绀目澄清四大海了；元朝善继禅师在苏州阊门外半塘寿圣寺用血书《华严经》一部，他的弘法事业比永明禅师退半了；宋濂为臣，结果被杀，又不如善继禅师；难道说阿弥陀佛也辗转下劣吗？"④虚云和尚在 1955 年内还对其他信众开示过这个观点，可见，虚云和尚在 1955 年再增订《佛祖道影》时，是有意加入相关言

---

① 虚云和尚《乙未重增附记》云："又得二十七尊，复系以传赞，加刻重补增入。"《增订佛祖道影》，台北新文丰出版社股份有限公司 1999 年版，第 670 页。

② 岑学吕：《虚云老和尚年谱法汇增订本》，台北修元禅院 1997 年版，第 278 页。

③ 虚云和尚：《增订佛祖道影》，卷四《明半塘寿圣善继禅师》，台北新文丰出版社股份有限公司 1999 年版，第 567 页。

④ 释宽宗：《五十三参禅语录》之《虚云老和尚法语》，香港香海慈航印行 1964 年版，第 1—9 页。台北修元禅院 1997 年版《虚云老和尚年谱法汇增订本》，第 408—416 页，收入虚云和尚这篇开示（篇名《禅宗与净土》），内容有删节。

论，并附入宋濂原文，以示慎重，体现了大力弘道，不拘泥成法的风范。

二　虚云和尚对苏州本作了哪些修订

（一）《法系考正》所记述的修订

虚云和尚撰写《法系考正》一文，收入乙亥本《增订佛祖道影》卷首序文之后，记述了他对苏州本的修订。内容包括：

1. 改南岳系六十一世"海舟永慈"为"海舟普慈"

两者都是明朝杭州东明慧昙禅师的法嗣，因同出一个师门，同称"海舟"，法名又相近，致使后人混淆颠倒。苏州本原有的普明永慈禅师简传载其"继住东明"，而虚云和尚根据明朝密云圆悟禅师和钱谦益为普慈禅师撰写的传记，以及清代纪荫编纂的《宗统编年》记载，确定承继慧昙禅师杭州东明寺法席的人是普慈禅师，因而作出修改。

2. 纠正苏州本把明朝鹿门自觉禅师列为青原系第四十六世法嗣的错误

在第四十五世芙蓉道楷禅师下加入丹霞淳、真歇了、天童珏、雪窦鉴、天童净等 5世，由此顺推，将苏州本鹿门自觉禅师以下 52 位禅师的世代由四十七世至六十六世改为五十一世至七十二世。

3. 苏州本列明朝三峰法藏禅师为南岳系第六十八世

由于法藏禅师生前曾与其师密云圆悟禅师发生法诤，清雍正帝下令将法藏禅师著作印版销毁，禁止法藏禅师派下门徒出入祖庭或开堂说法。从此，三峰派一蹶不振，遂至断绝。虚云和尚因此把法藏禅师从南岳系祖师中调出，又以"三峰平日于法门，不无建白，弘戒法仪，为后世矜式"，列法藏禅师为两土圣僧之一，既"示绝于悟祖"，又"不泯其护教之功"①。

（二）其他修订

1. 改正 2 位祖师法名

改苏州本卷三青原系第四十七世"普照希辩禅师"为"普照一辩禅师"；改苏州本青原系第四十七世"慈受振深禅师"为"慈受怀深禅师"。苏州本这两处的错误，前者可能是与宋初杭州普门希辩禅师相淆，后者当是传抄中的讹误。

2. 补全部分祖师法名

古人为表示对祖师的尊崇，常常在称谓上采用代称和略称结合的办法，即"字号（或祖师驻锡地名、寺名）＋法名（省略前一字）"，如宋朝佛印了元禅师，"佛印"是宋神宗赐赠的道号，"了元"是法名，后人往往称为"佛印元"禅师。这是禅宗的传统，一则表示敬意，二则避免雷同。但流传久了，后人往往就不知道祖师全名了。而且，法名中的前一字一般取自本宗字派，能反映祖师的世系，这个字失考，不利于认识和研究禅宗传承历史。苏州本中对"五峰学"等 23 名禅师的名号采用了这种代称加略称的称谓，虚云和尚在 1935 年的修订中都一一加以补全。详见表 3。

---

① 虚云和尚：《增订佛祖道影》，卷首《法系考正》，台北新文丰出版社股份有限公司 1999 年版，第 15—19 页。

3. 改苏州本卷四律宗"唐灵芝元照律师"为"宋灵芝元照律师"

元照律师（1048—1116）是宋代律僧。余杭（浙江杭县）人，俗姓唐，字湛然，号安忍子。少年离俗，十八得度，从神悟处谦学台教，而志在毗尼。后礼广慈受菩萨戒，嗣允堪南山正传。宋元丰（1078—1085）年间，主昭庆寺，弘律传戒。晚迁灵芝，居止三十年，世称灵芝尊者。于政和六年九月入寂，世寿六十九。谥号"大智律师"。可能因元照律师俗姓唐，以致在传抄、传刻中出现错误。

4. 把济公编入临济祖师世系中

苏州本卷四列"南宋济颠祖师"为两土圣僧之一，虚云和尚则考查其嗣法记载，将其调整到卷一，列为南岳系第五十世，号"济颠道济禅师"。释道济（1150—1209），宋代临济宗杨岐派僧，临海（浙江）人，俗姓李，名心远，字湖隐，号方圆叟。年十八，落发于灵隐寺，性狂颠，嗜酒肉，人号济颠。先后参访国清寺之法空一本、祇园寺道清、观音寺道净，后投虎丘山瞎堂慧远门下，嗣其法。嘉定二年，坐逝，世寿六十，葬于虎跑塔中。道济禅师的神异故事广泛流传于民间，通称济颠僧或济公。虚云和尚把他调入临济祖师系列之中，或者是要还原其禅师的本来面目，提醒世人关注济公和尚不羁外表下隐藏的禅法和法统。

5. 标识鼓山祖师

鼓山涌泉寺自明朝曹洞宗博山无异禅师住持之后至今，历代住持都是按曹洞法派传承。虚云和尚身为鼓山涌泉寺方丈，在修订中，对苏州本中收录的4位本山祖师，均在其名号前，特别加入"博山"、"鼓山"的标识，教示本山子孙后人。这4位祖师分别是：六十四世博山无异元来禅师、六十四世鼓山永觉元贤禅师、六十五世鼓山雪关道闇禅师、六十五世鼓山觉浪道盛禅师。另外，虚云和尚在两次增订中，共补入了灵峤、灵树如敏、为霖道霈、惟静道安、遍照兴隆、了堂鼎彻、扣冰古佛、澄芳性清、恒涛大心等9位鼓山祖师画像及传赞，占其增补总数十分之一，也都在称谓上各标明"鼓山"二字。

表3　　　　　　　　　　　虚云和尚增订祖师法名详目

法系	苏州本	乙亥本
南岳系	六十八世五峰学禅师	六十八世五峰如学禅师
	六十八世石车乘禅师	六十八世石车通乘禅师
	六十八世朝宗忍禅师	六十八世朝宗通忍禅师
	六十八世石奇云禅师	六十八世石奇通云禅师
	六十八世牧云门禅师	六十八世牧云通门禅师
	六十八世万如微禅师	六十八世万如通微禅师
	六十八世浮石贤禅师	六十八世浮石通贤禅师
	六十八世林野奇禅师	六十八世林野通奇禅师
	六十八世林皋豫禅师	六十八世林皋通豫禅师

续表

法系	苏州本	乙亥本
青原系	六十六世孤崖聪禅师	七十一世孤崖净聪禅师
	六十六世元洁莹禅师	七十一世元洁净莹禅师
	六十六世且拙讷禅师	七十一世云淙净讷禅师
	六十六世伴我侣禅师	七十一世伴我净侣禅师
	六十六世远门柱禅师	七十一世远门净柱禅师
	六十六世三疾甫禅师	七十一世三疾净甫禅师
	六十六世天愚宝禅师	七十一世天愚净宝禅师
	六十六世多福启禅师	七十一世多福净启禅师
	六十六世位中符禅师	七十一世位中净符禅师
	六十六世南庵依禅师	七十一世南庵大依禅师
	六十六世灵焰烛禅师	七十一世灵焰弘烛禅师
	六十六世破岩继禅师	七十一世破岩弘继禅师
	六十七世古严莞禅师	七十二世古严兴莞禅师
	六十七世童求昱禅师	七十二世童求传昱禅师
	六十六世子贤纪禅师	七十二世子贤兴纪禅师

三　乙未本的编排颠倒错误

笔者取乙未本与苏州本对勘过程中，发现乙未本中有三处传赞应属苏州本原有，却与苏州本完全相异，台湾版、大陆版乙未本均有这种情况。经查核，三处位置相近，可能是在刻版或排版时颠倒所致。因未见到乙未本的初版，暂不能确定编排颠倒的发生时间。现抄列考证如下，希望以后有关方面出版该书时有所留意。

（一）青原系四十六世长芦崇信禅师

乙未本传赞为：

师寿春府夏氏，生而祥光现舍，十四岁依净照于嘉禾资圣。照举良遂见麻谷因缘问师曰："如何是良遂知处？"师即洞明。后印心于长芦信公，被旨住焦山。僧问："如何是佛？"师曰："黄面不是真金贴。"曰："如何是佛向上事？"师曰："一箭一莲花。"僧作礼，师弹指三下。后迁苏州之灵岩，退居包山。示寂，塔于寺后。赞曰：才出胞胎，祥光现瑞。点着便知，宿根无讳。提携童蒙，慈心普逮。灵岩峰顶，圆音斯在。

查清守一空成《佛祖正宗道影》、南宋雷庵正受《嘉泰普灯录》，这篇传赞应配属慈受怀深禅师道影。

（二）青原系四十六世智者嗣如禅师

乙未本传赞为：

> 师受单传之旨于圆照室中，后出世长芦。僧问："佛未出世时如何？"师曰："晴天著靴走。""出世后如何？"师曰："雨落赤脚行。"赞曰：天晴著靴，佛未出世。出后如何，只者便是。如牛无角，是虎有翅。智鉴圆明，冰河夜炽。

查清守一空成《佛祖正宗道影》、清迦陵性音《宗鉴法林》，这篇传赞应配属长芦崇信禅师道影。

（三）青原系四十七世慈受怀深禅师

乙未本传赞为：

> 师保福居煦禅师法嗣也。僧问："如何是佛？"师曰："量才补职。"僧云："补职后如何？"师曰："天台杖子。"问："如何是真实之体？"师曰："今日好寒。"僧云："意旨如何？"师曰："千山万山雪。"赞曰：三觉圆极，量才补职。天台杖子，随缘游食。今日好寒，漫山雪色。真实之体，千秋追忆。

查清守一空成《佛祖正宗道影》、明释居顶《续传灯录》，这篇传赞应配属智者嗣如禅师道影。

四　佛祖道影的辑录史

为祖师绘写真影，留传纪念，是中国佛教的传统。而把祖师真影汇录成书，最早有文字记载的是在明朝初年，后人相继辑录，逐渐增补，配上简传、赞辞，内容日益丰富。笔者根据乙未本《增订佛祖道影》、日本卍新纂续藏经《八十八祖道影传赞》中收录的释真可、释憨山、高承埏、释净范、释虚云等人的序文、疏记，查阅有关典籍，综合各家载述，把明清以来佛祖道影的辑录史情况整理成简表。详见表4。

虚云和尚在《乙未重增附记》中说："昔文喜问文殊多少众？殊曰：'前三三，后三三。'云今增已又增，已圆前三三已。其后三三者，则有待来哲，增增不已焉。"① 虚云和尚借用唐朝无著文喜禅师问文殊菩萨清凉山住多少众的典故，假托文殊菩萨预言佛祖道影的编录将有前330尊和后330尊两个阶段。虚云和尚说自己已经圆满编成330尊佛教祖师道影在前了，希望后人能继续增补，再增编330尊祖师道影。笔者相信虚云和尚的愿望一定会实现的。

---

① 虚云和尚：《增订佛祖道影》之《乙未重增附记》，台北新文丰出版社股份有限公司1999年版，第670页。

表4　　　　　　　明清以来佛祖道影辑录史简况

时间	编辑或修订者	编辑或刊印地点	书名	画像数（尊）	传赞作者	画像作者	说明
洪武元年戊申（1368年）	不详	南京牛首山	诸祖道影	120	无传赞	佚名	或说藏于南京祖堂山
万历十七年己丑（1589年）	释真可嘱临摹	南京牛首山	诸祖道影	120	无传赞	丁云鹏	共临摹4部
万历四十八年庚申十月朔（1620年）	释德清	江西庐山五乳寺	诸祖道影	88	释德清	史采	史采1615年临丁云鹏摹本的残本88尊，憨山大师于1620年为之配写传赞
崇祯十一年戊寅（1638年）	释永觉	浙江杭州真寂禅院	列祖道影	130	释永觉	佚名	世称"真寂本"
崇祯十七年甲申九月（1644年）	高承埏	浙江海盐	八十八祖道影传赞	88	释德清、高承埏	史采	憨山大师撰者为77篇，高氏补11篇
康熙元年壬寅（1662年）	释道霈	福建鼓山涌泉寺	列祖道影	122	释永觉、释道霈	佚名	在真寂本残本基础上，增补47尊
康熙十五年丙辰（1676年）	释静熙	浙江余杭云福禅院	宗门正脉道影	166	释静熙	赵宗	世称"云福本"
光绪六年庚辰（1880年）	释守一	江苏苏州南禅寺。苏州玛瑙经房刊行	佛祖正宗道影	240	释永觉、释静熙		根据真寂、云福两本合编而成，世称"苏州本"
民国二十四年乙亥（1935年）	释虚云	福建鼓山涌泉寺	增订佛祖道影	310	释永觉、释静熙、释虚云	佚名补70尊	虚云禅师在苏州本基础上补入70尊画像及传赞，重写3篇传赞
1955年乙未重九	释虚云	江西永修云居山真如寺云居茅蓬	佛祖道影	331	释永觉、释静熙、释虚云	释灵源补21尊	虚云禅师补21尊画像及传赞

续表

时间	编辑或修订者	编辑或刊印地点	书名	画像数（尊）	传赞作者	画像作者	说明
1986年丙寅	释宣化	美国加州万佛城	再增订佛祖道影	346	释永觉、释静熙、释虚云、释宣化		宣化上人增入净土宗7位祖师，以及近代8位高僧

叶兵，男，1968年6月出生，广东交通职业技术学院讲师。

中国禅学　第五卷

2010 年，第 471—485 页

柳田圣山与中国禅宗史研究

何燕生

　　日本著名禅宗学者柳田圣山先生于 2006 年 11 月 8 日逝世了。对于柳田先生的逝世，日本各大媒体先后都进行了报道。《朝日新闻》的讣告是这样写的："柳田圣山，原花园大学教授，京都大学名誉教授（禅佛教专业），8 日因急性心脏病逝世，享年 83 岁。守夜诵经仪式和'密葬'，限于亲属之间，业已举办。丧主是其妻子静江夫人。未公开住宅地址。12 月中旬，将在京都市中京区的花园大学召开'怀念会'。出生于滋贺县，曾任京都大学人文科学研究所所长和花园大学国际禅学研究所所长。以研究一休、良宽而著名，著书有《初期禅宗史书之研究》等。"

　　日本所谓的"密葬"，即指不对外公开，只是由极少数比较亲近的亲属举办的一种常见的葬礼习俗。选择"密葬"的习俗，也许是柳田先生生前的遗嘱，也许是经过他的家人的特意安排，但不管怎样，当听到柳田先生逝世的消息时，对于我们从事禅宗研究的学人，特别是对于旅居日本、曾经向他亲自求教过的笔者来说，不免感到有些悲哀，而且想到柳田先生生前对中国禅宗研究所作出的惊人的巨大贡献，心情更是无比沉重，禁不住要写一篇文字，谈谈笔者所了解的柳田先生，谈谈柳田先生对中国禅宗史的研究情况，以表达笔者对这位一代禅学泰斗的怀念。

一　禅宗研究第一人

　　"禅宗研究第一人"，这是日本《读卖新闻》关于柳田先生逝世的"讣告"的标题，黑黑的几个大字，在那天的"讣告"栏中，非常醒目，格外地引人注意。查阅同一天出版的《每日新闻》和《中外日报》等报纸的"讣告"，也大多是用"研究中国禅宗史"或"中国禅宗史研究第一人"的标题，报道柳田先生逝世的消息。无论是作为"禅宗研究第一人"，还是作为"中国禅宗史研究第一人"，对柳田先生来说，应该都是当之无愧的。柳田先生对禅宗的研究，特别是在中国禅宗史研究领域所取得的成就，为日本乃至国际同行学者所称道。

　　以下结合相关资料，对柳田先生在禅宗的研究，特别是在中国禅宗的研究方面所取得的成就，略作介绍。

1. 基于历史学、文献学的方法，对早期禅宗文献进行批判性的研究

　　柳田先生在禅宗研究中的最大特色之一，即试图利用近代历史学、文献学的方法，对早期禅文献进行批判性的研究。我们知道，近代日本，基于历史学的方法，对禅宗的发展历史进行批判性研究的成果，早期的有忽滑谷快天的《禅学思想史》二卷本。该书第一次对印度以来的禅思想发展的历史和各派系传承情况等，进行了较有系统的论述，在日本

的禅宗研究史上，占有重要地位。然而，此书也有一个缺憾，而且可以说是致命的缺憾，即它没有充分利用当时业已发现的敦煌禅宗文献，只是依照《传灯录》等禅籍中所表达的传统的禅宗史观，进行研究，因此，书中的许多观点自然存在着问题。

最早结合敦煌的禅宗文献，对中国禅宗史进行研究的学者，是我国的胡适和日本的铃木大拙。但是，在如何理解禅宗的问题上，二人之间存在着较大的分歧。胡适对待禅宗的态度，基本上是试图从文本中"发现"禅宗的历史。与此相对，铃木大拙则主张，禅宗存在于历史的背后，超越文本，只有通过体悟，才能把握真正的禅宗。围绕这一问题，二人最后展开了辩论。胡适坚守近代历史学的科学主义观点，铃木则反对这样的观点，倡导宗教的超然性。二人的辩论，其实是围绕如何看待宗教文本所展开的一场"科学"与"宗教"的辩论，在近代禅宗研究史上，留下了重要的一笔。其后，日本学者矢吹庆辉、关口真大等，在敦煌禅文献的发现和有关达摩的研究方面，取得了许多新的成果，为推动中国禅宗史的研究，作出了贡献。

然而，基于历史学的方法论，且充分利用敦煌的禅文献，对中国禅宗的历史进行合乎实际的客观研究，在当时的日本仍然是需要克服的课题，这可以说是向当时的禅宗研究者们提出的一个新要求。关于这一点，柳田先生在他的代表作《初期禅宗史书之研究》（1967）的"绪言"中，进行了评述，并发表了自己的意见：

> 自境野黄洋氏的《支那佛教史纲》（明治四十年）、松元文三郎氏的《达摩》（明治四十四年）出版迄今，约有五十年，特别是受到敦煌学所取得的辉煌成果的影响，禅宗开拓性研究的路径，虽然从各个方面业已铺开，然而，对于其工作的新的意义，未必真正地得到认识。禅宗研究，大多偏于宗门的立场，其中也有在不知不觉中逆转到了假科学之名的护教学的方向。或者还有一些研究，因眩惑于敦煌资料的新奇，而忘记了国际东方学研究的常识。这些，皆源于其立场和对待文献缺乏严密的学问性反省，与邻接的各学科脱节的缘故。或者完全相反，以语录和灯史数据的特殊性之故，过分地批判其荒诞无稽，或视一切为虚构，而予以摈弃；或遵循传统和信仰，无批判地肯定一切。由于这两种倾向，对研究资料本身进行真正的、富有良心的学问性研究的成果，遗憾的是，极其稀少。
>
> ——引者译

柳田先生在"绪言"中还叙述说，因日本经历了那场不幸的大战，一些珍贵的成果被散佚到国外，研究中断，交流阻塞，处于一种孤绝的状态，因此不得不回到最初的起跑线，重新出发。柳田先生的中国禅宗研究，就是在这样的学术环境和历史背景下进行，并取得令人瞩目的成就的；洋洋七十余万字的《初期禅宗史书之研究》，可以说是柳田先生的代表作。

该书的基本构想，据柳田先生自己吐露，早在1954年发表的论文《灯史的系谱》中就已得到了准备。该论文对北宗一系的《传法宝记》、《楞伽师资记》和南宗一系的《菩提达摩南宗定是非论》、敦煌本《六祖坛经》，净众、保唐宗一系的《历代法宝记》等敦煌禅宗文献以及《宝林传》之类的"灯史"的成立情况，详细地进行了考察。后来，柳田先生还依据京都大学人文科学研究所收藏的斯坦因本以及研究者个人各自带回日本的波利欧本的照片，开始对新发现的敦煌禅宗文献发生兴趣，并着手研究，先后发表了关于《圣胄集》、《禅门经》、《传法宝记》、《二入四行论》等优秀研究成果。前述《初期禅宗史书之研究》，就是在这些研究的基础上，经过重新修订、补充，更加详细地研究后，完成的巨大成果。该书的卷末附录中，收录有八种文献的校注，而作为敦煌禅宗文献，则有《传法宝记》、净觉的《注般若波罗蜜多心经》、《楞伽经》的序文三种。

在这部出版于 1967 年的《初期禅宗史书之研究》中，柳田先生详细考察了《楞伽师资记》、《历代法宝记》、《宝林传》等敦煌本和其他新出的文献，贯穿全书的方法论，即历史学、文献学的批判性研究。

该书有许多值得我们注意的观点。比如，关于"灯史"的数据价值，柳田先生认为，"灯史"具有独自的意义。所谓"灯史"，我们知道，它以达摩派系的师资相承系谱为中心，集录了历代祖师的机缘问答和上堂示众等，一般通指宋代的《景德传灯录》（30 卷）、《天圣广灯论》（30 卷）、《建中靖国续灯录》（30 卷）以及宋末成书的《五灯会元》、清代的《五灯全书》等一系列禅宗史书。与唐宋以来各代出现的各种僧传相比，"灯史"的最大特色是不分科类，将自过去七佛乃至释迦佛以来的西域二十八代传灯祖师以及第二十八祖菩提达摩视为东来的初祖，限于各灯录作者所生活的时代之前的中国禅宗列祖，以集录师资相承的机缘为主要内容。因此，禅宗的"灯史"，严格意义上说，并非记载着史实；其记载的重心，主要放在了禅宗内部的传承上。所以，与同时代的《续高僧传》、《宋高僧传》的记载相比，"灯史"的信赖程度，往往遭到质疑。

然而，针对这一问题，柳田先生所持的研究态度比较客观，并未采取完全摒弃的极端做法。这是因为，他认为，"大凡在宗教的书中，正是因为我们不能否认包含有或大或小的带有其宗派独自的观点和其传承的神话性体系，所以，我们有必要理解与列传的史书相异的灯史书籍所具有的独自的意义"（《初期禅宗史书之研究》，第 12 页）。柳田先生强调，"灯史"之类的书籍，绝不单单只是记载历史事实，而是一种宗教信仰传承的表达；与其说它们是被人写出来的，倒不如说它们是历史形成的产物。因此，"在认真地研究这些被虚构的每一个记录的过程中，我们反而可以对那些虚构者们的历史社会的宗教本质得到明确的了解；与所谓的史实完全相异的另一层面的史实，难道就不可以从历史中洗涤出来吗？"柳田先生认为，灯史的虚构，"毕竟是灯史的本质，并不是一种方便和表达的偶然"（同上书，第 18 页）。

基于这样的认识，柳田先生指出，"灯史是最如实地反映了《续高僧传》以后的中国佛教本质的资料之一，特别是点缀在自《续高僧传》之《宋高僧传》之间的那些灯史群，与所谓灯史体系得到固定化的《景德传灯录》以后的各时代的灯史不同，它们最显著地反映了唐代佛教活生生的体质"（同上书，第 18 页）。

该书还使用大量的篇幅，对北宗禅展开研究，表现了柳田先生对北宗禅的重视。柳田先生在该书中，对过去以南宗为中心的禅宗史观，提出了批判。他认为，对早期禅宗史观的形成发挥过积极作用的，是所谓的北宗一系；而传统的、以南宗为中心的禅宗史观，是后来逐渐形成的，它并不符合早期禅宗发展的历史实际。如他说，"自五祖弘忍（601—674）以下，所谓分为南顿北渐二派的说法，当然是后代的说法，就连最喧嚷地主张南顿北渐的荷泽神会（670—762），对于南宗北宗的概念，甚至似乎漠然不明"（同上书，第 33 页）。柳田先生认为，南北两宗的区别，其实是一种明显地包含着价值判断的概念，与大乘和小乘的情况相同，并不是北宗的人自称北宗的；北宗的人，曾经甚至有过自称为南宗的事实。

的确，诚如柳田先生所言，我们对禅宗稍有涉猎便会发现，禅宗的语录和灯史，都是一些非常特殊的文献。记载禅宗发展与演变历史的文献，当然是那些被称之为传灯录的书籍，即禅宗的史书。然而，在严格意义上，这些史书并非完全记述了禅宗的史实，值得信赖。同样，禅宗的那些语录，也不同于佛教其他宗派的典籍和祖师语言，用柳田先生的话说，它们"充满着俗语和荒诞无稽之说"。柳田先生在对早期禅宗文献的研究中所表现出来的最大特征之一，可以说是基于历史学、文献学的方法论，对中国初期禅宗的文献进行批判性研究，去伪存真，还禅史以本来面目。柳田先生的这种研究方法，对日后的禅宗研究影响极大，成为今天禅宗研究的最一般性方法。

2. 对禅宗语录的形成情况，进行历史的考察

柳田先生还将这种历史学、文献学的方法论应用到唐五代禅宗的研究中，特别是在关于禅宗语录的形成情况的研究方面，取得了惊人的成果。

这方面的代表性成果，即发表于《东方学报》第五十七卷（京都，1985 年）的那篇《语录的历史——禅文献的成立史的研究》论文。该论文约三十万言，因此，与其说是一篇论文，倒不如说它是一部专著更为恰当。从内容上看，该论文是在先前出版的前述《初期禅宗史书之研究》的基础上写成的，因此，两者之间应该存在着密切的关系，可以说是姊妹篇。

对于为何要重视对"语录"的研究，柳田先生表明了自己的看法。在上述《语录的历史》论文的第一章，他这样叙述道：

> 以前，关于敦煌禅文献的研究，因其发现之新奇，始终停留在年代和作者问题甚或真伪的考证这样略带外在性问题的层面上，带有以理解其内容，考察文献的性质为从属目的的倾向。由于过于急于求成地通过新数据批判业已知晓的传统，不知不觉之中忽略了考察新数据本身的由来，阐明两者的关系。如果不考察作为语录的禅文献本来的性质，将它们视为同一层面的史料，那么，作为史料的价值，甚至也不得不丧失殆尽。过分地强调禅语录的特色，固然危险，但是，对语录的特色，不闻不问，而直接地去讨论历史，这样的研究，当然更加危险。（第 216 页）　　　　——笔者译

基于这一认识，柳田先生在论文中，直接探讨了禅宗特有的"语录"的形成过程。柳田先生认为，作为禅宗"语录"的特征，并不在于它是一种著述，而在于它是关于"宗祖言说的听闻记录，是一种圣典"。并指出，禅宗语录，"一方面它保持着圣典的权威，另一方面又包含着低俗离奇的言词"，是"具有两种相互矛盾含义"（第 227 页）的典籍。

柳田先生还考察了"语录"这一名称在禅宗历史上出现的年代。指出，"在语录这一名称得到一般化之前，即自六祖慧能的徒孙之后，禅的第一手数据，或被称为语本，或被称为广语，或被称为语要，或被简单地称为语。将它们集合起来，一方面编纂了通史，另一方面还编纂了语录全集，于是就诞生了通常称呼的语录"（第 230 页）。柳田先生对"语录"形成过程的分析，极其明快。

柳田先生的目的，在于试图对"语录"在禅宗史上出现的经纬进行历史的考察。其中，他特别注意到，在"语录"形成过程中，《六祖坛经》拥有了作为真正含义的"经"的权威。柳田先生认为，无论是神会的《南阳和尚顿教解脱禅门直了性坛语》，还是《六祖坛经》，它们都是关于戒坛授戒的说法记录，这些记录，后来从《坛语》演变为《坛经》，于是出现了将祖师的"语录"称为"经"的现象。这一现象的特征，在于"将佛陀与祖师同格"，构成了"禅佛教的特色"。但是，柳田先生指出，这并非兴起于禅宗本

身。他认为,从道宣的《关中创立戒坛图经》、《祇园图经》可以看到,有关戒坛的规定,"并非单单是著作,而是经典",因此,与戒坛规制的性格应该具有密切关系。这样的观点,极富新意,对以后的《坛经》和语录所具有的特性的理解,影响深远。

3. 对《祖堂集》的数据价值的发掘与研究

柳田先生的另一个重要贡献,是对《祖堂集》数据价值的发掘与研究。由于柳田先生对《祖堂集》的重视与研究,关于中国禅宗的研究,特别是关于唐五代的禅宗研究,可以说赢来了新的资源空间。

我们知道,《祖堂集》(20卷)成于南唐保大十年(952),是20世纪初作为高丽大藏经的藏外补充版,在韩国海印寺发现的一部重要禅宗史书。此前它并不受到瞩目,由于柳田先生对《祖堂集》数据价值的发现和研究,人们才开始逐渐注意它的存在。在发现《祖堂集》之前,学术界有关中国禅宗史的研究,基本上依据《五灯会元》和《景德传灯录》。然而,《祖堂集》的数据价值,是《景德传灯录》所不能比的,特别是对于我们了解唐代禅宗的特色,提供了重要的线索。比如对雪峰教团、中国初期曹洞宗的了解,《祖堂集》提供了非常重要的线索,而这些都是以前不被学界所注意的问题。

柳田先生在《祖堂集》研究方面所取得的成果,早期的论文有《〈祖堂集〉的本文研究(1)》以及以连载的形式在《禅文化》季刊上陆续发表的《〈祖堂集〉故事》。1974年,摘译了《祖堂集》的部分章节,作为《禅语录》的一部分,由中央公论社出版。其后,相继出版了《纯禅的时代——祖堂集故事》(1984年,禅文化研究所)、《续纯禅的时代——祖堂集故事》(1985年,禅文化研究所)、《禅的山河》(1986年,新版,禅文化研究所)。其中,集柳田先生《祖堂集》研究之大成者,当然是由柳田先生编著、京都大学人文科学研究所出版的《祖堂集索引》三册以及一字索引。该著在《祖堂集》研究中,被认为是里程碑式的著作,对日后的研究工作无疑产生了重要影响。

柳田先生的中国禅宗研究,在年代上,可以说涉及唐、五代禅宗的全部;在范围上,可以说涵盖敦煌本禅宗文献和初期中国禅宗史书的一切。以上所介绍的,只是其中的一部分,尽管不很全面,但笔者认为,是比较重要的一部分。希望今后有更为详细的介绍。

4. 重视禅宗文献的现代日语翻译与注释

在关于中国禅宗典籍的普及方面,柳田先生也做了大量的工作。这方面,首先值得介绍的重要成果,是由柳田先生本人和入矢义高等人所编辑出版的《禅的语录》十七册(1968—1976,筑摩书房出版)。这套丛书以现代日语翻译和注释为主,内容包括敦煌禅文献、唐、宋时代的重要语录和灯史。比如,由柳田先生本人承担的《禅的语录》(1—3),分别收录了《达摩の语录》、《初期の禅史1》(《楞伽师资记》、《传法宝记》)、《初期の禅史2》(《历代法宝记》)。其他各卷,收录的有《六祖坛经》(兴圣本)、《禅源诸诠集都序》、《顿悟要门论》、《大慧书》等。此套丛书的最大特色表现在注释方面,它们不被传统的解释所束缚;对每一部禅籍进行严密的版本校订,力争语言翻译的正确性和可读性。这套丛书,可以说是一部划时代的研究成果,为中国禅宗典籍在日本的普及,发挥了重要的指导性作用。

此外,柳田先生校注并翻译的《二入四行论》(前述《禅の语录》之再录)和《六祖坛经》(明藏本),与由大森曹玄译注的《信心铭》、《证道歌》和由尾谷宗忍译注的《沩山警策》一起,以《禅家语录》(一、二两卷)的书名,作为《世界古典文学全集》之一,由筑摩书房出版。其中,在第二卷的末尾,附有"中国禅宗史系图"和"禅籍解题"，在"禅籍解题"中，柳田先生对敦煌禅籍的整个情况，进行了介绍，语言精练，内容丰富，对于我们全面了解敦煌禅宗文献，十分有益。2004 年，中央公论社出版的世界名著之一《禅语录》中的《临济语录》，以单行本的形式出版，也颇受读者欢迎。

5. 重视对道元、一休和良宽等日本禅宗人物的思想的研究

柳田先生的研究领域，并不仅限于中国禅宗，对于日本禅宗，也颇为着力。在日本禅宗研究方面，对道元、一休和良宽等禅僧的研究特别着力，似乎"情有独钟"，出版了许多著述。在关于道元研究方面，比较重要的论文有《道元与中国佛教》（载花园大学《禅文化研究所纪要》第十三期，1984）、《道元作为现代史》（载《思想读本——道元》，1993，法藏馆）。前者系统地论述了道元与天台宗的关系，其中不乏真知灼见；后者对道元在近代日本的哲学、思想、文学领域所受到的重视和研究，进行了比较全面的论述，对笔者的道元研究，颇多启发。笔者记得在拙著《道元与中国禅思想》（笔者的博士学位论文，日文，法藏馆出版，2000）中，曾引用了柳田先生在一次演讲中对当前日本的道元研究所做的评语，现不妨抄录如下：

> 如果我们重新用一种新的角度，即把道元的佛教放在中国佛教或中国禅宗史的大的源流上，再来一一重读道元的《正法眼藏》或《永平广录》，便会发现很多问题，可是立足于中国佛教的大的源流来评价道元禅思想，则是以前最为薄弱的环节。

因笔者的道元研究，正是立足于将道元置于中国佛教、中国禅宗的大环境下，进行思想史的考察，这样的研究，是迄今不多见的，可以说是一种新的尝试。所以，当读到柳田先生的这一段文字时，笔者当时真有一种"他乡遇故知"的感觉，让笔者兴奋了一阵子。此外，柳田先生在关于一休和良宽的研究方面，有《一休狂云集的世界》、《沙门良宽》等著作行世，颇受读者欢迎。

然而，这里需要特别指出的是，道元（1200—1253）、一休（1394—1481）和良宽（？—1831），虽然三人是不同时代的人物，在禅法上，又不尽相同，但他们之间拥有一个共同的特征，那就是"以诗喻禅"，即用充满诗性的语言和表现手法，表达对禅的感悟，从而使各自的思想带有浓厚的诗性。道元的文字，在日本享有"文美"之誉，故而也被视为是最难懂的文字。道元著有诗集《伞松道吟》一卷。至于一休，对我国一般人来说，通过日本的电视剧《聪明的一休》，可以说家喻户晓。然而，电视剧毕竟是电视剧，与历史上的一休自然出入很大。但是，对其"淘气性"（狂性）和"悟性"的描写，则与历史上的一休，可以说基本相符。历史上的一休，性格豁达自由，善于诗词，以禅喻诗，著有《狂云集》一卷。良宽是曹洞宗的僧侣，是日本佛教史上著名的诗僧，他特别信奉道元，尤其喜爱道元的诗词。相传，良宽因读道元《本来面目》诗，感动流涕，彻夜不眠。

柳田先生本人一生也酷爱汉诗，生前曾任日本汉诗协会会长，以诗人的身份，曾多次率团访问我国。据报道，为了纪念日本诗僧良宽诗作《峨眉山下桥桩》，经柳田先生倡导，在日本汉诗协会和我国有关单位的协助下，于 1990 年秋，在四川省峨眉山冯岗建立了"日本良宽禅师诗碑"。关于这座诗碑的由来，还有一段鲜为人知的故事。

传说，1825 年，一根 3 米多长，刻有佛陀头像和"峨眉山下桥"五字的桥桩，在海上漂了数千海里后，飘到了日本宫川滨。日本的地方志《北越雪谱》一书记载：这根桥桩是从中国峨眉山下，漂入长江，流入东海，然后沿着日本海北上，经过对岛海峡，再由

日本海的激浪卷进能登半岛，最后才流到宫川滨的。这根桥桩，由于椎谷候将军的重视，被运到了江户。良宽得知此事后，即兴题诗《峨眉山下桥桩》，诗曰："不知落成何年代？流法遒美且清新。分明峨眉山下桥，流寄日本宫川滨。"

一根 3 米多长的木桩，竟然从峨眉山借流水的作用，漂流到日本国去。这个奇迹般的故事，感动了柳田先生，也打动了我国的诗人。赵朴初先生特地写诗致庆，诗曰："禅师诗句证桥流，流到宫川古渡头。今日流还一片石，清音长共月轮秋。"柳田先生在《良宽诗碑记》中写道：

> 良宽这首诗的优秀之处，在于融合了唐代诗人李白的名篇《峨眉山月歌》，再现了古代日中诗人的友好精神。此诗在新潟一带童叟妇孺至今传诵如流。良宽生前乃是一介沙门，但现在景仰其风范的人已遍及日本各地，特地为他建起了"良宽纪念馆"、"良宽珍宝馆"、"良宽资料馆"和"良宽研究所"等收藏、展示、研究良宽文化遗产的机构。这种活动进而有国际化的倾向。在"锁国壮志"下的日本，良宽没有踏上中国的土地，登上峨眉，顶礼普贤，然而他崇敬中国诗人的心灵，却引导着我们得以在峨眉山的一角，建立起这座诗碑，成为汉诗连结世界永结和平友好的象征。

另据报道，柳田先生还为当地的冯岗小学捐款，设立"柳田圣山纪念奖学金"。该小学为了纪念这段中日友好的情谊，特取名为"冯岗良宽小学"，聘请柳田先生担任名誉校长。

因此，柳田先生对道元、一休和良宽的研究，与柳田先生本人对诗的爱好，尤其对他们三人"以诗喻禅"的禅法的理解，应该具有密切的关系吧。柳田先生于 2005 年自费出版了自己的诗集《洛南诗抄》一卷。

6. 与胡适的学术交流

关于我国著名学者胡适与日本学术界的交流，已成为今天有关近代中日禅宗研究中的一段"佳话"，其学术品位之高，为人们所称道。然而，据笔者所知，其中谈论得最多的，似乎是胡适与铃木大拙的交流，特别是关于他们二人围绕禅宗的理解，关于禅宗研究的方法论问题上的"交锋"，而对于胡适与柳田先生的交流情况，则很少看到谈论。其实，翻开柳田先生的有关著作，可以看到，柳田先生与胡适之间的交流，也是非常密切的，值得在此介绍。

如前所述，柳田先生曾编辑出版了《胡适禅学案》一书。该书收集了胡适有关禅宗研究的重要论文和给日本友人入矢义高及柳田先生本人的书信。柳田先生为该书的出版，特写了《胡适博士与中国初期禅宗史的研究》论文，附在该书之首，对胡适的为人和学问，深表钦佩。另外，从该书所收的胡适给柳田先生的书信来看，胡适对柳田的学问，也深表认同，字字句句，充满着对柳田先生的友谊。以下摘选几段，让我们来具体看看。

先来看看柳田先生记述胡适的文字：

> 至少，我本人以胡适和入矢（义高）的学问交流作为端绪，得到了晚年胡适的认同，胡适先生寄来了以长文手稿为内容的书信，使我对于研究《传法宝记》、《圣胄集》、《宝林传》等初期禅宗史书，得到了极大地鼓舞，而深感光荣。柳田本人的工作，恰好在经历博士逝世后五年，于昭和四十二年（1967）结集出版了《初期禅宗史书之研究》（法藏馆刊），而之后收入《胡适手稿》第七集至第十集中博士的几篇庞大的禅学论考，与本人的见解，完全一致。这里，请容许我引用我的《初期

禅宗史书之研究》卷首序文的一段文字：

　　"我意外地得到我的《灯史的系谱》曾引起了法国戴密微博士留意的消息，是我的朋友柴田增实氏留学法国，一次偶然的机会，得到博士知遇的昭和三十三年前后。又承蒙入矢义高先生的介绍，当我将该《灯史的系谱》寄给中国的中央研究院胡适博士，得到博士那封令我受宠若惊的长篇文字的回信，即在博士突然逝世之前的昭和三十六年。虽然都是自旧稿发表之后，经过了相当长岁月的事情，但对于向来喜以闭门思考的我来说，能得到国际性知名硕学的意想不到的鼓励，感到无上的安慰。以来，我想到改订旧稿，决心通过其后得到的新数据，进行研究。"

　　之所以厚颜无耻地引用自著的序文，自加解说，是因为想报告一下旧稿《灯史的系谱》（《日本佛教学年报》第十九期，昭和二十八年）是本人的第一篇论文，该论文的意图，主要是试图依据敦煌文书和金石文探讨博士所提出的伪史被发现的意义，而这一点，恰好与博士的问题兴趣，如出一辙。（中略）现在想来，这都是一些幼稚的发现，但对于本人来说，在追念胡适博士时，禁不住要回想起这些关于初期禅宗史研究的经过（中略）。

　　时至今日，对于试图对中国禅进行学问性研究的人来说，我认为，在相当一段时间内，仍然不能忽视胡适的遗业。这位学者的论文，可以告诉我们日本人迄今的禅宗研究，其实是极其偏于日本独特的想法的。

　　　　　　　　　　　　　　　　　　　　　　　　　　　　　——笔者译

再来看看胡适在信中对柳田先生的评价：

　　……

　　先生的"Tō History"，我也仔细读完了，我很佩服先生的功力，很高兴我有机会得读这一篇一百多页的大文！（中略）

　　我近年来也研究《宝林传》，已写了几篇备自己参考的笔记——如"惟白和尚关于《宝林传》、《圣胄集》的记载"，"宝林传里的唐碑"，"神会与宝林传"等——但都未敢发表，将来也许写副本请先生指教。

　　先生似是一位佛教徒，似是一位禅宗信徒，而我是一个中国思想史的"学徒"，是不信仰任何宗教的。所以我与先生的根本见解有些地方不能完全相一致。

　　但我很高兴，先生的大作的一部分结论是与我大致相同的。例如，先生说，中唐与晚唐有许多伪书与假历史，都成了《景德传灯录》的原始资料，这完全是我赞同的。又如先生说"二十八代祖师"之说最早出现于《历代法宝记》，我也同意（大正大藏经的《历代法宝记》，金九经（韩国人）排印本《历代法宝记》，都有无数错误。我将来要出版一部校订的《历代法宝记》，也许可以抬高此书的历史价值）。

　　又如先生重视我的《神会和尚遗集》，我也很感觉荣幸。贵国的学人，如宇井伯寿先生的《禅宗史研究》，至今不肯接受我在三十年代中指出的神会的重要，我颇感觉诧异。根本的不同，我想是因为他们是佛教徒，而我只是史家。（中略）

　　所以我看了先生的此文里大体承认我关于神会的研究结果，我很高兴。

　　……

接下来，胡适在信中主要介绍了自己对禅宗"西土二十八祖"传说的一些见解。这是一封很长的信，有四十三页之多。据胡适说，这封信是分数次才写成的，落款日期为"1961年1月15日夜"。此外，胡适还在给入矢义高的信中，常提及柳田先生，并发表自己对柳田先生的某些观点的看法。

总之，无论是从柳田先生的文字，还是从胡适的书信中，我们不难看出，柳田先生与胡适建立了深厚的学术交流关系。尽管二人在一些学术问题的看法上有不尽一致的地方，但这似乎并没有影响他们之间的切磋与沟通。字里行间，流露着二人对学术的热忱，语言谦和，读来深受启发。

二 笔者所了解的柳田先生

笔者最早知道柳田圣山先生的名字，是 20 世纪 80 年代初，当时笔者正在京都留学，而柳田先生则是京都大学人文科学研究所教授，后接任所长之职。笔者记得第一次见到柳田先生，是笔者抵达京都后不久，在一个礼节性的场合。那时，从中国来日本留学的人，并不很多。经安排，柳田先生亲自来到笔者住宿的学寮，在学寮的会客室，我们见面了。笔者用学到的简单的几句日语向柳田先生寒暄，并赠送了从中国带来的一些小礼品。当时笔者二十来岁，真可谓初出茅庐，对禅宗研究，对柳田圣山先生在禅宗研究方面的贡献，可以说知之甚少。因此，那次的，说实在的，的确是一次名副其实的礼节性的见面，并没有留下更多的深刻印象。

后来，笔者选修了由著名中国佛教史专家牧田谛亮先生开设的"中国佛教史"课程，同时还参加了由牧田谛亮先生牵头举办的几个读书会。课余会后，笔者经常向牧田先生求教一些学术问题，比如，牧田先生自己对中国佛教研究的情况，牧田先生的导师、著名中国佛教史专家冢本善隆先生对中国佛教史的研究情况等。言谈之中，牧田先生有时也提到柳田圣山先生的名字，说他是研究中国禅宗的学者。也许是由于牧田谛亮先生自己是京都大学人文科学研究所的荣退教授，且年长于柳田先生的缘故，笔者记得，牧田谛亮先生总是用"柳田君"这样的称呼来介绍柳田圣山先生。在与牧田谛亮先生的言谈中，笔者逐渐地对柳田先生的名字有所熟悉，对他的禅宗研究开始有了一个初步的了解，知道他是一位研究中国禅宗的知名学者，特别是对唐代禅宗和敦煌禅宗的文献具有深厚的造诣，撰写了许多关于禅宗的专著和论文。同时还了解到，京都大学人文科学研究所在日本是一个国家级的重点研究基地，柳田先生之前的几任所长，如冢本善隆先生、福永光司等，都是研究中国佛教、道教的知名学者。

笔者当时的研究，主要倾向于对日本有关中国佛教史的研究方法和成果的了解。这是因为考虑到日本的中国佛教史研究，在当时已取得了许多重要的成果，可以说处于世界领先地位，而且这些从事中国佛教史研究的著名学者大都健在，除了阅读他们的著作外，还可以直接亲近他们，向他们求教，这样更有利于客观地了解日本的中国佛教研究情况，同时还可以了解他们研究中国佛教的心得和做学问的经验。用国内时下流行的话说，就是学术访谈，也可以算作是"口述中国佛教研究史"吧。笔者记得，当时先后访谈了道端良秀先生、横超慧日先生、牧田谛亮先生和镰田茂雄先生；在牧田谛亮先生的帮助下，柳田先生在他任职的京都大学人文科学研究所所长办公室也接受了笔者的访谈。笔者有关这些学界名流的访谈，一部分已整理成文字，先后发表在当时国内唯一的一份佛教刊物《法音》杂志上，引起了国内同行学者对这些日本学者的注意。可惜的是，那次对柳田先生的访谈，因考虑到内容与我当时的研究没有密切的关系，所以，并没有将其写成文字。现在想来，这不得不说是一件令人遗憾的事情！然而，柳田先生当时接受笔者采访时的神情和他那一口浓厚的日本关西方言，则给笔者留下了深刻印象，至今记忆犹新。

后来见到柳田先生，是在一次国际学术研讨会上。那是在佛教大学四条中心召开的一次佛教学术会议，会议的具体名称，虽已忘记，但记得那次会议好像是由佛教大学和韩国东国大学联合举办的。参加会议的学者，除日本、韩国的学者外，还有来自我国台湾的学者。在那次会上，柳田先生作为日方代表，发表了关于禅宗十牛图的论文。那篇论文，应主办单位之邀，由笔者翻译成中文，并打印成稿，散发给与会学者。那是笔者第一次接触柳田先生的文字，柳田先生别有风格的文字，给笔者留下了深刻的印象。因笔者当时涉猎日语的时间不是太长，又是第一次从事日语的文字翻译工作，特别是对论文所涉及的内容比较陌生，说实在的，那次翻译特别吃力。因译稿都没有署名，柳田先生应该不知道自己的论文是由笔者所译，所以在会场上见面时，我们只是彼此寒暄了一下，并没有过多的深谈。然而，通过那次会议，笔者第一次发现，柳田先生演讲时有一个习惯，即喜欢闭上双目，一边思索，一边讲述，宛如一位禅者。同时还感到，柳田先生记忆力极强，对禅宗复杂的历史，各种灯史和语录，各个朝代的人物，可以说是如数家珍地信手拈来，而且，回答问题时，总是引经据典，用证据论事，充分体现了作为一位历史学、文献学家的严谨的学风。笔者后来得知，柳田先生那篇关于禅宗十牛图的论文，收录在他与著名京都学派学者上田闲照先生合著的《十牛图的世界——自我现象学》一书中，成为今天研究禅宗十牛图的经典之作。笔者后来转向研究禅宗，在某种程度上，可以说与此次翻译柳田先生的论文有一定的关系。

1987年，笔者留学期满回国，自那以后，再也没有机会见到柳田先生了。在国内工作期间，笔者得知柳田先生退休后在名古屋的一所私立大学执教，后来转到花园大学，负责花园大学国际禅学研究所的工作。由于客观条件的阻隔，笔者与柳田先生的交流，后来主要是通过阅读和翻译柳田先生的著作以及与曾经亲自得到过柳田先生指导的晚辈学者们的接触，在文字上、在心灵上进行。这种交流，至今仍然持续地进行着，笔者从中受益匪浅；与柳田先生在文字上、在心灵上的交流，对笔者来说，也许永远是一个"现在进行式"。

其中，特别值得一提的，是20世纪80年代末，笔者将柳田先生的一篇论文译成中文，刊载在由河北省佛教协会创办的《禅》杂志创刊号上。我们知道，20世纪80年代末，在净慧法师的倡导下，河北佛教协会创办了《禅》杂志，由净慧法师亲自担任主编。然而，由于当时国内研究禅学的人并不很多，而且又是季刊，尽管它在当时是国内唯一的一个禅学刊物，但要确保每期的稿源，并不是一件容易的事。而且，净慧法师主编《禅》刊，就像他当时主编的《法音》杂志一样，对稿子的质量有非常高的要求，很少看到发表质量低级的文章。净慧法师找到笔者，希望笔者能够有系统地翻译日本著名禅学专家的论文，在《禅》杂志上逐期发表。净慧法师对我国佛教学术的关心，令笔者深为感动。笔者从自己带回的书籍中，首先挑选了铃木大拙和柳田圣山等佛教学者的部分论文，并开列了一个目录，送呈净慧法师过目，法师对其中由柳田先生撰写的一篇题名为"禅"的论文，发生兴趣，认为此论文题目很适合即将创刊的《禅》杂志，建议先翻译这篇论文。笔者迄今还记得，翻译柳田先生那篇题名为"禅"的论文，从提笔翻译到最后脱稿，断断续续，前后花了一个星期的时间。后来该论文发表在《禅》杂志的创刊号上。当时，无论是从对柳田先生的文笔的熟悉程度，还是从对论文内容的理解能力，与第一次翻译柳田先生论文时的情况相比，笔者已不再那么费劲，反而开始喜欢上了他那别具风格的日文文风。柳田先生虽然在当时已是著作等身，享誉国际，但我国当时对柳田先生著作的了解与介绍并不多，所以，那篇稿子尽管不是一篇严格意义上的学术论文，但对当时我国学者了解柳田先生学问以及日本的禅学研究现状，想来应该有一定的帮助。最近在网络上，偶尔还能看到在一些佛教网站上转载那篇论文，我国学界对那篇论文的"人气"，由此可见一斑。

那篇译文刊发后，笔者很快将刊物寄给了柳田先生，向他汇报。柳田先生也很快回了信，笔者记得，柳田先生寄来的是一张明信片，信的具体内容，已记不清楚了，不过，明信片上画的那个大大的圆符号，则给笔者留下了深刻的印象。后来，联想到第一次翻译的柳田先生论述禅宗十牛图的那篇论文中也有探讨圆符号的文字，知道先生对禅宗十牛图比较关注，似乎"情有独钟"；而那个大大的圆符号的象征意味，也随着笔者自己日后对禅宗的阅读和相关知识的增长，渐渐地有所理解。几年前，笔者结合当代日本的"佛教漫画"，在日本宗教学会的年会上发表过题为"禅的象征体系"的论文；近几年来，在给日本的学生上课时，每当讲到禅宗的象征意味，讲到中国老庄的无为自然的思想，也不自觉地总要用禅宗十牛图作为例子来说明。如此这些，与笔者第一次翻译柳田先生的那篇论述禅宗十牛图论文的经验，不可否认地存在着一定的关联。

1990 年，笔者再一次东渡日本留学，在东北大学先后攻读硕士和博士学位。十余年来，笔者虽然常有去京都的机会，但都来去匆匆，而且考虑到柳田先生年事已高，又基本退居二线，不便去打扰，所以每次都没有与他联系。

然而，笔者与柳田先生的心灵交流，并没有因此而终止。在东北大学留学期间，笔者利用研究和参加各种学术会议的机会，与曾经得到过柳田先生指导的学生辈学者建立了深厚的学术友谊，通过与这些学者的交往，使笔者有了从另一个角度了解柳田先生的为人和学问的机会。这里值得特别指出的是，笔者的研究课题，在东北大学留学期间转向了对以道元为中心的中日禅思想的比较研究。自此之后，笔者系统地阅读了柳田先生有关中日禅宗研究的一系列著作和论文。柳田先生的学问，已成为笔者研究工作中的一个无形的"师范"，时刻勉励着自己，同时又令笔者深深感到，"柳田禅学"，的确是一个巨大的存在，难以接近，更难以逾越。

在与笔者建立深厚友谊的柳田先生的晚辈学者中，东北大学中国哲学研究室前主任教授中岛隆藏先生与笔者交流的时间最长。中岛先生是日本当代研究中国儒释道三教交涉思想史的权威学者，在笔者攻读硕士和博士期间，对笔者的学业，给予了不少的指导，同时也对来自中国的留学生，特别关心，笔者常称他是"当代的藤野先生"。据中岛先生介绍，他自己在 20 世纪 80 年代初，曾作为日本学术振兴会的日本国内研修员的身份，在京都大学人文科学研究所进修一年，参加了当时由柳田先生主持的"禅の文化"研究班。因此，关于柳田先生的为人和学问，中岛先生应该是最具发言权的学者之一。

迄今还记得，笔者在攻读博士学位期间，中岛先生开设了一门关于中国初期禅宗的课程，内容主要探讨菩提达摩《二入四行论》中所涉及的一些禅思想史的问题，这也是当代禅学界讨论得比较热门的课题之一。我们知道，关于初期中国禅宗的研究，在当今日本和国际学术界中，柳田先生的业绩，可以说代表着一个最高点。因此，中岛先生的课堂上，柳田先生的著述，特别是他那《初期禅宗史书之研究》、《语录的历史》等几部鸿篇大作，成为引用最多的先行成果之一了。然而，要想梳理柳田先生的观点，把握问题的核心，并不是一件很容易的事，中岛先生在课堂上也不时地流露出这方面的苦衷。当然，对其中一些有争议的观点，对被认为可以商榷的问题以及方法论上的局限性等，中岛先生也从不含糊，明确地提出自己的看法。这给笔者留下了深刻的印象。其实，这种对待学术研究的严肃态度，我们也可以从柳田先生的著述中清楚地看到。比如，柳田先生对待先辈学者铃木大拙的一些观点，也从不是完全原封不动地接受，其中也有不少的批判。在课外，每言及柳田先生的学问，中岛先生总是说柳田先生是一位禅者兼研究者。这样的评价，让笔者想起胡适先生对包括柳田先生在内的日本学者的禅宗研究所持有的一般看法。我们知道，由柳田先生主编的《胡适禅学案》一书中收录有胡适先生给日本著名禅学家入矢义高和柳田先生本人的书信。据其中胡适先生给柳田先生的书信，胡适先生理解柳田先生"似是一位佛教徒，似是一位禅宗信徒"。胡适在信中强调自己"是一个中国思想史的'学徒'"，所以，与柳田先生的"根本见解有些地方不能完全相一致"。看来，从中国哲学思想史的角度来看，柳田先生的禅宗研究，在方法论上似有一些局限性。然而，这似乎丝毫没有动摇过柳田先生在禅宗研究领域作为权威学者的形象。记得中岛先生作为笔者的博士论文评审人之一，在评审笔者的论文时，对论文中称柳田先生为著名禅宗学者的文字，用红笔改写为"禅宗研究泰斗"。虽然是一字之改，但其言辞分量之重，充分反映了中岛先生对柳田先生学问的推崇和肯定。

在中岛先生之外，笔者与石井修道先生的交往也较多，而石井先生也曾在京都大学人文科学研究所进修，并参加了前述"禅の文化"研究班，得到柳田先生的指导。但在时间上，据笔者了解，石井先生比中岛先生要略晚一些。

石井修道先生的研究方向是中国宋代禅宗，他毕业于由曹洞宗创办的驹泽大学，同时又是曹洞宗的僧侣，现为驹泽大学教授，可以说是一位科班出身的禅宗研究专家。这与毕业于由临济宗创办的花园大学、同时又是临济宗僧侣的柳田先生的学术历程，有许多相似之处。也许是因为具有相似的学术经历，也许是由于在学术和性格上的相互默契，在笔者的印象中，石井先生对柳田先生十分崇敬，对柳田先生的学问，似乎更加推崇与肯定。笔者至今还清晰地记得，1997年石井先生应中岛先生的邀请来东北大学中国哲学研究室授课时的情景。那次授课，时间是一个星期，日本叫"集中讲义"，内容讲"唐宋时代的禅宗研究"。笔者当时已博士毕业，留校执教，任宗教学研究室助教，忙里偷闲，也旁听了其中前半部分的课程。在第一天的课上，石井先生首先介绍了以往关于初期禅宗研究的成果，有关于敦煌的禅文献研究，也有关于禅宗语录的研究，石井先生将它们全部放在教室的最前一排桌子上，以便于讲课时使用。后来得知，那些大包小包的资料，几乎一半是柳田先生的成果，其中有些资料甚至是由石井先生自己抄写和复印的。石井先生将这些资料复印在课堂上散发了。就在这些被散发的数据中，有一份非常珍贵的数据，即"柳田圣山著述目录"，这引起了笔者的注意。课后，经问石井先生，得知原来是石井先生经过多年来的收集，自己一人整理出来的。据笔者了解，这本由石井先生整理出来的"柳田圣山著述目录"，在当时应该是独一无二的，即使是在今天，也应该是一份反映"柳田禅学"的重要资料。石井先生对柳田先生的学问之敬重，令笔者深为感动，并留下了深刻的印象。

而且，机缘巧合，就在那次石井先生来东北大学讲学的头一天，应东北大学宗教学研究室和中国哲学研究室的联合邀请，我国著名佛教学者杨曾文先生在东北大学举办了一场学术演讲。笔者与杨先生相识，迄今二十余年，可以说是忘年之交。据杨先生讲，他也曾于20世纪80年代初期，在京都大学人文科学研究所进修时，参加过由柳田先生主持的前述"禅の文化"研究班，受到过柳田先生的指导。因此，杨先生也应该属于柳田先生的"入室弟子"。如果笔者没有记错的话，杨先生也许是柳田先生在京都大学人文科学研究所期间接收的唯一的一位中国大陆的学者。那次，是杨先生借在日本做短期学术访问之便，应邀前来东北大学的，机会难得。笔者隐约记得，那次的演讲题目好像是关于汉传佛教的特征，由笔者担任全场的口译工作。场上讨论热烈，出席的人数也多，可以说是一次非常成功的演讲会。而演讲会结束后的第二天，恰巧也就是石井先生开始"集中讲义"的第一天。后来听中岛先生说，这是由于文学部整个课程的安排所造成，并非刻意求成的。但不管怎样，这样的"安排"，的确让人感到机缘巧合。这的确是一次难得的机会，负责二人的接待和联络工作，自然就落在笔者身上了。笔者记得，那天晚上，杨、中岛、石井三位先生和我，在仙台市区的一家中华料理餐厅一起吃了一顿晚饭。尽管是一次工作性的晚餐，但我们谈兴甚浓，既有日本佛教方面的话题，也有道元禅学与中国禅学的异同以及中国禅宗研究方面的话题。然而，谈得更多的，还是"柳田禅学"。三人围绕柳田先生的中国禅宗研究，发表各自的看法。笔者虽然有时也忍不住插几句，但更多的是在听，因为他们三位所谈的内容和情况，对笔者来说，大多是第一次听到，非常的新鲜，充满启发，耐人寻味。那次的"仙台巧遇"，现在想来，就像是举办的一次柳田门生的同窗会，笔者有幸厕身其间，感叹因缘殊胜，同时，相信在他们三位当事人的记忆里，也应该留下了美好的一笔吧。

2000 年 4 月，笔者从东北大学调到现在的郡山女子大学执教。因这里距离东京较近，且交通方便，加上好友小川隆先生的盛情邀请，笔者参加了由小川隆先生具体负责主持的"祖堂集读书会"。小川隆先生早年在北京大学留学，曾在由日本《中外日报》社与中国社会科学院世界宗教研究所联合主办的"中日佛教学术会议"期间担任翻译工作，因此，我国学者对他应该不会陌生。小川先生现是驹泽大学的教授，主要研究中国唐代禅宗，已发表过多篇较高水平的论文，颇受学界瞩目。由小川先生具体负责主持的"祖堂集读书会"，是东京大学东洋文化研究所的一项科研项目，牵头人是著名中国佛教学者丘山新先生；每月举办一次，迄今已持续十余年了。

据小川先生说，他见到柳田先生的次数很少，最多可能只有两三次。尽管如此，从与小川先生的交谈中，笔者仍能明显地感受到小川先生对柳田先生在中国禅宗研究方面所取得的成就的肯定与重视。小川先生曾多次建议笔者组织人员将柳田先生的几部代表作，如《初期禅宗史书之研究》、《语录的历史》等，翻译成中文，在中国出版，将柳田先生的观点介绍给我国学术界。因为在他看来，从我国国内目前已出版的一些禅宗研究著作中，很少能看到引用并吸收柳田先生的研究成果的作品，即便是新近出版的一些被称之为最新研究的著述，情况也是这样。据笔者了解，在日本，持类似看法的学者，不乏其人。总之，作为熟谙中日两国佛教学术研究的小川先生对当前中国禅宗研究现状的看法，是充满善意和友好的，值得引起我们的重视。

笔者在参加由小川先生具体主持的"祖堂集读书会"上，还与柳田先生的美国弟子马克瑞（John McRae）先生建立了深厚的学术友谊。马克瑞先生早年留学于京都大学人文科学研究所，直接师从柳田先生，学习中国禅宗，是柳田先生为数较少的嫡系弟子之一。马克瑞先生的研究方向为北宗禅，这一点与柳田先生生前强调对北宗禅的研究，应该有一定的关联。但马克瑞先生不囿于"柳田禅学"，他积极吸收当代北美学术界盛行的"后现代主义"观点，展开对北宗禅的反省性研究，提出了许多具有颠覆性的观点，在欧美的禅学界产生了较大的影响，也引起了我国一些思想敏锐的青年学者的注意。马克瑞先生十分敬重柳田先生，但对其学术观点，时有批判，并不是一味地追随。他的这些观点，集中反映在他的主要著作 "*The Northern School and the Formation of Early Ch' an Buddhism* (University of Hawaii Press，1986)" 中。此外，柳田先生的法国籍弟子佛雷（Berard Faure）先生，也是近年来在欧美学术界影响较大的禅宗学者，来日访问时，偶尔也参加 "祖堂集读书会"。关于他们的情况，拟打算另文专门介绍。

三　结语

记得，笔者得知柳田先生逝世的消息那天晚上，曾在电话里与一位日本友人谈及笔者最喜欢读的柳田先生的著作，并不是上述那些学术味极浓的专著，而是由中央公论社出版的文库本《禅思想》和由讲谈社出版的《禅与日本文化》两部小册子。这并不只是因为这两本书是一般性读物，不是严格意义上的学术专著，更重要的是，这两本书内容极为丰富，在笔者看来，它们凝聚了 "柳田禅学" 最精彩的部分，可以说是 "柳田禅学" 的一个 "缩写"，结晶之作。写到这里，从书架上取下其中的《禅思想》，再次展读，别有一番感触。书中所提到的 "赤裸裸的思想"、"思想以前的思想" 这些词句，自然再一次引起了笔者的注意，并联想到了柳田先生关于《临济录》的研究，对柳田先生之所以重视《临济录》，似乎有了新的认识。但是，书末《一个结尾》中的文字，觉得更值得品味。现摘译几段，就算作本文的结语吧。

老实地说，出生于墓地旁，在阴森气氛的丧葬仪式和法会中长大的我，早就对自己的出生感到厌恶。尽管从懂事的年龄起就被教育说，禅寺的孩子了不起；但到底哪儿了不起，我并不明白。所做的事情，与其他的家庭相同。越是积累一点禅的知识，越感到自己是错误地诞生在这个世界上。即便阅读三国的高僧传，也没有听说出生于寺院的人。日本佛教，不知从何时起被改信于净土真宗了！我曾不止一次地憎恨自己的出生，下决心什么时候偷偷地离寺出走。曾一度决意以参加战争，来清算如此无用的自己。许多朋友战死，自己却被留下，置身于悲惨之感的窘境。

青春时代曾一度阅读过的《资本论》、《精神现象论》、克尔凯廓尔、托斯托耶夫斯基，对于心量狭小的我，并无意义。对我来说，只是宿命注定自己出生的禅的传统，是我要思考的问题。

战后三十年，为了寻找死亡的场所，徘徊在饥饿的街巷中，发现似乎自己也会在近来终于可以得到自己的安身立命的开悟。我已经不去想自杀的事情了。我与因坐禅的缘分结合的妻子，没有孩子。我们二人发现，随着即将到来的肉体的死亡，似乎也可以进入大涅槃的悟境。已经与亲鸾是相同的心境了。

结识了许多的师友，也是我的幸福。有的人虽已先前归入四大皆空，但有数位恩师保持着年近九十的仁寿，日益康健。然而，昭和三十年代以来的高度经济增长的高潮，毫不留情地也冲击到了默默无闻的人的身上。由于一直赐予我们夫妇少许面包的大学的急剧变化，现在是日日茫然，有一种处在学问废墟的感觉。与自己曾经在禅寺中感到的相同的空气，现在扩散到全社会了。

我再一次地感到，人生就是一个坟地。不久前，偶尔思念起故乡之土，用一种深切的心情，造访了阔别多年的故乡。可是，故乡已不复存在了。曾经是墓地的山岭遭到削割，沿途的道路被水泥紧紧地凝固。由于汽车排放的气体，树木的绿叶惨遭伤害。发现这里也不是公害列岛的世外桃源。水俣的病菌，已进入到村庄的友人们的家庭之中。

......

初期的禅者，比如达磨、慧能、马祖、临济，他们一生，大凡都过着与寺院、宗门、紫衣、数百年追念法会之类的权威性的祭祀毫不相关的生活。任何地方也看不到"禅"、"修行"之类的抽象言说。希望去见到如此真面目的慧能、马祖和临济，即是我的夙愿。

......

柳田先生虽已作古，但他的文字，他在中国禅宗研究中所取得的成就，将万古长存，令我们永久怀念！

何燕生，1962年生，湖北武汉人，1997年日本东北大学宗教学系博士毕业，获文学博士学位，现为日本郡山女子大学副教授，主要研究日本佛教、道元禅学。

中国禅学　第五卷
2010 年，第 486—488 页

解脱、修禅与修心

——《禅宗解脱论研究》序

洪修平

佛教禅的种子伴随着佛教的东渐而于两汉之际来到中土，经中华社会和文化的沃土培育而生根、发芽、开花、结果，终于在隋唐时出现了中国禅宗。禅宗以禅命宗。禅的本义为静虑，静虑者，"谓静心思虑也"①，它实际上包括了止与观、定与慧两方面的内容，所以唐代宗密称其为"定慧之通称"②。但止观或定慧都离不开自心，中国佛教又继承发展了印度佛教对人心的关怀，突出了"心"在解脱中的重要地位，例如，隋唐佛教各宗派的理论都注重对心性问题的探讨与说明，强调依持净心解脱的必要性，尤其是禅宗，更是把全部理论与实践都落实在"心"的基础上，因而在中国佛教特别是禅宗中，禅者，何也？禅者，心也。修禅即修心，禅悟即心悟。禅宗强调的以心传心、定慧等学，明心见性、见性成佛等，都是基于禅即心、心即佛而提出来的。

佛教的根本宗旨在于帮助人实现解脱，解脱是佛教全部理论和实践的最终指归。禅宗也不例外。六祖慧能的禅法思想就是围绕着摆脱人生痛苦、实现人的解脱而展开的，其主要特点是将人心、佛性与佛教的般若智慧结合在一起，并将终极的解脱理想与人们当下的实际努力相结合，要人在平常的生活中依自性般若之智而从各种困扰中摆脱出来，获得顿悟成佛的解脱境界。当慧能以一首"菩提本无树，明镜亦无台，佛性常清净，何处有尘埃"而得到五祖弘忍的赏识后，又有机会听闻弘忍为之专说《金刚经》，讲至"应无所住，而生其心"时，慧能言下便悟。弘忍知其得悟，便谓之曰："不识本心，学法无益；若识自本心，见自本性，即名丈夫、天人师、佛。"③"本心"即成为禅宗解脱论的理论基点。因而慧能在大梵寺开禅说顿教法，便"普告僧俗，令言下各悟本心，现成佛道"④。从佛教的发展来看，早在原始佛教时期，佛教就将人的解脱归结为心的解脱，认为"若心不解脱，人非解脱相应……若心解脱，人解脱相应"⑤。慧能禅宗在强调解脱时，更是突出了心的解脱，正因为禅宗所说的修心和心的解脱，概括了其全部的理论、方法和目标，因而禅宗也称"心宗"，传禅也称"传心"，解脱的境界就是心的开悟。慧能禅宗所谓的"识心见性，自成佛道"⑥，说的就是这个意思。

---

① 《慧苑音义》卷上（收录于慧琳《一切经音义》），《大正藏》册五十四，第 439 页 b。
② 《禅源诸诠集都序》卷一，《大正藏》册四十八，第 399 页 a。
③ 宗宝本《坛经·行由品》，《大正藏》册四十八，第 349 页 a。
④ 惠昕本《坛经》，见郭朋《〈坛经〉对勘》，齐鲁书社 1981 年版，第 1 页。
⑤ 《舍利弗阿毗昙论》卷二十七，《大正藏》册二十八，第 698 页 b。
⑥ 敦煌本《坛经》第 30 节，见郭朋《坛经校释》，中华书局 1983 年版，第 58 页。

中国禅宗对人心的关怀，既是对佛陀创教本怀的发扬光大，也是对汉魏以来中国禅特色的继承和发展。从历史上看，中土的早期禅学虽然受汉代社会上神仙道家呼吸吐纳的影响，比较偏重坐禅数息、凝心入定，但随着中土禅学的发展，"心"的地位日益突出。从康僧会的"明心"到僧稠的"佛法要务，志在修心"①、僧实的"偏以九次雕心"②，无不强调"修心"的功夫，透露出禅学向"心宗"发展的信息。到菩提达摩来华，更传"南天竺一乘宗"③的"大乘安心之法"④。传达摩禅法者都承继了离言相、净自心的传统，并进一步突出了自心清净、本自具足、明心见性、净心解脱。禅宗历代祖师对"修心"、"守心"的强调，在南北禅宗那里得到了充分的继承和发展。北宗神秀以"观心"命家，其《观心论》强调"心是出世之门户，心是解脱之关津"⑤，因而"知一切善业由自心生，但能摄心离诸邪恶，三界六趣轮回之业自然消灭，能灭诸苦，即名解脱"。⑥南宗慧能在融会般若性空与佛性妙有的基础上，进一步把不二之佛性与现实之人及人心结合在一起，以"无相、无念、无住"的当下本觉之心把空与万法、人心与佛性、众生与佛"圆融无碍"地融为一体，以众生当下之心的念念无著为解脱成佛道，从而更突出了人们的当下解脱。这既为众生"明心见性"以顿悟成佛提供了依据，也为平常人生的完善提出了要求。南宗禅在充分肯定每个人的真实生活所透露出的生命的底蕴与意义的基础上，融理想于当下的现实人生之中，化求佛修道于平常的穿衣吃饭之间，要人们在平常的生活中保持平常心和清净心，这对当代人来说也依然具有一定的指导意义。

因此，研究禅宗解脱论，是一个既有理论意义又有现实意义的重要课题。然而，一旦真正要着手来研究禅宗解脱论，其实还是会面临许多问题。因为中国禅宗以"禅定"来概括佛教的全部修习，并以禅命宗，倡"定慧等学"，使禅具有了极为广泛的含义，特别在慧能及其后学中，本来是"思惟修"、"静虑"之义的禅，经与儒家心性论和道玄自然论的结合，更被衍演为深奥莫测、包罗万象的代名词——它是虚玄而遍在的道，它是清净的心，它是自然的生活，它是宇宙人生的总根源，它是佛教的第一义谛，它是修行的方法和大彻大悟的境界……同时，它又什么也不是。这样的禅，既给人留下了广阔的阐释、思索和体悟的空间，显然也大大增加了研究的难度。更为重要的是，禅宗将禅定与般若紧密结合，其"定慧等学"突出的是人心的智慧本性，强调的是识心见性，顿悟成佛，而禅宗一向又以"不立文字"相标榜，强调禅的不可说。因此，禅修乃修心，禅悟乃悟心，而禅修禅悟皆不可说，"说似一物即不中"，任何语言文字都只是指月之指，而非月之本身，因而在历史上就有所谓的"绕路说禅"以体现禅的"不说破"原则。这样，一方面"至趣无言，言必乖趣"⑦，"故非言所能言也"；另一方面，"言虽不能言，然非言无以传"⑧，又要通过文字语言来说不可说的禅，此乃禅宗解脱论研究的又一不易也。

进一步看，禅宗解脱论，具体说来，其实南北禅宗是有差异的。神秀北宗主张"息

---

① 《续高僧传·僧稠传》，《大正藏》册五十，第554页 b。
② 《续高僧传·僧实传》，《大正藏》册五十，第557页下。
③ 《大正藏》册五十，第666页 b
④ 《大正藏》册八十五，第1285页 a。
⑤ 《大正藏》册四十八，第369页 b。
⑥ 《大正藏》册八十五，第1271页 a。
⑦ 《肇论·答刘遗民书》，《大正藏》册四十五，第156页 a。
⑧ 《肇论·般若无知论》，《大正藏》册四十五，第153页 c。

妄修心"、"拂尘看净",认为"时时勤拂拭,莫使有尘埃"即可实现解脱,但这遭到了慧能南宗的批评,认为"观心看净"是"障自本性,却被净缚"①。慧能南宗强调顿悟心性,自在解脱,认为"自性心地,以智惠观照,内外明彻,识自本心,若识本心,即是解脱。……于六尘中不离不染,来去自由,即是般若三昧,自在解脱。"② 慧能南宗把迷悟归之于当下的一念之心,融修于悟中,强调修禅即修心,禅悟即心悟,而心无形相,故心不起念,自心任运,便"起智慧观照,自开佛知见"③,即自在解脱,这实际上是修而无修,以不修为修。由于慧能南宗从唯当下现实之心的即心即佛的自在解脱论出发,因而在修行观上也就提出了许多与传统佛教相异的思想主张。这样,研究禅宗解脱论,既要了解禅宗解脱论的"心"法,又要把握禅宗的流变,兼及不同的法门,更要领悟成为禅宗主脉的南宗禅的解脱论的精神底蕴。这光靠历史的把握和逻辑的分析,显然还是不够的,它还需要研究者"心的体悟"。

正是由于上述种种原因,这些年来,研究禅宗的成果可谓汗牛充栋,其中论及禅宗解脱论的也不在少数,但以禅宗解脱论为专题来研究的学术著作还未出现,韩凤鸣博士在这方面的研究,进一步深化了对禅宗的研究,令人欣喜!尤其值得称道的,是作者具有较好的哲学素养和对人生的体悟,因而在对禅宗解脱论展开全面研究的过程中,无论是在研究的方法上,还是在对研究对象的把握上,以及在对禅宗解脱论主要特点的概括上,都表现出了一定的独到之处,言不易言,说不可说,论他人所未论。本书是作者在博士论文的基础上修改而成。记得韩凤鸣在我门下攻读博士学位时,就表现出了好学深思和勤奋努力,因而论文写得有深度,有特色,得到了专家的好评。其后,他在高校从事教学工作的同时,历经数年,又对原稿做了进一步的充实和完善,表现出了对学术的认真和严谨态度。相信凭着这种态度,韩凤鸣博士一定能够在学术的道路上取得更大的进步。我们期待着。

是为序。

2008 年春节于南京大学港龙园宿舍

洪修平,江苏苏州人,哲学博士。现为国家社会科学基金学科规划评审组专家,南京大学图书馆馆长,哲学系和宗教学系教授、博士生导师。

---

① 敦煌本《坛经》第 18 节,郭朋《坛经校释》,中华书局 1983 年版,第 36 页。
② 敦煌本《坛经》第 31 节,郭朋《坛经校释》,中华书局 1983 年版,第 60 页。
③ 敦煌本《坛经》第 42 节,郭朋《坛经校释》,中华书局 1983 年版,第 82 页。

中国禅学　第五卷
2010 年，第 489—493 页

慈辉佛教文化论坛第十九讲：
生活禅的真谛

净　慧

　　今天是一个偶然的机会，能够到陕西师范大学来跟各位见面，做一次生活禅的分享，应该说这是一件很难得的事情。昨天晚上吴教授跟我提起这件事情的时候，我是一再地推辞。我说这次会议的日程安排比较紧张，我也有好几年没有到西安来了，来了以后也想去拜望一下我的老同学，就是兴教寺的常明长老。我与他是 1956 年中国佛学院第一届的同学，屈指算来已有五十年的时间了。今天我到那里，看到常老身体很健康，精神面貌非常好。彼此有一些寒暄，都非常高兴。

　　讲台后边的横幅上说是要我讲"生活禅的真谛"，连我自己都莫名其妙，不知道生活禅的真谛究竟是什么。我想，既然是说生活禅，平常我讲生活禅离不开两句话："在生活中修行，在修行中生活。"要说生活禅的真谛，大概这就是真谛。我们人生所面对的一切无非就是生活，离开了生活还是生活。我们面对的现实、面对的人生实相，就是生活。在生活中怎样处理我们的心念，就是我们人生最大的问题。佛教给我们做了一个非常好的回答。

　　今天上午走到草堂寺，草堂寺是鸠摩罗什法师创建的，草堂寺有一块匾额，上面写了五个字："烦恼即菩提"。那是什么意思呢？那就是生活禅。烦恼就是我们的生活，菩提就是禅。我们的生活还没有转化的时候，烦恼与菩提就处在相互对立的状态。怎么样转化呢？就要在中间的"即"字上做工夫，就看我们"即"不"即"得了。"即"得了，禅就是生活，生活就是禅；"即"不了，生活是生活，禅是禅，烦恼是烦恼，菩提是菩提。菩提的意思是什么呢？我想在座的大家一定都知道，菩提就是觉悟。在烦恼中能觉悟，我们的生活就是觉悟的生活。觉悟的生活是谁的生活呢？就是圣者的生活。如果烦恼不能觉悟，生活就是凡夫的生活，就是我们普通芸芸众生的生活。

　　生活禅在佛教的传统理念当中，随处可见，俯拾皆是。它不是我杜撰的，不是我别出心裁提出来的与传统佛法不契入的理念，它完全是在传统佛法的基础上，根据现代人的思想观念，根据现代主流文化的观念提出来的。现代观念认为一切要人性化、生活化，实际上佛教的修行就是最生活化的一种方法。

　　大家想想看，"烦恼即菩提"不就是最生活化的理念吗？你说我们谁没有烦恼呢？谁都有烦恼！烦恼是现现成成、实实在在的。烦恼能觉悟，修行当下就能落实；如果烦恼不能觉悟，修行就永远是可望而不可即的，仅仅停留于一种宗教仪式而已。烦恼是当下的，所以修行也必须是当下的。我们在读书，我们在做学问，我们在做事业，有没有烦恼呢？都有烦恼。小学生有小学生的烦恼，中学生有中学生的烦恼，大学生有大学生的烦恼。随着生活环境的改变，烦恼的表现也在改变，但是烦恼对人的逼迫，对人思想的搅动，使人不安定、不安宁，这种烦恼的状态是不会改变的。不是说有学问的人就没有烦恼，不是说有钱的人就没有烦恼，当然也不是说没有学问的人就没有烦恼，或者说越穷的人烦恼越多。都不是！烦恼是平等的，烦恼不会回避任何一个人。为什么呢？因为烦恼都是自己找的。所谓天下本无事，庸人自扰之，自己要不找烦恼，烦恼不会找上门来。我们有的同学笑起来了——大概你找了一些烦恼来：弄得学习不能安心，功课不能够跟上，或者事业不能顺利，或者家庭不能和睦。那些烦恼从哪里来啊？没有一个烦恼不是自己找的。自己要是不去找烦恼，永远都不会有烦恼。我们修生活禅，就是要随时起觉照，不去找烦恼。

关于生活禅的修行方法我总结了四句话，其中有一些内容各位有兴趣的可以听听，也可以加以落实；有一些内容各位不一定有兴趣，但是也可以作为参考。不管是有信仰的人，还是没有信仰的人，烦恼是平等的，都要学会对治烦恼的方法。

第一句话：将信仰落实于生活。我们不一定具有宗教信仰，但是都有自己的理想和信念。任何一个有理想的人，不能让理想悬在半空中，一定要把它贯彻到学习和生活当中去，理想和信念才能逐步成为现实。

第二句话：将修行落实于当下。烦恼即菩提，是要我们当下就动手去做，当下就要解决问题。解决问题就靠那一个"即"字。"即"是等号，这个等号不容易画。"即"是等号，就是说烦恼等于菩提，怎么样才能等于？里面有很深的功夫，这个功夫要在每一个起心念的当下落实。所以要将修行落实于当下，不能等待。

第三句话：将佛法融化于世间。六祖大师讲："佛法在世间，不离世间觉，离世觅菩提，恰如求兔角。"佛经有很多好的格言，有很多好的语句，世间好语佛说尽。六祖这四句话，恐怕是中华人民共和国成立六十多年来，佛教界引用得最多的四句话；还有两句话说得很多，就是"庄严国土，利乐有情"。为什么这几句话说得最多呢？就因为这些话把佛法的精神融化于世间了。佛法如果不能融化于世间，佛法就永远搁置在藏经楼里面，就永远被关在寺院里面，不能发挥它应有的作用。所谓世间是什么呢？世间者，烦恼也。烦恼是烦恼，菩提是菩提，就是世间；烦恼即菩提，就是出世间。

最后一句话：将个人融化于大众。这句话说起来很容易，做起来是千难与万难，特别是要转变这个观念不容易。我们总觉得一切成就都是自己的功劳，都是我自己的聪明才智、我自己的创造发挥、我自己的本领、我自己的财富、我自己的才华……总是个人当头。但是我们每一位，包括我自己在内，时时刻刻都要想到：个人如果离开了大众，不但是一事无成，连自己的生命都不知道在哪里。个人不能离开大众，就像一棵树不能成为森林；只有众多的树生长在一起，都长得很茂盛，那才是森林。我们一定要养成时时感恩大众、回报大众的思想。

这就是我讲生活禅经常提到的四句话。这四句话的提出，到今年已经有十五年的时间了。1992年，我在柏林禅寺举办第一届禅七的时候，就提出了落实生活禅的这四个理念。如果说到生活禅的真谛，这四句话大概也属于生活禅的真谛。把这四句话与刚才讲的"在生活中修行，在修行中生活"结合起来，就是我们修生活禅，或者说修学佛教一切法门的要诀；甚至于我们学习世间一切文化、知识、技术，这个方法也可以参考，用起来也一定是非常有效。

生活禅是在祖师禅的基础上，为了适应当代社会人心的需要而提出来的一种修行理念，是人间佛教在修行上的具体落实。人间佛教指出了佛法的总目标，如何落实人间佛教的思想呢？生活禅。在生活中修行，在修行中生活。

生活禅的宗旨有八个字:"觉悟人生,奉献人生。"佛教的精神两个字:一"智"、二"悲"。"智"就是大智大慧,"悲"就是大慈大悲。大智大慧和大慈大悲,是大乘佛教的精神,是佛法的总体精神,佛教的一切精神都包括在这两个字当中。有大智慧所以觉悟人生,有大慈悲所以奉献人生。"觉悟人生,奉献人生",是把悲与智用现代的语言加以诠释,并且把它落实于生活这个很具体的范围之内。

当然,佛教讲的生命不仅仅是人,而是包括十法界。宇宙间的生命现象,由于智慧的不同、烦恼的不同、所处生活环境的不同,一共有十大类,佛教称之为十法界。十法界就是佛教对于生命现象的分类。十法界的中心枢纽是人法界。十法界分为四圣六凡,四圣可以说是高级生命层次,六凡可以说是较为低级的生命层次。高级与低级怎么分呢?就是以烦恼的多少、觉悟的程度如何来区分。只有菩提,没有烦恼,那就是佛法界;已经获得了觉悟,但是还有一些烦恼没有完全去掉,那就是菩萨法界、缘觉法界和声闻法界;烦恼很多,菩提极少,那就是天法界、人法界、阿修罗法界;只有烦恼,没有菩提,那就是地狱法界、饿鬼法界、畜生法界。所以十法界就是生命的实体,由于转化的方向不同,所去向的法界就不同。以人法界为基本转化点,能够做到烦恼即菩提,生命层次就提升了;做不到烦恼即菩提,生命层次就下降了。生命的苦乐升沉,关键就在人这一法界;而人这一法界之所以有苦乐升沉,一切唯心造,都是我们心念的善恶迷悟来决定、来操控的。所以我讲要"觉悟人生,奉献人生"。

"觉悟人生,奉献人生"具体怎么操作呢?觉悟人生可以说是如何做人,奉献人生可以说是如何做事。在这里我也有一点点初步体会贡献给各位。

所谓觉悟人生就是讲如何做人。有八个字需要我们在做人的时候认真去落实。这八个字就是:信仰、因果、良心、道德。

有信仰,讲因果,有良心,讲道德,就能够做一个人上之人。这就是佛法的根本精神。一个人有没有智慧,就体现在是否具有正确的信仰上,就体现在是否认识一切事物的因果规律上,就体现在是否讲良心、讲道德上。佛教虽然没有用良心这个词,但是在中国传统文化当中,存好心、说好话、做好事的根本出发点,就是要有良心。有良心才能讲道德,这是做人做事的本分。伦理、佛教的戒律、社会的法制,都是属于道德的范畴。有这八个字,做人的功夫就算是差不多了。

做事也有八个字。首先是感恩,第二是包容,第三是分享,第四是结缘。

做世间的一切事情,从发财出发容易做,容易想到;从升官来做事情,容易想到,容易落实;从感恩来做事,这就不容易了。如果我们做事情首先有一颗感恩的心,这个事情就好做。你知道感恩,你就知道每一件事情的成功都是大众的成就,都不是单纯个人的因素。每一件事物的存在,都是与天地万物分不开的。这朵花今天能够在这个地方开得这么鲜艳,你们大学生又懂物理、又懂化学、又懂数学、又懂生物学,都知道这朵花之所以能够开得这么鲜艳是什么原因。这是整个宇宙的成就。没有整个宇宙的成就,这一朵花的存在是不可能的。由此而想到我们做学问、做事业、成家立业,哪一件事不是整个宇宙的成就呢?所以我说要以感恩的心面对世界。不管发生了什么事,不管有什么成就,都要想到这是大众的成就,这是社会的成就,这是国家的成就,这是全人类的成就,这是天地万物的成就。能有此心,我们做人做事,心地坦荡无碍。

然后要包容。做事情也好,做人也好,都不是一帆风顺,处处都有疙里疙瘩,处处都有不同的意见。怎么办?不能采取你死我活的办法;不能有不是我吃掉你,就是你吃掉我的想法。这一盆花非常好看,是由各种各样的颜色组成。有红花,有黄花,有绿叶,各种色彩组织在一起，它才显得千姿百态，这个世界才是有颜有色。这是什么原因呢？这是我们插花的人有一个包容的心态。哦！不能光是黄花，也不能光是红花，一定要万紫千红春满园。所以我们在做事情的时候，一定要想到包容不同的意见、不同的想法，要互相取长补短，扬长避短。这样，成就一切事业就会一帆风顺。

第三要分享。事业成就了怎么办？不能一切占为己有，一切都独享。如果那样的话，一定是"一家饱暖千家怨，半世功名百世冤"。既然一切都是大众成就的，那就要大众来分享。这是当今社会需要十分认真去思考的一个问题。要以包容的心和谐自他，以分享的心回报大众。你对大众有良好的回报，有公平合理的回报，那么大众对你这个老板也好、校长也好、院长也好、系主任也好，一定会有良好的回报。他们会勤奋学习、努力工作、积极配合。这就是善有善报。

我在河北省佛教协会有将近二十年的时间，开始也是赤手空拳，一无所有。后来当地政府要我去修建柏林禅寺。那里是一片废墟，瓦砾堆中建道场。怎么办呢？我就运用共产党的群众路线，我把它具体化为四句口号："大众认同，大众参与，大众成就，大众分享。"这个"四大"一提出来果然很灵。首先是认同这个事业，然后参与这个事业，然后成就这个事业，然后大家来分享。我没有发财，我也不能够给大家发工资，怎么办呢？寺院不卖门票呗！让大众一起来分享。大众成就了这一所寺院，大众随时可以自由出进，来烧香，来拜佛，不受任何限制。柏林禅寺进门不要门票，也没有人管理，也没有保安人员。因为什么呢？大家觉得自己是回到家了，回到家了他就晓得要爱护家里的一草一木。柏林寺开始的时候并没有多少人去朝拜，香火冷清清的。那个时候有人贡献了一口从内蒙古买去的大锅，就放在那里做香炉，三年下来，那个香炉的香灰都没有满！哎呀，好惨哪！三年时间那个香炉的香灰都没烧满！我心想，要是哪一天能够一年就把这个香炉烧满了香灰就好了！1997 年以后，人逐渐多起来了；等到万佛楼开始修建，那个香炉的香灰十天八天就满一次。现在不行了，现在要限制大家烧香了，提倡文明敬香，每个人三炷香。就是这样也要每天清理一次香炉。

大众来参与，大众来分享，这一点非常的重要。有人曾经给柏林寺做过一个计算，按照当时的情况，一年卖一百万元的门票是没有问题的；如果按照现在的情况，十块钱一张的门票一年也能收入两三百万元。所以有人就说：你这多不合算！我就说：要那么多钱干什么？钱多了不是好事。寺院里有功德箱里的那几毛钱够吃饭就行了。因为现在柏林寺的建设都做完了，用不了多少钱，能够维持常住一百多人的生活就行了。而且最主要的一点，社会大众能够到寺院里来净化心灵，参观游览不受阻碍，觉得像回家一样，这就是我们最大的满足，这比收钱更有意义。钱多了还是浪费，钱多了会造成寺院的腐败。钱少，寺院可以长久保持一种清贫的生活。所以坚持不收门票。我在柏林寺退职的时候，把这一条特别地提出来，要永远保持不收门票的传统，这个不能变。这是我们出家人自愿来回报大众的一点点用心。

从 2003 年开始，我又到湖北当阳玉泉寺、黄梅四祖寺任住持，都是很大的寺院，都是千年祖庭。当时，当阳玉泉寺由旅游部门卖 38 元一张票，黄梅四祖寺由四祖村卖 10 元一张票，还要收停车费。我就和当地政府商量：是不是可以不卖门票？不卖门票来的人就多，可以提高知名度，可以为当地创造一个良好的旅游和休闲环境。来参观的人都会说：你看当阳这个地方，寺院不卖门票。这就是大众对地方政府的一种认同、一种非常良好的印象。经过半年多的努力，当地政府认同了我的想法，把旅游部门撤销了，把所有的财产都移交给了寺院，然后由寺院再对旅游单位作了一定的补偿。

　　寺院本来就是一个公共场所，公共场所都是由大众成就的。寺院的工作，就是由佛教徒、佛教界集合民间的力量，来为国家、为社会做一点事。寺院是国家所有，是社会所有，不是和尚所有，是大家的资源，是大家的财富。想通了这个问题，大家就能够认同分享的理念。我觉得，这个分享的理念，在各个部门、各个单位都可以贯彻，做每一件事都可以贯彻。

　　分享有物质的分享，也有精神的分享。我今天在这里与各位在一起，可以说是一种精神的分享。我之所以能学习到一点佛法，也是大众成就的。没有大众的成就，我想要学习一点佛法，想在寺院安心修行，也是不可能的。所以，这既是一种感恩，也是一种分享。

　　最后是结缘。做事情和结缘有什么关系呢？之所以能做事，就是因为有缘。结了缘才有缘。缘成就了某一件事，成就了以后就要继续结缘。如果不懂得结缘，往往事情成就了，缘法缘分就断绝了。昨天你帮了我的忙，我的事情成就了，咱们今天就拜拜了。有许多的人，官当起来了，人缘没有了；事业成就了，财发了，人缘没有了。那就是最大的损失。不能这样，要把这个缘源源不断地延续下去，它可以延伸到其他事业的成就。要以结缘的心成就事业，成就了事业继续结缘。

　　感恩、包容、分享、结缘，就是我们做事的八字方针。两个八个字加在一起，就是我所提倡的做人做事的"二八"方针。这个题目我与企业界的人士讲过一两次，今天能够在陕西师范大学与同学们、老师们、法师们一起来结法缘，我感到很高兴。感谢吴言生教授的成就，感谢各位法师的成就，感谢同学们的成就，希望下次有缘再会！

　　净慧法师，中国佛教协会副会长，四祖寺方丈。

天下赵州禅茶文化国际交流大会：
赵州茶禅的精髓[①]

明　海

过去有一种说法，说《老子》五千言，引来了五百万言、千万言，也不能道尽个中三昧；赵州禅师"吃茶去"三个字，给我们引来的智慧、回味、体会，也同样不止五百万言、千万言。这是因为我们生命的本身是不可思议的，是很奇妙的。今天下午，我们有机会在文殊阁畅谈对茶禅一味思想的体验，各抒高见，是非常神奇、非常难得的。

今天下午因为各位学者的参与，文殊院简直变成了一个光华四射蓬荜生辉的茶室。在这里我们可以领略到缜密的学术的思维，领略到机智敏睿的机锋，领略到才华横溢的才情。从各位学者的发言，不仅仅可以欣赏到他们所说，更能够欣赏到他们人格的魅力、修养的魅力，特别是他们的才华，率真的才情，这也给了我很大的启发。我代表寺院感谢各位学者的参与。

以下我从四个方面总结茶禅精神：

第一，茶的意象。茶来自于大自然，它吸收了日月的精华。茶的生命，离不开世界，离不开大自然。其实每一个人的生命也是一样。茶的这一生命意象，就是要我们发菩提心。菩萨道的开始就是发菩提心。菩提心的实质就是认同我们生命的价值，与我们生活的整个世界、社会、亲戚、朋友、家属、他人、大自然不可分。体认到我们的生命与外在环境的不可分，然后我们承担生命的责任，发起一个广大的心，这是第一个。

第二个，是死一番。我们知道，茶叶采摘后，不管是经过慢慢的发酵，还是经过人工与机械的炒制，它都要经历一番痛苦和磨难。我有幸在太行山炒茶，第一次炒制时，我的手上就烫了一个泡。炒的人很苦，茶也会一样的苦。茶叶在滚烫的铁锅里翻滚，这个意象，我想它是描述了菩萨行、菩萨道的另外一个过程，这个过程是什么呢？就是要死一番。这个死一番是很严肃的，痛就是痛，苦就是苦，乐就是乐，痒就是痒，喜欢就是喜欢，证悟就是证悟，这是非常清楚的。这个过程对于有的人可能是非常漫长的，甚至是没有止境的，菩萨道的过程，禅的过程，都有这样的内涵，就是要死一番。

第三个，是活过来。茶叶被制作成功以后，在非常优雅的环境里面，在杯子、音乐各种好的氛围下，在一杯开水温水热水之下，它又复活了。在那个时候，我们体验他的美好，它的美味，其实在这以前它死过一回。那么也许有的人他就死过去了，茶味还是要活过来。当它活过来的时候，它把他自己完全地奉献给了我们。

第四个，要回家去。茶叶被我们喝了以后，扔掉了，扔到了垃圾桶里去，回到了大自

---

①　2005 年 10 月 18 日，讲于赵州柏林禅寺主办"天下赵州禅茶文化国际交流大会"。

然，回到了大地，变成了肥料，变成了土壤，变成了大自然的一部分。每个人的生命也是一样，本来他就离不开这个世界，离不开这个法界。禅者的生涯，既有发菩提心，对生命价值的承担，也有死一回的艰苦的磨难，更有活过来的精彩，最后还要回家去，这是我对于禅的意象和菩萨道人生的一个理解。

我之所以要讲这些，是因为我们要在茶的体证方面，避免一些野狐茶。有野狐禅，是不是也有野狐茶呢？过去，我们要是这样讲茶道，有人会说这是小资产阶级情调，在过去极"左"的思想普及的时候，这样的批评当然是偏颇的，但是这样的批评也提醒了我们，我们不能把我们的生活，我们的生命，封闭在一个风花雪月的环境里面，而是要向社会敞开，向大自然敞开，去承担责任，去经受磨难。茶的历程对我们的人生是一个非常好的昭示。

明海法师，河北柏林寺方丈。

中国禅学 第五卷
2010 年，第 496—502 页

元代诗僧石屋清珙及其山居诗

李舜臣　　何云丽

内容提要　石屋清珙是元代著名临济宗高僧。他持戒清严，离群索居三十余载，以超尘拔俗、清志坚澹的品格独立丛林，堪称佛门之楷式。所作禅诗、偈句皆清空旷远，机趣盎然，"绰有寒山子之遗风"。清珙还是一位著名的茶僧，不仅亲自种茶、焙茶、煮茶，而且还以茶助禅，以禅味茶，充分体现了"禅茶一味"的浓厚文化底蕴。

关键词　石屋清珙　诗僧　山居诗　禅趣　茶禅一味

唐代著名诗僧寒山子，很长一段时期于文人圈中的影响并不显著，其诗偈多流布于丛林。唐末贯休、本寂等禅师都曾表达过对他的景仰，而宋代的僧传、灯录中有关他的公案更多。在元代，也有一位蹈隐山林而特慕其高格的禅僧——石屋清珙，经常是"禅余高颂寒山偈"，所作诗偈亦"绰有寒山子之遗风"。[1](p.612)与寒山子一样，清珙的声名亦长期不显。20 世纪，忽滑谷快天在《中国禅学思想史》中虽曾许其为"元代俊髦"，[2](p.689)但更深入的研究则很少见到。① 本文拟对清珙及其山居诗所体现出的禅趣作进一步探讨，祈方家指正。

一　生平:纯粹之僧徒

清珙（1272—1352），俗姓温，字石屋，常熟人，临济宗禅僧。其生平传记资料，以元末明初释元旭所撰《福源石屋珙禅师塔铭》最为详尽，② 而后释明河《新续高僧传》卷十三《石屋珙禅师传》及一些方志、寺志本传多祖述之。从这些传记材料可以看出，清珙乃纯粹之禅僧，一生形迹基本未越出佛门藩篱。

清珙生时"有异光"，自幼即断绝酒肉；及长，依本州兴教崇福寺释永惟出家，二十祝发，越三年受具。他先后师事数位禅师，皆能策警行践。比如，他参天目高峰原妙禅师

---

① 据笔者所见，主要有朱敏的《石屋清珙的茶禅思想》（载《农业考古》2005 年第 4 期）和刘文彬《石屋清珙禅师及其山居诗》（载《广东佛教》2005 年第 2 期）。刘文将清珙视为曹洞宗僧人，表明世人对他的认识仍十分不够。

② 以下简称《塔铭》，凡引清珙语录、诗偈、塔铭皆出自《续藏经》第七十七册，台北新文丰出版公司 1976 年版，不另注。

时，原妙为其设有"万法归一"的话头，但他"服勤三年，大事未明"，遂转投原妙的弟子及庵信禅师。

> （及庵信）问："何来？"师（清珙）曰："天目。"庵曰："有何指示？"师曰："万法归一。"庵曰："汝作么生会？"师无语。庵曰："此是死句，什么害热病底教汝与么！"师拜求指的。庵曰："有佛处不得住，无佛处急走过，意旨如何？"师答不契。庵曰："者个亦是死句。"师不觉汗下。后入室，再理前话诘之。师答曰："上马见路。"庵呵曰："在此六年，犹作者个见解。"师发愤弃去，途中忽举首见风亭，豁然有省，回语庵曰："有佛处不得住，也是死句；无佛处急走过，也是死句，某今日会得活句了也。"庵曰："汝作么生会。"师曰："清明时节雨初晴，黄莺枝上分明语。"庵颔之，久乃辞去。庵送之门嘱曰："已后与汝同龛。"

据元人洪乔祖《高峰原妙禅师行状》载，原妙尝参断桥妙轮所举"万法归一，一归何处"的话头而忽发疑情，三昼夜不交睫，一日随众诣三塔讽经，抬头忽睹五祖演和尚真赞云"百年三万六千朝，返覆原来是遮汉"，豁然疑团迸散，大悟现前。然而，及庵禅师却因"万法归一"这一话头，而轻骂乃师为"害热病底"。这一方面体现了济宗逢佛杀佛、逢祖杀祖的峻烈家风；另一方面也反映了及庵禅师对"看话禅"的超越。"看话禅"是宋代临济宗提倡的参禅法门，有所谓的参"活句"和"死句"之分。所谓"死句"，按一般的理解就是"通常有意路可通的语言、动作、境界"；"活句"就是"无解可参的，即超越语言、义理分别的奇诡语言、动作、境界"[3]（p. 1016）及庵禅师虽也为清珙设有"有佛处不得住，无佛处急走过"的话头，但实际上并非让清珙"死参"，而终极目的是想让他断绝语言和思维之路，以悟当下。因此，当清珙六年后仍拘泥于此话头而作答时，及庵十分不满；而当清珙以"清明时节雨初晴，黄莺枝上分明语"这样奇诡的语言作答时，则表明了他已按下种种思量、分别之心，跳出话头，直悟当下。故得到及庵禅师的印可，被誉为"法海中透网金鳞也"。

清珙素有隐栖山林之志。元仁宗皇庆元年（1312），他偶然造访浙江湖州的霞雾山。此山高峻陡峭，幽远清空，"红香旖旎，春华开敷；清阴繁茂，夏木翳如。岩桂风前，唤回山谷；梅花雪里，清杀林遒……夜籁合乐，晓天升乌；戏鱼翻跃，好鸟相呼。路通玄以幽远，境超世而清虚"。清珙沉迷于鸢飞鱼跃、群籁合乐的万化中，遂"就泉结屋拟终老"。然是时之清珙已名满丛林，"道洽缁素，户屦骈臻"。嘉禾当湖新创福源禅寺，因其盛名，驰檄敦请。清珙坚卧不起，有人劝曰："夫沙门者，当以弘法为重任，闲居独善，何足言哉！"于是翻然而起，任该寺第二代住持，出入吴越，激扬禅风，广结般若之缘。延祐六年（1319），清珙以老引退，辞去福源寺住持之职，结庵隐居霞雾山之天湖，此后"三十年居山，足不入阓，尽忘尘晓，清志坚澹，利不干怀"[4]（p. 605）至正年间，朝廷闻其名，降香币以旌异，皇后亦赐其金襕衣。人皆荣之，清珙却淡然视之，体现了一位高僧应有之品格。

清珙独守山林、超尘拔俗的品格，在元代佛教史上有着特殊意义。元代的历朝统治者都很宠信佛教，广赐檀越，大建寺宇，还建立了所谓的"帝师制度"。《元史·释老传·帝师传》即云："元兴，崇尚释氏，而帝师之盛，尤不可与古昔同语。"[5]（卷202, p. 4517）帝师制之隆盛，乃出于统治者的政治需要，表面上虽提升了释教的地位，但实际上却加速了它的世俗化进程，致使佛门风气愈趋窳败。凡"蓄妻育子，饮醇啖腴"之徒，[6]（卷197, p. 5367）比比皆是；攀权附贵、追名逐利者，亦不在少数。因此，《元史》在评价帝师制时，也说"为害不可胜言"。面对此种状况，清珙深感痛心，尝叹曰："佛祖门风将委地，说着令人心胆碎。扶持全在我儿孙，不料儿孙先作弊。纷纷走北又奔南，昧却正因营杂事。满目风埃满面尘，业识茫茫无本据。"清珙坚卧山林，独善其身，虽未践履大乘菩萨道之精神，但其清志坚澹之高格，仍为丛林树立楷式，故深为后世同道者所仰慕。元末高僧来复曾慨叹道："古道澜倒之秋，邪说方炽，寥寥宇宙，作者无闻，安得起斯人（指清珙）于寂光净居，而共论兹事焉？"[1](p. 605)而忽滑谷快天先生则称其为"元代俊髦之一"，并云："如清珙古今之逸士，罕得其比。虽厌世独善，非禅之真风，追世荣亲权门者，衲僧之所追愧。珙闲卧山房而不出者，由慨于时弊，猥其出处是非难矣。"[2](p. 702)

至正十二年（1352），清珙患疾，临终与众人诀别，留有遗偈云："青山不着臭尸骸，死了仍须掘地埋。顾我也无三昧火，光前绝后一堆柴。"表达了勘破生死轮回的达观心态，遂投笔而化。世寿81，僧腊54。

清珙著述不多，似无意留名于世。门人至柔将其生前语录、偈颂、歌诗，裒为一集，名曰《石屋清珙禅师语录》（又作《佛慈慧照禅师语录》），分为上、下两卷。上卷为清珙于福源寺的上堂、小参语要；下卷则是他隐居天湖庵的诗歌、偈颂。下卷之诗偈，光绪年间海天精舍僧人又加以校订，独自析出，名曰《石屋山居诗》，与《慧日永明智觉禅师山居诗》、《高邮释悟开谏幻居诗》合刻刊行。此外，《古今禅藻集》、《元诗选》等诗歌选本中，亦选录他的少量诗作。可见，清珙的著述主要在丛林中流传，这一定程度也影响了他在世人中的声誉。

二　禅风与诗风的统一

《石屋山居诗》共有五、七言184首，前有清珙自序云："余山林多暇，瞌睡之余，偶成偈语自娱。纸墨少便不欲纪之，云衲禅人请书，盖欲知我山中趣向。于是静思随意走笔，不觉盈帙，故掩而归之，复嘱慎勿以此为歌咏之助，当须参意，则有激焉。"

元代的丛林仍盛行两宋以来的"文字禅"、"看话禅"，禅人拾古人余唾，组章绘句，背离了禅宗"以心传心，直指之旨"。清珙颇为反对这种禅风，尝云："今时流辈荒逸，终日无所用心，逐队随群，说黄道黑，略无少念回光返照。"因此，他嘱咐门人在读《山居诗》时，当跳出文字之窠臼，直悟诗中的禅味意趣。今读《山居诗》，皆涉语清新、朴质，充满着灵气和妙悟，达到了禅风与诗风的高度融合。

清珙的禅法宗趣，继承了六祖慧能"识心见性，自成佛道"[7](p. 58)之正脉。他说：

> 道远乎哉？触事而真。自携瓶去沽村酒，却著衫来作主人。圣远乎哉？体之则神。但见落花随水去，不知流出洞中春。

"自携"二句，形象地表明了不假外求，自性圆满的佛性论；"但见"二句，则表明了立处即真，触目菩提的体用论。清珙说："诸佛广大门风，祖师向上巴鼻，初非明悟见知而可拟议，又非世智辩聪而能仿佛。直使尽天下衲僧，扪摸他不著。"因而，他告诫禅人当在"无用心处用心"："即心即佛也不是，非心非佛也不是，不是心不是佛不是物也不是；恁么也不是，不恁么也不是，恁么不恁么总不是。仔细看来，直教你无用心处，正好用心。"所谓"无用心"，即参禅时首先得破除缠附于禅人身心的执著、妄念、知见，从而达到无念无住，无依无缚，无知无见的境地。但此种"无用心"又非"无所用心"，而当像二祖立雪、五祖栽松、六祖踏碓那样苦志劳形，甚至为法忘躯，才能臻至"无心"的境地。否则，"修心未到无心地，万种千般逐水流。"清珙还有两句发明"无心处用心"说的禅偈，颇为意蕴：

> 于事无心风过树，于心无事月行空。

"于事无心"，即主、客体尚未泯然，虽主体"无心"，但"事"仍会像风过树动一样使"心"生欲念。"于心无事"，则能所俱泯，主客浑然一体，就像是皓月行空，圆融无碍。

清珙提倡的"无用心处用心"的禅修方式，具体而言，就是在自然万化、日常功用中处处提撕，时时悟道，始终保持一种悠闲、淡定的心态。如《山居诗》第一首写道：

> 吾家住在雪溪西，水满天湖月满溪。未到尽惊山险峻，曾来方识路高低。蜗涎素壁沾枯壳，虎过新蹄印雨泥。闲闲柴门春昼永，青桐花发画胡啼。

此诗写天湖险峻、澄谧的景致及清珙悠闲的生活情状。这种悠闲，是清珙毕生所追求的理想生活。他在184首山居诗中，竟49次写到了"闲"。如："柴门虽设未尝关，闲看幽禽自往还"、"翠竹黄花闲意思，白云流水淡生涯"、"自觉从前世念轻，老来任运乐闲情"、"竞利奔名何足夸，清闲独许野僧家"、"朝阳补衲静工夫，坐石看云闲意思"、"年老心闲身亦闲，扫除一榻卧松间"、"山月如银牵老与，闲行不觉过峰西"、"厌烦劳役爱安闲，个样如何居得山"、"老去一身都是懒，闲来百念尽成灰"、"闲闲两耳全无用，坐到晨鸡与暮钟"……不难看出，清珙诗中的"闲"，不仅是无所事事的"身闲"，更是无修无整、无形无役的"心闲"。

正因为清珙能保持这种无妄无念、任运自在的心态，因此，当他纵身于天湖附近如诗如画的景致中，山中的光影便幻化成神秘的佛影，眼中的花木鸟禽、流云飞瀑，耳中的山水清音、鸟啼虎啸，无不都成了他触发禅悟的机缘。正所谓"山色溪光明祖意，鸟啼花笑悟机缘"，"触目本来成现事，何须叉手问禅翁"。佛性即自性，遍流如注而无滞，故闻声尽是道，触目皆菩提。请看以下这首：

> 道人缘虑尽，触目是心光。何处碧桃谢，满溪流水香？草深蛇性悦，日暖蝶心狂。曾见樵翁说，云边有书房。

碧桃凋谢，溪水流香；深草蛇悦，日暖蝶狂，这是一种何等自然、活泼的图景！"触目是心光"，"心光"即自性、佛性，流露出清珙对生命的热爱和喜悦。清珙的山居诗中描写的景物，总是充满生命的机趣，例如："几树山花红灼灼，一池春水绿漪漪"、"绿水光中山影转，红炉焰上雪花飘"、"雪晴斜月侵檐冷，梅影一枝窗上来"、"天湖水湛琉璃碧，霞雾山围锦幛红"、"满山笋蕨满园茶，一树红花间白花"……忽滑谷快天先生曾以"枯淡"描述清珙的禅风，[2](p.700)这或许是基于他长达三十余年的山居生活而言的。其实，清珙无论上堂说法，还是独居吟咏，皆切直谛当，简约活脱，既不像"文字禅"那样落入知性思维之窠臼，亦无"看话禅"和"默照禅"之隐晦难测。如以下一则：

> 上堂。知见立知，即无明本；知见无见，斯即涅槃。春山迭乱青，春水漾虚碧。寥寥天地间，独立望何极？拈拄杖云：放过释迦老子。卓拄杖云：穿却雪窦鼻孔。良久云：剑为不平离宝匣，药因救病出金瓶。

此则语录十分清晰地反映出清珙的禅风，其澄明心地如一泉智水，汩汩流出。故清人评曰："舍片云消归灵岫，演半偈襟胸月朗。开毫裂天河，浚川无际；涌一泉智水，流出宝藏。逝游峰顶，清逍云外，实非抱息寒禅，枯根未绝。岂是坐井观天，不知方外？"[4]（p.613）

清珙活泼、朴实的禅风，尤其体现在他对日常功用的态度当中。他有诗云："古人为道入山中，日用工夫在己躬。添石坠腰舂白米，携锄带雨种青松。担泥拽石何妨道，运水搬柴好用功。觧懒借衣求食者，莫来相伴老禅翁。"自唐宋以来，禅宗普遍形成了自养自活的家风，提倡"平常心是道"，"道在日常功用中"。清珙显然发扬了这种随缘任运的禅风，在这种本真、朴实的日常生活中体验"禅"的真谛："有人问我西来意，尽把家私说向渠。"他居山三十余年，几乎无日不躬耕田园，补衲织布，即便年老力衰，亦是如此："满头白发瘦棱层，日用生涯事事能。木臼秋分舂白术，竹筐春半晒朱藤。黄精就买山前客，紫菜长需海外僧。谁道新年七十七，开池栽藕种茭菱。"除了这些，日常生活中的清珙还"经行坐卧无相拘，有时把柄白麈拂，有时持串乌木珠，有时欢喜身舞蹈，有时默坐粗卢都。懒举西来祖意，说甚东鲁诗书，自亦不知是凡是圣，他岂能识是牛是驴"，这分明是个无拘无束、随缘任运的清珙禅师，怎能以"枯淡"描述呢？

论者多以为清珙的山居诗"带寒山遗风"，此殊为的论。事实上，清珙本人亦十分倾慕这位古尊宿德，他经常"禅余高颂寒山偈"，又说"寒山曾有言，吾心似秋月。我亦曾有言，吾心胜秋月"。清珙与寒山，不仅长年独隐山林，遗世独立，而且皆涉笔成趣，妙造自然。此外，清珙与寒山一样，也慈悲心切，写了不少劝世诗，以警示那些在红尘浪中追名逐利的众生。如以下二首：

> 荒冢累累没野蒿，昔人未葬尽金腰。有求莫若无求好，进步何如退步高。贪饵金鳞终落釜，出笼灵翮便冲霄。山翁不管红尘事，自种青麻织布袍。

> 逐日挨排过了休，明朝何必预先忧。死生老病难期约，富贵功名不久留。湖上朱门萦蔓草，洞边游径变荒丘。所言皆是目前事，只是无人肯转头。

这两首诗都是劝诫世人当放弃富贵功名，回归到生命的本真状态，虽都含有较为浓重的说教意味，但读来却颇令人警醒。

清珙的山居诗，很少运用佛典，读来不像一般禅偈那样深奥诘曲，而显得平易朴质，清空旷远，这与他切直谛当、简约活泼的禅风是相融相济的。释来复评曰："（清珙）居山三十余载，入定观心，妙达真体，故其言语不是造作，实自胸襟浑然流出者也。"[1]（p.612）

三　"茶禅一味"的文化底蕴

浙江湖州，丘陵广布，土质肥沃，气候温润，很适合茶的培植。据宋代钱易《南部新书》记载，唐代"湖州造茶最多，谓之'顾渚贡焙'，岁造一万八千四百八斤"。"茶圣"陆羽，还曾因皇帝没有品尝到顾渚山中的两片紫笋茶，而叹息再三。[8]（p.61）

秉承着湖州浓厚的茶文化传统，清珙也很喜欢茶。他不仅亲自种茶、焙茶、煮茶，而且还以"茶"为话头指示门人。他的语录、诗偈中先后20次写到了茶，其中诗18次。这些涉及"茶"的诗作，可分为以下几个内容：（1）写茶园风光的，比如，"满山笋蕨满园茶，一树红花间白花。大抵四时春最好，就中犹好是山家"；（2）写焙茶的，比如："水碓夜舂米，竹笼春焙茶。人间在何处，隐隐见桑麻"；（3）写烹茶的，此类最多，比如"煮茶瓦灶烧黄叶，补衲岩台剪白云"、"瓦灶通红茶已熟，纸窗生白月初来"、"禅余高诵寒山偈，饭后浓煎谷雨茶"，等等；（4）写以茶待客者，比如，"挑荠煮茶延野客，买盆移菊送邻僧"、"纸窗竹屋槿篱笆，客到蒿汤便当茶"，等等。这些"茶诗"，不仅是天湖幽美景致之点缀，更透露出活泼、质朴的禅趣。

清珙居山三十余年，几乎无日无茶，躬耕茶园，取水烹茶，啜饮清茗，在日常功用中参悟禅的真谛。清珙躬耕茶园，烹茶煮茗，以茶待客，人与茶、禅与茶几乎融为一体。他有诗云："烟熏茶灶黑，麈蒸布裘斑。不悟空王法，缘何得此闲？"若不是随缘任运、自性自足的禅的精神，清珙怎能固守清贫、孤独的山居生活，并且保持自在无忧的心态呢？他又云：

> 钟敲寒夜月，茶煮石池冰。客问西来意，惟言我不能。

清寒的月夜，钟磬鸣幽，禅人持冰煮茶，啜茗清赏，以生命的本真状态默悟西来之真意，既不落理障，又不落言诠。清珙的禅居生活，淡泊、闲适中又透露出几分冷然，禅魂诗魄如缕缕茶香，如流如注。

茶者，乃"百草之首，万木之花，贵之取蕊，重之摘芽，呼之茗草，号之作花"。（王敷《茶酒论》）其性平和、清淡，饮之，使人平心静气，涤烦疗渴。此种神清格高的品格，与禅家萧然淡泊、无执无著的"平常心境"，颇为符契。故很早以来就成为了禅人的日常饮品。特别是宋代，禅林普遍提倡随缘任运、轻松简易的禅风，作为日常生活之一的"吃茶"，更经常被禅师用来点逗学人的话头。最著名的公案，当属赵州从谂的"吃茶去"。据《五灯会元》卷四载：

> （赵州从谂）师问新到："曾到此间么？"曰："曾到。"师曰："吃茶去！"又问僧，僧曰："不曾到。"师曰："吃茶去！"后，院主问曰："为甚么曾到也云吃茶去，不曾到也云吃茶去？"师召院主，主应："诺！"师曰："吃茶去！"[9]（卷四，p. 204）

这则公案大概有两层意思：（1）精微之禅道其实就包含在吃茶、吃饭这样的日常生活中，禅者当无凡无圣、无执无著；（2）禅是不立文字、不落言诠的，禅者只有通过自身的修行方能有所体悟，这正如茶味一样亦需人亲自品尝，故赵州和尚让"曾到的"、"不曾到的"都必须躬身践履，不假外求。总之，赵州从谂"吃茶去"的话头，意在告诉禅人应在日常功用中保持自性的圆融、自足。清珙的诗偈中，也多次言及"茶吃了"：

> 长年心里浑无事，每日庵中乐有余。饭罢浓煎茶吃了，池边坐石数游鱼。
> 粥去饭来茶吃了，开窗独坐看青山。细推百亿阎浮界，白日无人似我闲。
> 短策轻包上五台，银楼金阁正门开。文殊相见吃茶了，收取玻璃盏子来。

以上三首中的"茶吃了"，显然是出自赵州从谂"吃茶去"的公案。而清珙反复以"茶吃了"作答，似在回应古尊、宿德们的开示，同时也是惕示自己当不断去除杂念，策警行践，永证无上菩提智慧。

茶和禅，堪称东方文化交流的信使和象征。中国的茶，传到韩国发展成茶礼，传到日本演变为茶道。据说，宋代高僧圆悟克勤还曾手书"茶禅一味"赠给日本弟子，此后，"茶禅一味"的观念便根植于东方世界，代代传衍。而清珙禅师在中朝文化交流史上亦作出了十分重要的贡献。至正年间，高丽禅师太古普愚（1301—1382）和白云景闲（1299—1374），不惮万里至中土求法，闻清珙之名，登霞雾山参请。《太古和尚集》卷下《普愚行状》载："时方七月，师（普愚）拂衣向湖州霞雾山，到天湖庵，果见所谓石屋和尚，烟霞道貌峻峻如也。明日，诣方丈，通所证，且献《太古庵歌》。屋微关云：佛法东矣。遂以袈裟表信之。"[10]普愚归国后，激扬祖道，广传临济宗风，被高丽王尊为国师。而清珙亦被高丽王诏誉为"佛慈慧照禅师"，并移文江浙，请净慈寺平山林公前往天湖，取清珙舍利送往高丽，建塔供养。韩国有一种茶叫"霞雾茶"，据说是当年由清珙亲手培植并交给普愚、白云禅师而传到高丽的。[11]这个传说是否可靠，我们没有仔细考证，但14世纪清珙、太古和白云三位禅师的往来，在中国和朝鲜半岛的文化交流史上，的确留下了浓墨重彩的一笔。

　　进入21世纪以来，中国与韩国、日本的文化交流愈趋频繁，三国高僧、学者经常在一起探讨茶禅文化的精髓。2006年深秋，湖州丹桂飘香，晴空澄碧，令人神清气爽。中国陆羽文化研究会与韩国《茶的世界》杂志社等单位，在这里共同举办了"中韩白云—石屋禅文化学术研讨会"。中韩两国学者欢洽一堂，品茗切磋，深入探讨了石屋清珙与白云景闲的茶禅思想。笔者有缘参与这次盛会，聆听了长者们的妙言智语，追寻了古尊宿德们的遗风，领略到幽微、玄妙的茶禅世界。

参考文献

来复：《福源石屋珙禅师语录原序》，《续藏经》第七十七册，台北新文丰出版公司1976年版。

［日］忽谷滑快天著，朱谦之译：《中国禅学思想史》，上海古籍出版社1994年版。

方立天：《中国佛教哲学要义》，人民大学出版社2002年版。

来复：《福源石屋珙禅师语录原序》，《续藏经》第七十七册，台北新文丰出版公司1976年版。

宋濂：《元史》，中华书局1997年版。

毕沅：《续资治通鉴》，中华书局1979年版。

慧能著，郭朋校释：《坛经校释》，中华书局1997年版。

钱易：《南部新书》，中华书局2002年版。

普济著，苏渊雷点注：《五灯会元》，中华书局1984年版。

王颋：《十四世纪高丽僧人惠勤行迹考》，《佛学研究》2002年第11期。

寇丹、朱敏：《石屋和普愚：中朝两国古代的大和尚——元代中朝两国的一次文化交流》，《农业考古》2005年第2期。

　　李舜臣（1972—　），男，江西永丰人，武汉大学中文系博士后，江西师范大学文学院副教授，主要从事古代诗僧研究；何云丽（1978—　），江西师范大学文学院2006级硕士研究生。

中国禅学 第五卷
2010 年，第 503—517 页

《禅门日诵》中的"华严字母"考述

周广荣

内容提要 讽诵是佛教修行与法事活动中的重要内容之一。本文以《禅门日诵》"讽华严经起止仪"中的"华严字母"为研究对象，考述禅门讽诵篇籍的演变历程，指出流布于南北各地寺院丛林中的佛教音乐"华严字母"乃是汉传佛教讽诵传统与华严修证仪规相互作用的产物，是有唐以来华严、密宗、禅宗相互影响、相互融合的产物，是在元明以来佛教的仪规化、民间化倾向不断增强的文化背景下形成的。

关键词 课诵 四十二字门 华严字母 华严讽诵仪规

讽诵是佛教修行与法事活动中的重要内容之一。原始佛教与部派佛教时期，讽诵经律被看成是修行的准备工作，持诵经咒则可以护身医病，不为邪毒侵扰，故《根本说一切有部毗奈耶》卷三一称："如佛所说有二种业，一者读诵，二者禅思。"① 大乘佛教时期，讽诵经典更成为修行者增长福慧、获得殊胜功德的重要法门，如《般若经》即认为"受持、读、诵、说、正忆念、如说修行"，可以得大利益大果报，"疾得阿耨多罗三藐三菩提，疾近萨婆若"。② 佛教传入中土后，讽诵更与汉地佛教的传播、发展与嬗变相适应，成为汉传佛教不可或缺的一环。宋元以后，更发展出一种细密独特的讽诵文化，诵经、念佛、持咒几乎成为佛教信徒日常修行活动的主业，成为融合禅、密、净等宗派成分的忏法、水陆、焰口等各种法会仪规的核心内容。明清时期，南北各地丛林寺院中普遍推行的朝暮课诵制度，亦是这种讽诵文化演进积淀的结果。③ 所谓朝暮课诵，系指佛教寺院每日于清晨与入暮时分所举行的例行课诵，称之为课诵，意指这种讽诵活动是僧人每日必不可少的修行活动。晚清以来，最能反映课诵仪制的著述，是道光十四年（1834）以后陆续刊刻的《禅门日诵》。此书分"朝时课诵"、"暮时课诵"、"祝圣仪"、"禅门普供诸品经赞略集"、"讽诵经咒礼忏科仪"、"禅门宝训"等几个部分，收录清代禅门日常讽诵的经、律、偈、赞、仪文、咒语等方面的内容。宋元以来，佛教的各个宗派趋于融合，尤以禅、净二宗为然，故本书虽名为《禅门日诵》，但并非纯粹的禅门选集，而是当时整个佛教讽诵仪轨与讽诵传统的集中体现。翻检此书，我们可以看出，其中的每一部讽诵作品都有相对固定的程序与仪制，其背后都蕴涵着颇为丰富的佛教文化内涵，从不同侧面彰显出中国佛教，尤其唐宋以后中国佛教发展演变的历程。本文即以《禅门日诵》"讽诵经咒礼忏科

---

① T23/796a，义净译《根本说一切有部毗奈耶》卷三一。
② T8/363a，鸠摩罗什《摩诃般若波罗蜜经》卷二〇。
③ 蓝吉富：《讽诵在大乘佛教中的意义》，文载《听雨僧庐佛学杂集》，现代禅出版社 2003 年版。

仪"的"华严字母"为例，探讨宋元以来佛教讽诵篇籍的大致历程与不同时期的基本形态，彰显后一千年中国佛教的特点与风貌。

一

网络的发展与普及使人们能够非常方便地获取各种资料。只要在网络搜索引擎中输入"华严字母"，立时会有大量相关的文字、音声与影像资料被排列出来，其基本内容即是流行于各地丛林寺院的佛教诵经声乐——"华严字母"。在《禅门日诵》中，"华严字母"附属于"讽华严经起止仪"，是华严法会中的重要内容，其核心内容乃是频繁出现于《般若》、《华严》、《普曜》等大乘经论中的四十二个梵文声字，即四十二陀罗尼门，简称四十二字门。虽然早在公元3世纪时的西晋时期，四十二字门已随着《光赞》、《放光》般若经典的翻译而传入中土，但其作为佛法修证的重要法门，广泛被佛教信徒讽诵持念，则与入唐以后《华严》类经典的翻译与传习密不可分。

《华严经》有关四十二字门的内容见于《入法界品》。作为《华严经》篇幅最长的一品，《入法界品》讲述的是，求法者善财童子为探求正法，在文殊菩萨指导下，历经110城，遍访53位善知识，听受各种法门，最后在普贤菩萨的开示下，证入法界的求法历程，故此品又称"入不思议解脱境界普贤行愿品"。在善财遍访的五十三位善知识中，有一位善知众艺童子，他为善财指示的修行菩萨道的法门是"唱持入解脱根本之字"：

> 善男子！我得菩萨解脱名善知众艺，我恒唱持此之字母。
>
> 唱阿字时，入般若波罗蜜门，名以菩萨威力入无差别境界。
>
> 唱多字时，入般若波罗蜜门，名无边差别门。
>
> 唱波字时，入般若波罗蜜门，名普照法界。
>
> 唱者字时，入般若波罗蜜门，名普轮断差别。
>
> 唱那字时，入般若波罗蜜门，名得无依无上。
>
> ……
>
> 唱陀字时，入般若波罗蜜门，名一切法轮差别藏。
>
> 善男子，我唱如是字母时，此四十二般若波罗蜜门为首，入无量无数般若波罗蜜门。善男子，我唯知此善知众艺菩萨解脱，如诸菩萨摩诃萨，能于一切世出世间善巧之法，以智通达，到于彼岸，殊方异艺，咸综无遗。[①]

这里所说的阿（a）、多（ra）、波（pa）、者（ca）、那（na）等四十二字即《般若》、《华严》、《普曜》等大乘经论中频繁出现的梵文四十二声字。以此四十二声字为门径，修行者可渐次悟入无量、无数般若波罗蜜，获得世间、出世间诸种善巧，故经文中称之为四十二字门。入唐以后，随着中土华严经学与华严宗学的兴盛，四十二字门开始受到僧俗社会的广泛关注，并逐渐被纳入佛法修行中，成为佛教修证仪轨的内容之一。

在华严类经典中，有关善知众艺为善财述四十二字门的内容凡有五译，即唐垂拱元年（685），唐地婆诃罗译《大方广佛华严经入法界品》（T10/876c—877c）；唐证圣元年（695），实叉难陀译《大方广佛华严经》卷第七十六（T10/418a—418c）；唐大历六年

---

① T10/418a—418c，唐实叉难陀译《大方广佛华严经》卷第七十六。

（771），不空译《大方广佛华严经入法界品四十二字观门》（T19/707c—709a）；唐大历六年（771），不空译《大方广佛花严经入法界品顿证毘卢遮那法身字轮瑜伽仪轨》（T19/709b—709c）；唐贞元十四年（798），般若译《大方广佛华严经》，卷三十一（T10/804a—805c）。这五种经典都是在唐代译出的，其中不空翻译的两种都属密教经典，在密教徒中传习甚众，其余三种经典则是华严宗僧徒传习的重要经典。从7世纪下半叶至9世纪上半叶的百余年间，由于统治者的崇信与提倡，以及佛教僧徒自身的弘宣，华严宗与密宗相率发展到鼎盛阶段，成为此期皇室主导下的北方佛学的主流。《华严经入法界品》中，以四十二字门为核心内容的观行法门，亦因此二宗的传承与弘扬，出现了前所未有的繁荣景况。

　　就华严宗言之，三祖法藏、四祖澄观对四十二字门的弘宣最为得力。贤首法藏（643—712）初从智俨听讲《华严》，深入其玄旨；尝以晋译《华严》"入法界品"缺而未备，乃与地婆诃罗据梵本补足之，其中即包括了善知众艺童子述四十二字门事，后应诏参与实叉难陀《华严》译场，任笔受之职，以新旧二译对勘梵本，使其义旨更为周备；先后讲说《华严》三十余遍，深受武则天崇敬；以杜顺、智俨教学为基础，集一宗之大成，判释如来一代所说之教典为三时、五教，以华严之法界缘起、事事无碍为别教一乘，著《华严经探玄记》、《华严五教章》、《华严经问答》等华严学著述十余种。另外，法藏还著《华严经传记》（一称《华严纂灵记》）五卷，集录与《华严经》的部类、义解与传习有关的人物事迹，全书分十门，其中的讲解、讽诵、转读收录的皆是因讲诵《华严》而致功德与神力的卓异之事。此书是对前代《华严》传习方式的总结，更对佛教讽诵文化的发展与《华严经》的传播起到积极了推进作用。

　　法藏"本资西胤，雅善梵言，生寓东华，精详汉字"，"顾贝叶之书甚博，祈悉檀之诀稍频"，[①] 对善知众艺的"唱持入解脱根本之字"的法门颇为通达，曾在《华严探玄记》卷二十解说其义：

　　　　于中三。初举根本，二唱阿字时，下别显四十二门。初唱阿字时入般若门名威德等者，梵语威德名阿答摩，是故唱世阿字时便即转入般若威德，以阿声同故，即此得彼以为难故，余门并皆多悉如是。准是可知，三善男子下总结多门，言根本字者有二义：一以此等字并是世字之中根本字故，依此以入般若门故云为首，理实无量。二以此等字为所依根本，使之以显般若法门。[②]

　　法藏通梵语，曾据不同的梵、汉传本与译本，对《华严经》作过对勘，故对经文中四十二声字与字义的关系比较清楚。他以阿字为例，指出梵语中的"阿答摩"一词即威德义，[③] 它含有阿音，所以经文"唱阿字时，入般若波罗蜜门，名菩萨威德门"。由此及彼，其他四十一字母亦皆通过一个含有此字母的词来阐发与经文相关的义理。《华严经》称四十二字为根本字，法藏认为其因有二，一是四十二字是世间语言文字之根本，二是凭借四十二字可以开显佛教法门。

---

　　① T50/282b—283a，新罗崔致远《唐大荐福寺故寺主翻经大德法藏和尚传》。

　　② T35/485a—b，《华严经探玄记》卷二十。

　　③ 今检铃木大拙、泉芳璟校勘的《华严经》（京都，1934—1936）梵本，与"威德"相对应的梵文词语是 anubhàvana，与法藏所说的"阿答摩"一词难以对译。具体情况待考。

被称为"华严疏主"的澄观，向以博学多能著称，除了对"经传子史，小学苍雅，天竺悉昙，诸部异执，四围五明，秘咒仪轨"等均有涉猎，更出入台、律、禅、密诸宗，最后立足于华严宗，对八十《华严》与四十《华严》作过详细的疏释，他对经文中四十二字门的解释尤为细致，堪称有唐一代解说华严四十二字门的集大成者。在解释四十二字门的字义时，澄观总引"十经一论"云：

> 今亦别有一章，总引十经一论，一兴善译《华严》四十二字门，二《大般若》第四百九十，三引《大品》般若第八，四《放光般若》第六，五《光赞般若》第十，六《普曜经》第三，七兴善三藏别译《文殊问》般若字母，八别译《金刚顶》瑜伽字母，九《涅槃》第八，十即今经。言一论者即《智度论》，其《五字经》唯释初之五字……然上十经前五释四十二字母，次四即释五十二字母，次第不同，义则多同。[1]

在澄观所引"十经一论"中，既有四十二字门系统的，又有十四音系统的，在将这两种系统的字义进行比较后，澄观得出了"次第不同，义则多同"的结论。例如，解释第二"啰"字门时，澄观引诸经云：

> 《大品》云："啰字，悟一切法离尘垢故。"《放光》云："二啰者，垢貌于诸法无有尘。"《光赞》云："是啰字门法离尘垢。"《金刚顶》云："啰者，一切法离（诸尘染）故。"《涅槃》云："啰者，能坏贪、瞋、痴，说真实法，亦坏尘垢义。"《智论》云："若闻啰字即随义知一切法离垢相，以啰阇，此言垢故。"以上诸经皆第二啰字，同离垢义故无惑矣。[2]

《大品》、《放光》、《光赞》、《智论》都是四十二字门系统的经论，《金刚顶》、《涅槃》则为十四音系统的经论。它们在解释"啰"字（即字母"r"）时都取含有啰音的"啰阇"（rajas）一词，啰阇即尘垢义，二者相同。

值得注意的是，澄观还从语言层面上把四十二字同十四音联系起来：

> 第二升座说授，妙音陀罗尼者标名，能分别下显用，此妙音即前轮字法门，然字即四十二字，音即十四音，谓哀、阿、亿、伊等。以十四音遍入诸字故，出字无尽。若于音穷妙，则善万类之言，究声明之论耳。[3]

在澄观看来，十四音与四十二字不仅诠表的佛教义理可以相通，在语言层面也具有"理实相成"的互即关系：把十四音同四十二字一一相拼就可以"出字无尽"、"于音穷妙"，乃至能"善万类之言，究声明之论"。澄观此说无疑扩大了四十二字门的功能，最终使它与十四音、《悉昙章》成为一个相互关联的系统。

与华严宗侧重对四十二梵字的念诵、义解相区别，密宗僧徒更侧重从瑜伽修行实践中观想四十二梵文声字，把四十二字门作为其修行仪轨的重要组成部分。

密宗的根本要义一为即身成佛义，一为声字实相义。即身成佛义意谓"父母所生身，即得大觉位"，也就是说现生今世即可成佛。声字实相义意谓一一声字皆可诠表实相，各

---

① T 36/688a，《大方广佛华严经随演义钞》卷八十九。
② T 36/688c，《大方广佛华严经随演义钞》卷八十九。
③ T 35/927a—b，《大方广佛华严经疏》卷五十六。

具实相义。在具体的修行上，强调身、口、意三密相应，使修行者的身业、口业、意业与如来的身密、口密、意密相应，最终达到即身成佛的境界。密法的修习与传承分为胎藏界与金刚界两部大法，胎藏界大法所依经典为《大毗卢遮那成佛神变加持经》（即《大日经》），其佛主为大毗卢遮那佛，而大毗卢遮那佛正好也是《华严经》所描绘的华藏世界的佛主。开元、天宝之际，随着善无畏、金刚智、不空等人弘扬的汉传秘密佛教即密宗的兴盛，《华严经》中的四十二字门也发展成为密宗僧徒的观行法门，获得了新的功用，如《大方广佛花严经入法界品顿证毗卢遮那法身字轮瑜伽仪轨》所述：

> 夫欲顿入一乘修习毗卢遮那如来法身观者，先应发起普贤菩萨微妙行愿，复应以三密加持身心，则能悟入文殊师利大智慧海。然修行者最初于空闲处，摄念安心，闭目端身，结跏趺坐……
>
> 复应观察自心、诸众生心及诸佛心，本无有异，平等一相，成大菩提心，莹彻清凉，廓然周遍，圆明皎洁，成大月轮，量等虚空，无有边际。复应于月轮内，右旋布列四十二梵字，悉皆金色，放大光明，照彻十方，分明显现，一一光中见无量刹海，有无量诸佛，有无量众，前后围绕，坐菩提场，成等正觉，智入三际，身遍十方，转大法轮度脱群品，悉令现证，无住涅槃。
>
> 复应悟入般若波罗蜜四十二字门，了一切法皆无所得，能观正智。所观法界，悉皆平等，无异无别。修瑜伽者，若能与是旋陀罗尼，观行相应，即能现证毗卢遮那如来智身，于诸法中得无障碍。[1]

从其修行仪规来看，它非常完整地体现了密宗的根本教义与修行方式。如"顿入一乘修习毗卢遮那如来法身观者"，"应观察自心、诸众生心及诸佛心，本无有异，平等一相，成大菩提心"为"即身成佛义"；布列四十二梵字，"悟入般若波罗蜜四十二字门，了一切法皆无所得，能观正智"是"声字实相义"；"以三密加持身心，则能悟入文殊师利大智慧海"是身、口、意三密相应修行法。在这种修行仪规中，四十二字门作为字字互具、旋转无碍的文字陀罗尼的性质，作为悟入般若波罗蜜的法门的功用，并没有发生根本性的变化，其最大的变化乃在于四十二字门中的每一字都被具象化、仪式化了。

《大正藏》中的《大方广佛花严经入法界品顿证毗卢遮那法身字轮瑜伽仪轨》附有与经文相应的圆明字轮图，此图不见于宋、元、明诸本，独见于丽本大藏经中，却非常生动、具体地显示出密教所传"毗卢遮那法身字轮瑜伽仪轨"的核心内容。圆明字轮中的梵字皆为唐代流行的悉昙体，或即唐代所传字轮修证仪规之原貌。字轮中心为悉昙体的 vaü，是毗卢遮那佛的种子字，代表毗卢遮那佛，同时也代表与毗卢遮那佛合而为一的瑜伽行者。其周遭布列的则是 a，ra，pa，ca，na 等四十二梵字。即此可见，密宗僧徒对四十二字门的形、音、义都予以足够的重视，其原因或在于四十二梵字的形、音、义正好与密宗所讲的身、口、意三密相应相和。

缘于此，不空在重译《大方广佛华严经入法界品四十二字观门》时，特意强调四十二字门的形、音、义，以便于密教修行者观行之用：

> 阿上字时，名由菩萨威德入无差别境界般若波罗蜜门，悟一切法本不生故。
> 啰字时，入无边际差别般若波罗蜜门，悟一切法离尘垢故。

---

① T19/709b—709c，不空《大方广佛花严经入法界品顿证毗卢遮那法身字轮瑜伽仪轨》。

　　跛字时，入法界际般若波罗蜜门，悟一切法胜义谛不可得故。

　　左（小字注：轻呼。）字时，入普轮断差别般若波罗蜜门，悟一切法无诸行故。

　　曩（小字注：舌头呼。）字时，入无阿赖耶际般若波罗蜜门，悟一切法性相不可得故。

　　……

　　荼（小字注：引。）字时，入法轮无差别藏般若波罗蜜门，悟一切法究竟处所不可得故。

　　善男子，我称如是入诸解脱根本字时，此四十二般若波罗蜜为首，入无量无数般若波罗蜜门。①

　　在密宗的观行法门中，往往会涉及梵字的字形与颜色，因而熟识规范的梵字对修行者就显得非常重要，不空译本首列标准规范的字形，盖出于此目的。

二

　　会昌法难之后，佛教诸宗的势力与影响遭到重创，许多重要典籍佚而不存。宋元时期，佛教虽因为朝廷的提倡而有所发展，但与隋唐时期的佛教相比，其创造性与活力都要逊色许多。搜集整理前代佚典，继承发扬各家学说，全面普及佛学基础知识是此期佛教的一个显著特色。与佛教的这一特点相呼应，三教融合特别是佛教内部各宗派的融合成为佛教发展的另一特色，在每一个佛教宗派中，总能看到其他宗派的影子。②在此种佛教文化背景影响下，《华严经》中的四十二字门受到不同宗派僧徒与信众的关注，显示出新的传习风貌。在这一过程中，禅宗与密教对四十二字门的传播起到较为显著的积极作用。

---

　　① T19/707c—709a。

　　② 魏道儒：《中国华严宗通史》第六章《宋代华严与禅净教融合》，江苏古籍出版社 1998 年版，第 212 页。

以禅宗而论，云门宗的惟白（1086—1100）与临济宗的宗杲（1089—1167）都曾对四十二字门作过探讨，并有文字传世。惟白活跃于哲宗朝（1086—1100），晚年住明州天童寺，其《佛国禅师文殊指南图赞》被看做是"以禅解《华严》，并纳华严思想入禅的代表作"。① 该书是据《华严经》中善财童子参访善知识故事而作的介绍、绘图与配诗赞颂，书中为善知众艺为善财敷宣四十二字门事所作的图赞如下：

善财童子第四十五不离当处，参善知众艺童子，以无碍智穷世间艺，唱诸字母入诸法门，鸟兽音声云霞气候，得善知众艺菩萨字智法门。

赞曰：闻得吾师众艺全，而今相见试敷宣。阿多波者言言谛，縒啰迦陀字字诠。四十二门流布后，三千世界古今传。大明一智如何也，云散长空月正圆。②

在惟白看来，四十二字中的每一字都诠表佛法之真谛，是"菩萨字智法门"，其形象如同万里长空的一轮明月，映照千古。这应该算是对四十二字门所代表的义理与其本事所作的最为生动形象的描述。

临济大慧宗杲向以提倡"看话禅"著称，其禅法博采众长，容摄各家精粹而不拘一格，同时还注重经教的诵持修习，《大慧杲和尚年谱》："孝宗隆兴元年，师七十五岁，时住径山，出衣盂，命阖山清众阅《华严》七百余部，用祝两宫圣寿，保国康民。"即此可见，在宗杲的弘法生涯中，《华严经》占据着一个非常重要的位置，善知众艺童子演说四十二般若波罗蜜门更成为他的一重要话头：

师绍兴七年七月二十一日，于临安府明庆院开堂，拈疏示众云：留守相公入善知众艺三昧，向毛锥子上放大光明，不动舌头演说四十二般若波罗蜜门已竟，还信得及

① 魏道儒：《中国华严宗通史》第六章《宋代华严与禅净教融合》，江苏古籍出版社 1998 年版，第 250 页。
② T45/804a，惟白述《佛国禅师文殊指南图赞》。

么？若信不及，却请表白。重新拈出，令未闻者闻，未信者信。①

从上下文来看，这里的留守相公应为时任尚书仆射同中书门下平章事并知枢密院事的抗金名将张浚，此次开堂或即应张浚之请而设，文中盛赞张浚为善知众艺一类的善知识。这是宗杲以善知众艺之旧典比于张浚之新事的例子。另外，宗杲还曾以四十二字门故事解说旧话头，以便听众参悟：

> 熊伯庄请秉拂……复举，僧问睦州：经头以字不成，八字不是，未审是甚么字？州弹指一下云：会么。僧云：不会。州云：上来讲赞，无限胜因，虾蟆勃跳上天，蚯蚓蓦过东海。
>
> 师云：这僧只问经头一字，睦州尽将善知众艺差别字轮，以《龙龛手鉴》、《唐韵》、《玉篇》从头注解，撒在这僧怀里，这僧也不妨奇特，直下便肯承当。且道甚么处是他承当处，听取个注脚，以字不成，八字不是，弹指未终，普天匝地，击开四十二般若波罗蜜门，参透华严会中善知众艺，教内教外一时收，世出世间皆周备。无边罪咎，如火销冰，无量胜义，如恒沙聚。更有个末后句：坚牢库藏永收藏，总属山前熊伯庄。②

睦州即晚唐五代时期黄檗希运嗣法弟子道明（780—877），"经头以字不成，八字不是，未审是甚么字"本是道明诵读《华严》时某僧人对他的请教之辞：

> 看《华严经》次，僧问：看甚么经？师曰：大光明云，青色光明云，紫色光明云。却指面前曰：那边是甚么云？曰：南边是黑云。师曰：今日须有雨。问：以字不成，八字不是，是何章句？师弹指一声曰：会么？曰：不会。师曰：上来讲赞，无限胜因，虾蟆勃跳上天，蚯蚓蓦过东海。③

宗杲引善知众艺四十二般若波罗蜜门事是对这桩公案的解释与发挥，需要注意的是，"睦州尽将善知众艺差别字轮，以《龙龛手鉴》、《唐韵》、《玉篇》从头注解，撒在这僧怀里"，并非实指，乃是取其喻义。《龙龛手鉴》乃辽僧行均所著，成书于10世纪晚期（971/997?），远在睦州道明之后，不过，从宗杲的释语中，我们可以推知，当宗杲之时，必定有人以《龙龛手鉴》、《唐韵》、《玉篇》注解四十二字门事，宗杲乃能以此取譬，比况睦州旧事。

缘于宋初密教经典的翻译及元王朝对各系密教的尊崇，宋元时期的秘密佛教亦获得新的发展，各种密法仪轨广泛流行，并对民间秘密宗教产生了深远影响，④ 其中最典型的一例即受汉地密教与其他宗派共同影响而产生于云南大理地区的阿叱力教。笔者寓目的几种阿叱力教经典，皆题名两宋时期的僧人撰集，如北宋政和年间（1111—1118）"眉阳慧觉寺长讲沙门祖照集"《楞严解冤释结道场仪》（八卷）、"余杭沙门元照集"《地藏慈悲救苦荐福利生道场仪》（四卷），以及南宋孝宗隆兴元年（1163）前后四川绵竹大中祥符寺僧人思觉集《如来广孝十种报恩道场仪》（八卷），经典的编集年代也大致反映了阿叱力

---

① T47/811b，径山能仁禅院住持嗣法慧日禅师（臣）蕴闻上进《大慧普觉禅师住径山能仁禅院语录》卷一。

② T47/847c—848a，《大慧普觉禅师云居首座寮秉拂语录》卷九。

③ X84/222b，《教外别传》卷六《南岳下四世睦州陈尊宿》。

④ 参拙文《宋元时期的佛经译勘及其对梵字的传习》，《世界宗教研究》2004年2期。

教形成与初步发展的大致年代即在宋元时期。上述三种经典皆以"道场仪"命名，其内容多是关于相关法会的科仪，在编排方式上大致分为教诫、仪文、提纲、密教四个部分，在举行法会时，各部分交叉使用，同时还要依行仪的进程逐品讽诵相关经典。可以说，讽诵在阿叱力教法会中亦占据非常重要的位置，祖觉《楞严解冤释结道场仪》卷一"坛前教诫"述道场次序时，即声称要"选音声和畅，喉舌巧妙者一人充赞韵。凡一切歌赞唱偈，系罄一一从之，勿令搀前脱后，互相紊乱，不成佛事。所以随高随下，和佛诵经，责令整肃"。在法会中充任赞韵之职的人需音声和畅、喉舌巧妙，因为整个法会中的歌赞唱偈与乐器的节奏皆由其调节。非常有意思的是，上述三种经典都把善知众艺唱持的四十二字门作为法主升座时持念的真言，同时以偈赞的形式述其本事。如思觉所集的《如来广孝十种报恩道场仪》的仪文、提纲、密教皆于每次升座时，先加持四十二字母真言：

> 阿多波者那。逻拖婆茶沙。嚩哆也瑟咤。迦娑摩伽他。社锁拖。奢佉叉。娑哆壤。易啰哆婆车。娑摩诃婆縒。伽咤拏。娑颇娑迦也莎。室者咤陀。①

继而唱诵字母赞：

> 秘密伽陀，如云似海，难思难议。最要无他事，世尊金口亲宣示，四十二字母，须详细。有顿教，华严广大，一一明宗旨。自善财童子亲参礼，曾为举扬奥义。法界之中，罪垢多除洗。陀罗尼藏无边际，滥觞爰从慈氏。信至道，人间天上，渴仰生欢喜。②

除《如来广孝十种报恩道场科仪》之外，元照编集的《地藏慈悲救苦荐福利生道场仪》、祖照所集的《楞严解冤释结道场仪》皆采用这种程序加持四十二字母真言，唱诵字母偈赞，其内容与语句几无二致。上述三种道场科仪整齐划一的组织形式，以及讽诵字母真言与偈赞的同一方式，很令人怀疑其时代及作者的真实性。从其对四十二字门的称名方式上来看，其时代或应在宋元之交或稍晚些时候。

如上所述，宋元时期，随着佛教宗派的融合，《华严经》中的四十二字门受到来自不同宗派、不同阶层的佛教信徒的关注，或以图文述其事，或以之作为参禅的话头，或明其声母韵部，或以之作为道场科仪中唱持讽诵的内容。以此为基础，元末明初五台山璧峰禅师创制的《华严字母佛事》开启了华严四十二字门传持讽诵的新篇章。

三

从《禅门日诵》中的"讽诵华严起止仪"可以看出，佛教僧徒在举行华严讽诵法会时，一般要遵循相对固定的程序或步骤：首先是启经仪式，包括香赞、启经文、三称"南无华严教主卢舍那佛"；第二步是讽诵经文，包括开经偈、经文讽诵、唱诵经赞（各卷不同，依次为佛赞、法赞、海会众赞、九会赞等）；第三步是唱诵华严字母，包括字母前赞、字母、字母后赞；最后称念"南无华严海会佛菩萨"。以第一卷为例，其大致历

---

① 文见思觉集，赵文焕、侯冲整理《如来广孝十种报恩道场密教》卷上《普供养菩萨》。本文所引用的阿叱力教道场科仪经典，皆为云南社会科学院侯冲研究员校勘整理过的文本，阿叱力教科仪经典引《华严》四十二字门事亦为侯冲先生赐教。

② 《如来广孝十种报恩道场三时提纲》。

程为：

  ……（启经仪式略）

  开经偈：无上甚深微妙法，百千万劫难遭遇。我今见闻得受持，愿解如来真实义。

  讽诵经文（略）

  举佛赞：华严海会，舍那如来，莲华藏海坐华台，诸佛叹奇哉，万象昭回，幽暗一时开。

  字母前赞：华严字母，众艺亲宣，善财童子得真传，秘密义幽玄。功德无边，字诵利人天。

  唱字母：

阿	上声	○俟鞬翁乌燸哀医因安音谐讴阿	唱	阿
多	上声	○当登东都刀 低颠单○颠耽兜多	多	
波	上声	○帮崩○閉逋襃卑宾般○斌○般○襃波	波	

普愿法界众生入般若波罗密门。金字经众和同。

  字母后赞：四十二字妙陀罗，字字包含义理多，梵韵满娑婆，功德大，法界沐恩波。四生九有，同登华严玄门。八难三涂，共入毗卢性海。

  南无华严海会佛菩萨（三称）

  即此可见，《禅门日诵》中的"华严字母"与《华严经》中的四十二声字的差别甚大，其核心内容是以阿、多、波、左、那等华严四十二声字为纬，以俟、鞬、翁、乌、燸、哀、医、因、安、音、谐、讴十二韵为经的声韵拼合图，缘是之故，后人常称之为"华严字母韵图"。

  对"华严字母韵图"中的这种声韵拼合关系，前人有不同的认识，如赵宦光《悉昙经传》、方以智《通雅·切韵声原》、熊士伯《等切元声》等皆以俟、鞬、翁、乌、燸、哀、医、因、安、音、谐、讴十二韵，连同前后两阿字，成十四音，即《隋书·经籍志》所载的"以十四字贯一切音"的婆罗门书，袁子让《字学元元》则认为不应包含前后两阿，实仅十二韵，马自元《等音》则认为有十三韵。如此等等，明清之际的音韵学家对《华严字母韵图》中俟、鞬诸韵的认识颇多分歧，至于其产生时代与作者，尤蒙昧不清，论之者盖寡。今人赵荫棠先生《等韵源流》之《康熙字典字母韵要法考证》补注云：

  明末古燕莫铨（炼翁）《音韵集成》中"华严字母解"云："余究等韵有年，为知梅宣城叙等韵始非神珙一句，究竟不知起自何人。后考《太平记》，方知成化间沙门戒璇所为也。噫，如梦初醒，华严藏中有《金字经梵音字母四十二字》，即戒璇所传也。"这可以为谈华严字母的来源者备一说。[①]

  从赵先生所引莫铨原文来看，其内容乃是将等韵之起源推定为成化间沙门戒璇所为，

---

① 赵荫棠：《等韵源流》，商务印书馆1957年版，第295页。

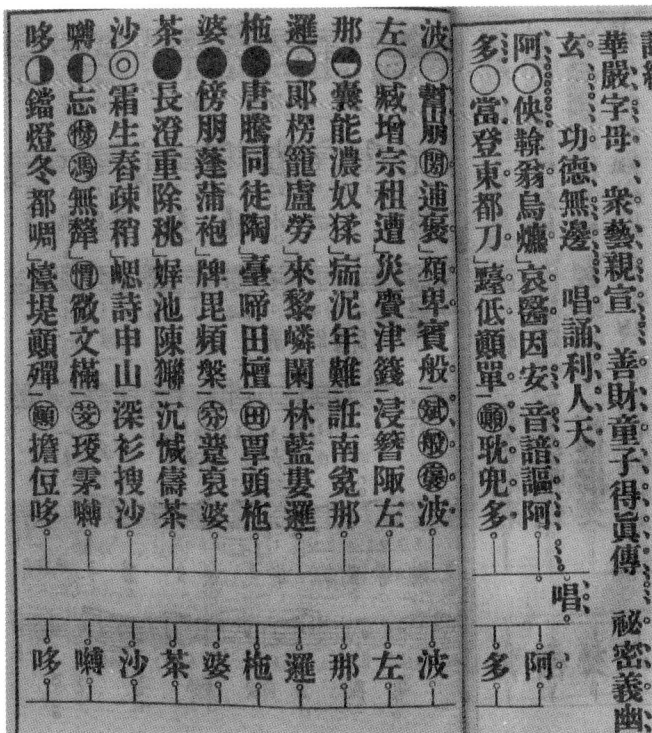

且《金字经梵音字母四十二字》与华严字母韵图亦似无甚关联。因此，华严字母韵图的作者当另有其人。

从侠、鞲、翁、乌、㷂、哀、医、因、安、音、讴、讴十二韵所反映的语音状况，以及《华严经》的讽诵情况两个方面入手，再综合多个方面的因素，笔者认为，华严字母韵图的始作俑者当为元明之际的璧峰宝金禅师。

据明释镇澄《清凉山志》卷三"金璧峰传"载，宝金（1306—1370），字璧峰，乾州石氏子。童年依云寂温公，剃发受具。后学禅观，叩晋海云公。遁峨眉，柏叶为食。后北游，至五台山栖灵鹫庵，元帝因请祈雨有功，赐号寂照圆明大师。明洪武戊申（1368年），明太祖朱元璋诏至奉天殿，应对称旨，命居天界寺，日接天颜，训唱法义。赐紫衣金钵，及御制诗。尝制华严佛事，梵音清雅，四十二奏，盛行于世。清雍正年间纂修《山西通志》卷一百六十亦称"璧峰制《华严字母佛事》，梵音清雅，盛行于世"，同书卷一七〇"经籍志"收录宝金所制《华严字母佛事》。同书卷一百七十一则详载其事云：

> 普光寺，今名黎岭寺，在文岫山，璧峰金禅师化后，门人建塔，明洪武间敕修，上尝赐诗曰：沙门号璧峰，五台山愈崇。璧峰依华严制忏法，梵音婉雅，凡四十二奏。唯寺众袭其法，四方学者观顶受业焉。[1]

从上述记载可以看出，宝金乃元明之际五台山著名的高僧，曾受元、明两朝帝王厚遇，其华严字母佛事乃是依《华严经》而制的忏法，华严字母韵图当脱胎于此。

璧峰宝金创制华严字母韵图事，还可以从以下几个方面得到证实：

---

[1]　文渊阁《四库全书》电子本。

其一，从韵类的划分上来看，《华严字母韵图》所用十二韵，分别是侠（ang）、鞾（eng）、翁（ong）、乌（u）、燋（au）、哀（ai）、医（i）、因（in）、安（an）、音（im）、谙（am）、讴（ou）十二韵，这与明清时期流行的两种等韵学著作《元韵谱》、《五方元音》在韵母数量的分设上正好相同。《元韵谱》为明人乔中和撰写的一部等韵书，约成于明万历三十九年（1611）。是书分韵类为十二佸：鞾（eng）、褕（ou）、奔（en）、般（an）、褒（au）、帮（ang）、搏（o）、北（ei）、百（ai）、八（a）、孛（é）、卜（u）。今人李新魁先生认为"这个韵类系统，反映了当时共同口语的实际读音"。① 《五方元音》为清初樊腾凤（1601—1664）编著的一部韵书，此书受清朝"国书"满文十二字头分类法影响，将韵母分为十二类，并以天地、动物的名称作为其标目：天（an）、人（en）、龙（eng）、羊（ang）、牛（ou）、獒（au）、虎（u）、驼（o）、蛇（é）、马（a）、豺（ai）、地（e，i，iu，ei）。今人赵荫棠先生在比较《华严字母韵图》与《元韵谱》、《五方元音》的差异后指出，前者的侠、鞾分韵，不似后二者之合并，音（im）、谙（am）二音中（m）音之存在，不似后二者之消失，显然与它们不在同一个时代。相比之下，《华严字母》韵图中的十二韵与《中原音韵》时代的音颇为相近，因而其时代至少在元明之际。② 这一时间正是璧峰宝金禅师制作《华严字母佛事》的时代。

其二，从地域上来看，璧峰宝金生前活动的主要地域，以及殁后的瘗所皆在五台山。自南北朝末年，五台山就有顶戴《华严经》、勇猛行道、著论一百卷的灵辨，诵经时声音洪亮、响满宫室的祥云。证圣元年（695），实叉难陀新译八十《华严》卷四十五中有云："东北方有处，名清凉山，从昔以来，诸菩萨众，于中止住。现有菩萨名文殊师利，与其眷属诸菩萨众一万人俱，常在其中而演说法。"③ 这与五台山所处的地理位置正好相符，五台山遂发展成为文殊之圣域，声名渐著，华严、净土、天台、密、禅诸宗的名僧纷纷到五台山参礼，建立自己的道场或丛林。在这一过程中，《华严经》的讽诵活动亦成为五台山各寺院丛林的常课。宝金正是吸取了数百年来五台山佛教中的华严讽诵文化，而创制《华严字母佛事》或曰《华严忏法》，其程序与仪规应与后来的《讽华严起止仪》所载大致不差。

其三，就称名来看，以"华严字母"指称《华严经》中的四十二声字，或亦自璧峰宝金禅师起。在此之前，皆以四十二字门或四十二字母名之。④

综上所论，笔者以为华严字母韵图的创始者当为元明之际的五台山璧峰宝金禅师，正是因为宝金的《华严字母佛事》受到"四方学者观顶受业"，才开启了明清时期华严字母的广泛传习之风。

---

① 李新魁：《汉语等韵学》第九章 "表现明清口语标准音的等韵图"，中华书局 1983 年版，第 290 页。

② 赵荫棠：《等韵源流》，商务印书馆 1957 年版，第 264 页。上列各韵的罗马字母注音皆依赵先生原书所拟。

③ T10/241b。

④ 古德有云："说有易，说无难"，笔者虽尽力翻检内外典籍，稽考"华严字母"的原始出处，皆未有早于宝金者，仍未敢遽将宝金作为以"华严字母"指称华严四十二声字的第一人。不过，其时代应大致不差。

四

　　明清时期，伴随着佛教诸宗的融合，佛教的民间化与仪轨化进一步增强，诵经礼忏之风日益繁复普遍，应请赴会、念诵经咒成为这一时期许多僧人行道弘法的主要内容，进而出现了一批专司诵经念咒、持斋修忏的赴应僧。与此同时，唐代百丈怀海禅师创设的朝参暮请之礼，历经宋元二朝，到明清时期，已发展成为比较成熟、完备的朝暮二时课诵制度，为各地寺院丛林采用，明代通容《丛林两序须知》即规定，首座、书记、监寺早晚都要随众课诵勿失，袾宏《云栖共住规约》亦明确规定"晨昏课诵，不得失时偷懒，违者依例罚钱十文"。受诵经礼忏之风与朝暮课诵制度的影响，各种念诵仪轨、忏仪、斋仪等方面的著述层出不穷，如明代智旭（1599 — 1655）集《占察善恶业报经行法》、《赞礼地藏忏愿仪》、《梵网忏法》、《佛说斋经科注》各一卷。袾宏（1535—1615）《云栖法汇》亦集录诸多与经咒讽诵、科仪行持相关的著述，如《诸经日诵》收录前代相传朝暮课诵及杂类经咒，《华严感应略记》辑录与华严讽诵相关的奇闻逸事，《水陆盛会修斋仪轨》六卷、《瑜伽集要施食檀仪》一卷则是与斋会、仪轨相关的著述。明末清初，以弘扬华严义学著称的柏亭大师续法（1641—1728）在精研华严义理的同时，亦对持诵、传播经咒着力甚多，其《慈云伯亭大师古稀记》志其古稀之年的弘法活动：

> 六十九（1699），劝司织杨公耀祖刻《大悲像手咒释》，又刻《心经二解》，付昭庆律师。较释《大忏悔文》、《华严别行记》八卷，并《圆谈》二卷稿成。

> 庚寅七十岁（1700），劝文学徐汶刻《准提咒印集要》，化善士王国瑞装慈云公主像，并刻《灵感签经》及《神异传》。秋季因诸山众师请，开讲《瑜伽施食经仪》一期，兼出《华严字母释》及《普庵咒》与《悉谈章解》。①

　　以佛经讽诵制度及与之相关的礼忏斋仪的定型化为契机，明清时期佛教讽诵文化得到空前的发展，音声佛事成为包括精英阶层佛教信徒与民间普通佛教信众在内的广大佛教徒的最为流行的修行法门。作为当时佛教讽诵文化的典型事例，与华严字母相关的音声佛事在广泛传播的同时，亦对明清时期的音韵学，尤其是等韵学产生了诸多影响。明清之际，余姚黄宗炎（1616—1686）所撰《周易寻门余论》卷上评述当时"声音之道"有语云：

> 彼西竺之教，谓梵呗之化，导其入人，深于经律论，故其取声之法，胜于东土，汉唐之士人不能及也……今日声音之专门为谁？伶人也，赴应僧也。伶人之四声五音，俗调方言而已。赴应僧之声音，华严字母而已。②

　　由此可见，华严字母不仅是赴应僧日常念诵的代表作，而且是当时音声念诵的典型。需要指出的是，明代中后期，当华严字母佛事在僧俗间广泛流布时，亦受到不少精英知识阶层的鄙弃，如云栖袾宏在重订《诸经日诵》时即没有收录它。③比袾宏稍晚的赵宧光

---

①　X150/203b，《慈云伯亭大师古稀纪》，新文丰 1994 年影印版。

②　文渊阁《四库全书》电子本。

③　X32/565a，袾宏《重刻诸经日诵序》："嘉禾项君向以坊本百八般经入云栖，谓：是经僧尼道俗晨夕所持诵，而真伪交杂，识者消焉，幸为我一甄别之，以式初学！予按其本，勾抹诠次，去伪而存真。"《华严道场字母》或被袾宏视为伪作而不予收录。

（1559—1625）《悉昙经传》亦认为华严字母韵图是"俗僧以闲文杂厕其中，如世俗歌曲之类，欲以悦俗耳，遂与一字含多之旨大戾矣"。① 可见，晚明时期，尚有不少僧俗文人认为华严字母佛事乃闲杂之作，与佛教经旨不符，不过，少数人的鄙弃未能阻挡华严字母的流通与传唱，由明入清后，更出现了华严字母传习的兴盛期，因而收录有关华严字母佛事的佛门课诵著作亦为数甚多，笔者闻见所及的就有如下数种：

（1）《诸经日诵集要》三卷，编者及刊刻年代不详，嘉兴藏收录。卷上收录经类，如《心经》、《金刚经》、《阿弥陀经》等。卷中收录经类之余、咒类，前者如《四十二章经》、《遗教经》、《八大人觉经》等，后者包括日常用的各种咒语、陀罗尼与真言等。卷下包括朝暮二课念诵经、咒、偈、赞、神咒、真言等，以及由各种科仪、愿文、偈、赞等组成的杂集。有关华严字母的内容多收录于杂集，题为"华严道场字母"，其内容与《禅门日诵》中的"讽华严经起止仪"大致不差，仅华严字母韵图比《禅门日诵》所载韵图粗略，首行列阿、多、波、左、那等四十二声字，第一阿字下有小字注云"上声，后同"，下为佉、鞬等十二韵，再下复为阿、多、波、者、那等四十二声字，此韵图或为华严字母韵图的初始面貌。

（2）《日课便蒙旁注略解》，京都静默寺易水海宽注，雍正十一年前后刊。是书分正、副二编，正编名为"日课便蒙旁注略解"，副编名为"日课蒙文赞类"，"讽华严起止仪"见于附编，其凡例有云："附编之刻，虽止为便俗，编中凡有教义者，亦略为注，如《金光明空品》、《普普贤观章》、《华严字母》等。"②

（3）《禅门佛事》二卷，作者不详。初刊于乾隆十五年，同治十四年重刻，辽宁省图书馆馆藏本仅云清刻本，书中所载《讽华严起止仪》颇为精细周备。

（4）《禅门日诵》二卷，原作者及刊行年代均不详。目前通行的版本有道光十四年（1834）刊本、光绪十二年（1886）福建鼓山涌泉寺能成募刊本、光绪二十六年（1900）序刊本、浙江天童寺原本之金陵刻经处重刊本等。《讽华严经起止仪》收录于是书"讽诵经咒礼忏科仪"部，内中"华严字母韵图"颇为细致，如韵图顶端以三十六字母标注四十二声字之声类，四十二声字下复以○、●、◎、、等图形示其发音部位与发音特征。另外，有时还在声韵拼合所得诸字右侧附以◎、○、、等符号表示大磬、鼓、木鱼等乐器的演奏与声字念诵的配合情况。③

近代以来，各地寺院丛林举办华严法会而讽诵华字母的事例亦屡见不鲜，如扬州高旻禅寺每年农历二月初一通常会启建华严法会，从初一至二十五，每天四卷，共一百卷，每卷后都会唱诵华严字母和"四十二字妙陀罗，字字包含义理多，梵韵满婆婆"的回向赞辞。④ 2005 年 9 月 25 日至 10 月 15 日，杭州法净禅寺启建华严法会，每天都有三百多居士参加唱颂华严字母，并虔诚诵念《大方广佛华严经》二十一天。⑤ 相沿数百年的华严字母唱诵风习亦因华严法会的启建从而在新时期焕发出新的魅力。

　　① 《悉昙经传发凡·悉昙总例一》，台湾新文丰出版社 1999 年版。

　　② 参赵荫棠《等韵源流》附录《康熙字典字母切韵要法考证》，商务印书馆 1957 年版，第 283页。

　　③ 参黄维楚（智隆）《华严字母及其唱法》，上海市佛教协会 1990 年版。

　　④ 详参 http：//www. gaominsi. org/gaoseng/shownews. asp？id＝48。

　　⑤ 参见 http：//news. fjnet. com/jjdt/jjdtnr/t20051011_ 15592. htm。

除上述音声佛事之外，华严字母还是明清之际等韵学领域中的一个重要话题，成为当时不少等韵学家研求等韵之学、绘制韵图的参照系统与工具。清代乾隆年间，海宁周春即从"究心华严字母之学"开始，渐有悟入，对世间难辨之音、不易识之字了然心口间，著《悉昙奥论》三卷讨论等韵学的相关问题。[①] 清人林本裕《声位左编》则"竖照华严字母十二位，别立闰位一，共十三摄。横开二十五声，华严字母之二合三合皆具一焉"[②]。又有吴修龄亦"发悟于华严字母"，以二合、翻切概括等韵门法。[③] 据近人赵荫棠先生考证，《康熙字典》前的"字母切韵要法"及其《内含四声音韵图》亦是由华严字母韵图发展演变而来的。乾隆十三年（1748），和硕庄亲王于允禄等人纂修的《同文韵统》亦盛赞华严字母"义蕴精微，包括深广，以之唱演功德，实为秘密要用，以之考定字音，亦为韵切源流。所云佛音首被，万品同归，未可执一端以轻议其短长也"。[④] 华严字母与明清音韵学发展演变的关系甚为复杂，笔者拟另文探讨。值得一提的是，近代以来，仍有不少有关华严字母的著述，如贝晋眉的《华严字符音谱》、沈家玉编《华严字元音义》、萧蜕《华严字母学音篇》等，[⑤] 这些著述基本上都是在《华严字母韵图》的基础上展开讨论的，可看做它在新的社会历史时期的影响或余绪。

通过上文对"华严字母"历史源流所作的论述可以看出，《禅门日诵》中与唱诵华严字母相关的华严讽诵仪规背后，实际上隐含了许多颇有意味的历史细节：从圆明字轮到华严字母韵图的演变历程，反映了四十二字门是怎样从一种纯粹的印度舶来品，一步步地演变为一种融摄印度文化而由中国制造的国货——华严字母韵图的历史过程。这个过程，实际上是印度佛教文化不断被中国古代传统文化吸收与改造的典型历程。

周广荣，中国社会科学院世界宗教研究所佛教室研究人员，北京大学博士后。

---

① 周春：《悉昙奥论序》，上海图书馆藏吴氏拜经楼钞本。
② 刘献廷：《广阳杂记》卷三，中华书局校点本，第118—119页。
③ 刘献廷：《广阳杂记》卷四，中华书局校点本，第211页。
④ 《同文韵统》卷五，《影印文渊阁四库全书》第二百四十册，第423页。
⑤ 贝晋眉其人及其书为沈家玉《华严字元音义序》提及，其详情待考。沈家玉编《华严字元音义》一卷，北大图书馆有民国十九年（1930）古吴汪氏石印本，一册一函。萧蜕《华严字母学音篇》发表于《国学论衡》卷四（1934.11）、卷五（1935.6）。

中国禅学　第五卷
2010 年，第 518—525 页

中国禅宗绘画及流派研究

叶伟夫　叶　苊

内容提要　中国禅宗绘画缘起古代哲学思想的艺术理念，在吸纳佛教禅学思维方式的基础上，不断深入异变并创造出以简约线条、朴素的色调、高超技艺勾画的艺术形象，是传统中国画的主要流派和绘画体系之一。禅画的称谓，似乎是佛教禅宗的产物，而实际上中国禅画也正是借助"禅定"的思维方式，将传统的"斋戒"升华到"心源主义"的层面。禅画是中国的特产，禅画追求精神层面的艺术效果，超凡脱俗的崇高意境，被誉为继"文艺复兴"之后的又一伟大创举。本文从中国禅画启蒙形成、演变体系、典型作品、发展历程诸角度切入，在理论上进行全方位系列研究。意在正本清源，修补《世界美术史》的理论空白。

关键词　禅宗画　魍魉画　敦煌艺术　丝绸之路　佛教艺术流派　心源主义

一　印度的禅与中国禅画——古人"斋戒"具有禅意

中国禅画意识出现较早，源于远古的巫术岩画及春秋、战国时期的百花齐放。彼时的美术形式与工艺结合紧密，凸显装饰意味，品类的风格和价值取向一致，时代潮流大多趋向一种实用主义。当时，非实用的纯艺术形式已经初露端倪。从现存出土于长沙的公元前古楚国的帛画来看，战国时期的独幅绘画可视为最原始的"禅"画，即宗教观念在绘画中的反映。战国楚墓的《缯书四周画像》是用墨线绘画的"诡怪形象"，画面四周涂绘的青、赤、白、黑四种色彩，已象征着四方四神观念的普遍存在；《人物龙凤帛画》和《人物御龙帛画》画面再现了洗练的笔墨、活泼灵动的构图，行云流水般刚柔相济的线条造型，精心刻画人物的动态形象，特别是通过绘画环境的描写所表现的画外意境，堪称中国禅宗绘画的鼻祖，至少是中国帛画的先驱。

春秋战国时期的意识形态领域，崇尚神灵，玄妙怪异的人与神的关系复杂而微妙。诸子百家，探索研讨，各抒己见，百家争鸣，在文艺领域出现了不平衡的历史繁荣高峰。就美术形式而言，无论是品类还是风格大都附属于实际功效，以纯粹的绘画形式而单独表现的艺术现象是后代才大量涌现的。尽管如此，被西方誉为东方哲学之父的老子，及其代表思想中的"清静无为"、"绝圣弃智"与庄子继承的"道法自然"等哲学思想，可谓禅画艺术理念的思想基础，当时普遍存在的"斋戒静思"行为，具有后来者居上的佛教禅意。这种如出一辙的思维方式，至少深刻影响了后来的中国绘画崇尚意境，以技法作为表现手段，画面内容融合笔墨形式来传达作者的精神境界，在物质世界里追求"知足寡欲"或"返璞归真"的原始状态，这一点在历代名画的某些作品中不难看出。特别是庄子（约前

369—前286），继承和发展了老子"道法自然"的观点，认为"道"的无限，"自本自根"、"无所不在"。他的思想包含着朴素辩证法因素，在否定神的主宰（自生自化）、强调人的能动性的同时，在其《庄子·齐物论》中也曾幻想"天地与我并生，万物与我为一"的主观精神境界，主张"安时处顺"、"逍遥自得"的纯粹理想主义。这些道家经典及哲学思想，构成了中华民族传统文化的主体——民族精神，深入国人的骨髓血脉，薪传后世，接踵而至，历久不衰。

或许人们普遍认为：无论是禅画还是画禅，自然都是佛教"禅"的派生。然而，客观上中国的禅画是在佛教禅宗派形成后才找到名称方面的归属，是人们把此类题材和表现形式的绘画根据当时的认知程度将其归宗为禅画之列，而不是只有佛教引进中国后才产生的此类绘画。实际上，当时的确也是在借鉴了颇为流行的禅宗思维，将传统的"斋戒静思"方式纳入其中，合并为一，形成这类狷介的艺术创作形式。在不断充实和完善这些题材创作的历程中，发展为系统性的艺术风格和表现技法相对成熟的绘画形式，为禅画流派的构成奠定了基础。由此可见，中国的禅画是在特定的历史阶段中逐渐发展演化而形成的。从"斋戒静思"到"禅静定思"是一个否定之否定的蜕变，或是由感性认识到理性认识的一次飞跃。

"佛"是梵语 Buddha（佛陀）的音译简称，意译"觉者"，佛经认为：凡能"自觉"、"觉他"、"觉行圆满"者皆为"佛"。所谓的佛学，就是佛教经典中包含的唯心主义哲学。佛教自东汉明帝永平十年（67）传入中国，经过三国两晋南北朝四五百年的翻译研究与传播，到了隋唐时期才产生了具有中国特色即本土特征的许多流派，如：天台、华严、唯识、禅宗、净土、密宗等，这些宗派直接影响了民间艺术和风俗习惯。其中禅宗和密宗对中国绘画艺术的影响较深，禅宗在精神层面上导演理念；密宗则在表现形式上发展为诸多的唐卡类壁画。

中国的禅画又称"禅机画"，所谓禅机是指"悟道之人教授学徒的启示，令其触机生解"。与中国的"斋戒静思"本无差别。"禅"是梵语 Dhyana 的音译，意译为"思维修"、"静虑"，亦即安定沉思。佛教的禅宗，是南朝宋末（约公元460年左右）菩提达摩由天竺（印度）来华传授的禅法而创立的，以专修"禅定"（安静而止息杂虑）为主的流派。禅宗作为佛教修持方法的主要宗派之一，用通俗简易的修持方法，取代其他宗派的烦琐义学，主张以"心"为主宰，使人们从广泛教义的束缚中解脱开来，从本身体悟人生乃至审美的妙悟。这种清静寂定的心境——禅心，也如李欣《题璇公山池》中"片石孤峰窥色相，清池皓月照禅心"的心境。

无论佛教还是禅宗都来源于印度，那么，什么是印度的禅呢？《胡适谈禅》中就讲了一个可以诠释印度禅的故事：古印度国王想找个宰相，他终于找到了一位却吓唬要杀死他。经解说，让他拿个盘子，里面盛满油，从东城捧到西城，不许滴出一滴，否则即杀头。无疑，这是很难做到的刁难。他走在路上，碰到父母妻子哭他，他没看见。有很美的女人从他身边走过，看的人很多，他没看见。忽然闯来疯象，吓得满街人乱串乱跳，可他一心一意在盘子上，还是没看见。又遇到皇宫失火，一时间闹得纷乱不堪，一窝蜂子被火烧出到处蜇人，这人也被蜇了几下，可是他始终没感觉到，仍然专心致志地捧着盘子往前走。最后，他竟到达了目的地，一滴油也没滴下来，于是，国王便拜他做了宰相。据此可见，印度禅也就是禅定，是思维的静态。意思是做事收拢散心，系于一境，不令动摇，才能达到禅的境界。

二　中国的禅与中国禅画——无法之法，智慧圆通

中国的禅与印度的禅有所不同。如果把印度的禅理解为"定"的话，那么，中国的禅就是"慧"。我们无从找到直接回答何为中国的禅的答案，但五祖寺的法演禅师在回答"禅是什么"的提问时，所讲述的一则颇具哲理的小故事或许可以让人悟到什么。法演禅师说：有两个贼是亲爷俩，老贼年纪大了。有一天儿子向他请教一个吃饭的方法，老贼答应了。晚上，老贼把小贼带到一户富贵人家，挖了墙洞钻进屋里，用百宝囊的钥匙打开大柜的锁，叫儿子进到里边，等儿子进去之后，他把柜子锁了。并且大喊："有贼了！有贼了！"他便溜回家去。富人家听说有贼赶紧起来搜查。结果东西没丢，贼也未见，仍然睡去。这时锁在柜子里的小贼，不知他父亲是何用意，只想怎样才能逃出去。于是，就学老鼠咬东西的声音。一会儿，里边的太太听到，就叫丫环掌灯来查看。丫环刚一打开柜门，这小贼一跃而出，一掌把丫环推倒，灯灭了，然后趁黑逃走。富人家发现后又派人追赶。追到河边上，这小贼急中生智，搬起一块大石头，抛在河里，自己绕着道回家了。到家看见父亲正在喝酒，就埋怨把他锁在柜子里。父亲问他怎样出来的？小贼如实禀告，听罢，老贼便捻髯微笑说"你以后不愁没饭吃了！"随机应变，量力而为；无法之法，智慧圆通，既是禅！或者说是中国的禅，也是禅画的"心源主义"创作原则。

中国的禅画是种包容性很强的艺术门类，在历史潮流中几经周折、荡涤沉浮，最后才以"禅"为核心而形成艺术风格相近的绘画流派。其中，有的被淹没，有的浮出，最终荟萃于敦煌。敦煌莫高窟创始建于前秦建元二年（366）[1]，是当时修行者"戒行清虚，执心恬静"而营建的"斋戒静思"之地。北魏王元荣、北周贵族于义，先后出任瓜州（敦煌）刺史，信奉佛教，推动了莫高窟的开窟造像活动，吸引各地艺术家来此创作。敦煌位于丝绸之路东段的主要枢纽，连接着中国、印度、波斯、巴比伦、埃及、希腊和罗马等主要的文明体系，这里汇聚、吸纳、扬弃、放射着整个欧亚大陆人类文明的光辉，演绎了人类生活和社会风俗最主要的历史画卷。敦煌是中国禅画的百科全书，她"华戎所交，一都会也"，多民族的文化诸如吐蕃、回鹘、党项、蒙古等，都以各自特别的风俗情趣融会到敦煌艺术中。敦煌随着佛教、景教、摩尼教、祆教、伊斯兰教的东传，不断丰富着本土道教所固有的美术模式，亦使西亚和中亚的建筑艺术、雕塑造型、彩绘壁画、音乐舞蹈、纺织印染等工艺融为一体；延续了千年的艺术成就，继承了本土汉晋艺术大气豪放的传统，吸纳了南北朝和唐宋艺术婉转文雅的风格，其美术形式包罗万象。中国的禅画就在这种肥田沃土中孕育成长，莫高窟形成期也是中国禅画最辉煌耀眼的高峰期。

然而，中国禅画的衰败期也残酷而至。一旦走出特定区域的佛国敦煌，此类有悖于传统观念又无章无法的"涂鸦戏作"自然是不为人接受。这种不祥的苗头最初可考到南宋时智融的"魍魉画"。魍魉者，怪物也，或是指影子外层有淡影的精灵妖怪（《班固·幽通赋》）。《淮南子·览冥训》云："浮游，不知所求，魍魉，不知所往。"意指其渺茫无所依的样子。这或许是欣赏者在无法释读的情况下，根据画面的表象对中国禅画的戏称。但结果是曾被贬为"魍魉画"的中国禅画在官宦之地大有失宠之兆，身陷一片指责批评中而元气大伤。诸如：贯休所写的罗汉"见者莫不骇瞩"；石恪的人物"诡形殊状"，至

---

① 樊锦诗：《艺术的敦煌·吴健摄影集》序言，上海古籍出版社 2000 年版。

为时人患之；华光的墨梅"真趣"不为"轻薄子所识"；法常的书法被视之为"粗恶无古法"；雪窗的墨兰则"止可施之僧场，不只为文房清玩"（夏文彦《图绘宝鉴》）。简而言之，中国禅画其传世精品在艺术世界中寥若晨星，大概是由书画家的创作欲望走向衰落所为。

三　中国的禅外禅与禅画的褒贬——扑朔迷离，神乎其神

南宋的智融和尚，俗名邢汕，汴梁人，50岁入杭州灵隐寺为僧。因其作《散圣图》情态意绪，皆入真，"所作墨戏微茫淡墨，时人云'魍魉画'"。然而，批评者真正担心的是"微茫淡墨，并以为不足以永久"。智融晚年因"目昏不能下两笔"，故少作释教人物图，而喜画牛，自号"老牛智融"。楼钥《画老牛智融事》一文曾叙说智融"遇其适意，嚼蔗析草蘸墨以作坡崖岩石，尤为古劲。间作物象，不过数笔，寂寥萧散、生意飞动。或极力摹写……此自是悟门，非积学所能及也。"这就是遭到非议的淡墨禅画。在技法上智融用甘蔗的粗纤维蘸墨画山石，追求古朴苍劲的效果；用淡墨线条勾画人物，追求灵通飘逸；用简洁的构图表达绘画的意境；画面布局重神似而忽略形态，这些要素构成了中国禅画的基本特征。尽管我们无法亲自揣摩智融的禅画，但他对中国画的贡献是肯定的，无论是丰富画派，还是发明技艺，特别是重视并追求绘画的神似，由此聚合了中国禅画乃至中国画的构成因素，这就是凭中国绘画的写意之神韵与西洋绘画重视形似、光影而容易掩蔽了神似的主要区别。或许也是所谓的中国禅画，构成了中华民族绘画艺术的要素与精髓。

随着中国禅宗思想的发展，禅画在特定的范围内也日趋丰富。由隋唐至五代延续两宋，禅画异军突起，尾声的回荡也波及元代时期，此间可谓是中国禅画有别于敦煌以壁画形式为主的帛绢楮纸绘画的又一个繁荣期。唐代的贯休和尚擅书能画，其禅画多作道释罗汉，形貌古野；其后的画家，其禅林墨趣也超出了当时颇为时髦的"文人画"。傅古、楚安、惠崇、梦休、居宁、仲仁、宝觉、惠洪、道臻、觉心、梵隆等画僧，要么擅长人物，要么山水楼阁，要么花木草虫，要么专攻墨竹书法，这些画家大多在"魍魉画"的淡墨范畴内组织创作，不仅推动了中国画的飞跃，而且为禅画概念的外延提供了实例。在中国美术史册中杰出的禅画名作有：梁凯的《六祖截竹图》、《泼墨仙人图》、《布袋图》、《寒山拾得图》等；李确师承梁凯之法的"减笔"名作《达摩图》、《布袋图》、《丰干图》；还有法常的《观音图》、《松猿图》、《竹鹤图》、《蚬子和尚图》、《寒山图》；因陀罗的《维摩图》、《五祖再来图》、《李勃参智常图》等。从他们作品的画风和画理分析，想必借鉴或运用了禅宗的思考方式，以大自然为师，"外师造化，中得心源"，是厚积薄发的心灵写照。当然，禅宗画派诸如法常（号牧溪）等画家，在当时也曾遭到画坛一部分封建士大夫的抵制，但百年以后的明代，又被"昭雪平反"。譬如，宋濂称誉为"笔底能回造化功"；清代查士标更赞赏其画作"观画史所载，称其点墨而成，不假装饰，尚未足尽牧溪也。卷中一花一叶，有天然运用之妙，无刻画拘板之劳，而幽禽翠羽，动态飞鸣，曲尽其态，会观者神怡，对之忘倦"。即便是沈周、林良、徐渭等大画家盛行的大写意，其画风也不少是法常禅画的画理，这种表面意象同枝连理般的形似，看似笔墨形象的孪生难分难解，然而，就作品的内涵及本质而言，尚缺乏精神层面的神韵，不见禅意。

中国的禅画，有的貌似奇怪，闲云野鹤；有的野马脱缰，随意挥毫。这种超越藩篱、摆脱桎梏，无规无矩、标新立异的表现形式在封建制度的严格控制下，可谓是有失文雅的

大逆。正因为如此，禅画才"无法之法"而难以释读。画家大智若愚似乎心不在焉时随意勾勒的简约线条、朴素的色调，高超技艺幻化出阳春白雪式的艺术形象，且有另类的超凡脱俗的崇高非物质的理想意境，难怪多成为曲高和寡的非主流艺术。显而易见，中国的禅画寓意玄妙深奥，技法卓绝孤傲，且追求精神层面的艺术境界。只有有学识修养或知音在审读过程中才能产生心灵深处的震撼，体悟到作者的苦心经营；而心气浮躁或墨守成规者必定与之无缘，感觉不爽，甚至于诋毁。

四　日本继承中国禅画的衣钵——青出于蓝，寒出于水

公元 6 世纪初，已经中国化了的佛教经过朝鲜半岛传到日本。与此同时，中国式的佛教美术也在日本得到传播。和飞鸟时代（552—645）对应的是中国文明的顶峰隋唐时代，天皇政府无论在政治体制还是生活习俗上都全盘中国化。当时，日本的佛教美术几乎是从北魏到隋唐风格的翻版，例如，奈良法隆寺玉虫橱子上《舍身饲虎图》就是白凤时代深受唐代绘画影响的佛教绘画。直到藤原时代（794—1185），在中国式的唐绘中才衍生出初具日本手法描绘的"大和绘"。9 世纪日本政府停派遣唐使，但中国文化的深刻影响，特别是佛教禅宗在镰仓时代由僧人从宋代中国传入日本，并在室町时代（1334—1572）达到了登峰造极的程度。[1] 传统的绘佛师和大批的画僧，"根据禅家信念，心灵与宇宙不二，生活本身就是宗教。他们选择称之为'汉画'的宋元山水画形式，以山水表现胸境。著名的画僧有如拙、周文、雪舟等人。雪舟是日本水墨画集大成者，曾游历中国，师承马远、夏圭画风，因他们的'边山角水'能传达禅意的孤绝、枯淡之意境。与禅宗画响应的是庭园建筑中的全景园林——枯山水白沙铺地，山石堆砌，方丈之间别有一番情趣。"[2] 由此开化乃至影响至今的日式禅调建筑风格和环艺装饰手法。就连对西方现代艺术产生重大影响的日本典型代表模范绘画"浮世绘"，及其代表人物葛饰北斋（1760—1849），也是把中国画风、荷兰风景版画与日本流派熔为一炉，才成为富有时代个性的画家。18 世纪初中国文人画传到日本，这种被称之为"南画"的文人画技法也完全同化，至此，日本近千余年的美术发展历程中，从不间断向中国学习。而对于中国禅画而言，忠诚的继承者有江户后期的禅僧松来，他推崇苏东坡遗风的"白纸赞"和五祖法演禅师的"无尽藏"；生于宽延三年（1750）的日本著名禅画名家仙崖禅师，更加推崇法常的禅画，在他们的名作之中，吸纳的多是中国禅画的全新之法。

法常在中国绘画史上是颇有争议的人物，但他的作品对日本美术界却产生极大的影响。日本对中国禅宗画的追捧几乎狂热，"使日本画坛第二次对中国艺术产生近乎膜拜般的热情，与禅宗有着密切联系的水墨画在日本大规模发展，也开拓了日本绘画广阔的前途"[3]。作为日本水墨画范本的还有宋元时期的绘画，包括法常、因陀罗在内的绝大多数禅画艺术珍品，都流入日本，而且是大批量源源不断地飘落异乡，这就是日本藏有大量中国禅画的原因，也是研讨中国禅画并取得成效的根本所在。日本不仅忠实地继承了中国禅画的衣钵，而且还有所发展，20 世纪 50 年代铃木大拙向西方世界传播的禅学思想及绘画

① 欧阳英、潘耀昌：《外国美术史》，中国美术学院出版社 1997 年版。
② 庄先军：《老庄画集·禅机画与魍魉》，南洋出版社 2001 年版。
③ 同上。

在国际上受到广泛重视，"历史学家林恩·怀特将铃木的贡献誉为'人类文化史上的大事，可与文艺复兴时期介绍柏拉图、亚里士多德著作相媲美'"①。我们读之倍感汗颜。所幸的是，由中国传统"斋戒静思"所包容的禅宗思想并演化的禅画艺术，已经从民族文化走向世界领域，终究可能摆脱狭隘成为人类共同的文化遗产。

五　中国禅画的界定与欣赏——画面抽象，禅趣可循

中国禅画植根于九州大地，其艺术理念和灵感缘于古代先贤的哲学思想，并在不断深入异变、丰富的基础上，创造出风格相对稳定，以简约线条、朴素的色调、高超技艺、勾画描绘的大多以宗教题材为轴心的艺术形象。中国禅画的思想基础最初是本土的儒家和道家的世界观，在佛教引入中国后，特别是禅宗本土化的发展，符合书画家所追求的理想主义，因此，在不同程度上，来自各民族地区乃至不同国家的民间艺人，怀着虔诚心情，相互借鉴共同促进，利用共性的艺术语言自由抒发个人的情感，以绘画的形式表达了自己的理想和心愿，创作了一批充满着浪漫主义色彩名垂青史的绘画，这就是荟萃于敦煌这一百科全书中最早的禅宗壁画和书画作品。与此同时，另有一批以佛教禅宗派为主的画僧或居士，在敦煌之外的寺庙等处，以传统的绢帛纸墨为载体，在有悖传统观念和笔式的绘画基础上，不拘一格地探索新路、大胆创新技法，力争作品别具匠心，追求精神层面的艺术境界。

当代禅画大师庄先军先生说："中国画极易产生程式化效应，因为它没有西方那种以模特为蓝本的制约机制，写意人物画与以素描为基调的人物画法并不属于同一范畴。中国画的程式化现象，并不仅仅表现在人物画方面，山水、花鸟也未能越此藩篱。"② 所以，艺术家的创作，就要回避"模山范水"那些程式化、概念化的东西（如若为学习而临摹另当别论），独辟蹊径。李东阳《怀麓堂诗话》讲述了一个"诗贵不经人道语"的创造原则，其曰："自有诗以来，经几千百人，出几万语，而不能穷，是物之理无穷，而诗之道亦无穷也。今令画工画十人，则必有相似，而不能别出者，盖其道小而易穷。而世之言诗者，每与画并论，则自小其道也。"事实上，不仅仅是绘画，就是文学艺术的诸多门类中，无不以塑造人物形象、刻画灵魂为己任。万物之灵的众生，不仅各具形貌，且有五蕴、六欲、七情。极难发现一模一样的，正如罗丹所言："一棵树上很难找到两片形状完全一样的叶子。"③ 即便是孪生，容易障目，但在视觉上总有可分辨的差异之处。问题在于，马虎大意或不求甚解，照猫画虎或人云亦云，就只能克隆"模山范水"，亦步亦趋地步人后尘，其结果如同近亲联姻。日薄西山时虽见晚霞，但前景很快就会黯淡下去。在旭日光芒照耀之前，必然经历漫长的黑暗。千万不可重演"九斤老太太口头禅"一代不如一代的现象，艺术家应面向自然、体验生活，深入研究、有感而发，可谓是"外师造化，中得心源"，方可画道难穷。中国禅画的可贵之处，就在于不断否定自我，探索新意，是一种"心源主义"和"唯神主义"的美术形式。所谓神者，不可知也（不知者为神），只可意会而难表言明，尤其是所传达的精神层面的境界，往往是通过艺术语言和笔墨功夫

---

① 庄先军：《老庄画集》，南洋出版社 2001 年版。

② 同上。

③ 叶伟夫：《中国印石》，辽宁人民出版社 1993 年版。

之外所暗示的画境，靠欣赏者对此感悟而产生心理体味的不同。因此，禅派书画以无定式套路、绝对标准可言，只有创作原则视为可遵循的规律法则。

中国禅画亦并非扑朔迷离、迷失自我的玄奥。画虽抽象，而意境规范有章可循。倘若把古今的禅画都具体界定的话，那么，犹如老庄所见：禅画三境、三昧。所谓三境者，如《五灯会元》载青源惟信禅师所证得："老禅三十年前未参禅时，见山是山，见水是水。及至后来，亲见知识，有个人处，见山不是山，见水不是水。而今得个休歇处，依前见山只是山，见水只是水。大众，这三般见解，是同是别？"显然有别。因为未参禅时等于对象性思维；有个人处等于意向性思维；得个休歇处等于无意识思维。把这三境分别落实到禅画的三昧处，即是：对象性思维等于写实；意向性思维等于写意；无意识思维等于写心。具体分析如下：

（1）第一境写实：对象性思维是二元对立思维模式。基于主客体的二元对立，主体不仅要遵循思维的必然性，还要遵循对象的必然性。主体心灵和意志必然受到客体的制约，主体是被动不自由的。苏东坡说："绘画以形似，见与儿童邻。"当画家面对美景时，猎取的心态就像捉迷藏。注目之处顿觉陌生，无从下手。于是殚精竭虑，日渐深细，把理智、逻辑、功利，构图、笔墨、色调塞满头脑，再运用技巧功夫，精细描绘。结果是把经过解剖后拼凑的碎块重新组合，得到了"现实主义"的山山水水。这种具象反映的是客观的写实，容易走偏而形成概念化、程式化，就像卢佛美术馆藏丹纳的油画，一幅肖像用放大镜画了4年那样烦琐细腻而写真。

（2）第二境写意：即意向性思维。当主体意识得到了解放，客体被主体所同化，主体即获得异变的自由，于是，山与水就有了主体的生命。就像得宠的画家走出国子监，离开宫闱御苑时，顿觉眼前天高地阔、脚底生风，山欢海笑、佳景宜人。美妙婆娑的幻影使之意气风发，无限的思绪添满了有限的空间，自然会感到饱满、洒脱。因此，写意必须是意向性思维，意在笔先，得意忘形，才能在笔下勾画出山光水色，"优游乎，乘意趣之舟由技艺入道矣。"此时，山已不是那个山，水已不是那个水，都是些"无限难思意味长"的笔墨意境。

（3）第三境写心：即无意识思维的嬗变，是禅的超越性，是超功利性的精神体验。这种体验来自于"心性一如"的静心、"物我合一"的主客体"妙相感应"契合的思维模式，是"心、识、体一也"的协调与共振过程。古人的"斋戒"与"禅定"同理，都是静心的过程。庄子《梓庆削木为锯》中就讲了梓庆在做锯钟之前，通过斋戒安定心灵的历程：斋戒三天，不敢怀有求赏爵禄心念；斋戒五天，不敢怀有毁誉巧拙心意；斋戒七天，寂然忘却了"我的四肢……朝庭"，妄念尽消，然后入山林，观察树木的性质，"看到质性合于形成锯钟的宛然呈现在眼前"，非如此而不做，以我心的自然来契合树木的自然，所以，制成的乐器被疑为鬼斧神工。庄子的哲学与禅学的思维模式同出一辙，来自异曲同工的不二法门。梓庆的"斋戒静思"安定了心灵，亦即后来佛学的戒、定、慧，由戒生定，由定生慧，定是前因，慧是结果，由定引爆慧的核裂变而悟，是普遍认知的思维模式，在思维修持过程中产生的心理和生理现象，构成的斋戒或者禅定的心理体验和生理基础。超凡脱俗的作品，来自于入圣静心，静心就是空出。正如奥修《谈庄子》所言，必须"空出你的船"，把多年积攒的随身细软（我擎法障）悉数抛弃，完成从有"法"到无"法"的蜕变。然而，法障乃是久经"业"力所造，一旦捐弃，得鱼忘筌，业感就黏滞流连，如影随形，非慧光朗照通体透明而不能解脱；眼前迷茫无际，水平如镜。而看似平静的水下却潜藏着暗流旋涡，其魔力值与业力相当，一旦切入将轮回不息，殊难自拔，这就是俗谛艺术生命力的止所，非无我的虚舟而不能逾越（《老庄·禅画三境》）。眼前心物一体，时空唯心所宰。于是，山只是山，水只是水，"悉皆禅思幻化了的空灵境界，直此惟恍惟惚"，忘却"我的四肢……朝庭"，笔墨再也不是身外之物，已经化为"心"的淙淙清泉，一挥而就。李白诗曰："墨池飞出北溟鱼，笔锋杀尽中山兔。……恍恍如闻鬼神惊，时时只见龙蛇走。"石涛和尚亦诗云："氤氲笔来墨溅飞，无心点染成三才。画破虚空浑纸上，只见长江活水来"，正所谓忘我写心。

结论：中国禅画是在传统斋戒的基础上，逐渐形成以禅定为思维模式的绘画构思。作品风格在题材与内容方面表现为：以宗教为题材所代表的淡墨线条勾勒的类似速写式的人物淡彩绘画，以枯墨皴擦的山体岩石所表现的自然纹理，以意到笔不到的构图暗示联想画外的意境，及其无法之法、圆通变幻的创作原则。禅画遵循自然规律，是所谓隶属于"外师造化，中得心源"的艺术流派，其特征是种刻意追求精神境界的美术主张。如果说文人画重视书卷气的话，那么，禅画就是重视精神层面的灵感发挥。禅画主导神似的绘画技巧，奠定了中国美术的基调，尤其突出了中国画以写意技巧再现心声的特点。这是中国画的精神，也是东方与西方绘画在艺术创作风格与美术主张方面的差异所在。

叶伟夫，沈阳行政学院教授；叶苊：辽宁工艺美术学院艺术设计系教师。